Haase/Jachmann
Beck'sches Handbuch
Immobiliensteuerrecht

Beck'sches Handbuch Immobiliensteuerrecht

Erwerb, Nutzung, Veräußerung

Herausgegeben von

Prof. Dr. Florian Haase
Rechtsanwalt in Hamburg
und Hochschullehrer

Prof. Dr. Monika Jachmann
Richterin am Bundesfinanzhof
in München

Bearbeitet von

Lars Behrendt, Steuerberater in Hamburg;
Bastian Danesitz, Wirtschaftsprüfer und Steuerberater, in Nürnberg;
Dr. Andreas Demleitner, Rechtsanwalt und Steuerberater in Erlangen;
Dipl.-Kffr. Dr. Heidi Friedrich-Vache, Steuerberaterin in München;
Malte Geils, Steuerberater in Hamburg;
Prof. Dr. Florian Haase, Rechtsanwalt und Hochschullehrer in Hamburg;
Falko Keller, Steuerberater in Hamburg;
Prof. Dr. Jan Roth, Rechtsanwalt in Frankfurt a. M.;
Dipl.-Fw. Dr. Jörg Stalleiken, Rechtsanwalt und Steuerberater in Bonn

Verlag C.H.Beck München 2016

www.beck.de

ISBN 978 3 406 67872 1

© 2016 Verlag C. H. Beck oHG
Wilhelmstraße 9, 80801 München
Druck und Bindung: Beltz Bad Langensalza GmbH
Neustädter Straße 1–4, 99947 Bad Langensalza

Satz: Druckerei C. H. Beck Nördlingen
Umschlaggestaltung: Druckerei C. H. Beck Nördlingen

Gedruckt auf säurefreiem, alterungsbeständigem Papier
(hergestellt aus chlorfrei gebleichtem Zellstoff)

Vorwort

„Die einzige Möglichkeit, Vermögen aufzubauen, ist die Verschuldung in Sachwerten."
(*Johann Philipp Freiherr von Bethmann*, Bankier)

Immobilien sind, jedenfalls in Deutschland, Mitteleuropa und der „westlichen" Welt, als Lebensgrundlage für die meisten Menschen unverzichtbar. Ob alleine oder als Familie, zur Miete oder zu Eigentum bewohnt, bilden sie – jedenfalls teilweise – einen Lebensmittelpunkt, der insbesondere im letztgenannten Fall auch über Art. 14 GG eigentumsrechtlich besonders geschützt ist.

Abseits der Eigennutzung sind Immobilien in Deutschland und der Welt seit jeher auch Gegenstand von Kapitalanlagen und Spekulationen gewesen. Die Bedeutung als Anlageobjekt hat in den letzten Dekaden indes immer mehr zugenommen und gegenwärtig ihren (möglicherweise nur vorläufigen) Höhepunkt erreicht. Die Nachfrage ist im Inland ungebrochen. Investoren schätzen die Beständigkeit von Immobilien, sie verlassen sich auf ihre Sicherheit und hoffen schließlich darauf, dass der Wert der Immobilie steigt. Die Immobilie ist Altersvorsorge, Anlageklasse und Zuhause zugleich.

Auch steuerlich haben Immobilien verschiedenartige, teils sehr komplexe Bezüge. Welcher steuerliche Laie ahnt, dass eine Immobilie ertrag- und umsatzsteuerlich, je nach Nutzungsart und Mieter in den einzelnen Gebäudeteilen, unterschiedliche Sphären haben kann? Welcher Berater ahnt, dass auch ausländische Immobilien, die wegen eines Doppelbesteuerungsabkommens hinsichtlich der Mieteinkünfte steuerfrei gestellt sind, gleichwohl als sog. Zählobjekte einen inländischen gewerblichen Grundstückshandel auslösen können? Die steuerlichen Fallstricke jedenfalls sind mannigfaltig.

Das vorliegende, umfassende Handbuch will steuerrechtliche Hilfestellung bei allen praktischen und theoretischen Fragestellungen „rund um die Immobilie" geben. Die Autoren sind Kenner der einschlägigen Bereiche des Steuerrechts und haben ein „auf den Punkt" geschriebenes Handbuch vorgelegt, dessen Ziel es ist, keine Frage offen zu lassen. Das Augenmerk ist auf die Immobilienbesteuerung in der Praxis gelegt. So folgt das Buch in seiner Gliederung dem Nutzungszyklus einer Immobilie (vom Erwerb über die Nutzung bis hin zum „Exit"), was einer Gliederung nach Sachthemen überlegen erschien. Praktische Beispiele illustrieren den Text.

Herausgeber und Autoren danken zuvörderst dem Verlag C.H. BECK, allen voran Herrn Michael Müller, für die wieder einmal vortreffliche Betreuung, ihre Geduld und das reibungslose Projektmanagement. Das Werk ist auf dem Rechtsstand 1. September 2015.

Hamburg und München, im Oktober 2015   *Florian Haase / Monika Jachmann*

Inhaltsübersicht

*Detaillierte Inhaltsverzeichnisse befinden sich vor den jeweiligen Paragraphen.
Die Bearbeiter der Kapitel sind in Kammern genannt.*

	Seite
Vorwort	V
Inhaltsverzeichnis	VII
Literatur- und Abkürzungsverzeichnis	XI

Teil 1. Einleitung *(Haase/Jachmann)*

Einleitung	1

Teil 2. Übergreifende Themen

§ 1 Steuerplanerische Grundüberlegungen beim Immobilienerwerb *(Keller)*	13
A. Einleitung	14
B. Wahl der Rechtsform/Investitionsvehikel	15
C. Betriebsvermögen versus Privatvermögen	21
D. Asset Deal versus Share Deal	26
E. Finanzierung	38
F. Umstrukturierungen	40
G. Erbschaft- und Schenkungsteuer	41
§ 2 Immobilienbewertung *(Danesitz)*	43
A. Einführung	43
B. Grundlagen der Immobilienbewertung	44
C. Bewertungsverfahren	49
D. Zusammenfassung	71

Teil 3. Erwerb

§ 3 Ertragsteuern (entgeltlich/unentgeltlich) *(Geils)*	73
A. Bilanzierung „dem Grunde nach" von Grund und Boden sowie Gebäuden bzw. Gebäudeteilen	74
B. Bilanzierung „der Höhe nach" von Grund und Boden sowie Gebäuden bzw. Gebäudeteilen	80
C. Nutzungsverhältnisse und andere Erwerbsformen	94
§ 4 Erbschaft- und Schenkungsteuer *(Stalleiken)*	113
A. Erbschaft- und Schenkungsteuerliche Anknüpfungspunkte bei Immobilien	114
B. Immobilienbewertung für Erbschaft- und Schenkungsteuerzwecke	121
C. Steuerbefreiungen für Immobilien im Privatvermögen	133
D. Steuerbefreiungen für Immobiliengesellschaften und Immobilien im Betriebsvermögen	146

Inhaltsübersicht

	Seite
§ 5 Grunderwerbsteuer *(Demleitner)*	162
A. Allgemeines	164
B. Grundstücksbegriff	164
C. Erwerbstatbestände	166
D. Steuerbefreiungen	181
E. Bemessungsgrundlage	189
F. Steuersatz	192
G. Rückgängigmachung des Erwerbs und Rückerwerb	193
H. Durchführung der Besteuerung	196
I. Ertragsteuerliche Behandlung der Grunderwerbsteuer	199
§ 6 Umsatzsteuer *(Friedrich-Vache)*	201
A. Überblick über die umsatzsteuerlichen Themen im Immobilienbereich	201
B. Grundstückserwerb aus umsatzsteuerlicher Sicht	203
C. Steuerbarkeit von Grundstückslieferungen aus Sicht des Erwerbers	209

Teil 4. Nutzungsphase

§ 7 Laufende Besteuerung	231
A. Bilanzierende Steuerpflichtige (inkl. AfA) *(Geils)*	235
B. Vermietung und Verpachtung *(Geils)*	278
C. Umsatzsteuer *(Friedrich-Vache)*	316
D. Grundsteuer *(Keller)*	337
§ 8 Besonderheiten bei Auslandsbezug *(Haase)*	355
A. Inländische Immobilien von Steuerausländern	356
B. Ausländische Immobilien von Steuerinländern	402

Teil 5. Nutzungsänderung

§ 9 Ertragsteuern *(Geils)*	407
A. Bilanzierung nach Nutzungsänderung	407
B. AfA nach Nutzungsänderung	408
§ 10 Umsatzsteuer *(Friedrich-Vache)*	412
A. Tatbestände der Nutzungsänderung mit Auswirkungen auf den Vorsteuerabzug	412
B. Durchführung der Vorsteuerkorrektur nach § 15a UStG	418

Teil 6. Insolvenzrechtliche Bezüge

§ 11 Umsatzsteuer *(Roth)*	429
A. Umsatzsteuer auf Mieterträge	431
B. Zeitgleiche Zwangsverwaltung und Insolvenzverwaltung	438
C. Optierung	440
D. Vorsteuerkorrektur i. S. v. § 15a UStG infolge von Rechtshandlungen des Insolvenzverwalters	441

Inhaltsübersicht

	Seite
E. Umsatzsteuer bei der Verwertung von Immobilien	442
F. Umsatzsteuerliche Organschaft	451
G. Freigabe	464

§ 12 Ertragsteuern *(Roth)* 466
  A. Ertragsteuern aus der Aufdeckung stiller Reserven bei der Verwertung massezugehörigen Grundeigentums 467
  B. Gewerblicher Grundstückshandel bei Verwertung der Insolvenzmasse zugehöriger Immobilien 473
  C. Private Veräußerungsgeschäfte nach § 23 EStG 481
  D. Ertragsteuern bei zeitgleicher Zwangsverwaltung der Immobilie 482

§ 13 Bauabzugsteuer *(Roth)* 483
  A. Steuerabzug in der Insolvenz des Bauleistungserbringers 484
  B. Steuerabzug in der Insolvenz des Bauleistungsempfängers 489

§ 14 Grunderwerbsteuer *(Roth)* 490
  A. Grunderwerbsteuer im Insolvenzverfahren 491
  B. Auswirkung der Freigabe des Grundstückes durch den Insolvenzverwalter 495

§ 15 Grundsteuer *(Roth)* 496
  A. Grundsteuer im Insolvenzverfahren 496
  B. Auswirkungen der Freigabe 501
  C. Grundsteuer als Absonderungsrecht in der Insolvenz 501
  D. Grundsteuer bei gleichzeitig bestehender Zwangsverwaltung 503

Teil 7. Veräußerungen

§ 16 Grundzüge der Besteuerung 505
  A. Ertragsteuern (entgeltlich/unentgeltlich) *(Geils)* 506
  B. Umsatzsteuer *(Friedrich-Vache)* 534

§ 17 Besonderheiten einzelner Exitstrukturen 552
  A. RETT-Blocker-Strukturen *(Demleitner)* 553
  B. Umwandlungen *(Behrendt)* 574

§ 18 Besonderheiten bei Auslandsbezug *(Geils)* 605
  A. Inländische Immobilien von Steuerausländern 606
  B. Ausländische Immobilien von Steuerinländern 627

Stichwortverzeichnis 631

Literatur- und Abkürzungsverzeichnis

a. A.	anderer Ansicht
a. a. O.	am angegebenen Ort
abl.	ablehnend
ABl. EU	Amtsblatt der Europäischen Union
Abs.	Absatz; Absätze
a. E.	am Ende
AEBewGrV	Anwendungserlass zur Bewertung des Grundvermögens
AEUV	Vertrag über die Arbeitsweise der Europäischen Union
a. F.	alte(r) Fassung
AfA	Absetzung(en) für Abnutzung
AG	Aktiengesellschaft
AIF	Alternative Investment Fund (Alternativer Investmentfond)
AIFM	Alternative Investment Fund Manager (Verwalter Alternativer Investmentfonds)
AK	Anschaffungskosten
AktG	Aktiengesetz
alt.	Alternative(n); alternativ
AltEinkG	Alterseinkünftegesetz
a. M.	anderer Meinung
Andres/Leithaus	Andres/Leithaus, Insolvenzordnung, Kommentar, 3. Aufl. 2014
Anh.	Anhang
Anl.	Anlage
Anm.	Anmerkung(en)
AO	Abgabenordnung
AO-StB	AO-Steuerberater (Zeitschrift)
Art.	Artikel
AStG	Außensteuergesetz
BaFin	Bundesanstalt für Finanzdienstleistungsaufsicht
BAnz.	Bundesanzeiger
BauGB	Baugesetzbuch
Baumbach/Hopt	Baumbach/Hopt, Handelsgesetzbuch, Kommentar, 36. Auflage 2014
Baumbach/Hueck GmbHG	Baumbach/Hueck, GmbH-Gesetz, Kommentar, 20. Auflage 2013
BaWü.	Baden-Württemberg
BB	Betriebs-Berater (Zeitschrift)
BeckRS	Rechtsprechung in beck-online
BeckStB-HdB	Beck'sches Steuerberater-Handbuch 2013/2014
BeckVerw	Verwaltungsanweisungen in beck-online

Literatur- und Abkürzungsverzeichnis

Beermann/Gosch	Beermann/Gosch, AO, FGO mit Nebengesetzen, Kommentar (Loseblatt)
Begr.	Begründung
Beschl.	Beschluss, Beschlüsse
BeSt	Beratersicht zur Steuerrechtsprechung (Quartalsbeilage zu EFG und HFR – Zeitschrift)
Bestlex	Beck'sches Steuer- und Bilanzrechtslexikon (beck-online)
betr.	betrifft; betreffend
BewDV	Durchführungsverordnung zum Bewertungsgesetz
BewG	Bewertungsgesetz
BgA	Betrieb gewerblicher Art
BFH	Bundesfinanzhof
BFHE	Sammlung der Entscheidungen des Bundesfinanzhofs
BFH/NV	Sammlung nicht veröffentlichter Entscheidungen des Bundesfinanzhofs (Zeitschrift)
BFH/PR	Entscheidungen des Bundesfinanzhofs für die Praxis der Steuerberatung (Zeitschrift)
BGB	Bürgerliches Gesetzbuch
BGBl.	Bundesgesetzblatt
BGH	Bundesgerichtshof
BGHZ	Amtliche Sammlungen von Entscheidungen des BGH in Zivilsachen
Birkenfeld/Wäger	Birkenfeld/Wäger, Das große Umsatzsteuer-Handbuch (Loseblatt)
BKR	Zeitschrift für Bank- und Kapitalmarktrecht
Bl.	Blatt
Blümich	Blümich, Einkommensteuergesetz, Körperschaftsteuergesetz, Gewerbesteuergesetz und Nebengesetze, Kommentar (Loseblatt)
BMF	Bundesminister(ium) der Finanzen
BMJ	Bundesminister(ium) der Justiz und für Verbraucherschutz
Bordewin/Brandt	Bordewin/Brandt, Einkommensteuergesetz, Kommentar (Loseblatt)
Boruttau	Boruttau, Grunderwerbsteuergesetz, Kommentar, 17. Auflage 2011
BR	Bundesrat
Braun	Braun, Insolvenzordnung, Kommentar, 6. Aufl. 2014
BR-Drs.	Bundesrats-Drucksache
BReg.	Bundesregierung
BStBl. I–III	Bundessteuerblatt (Teile I–III)
BT	Bundestag
BT-Drs.	Bundestags-Drucksache
Buchst.	Buchstabe(n)
Bunjes	Bunjes, Umsatzsteuergesetz, Kommentar, 14. Auflage 2015
BVerfG	Bundesverfassungsgericht

Literatur- und Abkürzungsverzeichnis

BVerfGE	Amtliche Sammlung von Entscheidungen des Bundesverfassungsgerichts
bzgl.	bezüglich
BZSt	Bundeszentralamt für Steuern
bzw.	beziehungsweise
ca.	circa
CFB	Corporate finance biz (Zeitschrift)
Daragan/Halaczinsky/Riedel ...	Daragan/Halaczinsky/Riedel, Praxiskommentar ErbStG und BewG, 2. Auflage 2012
DB	Der Betrieb (Zeitschrift)
DBA	Doppelbesteuerungsabkommen
DCF	Discounted Cash Flow
ders.	derselbe
dgl.	dergleichen, desgleichen
d. h.	das heißt
dies.	dieselbe(n)
Diss.	Dissertation
DNotZ	Deutsche Notar-Zeitschrift
D/P/M	Dötsch/Pung/Möhlenbrock, Die Körperschaftsteuer, Kommentar (Loseblatt)
D/P/P/M	Dötsch/Patt/Pung/Möhlenbrock, Umwandlungssteuerrecht, 7. Auflage 2012
Drs.	Drucksache
DStR	Deutsches Steuerrecht (Zeitschrift)
DStRE	DStR-Entscheidungsdienst (Zeitschrift)
DStZ	Deutsche Steuer-Zeitung
dt.	deutsch
DZWiR	Deutsche Zeitschrift für Wirtschafts- und Insolvenzrecht
EBITDA	Earnings before Interests, Taxes, Depreciation and Amortisation (Ergebnis vor Zinsen, Steuern und Abschreibungen)
EDV	Elektronische Datenverarbeitung
EFG	Entscheidungen der Finanzgerichte (Zeitschrift)
eG	eingetragene Genossenschaft
EG	Einführungsgesetz; Europäische Gemeinschaft(en)
Einl.	Einleitung
entspr.	entsprechen(d); entspricht
ErbbauRG	Gesetz über das Erbbaurecht (Erbbaurechtsgesetz)
ErbSt.	Erbschaftsteuer
ErbStB	Der Erbschaft-SteuerBerater (Zeitschrift)
ErbStG	Erbschaftsteuer- und Schenkungsteuergesetz
ErbStH	Erbschaftsteuer-Hinweise
ErbStR	Erbschaftsteuer-Richtlinien
ErbStRG	Erbschaftsteuerreformgesetz

Literatur- und Abkürzungsverzeichnis

Erle/Sauter	Erle/Sauter, Körperschaftsteuergesetz, Kommentar, 3. Auflage 2010
ESt.	Einkommensteuer
EStB	Der Ertragsteuer-Berater (Zeitschrift)
EStDV	Einkommensteuer-Durchführungsverordnung
EStG	Einkommensteuergesetz
EStH	Einkommensteuer-Hinweise
EStR	Einkommensteuer-Richtlinien
ET	European Taxation (Zeitschrift)
etc.	et cetera
EU	Europäische Union
EuGH	Gerichtshof der Europäischen Union
EURLUmsG	Gesetz zur Umsetzung von EU-Richtlinien in nationales Steuerrecht und zur Änderung weiterer Vorschriften (Richtlinien-Umsetzungsgesetz)
EuZW	Europäische Zeitschrift für Wirtschaftsrecht
e.V.	eingetragener Verein
evtl.	eventuell
EWiR	Entscheidungen zum Wirtschaftsrecht (Zeitschrift)
EWIV	Europäische Wirtschaftliche Interessenvereinigung
EW-RL	Ertragswertrichtlinie (Entwurf vom 5.5.2014)
f.	folgende
FA; FÄ	Finanzamt; Finanzämter
ff.	fortfolgende
FG	Finanzgericht
FGO	Finanzgerichtsordnung
FBeh	Finanzbehörde(n)
FinVerw.	Finanzverwaltung
F/J/P/W	Fischer/Jüptner/Pahlke/Wachter, ErbStG, Kommentar, 5. Aufl. 2014
FK-InsO	Frankfurter Kommentar zur Insolvenzordnung, 8. Aufl. 2015
FM.	Finanzminister(ium)
Fn.	Fußnote
FR	Finanzrundschau (Zeitschrift)
Frotscher	Frotscher, Besteuerung bei Insolvenz, Handbuch, 8. Aufl. 2014
Frotscher/Geurts	Frotscher/Geurts, Einkommensteuergesetz, Kommentar (Loseblatt)
Frotscher/Maas	Frotscher/Maas, Körperschaft-, Gewerbe- und Umwandlungssteuergesetz, Kommentar (Loseblatt)
FS	Festschrift (für)
GAV	Gewinnabführungsvertrag
GBl.	Gesetzblatt
GBO	Grundbuchordnung

Literatur- und Abkürzungsverzeichnis

GbR	Gesellschaft bürgerlichen Rechts
gem.	gemäß
GenG	Gesetz betreffend die Erwerbs- und Wirtschaftsgenossenschaften (Genossenschaftsgesetz)
GewSt.	Gewerbesteuer
GewStG	Gewerbesteuergesetz
GewStR	Gewerbesteuer-Richtlinien
GFZ	Geschossflächenzahl
GG	Grundgesetz
ggf.	gegebenenfalls
ggü.	gegenüber
gl. A.	gleicher Ansicht
Glanegger/Güroff	Glanegger/Güroff, Gewerbesteuergesetz, Kommentar, 8. Auflage 2014
GmbH	Gesellschaft mit beschränkter Haftung
GmbHG	Gesetz betreffend die Gesellschaften mit beschränkter Haftung
GmbHR	GmbH-Rundschau (Zeitschrift)
GmbH-StB	Der GmbH-Steuerberater (Zeitschrift)
GoB	Grundsätze ordnungsgemäßer Buchführung
Gottwald	Gottwald, Insolvenzrechts-Handbuch, 5. Aufl. 2015
grds.	grundsätzlich
GrESt.	Grunderwerbsteuer
GrEStG	Grunderwerbsteuergesetz
GrS	Großer Senat des Bundesfinanzhofs
Güsching/Stenger	Güsching/Stenger, Bewertungsrecht (Loseblatt)
GuV-Rechnung	Gewinn- und Verlustrechnung
GVBl.	Gesetz- und Verordnungsblatt
h. A.	herrschende(r) Ansicht
Haarmeyer/Wutzke/Förster/Hintzen	Haarmeyer/Wutzke/Förster/Hintzen, Zwangsverwaltung, Kommentar, 5. Aufl. 2011
Haase/Dorn	Haase/Dorn, Vermögensverwaltende Personengesellschaften, Handbuch, 2013
Haase/Hruschka	Haase/Hruschka, Umwandlungssteuergesetz, Praxiskommentar, 2012
Halbs.	Halbsatz
HambKommInsO	Hamburger Kommentar zum Insolvenzrecht, 5. Aufl. 2015
Haritz/Menner	Haritz/Menner, Umwandlungssteuergesetz, Kommentar, 4. Auflage 2015
Hdb.	Handbuch
Hess	Hess, Insolvenzrecht, Großkommentar, 2. Aufl. 2013
HFR	Höchstrichterliche Finanzrechtsprechung (Zeitschrift)
HGB	Handelsgesetzbuch

Literatur- und Abkürzungsverzeichnis

H/H/R	Herrmann/Heuer/Raupach, Einkommensteuer- und Körperschaftsteuergesetz, Kommentar (Loseblatt)
H/H/Sp	Hübschmann/Hepp/Spitaler, Abgabenordnung und Finanzgerichtsordnung, Kommentar (Loseblatt)
HK-InsO	Hamburger Kommentar zum Insolvenzrecht, 5. Aufl. 2015
Hk-ZV	Gesamtes Recht der Zwangsvollstreckung, Handkommentar, 2. Aufl. 2013
h. L.	herrschende(r) Lehre
h. M.	herrschende(r) Meinung
Hofmann	Hofmann, Grunderwerbsteuergesetz, Kommentar, 10. Aufl. 2014
Hrsg.; hrsg.	Herausgeber; herausgegeben
IAS	International Accounting Standards
i. d. F.	in der Fassung
i. d. R.	in der Regel
i. d. S.	in diesem Sinne
IDW	Institut der Wirtschaftsprüfer in Deutschland e. V.
IDW-FN	Fachnachrichten des IDW (Zeitschrift)
i. E.	im Einzelnen
i. e. S.	im engeren Sinne
IFRS	International Financial Reporting Standards
i. H. d.	in Höhe der; in Höhe des
IHK	Industrie- und Handelskammer
i. H. v.	in Höhe von
ImmoWertV	Immobilienwertermittlungsverordnung – Verordnung über die Grundsätze für die Ermittlung der Verkehrswerte von Grundstücken
InsO	Insolvenzordnung
InvStG	Investmentsteuergesetz
InvZulG	Investitionszulagengesetz
i. S./i. S. d	im Sinne/im Sinne der/des
IStR	Internationales Steuerrecht (Zeitschrift)
i. S. v.	im Sinne von
i. Ü.	im Übrigen
i. V. m.	in Verbindung mit
IWB	Internationale Wirtschafts-Briefe (Zeitschrift)
Jaeger	Jaeger, Großkommentar zur Insolvenzordnung, 2004 – 2014
Jakob	Jakob, Umsatzsteuer, Lehrbuch, 4. Auflage 2009
JR	Juristische Rundschau (Zeitschrift)
JStG	Jahressteuergesetz
JZ	Juristen-Zeitung (Zeitschrift)
KAGB	Kapitalanlagegesetzbuch
KAGG	Gesetz über Kapitalanlagegesellschaften (jetzt KAGB)

Literatur- und Abkürzungsverzeichnis

Kahlert/Rühland	Kahlert/Rühland, Sanierungs- und Insolvenzsteuerrecht, 2. Auflage 2011
Kapp/Ebeling	Kapp/Ebeling, Erbschaft- und Schenkungsteuergesetz, Kommentar (Loseblatt)
KapGes.	Kapitalgesellschaft
KG	Kommanditgesellschaft(en)
KGaA	Kommanditgesellschaft auf Aktien
Kirchhof	Kirchhof, Einkommensteuergesetz, Kommentar, 14. Auflage 2015
KiSt.	Kirchensteuer
KiStG	Kirchensteuergesetz
Kj.	Kalenderjahr
KKZ	Kommunal-Kassen-Zeitschrift
Klein	Klein, Abgabenordnung, Kommentar, 12. Auflage 2014
KO	Konkursordnung
KOM	Mitteilung der Kommission der Europäischen Gemeinschaften
Komm.	Kommentar
Koenig	Koenig, Abgabenordnung, Kommentar, 3. Auflage 2014
Korn	Korn, Einkommensteuergesetz, Kommentar (Loseblatt)
Kreutziger/Schaffner/Stephany	Kreutziger/Schaffner/Stephany, Bewertungsgesetz, 3. Auflage 2013
KroatienAnpG	Gesetz zur Anpassung des nationalen Steuerrechts an den Beitritt Kroatiens zur EU und zur Änderung weiterer steuerlicher Vorschriften
krit.	kritisch
Krug/Daragan	Krug/Daragan, Die Immobilie im Erbrecht, Handbuch, 2010
KSI	Krisen-, Sanierungs- und Insolvenzberatung (Zeitschrift)
K/S/M	Kirchhof/Söhn/Mellinghoff, Einkommensteuergesetz, Kommentar (Loseblatt)
KSt.	Körperschaftsteuer
KStDV	Körperschaftsteuer-Durchführungsverordnung
KStG	Körperschaftsteuergesetz
KStG-E	KStG idF des Gesetzesentwurfs
KStH	Körperschaftsteuer-Hinweise
KStR	Körperschaftsteuer-Richtlinien
KTS	Zeitschrift für Insolvenzrecht
Lademann, EStG	Lademann, Einkommensteuergesetz, Kommentar (Loseblatt)
LAG	Gesetz über den Lastenausgleich (Lastenausgleichsgesetz)

Literatur- und Abkürzungsverzeichnis

Littmann/Bitz/Pust	Littmann/Bitz/Pust, Das Einkommensteuerrecht, Kommentar zum Einkommensteuerrecht (Loseblatt)
Lenski/Steinberg	Lenski/Steinberg, Kommentar zum Gewerbesteuergesetz (Loseblatt)
lfd.	laufend(e; en; er)
Lfg.	Lieferung
LG	Landgericht
Lit.	Literatur
LSt.	Lohnsteuer
lt.	laut
MAH Insolvenz und Sanierung	Münchener Anwaltshandbuch Insolvenz und Sanierung, 2. Aufl. 2012
m.a.W.	mit anderen Worten
max.	maximal
m.E.	meines Erachtens
Meincke	Meincke, Erbschaftsteuer- und Schenkungsteuergesetz, Kommentar, 16. Auflage 2012
Mio.	Million(en)
MittBayNotZ	Mitteilungen des Bayerischen Notarvereins, der Notarkasse und der Landesnotarkammer Bayern (Zeitschrift)
Moench/Weinmann	Moench/Weinmann, Erbschaft- und Schenkungsteuergesetz, Kommentar (Loseblatt)
m.w.N.	mit weiteren Nachweisen
MwStSystRL	Richtlinie 2006/112/EG des Rates vom 28. November 2006 über das gemeinsame Mehrwertsteuersystem
MwStR	MehrwertSteuerrecht (Zeitschrift)
MüKoHGB	Münchener Kommentar zum Handelsgesetzbuch, 3. Aufl. 2010 – 2013
MüKoInsO	Münchener Kommentar Insolvenzordnung, 2., 3. Aufl. 2008 – 2015
Nds	Niedersachsen
Nerlich/Römermann	Nerlich/Römermann Insolvenzordnung, Kommentar (Loseblatt)
n.F.	neue(r) Fassung
NHK	Normalherstellungskosten
NJW	Neue Juristische Wochenschrift (Zeitschrift)
NJW-RR	NJW-Rechtsprechungsreport (Zeitschrift)
NJW-Spezial	Beilage zur NJW
Nr., Nrn.	Nummer; Nummern
nrkr.	nicht rechtskräftig
nv.	nicht veröffentlicht

Literatur- und Abkürzungsverzeichnis

NWB	Neue Wirtschafts-Briefe für Steuer und Wirtschaftsrecht (Zeitschrift)
NZG	Neue Zeitschrift für Gesellschaftsrecht
NZI	Neue Zeitschrift für Insolvenz- und Sanierungsrecht
NZM	Neue Zeitschrift für Miet- und Wohnungsrecht
OECD	Organisation for Economic Cooperation and Development (Organisation für wirtschaftliche Zusammenarbeit und Entwicklung)
OECD-MA	OECD-Musterabkommen
OFD	Oberfinanzdirektion
Offerhaus/Söhn/Lange	Offerhaus/Söhn/Lange, Umsatzsteuer, Kommentar (Loseblatt)
o. g.	oben genannt
OHG	Offene Handelsgesellschaft(en)
OLG	Oberlandesgericht
Pahlke	Pahlke, GrEStG, Kommentar, 5. Aufl. 2014
Palandt	Palandt, Bürgerliches Gesetzbuch, Kommentar, 74. Auflage 2015
p. a.	per annum
Peemöller	Peemöller, Praxishandbuch der Unternehmensbewertung, 6. Aufl. 2015
RAP	Rechnungsabgrenzungsposten
Rau/Dürrwächter	Rau/Dürrwächter, Kommentar zum Umsatzsteuergesetz (Loseblatt)
rd.	rund
RefEntw.	Referentenentwurf
Reg.	Regierung
RegEntw.	Gesetzentwurf der Bundesregierung
Reiß/Kraeusel/Langer	Reiß/Kraeusel/Langer, Umsatzsteuergesetz, Kommentar (Loseblatt)
Rev.	Revision anhängig
RfB	Rückstellung für Beitragsrückerstattung
R/H/L	Rödder/Herlinghaus/van Lishaut, Umwandlungsteuergesetz, Kommentar, 2. Auflage 2013
RICS	Royal Institution of Charterd Surveyors
RIW	Recht der internationalen Wirtschaft (Zeitschrift)
rkr.	rechtskräftig
RL	Richtlinie
RNotZ	Rheinische Notar-Zeitschrift
Rpfleger	Der Deutsche Rechtspfleger Zeitschrift
Rspr.	Rechtsprechung
RStBl.	Reichssteuerblatt
Rz.	Randziffer

Literatur- und Abkürzungsverzeichnis

s.	siehe
S.	Seite, Satz
Sauer/Ritzer/ Schumann	Sauer/Ritzer/Schumann, Handbuch Immobilienbesteuerung (Loseblatt)
SBV	Sonderbetriebsvermögen
Schmidt	Schmidt, Einkommensteuergesetz, Kommentar, 34. Auflage 2015
Schwarz/Pahlke ..	Schwarz/Pahlke, AO/FGO Kommentar (Loseblatt)
Schwarz/Widmann/Radeisen ..	Schwarz/Widmann/Radeisen, Kommentar zum Umsatzsteuergesetz (Loseblatt)
Sen.	Senat
SenFin.	Senatsverwaltung für Finanzen
Slg.	Sammlung des Gerichtshofes der Europäischen Gemeinschaften
sog.	sogenannt(-e; -er; -es)
Sölch/Ringleb	Sölch/Ringleb, Umsatzsteuergesetz, Kommentar (Loseblatt)
StÄndG	Steueränderungsgesetz
Stbg	Die Steuerberatung (Zeitschrift)
StEd	Steuer-Eildienst (Zeitschrift; früher DStZ/E)
SteuK	Steuerrecht kurz gefaßt (Zeitschrift)
StMBG	Gesetz zur Bekämpfung des Mißbrauchs und zur Bereinigung des Steuerrechts (Mißbrauchsbekämpfungs- und Steuerbereinigungsgesetz)
Stöber	Stöber, Kommentar zum Zwangsversteigerungsgesetz, 20. Aufl. 2012
StPfl./stpfl.	Steuerpflicht; Steuerpflichtige(r)/steuerpflichtig
str.	strittig
Streck	Streck, Körperschaftsteuergesetz, Kommentar, 8. Auflage 2014
StRefG	Steuerreformgesetz
StRK	Steuerrechtsprechung in Karteiform (Loseblatt)
st.Rspr..	ständige Rechtsprechung
StuW	Steuer und Wirtschaft (Zeitschrift)
SW-RL	Sachwertrichtlinie – Richtlinie zur Ermittlung des Sachwerts
TEGoVA	European Group of Valuers Associations
TG	Tochtergesellschaft
Tiedke	Tiedke, ErbStG, Kommentar, 2009
Tipke/Kruse	Tipke/Kruse, Abgabenordnung und Finanzgerichtsordnung, Kommentar (Loseblatt)
Troll/Eisele	Troll/Eisele, Grundsteuergesetz, Kommentar, 11. Aufl. 2014

Literatur- und Abkürzungsverzeichnis

Troll/Gebel/Jülicher	Troll/Gebel/Jülicher, Erbschaftsteuer- und Schenkungsteuergesetz, Kommentar (Loseblatt)
Tz.	Textziffer(n)
u. a.	und andere; unter anderem
Uhlenbruck	Uhlenbruck, Insolvenzordnung, Kommentar, 14. Aufl. 2015
umstr.	umstritten
UmwG	Umwandlungsgesetz
UmwStG	Umwandlungssteuergesetz
UN-MA	UN-Musterabkommen
UntStFG	Unternehmenssteuerfortentwicklungsgesetz
UntStRefG	Unternehmersteuerreformgesetz
unzutr.	unzutreffend
UR	Umsatzsteuer-Rundschau (Zeitschrift)
Urt.	Urteil(e; en)
USt.	Umsatzsteuer
UStAE	Umsatzsteuer-Anwendungserlass
UStDV	Umsatzsteuer-Durchführungsverordnung
UStG	Umsatzsteuergesetz
UStR	Umsatzsteuer-Richtlinien
u. U.	unter Umständen
UVR	Umsatzsteuer- und Verkehrsteuer-Recht (Zeitschrift)
v.	vom
Vfg.	Verfügung
vGA	verdeckte Gewinnausschüttungen
vgl.	vergleiche
v. H.	vom Hundert
Viskorf/Knobel/Schuck	Viskorf/Knobel/Schuck/Wälzholz, Erbschaftsteuer- und Schenkungsteuergesetz, Bewertungsgesetz, Kommentar, 4. Auflage 2012
Vogel/Schwarz	Vogel/Schwarz, Praxiskommentar Umsatzsteuergesetz (online)
VVaG	Versicherungsverein auf Gegenseitigkeit
VW-RL	Vergleichswertrichtlinie – Richtlinie zur Ermittlung des Vergleichswerts und des Bodenwerts
VZ	Veranlagungszeitraum
Waza/Uhländer/Schmittmann	Waza/Uhländer/Schmittmann, Insolvenzen und Steuern, Handbuch, 10. Auflage 2014
WertR 2006	Wertrichtlinie
WertV	Wertermittlungsverordnung
Weymüller	Weymüller, Umsatzsteuergesetz, Kommentar, 2015
WG	Wirtschaftsgut

Literatur- und Abkürzungsverzeichnis

Wilms/Jochum ...	Wilms/Jochum, Erbschaftsteuer- und Schenkungsteuergesetz, Kommentar (Loseblatt)
Wj.	Wirtschaftsjahr
WM	Wertpapier-Mitteilungen (Zeitschrift)
WoBauG	Wohnungsbaugesetz
WP	Wirtschaftsprüfer
WPg	Die Wirtschaftsprüfung (Zeitschrift)
z. B.	zum Beispiel
ZEV	Zeitschrift für Erbrecht und Vermögensnachfolge
ZfIR	Zeitschrift für Immobilienrecht
ZGR	Zeitschrift für Unternehmens- und Gesellschaftsrecht
ZHR	Zeitschrift für das gesamte Handelsrecht und Wirtschaftsrecht
ZInsO	Zeitschrift für das gesamte Insolvenzrecht
ZIP	Zeitschrift für Wirtschaftsrecht
zit.	zitiert
ZollkodexAnpG	Gesetz zur Anpassung der Abgabenordnung an den Zollkodex der Union und zur Änderung weiterer steuerlicher Vorschriften
z. T.	zum Teil
zust.	zustimmend
zutr.	zutreffend
zzgl.	zuzüglich

Teil 1. Einleitung

Immobilien sind aus der heutigen Welt- und Wirtschaftsordnung nicht mehr wegzudenken. Sie sind **Altersvorsorge, Anlageklasse und Zuhause** zugleich. Für den überwiegenden Teil der Bevölkerung ist die Immobilie die größte Investition ihres Lebens – entsprechend sollte dieses Geschäft wirtschaftlich (und emotional) aufgehen. Für Investoren gilt das Gleiche, wenn auch in meist anderen Dimensionen. Allerdings entscheiden Investoren i. d. R. nicht emotional, sondern unter Renditegesichtspunkten, welche ganz maßgeblich auch von den steuerlichen Rahmenbedingungen der Investition beeinflusst sind. Diese ändern sich nicht nur inhaltlich (man denke an die jüngeren Entscheidungen des BFH, die eine gewerbliche Prägung i. S. d. § 15 Abs. 3 Nr. 2 EStG nicht für die Annahme von abkommensrechtlichen Unternehmensgewinnen ausreichen lassen), sondern auch im wirtschaftlichen Ergebnis (man denke an die Erhöhung des Steuersatzes der Grunderwerbsteuer) permanent. 1

Das Eigentum – auch das Immobilieneigentum – ist **grundgesetzlich besonders geschützt**. Art. 14 GG gewährleistet die sog. Eigentumsgarantie i. S. e. Institutsgarantie des privaten Eigentums sowie daneben ein individuelles Recht des Einzelnen an dem ihm zustehenden Eigentum, worunter – sehr weitgehend – auch die Baufreiheit verstanden wird. Jeder Bürger hat damit, freilich in gewissen gesetzlichen Grenzen, ein „Recht auf eine Immobilie". Das Bundesverfassungsgericht bezeichnet aber selbst das Besitzrecht des Mieters an der Wohnung als Eigentum in Sinne des Art. 14 Abs. 1 GG, denn nach Art. 14 Abs. 2 GG enthält das Eigentum nicht nur Rechte, sondern auch Pflichten. Sein Gebrauch soll zugleich dem Wohle der Allgemeinheit dienen. Diese sog. Sozialbindung begründet eine unmittelbare Rechtspflicht des Eigentümers. Die Sozialbindung des Eigentums steht im engen Zusammenhang mit dem ebenfalls grundgesetzlichen Sozialstaatsprinzip. Sie unterstreicht, dass die Eigentumsgarantie zur Freiheit aller Bürger beitragen und nicht etwa soziale Machtpositionen Einzelner schützen soll. 2

Schon aus dem Vorstehenden wird deutlich, dass das Immobilienrecht reichlich sozialen und vor allem rechtlichen Sprengstoff birgt. Allein zum **Mietrecht** und zum **privaten bzw. öffentlichen Baurecht** ist die Literatur im deutschen Recht nur noch in Metern zu bemessen. Hierzu, aber auch zu anderen immobilienbezogenen Themenfeldern (Immobiliarsachenrecht, Immissionsschutzrecht, Sachversicherungsrecht, Immobilienvertragsrecht, etc.), gibt es Schrifttum in Hülle und Fülle. Es wird ergänzt durch eine kaum übersehbare Rechtsprechung, die vor allem im Baurecht und Mietrecht sehr stark einzelfallbezogen und kasuistisch geprägt und nicht immer systematisch angelegt ist. Was die rechtlichen Aspekte von Immobilieninvestitionen bzw. -transaktionen anbelangt, so wird auf die in großer Zahl vorliegenden Lehr- und Handbücher verwiesen. 3

Die **steuerlichen Fragestellungen,** die sich regelmäßig „rund um die Immobilie" ergeben, sind nicht minder mannigfaltig und nicht minder streit- 4 befangen. Sie betreffen in- wie ausländische Sachverhalte, eher entlegene Rechtsgebiete wie die Grundsteuer, vergleichsweise profane Aspekte wie die steuerliche Behandlung von Nebenkosten im Rahmen der Vermietung, Grundlagenthemen des Steuerrechts wie die Frage nach der Gewinnerzielungsabsicht, Überraschungen bei der Gewerbesteuer (etwa ausländische Immobilien als Zählobjekte für Zwecke des gewerblichen Grundstückshandels oder die strikten Voraussetzungen der erweiterten gewerbesteuerlichen Kürzung nach § 9 Nr. 1 Satz 2 GewStG), gar gänzlich neue Investitionsformen (etwa Immobilien-Kapitalgesellschaften nach dem neuen Investmentsteuergesetz), etwaige Möglichkeiten bei der Erbschaftsteuer zur Reduzierung der Steuerlast bis hin zu hochkomplexen und i. d. R. künstlichen Gestaltungsmodellen zur Vermeidung der Grunderwerbsteuer beim Exit im Wege eines Share Deals (sog. 95-%-Grenze).

5 Die immobilienbezogenen Themen des Steuerrechts lassen sich nur schwerlich nach Sachgebieten ordnen, weil die Gliederung dann viele Ausnahmen und Rückausnahmen vorsehen und zudem zu sehr auf den Einzelfall abgestellt werden müsste. Anders als bei Konkurrenzwerken ist das vorliegende Handbuch daher nicht nach Sachthemen, sondern nach dem natürlichen Lebenszyklus einer Immobilie gegliedert: Erwerb – Nutzung (und ggf. Nutzungsänderung) – Veräußerung. Auf jeder zeitlichen Stufe eines Investments stellen sich steuerliche Fragestellungen, die oft auch einen übergreifenden Charakter aufweisen: Die Frage des Vorliegens von Betriebsvermögens etwa, welche bereits beim Erwerb einer Immobilie in die eine oder die andere Richtung gestaltet werden kann, stellt sich nicht nur im Rahmen einer Bilanzierung, sondern hat auch unmittelbaren Einfluss auf die Abschreibungsmöglichkeiten; die Wahl des Investitionsvehikels kann beispielsweise auch Einfluss auf das Vorliegen eines gewerblichen Grundstückshandels haben (Abschirmwirkung von Kapitalgesellschaften?), etc.

6 Auch gibt es viele Querschnittsthemen und natürliche Berührungspunkte zum **Zivilrecht:** Wie gestaltet man eine vermögensverwaltende Personengesellschaft und welche Konsequenzen hat dies?[1] Wie sind die Interdependenzen etwa mit dem Aufsichtsrecht bei „offenen Fonds", wenn ein Verwalter alternativer Investmentfonds (AIFM) nach dem neuen KAGB vorliegt, der einen Alternativen Investmentfonds (AIF) verwaltet? Führt dies beispielsweise dazu, dass stets eine gewerbliche Prägung i. S. d. § 15 Abs. 3 Nr. 2 EStG gegeben ist, die nicht durch eine entsprechende vertragliche Gestaltung verhindert werden kann? Welche Steuerklauseln müssen Mietverträge vorsehen, um negativen Folgen bei der Umsatzsteuer vorzubeugen? Wie müssen Gesellschaftsverträge von Personengesellschaften gestaltet werden, wenn einer der Gesellschafter einen gewerblichen Grundstückshandel auslöst? Es sollte jedenfalls stets bedacht werden, dass sich eine isolierte steuerliche oder eine isolierte zivilrechtliche Beratung rund um die Immobilie – schon aus Haftungsgründen – verbietet.

7 Dies gilt in besonderem Maße bei **Auslandsinvestitionen von Steuerinländern** und **inländischen Investitionen von Steuerausländern.** Steuer-

---

[1] Dazu ausführlich *Haase/Dorn,* Vermögensverwaltende Personengesellschaften im Steuerrecht, 2013.

ausländer beispielsweise sind zuweilen überrascht, dass bei einem mehrstöckigen Konzernaufbau deutsche Grunderwerbsteuer anfallen kann, wenn auf der fünften Ebene im Ausland Anteile veräußert werden. Umgekehrt können Steuerinländer ungeplant nachteilige Steuerfolgen treffen, wenn das Auslandsinvestment nicht sorgfältig bedacht wird. Sind beispielsweise Steuerinländer über eine inländische vermögensverwaltende Personengesellschaft an einer kanadischen, grundbesitzhaltenden Personengesellschaft beteiligt, die auf dem Grundbesitz einer gewerblichen Tätigkeit nachgeht, so sind aufgrund der Transparenz der Beteiligungskette aus deutscher Sicht die Einnahmen wegen Art. 13 Abs. 1 i. V. m. Art. 6 Abs. 1 DBA Kanada allein in Kanada zu versteuern. Wegen des konzeptionell strukturellen Gleichlaufs von laufenden Gewinnen und Veräußerungsgewinnen im OECD-MA müsste dieser Gleichlauf an sich auch für das DBA Kanada gelten. Jedoch sieht Art. 13 Abs. 4 Satz 2 DBA Kanada eine eigenständige Definition des unbeweglichen Vermögens allein für Zwecke der Anwendung des Art. 13 DBA Kanada vor, welche von Art. 6 Abs. 2 DBA Kanada abweicht (Grundstücke, auf denen Personengesellschaften Tätigkeiten ausüben, gelten nicht als unbewegliches Vermögen). Insoweit gilt für einen etwaigen Veräußerungsgewinn die Anrechnungsmethode, was ersichtlich zu gänzlich anderen Besteuerungsfolgen als die Freistellung führt. Auch ein DBA sollte daher in jedem Einzelfall sorgfältig auf überraschende Steuerfolgen geprüft werden.

Im Zusammenhang mit **ausländischen Ferienimmobilien** hat jüngst insbesondere das BFH-Urteil v. 12.6.2013[2] für Aufsehen gesorgt. Hiernach stellt die unentgeltliche Nutzung eines über eine spanische S.L. gehaltenen Ferienhauses u. U. eine verdeckte Gewinnausschüttung an die inländischen Gesellschafter dar. Das Urteil ist z. T. in der Literatur stark kritisiert worden,[3] ihm ist jedoch uneingeschränkt zuzustimmen: Wird eine ausländische Kapitalgesellschaft zwischengeschaltet, in welche sodann eine selbstgenutzte Immobilie eingebracht wird, so ist zu beachten, dass sich aufgrund des Trennungsprinzips eine weitere steuerliche Ebene zwischen den Gesellschafter und die Immobilie schiebt, die eigenen Regeln folgt. Dies gilt auch, wenn die Gesellschaft sonst keine weiteren Einkünfte am Markt erzielt. Eine durch den Gesellschafter verhinderte Vermögensmehrung auf Gesellschaftsebene bildet die Rechtfertigung für die Annahme einer eigenen steuerlichen Leistungsfähigkeit der Gesellschaft, welche fremdvergleichskonform am Markt agieren muss. Das Urteil wird vor dem Hintergrund des inzwischen geänderten DBA Spanien zwar ein Einzelfall bleiben – es zeigt aber einmal mehr, dass auch und gerade im Zusammenhang mit Auslandsinvestitionen besondere Vorsicht angeraten ist. Diese und andere Fragen werden von *Haase* für die laufenden Einkünfte (→ § 8) und von *Geils* für den Exitfall beantwortet (→ § 18).

Unabhängig von derlei Besonderheiten sollten Immobilieninvestitionen in steuerlicher Hinsicht generell zeitlich und sachlich vorausschauend geplant sein. Das vorliegende Buch widmet diesem Thema ein eigenes Kapitel, in dem *Keller* die **steuerplanerischen Vorüberlegungen** eines jeden Immobilieninvestments darstellt und Handlungsoptionen bzw. Beratungshinweise

---

[2] BFH I R 109–111/10, DStR 2013, 2100.
[3] Siehe etwa von *Piltz* DStR 2014, 684.

erarbeitet (→ § 1). Welches ist die richtige Investitionsform und wovon hängt dies ab? Wie soll die Finanzierung des Investments erfolgen? Wie wird das Investment steuerlich durch Fragen der Nachfolgeplanung bzw. durch erbschaftsteuerliche Überlegungen beeinflusst? Wie muss eine Investitionsstruktur angelegt sein, um bereits in der Erwerbsphase die Weichen für die spätere steuerliche Behandlung der laufenden Einkünfte bzw. des Exitszenarios (etwa im Hinblick auf die Grunderwerbsteuer) zu stellen?

10 Ebenfalls ein übergreifendes Thema ist die Frage nach der **Immobilienbewertung,** die von *Danesitz* ausführlich behandelt wird (→ § 2). Eine Immobilienbewertung ist für sehr verschiedene steuerliche Fragestellungen notwendig, so etwa für Erbfälle, für Einlagen und Einbringungen von Immobilien, in bestimmten Fällen für Zwecke der Grunderwerbsteuer (wenn keine Gegenleistung vereinbart ist), bei Anteilsübertragungen und Umwandlungen von grundbesitzhaltenden Personengesellschaften, für Auseinandersetzungen in Scheidungsfällen oder im Rahmen gewöhnlicher Unternehmensbewertungen. Abgesehen von der Möglichkeit der abstrakten Methodenwahl bei der Bewertung muss daher in der Praxis auch immer der konkrete Bewertungsanlass beleuchtet werden, um zu einem tragfähigen Ergebnis zu gelangen. Ist es eine Bewertung für rein steuerliche Zwecke oder nicht? Die Wertermittlungsverordnung etwa benennt als Methoden das Vergleichswertverfahren, das Sachwertverfahren und das Ertragswertverfahren. Dies entspricht dem vom Institut der Wirtschaftsprüfer (IDW) erstmals in 2012 herausgegebenen Standard zu den „Grundsätzen zur Bewertung von Immobilien" (IDW ES 10). International betrachtet finden zudem die folgenden Immobilienbewertungsverfahren Anwendung: Discounted Cash Flow Methode (DCF), Residualwertverfahren, Monte-Carlo-Simulation, Appraisal Approach, so dass auch länderspezifische Besonderheiten zu berücksichtigen sind.

11 Immobilien stehen naturgemäß besonders im Fokus vermögender Privatpersonen, und zwar sowohl im Hinblick auf die allgemeine Vermögensplanung und Risikodiversifikation als auch im Hinblick auf eine etwaige Erbschaft bzw. eine Schenkung. Handelt es sich um **Immobilien im Betriebsvermögen** bzw. unternehmerisch genutzte Immobilien, sind oft auch Fragen der Nachfolgeplanung betroffen. Diese und andere Fragestellungen rund um die erbschaft- und schenkungsteuerlichen Aspekte von Immobilien werden ausführlich von *Stalleiken* dargestellt (→ § 4). Sie betreffen den (ggf. vorweggenommenen) Vermögensübergang auf die nächste Generation oder auf fremde Dritte oder die freigiebige Zuwendung von Grundvermögen im Schenkungswege.

12 Die **Erbschaft- und Schenkungsteuer** erscheint zwar in der öffentlichen Wahrnehmung der Steuerpflichtigen als Problem bzw. Hemmschuh, was sich aber in der Realität kaum bemessen lässt. Das kassenmäßige Aufkommen der Erbschaftsteuer darf als gering bezeichnet werden, was auf einer Linie mit anderen Staaten liegt, die eine vergleichbare Steuer eingeführt haben. Dies gilt in absoluten Zahlen, aber auch im Verhältnis zum Gesamtsteueraufkommen. Dieses betrug im Jahr 2013 insgesamt ca. 620 Mrd. Euro, so dass die Erbschaft- und Schenkungsteuer lediglich ca. 0,73 % hiervon ausmacht. Die Gründe hierfür werden vielfach in der durch das Verfassungsrecht angestoßenen Neuregelung des deutschen Erbschaft- und Schenkungsteuerrechts im

Jahr 2008 gesehen. Der Gesetzgeber hatte mit dem Erbschaftsteuerreformgesetz auf ein Urteil des BVerfG zu reagieren und eine Reform des Bewertungsgesetzes verabschiedet, nach der künftig Bewertungen von sämtlichen Vermögensgegenständen am Verkehrswert orientiert sein sollten. Mit der Novelle des Erbschaftsteuergesetzes 2008 (ErbStG) hat der Gesetzgeber sodann die „Monita des BVerfG" umgesetzt. Gleichzeitig wurden aber weitreichende sog. Verschonungsregeln insbesondere für Betriebsvermögen geschaffen, die in der Literatur insoweit teilweise als faktische Abschaffung der Erbschaftsteuer interpretiert wurden und einen für die Besteuerungspraxis kaum noch zu rechtfertigenden Komplexitätsgrad erreicht haben. Dies darf indes nicht dahingehend missverstanden werden, dass insbesondere das Erbschaftsteuerrecht nicht im Einzelfall doch eine besondere Tragweite entwickeln kann. Gerade bei der Vererbung von größeren Betriebsvermögen im Mittelstand führt eine unterlassene, nicht rechtzeitige oder schlicht misslungene Gestaltung nicht selten dazu, dass den Erben keine andere Wahl bleibt, als das elterliche Unternehmen zu veräußern, um die anfallende Steuerlast entrichten zu können.

Der erreichte Komplexitätsgrad ist für die Besteuerungspraxis umso bedauernswerter, als das BVerfG mit Urteil v. 17.12.2014[4] entschieden hat, dass das derzeitige Erbschaft- und Schenkungsteuerrecht **verfassungswidrig** ist, weil es gegen den Gleichheitsgrundsatz verstößt. Betriebsvermögen wird im Unterschied zu Privatvermögen zu stark begünstigt, ohne dass hierfür eine sachliche Rechtfertigung eingreift. Das BVerfG hat dem Gesetzgeber eine Frist bis zum 30.6.2016 gesetzt, das geltende Erbschaft- und Schenkungsteuerrecht zu reformieren. Das Bundeskabinett hat reagiert und am 8.7.2015 einen Gesetzentwurf zur Anpassung des Erbschaftsteuer- und Schenkungsteuergesetzes an die Rechtsprechung des Bundesverfassungsgerichts beschlossen. Der Entwurf wurde am 14.8.2015 dem Bundesrat zugeleitet (BR-Drs. 353/15).

Auch **umsatzsteuerlich** sind bei Immobilien diverse Besonderheiten zu beachten, die von *Friedrich-Vache* umfassend erläutert werden (→ §§ 6 und 10). Die Besonderheiten erstrecken sich über die gesamte Lebensdauer einer Immobilie und werden vor allem bei grenzüberschreitenden Sachverhalten sichtbar. Aber auch in rein inländischen Situationen gibt es mancherlei zu beachten, wobei die nachstehende Aufzählung bei weitem nicht vollzählig ist: Zweifelsfragen der Geschäftsveräußerung im Ganzen im Fall von asset deals und – neuerdings auch – share deals, Vorsteueraufteilung bei gemischt genutzten Gebäuden (Sphärentheorie), Vorsteuerkorrekturmöglichkeiten und Vorsteuerkorrekturverpflichtungen, Option zur Steuerpflicht und Ausschluss der Option bei Errichtung, Eigennutzung, Fremdvermietung (insbesondere Kettenvermietungen) und Verkauf, Besonderheiten des Steuersatzes und der Steuerschuldnerschaft (insbesondere grenzüberschreitend), Unterschiede zwischen Wohnraum- und Gewerbemiete, Ort der Leistung bei grundstücksbezogenen Leistungen etc.

Spezialfragen der Besteuerung von Immobilien im Zusammenhang mit **Insolvenzen und insolvenznahen Situationen** – einschließlich der umsatzsteuerlichen Behandlung – werden von *Roth* erörtert (→ §§ 11 ff.). Die inso-

---

[4] BVerfG 17.12.2014 – 1 BvL 21/12, BStBl. II 2015, 50.

weit auftretenden Fragen können im Einzelfall sehr komplex sein: Vermietete Immobilienobjekte beispielsweise führen beim Eigentümer nach den allgemeinen Regeln zu einkommensteuerrelevanten Einkünften aus Vermietung und Verpachtung (oder ggf. zu Einkünften aus Gewerbebetrieb). Auch bei einer Zwangsverwaltung jedoch sind die Einkünfte dem Eigentümer zuzurechnen.[5] Es scheint dabei unbestritten, dass die Einkommensteuer, die aus diesen Einkünften resultiert, nicht vom Zwangsverwalter berichtigt werden muss.[6] Läuft nun gleichzeitig ein Insolvenzverfahren über das Vermögen des Eigentümers, so handelt es sich bei der Einkommensteuer nur um eine Masseverbindlichkeit, soweit die Einkommensteuer auf die tatsächlich zur Insolvenzmasse gelangten Vermietungsüberschüsse entfällt. So hat es zumindest der RFH in seinem Urteil vom 19.3.1940[7] entschieden. Nun hat ein Insolvenzverwalter bei einer Zwangsverwaltung insoweit zwar ohnehin keine Gestaltungsmöglichkeit. Anders sieht es aber bei einer sogenannten „kalten" Zwangsverwaltung aus. Hierbei handelt der Insolvenzverwalter mehr oder weniger frei aus, in welcher Höhe die Mietüberschüsse an den Grundpfandgläubiger auszukehren sind. Man wird daher richtigerweise nicht umhinkommen, die Einkommensteuer – soweit diese auf die Vermietungsüberschüsse entfällt – als Masseverbindlichkeit gem. § 55 Abs. 1 Nr. 1 InsO zu behandeln, da diese durch die Verwaltung der Insolvenzmasse begründet wird. Da ein Insolvenzverwalter sich nicht darauf verlassen kann, dass beim Insolvenzschuldner ausreichende Verlustvorträge bestehen, sollte er entsprechend bei Vereinbarungen über „kalte" Zwangsverwaltungen eine etwaige Einkommensteuer als zu berücksichtigende Ausgaben einbeziehen.

16 Es ist unmittelbar einsichtig, dass insbesondere das **Insolvenzverfahren** zum Besteuerungsverfahren in einem Spannungsverhältnis steht. Als grundlegendes Ziel des Insolvenzverfahrens muss nämlich die optimale und gleichmäßige Befriedigung der Insolvenzgläubiger (sog. par condicio creditorum) aus dem grundsätzlich begrenzten Massevolumen erkannt werden. Zu diesem Zweck wird das Verfahren in die fremden Hände des Insolvenzverwalters gegeben, der als Rechtspflegeorgan in der Vollstreckung tätig ist. Zu dessen Amtspflichten gehört es auch, die allgemeine Verteilungsmasse für die Insolvenzgläubiger (§§ 187 ff. InsO) zu mehren. Dies läuft ersichtlich zwar dem Interesse der Finanzbehörden entgegen, die gesetzlich geschuldeten Steuern in voller Höhe einzutreiben. Dies ist aber hinzunehmen, weil AO und InsO grundsätzlich gleichgeordnet sind – ein Rangverhältnis ist im Gesetz nicht angelegt. Die rechtsstaatliche Garantie effektiver Zwangsvollstreckung und Gewährleistung der verfahrensrechtlichen Durchsetzbarkeit von Forderungen ist im Übrigen auch verfassungsrechtlich verankert, so dass der Fiskus nicht per se bevorzugt wird.

17 Vor diesem Hintergrund stellt sich das **Verhältnis von Steuerrecht und Insolvenzrecht** wie folgt dar: Das Insolvenzrecht ist ein der Steuerfestsetzung nachlaufendes besonderes Gesamtvollstreckungs- und Verteilungsrecht, sozusagen eine spezialgesetzliche Durchsetzungssperre. Es ordnet Rangfolgen

---

[5] Vgl. BFH 11.3.2003 – IX R 65/01, BeckRS 2003, 25001749.
[6] Vgl. BFH 22.8.1958 – VI 157/57, BeckRS 1958, 21008897.
[7] RFH 19.3.1940 – I 316/39, RFHE 48, 176.

Teil 1. Einleitung

und Privilegien zwischen unterschiedlichen Gläubigergruppen zu, zu denen auch der Fiskus gehört. Überschneidungen gibt es insbesondere zwischen dem Sonderrecht der InsO und der Steuererhebung i. S. v. § 218 AO sowie der Vollstreckung i. S. v. §§ 249 ff. AO. Die vorrangigen „Lex-specialis"-Regelungen der InsO stehen hier im Grundsatz unter dem Blickwinkel der Verteilungsgerechtigkeit. Demgegenüber bleibt die Kompetenz der Finanzämter auf den durch Gesetz legitimierten steuerrechtlichen Kernbereich und die Forderungsfeststellung zur Tabelle gem. § 251 Abs. 3 InsO beschränkt. Die Finanzverwaltung ist also nicht dazu legitimiert, neben der Steuerberechnung beispielsweise auch über die Qualität des Steuerbetrags z. B. als Masseverbindlichkeit zu urteilen.

18 Ein Bereich, in dem die Finanzbehörden hingegen scheinbar ungehindert Steuern eintreiben können, ist der Bereich der **Grunderwerbsteuer,** der von *Demleitner* bearbeitet wird (→ §§ 5 und 17). Nicht zuletzt angesichts der immer weiter steigenden Steuersätze – seit diese im Belieben der einzelnen Bundesländer stehen – stellt sich die Frage nach der möglichen Vermeidung von Grunderwerbsteuer nahezu bei jedem Immobilieninvestment außerhalb des Privatbereichs. Vor allem institutionelle Investoren sind bereit, hier angesichts der großen Investitionsvolumina kaum Mühen und manchmal auch keine Kosten zu scheuen. Nachdem die Einführung des § 6a GrEStG noch zu begrüßen gewesen ist, weil damit endlich konzerninterne Umstrukturierungen – jedenfalls für einige Fälle – steuerfrei gestellt worden sind, hat der Gesetzgeber mit der Einführung des § 1 Abs. 3a GrEStG weder dem Steuerpflichtigen noch sich einen Gefallen getan. Die Vorschrift bricht mit der bisher vorherrschenden Zivilrechtsakzessorietät des Grunderwerbsteuerrechts, indem sie auf rein wirtschaftliche Beteiligungen abstellt.

19 Der Gesetzgeber versucht, mit der neuen Vorschrift **eine Besteuerungslücke bei der Grunderwerbsteuer** für die Übertragung von grundbesitzhaltenden Gesellschaften **zu schließen.** Bisher war der Erwerb der Beteiligung an Gesellschaften mit Grundbesitz in Fällen des § 1 Abs. 3 GrEStG (sog. Anteilsvereinigung) nur dann steuerbar, wenn der Erwerber hierdurch eine Quote von mindestens 95% an der Gesellschaft erreichte. Blieb es etwa bei einer Beteiligungsquote von 94%, wurde keine Grunderwerbsteuer ausgelöst. Dies galt selbst dann, wenn die übrigen 6% über eine Zwischengesellschaft („RETT-Blocker") gehalten wurden, an der der Erwerber wiederum beteiligt war. Bei Kapitalgesellschaften als Zwischengesellschaft war eine Zurechnung dabei insgesamt ausgeschlossen, wenn der Erwerber mit weniger als 95% an dieser beteiligt war (kein Durchrechnen, sondern „Alles-oder-nichts-Prinzip"). Bei Personengesellschaften als RETT-Blocker konnte sich der Erwerber im Extremfall sogar zu 100% am Vermögen beteiligen, wenn der persönlich haftende Gesellschafter ein fremder Dritter war. Dies ergab sich aus der gesellschaftsrechtlichen Besonderheit, dass bei Personengesellschaften eine Pro-Kopf-Betrachtung gilt und auch die vermögenslose Komplementärbeteiligung als Anteil zählt. Wirtschaftlich konnten damit 100% des Grundvermögens grunderwerbsteuerfrei erworben werden, was jetzt vor dem Hintergrund der bisher gängigen RETT-Blocker-Strukturen nicht mehr in dieser Weise möglich ist. § 1 Abs. 3a GrEStG tritt damit als zusätzlicher Steuertatbestand für Anteilsübertragungen nachrangig neben die bestehenden § 1 Abs. 2a und

Abs. 3 GrEStG. Im Zusammenspiel ergeben die drei Vorschriften ein enormes Risikopotenzial auch für gruppeninterne Umstrukturierungen. Die Grunderwerbsteuer wird damit noch mehr als bisher zum Hindernis für wirtschaftlich sinnvolle Strukturänderungen, auch wenn der Gesetzgeber immerhin auch den § 1 Abs. 3a GrEStG in § 6a GrEStG aufgenommen hat.

20 **Konzerninterne Restrukturierungen** betreffen indes nicht nur Fragen der Grunderwerbsteuer, sondern insbesondere auch jene des allgemeinen Ertragsteuerrechts. Sie können auch durch andere Steuerarten veranlasst sein, wie etwa die Erbschaftsteuer. Vor dem Hintergrund der Erbschaftsteuerreform 2008 konnte es beispielsweise vorteilhaft sein, bisher im Privatvermögen (etwa einer vermögensverwaltenden KG) gehaltenen Immobilienbesitz in eine Kapitalgesellschaft zu überführen. Erträge aus der Grundstücksverwaltung unterliegen auch bei dieser Rechtsform wegen der erweiterten gewerbesteuerlichen Kürzung nicht der Gewerbesteuer. Die Gewinnthesaurierung ist bei nun relativ geringer Belastung mit Körperschaftsteuer gewährleistet, und Grunderwerbsteuer fällt bei einer formwechselnden Umwandlung nicht an. Vor der Umwandlung sind jedoch teilweise schwierige Fragen zu klären: Was ist, wenn die vermögensverwaltende KG vor der Umwandlung eine „Unterbilanz" hatte? Entstehen steuerpflichtige Spekulationsgewinne? Gehen noch nicht ausgeglichene Verluste (§ 15a EStG) verloren? Auf welcher Basis schreibt die Kapitalgesellschaft in Zukunft das Immobilienvermögen ab?

21 Vor allem die letzte Frage ist nicht einfach zu beantworten. Umwandlungssteuergesetz und Umwandlungssteuererlass setzen im Grundsatz eine unternehmerische Tätigkeit der umzuwandelnden Personengesellschaft i. S. einer Mitunternehmerschaft voraus (hier für § 25 UmwStG). Wird dagegen eine vermögensverwaltend tätige Personengesellschaft nach den Vorschriften des handelsrechtlichen UmwG in eine Kapitalgesellschaft formwechselnd umgewandelt, so handelt es sich bei diesem Vorgang um die Aufnahme einer gewerblichen Tätigkeit und damit um eine **Betriebseröffnung.** Bei Betriebseröffnungen sind auf die dem Betrieb gewidmeten Wirtschaftsgüter die Vorschriften zur Bewertung von Einlagen entsprechend anzuwenden. Einlagen sind mit dem Teilwert zu bewerten, so dass unter Berücksichtigung der genannten Vorschriften für den Rechtsformwechsel vermögensverwaltend tätiger Personengesellschaften an sich, anders als bei der Umwandlung von steuerlichen Mitunternehmerschaften, eine Wertaufstockung zwingend ist. Die durch Umwandlung entstandene Kapitalgesellschaft hat demnach in diesem Fall eine Steuerbilanz aufzustellen, die von der Handelsbilanz abweicht. Ob es bei diesem Ergebnis bleibt und wie man solche Fälle gestalten kann, um zu einer steuerneutralen Umwandlung zu gelangen, wird neben anderen Umwandlungsarten von *Behrendt* untersucht (→ § 17 Rn. 62 ff.). Zwar vollzieht sich die Umwandlung einer grundbesitzhaltenden Gesellschaft im Grundsatz nach den allgemeinen Regeln – es gibt aber grundbesitzspezifische Besonderheiten, die ein eigenes Kapitel rechtfertigen (man denke an Fragen rund um den Teilbetrieb).

22 Besonderheiten sind auch im **allgemeinen Ertragsteuerrecht** zu beachten, soweit es um die Rechtsformwahl und bestimmte Investitionsstrukturen geht. Hier kommt es im Ergebnis für die Besteuerung meist auf den letztendlichen Investor und seine Rechtsform an, der sich freilich – insbesondere grenzüberschreitend – in einer bestimmten Weise betätigen und seine Investition in Immobilien durchführen kann. Die Fragestellungen sind hier sehr unterschiedlich: Die Immobilieninvestition beispielsweise über ausländische offene Fonds mag ein Vertriebsargument sein oder als Vehikel für günstige Finanzierungskonditionen im Ausland dienen – es ist nur zu bedenken, dass dann neben dem Steuerrecht (hier etwa Besonderheiten bei der Besteuerung mangels Offenlegung bestimmter Informationen nach den §§ 5, 6 InvStG) auch noch das Aufsichtsrecht Platz greift, welches zwingend zu beachten ist und nach dem KAGB zu unliebsamen Überraschungen führen kann. Zuwiderhandlungen sind mindestens bußgeldbewehrt und werden, so die Praxiserfahrungen, auch geahndet. Fondsstrukturen dieser Art eignen bzw. rechnen sich daher meist nur bei großen Investitionsvolumina über 20 Mio. Euro, jedenfalls soweit es den Privatbereich betrifft.

Auch im Bereich **der geschlossenen Fonds** – ein deutsches Spezifikum – greift u. U. das KAGB ein, so dass auch hier neben dem Steuerrecht weitere Besonderheiten zu beachten sind. Daneben ergeben sich bei geschlossenen Fonds die bekannten Fragestellungen: vermögensverwaltend versus nicht vermögensverwaltend (und entsprechende Gestaltungsmöglichkeiten, gerade vor dem Hintergrund des neuen KAGB), Vermeidung von Gewerbesteuer (Stichworte: „Betriebsvorrichtungen" und „Sonderleistungen"), umsatzsteuerliche Optimierung, Steuerfreistellung und Progressionsvorbehalt bei Auslandsinvestitionen, bei Inbound-Strukturen Vermeidung von Steuererklärungspflichten der einzelnen ausländischen Anleger (etwa durch Zwischenschaltung hybrider Gesellschaften), Finanzierung unter Vermeidung der Zinsschranke (etwa in KG-Strukturen durch aufgesplittete Finanzierung und mehrfaches Nutzen der Freigrenze von 3 Mio. Euro), Fragen von § 15a und § 15b EStG etc.

Die verbleibenden steuerlichen Themen werden sodann, gegliedert nach den **Nutzungsphasen einer Immobilie,** für den Bereich des allgemeinen Ertragsteuerrechts durch *Geils* abgehandelt (→ §§ 3 und 9). Sie sind sehr vielschichtig, in Teilen sehr komplex und wollen vor einem Immobilienerwerb sorgfältig durchdacht sein. Dies fängt bei der Frage an, ob die Immobilie vermietet oder zur Eigennutzung zur Verfügung stehen soll. Soll sie vermietet werden, stellt sich die weitere Frage, ob dies im Betriebsvermögen („in einer Firma"), in einem **SPV** (special purpose vehicle) oder im Familienverbund (dann meist zum Zwecke der Steuerersparnis – Problem der Verträge mit nahen Angehörigen etc.) geschehen soll. Weniger auf die Rechtsform (abgesehen von der grundsätzlichen Unterscheidung zwischen Privat- und Betriebsvermögen, die auch hier relevant wird) als vielmehr auf die Art der Nutzung kommt es hingegen für Zwecke der AfA an. Die Abschreibung eines Gebäudes ist nicht einheitlich geregelt, sondern es gibt Sonderbestimmungen, z. B. erhöhte Abschreibungen bei Gebäuden in Sanierungsgebieten und städtebaulichen Entwicklungsbereichen bzw. erhöhte Absetzungen für Wohnungen mit Sozialbindung (vgl. §§ 7h, 7i und 10f EStG). Grundsätzlich bemisst sich die Abschreibung nach den Baukosten des Gebäudes bzw. beim Kauf nach den Anschaffungskosten des Gebäudes (nicht Grund- und Boden), die Sätze variieren zwischen 2 und 5 %.

25 Was in diesem Zusammenhang **Anschaffungs- bzw. Herstellungskosten** sind, ist nicht immer eindeutig festgelegt. Insbesondere bei Instandsetzungen sind steuerrechtliche Besonderheiten zu beachten: Zunächst besteht immer das Abgrenzungsproblem zum sogenannten „Herstellungsaufwand" und ebenfalls kann der Sonderfall der „anschaffungsnahen Aufwendungen" entstehen. Sind „Instandhaltungen" rechtlich als „Herstellungsaufwand" einzuordnen, kann der Herstellungsaufwand nicht sofort abgesetzt werden, sondern er wird wie das Gebäude abgeschrieben. Es ist also für den Steuerpflichtigen bei größeren Aufwendungen durchaus erheblich, wie die Baumaßnahme steuerrechtlich einzuordnen ist. Herstellungsaufwand wird als „Faustregel" immer dann vorliegen, wenn neuer Wohnraum geschaffen wurde; reine Reparaturen führen hingegen nicht zu Herstellungsaufwand. Anschaffungsnaher Aufwand ist immer zu prüfen, wenn „Instandsetzungen" in den ersten drei Jahren nach dem Kauf einer Immobilie durchgeführt werden. Die Finanzverwaltung nimmt „anschaffungsnahen Aufwand" in der Regel dann an, wenn die Instandsetzungen in den ersten drei Jahren nach dem Kauf 15 % des Kaufpreises übersteigen. Es ist jedoch nicht der Kaufpreis der Immobilie maßgebend, sondern nur der anteilige Kaufpreis für das Gebäude. Der Unterschied zwischen Instandhaltungen und anschaffungsnahem Aufwand besteht, wie vorstehend beschrieben, darin, dass Instandhaltungen sofort abgesetzt werden, während der anschaffungsnahe Aufwand mit dem Gebäude abzuschreiben ist.

26 Allgemeine ertragsteuerliche Fragen stellen sich auch im **Veräußerungsfall**. Stellt eine Immobilie etwa sog. notwendiges Betriebsvermögen dar, d. h. einem Einzelgewerbetreibenden gehört eine Immobilie und sie wird betrieblich genutzt, wird die Wertsteigerung dieser Immobilie unabhängig von Haltefristen besteuert, wenn die Immobilie verkauft oder aber der Betrieb aufgeben wird. Durch die Bildung von Betriebsvermögen verwirkt der Steuerpflichtige also jede Chance, die Wertsteigerung einer Immobilie steuerfrei zu realisieren. Aus diesem Grunde sollte man diese Konstellation etwa durch das bekannte „Ehegatten-Vermietungsmodell" vermeiden. Im Privatvermögen hingegen verhält es sich grundlegend anders: Nur wenn eine zum Privatvermögen gehörende Immobilie innerhalb von zehn Jahren seit der Anschaffung veräußert wird, unterliegt die Wertsteigerung als sonstige Einkünfte der Einkommensbesteuerung. Anderenfalls liegen nicht steuerbare Einkünfte vor. Hier spielt es auch keine Rolle, dass der Steuerpflichtige die Immobilie vielleicht aus einer Notlage heraus verkaufen musste, sondern entscheidend ist schlicht nur die Zehn-Jahres-Frist. Der Beginn der Frist richtet sich nach dem Anschaffungstag des Grund und Bodens, nicht nach dem Fertigstellungsjahr eines Gebäudes. Bei dem Kauf eines bebauten Grundstücks ist hingegen nach zutreffender Verwaltungsansicht der Tag der Anschaffung (Übergang von Nutzen und Lasten) maßgebend.

27 Sämtliche vorstehenden Aspekte werden ersichtlich umso virulenter, je werthaltiger ein Grundstück oder eine Immobilie ist. Mit den derzeit **steigenden Preisen am Immobilienmarkt** werden die steuerlichen Streitfragen daher kaum ab-, sondern eher zunehmen. Der deutsche Wohnungs- und Immobilienmarkt hat sich überdies in der Finanzkrise und der anschließenden Rezession nicht nur gut behauptet, sondern er erwies sich als ein wichtiger

Stabilitätsfaktor für die Gesamtwirtschaft. Da es in Deutschland in den Jahren zuvor im Gegensatz zu vielen anderen Ländern keine spekulativen Übertreibungen gegeben hatte, zeigten sich auch keine nennenswerten negativen Auswirkungen auf Preise und Umsätze. Ob dieser Befund auch künftig gilt, wird sich erst erweisen müssen.

Teil 2. Übergreifende Themen

§ 1 Steuerplanerische Grundüberlegungen beim Immobilienerwerb

Übersicht

	Rn.
A. Einleitung	1–5
B. Wahl der Rechtsform/Investitionsvehikel	
I. Allgemeines	6–9
II. Personengesellschaft	10–14
III. Kapitalgesellschaft	15–19
IV. Exkurs: Ausländische Investoren	20–28
1. Allgemeines	20, 21
2. Personengesellschaft	22–25
3. Kapitalgesellschaft	26–28
C. Betriebsvermögen versus Privatvermögen	
I. Betriebsvermögen	31–49
1. Sonderbetriebsvermögen	33, 34
2. Betriebsaufspaltung	35–39
3. Betriebliche Tätigkeiten	40, 41
a) Nebentätigkeiten	42–45
b) Vermietung und Verpachtung beweglicher Gegenstände	46, 47
c) Gewerblicher Grundstückshandel	48, 49
II. Privatvermögen	50
D. Asset Deal versus Share Deal	
I. Asset Deal	52–76
1. Grunderwerbsteuer	52–55
2. Umsatzsteuer	56–64
a) Perspektive des Verkäufers	57, 58
b) Perspektive des Erwerbers	59, 60
c) Geschäftsveräußerung im Ganzen	61–64
3. Übernahme von steuerlichen Risiken aus der Vergangenheit	65–68
4. Ankaufsstruktur	69
5. Behandlung des Veräußerungsgewinns	70–72
6. Abschreibungspotenzial	73–76
II. Share Deal	77–102
1. Grunderwerbsteuer	77–80
2. Umsatzsteuer	81–83
3. Übernahme von steuerlichen Risiken aus der Vergangenheit	84–88
4. Ankaufsstruktur	89, 90

§ 1 1–3a Teil 2. Übergreifende Themen

	Rn.
5. Behandlung des Veräußerungsgewinns	91–96
a) Personengesellschaft	91
b) Kapitalgesellschaft	92–96
6. Abschreibungspotenzial	97–102
a) Personengesellschaft	98, 99
b) Kapitalgesellschaft	100–102
E. Finanzierung	
I. Betriebsvermögen	103–106
II. Privatvermögen	107
F. Umstrukturierungen	
I. Grunderwerbsteuer	109, 110
II. Sonderbetriebsvermögen	111, 112
G. Erbschaft- und Schenkungsteuer	113–115

A. Einleitung

1 Im Vorfeld einer geplanten Investition in Immobilien kann es hilfreich sein, sich intensive Gedanken über die mit diesem Investment verfolgten Ziele zu machen. Dieses Vorgehen mag auf den ersten Blick banal und selbstverständlich klingen, kann aber entscheidende Hinweise für die konkrete Ausgestaltung des Investments liefern.

2 Zunächst gilt es, sich die (üblichen) Phasen seines Immobilieninvestments vor Augen zu führen, d.h. 1. Ankauf, 2. Haltedauer/Vermietungsphase sowie 3. Veräußerung. In Abhängigkeit davon, welchen bzw. welcher dieser Phasen eine besondere Bedeutung beigemessen wird, können Rechtsform des Investitionsvehikels, Zuordnung zum Privat- oder Betriebsvermögen sowie Bündelung mit oder Separierung von anderen Immobilieninvestments wichtig für die optimale steuerliche Ausgestaltung des Investments sein.

3 Die mit dem Immobilieninvestment verfolgten Ziele können dabei vielfältig sein. Ein **Projektentwickler** dürfte in aller Regel in erster Linie auf den Verkauf der (entwickelten) Immobilie schauen. Der Einkauf des für die Entwicklung erforderlichen Grundstücks sollte nach Möglichkeit so strukturiert sein, dass die dabei regelmäßig entstehende Grunderwerbsteuer nur auf das unbebaute Grundstück entfällt. Aufgrund der vergleichsweise kurzen Haltedauer unterliegt der Veräußerungsgewinn stets der Besteuerung. Zudem ist aufgrund seiner Tätigkeit davon auszugehen, dass der realisierte Gewinn auch der Gewerbesteuer unterliegt. Vor diesem Hintergrund könnte ein Projektentwickler eher ein Interesse daran haben, die steuerliche Qualifikation dieses Veräußerungsgewinns, z.B. durch die Wahl der für ihn geeigneten Rechtsform, zu optimieren. Außerdem kann der Projektentwickler daran interessiert sein, die Übertragung der Immobilie auf den Erwerber ohne Belastung mit Grunderwerbsteuer durchführen zu wollen, sodass der Erwerber bei gleichem Budget mehr Kaufpreis an den Projektentwickler zahlen kann.

3a „Neben den Projektentwicklern dürfte sich ebenfalls die Gruppe der **Finanzinvestoren** der Immobilie mit einem vergleichsweise spekulativen Verständnis nähern. Der Finanzinvestor setzt dabei in aller Regel sowohl auf die laufenden Erträge aus der (bereits entwickelten) Immobilie als auch auf die Wertsteigerungen. Zur Steigerung der Rendite auf das eingesetzte Eigenkapital sind die Investoren regelmäßig daran interessiert, in möglichst großem Umfang Fremdkapital einzusetzen (sog. **„Leverage-Effekt"**). Die mit der Immobilie erzielten laufenden Mieterträge sollten dabei ausreichend hoch sein, um sowohl den aus der Fremdfinanzierung resultierenden Kapitaldienst (d. h. Zins und Tilgung) als auch die laufenden Betriebskosten der Immobilie bedienen zu können. Vereinfacht ausgedrückt geht der „klassische" Finanzinvestor davon aus, dass sich die erworbene Immobilie „selbst finanziert". In ertragsteuerlicher Hinsicht besteht dabei die Herausforderung, eine Saldierung von Mieterträgen und Zinsaufwendungen erreichen zu können. Zudem sollte sichergestellt werden, dass die Zinsaufwendungen in vollem Umfang steuerlich abzugsfähig sind (Stichwort: **„Zinsschranke"**)."

Im Gegensatz dazu dürfte der **Bestandshalter** vorrangig auf die Vermietungsphase schauen. Während dieses (im Zweifel sehr langen) Zeitraums sollte die Steuerbelastung auf die mit der Immobilie generierten Mieterlöse möglichst gering sein. Darüber hinaus sollten nach Möglichkeit sämtliche Aufwendungen, die der Bestandshalter zu tragen hat, entweder an den Mieter weiterbelastbar sein oder zumindest bei der Ermittlung des steuerpflichtigen Vermietungsergebnisses in Abzugs gebracht werden können. Außerdem könnte der Bestandshalter ein Interesse daran haben, neben der reinen Vermietung zusätzliche Dienstleistungen anzubieten, um den Gesamtertrag aus der Immobilie zu steigern. Die Veräußerung der Immobilie selbst (Verkaufsphase) steht dabei in aller Regel nicht im Vordergrund.

Denkbar ist auch, dass die Immobilie durch einen **strategischen Investor** für eigene unternehmerische Tätigkeiten (z. B. als Produktionsstätte oder Verwaltungsgebäude) genutzt werden soll. Auch in diesem Fall liegt der Fokus deutlich weniger auf der möglichen Veräußerung der Immobilie. Es mag vielmehr darum gehen, die Immobilie im Unternehmen zu nutzen, ohne diese *„ganz und gar"* dem Unternehmen (ggf. auch aus Gründen der Haftungsabschirmung) zu überlassen. In derartigen Fällen gilt es in steuerlicher Hinsicht, ein besonderes Augenmerk darauf zu richten, ob dieses wirtschaftliche Ziel nicht möglicherweise durch spezielle, steuerliche Regelungen (z. B. Betriebsaufspaltung, Sonderbetriebsvermögen) konterkariert wird.

B. Wahl der Rechtsform/Investitionsvehikel

I. Allgemeines

In sachenrechtlicher Hinsicht kommen als Eigentümer inländischen Grundbesitzes sowohl natürliche als auch juristische Personen in Betracht. Darüber hinaus können auch Personengesellschaften (inkl. der GbR[1]) als Eigentümer im Grundbuch eingetragen werden. Vor diesem Hintergrund darf behauptet

---

[1] Vgl. Palandt/*Ellenberger* Einf. vor § 21 Rn. 2; Palandt/*Sprau* § 705 Rn. 24; MüKoHGB/*Schmidt* HGB § 105 Rn. 7.

werden, dass die Frage nach der Wahl der rechtlich zulässigen Rechtsform in der Praxis von eher untergeordneter Bedeutung ist. In dieser Hinsicht dürften somit steuerliche Überlegungen einen größeren Einfluss auf die Wahl der Rechtsform haben.

7   Die Entscheidung des Investors, die betreffende Immobilie durch eine dafür errichtete rechtliche Einheit (**„Investitionsvehikel"**) zu erwerben hat allerdings i. d. R. nicht allein steuerliche Gründe. In erster Linie dürfte es um die Trennung vom übrigen Vermögen des Investors gehen, um einen mehr oder weniger durchlässigen Haftungsschirm zu errichten. Für diese Zwecke werden als Investitionsvehikel üblicherweise Personengesellschaften mit beschränkter Haftung (Kommanditgesellschaft, i. d. R. GmbH & Co. KG) oder Kapitalgesellschaften (i. d. R. GmbH) verwendet.

8   Die Nutzung eines solchen Investitionsvehikels ist im Ergebnis auch die einzige Möglichkeit, den späteren (mittelbaren) Verkauf der Immobilie ohne Belastung mit **Grunderwerbsteuer** realisieren zu können. Im Hinblick auf die Grunderwerbsteuer kommt es allerdings nicht entscheidend darauf an, ob als Investitionsvehikel eine Personen- oder Kapitalgesellschaft verwendet wird.

9   Die steuerlichen Unterschiede zwischen diesen Gesellschaftsformen zeigen sich vorrangig bei der Ertragsteuer. An dieser Stelle sei bereits das Ergebnis einer möglichen Vorteilhaftigkeitsanalyse zwischen Personen- und Kapitalgesellschaft vorweggenommen: Aufgrund der steuersystematischen Unterschiede zwischen diesen beiden Rechtsformen ist eine klare und eindeutige Tendenz, welche die „bessere" Rechtsform für Immobilieninvestments ist, nicht möglich. Beide Rechtsformen bieten – abhängig von der jeweiligen Situation und dem mit dem Investment verfolgten Ziel – signifikante Vor- und Nachteile.

II. Personengesellschaft

10 Eine Personengesellschaft als Immobiliengesellschaft ist aus steuerrechtlicher Sicht in zwei Ausgestaltungen denkbar: Zum einen als (rein) vermögensverwaltende und zum anderen als gewerbliche bzw. gewerblich geprägte Gesellschaft. Im Fall der vermögensverwaltenden Personengesellschaft ist für Zwecke der Ertragsbesteuerung allein auf die Gesellschafter abzustellen. Nur diese unterliegen einer (möglichen) Besteuerung. Im Falle der gewerblichen bzw. gewerblich geprägten Personengesellschaft ist die Gesellschaft selbst allein für Zwecke der **Gewerbesteuer** als Besteuerungssubjekt zu qualifizieren. Die Einkommen- bzw. Körperschaftsteuer bleibt auch in diesem Fall allein Sache der Gesellschafter.

11 Sofern die betreffende Immobilie von einer Personengesellschaft erworben wird, besteht in Abhängigkeit von Art und Umfang der (insgesamt) von dieser Personengesellschaft ausgeübten Tätigkeiten und durch ggf. erforderliche gestalterische Maßnahmen die Möglichkeit, den Status der **„Vermögensverwaltung"** – und damit ertragsteuerliches Privatvermögen – auch auf Ebene einer Personengesellschaft zu realisieren. Der damit verbundene Aufwand zahlt sich im Ergebnis allerdings nur dann aus, wenn an dieser Personengesellschaft natürliche Personen beteiligt sind (Stichwort: geschlossener Immobilienfonds). Soweit die Anteile an einer vermögensverwaltenden Personengesellschaft von einem betrieblichen Anteilseigner (insb. Kapitalgesell-

schaft) gehalten werden, werden die auf Ebene der Personengesellschaft ermittelten Einkünfte aus Vermietung und Verpachtung auf Ebene dieses Gesellschafters in gewerbliche Einkünfte umqualifiziert (sog. **"Zebragesellschaft"**). Im Rahmen derartiger Konstellationen sollte im Vorfeld des Immobilieninvestments genau geprüft werden, ob und ggf. in welchem Umfang die Vermeidung der Gewerblichkeit und damit verbunden die Vermeidung von Betriebsvermögen auf Ebene der Immobiliengesellschaft auf Ebene der/des beteiligten Gesellschafter(s) wieder zunichte gemacht wird.

Im Hinblick auf die besonders bei Bestandshaltern im Vordergrund stehende Vermietungsphase sei darauf hingewiesen, dass die Rechtsform bei der Frage, ob diese laufenden Mieterträge der Gewerbesteuer unterliegen, dem Grunde nach keine Rolle spielen soll. Trotz der gesetzlich normierten Qualifikation sämtlicher Einkünfte einer gewerblich geprägten Personengesellschaft[2] als solche aus Gewerbebetrieb, unterliegen die Mieterträge nicht der Gewerbesteuer. Dies gilt allerdings nur dann, wenn die (strengen) Anforderungen des § 9 Nr. 1 Satz 2 ff. GewStG (sog. **"erweiterte Grundstückskürzung"**) erfüllt werden. 12

Als Besonderheit der (rein) vermögensverwaltenden Personengesellschaften darf die sog. **"Bruchteilsbetrachtung"** angesehen werden. Im Ergebnis kommt es dabei für ertragsteuerliche Zwecke zur gänzlichen Nichtbeachtung der zivilrechtlichen Gebundenheit des Vermögens auf Ebene der Gesellschaft. Es ist vielmehr davon auszugehen, dass sämtliche Wirtschaftsgüter und Schulden anteilig (zu einem Bruchteil[3]) den beteiligten Gesellschaftern zugerechnet werden. 13

Dies kann sich insbesondere bei der Veräußerung der Anteile an einer solchen Gesellschaft auswirken. So vertreten die Finanzverwaltung[4] sowie Teile der Literatur[5] die Auffassung, dass die Bruchteilsbetrachtung in diesen Fällen anwendbar ist, sodass der Investor im Ergebnis (anteilig) "seine" Immobilie veräußert. Die sich insoweit ergebenden Besteuerungsfolgen entsprechen damit denen eines sog. **"Asset Deals"**. Die Rechtsprechung[6] weist allerdings darauf hin, dass die Veräußerung der Beteiligung an einer Personengesellschaft keinen Einfluss auf das von dieser Gesellschaft gesamthänderisch gebundene Vermögen hat (zivilrechtliche Betrachtung). Im Ergebnis vertreten der BFH und Teile der Literatur damit die Auffassung, dass die Anteilsveräußerung gerade nicht mit der unmittelbaren Veräußerung der anteiligen Wirtschaftsgüter dieser Personengesellschaft gleichzusetzen ist.[7] 14

III. Kapitalgesellschaft

Eine Kapitalgesellschaft ist selbst Besteuerungssubjekt für Zwecke der Körperschaft- und Gewerbesteuer und führt somit in steuerlicher Hinsicht zu einer "intransparenten" Struktur. 15

---

[2] Vgl. § 15 Abs. 3 Satz 1 Nr. 2 EStG.
[3] Vgl. Schwarz/Pahlke/*Schwarze* AO § 39 Rn. 92 bis 100.
[4] Vgl. BMF 16.4.2010, BStBl. I 2010, 354, Tz. 3.2.
[5] Vgl. *Wacker* DStR 2005, 2015.
[6] Vgl. FG München 29.7.2013 – 7 K 190/11, IStR 2013, 963, rkr.; vgl. BFH 4.10.1990 – X R 148/88, BStBl. II 1992, 211.
[7] Vgl. *Kraft/Hohage* IStR 2014, 605, 606.

16 Wie bei gewerblich geprägten Personengesellschaften führt der Umstand, dass auch die Kapitalgesellschaft kraft ihrer Rechtsform gewerbliche Einkünfte erzielt[8] nicht automatisch dazu, dass die erzielten Vermietungseinkünfte der Gewerbesteuer unterliegen. Die erweiterte Grundstückskürzung gem. § 9 Nr. 1 Satz 2 ff. GewStG kann auch in diesem Fall zu einer faktischen Befreiung von der Gewerbesteuer führen.

17 Im Falle der Veräußerung der Anteile an einer Immobilienkapitalgesellschaft gibt es allerdings keinen Zweifel daran, dass eben nur die Anteile und nicht (anteilig) die im Eigentum der Gesellschaft befindliche Immobilie veräußert wird. Im Hinblick auf die sich daraus ergebenden gegensätzlichen Interessen von Verkäufer und potenziellem Erwerber wird auf die Ausführungen zu → Rn. 51 ff. hingewiesen.

18 Als weitere Konsequenz der steuerlichen Intransparenz der Kapitalgesellschaft wirken sich mögliche Wertveränderungen der Immobilie nicht unmittelbar beim Gesellschafter aus. Gerade im Falle nicht erfolgreicher Immobilieninvestments bleibt der (wirtschaftliche) Verlust aus der Wertminderung der Immobilie in der Kapitalgesellschaft „gefangen" und kann nicht mit anderen (positiven) Einkünften des Gesellschafters (z. B. aus erfolgreichen Immobilienprojekten) verrechnet werden.

19 Auf der anderen Seite ermöglicht die Trennung von Gesellschafter und Gesellschaft die ertragsteuerlich zu berücksichtigende Gewährung von Gesellschafterdarlehen. Die daraus auf Ebene der Kapitalgesellschaft resultierenden Zinsaufwendungen können – allerdings unter Berücksichtigung der Regelungen zur sog. **„Zinsschranke"**[9] – die Ertragsteuerlast der Immobilienkapitalgesellschaft mindern.

IV. Exkurs: Ausländische Investoren

1. Allgemeines

20 Für ausländische Investoren, die in inländischen Grundbesitz investieren möchten, kann die Wahl des „richtigen" Investitionsvehikels ebenfalls steuerlich von entscheidender Bedeutung sein. Dies gilt insbesondere im Hinblick auf die Besteuerung des erwarteten Gewinns aus der späteren Beendigung dieses Investments.

21 Die **direkte Veräußerung** einer im Inland belegenen Immobilie durch einen ausländischen betrieblich[10] beteiligten Investor unterliegt gemäß § 1 Abs. 4 EStG bzw. § 2 Nr. 1 KStG i. V. m. § 49 Abs. 1 Nr. 2 Buchst. f EStG stets bzw. gemäß § 49 Abs. 1 Nr. 2 Buchst. a EStG sofern die Immobilie im Rahmen einer Betriebsstätte gehalten wird (und unabhängig von der Haltedauer) in Deutschland der beschränkten Steuerpflicht. Im Falle eines privat beteiligten Investors kommt eine Besteuerung im Inland hingegen nur dann in Betracht, wenn die betreffende Immobilie innerhalb von zehn Jahren nach der Anschaffung wieder veräußert wird.[11]

---

[8] Vgl. § 8 Abs. 2 KStG.
[9] Vgl. § 4h EStG i. V. m. § 8a KStG.
[10] Natürliche Person mit steuerlichem Betriebsvermögen oder Kapitalgesellschaft.
[11] Vgl. § 49 Abs. 1 Nr. 8 i. V. m. § 23 Abs. 1 Nr. 1 EStG.

2. Personengesellschaft

Die Veräußerung des **Anteils an einer Immobilienpersonengesellschaft** (ohne Betriebsstätte im Inland) unterliegt grundsätzlich nicht der beschränkten Steuerpflicht gemäß § 49 Abs. 1 Nr. 2 Buchst. f EStG.[12] Eine Besteuerung wäre in diesem Fall allerdings dann anzunehmen, wenn die Beteiligungsdauer weniger als zehn Jahre beträgt.[13] Gemäß § 23 Abs. 1 Satz 4 EStG wird die Veräußerung einer mittelbaren oder unmittelbaren Beteiligung an einer Personengesellschaft ausdrücklich der anteiligen Veräußerung der von dieser Gesellschaft gehaltenen Wirtschaftsgüter gleichgestellt. In Abhängigkeit von der konkreten Ausgestaltung des Investments in Deutschland wären diese Besteuerungsfolgen sowohl für ausländische natürliche als auch für juristische Personen anwendbar.[14] Im Ergebnis bleibt somit festzuhalten, dass die Veräußerung eines Anteils an einer Grundstückspersonengesellschaft durch einen ausländischen Investor – unabhängig von dessen Rechtsform – spätestens nach Ablauf der zehnjährigen Haltedauer steuerfrei erfolgen kann. 22

Für den Fall, dass der ausländische Investor in einem DBA-Staat ansässig ist, ist davon auszugehen, dass die Finanzverwaltung die Anteilsveräußerung unter Art. 13 Abs. 1 OECD-MA (Besteuerungsrecht: Belegenheitsstaat) subsumieren wird.[15] Vor diesem Hintergrund sind Fallkonstellationen denkbar, bei denen nach Ablauf der vorgenannten Haltedauer auch eine Besteuerung im Ansässigkeitsstaat des ausländischen Investors nicht (mehr) in Betracht kommt. Würde man zudem der von der Rechtsprechung[16] vertretenen Ansicht folgen, so wäre auf eine solche Anteilsveräußerung stets Art. 13 Abs. 5 OECD-MA (Besteuerungsrecht: Ansässigkeitsstaat) anzuwenden.[17] In diesem Fall wäre die Veräußerung der Beteiligung an einer Grundstückspersonengesellschaft in Deutschland sogar **innerhalb der zehnjährigen Haltefrist** für private Veräußerungsgeschäfte **steuerfrei**. 23

Insbesondere bei besonders langfristigen Investments mit einer Haltedauer von mehr als zehn Jahren durch einen ausländischen Investor kann somit die Wahl der Personengesellschaft in ertragsteuerlicher Hinsicht deutliche Vorteile bieten. 24

Darüber hinaus wäre die spätere Veräußerung von Anteilen an einer gewerblich geprägten Personengesellschaft durch den ausländischen Investor nur dann im Inland steuerpflichtig, wenn die Gesellschaft über eine Betriebsstätte oder einen ständigen Vertreter im Inland verfügt.[18] Nach inzwi- 25

---

[12] Vgl. *Kraft/Hohage* IStR 2014, 605, 607.
[13] Vgl. § 49 Abs. 1 Nr. 8 i. V. m. § 23 Abs. 1 Nr. 1 EStG.
[14] Hinweis: Die in § 49 Abs. 1 Nr. 2 Buchst. f Satz 2 EStG normierte Einschränkung der isolierenden Betrachtungsweise gem. § 49 Abs. 2 EStG greift insoweit nicht, vgl. *Kraft/Hohage* IStR 2014, 605, 607; a. A. *Lemaitre/Lüdemann* in: Wassermeyer/Richter/Schnittker, Personengesellschaften im Internationalen Steuerrecht, 2010, Rn. 7.59 (vor FG München 29.7.2013 – 7 K 190/11, IStR 2013, 963).
[15] Vgl. BMF 26.9.2014, BStBl. I 2014, 1258, Tz. 3.2.
[16] Vgl. FG München 29.7.2013, IStR 2013, 963, rkr.
[17] Vgl. *Kraft/Hohage* IStR 2014, 605, 608 m. w. N.
[18] Vgl. § 49 Abs. 1 Nr. 2 Buchst. a EStG.

schen einhelliger Auffassung von Finanzverwaltung,[19] Rechtsprechung[20] und Literatur[21] wirkt sich die gewerbliche Prägung i. S. d. § 15 Abs. 3 Nr. 2 EStG einer Personengesellschaft nicht auf die abkommensrechtliche Qualifikation bzw. Zuordnung von Einkünften aus. Somit gelten die Ausführungen zum Besteuerungsrecht für vermögensverwaltende Personengesellschaften für gewerblich geprägte Gesellschaften entsprechend.

3. Kapitalgesellschaft

26 Die Veräußerung eines Anteils an einer inländischen Kapitalgesellschaft unterliegt in Deutschland nur dann der Besteuerung, wenn der ausländische Investor innerhalb der letzten fünf Jahre mindestens zu 1% an dieser Grundstückskapitalgesellschaft beteiligt war.[22] Ob die Beteiligung in einem ausländischen Privat- oder Betriebsvermögen gehalten wird, ist als Folge der isolierenden Betrachtungsweise unbeachtlich.[23]

27 Die Veräußerung durch eine im Ausland ansässige natürliche Person unterliegt der Besteuerung nach dem Teileinkünfteverfahren.[24] Bei der Veräußerung durch eine ausländische Kapitalgesellschaft finden die Regelungen des § 8b KStG Anwendung, wobei ein möglicher Veräußerungsverlust außer Ansatz bleibt. Unter der Annahme, dass der ausländische Investor über keine inländische Betriebsstätte verfügt, unterliegt ein Gewinn bzw. Verlust aus der Veräußerung von Anteilen an einer (inländischen) Immobilienkapitalgesellschaft nicht der Gewerbesteuer.[25]

28 Bei der Frage, wem das Besteuerungsrecht aus einer solchen Anteilsveräußerung zuzuweisen ist, gilt es zunächst zu untersuchen, ob das anwendbare Doppelbesteuerungsabkommen eine sog. **„Immobilienklausel"** enthält. Die dem OECD-Musterabkommen[26] entsprechenden Abkommen enthalten üblicherweise eine solche Regelung, wonach das Besteuerungsrecht für sog. „Immobilienkapitalgesellschaften" dem Belegenheitsstaat zusteht. Immobilienkapitalgesellschaften in diesem Sinne sind anzunehmen, wenn das Aktivvermögen der Gesellschaft zu mehr als 50% aus unbeweglichem Vermögen[27] besteht.[28] Sofern eine solche Spezialregelung im maßgeblichen Doppelbesteuerungsabkommen (noch) nicht enthalten ist, steht das Besteuerungsrecht üblicherweise allein dem Ansässigkeitsstaat (des Verkäufers) zu, sodass die Anteilsveräußerung im Inland steuerfrei wäre.

---

[19] Vgl. BMF 26.9.2014, BStBl. I 2014, 1258, Tz. 2.3.1.
[20] Vgl. BFH 28.4.2010 – I R 81/09, BStBl. II 2014, 754; BFH 19.5.2010 – I B 191/09, BStBl. II 2011, 156; BFH 9.12.2010 – I R 49/09, BStBl. II 2011, 482.
[21] Vgl. *Wassermeyer* IStR 2007, 417; vgl. *Stunk/Kaminski* in: Strunk/Kaminski/Köhler, AStG/DBA, OECD-MA Art. 7, Rn. 298 f.
[22] Vgl. § 49 Abs. 1 Nr. 2 Buchst. e i. V. m. § 17 EStG.
[23] Vgl. *Kraft/Hohage* IStR 2014, 605, 609 m. w. N.
[24] Vgl. § 50 Abs. 1 i. V. m. § 3 Nr. 40 Buchst. c EStG.
[25] Vgl. *Kraft/Hohage* IStR 2014, 605, 609.
[26] Vgl. OECD (2014), Model Tax Convention on Income and on Capital: Condensed Version 2014, OECD Publishing, Paris.
[27] Hinweis: nicht zwingend nur Immobilienvermögen.
[28] Vgl. *Kraft/Hohage* IStR 2014, 605, 609.

C. Betriebsvermögen versus Privatvermögen

Aus ertragsteuerlicher Sicht stellt sich zu Beginn eines Immobilieninvestments auch die Frage, ob die betreffende Immobilie im (steuerlichen) **Privat- oder Betriebsvermögen** gehalten werden soll. Die dabei getroffene Wahl wird erheblichen Einfluss auf die Besteuerung der laufenden Erträge aus der Immobilie sowie einer möglichen (späteren) Übertragung bzw. Veräußerung der Immobilie haben.

Im Zusammenhang mit der Übertragung von Immobilien kann die Unterscheidung zwischen Betriebs- und Privatmögen auch für Zwecke der Erbschaftsteuer von erheblicher Bedeutung sein. So besteht derzeit – unter bestimmten Umständen – (noch) die Möglichkeit, ertragsteuerliches Betriebsvermögen (inkl. betrieblich genutztem Immobilienbesitz) ohne Belastung mit Erbschaftsteuer auf die „nächste Generation" zu übertragen. Einer im ertragsteuerlichen Privatvermögen gehaltenen Immobilie ist eine solche Begünstigung dem Grunde nach verwehrt. 29

Für Zwecke der übrigen „Immobiliensteuern" (z.B. Umsatzsteuer, Grunderwerbsteuer, Grundsteuer) ist die Unterscheidung zwischen Betriebs- und Privatvermögen hingegen nicht von entscheidender Bedeutung. 30

I. Betriebsvermögen

Aus ertragsteuerlicher Sicht sind die Kategorien von Betriebs- und Privatvermögen streng zu unterscheiden. In der Sphäre des Betriebsvermögens gelten vorrangig die (handelsrechtliche) Bilanzierung und die damit verbundene Gewinnermittlung nach dem Betriebsvermögensvergleich. Sämtliche dem betrieblichen Bereich zuzuordnenden Vorgänge (insb. auch Wertsteigerungen oder -minderungen) unterliegen der Besteuerung. Ein späterer Wechsel aus der Sphäre des Betriebsvermögens in die Sphäre des (steuerlichen) Privatvermögens (durch Entnahme) führt stets zur Aufdeckung und Besteuerung der sich in der Immobilie gebildeten stillen Reserven. Dies gilt unabhängig davon, ob ein entgeltlicher Vorgang verwirklicht wurde, als auch davon, ob ein solcher Wechsel (in jedem Fall) beabsichtigt wurde (Betriebsaufgabe). 31

Gewinne aus der Veräußerung von Immobilienvermögen können auch im Betriebsvermögen unter bestimmten Umständen von der (sofortigen) Besteuerung ausgenommen werden. Hier ist in erster Linie an die Regelungen des § 6b EStG zu denken, die eine steuerneutrale Übertragung der aufgedeckten stillen Reserven auf andere Wirtschaftsgüter ermöglicht. Die Besteuerung der stillen Reserven ist dabei in aller Regel nur aufgeschoben, da die spätere Veräußerung des Wirtschaftsguts, auf das die stillen Reserven im ersten Schritt übertragen wurden, wiederum der Besteuerung unterliegt **(Steuerstundung)**. Für die Praxis stellt § 6b EStG allerdings eine wichtige Vorschrift dar, die insbesondere im Rahmen von Umstrukturierungsmaßnahmen eine „praktisch" steuerfreie Veräußerung von Immobilienvermögen ermöglicht. Hier muss jedoch auf die Entscheidung des EuGH v. 16.4.2015[29] hingewie- 32

---

[29] EuGH 16.4.2015 – C-591/13, BB 2015, 1263.

sen werden, die die aktuelle Fassung des § 6b EStG für europarechtswidrig hält.

1. Sonderbetriebsvermögen

33 Als (vollwertiger) Teil des Betriebsvermögens kommt auch das sog. **„Sonderbetriebsvermögen"** in Betracht. Der klassische Fall für Immobilien im Sonderbetriebsvermögen dürfte dabei eine im Eigentum eines Gesellschafters einer Personengesellschaft befindliche und dieser Gesellschaft zur (betrieblichen) Nutzung überlassene Immobilie sein.

34 Die Besonderheit besteht in erster Linie darin, dass derartige Konstellationen unabhängig davon, ob sie bewusst strukturiert wurden oder unbewusst „passiert sind" zu (Sonder-)Betriebsvermögen in Bezug auf den Immobilienbesitz führen.

2. Betriebsaufspaltung

35 Noch gravierender als die „Zwangszuordnung" zum Sonderbetriebsvermögen können die steuerlichen Konsequenzen bei der Begründung von Betriebsvermögen als Folge der sog. **„Betriebsaufspaltung"** sein. Die Betriebsaufspaltung zeichnet sich im Ergebnis dadurch aus, dass die formale Trennung eines (einheitlichen) Betriebes in zwei oder mehrere rechtliche Einheiten, allein für steuerliche Zwecke nicht anerkannt wird.[30] Als klassischer Fall darf auch in dieser Hinsicht der (betrieblich) genutzte Immobilienbesitz einer für sich genommen nicht gewerblichen Einheit (i.d.R. Grundbesitzgesellschaft in der Rechtsform einer Personengesellschaft) angesehen werden. Die Vermietung bzw. Verpachtung dieses Grundbesitzes an eine betriebliche Einheit, die für die Ausübung der eigenen betrieblichen Tätigkeit wesentlich auf diesen Grundbesitz angewiesen ist (wesentliche Betriebsgrundlage), sowie die personelle Verflechtung beider Gesellschaften (Besitz- und Betriebsgesellschaft) auf der Ebene der Gesellschafter führt im Ergebnis dazu, dass die eigentlich vermögensverwaltende Qualität des betreffenden Immobilienbesitzes für steuerliche Zwecke nicht erhalten bleibt. Der Immobilienbesitz wird (zwangsweise) in steuerliches Betriebsvermögen unqualifiziert.

36 Das eigentliche Problem in derartigen Strukturen besteht allerdings weniger im Immobilienbesitz. Die Anteile an der i.d.R. in der Rechtsform einer Kapitalgesellschaft geführten Betriebsgesellschaft stellen für die Gesellschafter des Besitzunternehmens regelmäßig sog. **„Sonderbetriebsvermögen II"** dar.[31]

37 Neben der personellen Verflechtung erfordert die Begründung einer Betriebsaufspaltung stets auch die Qualifikation des Immobilienbesitzes als wesentliche Betriebsgrundlage. Dabei sind Immobilien nicht per se als wesentliche Betriebsgrundlage anzusehen. Ob eine **wesentliche Betriebsgrundlage** vorhanden ist, ist vielmehr im Rahmen einer **Einzelfallprüfung** zu untersu-

---

[30] Vgl. grundlegend zur Betriebsaufspaltung: BFH 8.11.1971 – GrS 2/71, BStBl. II 1972, 63; EStH 15.7 Abs. 4.
[31] Vgl. OFD Frankfurt 10.5.2012, BeckVerw 262070; vgl. BFH v. 13.10.1998 – VIII R 46/95, BStBl. II 1999, 357, BFH 10.6.1999 – IV R 21/98, BStBl. II 1999, 715.

chen. Allerdings scheinen sowohl die Finanzverwaltung[32] als auch die Rechtsprechung[33] immer häufiger dem „Grundsatz" zu folgen, dass es sich bei Immobilien im Zweifel um wesentliche Betriebsgrundlagen handelt. Dabei wird insbesondere dem (wirtschaftlichen) Argument, dass Büro- und Verwaltungsräumlichkeiten insbesondere für Produktions-/Handwerksunternehmen „austauschbar" und somit in keiner Weise wesentlich für den betrieblichen Ablauf oder gar die betriebliche Existenz sind, immer weniger Beachtung geschenkt. Gerade für kleinere, inhabergeführte Unternehmen kann dies zu erheblichen steuerlichen Risiken führen, da – wie bereits dargestellt – die steuerliche Zuordnung von Vermögensgegenständen (somit auch Immobilien/-teilen) auch durch faktisches Handeln erfolgen kann. So kann beispielsweise die Erstellung von Angebotsschreiben, Rechnungen u. ä. Korrespondenz durch den Betriebsinhaber in seinem „eigentlich" privat genutzten Einfamilienhaus dazu führen, dass ein Teil dieser Immobilie zwangsläufig als wesentliche Betriebsgrundlage seines betrieblichen Unternehmens (z. B. Handwerksbetrieb) angesehen wird. Sollte das betriebliche Unternehmen nunmehr noch in der Rechtsform einer GmbH (zur Vermeidung einer persönlichen Haftung) betrieben werden, so sind auch die Anteile an dieser GmbH Teil des insgesamt gewerblichen Unternehmens (i. S. d. Betriebsaufspaltung). Als Folge dieser steuerlichen „Verstrickung" der GmbH-Anteile droht eine Besteuerung der darin befindlichen stillen Reserven somit immer dann, wenn es zu einer Beendigung dieser betrieblichen Einheit kommt. Im Gegensatz zu den Regelungen des § 17 EStG ist die Besteuerung dabei nicht auf die Fälle beschränkt, in den die betreffenden Anteile veräußert werden. In der Praxis stellt die Besteuerung eines Veräußerungsgewinns die Steuerpflichtigen vor weitaus geringere Probleme, da die Veräußerung in aller Regel mit einem entsprechenden Zufluss finanzieller Mittel verbunden ist. Da lediglich der erzielte Gewinn der Besteuerung unterworfen wird, ist grundsätzlich ausreichend Liquidität vorhanden, um die entstehenden Steuerlasten begleichen zu können. Im Falle einer Betriebsaufgabe fehlt diese Liquidität hingegen, sodass die Steuerschuld aus der sonst vorhandenen Substanz zu begleich ist. Da nicht die GmbH, sondern der Gesellschafter als Steuerschuldner anzusehen ist, hilft die Haftungsbeschränkung der GmbH auch insoweit nicht.

Ebenso wie die Begründung setzt auch die Beendigung einer Betriebsaufspaltung nicht voraus, dass dies mit Wissen und Wollen des Steuerpflichtigen – somit absichtlich – geschieht. Vielmehr handelt es sich auch insoweit allein um eine Frage der tatsächlichen Verhältnisse. Im Rahmen einer objektiven Beurteilung kommt es darauf an, ob eine bestehende personelle Verflechtung endet und/oder eine (für das betreffende Betriebsunternehmen) wesentliche Betriebsgrundlage nicht mehr zur Verfügung steht. 38

Vor dem Hintergrund, dass bei Immobilien im Zweifel davon auszugehen ist, dass diese (mindestens seitens der Finanzverwaltung) als wesentliche Betriebsgrundlage qualifiziert werden, sollte in der Praxis jede (tatsächliche) Nutzung von Immobilien oder Immobilienteilen – die nicht bereits zivilrechtlich dem betreffenden Unternehmen gehören – äußert kritisch unter- 39

---

[32] Vgl. u. a. OFD Frankfurt 10.5.2012, BeckVerw 262070.
[33] Vgl. u. a. BFH 13.7.2006, BStBl. II 2006, 804; BFH 1.7.2003, BStBl. II 2003, 757.

sucht werden. Das eigentliche steuerliche Risiko ist dabei weniger darin begründet, dass die betreffende Immobilie als Betriebsvermögen (um)qualifiziert und damit in jedem Fall einer späteren Besteuerung zugeführt wird. Die Gefahren liegen vielmehr in der ungewollten Beendigung einer solchen Betriebsaufspaltung und der dadurch ggf. ausgelösten Steuerbelastung, ohne dass dieser eine entsprechende Liquidität (z. B. als Folge eines Veräußerungsvorgangs) gegenübersteht.

3. Betriebliche Tätigkeiten

40   In steuerlicher Hinsicht kann Betriebsvermögen allerdings auch dadurch entstehen, dass Tätigkeiten ausgeübt werden, die nicht als vermögensverwaltend zu qualifizieren sind. Die sich daraus ergebenden ertragsteuerlichen Konsequenzen treten insbesondere bei Personen- und Kapitalgesellschaften zu Tage.

41   Bei **Personengesellschaften** kann eine nicht nur geringfügige gewerbliche Tätigkeit[34] dazu führen, dass die Einkünfte der Gesellschaft **insgesamt** als solche aus Gewerbebetrieb umqualifiziert werden. Bei **Kapitalgesellschaften** stellt sich zwar nicht unmittelbar die Frage nach dem steuerlichen Betriebs- oder Privatvermögen, allerdings können gewerbliche Betätigungen einer Immobilienkapitalgesellschaft dazu führen, dass die erweiterte Grundstückskürzung gemäß § 9 Nr. 1 Satz 2 GewStG nicht in Anspruch genommen werden kann. Dies führt zu einer erheblichen Erhöhung der insgesamt von dieser Gesellschaft zu tragenden Ertragsteuerbelastung.

a) Nebentätigkeiten

42   Die Vermietung und Verpachtung von Immobilien stellt grundsätzlich eine vermögensverwaltende Betätigung dar. Die daraus resultierenden Einkünfte sind in erster Linie § 21 EStG zuzuordnen. Gemäß § 21 Abs. 3 EStG sind die Einkünfte aus Vermietung und Verpachtung allerdings anderen Einkunftsarten zuzurechnen, soweit sie zu diesen gehören (Subsidiarität).

43   Für die Praxis stellt sich dabei natürlich die Frage, unter welchen Umständen andere Einkunftsarten einschlägig sein können. Dabei sind in erster Linie die gewerblichen Einkünfte gemäß § 15 EStG zu nennen.

44   Sofern neben der entgeltlichen Überlassung von Räumlichkeiten oder Grundstücksflächen (reine Vermietung und Verpachtung) andere Leistungen erbracht werden, die zwar wirtschaftlich in einem gewissen Zusammenhang mit der eigenen Immobilie stehen (z. B. Hausmeistertätigkeiten, Reinigungsleistungen u. ä. – Stichwort: „Gesamtpaket"), aber insbesondere aus steuerlicher Sicht auch unabhängig von der eigenen (!) Immobilie erbracht werden können, handelt es sich grundsätzlich um sonstige Dienstleistungen. Diese Leistungen können gewerblicher oder selbständiger Natur sein. Eine Zuordnung zu den Einkünften aus Vermietung und Verpachtung scheidet hingegen grundsätzlich aus.

45   Unter Berücksichtigung der vergleichsweise strengen Rechtsprechung zur möglichen Aufteilung unterschiedlicher Einkunftsarten bei der Besteuerung

---

[34] Vgl. BFH 27.8.2014 – VIII R 41/11, DStRE 2015, 400.

von Personengesellschaften sei darauf hingewiesen, dass bereits geringfügige gewerbliche Nebentätigkeiten[35] dazu führen können, dass sämtliche Einkünfte der betreffenden Personengesellschaft als solche aus Gewerbebetrieb unqualifiziert werden. Für die Praxis ist es daher besonders wichtig, derartige Aktivitäten in gesonderte „**Servicegesellschaften**" auszugliedern.

b) Vermietung und Verpachtung beweglicher Gegenstände

Als vermögensverwaltende Tätigkeit wird dem Grunde nach nur die langfristige Vermietung und Verpachtung von unbeweglichem Vermögen anerkannt.[36] Die Vermietung und Verpachtung beweglicher Vermögensgegenstände wird zwar sowohl in § 21 Abs. 1 Nr. 2 EStG als auch in § 22 Nr. 3 Satz 1 EStG erwähnt, ist aber nicht in jedem Fall als vermögensverwaltende Tätigkeit zu qualifizieren. Im Gegensatz zur Vermietung unbeweglichen Vermögens kommt es dabei nicht allein auf den zeitlichen Umfang der Vermietung an. So begünstigt § 21 Abs. 1 Nr. 2 EStG die Vermietung und Verpachtung von beweglichem Betriebsvermögen nur dann, wenn es sich um einen sog. „**Sachinbegriff**" bzw. eine „**Sachgesamtheit**" handelt.[37]

In § 22 Nr. 3 Satz 1 EStG wird die Vermietung beweglicher Gegenstände zwar ausdrücklich genannt, allerdings ist es in der Praxis nicht immer zweifelsfrei möglich, die „messerscharfe" Abgrenzung zwischen vermögensverwaltender (z.B. Containervermietung) und gewerblicher (z.B. Flugzeugleasing) vorzunehmen.[38] Die steuerlichen Folgen können auch hier, insbesondere bei vermietenden Personengesellschaften, gravierend sein, wenn die „geringfügige" Mitvermietung beweglicher Gegenstände zur Umqualifizierung sämtlicher Einkünfte der Personengesellschaft in solche aus Gewerbebetrieb führt.

46

47

c) Gewerblicher Grundstückshandel

Das wohl bekannteste Beispiel für die Umqualifizierung vermögensverwaltender Immobilienaktivitäten dürfte aber der sog. „**gewerbliche Grundstückshandel**" sein. Allein die Rechtsprechung hat in den letzten Jahrzehnten zu diesem Thema eine (fast) unüberschaubare Anzahl von Urteilen gefällt.[39] Im Ergebnis geht es dabei stets um die Frage, ob die tatsächlich ausgeübte Tätigkeit des Steuerpflichtigen (noch) in der (reinen) Vermögensverwaltung im Sinne der Fruchtziehung[40] aus zu erhaltender Substanz besteht oder (bereits) dem Bild eines typischen Händlers/Bauunternehmers/Bauträgers[41] entspricht.

Aus dem Blickwinkel der Praxis kann es insgesamt von Vorteil sein, eine gesellschaftsrechtliche Trennung der (reinen) Vermietungs- und Verpachtungs-

48

49

---

[35] Vgl. BFH 27.8.2014 – VIII R 41/11, DStRE 2015, 400.
[36] Vgl. u. a. Blümich/*Bode* EStG § 15 Rn. 112 bis 120.
[37] Vgl. Blümich/*Bode* EStG § 15 Rn. 121.
[38] Vgl. in: Frotscher/Geurts/*Kauffmann/Seppelt* EStG § 15 Rn. 100f, sowie 124f.
[39] Die Eingabe des Begriffs „gewerblicher Grundstückshandel" fördert beispielsweise bei der Suche in „beck-online – Die Datenbank" aktuell mehr als 1.000 Treffer zu Tage.
[40] Vgl. u. a. BFH 3.7.1995 – GrS 1/93, BStBl. II 1995, 617.
[41] Vgl. u. a. BFH 29.10.1997 – X R 183-96, BStBl. II 1998, 332.

aktivitäten von allen anderen Aktivitäten, die möglicherweise als gewerbliche (Zusatz-)Leistungen qualifiziert werden können, vorzunehmen. Dies gilt insbesondere für die Vermietung und Verpachtung durch Personengesellschaften, denen eine wirtschaftliche Aufteilung ihrer Aktivitäten in einen gewerblichen und einen nicht gewerblichen Bereich aus „formalen" Gründen verwehrt ist, als auch für Vermietungs- und Verpachtungstätigkeiten (inländischer) Kapitalgesellschaften, die die sehr strengen Anforderungen der Inanspruchnahme der sog. „**erweiterten Grundstückskürzung**" (§ 9 Nr. 1 S. 2 ff. GewStG) erfüllen müssen.[42]

II. Privatvermögen

50 Im (steuerlichen) Privatvermögen gelten die Grundsätze der Vermögensverwaltung (als Teil der Kategorie „**Überschusseinkunftsarten**"), die in erster Linie darauf ausgerichtet sind, die Erträge aus einem Vermögensgegenstand der Besteuerung zu unterwerfen. Im Hinblick auf Immobilien stehen somit die Miet- bzw. Pachterträge im Vordergrund. Die Wertveränderungen der Immobilie selbst stehen eigentlich nicht im Fokus der Besteuerung. Vor dem Hintergrund, dass im Rahmen einer wirtschaftlichen Betrachtung die Wertveränderungen (insb. Wertsteigerungen) bei Immobilien sehr wohl eine – um nicht zu sagen, die entscheidende – Rolle spielen, gibt es auch in steuerlicher Hinsicht Ausnahmen von diesem Grundsatz. In erster Linie ist dabei an die Regelungen des § 22 Nr. 2 i. V. m. § 23 EStG zu denken, die in Bezug auf Immobilien Anschaffungs- und Veräußerungsvorgänge innerhalb eines Zeitraums von (mittlerweile) zehn Jahren der Einkommensbesteuerung unterwerfen. Diese – soweit ersichtlich – international vergleichsweise einmalige Regelung darf als für den Steuerpflichtigen (sehr) begünstigend kategorisiert werden. Obgleich es immer wieder Überlegungen gibt, diese steuerliche Besonderheit zu „beseitigen", gilt die Steuerfreiheit im Grundsatz unverändert fort.[43]

D. Asset Deal versus Share Deal

51 Nachdem die grundsätzlichen Überlegungen dahingehend abgeschlossen sind, ob die betreffende Immobilie im steuerlichen Privat- oder Betriebsvermögen gehalten werden soll, stellt sich anschließend die Frage, wie der geplante Immobilienerwerb erfolgen soll. In diesem Zusammenhang wird in aller Regel zwischen dem Direkterwerb der Immobilie (sog. „**Asset Deal**") und dem Erwerb von Anteilen an der Gesellschaft, in deren Vermögen sich die betreffende Immobilie befindet, (sog. „**Share Deal**") unterschieden. Um diese Frage beantworten zu können, ist es erforderlich, die jeweiligen Vor- und Nachteile näher zu beleuchten.

---

[42] Vgl. u. a. BFH 22.8.2012 – X R 24/11, BFH/NV 2012, 2068, Rn. 19.
[43] Vgl. u. a. – Erhöhung der Veräußerungsfrist bei Grundstücken von zwei auf zehn Jahre, Änderung durch StEntlG 1999/2000/2002 v. 24.3.1999, BGBl. I 1999, 402.

I. Asset Deal

1. Grunderwerbsteuer

Der Direkterwerb einer im Inland belegenen Immobilie ist für Zwecke der Grunderwerbsteuer in aller Regel gemäß § 1 Abs. 1 Nr. 1 GrEStG steuerbar. Sofern keine grunderwerbsteuerlichen Befreiungs- oder Begünstigungsvorschriften[44] zur Anwendung gelangen, ist ein solcher Erwerb auch steuerpflichtig. Die Höhe der Steuer bemisst sich bei einem Asset Deal grundsätzlich nach der vereinbarten Gegenleistung (i.d.R. Kaufpreis) sowie dem Steuersatz. 52

Jedes Bundesland hat inzwischen die Möglichkeit, den maßgeblichen Grunderwerbsteuersatz individuell festzusetzen. Die Steuersätze liegen daher aktuell (Stand: 1.7.2015) zwischen 3,5% (Bayern und Sachsen) und 6,5% (Saarland, Nordrhein-Westfalen, Schleswig-Holstein und Brandenburg). In den übrigen Bundesländern liegen die Werte zwischen 4,5% und 6%. 53

Gemäß § 13 Nr. 1 GrEStG schulden sowohl der Veräußerer als auch der Erwerber der Immobilie die Grunderwerbsteuer als **Gesamtschuldner.** Die Besonderheit an der Gesamtschuldnerschaft besteht darin, dass der Gläubiger (die Finanzverwaltung) die Schuld von jedem Gesamtschuldner in voller Höhe verlangen kann, ohne dass der betreffende Gesamtschuldner einwenden kann, er sei (wirtschaftlich) nur verpflichtet, einen gewissen Teilbetrag der Steuer zu tragen. Der Gläubiger kann sich im Ergebnis „seinen" (Gesamt)Schuldner aussuchen, ohne sich an die zwischen den Gesamtgläubigern getroffenen Abreden halten zu müssen. Dies kann insbesondere bei der Veräußerung durch einen Steuerinländer an einen ausländischen Investor von Bedeutung sein, da die Finanzverwaltung eine „Vorliebe" dafür entwickeln könnte, sich nur an den Steuerinländer wenden zu müssen. Aus der Sicht des Erwerbers dürfte sich die praktische Relevanz der gesamtschuldnerischen Haftung für die Grunderwerbsteuer allerdings in Grenzen halten, da diese durch den Erwerb der Immobilie entstehende Steuer üblicherweise ohnehin durch den Erwerber zu tragen ist. Entsprechende Regelungen im zugrunde liegenden Grundstückskaufvertrag können ohne Übertreibung als „Marktstandard" bezeichnet werden. 54

Die Belastung von Immobilienerwerben mit Grunderwerbsteuer ist insbesondere vor dem Hintergrund der stetig steigenden Steuersätze das Hauptargument gegen einen Asset Deal. Insbesondere aus der Sicht des Erwerbers wird daher stets versucht, Gestaltungsalternativen zu finden, die diese Belastung vermeiden. 55

2. Umsatzsteuer

Die Übertragung einer Immobilie im Rahmen eines **Asset Deals** kann der Umsatzsteuer unterliegen. Aus umsatzsteuerlicher Sicht gilt es, in diesem Zusammenhang zunächst zu untersuchen, ob die Veräußerung der Immobilie als Teil der unternehmerischen Betätigung des Verkäufers anzusehen ist. Für den Fall, dass eine solche (selbständige und nachhaltige) Tätigkeit anzuneh- 56

---

[44] Vgl. insb. § 1 Abs. 6, § 3 bzw. §§ 5, 6 GrEStG.

men ist, bestimmt § 4 Nr. 9 Buchst. a UStG, dass die Veräußerung (vorbehaltlich einer ggf. möglichen Option zur Steuerpflicht) von der Umsatzsteuer befreit ist. Hintergrund dieser Regelung ist der Umstand, dass dieser Vorgang bereits der Grunderwerbsteuer unterliegt.

a) Perspektive des Verkäufers

57 Die Veräußerung der Immobilie als **umsatzsteuerfreier Vorgang** kann für den Verkäufer allerdings insbesondere dann von Nachteil sein, wenn er innerhalb der letzten zehn Jahre bauliche Maßnahmen an dieser Immobilie vorgenommen und die ihm in Rechnung gestellten Umsatzsteuerbeträge als Vorsteuer geltend gemacht hat. Gemäß § 15a UStG (Berichtigung des Vorsteuerabzugs) führt die Änderung der umsatzsteuerlichen Nutzung der betreffenden Immobilie innerhalb eines Berichtigungszeitraums von zehn Jahren grundsätzlich dazu, dass ursprünglich geltend gemachte Vorsteuerbeträge (teilweise) wieder zurückgezahlt werden müssen. Die umsatzsteuerfreie Veräußerung der Immobilie innerhalb dieses Zeitraums würde dabei wie eine umsatzsteuerfreie Nutzung der Immobilie bis zum Ende des noch laufenden Berichtigungszeitraums behandelt werden, sodass der Verkäufer möglicherweise signifikante Vorsteuerbeträge zurückzahlen müsste.

58 Gemäß § 9 Abs. 1 i. V. m. Abs. 3 UStG besteht für den Verkäufer ggf. die Möglichkeit, auf die vorgenannte Steuerbefreiung zu verzichten, sodass die Veräußerung der Immobilie (auch) der Umsatzsteuer unterliegt. Für den Verkäufer bestünde somit kein Risiko mehr, ggf. ursprünglich geltend gemachte Vorsteuerbeträge zurückzahlen zu müssen.

b) Perspektive des Erwerbers

59 Aus der Sicht des Käufers ist diese Vorgehensweise allerdings nur dann sinnvoll, wenn er im Zusammenhang mit dem Erwerb dieser Immobilie berechtigt ist, die entstehende Umsatzsteuer seinerseits als Vorsteuer geltend zu machen.

60 Der Käufer sollte vor Abschluss des entsprechenden Grundstückskaufvertrags sorgfältig prüfen, ob er die Voraussetzungen für den erforderlichen **Vorsteuerabzug** (zweifelsfrei) erfüllt. Anderenfalls würden die Kosten für den Erwerb der Immobilie um (derzeit) 19% steigen. Darüber hinaus sollte in diesem Zusammenhang darauf geachtet werden, dass im Falle eines möglichen Weiterverkaufs der Immobilie innerhalb der nächsten zehn Jahre die vorgenannten Regelungen zur Vorsteuerberichtigung (vgl. § 15a UStG) für ihn zur Anwendung kommen. Um finanzielle Nachteile zu vermeiden, müsste er seinerseits einen Erwerber finden, der vorsteuerabzugsberechtigt ist und somit die betreffende Immobilie zzgl. Umsatzsteuer erwerben kann und will(!). Dies kann im Falle eines geplanten oder ungeplanten Weiterverkaufs der kürzlich erworbenen Immobilie einen erheblichen Einfluss auf den Umfang der potenziellen Erwerber haben.

c) Geschäftsveräußerung im Ganzen

61 Der vorgenannte Interessenkonflikt zwischen Erwerber und Verkäufer spielt für den Fall, dass die Übertragung der Immobilie im Rahmen einer sog.

„Geschäftsveräußerung im Ganzen" erfolgt, eine geringe Rolle. Gemäß § 1 Abs. 1a UStG unterliegen derartige Umsätze nicht der Umsatzsteuer. Es handelt sich dabei um einen nicht steuerbaren Umsatz.

Von einer Geschäftsveräußerung im Ganzen ist dem Grunde nach auszugehen, wenn die betreffende Immobilie selbst als Unternehmen oder (mit einer gewissen Selbständigkeit ausgestatteter) Teil des Unternehmens angesehen werden kann. Dies ist vorrangig bei fremdvermieteten Immobilien (z.B. Bürogebäude, Shoppingcenter etc.) der Fall. Da es sich aus umsatzsteuerlicher Sicht um einen nicht steuerbaren Vorgang handelt, tritt der Erwerber in die umsatzsteuerlichen „Fußstapfen" des Verkäufers ein. 62

Dies hat insbesondere für den Verkäufer den Vorteil, dass ein bestehender **Vorsteuerberichtigungszeitraum** (vgl. § 15a UStG) durch die Übertragung der Immobilie nicht beeinträchtigt wird. Für den Erwerber besteht dabei zum einen das Risiko, Vorsteuerbeträge an die Finanzverwaltung zurückzahlen zu müssen, die ursprünglich vom Verkäufer geltend gemacht wurden. Auf der anderen Seite ergibt sich allerdings auch die Chance, durch eine Ausweitung der umsatzsteuerpflichtigen Nutzung der betreffenden Immobilie zusätzliche Vorsteuerbeträge aus baulichen Maßnahmen geltend zu machen, die noch der Verkäufer durchgeführt hatte. Denkbar ist dieser Fall beispielsweise bei vermieteten Bürogebäuden, die in der Vergangenheit teilweise von Banken bzw. Versicherungen (grundsätzlich keine Vorsteuerabzugsberechtigung) genutzt wurden und für die der Erwerber der Immobilie einen Anschlussmieter findet, der seinerseits zum Vorsteuerabzugs berechtigt ist. 63

In jedem Fall empfiehlt es sich, das Thema „Umsatzsteuer" ausdrücklich im **Grundstückskaufvertrag** zu regeln und damit die möglichen Varianten darzustellen. Dies gilt insbesondere vor dem Hintergrund, dass die Anwendung der Regelungen zur Geschäftsveräußerung im Ganzen **nicht als Wahlrecht** verstanden werden dürfen. Die umsatzsteuerlichen Konsequenzen sind vielmehr anzuwenden, wenn die umsatzsteuerlichen Voraussetzungen erfüllt sind. Dabei ist es unerheblich, ob die Vertragsparteien den Wunsch bzw. die Absicht hatten, eine Geschäftsveräußerung im Ganzen zu verwirklichen oder eben nicht. Ob die Voraussetzungen für die Geschäftsveräußerung im Ganzen erfüllt sind, hängt allein davon ab, ob diese im zu beurteilenden Sachverhalt tatsächlich erfüllt sind (Tatsachenfrage). Der Wille der Vertragsparteien allein ist dabei unbeachtlich. Vor diesem Hintergrund bietet es sich sowohl für Verkäufer als auch für den Erwerber an, sich im Vorwege der Transaktion ein detailliertes umsatzsteuerliches Bild von der betreffenden Immobilie zu machen. 64

3. Übernahme von steuerlichen Risiken aus der Vergangenheit

Für den **Direkterwerb** einer Immobilie spricht der Umstand, dass anders als beim Erwerb einer Grundstücksgesellschaft keine steuerlichen Risiken „miterworben" werden. Schließlich bleibt der Verkäufer als Steuerschuldner weiterhin für die Erfüllung der sich aus der Immobilie ergebenden steuerlichen Verpflichtungen verantwortlich. Das gilt sowohl für die laufende Besteuerung während der Haltephase durch den Veräußerer als auch für die steuerlichen Folgen aus dem Verkauf der Immobilie selbst. Allerdings sei be- 65

66 Aus der Sicht des Erwerbers von größerer Bedeutung sind die Regelungen in § 75 AO **(Haftung des Betriebsübernehmers)** und § 11 Abs. 2 GrStG **(Persönliche Haftung).** Beide Regelungen führen allerdings nicht dazu, dass die Finanzverwaltung unmittelbar auf den Erwerber als Steuerschuldner zugreifen kann. Sowohl § 75 AO als auch § 11 Abs. 2 GrStG etablieren vielmehr eine Haftungsschuld des Erwerbers für den Fall, dass der Veräußerer als eigentlicher Steuerschuldner seinen steuerlichen Verpflichtungen nicht bzw. nicht vollständig nachkommt[45]. Beide Normen setzen dabei unter anderem voraus, dass die übertragene Immobilie ein betriebsähnliches Gebilde darstellt und in gewisser Weise „lebensfähig" ist. Diese Voraussetzung ist i.d.R. bei fremdvermieteten Gebäuden erfüllt, wenn neben dem Gebäude auch die bestehenden Mietverhältnisse veräußert werden. Auf der anderen Seite ist beim Erwerb eines unbebauten Grundstücks in der Absicht, dieses zu bebauen, in aller Regel nicht davon auszugehen, dass eine (bereits) „lebende" Immobilie übertragen wird.

67 Als „Faustformel" kann davon ausgegangen werden, dass die Übertragung einer Immobilie, die als umsatzsteuerliche Geschäftsveräußerung im Ganzen qualifiziert wurde, zur Übernahme der Haftung nach § 75 AO und § 11 Abs. 2 GrStG führt.

68 Vor diesem Hintergrund darf an dieser Stelle festgehalten werden, dass sich eine sog. **„Tax Due Diligence"** auch bei einem Asset Deal als sinnvolles Investment herausstellen kann. Schließlich sind individuelle vertragliche Regelungen bzw. Verhandlungen über Sicherheitseinbehalte nur dann erfolgversprechend, wenn konkrete Informationen und Risikobeurteilungen vorliegen.

4. Ankaufsstruktur

69 Ein weiteres Argument für den Asset Deal ist die durch den Direkterwerb bereits dem Grunde nach gegebene **größtmögliche Flexibilität bei der Erwerbsstrukturierung.** Der Erwerber ist aus steuerlicher Sicht in seiner Entscheidung vollkommen frei, durch wen (z.B. gesonderte Erwerbergesellschaft, bestehende Gesellschaft der Unternehmensgruppe des Erwerbs etc.) diese Transaktion durchgeführt werden soll. Allerdings sei bereits an dieser Stelle darauf hingewiesen, dass diese Entscheidung besonders sorgfältig getroffen werden sollte, da mögliche spätere Änderungen (Umstrukturierungen) mit erheblichen finanziellen Belastungen verbunden sein können.

5. Behandlung des Veräußerungsgewinns

70 Aus ertragsteuerlicher Sicht besteht der wesentliche Vorteil für den Asset Deal darin, Wertsteigerungen nach Ablauf der zehnjährigen Haltedauer ohne Belastung von Ertragsteuern realisieren zu können. Neben dem Vorhandensein von Wertsteigerungen bzw. einem positiven Unterschiedsbetrag zwischen ei-

---

[45] Vgl. dazu u.a. Schwarz/Pahlke/*Schwarz* AO § 75 Rn. 1, 2; Troll/Eisele GrStG § 11 Abs. 2 Rn. 4.

nem künftigen Veräußerungspreis und den fortgeführten Anschaffungskosten der Immobilie kann dieser Vorteil allerdings nur dann realisiert werden, wenn die betreffende Immobilie im steuerlichen Privatvermögen gehalten wird. Als „Begünstigte" kommen insoweit nur natürliche Personen oder – unter bestimmten Umständen – ausländische Kapitalgesellschaftsinvestoren in Betracht. Sofern die Immobilie im steuerlichen Betriebsvermögen gehalten wird, besteht hingegen nicht die Möglichkeit, Gewinne aus der Veräußerung nach Ablauf einer bestimmten Haltedauer von der Besteuerung auszunehmen.

Eine **Veräußerung aus dem Betriebsvermögen** ist – vorbehaltlich der ggf. möglichen Anwendung von § 6b EStG – in jedem Fall (sofort) steuerpflichtig. Bei der Veräußerung einer im **steuerlichen Privatvermögen** gehaltenen Immobilie stellt sich zunächst die Frage, ob die in § 23 Abs. 1 Nr. 1 EStG normierte Veräußerungsfrist von zehn Jahren erfüllt ist. Für den Fall, dass zwischen der ursprünglichen Anschaffung und der aktuell zu beurteilenden Veräußerung ein Zeitraum von bis zu (genau) zehn Jahren liegt, ist die Veräußerung als steuerpflichtiges privates Veräußerungsgeschäft zu behandeln. Die Veräußerung nach Ablauf dieser Frist (z. B. zehn Jahre und 1 Tag[46]) ist hingegen steuerfrei. 71

Auf die Besonderheit der steuerfreien Veräußerung von selbstgenutzten Immobilien (sog. „**Familienheim**") soll an dieser Stelle nicht näher eingegangen werden.[47] 72

6. Abschreibungspotenzial

Als weiterer steuerlicher Vorteil im Zusammenhang mit dem Direkterwerb einer Immobilie sei auf das **Abschreibungspotenzial** hingewiesen. Der durch den Erwerber geleistete Kaufpreis bildet – soweit er nicht auf den erworbenen Grund und Boden entfällt – zusammen mit den im Rahmen des Erwerbs anfallenden Nebenkosten (z. B. Notar, Grunderwerbsteuer, Beraterkosten) – soweit diese nicht ausnahmsweise sofort steuerlich abzugsfähig sind – die Bemessungsgrundlage für die künftige planmäßige Abschreibung der Immobilie. 73

Der **Abschreibungssatz** richtet sich im Wesentlichen danach, ob die betreffende Immobilie im steuerlichen Privatvermögen (Vermögensverwaltung) oder Betriebsvermögen (Ausnahme: Wohngebäude) gehalten wird. Für die im Privatvermögen befindlichen Immobilien sieht § 7 Abs. 4 Nr. 2 EStG eine jährliche Abschreibung i. H. v. 2% – was einer Nutzungsdauer von 50 Jahren entspricht – vor. Werden die Immobilien in einem Betriebsvermögen gehalten sieht § 7 Abs. 4 Nr. 1 EStG hingegen eine jährliche Abschreibung i. H. v. 3% – was einer Nutzungsdauer von ca. 33 Jahren entspricht – vor. Warum ein Bürogebäude in dem Fall, in dem es durch eine (gewerbliche) Kapitalgesellschaft vermietet wird, eine um ca. 17 Jahre kürzere Nutzungsdauer haben soll, als im Falle der Vermietung durch eine (oder mehrere) Privatperson(en), lässt sich steuerrechtlich nicht erklären. 74

---

[46] Vgl. Schmidt/*Weber-Grellet* EStG § 23 Rn. 21; Frotscher/Geurts/*Lindberg* EStG § 23 Rn. 80 ff.

[47] Vgl. dazu u. a. Schmidt/*Weber-Grellet* EStG § 23 Rn. 14, 18; Frotscher/Geurts/*Lindberg* EStG § 23 Rn. 38 ff.

75 Allerdings bietet dieser Umstand insbesondere im Zusammenhang mit ausländischen Investoren (in der Rechtsform einer Kapitalgesellschaft) interessante **Gestaltungsmöglichkeiten.** So unterliegt die ausländische Kapitalgesellschaft mit ihren Vermietungseinkünften in Deutschland der beschränkten Steuerpflicht gemäß § 2 Nr. 1 KStG i. V. m. § 49 Abs. 1 Nr. 2 Buchst. f EStG.

76 Im Gegensatz dazu wird aufgrund der sog. „**isolierenden Betrachtungsweise**" des § 49 Abs. 2 EStG im Falle der Veräußerung für Zwecke der inländischen Besteuerung der im Ausland verwirklichte und insoweit „negative" Umstand, dass es sich um eine Kapitalgesellschaft handelt, ignoriert, sodass es im Ergebnis – wie bei natürlichen Personen – allein auf die ausgeübte Tätigkeit ankommt. Auf gewisse Art und Weise kann für diese Fälle von einer rechtsformunabhängigen Behandlung von Veräußerungsgewinnen gesprochen werden.[48]

II. Share Deal

1. Grunderwerbsteuer

77 Zur **Vermeidung rechtsmissbräuchlicher Gestaltungen** enthält das Grunderwerbsteuergesetz eine Vielzahl an Regelungen, die auch die Übertragung bzw. den Erwerb von Anteilen an Immobiliengesellschaften der Grunderwerbsteuer unterwerfen. Dabei sei insbesondere auf die „Ersatztatbestände" der § 1 Abs. 2a, Abs. 3 (i. V. m. Abs. 4) sowie Abs. 3a GrEStG hingewiesen. Bei diesen Regelungen handelt es sich im Grunde genommen um spezielle Missbrauchsvermeidungsvorschriften, die den Anwendungsbereich des § 42 AO einschränken. Es sei allerdings für die Gestaltungspraxis darauf hingewiesen, dass der Anwendungsbereich des § 42 AO für Zwecke der Grunderwerbsteuer nicht generell ausgeschlossen ist. Lediglich die „Aufgriffsgrenze" ist aufgrund der spezialgesetzlichen Regelungen in den § 1 Abs. 2a bis 3a GrEStG (deutlich) erhöht.

78 Im Ergebnis geht es darum, ob der **Erwerb von Anteilen an einer Immobiliengesellschaft** in „wirtschaftlicher" Hinsicht mit dem unmittelbaren Erwerb der Immobilie gleichgestellt werden kann. Da eine derart „schwammige" Umschreibung nicht durch die Rechtsprechung des BFH gedeckt wäre,[49] enthalten die vorgenannten Regelungen mehr oder weniger konkrete Abgrenzungskriterien. So unterliegt beispielsweise gemäß § 1 Abs. 2a GrEStG die Übertragung von 95 % (oder mehr) der Anteile an einer grundbesitzenden Personengesellschaft innerhalb eines Zeitraums von fünf Jahren auf einen oder mehrere neue Erwerber der Grunderwerbsteuer. Die Übertragung von lediglich 94,9 % dieser Anteile wäre hingegen (noch) nicht grunderwerbsteuerpflichtig.

79 Auf der anderen Seite unterliegen gemäß § 1 Abs. 3 bzw. Abs. 3a GrEStG auch **Veränderungen in der Anteilseignerstruktur** einer Immobiliengesellschaft – bei denen für sich betrachtet weniger als 95 % der Anteile „be-

---

[48] Vgl. FG München 29.7.2013 – 7 K 190/11, IStR 2013, 963, (rkr.).
[49] Vgl. BFH 9.9.1992 – II R 69/89, BFH/NV 1993, 326; BFH 22.10.2003 – II R 59/01, BFH/NV 2004, 367.

wegt" wurden – der Grunderwerbsteuer, wenn (anschließend) eine Person bzw. unter bestimmten Umständen auch eine Personengruppe 95 % (oder mehr) der Anteile an einer Immobiliengesellschaft auf sich „vereinigt" (sog. „**Anteilsvereinigung**"). Die Besonderheit dieser Regelungen ist zudem darin zu sehen, dass es keine zeitliche Beschränkung einer solchen „Anteilsvereinigung" gibt.

Im Hinblick auf die Höhe der Grunderwerbsteuer sei darauf hingewiesen, 80 dass im Gegensatz zum Asset Deal, der für den Erwerb der Anteile an der Immobiliengesellschaft vereinbarte Kaufpreis nicht als Bemessungsgrundlage anzusehen ist. Die Steuer bemisst sich gemäß § 8 Abs. 2 Nr. 3 GrEStG eigentlich nach dem Wert i. S. d. § 138 Abs. 2 bis 4 BewG (sog. „**Bedarfswert**"). Infolge der Entscheidung des BVerfG v. 23.6.2015[50] ist allerdings davon auszugehen, dass der vorgenannte Bedarfswert der Vergangenheit angehören wird. Der Gesetzgeber ist gehalten, bis spätestens 30.6.2016 eine Neuregelung zur Grundbesitzbewertung zu verabschieden, die sich deutlich mehr am Verkehrswert des betreffenden Grundbesitzes orientiert. Dabei ist es am wahrscheinlichsten, dass künftig auch für die Grunderwerbsteuer auf die für erbschaft- und schenkungsteuerliche Vorgänge geltende Grundbesitzbewertung gemäß §§ 157 ff. BewG zurückgegriffen wird.

2. Umsatzsteuer

Die **Übertragung von Anteilen an einer Immobiliengesellschaft** 81 wird vorrangig als steuerfreier Umsatz im Sinne von § 4 Nr. 8 Buchst. f UStG angesehen und unterliegt somit nicht der Umsatzsteuer.[51] Im Grunde genommen kann der Verkäufer gemäß § 9 Abs. 1 UStG auch in diesem Fall auf die Befreiung von der Umsatzsteuer verzichten und somit eine umsatzsteuerpflichtige Veräußerung der Anteile an der Immobiliengesellschaft bewirken.

Da sich die Übertragung von Anteilen an der Immobiliengesellschaft allerdings 82 nicht auf einen auf Ebene der Immobiliengesellschaft selbst bestehenden **Vorsteuerberichtigungszeitraum** (vgl. § 15a UStG) auswirkt, dürfte das Interesse des Verkäufers, einen solchen Verzicht zu erklären, deutlich geringer sein. Da die gesetzliche Berechtigung, auf die Steuerbefreiung zu verzichten, allerdings auch in diesem Fall allein beim Verkäufer liegt, sollte der zugrunde liegende Anteilskaufvertrag dennoch zwingend entsprechende Regelungen enthalten.

Die **umsatzsteuerpflichtige Übertragung der Anteile** an der Immobi- 83 liengesellschaft würde den Erwerber vor eine deutlich größere Herausforderung im Hinblick auf die erforderliche Vorsteuerabzugsberechtigung stellen, als dies beim Asset Deal der Fall wäre. Der Erwerber müsste nachweisen, dass er die Anteile an der Immobiliengesellschaft (nicht die Immobilie) für sein eigenes umsatzsteuerliches Unternehmen erworben hat und beabsichtigt mit diesen Anteilen umsatzsteuerpflichtige Ausgangsumsätze zu generieren.[52] Die Nutzung der Immobilie selbst ist für diese Beurteilung unbeachtlich.

---

[50] Vgl. BVerfG – 1 BvL 13/11, 1 BvL 14/11 v. 23.6.2015, DStR 2015, 1678.
[51] Vgl. Schwarz/Widmann/Radeisen/*Huschens* UStG § 4 Nr. 8f UStG Rn. 1 ff.
[52] Vgl. BMF 26.1.2007, BStBl. I 2007, 211; UStAE 2.3. Abs. 2 f.

3. Übernahme von steuerlichen Risiken aus der Vergangenheit

84 Der **Erwerb von Anteilen** an einer Immobiliengesellschaft hat grundsätzlich keinen Einfluss auf die steuerliche Situation sowie die steuerlichen Rechte und Pflichten der Immobiliengesellschaft selbst. Insbesondere bleibt die Immobiliengesellschaft weiterhin Steuerschuldner und ist für die Erfüllung der „eigenen" sich aus der Immobilie ergebenden steuerlichen Verpflichtungen verantwortlich. Der Umfang dieser Verpflichtungen richtet sich dabei auch nach der Rechtsform der betreffenden Immobiliengesellschaft, da eine Immobilienpersonengesellschaft nicht als Steuerschuldner für die einkommen-/körperschaftsteuerlichen Verpflichtungen ihrer Gesellschafter anzusehen ist.

85 Im Rahmen einer wirtschaftlichen Betrachtung werden mit dem Erwerb der Anteile allerdings alle in der betreffenden Immobiliengesellschaft vorhandenen **steuerlichen Risiken** auf den Erwerber übertragen. Vor diesem Hintergrund kann die Durchführung einer Tax Due Diligence im Rahmen von Share Deals besonders sinnvoll sein. Schließlich sind individuelle vertragliche Regelungen bzw. Verhandlungen über Sicherheitseinbehalte nur dann erfolgversprechend, wenn konkrete Informationen und Risikobeurteilungen vorliegen.

86 Insbesondere bei Immobilienpersonengesellschaften sollte in diesem Zusammenhang auf mögliche unmittelbare bzw. mittelbare **Änderungen in der Gesellschafterstruktur** geachtet werden. Die in derartigen Fällen ggf. entstehende Belastung mit Grunderwerbsteuer wird gemäß § 13 Nr. 6 GrEStG – unabhängig davon, ob die Geschäftsleitung der Immobiliengesellschaft darüber informiert ist – von der Gesellschaft selbst geschuldet.

87 Unabhängig von der Durchführung einer Tax Due Diligence sind die vertraglichen Regelungen über die **Abgrenzung der steuerlichen Risiken der Vergangenheit** bei einem Anteilskauf von essentieller Bedeutung. Ohne entsprechende vertragliche Regelungen gibt es für den Erwerber keine rechtliche Möglichkeit, steuerliche Mehrbelastungen der Immobiliengesellschaft gegenüber dem Verkäufer geltend zu machen. In steuerlicher Hinsicht gilt es insbesondere, dem Umstand Rechnung zu tragen, dass die Realisierung bekannter oder unbekannter steuerliche Risiken i. d. R. erst nach der Übertragung der Anteile an der Immobiliengesellschaft (z. B. im Rahmen einer Betriebsprüfung oder Umsatzsteuer-Sonderprüfung) erfolgt. Die gesetzlichen Regelungen zur Festsetzungsverjährung in §§ 169 ff. AO geben der Finanzverwaltung zudem vergleichsweise viel Zeit, um „rückwirkend" in die steuerlichen und damit im Ergebnis auch finanziellen Verhältnisse der Immobiliengesellschaften einzugreifen. Zudem sind die Vertragsparteien im Rahmen der Vertragsverhandlungen nicht in der Lage, Vereinbarungen über die steuerliche Behandlung bestimmter Sachverhalte zu treffen. Derartige Regelungen im Anteilskaufvertrag sind nicht zielführend, da (zunächst) die Finanzverwaltung darüber „entscheidet", wie ein verwirklichter Sachverhalt steuerlich zu beurteilen ist.

88 Bei der Abgrenzung der **Verantwortlichkeit für die Übernahme der steuerlichen Risiken** sollte zudem darauf geachtet werden, dass die Verantwortlichkeit des Verkäufers in zeitlicher Hinsicht die (gesamte) Vergan-

genheit bis zum Übertragungsstichtag (einschließlich dieses Stichtags selbst) umfasst. Als Übertragungsstichtag ist dabei i. d. R. der Zeitpunkt zu verstehen, von dem an die Chancen und Risiken aus der Beteiligung an der Immobiliengesellschaft dem Erwerber zustehen.

Dieser Zeitpunkt muss nicht zwingend mit dem häufig in Anteilskaufverträgen vereinbarten „wirtschaftlichen Stichtag" übereinstimmen, zumal dieser oftmals vor dem Zeitpunkt der Vertragsunterzeichnung liegt. Auf der anderen Seite ist davon auszugehen, dass der Übertragungsstichtag i. d. R. vor dem Zeitpunkt liegt, in dem die betreffenden Anteile rechtlich (genauer: dinglich) auf den Erwerber übergehen.[53]

4. Ankaufsstruktur

Als Argument gegen einen Share Deal kann die damit oftmals (deutlich) komplexere Strukturierung des Erwerbsvorgangs angesehen werden. Dabei ist die **höhere Komplexität** oftmals allein dem Umstand geschuldet, dass zwar wirtschaftlich „so viel wie möglich" der Immobiliengesellschaft erworben, dabei allerdings keine Grunderwerbsteuer ausgelöst werden soll. Dieser grundsätzliche Zielkonflikt kann seit Einführung der sog. „**Anti-RETT-Blocker**"-Vorschrift des § 1 Abs. 3a GrEStG (wenn überhaupt) nur mit vergleichsweise komplexen Strukturen gelöst werden.

Darüber hinaus ist insbesondere bei **Transaktionen mit Immobilienpersonengesellschaften** darauf zu achten, dass die vom Verkäufer zurückbehaltenen Anteile[54] innerhalb der folgenden fünf Jahre aus grunderwerbsteuerlicher Sicht wirksam beim Verkäufer verbleiben und erst nach Ablauf dieser „Sperrfrist" auf den inzwischen Mehrheitsgesellschafter oder einen fremden Dritten übertragen werden.

5. Behandlung des Veräußerungsgewinns

a) Personengesellschaft

Aus dem Betrachtungswinkel des Verkäufers ist die Veräußerung der Anteile an einer Immobilienpersonengesellschaft in aller Regel wie die Veräußerung der von dieser Gesellschaft gehaltenen Wirtschaftsgüter zu behandeln. Im Ergebnis gelten somit die sich bei einem Asset Deal für einen Verkäufer ergebenden ertragsteuerlichen Konsequenzen.

b) Kapitalgesellschaft

Neben der möglichen Vermeidung der Belastung der Transaktion mit Grunderwerbsteuer kann insbesondere der Verkäufer ein besonderes Interesse an einem Share Deal haben. Dies gilt i. d. R. dann, wenn es sich bei der Immobiliengesellschaft um eine Kapitalgesellschaft handelt.

---

[53] Dies gilt insbesondere für die Übertragung von Anteilen an Immobilienpersonengesellschaften, die dinglich (erst) mit der Eintragung des Erwerbers im Handelsregister übergehen.
[54] Als „marktübliche" Gestaltung zur Vermeidung oder Reduzierung der Grunderwerbsteuer werden zunächst nur 94,9 % der Anteile an der Immobiliengesellschaft verkauft, sodass der Verkäufer weiterhin i. H. v. 5,1 % am Vermögen sowie am Ergebnis der Gesellschaft beteiligt bleibt.

93 Sofern die Anteile an dieser Gesellschaft von einer natürlichen Person gehalten werden, ist ein Veräußerungsgewinn bzw. -verlust unter Anwendung des sog. „**Teileinkünfteverfahrens**" zu 60% steuerpflichtig[55]. Für einen in der Rechtsform der Kapitalgesellschaft agierenden Verkäufer kann es von großem Interesse sein, den erwarteten Gewinn aus der Veräußerung der Immobilienkapitalgesellschaft im Rahmen der Regelungen des § 8b KStG steuerfrei vereinnahmen zu wollen. Aufgrund der Fiktion des § 8b Abs. 3 KStG, wonach 5% des Veräußerungsgewinns als nicht abzugsfähige Betriebsausgaben zu behandeln sind, verbleibt zwar eine „nur" 95%ige Steuerbefreiung, allerdings ist diese Ermäßigung für einen gewerblichen Verkäufer[56] die einzige Möglichkeit, der Besteuerung des Veräußerungsgewinns zu entgehen.

94 Für den Erwerber dieser Anteile gilt es dabei allerdings zwei wesentliche Aspekte zu beachten: Zum einen hat der Erwerb der Kapitalgesellschaftsanteile keinen Einfluss auf die Bemessungsgrundlage für die künftigen Abschreibungen der im Eigentum der Kapitalgesellschaft stehenden Immobilien. Es kommt bei Kapitalgesellschaften nicht zum sog. „**Step-Up**", sodass dem Erwerber im Rahmen einer wirtschaftlichen Betrachtung künftiges Abschreibungspotenzial verloren geht. Darüber hinaus würde ein späterer Verkauf der Immobilie als Asset Deal zur Aufdeckung und Besteuerung der stillen Reserven führen, die der Erwerber im Rahmen des vorherigen Anteilserwerbs mitbezahlt hat. Dieses Phänomen soll an dem nachfolgenden Beispiel veranschaulicht werden:

Beispiel:

Buchwert der Immobilie (auf Ebene der Immobilienkapitalgesellschaft):	100.000 EUR
Verkehrswert dieser Immobilie:	500.000 EUR
Kaufpreis für die Anteile an der Immobilienkapitalgesellschaft (Annahme: Wert der Anteile wird allein/ganz wesentlich durch die Immobilie bestimmt):	500.000 EUR
Anwendbarer Steuersatz auf Ebene der Immobilienkapitalgesellschaft:	30%

Für den Erwerb aller Anteile an der Immobiliengesellschaft[57] muss der Käufer 500.000 EUR aufwenden. Die mögliche Veräußerung der Immobilie unmittelbar nach dem Anteilserwerb durch die Immobilienkapitalgesellschaft selbst würde zur Aufdeckung der stillen Reserven i.H.v. 400.000 EUR (Verkehrswert von 500.000 EUR abzgl. Buchwert von 100.000 EUR) führen. Diese unterlägen auf Ebene der Immobilienkapitalgesellschaft der Besteuerung und würden eine finanzielle Belastung i.H.v. 120.000 EUR zur Folge haben.

---

[55] Vgl. § 3 Nr. 40 Buchst. c EStG.
[56] Die Immobilie bzw. die Anteile an der Immobiliengesellschaft werden in einem inländischen steuerlichen Betriebsvermögen gehalten.
[57] Die grunderwerbsteuerlichen Konsequenzen aus dem Erwerb aller Anteile an einer Immobiliengesellschaft sollen dabei aus Vereinfachungsgründen unberücksichtigt bleiben.

§ 1 Steuerplanerische Grundüberlegungen 95–99 § 1

Unabhängig davon, ob eine unmittelbare Veräußerung der betreffenden Immobilie beabsichtigt ist, birgt der Erwerb einer Immobilienkapitalgesellschaft stets ein sog. „**latente Steuerlast**". Vor dem Hintergrund, dass der Verkäufer aus dem Blickwinkel einer wirtschaftlichen Gesamtbetrachtung der Transaktion die Besteuerung „seines" Veräußerungsgewinns auf diese Art und Weise auf den Erwerber übertragen hat, stellt sich die Frage, ob und ggf. in welchem Umfang der Erwerber dieses latente Steuerrisiko bei der Bemessung des Anteilskaufpreises berücksichtigten sollte. 95

Die Antwort auf diese Frage hängt im Ergebnis (allein) vom Verhandlungsgeschick bzw. den aktuellen wirtschaftlichen Rahmendaten ab. Im Falle einer Vielzahl potenzieller Erwerber wird es dem Verkäufer sehr wahrscheinlich besser gelingen, diese (nur) latente Steuerbelastung „kleinzureden". Zudem würde ein Ausgleich dieser Latenz aus der Sicht des Verkäufers dazu führen, dass sein Steuervorteil aus der Veräußerung der Immobiliengesellschaft ggf. erheblich reduziert wird. 96

6. Abschreibungspotenzial

Das sich aus bzw. im Rahmen der Durchführung eines Share Deals ergebende Abschreibungspotenzial in Bezug auf die mittelbar erworbene Immobilie richtet sich vorrangig nach der Rechtsform der erworbenen Immobiliengesellschaft. Die Unterschiede zwischen dem Erwerb von Anteilen an einer Personengesellschaft bzw. einer Kapitalgesellschaft sind dabei signifikant. 97

a) Personengesellschaft

Aufgrund der ertragsteuerlichen Transparenz der Personengesellschaft ist der Anteilserwerb insoweit für steuerliche Zwecke wie der (anteilige) Erwerb der im Eigentum der Personengesellschaft stehenden Wirtschaftsgüter (und Schulden) zu betrachten.[58] Der im Rahmen des Anteilserwerbs geleistete Kaufpreis ist daher (anteilig) auf sämtliche Wirtschaftsgüter der Personengesellschaft aufzuteilen. Soweit dabei die auf Ebene der Personengesellschaft vorhandenen Buchwerte überschritten werden, wird dieser Mehrbetrag im Rahmen einer Ergänzungsbilanz bzw. Ergänzungsrechnung bei Vermögensverwaltung gesondert erfasst. Im Ergebnis stellt sich der Erwerb von Anteilen an einer Immobilienpersonengesellschaft (Share Deal) für ertragsteuerliche Zwecke wie ein direkter Erwerb der Immobilie (Asset Deal) dar, sodass insoweit auf die Ausführungen zum Asset Deal verwiesen werden kann (→ Rn. 52 ff.). 98

Gerade diese Besonderheit und die damit verbundene Sicherheit, den gesamten Kaufpreis (soweit er nicht auf den Grund und Boden entfällt) als künftiges Abschreibungspotenzial nutzen zu können, spricht aus steuerlicher Sicht deutlich für den Grundbesitzerwerb „per" Immobilienpersonengesellschaft. Dies gilt im Ergebnis auch für die mit dem Erwerb der Anteile verbundenen Nebenkosten. 99

---

[58] Vgl. u. a. Schmidt/*Wacker* EStG § 15 Rn. 164, 256.

b) Kapitalgesellschaft

100 Die Kapitalgesellschaft ist für ertragsteuerliche Zwecke als eigenständiges Steuersubjekt anzusehen, sodass sich der Wechsel im Gesellschafterbestand grundsätzlich nicht auf die steuerliche Situation der Kapitalgesellschaft selbst auswirkt. Wenngleich es inzwischen zahlreiche Ausnahmen[59] von diesem Grundsatz gibt, bleibt die Trennung zwischen Anteilseigner und Kapitalgesellschaft für die Frage der Bemessungsgrundlage künftiger Abschreibungen gewahrt.

101 Im Ergebnis bedeutet dies, dass der für den Erwerb der Anteile an der Immobilienkapitalgesellschaft geleistete Kaufpreis keinen Einfluss auf die **Abschreibungsbemessungsgrundlage** hat. Die Erfassung der geleisteten Mehrpreise im Rahmen einer Ergänzungsbilanz bzw. -rechnung findet bei Kapitalgesellschaften nicht statt. Somit kann der Anteilskaufpreis (inkl. Nebenkosten) bei Erwerb von Immobilienkapitalgesellschaften gerade nicht während der Haltedauer des Investments amortisiert werden. Dies stellt gerade bei fremdvermieteten Immobilien einen erheblichen Nachteil dar, da den künftigen Mieterträgen eine vergleichsweise geringe Abschreibung (ohne „Step-Up") gegenübersteht. Diese fehlende Abschreibung führt in erheblichem Maße dazu, dass die effektive Ertragsteuerbelastung auf die laufenden Erträge aus der Immobilie im Falle des Erwerbs einer Immobilienkapitalgesellschaft (deutlich) über der entsprechenden Belastung im Falle des Erwerbs als Immobilienpersonengesellschaft liegt.

102 Der geleistete Kaufpreis für die Anteile an der Immobilienkapitalgesellschaft wirkt sich grundsätzlich erst bei einem späteren **Weiterverkauf** dieser Gesellschaft aus. Für den Fall, dass der Gewinn aus einem solchen Weiterverkauf aber ohnehin (nahezu) steuerfrei möglich ist, relativiert sich der Vorteil hoher Anschaffungskosten auf die Beteiligung. Darüber hinaus darf auch an dieser Stelle noch einmal auf den Effekt aus der dargestellten latenten Steuerlast hingewiesen werden (→ Rn. 95 f.).

E. Finanzierung

I. Betriebsvermögen

103 Bei dem Stichwort „**Finanzierung**" im steuerlichen Betriebsvermögen richten sich die Blicke unweigerlich zuerst auf die Regelungen zur Begrenzung der steuerlichen Abzugsfähigkeit von Finanzierungsaufwendungen. Die bekannteste dieser Regelungen dürfte die sog. „**Zinsschranke**" gemäß § 4h EStG i. V. m. § 8a KStG sein. Das Besondere an der Zinsschranke ist, dass die Frage der steuerlichen Abzugsfähigkeit von Finanzierungsaufwendungen in einem nicht zu unterschätzenden Umfang von den (internationalen) Kapitalmärkten beantwortet wird. Die starre Freigrenze von derzeit (weniger als) 3,0 Mio. EUR als ohne weitere Voraussetzungen maximal abziehbaren Zinsaufwendungen auf der einen Seite und einem volatilen Zinsniveau auf den

---

[59] Vgl. u. a. § 8c KStG.

§ 1 Steuerplanerische Grundüberlegungen 104–106 § 1

Kapitalmärkten andererseits stellt sich für die steuerliche Planung als erhebliche Herausforderung dar. Noch vor wenigen Jahren lagen die Zinssätze für Immobilienfinanzierungen im Durchschnitt bei ca. 5,0 % p. a., sodass Fremdfinanzierungen bis zu einem Umfang von nahezu 60,0 Mio. EUR (5 % von 59,9 Mio. EUR = ca. 2,995 Mio. EUR) in steuerlicher Hinsicht nahezu „bedenkenlos" akzeptiert werden konnten, ohne sich Gedanken über die steuerliche Abzugsfähigkeit dieser Aufwendungen machen zu müssen. Inzwischen hat sich das Zinsniveau merklich reduziert, sodass derzeit Immobilienfinanzierungen zu durchschnittlich ca. 2,0 % (und weniger) keine Seltenheit mehr sind. Dem entsprechend erhöht sich die „Unbedenklichkeitsgrenze" auf ca. 150,0 Mio. EUR (und mehr).

Für den umgekehrten Fall möglicher **Zinssteigerungen in der Zukunft** 104 kann dies allerdings zu einem (steuerlichen) Problem führen. Nach dem Erwerb der Immobilie wirkt sich das allgemeine Zinsniveau nicht (mehr) auf den gezahlten Kaufpreis für diese Immobilie aus. Unter der Annahme, dass dieser Kaufpreis weiterhin den Verkehrswert der Immobilie repräsentiert bzw. die Bank auch bei steigenden Zinsen nicht (unmittelbar) „gezwungen" ist, den Darlehensbetrag zu reduzieren oder zusätzliche Sicherheiten zu verlangen, würde sich der Zinsaufwand aus dieser Finanzierung erhöhen ohne dass der Eigentümer der Immobilie entsprechend die Möglichkeit hat, die Miete für dieses Objekt zu erhöhen. Da sich der Kaufpreis der Immobilie regelmäßig aus der Höhe der erzielbaren Miete und einem Kapitalisierungsfaktor errechnet, führen steigende Zinsen sehr schnell dazu, dass die mit der Immobilie realisierbaren Mieteinnahmen bereits bei einem (derzeit) üblichen Fremdfinanzierungsgrad von (nur) ca. 60 % nicht mehr ausreichen, um den steuerlichen Abzug der Zinsaufwendungen sicherzustellen.

An dieser Stelle sei darauf hingewiesen, dass bei Einführung der Regelungen 105 zur Zinsschranke im Jahre 2008[60] das **Zinsniveau** bei durchschnittlich 4–5 %[61] und die **Freigrenze** nur bei 1,0 Mio. EUR lag. Die Freigrenze konnte somit „nur" Finanzierungen bis zu einem Umfang von ca. 20,0 Mio. EUR abdecken. Darüber hinaus hätte eine Fremdfinanzierung zu nicht abzugsfähigen Zinsaufwendungen geführt.[62]

Als Ergebnis der vorstehenden mathematischen Überlegungen bleibt festzuhalten, dass die Regelungen zur Zinsschranke bei größeren Immobilien zu **erheblichen Belastungen** führen können, ohne dass es zu einer unangemessen hohen Fremdfinanzierung gekommen ist. Die aus der Vermietung der Immobilie erzielbaren Einkünfte sind selbst ohne Berücksichtigung der Abschreibungen und Zinsen in der Regel nicht annähernd geeignet, die gesetzlichen Anforderungen der Zinsschranke (Grenze von 30 % des verrechenbaren EBITDA) zu erfüllen. Vor diesem Hintergrund geht es in der Praxis vorrangig darum, die Anwendbarkeit der Zinsschranke dem Grunde nach zu vermeiden oder in den Genuss der Freigrenze von derzeit 3,0 Mio. EUR p. a. zu gelangen. 106

---

[60] Vgl. Unternehmensteuerreformgesetz 2008 v. 14.8.2007, BGBl. I 2007, 1912.
[61] Vgl. z. B. Drei-Monats-EURIBOR i. H. v. ca. 4,6 % im Jahresdurchschnitt.
[62] Exkurs: Es sei denn, der Einkauf der Immobilie wäre zu einem „Faktor" von 10,0 oder weniger gelungen, was allerdings auch im Jahre 2008 ein absolutes Schnäppchen gewesen wäre.

II. Privatvermögen

107 Die zuvor dargestellten Regelungen zur Zinsschranke finden dann **keine Anwendung**, wenn die betreffende Immobilie im (steuerlichen) Privatvermögen gehalten wird.[63]

F. Umstrukturierungen

108 Als Grundsatz lässt sich m. E. die Aussage treffen, dass Immobilien bei nahezu jeder Form der Um- bzw. Restrukturierung als eine Art „**Hindernis**" angesehen werden. Soweit ersichtlich sind keine Fälle bekannt, in den sich das Vorhandensein einer oder mehrerer Immobilie(n) als besonders vorteilhaft herausgestellt hat.

I. Grunderwerbsteuer

109 Die größte Herausforderung bei der Umwandlung von Immobiliengesellschaften besteht dabei in der Vermeidung einer möglichen Belastung mit Grunderwerbsteuer. Sofern es bei der Umwandlung im Hinblick auf die Immobilien zu einem Rechtsträgerwechsel (und damit verbunden zu einer Änderung im Grundbuch) kommt, unterliegt diese Maßnahme i. d. R. der Grunderwerbsteuer. In erster Linie betrifft dies die Verschmelzung einer Immobiliengesellschaft auf eine andere Gesellschaft innerhalb derselben Unternehmensgruppe. Die bisherigen Erfahrungen mit den Verlautbarungen der Finanzverwaltung[64] über die sog. „**grunderwerbsteuerlichen Konzernklausel**"[65] haben allerdings gezeigt, dass gerade diese Fälle nur in sehr beschränktem Umfang von dem Anwendungsbereich des § 6a GrEStG erfasst sind.

110 Darüber hinaus sind auch Umwandlungen von Gesellschaften, die selbst über keinen inländischen Grundbesitz verfügen, geeignet, Grunderwerbsteuer auszulösen, wenn im Rahmen dieser Maßnahmen Anteile an Grundbesitz haltenden Gesellschaften übertragen werden. Dies gilt beispielsweise bei der Neuordnung der gesellschaftsrechtlichen Beteiligungsstrukturen innerhalb einer Unternehmensgruppe und der damit verbundenen **Verlängerung der Beteiligungskette**. Zur Vermeidung oder mindestens Reduzierung der potenziell Grunderwerbsteuer auslösenden Anteilsübertragungen bei gruppeninternen Umstrukturierungen bietet es sich aus grunderwerbsteuerlicher Sicht an, die Immobiliengesellschaften möglichst nahe an der Konzernspitze oder unmittelbar auf Ebene der Konzernmuttergesellschaft zu platzieren. Auf diese Weise können Umstrukturierungsmaßnahmen „unterhalb" dieser Immobiliengesellschaften keine Belastung mit Grunderwerbsteuer auslösen.

---

[63] Vgl. BMF 4.7.2008, BStBl. I 2008, 718 (Tz. 5, 43).
[64] Vgl. Erlasse betreffend Anwendung/Änderung § 6a BMF 1.12.2010, BStBl. I 2010, 1321; BMF 19.6.2012, BStBl. I 2012, 662; BMF 9.10.2013, BStBl. I 2013, 1375.
[65] Vgl. § 6a GrEStG.

II. Sonderbetriebsvermögen

Als „**Umwandlungshindernis**" können auch Immobilien angesehen werden, die zwar im rechtlichen und wirtschaftlichen Eigentum eines Mitunternehmers stehen, der Gesamthand allerdings zur (betrieblichen) Nutzung überlassen werden und somit Sonderbetriebsvermögen darstellen. So ist beispielsweise die unentgeltliche Übertragung eines Mitunternehmeranteils zu Buchwerten und damit ohne Aufdeckung der stillen Reserven nur dann möglich, wenn auch das Sonderbetriebsvermögen des betreffenden Mitunternehmers mitübertragen wird.[66] 111

Darüber hinaus kann es auch im Rahmen des **steuerneutralen Formwechsels** einer Personengesellschaft in eine Kapitalgesellschaft entscheidend darauf ankommen, ob Sonderbetriebsvermögen bei den beteiligten Mitunternehmern vorhanden ist. Die insoweit aus ertragsteuerlicher Sicht erforderliche Übertragung des Immobilienvermögens aus dem Sonderbetriebsvermögen in das Gesamthandsvermögen der Personengesellschaft im Vorwege der Umwandlung hätte allerdings wiederum nicht nur rechtliche, sondern in erster Linie auch (wieder) grunderwerbsteuerliche Konsequenzen. 112

G. Erbschaft- und Schenkungsteuer

Vor dem Inkrafttreten des **Erbschaftsteuerreformgesetzes 2008** mit Wirkung zum 1.1.2009[67] war es im Grunde genommen möglich, durch die Investition in Immobilienvermögen die Belastung mit Erbschaft- bzw. Schenkungsteuer bei der Übertragung dieses Vermögens auf die nachfolgende Generation teilweise signifikant zu reduzieren. Hintergrund war die **unterschiedliche Bewertung von Geld- und Immobilienvermögen,** die das Bundesverfassungsgericht allerdings mit der Entscheidung vom 7.11.2006[68] für verfassungswidrig erachtet hat. 113

Seit dem 1.1.2009 haben sich die „Spielregeln" bei der Bewertung von Immobilienvermögen für Zwecke der Erbschaft- und Schenkungsteuer grundlegend geändert. Gemäß § 177 BewG gilt nunmehr auch für Immobilien der **gemeine Wert** i.S.d. § 9 BewG. Somit sind relevante steuerliche Bewertungsunterschiede zwischen Geld- und Immobilienvermögen nicht mehr zu erwarten. 114

Als Folge der Entscheidung des BVerfG vom 17.12.2014[69] über die Verfassungswidrigkeit der bestehenden Verschonungsregelungen[70] hat der Gesetzgeber reagiert und im Juni 2015 einen Referentenentwurf[71] zur Anpassung des 115

---

[66] Vgl. § 6 Abs. 3 Satz 1 EStG; vgl. BMF 3.3.2005, BStBl. I 2005, 458, Tz. 7.
[67] Vgl. ErbStRefG v. 24.12.2008, BGBl. I 2008, 3018.
[68] Vgl. BVerfG 7.11.2006 – BvL 10/02, BStBl. II 2007, 192.
[69] BVerfG 17.12.2014 – 1 BvL 21/12, BStBl. II 2015, 50.
[70] Vgl. §§ 13a, 13b ErbStG.
[71] Vgl. Referentenentwurf des BMF: „Entwurf eines Gesetzes zur Anpassung des Erbschaftsteuer- und Schenkungsteuergesetzes an die Rechtsprechung des BVerfG" (Stand: 1.6.2015).

§ 1 115

Erbschaft- und Schenkungsteuergesetzes vorgelegt. Die Bundesregierung hat den Gesetzentwurf gebilligt und dem Bundestag und dem Bundesrat zur Beschlussfassung vorgelegt.[72] Zur weiteren Umsetzung dieses Gesetzgebungsverfahrens stehen somit (nur) noch die Zustimmung von Bundestag und Bundesrat aus.[73] Als wesentlicher Inhalt des Reformvorhabens ist die geplante Beibehaltung des sog. „**Verschonungsmodells**" (dem Grunde nach), soweit dieses Modell nach der Rechtsprechung des BVerfG nicht „angegriffen" wurde, zu nennen. Darüber hinaus sei auf die Abgrenzung zwischen begünstigtem und nicht begünstigtem Vermögen hingewiesen. Vereinfacht dargestellt soll die Steuerfreiheit im Ergebnis nur noch für begünstigtes Vermögen anwendbar sein.[74] Das nicht begünstigte Vermögen soll hingegen der vollen Erbschaft- bzw. Schenkungsteuer unterliegen. Darüber hinaus soll für besonders große Betriebe/Vermögen eine sog. „**Verschonungsbedarfsprüfung**" eingeführt werden, wobei vom Erwerber nachzuweisen ist, dass er (persönlich) nicht in der Lage ist, die entstehende Steuerschuld aus mitübertragenem oder bereits vorhandenem nicht begünstigten Nettovermögen zu begleichen.[75] Alternativ soll dem Erwerber die Möglichkeit eingeräumt werden, einen gestaffelten Verschonungsabschlag in Kauf zu nehmen. Die Neuregelung muss bis spätestens zum 30.6.2016 umgesetzt werden.[76]

---

[72] Vgl. Entwurf eines Gesetzes zur Anpassung der Erbschaftsteuer- und Schenkungsteuergesetzes an die Rechtsprechung des Bundesverfassungsgerichts, BT-Drs. 18/5923.

[73] Vor dem Hintergrund der aktuellen Mehrheitsverhältnisse in Bundestag und Bundesrat ist davon auszugehen, dass diese „Hürden" vergleichsweise schnell genommen werden, sodass der (erneuten) Reform des Erbschaft- und Schenkungsteuerrechts keine materiellen Hindernisse mehr im Wege stehen.

[74] Vgl. § 13a Abs. 1 i. V. m. § 13b ErbStG-E.

[75] Vgl. § 28a ErbStG-E.

[76] BVerfG 17.12.2014 – 1 BvL 21/12, BStBl. II 2015, 50.

§ 2 Immobilienbewertung

Übersicht

	Rn.
A. Allgemeines	1–4
B. Grundlagen der Immobilienbewertung	
I. Bewertungsanlässe	5–8
II. Bewertungszweck und Funktion	9
III. Wertbegriffe	10–19
C. Bewertungsverfahren	
I. Überblick über die Bewertungsverfahren	20–26
II. Normierte Verfahren nach der ImmoWertV	27–75
1. Vorbemerkung	27–29
2. Begriffsbestimmungen und allgemeine Verfahrensgrundsätze	30–34
3. Vergleichswertverfahren	35–41
4. Ertragswertverfahren	42–68
a) Vorbemerkung	42
b) Ertragswertverfahren nach der ImmoWertV	43–47
c) Ermittlung des Reinertrags	48–55
d) Kapitalisierung, Abzinsung und Liegenschaftszinssatz	56–62
e) Marktanpassung	63
f) Objektspezifische Anpassungen	64–68
aa) Über- und Untervermietung	64–66
bb) Erheblicher Instandsetzungsbedarf	67, 68
5. Sachwertverfahren	69–75
III. Discounted-Cash-Flow-Verfahren	76–99
1. Grundzüge	76–79
2. Prognose der Cash Flows	80–85
3. Endwertkapitalisierung	86–88
4. Ableitung der Abzinsungssätze	89–99
a) Diskontierungszinssatz	89–97
b) Kapitalisierungszinssatz	98, 99
D. Zusammenfassung	100–105

A. Allgemeines

Im Rahmen von Transaktionen, aber auch unternehmerischen Entscheidungen und Nachfolgeplanungen spielen Immobilien aufgrund ihres i.d.R. hohen Wertes eine bedeutsame Rolle. Der **Wert von Immobilien** ist allerdings häufig unklar und umstritten. Deswegen ist die Bestimmung des Werts

1

einer Immobilie für die Beteiligten von essentieller Bedeutung. Um den Wert einer Immobilie zu ermitteln, ist regelmäßig eine Immobilienbewertung erforderlich.

2 **Immobilienbewertung** hat in Deutschland eine lange Tradition und ist durch Richtlinien und Verordnungen festgelegt. In der Bundesrepublik Deutschland gehört das Recht der Grundstücksbewertung juristisch in den Bereich des Baurechts und wird verfahrensmäßig konkretisiert in der sog. Immobilienwertermittlungsverordnung (ImmoWertV).

3 Im internationalen Kontext sind es vor allem **privat organisierte Immobilienverbände,** die eigene Bewertungsregelungen entwickelt haben und mitunter als eine Art Standardsetter auftreten.[1] In der Immobilienbranche gilt zwar im Gegensatz zu anderen Branchen der Grundsatz „All business is local", jedoch sind die aktuell angewandten Bewertungsmethoden zunehmend internationalen Einflüssen ausgesetzt.[2]

4 Im Rahmen von Immobilienbewertungen stellen sich vor allem folgende Fragen:
– Was ist der Anlass der Bewertung (→ Rn. 5 ff.)?
– Welcher Wert wird gesucht (→ Rn. 10 ff.)?
– Wie wird dieser Wert bestimmt (→ Rn. 20 ff.)?

B. Grundlagen der Immobilienbewertung

I. Bewertungsanlässe

5 In jedem Fall ist zu Beginn einer Immobilienbewertung eine Analyse der Bewertungssituation und damit eine Identifikation des **Bewertungsanlasses bzw. -zwecks** sowie des relevanten Wertbegriffs erforderlich. Der Bewertungsanlass gibt dabei nicht nur den Bewertungszweck, sondern auch den relevanten Wertbegriff und damit letztendlich das Vorgehen bei der Wertermittlung vor. Die Anlässe einer Immobilienbewertung sind dabei sehr vielfältig und lassen sich nur schwer nach eindeutigen Kriterien ordnen.[3]

6 Grundsätzlich kann man **freiwillige Bewertungen** von solchen Bewertungen unterscheiden, die durch gesetzliche oder andere Vorschriften vorgeschrieben sind. Freiwillige Bewertungen resultieren aus Ereignissen, die durch unternehmerische Initiative ausgelöst wurden.[4] Typischerweise zählen dazu der Kauf, Verkauf und sonstige Übertragungen von Immobilien oder ganzen Unternehmen. Bevor eine Immobilie oder eine Immobiliengesellschaft den Besitzer wechselt, müssen sowohl Käufer als auch Verkäufer eine Vorstellung

---

[1] Zu den wichtigsten Verbänden zählen insbesondere das aus Großbritannien stammende Royal Institute of Chartered Surveyors (RICS) und die US-amerikanischen Verbände Appraisal Institute und die Appraisal Foundation sowie die European Group of Valuers' Associations (TEGoVA).
[2] *Königsstein* in BDO Deutsche Warentreuhand, Praxishandbuch Real Estate Management, S. 281.
[3] Peemöller/*Paul* Praxishandbuch der Unternehmensbewertung 6. Aufl. 2015 S. 1096.
[4] WPH Bd. 2 2014 Kap. C. Rn. 4.

über deren Wert entwickeln.[5] Aus diesem Grund werden in der Praxis i. d. R. Wertgutachten erstellt. Auch die Finanzierung eines Immobilienankaufs oder die Refinanzierung einer im Bestand gehaltenen Immobilie machen regelmäßig Wertgutachten erforderlich, die dem Gläubiger zur Ermittlung eines akzeptablen Kreditvolumens dienen.

Daneben bieten **Rechnungslegungs- und andere gesetzliche Vorschriften** einen Anlass für eine Immobilienbewertung.[6] Abgeleitet aus dem Niederstwertprinzip[7] sind beispielsweise im handelsrechtlichen Jahresabschluss Vermögensgegenstände des Anlagevermögens bei einer voraussichtlich dauernden Wertminderung auf den niedrigeren beizulegenden Wert abzuschreiben. Im Rahmen der internationalen Rechnungslegungsvorschriften kann nach IAS 40 grundsätzlich ein Wahlrecht ausgeübt werden, ob als Finanzinvestitionen gehaltene Immobilien zum Fair Value bewertet werden.[8] Außerdem ist nach IAS 36 der Wertansatz der langfristigen Vermögenswerte auf Wertminderungen gegenüber dem bisherigen Buchwert zu überprüfen. Für diese Fälle ist durch die gesetzlichen Vorgaben die jährliche Ermittlung eines handels- bzw. steuerrechtlichen oder den internationalen Rechnungslegungsstandards entsprechenden Korrekturwerts notwendig.[9] Ein weiteres Beispiel für einen sich aus Rechnungslegungspflichten ergebenden Bewertungsanlass ist die durch das Kapitalanlagegesetzbuch (KAGB) vorgeschriebene Bewertung von in Fondsvermögen gehaltenen Immobilien, da diese zum Verkehrswert in die Vermögensaufstellung des Investmentfonds einfließen. In der Praxis hat außerdem der Nachweis des niedrigeren gemeinen Werts gem. § 198 BewG stark an Bedeutung zugenommen.[10]

Darüber hinaus können **sonstige Anlässe** Immobilienbewertungen notwendig machen. Dabei zu nennen sind u. a. Vermögensauseinandersetzungen und Nachlassregelungen. Bewertungsgutachten dienen in diesen Fällen der Wertfeststellung oder zur Vorbereitung von Schenkungen. Aus versicherungstechnischer Sicht können Wertgutachten als Basis für die Berechnung von Gebäudeversicherungen genutzt werden.[11]

II. Bewertungszweck und Funktion

Der Bewertungsanlass determiniert letztendlich auch den **Zweck der Bewertung** und damit die grundsätzliche **Funktion** die der Bewerter im Rahmen einer Immobilienbewertung einnimmt.[12] In Analogie zur Unternehmensbewertung wird zwischen der Ermittlung eines objektivierten und

---

[5] *Schulte/Leopoldsberger* in Drukarcyzk/Ernst, Branchenorientierte Unternehmensbewertung, 3. Aufl. 2010 S. 506.
[6] WPH Bd. 2 2014 Kap. C. Rn. 4.
[7] § 253 Abs. 3/4 HGB.
[8] Die Fair-Value-Bewertung wird vom Großteil der börsennotierten Immobilienunternehmen angewendet.
[9] *Kleiber* in Kühnberger/Wilke, Immobilienbewertung Teil B, 2010 S. 16.
[10] *Krause* NWB 2013, 1690.
[11] *Schmitz* BiM 2013, 33; IDW S 10 Tz. 2.
[12] *Beck* in BDO Deutsche Warentreuhand, Praxishandbuch Real Estate Management, 2005 S. 219; *Köhling*, Barwertorientierte Fair Value-Ermittlung für Renditeimmobilien in der IFRS-Rechnungslegung, 2011 S. 38.

der Ermittlung eines subjektiven Wertes unterschieden.¹³ Im Rahmen der Ermittlung eines **objektivierten Wertes** wird der Immobilienbewerter als neutraler Gutachter tätig, der einen Marktwert aus Sicht eines objektiven Dritten unbeeinflusst von der Perspektive des Immobilieneigners und dessen konkreter Verwendung der Immobilien ermittelt.¹⁴ Demgegenüber fließen bei der **subjektiven Wertermittlung** die Ziele und Absichten des künftigen Immobilieneigners in den Bewertungsprozess und damit auch in den letztendlich ermittelten Immobilienwert mit ein. Dazu zählen beispielsweise steuerliche Verhältnisse, Finanzierungsmöglichkeiten, beabsichtigte Erweiterungsinvestitionen, Desinvestitionen oder Veränderungen bei der Nutzung der Immobilie, deren Auswirkungen den Grenzpreis beeinflussen.¹⁵

III. Wertbegriffe

10 Je nachdem, welcher Bewertungsanlass vorliegt und welchen Zweck der ermittelte Wert erfüllen soll, sind unterschiedliche **Wertbegriffe** zugrunde zu legen.¹⁶ Auch in Gesetzen, Verordnungen oder anderen Vorschriften zur Wertermittlung werden verschiedene Wertbegriffe verwendet. Dazu zählen beispielsweise Begriffe wie Verkehrswert, Marktwert, Fair Value, gemeiner Wert, beizulegender Zeitwert oder Beleihungswert. Das Ergebnis der Wertermittlung variiert daher auch in Abhängigkeit von dem jeweils relevanten Wertbegriff.¹⁷

11 Der Begriff **Verkehrswert** kommt vor allem in Zusammenhang mit durch Transaktionen ausgelösten Bewertungen sowie im Bereich der Rechnungslegung zum Tragen.¹⁸ Außerdem ist er z. B. maßgeblich bei der Wertermittlung von Immobilienbeständen offener und geschlossener Immobilienfonds nach dem Kapitalanlagegesetzbuch.¹⁹

12 Im deutschen Recht ist der Verkehrswert nach § 194 BauGB wie folgt definiert:

„Der Verkehrswert (Marktwert) wird durch den Preis bestimmt, der in dem Zeitpunkt, auf den sich die Ermittlung bezieht, im gewöhnlichen Geschäftsverkehr nach den rechtlichen Gegebenheiten und tatsächlichen Eigenschaften, der sonstigen Beschaffenheit und der Lage des Grundstücks oder des sonstigen Gegenstands der Wertermittlung ohne Rücksicht auf ungewöhnliche oder persönliche Verhältnisse zu erzielen wäre."

13 Im europäischen Raum wird für Immobilienbewertungen vor allem die Definition des **Marktwerts** nach dem International Valuation Standards Commitee (IVSC), der European Group of Valuers Associations (TEGoVA) oder der Royal Institution of Chartered Surveyors (RICS) angewandt:

---

[13] IDW S 10, Tz. 7 ff.; IDW S 10, Tz. 12; *Köhling*, Barwertorientierte Fair Value-Ermittlung für Renditeimmobilien in der IFRS-Rechnungslegung, 2011 S. 38.
[14] IDW S 10, Tz. 11; *Beck* in BDO Deutsche Warentreuhand, Praxishandbuch Real Estate Management, 2005 S. 219.
[15] IDW S 10, Tz. 120; *Köhling*, Barwertorientierte Fair Value-Ermittlung für Renditeimmobilien in der IFRS-Rechnungslegung, 2011 S. 218.
[16] *Schulte/Leopoldsberger* in Drukarczyk/Ernst, Branchenorientierte Unternehmensbewertung, 3. Aufl. 2011 S. 507.
[17] *Esser/Gebhardt* WPg 2013, 269.
[18] *Schulte/Leopoldsberger* in Drukarcyzk/Ernst, Branchenorientierte Unternehmensbewertung, 3. Aufl. 2011 S. 507.
[19] § 271 KAGB.

§ 2 Immobilienbewertung

„*Der Marktwert ist der geschätzte Betrag, zu dem ein Vermögensgegenstand in einem funktionierenden Markt zum Bewertungsstichtag zwischen einem verkaufsbereiten Verkäufer und einem kaufbereiten Erwerber nach angemessenem Vermarktungszeitraum in einer Transaktion auf Basis von Marktpreisen verkauft werden könnte, wobei jede Partei mit Sachkenntnis, Umsicht und ohne Zwang handelt.*"[20]

Die Verkehrs- und Marktwerte sind also jeweils stichtagsbezogen. Beide Werte reflektieren alle wesentlichen Eigenschaften des Grundstücks. Im Rahmen einer Immobilienbewertung handelt es sich um den Wert, zu dem das Grundstück höchstwahrscheinlich am Markt gehandelt würde. Besondere sowie persönliche Umstände dürfen dabei jeweils nicht berücksichtigt werden. Die Definitionen des BauGB und des IVSC, TEGoVA bzw. RICS sind damit inhaltlich im Ergebnis weitgehend identisch.[21]

Für durch Rechnungslegungsvorschriften ausgelöste Bewertungsanlässe[22] ist häufig der **Fair Value** bzw. **Zeitwert** relevant. Der Zeitwert eines Vermögenswertes wird definiert als der Preis, den man in einer gewöhnlichen Transaktion zwischen Marktteilnehmern am Bewertungsstichtag beim Verkauf eines Vermögenswertes erhalten würde.[23] Grundsätzlich entspricht der Zeitwert ebenfalls dem Verkehrs- bzw. Marktwert.[24] Marktwerte sind jedoch von dem beizulegenden Zeitwert abzugrenzen, wie er bei Niederstwertbetrachtungen Anwendung findet. In diesen Fällen berechnet sich der beizulegende Zeitwert aus der Perspektive des Unternehmens,[25] das die Immobilie hält. Der im Rahmen von Werthaltigkeitstests neben dem Fair Value als Korrekturwert ebenfalls heranzuziehende Value in Use berücksichtigt auch individuelle Nutzungsmöglichkeiten.

Steuerlich werden Grundbesitzwerte laut § 177 BewG nach dem **gemeinen Wert** bemessen. Der gemeine Wert wird gem. § 9 BewG durch den Preis bestimmt, der im gewöhnlichen Geschäftsverkehr nach der Beschaffenheit des Wirtschaftsgutes bei einer Veräußerung zu erzielen wäre. Dabei sind alle Umstände, die den Preis beeinflussen, zu berücksichtigen. Ungewöhnliche oder persönliche Verhältnisse sind nicht zu berücksichtigen. Der gemeine Wert wird dabei als gleichbedeutend mit der Definition des Verkehrswerts angesehen.[26] Unterschiede bestehen jedoch in der vom Steuerrecht vorgegebenen Typisierung und Normierung der steuerrechtlichen Verfahren.[27]

---

[20] TEGoVA, EVS 1; RICS, VS 3.2.
[21] *Schulte/Leopoldsberger* in Drukarcyzk/Ernst, Branchenorientierte Unternehmensbewertung, 3. Aufl. 2011 S. 507; *Kleiber* in Kühnberger/Wilke, Immobilienbewertung Teil B, 2010 S. 12.
[22] Vor allem nach den IFRS fließen Zeitwerte in die Rechnungslegungsvorschriften ein, bspw. im Rahmen der Fair Value Bilanzierung nach IAS 40.
[23] IFRS 13.9.
[24] *Schulte/Leopoldsberger* in Drukarcyzk/Ernst, Branchenorientierte Unternehmesbewertung, 3. Aufl. 2011 S. 507; *Köhling*, Barwertorientierte Fair Value-Ermittlung für Renditeimmobilien in der IFRS-Rechnungslegung 2011 S. 48; *Kleiber* in Kühnberger/Wilke, Immobilienbewertung Teil B, 2010 S. 16.
[25] IDW ERS IFA2 Rn. 27.
[26] Viskorf/Knobel/Schuck/*Viskorf* BewG § 9 Rn. 2; Kreutziger/Schaffner/Stephany/*Stephany* BewG § 9 Rn. 2.
[27] Troll/Gebel/Jülicher/*Gebel* ErbStG § 12 Rn. 507.

17 Ein Beispiel für einen von diesen Definitionen abweichend Wert ist der **Beleihungswert.** Zur Ermittlung des Beleihungswerts, wie er bei Verwendung einer Immobilie als Kreditsicherheit ermittelt wird, hat die BaFin die Beleihungswertverordnung (BelWertV) erlassen. Der Verkehrswert ist zur Bemessung der Höhe einer Sicherung durch eine Immobilie nur bedingt geeignet, da er zu einem Stichtag ermittelt wird und im Laufe der Zeit aufgrund von Veränderungen marktüblicher Preise diversen Schwankungen unterliegt. Anders als der stichtagsorientierte Marktwert soll der Beleihungswert einen langfristig erzielbaren Wert darstellen, der über die Laufzeit der Sicherheit seine Gültigkeit behalten soll. Er liegt aus diesem Grund regelmäßig unterhalb des Werts, der als untere Grenze der zukünftigen Marktwertentwicklung des Pfandobjektes zu sehen ist.[28]

18 Von den genannten Wertbegriffen mit ihren jeweiligen Definitionen sind die tatsächlich realisierten **Preise** auf den Grundstücksmärkten zu unterscheiden. Ein gutachterlich ermittelter Marktwert soll einen gedachten Preis approximieren, der sich bei einer fiktiven Markttransaktion ergeben würde. Der berechnete Marktwert ergibt sich dabei regelmäßig aus dem erwarteten künftigen finanziellen Nutzen, den ein Erwerber aus der Immobilie erzielen kann.[29] Der tatsächliche Preis einer Immobilie ist dagegen das Ergebnis einer konkreten Transaktion. Er ergibt sich aus einer Verhandlung zwischen den beteiligten Parteien vor dem Hintergrund individueller Wertvorstellungen und Verhandlungspositionen.[30]

19 Jeder **gutachterlich berechnete Marktwert** beruht auf einer **Schätzung.** Der gutachterlich berechnete Marktwert ist damit keine mathematisch exakt ermittelbare Größe.[31] So ist auch in der Rechtsprechung und Literatur allgemein akzeptiert, dass es sich bei der Verkehrswertermittlung von gewöhnlichen Immobilien letztlich um eine Schätzung handelt, die in einer Bandbreite um einen alternativen (Vergleichs-)Wert liegen kann.[32] Als Bandbreite in der deutschen Rechtsprechung werden +/− 20% genannt.[33] Es ist auch international üblich, dass Schätzwerte für die gleiche Immobilie bei verschieden Gutachten in Höhe von +/− 10% voneinander abweichen können.[34]

---

[28] *Werling* in Kleiber, Verkehrswertermittlung von Grundstücken, 7. Aufl. 2014 S. 3072 Rn. 1 f.; *Holter,* Immobilien & Finanzierung 2006 S. 478.
[29] Vgl. IDW S 5 Tz. 14.
[30] Vgl. IDW S 10, Tz. 9.
[31] Vgl. *Ranker* in Kütung/Weber/Kußmaul, Immobilienbewertung nach HGB und IFRS, 1. Aufl. 2006 S. 233; *Kleiber* in Kleiber, Verkehrswertermittlung von Grundstücken, 7. Aufl. 2014 S. 3074 Rn. 13.
[32] Vgl. *Ranker* in Kütung/Weber/Kußmaul, Immobilienbewertung nach HGB und IFRS, 1. Aufl. 2006 S. 233.
[33] So führt der BFH 22.5.2002 – II R 61/99, BStBl. II 2002, 598 II. 3. Buchst. c Doppelbuchst. aa aus: „Für Grundstücke gibt es [...] keinen exakten, auf den maßgeblichen Stichtag feststellbaren bzw. feststehenden Wert. [...]jede Grundstücksbewertung [...][ist] ein ungenaues Näherungsverfahren [...]. Es gibt somit für Grundstücke keinen absolut zutreffenden Marktwert, sondern allenfalls ein Marktwertniveau, auf dem sich mit mehr oder weniger großen Abweichungen vertretbare Verkehrswerte abbilden [...]. Die am Grundstücksmarkt feststellbare Bandbreite von Werten kann +/− 20 v. H. [...]jum einen rechnerischen Mittelwert oder auch mehr [...] betragen. Jeder Wert innerhalb dieser Bandbreite kann aber auch noch als gemeiner Wert (Verkehrswert) des Grundstücks angesprochen werden".*
[34] Vgl. *Königstein* in BDO Deutsche Warentreuhand, Praxishandbuch Real Estate Management, 1. Aufl. 2005 S. 282.

C. Bewertungsverfahren

I. Überblick über die Bewertungsverfahren

Für die verschiedenen Bewertungsanlässe und -zwecke stehen im Allgemeinen sowohl gesetzlich normierte als auch nicht-normierte Verfahren zur Verfügung. Bei den **normierten Verfahren** handelt es sich insbesondere um das Vergleichs-, Sach- und Ertragswertverfahren nach der ImmoWertV. Zu den **nicht-normierten Verfahren** zählt beispielsweise das Discounted-Cash-Flow-Verfahren oder die Investment Method. Unabhängig davon, ob die Verfahren normiert sind oder nicht, lassen sie sich allesamt auf die folgenden drei Grundformen der Immobilienbewertung zurückführen:[35]
- ertragsorientierte Verfahren,
- Vergleichswertverfahren,
- Sachwertverfahren.

Die Wahl des konkreten Verfahrens ist abhängig vom Bewertungsanlass bzw. -zweck sowie letztlich auch davon, welche Verfahren in dem konkreten Markt maßgeblich sind. Das letztendlich verwendete Verfahren muss zu einem sachgerechten Ergebnis i.S.d. getroffenen Wertbegriffs führen und darf das Wertbild nicht verzerren.[36]

In einer Übersicht stellen sich die Verfahren wie folgt dar:[37]

20

21

Bewertungsverfahren	Anwendungsbereich	Typische Bewertungsanlässe
Ertragsorientierte Verfahren (z. B. Ertragswert- oder DCF-Verfahren, Investment Method)	Immobilien, die zur Erzielung von finanziellen Überschüssen geeignet sind	Transaktionen, rechnungslegungsbezogene Bewertung, Bewertung im Rahmen von Unternehmensbewertungen
Vergleichswertverfahren	Grds. für alle Immobilienarten geeignet; praktische Relevanz: Bodenwerte	Transaktionen, rechnungslegungsbezogene Bewertung, Bewertung im Rahmen von Unternehmensbewertungen, Verprobung anderer Werte
Sachwertverfahren	Immobilien, die üblicherweise nicht zur Einnahmenerzielung genutzt werden (selbstgenutzte Ein- und Zweifamilienhäuser; Objekte mit öffentlicher Zweckbindung)	Ermittlung der Ersatzbeschaffungskosten, Rentabilitätsprüfungen

Ertragsorientierte Verfahren beruhen auf Investitionskalkülen. Bei ihnen wird der Wert aus den prognostizierten zukünftigen finanziellen Über-

22

---

[35] Vgl. *Kleiber* in Kühnberger/Wilke, Immobilienbewertung Teil B, 1. Aufl. 2010 S. 23.
[36] Vgl. *Kleiber* in Kühnberger/Wilke, Immobilienbewertung Teil B, 1. Aufl. 2010 S. 23.
[37] Vgl. IDW S 10, Tz. 17.

schüssen abgeleitet, die mit einem risikoadäquaten Zinssatz auf den Bewertungsstichtag diskontiert werden.[38] Sie kommen immer dann zur Anwendung, wenn die zu bewertende Immobilie zur Erzielung von finanziellen Überschüssen geeignet ist und stellen in der Praxis das dominierende Bewertungsverfahren dar.[39]

23 Im Rahmen des **Vergleichswertverfahrens** werden am Markt beobachtete Preise vergleichbarer Objekte für die Bewertung herangezogen. Aufgrund seines direkten Marktbezugs stellt es das zu präferierende Verfahren dar.[40] Relevanz kommt dem Vergleichswertverfahren vor allem bei der Ermittlung der Bodenrichtwerte zu.[41]

24 Bei den **Sachwertverfahren** bestimmt sich der Wert der Immobilie aus dem Bodenwert sowie dem Sachwert der baulichen Anlagen. Ihnen kommt in der Bewertungspraxis nur eine untergeordnete Bedeutung zu.[42]

25 Das jeweils anzuwendende Verfahren ist nach Art des Wertermittlungsobjekts unter Berücksichtigung der im gewöhnlichen Geschäftsverkehr bestehenden Gepflogenheiten und der sonstigen Umstände des Einzelfalls, insbesondere der zur Verfügung stehenden Daten, zu wählen.[43]

26 Unabhängig von dem tatsächlich angewandten Verfahren gelten für jedes verwendete Bewertungsverfahren **allgemeine Grundsätze**. Die Qualität jeder Immobilienbewertung wird durch die Qualität und den Umfang der verfügbaren Daten bestimmt.[44] So sollte sich der Bewerter nicht nur einen umfassenden Überblick über das Bewertungsobjekt und den entsprechenden Immobilienmarkt verschaffen, sondern auch die Qualität und die Quellen der in Zusammenhang mit der Bewertung erhobenen Informationen prüfen.[45] In besonderen Fällen, in denen die Bewertung beispielsweise auf besonderen Annahmen über die zukünftige Entwicklung oder Umnutzung einer Immobilie beruht, ist zwingend auch die Angemessenheit dieser Annahmen zu beurteilen.[46] Ferner ist für jede Bewertung auch eine Objektbesichtigung zu empfehlen, um die einzelnen Wertparameter sowie den Objektzustand besser beurteilen zu können.[47] Eine Besichtigung ermöglicht es, im Vergleich zu einer reinen „Desktop-Bewertung", beispielsweise besondere Eigenschaften der Immobilie und des Umfelds, den aktuellen Zustand inkl. eventuell notwendiger Instandhaltungsmaßnahmen, Betriebsvorrichtungen, die nicht Bestandteil des Gebäudes sind, oder auch Umweltfaktoren, wie den Zustand von Grund und Boden, besser beurteilen zu können.

---

[38] Vgl. *Mende/Strnad* BB 2012, 2298.
[39] Vgl. IDW S 10, Tz. 19.
[40] *Kleiber* in Francke/Rehkugler, Immobilienmärkte und Immobilienbewertung, 2. Aufl. 2011 S. 270.
[41] Vgl. IDW S 10, Tz. 101.
[42] *Kleiber* in Francke/Rehkugler, Immobilienmärkte und Immobilienbewertung, 2. Aufl. 2011 S. 290.
[43] Vgl. auch § 8 Abs. 1 ImmoWertV.
[44] Vgl. IDW S 10, Tz. 15.
[45] Vgl. IDW S 10, Tz. 15; RICS, VS 5.2.
[46] RICS, VS 5.3.
[47] Vgl. IDW S 10, Tz. 16; RICS, VS 5.1; ferner wird z.B. bei der Bewertung von Immobilien für Zwecke des KAGB eine Objektbesichtigung gefordert (§ 249 KAGB).

II. Normierte Verfahren nach der ImmoWertV

1. Vorbemerkung

Die materielle Definition des **Verkehrswerts** in § 194 BauGB hat mittlerweile in Deutschland eine allgemeine Anerkennung gefunden und ist von zentraler Bedeutung für das gesamte Wirtschafts- und Rechtsleben.[48] Das BauGB schreibt selbst jedoch nicht vor, unter Anwendung welcher der grundsätzlich zur Verfügung stehenden Methoden dieser Verkehrswert verfahrensmäßig zu ermitteln ist. Die Bundesregierung hat daher auf Basis der Verordnungsermächtigung in § 199 Abs. 1 BauGB eine Verordnung über die Grundsätze für die Ermittlung der Verkehrswerte von Grundstücken (Immobilienwertermittlungsverordnung – ImmoWertV) erlassen. Sie ist beispielsweise von Gutachterausschüssen zur Ableitung von für die Wertermittlung benötigten Daten, wie beispielsweise Liegenschaftszinssätzen anzuwenden.[49] Diese dienen insbesondere Zwecken der Erbschaft- und Schenkungsteuer, da hier vorrangig auf Berechnungsfaktoren örtlich zuständiger Gutachterausschüsse zurückgegriffen wird.[50]

Die **ImmoWertV** wird durch verschiedene **Richtlinien** ergänzt. Einzelne Abschnitte der zum Zeitpunkt des Erlasses der ImmoWertV geltenden Wertrichtlinie (WertR 2006) wurden zuletzt durch die im Jahr 2012 erlassene Sachwertrichtlinie und die im Jahr 2014 erlassene Vergleichswertrichtlinie ersetzt. Am 5 Mai 2014 wurde außerdem ein Entwurf einer Ertragswertrichtlinie veröffentlicht. Daneben existiert die im Jahr 2011 erlassene Bodenwertrichtlinie.

Eine unmittelbare Geltung der ImmoWertV sowie der ergänzenden Wertermittlungsrichtlinien für deutsche Gerichte besteht nicht.[51] In der Rechtsprechung wird betont, dass die ImmoWertV und die ergänzenden Richtlinien für Gerichte **nicht verbindlich** sind, es jedoch anerkannt ist, dass sich deren Verfahrensregeln bewährt haben und ihre Anwendbarkeit nicht auf Gutachterausschüsse beschränkt ist.[52] Durch die zentrale Bedeutung der Verkehrswertdefinition des BauGB findet die ImmoWertV auch in der allgemeinen Bewertungspraxis breite Anwendung.

2. Begriffsbestimmungen und allgemeine Verfahrensgrundsätze

Nach den Regelungen der ImmoWertV sind für jede Bewertung zwei Bewertungsstichtage relevant. Dies sind der **Wertermittlungsstichtag** (§ 3 Abs. 1 ImmoWertV) und der **Qualitätsstichtag** (§ 4 Abs. 1 ImmoWertV).

Der **Wertermittlungsstichtag** ist der Zeitpunkt, auf den sich die Wertermittlung bezieht und für welchen sich die allgemeinen Wertverhältnisse be-

---

[48] *Kleiber* in Kleiber, Verkehrswertermittlung von Grundstücken, S. 326 Rn. 1.
[49] *Köhling*, Barwertorientierte Fair Value-Ermittlung für Renditeimmobilien in der IFRS-Rechnungslegung, S. 50.
[50] *Eisele* NWB 2011, S. 127.
[51] *Kleiber* in Kleiber, Verkehrswertermittlung von Grundstücken, 7. Aufl. 2014 S. 513 Rn. 57.
[52] *Kleiber* in Kleiber, Verkehrswertermittlung von Grundstücken, 7. Aufl. 2014 S. 513 Rn. 57 und S. 516 Rn. 3.

stimmen. Diese folgen aus den an diesem Stichtag vorherrschenden allgemeinen Umständen, beispielsweise aus der allgemeinen wirtschaftlichen Lage, den Verhältnissen am Kapitalmarkt sowie den wirtschaftlichen und demographischen Entwicklungen des Gebiets, in dem die zu bewertende Immobilie steht.

32 Der **Qualitätsstichtag** ist der Zeitpunkt, auf den sich der Zustand des für die Wertermittlung maßgeblichen Grundstücks bezieht. Dieser entspricht grundsätzlich dem Wertermittlungsstichtag, es sei denn rechtliche oder sonstige Gründe erfordern, dass der Zustand des Grundstücks zu einem anderen Zeitpunkt maßgebend ist.

33 Die Beurteilung des **Zustands** einer Immobilie bestimmt sich nach den sogenannten Grundstücksmerkmalen. Dazu zählen neben den rechtlichen Gegebenheiten auch tatsächliche Eigenschaften, die sonstige Beschaffenheit und die Lage des Grundstücks (§ 4 ImmoWertV). Präzisiert werden die Grundstücksmerkmale durch die Erwähnung des Entwicklungszustands (§ 5 ImmoWertV) sowie weiteren Merkmalen wie Art und Maß der baulichen Nutzung, wertbeeinflussende Rechte und Belastungen, den abgabenrechtlichen Zustand, Lagemerkmale und die Restnutzungsdauer (§ 6 ImmoWertV). Künftige Entwicklungen, wie beispielsweise absehbare anderweitige Nutzungen sind nur dann zu berücksichtigen, wenn sie mit hinreichender Sicherheit auf Grund konkreter Tatsachen zu erwarten sind. In diesen Fällen muss auch die Wartezeit bis zum Eintritt der Voraussetzungen für die Realisierbarkeit einer baulichen oder sonstigen Nutzung eines Grundstücks berücksichtigt werden (§ 2 S. 3 ImmoWertV).

34 Ein nach der ImmoWertV ermittelter Wert soll einen objektivierten Marktwert darstellen. Demgemäß sind ungewöhnliche und persönliche Verhältnisse aus der Wertermittlung auszublenden (§ 7 ImmoWertV). Grundsätzlich sind nach § 7 ImmoWertV für die Wertermittlung und zur Ableitung der hierfür erforderlichen Daten nur Kaufpreise oder andere Daten wie Mieten und Bewirtschaftungskosten heranzuziehen, bei denen angenommen werden kann, dass sie nicht durch ungewöhnliche oder persönliche Verhältnisse beeinflusst worden sind.

3. Vergleichswertverfahren

35 Das **Vergleichswertverfahren** wird in § 15 ImmoWertV allgemein und in § 16 ImmoWertV speziell hinsichtlich der Ermittlung des Bodenwerts beschrieben. Nach § 15 Abs. 1 und 2 ImmoWertV wird der Verkehrswert ausgehend von einer ausreichenden Anzahl von Vergleichspreisen abgeleitet. Die Wertermittlung erfolgt mittels des Vergleichs der Kaufpreise solcher Grundstücke, welche mit dem zu bewertenden Grundstück hinreichend übereinstimmende Grundstücksmerkmale aufweisen. Diese Grundstücke müssen insbesondere hinsichtlich der Lage, Nutzbarkeit und Beschaffenheit mit den zu bewertenden Immobilien vergleichbar sein.

36 Bei dem **Vergleichswertverfahren** unterscheidet man zwischen dem unmittelbaren (direkten) Preisvergleich, bei dem der Verkehrswert direkt aus den Kaufpreisen von Vergleichsgrundstücken abgeleitet wird, und dem mittelbaren (indirekten) Preisvergleich. Bei Letzterem müssen die Kaufpreise geeigneter Vergleichsgrundstücke bzw. Bodenrichtwerte zunächst auf den Wertermittlungsstichtag und die Grundstücksmerkmale des zu bewertenden

Grundstücks umgerechnet werden. Der unmittelbare Preisvergleich erlangt praktisch kaum Bedeutung, da Grundstücke Unikate mit individuellen Eigenschaften darstellen.[53]

Voraussetzung für die Anwendung des Vergleichswertverfahrens ist, dass eine ausreichende Anzahl von geeigneten Kaufpreisen oder ein geeigneter Vergleichsfaktor für eine statistische Auswertung vorliegen.[54] Die Datenbasis für die Ableitung der Vergleichspreise ist vorrangig die Kaufpreissammlung der örtlichen Gutachterausschüsse. Sofern keine ausreichende Anzahl geeigneter Kaufpreise oder keine zur Anpassung der Kaufpreise geeigneten Daten zur Verfügung stehen, können auch geeignete Daten oder Kaufpreise aus anderen vergleichbaren Gebieten verwendet werden, sofern die Abweichungen in den regionalen und allgemeinen Marktverhältnissen marktgerecht berücksichtigt werden.

Gem. § 15 Abs. 1 Satz 4 ImmoWertV können etwaige **Abweichungen** zwischen dem Bewertungs- und dem Vergleichsobjekt vorkommen. Bestehen hinsichtlich einzelner Grundstücksmerkmale durch Anpassungen der Preise Abweichungen zum Vergleichsgrundstück, können diese nach § 15 Abs. 1 Satz 1 ImmoWertV berücksichtigt werden. In der Praxis kann dies beispielsweise anhand von Umrechnungskoeffizienten (§ 12 ImmoWertV) oder Indexreihen (§ 11 ImmoWertV) durchgeführt werden. Indexreihen kommen dann zum Einsatz, wenn die Vergleichskaufpreise deutlich vor dem Wertmittlungsstichtag liegen oder sich in der Zwischenzeit die Wertverhältnisse geändert haben. Eine solche Anpassung ist nicht möglich, wenn die Abweichung zwischen den Grundstücksmerkmalen so groß ist, dass die Anwendung eines Umrechnungskoeffizienten nicht sachgerecht wäre.[55]

Der Verkehrswert von bebauten Grundstücken kann neben der Ermittlung anhand von Vergleichspreisen[56] auch mittels **Vergleichsfaktoren** berechnet werden. Diese werden grundsätzlich aus einer ausreichenden Anzahl von Vergleichspreisen abgeleitet.[57] Geeignete Bezugseinheiten für diese Vergleichsfaktoren können beispielsweise der marktüblich jährlich erzielbare Ertrag (Ertragsfaktor) oder eine Flächen- oder Raumeinheit der baulichen Anlagen (Gebäudefaktor) sein.[58] Durch die Multiplikation des angepassten Vergleichsfaktors mit der Bezugsgröße des Wertermittlungsobjekts ergibt sich der Vergleichswert. Zum Beispiel folgt bei einem Vergleichsfaktor 3.200 EUR pro qm Wohnfläche und einer Wohnfläche von 80 qm ein Vergleichswert von 256.000 EUR.

Das Vergleichswertverfahren kann sowohl für die Wertermittlung **bebauter als auch unbebauter Grundstücke** angewandt werden. Hauptanwen-

---

[53] *Kleiber* in Kleiber, Verkehrswertermittlung von Grundstücken, 7. Aufl. 2014 S. 1283 Rn. 23.
[54] Gerade die erforderliche ausreichende Anzahl an Vergleichsobjekten ist vor allem im ländlichen Raum oftmals nicht gegeben.
[55] Im Umkehrschluss sind Umrechnungskoeffizienten für die Anpassung geeignet, sofern sie für einen sachlichen und regionalen Teilmarkt ermittelt wurden, welcher für das Wertermittlungsobjekt zutrifft.
[56] Tatsächliche Preise, die für einzelne Objekte erzielt wurden.
[57] VW-RL § 6 Abs. 2.
[58] VW-RL § 6 Abs. 1.

dungsfall der Methode ist jedoch die Bewertung unbebauter Grundstücke bzw. die Ermittlung des **Bodenwert**s bebauter Grundstücke. Bebaute Grundstücke weisen i. d. R. eine geringere Vergleichbarkeit untereinander auf, was die Ermittlung geeigneter Vergleichspreise oder -faktoren schwieriger macht als für unbebaute Grundstücke.

> **Beispiel Bodenwertermittlung:**
> Mittelbarer Preisvergleich anhand von Bodenrichtwerten[59]
> – Zu ermitteln ist der Bodenwert eines 300 qm großen Grundstücks, für das eine GFZ[60] von 1,50 (Umrechnungskoeffizient 1,24) ausgewiesen ist.
> – Der Bodenrichtwert des Vergleichsgrundstücks beträgt 200 EUR/qm mit der GFZ von 1,00 (Umrechnungskoeffizient 1,00)
> → Bodenwert (gesucht) = 200 EUR/qm × (1,24/1,00) = **248 EUR/qm**

41 Für die Bestimmung des Bodenwerts im **Vergleichswertverfahren** ist gem. § 16 Abs. 1 ImmoWertV der Bodenwert ohne Berücksichtigung der baulichen Anlage zu ermitteln. Hierfür können Kaufpreise von Grundstücken mit übereinstimmenden Grundstücksmerkmalen verwendet werden (§ 15 Abs. 1 ImmoWertV). Des Weiteren können zur Bodenwertermittlung geeignete Bodenrichtwerte (BRW) herangezogen werden, wenn die Merkmale des Richtwertgrundstücks hinreichend mit den Grundstücksmerkmalen des zu bewertenden Grundstücks am Wertermittlungsstichtag übereinstimmen (= mittelbarer Preisvergleich). Ein erhebliches Abweichen der Grundstücksmerkmale kann auch bei der Ermittlung des Bodenwerts durch geeignete Umrechnungskoeffizienten bzw. Indexreihen berücksichtigt werden.[61]

4. Ertragswertverfahren

a) Vorbemerkung

42 Der Verkehrswert eines bebauten Grundstücks wird im **Ertragswertverfahren** als Barwert aller künftigen Erträge, bezogen auf einen Wertermittlungsstichtag unter Berücksichtigung des Zustands des Gebäudes am Qualitätsstichtag berechnet. Grundsätzlich wird er anhand eines konstanten, über die verbleibende wirtschaftliche Restnutzungsdauer jährlich anfallenden Reinertrags der Immobilie ermittelt. Sofern die Erträge absehbar wesentlichen Schwankungen unterliegen oder wesentlich von den marktüblich erzielbaren Erträgen abweichen, kann der Ertragswert auch auf Grundlage periodisch unterschiedlicher Erträge ermittelt werden.[62] Neben den Reinerträgen setzt sich der Ertragswert auch aus einem Restwert zusammen, der nach Ablauf der wirtschaftlichen Nutzungsdauer des Gebäudes dem Boden-

---

[59] Vgl. *Kleiber* in Kleiber, Verkehrswertermittlung von Grundstücken 7. Aufl. 2014 S. 1291 Rn. 45.
[60] Geschossflächenzahl.
[61] Vgl. *Kleiber* in Kleiber, Verkehrswertermittlung von Grundstücken 7. Aufl. 2014 S. 1285 Rn. 27–29.
[62] § 17 Abs. 1 ImmoWertV.

wert des Grundstücks entspricht.[63] Die Grundformel des allgemeinen Ertragswertverfahrens lautet daher wie folgt:

$$EW = \sum_{1}^{i} RE_i \times q^{-i} + Restwert \times q^{-n}$$

wobei
EW = Ertragswert
REi = Reinertrag des jeweiligen Jahres
q = Zinsfaktor
n = Restnutzungsdauer der baulichen Anlage.

b) Ertragswertverfahren nach der ImmoWertV

Die ImmoWertV enthält Regelungen zu **drei Varianten des Ertragswertverfahrens**. In § 17 Abs. 2 Nr. 2 ImmoWertV ist das sogenannte eingleisige Ertragswertverfahren beschrieben, in dem keine Aufteilung des Ertragswerts in einen Boden- und einen Gebäudewert erfolgt. Daneben existiert das in § 17 Abs. 2 Nr. 1 ImmoWertV geregelte zweigleisige Ertragswertverfahren, in dem der Ertragswert unter Aufteilung in einen Boden- und einen Gebäudewertanteil ermittelt wird. Letztendlich ist noch die Vorgehensweise für das mehrperiodische Ertragswertverfahren enthalten, in dem der Ertragswert auf der Grundlage alternierender Erträge gem. § 17 Abs. 1 S. 2 i. V. m. Abs. 3 ImmoWertV berechnet wird.

In der Praxis wird vorrangig das **zweigleisige Ertragswertverfahren** verwendet, da die gesonderte Ermittlung des Gebäudewertanteils beispielsweise im Rahmen der Marktwertermittlung von Erbbaurechten oder in Zusammenhang mit steuerlichen oder bilanziellen Bewertungen zur Ermittlung der Abschreibung des Gebäudewertes benötigt wird.

Die Ermittlung des Verkehrswerts eines Grundstücks im zweigleisigen Ertragswertverfahren stellt sich wie folgt dar:[64]

(siehe Skizze auf der folgenden Seite)

---

[63] *Kleiber* in Kleiber, Verkehrswertermittlung von Grundstücken, 7. Aufl. 2014 S. 1874 Rn. 8.
[64] Darstellung in Anlehnung an: *Schulte/Leopoldsberger* in Drukarcyzk/Ernst, Branchenorientierte Unternehmensbewertung, 3. Aufl. 2010 S. 510.

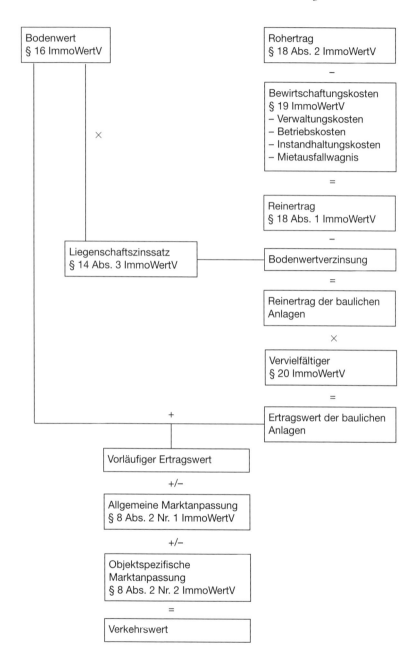

Das Verhältnis zwischen dem Reinertrag und dem Bodenwertverzinsungs- 45
betrag sowie der um den Bodenwertverzinsungsbetrag verminderte Reinertrag sind **wichtige Kenngrößen,** die über die Wirtschaftlichkeit der Grundstücksnutzung Aufschluss geben. Geht der Reinertrag nach Abzug des Bodenwertverzinsungsbetrags gegen null oder ergibt sich ein negativer Reinertrag, so liegt ein Missverhältnis zwischen Boden und Gebäude vor. Dies ist ein Anzeichen für die Notwendigkeit zur Umnutzung oder Liquidation des Gebäudes.[65] In diesem besonderen Fall wäre dann die Neubewertung des Gebäudes nach einer (fiktiven) Umnutzung oder Bestimmung eines Liquidationswertes erforderlich.

Die Ermittlung des für das Ertragswertverfahren notwendigen **Boden-** 46
werts ist in § 16 ImmoWertV genauer geregelt. Der Wert des Bodens ist dabei vorrangig im bereits erläuterten Vergleichswertverfahren zu ermitteln.

Die Berechnungsformel für das zweigleisige Ertragswertverfahren lautet damit im Ergebnis:[66]

$$EW = (RE - BW \times p) \times B + BW$$

wobei
EW = Ertragswert
RE = Reinertrag
BW = Bodenwert
B = Barwertfaktor für die Kapitalisierung (Vervielfältiger)
p = Liegenschaftszinssatz.

Das in § 17 Abs. 1 S. 2 i. V. m. Abs. 3 ImmoWertV geregelte **mehrperiodi-** 47
sche Ertragswertverfahren entspricht grundsätzlich der allgemeinen Ertragswertformel. Die mehrperiodische Variante kann Anwendung finden, soweit die Ertragsverhältnisse absehbar wesentlichen Veränderungen unterliegen oder wesentlich von den marktüblich erzielbaren Erträgen abweichen. Das mehrperiodische Ertragswertverfahren erinnert zwar an Discounted-Cash-Flow-Berechnungen, jedoch erfolgt im Unterschied zu diesem die Diskontierung mit Hilfe des Liegenschaftszinssatzes. Außerdem wird bei dieser Methode der Bodenwert separat berücksichtigt. In Discounted-Cash-Flow-Berechnungen fließt der Bodenwert i. d. R. nicht separat in die Berechnung ein.[67]

c) Ermittlung des Reinertrags

Ausgangspunkt der bereits dargestellten Ertragswertermittlung nach dem 48
zweigleisigen Verfahren ist der am Wertermittlungsstichtag marktüblich erzielbare **Reinertrag.** Dieser ergibt sich gem. § 18 Abs. 1 ImmoWertV aus dem jährlichen Rohertrag abzüglich der Bewirtschaftungskosten.

Der in § 18 Abs. 2 ImmoWertV definierte **Rohertrag** umfasst die bei ord- 49
nungsgemäßer Bewirtschaftung und zulässiger Nutzung marktüblich erzielba-

---
[65] *Kleiber* in Kleiber, Verkehrswertermittlung von Grundstücken, 7. Aufl. 2014 S. 1618 Rn. 38.
[66] Darstellung in Anlehnung an EW-RL 4.1 Abs. 2.
[67] *Schulte/Leopoldsberger* in Drukarcyzk/Ernst, Branchenorientierte Unternehmensbewertung, 3. Aufl. 2010 S. 512.

ren Einnahmen.[68] Er bestimmt sich aus der ortsüblichen Jahres-Nettokaltmiete. Daneben zählen beispielsweise sonstige Nutzungsentgelte, Vergütungen für eine Nutzung von Grundstücksteilen zu Werbezwecken sowie Entgelte für die Nutzung von Bestandteilen des Grundstücks und des Zubehörs zum Rohertrag.[69] In der Praxis umfasst dies auch Mieteinnahmen aus der Überlassung von Stellplätzen und Nebengebäuden wie z. B. Garagen[70] sowie Einnahmen aus Reklamenutzung oder durch die Bereitstellung des Daches für eine Photovoltaikanlage oder eine Mobilfunkantenne.[71] Nicht zu den Erträgen zählen im Gegensatz dazu die Umsatzsteuer, Nebenkostenvorauszahlungen und -umlagen, Einnahmen aus der Überlassung von Betriebsvorrichtungen oder von Einrichtungsgegenständen, wie beispielsweise in möblierten Wohnungen, Ferienwohnungen oder Studentenwohnheimen.[72] Auch Dienstleistungen, die nicht die Grundstücksnutzung betreffen, wie z. B. Reinigungsdienste, dürfen nicht berücksichtigt werden. Zur Bestimmung der marktüblichen Einnahmen können als Anhaltspunkte ortsübliche Vergleichsmieten oder Mietspiegel herangezogen werden. Sofern die tatsächlichen Erträge von den marktüblich erzielbaren Erträgen abweichen, ist zunächst ein vorläufiger Ertragswert auf Grundlage der marktüblich erzielbaren Erträge zu ermitteln. Die Abweichung ist als besonderes grundstücksspezifisches Merkmal zu berücksichtigen.

50 Als **Bewirtschaftungskosten** sind gem. § 19 ImmoWertV die für eine ordnungsgemäße Bewirtschaftung und zulässige Nutzung marktüblich entstehenden jährlichen Aufwendungen zu berücksichtigen, die nicht durch Umlagen oder sonstige Kostenübernahmen gedeckt sind. Es dürfen daher keine Kosten erfasst werden, die nur einmalig oder zufällig anfallen.[73] Die Höhe der Bewirtschaftungskosten ist abhängig von den Grundstücksmerkmalen. Dazu zählen beispielsweise die Nutzungsart, Grundstücks- und Objektgröße, Größe der Gemeinde, Struktur der Mieter sowie objektspezifische Besonderheiten wie Denkmalschutzvorschriften. Die Bewirtschaftungskosten sind auf ihre Marktüblichkeit hin zu untersuchen.[74] Große Abweichungen von der Marktüblichkeit wären dann als besondere objektspezifische Anpassung zu berücksichtigen.[75] Sofern sich die tatsächlichen Bewirtschaftungskosten nicht ermitteln lassen, kann auf Erfahrungswerte zurückgegriffen werden. Diese Erfahrungswerte werden beispielsweise durch Gutachterausschüsse i. S. d. §§ 192 ff. BauGB ermittelt und veröffentlicht.[76]

---

[68] Vgl. *Beck* in BDO Deutsche Warentreuhand, Praxishandbuch Real Estate Management, 2005 S. 226.
[69] *Hares,* Zur Immobilie aus Sicht der Rechnungslegung und Bewertungstheorie, 2011 S. 50.
[70] Sofern diese nicht gesondert von der restlichen Immobilie bewertet werden.
[71] Vgl. insb. steuerrechtlich Kreutziger/Schaffner/Stephany/*Schaffner* BewG § 186 Rn. 3 f.; *Kleiber* in Kleiber, Verkehrswertermittlung von Grundstücken 7. Aufl. 2014 S. 1748 Rn. 3.
[72] Vgl. insb. steuerrechtlich Kreutziger/Schaffner/Stephany/*Schaffner* BewG § 186 Rn. 4.
[73] *Beck* in BDO Deutsche Warentreuhand, Praxishandbuch Real Estate Management, 2005 S. 226.
[74] EW-RL Nr. 6 Abs. 2.
[75] EW-RL Nr. 6 Abs. 3.
[76] Vgl. *Tremel* DStZ 2008, 753, 756 f.; *Eisele,* NWB Brennpunkt Erbschaftssteuerreform 2009, 168; Viksdorf/Knobel/Schuck BewG §§ 184–188 Rn. 75.

Zu den Bewirtschaftungskosten zählen gem. § 19 Abs. 2 Nr. 1 Immo- 51
WertV zunächst **Verwaltungskosten,** welche die zur Verwaltung des Grundstücks erforderlichen Arbeitskräfte und Einrichtungen sowie die Kosten der Aufsicht, den Wert der vom Eigentümer persönlich geleisteten Verwaltungsarbeit und die Kosten der Geschäftsführung beinhalten. Sie betreffen somit das Management der Immobilie und umfassen die Vermietung, die Mietvertragsverwaltung, die Objektbuchhaltung, das Controlling, die Nebenkostenabrechnung sowie die Instandhaltungsplanung und -durchführung. Da die Verwaltungskosten im Zuge der Bewirtschaftung einer einzelnen Immobilie anfallen, liegen diese regelmäßig i.S.v. Einzelkosten vor. Resultieren die Verwaltungskosten jedoch aus der Verwaltung mehrerer Immobilien, so sind diese zunächst als Verwaltungsgemeinkosten zu betrachten, die auf die einzelnen Immobilien zu verteilen sind.[77] Die anzusetzende Höhe der Verwaltungskosten erfolgt jeweils unter Berücksichtigung der Grundsätze einer ordnungsgemäßen Bewirtschaftung. Die Verwaltungskosten machen i.d.R. bei Mietwohngrundstücken etwa 2 bis 4% des Rohertrags aus, bei Geschäftsgrundstücken etwa 3 bis 8%.[78]

Unter die Bewirtschaftungskosten fallen gem. § 19 Abs. 2 Nr. 4 Immo- 52
WertV grundsätzlich auch die **Betriebskosten.** Dabei handelt es sich um sowohl grundstücksbezogene Einzel- als auch Gemeinkosten, Abgaben und regelmäßige Aufwendungen, die für den bestimmungsgemäßen Gebrauch des Grundstücks anfallen. Sie sind allerdings nur dann zu berücksichtigen, soweit sie nicht vom Eigentümer auf die Mieter umgelegt werden können.[79] Erfahrungsgemäß belaufen sich die nicht umlagefähigen Betriebskosten auf 5 bis 12% des Rohertrags.[80]

Die **Instandhaltungskosten** gem. § 19 Abs. 2 Nr. 2 ImmoWertV sind Kos- 53
ten, die infolge von Abnutzung oder Alterung zur Erhaltung des bestimmungsgemäßen Gebrauchs und des zugrunde gelegten Ertragsniveaus der baulichen Anlage während ihrer Restnutzungsdauer aufgewendet werden müssen. Sie umfassen sowohl die für die laufende Unterhaltung als auch die für die Erneuerung einzelner baulicher Teile aufzuwendenden Kosten und sind hinsichtlich der Höhe mit ihrem langfristigen Mittel zu berücksichtigen.[81] Schönheitsrepa-

---

[77] *Hares,* Zur Immobilie aus Sicht der Rechnungslegung und Bewertungstheorie, 2011 S. 51. Nicht zu berücksichtigen sind ferner die Kosten des Asset- und Portfoliomanagements. Diese stellen (allgemeine) Kosten der Gesellschaft und nicht der Immobilie dar. Sie wären jedoch im Rahmen einer Bewertung eines Immobilienunternehmens zu berücksichtigen (vgl. *Ranker* WPg 2015, 280).
[78] *Schulte/Leopoldsberger* in Drukarcyzk/Ernst, Branchenorientierte Unternehmensbewertung, 3. Aufl. 2010 S. 510; EW-RL Anlage 1: Für Wohnimmobilien 279,35 EUR – 334,01 EUR pro Jahr, Gewerbe 5–6% des Rohertrags jeweils unter Berücksichtigung von Korrekturfaktoren; *Kleiber* in Kleiber, Verkehrswertermittlung von Grundstücken 7. Aufl. 2014 Rn. 63 und Rn. 71: Für Wohnimmobilien 3% bis 10% der Jahresbruttomiete. Für Gewerbe zwischen 0,13 EUR/qm und 0,25 EUR/qm.
[79] Vgl. zu den umlagefähigen Betriebskosten die Verordnung über die Aufstellung von Betriebskosten (Betriebskostenverordnung – BetrKV); *Hares,* Zur Immobilie aus Sicht der Rechnungslegung und Bewertungstheorie, 2011 S. 52.
[80] *Schulte/Leopoldsberger* in Drukarcyzk/Ernst, Branchenorientierte Unternehmensbewertung, 3. Aufl. 2010 S. 510.
[81] EW-RL Nr. 6.2 Abs. 1.

raturen gehören grundsätzlich auch zu den Instandhaltungen. Sie sind allerdings nur anzusetzen, wenn sie vom Eigentümer selbst zu tragen sind.[82] Die Instandhaltungskosten können mit Hilfe von Erfahrungssätzen je qm Nutz- oder Wohnfläche ermittelt werden. Da neu entwickelte oder renovierte Gebäude während der ersten Jahre nach der Fertigstellung deutlich geringere Instandhaltungskosten verursachen, reflektiert der Ansatz des langfristigen Mittels die grundsätzliche Annahme eines nachhaltigen stabilen Ertragsniveaus. Von den reinen Instandhaltungskosten zu unterscheiden ist ein Instandhaltungsstau. Dieser ist im Rahmen der Bewertung gesondert nachzuweisen und als eigener Abzugsposten zu behandeln. I. d. R. werden die Instandhaltungskosten bei Wohnungen mit 7,50 bis 12,50 EUR pro qm und bei Büros mit 6 bis 9 EUR pro qm angesetzt.[83]

54 Zu den Bewirtschaftungskosten zählt gem. § 19 Abs. 2 Nr. 3 ImmoWertV auch das **Mietausfallwagnis**. Es umfasst das Risiko von Ertragsminderungen, die durch uneinbringliche Mieten, Pachten und sonstige Einnahmen entsteht. Darunter fällt auch das Risiko eines vorübergehenden Leerstands von Flächen, die grundsätzlich zur Vermietung, Verpachtung oder sonstigen Nutzung bestimmt sind. Es umfasst auch das Risiko von uneinbringlichen Kosten einer Rechtsverfolgung auf Zahlung, Aufhebung eines Mietverhältnisses oder Räumung. Das Mietausfallwagnis wird bei Wohngrundstücken üblicherweise mit 2 bis 4% und bei gewerblich genutzten Objekten mit 2,5 bis 7% des Rohertrags bewertet.[84] Nach der ImmoWertV soll ein nicht nur vorübergehender, hoher struktureller Leerstand direkt bei der Ermittlung der Roherträge erfasst werden.[85]

55 Grundsätzlich würden auch die **Abschreibungen** auf das Gebäude zu den Bewirtschaftungskosten gezählt. Sie werden in der ImmoWertV jedoch nicht als berücksichtigungsfähige Bewirtschaftungskosten aufgeführt, da sie bereits durch den Liegenschaftszinssatz berücksichtigt werden.

d) Kapitalisierung, Abzinsung und Liegenschaftszinssatz

56 Der **Kapitalisierung und Abzinsung** nach dem Ertragswertverfahren der ImmoWertV sind gem. § 20 ImmoWertV Barwertfaktoren zugrunde zu legen. Der jeweilige Barwertfaktor ist unter Berücksichtigung der Restnutzungsdauer und des jeweiligen Liegenschaftszinssatzes den Anlagen zur ImmoWertV zu entnehmen. Der Barwertfaktor für die Kapitalisierung wird umgangssprachlich auch als Vervielfältiger bezeichnet. Mathematisch stellt er nichts anderes als den Barwertfaktor einer endlichen Rente dar. Die in der ImmoWertV festgelegte Berechnungsvorschrift für den Vervielfältiger bzw. den Diskontierungsfaktor lautet:

---

[82] Vgl. WertR 06 3.5.2.4.
[83] *Schulte/Leopoldsberger* in Drukarcyzk/Ernst, Branchenorientierte Unternehmensbewertung, 3. Aufl. 2010 S. 510; EW-RL Anlage 1: 8,62 EUR/qm bis 13,97 EUR/qm für Wohnen; 3,60 bis 12,50 pro qm für Gewerbe, jeweils unter der Berücksichtigung von Korrekturfaktoren nach Wohnfläche bzw. (fiktivem) Alter.
[84] *Schulte/Leopoldsberger* in Drukarcyzk/Ernst, Branchenorientierte Unternehmensbewertung, 3. Aufl. 2010 S. 510; EW-RL Anlage 1: Wohnen 2%, Gewerblich 4 bis 8%.
[85] BR-Drs. 171/10 S. 363.

§ 2 Immobilienbewertung   57–59 § 2

$$B = \frac{q^n - 1}{q^n \times (q-1)} = \frac{(1+p)^n - 1}{(1+p)^n \times p}$$

wobei:
B = Barwertfaktor für die Kapitalisierung (Vervielfältiger)
p = Liegenschaftszinssatz
n = Restnutzungsdauer

$q = 1 + \dfrac{p}{100}$

Im Ertragswertverfahren nach der ImmoWertV wird für die Kapitalisierung und Diskontierung der **Liegenschaftszinssatz** gem. § 14 Abs. 3 ImmoWertV verwendet. Der Liegenschaftszinssatz ist der Zinssatz, mit dem Verkehrswerte von Grundstücken je nach Grundstücksart im Durchschnitt marktüblich verzinst werden. Er berechnet sich aus dem Verhältnis des Jahresreinertrags zu dem gezahlten Kaufpreis. Durch seine Ableitung aus Kaufpreisen berücksichtigt er die Erwartungen der Marktteilnehmer hinsichtlich der Entwicklung der allgemeinen Ertrags- und Wertverhältnisse auf dem Grundstücksmarkt.[86] Hierdurch werden im Liegenschaftszins auch Zukunftsaussichten wie die Inflation oder die erwartete Entwicklung der Mieten berücksichtigt.[87] Betriebswirtschaftlich betrachtet stellt er eine Art Realzins dar. 57

Die Liegenschaftszinssätze sind abhängig von der **Art des Objekts** und den **Gegebenheiten des Grundstücksmarktes**. Standortbezogene Faktoren wie die Lage und Verkehrsanbindung finden dabei genauso Einfluss wie die Drittverwendungsfähigkeit der Immobilie. Diese wird beeinflusst von der Konzeption des Gebäudes, technischen Einrichtungen sowie der Nachfragesituation auf dem Immobilienmarkt. Über die Reinerträge findet auch die Mietvertragsgestaltung Eingang in die Ermittlung der Liegenschaftszinssätze. Die Laufzeit der Verträge sowie die Bonität der Mieter und das Mietanpassungspotential beeinflussen den Zinssatz damit ebenso wie die Umlagefähigkeit der Bewirtschaftungskosten.[88] 58

Für die Bewertung sind vorrangig die vom örtlichen **Gutachterausschuss** für Grundstückswerte ermittelten und veröffentlichten Liegenschaftszinssätze zu verwenden.[89] Diese beziehen sich auf die Grundstücksmerkmale eines fiktiven Normgrundstücks. Für die konkrete Grundstücksbewertung sind Abweichungen des zu bewertenden Grundstücks zum Normgrundstück durch entsprechende Zu- oder Abschläge angemessen zu berücksichtigen.[90] Teilweise liegen die Liegenschaftszinssätze für bestimmte Grundstücksarten oder Regionen nicht vor oder sind für die Bewertungszwecke nicht hinrei- 59

---

[86] Vgl. AEBewGrV Abschn. 22 Abs. 1; *Viksdorf/Knobel/Schuck* BewG §§ 184–188 Rn. 79.
[87] *Kleiber* in Kleiber, Verkehrswertermittlung von Grundstücken, 7. Aufl. 2014 S. 1229 Rn. 162.
[88] Zur Ermittlung *Kleiber* in Kleiber, Verkehrswertermittlung von Grundstücken, 7. Aufl. 2014 S. 1204 ff.
[89] § 14 Abs. 3 ImmoWertV; *Kühnberger* WPg 2012, 993.
[90] *Kleiber* in Francke/Rehkugle, Immobilienmärkte und Immobilienbewertung, 2. Aufl. 2011 S. 283; *Kleiber* in Kühnberger/Wilke, Immobilienbewertung Teil B, 2010 S. 74.

chend aktuell. Dies hat zwischenzeitlich andere Institutionen dazu bewogen, eigene Liegenschaftszinssätze zu ermitteln.[91]

60 Sofern vom Gutachterausschuss aufgrund fehlender Kaufpreise für das Wertermittlungsobjekt kein zutreffender Liegenschaftszinssatz zur Verfügung gestellt wird, können auch Liegenschaftszinssätze aus **vergleichbaren Gebieten** verwendet oder Liegenschaftszinssätze unter Berücksichtigung der regionalen Marktverhältnisse sachverständig geschätzt werden.[92] Falls erforderlich, ist der Liegenschaftszins noch um objektspezifische Merkmale, wie die Lage und Flächenmerkmale anzupassen.[93] Dies geschieht durch Zu- bzw. Abschläge.

61 Die Kapitalisierung der Reinerträge erfolgt über die Restnutzungsdauer des Gebäudes. Die **Restnutzungsdauer** gem. § 6 Abs. 6 ImmoWertV entspricht der wirtschaftlichen Nutzungsdauer des Gebäudes am Bewertungsstichtag.[94] Für die Abschätzung der Nutzungsdauer ist auf Erfahrungswerte abzustellen. Modernisierungen oder Kernsanierungen des Bewertungsobjekts können zu einer Verlängerung der Restnutzungsdauer des Objekts führen.[95] Sie ist unter anderem abhängig vom Alter und Zustand des Gebäudes.

62 Beispiel:

Um die **Berechnungsmethodik** des Ertragswertverfahrens zu verdeutlichen, soll die Bewertung eines Bürogebäudes mit einer Wohnfläche von insgesamt 1.000 qm, einer marktüblich erzielbaren monatlichen Nettokaltmiete von 10 EUR pro qm, einer wirtschaftlichen Restnutzungsdauer von 40 Jahren sowie einem im Vergleichswertverfahren ermittelten Bodenwert von 800.000 EUR erfolgen. Der Liegenschaftszinssatz beträgt 5 %. Der vorläufige Ertragswert ermittelt sich unter weiteren Annahmen für die objektspezifischen Erfahrungswerte der Bewirtschaftungskosten wie folgt:

Jahresrohertrag (1.000 qm × 10 EUR/qm ×12 Monate)	120.000 EUR
− Instandhaltungskosten (8 EUR/qm)	8.000 EUR
− Verwaltungskosten (4,5 % des Rohertrags)	5.400 EUR
− Mietausfallwagnis (6 % des Rohertrags)	7.200 EUR
− Betriebskosten (5 % des Rohertrags)	6.000 EUR
= Jahresreinertrag	93.400 EUR
− Bodenwertverzinsung (800.000 EUR × 5 %)	40.000 EUR
= Gebäudeertragsanteil	53.400 EUR
× Vervielfältiger/Barwertfaktor (gem. Tabelle ImmoWertV)	17,16 EUR
= Gebäudeertragswert	916.344 EUR
+ Bodenwert	800.000 EUR
= Vorläufiger Ertragswert	1.716.344 EUR

---

[91] Beispielsweise werden diese vom Immobilienverband Deutschland (ivd), der HypZert GmbH und vom VÖB ermittelt.
[92] EW-RL Nr. 7 Abs. 3.
[93] *Kleiber* in Kühnberger/Wilke, Immobilienbewertung Teil B, 2010 S. 74.
[94] Die wirtschaftliche Nutzungsdauer ist abzugrenzen von der technischen Nutzungsdauer. Diese ist im Allgemeinen länger (vgl. *Beck* in BDO Deutsche Warentreuhand, Praxishandbuch Real Estate Management, S. 229).
[95] *Beck* in BDO Deutsche Warentreuhand, Praxishandbuch Real Estate Management, S. 229.

e) Marktanpassung

Nach der auf alle Wertermittlungsverfahren anzuwendenden Rahmenvorschrift des § 8 Abs. 2 und 3 ImmoWertV bedarf es auch nach der Ermittlung des vorläufigen Ertragswerts grundsätzlich noch einer **Marktanpassung** an die allgemeinen Wertverhältnisse auf dem Grundstücksmarkt, soweit dem nicht bereits mit dem herangezogenen Wertermittlungsverfahren Rechnung getragen worden ist. Eine Marktanpassung kann i. d. R. unterbleiben, wenn der verwendete Liegenschaftszins, die Ertragsverhältnisse und sonstigen Wertermittlungsparameter der aktuellen Lage auf dem Grundstücksmarkt entsprechen.[96]

f) Objektspezifische Anpassungen

aa) Über- und Untervermietung

Unter Verwendung der marktüblichen Mieteinnahmen führt die Ertragswertermittlung zunächst nur zu einem **vorläufigen Ertragswert**. Im Vergleich zur unterstellten marktüblichen Vermietung können aus der tatsächlichen Vermietung zum Wertermittlungsstichtag Mehr- oder Mindererlöse (Overrent bzw. Underrent) bestehen.[97] Diese Mehr- oder Mindererlöse sind bis zum regulären Auslaufen dieser Mietverträge zu berücksichtigen. Insbesondere im gewerblichen Bereich kann sich bei langfristigen Mietverträgen eine Situation ergeben, in der die Mieten die ortsüblichen Beträge über- bzw. unterschreiten. Zur Berücksichtigung dieser temporären Ertragsverhältnisse wird vor allem das Auf- und Abschichtungsverfahren verwendet.

Die **Mehr- oder Mindererlöse** sind dafür gesondert zu ermitteln und auf den vorläufigen Ertragswert zuzuschlagen. Der Zu- oder Abschlagswert berechnet sich als Barwert der Einnahmenausfälle im Falle einer Untervermietung bzw. als Barwert der zusätzlichen Einnahmen im Falle einer Übervermietung.[98]

Problematisch ist in diesem Zusammenhang der **zu wählende Zinssatz** für die Kapitalisierung der Mehr- oder Mindererlöse. Es wird allgemein die Ansicht vertreten, auch hierfür den Liegenschaftszinssatz zu verwenden.[99] Der Mehrerlös unterliegt jedoch einem größeren Risiko als der marktübliche Erlös, daher wird es auch als sachgerecht angesehen, den marktkonformen Liegenschaftszinssatz für die Diskontierung zu erhöhen. Im Gegensatz dazu verringert sich bei einem Mindererlös durch den für den Mieter günstigen Vertrag beispielsweise das Kündigungsrisiko. Obwohl das Risiko hier gesunken ist, kommt es rechentechnisch auch zu einer Erhöhung des Zinssatzes, weil der Mindererlös vom vorläufigen Ertragswert abgezogen wird.[100] Die

---

[96] *Kleiber* in Kleiber, Verkehrswertermittlung von Grundstücken, 7. Aufl. 2014 S. 1651, Rn. 110.
[97] Differenzen kurzfristig nicht vermieteter Flächen sind dabei allerdings nicht gesondert zu berücksichtigen, da sie bereits durch das pauschal berücksichtigte Mietausfallwagnis abgedeckt werden; vgl. *Beck* in BDO Deutsche Warentreuhand, Praxishandbuch Real Estate Management, S. 226.
[98] *Kleiber* in Kühnberger/Wilke, Immobilienbewertung Teil B, 2010 S. 79 f.
[99] *Kleiber* in Kühnberger/Wilke, Immobilienbewertung Teil B, 2010 S. 82.
[100] *Kleiber* in Kühnberger/Wilke, Immobilienbewertung Teil B, 2010 S. 82: Jeweils Erhöhung des Zinssatzes um ca. 0,5 %.

genaue Höhe der jeweiligen Anpassungen unterliegt dabei einem erheblichen Ermessensspielraum.[101]

bb) Erheblicher Instandsetzungsbedarf

67 Durch die insbesondere im zweigleisigen Ertragswertverfahren erfolgte Gegenüberstellung des Reinertrags des Gebäudes mit der Bodenwertverzinsung werden Grundstücke, deren Bebauung einen erheblichen Instandsetzungsrückstau aufweist, unter Umständen zu Unrecht als Liquidationsobjekte eingeordnet.[102] Um dem entgegen zu wirken und diese Objekte dennoch sinnvoll bewerten zu können, bietet sich für die Ermittlung des Marktwerts beispielsweise die Ermittlung eines fiktiven Ertragswerts unter Missachtung des Instandsetzungsrückstaus an.[103]

68 Bei dieser Methode wird zunächst ein Ertragswert berechnet, wie er sich nach einer geplanten Instandsetzung des Gebäudes ergeben würde.[104] Um zum Ertragswert am Bewertungsstichtag zu gelangen, muss das Ergebnis noch um die Kosten der Instandsetzungsmaßnahmen vermindert werden. Diese Methode hat den Vorteil, dass die marktüblich erzielbaren Erträge, die Restnutzungsdauer, die Bewirtschaftungskosten und der Liegenschaftszinssatz nicht individuell für das im Rückstau befindliche Gebäude abgeleitet werden müssen. Es kann diesbezüglich auf allgemeine aus dem Markt abgeleitete Erfahrungswerte zurückgegriffen werden.[105]

5. Sachwertverfahren

69 Der Wert einer Immobilie kann immer dann im **Sachwertverfahren** ermittelt werden, wenn die Ersatzbeschaffungskosten im gewöhnlichen Geschäftsverkehr preisbestimmend sind.[106] Üblicherweise wird das Verfahren für selbstgenutzte Ein- und Zweifamilienhäuser sowie spezielle Immobilien mit öffentlicher Zweckbindung, die am Immobilienmarkt nicht unter Renditegesichtspunkten gehandelt werden, verwendet.[107] Nach den Vorschriften in §§ 21–23 ImmoWertV wird der Verkehrswert des Grundstücks dabei aus dem Sachwert der nutzbaren baulichen und sonstigen Anlagen sowie dem Bodenwert ermittelt.[108] Der Bodenwert ist dabei vorrangig im Vergleichswertverfahren nach § 16 ImmoWertV zu berechnen.

70 Die Basis der Bewertung des Sachwerts der baulichen Anlagen bilden gem. § 22 Abs. 1 ImmoWertV die gewöhnlichen Herstellungskosten je Flächen-, Raum- oder sonstiger Bezugseinheit (Normalherstellungskosten). Für die Bewertung sind die Herstellungskosten mit der Anzahl der entsprechenden Bezugseinheiten des Bewertungsobjekts zu vervielfältigen.

---

[101] *Köhling*, Barwertorientierte Fair Value-Ermittlung für Renditeimmobilien in der IFRS-Rechnungslegung, 2011 S. 65.
[102] *Kleiber* in Kleiber, Verkehrswertermittlung von Grundstücken 7. Aufl. 2014 S. 1617 ff., Rn. 37 ff.
[103] Vgl. *Kleiber* in Kühnberger/Wilke, Immobilienbewertung Teil B, 2010 S. 88.
[104] Damit findet eine Verschiebung des Zustands vom Bewertungsstichtag in die Zukunft statt. Bewertet wird die sanierte Immobilie.
[105] *Kleiber* in Kühnberger/Wilke, Immobilienbewertung Teil B, 2010 S. 88.
[106] IDW S 10, Tz. 105.
[107] IDW S 10, Tz. 105.
[108] § 21 Abs. 1 ImmoWertV.

Die **gewöhnlichen Herstellungskosten** sind die Kosten, die marktüblich für die Neuerrichtung einer dem Bewertungsobjekt entsprechenden baulichen Anlage aufzuwenden wären.[109] Sie beinhalten auch die üblicherweise entstehenden Baunebenkosten, insbesondere Kosten für Planung, Baudurchführung, behördliche Prüfungen und Genehmigungen. Sollten einzelne Bauteile, Einrichtungen oder sonstige Vorrichtungen nicht durch die gewöhnlichen Herstellungskosten erfasst werden, so sind diese gesondert durch Zu- oder Abschläge zu berücksichtigen.[110] 71

Der Ermittlung der **Herstellungskosten** können vorrangig die Normalherstellungskosten 2010 (NHK) zu Grunde gelegt werden.[111] Soweit die entsprechende Gebäudeart darin nicht erfasst ist, kann auch auf andere geeignete Datensammlungen zurückgegriffen werden. Ausnahmsweise können sonst auch Einzelkosten, d. h. die gewöhnlichen Herstellungskosten einzelner Bauleistungen verwendet werden.[112] Die auf Basis der NHK 2010 ermittelten Herstellungskosten sind mit Hilfe geeigneter Baupreisindexreihen an die Preisverhältnisse am Wertermittlungsstichtag anzupassen.[113] 72

Die berechneten Herstellungskosten entsprechen zunächst denen eines neu errichteten Gebäudes gleicher Art.[114] Aufgrund der bei einem Bestandsgebäude regelmäßig gegenüber einem Neubau verkürzten Restnutzungsdauer ist daher zusätzlich eine **Alterswertminderung** zu berücksichtigen. Die in der Regel über die Nutzungsdauer gleichmäßig verteilte Alterswertminderung ist aus dem Verhältnis der Restnutzungsdauer zur Gesamtnutzungsdauer der baulichen Anlagen zu ermitteln.[115] Unter der Gesamtnutzungsdauer wird die bei ordnungsgemäßer Bewirtschaftung wirtschaftliche Nutzungsdauer der baulichen Anlagen verstanden. 73

Der **vorläufige Sachwert** der Immobilie ergibt sich schließlich aus dem Bodenwert zuzüglich des Sachwerts der baulichen Anlagen. Dieser setzt sich wiederum aus den Herstellungskosten unter Berücksichtigung der Alterswertminderung zusammen. 74

Der vorläufige Sachwert ist für die Berechnung des finalen Sachwerts um besondere **objektspezifische Grundstücksmerkmale**, wie Baumängel und Bauschäden[116] sowie um eine **Marktanpassung** gem. § 14 Abs. 2 ImmoWertV zu korrigieren. Die Marktanpassung dient der Berücksichtigung der regionalen Wertverhältnisse und ist mit dem zutreffenden Sachwertfaktor vorzunehmen. Der Sachwertfaktor wird u. a. von den örtlichen Gutachterausschüssen ermittelt und leitet sich aus dem Verhältnis geeigneter Kaufpreise zu den entsprechenden vorläufigen Sachwerten ab.[117] 75

---

[109] § 22 Abs. 2 S. 1 ImmoWertV.
[110] § 22 Abs. 2 S. 2 ImmoWertV.
[111] SW-RL 4.1.1.
[112] SW-RL 4.1 Abs. 2.
[113] SW-RL 4.1.2 Abs. 1; zur Anpassung der Kosten kann auf den Baupreisindex des Statistischen Bundesamtes zurückgegriffen werden.
[114] Vgl. SW-RL 4.3.1.
[115] § 23 ImmoWertV.
[116] SW-RL 6 Abs. 2.
[117] SW-RL 5 Abs. 1.

III. Discounted-Cash-Flow-Verfahren

1. Grundzüge

76 Im Rahmen der nicht-normierten Verfahren für die Bewertung von Immobilien haben sich international die **Discounted-Cash-Flow-Verfahren** weitgehend durchgesetzt.[118] Sie sind zwar im Gegensatz zur Ertragswertberechnung nach der ImmoWertV nicht gesetzlich normiert, jedoch durch die Verwendung entsprechender Immobilienbewertungssoftware in ihrem Grundaufbau weitgehend standardisiert. Vor allem im Rahmen der Bewertung von Immobilien für Rechnungslegungszwecke[119] erlangten die DCF-Verfahren in den letzten Jahren in der Immobilienbewertungspraxis auch in Deutschland zunehmend an Bedeutung.[120] Als Vorteil dieses Verfahrens kann insbesondere die transparente Erfassung der wertbeeinflussenden Faktoren gesehen werden. Vor allem wenn schwankende Mieteinnahmen erwartet werden, lassen sich mit dieser Methode die künftigen Zahlungsströme periodengerecht abbilden.[121]

77 Wie das Ertragswertverfahren nach ImmoWertV ist auch das Discounted-Cash-Flow-Verfahren ein Barwertkalkül. Der Wert der Immobilie wird durch Diskontierung der künftigen erzielbaren Einnahmenüberschüsse aus der Immobilie (Cash Flows) auf den Bewertungsstichtag ermittelt. Üblicherweise wird die Bewertung in **zwei Phasen** unterteilt:[122] Eine Detailplanungsphase, in der die künftigen Cashflows für jedes Planjahr einzeln prognostiziert werden, und eine zweite Phase, in der ein gesondert ermittelter Restwert (ewige Rente bzw. Terminal Value) bestimmt wird.

78 Die im **Bewertungskalkül** zu verwendenden Abzinsungssätze stellen zentrale Wertparameter[123] dar. Ihre Festlegung ist folglich in der Immobilienbewertungspraxis einer der am stärksten diskutierten Punkte im Zusammenhang mit dem DCF-Verfahren. Für die Bewertung werden analog zu den zwei Phasen zwei Zinssätze benötigt: der Diskontierungszinssatz zur Abzinsung der Cash Flows in der Detailplanungsphase und der Kapitalisierungszinssatz (Cap Rate) zur Bestimmung des Restwertes.

79 Für die Länge des Detailplanungszeitraums empfiehlt IDW S 10[124] einen Zeitraum von bis zu zehn Jahren.[125] Bei länger laufenden Mietverträgen sollte die erste Planungsphase zumindest bis zum Ablauf der bestehenden Mietver-

---

[118] *Wöhle* in Francke/Rehkugler, Immobilienmärkte und Immobilienbewertung, 2. Aufl. 2011 S. 293.
[119] Z. B. die Ermittlung eines Fair Value nach IFRS 13 im Rahmen der Bilanzierung von Renditeimmobilien gem. IAS 40.
[120] WPH Bd. 2 2014 Kap. C Rn. 65; *Beck* in BDO Deutsche Warentreuhand, Praxishandbuch Real Estate Management, S. 225.
[121] *Köhling*, Barwertorientierte Fair Value-Ermittlung für Renditeimmobilien in der IFRS-Rechnungslegung, 2011 S. 93.
[122] *Friedrichs*, Zinssätze in Wertermittlungen, 2001 S. 132; *Hersberger*, Wertermittlung, 2008 S. 45, *Holzner/Renner*, Ermittlung des Verkehrswerts, 29. Aufl. 2005 S. 483.
[123] Im Rahmen einer Sensitivitätsanalyse zeigt sich, dass eine Veränderung dieser Parameter um beispielsweise $1/4$-Prozent-Punkt eine deutliche Wertänderung bewirkt.
[124] Vgl. IDW S 10, Tz. 44.
[125] Vgl. *Kleiber* in Kühnberger/Wilke, Immobilienbewertung Teil B, 2010 S. 57.

träge und grundsätzlich unter der Annahme einer marktüblichen Anschlussvermietung ausgedehnt werden.

2. Prognose der Cash Flows

Die Cashflows ergeben sich aus der Differenz der prognostizierten **Einnahmen** (im Wesentlichen Mieteinzahlungen) und der prognostizierten **Ausgaben** (im Wesentlichen Bewirtschaftungskosten) der jeweiligen Perioden.[126] 80

Die **Einnahmen** der vertraglich vermieteten Flächen werden für die Berechnung der Cashflows üblicherweise anhand aktueller Mieterlisten unter Berücksichtigung der vertraglich vereinbarten Restlaufzeiten, Staffelmieten, Wertsicherungsklauseln und mietfreien Zeiten erfasst. Ebenfalls sind sonstige Einnahmen aus der Immobilie, wie z. b. Stellplatzmieten, Werbeflächen, Einnahmen aus der Dachvermietung für Solaranlagen oder Mobilfunkantennen zu berücksichtigen. Für Mietflächen, die zum Bewertungszeitpunkt leer stehen bzw. für die Zeiträume nach Ablauf der mietvertraglich gesicherten Laufzeiten, sind Prognosen zu treffen. Für die dann anzunehmende Miethöhe ist auf die (fortgeschriebene) Marktmiete abzustellen. Weitere im Zusammenhang mit den Einnahmen notwendige Annahmen betreffen u. a. die Wahrscheinlichkeit der Verlängerung bestehender Mietverträge (Wiedervermietungswahrscheinlichkeit), einen objekt- und marktspezifischen Leerstandszeitraum bis zur Neuvermietung sowie eine marktübliche Laufzeit des Anschlussmietvertrags. 81

Für die **Prognose** können auch andere Mietverträge sowie marktübliche Mieten für vergleichbare Objekte herangezogen werden. Der zu verwendende Quadratmeterpreis ist unter Berücksichtigung der regionalen Marktsituation, der Lage, dem Alter, der Größe, der Ausstattung und der Beschaffenheit der Mietflächen festzulegen. Im Wohnungsbereich kann sich eine Orientierung an der ortsüblichen Vergleichsmiete gem. Mietspiegel anbieten. Auch Auswertungen von Immobilienportalen bieten Hinweise. Im gewerblichen Bereich kann teilweise auf Statistiken von Maklerunternehmen zurückgegriffen werden. Im Rahmen der Fortschreibung der Marktmieten hat auch eine Berücksichtigung von Wachstumsraten (Inflation/Mietwachstum) direkt in den Cash Flows zu erfolgen. Ein gegebenenfalls bestehender struktureller Leerstand[127] stellt eine permanente Ertragsminderung dar. Die konkrete Größenordnung ist objektabhängig vor allem im Hinblick auf Alter und Struktur des Objektes. 82

Zu den prognostizierten **Ausgaben** zählen im Wesentlichen die Bewirtschaftungskosten. Insbesondere handelt es sich um Verwaltungskosten, Instandhaltungskosten, nicht umlagefähige Betriebskosten, und das Mietausfallwagnis.[128] Dabei sind ausschließlich immobilienbezogene Ausgaben zu berücksichtigen. Der Umfang der Ausgaben richtet sich im gewerblichen Bereich nach den vertraglichen Regelungen und nach den Gegebenheiten der Immobilie, bildet ansonsten aber marktübliche Annahmen ab.[129] 83

---

[126] Vgl. WPH Bd. 2 Kap. C Rn. 66.
[127] Struktureller Leerstand sind die Teil-Flächen des Objektes, von denen angenommen werden kann, dass sie mit hinreichender Wahrscheinlichkeit auf absehbare Zeit nicht vermietbar sind.
[128] IDW S 10 Tz. 52.
[129] *Ranker* WPg 2015, 280.

84 Neben den laufenden Kosten werden im Rahmen der **Discounted-Cash-Flow-Verfahren** einmalige bzw. aperiodische Kosten im Detailplanungszeitraum gesondert gezeigt. Hierunter fallen beispielsweise Kosten, die durch den zeitlichen Leerstand von Mietflächen bei Mieterwechsel nach Ablauf der vertraglichen Mietdauer entstehen. Diese Kosten betreffen die erweiterten Bewirtschaftungskosten für Leerstand, bedingt durch nicht umlagefähige Betriebskosten, die bei Mieterwechsel anfallenden Vermarktungskosten (Maklercourtage) sowie die Ausbaukosten und Renovierungskosten. In der Praxis werden hier pauschale Ansätze je qm der Mietfläche, differenziert nach Nutzungsart, verwendet. Die Ausbaukosten sind abhängig von der Qualität der neu zu vermietenden Fläche.

85 Bei Objekten mit einem bestehenden Sanierungs- und Instandhaltungsstau ist dieser durch eine **Kostenschätzung** für die erforderlichen Maßnahmen zur Herstellung einer marktgerechten Mietqualität als Abzugsposten im Jahr der geplanten Durchführung zu erfassen.

3. Endwertkapitalisierung

86 Die Einzelplanung der Cash Flows erstreckt sich über die **Detailplanungsphase**. Am Ende der Detailplanungsphase muss ein Restwert für die Immobilie bestimmt werden. Der Restwertbestimmung kommt – wie in der Unternehmensbewertung – eine große Bedeutung zu, da er regelmäßig einen hohen Anteil des Gesamtwertes der Immobilie darstellt. Er wird in der Praxis häufig als wahrscheinlicher Veräußerungspreis der Immobilie am Ende des Detailplanungszeitraums aufgefasst.[130]

87 Der **Restwert** wird berechnet als der Rentenbarwert der geschätzten Zahlungsüberschüsse des letzten Planjahres des Detailplanungszeitraums. Für die Berechnung des Gesamtwerts der Immobilie ist der Restwert mit dem Diskontierungszinssatz auf den Bewertungsstichtag abzuzinsen und dem Barwert der Cash Flows der Detailplanungsphase hinzuzuaddieren.

88 In Abhängigkeit der Berechnungsmethodik kann der Restwert entweder als **endliche Rente** (entsprechend der Nutzungsdauer des Gebäudes) oder als **unendliche Rente** bestimmt werden.[131] Im Fall der endlichen Rente ist am Ende der Nutzungsdauer des Gebäudes der Bodenwert zu berücksichtigen.[132] Der Cash Flow für die Endwertbestimmung[133] soll einen nachhaltigen Einzahlungsüberschuss ohne wesentliche Schwankungen darstellen. Er darf demzufolge nicht durch Einmaleffekte wie Mietwechsel oder große Investitionen verzerrt sein.[134]

4. Ableitung der Abzinsungssätze

a) Diskontierungszinssatz

89 Während sich in der Unternehmensbewertung über die letzten Jahre ein einheitliches Verständnis über die Bestimmung des **Diskontierungszinssatzes**

---

[130] Vgl. IDW S 10, Tz. 44.
[131] WPH Bd. 2 2014 Kap. C Rn. 68.
[132] Vgl. IDW S 10, Tz. 59.
[133] Dieser entspricht i. d. R. dem Cash Flow der letzten Detailplanungsperiode.
[134] Vgl. IDW S 1, Tz. 77.

gebildet hat, fehlt dieses bislang in der Immobilienbewertung.[135] Die in der Praxis vorherrschende Methode zur Bestimmung des Zinssatzes ist die Ableitung aus dem Immobilienmarkt mittels der sogenannten Risikozuschlagsmethode.[136] Im Ergebnis soll der Diskontierungszinssatz die künftigen Einnahmenüberschüsse auf den Bewertungsstichtag risikoadäquat diskontieren, um das Bewertungsobjekt mit einer alternativen Geldanlage vergleichbar zu machen.

Der Diskontierungszinssatz hat den erforderlichen **Äquivalenzprinzipien** 90 zu folgen.[137] Er muss insbesondere im Einklang mit der Prognose der Cashflows stehen und das Bewertungsobjekt u. a. hinsichtlich Risiko und Verfügbarkeit mit der Alternativanlage vergleichbar machen.

Der Diskontierungszinssatz setzt sich aus folgenden **Komponenten** zu- 91 sammen:[138]
– risikofreier Basiszins,
– immobilienmarktspezifischer Risikozu- bzw. -abschlag,
– objektspezifischer Risikozu- bzw. -abschlag.

Bei der Bestimmung des **(risikofreien) Basiszinssatzes** empfiehlt IDW 92 S 10 eine Ableitung anhand von langfristig erzielbaren Renditen öffentlicher Anleihen. Analog zur Vorgehensweise bei Unternehmensbewertungen soll auf die Zinsstrukturkurve für Staatsanleihen am Bewertungsstichtag zurückgegriffen werden.[139] Die Laufzeit ist abhängig von der voraussichtlichen Restnutzungsdauer der Immobilie. Wichtige Kriterien sind neben dem Gebäudezustand und -alter die Lage sowie Fragen der Drittverwendungsmöglichkeit.[140] In der Praxis finden sich im Rahmen von Immobilienbewertungen – neben der zu bevorzugenden Ableitung des Basiszinses aus der Zinsstrukturkurve – auch Ableitungen aus der durchschnittlichen Umlaufrendite der letzten zehn Jahre oder die Verwendung von „Basiszinssätzen mit langfristiger Perspektive", die bei einem Niveau von rund 4 % liegen.[141]

Der **Risikozuschlag** setzt sich nach IDW S 10 aus den beiden Bestandtei- 93 len immobilienmarktspezifischer Zuschlag und objektspezifischer Zuschlag zusammen.[142]

Der **immobilienmarktspezifische Risikozuschlag** berücksichtigt das 94 Risiko einer Investition in eine Immobilie gegenüber einer (quasi-) risikofreien öffentlichen Anleihe.[143] Hiermit wird dem allgemeinen Immobilienmarktrisiko Rechnung getragen, welches unabhängig vom konkreten Standort und Objekt zu berücksichtigen ist.[144] Die Höhe ist abhängig von der Art der

---

[135] Vgl. *Möller* CFB 2014, 202.
[136] Vgl. IDW S 10, Tz. 66; Nach IDW S 10 wäre der Diskontierungszinssatz bei Immobilienbewertungen idealtypisch kapitalmarktorientiert abzuleiten. Eine solche Ableitung scheidet jedoch für Immobilien aufgrund mangelnder Verfügbarkeit und Validität der notwendigen Daten in der überwiegenden Zahl der Fälle aus heutiger Sicht aus.
[137] *Köhling*, Barwertorientierte Fair Value-Ermittlung für Renditeimmobilien in der IFRS-Rechnungslegung, 2011 S. 40.
[138] Vgl. IDW S 10, Tz. 67.
[139] Vgl. IDW S 10, Tz. 68.
[140] Vgl. *Möller* CFB 2014, 203.
[141] Vgl. *Möller* CFB 2014, 208
[142] IDW S 10, Tz. 67.
[143] Vgl. IDW S 10, Tz. 69.
[144] Vgl. *Möller* CFB 2014, 205.

Immobilieninvestitionen, wobei nach IDW S 10 insbesondere zwischen Wohn- und Gewerbeimmobilien zu unterscheiden ist. In der Praxis sind daneben weitere Unterscheidungen hinsichtlich der konkreten Investitionsart im gewerblichen Bereich (z. B. Office, Handel, Logistik, Hotel) vorzufinden.

95 Unklarheit besteht, ob und inwieweit Fungibilitätsrisiken auch Teil des immobilienmarktspezifischen Risikozuschlags in IDW S 10 sind.[145] **Fungibilitätszuschläge** drücken das Risiko der – gegenüber öffentlichen Anleihen – eingeschränkten Verwertbarkeit aus. Bejaht man die Berücksichtigung von Fungibilitätszuschlägen, kämen sie im Rahmen der Discounted-Cash-Flow-Bewertung weniger in der Detailplanungsphase, sondern vielmehr bei der Restwertbestimmung (Annahme eines geschätzten Verkaufserlöses) zum Tragen.[146] In der Praxis der Immobilienbewertung finden Fungibilitätsrisikozuschläge üblicherweise Eingang in die Zinsfüße.[147] Ihre Höhe ist abhängig von der Größe des Objektes.

96 Neben dem Zuschlag für das allgemeine Immobilienrisiko der jeweiligen Immobilienart ist ein Zuschlag für das **spezifische Risiko des Objektes** anzusetzen.[148] Dieser bemisst sich anhand des individuellen Zustands und der Lage des Bewertungsobjektes.[149] Zu berücksichtigende Faktoren sind z. B. Objektlage, Objekteigenschaften, Objektgröße, Objekttyp und Objektzustand.[150] Bei der Bestimmung des objektspezifischen Risikozuschlags kommt damit lokalen Bestimmungsfaktoren eine hohe Bedeutung zu.[151]

97 Im Rahmen der Bemessung der Höhe des Risikozuschlags ist von besonderer Bedeutung, dass keine doppelte Berücksichtigung von Risiken, sowohl im Zähler bei den Cashflows als auch im Nenner beim Zinssatz erfolgt.

b) Kapitalisierungszinssatz

98 Der **Kapitalisierungszinssatz** dient der Kapitalisierung der Cash Flows des letzten Planjahres zur Ermittlung des Restwertes in der zweiten Planungsphase. Die Festlegung des Kapitalisierungszinssatzes erfolgt grundsätzlich analog zu dem Vorgehen bei der Bestimmung des Diskontierungszinssatzes. Beide sind jedoch nicht deckungsgleich. In der Detailplanungsphase werden Mietwachstum und Inflation direkt in den Cashflows berücksichtigt. Bei der Endwertkapitalisierung erfolgt die Berücksichtigung von Mietwachstum und Inflation im Nenner über den Wachstumsabschlag im Kapitalisierungszins.

99 Nach IDW S 10 erfolgt die **Ableitung des Kapitalisierungszinses** unter Berücksichtigung folgender Eckpunkte:
– prognostizierte Rendite der Immobilie am Ende des Detailplanungszeitraums

---

[145] *Möller* CFB 2014, 205.
[146] *Möller* CFB 2014, 206.
[147] Demgegenüber werden Fungibilitätszuschläge in der Unternehmensbewertung eher abgelehnt, vgl. WPH Bd. 2 2014 Kap. A Rn. 438.
[148] Vgl. IDW S 10, Tz. 70.
[149] *Hachmeister/Ruthardt* IRZ 2014, 77.
[150] Vgl. IDW S 10, Tz. 70.
[151] Vgl. *Möller* CFB 2014, 206.

– Ableitung auf Basis heutiger Marktverhältnisse
– Berücksichtigung von Wachstum und Inflation.[152]
Die konkrete Größenordnung der Kapitalisierungsrate wird in der Praxis häufig aus der am Immobilienkapitalmarkt beobachtbaren Verzinsung zuzüglich eines objektspezifischen Risikoaufschlags abgeleitet. Hierzu stehen vor allem die Nettoanfangsrenditen vergleichbarer Objekte zur Verfügung.[153]

D. Zusammenfassung

Für die Bewertung von Immobilien stehen dem Bewerter eine Vielzahl von **Wertermittlungsverfahren** zur Verfügung. So besteht die Möglichkeit, für unterschiedliche Bewertungsanlässe und -zwecke sowie in Abhängigkeit vom relevanten Wertbegriff jeweils eine geeignete Methode auszuwählen.

Dem **Vergleichswertverfahren** wird dabei oft eine Vorrangigkeit beigemessen, da es dem überzeugenden und plausiblen Grundsatz folgt, wonach für die Wertermittlung von Immobilien aktuelle Kaufpreise für gleichartige Grundstücke den wichtigsten Anhaltspunkt für den Wert einer Immobilie darstellen.[154] Das Hauptproblem bei der Anwendung des Vergleichswertverfahrens ist jedoch, aufgrund der individuellen Beschaffenheit jeder Immobilie vergleichbare Kaufpreise zu ermitteln. Daher wird es vor allem für die Bewertung unbebauter Grundstücke herangezogen.[155]

Innerhalb der Ertragswertverfahren hat das **DCF-Verfahren** gegenüber dem **ein- oder zweigleisigen Verfahren** den Vorteil, dass es nicht mit einem über die Restlaufzeit konstant bleibenden, marktüblichen Reinertrag berechnet wird.[156] Hierdurch lassen sich komplexe Mietvertragsstrukturen (Staffelmieten, Over- oder Underrent) einfacher abbilden.[157] Die Ermittlung eines Ertragsüberschusses für jede einzelne Periode des Detailplanungszeitraums ermöglicht eine höhere Transparenz der Bewertung. Wertfaktoren, die den Reinertrag und damit den Immobilienwert beeinflussen, können somit leichter identifiziert werden.

Das **zweigleisige Ertragswertverfahren** ist demgegenüber universeller einsetzbar und daher vor allem in Bewertungssituationen zu bevorzugen, in denen ein separater Bodenwert ermittelt werden muss.[158] Das betrifft vor allem Bewertungen, die auf Rechnungslegungsvorschriften beruhen und beispielsweise eine getrennte Bilanzierung von Grund und Boden und Gebäude erfordern.

Bei jeder Bewertung empfiehlt es sich, das Bewertungsergebnis mit **alternativen Verfahren** bzw. mit **Vergleichsgrößen** oder anhand von Ver-

---
[152] Vgl. IDW S 10 Tz. 61.
[153] Vgl. GdW Standard Discounted Cashflow-Bewertungsverfahren für Wohnimmobilien, 2008 S. 17.
[154] Vgl. *Kleiber* in Kühnberger/Wilke, Immobilienbewertung Teil B, 2010 S 27.
[155] Vgl. *Kleiber* in Kühnberger/Wilke, Immobilienbewertung Teil B, 2010 S. 31.
[156] Mit Ausnahme des in der Praxis unüblichen mehrperiodischen Ertragswertverfahrens.
[157] *Königstein*, Internationale Methoden der Immobilienbewertung, in BDO Deutsche Warentreuhand, Praxishandbuch Real Estate Management 2005 S. 288.
[158] Vgl. *Kleiber* in Kühnberger/Wilke, Immobilienbewertung Teil B, 2010 S. 42.

105 gleichsfaktoren zu plausibilisieren, um sich dem Marktpreis anzunähern („Bewerten heißt vergleichen").[159]

105 Unabhängig vom verwendeten Verfahren bleibt festzustellen, dass keine der Methoden zu dem einen, rechnerisch exakt ermittelten Wert einer Immobilie führen kann. Im Rahmen einer Bewertung kann es immer nur darum gehen, den gesuchten Wert unter Ausschöpfung aller zugänglichen Wertindikatoren **so genau wie möglich** zu ermitteln.[160]

---

[159] Vgl. IDW S 10 Tz. 94; *Königsstein,* Internationale Methoden der Immobilienbewertung, in BDO Deutsche Warentreuhand, Praxishandbuch Real Estate Management, 2005 S. 289: Sollten sich zwischen dem Bewertungsergebnis und den aus dem Markt abgeleiteten Vergleichsdaten große Abweichungen ergeben, kann dies u. U. auf eine eigene Fehleinschätzung bei der Bewertung hindeuten.

[160] LG Berlin 13.1.2004 – 9 O 42/02, GuG 2004, 185.

Teil 3. Erwerb

§ 3 Ertragsteuern (entgeltlich/unentgeltlich)

Übersicht

	Rn.
A. Bilanzierung „dem Grunde nach" von Grund und Boden sowie Gebäuden bzw. Gebäudeteilen	
I. Bilanzierung von Grund und Boden	2–6
II. Bilanzierung von Gebäuden bzw. Gebäudeteilen	7–9
III. Selbständige Gebäudebestandteile (Betriebsvorrichtungen, Scheinbestandteile, Ladeneinbauten und sonstige Mietereinbauten)	10–15
1. Betriebsvorrichtungen	11
2. Scheinbestandteile	12, 13
3. Ladeneinbauten	14
4. Sonstige Mietereinbauten	15
B. Bilanzierung „der Höhe nach" von Grund und Boden sowie Gebäuden bzw. Gebäudeteilen	
I. Anschaffungs- bzw. Herstellungskosten von Grund und Boden	16–18
II. Anschaffungs- bzw. Herstellungskosten von Gebäuden	19–33
1. Anschaffungskosten	20–24
2. Herstellungskosten	25–32
3. Anschaffungsnahe Herstellungskosten	33
III. Aufteilung der Anschaffungs- bzw. Herstellungskosten	34–37
IV. Abbruchkosten im Privat- und Betriebsvermögen	38–57
1. Abbruchkosten bei Einkunftserzielungsabsicht	38–53
a) Abriss eines vom Steuerpflichtigen errichteten Gebäudes auf einem ihm ursprünglich bereits gehörenden Grundstück sowie der Erwerb eines Gebäudes ohne Abbruchabsicht	42
b) Erwerb eines Gebäudes mit Abbruchabsicht	43–51
c) Einlage mit Abbruchabsicht	52, 53
2. Abbruchkosten bei Nutzungsänderungen	54–56
a) Nutzung zu eigenen Wohnzwecken nach Abbruch	55
b) Grundstücksveräußerung nach Abbruch	56
3. Abbruchkosten außerhalb der Einkunftserzielungsabsicht	57
C. Nutzungsverhältnisse und andere Erwerbsformen	
I. Bauten auf fremden Grund und Boden	58–65
II. Immobilien-Leasing	66–76
1. Finanzierungs-Leasing	67–71
2. Bilanzielle Darstellung des Finanzierungs-Leasings bei Zurechnung zum Leasingnehmer	72–74

§ 3 1–3   Teil 3. Erwerb

                                                             Rn.
3. Bilanzielle Darstellung des Finanzierungs-Leasings bei
   Zurechnung zum Leasinggeber 75, 76
III. Nießbrauch 77–87
   1. Zuwendungsnießbrauch 78–81
   2. Vorbehaltsnießbrauch 82–87
IV. Erbbaurecht 88–94
   1. Erbbauberechtigter 88–90
   2. Erbbauverpflichteter 91–94

1   Beim Erwerb von Immobilien stehen insbesondere die **Anschaffungs-
    bzw. Herstellungskosten** im Blickpunkt, wobei grundsätzlich zwischen
    den Vermögensspähren unterschieden werden muss. Im Wesentlichen ist für
    im Betriebsvermögen sowie Privatvermögen befindliche Immobilien die Fra-
    ge nach den Anschaffungs- bzw. Herstellungskosten „dem Grunde" und „der
    Höhe" nach gleich zu beantworten. Für Immobilien im Privatvermögen hat
    diese Beurteilung insbesondere für die AfA sowie bei der Ermittlung eines
    etwaigen Veräußerungsgewinns Relevanz. Für Immobilien im Betriebsver-
    mögen sind die Anschaffungs- bzw. Herstellungskosten zudem für den Aus-
    weis in der Bilanz von Bedeutung. Aufgrund der Überschneidungen bei den
    Vermögenssphären, beziehen sich die nachfolgenden Ausführungen vor-
    nehmlich auf die inhaltlich umfangreicheren Immobilien im Betriebsvermö-
    gen.

A. Bilanzierung „dem Grunde nach" von Grund und Boden sowie Gebäuden bzw. Gebäudeteilen

I. Bilanzierung von Grund und Boden

2   Der (unbebaute) Grund und Boden ist steuerrechtlich grundsätzlich ein
    einzelnes selbständiges Wirtschaftsgut, wobei der zivilrechtlichen Auftei-
    lung des Grund und Bodens in einzelne Parzellen u. U. auch steuerrechtlich
    gefolgt wird und daher mehrere Wirtschaftsgüter vorliegen können. Abhän-
    gig ist dieses – wie bei Gebäuden – von ggf. unterschiedlichen Nutzungszu-
    sammenhängen, z. B. teilweiser eigenbetrieblicher Nutzung und teilweiser
    Nutzung zu eigenen Wohnzwecken.[1]
3   Bei einem **bebauten Grundstück** wird abweichend von der zivilrechtli-
    chen Beurteilung – wonach der Eigentümer des Grund und Bodens grds.
    auch Eigentümer des Gebäudes ist[2] – steuerrechtlich der Grund und Boden
    vom Gebäude getrennt. Demnach liegen grundsätzlich zwei selbständige
    Wirtschaftsgüter vor, die wiederrum in weitere Wirtschaftsgüter unterteilt
    werden müssen. Abhängig ist dieses maßgeblich von der Beurteilung des Ge-
    bäudes. Wird das Gebäude teils eigenbetrieblich, teils fremdbetrieblich, teils
    zu eigenen und teils zu fremden Wohnzwecken genutzt und resultieren hier-

---
[1] Vgl. Blümich/*Krumm* EStG § 5 Rn. 434, 436.
[2] Siehe § 94 BGB.

§ 3 Ertragsteuern (entgeltlich/unentgeltlich)   4, 5 § 3

aus mehrere Wirtschaftsgüter, so ist der jeweils dem Gebäudeteil zugehörige Grund und Boden[3] ebenfalls ein selbständiges Wirtschaftsgut. Wird beispielsweise ein Gebäude in vier verschiedene selbständige Gebäudeteile unterteilt, so wird der Grund und Boden auch in vier – dem Gebäude entsprechende – Wirtschaftsgüter unterteilt, woraus demzufolge acht selbständige Wirtschaftsgüter resultieren.

Jedoch kann es Wirtschaftsgüter geben, die zwar in einem unmittelbaren Zusammenhang mit dem Grund und Boden stehen, aber selbständig und getrennt behandelt werden müssen, wie z. B.:[4] 4
- Einfriedungen von Betriebsgrundstücken,
- Erbbaurecht,
- Garten- bzw. Grünanlage,
- Hof- und Platzbefestigungen sowie Zufahrtswege,
- Pflanzenanlagen und Dauerkulturen.

Gleichzeitig erfordert die Einordnung als Wirtschaftsgut eine Zuordnung 5
zum Privatvermögen oder zum notwendigen bzw. gewillkürten Betriebsvermögen.[5] Hierbei sind im Wesentlichen die allgemeinen Grundsätze zu beachten.[6] Grundstücke und Grundstücksteile, die ausschließlich und unmittelbar für eigenbetriebliche Zwecke des Steuerpflichtigen genutzt werden, gehören regelmäßig zum **notwendigen Betriebsvermögen**.[7] So sind beispielsweise Grundstücke, die an Arbeitnehmer vermietet werden, notwendiges Betriebsvermögen des Arbeitgebers, wenn für die Vermietung gerade an Arbeitnehmer betriebliche Gründe maßgebend waren.[8] Durch die Qualifikation als notwendiges Betriebsvermögen gehören die an Arbeitnehmer vermieteten Grundstücke auch gleichzeitig zu den eigenbetrieblich genutzten Grundstücks- bzw. Gebäudeteilen.[9] Gehört ein Grundstück zum Gesamthandsvermögen der Mitunternehmer einer Personengesellschaft, ist es grundsätzlich ebenfalls notwendiges Betriebsvermögen.[10] Hiervon abweichend brauchen nach § 8 EStDV eigenbetrieblich genutzte Grundstücksteile nicht als (notwendiges) Betriebsvermögen behandelt zu werden, wenn ihr Wert nicht mehr als ein Fünftel des gemeinen Werts des gesamten Grundstücks und nicht mehr als 20.500 EUR beträgt.[11] Dabei ist auf den Wert des Gebäudeteils zuzüglich des dazugehörigen Grund und Bodens abzustellen. Grundstücke oder Grundstücksteile, die nicht eigenbetrieblich genutzt werden und weder eigenen Wohnzwecken dienen, noch Dritten zu Wohnzwecken unentgeltlich überlassen sind, können als **gewillkürtes Betriebsvermögen**

---

[3] Der Grund und Boden gehört grds. im Verhältnis der Zugehörigkeit des Gebäudes oder Gebäudeteils zum Betriebsvermögen, vgl. EStH 4.2 Abs. 7 „Anteilige Zugehörigkeit des Grund und Bodens".
[4] Littmann/Bitz/Pust/*Hoffmann* EStG § 6 Rn. 502.
[5] Vgl. auch EStR 4.2 Abs. 7 Satz 2 und Abs. 9 Satz 6.
[6] Vgl. hierzu insbesondere EStR 4.2 Abs. 1.
[7] EStR 4.2 Abs. 7 Satz 1.
[8] BFH 1.12.1976 – I R 73/74, BStBl. II 1977, 315; EStH 4.2 Abs. 7 „Vermietung an Arbeitnehmer".
[9] EStR 4.2 Abs. 4 Satz 2.
[10] EStR 4.2 Abs. 11; Grundstücke und Grundstücksteile im Sonderbetriebsvermögen vgl. EStR 4.2 Abs. 12.
[11] Vgl. auch EStR 4.2 Abs. 8.

behandelt werden, wenn die Grundstücke oder die Grundstücksteile in einem gewissen objektiven Zusammenhang mit dem Betrieb stehen und ihn zu fördern bestimmt und geeignet sind.[12] Die Zuordnung zum gewillkürten Betriebsvermögen muss der Steuerpflichtige klar und eindeutig vornehmen. Eine solche Zuordnung ist in der Regel gegeben, wenn der Steuerpflichtige das Wirtschaftsgut in die Buchführung aufgenommen hat und es in der Bilanz eindeutig als Betriebsvermögen ausgewiesen wird.[13] Ist kein notwendiges oder gewillkürtes Betriebsvermögen gegeben, so liegt Privatvermögen vor.

6   Die Zuordnung des (un)bebauten Grundstücks zum Anlage- bzw. Umlaufvermögen richtet sich nach den allgemeinen Grundsätzen des § 247 Abs. 2 HGB. Für steuerrechtliche Zwecke ist jedoch zu beachten, dass bei einem gewerblichen Grundstückshandel Umlaufvermögen vorliegt.[14]

II. Bilanzierung von Gebäuden bzw. Gebäudeteilen

7   Für die Einteilung von Gebäuden in selbständige Wirtschaftsgüter[15] sowie deren Zuordnung zu den Vermögenssphären, gelten die Ausführungen zum Grund und Boden entsprechend.[16] Jedoch können sich bei gemischt genutzten Gebäuden weitere Besonderheiten ergeben. Denn – wie bereits beschrieben – können im Gegensatz zu beweglichen Wirtschaftsgütern, gemischt genutzte Grundstücke in mehrere Wirtschaftsgüter unterteilt werden. Das trifft sowohl auf das Gebäude als auch auf den dazugehörigen Grund und Boden zu, wobei die Zuordnung des Grund und Bodens der Zuordnung des Gebäudes folgt. Die Gründe für eine Aufteilung in mehrere selbständige Wirtschaftsgüter können verschieden sein. Im Grundsatz gelten Gebäudeteile, die nicht in einem einheitlichen Nutzungs- und Funktionszusammenhang mit dem Gebäude stehen, als selbständige Wirtschaftsgüter. Umgekehrt heißt dies, dass ein Gebäudeteil unselbständig ist, wenn er der eigentlichen Nutzung des Gebäudes dient und somit einheitlich mit dem Gebäude zu bilanzieren und abzuschreiben ist (z.B. Bäder, Schwimmbecken und Duschen eines Hotels, Heizungsanlagen, Beleuchtungsanlagen, Umzäunungen und Garagen bei Wohngebäuden[17]).[18] **Selbständige Gebäudebestandteile** in diesem Sinne sind:[19]
1. Betriebsvorrichtungen,
2. Scheinbestandteile,
3. Ladeneinbauten,

---

[12] EStR 4.2 Abs. 9 Satz 1.
[13] Vgl. auch EStR 4.2 Abs. 1 „Gewillkürtes Betriebsvermögen"; EStH 4.2 Abs. 9 „Nachweis der Zuordnung zum gewillkürten Betriebsvermögen"; BFH 2.10.2003 – IV R 13/03, BStBl. 2004 II, 985; BMF 17.11.2004, BStBl. I 2004, 1064.
[14] Littmann/Bitz/Pust/*Hoffmann* EStG § 6 Rn. 519.
[15] Die Definition von Gebäuden richtet sich grds. nach dem BewG, vgl. auch Littmann/Bitz/Pust/*Hoffmann* EStG § 6 Rn. 521.
[16] → Rn. 3 ff.
[17] Zu Garagen siehe insbesondere auch EStH 7.1 „Garagen".
[18] EStR 4.2 Abs. 5; EStH 4.2 Abs. 5 „Unselbständige Gebäudebestandteile".
[19] EStR 4.2 Abs. 3 Satz 1 bis 3.

4. sonstige Mietereinbauten,
5. sonstige selbständige Gebäudeteile.

Auch **Außenanlagen,** wie z.B. Hofbefestigung, Kinderspielplatz und Einfriedungen, sind als selbständige „unbewegliche" Wirtschaftsgüter – nicht aber als Gebäudeteile – zu beurteilen.[20] Dieses gilt grundsätzlich auch für sog. Zubehör i.S. der §§ 97f. BGB. Hierbei handelt es sich um bewegliche Sachen, die, ohne Bestandteile der Hauptsache zu sein, dem wirtschaftlichen Zweck der Hauptsache zu dienen bestimmt sind und zu ihr in einem dieser Beziehung entsprechenden räumlichen Verhältnis stehen.[21] Dieses kann bspw. bei einem in der Außenmauer des Behandlungsraumes eines Zahnarztes installierten Klimagerät gegeben sein.[22] Ertragsteuerrechtlich handelt es sich um ein selbständiges „bewegliches" Wirtschaftsgut.

Die **„sonstigen selbständigen Gebäudeteile"** resultieren aus einer unterschiedlichen Nutzung und Funktion eines Gebäudes. Wird demnach ein Gebäude teils eigenbetrieblich, teils fremdbetrieblich, teils zu eigenen und teils zu fremden Wohnzwecken genutzt, ist jeder der vier unterschiedlich genutzten Gebäudeteile ein besonderes Wirtschaftsgut.[23] Dabei ist jeder selbständige Gebäudeteil in so viele Wirtschaftsgüter aufzuteilen, wie Gebäudeeigentümer vorhanden sind.[24] Die Zuordnung der Gebäudeteile zu einem vier genannten Nutzungsarten, richtet sich nach der unmittelbaren Nutzung bzw. während der Bauphase vorgesehenen Nutzung.[25] Wird das Gebäude hingegen nur einer der vier Nutzungsarten zugeordnet, so liegt auch nur ein Wirtschaftsgut vor. Hiervon zu unterscheiden sind bei einem Gebäude bzw. Gebäudeteil die unterschiedlichen Funktionen, die Nutzung für mehrere Betriebe des Steuerpflichtigen und eine etwaige räumliche Trennung. So kann beispielsweise ein ausschließlich fremden Wohnzwecken dienendes Gebäude an verschiedene Personen vermietet werden und es liegt dennoch nur ein einzelnes Wirtschaftsgut vor.[26]

III. Selbständige Gebäudebestandteile (Betriebsvorrichtungen, Scheinbestandteile, Ladeneinbauten und sonstige Mietereinbauten)

Selbständige Gebäudeteile können – wie unter → Rn. 7 beschrieben – auch Betriebsvorrichtungen, Scheinbestandteile, Ladenbauten und sonstige Mietereinbauten sein, wenn sie besonderen Zwecken dienen, mithin in einem von der eigentlichen Gebäudenutzung verschiedenen Nutzungs- und Funktionszusammenhang stehen.

---

[20] Vgl. Littmann/Bitz/Pust/*Hoffmann* EStG § 6 Rn. 524; BFH 30.1.1996 – IX R 18/91, BStBl. II 1997, 25; EStH 7.1 „Unbewegliche Wirtschaftsgüter, die keine Gebäude oder Gebäudeteile sind"; vgl. auch Bsp. zu selbständigen Wirtschaftsgütern bei Grund und Boden → Rn. 4.
[21] Vgl. Blümich/*Brandis* EStG § 7 Rn. 463.
[22] BFH 28.11.1975 – III R 156/73, BStBl. II 1976, 200.
[23] EStR 4.2 Abs. 3 Satz 3 Nr. 5 und Abs. 4 Satz 1.
[24] EStH 4.2 Abs. 4 „Miteigentum".
[25] Vgl. auch Blümich/*Krumm* EStG § 5 Rn. 422.
[26] Vgl. Blümich/*Krumm* EStG § 5 Rn. 426.

1. Betriebsvorrichtungen

11 Nach § 68 Abs. 2 Nr. 2 BewG sind **Betriebsvorrichtungen** Maschinen und sonstige Vorrichtungen aller Art, die zu einer Betriebsanlage gehören. Betriebsvorrichtungen sind selbständige Wirtschaftsgüter, weil sie nicht in einem einheitlichen Nutzungs- und Funktionszusammenhang mit dem Gebäude stehen. Sie gehören daher auch dann zu den selbständigen beweglichen Wirtschaftsgütern, wenn sie wesentliche Bestandteile eines Grundstücks sind.[27] Die Bilanzierung und insbesondere die AfA richten sich nach den allgemeinen Regeln für bewegliche Wirtschaftsgüter.

2. Scheinbestandteile

12 Scheinbestandteile i.S. des § 95 Abs. 2 BGB entstehen, wenn bewegliche Wirtschaftsgüter zu einem vorübergehenden Zweck in ein Gebäude eingefügt werden. Im Falle von Einbauten durch einen Mieter bzw. Pächter des Gebäudes ist die Einfügung zu einem vorübergehenden Zweck anzunehmen, wenn die Nutzungsdauer der eingefügten Sachen länger als die voraussichtliche Mietdauer ist, die eingefügten Sachen auch nach ihrem Ausbau nicht nur einen Schrottwert, sondern noch einen beachtlichen Wiederverwendungswert repräsentieren und nach den gesamten Umständen, insbesondere nach Art und Zweck der Verbindung damit gerechnet werden kann, dass die eingebauten Sachen später wieder entfernt werden.[28] Der Mieter bzw. Pächter bleibt in diesem Fall rechtlicher und wirtschaftlicher Eigentümer des Scheinbestandteils. Ist die Nutzungsdauer hingegen geringer als die voraussichtliche Mietdauer, könnte die Einordnung als „sonstige Mietereinbauten" in Betracht kommen.[29] Auch ist kein vorübergehender Zweck anzunehmen, wenn zwischen den Parteien von vornherein feststeht, etwa aufgrund ausdrücklicher Vereinbarung, dass der Grundstückseigentümer nach Beendigung des Nutzungsverhältnisses die Sache übernehmen soll. Auch in diesem Fall wird auf die Ausführungen zu den „sonstigen Mietereinbauten" (→ Rn. 15) verwiesen.

13 Einbauten können jedoch auch vom Vermieter bzw. Verpächter oder einem Steuerpflichtigen, der das Grundstück nicht vermietet, vorgenommen werden. So sind Einbauten zu vorübergehenden Zwecken auch:[30]
– die vom Stpfl. für seine eigenen Zwecke vorübergehend eingefügten Anlagen,
– die vom Vermieter oder Verpächter zur Erfüllung besonderer Bedürfnisse des Mieters oder Pächters eingefügten Anlagen, deren Nutzungsdauer nicht länger als die Laufzeit des Vertragsverhältnisses ist.
Scheinbestandteile sind demnach selbständige bewegliche Wirtschaftsgüter, die somit getrennt vom Gebäude zu bilanzieren und abzuschreiben sind.

---

[27] EStR 7.1 Abs. 3.
[28] BMF 15.1.1976, BStBl. I 1976, 66, Tz. 2; BFH 24.11.1970 – VI R 143/69, BStBl. II 1971, 157; BFH 4.12.1970 – VI R 157/68, BStBl. II 1971, 165.
[29] → Rn. 15.
[30] EStR 7.1 Abs. 4.

3. Ladeneinbauten

Ladeneinbauten sind Schaufensteranlagen, Gaststätteneinbauten, Schalterhallen von Kreditinstituten sowie ähnliche Einbauten, die einem schnellen Wandel des modischen Geschmacks unterliegen. Als Herstellungskosten dieser Einbauten kommen nur Aufwendungen für Gebäudeteile in Betracht, die statisch für das gesamte Gebäude unwesentlich sind, z. B. Aufwendungen für Trennwände, Fassaden, Passagen sowie für die Beseitigung und Neuerrichtung von nichttragenden Wänden und Decken.[31] Ladeneinbauten müssen nach Auffassung des BFH klar vom Gebäude abgrenzbar sein, einen eigenen Rentabilitätsfaktor darstellen, so dass nach der Gesamtheit der tatsächlichen Umstände bei wirtschaftlicher Betrachtung ein selbständiges Wirtschaftsgut vorliegt.[32] Sie sind unbewegliche Wirtschaftsgüter, die als selbständiger Gebäudeteil i. S. des § 7 Abs. 5a EStG grundsätzlich auch nach den allgemeinen AfA-Vorschriften für Gebäude abzuschreiben sind. Jedoch wird hiervon abweichend, speziell für Ladeneinrichtungen, in der amtlichen AfA-Tabelle eine Nutzungsdauer von acht Jahren angenommen, was den pauschalierten AfA-Sätzen des § 7 Abs. 4 und 5 EStG vorgeht.[33] Es ist jedoch zu prüfen, ob es sich bei den Einbauten vorrangig um Scheinbestandteile oder Betriebsvorrichtungen handelt und somit bewegliche Wirtschaftsgüter mit anderen anzuwendenden AfA-Regeln vorliegen.[34]

14

4. Sonstige Mietereinbauten

Aufwendungen eines Mieters für **Mietereinbauten bzw. Mieterumbauten,** durch die weder ein Scheinbestandteil noch eine Betriebsvorrichtung entsteht, bilden grundsätzlich Herstellungskosten für einen selbständigen „unbeweglichen" Gebäudeteil (sog. **sonstige Mietereinbauten**), wenn:[35]
1. der Mieter wirtschaftlicher Eigentümer der von ihm geschaffenen sonstigen Mietereinbauten oder Mieterumbauten ist. Der Mieter ist wirtschaftlicher Eigentümer, wenn der mit Beendigung des Mietvertrags entstehende Herausgabeanspruch des Eigentümers zwar auch die durch den Einbau oder Umbau geschaffene Substanz umfasst, dieser Anspruch jedoch keine wirtschaftliche Bedeutung hat. Das ist in der Regel der Fall, wenn die eingebauten Sachen während der voraussichtlichen Mietdauer technisch oder wirtschaftlich verbraucht werden oder der Mieter bei Beendigung des Mietvertrags vom Eigentümer mindestens die Erstattung des noch verbliebenen gemeinen Werts des Einbaus oder Umbaus verlangen kann.[36]

15

---

[31] EStR 4.2 Abs. 3 Nr. 3.
[32] BFH 20.2.1975 – IV R 170/70, BStBl. II 1975, 531; BFH 29.3.1965 – I 411/61 U, BStBl. III 1965, 291.
[33] BMF 15.12.2000, BStBl. I 2000, 1532; vgl. auch Blümich/*Brandis* EStG § 7 Rn. 365 „Ladeneinbauten"; früher betrug die Nutzungsdauer 7 Jahre, vgl. hierzu BMF 30.5.1996, BStBl. I 1996, 643.
[34] Vgl. Blümich/*Brandis* EStG § 7 Rn. 470 und 471.
[35] Vgl. insbesondere BMF 15.1.1976, BStBl. I 1976, 66, Tz. 4; vgl. auch zitierte Rechtsprechung von *Tiedchen* in Herrmann/Heuer/Raupach EStG § 5 Rn. 521.
[36] BMF 15.1.1976, BStBl. I 1976, 66, Tz. 6; vgl. auch die Ausführungen zum wirtschaftlichen Eigentum bei Gebäuden auf fremden Grund und Boden, → Rn. 60.

2. die Mietereinbauten oder Mieterumbauten unmittelbar den besonderen betrieblichen oder beruflichen Zwecken des Mieters dienen und mit dem Gebäude nicht in einem einheitlichen Nutzungs- und Funktionszusammenhang stehen. Hiervon kann ausgegangen werden, wenn die Mietereinbauten eine unmittelbare sachliche Beziehung zum Betrieb aufweisen. Ein daneben bestehender Zusammenhang mit dem Gebäude tritt in diesen Fällen gegenüber dem Zusammenhang mit dem Betrieb des Mieters zurück.[37] Bei sonstigen Mietereinbauten handelt es sich um unbewegliche Wirtschaftsgüter des Anlagevermögens.[38] Die AfA bemisst sich nach den für Gebäude geltenden Vorschriften.[39]

B. Bilanzierung „der Höhe nach" von Grund und Boden sowie Gebäuden bzw. Gebäudeteilen

I. Anschaffungs- bzw. Herstellungskosten von Grund und Boden

16 Sowohl Grund und Boden als auch Gebäude werden mit den Herstellungskosten gem. § 253 Abs. 1 i. V. m. § 255 Abs. 2 und 3 HGB bzw. mit den Anschaffungskosten gem. § 253 Abs. 1 i. V. m. § 255 Abs. 1 HGB bewertet. Für den Grund und Boden sind jedoch in den meisten Fällen die Anschaffungskosten als Bewertungsmaßstab heranzuziehen, da praktisch gesehen die Herstellung von Grund und Boden nur in besonderen Ausnahmefällen angenommen werden kann. Demnach können Herstellungskosten beispielsweise vorliegen, wenn Aufwendungen getätigt werden, durch die bisher nicht nutzbarer Boden nutzbar gemacht wird (sog. Urbarmachung) und Maßnahmen der Landgewinnung (z. B. Eindeichung, Aufschüttung) vorliegen.[40] Aufwendungen die einen bereits nutzbaren Boden lediglich verbessern (z. B. durch Auflesen von Steinen, Entfernen von Unkraut, Düngen etc.) sind Erhaltungsaufwendungen, da weder die Substanz wesentlich verbessert noch ein anderes Wirtschaftsgut geschaffen wird.[41] Dagegen ordnet die Literatur **Erschließungsaufwendungen**[42] (z. B. Aufwendungen für öffentliche Straßen, Parkflächen, Ver- und Entsorgungsanlagen für Wasser, Abwasser, Elektrizität und Gas) im Regelfall entweder den Anschaffungs- oder den Herstellungskosten des Grund und Bodens zu, was für die Bewertung im Ergebnis zu keinem Unterschied führen sollte und somit nur von theoretischer Bedeutung ist.[43] Differenzierungen gibt es aber sehr wohl bei den erstmaligen und den ggf. weiteren Erschließungsmaßnahmen. Die Aufwendungen für die erstmalige

---

[37] Vgl. BMF 15.1.1976, BStBl. I 1976, 66, Tz. 7.
[38] BMF 15.1.1976, BStBl. I 1976, 66, Tz. 4,7 und 10.
[39] Vgl. EStH 7.4 „Mietereinbauten" 1. Spiegelstrich; BMF 15.1.1976, BStBl. I 1976, 66, Tz. 10 tritt insoweit zurück; vgl. BFH 15.10.1996 – VIII R 44/94, BStBl. II 1997, 533.
[40] Vgl. Blümich/*Ehmcke* EStG § 6 Rn. 790.
[41] H/H/R/*Stobbe* EStG § 6 Rn. 782, m. w. N.
[42] Erschließungsbeiträge sind kommunale Abgaben und Beiträge an Ver- und Entsorgungsunternehmen der Grundstücks- oder Wohnungseigentümer zu den Herstellungskosten einer Erschließungsanlage; vgl. Bestlex/*Heß* Erschließungskosten Rn. 1.
[43] Vgl. zu dieser Thematik Littmann/Bitz/Pust/*Hoffmann* EStG § 6 Rn. 510.

Erschließung machen das Grundstück baureif und sind daher Anschaffungs- bzw. Herstellungskosten. Die weiteren Erschließungsmaßnahmen (sog. Zweiterschließung) sind dahingehend zu differenzieren, ob das Grundstück in der Substanz oder im Wesen verändert wird und somit Anschaffungs- bzw. Herstellungskosten vorliegen bzw. Erhaltungsaufwendungen bei keiner wesentlichen Veränderung.[44] Die mit der Maßnahme verbundene Werterhöhung des Grundstücks sollte hingegen nur bedingt Maßstab für die Bilanzierung sein.[45] Zu den nachträglichen Anschaffungs- bzw. Herstellungskosten des Grund und Bodens gehören beispielsweise auch Erschließungsaufwendungen für den Anschluss an die öffentliche Kanalisation, selbst wenn bereits eine Sickergrube besteht[46] sowie Erschließungsaufwendungen für den Anschluss an die Wasser-, Strom- und Gasversorgung.[47]

Soweit es sich jedoch um Aufwendungen für (Erschließungs-)Anlagen auf dem Grundstück handelt, liegen Herstellungskosten des Gebäudes – und nicht des Grund und Bodens – vor.[48] Demzufolge sind Aufwendungen des Eigentümers für die Herstellung der Zuleitung von dem Gebäude zu dem öffentlichen Kanal (sog. Hausanschlusskosten) einschließlich der sogenannten Kanalanstichgebühr den Herstellungskosten des Gebäudes zuzuordnen. Auch die Kosten für den Anschluss eines Gebäudes an Versorgungsnetze gehören zu den Herstellungskosten des Gebäudes. Werden hingegen vorhandene Anschlüsse ersetzt, liegen Erhaltungsaufwendungen vor.[49]

Bedeutsam sind auch die **Nebenkosten** im Zusammenhang mit der Anschaffung des Grund und Bodens (sog. Anschaffungsnebenkosten), welche ebenfalls zusammen mit den originären Anschaffungskosten aktiviert werden. Hierzu gehören beispielsweise:
- Notar- und Grundbuchkosten,
- Grunderwerbsteuer,
- Maklergebühren.

Handelt es sich um Anschaffungsnebenkosten für ein bebautes Grundstück, müssen diese ggf. auf den Grund und Boden sowie das Gebäude aufgeteilt werden.[50]

II. Anschaffungs- bzw. Herstellungskosten von Gebäuden

Die Beurteilung, ob Anschaffungs- oder Herstellungskosten vorliegen, ist nicht nur für die Frage nach dem Ausweis in einer Bilanz von Bedeutung. Alternativ können auch Erhaltungsaufwendungen und somit sofort abzugsfähige Betriebsausgaben bzw. Werbungskosten in Betracht kommen, was für

---

[44] EStH 6.4 „Erschließungs-, Straßenanlieger- und andere Beiträge" 3. und 6. Spiegelstrich.
[45] Vgl. insbesondere *Spindler* DB 1996, 444; Littmann/Bitz/Pust/*Hoffmann* EStG § 6 Rn. 512 und 514, hinsichtlich Beispiele für Erschließungsmaßnahmen.
[46] Vgl. BFH 11.12.2003 – IV R 40/02, BStBl. II 2004, 282.
[47] Vgl. BFH 3.7.1997 – III R 114/95, BStBl. II 1997, 811.
[48] Vgl. BFH 14.11.2002 – III R 29/97, BFH/NV 2003, 655, Tz. 2.
[49] EStH 6.4 „Hausanschlusskosten"; BFH 24.11.1967 – VI R 302/66, BStBl. II 1968, 178; BFH 15.1.1965 – VI 115/63 U, BStBl. III 1965, 226.
[50] → Rn. 34 ff.

einen Steuerpflichtigen oftmals von größerem Interesse ist. Für die Abgrenzung der Anschaffungs- bzw. Herstellungskosten von Erhaltungsaufwendungen hat das BMF einen ausführlichen Erlass[51] veröffentlicht, der für die Beurteilung entsprechender Sachverhalte heranzuziehen ist und dessen wesentliche Inhalte auch Bestandteil der nachfolgenden Ausführungen sind.

1. Anschaffungskosten

20 Anschaffungskosten eines Gebäudes sind grundsätzlich alle Aufwendungen, die geleistet werden, um das Gebäude zu **erwerben** und es in einen **betriebsbereiten Zustand** zu versetzen.[52]

21 Für die Annahme von Anschaffungskosten ist ein bloßer kausaler oder zeitlicher Zusammenhang mit der Anschaffung bzw. dem **Erwerb** nicht ausreichend. Vielmehr kommt es auf die Zweckbestimmung der Aufwendungen an.[53] Die Aufwendungen müssen demnach in einem unmittelbaren wirtschaftlichen Zusammenhang mit der Anschaffung stehen, wohingegen der zeitliche Aspekte in den Hintergrund tritt. Daher gehören auch vorweggenommene und nachträgliche Anschaffungskosten, die zeitlich dem Anschaffungsvorgang vorangehen bzw. nachfolgen, zu den Anschaffungskosten.

22 Neben den originären Anschaffungskosten aus dem Erwerbsvorgang selbst, können auch Anschaffungskosten für die Versetzung in einen **betriebsbereiten Zustand** entstehen. Ein Gebäude ist demnach betriebsbereit, wenn es entsprechend seiner Zweckbestimmung genutzt werden kann. Die Betriebsbereitschaft ist bei einem Gebäude für jeden Gebäudeteil, der nach seiner Zweckbestimmung selbständig genutzt werden soll, gesondert zu prüfen.[54] In diesem Zusammenhang ist zwischen der objektiven und subjektiven Funktionstüchtigkeit des Gebäudes zu unterscheiden. Ein Gebäude ist objektiv funktionsuntüchtig, wenn für den Gebrauch wesentliche Teile objektiv nicht nutzbar sind. Werden für den Gebrauch diese wesentlichen Teile funktionstüchtig gemacht, führen die Aufwendungen zu Anschaffungskosten. Ein Gebäude ist subjektiv funktionsuntüchtig, wenn es für die konkrete Zweckbestimmung des Erwerbers nicht nutzbar ist. Somit gehören Aufwendungen für Baumaßnahmen, welche zur Zweckerreichung erforderlich sind, zu den Anschaffungskosten.[55] Ein Beispiel für solche Baumaßnahmen ist der Umbau von Büroräumen zu einer Zahnarztpraxis.

23 Zudem können Aufwendungen, die das Gebäude auf einen **höheren Standard** bringen, ebenfalls zu den Anschaffungskosten gehören, da hierdurch auch eine Änderung der Zweckbestimmung gegeben sein kann.[56] Der Standard eines Wohngebäudes bezieht sich auf die Eigenschaft einer Wohnung. Wesentlich sind vor allem Umfang und Qualität der Heizungs-, Sanitär- und Elektroinstallation sowie der Fenster. Führt ein Bündel von Baumaßnahmen bei mindestens drei Bereichen der zentralen Ausstattungsmerkmale zu einer Er-

---

[51] BMF 18.7.2003, BStBl. I 2003, 386.
[52] § 255 Abs. 1 HGB.
[53] BFH 3.8.2005 – I R 35/04, BStBl. II 2006, 369; BFH 17.10.2001 - I R 32/00, BStBl. II 2002, 349.
[54] BMF 18.7.2003, BStBl. I 2003, 386, Rn. 2.
[55] BMF 18.7.2003, BStBl. I 2003, 386, Rn. 1–8.
[56] BFH 22.1.2003 – X R 45/99, BFH/NV 2003, 760, Tz. II, Nr 1 Buchst. d.

höhung und Erweiterung des Gebrauchswerts, hebt sich der Standard eines Gebäudes. Beim Standard wird zwischen einem sehr einfachen, mittleren und sehr anspruchsvollen Standard unterschieden.[57] Bei einem betrieblichen Gebäude, was regelmäßig kein Wohngebäude darstellt, ist eine wesentliche Verbesserung gegeben, wenn der Gebrauchswert des Wirtschaftsguts (das sog. Nutzungspotential) durch die Baumaßnahmen gehoben wird. Dabei kommt es im Vergleich zu einem Wohngebäude weniger auf die Kernbereiche der Ausstattung an, als vielmehr darauf, ob bauliche Veränderungen vor dem Hintergrund der betrieblichen Zielsetzung zu einer höherwertigeren (verbesserten) Nutzbarkeit des Vermögensgegenstandes führen.[58]

Aufwendungen für Baumaßnahmen, die das Gebäude in einen betriebsbereiten Zustand versetzen, führen bei einem **unentgeltlichen Erwerb** mangels Anschaffung nicht zu Anschaffungskosten sondern zu Erhaltungsaufwendungen, es sei denn, es liegen Herstellungskosten vor. Bei einem **teilentgeltlichen Erwerb** liegen Anschaffungskosten nur im Verhältnis zum entgeltlichen Teil des Erwerbsvorgangs vor.[59]

2. Herstellungskosten

Herstellungskosten eines Gebäudes sind nach § 255 Abs. 2 Satz 1 HGB Aufwendungen für die **Herstellung** eines Gebäudes sowie Aufwendungen, die für die **Erweiterung** oder für die über den ursprünglichen Zustand hinausgehende **wesentliche Verbesserung** eines Gebäudes entstehen.

Die **Herstellung** eines Gebäudes ist zu differenzieren nach einer (Neu-) Herstellung, (Zweit-)Herstellung und nach einer Funktions- bzw. Wesensänderung. Der BFH hat mehrfach zum Begriff des Herstellens einer/s Wohnung/Gebäudes entschieden, dass darunter das Schaffen einer neuen, bisher nicht vorhandenen Wohnung, also insbesondere die Neu- oder erstmalige Herstellung **(Neu-Herstellung)** einer Wohnung zu verstehen ist.[60] Eine wesentliche Abgrenzung der Herstellungskosten zu den Anschaffungskosten, ist die Aufteilung in Einzel- sowie Gemeinkosten. Während bei der Ermittlung der Anschaffungskosten grundsätzlich nur Einzelkosten in Betracht kommen, werden bei der Ermittlung der Herstellungskosten auch Gemeinkosten einbezogen. Es können jedoch Anschaffungs- sowie Herstellungskosten nicht immer strikt getrennt werden. So können einem Steuerpflichtigen für den Erwerb eines noch nicht fertiggestellten Gebäudes (z. B eines **Rohbaus**) Anschaffungskosten und für dessen Fertigstellung Herstellungskosten entstehen. Herstellungskosten sind stets die Aufwendungen, die der **erstmaligen Fertigstellung** (Neu-Herstellung) des Gebäudes dienen, da ein neues Wirtschaftsgut geschaffen wird.[61] Ein Wirtschaftsgut ist fertiggestellt (i. S. des § 9a EStDV), wenn sein Zustand nach objektiven Merkmalen eine bestimmungsgemäße Verwendung ermöglicht; bei einem Gebäude ist dies der Zeit-

---

[57] BMF 18.7.2003, BStBl. I 2003, 386, Rn. 9–14; BFH 12.9.2001 – IX R 39/97, BStBl. II 2003, 569; BFH 22.1.2003 – X R 9/99, BStBl. II 2003, 596.
[58] Vgl. BFH 25.9.2007 – IX R 28/07, BStBl. II 2008, 218.
[59] BMF 18.7.2003, BStBl. I 2003, 386, Rn. 15 und 16.
[60] BFH 26.10.2006 – IX B 9/06, BFH/NV 2007, 447, Tz. 3a, m. w. N.
[61] Vgl. BFH 22.1.2003 – X R 45/99, BFH/NV 2003, 760, Tz. II Nr. 1 Buchst. a bis d.

punkt nach Abschluss der wesentlichen Bauarbeiten. Auch ein Austausch von Ausstattungsmerkmalen eines noch nicht fertiggestellten Hauses, ist im Regelfall noch Teil des Herstellungsvorgangs. Für die Einordnung als Anschaffungskosten ist hingegen die Betriebsbereitschaft des Gebäudes maßgeblich.[62] Hat der Steuerpflichtige ein fertiggestelltes Gebäude angeschafft, ist dieses betriebsbereit, wenn es entsprechend seiner Zweckbestimmung genutzt werden kann. Zu den Anschaffungskosten gehören daher die Aufwendungen, die erforderlich sind, um das erworbene Wirtschaftsgut bestimmungs- bzw. zweckgemäß nutzen zu können. Für die Abgrenzung, ob Herstellungs- oder Anschaffungskosten vorliegen, ist somit – insbesondere bei Erwerb eines **Rohbaus** – darauf abzustellen, ob das Gebäude erstmals fertiggestellt wurde oder (nur) ein Umbau hinsichtlich der Zweckbestimmung durchgeführt wurde, woraus wiederum Anschaffungskosten resultieren können.[63]

27 Als **Zweit-Herstellung** wird die Wiederherstellung eines bereits vorhandenen, aber zerstörten oder unbrauchbar gewordenen Wirtschaftsguts bezeichnet, wie bspw. bei einem sog. **Vollverschleiß**.[64] Ein Vollverschleiß bedingt das Unbrauchbarwerden eines Gebäudes infolge einer Abnutzung. Unbrauchbar im Sinne eines Vollverschleißes ist ein Gebäude nur bei schweren Substanzschäden an den für die Nutzbarkeit als Bau und die Nutzungsdauer des Gebäudes bestimmenden Teilen.[65] Ein Verschleiß der Inneneinrichtung oder der Umstand, dass das Gebäude wegen der Abnutzung und Verwahrlosung nicht mehr zeitgemäßen Wohnvorstellungen entspricht und daher nicht mehr vermietbar ist, reicht für die Annahme eines Vollverschleißes nicht aus.[66] Herstellungskosten aufgrund eines Vollverschleißes können hingegen angenommen werden, wenn die Altbausubstanz so tiefgreifend umgestaltet oder in einem solchen Ausmaß erweitert worden ist, dass die neu eingefügten Gebäudeteile der entstandenen Wohnung das Gepräge geben und die verwendeten Altteile wertmäßig untergeordnet erscheinen. Dies soll der Fall sein, wenn der angefallene Bauaufwand zuzüglich des Wertes der Eigenleistungen nach überschlägiger Berechnung den Wert der Altbausubstanz (Verkehrswert) übersteigt. Bei diesem Vergleich sollen jedoch typische Erhaltungsaufwendungen außer Betracht bleiben. Nur Aufwendungen, durch welche die verwendete Bausubstanz so tiefgreifend umgestaltet oder in einem solchen Ausmaß erweitert wird, dass die eingefügten Teile der Wohnung das Gepräge geben, sind dem Wert der Altbausubstanz gegenüberzustellen.[67] Aber selbst wenn unter diesen Voraussetzungen kein Vollverschleiß angenommen werden kann, können dennoch Herstellungskosten vorliegen, wenn ein Ge-

---

[62] → Rn. 22.
[63] → Rn. 22, 23; vgl. auch den Tatbestand der „Funktions- bzw. Wesensänderung" → Rn. 28.
[64] BFH 16.1.2007 – IX R 39/05, BStBl. II 2007, 922, Tz. II Nr. 1a.
[65] BFH 14.5.2003 – X R 32/00, BFH/NV 2003, 1178, Tz. II Nr. 1a; BFH 25.5.2004 – III R 6/01, BStBl. II 2004, 783.
[66] BFH 17.7.2003 – III B 145/02, BFH/NV 2003, 1541; BFH 15.5.2002 – X R 36/99, BFH/NV 2002, 1158.
[67] BFH 14.5.2003 – X R 32/00, BFH/NV 2003; BFH 15.11.1995 – X R 102/95, BStBl. 1998, 92; BFH 11.9.1996 – X R 46/93, BStBl. II 1998, 94; a. A. Blümich/*Ehmcke* EStG § 6 Rn. 385a.

bäude so tiefgehend umgestaltet wird, dass die neu eingefügten Gebäudeteile dem Gesamtgebäude in bautechnischer Hinsicht das Gepräge geben. Ein solcher Umbau des Gebäudes führt nur dann zu einem Neubau, wenn die tragenden Gebäudeteile in zumindest überwiegendem Umfang ersetzt werden.[68]
Zu der Herstellung eines Gebäudes gehört auch der Tatbestand einer **Funktions- bzw. Wesensänderung.** Eine Funktions- bzw. Wesensänderung ist bei einem vorhandenen Gebäude oder Gebäudeteil gegeben, wenn sich durch bauliche Maßnahmen dessen Funktion/Nutzung, d.h. die Zweckbestimmung, ändert. Nicht erforderlich ist, dass sich durch den Umbau die Nutzungsfunktion des ganzen Gebäudes verändert; es genügt die Änderung der Nutzungsfunktion eines Gebäudeteils.[69] Zwar enthält die Vorschrift des § 255 Abs. 2 HGB das Tatbestandsmerkmal der Funktions- bzw. Wesensänderung nicht ausdrücklich, dennoch soll dieser Tatbestand nach der ständigen Rechtsprechung zu Herstellungskosten führen.[70]

Eine **Erweiterung** i. S. des § 255 Abs. 2 Satz 1 HGB liegt bei einer Aufstockung oder einem Anbau, einer Vergrößerung der nutzbaren Fläche und einer Vermehrung der Substanz vor, woraus (nachträgliche) Herstellungskosten resultieren. Eine Vermehrung der Substanz kann angenommen werden, ohne dass zugleich seine nutzbare Fläche vergrößert wird, z. B. bei Einsetzen von zusätzlichen Trennwänden, bei Errichtung einer Außentreppe oder bei Einbau einer Alarmanlage. Keine zu Herstellungskosten führende Substanzvermehrung liegt dagegen vor, wenn der neue Gebäudebestandteil oder die neue Anlage die Funktion des bisherigen Gebäudebestandteils für das Gebäude in vergleichbarer Weise erfüllt. Erhaltungsaufwendungen können daher auch angenommen werden, wenn der neue Gebäudeteil für sich betrachtet nicht die gleiche Beschaffenheit aufweist wie der bisherige Gebäudebestandteil oder die Anlage technisch nicht in der gleichen Weise wirkt, sondern lediglich entsprechend dem technischen Fortschritt modernisiert worden ist.[71]

Instandsetzungs- oder Modernisierungsaufwendungen gehören zu den Herstellungskosten, wenn sie zu einer über den ursprünglichen Zustand hinausgehenden **wesentlichen Verbesserung** führen und nicht bereits zu den Anschaffungskosten gehören. Eine wesentliche Verbesserung und damit Herstellungskosten sind erst dann gegeben, wenn die Maßnahme zur Instandsetzung und Modernisierung eines Gebäudes in ihrer Gesamtheit über eine zeitgemäße substanzerhaltende (Bestandteil-) Erneuerung hinausgeht, den Gebrauchswert des Gebäudes insgesamt deutlich erhöht und damit für die Zukunft eine erweiterte Nutzungsmöglichkeit geschaffen wird. Dies ist regelmäßig immer dann gegeben, wenn das Gebäude bzw. der Gebäudeteil eine Standarderhöhung erfahren hat. Die in diesem Zusammenhang gemachten Ausführungen zu den Anschaffungskosten gelten entsprechend.[72] Mehrere Baumaßnahmen, die insgesamt zu einer Hebung des Standards führen und innerhalb eines Fünfjahreszeitraums durchgeführt werden, sind jeweils als

---

[68] BFH 25.5.2004 – VIII R 6/01, BStBl. II 2004, 783.
[69] BFH 16.1.2007 – IX R 39/05, BStBl. II 2007, 922.
[70] Vgl. auch Blümich/*Ehmcke* EStG § 6 Rn. 387 m. w. N.
[71] BMF 18.7.2003, BStBl. I 2003, 386, Rn. 17–24; BFH 23.11.2004 – IX R 59/03, BFH/NV 2005, 543.
[72] → Rn. 23.

Herstellungskosten anzusehen, auch wenn für sich gesehen die einzelne Baumaßnahme noch nicht zu einer wesentlichen Verbesserung führt (sog. Sanierung in Raten).[73]

31 Zu den Herstellungskosten eines Gebäudes zählen neben den originären Anschaffungs- bzw. Herstellungskosten für die Immobilie, auch Aufwendungen, die notwendig sind, um den **Bauplatz** für das Gebäude herzurichten. Daher gehören die beim Bau eines Gebäudes anfallenden Erdarbeiten sowie die Kosten für das Freimachen des Baugeländes von Buschwerk und Bäumen zu den Herstellungskosten des Gebäudes, soweit sie für dessen Herstellung erforderlich sind.[74]

32 Es können sich jedoch auch besondere **Abgrenzungsfragen** zwischen Anschaffungs- bzw. Herstellungskosten und Erhaltungsaufwendungen ergeben, insbesondere bei den Erschließungsmaßnahmen, Planungskosten und Gebäudeabbruchkosten.[75] Zu den Erschließungsmaßnahmen wird auf die Ausführungen zum Grund und Boden[76] und zu den Gebäudeabbruchkosten auf die Ausführungen in den nachfolgenden Kapiteln[77] verwiesen. Die sog. **Bauplanungskosten** führen grundsätzlich zu Herstellungskosten des Gebäudes. Auch vergebliche Planungskosten (ursprünglich geplant aber tatsächlich nicht verwirklicht) für ein ursprünglich beabsichtigtes zu bauendes Gebäude gehören zu den Herstellungskosten des auf demselben Grundstück errichteten (anderen) Gebäudes, wenn sie bei gleichem Zweck und bei gleicher Bauart des geplanten und des später errichteten Bauwerks in dieses wertbestimmend eingegangen sind.[78] Vergebliche Planungskosten gehören nur dann nicht zu den Herstellungskosten des Gebäudes – und somit zu den sofort abzugsfähigen Betriebsausgaben bzw. Werbungskosten –, wenn es sich bei dem ursprünglich geplanten Gebäude und dem tatsächlich errichteten Gebäude nach Zweck und Bauart um zwei völlig verschiedene Bauwerke handelt und wenn daher die erste Planung in keiner Weise der Errichtung des neuen Gebäudes dient.[79]

3. Anschaffungsnahe Herstellungskosten

33 Für steuerbilanzielle Zwecke sind nach § 6 Abs. 1 Nr. 1a EStG **Aufwendungen für Instandsetzungs- und Modernisierungsmaßnahmen,** die innerhalb von drei Jahren nach der Anschaffung des Gebäudes durchgeführt werden, wenn die Aufwendungen ohne Umsatzsteuer 15% der Anschaffungskosten des Gebäudes übersteigen, als Herstellungskosten zu qualifizieren (sog. anschaffungsnahe Herstellungskosten). Gemäß § 6 Abs. 1 Nr. 1a Satz 2 EStG sind die Aufwendungen für Erweiterungen i. S. d. § 255 Absatz 2 Satz 1 Alt. 2 HGB sowie Erhaltungsaufwendungen, die jährlich üblicherweise anfal-

---

[73] BMF 18.7.2003, BStBl. I 2003, 386, Rn. 25–32; BFH 20.8.2002 – IX R 40/97, BStBl. II 2003, 582.
[74] BFH 26.8.1994 – III R 76/92, BStBl. II 1995, 71.
[75] Zu den Abgrenzungsfragen bei Erhaltungsaufwendungen → Rn. 16 u. 19 ff.
[76] → Rn. 16.
[77] → Rn. 38 ff.
[78] Blümich/*Ehmcke* EStG § 6 Rn. 530, m. w. N.
[79] BFH 2.11.2000 – IX B 95/00, BFH/NV 2001, 592; BFH 19.12.2007 – IX R 50/07, BFH/NV 2008, 1111.

len (z. B. übliche Schönheitsreparaturen), in die Berechnung der 15%-Grenze nicht einzubeziehen. Einzubeziehen sind demnach aber Aufwendungen für die wesentliche Verbesserung i. S. d. § 255 Abs. 2 Satz 1 Alt. 3 HGB. Erhaltungsarbeiten, die jährlich üblicherweise anfallen, sind jedoch dann insgesamt als Herstellungskosten zu behandeln und damit in die 15% einzubeziehen, wenn sie nicht isoliert, sondern im Rahmen einer umfassenden Instandsetzung und Modernisierung durchgeführt werden, d. h. wenn sie in engem räumlichen, zeitlichen und sachlichen Zusammenhang zueinander stehen und in ihrer Gesamtheit eine einheitliche Baumaßnahme bilden.[80] Nach § 9 Abs. 5 Satz 2 EStG gilt diese steuerrechtliche Besonderheit auch für die Überschusseinkünfte.

III. Aufteilung der Anschaffungs- bzw. Herstellungskosten

Wird für Grund und Boden sowie Gebäude ein einheitlicher Kaufpreis bezahlt, stellt sich insbesondere für die AfA-Bemessungsgrundlage die Frage nach der **Aufteilung des Kaufpreises** auf den Grund und Boden und das Gebäude bzw. die einzelnen Gebäudeteile. Diese Aufteilung erfolgt im Betriebsvermögen nach dem Verhältnis der Teilwerte, was meist dem Verhältnis der Verkehrswerte entspricht. Für bebaute Grundstücke im Privatvermögen werden die Verkehrswerte ins Verhältnis gesetzt.[81] Eine Aufteilung des Kaufpreises im Kaufvertrag hat grundsätzlich nur indiziellen Charakter.[82] Sollten die dem Kaufvertrag zu Grunde liegenden Wertverhältnisse nicht in grober Weise verfehlt werden, so ist der im Kaufvertrag vorgenommenen Aufteilung grundsätzlich zu folgen.[83]

Die Rechtsprechung hat in mehreren Urteilen zu der **Ermittlung des Teilwerts bzw. Verkehrswerts** Stellung bezogen. Danach kann der Verkehrswert des Grund und Bodens sowie des Gebäudes anhand der Verordnung über die Grundsätze für die Ermittlung der Verkehrswerte von Grundstücken (WertV) ermittelt werden. Welches Verfahren i. S. d. § 7 WertV bzw. § 8 ImmoWertV[84] (Vergleichswert-, Sachwert- und Ertragswertverfahren) Anwendung finden soll, ist nach den tatsächlichen Gegebenheiten im Einzelfall zu entscheiden.[85] Demnach ist der Verkehrswert unbebauter Grundstücke grundsätzlich vorrangig aus Verkaufspreisen für benachbarte vergleichbare Grundstücke zu ermitteln, wenn eine ausreichende Zahl repräsentativer Verkaufsfälle in der näheren Umgebung gegeben sind. Ist dies nicht der Fall, ist grundsätzlich aus Gründen der gleichmäßigen Besteuerung die

---

[80] FG München 26.2.2014 – 6 K 2930/11, BeckRS 2014, 96286; Rev. IX R 25/14.
[81] Vgl. BFH 19.12.1972 – VIII R 124/69, BStBl. II 1973, 295.
[82] Littmann/Bitz/Pust/*Hoffmann* EStG § 6 Rn. 505.
[83] BFH 1.4.2009 – IX R 35/08, BStBl. II 2009, 663; BFH 18.1.2006 – IX R 34/05, BFH/NV 2006, 1634; BFH 10.10.2000 – IX R 86/97, BStBl. II 2001, 183; BFH 30.9.2003 – IX R 35/02, BFH/NV 2004, 184; Rev. IX R 12/14.
[84] Seit 1.7.2010 ImmoWertV v. 19.5.2010, BGBl. I 2010, 639.
[85] BFH 15.2.2001 – III R 20/99, BStBl. II 2003, 635; BFH 29.5.2008, BFH/NV 2008, 1668; BFH 23.6.2005 – IX B 132/04, BFH/NV 2005, 1798; BFH 22.10.2007 – IV B 111/06, BFH/NV 2008, 360.

Ableitung des Verkehrswerts aus Durchschnittswerten, so genannten Richtwerten geboten.[86]

36 Bei **vermieteten Geschäftsgrundstücken** soll hingegen vorrangig das Ertragswertverfahren in Betracht kommen, da bei solchen Immobilien der Verkehrswert im Wesentlichen durch Ertragsaussichten bestimmt wird.[87] Bei Mietwohngrundstücken und gemischt genutzten Mietgrundstücken sollte grundsätzlich eine Aufteilung nach dem Sachwertverfahren erfolgen, wobei bei einer unterschiedlichen Nutzbarkeit von selbständigen Gebäudeteilen ausnahmsweise auch das Ertragswertverfahren Anwendung finden kann.[88]

37 Die so dem gesamten Gebäude zugeordneten Anschaffungs- bzw. Herstellungskosten, müssen ggf. noch in einem weiteren Schritt **auf die einzelnen selbständigen Gebäudeteile aufgeteilt** werden. Eine solche Aufteilung erfolgt grundsätzlich nach dem Nutzungsflächenanteil, kann jedoch in bestimmten Fällen auch im Wege der im Sachwert- oder Ertragswertverfahren ermittelten Verkehrswerte erfolgen (z. B. anhand der Ertragswerte der einzelnen Gebäudeteile).[89] Nach Auffassung des BFH ist die Verkehrswertbetrachtung beispielsweise sinnvoll, wenn eine Aufteilung nach dem Verhältnis der zur Vermietung genutzten Flächen zu den eigengenutzten Flächen wegen der unterschiedlichen Nutzbarkeit der jeweiligen Bereiche zu einem ersichtlich sachwidrigen Ergebnis führt.[90] Im konkreten Urteilsfall führte die gute Vermietbarkeit eines Ladenlokals einerseits und Belastung des eigengenutzten Teils mit einem unentgeltlichen Wohnungsrecht auf Lebenszeit des Berechtigten sowie anschließend deutlich geringere Vermietungschancen zu einem sachwidrigen Ergebnis, bei dem nur eine am Ertragswertverfahren orientierte Verkehrswertermittlung eine angemessene Aufteilung der Anschaffungskosten auf die beiden Gebäudeteile ermöglichte.

IV. Abbruchkosten im Privat- und Betriebsvermögen

1. Abbruchkosten bei Einkunftserzielungsabsicht

38 Im Zusammenhang mit dem (Teil-)Abriss eines Gebäudes bzw. Gebäudeteils, stellt sich stets nicht nur die Frage nach der steuerrechtlichen Behandlung der damit im Zusammenhang stehenden **Abbruchkosten** einerseits, sondern auch die der steuerrechtlichen Behandlung eines etwaigen **steuerlichen Restbuchwerts** des zum Abriss stehenden Gebäudes bzw. Gebäudeteils andererseits.

Rechtsprechung und Finanzverwaltung[91] unterscheiden grundsätzlich vier Fallgruppen:[92]

---

[86] BFH 8.5.2007 – X B 43/06, BFH/NV 2007, 1499.
[87] BFH 29.5.2008 – IX R 36/06, BFH/NV 2008, 1668, Tz. 2.
[88] BFH 25.5.2005 – IX R 46/04, BFH/NV 2006, 261; BFH 29.5.2008 – IX R 36/06, BFH/NV 2008, 1668.
[89] BFH 15.2.2001 – III R 20/99, BStBl. II 2003, 635; BFH 25.5.2005 – IX R 46/04, BFH/NV 2006, 261.
[90] BFH 25.5.2005 – IX R 46/04, BFH/NV 2006, 261, Tz. II 1 und 2.
[91] Vgl. BFH 12.6.1978 – GrS 1/77, BStBl. II 1978, 620; EStH 6.4 „Abbruchkosten".
[92] Der Aufzählung liegen die in EStH 6.4 sowie die im Beschluss des Großen Senats BFH 12.6.1978 – GrS 1/77, BStBl. II 1978, 620, dargestellten Grundsätze über die steuerrechtliche Behandlung von Abbruchkosten sowie eines etwaigen Restbuchwerts zugrunde.

§ 3 Ertragsteuern (entgeltlich/unentgeltlich) 39–41 § 3

1. Abriss eines vom Steuerpflichtigen errichteten Gebäudes auf einem ihm ursprünglich bereits gehörenden Grundstück (→ Rn. 42),
2. Erwerb eines Gebäudes ohne Abbruchabsicht (→ Rn. 42),
3. Erwerb eines Gebäudes mit Abbruchabsicht (→ Rn. 43 ff.),
4. Einlage mit Abbruchabsicht, d. h. Einlage eines Gebäudes aus dem Privatvermögen ins Betriebsvermögen mit Abbruchabsicht (→ Rn. 52 ff.).

Diese Differenzierung gilt sowohl für **Gebäude,** die im Privat- als auch im Betriebsvermögen zur **Erzielung von Einkünften** gehalten bzw. für diese Zwecke erworben werden, als auch undifferenziert für entgeltliche und unentgeltliche Erwerbe im Wege der Einzelrechtsnachfolge.[93]   39

Ob **Abbruchkosten** und der **steuerliche Restbuchwert** des Gebäudes steuerlich als sofort abzugsfähige Betriebsausgaben oder Werbungskosten, als Herstellungskosten des neuen Gebäudes/Gebäudeteils oder gar als (nachträgliche) Anschaffungskosten des Grund und Bodens zu qualifizieren sind, richtet sich im Wesentlichen danach, ob das Gebäude bzw. der Gebäudeteil ursprünglich mit Abbruch- oder ohne Abbruchabsicht erworben wurde bzw., wann mit dem Abbruch des Gebäudes bzw. eines Gebäudeteils nach Erwerb begonnen wird.   40

Ob ein Erwerb mit oder ohne **Abbruchabsicht** vorliegt, richtet sich nach „äußerlich erkennbaren Merkmalen". Ein Gebäude wird demnach mit Abbruchabsicht erworben, wenn bei Anschaffung ein unmittelbarer (insbesondere zeitlicher) Zusammenhang der Anschaffungskosten mit dem späteren Abbruch und ggf. der Herstellung eines neuen Wirtschaftsguts besteht.[94] So wird bspw. ein Erwerb mit Abbruchabsicht nach der Rechtsprechung[95] in unterschiedlichen Fällen angenommen: 41
– Im Kaufvertrag wird festgehalten, dass der Kauf zum Abbruch geschieht.
– Der Erwerber ist laut Kaufvertrag zum Abbruch verpflichtet.
– Es werden vorbereitende Maßnahmen für einen Abbruch getätigt bzw. es bestehen Planungsmaßnahmen für einen Neubau.
– Bei Erwerb in Folge eines schlechten baulichen Zustands des Gebäudes wird der Abbruch des Gebäudes billigend in Kauf genommen.

Da beim Erwerb seitens des Erwerbers in der Regel bereits Vorstellungen über die geplante Nutzung des (bebauten) Grundstücks bestehen, bringt ein Erwerber mit dem (zeitnahen) Abbruch zum Ausdruck, dass das Gebäude für seine Belange nicht von Wert war, selbst wenn das Gebäude technisch oder wirtschaftlich noch nicht verbraucht war.

Ein **Erwerb mit Abbruchabsicht** liegt hingegen **nicht** vor, wenn bei Erwerb beabsichtigt ist, das Gebäude nach einer Nutzung von etwa 10 Jahren abzureißen, da in diesen Fällen die Nutzung des Gebäudes im Vordergrund steht. Mithin ist eine Abbruchabsicht dann unbeachtlich, wenn der Abbruch erst nach einer langfristigen Zwischennutzung des Gebäudes erfolgt.[96]

---

[93] Vgl. BFH 31.3.1998 – IX R 26/96, DStRE 1998, 657.
[94] Vgl. BFH 12.6.1978 – GrS 1/77, BStBl. II 1978, 620.
[95] Vgl. BFH 4.12.1984 – IX R 5/79, BStBl. II 1985, 208 und Bestlex/*Hottmann* Abbruchkosten Rn 5.
[96] Vgl. BFH 13.11.1979 – VIII R 93/73, BStBl. II 1980, 69.

a) Abriss eines vom Steuerpflichtigen errichteten Gebäudes auf einem ihm ursprünglich bereits gehörenden Grundstück sowie der Erwerb eines Gebäudes ohne Abbruchabsicht

42 Bei **Abriss** eines vom Steuerpflichtigen errichteten Gebäudes, welches auf einem ihm gehörenden Grundstück ursprünglich errichtet wurde, und bei einem Abriss eines Gebäudes, welches **ursprünglich ohne Abbruchabsicht erworben** wurde, stellen der steuerliche Restbuchwert des Gebäudes sowie die Abbruchkosten im Jahr des Abbruchs steuerlich sofort abzugsfähige Betriebsausgaben (soweit sich das Gebäude im Betriebsvermögen befindet) bzw. Werbungskosten im Rahmen der Ermittlung der Einkünfte aus Vermietung und Verpachtung (soweit sich das Gebäude im Privatvermögen befindet) dar.[97]

Der **steuerliche Restbuchwert** wird im Wege einer Absetzung für außergewöhnliche technische oder wirtschaftliche Abnutzung (sog. AfaA[98]) nach § 7 Abs. 4 S. 3 EStG i. V. m. § 7 Abs. 1 S. 7 EStG abgeschrieben.[99]

Nicht relevant für die steuerrechtliche Würdigung des Abbruchs bei Erwerb ohne Abbruchabsicht bzw. bei Abbruch eines vom Steuerpflichtigen errichteten Gebäudes auf einem ihm gehörenden Grundstück ist, ob das (abgebrochene) Gebäude auch tatsächlich **technisch oder wirtschaftlich verbraucht** ist. Es kommt allein darauf an, dass bei Erwerb oder Herstellung des Gebäudes seine Nutzung durch den Betrieb bzw. durch die Vermietung und Verpachtung und nicht eine etwaige Abbruchabsicht im Vordergrund stand.[100]

b) Erwerb eines Gebäudes mit Abbruchabsicht

43 Bei einem Abriss eines Gebäudes, welches ursprünglich **mit Abbruchabsicht erworben** wurde, ist für Zwecke der Behandlung des steuerlichen Restbuchwerts des Gebäudes danach zu unterscheiden, ob die Herstellung eines neuen Wirtschaftsguts beabsichtigt ist oder allein die Beseitigung des Gebäudes im Vordergrund steht und, ob das Gebäude im Zeitpunkt des Erwerbs technisch oder wirtschaftlich verbraucht war oder ihm noch ein objektiver Wert zukam.

44 Soweit dem Gebäude nach **objektiven Gesichtspunkten** bereits bei Erwerb **kein Wert** mehr zukam, entfällt bereits dem Grunde nach der volle Kaufpreis auf den Grund und Boden und ist mithin bereits im Anschaffungszeitpunkt ausschließlich als Anschaffungskosten des Grunds und Boden zu aktivieren.[101] Einer Abschreibung des steuerlichen Restbuchwertes des Gebäudes im Wege einer AfaA bedarf es nicht, wenn das Gebäude ohnehin keinen Restbuchwert mehr ausweist.

---

[97] Vgl. Bestlex/*Hottmann* Abbruchkosten Rn. 2.
[98] → § 7 Rn. 19.
[99] § 7 Abs. 4 S. 3 EStG i. V. m. § 7 Abs. 1 S. 7 EStG findet über § 9 Abs. 1 Nr. 7 EStG bei der Ermittlung der Einkünfte aus Vermietung und Verpachtung als Überschuss der Einnahmen über die Werbungskosten bzw. über § 4 Abs. 1 S. 9 EStG bei der Gewinnermittlung im Betriebsvermögen Anwendung; – vgl. BFH 12.6.1978 – GrS 1/77, BStBl. II 1978, 620.
[100] Vgl. BFH 12.6.1978 – GrS 1/77, BStBl. II 1978, 620.
[101] Vgl. BFH 6.11.1968 – I 64/65, BStBl. II 1969, 35, bestätigt durch BFH 12.6.1978 – GrS 1/77, BStBl. II 1978, 620.

45 Soweit **das Gebäude technisch oder wirtschaftlich** noch **nicht verbraucht** war (d. h. es erfolgte bei Erwerb eine Aufteilung des Kaufpreises auf Gebäude und Grund und Boden), ist eine AfaA mangels technischer oder wirtschaftlicher Abnutzung des Gebäudes nicht zulässig. Der Kaufpreis für das Gebäude bzw. der steuerliche Restbuchwert[102] kann daher nicht steuerlich sofort als Betriebsausgaben oder Werbungskosten durch Inanspruchnahme einer AfaA geltend gemacht werden. Vielmehr ist der steuerliche Restbuchwert des Gebäudes entweder als Herstellungskosten eines an die Stelle des alten Gebäudes tretenden neuen Gebäudes/Gebäudeteils oder als (nachträgliche) Anschaffungskosten des Grund und Bodens zu qualifizieren.

46 Wann ein **Gebäude technisch oder wirtschaftlich verbraucht** ist, sodass eine Absetzung für außergewöhnliche Abnutzung zulässig ist, richtet sich nach den Verhältnissen des Einzelfalls.[103] Es spielt nach der Rechtsprechung[104] weder eine Rolle, wie lange das Gebäude dem Steuerpflichtigen gedient hat, noch, ob an dessen Stelle ein dem gleichen Zweck dienender Neubau tritt. Es kommt vielmehr darauf an, dass ein Wirtschaftsgut im Interesse des Gesamtbetriebs einem anderen weicht, das an seiner Stelle besser den Interessen des Gesamtbetriebs dient.[105] Ohne Bedeutung sind auch die Motive des Steuerpflichtigen für den Abriss oder, ob der Abriss technisch oder wirtschaftlich sinnvoll oder notwendig für die Führung des Betriebs oder die Verwaltung des Vermögens war.[106]

47 Die steuerrechtliche Behandlung des **Restbuchwerts** des Gebäudes richtet sich in diesen Fällen nach dem Zweck, der durch den Abbruch verfolgt wird, das heißt, ob der Abbruch mit der Errichtung eines neuen Gebäudes oder sonstigen Wirtschaftsguts (z. B. Lager, Parkplatz etc.) in einem wirtschaftlichen Zusammenhang steht oder einzig der Beseitigung des alten Gebäudes dient.

48 Ist ein Zusammenhang mit einem **neuen Wirtschaftsgut** zu bejahen, ist der steuerliche Restbuchwert als Herstellungskosten des neuen Gebäudes zu behandeln, da der Abbruch Voraussetzung für die Herstellung des neuen Wirtschaftsguts ist und insoweit den Beginn der Herstellung dieses neuen Wirtschaftsguts kennzeichnet.[107] Der Werteverlust des alten Gebäudes wird hier also dem neuen Gebäude zugeordnet.

49 Wird **nicht mit der Herstellung eines neuen Wirtschaftsguts begonnen,** liegt die Annahme nahe, dass von vornherein bei Erwerb des bebauten Grundstücks nur der Erwerb des Grund und Bodens beabsichtigt war. Dies gilt selbst dann, wenn das Gebäude noch nicht wirtschaftlich oder technisch verbraucht war und insoweit objektiv ein Kaufpreisanteil auf das Ge-

---

[102] Soweit zwischen Anschaffung des Gebäudes mit Abbruchabsicht und Abriss des Gebäudes in Bilanzierung liegt, ist das Gebäude nach den Grundsätzen der Zugangsbewertung nach § 6 Abs. 1 Nr. 1 EStG mit den Anschaffungskosten zu bilanzieren und nach § 7 Abs. 4 EStG abzuschreiben und erst im Zeitpunkt des Abbruchs auszubuchen und als Anschaffungskosten des neuen Wirtschaftsguts bzw. als nachträgliche Anschaffungskosten des Grund und Bodens zu bilanzieren – vgl. BFH 12.6.1978 – GrS 1/77, BStBl. II 1978, 620.
[103] Vgl. BFH 28.3.1973 – I R 115/71, BStBl. II 1973, 678.
[104] Vgl. BFH 12.6.1978 – GrS 1/77, BStBl. II 1978, 620 und BFH 28.3.1973 – I R 115/71, BStBl II 1973, 678.
[105] Vgl. BFH 28.3.1973 – I R 115/71, BStBl II 1973, 678 und BFH 12.6.1978 – GrS 1/77, BStBl. II 1978, 620.
[106] Vgl. BFH 12.6.1978 – GrS 1/77, BStBl. II 1978, 620.
[107] Vgl. BFH 12.6.1978 – GrS 1/77, BStBl. II 1978, 620.

bäude entfiel und vom Erwerber entrichtet wurde. Allerdings misst in diesen Fällen der Erwerber subjektiv dem Gebäude tatsächlich keinen Wert zu, sodass entsprechend dem einkommensteuerrechtlichen Anschaffungskostenbegriff zu den Anschaffungs(neben)kosten des Grund und Bodens auch jene Aufwendungen gehören, die dazu dienen, das Wirtschaftsgut in einen den angestrebten Zweck des Steuerpflichtigen entsprechenden betriebsbereiten Zustand – also vorliegend in einen unbebauten Zustand – zu versetzen. Mithin gehören sowohl die Abbruchkosten als auch der Kaufpreis für das Gebäude, den der Erwerber bereit war zu entrichten, um den angestrebten Zweck des Erwerbs eines unbebauten Grundstücks zu realisieren, zu den (nachträglichen) Anschaffungskosten des Grund und Bodens.[108]

50 Vorgenannte Grundsätze zur Behandlung des steuerlichen Restbuchwerts bei technisch oder wirtschaftlich nicht verbrauchten Gebäuden finden ebenso in Hinblick auf die Behandlung der **Abbruchkosten beim Erwerb mit Abbruchabsicht** Anwendung, d.h. die Abbruchkosten gehören entweder zu den Anschaffungskosten des Grund und Bodens oder aber zu den Herstellungskosten des neuen Wirtschaftsguts, je nachdem, welcher Zweck mit dem Abbruch verfolgt wurde.

51 Wird ein Gebäude zwar zunächst ohne Abbruchabsicht erworben, aber innerhalb von drei Jahren nach Abschluss des obligatorischen Rechtsgeschäfts mit dem Abbruch des Gebäudes begonnen, spricht der Beweis des ersten Anscheins (sog. **Prima-facie-Beweis**) für einen (ursprünglich beabsichtigten) Erwerb mit Abbruchabsicht.[109] Es obliegt in diesen Fällen dem Steuerpflichtigen, der Finanzverwaltung darzulegen, dass der Erwerb ohne Abbruchabsicht erfolgte, d.h. dass der Abbruch aus einem „atypischen Geschehensablauf"[110] resultierte.

c) Einlage mit Abbruchabsicht

52 Bei **Einlage eines Gebäudes** aus dem Privatvermögen in das Betriebsvermögen mit Abbruchabsicht zum Zwecke der Errichtung eines neuen zum Betriebsvermögen gehörenden Gebäudes gehören bei dem darauffolgenden Abriss sowohl der steuerliche Restbuchwert des Gebäudes als auch die Abbruchkosten zu den Herstellungskosten des neuen Gebäudes.
Der steuerliche Restbuchwert des Gebäudes sollte dabei dem Teilwert des Gebäudes zum Zeitpunkt der Einlage entsprechen, wenn mit dem Abriss des Gebäudes in einem zeitlichen Zusammenhang mit der Einlage des bebauten Grundstücks in das Betriebsvermögen begonnen wird.
Die Tatsache, dass die Einlage mit Abbruchabsicht erfolgt, ist für die Zugangsbewertung des eingelegten bebauten Grundstücks mit dem Teilwert nach § 6 Abs. 1 Nr. 5 EStG unbeachtlich, denn es wird (ungeachtet der Abbruchabsicht) ein bebautes Grundstück in das Betriebsvermögen eingelegt, sodass eine Zugangsbewertung sowohl in Hinblick auf den Grund und Boden als auch das Gebäude mit dem Teilwert erfolgen muss.[111]

---

[108] Vgl. BFH 12.6.1978 – GrS 1/77, BStBl. II 1978, 620.
[109] Vgl. BFH 12.6.1978 – GrS 1/77, BStBl. II 1978, 620.
[110] Vgl. BFH 13.11.1979 – VIII R 93/73, BStBl. II 1980, 69.
[111] Vgl. BFH 6.2.1979 – VIII R 70/76, BStBl. II 1979, 509; BFH 9.2.1983 I R 29/79, BStBl. II 1983, 451; BFH 7.12.1978 I R 142/76, BStBl. II 1979, 729.

Wird ein Gebäude in **Teilabbruchabsicht** erworben, gelten die Ausführungen zum Erwerb eines Gebäudes ohne Abbruchabsicht entsprechend für jene Gebäudeteile, deren Abbruch nicht geplant bzw. beabsichtigt ist. Für den Teil des Gebäudes, der mit Abbruchabsicht erworben wurde, gelten hinsichtlich der Behandlung der Abbruchkosten und des steuerlichen Restbuchwerts bzw. der Anschaffungskosten des Gebäudeteils die obigen Ausführungen zum Erwerb mit Abbruchabsicht (→ Rn. 43 ff.). 53

Die (objektive)Beweislast für einen Erwerb mit oder ohne Abbruchabsicht trifft grundsätzlich – mit Ausnahme bei Vorliegen des Beweises des ersten Anscheins (→ Rn. 51) – die Finanzbehörde.[112]

2. Abbruchkosten bei Nutzungsänderungen

Die obigen Grundsätze zur steuerrechtlichen Behandlung des steuerlichen Restbuchwerts und der Abbruchkosten können in bestimmten nachfolgend aufgeführten Fällen der Nutzungsänderung nur eingeschränkt angewendet werden. 54

a) Nutzung zu eigenen Wohnzwecken nach Abbruch

Soweit bislang die Nutzung des Gebäudes durch den Betrieb oder durch die Vermietung und Verpachtung im Vordergrund stand, besteht nach der Rechtsprechung bei Abbruch des zur Einkünfteerzielung genutzten Gebäudes kein Zusammenhang eines Abbruchvorgangs mit der Herstellung eines neuen Gebäudes, soweit der Grund für den Abriss während der Vermietungszeit entstanden ist.[113] Vielmehr ist die vorige (einkommensrelevante) Nutzung des Gebäudes maßgeblich.[114] Die Abbruchkosten und AfaA stellen in diesen Fällen den letzten Akt der Vermietungstätigkeit dar und können mithin als (nachträgliche) Werbungskosten oder Betriebsausgaben steuerlich geltend gemacht werden. Dies gilt auch dann, wenn der Neubau im Anschluss zu eigenen Wohnzwecken genutzt werden soll. 55

b) Grundstücksveräußerung nach Abbruch

Ein Abzug des steuerlichen Restbuchwerts des Gebäudes bzw. der Abbruchkosten bei im Privatvermögen gehaltenen (bebauten) Grundstücken, die zur Erzielung von Einkünften aus Vermietung und Verpachtung genutzt wurden, kommt aber dann nicht in Betracht, wenn der Abbruch im Zusammenhang mit einer nicht steuerbaren Grundstücksveräußerung steht.[115] 56

3. Abbruchkosten außerhalb der Einkunftserzielungsabsicht

Die vorgenannten Ausführungen gelten wie eingangs beschrieben nur für im Betriebs- oder Privatvermögen gehaltene Grundstücke, die zur Erzielung von Einkünften im Rahmen der betrieblichen Tätigkeit oder der Vermietung und Verpachtung dienen. 57

---

[112] Vgl. BFH 13.11.1979 – VIII R 93/73, BStBl. II 1980, 69.
[113] Vgl. BFH 31.7.2007 – IX R 51/05, BFH/NV 2008, 933.
[114] Vgl. BFH 16.4.2002 – IX R 50/00, BStBl. II 2002, 805.
[115] Vgl. BFH 6.3.1979 – VIII R 110/74, BStBl. II 1977, 650.

Wurde ein Gebäude zu privaten Wohnzwecken oder zu nicht einkommensteuerlich relevanten Zwecken genutzt, stehen die Abbruchkosten im Zusammenhang mit dem Neubau und stellen insoweit **Herstellungskosten des neuen Gebäudes** dar.[116] Die oben dargestellten Grundsätze finden in diesen Fällen keine Anwendung.

C. Nutzungsverhältnisse und andere Erwerbsformen

I. Bauten auf fremden Grund und Boden

58 Nach § 266 Abs. 2 A II 1 HGB werden Bauten auf fremdem Grund und Boden in der **Bilanzposition „Bauten auf fremden Grundstücken"** aufgenommen. Es ist jedoch nach dem Rechtsgrund der Bauten auf fremdem Grund und Boden zu unterscheiden. Denn nur die Bauten, die aufgrund eines obligatorischen Rechts, z. B. eines Miet- oder Pachtverhältnisses, errichtet wurden, sind hierunter zu zählen. Wird hingegen ein Gebäude aufgrund eines dinglichen Rechts, z. B. wegen eines Erbbaurechts, errichtet, sind die Bauten in der Bilanzposition **„Bauten auf eigenem Grundstück"** auszuweisen.[117] Die **bilanzielle Zurechnung** des Gebäudes − entweder zum Bauherrn oder zum Eigentümer des Grund und Bodens − liegt nicht immer auf der Hand. Im Grundsatz ist die Bilanzierung von der Zurechnung des zivilrechtlichen und, wenn abweichend, vom wirtschaftlichen Eigentum abhängig. Jedoch können sich insbesondere für die AfA, unabhängig von der bilanziellen Behandlung, Besonderheiten ergeben.

59 Wird ein Gebäude auf fremdem Grund und Boden errichtet, ist dieses als wesentlicher Bestandteil des Grundstücks zivilrechtlich dem Grundstückseigentümer zuzurechnen.[118] Hiervon ausgenommen sind sog. Scheinbestandteile nach § 95 Abs. 1 BGB. Der Bauherr des Gebäudes auf fremdem Grund und Boden könnte somit **zivilrechtlicher Eigentümer** sein, wenn das Gebäude nur zu einem vorübergehenden Zweck errichtet wurde.[119] Hiervon ist auszugehen, wenn vertraglich ausdrücklich eine Beseitigungspflicht vereinbart wurde.[120] Nach § 39 Abs. 1 AO folgt die steuerrechtliche Zuordnung grundsätzlich dieser zivilrechtlichen Zuordnung. Demzufolge hat, vorbehaltlich der Einordnung als Scheinbestandteil, der Grundstückseigentümer das Gebäude zu bilanzieren, soweit er eigene Aufwendungen hierfür getragen hat. Jedoch wird im Regelfall der Grundstückseigentümer keine eigenen Aufwendungen tatsächlich für das Gebäude getragen haben, so dass eine Bilanzierung des Gebäudes bei ihm ausgeschlossen ist.[121]

---

[116] Vgl. BFH 16.4.2002 − IX R 50/00, BStBl. II 2002, 805.
[117] MüKoHGB/*Reiner/Haußler* HGB § 266 Rn. 30−37; zum Erbbaurecht → Rn. 88 ff.
[118] §§ 93, 94, 946 BGB.
[119] BFH 14.1.2004 − IX R 54/99, BFH/NV 2004, 1088; BFH 30.7.2009 − III R 8/07, BFH/NV 2010, 190.
[120] Vgl. Blümich/*Rengers* KStG § 8 Rn. 527.
[121] Vgl. Bestlex/*Leicht* Gebäude auf fremdem Grund und Boden Rn. 3; BFH 25.2.2010 − IV R 2/07, BStBl. II 2010, 670.

Die steuerrechtliche und zivilrechtliche Zuordnung des Gebäudes kann jedoch voneinander abweichen. Dieses ist im Wesentlichen bei einer vom Zivilrecht abweichenden Zuordnung zu dem **wirtschaftlichen Eigentümer** des Gebäudes gegeben. Ein abweichendes wirtschaftliches Eigentum an dem Gebäude zugunsten des Bauherrn wird begründet, wenn der zivilrechtliche Eigentümer vertraglich auf Dauer, d. h. für die betriebsgewöhnliche Nutzungsdauer des Gebäudes, von der Einwirkung auf das Gebäude ausgeschlossen ist.[122] Für das wirtschaftliche Eigentum ist auch von wesentlicher Bedeutung, dass dem Bauherrn bei Beendigung der Nutzung dem Dritten gegenüber ein Anspruch auf Entschädigung aus einer vertraglichen oder gesetzlichen Vereinbarung zusteht.[123] Ein solcher Anspruch liegt im Regelfall vor, da er vorbehaltlich einer vertraglichen Regelung regelmäßig kraft Gesetzes nach §§ 951, 812 BGB entsteht. Jedoch kann vertraglich dieser Entschädigungsanspruch von vornherein ausgeschlossen oder vermindert werden, womit das wirtschaftliche Eigentum des Bauherrn regelmäßig verloren geht.[124] Das wirtschaftliche Eigentum des Bauherrn wird auch ausgeschlossen, wenn der zivilrechtliche Eigentümer dem Bauherrn die Herstellungskosten erstattet. Eine Erstattung könnte beispielsweise in der Weise erfolgen, dass die vom Bauherrn für die zukünftige Nutzung zu zahlende Miete bzw. Pacht, über einen bestimmten Zeitraum in Höhe der insgesamt aufgewendeten Herstellungskosten ermäßigt wird. Der hierfür erforderliche Miet- bzw. Pachtvertrag ist – soweit er fremdüblich ist – steuerrechtlich anzuerkennen. Das Gebäude würde demnach, wie eine Pacht-Vorauszahlung, zugunsten des Grundstückseigentümers errichtet, um im Gegenzug eine Pachtreduzierung bzw. Freistellung zu erhalten.[125] Die vorausbezahlte Pacht in Form der Herstellungskosten des Bauherrn wird in einen aktiven Rechnungsabgrenzungsposten eingestellt und auf die Zeit der Pachtermäßigung verteilt. Der Verpächter hat das Gebäude mit den Anschaffungskosten (Höhe des Pachtanrechnungsbetrags) zu aktivieren und diesen Betrag in einen passiven Rechnungsabgrenzungsbetrag einzustellen. Dabei stehen sich **Ehegatten** grundsätzlich wie Dritte gegenüber.[126] Der BFH hatte jedoch in seinem Urteil vom 19.12.2012[127] die Frage aufgeworfen, ob bei Ehegatten die im gesetzlichen Güterstand der Zugewinngemeinschaft leben, die Bereicherungsansprüche – und somit auch die Entschädigungsansprüche nach §§ 951, 812 BGB – durch die Regelungen über den güterrechtlichen Ausgleich verdrängt werden. Ob daraus gefolgert werden kann, dass es dadurch von vornherein an einem realisierbaren Wertersatzanspruch fehlt, der wiederum Grundlage für die abweichende Zuordnung des wirtschaftlichen Eigentums vom zivilrechtlichen Eigentum ist, ist in der bisherigen Rechtsprechung des BFH noch nicht abschließend geklärt.[128]

---

[122] Vgl. Bestlex/*Leicht* Gebäude auf fremdem Grund und Boden Rn. 5.
[123] EStH 4.7 „Eigenaufwand für ein fremdes Wirtschaftsgut" 1. Spiegelstrich.
[124] Hierdurch könnte eine verdeckte Gewinnausschüttung begründet werden → § 7 Rn. 43, 50 ff.
[125] So wohl auch Bestlex/*Leicht* Gebäude auf fremdem Grund und Boden Rn. 5; FG München 4.11.1997 – 16 K 1727/97, EFG 1998, 274, Tz. II 4. Absatz.
[126] Vgl. Bestlex/*Leicht* Gebäude auf fremdem Grund und Boden Rn. 5.
[127] BFH 19.12.2012 – IV R 29/09, BStBl. II 2013, 387.
[128] BFH 19.12.2012 – IV R 29/09, BStBl. II 2013, 387, Tz. 25a, m. w. N.

Beispiel:
Sachverhalt: Der Ehemann X führt einen Einzelhandel und beabsichtigt, ein neues Gebäude für eine neue Filiale auf dem Grundstück seiner Ehefrau Y zu errichten. Y führt ebenfalls einen Gewerbebetrieb, benötigt jedoch nicht das ganze Grundstück hierfür. Die Herstellungskosten des Gebäudes betragen 200.000 EUR. Zwischen X und Y wird eine Pacht in Höhe von monatlich 2.000 EUR vereinbart, jedoch soll für die nächsten 8 Jahre und 4 Monate die Pacht nicht erhoben werden.
Lösung: Das zivilrechtliche Eigentum wird der Ehefrau Y zugerechnet. Ein abweichendes wirtschaftliches Eigentum zugunsten des Ehemanns X liegt nicht vor, da die vereinbarte Pacht vollständig um die Herstellungskosten des X ermäßigt wird. Die von X getragenen 200.000 EUR sind als vorausbezahlte Pacht in den aktiven RAP einzustellen und gewinnmindernd über den Zeitraum von 8 Jahren und 4 Monaten aufzulösen. Korrespondierend hat Y das Gebäude mit 200.000 EUR zu bilanzieren und einen entsprechenden passiven RAP zu bilden und über den Zeitraum von 8 Jahren und 4 Monaten gewinnerhöhend aufzulösen.

61 Ist der **Bauherr** bzw. **Pächter weder zivilrechtlicher noch wirtschaftlicher Eigentümer** des auf fremdem Grund und Boden errichteten Gebäudes, nutzt er dieses aber eigenbetrieblich, so kann er die von ihm getragenen Anschaffungs- bzw. Herstellungskosten dennoch im Rahmen einer AfA als eigenen Aufwand geltend machen.[129] Die Berechtigung zur Vornahme einer AfA setzt nicht das (zivilrechtliche oder wirtschaftliche) Eigentum an dem Gebäude voraus. Ausschlaggebend ist vielmehr, ob er Aufwendungen im betrieblichen Interesse getragen hat. Dabei ist nach jüngerer Rechtsprechung das Gebäude auf fremdem Grund und Boden bilanztechnisch wie ein materielles Wirtschaftsgut zu behandeln, woraus folgt, dass die Herstellungskosten zu aktivieren und nach den für Gebäude geltenden AfA-Regeln abzuschreiben sind.[130] In der Literatur wird zum Teil auch die Auffassung vertreten, dass Bauten auf fremdem Grund und Boden immaterielle Vermögensgegenstände (Nutzungsrechte) darstellen, die aber wie materielle Wirtschaftsgüter zu behandeln sind.[131] Im Ergebnis ist es für Zwecke der AfA nicht von Bedeutung, ob ein materielles oder immaterielles Wirtschaftsgut angenommen wird, da sich nach ständiger Rechtsprechung die AfA in beiden Konstellationen an den AfA-Regeln für Gebäude orientiert. Der (zivilrechtliche und wirtschaftliche) Eigentümer des Grundstücks kann regelmäßig mangels Anschaffungs- bzw. Herstellungskosten für das Gebäude kein entsprechendes Wirtschaftsgut bilanzieren.

---

[129] EStH 4.7 „Eigenaufwand für ein fremdes Wirtschaftsgut" 2. Spiegelstrich; BMF 5.11.1996, BStBl. I 1996, 1257.
[130] BFH 19.12.2012 – IV R 29/09, IV R 29/09, BStBl. II 2013, Tz. 27aa; BFH 25.2.2010 – IV R 2/07, BStBl. II 2010, 670; BFH 14.2.2007 – XI R 18/06, BStBl. II 2009, 957; BFH 14.5.2002 – VIII R 30/98, BStBl. II 2002, 741; kritisch: Blümich/Wied EStG § 4 Rn. 583; die Rechtsprechung, wonach die Aktivierung von Aufwendungen wie Herstellungskosten für ein materielles Wirtschaftsgut einen Anspruch des Steuerpflichtigen nach § 951 i.V.m. § 812 BGB voraussetzt, weil der Steuerpflichtige die Aufwendungen sonst dem rechtlichen Eigentümer zuwendet und damit gemäß § 12 Nr. 2 EStG seine Berechtigung, die Aufwendungen abzuziehen, verliert, ist überholt, vgl. hierzu: BFH 23.8.1999 – GrS 1–97, BStBl. II 1999, 778; BFH 25.2.2010 – IV R 2/07, BStBl. II 2010, 670, Tz. 18aa; BFH 11.6.1997 – XI R 77/96, BStBl. 1997, 774; BFH 26.7.1983 – VIII R 30/82, BStBl. II 1983, 755; BMF 4.6.1986, BStBl. I 1986, 318.
[131] Vgl. Blümich/Ehmcke EStG § 6 Rn. 724 und 728.

§ 3 Ertragsteuern (entgeltlich/unentgeltlich)   § 3

Ist bei einem Pachtverhältnis der Pächter wirtschaftlicher Eigentümer des 62
Gebäudes und wird das **Nutzungsverhältnis beendet**, muss zwischen der
Beendigung aus betrieblichen und privaten Gründen unterschieden werden.
Mit Beendigung der Nutzung aus **betrieblichen Gründen** hat der Pächter
eine Forderung in Höhe des Verkehrswerts des Gebäudes gegenüber dem
Eigentümer erfolgswirksam zu bilanzieren, soweit er einen Entschädigungsanspruch hat. Das Gebäude wiederum ist zeitgleich mit dem Restbuchwert
zum Zeitpunkt der Beendigung des Pachtverhältnisses erfolgswirksam auszubuchen.[132] Im Ergebnis unterliegen die stillen Reserven des Gebäudes – Unterschiedsbetrag zwischen dem Entschädigungsanspruch und dem Restbuchwert des Gebäudes – somit bei Beendigung des Nutzungsverhältnisses der
Besteuerung.[133] Wird auf den Entschädigungsanspruch im Nachhinein verzichtet, bleibt der Bauherr bzw. Pächter während des Pachtzeitraums wirtschaftlicher Eigentümer des Gebäudes und hat daher auch die entsprechenden
Herstellungskosten zu bilanzieren. Bei Beendigung des Pachtverhältnisses
wird – wie dargestellt – der Entschädigungsanspruch als Forderung eingebucht und der Restbuchwert des Gebäudes entsprechend ausgebucht. Erst im
Zeitpunkt des Verzichts muss die Forderung ausgebucht werden. Für die Beurteilung der Gewinnauswirkungen ist insbesondere nach dem Grund des
Verzichts zu unterscheiden. Nur ein aus betrieblichen Gründen resultierender
Verzicht ist gewinnmindernd, ein Verzicht aus privaten Gründen ist hingegen
als Entnahme der Forderung zu beurteilen.[134] Die Entnahme ist mit dem
Teilwert gem. § 6 Abs. 1 Nr. 4 Satz 1 EStG zu bewerten, welcher grundsätzlich dem Forderungsansatz entspricht.

Beispiel:
Errichtung eines Gebäudes auf fremdem Grund und Boden, wobei das Nutzungsverhältnis vor Ablauf der betriebsgewöhnlichen Nutzungsdauer beendet wird. Auf einen Entschädigungsanspruch wurde im Nachhinein *Alternative a* aus betrieblichen Gründen/*Alternative b* aus privaten Gründen verzichtet. Der Teilwert des Gebäudes betrug im Zeitpunkt der Beendigung des Nutzungsverhältnisses 500.000 EUR und der Buchwert 100.000 EUR. Notwendige Buchungen beim Bauherrn bzw. Pächter:

Alternative a:		Alternative b:	
Einbuchung des Entschädigungsanspruchs:			
Forderungen an a. o. Ertrag	500.000 EUR	Forderungen an a. o. Ertrag	500.000 EUR
Ausbuchung des Entschädigungsanspruchs aufgrund des Verzichts:			
so. betr. Aufw. an Forderungen	500.000 EUR	Privatentnahme an Forderung	500.000 EUR

---

[132] Vgl. auch BMF 5.11.1996, BStBl. I 1996, 1257; FG München 4.11.1997 – 16 K 1727/97, EFG 1998, 274.
[133] Vgl. BFH 10.3.1999 – XI R 22/98, BStBl. II 1999, 523; BFH 23.8.1999 – GrS 2/99, BStBl. II 1999, 778.
[134] Vgl. Bestlex/*Leicht* Gebäude auf fremdem Grund und Boden Rn. 5; BMF 5.11.1996, BStBl. I 1996, 1257, Rn. 3.

Alternative a:	Alternative b:
Ausscheiden des Gebäudes:	
Abschreibung an Gebäude 100.000 EUR	Abschreibung an Gebäude 100.000 EUR

63 Wird das Nutzungsverhältnis jedoch aus **privaten Gründen** beendet, führt dies zur Entnahme des Gebäudes.[135] Wird die oben beschriebene Auffassung vertreten (→ Rn. 61), dass es sich bei dem Gebäude um einen immateriellen Vermögensgegenstand in Form eines Nutzungsrechts handelt, kann sich im absoluten Einzelfall eine abweichende Beurteilung bei der Bewertung der Entnahme ergeben.[136]

64 Für den Fall, dass der zivilrechtliche Eigentümer das **Grundstück** (Grund und Boden sowie das Gebäude) **veräußert,** liegt bei dem abweichenden wirtschaftlichen Eigentümer des Gebäudes eine Entnahme vor, wenn die schuldrechtlichen Vereinbarungen (insbesondere das Nutzungsverhältnis an dem Gebäude) nicht auf den neuen Eigentümer mit übergehen. Die Entnahme wird grundsätzlich gem. § 6 Abs. 1 Nr. 4 Satz 1 EStG mit dem Teilwert bewertet, wobei sich dieser nach dem Erlös des zivilrechtlichen Eigentümers richtet. Jedoch hat der Pächter auch bei dieser Konstellation einen Entschädigungsanspruch nach §§ 951, 812 BGB.[137]

65 Wird ein **Nutzungsverhältnis,** bei dem der Pächter weder zivilrechtlicher noch wirtschaftlicher Eigentümer ist, **beendet,** und hatte er Aufwendungen getragen, die er wie ein Wirtschaftsgut bilanziert und abschreibt, ist nach Auffassung des BFH ein möglicher verbleibender Restwert erfolgsneutral beim Pächter auszubuchen und korrespondierend beim (zivilrechtlichen und wirtschaftlichen) Eigentümer als Anschaffungs- bzw. Herstellungskosten zu bilanzieren.[138] Dieses beruht nach Ansicht des BFH darauf, dass die Aufwendungen für das Wirtschaftsgut alleine aufgrund des objektiven Nettoprinzips bilanziert aber nicht vollends mit einem Wirtschaftsgut gleichgestellt werden und daher etwaige stille Reserven hieraus auch nicht bei dem Pächter realisiert werden können.

Die vorstehenden Ausführungen gelten dem Grunde nach sowohl für den betrieblichen als auch für den privaten Vermögensbereich.[139]

---

[135] Vgl. Blümich/*Ehmcke* EStG § 6 Rn. 726.
[136] Vgl. Blümich/*Ehmcke* EStG § 6 Rn. 728, insbesondere wird dort die Auffassung vertreten, dass bei einer nur kurzen Dauer des Nutzungsrechts der Teilwert dem Buchwert entsprechen kann.
[137] FG Münster 4.3.2009 – 12 K 2884/08, EFG 2009, 1217; Vgl. auch Mössner/Seeger/ *Janssen* KStG § 8 Rn. 642.
[138] BFH 19.12.2012 – IV R 29/09, BStBl. II 2013, 387, Tz. 29, 30.
[139] BFH 13.7.1989 – IV R 137/88, BeckRS 1989, 06110; vgl. auch Blümich/*Ehmcke* EStG § 6 Rn. 722; siehe auch Ausführungen zu den Einnahmen aus Vermietung und Verpachtung → § 7 Rn. 102.

II. Immobilien-Leasing

Beim **Immobilien-Leasing** ist insbesondere die Frage nach der steuerrechtlichen **Zurechnung des Wirtschaftsguts** zum Leasinggeber oder Leasingnehmer von erheblicher Bedeutung. Denn sie ist entscheidend für die Bilanzierung und deren weitere steuerrechtliche Behandlung. Wem das Wirtschaftsgut zuzurechnen ist, richtet sich grundsätzlich nach den allgemeinen Grundsätzen zum zivilrechtlichen und wirtschaftlichen Eigentum. Für das Leasing gibt es jedoch in diesem Zusammenhang einige Besonderheiten, die das BMF in den sog. „Leasingerlassen"[140] geregelt hat. Demnach muss zwischen dem sog. „Operating-Leasing" und „Finanzierungs-Leasing" unterschieden werden. Das sog. Operating-Leasing unterscheidet sich vom sog. Finanzierungs-Leasing im Wesentlichen in der Laufzeit des Leasingvertrages. So ist das Operating-Leasing eher von kurzfristiger Dauer und eine Grundmietzeit besteht regelmäßig nicht. Wohingegen das Finanzierungs-Leasing eine mittel- bis langfristige Dauer und grundsätzlich auch eine feste Grundmietzeit hat. Das Operating-Leasing entspricht demnach eher einem üblichen Mietvertrag, woraus keine Besonderheiten bei der Bilanzierung resultieren. Beim Finanzierungs-Leasing sind Voll- und Teilamortisationsverträgen zu unterscheiden.[141]

66

1. Finanzierungs-Leasing

Im Rahmen des Finanzierungs-Leasings werden Vollamortisationsverträge und Teilamortisationsverträge unterschieden.

67

Finanzierungs-Leasing im Rahmen eines **Vollamortisationsvertrages** von Immobilien ist nach der Auffassung des BMF[142] nur anzunehmen, wenn
– der Vertrag über eine bestimmte Zeit abgeschlossen wird, während der Vertrag bei vertragsmäßiger Erfüllung von beiden Vertragsparteien nicht gekündigt werden kann (Grundmietzeit) und
– der Leasingnehmer mit den in der Grundmietzeit zu entrichteten Raten mindestens die Anschaffungs- oder Herstellungskosten sowie alle Nebenkosten einschließlich der Finanzierungskosten des Leasinggebers deckt.

Das Gebäude und der Grund und Boden sind zwei Wirtschaftsgüter, welche demnach auch getrennt betrachtet werden müssen.[143]

Die Zurechnung des Leasinggegenstandes „Gebäude" lässt sich auf Grundlage des BMF-Schreibens vom 21.3.1972[144] wie folgt zusammenfassen:[145]

68

---

[140] BMF 21.7.1970, BStBl. I 1970, 913; BMF 19.4.1971, BStBl. I 1971, 264; BMF 21.3.1972, BStBl. I 1972, 188.
[141] Zu den steuerlichen und bilanziellen Besonderheiten von „Sale-and-lease-back-Transaktionen" mit Immobilien vgl. auch *Lehr/Schäfer-Elmayer* SteuK 2012, 153.
[142] BMF 19.4.1971, BStBl. I 1971, 264.
[143] Vgl. BMF 21.3.1972, BStBl. I 1972, 188, Tz. 2a.
[144] BStBl. I 1972, 188.
[145] Schema nach Bestlex/*Maier* Leasing Rn. 26.

Grundmietzeit (in % der betriebsgewöhnlichen Nutzungsdauer[146])	Ohne Option	mit Kaufoption[147]	mit Mietverlängerungsoption
> 90 %	Leasingnehmer	Leasingnehmer	Leasingnehmer
< 40 %	Leasingnehmer	Leasingnehmer	Leasingnehmer
40 %–90 %	Leasinggeber	Gesamtkaufpreis < Buchwert Gebäude u. GruBo	Anschlussmiete < 75 % übliche Miete
		Ja: Leasingnehmer / Nein: Leasinggeber	Ja: Leasingnehmer / Nein: Leasinggeber
Spezial-Leasing i. d. R. Zurechnung beim Leasingnehmer			

69 Der **Grund und Boden** ist bei Verträgen ohne Kauf- oder Verlängerungsoption und bei Verträgen mit Mietverlängerungsoption grundsätzlich dem Leasinggeber zuzurechnen. Bei Verträgen mit Kaufoption dagegen regelmäßig dem Leasingnehmer, wenn das Gebäude ebenfalls dem Leasingnehmer zugerechnet wird. Für die Zurechnung des Grund und Bodens in Fällen des Spezial-Leasings ist entsprechend zu verfahren.[148]

70 Finanzierungs-Leasing im Rahmen eines **Teilamortisationsvertrages** von Immobilien ist nach der Auffassung des BMF[149] nur anzunehmen, wenn
– der Vertrag über eine bestimmte Zeit abgeschlossen wird, während der Vertrag bei vertragsmäßiger Erfüllung von beiden Vertragsparteien nicht gekündigt werden kann (Grundmietzeit) und
– der Leasing-Nehmer mit den in der Grundmietzeit zu entrichtenden Raten die Anschaffungs- oder Herstellungskosten sowie alle Nebenkosten einschließlich der Finanzierungskosten des Leasing-Gebers nur zum Teil deckt.

Im Grundsatz folgt die Zurechnung der von Vollamortisationsverträgen. Im maßgebenden BMF-Schreiben vom 23.12.1991[150] ist jedoch nicht der Fall beschrieben, in dem die Grundmietzeit geringer als 40 % der bertiebsgewöhnlichen Nutzungsdauer ist. Nach zutreffender Literaturauffassung ist der Leasinggegenstand aber dennoch dem Leasingnehmer zuzurechnen, was sich bereits aus den allgemeinen Grundsätzen des § 39 AO ergibt.[151]

71 Es gibt jedoch nach dem o. g. BMF-Schreiben vom 23.12.1991[150] eine Reihe von **weiteren Umständen,** die bei einem Teilamortisationsvertrag zu einer Zurechnung beim Leasingnehmer führen können:[152]

---

[146] Die betriebsgewöhnliche Nutzungsdauer für Wirtschaftsgebäude beträgt grds. 33 Jahre und 4 Monate, vgl. BMF 9.6.1987, BStBl. I 1987, 440; BMF 10.9.2002, DB 2002, 2245.
[147] Zur Ermittlung des Kaufoptionspreises vgl. BMF 16.4.1996, DStR 1996, 785.
[148] BMF 21.3.1972, BStBl. I 1972, 188, Tz. 2b.
[149] BMF 23.12.1991, BStBl. I 1991, 188.
[150] BMF 23.12.1991, BStBl. I 1991, 188.
[151] Vgl. Bestlex/*Maier* Leasing Rn. 27.
[152] Vgl. BMF 23.12.1991, BStBl. I 1991, 188, Tz. 11 bis 17.

§ 3 Ertragsteuern (entgeltlich/unentgeltlich)

1. Der Leasingnehmer trägt die Gefahr des zufälligen ganzen oder teilweisen Untergangs des Leasinggegenstandes. Die Leistungspflicht aus dem Mietvertrag mindert sich in diesem Fall nicht.
2. Der Leasingnehmer ist bei ganzer oder teilweiser Zerstörung des Leasing-Gegenstandes, die nicht von ihm zu vertreten ist, dennoch auf Verlangen des Leasinggebers zur Wiederherstellung bzw. zum Wiederaufbau auf seine Kosten verpflichtet oder die Leistungspflicht aus dem Mietvertrag mindert sich trotz der Zerstörung nicht.
3. Für den Leasingnehmer mindert sich die Leistungspflicht aus dem Mietvertrag nicht, wenn die Nutzung des Leasinggegenstandes aufgrund eines nicht von ihm zu vertretenden Umstands langfristig ausgeschlossen ist.
4. Der Leasingnehmer hat dem Leasinggeber die bisher nicht gedeckten Kosten ggf. auch einschließlich einer Pauschalgebühr zur Abgeltung von Verwaltungskosten zu erstatten, wenn es zu einer vorzeitigen Vertragsbeendigung kommt, die der Leasingnehmer nicht zu vertreten hat.
5. Der Leasingnehmer stellt den Leasinggeber von sämtlichen Ansprüchen Dritter frei, die diese hinsichtlich des Leasinggegenstandes gegenüber dem Leasinggeber geltend machen, es sei denn, dass der Anspruch des Dritten von dem Leasingnehmer verursacht worden ist.
6. Der Leasingnehmer als Eigentümer des Grund und Bodens, auf dem der Leasinggeber als Erbbauberechtigter den Leasing-Gegenstand errichtet hat, ist aufgrund des Erbbaurechtsvertrags unter wirtschaftlichen Gesichtspunkten gezwungen, den Leasinggegenstand nach Ablauf der Grundmietzeit zu erwerben.

Der Grund und Boden ist grundsätzlich demjenigen zuzurechnen, dem auch das Gebäude zugerechnet wird.[153]

2. Bilanzielle Darstellung des Finanzierungs-Leasings bei Zurechnung zum Leasingnehmer

Die bilanziellen Konsequenzen eines Finanzierungs-Leasings sind maßgeblich davon abhängig, ob das Grundstück beim Leasingnehmer oder Leasinggeber bilanziert wird.

Im Fall der Zurechnung zum **Leasingnehmer,** hat dieser den Leasinggegenstand mit seinen Anschaffungs- oder Herstellungskosten zu aktivieren. Als Anschaffungs- oder Herstellungskosten gelten die Anschaffungs- oder Herstellungskosten des Leasinggebers, die der Berechnung der Leasingraten zugrunde gelegt worden sind, zuzüglich etwaiger weiterer Anschaffungs- oder Herstellungskosten, die nicht in den Leasing-Raten enthalten sind.[154] Demnach entsprechen die Anschaffungs- bzw. Herstellungskosten den in den Leasingraten enthaltenen Tilgungsanteilen sowie bspw. dem bei Ausübung der Kaufoption zu zahlenden Restbetrag. Wegen der Bilanzierung des Leasinggegenstandes beim Leasingnehmer muss unterstellt werden, dass die Kaufoption ausgeübt wird. Für Voll- und Teilamortisationsverträge gelten grundsätzlich dieselben Grundsätze.[155] Das BMF-Schreiben vom

---
[153] Vgl. BMF 23.12.1991, BStBl. I 1991, 188, Tz. 18.
[154] Vgl. BMF 21.3.1972, BStBl. I 1972, 188, Tz. 2b.
[155] Vgl. BMF 19.1.1992, DStR 1993, 243.

21.3.1972[156] regelt, dass in Höhe der aktivierten Anschaffungs- oder Herstellungskosten mit Ausnahme der nicht in den Leasingraten berücksichtigten Anschaffungs- oder Herstellungskosten des Leasingnehmers eine Verbindlichkeit gegenüber dem Leasinggeber zu passivieren ist. Dabei sind die Leasingraten in einen Zins- und Kostenanteil sowie einen Tilgungsanteil aufzuteilen. Der Zins- und Kostenanteil stellt eine sofort abzugsfähige Betriebsausgabe dar, während der andere Teil der Leasingrate als Tilgung der Kaufpreisschuld erfolgsneutral zu behandeln ist. Die Buchungssätze würden somit wie folgt lauten:

Anschaffung:	Gebäude an Verbindlichkeiten
Tilgungsraten:	Verbindlichkeiten so. betriebl. Aufwendungen an Bank

73 Bei der **Aufteilung der Leasingrate** in einen Zins- und Kostenanteil sowie einen Tilgungsanteil ist zu berücksichtigen, dass sich infolge einer laufenden Tilgung der Zinsanteil verringert und der Tilgungsanteil entsprechend erhöht. Nach dem BMF-Schreiben vom 13.12.1973[157] ist der Zins- und Kostenanteil nach folgender Formel zu errechnen:

$$\frac{\text{Summe der Zins- und Kostenanteile aller Leasingraten} \times \text{Anzahl der Restraten} + 1}{\text{Summe der Zahlenreihe aller Raten}}$$

Die Summe der Zins- und Kostenanteile aller Leasingraten ergibt sich aus der Summe der Leasingraten abzüglich der Anschaffungskosten des Leasinggebers.

74 Nach dem BMF-Schreiben vom 21.3.1972[158] hat der **Leasinggeber** eine Kaufpreisforderung gegenüber den Leasingnehmer in Höhe der den Leasingraten zugrunde gelegten Anschaffungs- bzw. Herstellungskosten zu aktivieren. Dieser Betrag ist grundsätzlich mit der vom Leasingnehmer ausgewiesenen Verbindlichkeit identisch.

3. Bilanzielle Darstellung des Finanzierungs-Leasings bei Zurechnung zum Leasinggeber

75 Es ergeben sich bei einer **Zurechnung zum Leasinggeber** keine Besonderheiten, unabhängig von dem Vorliegen eines Voll- bzw. Teilamortisationsleasingvertrags. Vielmehr kann der Leasingvertrag als Mietvertrag angesehen werden.[159] Der Leasinggeber hat den Leasinggegenstand mit seinen Anschaffungs- bzw. Herstellungskosten zu aktivieren. Die Leasingraten stellen bei ihm Betriebseinnahmen und beim Leasingnehmer Betriebsausgaben dar.[160]

76 **Rechnungsabgrenzungsposten** im Sinne des § 5 Abs. 5 EStG (aktiver oder passiver Rechnungsabgrenzungsposten) können nur für Zahlungsvor-

---

[156] BMF 21.3.1972, BStBl. I 1972, 188.
[157] BMF 13.12.1973, BB 1973, 1616.
[158] BMF 21.3.1972, BStBl. I 1972, 188, Tz. II Nr. 2 Buchst. b.
[159] Vgl. BMF 13.5.1980, StEK EStG § 5 Nr. 85, formal aufgehoben durch BMF v. 29.3.2007, BStBl. I 2007, 369.
[160] Vgl. BMF 21.3.1972, BStBl. I 1972, 188, Tz. II Nr. 1; BMF 23.12.1991, BStBl. I 1991, 188, Tz. 19; HFA 1/1989. Zur Bilanzierung beim Leasinggeber, WPg 1989, 625.

gänge gebildet werden, die für eine bestimmte Zeit nach dem Abschlussstichtag Aufwand bzw. Ertrag darstellen. Im Zusammenhang mit Leasingverhältnissen sind hier insbesondere Leasing-Sonderzahlungen zu nennen. Aber auch bei degressiven Leasingraten können sich Abgrenzungsfragen ergeben. Wurden demnach fallende bzw. degressive Leasingraten für die Grundmietzeit vereinbart, so enthalten die entsprechenden Raten, wegen der in der Regel gleichbleibenden Leistung des Leasinggegenstandes, grundsätzlich verkappte Vorauszahlungen für spätere Grundmietjahre. Daher ist die Summe der während der Grundmietzeit geschuldeten Jahresmieten in jährlich gleichbleibenden Beträgen auf die Grundmietzeit zu verteilen und der Teil der vertraglichen Jahresmiete, der in den ersten Jahren der Grundmietzeit über den sich für die gesamte Grundmietzeit ergebenden Jahresaufwand (= Annahme von jährlich gleichbleibenden Leasingraten) hinausgeht, zu aktivieren.[161] Demnach muss der Leasingnehmer die Beträge, die in den ersten Jahren den Jahresaufwand übersteigen, als aktiven Rechnungsabgrenzungsposten aktivieren und in den späteren Jahren jeweils insoweit auflösen, als die Jahresrate den linearen Jahresaufwand unterschreitet. Der Leasinggeber hat die Leasingraten entsprechend passiv abzugrenzen.[162]

III. Nießbrauch

Gemäß § 1030 Abs. 1 BGB ist **Nießbrauch** die Belastung an einer Sache in der Weise, dass derjenige, zu dessen Gunsten die Belastung erfolgt, berechtigt ist, die Nutzungen der Sache zu ziehen. Wirtschaftlich betrachtet steht Nießbrach einem Mietverhältnis gleich. Es gibt verschiedene Ausgestaltungen eines Nießbrauchs. Insbesondere der **Zuwendungsnießbrauch** und **Vorbehaltsnießbrauch** sind die häufigsten Erscheinungsformen. Bei einem Zuwendungsnießbrauch räumt der Eigentümer an einem Grundstück einem Dritten ein Nutzungsrecht ein. Bei einem Vorbehaltsnießbrauch überträgt der Eigentümer eines Grundstücks das Eigentum auf einen Dritten, wobei er sich zeitgleich ein Nießbrauch hieran vorbehält. In beiden Fällen ist der Nießbraucher grundsätzlich weder zivilrechtlicher noch wirtschaftlicher Eigentümer des Grundstücks, welches demzufolge auch nicht bei ihm zu bilanzieren ist.[163] Unabhängig von der Art des Nießbrauchs, muss jedoch für die steuerrechtliche Behandlung immer unterschieden werden, ob es sich um einen entgeltlich, teilentgeltlich oder unentgeltlich bestellten Nießbrauch handelt.

1. Zuwendungsnießbrauch

Bei einem entgeltlich bestellten Zuwendungsnießbrauch im Betriebsvermögen ist zu unterscheiden, ob es sich bei dem vom **Nießbraucher** gezahlten Entgelt um Anschaffungskosten für ein immatrielles Wirtschaftsgut handelt und es daher mit seinen Anschaffungskosten beim Nießbraucher zu

---

[161] Vgl. BFH 12.8.1982 – IV R 184/79, BStBl. II 1982, 696, Tz. II A; BMF 10.10.1983, BStBl. I 1983, 431.
[162] Vgl. Blümich/*Krumm* EStG § 5 Rn. 1037.
[163] Vgl. H/H/R/*Tiedchen* EStG § 5 Rn. 522, siehe auch die dort genannten Ausnahmen.

aktivieren ist oder ob es sich um ein Entgelt für die Nutzung des Grundstücks handelt. Hierbei sind die Grundsätze zum Erbbaurecht entsprechend anzuwenden.[164] Demnach gehören zu den Anschaffungskosten eines Nießbrauchsrechts als immatrielles Wirtschaftsgut nur die einmaligen Anschaffungsnebenkosten für dessen Erwerb, wie z.B. Notar- und Gerichtsgebühren. Die AfA für das Nießbrauchsrecht bemisst sich nach § 7 Abs. 1 EStG unter Berücksichtigung der Laufzeit des Nießbrauchs bzw. der Lebenserwartung der betreffenden Person, wenn das Nießbrauchsrecht auf Lebenszeit vereinbart wurde. Diese Grundsätze gelten auch für ein im Privatvermögen eingeräumtes Nießbrauchsrecht. Davon abzugrenzen ist eine Einmalzahlung für die Einräumung des Nießbrauchs, welche grundsätzlich auch Entgelt für die Nutzung des Grundstücks darstellt und demzufolge als aktiver Rechnungsabgrenzungsposten auszuweisen ist.[165] Nach dem BMF-Schreiben vom 30.9.2013[166] soll eine Einmalzahlung für die Einräumung eines Zuwendungsnießbrauchs im Privatvermögen gem. § 11 Abs. 2 Satz 3 EStG auf die Laufzeit des Nießbrauchsrechts bzw. auf die Lebenserwartung einer Person gleichmäßig verteilt werden, wenn die Laufzeit mehr als fünf Jahre beträgt. Anderenfalls liegen sofort abzugsfähige Werbungskosten vor.[167] Werden anstatt von Einmalzahlungen gleichmäßig laufende Zahlungen geleistet, so stellen diese Betriebsausgaben bzw. Werbungskosten dar. Wird das Gebäude durch den Nießbraucher für die Vermietung genutzt, ist er ebenfalls berechtigt, die aufgrund vertraglicher oder gesetzlicher Bestimmungen getragenen Aufwendungen als Betriebsausgaben bzw. als Werbungskosten geltend zu machen.[168]

79 Der Nießbraucher darf – mangels zivilrechtlichen und wirtschaftlichen Eigentums und ihm zuzurechnenden Anschaffungskosten – **keine AfA** auf das Gebäude vornehmen. Wegen fehlender Anschaffungskosten darf für ein unentgeltlich erworbenes Nießbrauchsrecht ebenfalls kein immatrielles Wirtschaftsgut bilanziert werden. Die aufgrund gesetzlicher oder vertraglicher Bestimmungen getragenen Aufwendungen, kann der Nießbraucher eines unentgeltlich erworbenen Nießbrauchsrechts dennoch als Betriebsausgabe bzw. Werbungskosten geltend machen.[169]

80 Bei dem **Eigentümer** ist das Entgelt für die Einräumung eines Nießbrauchs als Einnahmen aus Vermietung und Verpachtung bzw. Betriebseinnahmen einzuordnen. Im Rahmen der Einkünfte aus Vermietung und Verpachtung können Einmalzahlungen gem. § 11 Abs. 1 Satz 3 EStG auf die Laufzeit verteilt werden, wenn sie mehr als fünf Jahre beträgt.[170] Bei bilanzierenden Steuerpflichtigen ist ein passiver Rechnungsabgrenzungsposten zu

---

[164] → Rn. 88.
[165] Vgl. auch H/H/R/*Schick/Franz* EStG § 5 Rn. 1062; Blümich/*Krumm* EStG § 5 Rn. 1076 und Rn. 590.
[166] BMF 30.9.2013, BStBl. I 2013, 1184, Rn. 26.
[167] BMF 30.9.2013, BStBl. I 2013, 1184, Rn. 26; bei Einmalzahlung vor dem 1.1.2004 siehe vorheriges BMF-Schreiben 24.7.1998, BStBl. I 1998, 914, Rn. 26 u. 70, hiernach musste die Einmalzahlung vollständig als immatr. WG aktiviert und im Rahmen der AfA auf die Laufzeit verteilt werden.
[168] BMF 24.7.1998, BStBl I 1998 914, Rn. 26 und 27; BMF 30.9.2013, BStBl. I 2013, 1184, Rn. 27.
[169] BMF 30.9.2013, BStBl. I 2013, 1184, Rn. 18–21.
[170] BMF 30.9.2013, BStBl. I 2013, 1184, Rn. 28.

bilden.[171] Auch ist bei bilanzierenden Steuerpflichtigen das Grundstück selbst unstreitig zu bilanzieren. Aufgrund der Einkünfteerzielungsabsicht des Eigentümers, ist er auch zur Vornahme der AfA auf das Gebäude berechtigt.

Aus der unentgeltlichen Bestellung eines Nießbrauchs könnte jedoch eine **Entnahme des Betriebsgrundstücks** resultieren, da es für die Dauer des Nießbrauchs nicht mehr oder nur noch unerheblich für betriebliche Zwecke zur Verfügung steht. Das könnte selbst dann gelten, wenn der Eigentümer bzw. Nießbrauchsbesteller das Grundstück aufgrund eines mit dem Nießbraucher abgeschlossenen Miet- oder Pachtvertrag weiterhin nutzt.[172] Zwar könnte das Grundstück durch eine solche Fallkonstellation kein notwendiges Betriebsvermögen mehr darstellen, wohl aber gewillkürtes Betriebsvermögen, da es für den Betrieb förderlich bleibt. Unter diesen Umständen ist nach der hier vertretenen Auffassung keine Entnahme zwingend.[173]

Bei einem unentgeltlich eingeräumten Nießbrauch im **Privatvermögen** kann der Eigentümer regelmäßig, mangels Einkunftserzielungsabsicht, keine AfA oder sonstige Grundstücksaufwendungen als Werbungskosten geltend machen.[174]

2. Vorbehaltsnießbrauch

Bei der Einräumung eines Vorbehaltsnießbrauchs handelt es sich grundsätzlich um einen unentgeltlichen Vorgang. Auch ist sie keine Gegenleistung des Erwerbers für die Übertragung des Grundstücks.[175] Vielmehr ist die entgeltliche Übertragung eines Grundstücks unter Einräumung eines Vorbehaltsnießbrauchs ein wertbildender Faktor für das Grundstück. Der Kaufpreis des Grundstücks wird durch die Bestellung des Nießbrauchs somit geringer ausfallen.[176] Demzufolge hat der neue Eigentümer bzw. Nießbrauchsbesteller, welcher regelmäßig zivilrechtlicher und wirtschaftlicher Eigentümer ist,[177] ein im **Betriebsvermögen** befindliches Grundstück grundsätzlich mit den von ihm tatsächlich aufgewendeten Anschaffungskosten zu bilanzieren. Bei der Übertragung von einem Betriebsvermögen in ein anderes Betriebsvermögen, ist dahingehend zu unterscheiden, ob die Übertragung entgeltlich oder unentgeltlich stattfindet. Wird das Grundstück unentgeltlich übertragen, könnte grundsätzlich auch die Buchwertfortführung gem. § 6 Abs. 5 EStG in Betracht kommen. Bei einer entgeltlichen Übertragung ist nach den allgemeinen Grundsätzen das Grundstück in der Regel mit den Anschaffungskosten beim neuen Eigentümer zu bilanzieren. Jedoch ist es fraglich, ob der neue Eigentümer das Grundstück, mangels Möglichkeit zur betrieblichen Nutzung, überhaupt bilanzieren kann und daher zeitgleich eine Entnahme angenommen werden muss.[178] Für die Beurteilung des Nießbrauchers gelten grundsätzlich die nachfolgenden Aus-

---

[171] So auch H/H/R/*Schick/Franz* EStG § 5 Rn. 1065.
[172] H/H/R/*Schick/Franz* EStG § 5 Rn. 1066.
[173] So auch *Korn* DStR 1999, 1461, Tz. 3.
[174] BMF 30.9.2013, BStBl. I 2013, 1184, Rn. 23–25.
[175] BMF 30.9.2013, BStBl. I 2013, 1184, Rn. 40.
[176] Vgl. auch H/H/R/*Schick/Franz* EStG § 5 Rn. 1063 m. w. N.
[177] Vgl. H/H/R/*Tiedchen* EStG § 5 Rn. 522, siehe auch die dort genannten Ausnahmen.
[178] Vgl. hierzu die Ausführungen zu der unentgeltlichen Bestellung eines Zuwendungsnießbrauchs, → Rn. 81.

§ 3 83, 84 Teil 3. Erwerb

führungen zu der Übertragung von einem Betriebsvermögen in ein Privatvermögen entsprechend, wonach eine AfA als Aufwandseinlage beansprucht werden könnte.[179] Aufgrund der Unentgeltlichkeit der Nießbrauchsbestellung wird grds. gem. § 5 Abs. 2 EStG auch kein immaterielles Wirtschaftsgut für das Nießbrauchsrecht bilanziert, es sei denn, es kann entweder eine Einlage des Nießbrauchsrechts angenommen werden oder es wurden sog. Anschaffungsnebenkosten vom Nießbraucher aufgewendet.[180] Nach Auffassung des BFH könnte, allein für Zwecke der AfA, die Einlage eines Nutzungsrechts in das Betriebsvermögen angenommen werden.[181]

83 Beim Nießbrauch im **Privatvermögen** ist die steuerrechtliche Behandlung, insbesondere durch das BMF-Schreiben vom 30.9.2013, klar geregelt. Hiernach erzielt der Nießbraucher Einkünfte aus Vermietung und Verpachtung, wenn das Grundstück vermietet wird. Im Unterschied zum Zuwendungsnießbrauch hat der Nießbraucher beim Vorbehaltsnießbrauch weiterhin das Recht zur Vornahme der AfA.[182] Bei einem Nießbrauch im Privatvermögen erzielt der neue Eigentümer regelmäßig keine Einnahmen aus dem nießbrauchbelasteten Grundstück. Mangels Einkunftserzielungsabsicht darf er daher Aufwendungen (auch AfA) für das Grundstück nicht als Werbungskosten geltend machen.[183]

Die Übertragung eines Grundstücks muss sich jedoch nicht immer in derselben Vermögenssphäre abspielen. So könnten sich auch Fallkonstellationen ergeben, in denen das Grundstück von einem Privatvermögen in ein Betriebsvermögen oder von einem Betriebsvermögen in ein Privatvermögen überführt wird.

84 Die Übertragung eines Grundstücks **aus dem Privatvermögen in ein Betriebsvermögen** unter Einräumung eines Vorbehaltsnießbrauchs ist in einem ersten Schritt nach den allgemeinen Grundsätzen zu beurteilen. Danach hat der **Nießbraucher** ggf. ein privates Veräußerungsgeschäft gem. § 23 EStG zu versteuern und erzielt bei entsprechender Vermietung Einkünfte aus Vermietung und Verpachtung. Auch darf er weiterhin die AfA der Höhe nach unverändert auf das Gebäude als Werbungskosten geltend machen. Das vom neuen Eigentümer gezahlte Entgelt für das Grundstück mindert die AfA-Bemessungsgrundlage nicht.[184]

Der **neue Eigentümer** hat das Grundstück grundsätzlich als zivilrechtlicher sowie wirtschaftlicher Eigentümer mit seinen Anschaffungskosten zu bilanzieren, soweit das Grundstück Betriebsvermögen darstellt. Auch hier stellt sich wieder die Frage, ob das Grundstück, mangels Möglichkeit zur be-

---

[179] → Rn. 83, 85.
[180] So auch BMF 13.1.1993, BStBl. I 1993, 80, Tz. 10 und 24; a.A. H/H/R/ *Winkeljohann* EStG § 6 Rn. 392, nach dessen Auffassung ist das vorbehaltene Nießbrauchsrecht beim Veräußerer bzw. Nießbraucher mit dem Wertverlust des Grundstücks zu aktivieren; BFH 20.9.1989 – X R 140/87, BStBl. II 1990, 368 urteilte, dass bei einer unentgeltlichen Übertragung eines Grundstücks, unter Zurückbehaltung eines Nutzungsrechts, das Grundstück mit dem Teilwert zu entnehmen ist und korrespondierend in gleicher Höhe ein Nutzungsrecht zu bilanzieren ist.
[181] BFH 20.9.1989 – X R 140/87, BStBl. II 1990, 368, Tz. 4; BFH 30.1.1995 – GrS 4/92, BStBl. II 1995, 281, Tz. C. III. 2. a und d; vgl. auch → Rn. 85.
[182] BMF 30.9.2013, BStBl. I 2013, 1184, Rn. 42.
[183] BMF 30.9.2013, BStBl. I 2013, 1184, Rn. 45.
[184] BMF 30.9.2013, BStBl. I 2013, 1184, Rn. 44.

trieblichen Nutzung, überhaupt bilanziert werden darf.[185] Sollte eine Bilanzierung des Grundstücks im Ergebnis gerechtfertigt sein, wird allerdings das AfA-Volumen um die AfA-Beträge gekürzt, die auf den Zeitraum zwischen Anschaffung des Grundstücks und dem voraussichtlichen Erlöschen des Nießbrauchs entfallen.[186] Dieses resultiert aus der in diesem Zeitraum dem Nießbraucher zustehenden AfA-Berechtigung. Erst bei Veräußerung des Grundstücks wird der Restbuchwert gewinnmindernd berücksichtigt.

Bei der Übertragung **von einem Betriebsvermögen in ein Privatvermögen** unter Einräumung eines Vorbehaltsnießbrauchs ist nach der Gegenleistung für die Grundstücksübertragung zu unterscheiden. Eine unentgeltliche Übertragung des Grundstücks aus privater Veranlassung führt zu einer Entnahme des gesamten Grundstücks beim **Nießbraucher**.[187] Die Entnahme wird mit dem Teilwert bewertet, der ohne das vorbehaltene Nutzungsrecht zu ermitteln ist.[188] Bei einer entgeltlichen Übertragung ist entsprechend der Kaufpreis zur Ermittlung des Veräußerungsgewinns anzusetzen. Auch wenn das Grundstück beim Nießbraucher nicht mehr bilanziert werden darf, ist bei ihm weiterhin die AfA zu berücksichtigen. Die AfA kann gewinnmindernd als eine Aufwandseinlage – bemessen nach den ursprünglich von ihm aufgewendeten Anschaffungs- bzw. Herstellungskosten – als Betriebsausgabe geltend gemacht werden.[189] Hiervon abweichend hatte der BFH die Einräumung eines Nutzungsrechts als ein in das Betriebsvermögen einlagefähiges Wirtschaftsgut angesehen und demnach bei einer unentgeltlichen Grundstücksübertragung, bei gleichzeitiger Zurückbehaltung eines Nutzungsrecht, angenommen, dass der Nießbraucher das Nutzungsrecht mit dem Entnahmewert zu bilanzieren und wie ein materielles Wirtschaftsgut – bemessen nach dem neuen Teilwert – abzuschreiben hat.[190] Jedoch sollte dies die Ausnahme bleiben. Denn der BFH hatte in einem früheren Urteil zu Recht entschieden, dass Nutzungsrechte zwar grundsätzlich einlagefähig sind, aber die Bewertung mit dem Teilwert nicht mit den Wertungen des Einkommensteuerrechts zu vereinbaren sind, da die durch die Realisierung des Nutzungsrechts erzielte Vermögensmehrung unbesteuert bliebe.[191] Die Einlage des Nutzungsrechts soll lediglich sicherstellen, dass betrieblich veranlasster Aufwand (hier: AfA) gewinnmindernd berücksichtigt wird.[192] Diesem Ziel kann aber in der Regel bereits mit der genannten Aufwandseinlage genüge getan werden und es Bedarf m.E. somit grundsätzlich keiner Einlage eines Nut-

---

[185] Vgl. hierzu die Ausführungen zu der unentgeltlichen Bestellung eines Zuwendungsnießbrauchs, → Rn. 81.
[186] BMF 30.9.2013, BStBl. I 2013, 1184, Rn. 47.
[187] Vgl. auch EStH 4.3 Abs. 2 bis 4 Vorbehaltsnießbrauch; so wohl auch Bestlex/*Maier* Nießbrauch Rn. 42 Beispiel.
[188] Vgl. EStH 4.3 Abs. 2 bis 4 Vorbehaltsnießbrauch; *Korn* DStR 1999, 1461; BFH 28.2.1974 – IV R 60/69, BStBl. II 1974, 481; hierbei handelt es sich um eine Benachteiligung gegenüber der Veräußerung, da in einem Verkaufspreis der Nießbrauch preismindernd berücksichtigt wird.
[189] Vgl. Bestlex/*Maier* Nießbrauch Rn. 42; *Korn* DStR 1999, 1461; Blümich/*Krumm* EStG § 5 Rn. 1076b; BFH 28.7.1981 – VIII R 35/79, BStBl. II 1982, 380.
[190] BFH 20.9.1989 – X R 140/87, BStBl. II 1990, 368.
[191] BFH 26.10.1987 – GrS 2/86, BStBl. II 1988, 348, Tz. C. 1. c.
[192] BFH 20.9.1989 – X R 140/87, BStBl. II 1990, 368, Tz. 4.

zungsrechts.[193] Eine solche Einlage könnte zudem eine andere AfA-Bemessungsgrundlage zur Folge haben, was somit auch zu einer abweichenden AfA im Vergleich zu der Übertragung im Privatvermögen führen würde.

Im Grundsatz gelten für den **neuen Eigentümer** die Ausführungen zu der Übertragung von einem Privatvermögen ins Betriebsvermögen entsprechend. Da sich das Grundstück nach Übertragung jedoch im Privatvermögen befindet und dem Eigentümer regelmäßig keine Einnahmen aus dem nießbrauchsbelasteten Grundstück zuzurechnen sind, kann der Eigentümer keine Werbungskosten sowie AfA während der Zeit des Nießbrauchs geltend machen.[194]

86 Die AfA Berechtigung des Nießbrauchers lässt jedoch **Kritik** zu, da sich in einigen Konstellationen das zur Verfügung stehende AfA-Volumen teilweise über beide Ebenen des Nießbrauchers und neuen Eigentümers hinweg doppelt bzw. doppelt nicht auswirken kann, wie nachfolgend aufgezeigt werden soll. Als Ausgangsfall ist von einer entgeltlichen Übertragung eines bebauten Grundstücks aus dem Betriebsvermögen in das Privatvermögen auszugehen, wobei das Grundstück im Privatvermögen nach Beendigung des Nießbrauchs zur Einkunftserzielung genutzt wird.

Nach BMF vom 30.9.2013 wird das AfA-Volumen des neuen Eigentümers bei Beendigung des Nießbrauchs um die AfA-Beträge, die von den *Anschaffungskosten des neuen Eigentümers* auf den Zeitraum zwischen Anschaffung des Grundstücks und dem Erlöschen des Nießbrauchs entfallen, gekürzt.[195] Demnach ist für den Zeitraum in dem der Nießbraucher die AfA geltend machen konnte, beim neuen Eigentümer für diesen Zeitraum das AfA-Volumen zu kürzen. Probleme können jedoch in der Höhe der Kürzung des AfA-Volumens bestehen, wenn die AfA-Bemessungsgrundlagen des alten und neuen Eigentümers sich der Höhe nach unterscheiden. So ist die ursprüngliche AfA-Bemessungsgrundlage des Nießbrauchers (alten Eigentümers) regelmäßig höher als die des neuen Eigentümers, was u. a. auf die im Kaufpreis zu berücksichtigende Nießbrauchseinräumung zurückzuführen ist. Diese Behandlung könnte daher zu einer teilweisen doppelten gewinnmindernden Berücksichtigung von Buchwerten im Rahmen der AfA führen, da bei dem Nießbraucher eine höhere AfA (aufgrund der höheren AfA-Bemessungsgrundlage) geltend gemacht werden kann und beim neuen Eigentümer das AfA-Volumen zwar gekürzt wird, aber hierfür nach dem Wortlaut des Erlasses seine eigenen Anschaffungskosten maßgebend sein sollen. Da seine eigenen Anschaffungskosten regelmäßig niedriger sind, würde sich betragsmäßig eine geringere Kürzung des AfA-Volumens ergeben, als die AfA betrüge, die der alte Eigentümer tatsächlich geltend machen konnte.

87 Bei einer **späteren Veräußerung des Grundstücks durch den neuen Eigentümer,** würde sich der **Restbuchwert,** welcher sich im Zeitpunkt der Einräumung des Vorbehaltsnießbrauchs durch die Kürzung des AfA-Volumens ergab, erneut gewinnmindernd auswirken, was auf den ersten Blick nicht schlüssig erscheint. Denn der Restbuchwert des Grundstücks hat sich zum einen bereits bei der Berechnung des Entnahmegewinns bzw. Veräußerungsge-

---

[193] Vgl. auch BFH 26.10.1987 – GrS 2/86, BStBl. II 1988, 348, Tz. C. I. 1.b bb.
[194] BMF 30.9.2013, BStBl. I 2013, 1184, Rn. 45.
[195] Vgl. auch BMF 30.9.2013, BStBl. I 2013, 1184, Rn. 47.

winns im Zusammenhang mit der Übertragung auf den neuen Eigentümer sowie zum anderen im Rahmen der beschriebenen AfA beim Nießbraucher gewinnmindernd ausgewirkt; letzteres hebt sich jedoch grds. durch die Kürzung des AfA-Volumens beim neuen Eigentümer wieder auf. Aber bei einer späteren Veräußerung des Grundstücks durch den neuen Eigentümer würde sich dieses „stehen gelassene" AfA-Volumen erneut gewinnmindernd auswirken. Mit Blick auf den Veräußernden ist diese Handhabung nachvollziehbar. Unter fiskalischen Gesichtspunkten ist jedoch auf Seiten des ehemaligen Nießbrauchers zu viel Aufwand geltend gemacht worden. Ein Lösungsansatz könnte die Minderug des Gebäudebuchwerts um den beim ersten Veräußerer (Nießbraucher) bleibenden AfA-Betrag im Rahmen der Ermittlung des Entnahme- bzw. Veräußerungsgewinns im Zusammenhang mit der Übertragung auf den neuen Eigentümer sein.[196] Demnach könnte der Nießbraucher den Restbuchwert ausschließlich im Rahmen der ihm zustehenden (darauf folgenden) AfA geltend machen und der Veräußerungs- bzw. Entnahmegewinn würde entsprechend höher ausfallen. Der neue Eigentümer kann das „stehen gelassene" AfA-Volumen jedoch erst bei Veräußerung nutzen, was aus seiner Sicht einen wirtschaftlichen Nachteil bedeutet.

IV. Erbbaurecht

1. Erbbauberechtigter

Nach § 1 ErbbauRG kann ein Grundstück in der Weise belastet werden, dass demjenigen, zu dessen Gunsten die Belastung erfolgt, das veräußerliche und vererbliche Recht zusteht, auf oder unter der Oberfläche des Grundstücks ein Bauwerk zu errichten (sog. **Erbbaurecht**). Zivilrechtlicher und in der Regel auch wirtschaftlicher Eigentümer des Gebäudes – aber nicht vom Grund und Boden – ist der Erbbauberechtigte als Hersteller des Gebäudes.[197] Demnach hat der Erbbauberechtigte grundsätzlich das **Gebäude** mit seinen Anschaffungskosten bzw. Herstellungskosten zu bilanzieren. Anschaffungskosten für ein Gebäude entstehen, wenn das Erbbaurecht an einem bereits bebauten Grundstück bestellt wird und der Erbbauberechtigte für das Grundstück etwas aufwendet. Ggf. sind die Anschaffungskosten, die sowohl für das Erbbaurecht als auch für das Gebäude gezahlt wurden, auf beide Wirtschaftsgüter aufzuteilen. Der auf das Erbbaurecht entfallende Teil der Anschaffungskosten könnte – wie nachfolgend beschrieben – Betriebsausgaben darstellen. Eine Besonderheit besteht jedoch, wenn das Erbbaurecht lediglich eine Laufzeit von bis zu fünf Jahren hat. Demnach soll das wirtschaftliche Eigentum des Gebäudes nicht auf den Erbbauberechtigten übergehen und daher ist das für das Gebäude gezahlte Entgelt als zusätzliches Nutzungsentgelt für das Erbbaurecht anzusehen.[198]

Das **Erbbaurechtsverhältnis** zwischen dem Erbbauberechtigten und dem Erbbauverpflichteten (Grundstückseigentümer) ist bilanzrechtlich als ein

---

[196] Vgl. Blümich/*Krumm* EStG § 5 Rn. 1076a.
[197] Vgl. auch Blümich/*Krumm* EStG § 5 Rn. 1062.
[198] H/H/R/*Nolde* EStG § 7 Rn. 600 Erbbaurecht; a. A. Blümich/*Krumm* EStG § 5 Rn. 1062.

schwebendes Geschäft zu qualifizieren.[199] Gleichwohl liegt ein **immaterielles Wirtschaftsgut** vor, das entgeltlich erworben und deshalb grundsätzlich gem. § 5 Abs. 2 EStG bilanzierungsfähig ist.[200] Zu den Anschaffungskosten eines Erbbaurechts gehören nur die einmaligen Aufwendungen für dessen Erwerb, wie z.B. Grunderwerbsteuer, Maklerprovision, Notar- und Gerichtsgebühren.[201] Davon abzugrenzen ist der **Erbbauzins,** welcher Entgelt für die Nutzung des Grundstücks und somit Betriebsausgabe darstellt.[202] Dieses gilt auch grundsätzlich für im Voraus geleistete Erbbauzinsen. Beim Erbbauberechtigten sind die Zahlungen dann als aktiver Rechnungsabgrenzungsposten auszuweisen.[203]

90 **Erschließungsaufwendungen,** die regelmäßig der Erbbauberechtigte bspw. an die Gemeinde zahlen muss, sind danach zu unterscheiden, ob im Innenverhältnis der Erbbauberechtigte die Aufwendungen vom Grundstückseigentümer erstattet bekommt. Hat der Erbbauberechtigte die Erschließungsaufwendungen im Ergebnis nicht zu tragen, so muss ein Freistellungs- bzw. Ausgleichsanspruch gegen den Grundstückseigentümer als Erbbauverpflichteten aktiviert werden (Buchungssatz: Forderung an sonstiger betrieblicher Ertrag). Zudem hat der Erbbauberechtigte die Erschließungsaufwendungen als öffentlich-rechtliche Verpflichtungen vor Zahlung zu passivieren (Buchungssatz: sonstiger betrieblicher Aufwand an Verbindlichkeiten bzw. Rückstellungen). Im Ergebnis wäre dieser Vorgang somit ergebnisneutral.[204] Hat hingegen der Erbbauberechtigte die Erschließungsaufwendungen endgültig zu tragen, womit eben kein Ausgleichsanspruch gegenüber dem Grundstückseigentümer besteht, wird die Übernahme der Erschließungsbeiträge als ein neben den Erbbauzins tretendes zusätzliches Entgelt angesehen. Demnach muss auch für Erschließungsaufwendungen ein aktiver Rechnungsabgrenzungsposten gebildet werden.[205] Erwirbt der Erbbauberechtigte zu einem späteren Zeitpunkt auch das Eigentum an dem bisher mit dem Erbbaurecht belasteten Grundstück und hebt er das Erbbaurecht gleichzeitig auf, so liegt in der Aufhebung zugleich der Verzicht auf einen wirtschaftlichen Ausgleich für die als Rechnungsabgrenzungsposten ausgewiesenen Vorleistungen. Der Verzicht ist mit dem Betrag des aktiven Rechnungsabgrenzungspostens zu bewerten und erhöht die Anschaffungskosten des Grund und Bodens.[206]

Im Wesentlichen gibt es somit zwei Fälle, bei denen **Anschaffungskosten für ein Erbbaurecht** – unabhängig von etwaigen Erwerbsnebenkosten – bilanziert werden müssen. Zum einen der Erwerb des Erbbaurechts vom ur-

---

[199] Vgl. BFH 20.1.1983 – IV R 158/80, BStBl. II 1983, 413, Tz. 1 und 2.
[200] Vgl. BFH 20.1.1983 – IV R 158/80, BStBl. II 1983, 413, Tz. 2.3 Buchst. a.
[201] Vgl. BFH 4.6.1991 – X R 136/87, BStBl. II 1992, 70; siehe auch zitierte Rechtsprechung und Literatur von Blümich/*Krumm* EStG § 5 Rn. 1065.
[202] Vgl. z.B. BFH 11.12.2003 – IV R 42/04, BStBl. II 2004, 353, m.w.N.
[203] Vgl. EStH 5.6 Erbbaurecht; zur weiteren Behandlung des RAP → § 7 Rn. 42.
[204] Vgl. insbesondere BFH 19.10.1993 – VIII R 87/91, BStBl. II 1994, 109, Tz. 1a; vgl. auch Blümich/*Krumm* EStG § 5 Rn. 1066; H/H/R/*Federmann* EStG § 5 Rn. 2000.
[205] EStH 6.4 Erschließungs-, Straßenanlieger- und andere Beiträge, 2. Spiegelstrich Erbbaurecht; BFH 19.10.1993 – VIII R 87/91, BStBl. II 1994, 109, Tz. 1b und 5.
[206] BFH 17.4.1985 – I R 132/81, BStBl. II 1985, 617; kritisch: Blümich/*Krumm* EStG § 5 Rn. 1067.

sprünglichen Erbbauberechtigten (Veräußerer des bereits bestehenden Erbbaurechts), wobei hier auch die dem bisherigen Erbbauberechtigten erstatteten Erbbauzinsen zu den Anschaffungskosten zählen, und zum anderen die Einlage des Erbbaurechts in ein Betriebsvermögen.[207]

2. Erbbauverpflichteter

Der Erbbauverpflichtete hat grundsätzlich den **Grund und Boden** zu bilanzieren. Ausnahmsweise könnte das Erbbaurecht jedoch als entnommen gelten, wenn es unentgeltlich bestellt wird.[208] Hat der Erbbauberechtigte für die Übernahme von **Erschließungsaufwendungen** einen aktiven Rechnungsabgrenzungsposten zu bilden, so muss der Erbbauverpflichtete korrespondierend einen passiven Rechnungsabgrenzungsposten bilden. Aus der Übernahme der Erschließungsaufwendungen vom Erbbauberechtigten resultiert eine Wertsteigerung des Grund und Bodens, welche der Erbbauverpflichtete – als Gegenkonto zum passiven Rechnungsabgrenzungsposten – entsprechend zu aktivieren hat.[209] 91

Die **Erbbauzinsen** sind beim Erbbauverpflichteten Betriebseinnahmen. Im Voraus gezahlte Erbbauzinsen müssen – korrespondierend zu der Behandlung beim Erbbauberechtigten – als passiver Rechnungsabgrenzungsposten ausgewiesen werden.

Wird das Erbbaurecht an einem bebauten Grundstück **im Betriebsvermögen bestellt,** so führt dies zu einer Veräußerung des Gebäudes durch den Erbbauverpflichteten. Das Entgelt besteht aus dem auf das Gebäude entfallenden kapitalisierten Erbbauzins. In dieser Höhe ist eine jedes Jahr neu zu bewertende Forderung zu aktivieren und mit den jährlichen Erbbauzinsen zu verrechnen.[210] 92

Wird hingegen von einem Steuerpflichtigen ein mit einem Erbbaurecht **belastetes (bebautes) Grundstück gekauft,** ohne in den Erbbauvertrag einzutreten und ohne an dem Erbbauzins, den der Erbbauverpflichtete für die gesamt Laufzeit im Voraus erhalten hatte, beteiligt zu werden, so hat er ausschließlich den belastenden Grund und Boden mit seinen Anschaffungskosten zu bilanzieren. Die Befugnisse des neuen Eigentümers, das Grundstück zu nutzen und andere von jeder Einwirkung auszuschließen, sind jedoch von vornherein begrenzt, da er bis zum Ablauf der Laufzeit des Erbbaurechts den Erbbauberechtigten dulden muss. Daher wird der vereinbarte Kaufpreis auch geringer ausfallen. Der Veräußerer (= Erbbauverpflichtete) hat den Grund und Boden auszubuchen. Der im Voraus gezahlte Erbbauzins bleibt auch nach der Veräußerung als passiver Rechnungsabgrenzungsposten bestehen und wird zeitanteilig aufgelöst. Das daraufstehende Gebäude wird im Regelfall weiterhin vom Erbbauberechtigten bilanziert.[211] 93

Wird dagegen vereinbart, dass dem Erwerber der auf die Restlaufzeit entfallende **Erbbauzins** unter entsprechender Erhöhung des Grundstückskauf- 94

---

[207] Vgl. Döllerer BB 1984, 2034 (2039); Blümich/*Krumm* EStG § 5 Rn. 1065.
[208] Vgl. insbesondere H/H/R/*Schick/Franz* EStG § 5 Rn. 1054.
[209] Vgl. BFH 4.9.1997 – IV R 40/96, BFH/NV 1998, 569; H/H/R/*Schick/Franz* EStG § 5 EStG Rn. 1054.
[210] H/H/R/*Schick/Franz* EStG § 5 Rn. 1054.
[211] BFH 17.11.2004 – I R 96/02, BStBl. II 2008, 296.

preis zustehen soll, so muss der Erwerber das Grundstück unter entsprechender Erhöhung der Anschaffungskosten aktivieren. Der auf den Erbbauzins entfallende Kaufpreisanteil ist in einen passiven Rechnungsabgrenzungsposten einzustellen und linear auf die Restlaufzeit aufzulösen. Somit hat der Veräußerer das Grundstück und seinen bisherigen passiven Rechnungsabgrenzungsposten entsprechend auszubuchen.[212]

---

[212] Blümich/*Krumm* EStG § 5 Rn. 1073; H/H/R/*Schick/Franz* EStG § 5 Rn. 1054.

§ 4 Erbschaft- und Schenkungsteuer

Übersicht

	Rn.
A. Erbschaft- und Schenkungsteuerliche Anknüpfungspunkte bei Immobilien	
I. Besteuerungsanlässe	1–8
1. Übertragungsvorgänge	1–5
2. Nutzungsüberlassungen	6–8
II. Sachliche und persönliche Steuerpflicht	9, 10
III. Grundzüge der Erbschaftsteuerermittlung	11–13
IV. Auswirkungen von dinglichen Nutzungsrechten ...	14, 15
V. Mittelbare Grundstücksschenkungen	16–22
B. Immobilienbewertung nach BewG für Erbschaft- und Schenkungsteuerzwecke	
I. Vorbemerkung	23–25
II. Unbebaute Grundstücke	26–29
III. Bebaute Grundstücke	30–48
1. Vergleichswertverfahren	32–35
2. Ertragswertverfahren	36–43
3. Sachwertverfahren	44–46
4. Grundstücke im Betriebsvermögen, land- und forstwirtschaftliche Grundstücke	47, 48
IV. Nachweis des niedrigeren gemeinen Wertes ...	49–52
V. Verfahrensrecht	53–57
C. Steuerbefreiungen für Immobilien im Privatvermögen	
I. Selbstgenutzte Immobilien („Familienheim") ...	58–76
1. Telos, Systematik und verfassungsrechtliche Bedenken des BFH	59–63
2. Gemeinsame Voraussetzungen der Nr. 4a bis 4c und Rechtsfolge	64–68
3. Erwerbe von Ehegatten und Lebenspartnern ...	69–74
4. Erwerbe von Abkömmlingen	75, 76
II. Zu Wohnzwecken vermietete Immobilien	77–91
1. Steuerbefreiungsabschlag von 10 % (§ 13c Abs. 1 ErbStG)	78–84
2. Voraussetzungen für die Steuerbefreiung ...	85–91
III. Immobilien als Kulturgüter	92–105
1. Gegenstand der Steuerbefreiung	93–96
2. Voraussetzungen für die 85%ige Steuerbefreiung ...	97–99
3. Zusätzliche Voraussetzungen für die 100%ige Steuerbefreiung	100–102
4. Nachträglicher Wegfall der Steuerbefreiungen ...	103–105
IV. Zum Zwecke der Volkswohlfahrt genutzte Immobilien ..	106, 107

D. **Steuerbefreiungen für Immobiliengesellschaften und Immobilien im Betriebsvermögen**

	Rn.
I. Privilegierungen bei der Erbschaft- und Schenkungsteuer für betriebliches Vermögen	108–114
1. Vorbemerkung: Urteil des BVerfG v. 17.12.2014 und geplante Erbschaftsteuerreform 2015/2016	108, 109
2. Kernvoraussetzungen und Folgen der Privilegierung nach geltendem Recht	110–114
II. Dritten zur Nutzung überlassener Grundbesitz und Grundbesitzteile als „schädliches" Verwaltungsvermögen	115–119
III. Ausnahmen	120–153
1. Sonderbetriebsvermögen und Betriebsaufspaltungen	121–124
2. Betriebsverpachtungen	125, 126
3. Konzerninterne Nutzungsüberlassungen	127–129
4. „Wohnungsunternehmen"	130–151
a) Zugehörigkeit des Grundbesitzes zu einem steuerlichen Betriebsvermögen	133
b) Vermietung qualifizierter Wohnungen als Hauptzweck des Betriebes	134–141
c) Erfordernis eines wirtschaftlichen Geschäftsbetriebes	142–146
d) Rechtsfolgen einer Qualifikation als Wohnungsunternehmen	147, 148
e) Auswirkungen auf die erweiterte gewerbesteuerliche Kürzung	149–151
5. Land- und forstwirtschaftliche Nutzungsüberlassung	152, 153
IV. Berechnung der Verwaltungsvermögensquote	154–157

A. Erbschaft- und Schenkungsteuerliche Anknüpfungspunkte bei Immobilien

I. Besteuerungsanlässe

1. Übertragungsvorgänge

1 Erbschaft- und Schenkungsteuern im Zusammenhang mit **Grundstücksübertragungen** können durch eine Vielzahl von Fällen ausgelöst werden. In erste Linie zu nennen sind der unentgeltliche Grundstücksübergang bei **Erbfällen und sonstigen Erwerben von Todes wegen** (vgl. die abschließende Aufzählung in § 3 ErbStG) und **Schenkungen unter Lebenden** (§ 7 ErbStG, z.B. in Form der vorweggenommenen Erbfolge). Bei teilentgeltlichen Erwerben besteht eine Erbschaft- und Schenkungsteuerpflicht bezüglich des unentgeltlichen Teils.

2 Nach der Reform des Erbschaftsteuerrechts zum 1.1.2009[1] ist zudem als praktischer Fall das **Ausscheiden von Gesellschaftern** aus einer (grundbesitzenden) Personen- oder Kapitalgesellschaft zu nennen. In der Mehrzahl der

---

[1] ErbStRG v. 24.12.2008, BGBl. I 2008, I 3018.

§ 4 Erbschaft- und Schenkungsteuer   3–5   § 4

Gesellschaftsverträge finden sich zur Schonung der Liquidität der Gesellschaft Vereinbarungen, wonach die Abfindung nach einem nicht verkehrswertgerechten Wert (z. B. Buchwertabfindung) oder mit einem pauschalen Abschlag auf den zu ermittelnden Verkehrswert des Anteils erfolgt. Hier wird gem. § 7 Abs. 7 ErbStG eine Schenkung oder gem. § 3 Abs. 1 Nr. 2 Satz 2 ErbStG eine Schenkung auf den Todesfall an die anderen Mitgesellschafter angenommen, soweit die Abfindung des ausscheidenden Gesellschafters hinter dem Verkehrswert seines Anteils zurückbleibt.

Aber auch die „**verdeckte**" **Einlage** eines Grundstücks in eine Kapitalgesellschaft oder der **verbilligte Verkauf** eines Grundstücks an eine solche Gesellschaft unterliegen ggf. der Schenkungsteuer. Gemäß § 7 Abs. 8 Satz 1 ErbStG gelten Leistungen an eine Kapitalgesellschaft als Schenkung an den/die Gesellschafter, wenn durch diese Leistung eine Werterhöhung der Anteile an der Kapitalgesellschaft eintritt. Der Schenkungsteuertatbestand ist mit Wirkung ab dem 13.12.2011[2] in das Gesetz eingefügt worden als Reaktion auf die Rechtsprechung des BFH zur verdeckten Einlage, wonach eine freigiebige Zuwendung an die Kapitalgesellschaft i. S. d. § 7 Abs. 1 Nr. 1 ErbStG wegen Veranlassung durch das Gesellschaftsverhältnis nicht in Betracht kommt.[3] Leistungen an eine Kapitalgesellschaft gelten nunmehr als Schenkung des Leistenden an die Gesellschafter, soweit durch die Zuwendung eine Werterhöhung der Anteile der Gesellschafter eintritt und keine Personenidentität zwischen Leistendem und Gesellschafter vorliegt (§ 15 Abs. 4 ErbStG). Legt also ein Gesellschafter ein Grundstück verdeckt in die Kapitalgesellschaft ein oder veräußert er dieses verbilligt an „seine" Kapitalgesellschaft, unterliegt die bei den Gesellschaftern durch Wertsteigerung des Anteils eintretende Bereicherung der Schenkungsteuer, soweit keine Personenidentität zwischen Leistendem und bereichertem Gesellschafter besteht.[4] Gemäß § 7 Abs. 8 Satz 2 ErbStG gilt dies auch bei Leistungen von Kapitalgesellschaften an Kapitalgesellschaften. 3

§ 7 Abs. 8 ErbStG findet keine Anwendung auf den umgekehrten Fall, in dem also eine Gesellschaft an „ihren" Gesellschafter ein Grundstück unentgeltlich oder verbilligt im Wege der **verdeckten Gewinnausschüttung (vGA)** überträgt oder überlässt. Zwar will die Finanzverwaltung auch bei verdeckten Gewinnausschüttungen zugunsten von Gesellschaftern oder diesen nahestehenden Personen eine freigiebige Zuwendungen der Kapitalgesellschaft annehmen.[5] Dieser Verwaltungsauffassung hat der BFH jedoch eine klare Absage erteilt.[6] Der BFH hat jedoch bislang offengelassen, ob solche Vorgänge freigiebige Zuwendungen zwischen den Gesellschaftern nach § 7 Abs. 1 Nr. 1 ErbStG darstellen können, obwohl es insoweit an einer direkten Vermögensverschiebung zwischen den Gesellschaftern fehlt.[7] 4

Ein Sonderfall der Erbschaftsteuerpflicht ist schließlich die turnusmäßige Festsetzung von **Ersatzerbschaftsteuer bei inländischen Familienstif-** 5

---

[2] BeitrRLUmsG v. 7.12.2011, BGBl. I 2012, I 25 (92).
[3] BFH 9.12.2009 – II R 28/08, BStBl. II 2010, 566.
[4] BMF 4.3.2012, BStBl. I 2012, 331.
[5] BMF 14.3.2012, BStBl. I 2012, 331, Tz. 2.6.1.
[6] Vgl. BFH 30.1.2013 – II R 6/12, BStBl. II 2013, 930.
[7] Eingehend zum Streitstand Loose DB 2013, 1080.

tungen (§ 1 Abs. 1 Nr. 4 ErbStG). Hierbei werden inländische Familienstiftungen alle 30 Jahre ab der ersten Vermögensausstattung der Ersatzerbschaftsteuer unterworfen, wobei als Bemessungsgrundlage der Übergang ihres gesamten (Welt)Vermögens auf zwei Erwerber der Steuerklasse I fingiert wird. Grundstücke im Vermögen der Familienstiftung unterliegen mit ihrem Grundbesitzwert (→ Rn. 13) der Besteuerung. Für vor dem 1.1.1954 gegründete Familienstiftungen war der letzte einheitliche Ersatzsteuerstichtag der 1.1.2014.[8]

2. Nutzungsüberlassungen

6 Diffiziler ist die Rechtslage bei bloßen (teil- oder unentgeltlichen) Nutzungen von Immobilien. Hier können sich schenkungsteuerliche Fragen stellen, wenn z.B. jemand einem anderen die (Mit-)Benutzung einer Immobilie gestattet, ohne hierfür eine angemessene Miete zu erheben. Gesetzlicher Ausgangspunkt der Betrachtung ist auch in diesem Fall der Tatbestand einer **freigiebigen Zuwendung unter Lebenden,** § 7 Abs. 1 Nr. 1 ErbStG. Die Norm setzt voraus, dass eine Vermögensverschiebung vorliegt, durch die der Bedachte auf Kosten des Zuwendenden (nicht notwendigerweise inhaltsgleich) bereichert ist (objektiver Tatbestand), und die Zuwendung mit dem Willen zur Freigiebigkeit getätigt wird (subjektiver Tatbestand).

7 Seit einem Grundsatzurteil des BFH v. 2.3.1994[9] entspricht es ständiger Rechtsprechung, dass Gegenstand einer freigiebigen Zuwendung nicht nur die Vermögenssubstanz sondern auch die Gewährung des Vermögensgebrauchs oder die Nutzungsüberlassung (**„Gebrauchsüberlassungen"**) sein können. Dabei ist unbeachtlich, ob die Gebrauchsüberlassung „verdinglicht" wird (z.B. durch einen Nießbrauch) oder lediglich auf einem schuldrechtlichen Rechtsverhältnis beruht. An einer **Bereicherung** der Bedachten besteht dabei kein Zweifel, wenn der Bedachte einen Nutzungsvorteil genießt, der in Geld messbar ist. Bei Gestattung einer unentgeltlichen Immobiliennutzung ist dies i.d.R. unzweifelhaft, da der Bedachte eigene Mietaufwendungen erspart, deren Wert ortsüblich bestimmbar ist. Hauptfrage ist daher, ob diese Bereicherung des Bedachten auf einer kausalen **Entreicherung** des Überlassenden beruht.[10] An einer solchen fehlt es nach neuerer Ansicht der Rechtsprechung in der Regel bei unentgeltlicher Wohnungsüberlassung zur Selbstnutzung.[11] Anders kann dies freilich sein (Entreicherung gegeben), wenn der Zuwendende den Vermögensgegenstand nach seiner konkreten Verwendungsplanung ohne die Nutzungsüberlassung anderweitig (entweder zum eigenen Gebrauch oder zur entgeltlichen Fremdnutzung) verwendet hätte.[12] Die bloße unentgeltliche Gestattung der **Mitbenutzung** der eigenen Wohnräume führt nicht zu einer Entreicherung.[13]

8 Die unentgeltliche Überlassung oder das Zur-Verfügung-Stellen von Wohnraum zwischen **Familienmitgliedern,** z.B. an Ehegatten oder von

---

[8] Zum Ganzen v. *Oertzen* DStR-Beihefter 11/2012, 37.
[9] BFH 2.3.1994, II R 125/89, BFH/NV 1995, 341.
[10] Instruktiv *Gebel* DStR 1992, 577.
[11] BFH 29.11.1983 – VIII R 184/83, BStBl. II 1984, 371.
[12] FG Rheinland-Pfalz 2.4.2002 – 4 K 1869/01, DStRE 2002, 1078.
[13] FG München 22.3.2006 – 4 K 1631/04, EFG 2006, 1263.

Eltern an deren Kinder, wird zudem regelmäßig gem. § 13 Nr. 12 ErbStG als Gewährung von Unterhalt steuerfrei sein. Die Norm greift (nur) bei freiwilliger Wohnungsgestellung ein, d. h. wenn keine gesetzliche Unterhaltspflicht besteht, da die Gewährung von gesetzlichem Unterhalt bereits tatbestandsmäßig keine freigiebige Zuwendung i. S. d. § 7 Abs. 1 Nr. 1 ErbStG ist. Grenzfälle können sich lediglich dann ergeben, wenn die dem Ehegatten oder den Kindern zur Verfügung gestellte Immobilie außerordentlich luxuriös ist, so dass es an einer „Angemessenheit" i. S. d. § 13 Nr. 12 ErbStG fehlt.

II. Sachliche und persönliche Steuerpflicht

Der (teil-)unentgeltliche Übergang eines Grundstücks unterliegt der **unbeschränkten Erbschaft- und Schenkungsteuerpflicht,** wenn entweder der Übertragende (Erblasser oder Schenker) oder der Erwerber im Steuerentstehungszeitpunkt **Inländer** ist, er also einen Wohnsitz oder gewöhnlichen Aufenthalt im Inland hatte (§ 2 Abs. 1 Nr. 1 Buchst. a ErbStG). Dasselbe gilt, wenn zwar beide am Übertragungsvorgang beteiligten Personen ihren Wohnsitz und gewöhnlichen Aufenthalt im Ausland haben, zumindest einer jedoch deutscher Staatsbürger ist und seit seinem Wegzug weniger als fünf Jahre vergangen sind (erweiterte unbeschränkte Steuerpflicht, § 2 Abs. 1 Satz 2 Buchst. b ErbStG). Ausreichend ist, wenn einer der am schenkungsteuerbaren Vorgang Beteiligten Inländer im vorgenannten Sinne ist. Die Belegenheit des Grundstücks spielt im Fall der unbeschränkten Steuerpflicht keine Rolle. 9

Aber auch bei ausschließlich persönlicher Beteiligung von sog. Steuerausländern, die weder einen Wohnsitz noch ihren gewöhnlichen Aufenthalt im Inland haben, kommt eine **beschränkte Steuerpflicht** in Betracht, wenn Übertragungsgegenstand ein im Inland belegenes Grundstück ist (§ 2 Abs. 1 Nr. 3 ErbStG i. V. m. § 121 BewG). 10

III. Grundzüge der Erbschaftsteuerermittlung

Mit Urteil v. 17.12.2014[14] hat das BVerfG die geltenden Regelungen des ErbStG für **verfassungswidrig** erklärt. Grund für die Verfassungswidrigkeit sind Einzelheiten bei der Ausgestaltung der steuerlichen Privilegierungen für Unternehmensvermögen. Das BVerfG hat dem Gesetzgeber aufgegeben, bis zum 30.6.2016 eine verfassungskonforme Neuregelung zu schaffen. Das Bundeskabinett hat daraufhin im Juni 2015 einen Gesetzentwurf zur Anpassung des Erbschaftsteuer- und Schenkungsteuergesetzes an die Rechtsprechung des Bundesverfassungsgerichts beschlossen.[15] Siehe hierzu ausführlicher → § 1 Rn. 115. 11

Steuerentstehungszeitpunkt der Erbschaft- bzw. Schenkungsteuer ist der Übertragungsstichtag. Gemäß § 9 Abs. 1 Nr. 1 Buchst. a ErbStG entsteht die Steuer bei Erwerben von Todes wegen grundsätzlich mit dem Tod des Erblassers, falls der Erwerb unter einer aufschiebenden Bedingung steht, mit Eintritt dieser Bedingung. Die Schenkungsteuer entsteht gem. § 9 Abs. 2 12

---

[14] BVerfG 17.12.2014, 1 BvL 21/12, BStBl. II 2015, 50.
[15] BT-Drs. 18/5923. Siehe auch Stalleiken/Holtz ErbR 2015, 423 sowie Stalleiken DB 2015, 2296 zum Länderentwurf.

ErbStG im Zeitpunkt der Ausführung der Zuwendung. Dies ist bei Grundstücksübertragungen regelmäßig der Übergang von Nutzen und Lasten, spätestens aber, wenn die Auflassung i. S. d. § 925 BGB sowie die Eintragungsbewilligung i. S. d. § 19 GBO vorliegen (ErbStR E 9.1 Abs. 1 m. w. N.). Dem Abschluss des Schenkungsvertrages oder der Eintragung im Grundbuch kommt demgegenüber keine Bedeutung für den Steuerentstehungszeitpunkt zu.

13   Gemäß § 10 Abs. 1 ErbStG ist der **steuerpflichtige Erwerb als Bemessungsgrundlage** zu ermitteln. Maßgeblich bei Grundstückserwerben ist hierbei der gemeine Wert des Grundstücks als Grundbesitzwert i. S. d. § 12 ErbStG i. V. m. §§ 176 ff. BewG (→ Rn. 23 ff.). Der Grundbesitzwert ist um folgende Abzüge zu mindern:
– Nachlassverbindlichkeiten (§ 10 Abs. 1 Satz 1 ErbStG).
– Schulden und Lasten, die in wirtschaftlichem Zusammenhang mit dem Grundstück stehen. Hierbei erfolgt ggf. eine Kürzung im Umfange von in Anspruch genommenen Steuerbefreiungen (§ 10 Abs. 6 Sätze 3 bis 5 ErbStG).
– Steuerfreie Zugewinnausgleichsansprüche bei Ehegatten (§ 5 ErbStG). Steuerfrei ist zum einen der „tatsächliche Zugewinnausgleich", also der konkret berechnete und entsprechend ausgeführte Zugewinnausgleich. § 5 Abs. 2 ErbStG stellt lediglich klar, dass es für den Erwerb des Zugewinnausgleichsanspruchs und auch für dessen Erfüllung im ErbStG keinen Besteuerungstatbestand gibt. Dies gilt im Fall der Beendigung der Zugewinngemeinschaft zu Lebzeiten infolge der Scheidung oder Aufhebung der Ehe sowie auch bei einer einvernehmlichen Beendigung der Zugewinngemeinschaft. Genauso nicht steuerbar ist auch der tatsächliche Zugewinnausgleich im Erbfall, der im Rahmen der sog. güterrechtlichen Lösung – der Ehegatte wird weder Erbe noch Vermächtnisnehmer – erfolgt. Der Regelungsgehalt von § 5 Abs. 1 ErbStG ist dagegen weit höher. Hier erfolgt nicht nur eine Klarstellung. Das Gesetz nimmt einen an sich steuerpflichtigen Erwerb von der Besteuerung aus. Die Steuerfreiheit besteht nicht nur, wenn der Zugewinnausgleich nach dem Gesetz berechnet und dann ausgezahlt wird (z. B. im Todesfall bei Enterbung des Ehegatten oder nach dessen Ausschlagung des Erbes oder der zugedachten Vermächtnisse), sondern auch, wenn nach dem Tod des Ehegatten vom Längerlebenden keine Ausgleichsforderung geltend gemacht wird, insbesondere weil er die letztwilligen Verfügungen des Ehegatten annimmt. Gemäß § 5 Abs. 1 ErbStG ist der Zugewinnausgleich dann fiktiv zu berechnen. Der Erwerb des im Zugewinnausgleich lebenden Ehegatten als Erbe und/oder Vermächtnisnehmer ist in dieser Höhe von der Erbschaftsteuer befreit. Damit ist zugleich ein steuerfreier lebzeitiger Vermögenstransfer zwischen Ehegatten eröffnet. Die mit Beendigung der Zugewinngemeinschaft entstehende Ausgleichsforderung kann weit über dem zur Verfügung stehenden persönlichen Freibetrag (zwischen Ehegatten von derzeit € 500.000) liegen (sog. „Güterstandsschaukel"[16]).
– Persönliche Freibeträge (§§ 16 u. 17 ErbStG). Zu benennen sind hier insbesondere der Ehegattenfreibetrag in Höhe von € 500.000 sowie die Freibeträge für Kinder (€ 400.000) und Enkel (€ 200.000).

---

[16] Hierzu *Holtz* StAM 2015, 44, 47.

Erwerbe der vergangenen zehn Jahre sind zusammenzurechnen (§ 14 ErbStG).

IV. Auswirkungen von dinglichen Nutzungsrechten

Dingliche Nutzungsrechte mindern den Wert der Bereicherung beim Beschenkten, soweit diese auf den Beschenkten übergehen. Behält sich z. b. der Schenker bei einer Grundstücksschenkung ein **Wohn- oder Nießbrauchsrecht** vor, stellt die Bestellung dieses dinglichen Rechts durch den Beschenkten zugunsten des Schenkers keine Gegenleistung für den Erwerb dar. Anders als im bis zum 31.12.2008 geltenden Recht ist der auf den Kapitalwert des Nutzungsrechts entfallende Anteil der Schenkungsteuer nicht mehr zu stunden, sondern nunmehr der Kapitalwert des Nutzungsrechtes direkt von der Bemessungsgrundlage für die Erbschaft- und Schenkungsteuer abzuziehen. **14**

Der **Kapitalwert des Nutzungsrechts** richtet sich nach dem Wert, den die Nutzung für den Berechtigten hat (§§ 13 ff. BewG). Bei einem Nießbrauchsrecht an einem Grundstück ist dies üblicherweise der erzielbare Nießbrauchsertrag, bei einem Wohnrecht die ortsüblich erzielbare Jahres(netto)-kaltmiete. Hierbei ist zu beachten, dass gem. § 16 BewG der Jahreswert der Nutzung auf $1/18,6$tel des nach den Vorschriften des Bewertungsgesetzes ermittelten Grundbesitzwertes des Grundstücks beschränkt bleibt. Die Regelung ist in der Literatur zu Recht kritisiert worden, da sie rein rechnerisch bei einer mittlerweile angeordneten Verkehrswertbewertung des Grundbesitzes eigentlich überflüssig ist.[17] Der BFH hat die Geltung des § 16 BewG gleichwohl bestätigt.[18] Falls die Situation auftritt, dass ein niedrigerer Grundbesitzwert einer hohen jährlichen Nutzung gegenübersteht, die sich gem. § 16 BewG nicht auswirken würde, kann eine Berücksichtigung der „vollen" Belastung immer noch durch Nachweis eines niedrigeren gemeinen Wertes herbeigeführt werden (§ 198 BewG, → Rn. 49). Im Rahmen eines solchen Verkehrswertgutachtens über den Grundbesitzwert kann die Belastung inzident bei der Wertermittlung des Grundstücks berücksichtigt werden, so dass § 16 BewG nicht zur Anwendung gelangt. **15**

V. Mittelbare Grundstücksschenkungen

Zivilrechtlicher Übertragungsgegenstand bei einer Grundstücksschenkung muss nicht zwangsläufig ein Grundstück i. S.d Bürgerlichen Rechts sein. In der Vergangenheit hatte auch das Institut der sog. „mittelbaren Grundstücksschenkung" bei Grundstückszuwendungen eine erhebliche Bedeutung. Der Konstruktion der mittelbaren Grundstücksschenkung liegt die allgemein schenkungsteuerliche Erkenntnis zu Grunde, dass es für die Tatbestandsmäßigkeit einer freigiebigen Zuwendung i. S. d. § 7 Abs. 1 Nr. 1 ErbStG nicht erforderlich ist, dass sich der Schenkungsgegenstand bereits im Vermögen des Zuwendenden befunden hat. Vielmehr kann der Zuwendende in denjenigen Fällen, in denen er sich den Schenkungsgegenstand zunächst selbst noch ver- **16**

---
[17] *Drosdzol* ZEV 2013, 176 m. w. N.
[18] BFH 9.4.2014 – II R 48/12, BStBl. II 2014, 554.

schaffen müsste, statt dessen auch dem Beschenken die zum Erwerb erforderlichen Mittel zur Verfügung stellen; der Wille zur freigiebigen Zuwendung ist gleichwohl auf die Verschaffung des Gegenstandes gerichtet. Demensprechend muss die für das Vorliegen einer freigiebigen Zuwendung erforderliche beim Schenker eintretende **Entreicherung nicht notwendigerweise inhaltsgleich mit der beim Beschenkten eintretenden Bereicherung** sein.[19] Maßgeblich für die Besteuerung ist indes die beim Beschenkten eintretende Bereicherung (§ 10 Abs. 1 Satz 1 ErbStG).

17 Bei Grundstücksschenkungen hat die Konstruktion der **mittelbaren Grundstücksschenkung** in der Vergangenheit erhebliche Bedeutung gehabt. Dies lag in erster Linie daran, dass der Wert der Bereicherung beim Beschenkten i. S. d. steuerlichen Bemessungsgrundlage nach den Vorschriften über die Grundstücksbewertung ermittelt wurde, die bis zum 31.12.2008 nach den (deutlich unter dem Verkehrswert liegenden) Bedarfswerten gem. §§ 145 ff. BewG a. F. bemessen wurde. Bei richtiger Strukturierung der mittelbaren Grundstücksschenkung unterliegt nämlich nicht der geschenkte Geldbetrag, der zum Erwerb des Grundstücks verwendet wird, der Besteuerung, sondern der niedrigere Grundbesitzwert. Im Zuge der Angleichung der erbschaft- und schenkungsteuerlichen Grundbesitzwerte an die Verkehrswerte durch das Erbschaftsteuerreformgesetz 2008 zum 1.1.2009 (→ Rn. 24) hat dieser Punkt zwar an Bedeutung verloren. In Abhängigkeit von Lage und Beschaffenheit des Grundstücks kann es freilich immer noch zu signifikanten Bewertungsunterschieden kommen, so dass im Einzelfall eine mittelbare Grundstücksschenkung immer noch zu einer Verringerung der Bemessungsgrundlage führen kann. Ferner ermöglicht die mittelbare Grundstücksschenkung bei vermieteten Grundstücken die Nutzung der Steuerbefreiung nach § 13c ErbStG (→ Rn. 81), die bei Schenkung eines Geldbetrages naturgemäß nicht in Betracht käme.

18 Die Finanzverwaltung knüpft die Anerkennung einer mittelbaren Grundstücksschenkung an folgende Voraussetzungen:

In **sachlicher Hinsicht** ist erforderlich, dass bereits ein konkretes Grundstück feststeht und der Schenker den Erwerber verbindlich verpflichtet hat, mit dem zuzuwendenden Geld genau dieses Grundstück zu erwerben.[20] Liegt lediglich die (verbindliche oder unverbindliche) Weisung des Schenkers vor, mit dem zugewendeten Geld irgendein Grundstück zu erwerben, soll es sich nach Auffassung der Finanzverwaltung um eine schlichte **Schenkung unter Auflage** handeln, so dass der Nennwert des Geldbetrages als Schenkungsgegenstand der Besteuerung unterliegt. In der Praxis empfiehlt sich daher die schriftliche Dokumentation der Erklärung des Schenkers, dass der Zuwendungsempfänger den Geldbetrag ausschließlich zum Erwerb eines bestimmten Grundstücks verwenden darf.[21]

19 In **zeitlicher Hinsicht** ist die Einhaltung eines engen zeitlichen Zusammenhangs zwischen der Hingabe des Geldes und der Anschaffung des

---

[19] BFH 12.12.1979 – II R 157/78, BStBl. II 1980, 260; BFH v. 22.6.2010 – II R 40/08, BStBl. II 2010, 843 m. w. N.

[20] ErbStR E 7.3 Abs. 1 S. 1; a. A. z. T. die Literatur: Gattungsmäßige Bestimmung des Grundstücks ausreichend, Troll/Gebel/Jülicher/*Gebel* ErbStG § 7 Rn. 97 m. w. N.

[21] Wilms/Jochum/*Götz* ErbStG § 7 Rn. 131.

Grundstücks erforderlich. Konkret bedeutet dies, dass der Geldbetrag vom Schenker bis zum Abschluss des Kaufvertrages über das Grundstück verbindlich zugesagt sein muss.[22] Die tatsächliche Zurverfügungstellung der Mittel durch den Schenker kann auch nach Erwerb, jedoch zwingend vor Kaufpreiszahlung erfolgen.

Die gleichen Grundsätze finden Anwendung, wenn mit dem Geld die **Herstellungskosten** für ein Gebäude auf einem Grundstück des Beschenkten oder Um-, Aus- und Anbau eines Gebäudes bezahlt werden sollen.[23] Maßgeblich für die Bemessungsgrundlage der Schenkung ist in diesen Fällen die Differenz zwischen dem Grundbesitzwert des unbebauten Grundstücks und dem späteren bebauten oder erweitert bebauten Grundstück. 20

Trägt der Schenker nur einen unbedeutenden Teil der im Übrigen vom Beschenkten aufgebrachten Anschaffungs- oder Herstellungskosten (< 10%), will die Finanzverwaltung lediglich einen Geldzuschuss des Schenkers zu einem vom Beschenkten in vollem Umfang für eigene Rechnung erworbenen Grundstück annehmen,[24] mit der Folge, dass die Geldschenkung nicht als mittelbare Grundstücksschenkung anerkannt wird und der zugewendete Betrag der Schenkungsteuer unterliegt. Werden umgekehrt mehr finanzielle Mittel zugewendet, als zum Erwerb des Grundstücks nötig, unterliegt der überschießende Betrag als (zusätzliche) Geldschenkung der Schenkungsteuer.[25] 21

Hinsichtlich des Zeitpunktes der Ausführung der mittelbaren Grundstücksschenkung gelten keine Besonderheiten, sondern allgemein die für die Übertragung von Grundstücken maßgeblichen Grundsätze.[26] 22

B. Immobilienbewertung nach BewG für Erbschaft- und Schenkungsteuerzwecke

I. Vorbemerkung

Das Erbschaft- und Schenkungsteuergesetz verweist für die erbschaft- und schenkungsteuerliche Bewertung von Grundbesitz auf das Bewertungsgesetz. Gemäß § 12 Abs. 3 ErbStG ist **inländischer Grundbesitz** mit dem nach § 151 Abs. 1 Satz 1 Nr. 1 BewG festgestellten gemeinen Wert anzusetzen. § 151 Abs. 1 Satz 1 Nr. 1 BewG i. V. m. § 157 BewG verweist sodann auf den Zweiten Teil des BewG, dort für hier interessierende Zwecke insbesondere auf die Regelungen über die Grundstücksbewertung gem. §§ 176 ff. BewG (die Grundbesitzwerte nach §§ 145 ff. BewG, auf die § 151 Abs. 1 Satz 1 Nr. 1 BewG ebenfalls verweist, gelten nur noch für die Grundsteuer sowie Grunderwerbsteuer, wenn keine Gegenleistung zu ermitteln ist). 23

Die erbschaft- und schenkungsteuerliche Immobilienbewertung wurde im Zuge der Erbschaftsteuerreform 2008 zum 1.1.2009 grundlegend überarbei- 24

---
[22] ErbStR E 7.3 Abs. 1 S. 4.
[23] ErbStH E 7.3 Mittelbare Grundstücksschenkung – Einzelfälle Ziff. 5, 7.
[24] ErbStR E 7.3 Abs. 3.
[25] Daragan/Halaczinsky/Riedel/*Griesel* ErbStG § 7 Rn. 85.
[26] ErbStR E 7.3 Abs. 1 S. 7 i. V. m. ErbStR E 9.1 Abs. 1, 2.

tet. Zielwert ist nunmehr der gemeine Wert als Verkehrswert, den vormals ermittelten Bedarfswerten kommt keine Bedeutung für die Erbschaft- und Schenkungsteuer mehr zu. Maßgeblich zu unterscheiden ist zwischen bebauten und unbebauten Grundstücken. Während die Bewertung **unbebauter Grundstücke** sich ausschließlich nach dem Bodenrichtwert richtet, sieht das Bewertungsgesetz für die Bewertung **bebauter Grundstücke** verschiedene Bewertungsverfahren, je nach Nutzungsart des bebauten Grundbesitzes vor. Während Eigentumswohnungen sowie Ein- und Zweifamilienhäuser grundsätzlich im sog. Vergleichswertverfahren (→ Rn. 32 ff.; → § 2 Rn. 35 ff.) zu bewerten sind, erfolgt die Bewertung von Mietwohn- und Geschäftsgrundstücken und gemischt genutzten Grundstücken im sog. Ertragswertverfahren (→ Rn. 36; → § 2 Rn. 42 ff.). Ist für Eigentumswohnungen und Ein- und Zweifamilienhäuser ein Vergleichswert nicht zu ermitteln bzw. ist für Wohn- und Geschäftsgrundstücke keine ortsübliche Miete ermittelbar, ist das sog. Sachwertverfahren (→ Rn. 44 ff.; → § 2 Rn. 69 ff.) anzuwenden. Um strukturellen Überbewertungen durch pauschalierte Bewertungsverfahren vorzubeugen, bietet das Gesetz dem Steuerpflichtigen für jede Grundstücksart die Möglichkeit, einen niedrigeren gemeinen Wert durch Sachverständigengutachten nachzuweisen (§ 198 BewG, → Rn. 49 ff.).

25 Für **ausländischen Grundbesitz** verweist § 12 Abs. 7 ErbStG als lex specialis direkt auf § 31 BewG. Aufgrund des Gesetzeswortlautes („insbesondere § 9 (gemeiner Wert)") folgert die wohl h.M., dass man mangels Anwendbarkeit des § 1 Abs. 2 BewG nicht auf die Regelungen über die Grundstücksbewertung gem. §§ 176 ff. BewG zurückgreifen kann.[27] Maßgeblich ist also der gemeine Wert, ohne dass das BewG Hilfestellung zu den Wertermittlungsmethoden bereithielte. Insgesamt ist festzustellen, dass die Bewertung von Auslandsgrundbesitz schon aufgrund der Datenbasis schwierig ist. Gerade hier wird im Zweifel unerlässlich sein, von der Möglichkeit eines Sachverständigengutachtens gemäß § 198 BewG Gebrauch zu machen, was mit nicht unerheblichen Kosten verbunden sein kann. Kaum faktische Erleichterung erfährt der Steuerpflichtige hierbei durch die von der Bundesrepublik Deutschland abgeschlossenen Erbschaftsteuer-DBA. Eine aufwendige Bewertung entfällt nämlich nur, wenn das Erbschaftsteuer-DBA für ausländischen Grundbesitz die Freistellungsmethode vorsieht, weil dann keine Bewertung aus deutscher Sicht erforderlich ist.[28] Dies ist derzeit allerdings nur beim Erbschaftsteuer-DBA Deutschland/Schweiz der Fall, welches im Übrigen auch nur für Erbfälle, nicht aber für Schenkungen von Grundbesitz gilt. Alle übrigen Erbschaftsteuer-DBA sehen für ausländischen Grundbesitz (nur) die Anrechnung der ausländischen auf die deutsche Steuer vor, so dass insoweit eine Bewertung aus deutscher Sicht erforderlich bleibt.

II. Unbebaute Grundstücke

26 **Unbebaute Grundstücke** sind gemäß § 178 Abs. 1 Satz 1 BewG Grundstücke, auf denen sich keine benutzbaren Gebäude befinden. Eine Be-

---

[27] *Feldner/Stoklassa* ErbStB 2013, 152 (153).
[28] *Troll/Gebel/Jülicher/Gebel* ErbStG § 12 Rn. 939.

nutzbarkeit eines Gebäudes i. S. der Vorschrift, die zu einer Qualifikation als bebautes Grundstück führt, liegt erst vor, wenn alle wesentlichen Bauarbeiten abgeschlossen sind und eine Bewohnung des Gebäudes im Sinne einer Bezugsfertigkeit vorliegt.[29] Dementsprechend fallen auch Grundstücke mit aufstehenden Rohbauten unter die Kategorie der unbebauten Grundstücke. Umgekehrt zählen Grundstücke als bebaute Grundstücke, sobald sich auch nur ein kleines Gebäude von untergeordneter Bedeutung (z. B. eine Garage) darauf befindet.[30] Außenanlagen wie Zäune, Trennmauern oder Parkplätze führen demgegenüber nicht zu einer Qualifizierung als bebautes Grundstück.

Das Bewertungsgesetz sieht in § 179 BewG für die Bewertung unbebauter Grundstücke ein mittelbares Vergleichswertverfahren vor. Der Wert errechnet sich aus der Quadratmeterzahl multipliziert mit dem **Bodenrichtwert**. Die Bodenrichtwerte sind gemäß § 196 Abs. 1 Satz 1 BauGB als „durchschnittliche Lagewerte für den Boden unter Berücksichtigung des unterschiedlichen Entwicklungszustandes" definiert. Sie werden von den örtlich zuständigen Gutachterausschüssen aufgrund der von ihnen zu führenden Kaufpreissammlungen flächendeckend ermittelt. Sofern vom Gutachterausschuss ein Bodenrichtwert für die Gemarkung zur Verfügung gestellt wird, ist dieser zwingend anzusetzen (§ 179 Satz 3 BewG). Wird kein Bodenrichtwert ermittelt, ist der Bodenrichtwert aus den Werten vergleichbarer Flächen abzuleiten (§ 179 Satz 4 BewG). Für diesen Fall stellt die Finanzverwaltung aus Vereinfachungsgründen standardisierte Wertansätze zur Verfügung (vgl. ErbStH B 179.3 Abs. 2).[31]

27

Mit dem solcherart ermittelten Grundbesitzwert sind alle auf dem Grundstück befindlichen Anlagen (Außenanlagen u. ä.) abgegolten. Anderes gilt freilich, wenn sich auf dem unbebauten Grundstück ein **nicht bezugsfertiges Gebäude** befindet. Für Grundstücke im Zustand der Bebauung hält § 196 Abs. 2 BewG eine Sonderregelung bereit: danach sind die bis zum Bewertungsstichtag entstandenen Herstellungskosten dem Wert des unbebauten Grundstücks hinzuzurechnen.

28

Ggf. vorliegende **wertmindernde Umstände** (z. B. Bodenbelastungen, dingliche Nutzungsrechte o. ä.) berücksichtigt das Wertermittlungsverfahren gemäß § 179 BewG nicht. Zur Einführung eines tatsächlichen niedrigeren gemeinen Wertes durch Sachverständigengutachten → Rn. 49 ff.

29

III. Bebaute Grundstücke

Bebaute Grundstücke sind solche Grundstücke, auf denen sich benutzbare Gebäude befinden (§ 180 Abs. 1 Satz 1 BewG). Den Status als bebautes Grundstück im bewertungsrechtlichen Sinne erlangt ein Grundstück ab Bezugsfertigkeit des Gebäudes (→ Rn. 26). Befindet sich auf dem Grundstück ein noch nicht nutzbares Gebäude, liegt ein Grundstück im Zustand der Bebauung vor (§ 196 Abs. 1 BewG). Dies betrifft beispielsweise Grundstücke,

30

---

[29] BFH 11.12.2014 – II R 30/14, BStBl. II 2015, 344.
[30] Krug/Daragan/*Daragan* § 18 Rn. 84.
[31] Zur Grundbesitzbewertung bei fehlenden Bodenrichtwerten eingehend hierzu *Roscher* DStR 2012, 122.

bei denen mit den Bauarbeiten an einem Gebäude bereits begonnen wurde, Bezugsfertigkeit jedoch noch nicht eingetreten ist. Für die Bewertung dieser Grundstücke im Zustand der Bebauung wird gemäß § 196 Abs. 2 BewG das Grundstück zunächst nach den Vorschriften für unbebaute Grundstücke bewertet und diesem Wert dann die bis zum Bewertungsstichtag bereits entstandenen Herstellungskosten des im Bau befindlichen Gebäudes hinzuaddiert.

31 Für die Bewertung von bebauten Grundstücken sieht das Bewertungsgesetz seit dem 1.1.2009 **drei Bewertungsverfahren** vor (§ 182 Abs. 1 Satz 1 BewG): das Vergleichswertverfahren (→ Rn. 32 ff.; → § 2 Rn. 35 ff.), das Ertragswertverfahren (→ Rn. 36 ff.; → § 2 Rn. 42 ff.) oder das Sachwertverfahren (→ Rn. 44 ff.; → § 2 Rn. 69 ff.). Die Art des anzuwendenden Bewertungsverfahrens bestimmt sich dabei nach der Grundstücksart (§ 182 Abs. 2 BewG):
- Einfamilienhäuser, Zweifamilienhäuser sowie Eigentumswohnungen sind grundsätzlich im Vergleichswertverfahren zu bewerten (§ 182 Abs. 2 BewG). Lediglich wenn kein Vergleichswert vorliegt, sind diese Grundstücksarten im Sachwertverfahren zu bewerten (§ 182 Abs. 4 Nr. 1 BewG).
- Mietgrundstücke, Geschäftsgrundstücke und gemischt genutzte Grundstücke (also solche, die teils Wohn-, teils gewerblichen Zwecken dienen) sind grundsätzlich im Ertragswertverfahren zu bewerten (§ 182 Abs. 3 BewG). Lediglich wenn sich eine ortsübliche Miete für diese Grundstücksarten nicht ermitteln lässt, sind diese Grundstücksarten auch im Sachwertverfahren zu bewerten (§ 182 Abs. 4 Nr. 2 BewG).
- Sonstige bebaute Grundstücke, die nicht unter die vorgenannten Grundstücksarten fallen, sind im Sachwertverfahren zu bewerten (§ 182 Abs. 4 Nr. 3 BewG).

1. Vergleichswertverfahren

32 Grundsätzlich im Vergleichswertverfahren zu bewerten sind gemäß § 182 Abs. 2 BewG Einfamilienhäuser, Zweifamilienhäuser sowie Wohnungs- und Teileigentum.

33 Das **Vergleichswertverfahren** fußt auf einer empirischen Erhebung der Kaufpreise durch die jeweiligen Gutachterausschüsse der Landkreise. Diese erhalten über die Notare die in ihrem jeweiligen Einzugsgebiet erfolgten Verkäufe und werten diese unter dem Gesichtspunkt der Vergleichbarkeit verschiedener Grundstücksarten aus. Die solcherart gewonnenen empirischen Vergleichspreise werden von den Gutachterausschüssen zur Verfügung gestellt. Da das Verfahren relativ neu ist, ist derzeit die Vergleichswertbasis noch relativ dünn. Allenfalls in Ballungsgebieten mit einer auch seit 2009 hohen Grundstücksfluktuation lässt sich mehr oder weniger flächendeckend für Gemarkungen auf Vergleichspreise zurückgreifen. Für die Praxis ist festzustellen, dass in den meisten Fällen kein geeigneter Vergleichswert der Gutachterausschüsse zur Verfügung steht, so dass die Bewertung der vorgenannten Grundstücksarten notwendigerweise auf das Sachwertverfahren ausweicht (§ 182 Abs. 4 Nr. 1 BewG).

34 Auch im Rahmen des Vergleichswertverfahrens können **Vergleichsfaktoren** benutzt werden, wenn kein direkter Vergleichswert vom Gutachterausschuss zur Verfügung steht (§ 183 Abs. 2 BewG). Die Vorgehensweise entspricht im Wesentlichen § 13 ImmoWertV, der freilich detailliertere Informationen bereitstellt.

Gemäß § 183 Abs. 3 BewG werden **wertbeeinflussende Faktoren** privatrechtlicher und öffentlich-rechtlicher Art im Vergleichswertverfahren nicht berücksichtigt. Dies betrifft Beeinträchtigung wie Kontaminationen, aber auch dingliche Belastungen (Nießbrauch, Wegerecht). Insbesondere letztere können also nicht direkt bei der Bewertung im Vergleichswertverfahren berücksichtigt werden sondern mindern allenfalls gem. § 10 Abs. 1 ErbStG unter den dort geltenden Voraussetzungen die erbschaft- und schenkungsteuerliche Bemessungsgrundlage (→ Rn. 15). In allen anderen Fällen ist allenfalls der Weg über einen niedrigeren Verkehrswert zielführend (→ Rn. 49 ff.).

2. Ertragswertverfahren

Die mit Abstand gebräuchlichste Bewertungsmethode ist das **Ertragswertverfahren** gemäß §§ 184 ff. BewG. Sie gilt sowohl für Mietwohn- als auch Geschäftsgrundstücke sowie für gemischt genutzte Grundstücke.

Die Bewertung im Ertragswertverfahren setzt sich zusammen aus einem Gebäudeertragswert und einem Bodenwert.

Übersicht: Wertermittlungsschema nach dem Ertragswertverfahren

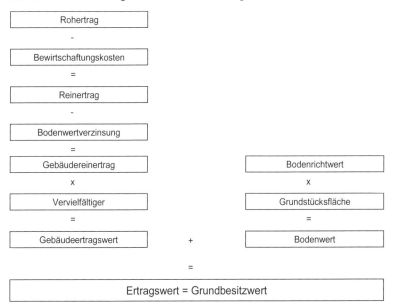

Die Ermittlung des **Bodenwertes** entspricht den Vorschriften über unbebaute Grundstücke (→ Rn. 27). Zur Ermittlung des Bodenwertes wird also der Bodenrichtwert mit der Grundstücksfläche multipliziert.

Die zweite Komponente des Ertragswerts als Grundbesitzwert im Ertragswertverfahren ist der **Gebäudeertragswert**. Zur Ermittlung des Gebäudeertragswerts sieht § 185 Abs. 1 BewG zunächst vor, dass der Rohertrag des Grundstücks (§ 186 BewG) um die Bewirtschaftungskosten zu mindern ist. Rohertrag i. S. d. § 186 BewG ist die tatsächlich vereinnahmte Jahresmiete im Sinne einer Jahresnettokaltmiete ohne Betriebskostenumlagen und Umsatzsteuer. Dies gilt auch bei Betriebsaufspaltungen. Falls die tatsächlich vereinnahmte Jahresmiete um mehr als 20% von der üblichen Miete abweicht, ist die übliche Miete anzusetzen. Auch eigengenutzte oder ungenutzte Grundstücke und Grundstücksteile sind mit der marktüblich erzielbaren Miete anzusetzen. Ist eine marktübliche Miete nicht ermittelbar, z. B. wegen der besonderen Beschaffenheit der Immobilie, kommt nur eine Bewertung nach dem Sachwertverfahren in Betracht (§ 182 Abs. 4 Nr. 2 BewG).

40 Um den **Reinertrag** i. S. d. § 185 Abs. 1 Satz 1 BewG zu ermitteln, werden vom Rohertrag die **Bewirtschaftungskosten** abgezogen. Dies sind die Kosten, die bei gewöhnlicher Bewirtschaftung nachhaltig entstehen (Verwaltungskosten, Betriebskosten, Instandhaltungskosten etc.). Die Bewirtschaftungskosten sind grundsätzlich nach den Erfahrungssätzen der Gutachterausschüsse anzusetzen (§ 187 Abs. 2 Satz 1 BewG). Da allerdings auch hier die Datenbasis gering ist, können aus Vereinfachungsgründen auch die pauschalierten Bewirtschaftungskosten nach § 187 Abs. 2 Satz 2 BewG i. V. m. Anlage 23 zum BewG herangezogen werden, die sich nach der Grundstücksart sowie der Restnutzungsdauer (→ dazu Rn. 42) bestimmen.

Bewirtschaftungskosten in Prozent der Jahresmiete (Anlage 23 zum BewG, Tabelle 1)

RND (in Jahren)	Mietwohngrundstück	gemischt genutztes Grundstück	Geschäftsgrundstück
≥ 60	21	21	18
40 bis 59	23	22	20
20 bis 39	27	24	22
< 20	29	26	23

41 Da im Rahmen des Ertragswertverfahrens ein eigenständiger Bodenwert angesetzt wird (→ Rn. 38), ist der Gebäudereinertrag um die **Bodenwertverzinsung** zu vermindern, um eine wirtschaftliche Doppelberücksichtigung des Bodenwertes zu vermeiden. Für die Verzinsung des Bodenwertes ist der sog. **Liegenschaftszinssatz** maßgebend (§ 188 BewG). Auch der Liegenschaftszinssatz wird von den jeweiligen Gutachterausschüssen ermittelt und veröffentlicht (§ 188 Abs. 2 Satz 1 BewG). Auch dies ist in der Praxis aufgrund der dünnen Datenbasis eher selten der Fall. Liegen keine Liegenschaftszinssätze der Gutachterausschüsse vor, gelten die Liegenschaftsgrundsätze i. S. d. § 188 Abs. 2 Satz 2 BewG.

Liegenschaftszinssatz (§ 188 Abs. 2 S. 2 BewG, Tabelle 2)

Wohngrundstück	5,0
gemischt genutztes Grundstück, gewerblicher Anteil bis 50 %	5,5
gemischt genutztes Grundstück, gewerblicher Anteil größer 50 %	6,0
Geschäftsgrundstück	6,5

§ 4 Erbschaft- und Schenkungsteuer

Der Reinertrag vermindert um die Bodenwertverzinsung ergibt den **Gebäudereinertrag.** Der Gebäudereinertrag ist sodann mit dem sich aus Anlage 21 zum BewG ergebenden Vervielfältiger zu kapitalisieren (§ 185 Abs. 3 Satz 1 BewG). Der Vervielfältiger bestimmt sich nach dem Liegenschaftszinssatz sowie der Restnutzungsdauer des Gebäudes. Die Restnutzungsdauer des Gebäudes ist anhand des Baujahrs, des Wertermittlungszeitpunkts und der wirtschaftlichen Gesamtnutzungsdauer des Grundstücks gemäß Anlage 22 zum BewG zu ermitteln.

Wirtschaftliche Gesamtnutzungsdauer (Anlage 22 zum BewG)

Gesamtnutzungsdauer in Jahren	Art der Grundstücksnutzung
80	Einfamilien- und Zweifamilienhäuser
80	Mietwohngrundstücke
80	Wohnungseigentum
	Geschäftsgrundstücke, gemischt genutzte Grundstücke und sonstige bebaute Grundstücke
70	Gemischt genutzte Grundstücke (mit Wohn- und Gewerbeflächen)
70	Hochschulen (Universitäten)
70	Saalbauten (Veranstaltungszentren)
70	Kur- und Heilbäder
60	Verwaltungsgebäude
60	Bankgebäude
60	Schulen
60	Kindergärten (Kindertagesstätten)
60	Altenwohnheime
60	Personalwohnheime (Schwesternwohnheime)
60	Hotels
60	Sporthallen (Turnhallen)
50	Kaufhäuser, Warenhäuser
50	Ausstellungsgebäude
50	Krankenhäuser
50	Vereinsheime (Jugendheime, Tagesstätten)
50	Parkhäuser (offene Ausführung, Parkpaletten)
50	Parkhäuser (geschlossene Ausführung)
50	Tiefgaragen
50	Funktionsgebäude für Sportanlagen (z. B. Sanitär- und Umkleideräume)

§ 4 43, 44 Teil 3. Erwerb

Gesamtnutzungs-dauer in Jahren	Art der Grundstücksnutzung
50	Hallenbäder
50	Industriegebäude, Werkstätten ohne Büro- und Sozialtrakt
50	Industriegebäude, Werkstätten mit Büro- und Sozialtrakt
50	Lagergebäude (Kaltlager)
50	Lagergebäude (Warmlager)
50	Lagergebäude (Warmlager mit Büro- und Sozialtrakt)
40	Einkaufsmärkte, Großmärkte, Läden
40	Tennishallen
40	Reitsporthallen

43 Gebäudeertragswert und Bodenwert (→ Rn. 38) ergeben den Ertragswert als **Grundbesitzwert** (§ 184 Abs. 3 BewG).

Berechnungsbeispiel für eine Wertermittlung im Ertragswertverfahren:

Jahr der Wertermittlung: 2015	
Baujahr: 2000	
Gebäudeertragswert	
Rohertrag	50.400
− Bewirtschaftungskosten (= 21%)	10.584
= Reinertrag	39.816
− Bodenwertverzinsung (= 5% des Bodenwertes)	24.000
= Gebäudereinertrag	15.816
× Vervielfältiger (= 19,16 bei Restnutzungsdauer 65 Jahre)	19,37
= Gebäudeertragswert	303.035
Bodenwert	
Bodenrichtwert in EUR	400
× Grundstücksfläche in m²	1.200
= Bodenwert	480.000
Ertragswert in EUR (= Gebäudeertragswert + Bodenwert)	783.035

3. Sachwertverfahren

44 Eine Bewertung erfolgt nach dem **Sachwertverfahren**, wenn für Einfamilienhäuser, Zweifamilienhäuser, Wohnungs- und Teileigentum kein Vergleichswert vorhanden ist oder wenn für Mietwohn-, Geschäftsgrundstücke und gemischt genutzte Grundstücke keine ortsübliche Miete zu ermitteln ist (§ 182 Abs. 4 BewG). Generell gilt es zudem für sonstige bebaute Grundstücke.

§ 4 Erbschaft- und Schenkungsteuer 45 § 4

Das Sachwertverfahren ist wie das Ertragswertverfahren ein Mischverfahren. **45** Der Sachwert setzt sich zusammen aus dem **Gebäudesachwert** und dem **Bodenwert** (§ 189 Abs. 1 BewG). Der Bodenwert wird anhand der Bewertungsvorschrift für unbebaute Grundstücke berechnet (§ 189 Abs. 2 BewG i. V. m. § 179 BewG), also durch Multiplikation der Grundstücksfläche mit dem hierfür ausgewiesenen Bodenrichtwert (→ Rn. 27). Die Ermittlung des Gebäudesachwerts richtet sich nach § 190 BewG. Hierbei wird ausgehend von den Regelherstellungskosten ein **Gebäuderegelherstellungswert** ermittelt, indem auf die Brutto-Grundfläche des Gebäudes mit einem typisierten Regelherstellungskostenfaktor multipliziert wird (Anlage 24 zum BewG). Von diesem Gebäuderegelherstellungswert wird sodann eine **Alterswertminderung** abgezogen (Anlage 22 zum BewG), die sich nach dem Wertermittlungszeitpunkt und der gewöhnlichen Nutzungsdauer berechnet (§ 190 Abs. 2 Satz 2 BewG). Wesentliche bauliche Veränderungen führen ggf. zu einer Anpassung der Restnutzungsdauer (§ 190 Abs. 2 Satz 3 BewG). Der Gebäuderegelherstellungswert abzüglich der Alterswertminderung ergibt den **Gebäudesachwert,** wobei 40 % des Gebäuderegelherstellungswertes nicht unterschritten werden dürfen (**Mindestwert,** § 190 Abs. 2 Satz 3 ErbStG). Bodenwert und Gebäudesachwert zusammen ergeben einen **vorläufigen Grundstückssachwert** (§ 189 Abs. 3 BewG). Dieser ist in einem letzten Schritt mit einer **Wertzahl** zu multiplizieren (§ 191 BewG). Letzteres dient der Anpassung des Sachwerts an die Marktverhältnisse. Soweit keine geeigneten Wertzahlen von den Gutachterausschüssen vorliegen, sind die Wertzahlen aus Anlage 25 zum BewG anzuwenden.

Übersicht: Wertermittlungsschema nach dem Sachwertverfahren

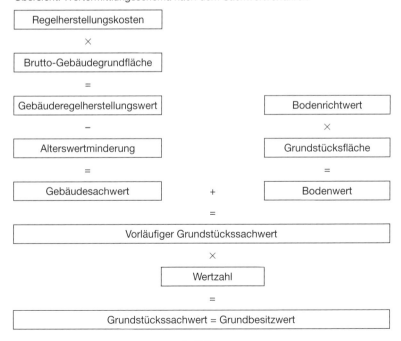

46 Zusammenfassend lässt sich festhalten, dass das Sachwertverfahren von den drei vom BewG zur Verfügung gestellten Bewertungsverfahren das aufwändigste ist. Auch dieses Verfahren basiert in weiten Teilen auf der Datenbasis, die von den Gutachterausschüssen hierzu ermittelt wird. Wo eine solche Datenbasis nicht verfügbar ist, ist mangels geeigneter „Ausweichbewertungen" des Bewertungsgesetzes letztlich auf eine „volle" Sachverständigenbewertung i. S. d. § 198 BewG auszuweichen.

4. Grundstücke im Betriebsvermögen, land- und forstwirtschaftliche Grundstücke

47 Auf **Grundstücke im Betriebsvermögen** finden die vorgenannten Bewertungsverfahren uneingeschränkt Anwendung (§ 157 Abs. 2 i. V. m. § 99 Abs. 1 Nr. 1 BewG). Eine Einzelbewertung der Grundstücke erfolgt allerdings nur im Rahmen des Sachwertverfahrens nach § 11 Abs. 2 Satz 4 BewG. Bei allen anderen Methoden der Unternehmensbewertung (→ Rn. 156) ist der Wert der Einzelwirtschaftsgüter im Betriebsvermögen abgegolten.

48 Für **land- und forstwirtschaftlich genutzte Grundstücke,** auch solche, die in einem Betriebsvermögen enthalten sind, gelten hingegen besondere Bewertungsvorschriften (§ 157 Abs. 2 i. V. m. § 99 Abs. 1 Nr. 2 BewG). Die Bewertung von Grundstücken der Land- und Forstwirtschaft erfolgt nicht im Rahmen einer Flächeneinzelbewertung, sondern „inzident" bei der Bewertung des Betriebes der Land- und Forstwirtschaft mit seinen drei Teileinheiten: dem Wirtschaftsteil, den Betriebswohnungen und dem Wohnteil (§ 158 Abs. 3 BewG i. V. m. § 160 Abs. 1 BewG). Grundbesitzwert des land- und forstwirtschaftlichen Betriebes ist die Summe der drei Teileinheiten (§ 168 Abs. 1 BewG), also eigentlich der Wert der betrieblichen Einheit „Land- und Forstwirtschaft".

IV. Nachweis des niedrigeren gemeinen Wertes

49 Gemäß § 198 BewG hat der Steuerpflichtige zusätzlich zu den vorgenannten – in Abhängigkeit von der Grundstücksart zwingenden – Bewertungsmethoden die Möglichkeit, einen **niedrigeren gemeinen Wert durch Sachverständigengutachten nachzuweisen.** Die Norm ist im Zuge des Erbschaftsteuerreformgesetzes 2009 eingeführt worden als Reaktion auf die bundesverfassungsgerichtliche Anordnung[32] einer verkehrswertnahen Bewertung aller Vermögensarten und damit auch des Grundvermögens. Um Überbewertungsrisiken auszugleichen, die sich bei Bewertungen nach §§ 186 ff. BewG aufgrund fehlender Berücksichtigung wertmindernder individueller Umstände ergeben, soll der Steuerpflichtige den Nachweis des niedrigeren gemeinen Werts führen können.

50 Anders als bei der Unternehmensbewertung gemäß § 9 BewG i. V. m. § 11 Abs. 1, Abs. 2 BewG kommt einem – auch stichtagsnahen – **Kaufpreis** de lege lata keine Bedeutung bei der Grundbesitzbewertung zu. Gleichwohl lässt die Finanzverwaltung Kaufpreise über das zu bewertende Grundstücke als

---

[32] BVerfG 7.11.2006 – 1 BvL 10/02, BStBl. II 2007, 192.

Wertnachweis zu, wenn der Verkauf innerhalb eines Jahres vor oder nach dem Bewertungsstichtag erfolgt ist und der Kaufpreis im gewöhnlichen Geschäftsverkehr zustande gekommen ist (ErbStR B 198 Abs. 4 Abs. 1 Satz 1). Sogar entferntere Verkäufe können als Nachweis dienen, wenn sich die für die Kaufpreisbemessung maßgeblichen Verhältnisse zum Stichtag nicht wesentlich geändert haben (ErbStR B 198 Abs. 4 Satz 2, 3). In diesem Zusammenhang ist darauf hinzuweisen, dass solch ein Kaufpreis nur zum Nachweis eines **niedrigeren** gemeinen Wertes vom Steuerpflichtigen in das Bewertungsverfahren eingeführt werden **kann**. Falls also – was in der Praxis insbesondere in Stadtlagen der weitaus häufigere Fall ist – eine Grundbesitzbewertung auf den Stichtag zu einem Grundbesitzwert von z. B. € 500.000 führt, und der Erwerber das Grundstück kurze Zeit nach dem Stichtag für € 650.000 verkauft (oder der Schenker bzw. Erblasser es kurz vor dem Stichtag für € 650.000 gekauft hat), bleibt es bei der Bewertung mit dem nach §§ 186 ff. BewG ermittelten Wert (hier: € 500.000). Das Finanzamt kann sich in diesem Fall nicht etwa auf den höheren Kaufpreis als Bemessungsgrundlage für die Erbschaft- und Schenkungsteuer berufen.

Der Nachweis i. S. d. § 198 BewG kann regelmäßig nur durch ein **Sachverständigengutachten** geführt werden. Dem Steuerpflichtigen obliegt insoweit eine volle Nachweispflicht für einen niedrigeren gemeinen Wert. Die Finanzverwaltung verlangt, korrespondierend zu der Anordnung in § 198 Satz 2 BewG und dem dort angelegten Verweis auf die Vorschriften des § 199 BauGB, dass das Gutachten entweder vom zuständigen Gutachterausschuss oder von einem Sachverständigen für die Bewertung von Grundstücken erteilt wird. Insbesondere Verkehrswertgutachten von Wirtschaftsprüfern, Immobilienmaklern oder ähnlichen Berufsgruppen, die zwar möglicherweise auch Sachnähe und Sachverstand auf dem Gebiet der Grundstückswertermittlung besitzen, sind somit nicht anerkannt.[33]

Das Sachverständigengutachten unterliegt der **freien Beweiswürdigung** durch die Finanzverwaltung und ggf. die Finanzgerichte.[34] Daher kann die Finanzverwaltung das Gutachten auch ohne Gegengutachten zurückweisen, freilich nur wenn dieses methodische Fehler oder inhaltliche Mängel wie unzutreffende Wertansätze enthält (ErbStR B 198 Abs. 3 Satz 2 f.). Es ist in der Praxis darauf hinzuweisen, dass die Finanzämter über eigene Bausachverständige verfügen, die die Sachverständigengutachten durchaus auch inhaltlicher Prüfung unterziehen können.

V. Verfahrensrecht

Bei Vorliegen eines steuerbaren Tatbestandes (→ Rn. 1 ff.) sind die für die Erbschaft- und Schenkungsteuer maßgeblichen Grundbesitzwerte gesondert festzustellen (§ 151 Abs. 1 Satz 1 Nr. 1 BewG). Dies bedeutet, dass das **Erbschaft- und Schenkungsteuerfinanzamt** nach Eingang der Anzeige über den Erwerb (§ 30 ErbStG) oder der Erbschaft- oder Schenkungsteuererklärung das für die Feststellung des Grundbesitzwertes gemäß § 152 Nr. 1

---

[33] Vgl. auch BFH 10.11.2004 – II R 69/01, BStBl. II 2005, 259.
[34] *Knobel* in Haus- und Grundbesitz in der Besteuerung Kapitel II. B. Rn. 639.

§ 4 54–57 Teil 3. Erwerb

BewG örtlich zuständige **Lagefinanzamt** zur Durchführung eines Wertfeststellungsverfahrens auffordert. Das Lagefinanzamt wird sodann den oder die Verfahrensbeteiligten i. S. d. § 153 BewG (in der Regel den Erwerber) zur Abgabe einer Feststellungserklärung über den Grundbesitzwert auffordern.

54 Handelt es sich um Grundstücke in einem **steuerlichen Betriebsvermögen**, fordert das Erbschaft- und Schenkungsteuerfinanzamt zunächst das **Betriebsfinanzamt** gemäß § 151 Abs. 1 Nr. 2, 3 BewG zur Einholung einer Feststellungserklärung des gemeinen Wertes für das betriebliche Vermögen auf. Sollte im Rahmen dieser Wertfeststellung eine Grundbesitzbewertung erforderlich werden (z. B., weil Substanzwert als gemeiner Wert der betrieblichen Einheit zur Anwendung gelangt, § 11 Abs. 2 Satz 4 BewG), fordert wiederum das Betriebsfinanzamt das **Lagefinanzamt** zur Durchführung eines Feststellungsverfahrens für die Grundbesitzbewertung auf. Ein gesondertes (und ggf. einheitliches) Feststellungsverfahren erfolgt nur, wenn die Feststellung für die Festsetzung der Erbschaft- und Schenkungsteuer von Bedeutung ist (§ 154 Abs. 1 Satz 1 BewG). Die Entscheidung hierüber liegt im Ermessen des Finanzamtes, welches die Anforderung „nach unten" ausspricht. Sofern Grundbesitz an einem Erbfall oder einer Schenkung beteiligt ist, ist diese Bedeutung in der Regel gegeben. Dies gilt selbst dann, wenn es letztlich, z. b. wegen Unterschreitens der persönlichen Freibeträge oder der Steuerfreiheit als Familienwohnheim, zu keiner Steuerfestsetzung kommt. Denn auch in diesem Fall kann das Finanzamt im Rahmen seines eigenen Ermessens ein Interesse daran haben, den Grundbesitzwert zunächst feststellen zu lassen, z. b. um zu entscheiden, ob die Höhe der persönlichen Freibeträge unterschritten ist.

55 Bei Grundstücken im Betriebsvermögen ist jedenfalls dann eine gesonderte Feststellung unerlässlich, wenn es sich bei diesen Grundstücken um **Verwaltungsvermögen** i. S. d. § 13b Abs. 2 Satz 1 Nr. 1 ErbStG handelt oder wenn bei der Betriebsvermögensbewertung der Substanzwert zum Ansatz kommt. Ist beides nicht der Fall, kann in der Praxis auch mit dem jeweils für die Ermessensausübung zuständigen Betriebsfinanzamt vereinbart werden, dass auf eine Grundbesitzbewertung verzichtet werden kann.

56 Bei Grundbesitz im gesamthänderisch gebundenen Vermögen einer **vermögensverwaltenden Personengesellschaft** wird ebenfalls vom Erbschaftsteuerfinanzamt ein Feststellungsverfahren bei dem jeweils zuständigen Lagefinanzamt des Grundstücks angefordert.

57 Auch für die Feststellung von Grundbesitzwerten gilt die sog. **Basiswertregelung** (§ 151 Abs. 3 Satz 1 BewG). Danach können gesondert festgestellte Werte innerhalb einer Jahresfrist auch für weitere Feststellungen für dasselbe Grundstücke unverändert zugrunde gelegt werden, wenn sich die für die Erstbewertung maßgeblichen Stichtagsverhältnisse nicht wesentlich verändert haben. Anders als bei Betriebsvermögen ist bei Grundvermögen in aller Regel davon auszugehen, dass über den längstens ein Jahr zurückliegenden vorangegangenen Bewertungsstichtag keine wesentlichen Änderungen eingetreten sind, wenn nicht das Grundstück selbst in dieser Zwischenzeit wesentliche Änderungen (z. B. durch Anbau oder Umbau) erfahren hat.

C. Steuerbefreiungen für Immobilien im Privatvermögen

I. Selbstgenutzte Immobilien („Familienheim")

Gemäß § 13 Abs. 1 Nr. 4a–4c ErbStG ist unter bestimmten Voraussetzungen und zugunsten eines engen Familienkreises der unentgeltliche Erwerb des sog. Familienheims von der Erbschaft- und Schenkungsteuer befreit. **58**

1. Telos, Systematik und verfassungsrechtliche Bedenken des BFH

Die Regelungen zur Steuerbefreiung des sog. Familienheims sind erstmals durch das **Jahressteuergesetz 1997**[35] zum 1.1.1997 in das ErbStG aufgenommen worden. Der Gesetzgeber sah damals Anlass, die Zuwendung des Familienheims zu privilegieren, da durch die Rechtsprechung des BFH die Schenkungsteuerpflicht von sog. unbenannten ehebedingten Zuwendungen klargestellt worden war.[36] Seitdem erfolgt die Beurteilung der Schenkungsteuerpflicht zwischen Ehegatten nach den allgemeinen Voraussetzungen des § 7 Abs. 1 Nr. 1 ErbStG. Der Gesetzgeber entdeckte daraufhin Bedarf, jedenfalls das eheliche Familienheim durch Einführung einer sachlichen Steuerbefreiung zu begünstigen. **59**

Diese Steuerbefreiungen wirken als sachliche Steuerbefreiungen absolut, d. h. es erfolgt bei Erwerb eines privilegierten Familienheims weder ein Freibetragsverbrauch noch eine Zusammenrechnung mit Vorerwerben i. S. d. § 14 ErbStG für die Steuerprogression. Insbesondere kennt auch die Steuerbefreiung **keine Wertobergrenze**, so dass auch außerordentlich wertvolle Familienheime steuerfrei erworben werden können. **60**

Diese umfassende Steuerbefreiung bietet auch entsprechende Gestaltungsmöglichkeiten. Zu nennen sind neben „Serienübertragungen" mehrerer Familienheim hintereinander insbesondere auch das Modell der sog. „**Familienheimschaukel**", bei dem der Schenker seinem Ehepartner das Familienheim zunächst steuerfrei unentgeltlich überträgt und – ggf. nach Abwarten einer gewissen Schamfrist – von diesem entgeltlich zurückerwirbt. Im Ergebnis hat hierdurch der beschenkte Ehegatte den Gegenwert des Familienheims in Geld bekommen, ohne dass ein Freibetragsverbrauch oder eine Zusammenrechnung für die Progression bei ihm eingetreten wäre. Ertragsteuerliche Folgen zeitigt der Vorgang ebenfalls nicht, da zu eigenen Wohnzwecken genutzte Grundstücke nicht der Spekulationsteuer unterliegen (§ 23 Abs. 1 Satz 1 Nr. 1 Satz 3 EStG → § 16 Rn. 48) und Erwerbe zwischen Ehegatten von der Grunderwerbsteuer befreit sind (§ 3 Nr. 4 GrEStG → § 5 Rn. 66). Als Opportunitätskosten verbleiben daher nur die Notarkosten sowie die Kosten der Grundbuchumschreibung. **61**

Diese Besonderheiten bei der sachlichen Steuerbefreiung haben dazu geführt, dass der BFH in neuerer Zeit eine deutlich **restriktivere Auslegung** **62**

---
[35] BGBl. 1996 I 2049.
[36] Nach wiederholten Änderungen der Rechtsprechung zuletzt BFH 2.3.1994 – II R 59/92, BStBl. II 1994, 366.

der Tatbestandsmerkmale der §§ 13 Abs. 1 Nr. 4a bis 4c ErbStG, insbesondere aber der Nr. 4a vertritt.[37] Auch haben die Mitglieder des zuständigen II. Senats des BFH in verschiedenem Zusammenhang betont, dass sie die Regelungen über die vollständige Steuerbefreiung des Familienheims insgesamt für eine verfassungsrechtlich bedenkliche „Überprivilegierung" halten, da dem verfassungsrechtlich gebotenen Schutz von Ehe und Familie auch ohne eine Vollbefreiung des Familienheims genüge getan sei.[38] Es ist daher durchaus damit zu rechnen, dass der BFH bei sich bietender Gelegenheit einen Fall der Familienheimbefreiung dem Bundesverfassungsgericht zur Prüfung vorlegen könnte (Richtervorlage, Art. 100 Abs. 1 GG), nachdem sich das Bundesverfassungsgericht in seinem letzten Urteil zur Erbschaftsteuer vom 17.12.2014[39] zur Steuerbefreiung für Familienheime – erwartungsgemäß – nicht geäußert hat.

63 Der Gesamtkomplex „**Steuerbefreiung des Familienheims**" ist in drei Nummern des § 13a Abs. 1 ErbStG geregelt, die jeweils verschiedene Erwerbssituationen betreffen und leicht unterschiedliche Voraussetzungen haben. Nr. 4a betrifft die derzeitige Schenkung des Familienheims zwischen Ehegatten. Nr. 4b betrifft den Erwerb des Ehegatten von Todes wegen, Nr. 4c betrifft den Erwerb von Abkömmlingen (Kinder und Kinder verstorbener Kinder) von Todes wegen; eine steuerbefreite lebzeitige Übertragung an Kinder sieht das Gesetz nicht vor.

2. Gemeinsame Voraussetzungen der Nr. 4a bis 4c und Rechtsfolge

64 Kernvoraussetzung der Steuerbefreiung ist das Familienheim, vom Gesetz definiert als im Inland, der EU oder dem Europäischen Wirtschaftsraum (EWR) belegenes bebautes Grundstück i.S.d. § 181 Abs. 1 Nr. 1–5 des Bewertungsgesetzes, soweit darin eine Wohnung zu eigenen Wohnzwecken genutzt wird. Entscheidend ist hierbei die **Nutzung zu eigenen Wohnzwecken** der Eheleute oder Lebenspartner und der zur Familie gehörenden Kinder. Die Finanzverwaltung konkretisiert den Begriff des Familienheims dahingehend, dass es sich um den Mittelpunkt der häuslichen Lebensgemeinschaft handeln muss; mithin das „Zuhause" der Familie darstellen muss (ErbStR E 13.3 Abs. 2 Satz 4). Kennzeichnend für die Rechtsprechung ist insbesondere, dass eine Familie zur gleichen Zeit immer nur ein Familienheim im Sinne eines Lebensmittelpunktes haben kann. Alle anderen Wohnsitze (Ferien- und/oder Nebenwohnsitze) können nicht zur selben Zeit Mittelpunkt der familiären Lebensgemeinschaft sein.

65 Daraus folgt konsequenterweise, dass **Ferien- und Zweithäuser** kein Familienheim i.S. der Vorschrift sein können.[40] Sehr wohl kann allerdings das Familienwohnheim im Laufe der Zeit durch ein anderes ersetzt werden (z.B. durch Umzug, Änderung der Lebensumstände u.ä.). Dies hindert die mehrmalige Inanspruchnahme der Steuerbefreiung nicht, so dass es durchaus möglich ist, im Laufe eines Lebens mehrere Familienheim steuerfrei zu schenken.

---

[37] BFH 18.7.2013 – II R 35/11, BStBl. II 2013, 1051.
[38] Vgl. auch BFH 18.7.2013 – II R 35/11, BStBl. II 2013, 1051.
[39] BVerfG 17.12.2014, 1 BvL 21/12, BStBl. II 2015, 50.
[40] BFH 18.7.2013 – II R 35/11, BStBl. II 2013, 1051.

66 Von der sachlichen Steuerbefreiung umfasst sind ungeachtet des Wortlauts („soweit darin eine Wohnung zu eigenen Wohnzwecken genutzt wird") nicht nur die „Wohnung" im engeren räumlichen Sinne, sondern alle damit in Zusammenhang stehenden Flächen. Bei dem typischen Fall des selbstgenutzten Einfamilienhauses sind dies auch die Garagen und sonstigen Nebenräume sowie sämtlicher nach der Verkehrsanschauung dem Grundstück zugehörige Grundstücksflächen. Hierbei gilt **keine Flächenbegrenzung,** so dass auch sehr weitläufiger Grundbesitz an der Steuerbefreiung teilnimmt, wenn er nach der Verkehrsanschauung zum Gesamtobjekt des Familienheims gehört.[41] Hierbei ist unerheblich, ob der Grundbesitz grundbuchrechtlich als gesondertes Flurstück oder ggf. auf einem gesonderten Grundbuchblatt ausgewiesen ist. Als Familienheim im Sinne der Vorschrift qualifiziert z. B. insbesondere auch der **Wohnteil eines land- und forstwirtschaftlichen Betriebs,**[42] welcher von der Steuerbefreiung für land- und forstwirtschaftliches Vermögen ausgeschlossen ist (§ 13b Abs. 1 Nr. 1 ErbStG). Bei Mehrfamilienhäusern, in denen nur eine Wohnung selbstgenutzt wird, erstreckt sich die Steuerbefreiung auf diese Wohnung sowie die dazugehörigen Nutzflächen und Garagen. Eine Aufteilung des Gesamtwertes des Grundstücks auf das Familienheim und die übrigen Wohnungen oder Geschäftsräume erfolgt hierbei anhand des Verhältnisses der Wohn-/Nutzflächen zueinander. Eine **untergeordnete gewerbliche Mitbenutzung** sowie ein **eigenes Arbeitszimmer** innerhalb der ansonsten eigengenutzten Familienwohnung sind jedoch unschädlich.[43] Ebenso ist die unentgeltliche Überlassung an nahe Verwandte (nur) dann für die Begünstigung unschädlich, wenn ein gemeinsamer Hausstand mit den Eheleuten geführt wird.[44]

67 Nicht begünstigungsfähig ist die **Zuwendung eines bloßen Nutzungsrechts** (Wohnrecht oder Nießbrauch) an den Ehegatten oder die Kinder. Diesbezüglich hat der BFH klargestellt, dass die Steuerbefreiung für das Familienheim nur beansprucht werden kann, wenn der Ehegatte tatsächlich auch zivilrechtlicher Eigentümer des Grundbesitzes wird.[45] Insbesondere in Konstellationen, in denen der Erblasser oder Schenker (vermeintlich steuerschonend) das Familienwohnheim an die Kinder weitergibt und diese lediglich verpflichtet, dem überlebenden Ehegatten ein lebenslanges Wohnrecht an dem Familienwohnheim als (Unter-)Vermächtnis einzuräumen, zieht damit für den Ehegatten negative steuerliche Folgen nach sich und sollte vermieden werden.

68 Veranlasst durch die Rechtsprechung des EuGH zur europarechtswidrigen Beschränkung der **Kapitalverkehrsfreiheit**[46] hat der Gesetzgeber mit Einführung des Erbschaftsteuerreformgesetzes zum 1.1.2009 den Anwendungsbereich der Steuerbefreiungsvorschriften auf Familienheim ausgedehnt, die im Inland, der Europäischen Union und dem Europäischen Wirtschaftsraum (EWR) belegen sind. Auch in diesem Zusammenhang ist allerdings nochmals

---

[41] Troll/Gebel/Jülicher/*Jülicher* ErbStG § 13 Rn. 57.
[42] Moench/Weinmann/*Kien-Hümbert* ErbStG § 13 Rn. 28.
[43] F/J/P/W/*Kobor* ErbStG § 13 Rn. 31 m. w. N.
[44] BFH 26.2.2009 – II R 69/06, BStBl. II 2009, 480.
[45] BFH 3.6.2014 – II R 45/12, BStBl. II 2014, 806.
[46] EuGH 17.1.2008 – C-256/06, DStRE 2008, 174 – Jäger.

darauf hinzuweisen, dass der Bundesfinanzhof eine Steuerbefreiung von Ferienimmobilien nicht zulässt; erforderlich ist also, dass die an der Übertragung beteiligten Personen den Mittelpunkt ihres häuslichen Lebens im ausländischen Familienwohnheim haben müssen.

3. Erwerbe von Ehegatten und Lebenspartnern

69   Bei Übertragungen des Familienheims zwischen Ehegatten unterscheidet das Gesetz zwischen lebzeitigen Übertragungen (Schenkungen, Nr. 4a) und Übertragungen von Todes wegen (Erbfällen, Nr. 4b). Auffälligstes Merkmal dieser Unterscheidung ist, dass bei **lebzeitigen Übertragungen** die Voraussetzungen der Eigennutzung des Familienheims **ausschließlich im Zeitpunkt der Steuerentstehung** (also bei Vollzug der Schenkung) vorliegen müssen. Anders als bei Erwerben von Todes wegen ist es nicht erforderlich, dass der erwerbende Ehegatte das Familienwohnheim während der darauf folgenden zehn Jahre weiterhin selber nutzt. Da ein Verstoß gegen die **zehnjährige Nachlauffrist** im Erbfall mit der vollen rückwirkenden Aberkennung der Steuerbefreiung verbunden ist (Fallbeilregelung!), bietet sich in der Gestaltungsberatung die lebzeitige Schenkung des Familienheims in jedem Fall an. Hierbei bleibt es dem Schenker unbenommen, sich ein lebenslanges Nießbrauchs- oder Wohnrecht einräumen zu lassen, so dass faktisch keine Nachteile für ihn entstehen. Der **Wegfall des Nießbrauchs- oder Wohnrechts** zugunsten des Schenkers bei dessen Ableben zeitigt – anders als der lebzeitige Verzicht[47] und unbeschadet des § 14 Abs. 2 BewG – für den Erwerber keine besonderen schenkungssteuerlichen Folgen, so dass auch diesbezüglich keine Nachteile entstehen.

70   Die Steuerbefreiung für die lebzeitige Zuwendung des Familienheims nach § 13 Abs. 1 Nr. 4a ErbStG geht über die unentgeltliche Übertragung des Alleineigentums oder Miteigentums weit hinaus. Ebenfalls von der Steuerbefreiung erfasst sind die **folgenden Gestaltungsvarianten:**
– gemeinschaftlicher Kauf eines Familienheims durch die Ehegatten zu Miteigentumsanteilen bei ausschließlicher Zahlung des Kaufpreises durch einen Ehegatten
– Kauf oder Herstellung durch den einen Ehegatten mit Mitteln, die ausschließlich der andere Ehegatte zur Verfügung stellt.
– Kauf eines fremdfinanzierten Familienheims durch einen Ehegatten oder beide Ehegatten zu Miteigentumsanteilen und Zahlung der Darlehensraten ausschließlich durch einen Ehegatten. In diesem Fall ist letztlich nicht nur die Tilgungs- sondern auch die Zinsleistung des einen Ehegatten zugunsten des anderen Ehegatten von der Schenkungsteuer befreit, da diese der Finanzierung des Familienheims gilt.
– Befreiung des einen Ehegatten von einer Kaufpreisschuld durch den anderen Ehegatten für das fremdfinanzierte Familienheim.

71   Noch weitgehender interpretiert die Finanzverwaltung die Steuerbefreiung. Nach ihrer Auffassung ist auch die **Zahlung nachträglicher Herstellungs- und sogar Erhaltungsaufwendungen** auf das dem anderen Ehegatten gehörende Familienheim von der Steuerbefreiung umfasst (ErbStR E 13.3 Abs. 4).

---

[47] Hierzu zuletzt BFH 20.5.2014 – II R 7/13, BStBl. II 2014, 896.

§ 4 Erbschaft- und Schenkungsteuer

Da auch hier keine Angemessenheitsprüfung vorgesehen ist, lösen auch sog. „Luxussanierungen" durch einen Ehegatten keine Schenkungsteuer aus.

Bei **Erwerb des Familienheims von Todes wegen** (§ 13 Abs. 1 Nr. 4b ErbStG) ist hingegen Voraussetzung, dass neben der bis zum Erbfall dauernden eigenen Wohnnutzung des Erblassers auch der Erwerber die Wohnung – soweit nicht bereits ohnehin vorliegend – unverzüglich zur Selbstnutzung zu eigenen Wohnzwecken bestimmt[48]. Dies bedeutet zum einen, dass der überlebende Ehegatte unverzüglich (eine Übergangsphase von wenigen Wochen dürfte hierbei unschädlich sein[49]) seinen Familienwohnsitz in dem Familienheim des Erblassers begründet und diesen überdies auch während der nächsten **zehn Jahre** aufrechterhält. Ein Verstoß gegen dieses Selbstnutzungsgebot innerhalb von zehn Jahren nach dem Erwerb, und sei es „am letzten Tag" der Frist, führt dazu, dass die Steuerbefreiung rückwirkend abzuerkennen ist (§ 175 Abs. 1 Nr. 2 AO). Diese Nachversteuerung umfasst den gesamten Erwerb[50] und ist nicht etwa, wie bei den Steuerbefreiungen für Betriebsvermögen gem. § 13a Abs. 5 Satz 2 ErbStG, pro rata temporis vorzunehmen.

Von diesem Selbstnutzungsgebot gibt es nur sehr eingeschränkte Ausnahmen. Nach Auffassung der Finanzverwaltung ist sogar die **Weiterschenkung unter Nutzungsvorbehalt** innerhalb des Zehn-Jahres-Zeitraums als Verstoß gegen den Nachversteuerungsvorbehalt anzusehen (ErbStR E 13.4 Abs. 6). Anderes soll nur gelten, wenn der Erwerber innerhalb der Zehn-Jahres-Frist aus **objektiv zwingenden Gründen** an der weiteren Nutzung zu eigenen Wohnzwecken gehindert ist. Solche objektiv zwingenden Gründe erblickt die Finanzverwaltung z.B. im Todesfall (was selbstverständlich sein dürfte) oder im Falle der Pflegebedürftigkeit, die dem überlebenden Ehegatten die Führung eines eigenen Haushalts unmöglich macht (ErbStR E 13.4 Abs. 6 Sätze 8, 9). Nachversteuerungsschädlich ist daher z.B. der (freiwillige) Umzug des Steuerpflichtigen, die Veräußerung des Familienheims, z.B. weil dieses schlicht zu groß geworden ist oder wegen finanzieller Schwierigkeiten des überlebenden Ehegatten, der Umzug wegen Arbeitsplatzwechsels sowie die erzwungene Aufgabe des Familienheims wegen Inhaftierung.[51] Da diese objektiv zwingenden Gründe weit in den persönlichen Lebensbereich des überlebenden Ehegatten hinreichen können und von diesem nicht uneingeschränkt beeinflusst werden können, bietet sich auch aus diesem Grund die lebzeitige Übertragung als vorzugswürdig an. Hierbei ist es unschädlich, wenn die Schenkung gleichsam „auf dem Sterbebett" erfolgt. Ein Gestaltungsmissbrauch in Zusammenhang mit dem nahestehenden Tod kann hierin beim besten Willen nicht erblickt werden. Kein probates Mittel ist allerdings die Schenkung auf den Todesfall, da diese gem. § 3 Abs. 1 Nr. 2 ErbStG als Erwerb von Todes wegen gilt und somit in den Anwendungsbereich des § 13 Abs. 1 Nr. 4b ErbStG fällt.

Die Steuerbefreiung gilt auch bei entsprechenden Zuwendungen zwischen **Lebenspartnern** einer eingetragenen Lebenspartnerschaft, nicht aber zwi-

---

[48] Vgl. OFD Rheinland 4.7.2012, DStR 2012, 2082.
[49] Vgl. Troll/Gebel/Jülicher/*Jülicher* ErbStG § 13 Rn. 70.
[50] Troll/Gebel/Jülicher/*Jülicher* ErbStG § 13 Rn. 73.
[51] Kritisch zu alledem *Steiner* ErbStB 2009, 123 f.

schen Geschwistern, auch wenn diese in einer langjährigen Wohn-, Haushalts- und Wirtschaftsgemeinschaft leben.[52]

4. Erwerbe von Abkömmlingen

75 Wiederum Modifikationen erfährt die Steuerbefreiung des Familienheims, wenn dieses auf Kinder des Erblassers oder Kinder verstorbener Kinder (Enkel) des Erblassers übergeht. Gemäß § 13 Abs. 1 Nr. 4c ErbStG ist zunächst festzustellen, dass begünstigungsfähig **ausschließlich der Erwerb von Todes** wegen ist; die lebzeitige Schenkung an Kinder unterfällt keiner Steuerbefreiung. Neben der Voraussetzung, dass der Erblasser bis zum Erbfall das Familienheim als Mittelpunkt seiner häuslichen Interessen bewohnt hat, muss auch in diesem Fall der Erwerber unverzüglich die Nutzung zu eigenen Wohnzwecken aufnehmen (→ Rn. 64). Allein dies dürfte der Steuerbefreiung bei Übergang des Familienheims auf Kinder oft genug entgegenstehen. Es entspricht der Lebenswirklichkeit, dass Kinder in vielen Fällen kein Interesse daran haben, nach dem Tod der Eltern ihren Hausstand in das vormalige Elternhaus zu verlegen. In allen Fällen, in denen die Kinder (ggf. an anderen Orten) eigene Hausstände haben und diese auch nicht aufgeben wollen, scheidet eine Steuerbefreiung bei Erwerb der Kinder schon aus diesem Grund aus. Auch in diesem Fall ist wie bei Nr. 4b eine zehnjährige Haltefrist erforderlich. Hierzu gelten die Ausführungen in → Rn. 72 entsprechend; insbesondere bei Umzug wegen beruflicher Veränderungen und ähnlichem liegen keine zwingend objektiven Gründe vor, so dass auch in diesem Fall die Steuerbefreiung rückwirkend vollständig entfällt. Allenfalls für den Erwerb minderjähriger Kinder oder Waisen-Enkel sieht die Finanzverwaltung eine Ausnahme vor, solange das Kind wegen Minderjährigkeit rechtlich gehindert ist, einen Haushalt selbständig zu führen (ErbStR E 13.4 Abs. 7 Satz 5).

76 Zusätzlich zu den vorgenannten Voraussetzungen sieht das Gesetz in § 13 Abs. 1 Nr. 4c ErbStG beim Erwerb von Abkömmlingen eine **objektbezogene Flächenbegrenzung** für die Steuerbefreiung vor. Begünstigt ist der Erwerb nur, soweit die Wohnfläche der Wohnung 200 qm nicht übersteigt. Bei einem Objekt, welches diese Quadratmeterzahl übersteigt, ist eine Kürzung der Steuerbefreiung im Verhältnis der tatsächlichen Wohnfläche zur steuerbefreiten Wohnfläche von 200 qm vorzunehmen (bei einer Gesamtwohnfläche von z. B. 300 qm also Kürzung um $^{1}/_{3}$).

II. Zu Wohnzwecken vermietete Immobilien

77 Eine weitere – moderate – Steuerbefreiung gewährt das ErbStG für den Erwerb von zum Wohnzwecken vermieteten Immobilien.

1. Steuerbefreiungsabschlag von 10 % (§ 13c Abs. 1 ErbStG)

78 Grundstücke, welche zu Wohnzwecken vermietet werden, werden für Zwecke der Erbschaft- und Schenkungsteuer mit 90 % ihres Wertes angesetzt (§ 13c Abs. 1 ErbStG). Die Vorschrift des § 13c ErbStG ist durch das Erb-

---

[52] BFH 24.4.2013 – II R 65/11, BStBl. II 2013, 633.

schaftsteuerreformgesetz 2009[53] mit Wirkung zum 1.1.2009 eingeführt worden. Der **10%-ige Abschlag auf den gemeinen Wert** (ErbStR E 13c Abs. 1) stellt keine Bewertungsregelung dar, sondern einen „zulässigen" Verschonungsabschlag auf den zuvor ermittelten gemeinen Wert.[54] Die Vorschrift begünstigt ausschließlich steuerliches Privatvermögen. Grundstücke in einem steuerlich qualifizierten Betriebsvermögen (→ Rn. 108 ff.) sind nicht nach § 13c ErbStG begünstigungsfähig.

Der Gesetzgeber erblickt die **Rechtfertigung** für diesen - freilich sehr geringen -[55] **Befreiungsabschlag in Höhe von 10%** in der gemeinwohlförderlichen Zweckbindung von zu Wohnzwecken vermieteten Immobilien.[56] Nach seiner Ansicht erbringen private Vermieter eine volkswirtschaftlich bedeutsame Leistung, die die angemessene Wohnraumversorgung der Bevölkerung sichert. Zudem hebt die Gesetzesbegründung hervor, dass hierdurch Wettbewerbsnachteile privater Wohnungsvermieter durch eine Steuerbelastung vermieden werden sollen, denen institutionelle Wohnraumanbieter (insbesondere Wohnungsbaugenossenschaften) aufgrund anderer gesellschaftsrechtlicher Organisationsformen nicht unterliegen. Es ist allerdings fraglich, ob der Gesetzgeber mit dem vorliegend geregelten geringfügigen Abschlag in Höhe von 10% eine solche Wettbewerbsneutralität tatsächlich herstellen kann. Insbesondere im Vergleich zu der deutlich weiterreichenden Steuerbefreiung für sog. „Wohnungsunternehmen" i. S. d. § 13b Abs. 2 Satz 2 Nr. 1 Buchst. d ErbStG (→ Rn. 130 ff.) fällt die Steuerbefreiung für Wohnungen im Privatvermögen also zurück.

Zudem ist festzustellen, dass der Befreiungsabschlag i. H. v. 10% den seit dem 1.1.2009 geltenden Bewertungsnachteil durch die Neuregelung des Bewertungsgesetzes im Rahmen des Erbschaftsteuerreformgesetzes 2008 kaum auffangen kann. Insbesondere die Immobilienbewertung ist seit dem 1.1.2009 deutlich näher an den Verkehrswert gerückt, was auch die Notwendigkeit einer besonderen Regelung der Verkehrswertobergrenze (§ 179 BewG) verdeutlicht. Insofern bleibt trotz des nunmehr gewährten 10%-igen Abschlages festzustellen, dass private zu Wohnzwecken vermietete Immobilien nach der Erbschaftsteuerreform deutlich höher besteuert werden als zuvor.

Der Rechtsgrund für den Erwerb (Erbfall oder Schenkung) ist ohne Belang. Insbesondere ist der 10%-ige Abschlag auch bei der „**mittelbaren Grundstücksschenkung**" (→ dazu Rn. 17) zu gewähren,[57] bei der der Schenker dem Beschenkten einen Geldbetrag zuwendet mit der Maßgabe, ein näher bezeichnetes, zu Wohnzwecken vermietetes Grundstück zu erwerben. Nachdem die Grundstücksbewertung durch das ErbStRG an den Verkehrswert angenähert wurde, ist der Befreiungsabschlag der eigentliche Vorteil der mittelbaren Grundstücksschenkung.

Anders als bei den Verschonungsabschlägen für Betriebsvermögen gibt es **keine Nachsteuer- oder Behaltensfrist.** Maßgeblich sind ausschließlich

---
[53] Erbschaftsteuerreformgesetz v. 24.12.2008, BGBl. I 2008, 3018.
[54] Zutr. *Meincke* ErbStG § 13c Rn. 1.
[55] F/J/P/W/*Wachter* ErbStG § 13 Rn. 3.
[56] Gesetzesbegründung BT-Drs. 16/7918, 36.
[57] Gl. A. Moench/Weinmann/*Kien-Hümbert* ErbStG § 13c Rn. 3 m. w. N.

die Verhältnisse im Steuerentstehungszeitpunkt; eine (unter Umständen auch sofort nach dem Erbfall oder der Schenkung erfolgende) Veräußerung des Grundstücks oder „Umwidmung" durch Vermietung zu gewerblichen Zwecken ist daher unschädlich. Unschädlich ist insbesondere auch die Schenkung oder Vererbung an den bisherigen Mieter (z. B. an das Kind, welches in der Wohnung wohnt). Das Gesetz setzt, anders als bei der Übertragung z. B. von Mitunternehmeranteilen nicht voraus, dass beim Erwerber gleichsam begünstigtes Vermögen „ankommt".

83 Wird der Befreiungsabschlag in Anspruch genommen, sind die mit der erworbenen Immobilie in Zusammenhang stehenden **Schulden und Lasten** ebenfalls um 10% zu kürzen (§ 10 Abs. 6 Satz 5 ErbStG).

84 Hinzuweisen ist in diesem Zusammenhang auch auf § 28 Abs. 3 ErbStG, wonach für die Steuer auf den nicht der Verschonung unterliegenden Anteil von 90% eine **Stundung** gewährt werden kann. Zwar kann durch die bis zu zehnjährige zinslose Stundung der Steuer ein beträchtlicher Entlastungseffekt erzielt werden, wenn man davon ausgeht, dass der abgezinste Kapitalwert der zu stundenden Steuer über einen Zeitraum von zehn Jahren etwa dem hälftigen Wert der Steuerschuld entspricht.[58] Andererseits hängt die Stundung von hohen Voraussetzungen ab („Steuer nur durch Veräußerung dieses Vermögens aufbringen kann"). Sobald der Erwerber also, insbesondere im Erbfall, noch anderes Vermögen erwirbt, welches zur Begleichung der Steuer herangezogen werden kann, greift die Stundungsmöglichkeit bereits nicht ein.[59]

2. Voraussetzungen für die Steuerbefreiung

85 **Begünstigt** sind gem. § 13c Abs. 3 ErbStG bebaute Grundstücke und Grundstücksteile, die
1. zu Wohnzwecken vermietet werden,
2. im Inland, einem Mitgliedstaat der Europäischen Union oder einem Staat des Europäischen Wirtschaftsraumes belegen sind,
3. nicht zum nach §§ 13a, 13b ErbStG begünstigten Betriebsvermögen gehören.

86 Die Immobilie muss **zu Wohnzwecken vermietet** sein. Ausreichend ist bereits die „Widmung" des Grundstücks zu Vermietungszwecken. Erfasst sind daher auch Grundstücke, die zwar grundsätzlich zur Vermietung vorgesehen sind, jedoch im Zeitpunkt des Übertragungsstichtages leer stehen (ErbStR E 13c Abs. 2, Abs. 3 Satz 4).[60] Ausreichend dürfte es sein, wenn der Erwerber die ernsthafte Vermietungsabsicht dokumentiert (zB durch Beauftragung eines Maklers, Zeitungsannoncen, Renovierung etc.). Die Finanzverwaltung legt den Tatbestand der Norm also großzügig aus (vgl. auch Tatbestand der „Dritten zur Nutzung überlassenen Grundstücke und Gebäude" i. S. d. § 13b Abs. 2 Satz 2 Nr. 1 ErbStG, wo der Leerstand den Tatbestand des Verwaltungsvermögens gerade nicht erfüllt, → Rn. 118). Das der Vermietung gewidmete Gebäude muss freilich im Zeitpunkt des Erwerbs vermietbar, d. h. bezugsfertig sein. Nicht begünstigungsfähig ist daher der Erwerb von Gebäu-

---

[58] *Meincke* ErbStG § 13c Rn. 1.
[59] F/J/P/W/*Wachter* ErbStG § 13c Rz. 54.
[60] Moench/Weinmann/*Kien-Hümbert* ErbStG § 13c Rn. 4.

§ 4 Erbschaft- und Schenkungsteuer 87–91 § 4

den im Zustand der Bebauung, auch wenn diese für eine Vermietung nach Fertigstellung vorgesehen sind.[61]
Anders als bei Wohnungsunternehmen i. S. d. § 13b Abs. 2 Satz 2 Nr. 1 Buchst. d ErbStG (→ Rn. 130 ff.) muss die vermietete Wohnung für den Befreiungsabschlag nach § 13c ErbStG **keine qualifizierten Voraussetzungen** erfüllen (kein Verweis auf § 181 Abs. 9 BewG). Begünstigt sind also auch insbesondere Wohnungen mit einer Quadratmeterzahl von weniger als 23 m², und solche, die jeweils keine in sich geschlossene bauliche Wohneinheit bilden oder keinen selbständigen Zugang haben (insbes. vermietete Zimmer in Studentenwohnheimen und Seniorenwohnheimen, betreutes Wohnen u. a.). Auf die Dauer der Vermietung kommt es ebenso nicht an. Auch nur zum kurzfristigen Gebrauch vermietete Objekte wie Ferienwohnungen und -häuser sind begünstigt.[62] 87

Eine andere Nutzung als zu Wohnzwecken ist dann unschädlich, wenn sie von untergeordneter Bedeutung ist (z. B. häusliches Arbeitszimmer). Aber auch eine teilweise oder zeitweise gewerbliche (Mitbe-)Nutzung der vermieteten Wohnung ist dann unschädlich, wenn die Wohnzwecknutzung insgesamt überwiegt (ErbStR E 13c Abs. 4 Satz 2). Das „Überwiegen" dürfte, wie auch bei der Aufteilung von Dritten zur Nutzung überlassenen Flächen, nach dem Verhältnis der Nutzflächen aufzuteilen sein. Der untergeordnete Nutzen zu anderen Zwecken hindert dann die Begünstigung insgesamt nicht. Anders ist dies, wenn in einem Objekt mehrere getrennt zu betrachtende Einheiten vermietet werden (z. B. teils zu Wohnzwecken, teils zu Gewerbezwecken). In diesem Fall ist nur der anteilige Wert der zu Wohnzwecken vermieteten Gebäudeteile begünstigt. Der übrige Teil ist nicht begünstigt. Maßgeblich ist auch hier die Aufteilung des Gesamtwertes des vermieteten Objektes anhand des Verhältnisses der Nutzflächen (ErbStR E 13c Abs. 3 Satz 6 u. 7). 88

Auch die **teilentgeltliche Vermietung** ist begünstigt. Auf die ertragsteuerliche Anerkennung des Mietverhältnisses kommt es nicht an, ein Fremdvergleich findet nicht statt.[63] Nicht begünstigt ist die unentgeltliche Überlassung (ErbStR E 13c Abs. 3 Satz 2). 89

Von der Begünstigung ebenfalls erfasst sind **Erbbaurechte**,[64] nicht hingegen die erbbaurechtsbelasteten Grundstücke, da letztere als unbebaute Grundstücke gelten. Gebäude auf fremdem Grund und Boden können begünstigt sein, wenn sie dem Erblasser/Schenker als wirtschaftlichem Eigentümer gem. § 39 Abs. 2 Nr. 1 Satz 1 AO zugerechnet werden können.[65] 90

Weitere Voraussetzung ist, dass die Immobilie **im Inland, in einem Staat der EU oder des EWR belegen** sein muss. Der Gesetzgeber hat also vor dem Hintergrund europarechtlicher Vorgaben die Begünstigung, wie auch bei der Begünstigung von Betriebsvermögen, auf inländische und „euro- 91

---

[61] BFH 11.12.2014 – II R 30/14, DStR 2015, 294, insoweit konform mit § 178 Abs. 1 Satz 2 BewG, wonach vor Bezugsfertigkeit ein unbebautes Grundstück vorliegt.
[62] A. A. aber Wilms/Jochum/*Jochum* ErbStG § 13c Rn. 24.
[63] F/J/P/W/*Wachter* ErbStG § 13c Rn. 11 m. w. N.
[64] F/J/P/W/*Wachter* ErbStG § 13c Rn. 6; Troll/Gebel/Jülicher/*Jülicher* ErbStG § 13c Rn. 7.
[65] Eingehend Troll/Gebel/Jülicher/*Jülicher* ErbStG § 13c Rn. 7.

päische" Immobilien ausgeweitet. Nicht begünstigt sind damit (nur) Drittlandsimmobilien.

III. Immobilien als Kulturgüter

92 Gemäß § 13 Abs. 1 Nr. 2 ErbStG sind Grundbesitz und Teile des Grundbesitzes unabhängig von ihrem Wert **seit dem 1.1.2009** zu 85% (bis 31.12.2008 zu 60%) **von der Erbschaft- und Schenkungsteuer befreit,** wenn die Erhaltung dieser Gegenstände wegen ihrer kulturellen Bedeutung im öffentlichen Interesse liegt, die Gegenstände in einem den Verhältnissen entsprechenden Umfang öffentlich zugänglich gemacht werden und die jährlichen Kosten in der Regel die erzielten Einnahmen übersteigen.

Eine volle Steuerbefreiung kommt in Betracht, wenn zusätzlich zu den vorgenannten Voraussetzungen der Steuerpflichtige bereit ist, den Grundbesitz oder die Grundbesitzteile dem Denkmalschutz zu unterstellen und sich der Grundbesitz seit mindestens 20 Jahren in Familienbesitz befindet oder in dem Verzeichnis national wertvollen Kulturguts eingetragen sind. Die Inanspruchnahme der Steuerbefreiung ist mit einer zehnjährigen Veräußerungssperre und Aufrechterhaltung der vorgenannten Voraussetzungen verbunden (§ 13 Abs. 1 Nr. 2 Satz 2 ErbStG).

1. Gegenstand der Steuerbefreiung

93 Begünstigungsfähig sind Grundbesitz und Teile von Grundbesitz. Nach Auffassung der Finanzverwaltung gehören zum **Grundbesitz** alle wirtschaftlichen Einheiten des land- und forstwirtschaftlichen Vermögens, des Grundvermögens sowie die Betriebsgrundstücke (ErbStR E 13.2 Abs. 1 Satz 3). Soweit es sich um Grundstücke im Privatvermögen handelt, dürfte demgemäß auf den zivilrechtlichen Grundstücksbegriff (§ 94 BGB) abzustellen sein. Demnach zählen hierzu auch wesentliche Bestandteile (§ 93 BGB), da diese untrennbar mit dem Grundstück oder Gebäude verbunden sind, so dass diese nicht Gegenstand besonderer dinglicher Rechte sein können, sondern das Schicksal der Hauptsache teilen. Anders liegt dies bei Scheinbestandteilen (§ 95 Abs. 1 Satz 1, Abs. 2 BGB), welche zivilrechtlich dem Recht unbeweglicher Sachen folgen und nicht Teil von Grundbesitz werden. **Teile von Grundbesitz** sind insbesondere räumlich abtrennbar Grundflächen einer (grundbuchrechtlichen) Einheit. Ob hingegen auch einzelne unselbständige Ausstattungsmerkmale wie z.B. Fassaden, Deckenfresken, Treppenaufgänge o. ä. – ohne Gesamtbefreiungswürdigkeit des Gebäudes – von der Steuerbefreiung erfasst sein können, erscheint zweifelhaft.[66]

94 Die Formulierung der Finanzverwaltung, wonach qualifizierter Grundbesitz oder Teile hiervon auch von der Steuerbefreiung profitieren können, wenn diese in einem **steuerlichen Betriebsvermögen** oder land- und forstwirtschaftlichem Vermögen belegen sind, ist missverständlich. Richtig dürfte wie folgt zu differenzieren sein: Es ist für die Steuerbefreiung nicht hinderlich, wenn sich der qualifizierte Grundbesitz in einem land- und forstwirtschaftlichen Vermögen oder einem, z.B. freiberuflichen Betriebsvermögen des Erblassers oder Schenkers befindet. Voraussetzung ist, dass der Erwerber den

---

[66] *Kleeberg/Eberl*, Kulturgüter in Privatbesitz, 2. Aufl. 2001, Rn. 708.

Grundbesitz direkt erwirbt (z. B. weil die Eigenschaft als freiberufliches Betriebsvermögen mit dem Erbfall verlorengeht oder das Grundstück land- und forstwirtschaftlich nicht zu dem dem Grunde nach begünstigungsfähigen Vermögen gemäß § 13b Abs. 1 Nr. 1 ErbStG zählt[67]).

Befinden sich hingegen der Grundbesitz oder die Grundbesitzteile im **Ge-** **samthandsvermögen** einer Personengesellschaft oder im Vermögen einer juristischen Person (Kapitalgesellschaft), findet nach richtiger Auffassung kein „Durchgriff" der Steuerbefreiung nach § 13 Abs. 1 Nr. 2 ErbStG statt. Dies liegt daran, dass sich die Übertragung gleichsam „auf einer anderen Ebene" vollzieht; der Erwerber erwirbt Anteile an dem gewerblichen Betriebsvermögen oder der Kapitalgesellschaft, die ggf. nach § 13b Abs. 1 Nrn. 2, 3 ErbStG sind. Ein Durchgriff findet hier nicht statt, selbst wenn die Steuerbefreiungsvorschriften nach § 13b Abs. 1 ErbStG nicht greifen.[68] 95

Nach dem **Wortlaut** der Vorschrift kommt es auf die Belegenheit des Grundbesitzes oder der Grundbesitzteile (Inland, EU-Ausland, Drittland) nicht an. Die Entstehungsgeschichte spricht zwar dafür, dass nur inländischer Grundbesitz erfasst ist, da das Gesetz in seiner ursprünglichen Fassung aus dem Jahr 1919 den Abverkauf hochwertiger Kulturgüter ins Ausland verhindern wollte. In europarechtskonformer Auslegung erstreckt die Finanzverwaltung die Steuerbefreiung auch auf Grundbesitz, der sich im EU-Ausland oder EWR befindet. Nach in der Literatur vertretener Auffassung ist jedoch aufgrund des offenen Wortlautes auch begründbar, dass § 13 Abs. 1 Nr. 2 ErbStG als subjektive Steuerbefreiung auch im Ausland befindliches qualifiziertes Grundvermögen privilegiert.[69] 96

2. Voraussetzungen für die 85%ige Steuerbefreiung

Voraussetzung ist zunächst, dass die **Erhaltung** des Grundbesitzes wegen seiner Bedeutung für Kunst, Geschichte oder Wissenschaft **im öffentlichen Interesse** liegt. Dieser unbestimmte Rechtsbegriff erfordert nach der Rechtsprechung hohe Anforderungen, die sich in rechtlichen Bindungen ausdrücken, die über das normale Maß dessen, was beim Grundbesitz von Grundstückseigentümern aufgrund baurechtlicher Bestimmungen verlangt wird, ausdrückt[70]. Die Entscheidung über das öffentliche Interesse liegt im Ermessen der Finanzverwaltung. Bei Grundbesitz ist ein solches jedoch stets gegeben, wenn das Grundstück den Vorschriften des Denkmalschutzes untersteht (womit zugleich eine der Voraussetzungen für die erweiterte Steuerbefreiung nach § 13 Abs. 1 Nr. 2 Buchst. b Doppelbuchst. aa ErbStG erfüllt ist, → Rn. 102). Ansonsten dürfte der Nachweis des öffentlichen Interesses regelmäßig durch ein Gutachten der mit der Denkmalpflege betrauten Landesbehörde zu erbringen sein.[71] 97

---

[67] Vgl. Kapp/Ebeling/*Geck* ErbStG § 13 Rn. 22.
[68] Gl. A. *Crezelius* ZEV 2014, 637 (640); aber str., vgl. *Hoheisel/Graf Nesselrode* DStR 2011, 441, (442 f.); a. A. wohl F/J/P/W/*Kobor* ErbStG § 13 Rn. 16.
[69] So *Crezelius* ZEV 2014, 637 (639); *Kleeberg/Eberl*, Kulturgüter in Privatbesitz, 2. Aufl. 2001, Rn. 739.
[70] *Kleeberg/Eberl*, Kulturgüter in Privatbesitz, 2. Aufl. 2001, Rn. 673.
[71] Troll/Gebel/Jülicher/*Jülicher* ErbStG § 13 Rn. 31.

98 Ferner ist Voraussetzung für die Steuerbefreiung die **dauerhafte Unrentabilität**, wenn die jährlichen Kosten in der Regel die erzielten Einnahmen übersteigen. Zu den berücksichtigungsfähigen Aufwendungen bei Grundbesitz und Teilen von Grundbesitz zählen insbesondere Gebäudeversicherungen (Brand, Hochwasser etc.), nicht aber wohl Hausratversicherungen für das wertvolle und unter Umständen separat begünstigungsfähige Inventar. Ebenfalls dazu zählen auch die allgemeinen Erhaltungsaufwendungen, die insbesondere bei denkmalgeschützten Gebäuden nennenswerte Dimensionen erreichen können, sowie Fremdkapitalzinsen.[72] Unter Berücksichtigung der ggf. aus dem Grundbesitz erzielten Einnahmen sowie unter Anrechnung der öffentlichen Zuschüsse muss daher eine dauerhafte Kostenunterdeckung vorliegen, die zu der geforderten Unwirtschaftlichkeit führt.

99 Der Grundbesitz muss „in einem den Verhältnissen entsprechenden Umfang" **der Öffentlichkeit zugänglich oder nutzbar gemacht** werden. Hierunter ist keinesfalls (anders als bei § 13 Abs. 1 Nr. 3 ErbStG, → Rn. 106) die ständige Freigabe für eine Besichtigung durch eine breite Öffentlichkeit zu verstehen.[73] Ausreichend ist vielmehr, wenn in bewohnten Häusern gelegentlich interessierten Gruppen eine Besichtigung gestattet wird. Dies schließt die Möglichkeit ein, dass sich interessierte Gruppen bei dafür geeigneten Stellen (z.B. dem örtlichen Fremdenverkehrsverein) über eine Besichtigung des Grundbesitzes und dessen Terminierung informieren können. Eine werbliche Initiative des Grundstückseigentümers i.S. eines Anbietens ist hingegen nicht erforderlich.

3. Zusätzliche Voraussetzungen für die 100%ige Steuerbefreiung

100 Sollen der Grundbesitz oder die Grundbesitzteile **vollständig von der Erbschaft- und Schenkungsteuer befreit** werden, ist zusätzlich zu den oben genannten Voraussetzungen erforderlich, dass das Grundstück den Bestimmungen der Denkmalpflege unterstellt wird (§ 13 Abs. 1 Nr. 2 Buchst. b Doppelbuchst. aa ErbStG). Da gerade bei Grundbesitz der Nachweis über das öffentliche Interesse insbesondere durch eine Eintragung in die Denkmalliste geführt werden kann, ist diese Voraussetzung in der Regel keine zusätzliche Hürde auf dem Weg zur vollständigen Steuerbefreiung.

101 Weiter kumulative Voraussetzung ist, dass sich das Grundstück seit **20 Jahren in Familienbesitz** befindet *oder* in das Verzeichnis national wertvoller Kulturgüter eingetragen ist (ErbStR E 13.2 Abs. 2 Sätze 1, 2). Bei dem Erfordernis des 20-jährigen Familienbesitzes ist ein großzügiger Anwendungsspielraum geboten. Erforderlich, aber auch ausreichend ist es, wenn das Grundstück im Eigentum einer, unter Umständen auch weit gefassten, Familie war. Insofern dürften auch Übertragungen „in die Seitenlinie", z.B. auf Nichten, Neffen, ggf. sogar Ehegatten, unschädlich sein.[74] Ebenso unschädlich dürfte sein, wenn innerhalb der 20-jährigen Vorbesitzzeit das Grundstück im Eigentum einer Familienstiftung i.S.d. § 1 Abs. 1 Nr. 4 ErbStG (hierzu

---

[72] VG Köln 4.3.1988 – 20 K 1715/86, KStZ 1988, 190; a.A. Wilms/Jochum/*Jochum* ErbStG § 13 Rn. 54 m.w.N.
[73] *Kleeberg/Eberl*, Kulturgüter in Privatbesitz, 2. Auflage 2001, Rn. 717.
[74] Gl. A. Troll/Gebel/Jülicher/*Jülicher* ErbStG § 13 Rn. 38.

ErbStR E 1.2) befand. Dann gewinnt die Steuerbefreiung insbesondere auch Interesse für die (Rück-)Übertragung von qualifiziertem Grundbesitz von einer Familienstiftung auf deren Destinatäre.

Liegt ein 20-jähriger Familienbesitz nicht vor, kann eine Vollbefreiung nach dem Wortlaut der Norm nur durch Eintragung in das **Verzeichnis national wertvollen Kulturgutes** erreicht werden. Das Verzeichnis wird bei den Kultusministerien oder beim Ministerium für Kunst geführt. Für Grundbesitz ist die Vorschrift redundant, da dieser nicht in ein Kulturgüterverzeichnis eingetragen werden kann; hier genügt die Eintragung in landesrechtliche geführte Denkmalsbücher.[75]

102

4. Nachträglicher Wegfall der Steuerbefreiungen

Die **Steuerbefreiung entfällt nachträglich** mit Wirkung für die Vergangenheit, wenn der Erwerber des begünstigten Grundbesitzes diesen innerhalb von **zehn Jahren** nach dem Erwerb veräußert oder die Befreiungsvoraussetzungen innerhalb dieses Zeitraumes entfallen. Dies bedeutet insbesondere, dass der Erwerber die Zugänglichmachung der Öffentlichkeit über einen Zeitraum von mindestens zehn Jahren aufrechterhalten muss; gleiches gilt für die Unterstellung unter die Vorschriften der Denkmalschutzpflege.

103

Als Veräußerung zählt nicht nur der freiwillige Verkauf sondern auch der Verkauf im Rahmen der Zwangsvollstreckung. Liegt ein solcher „**Behaltensfristverstoß**" vor, ist die beschleunigte Steuerfestsetzung gemäß § 175 Abs. 1 Satz 1 Nr. 2 AO (rückwirkendes Ereignis) nachträglich zu berichtigen. Demgegenüber ist die Weiterschenkung oder Übertragung zur Erbauseinandersetzung unschädlich.[76]

104

Zu beachten ist, dass gemäß § 10 Abs. 6 ErbStG **Schulden und Lasten,** die mit einem solcherart steuerbefreiten Grundbesitz in Zusammenhang stehen, nicht bereicherungsmindernd abgezogen werden können. Hieraus kann sich aufgrund der Vorschriften über die Grundbesitzbewertung (→ Rn. 30 ff.) auch ein „Schuldenüberhang" ergeben, kraft dessen sich eine Steuerbefreiung auf Kosten der Schuldenkürzung letztlich zum Nachteil auf die Bemessungsgrundlage auswirken würde. Nach § 13 Abs. 3 Satz 2 ErbStG kann der Erwerber gegenüber der Finanzbehörde jedoch bis zur Unanfechtbarkeit der Steuerfestsetzung den **Verzicht auf die Steuerbefreiung** erklären. Auch im Fall eines „Behaltensfristverstoßes" lebt der Schuldenabzug gemäß § 175 Abs. 1 Satz 1 Nr. 2 AO nachträglich in dem Maße wieder auf, in die die Steuerbefreiung entfallen ist.

105

IV. Zum Zwecke der Volkswohlfahrt genutzte Immobilien

Gem. § 13 Abs. 1 Nr. 3 ErbStG sind ferner Grundbesitz und Teile von Grundbesitz befreit, die ohne gesetzliche Verpflichtung für **Zwecke der Volkswohlfahrt** der Allgemeinheit zugänglich gemacht werden. Dies betrifft in erster Linie Gebäude und Gebäudeteile, die als Museen oder Ausstellungs-

106

---

[75] Troll/Gebel/Jülicher/*Jülicher* ErbStG § 13 Rz. 37 m. w. N.
[76] Troll/Gebel/Jülicher/*Jülicher* ErbStG § 13 Rz. 45.

räume, o. ä. der Allgemeinheit zugänglich sind. Auch Parkanlagen können hierunter fallen. Allerdings darf der Eigentümer nicht zur Zugänglichmachung gesetzlich verpflichtet sein, weshalb Waldungen nicht von der Steuerbefreiung privilegiert werden.

107 Die Abgrenzung zu § 13 Abs. 1 Nr. 2 ErbStG (→ Rn. 92 ff.) erfolgt in erster Linie danach, ob der Grundbesitz oder die Grundbesitzteile (abgesehen von nächtlichen Schließungen) grundsätzlich immer öffentlicher Nutzung zugänglich sind (dann Nr. 3) oder nur zu bestimmten Zeiten oder Gelegenheiten zugänglich gemacht werden (dann Nr. 2). Ebenso wie bei Nr. 2 ist auch hier die dauernde Unwirtschaftlichkeit (→ Rn. 98) erforderlich, ferner ist der Erhalt der Steuerbefreiung an eine 10-jährige Behaltens- und Nutzungsperiode (→ Rn. 103 ff.) geknüpft.

D. Steuerbefreiungen für Immobiliengesellschaften und Immobilien im Betriebsvermögen

I. Privilegierungen bei der Erbschaft- und Schenkungsteuer für betriebliches Vermögen

1. Vorbemerkung: Urteil des BVerfG v. 17.12.2014 und geplante Erbschaftsteuerreform 2015/2016

108 Nach dem derzeit (noch) geltenden Erbschaft- und Schenkungssteuerrecht für betriebliches Vermögen gewährt der Gesetzgeber **großzügige Steuerbefreiungsabschläge** (85%iger Abschlag vom gemeinen Wert bei der sog. „Regelverschonung", § 13a Abs. 1 i. V. m. § 13b Abs. 4 ErbStG; 100%iger Verschonungsabschlag, effektive Steuerfreiheit, bei der sog. „Vollverschonung", 13a Abs. 8 ErbStG). Diese Steuerbefreiungsabschläge sind von einer Reihe qualifizierter Voraussetzungen abhängig, die teils vor und teils nach der geplanten Übertragung vorliegen müssen oder herbeigeführt werden müssen (→ Rn. 111 ff.).

109 Mit Urteil vom 17.12.2014[77] hat das **BVerfG** das derzeit geltende Steuerbefreiungsregime für betriebliches Vermögen wegen Verstoßes gegen den Gleichheitsgrundsatz für **verfassungswidrig** erklärt. Anders als der BFH in seinem der Entscheidung zugrundeliegenden Vorlagebeschluss[78] hat das BVerfG jedoch weder die Gewährung der o. g. weitreichenden Steuerbefreiungen an sich noch die gesetzgeberische Grundkonzeption der Verschonungsvoraussetzungen beanstandet.[79] Die verfassungsrechtliche Kritik beschränkt sich auf (technische) Einzelheiten der gesetzlichen Regelungen; gleichwohl führen die festgestellten Unvereinbarkeiten aufgrund der „Verklammerung" durch die Tarifnorm des § 19 ErbStG zu einer Gesamtverfassungswidrigkeit des ErbStG. Zur Vermeidung von Besteuerungslücken hat das BVerfG, wie bereit in vorangehenden Entscheidungen[80] lediglich die Un-

---

[77] BVerfG 1 BvL 21/12, BStBl. II 2015, 50.
[78] BFH 27.9.2012 – II R 9/11, BStBl. II 2012, 899; dazu *von Oertzen* Ubg 2012, 724.
[79] Dazu *Stalleiken* DB 2014, 18.
[80] Z. B. BVerfG 7.11.2006 – 1 BvL 10/02, BStBl. II 2007, 192.

vereinbarkeit des ErbStG mit höherrangigem Recht festgestellt und eine Fortgeltung des verfassungswidrigen Rechts bis **zum 30.6.2016** angeordnet. Bis dahin ist der Gesetzgeber aufgerufen, verfassungskonformes Recht zu schaffen. Das Bundeskabinett hat daraufhin im Juni 2015 einen Gesetzentwurf zur Anpassung des Erbschaftsteuer- und Schenkungsteuergesetzes an die Rechtsprechung des Bundesverfassungsgerichts beschlossen.[81] Siehe hierzu ausführlicher → § 1 Rn. 115.

2. Kernvoraussetzungen und Folgen der Privilegierung nach geltendem Recht

Nach derzeit (noch) geltendem Recht lassen sich die wesentlichen Kernvoraussetzungen für die Erlangung der Begünstigung auf drei Punkte reduzieren. 110

Erstens muss es sich bei der übertragenen betrieblichen Einheit um **dem Grunde nach begünstigungsfähiges Vermögen** i.S.d. § 13b Abs. 1 ErbStG handeln. Hierunter fallen neben land- und forstwirtschaftlichem Vermögen (Nr. 1) für hier interessierende Zwecke insbesondere Betriebsvermögen (Einzelunternehmen, Beteiligungen an mitunternehmerischen Personengesellschaften, Nr. 2) sowie Anteile an Kapitalgesellschaften, an deren Nennkapital der Erblasser/Schenker zu mehr als 25 % beteiligt ist (Nr. 3). 111

Zweite Voraussetzung ist, dass der sog. **Verwaltungsvermögenstest** bestanden wird (§ 13b Abs. 2 Satz 1 ErbStG). Voraussetzung für die Begünstigung ist, dass das im Betriebsvermögen befindliche Verwaltungsvermögens **nicht mehr als 50 %** des gemeinen Wertes des Unternehmens beträgt. Anders ausgedrückt darf das Unternehmen nicht zu mehr als der Hälfte seines eigenen Wertes aus Verwaltungsvermögen bestehen. Wird der Verwaltungsvermögenstest bestanden, ist das betriebliche Vermögen insgesamt (also einschließlich des Verwaltungsvermögens) begünstigt („Alles-oder-Nichts"-Prinzip). Was Verwaltungsvermögen ist, regelt § 13b Abs. 2 Satz 2 ErbStG abschließend. Hierzu zählt insbesondere Dritten zur Nutzung überlassener Grundbesitz, Beteiligungen an Kapitalgesellschaften von 25 % und weniger, Beteiligungen an Personen- und Kapitalgesellschaften, die ihrerseits Verwaltungsvermögen von mehr als 50 % aufweisen, Wertpapiere und vergleichbare Forderungen, Geldmittel, Zahlungsmittel und sonstige Forderungen ab den Überschreiten bestimmter Grenzen sowie Kunstgegenstände. Die Tatsache, dass auch Beteiligungen im Betriebsvermögen, die ihrerseits mehr als 50 % Verwaltungsvermögen aufweisen, selbst als Verwaltungsvermögen zählen, führt dazu, dass in mehrstufigen Unternehmensstrukturen der Verwaltungsvermögenstest **für jede Gesellschaft** „von unten nach oben" durchzuführen ist. Da Vergleichsgröße für die Ermittlung der Verwaltungsvermögensquote jeweils der gemeine Wert der jeweiligen betrieblichen Einheit ist, führt dies dazu, dass jede Gesellschaft in einem mehrstufigen Unternehmensverbund auch „von unten nach oben" zu bewerten ist. 112

Und Drittens schließt sich an die Übertragung von begünstigtem Vermögen eine **fünf- bis siebenjährige Nachsteuerperiode** an, in der der Erwerber das Unternehmen erhalten muss. Anderenfalls droht eine (ggf. zeitan- 113

[81] BT-Drs. 18/5923. Siehe auch *Stalleiken/Holtz* ErbR 2015, 423 sowie zum Länderentwurf *Stalleiken* DB 2015, 2296.

teilige) Nachversteuerung des Erwerbs. Ein wesentliches Prüfungsfeld dieser Nachsteuerperiode ist die Einhaltung der sog. **Lohnsummenkontrolle.** Hierbei vergleicht das Gesetz – vereinfacht gesagt – die Lohnsumme der letzten fünf abgelaufenen Wirtschaftsjahre vor dem Übertragungsstichtag mit der erwirtschafteten Lohnsumme während der Nachsteuerperiode. Bleibt der Erwerber hinsichtlich der von ihm gezahlten Löhne und Gehälter, etwa durch Personalabbau, unterhalb gewisser Vorgaben, kommt es zu einer Nachversteuerung. Der steuerliche Berater hat also bereits im Vorfeld einer Übertragung die Lohnsumme zu analysieren und mit dem Unternehmen zu besprechen, ob diesbezüglich Risiken bestehen. Ferner ist erforderlich, dass der Erwerber während der Nachsteuerperiode nicht mehr als den ihm zustehenden Gewinn, zuzüglich eines „Puffers" von € 150.000, entnimmt (sog. **Überentnahmeregelung**).

114 Bei Erfüllung der Verschonungsvoraussetzungen nach §§ 13a, 13b ErbStG greift zugunsten des Erwerbers auch die **Tarifbegrenzung** nach § 19a ErbStG ein. Danach werden „entferntere" Empfänger der StKl. II und III, jedenfalls für den Anteil des begünstigten Vermögens am Gesamterwerb, so gestellt wie Empfänger aus dem engsten Familienkreis der StKl. I. Regelungstechnisch wird dies durch Abzug eines Entlastungsbetrages vollzogen, der insbesondere bei „Mischerwerben" von begünstigtem und nichtbegünstigtem Vermögen nur für den begünstigten Teil gewährt wird. Dabei wird für die Entlastung entfernterer Erwerber zunächst die Steuerbelastung auf den Gesamterwerb (begünstigtes und nichtbegünstigtes Vermögen) nach der tatsächlichen Stkl. des Erwerbers (Stkl. II oder III) berechnet und in einem zweiten Schritt die Steuerbelastung auf den Gesamterwerb (begünstigtes und nichtbegünstigtes Vermögen) unter Zugrundelegung der Stkl. I auf den Anteil des begünstigten Vermögens. Entlastungsbetrag ist der Differenzbetrag zwischen beiden Berechnungen. § 19a regelt nur die **Begrenzung des Steuertarifs,** soweit dieser auf begünstigtes Vermögen i. S. d. Abs. 2 entfällt. Eine Aufstockung der verminderten Freibeträge der StKl. II und III auf das Niveau der StKl. I erfolgt hingegen nicht.

II. Dritten zur Nutzung überlassener Grundbesitz und Grundbesitzteile als „schädliches" Verwaltungsvermögen

115 Zum „schädlichen" Verwaltungsvermögen zählen für hier interessierende Zwecke insbesondere Dritten zur Nutzung überlassene Grundstücke, Grundstücksteile, grundstücksgleiche Rechte und Bauten (§ 13b Abs. 2 Satz 2 Nr. 1 ErbStG). Die Aufzählung im Gesetz dürfte sich an der bilanzsteuerrechtlichen Definition gem. § 266 Abs. 2 A. II. 1 HGB orientieren. Die Regelung erstreckt sich insbesondere auf **Grundstücke und grundstücksgleiche Rechte iS des Zivilrechts** (Miteigentumsanteile, Erbbaurechte, Wohnungs- und Teileigentum). **Betriebsvorrichtungen und Scheinbestandteile** fallen nach verständiger Auslegung des Gesetzes nicht unter den Grundbesitzbegriff des § 13b Abs. 2 Satz 2 Nr. 1 ErbStG. Scheinbestandteile sind bereits sachenrechtlich nicht dem Grundvermögen zuzurechnen. Betriebsvorrichtungen sind nicht als Grundvermögen zu bilanzieren. Handels- und Steuerbilanziell zählen Scheinbestandteile und Betriebsvorrichtungen zu den beweglichen

Wirtschaftsgütern und können dementsprechend nicht unter die „Dritten zur Nutzung überlassenen Grundstücke, Grundstücksteile, grundstücksgleiche Rechte und Bauten" i. S. d. § 13b Abs. 2 Satz 2 Nr. 1 ErbStG subsumiert werden.[82] Die Vorschrift zählt die Wirtschaftsgüter des schädlichen Verwaltungsvermögens abschließend auf.[83] Eine Erweiterung des Verwaltungsvermögenskataloges durch Analogieschluss ist unzulässig.[84] Hinsichtlich der **sonstigen Mietereinbauten** besteht (nur) dann ein Verwaltungsvermögensrisiko, wenn diese **wesentliche Bestandteile** des Grundstücks oder Gebäudes werden und handels- und steuerbilanziell unbewegliche Wirtschaftsgüter darstellen (nach handels- und steuerbilanziellen Grundsätzen sind Mietereinbauten als in besonderem Nutzungs- und Funktionszusammenhang stehende Gebäudebestandteile gem. § 266 Abs. 2 A. II. 1 HGB zu aktivieren, vorausgesetzt, der Mieter ist als wirtschaftlicher Eigentümer anzusehen).

Der Aufzählung als **Verwaltungsvermögen** liegt die gesetzgeberische Wertung zugrunde, dass Eigentumswohnungen, Mietwohngrundstücke und gewerblich vermietete Grundstücke zunächst einmal typische Wirtschaftsgüter der privaten Vermögensanlage darstellen und also solche nicht in den Genuss der erbschaft- und schenkungsteuerlichen Begünstigungen für betriebliches Vermögen kommen sollen, auch wenn sie im Betriebsvermögen einer entsprechend begünstigungsfähigen Einheit i. S. d. § 13b Abs. 1 ErbStG gehalten werden. Um denjenigen Konstellationen Rechnung zu tragen, in denen eine Grundstücksüberlassung doch unternehmerischen oder gewerblichen Zwecken dient, macht das Gesetz zahlreiche Ausnahmen, so z. B. für Betriebsaufspaltungskonstellationen, konzerninterne Nutzungsüberlassungen und für größere Wohnungsbestände in der Form eines sog. „Wohnungsunternehmens". 116

Die Qualifikation des Grundbesitzes als Verwaltungsvermögen setzt hierbei voraus, dass dieser „Dritten zur Nutzung" überlassen wird. **Dritter** i. S. d. Gesetzes ist hierbei zunächst einmal jedes von der grundbesitzenden Gesellschaft zu unterscheidende Rechtssubjekt, z. B. auch der Gesellschafter im Verhältnis zu „seiner Gesellschaft", oder verschiedene Gesellschaften derselben Unternehmensgruppe.[85] Auf den Rechtsgrund und Modus der Überlassung (Mietvertrag, Werkvertrag, bloße Gestattung, entgeltlich oder unentgeltlich, lang- oder kurzfristig) kommt es nicht an.[86] 117

Am Stichtag **eigengenutzte oder ungenutzte Grundstücke** stellen mangels Nutzungsüberlassung an einen Dritten kein Verwaltungsvermögen dar.[87] Dies gilt auch, wenn eine Nutzungsüberlassung zwar generell beabsichtigt ist, am Stichtag jedoch – aus welchen Gründen auch immer – nicht vorliegt (z. B. vorübergehender Leerstand wegen Mieterwechsels). 118

Nach Auffassung der Finanzverwaltung soll in einer für den Steuerpflichtigen günstigen Erweiterung des Gesetzeswortlautes eine Drittüberlassung je- 119

---

[82] Wilms/Jochum/*Kirnberger* ErbStG § 13b Rn. 45.
[83] *Meincke* ErbStG § 13b Rn. 12; F/J/P/W/*Wachter* ErbStG § 13b Rn. 202 m. w. N.
[84] Wilms/Jochum/*Kirnberger* ErbStG § 13b Rn. 44.
[85] *Piltz* ZEV 2008, 229 (230); Troll/Gebel/Jülichen/*Jülicher* ErbStG § 13b Rz. 2.
[86] *Scholten/Korezki* DStR 2009, 147 (149).
[87] Gl. A. *Theilacker* BWNotZ 2010, 226 (262); F/J/P/W/*Wachter* ErbStG § 13b Rn. 213 a. E.

denfalls dann unschädlich sein, wenn diese Überlassung im Rahmen einer Vermietungstätigkeit stattfindet, welche nach ertragsteuerlichen Gesichtspunkten insgesamt als **originär gewerbliche Tätigkeit** einzustufen ist (z. B. bei **Beherbergungsbetrieben wie Hotels, Pensionen oder Campingplätzen;** ErbStR E 13b.9 Satz 3). Auch bei einer formal in Form eines Mietvertrags vereinbarten Überlassung von Grundstücks- und Gebäudeflächen in der **Logistikbranche** sind diese dann nicht als Verwaltungsvermögen anzusehen, wenn sie in einem Geflecht von gewerblichen Leistungen stehen, bei denen die Flächenüberlassung nur einen Teil der vereinbarten und vom Vertragspartner erwarteten Leistungen darstellt.[88] Bei wirtschaftlicher Betrachtung dürfte hiervon auch die **Vermietungen gewerblicher Teilflächen in Supermärkten** und ähnlichen Großbetrieben erfasst sein.[89] Diese Verwaltungsauffassung ermöglicht dem Steuerpflichtigen, eine originäre Gewerblichkeit der „Vermietungstätigkeit" durch Erbringung von als gewerblich zu qualifizierenden Zusatzleistungen (Hausmeister- und Reinigungstätigkeiten, Objektschutz und Bewachung, Maklertätigkeiten, Service- und Managementdienstleistungen etc.) herbeizuführen.[90] Gelingt dies und tritt die Nutzungsüberlassung qualitativ im Vergleich zu dem gewerblichen „Leistungspaket" in den Hintergrund, scheidet nach Auffassung der Finanzverwaltung eine Verwaltungsvermögenseigenschaft des vermieteten Grundbesitzes aus.

III. Ausnahmen

120 Da die Definition des Dritten in § 13b Abs. 2 Satz 2 Nr. 1 ErbStG **denkbar weit gefasst** ist und zunächst einmal jede Nutzung von einem von der eigentlichen grundbesitzenden Gesellschaft verschiedenen Rechtsträger erfasst,[91] sieht das Gesetz zahlreiche Ausnahmen vor, nach denen, bei Vorliegen qualifizierter Voraussetzungen, doch kein schädliches Verwaltungsvermögen durch eine Drittüberlassung von Grundstücken und Grundstücksteilen begründet wird. Dieser Katalog der Ausnahmen ist allerdings notwendigerweise kasuistisch und erfasst daher bei näherer Betrachtung nicht jeden Fall, bei dem eine Überlassung von Grundbesitz mit betrieblich-produktivem Hintergrund stattfindet. Letztlich dürfte vor dem Hintergrund der ratio legis der Katalog der Rückausnahmen der Nr. 1 dahingehend **teleologisch auszulegen** sein, dass nur „unproduktives Vermögen" als Verwaltungsvermögen gewertet werden soll.[92]

1. Sonderbetriebsvermögen und Betriebsaufspaltungen

121 Eine zu Verwaltungsvermögen führende Drittüberlassung liegt gem. § 13b Abs. 2 Satz 1 Nr. 1 Buchst. a ErbStG ausnahmsweise nicht vor, wenn „der Erblasser oder Schenker sowohl im überlassenen Betrieb als auch im nutzenden Betrieb allein oder zusammen mit anderen Gesellschaftern einen **einheitlichen geschäftlichen Betätigungswillen** durchsetzen konnte". Die

---

[88] LfSt Bayern 11.8.2010, DStR 2010, 2084.
[89] *Von Oertzen/Reich* DStR 2011, 391 m. w. N.
[90] Moench/Weinmann/*Weinmann* ErbStG § 13b Rn. 109.
[91] *Hübner,* Erbschaftsteuerreform 2008 S. 434.
[92] So auch *Kramer* DStR 2011, 1113.

Ausnahme ist in der Literatur gelegentlich als „erbschaftsteuerliche Betriebsaufspaltung" bezeichnet worden;[93] dies ist jedoch irreführend, da die erbschaftsteuerlicher Regelung nur auf ein selektives Tatbestandsmerkmal der von der Rechtsprechung im Ertragsteuerrecht entwickelten Grundsätze der Betriebsaufspaltung Bezug nimmt, nämlich den einheitlichen geschäftlichen Betätigungswillen als subjektive Komponente. Eine sachliche Verflechtung ist vom Gesetz nicht gefordert und aus diesem Grund auch nicht zu prüfen.[94] Allein gefordert ist die Durchsetzung eines einheitlichen geschäftlichen Betätigungswillens, den der Erblasser oder Schenker entweder allein oder zusammen mit anderen Gesellschaftern in sowohl der nutzenden als auch der überlassenen Gesellschaft durchsetzen können muss.[95] Zu beachten ist, dass diese Durchsetzungsmöglichkeit (wiederum allein oder zusammen mit anderen Gesellschaftern) **auf den Erwerber übergehen muss.** Schädlich sind daher die Fälle, in denen der einheitliche geschäftliche Betätigungswille mit der Übertragung auf den Erwerber endet (z. B. schädliche Übertragung nur der Besitzgesellschaft).

Ausreichend ist, dass der Erblasser einen einheitlichen Betätigungswillen **gemeinsam mit anderen Gesellschaftern** durchsetzen kann. Dies trägt der bei der Betriebsaufspaltung entwickelten sog. „Personengruppentheorie" Rechnung, nach der die an beiden Unternehmen beteiligten Personen sich zur Verwirklichung eines einheitlichen wirtschaftlichen Zwecks zusammengefunden haben, weshalb ihr Handeln durch gleichgerichtete Interessen bestimmt wird.[96] Insofern sind die vom BFH hierzu entwickelten Grundsätze heranzuziehen. Im Rahmen der Personengruppentheorie ist es für eine Beherrschung erforderlich, dass die gleichen Personen – auch bei unterschiedlicher Beteiligungshöhe – jeweils mehr als die Hälfte der Betriebs- und Besitzgesellschaft beherrschen. Maßgeblich sind die Stimmrechtsverhältnisse.[97]

Das ErbStG differenziert nicht zwischen der **mittelbaren und der unmittelbaren Durchsetzung** des Betätigungswillens. Nach dem Wortlaut ist es also ausreichend, wenn in mehrstufigen Beteiligungsverhältnissen der Erblasser und Schenker (ggf. zusammen mit anderen) kraft der **durchgerechneten Mehrheitsverhältnisse** seinen Willen auch „in der letzten Besitzgesellschaft" auf unteren Ebenen durchsetzen kann.[98] Es ist allerdings darauf hinzuweisen, dass zumindest für das Ertragsteuerrecht der BHF eine Durchsetzung des einheitlichen geschäftlichen Betätigungswillens durch eine zwischengeschaltete Kapitalgesellschaft vor der Besitzgesellschaft ablehnen will.[99] Die Finanzverwaltung lehnt das Eingreifen der Ausnahmeregelung ab, wenn eine Nut-

---

[93] Etwa *von Oertzen* Ubg 2008, 57 (64); *Piltz* ZEV 2008, 229 (230); *Balmes/Felten* FR 2009, 258 (264); *Fechner/Bäuml* FR 2009, Beilage zu Heft 11 S. 22 (27).
[94] Troll/Gebel/Jülicher/*Jülicher* ErbStG § 13b Rn. 249; F/J/P/W/*Wachter* ErbStG § 13b Rn. 218, 219; a. A. aber *Geck* ZEV 2008, 557 (561): „Redaktionsversehen".
[95] S. Viskorf/Knobel/Schuck/*Viskorf* ErbStG § 13b Rn. 202.
[96] Gesetzesbegründung v. 26.11.2008, BT-Drs. 16/11107, 13, unter Hinweis auf BFH 28.5.1991 – IV B 28/90, BStBl. II 1991, 801.
[97] Vgl. nur H/H/R/*Gluth* EStG § 15 Rn. 796 m. w. N. zur Rspr.
[98] Gl. A. wohl *Scholten/Korezkij* DStR 2009, 147 (149); ausdrücklich offen aber Troll/Gebel/Jülicher/*Jülicher* ErbStG § 13b Rn. 249.
[99] BFH 27.8.1992 – IV R 13/92, BStBl. II 1993, 134; BFH 15.4.1999 – IV R 11/98, BStBl. II 1999, 532; kritisch hierzu Schmidt/*Wacker* EStG § 15 Rn. 835; Littmann/Bitz/Pust/*Bitz* EStG § 15 Rn. 320; H/H/R/*Gluth*, EStG § 15 Rn. 801, jeweils m. w. N.

zungsüberlassung von einer Kapitalgesellschaft an eine Kapitalgesellschaft erfolgt sondern will solche Fälle ausschließlich über Buchst. c (Konzernklausel → Rn. 127) lösen.[100]

124 Ebenfalls liegt keine zu Verwaltungsvermögen führende Nutzungsüberlassung vor, wenn der „Erblasser oder Schenker (...) als Gesellschafter einer Gesellschaft i. S. des § 15 Abs. 1 Satz 1 Nr. 2 und Abs. 3 oder § 18 Abs. 4 EStG den Vermögensgegenstand der Gesellschaft zur Nutzung überlassen hatte", also eine **Nutzungsüberlassungen im Sonderbetriebsvermögen** vorliegt. Nach Sinn und Zweck erfasst ist auch die Nutzungsüberlassung des Gesellschafters einer Oberpersonengesellschaft an eine Tochterpersonengesellschaft der übertragenen betrieblichen Einheit, da der Erblasser gem. § 15 Abs. 1 Satz 1 Nr. 2 Satz 2 EStG mittelbar dort ebenfalls Mitunternehmer ist und dementsprechend Sonderbetriebsvermögen bilden kann.[101] Vom Wortlaut nicht erfasst ist der Fall, in dem die Oberpersonengesellschaft ein Grundstück an eine Tochterpersonengesellschaft überlässt, da das Grundstück Sonderbetriebsvermögen der Obergersonengesellschaft (und nicht, wie der Wortlaut es verlangt, des Erblassers oder Schenkers) bei der Unterpersonengesellschaft ist. Da an der betrieblichen Veranlassung der Nutzungsüberlassung jedoch kein Zweifel besteht, dürfte der Wortlaut der Ausnahmeregelung dahingehend auszulegen sein, dass auch Nutzungsüberlassungen „als Sonderbetriebsvermögen auf unteren Ebenen" von der Rückausnahme umfasst sind.

2. Betriebsverpachtungen

125 Gem. § 13b Abs. 2 Satz 2 Nr. 1 Buchst. b ErbStG sind auch Grundstücksüberlassungen im Rahmen einer **Betriebsverpachtung** begünstigt. Die erbschaftsteuerliche Ausnahmeregelung greift allerdings – abweichend von den ertragsteuerlichen Voraussetzungen der Betriebsverpachtung – nur ein, wenn es sich um eine **Betriebsverpachtung im Ganzen** handelt. Die ertragsteuerlich mögliche Verpachtung von Teilbetrieben ist nach dem Wortlaut nicht begünstigt. Ferner muss die Betriebsverpachtung beim Verpächter zu **Einkünften aus § 2 Abs. 1 Nr. 2 oder 3 EStG** (gewerblichen Einkünften oder Einkünften aus selbständiger Tätigkeit) führen. Erforderlich ist mit anderen Worten, dass der Verpächter das ihm zustehende ertragsteuerliche Wahlrecht[102] zugunsten eine Fortführung des Betriebes ausgeübt hat.

126 Schließlich nennt da Gesetz noch qualifizierte **erbschaftsteuerliche Voraussetzungen:** Entweder muss der Verpächter den **Pächter als Erben eingesetzt** haben. Maßgeblich ist, dass sich die Betriebsverpachtung als „Vorstufe" zur Betriebsnachfolge darstellt. Hierzu lässt es die Finanzverwaltung – folgerichtig – auch genügen, wenn die Übertragung schenkweise, also nicht durch Erbeinsetzung, erfolgt.[103] Ist der Pächter nicht zugleich als Gesamtrechtsnachfolger eingesetzt, tritt die Rechtsfolge der Privilegierung nur ein,

---

[100] ErbStR E 13b.10 Abs. 1 Satz 7 i. V. m. ErbStR E 13b.12; gl. A. *Kramer* DStR 2011, 1113.
[101] A. A. Kapp/Ebeling/*Geck* ErbStG § 13b Rn. 98, unter Verweis darauf, dass der Erblasser zwar Gesellschafter der Obergesellschaft, nicht aber Gesellschafter der Untergesellschaft ist.
[102] Hierzu Schmidt/*Wacker* EStG § 16 Rn. 695 ff.
[103] ErbStR E 13b.11 Abs. 1 Satz 1 Nr. 2.

wenn die Verpachtung an einen Dritten erfolgt, weil der Beschenkte (nach der Vorstellung des Gesetzgebers aufgrund seines Alters oder seiner beruflichen Reife) den Betrieb noch nicht führen kann und die Verpachtung auf höchstens zehn Jahre befristet ist.

3. Konzerninterne Nutzungsüberlassungen

Ebenfalls nicht zu Verwaltungsvermögen führt die Überlassung von Grundstücken, wenn „sowohl der überlassene Betrieb als auch der nutzende Betrieb zu einem **Konzern i. S. d.** § **4h EStG** gehören, soweit keine Nutzungsüberlassung an einen weiteren Dritten erfolgt". Auch diese Rückausnahme bezieht sich, wie die Rückausnahme des Buchst. a (Betriebsaufspaltung und Sonderbetriebsvermögen) auf Fälle der Nutzungsüberlassung innerhalb einer Unternehmensgruppe. 127

Sowohl nutzende als auch überlassende Gesellschaft müssen Teil eines Zinsschrankenkonzerns i. S. des § 4h EStG sein. Nach Auffassung der Finanzverwaltung können allerdings **nur vollkonsolidierungsfähige Gesellschaften** in einen Zinsschrankenkreis einbezogen werden.[104] Dies setzt voraus, dass eine Beteiligung von mehr als 50% an der jeweiligen Gesellschaft besteht; nicht einbezogen werden können demgemäß Gesellschaften, die nur quotenkonsolidiert oder „at equity" konsolidiert werden können. Die Anwendung der Ausnahme scheidet also immer dann aus, wenn eine Nutzungsüberlassung an eine Gesellschaft erfolgt, an der die oberste Konzernholding nur zu 50% oder weniger beteiligt ist, und die daher nicht im Wege der Vollkonsolidierung im Konzernkreis einbezogen werden kann. 128

Das Gesetz stellt klar, dass die **Weiterüberlassung an einen Dritten** wiederum schädlich ist. Dies gilt allerdings nur, soweit nicht auch auf die weitere Überlassung an den Dritten eine der im Gesetz genannten Ausnahmen (Betriebsaufspaltungsausnahme, Konzernklausel o. ä.) anwendbar ist. Für die weitere Überlassung an den „Dritten" sind die Ausnahmen separat zu prüfen. Maßgeblich ist also bei der Prüfung der unschädlichen Weiterüberlassung grundsätzlich das Verhältnis vom Zwischennutzer zum Endnutzer, nicht etwa das Verhältnis vom Überlassenden zum Endnutzer. 129

4. „Wohnungsunternehmen"

Die **Bereichsausnahme** ist seinerzeit zum Schutz der Wohnungswirtschaft ins Gesetz gekommen.[105] Damit anerkennt der Gesetzgeber, dass auch Wohnungsunternehmen Arbeitsplätze in erheblichem Umfang zur Verfügung stellen können und somit für eine Einbeziehung in die Verschonungsregelungen qualifizieren.[106] 130

Gem. § 13b Abs. 2 Satz 2 Nr. 1 Buchst. d ErbStG wird durch die **Nutzungsüberlassung** von Grundbesitz kein Verwaltungsvermögen begründet, wenn die überlassenen Grundstücke und Grundstücksteile etc.: 131

---

[104] ErbStH E 13b.12 Konzernbegriff unter Verweis auf BMF 4.7.2008, BStBl. I 2008, 718 Rn. 61.
[105] Troll/Gebel/Jülicher/*Jülicher* ErbStG § 13b Rn. 276.
[106] F/J/P/W/*Wachter* ErbStG § 13b Rn. 255 m. N. zur Gesetzesbegründung.

„*zum Betriebsvermögen, zum gesamthänderisch gebundenen Betriebsvermögen einer Personengesellschaft oder zum Vermögen einer Kapitalgesellschaft gehören und der Hauptzweck des Betriebes in der Vermietung von Wohnungen im Sinne des § 181 Abs. 9 des Bewertungsgesetzes besteht, dessen Erfüllung einen wirtschaftlichen Geschäftsbetrieb (§ 14 der Abgabenordnung) erfordert*".

132 Das Eingreifen der **Ausnahme** ist also von drei Voraussetzungen abhängig, und zwar
– Die überlassenen Grundstücke müssen zu einem steuerlichen Betriebsvermögen gehören (Einzelunternehmen, gewerbliche, gewerblich geprägte oder infizierte Personengesellschaft oder Kapitalgesellschaft), sogleich → Rn. 133.
– Der Hauptzweck des Betriebes muss in der Vermietung von Wohnungen im Sinne des § 181 Abs. 9 BewG bestehen, sogleich → Rn. 134.
– Die Erfüllung dieses Hauptzwecks muss einen wirtschaftlichen Geschäftsbetrieb (§ 14 AO) erfordern, sogleich → Rn. 142.

a) Zugehörigkeit des Grundbesitzes zu einem steuerlichen Betriebsvermögen

133 Die erste Voraussetzung ist im Grunde genommen redundant, da die Zugehörigkeit zu einem steuerlich anerkannten Betriebsvermögen bereits Voraussetzung für die Begünstigungsfähigkeit dem Grunde nach gem. § 13b Abs. 1 Nr. 2 u. 3 ErbStG ist (→ Rn. 111) und bei Zugehörigkeit der überlassenen Immobilie zu einem land- und forstwirtschaftlichen Betrieb in der Regel keine Begünstigungsfähigkeit mangels Zugehörigkeit zum Wirtschaftsteil gegeben ist. Die ertragsteuerliche Verstrickung des Immobilienbestands in einem gewerblichen Betriebsvermögen (mit den damit ggf. verbundenen Nachteilen, z.B. bei Alt-Immobilien) ist also unvermeidlich.

b) Vermietung qualifizierter Wohnungen als Hauptzweck des Betriebes

134 Zweite Voraussetzung ist, dass der Hauptzweck des Betriebes in der Vermietung von Wohnungen besteht.

135 Der Begriff des **Betriebes** wird in § 13b Abs. 2 Satz 2 Nr. 1 Satz 2 Buchst. d ErbStG nicht definiert; bei verständiger Auslegung des Gesetzes[107] und der Erbschaftsteuerrichtlinien[108] ist jedoch davon auszugehen, dass sich der „Betrieb" auf das jeweilige Betriebsvermögen, gesamthänderisch gebundene Betriebsvermögen oder Vermögen der Kapitalgesellschaft bezieht, zu der die Grundstücke *steuerlich* gehören.[109] Daraus folgt, dass bei der Eingliederung des „Wohnungsunternehmens" als eigenständige Gesellschaft in einen Konzernverbund nur auf der Ebene derjenigen Gesellschaft, die das Wohnungsunternehmen darstellt, die o. g. Voraussetzungen vorliegen müssen.[110] Die übrigen Konzerngesellschaften oder die oberste Holding müssen nicht etwa auch

---

[107] Vgl. auch § 13a Abs. 1 Satz 2; Abs. 4 Satz 5 ErbStG: „des Betriebs der jeweiligen Gesellschaft".
[108] ErbStR E 13b.13 Abs. 1 u. 2.
[109] Troll/Gebel/Jülicher/*Jülicher* ErbStG § 13b Rn. 233; ebenso *von Oertzen* Ubg 2008, 59, 63; *Scholten/Korezkij* DStR 2009, 147, 149.
[110] Vgl. auch ErbStR E 13b.13 Abs. 2 Satz 5.

die Voraussetzungen für ein „Wohnungsunternehmen" erfüllen; eine Gesamtbetrachtung erfolgt bei verständiger Auslegung nicht.

Bezogen auf das zu prüfende Betriebsvermögen ist festzustellen, dass der Hauptzweck in der Vermietung von **Wohnungen i. S. des § 181 Abs. 9 BewG** bestehen muss. Dieser qualifizierte Wohnungsbegriff setzt voraus, dass die vermieteten Wohnungen eine Mindestgröße von 23 qm haben und die Führung eines eigenständigen Haushalts durch entsprechende Ausgestaltung der Räumlichkeiten einschließlich notwendiger Nebenräume (Küche, Bad) ermöglichen.[111] In der Praxis ist insbesondere bei Anlageobjekten wie Studentenwohnheimen, Alten- und Pflegeheimen o. ä. sorgfältig zu prüfen, ob diese die Voraussetzungen des vorstehend beschriebenen qualifizierten Wohnungsbegriffs erfüllen. 136

Schließlich ist zu bestimmten, was der **Hauptzweck** des Betriebes ist. Der vom Gesetz verwendete unbestimmte Rechtsbegriff ist durch Auslegung zu konkretisieren. Die Terminologie impliziert hierbei zweierlei: erstens können auch *mehrere Zwecke* verfolgt werden ohne dass die für die Begünstigung schädlich wäre, solange der Hauptzweck in der Vermietung von Wohnungen liegt. Und zweitens sind die Zwecke zu gewichten. Wie eine solche Gewichtung zu erfolgen hat, lässt der Gesetzeswortlaut offen. Denkbar sind Gewichtungen nach Umsatz, Asset-Volumen oder Anzahl der Geschäftsvorfälle. 137

Allein für den – in der Praxis freilich häufigen – Fall, dass die in einem Betriebsvermögen vermieteten Grundstücke sowohl der Überlassung von Wohnungen als auch anderen Zwecken dienen (z. B. gewerbliche Grundstücksnutzung), hat sich die Finanzverwaltung dazu geäußert, wie für die Zwecke der Ermittlung des Hauptzwecks die Nutzung zu gewichten ist. Die Finanzverwaltung führt hierzu in ErbStR E 13b.13 Abs. 2 Sätze 1 bis 3 aus: 138

„Der Hauptzweck des Betriebes besteht in der Vermietung von eigenen Wohnungen, wenn diese den überwiegenden Teil der betrieblichen Tätigkeit ausmacht. Das gilt auch dann, wenn Grundstücke oder Grundstücksteile vermietet werden, die nicht zu Wohnzwecken, sondern z. B. auch zu gewerblichen, freiberuflichen oder öffentlichen Zwecken genutzt werden. Maßstab ist die Summe der Grundbesitzwerte der zu Wohnzwecken vermieteten Grundstücke oder Grundstücksteile im Verhältnis zur Summe der Grundbesitzwerte aller vermieteten Grundstücke."

Die wohl **herrschende Literatur** leitet hieraus Folgendes ab: Zunächst sind die Grundstücke nach erbschaftsteuerlichen Gesichtspunkten zu bewerten.[112] Danach ist die Summe der gemeinen Werte der zu Wohnzwecken vermieteten Grundstücke mit der Summe der gemeinen Werte der *nicht* zu Wohnzwecken vermieteten Grundstücke zu vergleichen. Ist die Summe der gemeinen Werte der zu Wohnzwecken vermieteten Grundstücke größer als die Summe der nicht zu Wohnzwecken vermieteten Grundstücke (oder anders ausgedrückt, beträgt die Summe der gemeinen Werte der zu Wohnzwecken vermieteten Grundstücke ≥ 50% der Summe der gemeinen Werte aller Grundstücke), liegt ein „Überwiegen" der zu Wohnzwecken vermieteten Grundstücke i. S. d. Erbschaftsteuer-Richtlinien 2011 und somit ein Haupt- 139

---

[111] Hierzu *Ivens* DStR 2010, 2168; *von Cölln* ZEV 2012, 133, 134.
[112] *Ostermeyer/Riedel* BB 2009, 1395, 1396.

zweck in der Vermietung von Wohnungen vor.[113] Vereinzelt wird es allerdings auch für möglich gehalten, dass die Finanzverwaltung eine höhere Grenze als 50% fordern kann.[114]

140 Nach dem Wortlaut der Richtlinienstelle bleiben **Verbindlichkeiten** bei dieser Berechnung außer Betracht, da diese auch nicht in den erbschaftsteuerlichen Wert der jeweiligen Grundstücke mit eingehen (reine „Bruttobetrachtung"),[115] so dass die auf den zu Wohnzwecken vermieteten Grundstücken liegenden Darlehensbelastungen nicht berücksichtigt werden.

141 Bei **Bestehen von weiteren Gesellschaftszwecken,** die nicht in der Vermietung von Wohnungen oder Gewerbeimmobilien bestehen (z.B. Ausübung von Holding- oder Komplementärfunktionen, Betätigung als Finanzierungsgesellschaft, Ausübung sonstiger gewerblicher Geschäftszwecke) ist die Gewichtung der Zwecke unklar. *Wachter*[116] weist in diesen Fällen zutreffend darauf hin, dass eine Abwägung im Sinne einer Gesamtbetrachtung zu erfolgen habe, welche Tätigkeit dem Unternehmen aus Sicht des Wirtschaftsverkehrs „das Gepräge gibt". Um spätere Diskussionen mit der Finanzverwaltung über den Hauptzweck zu vermeiden, ist daher zu empfehlen, die Betätigungen der Gesellschaft auf das Vermieten von Wohn- und (in geringerem Umfang) Gewerbeimmobilien zu beschränken und weitere Tätigkeiten zu vermeiden. Bei Bestehen mehrere Zwecke bestehen ansonsten Unsicherheiten, die letztlich nur durch Einholung einer (zeit- und ggf. kostenintensiven) verbindlichen Auskunft beseitigt werden können.

c) Erfordernis eines wirtschaftlichen Geschäftsbetriebes

142 Ferner ist Voraussetzung für das Eingreifen der Rückausnahme i.S. des § 13b Abs. 2 Satz 2 Nr. 1 Buchst. d ErbStG, dass der Betrieb des Wohnungsunternehmens einen **„wirtschaftlichen Geschäftsbetrieb (§ 14 AO)"** erfordert. Dem liegt die gesetzgeberische Wertung zugrunde, dass Vermietungstätigkeiten, die sich wie die „typische" private Vermietung von Wohnungen oder Mehrfamilienhäusern darstellen (und damit dem Bereich der nichtunternehmerischen Sphäre zuzuordnen sind), keine Verschonungen für betriebliches Vermögen rechtfertigen. Das Wohnungsunternehmen muss also seiner Art, Ausrichtung und Umfang nach Züge einer unternehmerischen Tätigkeit, eben eines wirtschaftlichen Geschäftsbetriebes, aufweisen. Zunächst ist festzuhalten, dass der Verweis auf den § 14 AO als missglückt bezeichnet werden muss. Denn § 14 AO regelt gerade die Abgrenzung von der Ebene der privaten Vermögensverwaltung, die immer dann vorliegen soll, wenn „unbewegliches Vermögen vermietet oder verpachtet wird". Der Gesetzestext lässt also **zwei Auslegungen** zu, und zwar
– dass der Begriff quantitativ auszulegen ist, d.h. dass die Vermietung einer großen Anzahl von Wohnungen einen wirtschaftlichen Geschäftsbetrieb i.S. dieser Vorschrift begründet, oder

---

[113] Gl. A. *Kamps* FR 2009, 353, 361; *Pauli* DB 2009, 641, 643; *Warlich/Kühne* DB 2009, 2062, 2063; *Ivens* DStR 2010, 2168; *von Cölln* ZEV 2012, 133, 134; *Troll/Gebel/Jülicher/Jülicher* ErbStG § 13b Rn. 278.
[114] F/J/P/W/*Wachter* ErbStG § 13b Rn. 263; dagegen *Pauli* DB 2009, 641, 643.
[115] *Troll/Gebel/Jülicher/Jülicher* ErbStG § 13b Rn. 278.
[116] F/J/P/W/*Wachter* ErbStG § 13b Rn. 264.

– dass der Begriff qualitativ auszulegen ist, d. h. dass gewerbliche Zusatzleistungen (z. B. Reinigung, Bewachung, Makler und Hausverwaltertätigkeiten) erforderlich sind. Insbesondere bei einer qualitativen Auslegung hätte dies zur Folge, dass gewerbliche Zusatzleistungen das gewerbesteuerliche Privileg der erweiterten Kürzung der Immobilienerträge gefährden können (→ Rn. 150; → § 7 Rn. 64 ff.).

Die Finanzverwaltung hat sich in den **Erbschaftsteuer-Richtlinien 2011** zum Erfordernis eines wirtschaftlichen Geschäftsbetriebes geäußert (ErbStR E 13b.13 Abs. 3 Satz 1).[117] Nach ihrer Auffassung sprechen

„folgende Indizien (...) für einen wirtschaftlichen Geschäftsbetrieb:
– *Umfang der Geschäfte,*
– *Unterhalten eines Büros,*
– *Buchführung zur Gewinnermittlung,*
– *umfangreiche Organisationsstruktur zur Durchführung der Geschäfte,*
– *Bewerbung der Tätigkeit,*
– *Anbieten der Dienstleistung/der Produkte einer breiten Öffentlichkeit gegenüber.*
Das Vorliegen eines wirtschaftlichen Geschäftsbetriebs ist regelmäßig anzunehmen, wenn das Unternehmen mehr als 300 eigene Wohnungen unterhält".

Die Finanzverwaltung steht dementsprechend einer qualitativen Betrachtung nahe. Sie hat jedoch auch klargestellt, dass das Vorliegen eines wirtschaftlichen Geschäftsbetriebes „regelmäßig anzunehmen ist, wenn das Unternehmen mehr als 300 eigene Wohnungen hält".[118] Diese Nennung einer Wohnungszahl ist jedoch **keinesfalls als Mindestgrenze** für ein Wohnungsunternehmen zu verstehen. Sie verdeutlicht lediglich, ab wann die Finanzverwaltung von einer vertieften Prüfung der Indizien eines wirtschaftlichen Geschäftsbetriebes zugunsten einer Regelvermutung absieht. Es bleibt jedoch festzuhalten, dass bei Erfüllung der entsprechenden Voraussetzungen eines wirtschaftlichen Geschäftsbetriebs ein Wohnungsunternehmen auch schon bei deutlich weniger Wohnungen gegeben sein kann. Eine Mindestgrenze dürfte schwer zu benennen sein, jedoch muss die Anzahl der Wohnungen dafür sprechen, dass der Rahmen einer „normalen Vermietertätigkeit", die mit geringem Aufwand und nebenbei erledigt werden kann, überschritten ist.[119]

Der von Gesetz geforderte **wirtschaftliche Geschäftsbetrieb** muss nicht zwangsläufig bei dem Betrieb angesiedelt sein, der das Wohnungsunternehmen betreibt. Vielmehr ist es unschädlich, wenn das Wohnungsunternehmen die hierzu erforderlichen Tätigkeiten durch einen Dritten (z. B. eine gewerbliche Immobilienverwaltung, ein Maklerbüro, aber auch durch eine verbundenes Unternehmen als Servicegesellschaft) ausführen lässt.[120] In den Erbschaftsteuer-Richtlinien 2011 heißt es hierzu:[121]

---

[117] Ausführlich hierzu *von Cölln* ZEV 2012, 133 (135).
[118] ErbStR E 13b.13 Abs. 3 Satz 2.
[119] *Tiedke/Wälzholz* ErbStG § 13b Rn. 143: ab 40 Wohnungen; *Pauli* DB 2009, 641 (644): ab 50 Wohneinheiten; *Ivens* DStR 2010, 2168 (2171): 50 bis 100 Wohneinheiten.
[120] *Sauerland* DStR 2011, 845.
[121] ErbStR E 13b.14 Abs. 4.

§ 4 146–149   Teil 3. Erwerb

„*Der notwendige wirtschaftliche Geschäftsbetrieb muss nicht direkt bei dem Betrieb vorliegen, welcher übertragen wird bzw. an dem eine Beteiligung oder Anteile übertragen werden. Erfordert die Vermietung des Wohnungsbestandes des Unternehmens, in dessen Eigentum sich die Immobilien befinden, einen wirtschaftlichen Geschäftsbetrieb, liegt z. B. auch dann ein Wohnungsunternehmen vor, wenn die Vermietung und Verwaltung der eigenen Wohnungen*
- *im Rahmen einer Betriebsaufspaltung durch das Betriebsunternehmen erfolgt,*
- *durch ein Unternehmen erfolgt, an dem das Unternehmen, in dessen Eigentum sich die Immobilien befinden, beteiligt ist oder*
- *einem externen Dienstleistungsunternehmen übertragen wurde.*"

146 Insbesondere letzteres, also die Auslagerung der eigentlichen Geschäftstätigkeit auf eine Service-Gesellschaft (welche sowohl ein verbundenes Unternehmen als auch ein Drittanbieter sein kann) ist in der Praxis durchweg sinnvoll. Zum einen liegen die Voraussetzungen eines wirtschaftlichen Geschäftsbetriebes i. S. der vorgenannten Kriterien bei einer Servicegesellschaft regelmäßig unstrittig vor, insbesondere wenn diese mehrere Wohnungsgesellschaften betreut. Zum anderen vermeidet die Auslagerung des wirtschaftlichen Geschäftsbetriebes auf eine (externe) Service-Gesellschaft Konflikte mit der Nutzung der **erweiterten gewerbesteuerlichen Kürzung** in der Gesellschaft, die das Wohnungsunternehmen betreibt (→ Rn. 149).

d) Rechtsfolgen einer Qualifikation als Wohnungsunternehmen

147 Wenn die o. g. Voraussetzungen eines Wohnungsunternehmens erfüllt sind, hat dies zur Rechtsfolge, dass **sämtlicher** Dritten zur Nutzung überlassener Grundbesitz kein Verwaltungsvermögen darstellt.[122] Dies bedeutet, dass neben den eigentlichen Wohnimmobilien auch diejenigen Gewerbeimmobilien und gemischt genutzte Immobilien im Betriebsvermögen des Wohnungsunternehmens (die im Hauptzweck des Betriebes zur Vermietung von Wohnungen aufgehen, → Rn. 138) kein Verwaltungsvermögen darstellen. Verwaltungsvermögen in der Form von § 13b Abs. 2 Satz 2 Nr. 1 ErbStG kommt damit im Wohnungsunternehmen nicht (mehr) vor.

148 Diese weitreichende Rechtsfolge eröffnet umfangreiche Gestaltungsmöglichkeiten, z. B. die Beimischung von sonstigem Verwaltungsvermögen in Form von Wertpapieren, Geldmitteln und Forderungen ggf. bis zum Erreichen der 50 %-Grenze, wobei freilich die Entstehung von „jungem Verwaltungsvermögen" gem. § 13b Abs. 2 Satz 3, 7 ErbStG zu berücksichtigen ist; zudem ist darauf zu achten, dass sich der Hauptzweck des Betriebes dadurch nicht verschieben darf. Werden– auch kurz vor einer Übertragung – Gewerbeimmobilien in unschädlichem Umfang beigemischt, kommt es nicht zur Bildung von „jungem Verwaltungsvermögen", da die Gewerbeimmobilien bei Vorliegen eines Wohnungsunternehmens ebenfalls von der Rückausnahme um fasst werden und kein Verwaltungsvermögen (also auch kein „junges") darstellen.

e) Auswirkungen auf die erweiterte gewerbesteuerliche Kürzung

149 Nach § 9 Nr. 1 Satz 2 können Unternehmen, die ausschließlich eigenen Grundbesitz verwalten, ihren Gewerbeertrag um den Teil kürzen, der auf die

---
[122] *Stalleiken* Ubg 2011, 935, 937.

§ 4 Erbschaft- und Schenkungsteuer

Verwaltung und Nutzung des eigenen Grundbesitzes entfällt. Regelmäßig führt dies zu einer effektiven Befreiung von der Gewerbesteuer (→ § 7 Rn. 64). Ziel dieser Vorschrift ist es, eine Gleichstellung solcher vermögensverwaltender Grundstücksunternehmen, die grundsätzlich der Gewerbesteuer unterliegen (z. B. kraft Rechtsform), mit vermietenden Einzelpersonen und vermögensverwaltenden Personengesellschaften zu schaffen. Da die Vermietung durch natürliche Personen oder vermögensverwaltende Personengesellschaften grundsätzlich nicht der GewSt unterliegt, ist es zur Gleichstellung gewerblicher Unternehmen erforderlich, dass der auf die Vermietung eigenen Grundbesitzes entfallende Teil des Gewerbeertrags gekürzt wird.[123]

150 Im Einzelfall ist zu prüfen, ob die (Herbeiführung der) Voraussetzungen für die Qualifikation als Wohnungsunternehmen der Inanspruchnahme der erweiterten gewerbesteuerlichen Kürzung entgegenstehen. Inhaltlich erscheinen die Nutzung der erweiterten gewerbesteuerlichen Kürzung und die Inanspruchnahme der erbschaftsteuerlichen Verschonungen auf den ersten Blick widersprüchlich, da ersteres am Leitbild der privaten Vermögensverwaltung und letztes am Leitbild des gewerblichen Unternehmens orientiert scheint. Diese Wertungen müssen sich jedoch nicht zwingend widersprechen. Dies insbesondere deshalb nicht, weil auch für die Inanspruchnahme der erbschaftsteuerlichen Begünstigung eine gewerbliche Tätigkeit i. S. d. § 15 Abs. 1 EStG (im Sinne einer originären Gewerblichkeit) gerade nicht erforderlich ist sondern eine gewerbliche Prägung oder Infektion ausreicht. Allerdings gilt aufgrund des in § 9 Nr. 1 Satz 2 GewStG niedergelegten **Ausschließlichkeitsgebot,** dass das Grundstücksunternehmen nur der Tätigkeit des Verwaltens und Nutzens von eigenem Grundbesitz nachgehen darf, weiteren Tätigkeiten jedoch nicht. Sonstige Haupt- und Nebentätigkeiten führen grundsätzlich dazu, dass die erweiterte Kürzung in vollem Umfang[124] zu versagen ist, selbst wenn die Tätigkeit geringfügig ist.[125] Ausnahmsweise unschädlich sind nur (Neben-)Tätigkeiten, die *„zwingend notwendiger Teil einer wirtschaftlich sinnvoll gestalteten eigenen Grundstücksverwaltung und -nutzung"* sind.[126] Wird das Wohnungsunternehmen also z. B. als gewerblich geprägte GmbH & Co. KG i. S. d. § 15 Abs. 3 Nr. 2 ErbStG errichtet, können m. E. die von der Finanzverwaltung geforderten Indizien des wirtschaftlichen Geschäftsbetriebes durchaus vorliegen, ohne dass dies mit der erweiterten gewerbesteuerlichen Kürzung in Konflikt gerät. Allein das Unterhalten eines Büros, einer Buchführung zur Gewinnermittlung, einer umfangreichen Organisationsstruktur zur Durchführung der Geschäfte sowie die Bewerbung der Tätigkeit (→ Rn. 143) sollten keine per se gewerbesteuerschädlichen Betätigungen darstellen, da diese Tätigkeiten für eine umfangreichere Grundstücksverwaltung und -nutzung durchaus erforderlich sein können.[127] Freilich bleibt dies von der Würdigung im konkreten Einzelfall abhängig und wird damit in der Praxis streitanfällig sein. Anders dürfte dies sein, wenn die Gesellschaft

---

[123] Vgl. Lenski/Steinberg/*Roser* GewStG § 9 Nr. 1 Rn. 92.
[124] BFH 8.6.1978 – I R 68/75, BStBl. II 78, 505.
[125] FG Hamburg 13.12.1989 – II 192/87, EFG 90, 439, rkr.; Glanegger/Güroff GewStG § 9 Nr. 1 Rz. 23.
[126] BFH 14.6.2005 – VIII R 3/03, BStBl. II 05, 778.
[127] Ähnlich *von Cölln* ZEV 2012, 133, 136.

zusätzlich zu der reinen Vermietung noch gewerbliche Bei-Tätigkeiten (Maklertätigkeiten, Hausmeister- und Gebäudeservice o. ä.) erbringt, die sich als originär gewerbliche Betätigung darstellen und über den Rahmen der reinen Nutzung und Verwaltung des eigenen Grundbesitzes hinausgehen. In diesem Fall ist die erweiterte gewerbesteuerliche Kürzung zu versagen.

151 Auch vor dem Hintergrund der Inanspruchnahme der **erweiterten gewerbesteuerlichen Kürzung** bietet die Auslagerung des wirtschaftlichen Geschäftsbetriebes auf eine externe Service-Gesellschaft (→ Rn. 146) Vorteile, um Diskussionen über die erweiterte gewerbesteuerliche Kürzung beim Wohnungsunternehmen zu vermeiden. Selbst wenn die Service-Gesellschaft die Voraussetzungen einer erweiterten gewerbesteuerlichen Kürzung für sich betrachtet nicht erfüllen sollte, schlägt dies nicht etwa auf das Wohnungsunternehmen durch.

5. Land- und forstwirtschaftliche Nutzungsüberlassung

152 Ebenfalls nicht zum Verwaltungsvermögen zählt Grundbesitz, der **Dritten zu land- und forstwirtschaftlichen Nutzung überlassen** wird. Die Ausnahmeregelung ist weit gefasst.[128] So kommt es beispielsweise nicht darauf an, dass der überlassende Betrieb selbst ein Betrieb der Land- und Forstwirtschaft ist. Ausreichend ist es vielmehr, wenn der nutzende Dritte dort Land- und Forstwirtschaft betreibt.[129]

153 Die **Ausnahmeregelung** führt praktisch dazu, dass bei land- und forstwirtschaftlichen Betrieben idR **kein Verwaltungsvermögen** besteht, da verpachtete LuF-Flächen (die allerdings keine Stückländereien darstellen dürften) ebenfalls unschädlich sind und das übrige Verwaltungsvermögen (Wertpapiere, Geldbestände, Kunstgegenstände) nicht zum dem Grunde nach begünstigten Vermögen gehört (§ 13b Abs. 1 Nr. 1 ErbStG). Die Ausnahme ist jedoch nicht auf land- und forstwirtschaftliches Vermögen beschränkt sondern greift auch bei Gewerbebetrieben und Kapitalgesellschaften.

IV. Berechnung der Verwaltungsvermögensquote

154 Voraussetzung für die Inanspruchnahme der Verschonung für betriebliches Vermögen ist, dass die Verwaltungsvermögensquote der übertragenen betrieblichen Einheit am Stichtag nicht mehr als 50% beträgt. § 13b Abs. 2 Satz 1 ErbStG bestimmt, dass die Begünstigung nicht beansprucht werden kann, *„wenn das (...) Betriebsvermögen der Betriebe oder Gesellschaften zu mehr als 50% aus Verwaltungsvermögen besteht"*. Die Verwaltungsvermögensquote berechnet sich aus dem Wertverhältnis des **Verwaltungsvermögens** zur **betrieblichen Einheit** (§ 13b Abs. 2 Satz 4 ErbStG).

155 Die Ermittlung der Summe der **gemeinen Werte der Einzelwirtschaftsgüter des Verwaltungsvermögens** erfolgt bei Grundbesitz und Immobilien als Verwaltungsvermögen i. S. d. § 13b Abs. 2 Satz 2 Nr. 1 ErbStG nach den Vorschriften über die erbschaft- und schenkungsteuerliche Grundbesitzbewertung (§§ 176 ff. BewG; → Rn. 23 ff.). Das Betriebsfinanz-

---

[128] F/J/P/W/*Wachter* ErbStG § 13b Rn. 278.
[129] ErbStR E 13b.14 Abs. 2.

amt der Gesellschaften stellt die gemeinen Werte der Wirtschaftsgüter des Verwaltungsvermögens gesondert (und ggf. einheitlich) fest (§ 13b Abs. 2a ErbStG). Soweit Grundbesitz betroffen ist, bedient es sich hierzu der Hilfe des Lagefinanzamtes des Grundstücks (§ 151 Abs. 1 Satz 1 Nr. 1 BewG; → Rn. 54).

Der **gemeine Wert der betrieblichen Einheit** als Vergleichswert zur Ermittlung der Verwaltungsvermögensquote wird nach § 12 Abs. 2, 5 ErbStG i. V. m. §§ 9, 11 BewG ermittelt. § 11 BewG als Zentralnorm gibt dabei folgende „Hierarchie" der Wertermittlungsmethoden vor:

– Soweit es sich bei dem übertragenen Vermögen um Anteile an einer börsennotierten Kapitalgesellschaft handelt, sind diese stets mit dem niedrigsten am Stichtag festgestellten **Kurswert** zu bewerten (§ 11 Abs. 1 BewG). Hierbei sieht das Gesetz in § 11 Abs. 3 BewG gegebenenfalls eine Erhöhung des Kurswerts mit einem Paketzuschlag vor.

– Für nicht notierte Anteile an Kapitalgesellschaften, Personengesellschaften und Einzelunternehmen ist nach § 11 Abs. 2 Satz 2, 1. Alt. ErbStG zunächst der gemeine Wert aus **Verkäufen unter fremden Dritten** abzuleiten, wenn diese Verkäufe weniger als ein Jahr zurückliegen.

– Lässt sich der gemeine Wert der betrieblichen Einheit nicht aus Verkäufen ableiten, so ist er grundsätzlich gem. § 11 Abs. 2 Satz 2, 2. und 3. Alt BewG **unter Berücksichtigung der Ertragsaussichten oder anhand einer anderen branchenüblichen Bewertungsmethode** zu ermitteln.

– Existiert keine andere branchenübliche Bewertungsmethode, kann zur Ermittlung eines Ertragswertes auf jedes anerkannte Ertragswertverfahren zurückgegriffen werden, wobei branchenspezifische Eigenheiten zu berücksichtigen sind. In der Praxis hat sich die **Ertragsbewertung nach IDW S 1** als übliche und akzeptierte Bewertungsmethode durchgesetzt. Zudem sieht das Gesetz in § 11 Abs. 2 Satz 4 i. V. m. §§ 199 ff. BewG vor, dass der gemeinen Wert nach einem **vereinfachten Ertragswertverfahren**[130] ermittelt werden kann, wenn dies nicht zu „offensichtlich unzutreffenden Ergebnissen" führt.

– Schließlich darf bei einer Bewertung anhand der Ertragsaussichten oder einer anderen branchenüblichen Methode der sog. **Substanzwert als Mindestwert** nicht unterschritten werden (§ 11 Abs. 2 Satz 3 BewG).

Wird der Verwaltungsvermögenstest bestanden (Verwaltungsvermögensquote ≤ 50%), ist die gesamte betriebliche Einheit begünstigt; wird der Verwaltungsvermögenstest nicht bestanden (Verwaltungsvermögensquote > 50%) wird die Begünstigung insgesamt versagt (§ 13b Abs. 2 Satz 1 ErbStG, „**Alles-oder-Nichts-Prinzip**"). In mehrstufigen Beteiligungsstrukturen ist der Verwaltungsvermögenstest zudem wegen der sog. „Holdingklausel" des § 13b Abs. 2 Satz 2 Nr. 3 ErbStG auf der Ebene jeder Gesellschaft durchzuführen, um die letztlich für die Gewährung der Verschonung maßgebliche Verwaltungsvermögensquote der jeweiligen Obergesellschaft zu bestimmen.

---

[130] Hierzu *Stalleiken/Theissen* DStR 2010, 21.

§ 5 Grunderwerbsteuer

Übersicht

	Rn.
A. Allgemeines	1–3
B. Grundstücksbegriff	
I. Allgemeiner Grundstücksbegriff	4, 5
II. Den Grundstücken gleichgestellte Wirtschaftsgüter	6–8
III. Nicht zu den Grundstücken zählende Wirtschaftsgüter	9, 10
IV. Wirtschaftliche Einheit von Grundstücken und Teile von Grundstücken	11
C. Erwerbstatbestände	
I. Grundtatbestand	12–14
II. Nebentatbestände	15–23
1. Auflassung	15
2. Übergang des Eigentums kraft Gesetz	16–19
3. Übergang des Eigentums im Zwangsversteigerungsverfahren	20
4. Verpflichtung zur Abtretung eines Übereignungsanspruchs	21
5. Verpflichtung zur Abtretung eines Kaufangebots	22
6. Abtretung von Übereignungsansprüchen und Kaufangeboten	23
III. Wirtschaftliche Verwertungsbefugnis	24–28
1. Allgemeines	24, 25
2. Einzelne Verwertungsbefugnisse	26–28
a) Gebäude auf fremden Boden	27
b) Atypischer Maklervertrag	28
IV. Ersatztatbestände	29–64
1. Änderung im Gesellschafterbestand einer Personengesellschaft (§ 1 Abs. 2a GrEStG)	30–42
a) Allgemeines	30–32
b) Änderung des Gesellschafterbestands	33–39
c) Fünfjahreszeitraum	40, 41
d) Anrechnungsregel nach § 1 Abs. 2a Satz 3 GrEStG	42
2. Anteilsvereinigung und Übertragung vereinigter Anteile (§ 1 Abs. 3 GrEStG)	43–57
a) Allgemeines	44, 45
b) Anteilsvereinigung i. S. d. § 1 Abs. 3 Nr. 1 und Nr. 2 GrEStG	46–55
c) Anteilsübertragung und Anteilsübergang i. S. d. § 1 Abs. 3 Nr. 3 und Nr. 4 GrEStG	56, 57
3. Erwerb einer wirtschaftlichen Beteiligung (§ 1 Abs. 3a GrEStG)	58–64
a) Allgemeines	58

§ 5 Grunderwerbsteuer § 5

	Rn.
b) Anwendungsbereich	59
c) Steuerbare Rechtsvorgänge	60
d) Wirtschaftliche Beteiligung	61–64

D. Steuerbefreiungen

I. Allgemeine Ausnahmen von der Besteuerung	66
II. Besondere Ausnahmen von der Besteuerung	67
III. Übertragungen zwischen Personengesellschaften und ihren Gesellschaftern	68–83
1. Übergang auf eine Gesamthand	69–74
2. Übergang von einer Gesamthand	75–83
IV. Umstrukturierungen im Konzern	84–89
V. Umwandlung von gemeinschaftlichem Eigentum in Flächeneigentum	90–93
VI. Aufeinanderfolgen von Rechtsvorgängen	94, 95

E. Bemessungsgrundlage

I. Grundsatz: Wert der Gegenleistung	97, 98
II. Maßgeblicher Grundstückszustand	99–102
III. Ausnahme: Bedarfswert	103–106

F. Steuersatz ... 107–110

G. Rückgängigmachung des Erwerbs und Rückerwerb

I. Rückgängigmachung des Erwerbs	111–113
II. Rückerwerb	114–117
III. Herabsetzung der Bemessungsgrundlage	118
IV. Anwendung auf gesellschaftsrechtliche Vorgänge	119
V. Verfahrensrechtliche Aspekte	120–122
1. Antragserfordernis	120, 121
2. Verhältnis zu allgemeinen verfahrensrechtlichen Korrekturnormen	122

H. Durchführung der Besteuerung

I. Entstehung der Steuer	123–126
1. Allgemeines	123
2. Entstehung der Steuer in besonderen Fällen	124–126
II. Verfahren	127–129
1. Zuständigkeit für die Steuerfestsetzung	127
2. Anzeigepflicht	128
3. Erteilung der Unbedenklichkeitsbescheinigung	129
III. Fälligkeit	130
IV. Steuerschuldner	131, 132

I. Ertragsteuerliche Behandlung der Grunderwerbsteuer ... 133–137

§ 5 1–4 Teil 3. Erwerb

A. Allgemeines

1 Die GrESt knüpft als Verkehrsteuer an die Übertragung von inländischem Grundbesitz an.[1] Gleichgestellt sind bestimmte schuldrechtliche Vorgänge in Bezug auf Grundstücke, die unmittelbare oder mittelbare Übertragung von grundstückshaltenden Gesellschaften sowie Umwandlungen nach dem UmwG, wenn diese Vorgänge wirtschaftlich betrachtet der Transaktion eines Grundstücks gleichkommen. Daneben können auch behördliche Akte und gesetzliche Rechtsfolgen einen steuerbaren Vorgang auslösen. Das GrEStG knüpft grds. an das Zivilrecht und damit entweder an die Wirksamkeit des schuldrechtlichen oder des dinglichen Rechtsgeschäfts an, welche im Regelfall jeweils den Zeitpunkt der Entstehung der Steuer bildet. Da die Steuerbarkeit das Vorliegen eines tatsächlichen oder fiktiven[2] **Rechtsträgerwechsels** an einem Grundstück voraussetzt,[3] ist die Beteiligung von mindestens zwei Rechtsträgern an dem zu beurteilenden Vorgang notwendig.

2 Das GrEStG **befreit bestimmte Übertragungen von der Besteuerung,** wenn die jeweilige Transaktion systematisch oder fiskalisch nicht mit GrESt belastet werden soll, wie z.B. die Übertragung zwischen in gerader Linie verwandter Personen (§ 3 Nr. 6 GrEStG), von Mitunternehmer auf eine beteiligungsidentische Gesamthand (§ 5 Abs. 1 GrEStG) oder bestimmte Umstrukturierungen im Konzern (§ 6a GrEStG). Die persönlichen Verhältnisse des Steuerpflichtigen bleiben bei der Besteuerung hingegen außer Betracht.

3 Aufgrund der **Föderalismusreform** können die Bundesländer seit dem 1.9.2006 nach Art. 105 Abs. 2a Satz 2 GG den Steuersatz der GrESt für Übertragungen von in ihrem Hoheitsgebiet belegenen Grundstücken frei festlegen. Seitdem haben fast alle Länder ihre Befugnis genutzt und z.T. mehrmals den Steuersatz von ursprünglich einheitlich 3,5% (§ 11 Abs. 1 GrEStG) angehoben.[4] Zuletzt erhöhte Brandenburg zum 1.7.2015 den Grunderwerbsteuersatz von 5 bzw. 5,5% auf 6,5%.

B. Grundstücksbegriff

I. Allgemeiner Grundstücksbegriff

4 Der GrESt unterliegt ein Rechtsträgerwechsel nur, wenn sich der Vorgang auf ein inländisches Grundstück bezieht. § 2 Abs. 1 Satz 1 GrEStG verweist

---

[1] Besteuert wird der einzelne Rechtsvorgang als das die Steuer auslösendes Ereignis i. S. d. § 38 AO ohne die Berücksichtigung eines Veranlagungszeitraums (zum Grundstücksbegriff → Rn. 4).

[2] Gemäß § 1 Abs. 2a S. 1 GrEStG gilt die unmittelbare oder mittelbare Übertragung von mindestens 95% der Beteiligung am Vermögen einer grundstückshaltenden Personengesellschaft als steuerbarer Übergang des Grundvermögens auf eine neue Personengesellschaft, obwohl zivilrechtlich weiterhin die Personengesellschaft Eigentümerin ist (→ Rn. 30 ff.).

[3] Der Begriff des Rechtsträgers ist weiter als derjenige der Rechtsfähigkeit, sodass nicht nur natürliche und juristische Personen, sondern auch bestimmte Gesamthandsgemeinschaften wie Gesellschaften bürgerlichen Rechts (unabhängig von dem Inhalt der Grundbucheintragung), Personenhandelsgesellschaften und Erbengemeinschaften Rechtsträger in diesem Sinn sind.

[4] Übersicht der geltenden Steuersätze → Rn. 108.

164 *Demleitner*

für den **Grundstücksbegriff** auf den des bürgerlichen Rechts. Das BGB selbst hält jedoch keine (allgemein gültige) Definition des Grundstücksbegriffs bereit, sondern setzt ihn selbst in zahlreichen Vorschriften voraus. Für grunderwerbsteuerliche Zwecke erfasst der Terminus daher jeden abgrenzbaren Teil der Erdoberfläche, egal ob dieser räumlich vermessen und einem Grundbuchblatt zugewiesen ist (§ 3 Abs. 1 Satz 1 und § 4 GBO) oder nicht.[5] Dazu rechnen auch sämtliche mit dem Grundstück nach § 94 BGB **untrennbar verbundene Bestandteile,** soweit sie nicht für grunderwerbsteuerliche Zwecke gemäß § 2 Abs. 1 Satz 2 GrEStG explizit ausgenommen sind. Das **Wohnungs- und Teileigentum** (Miteigentum nach Bruchteilen am gemeinschaftlichen Grundstück und Sondereigentum an der Wohnung) stellt ebenfalls ein eigenes Grundstück i.S.d. § 2 Abs. 1 Satz 1 GrEStG dar.[6]

Inländisch ist ein Grundstück, wenn es im Geltungsbereich des GrEStG belegen ist. Dagegen ist unerheblich, wo und nach welchem Recht das die GrESt begründende Rechtsgeschäft abgeschlossen bzw. vollzogen wird oder wo die beteiligten Rechtsträger ansässig sind. Wird ein Übertragungsvorgang an einem im Inland belegenen Grundstück durch zwei ausländische Rechtsträger oder durch ein ausländisches Rechtsgeschäft begründet, setzt die Steuerbarkeit lediglich die zivilrechtliche Wirksamkeit des Rechtsvorgangs voraus.[7]

II. Den Grundstücken gleichgestellte Wirtschaftsgüter

Gemäß § 2 Abs. 2 Nr. 1 bis 3 GrEStG werden **Erbbaurechte,** Gebäude auf fremden Grund und Boden sowie dinglich gesicherte Sondernutzungsrechte i.S.d. § 15 WEG und des § 1010 BGB den Grundstücken gleichgestellt.

Praxishinweis:
Der GrESt unterliegt daher grds. sowohl die Begründung eines Erbbaurechts als auch dessen Veräußerung und der **Heimfall** i.S.d. § 32 ErbbauRG von dem Erbbauberechtigten an den Grundstückseigentümer.[8] Daneben stellt ebenso der Erwerb eines mit einem Erbbaurecht belasteten Grundstücks einen grunderwerbsteuerbaren Vorgang dar, soweit der Erwerb nicht lediglich auf den Erbbauzinsanspruch gerichtet ist.

Sofern Gebäude nur zu einem vorübergehenden Zweck mit einem Grundstück verbunden sind und sie als sog. **Scheinbestandteile** i.S.d. § 95

---
[5] Pahlke/Franz/*Pahlke* GrEStG § 2 Rn. 6; Boruttau/*Viskorf* GrEStG § 2 Rn. 12.
[6] Die Begründung von Wohneigentum durch einen einzigen Grundstückseigentümer stellt mangels Rechtsträgerwechsel keinen grunderwerbsteuerbaren Tatbestand dar. Dies gilt nicht, wenn mehrere Miteigentümer ihr Grundstück in Wohneigentum aufteilen. In diesem Fall kommt allerdings die Befreiungsvorschrift des § 7 Abs. 1 GrEStG in Betracht, soweit der Wert des späteren Alleineigentums dem jeweiligen Miteigentumanteils entspricht (→ Rn. 90).
[7] Während das Verpflichtungsgeschäft zur Übertragung eines inländischen Grundstücks durch einen ausländischen Notar erfolgen kann, ist die Erklärung der Auflassung nur durch einen inländischen Notar oder Konsularbeamten zulässig (§ 11 Abs. 4 EGBGB).
[8] BFH 23.9.1969 – II 113/64, BStBl. II 1970, 130.

III. Nicht zu den Grundstücken zählende Wirtschaftsgüter

9   Unabhängig von deren zivilrechtlichen Einordnung bilden Maschinen und andere Vorrichtungen aller Art, die zu einer Betriebsanlage gehören, Mineralgewinnungsrechte und sonstige Gewerbeberechtigungen sowie das Recht des Grundstückseigentümers auf den Erbbauzins gemäß § 2 Abs. 1 Satz 2 Nr. 1 bis 3 GrEStG keinen Teil des Grundstücksbegriffs. Relevant ist die Norm in erster Linie für **Betriebsvorrichtungen,** sofern sie nicht ohnehin gemäß § 95 BGB nicht zum Grundstück zählen.

10 Soweit zu einem steuerbaren Grundstückserwerb auch **Gegenstände i. S. d. § 2 Abs. 1 Satz 2 GrEStG** gehören, ist der auf diese entfallende Kaufpreisanteil aus der steuerpflichtigen Bemessungsgrundlage herauszurechnen. Um Diskussionen mit der Grunderwerbsteuerstelle des Finanzamtes von vorneherein zu vermeiden, sollte jedoch im Grundstückskaufvertrag (an exponierter Stelle) die entsprechende Aufteilung des Kaufpreises dokumentiert werden. Eine Reduktion der Grunderwerbsteuer kann daher im Falle des Mitverkaufs von nicht zum Grundstück gehörenden Vermögensgegenständen[9] durch Vereinbarung eines entsprechenden Kaufpreisanteils für diese Gegenstände erreicht werden. Das veranlagende Finanzamt ist jedoch bei der Aufteilung des Kaufpreises nicht an die Wertfestsetzung der Vertragsparteien gebunden, sondern hat eine eigene Aufteilung anhand der Verkehrswerte vorzunehmen.

IV. Wirtschaftliche Einheit von Grundstücken und Teile von Grundstücken

11 Soweit sich ein Rechtsvorgang auf mehrere zu einer **wirtschaftlichen Einheit** gehörende Grundstücke bezieht, werden diese nach § 2 Abs. 3 Satz 1 GrEStG als ein Grundstück behandelt. Demgegenüber werden Teile eines Grundstücks gemäß Satz 2 als selbständiges Grundstück behandelt.

C. Erwerbstatbestände

I. Grundtatbestand

12 Den Grundtatbestand eines steuerbaren Vorgangs bildet § 1 Abs. 1 Nr. 1 GrEStG mit dem wirksamen Abschluss eines Rechtsgeschäfts, das die Verpflichtung zur dinglichen Übertragung eines Grundstücks begründet. Dies ist im Regelfall ein **Grundstückskaufvertrag,** kann jedoch auch ein Einbringungs- oder Erbauseinandersetzungsvertrag sein. Eine Gegenleistung ist nicht

---
[9] Hierzu gehört auch die Instandhaltungsrücklage von Eigentumswohnungen.

erforderlich, entscheidend ist vielmehr, dass das Rechtsgeschäft (zumindest) einen Anspruch auf Übertragung eines Grundstücks zum Gegenstand hat, sodass auch ein **Schenkungsvertrag** gemäß § 1 Abs. 1 Nr. 1 GrEStG steuerbar ist. Entsprechende Verträge bedürfen gemäß § 311b Abs. 1 Satz 1 BGB der notariellen Beurkundung. Soweit diese fehlt, liegt mangels nichtigen Rechtsgeschäfts auch kein steuerbarer Vorgang vor.[10]

Hingegen ist noch kein steuerbarer Vorgang gegeben, soweit einem Erwerber nur ein **Vorkaufsrecht** eingeräumt wird, dieser nur ein (beurkundetes) **Angebot auf Abschluss eines Kaufvertrags** abgibt (z.B. im Rahmen eines sog. Angebotsvertrags) oder die Parteien wechselseitige **Call- bzw. Put-Optionen** vereinbaren, da erst der konkrete Abschluss eines Vertrages, der unmittelbar einen Anspruch auf Übertragung eines Grundstücks herbeiführt, der Grunderwerbsteuer nach § 1 Abs. 1 Nr. 1 GrEStG unterliegt.[11] 13

Gemäß § 1 Abs. 1 Nr. 1 GrEStG steuerbar ist auch der **Tausch,** bei dem sich ein Rechtsträger verpflichtet, sein Grundstück zu übereignen und als Gegenleistung hierfür ein nicht in Geld bestehendes Wirtschaftsgut erhält. Soweit die Gegenleistung ebenfalls in der Hingabe von unbeweglichem Vermögen besteht, sieht § 1 Abs. 5 GrEStG hierfür eine doppelte Festsetzung der GrESt vor. 14

II. Nebentatbestände

1. Auflassung

Auflassung ist gemäß § 925 BGB die bei gleichzeitiger Anwesenheit notariell beurkundete Erklärung der Einigung über den Eigentumsübergang an einem Grundstück. Die Auflassung unterliegt nach § 1 Abs. 1 Nr. 2 GrEStG der GrESt, wenn kein Verpflichtungsgeschäft vorausgegangen ist, das den Anspruch auf Übereignung des Grundstücks begründet hat. Der Besteuerung unterliegt bereits die Erklärung vor dem Notar und nicht erst die Eintragung im Grundbuch. Lag hingegen vor der Auflassung bereits ein nach § 1 Abs. 1 Nr. 1 GrEStG steuerbarer Vorgang vor (z.B. Abschluss eines Kaufvertrags), ist die Auflassung nicht erneut steuerpflichtig. Wichtigster Anwendungsfall der Norm dürfte die Einbringung eines Grundstücks in eine Gesellschaft zur Leistung an Erfüllung statt sein. 15

2. Übergang des Eigentums kraft Gesetz

Gemäß § 1 Abs. 1 Nr. 3 S. 1 GrEStG unterliegt der GrESt der **Übergang des Eigentums** an einem Grundstück, wenn kein den Anspruch auf Übereignung des betreffenden Grundstücks begründendes Verpflichtungsgeschäft 16

---

[10] Die Steuerbarkeit kann nicht über § 41 AO begründet werden, da nur aus einem wirksamen Grundstückskaufvertrag die Verpflichtung zur Übereignung eines Grundstücks folgt. Ein entsprechender Beurkundungsmangel wird jedoch durch die Eintragung ins Grundbuch geheilt, was dann wiederum gemäß § 1 Abs. 1 Nr. 2 GrEStG der GrESt unterliegt (→ Rn. 15).
[11] BFH 27.1.1972 – II 73/65, BStBl. II 1972, 496; BFH 31.5.1972 – II R 162/66, BStBl. II 1972, 828; so auch Pahlke/Franz/*Pahlke* GrEStG § 1 Rn. 129; Boruttau/*Fischer* GrEStG § 1 Rn. 360 m.w.N.

vorausgegangen ist und es auch keiner Auflassung i. S. d. § 925 BGB bedarf. Erfasst werden hierdurch Eigentumswechsel, die sich außerhalb des Grundbuchs vollziehen, etwa weil diese kraft Gesetz oder aufgrund behördlicher oder gerichtlicher Rechtsakte erfolgen. Wichtigste Anwendungsfälle sind hierbei die (gesetzliche oder testamentarische) Erbfolge nach §§ 1922 ff. BGB, bestimmte Umwandlungsvorgänge sowie die Anwachsung des Gesellschaftsvermögens i. S. d. § 738 BGB bei Ausscheiden des vorletzten Gesamthänders einer Personengesellschaft. Erfolgt dann die Änderung der Grundbucheintragung, unterliegt diese nicht erneut der GrESt.

17 Steuerbar sind grds. sämtliche in § 1 Abs. 1 Nr. 1 bis 3 oder Abs. 2 UmwG i. V. m. landesrechtlichen Vorschriften genannte **Umwandlungsvorgänge** (Verschmelzung, Spaltung und Vermögensübertragung), wenn hierdurch das Grundstück zivilrechtlich einem neuen Eigentümer zugeführt wird.[12] Demgemäß unterliegt die Verschmelzung nur der GrESt, wenn der übertragende Rechtsträger ein Grundstück auf einen übernehmenden Rechtsträger transferiert, nicht jedoch schon, wenn der übernehmende Rechtsträger Grundvermögen besitzt, da dann das Grundstück nicht bewegt wird. Gleiches gilt im Falle der Spaltung. Mangels Rechtsträgerwechsel unterliegen sowohl der homogene wie auch der heterogene Formwechsel einer grundstücksbesitzenden Gesellschaft nicht der GrESt.[13]

18 | **Praxishinweis:**
Bei notwendigen Umstrukturierungen mit unbeweglichem Vermögen sollte daher aus grunderwerbsteuerlicher Sicht darauf geachtet werden, dass möglichst die den Grundbesitz haltende Gesellschaft als übernehmender Rechtsträger fungiert.

19 Als **Ausnahme zur Steuerbarkeit** nach § 1 Abs. 1 Nr. 3 S. 1 GrEStG sieht S. 2 Nr. 1 bis 3 den Eigentumsübergang durch ein Flurbereinigungsverfahren, ein Umlegungsverfahren nach dem BauGB oder aufgrund eines Zwangsversteigerungsverfahrens vor.

3. Übergang des Eigentums im Zwangsversteigerungsverfahren

20 Da im **Zwangsversteigerungsverfahren** gemäß §§ 89, 90 Abs. 1 ZVG das Eigentum an einem versteigerten Grundstück bereits mit dem Zuschlag übergeht (Eigentumsübertragung), unterliegt nach § 1 Abs. 1 Nr. 4 GrEStG schon die Abgabe des Meistgebots der GrESt.

4. Verpflichtung zur Abtretung eines Übereignungsanspruchs

21 Aus **wirtschaftlicher Sicht** können Grundstückserwerber über ein Grundstück verfügen, bevor sie Eigentümer geworden sind, sprich ins Grundbuch eingetragen wurden. Aus diesem Grund sind gemäß § 1 Abs. 1

---

[12] Steuerbar ist nicht die notarielle Beurkundung des Umwandlungsvorgangs oder die Anmeldung beim Handelsregister, sondern erst die Eintragung und damit das Wirksamwerden des betreffenden Vorgangs.
[13] BFH 4.12.1996 – II B 116/96, BStBl. II 1997, 661; BFH 4.4.2001 – II R 57/97, BStBl. II 2001, 587. Zur Rücknahme der Steuerbefreiung nach § 5 Abs. 3 GrEStG im Falle von Umwandlungen → Rn. 74.

Nr. 5 GrEStG Rechtsgeschäfte steuerbar, die einen Anspruch auf Abtretung eines Übereignungsanspruchs oder der Rechte aus einem Meistgebot begründen. Hierzu gehört insbesondere die Verpflichtung zur Abtretung eines Übereignungsanspruchs aus einem Kaufvertrag. Zivilrechtlich erwirbt der Zessionar zwar das Grundstückseigentum unmittelbar vom Verkäufer (ohne Durchgangserwerb), aus grunderwerbsteuerlicher Sicht werden jedoch unabhängig voneinander zwei Erwerbsvorgänge besteuert: einerseits der Abschluss des Kaufvertrags nach § 1 Abs. 1 Nr. 1 GrEStG zwischen dem Grundstückseigentümer und dem Zedenten sowie andererseits die Verpflichtung zur Abtretung des Übereignungsanspruchs durch den Zedenten an den Zessionar begründende Rechtsgeschäft. Gleiches gilt für die Abtretung des Zuschlags- oder des Übereignungsanspruchs aus einem Zwangsversteigerungsverfahren.

5. Verpflichtung zur Abtretung eines Kaufangebots

Steuerbar nach § 1 Abs. 1 Nr. 6 GrEStG ist zudem jedes Rechtsgeschäft, das den Anspruch auf Abtretung der Rechte aus einem Kaufangebot oder aus einem anderen einen Übereignungsanspruch herleitenden Vertrag begründet. Die Abgabe eines bloßen Angebots zum Erwerb eines Grundstücks bzw. der Abschluss eines Angebotsvertrags unterliegt hingegen auch nach dieser Ziffer nicht der GrESt.[14]

6. Abtretung von Übereignungsansprüchen und Kaufangeboten

Zuletzt besteuert § 1 Abs. 1 Nr. 7 GrEStG auch die **Abtretung** eines der in § 1 Abs. 1 Nr. 5 oder Nr. 6 GrEStG bezeichneten Rechte. Nach Nr. 5 und 6 unterliegt der GrESt bereits der Abschluss eines Vertrags, der den Abtretungsanspruch auf Übereignung eines Grundstücks begründet, während Nr. 7 die direkte Abtretung dieser Ansprüche erfasst. Voraussetzung ist damit, dass kein Rechtsgeschäft vorausgegangen ist, das den Anspruch auf Abtretung der Rechte begründet hat, sodass diese Tatbestandsalternative in der Praxis kaum eine Rolle spielt.

III. Wirtschaftliche Verwertungsbefugnis

1. Allgemeines

Soweit nicht bereits eine Steuerbarkeit i.S.d. § 1 Abs. 1 Nr. 1 bis 7 oder Abs. 2a bis 3a GrEStG in Betracht kommt,[15] unterliegen nach § 1 Abs. 2 GrEStG auch Rechtsvorgänge der GrESt, die es ohne Begründung eines Anspruchs auf Übereignung einem **Dritten** rechtlich oder wirtschaftlich ermöglichen, ein inländisches Grundstück ähnlich einem Eigentümer auf eigene Rechnung zu verwerten. Als Ergänzungstatbestand zielt die Norm auf Rechtsvorgänge ab, die zwar keinen Rechtsträgerwechsel in vorstehend ge-

---

[14] → Rn. 13.
[15] § 1 Abs. 2 GrEStG ist damit subsidiär zum Grundtatbestand sowie den Nebentatbeständen, aber nicht als allgemeiner Auffangtatbestand zu verstehen (Boruttau/*Fischer* GrEStG § 1 Rn. 610).

nanntem Sinn herbeiführen, es aber einer Partei (im Innenverhältnis) ermöglichen, den Wert eines Grundstücks auf andere Weise zu realisieren. Eine Steuerumgehungsabsicht auf subjektiver Ebene ist nicht erforderlich.[16] Im Gegensatz zu § 1 Abs. 1 Nr. 1 GrEStG kann bei Abs. 2 ein unwirksames Rechtsgeschäft unter Zuhilfenahme von § 41 Abs. 1 S. 1 AO der GrESt unterliegen, wenn die Parteien das wirtschaftliche Ergebnis gleichwohl eintreten und bestehen lassen.[17]

25 § 1 Abs. 2 GrEStG definiert selbst nicht, was unter der **Einräumung einer steuerbaren Verwertungsbefugnis** zu verstehen ist. Die Rechtsprechung hierzu ist von einer kaum überschaubaren Einzelfallkasuistik geprägt; gemein ist diesen immerhin, dass die Verwertungsbefugnis durch zwei Verfügungsmöglichkeiten gekennzeichnet sein kann:
– die wirtschaftliche Nutzung (Besitz, Verwaltung, Belastung) oder
– die Veräußerung (Beteiligung an der Substanz).[18]
Die Vorschrift soll demnach diejenigen Fälle erfassen, bei denen ein Dritter Rechte an einem Grundstück erlangt, die über denen eines Pächters hinausgehen, aber diejenigen eines Eigentümers nicht erreichen. Dementsprechend erfüllen auch langjährige Miet- und Pachtverhältnisse selbst dann nicht den Tatbestand der wirtschaftlichen Verwertung, wenn der Mieter bzw. Pächter das Grundstück nach eigenen Vorstellungen umgestalten darf.[19]

2. Einzelne Verwertungsbefugnisse

26 Nachfolgend werden die beiden wichtigsten Alternativen zur Tatbestandsverwirklichung des § 1 Abs. 2 GrEStG kursorisch dargestellt:

a) Gebäude auf fremden Boden

27 Da Gebäude **keine eigenständigen Rechte** vermitteln können (keine Sonderrechtsfähigkeit), kommt für deren Verkauf ohne zivilrechtliche Übertragung des Grundstücks (dessen Bestandteil das Gebäude ist) nur eine Besteuerung nach § 1 Abs. 2 i. V. m. § 2 Abs. 2 Nr. 2 GrEStG in Betracht, wenn der Käufer die ausschließliche Verfügungsmacht über das Gebäude erhält.[20] Bedeutsamster Fall ist die Errichtung eines Gebäudes durch einen Pächter, das der Grundstückseigentümer bei Beendigung des Pachtverhältnisses erwirbt.[21]

b) Atypischer Maklervertrag

28 Beim **atypischen Maklervertrag** wird dem Makler eine Teilhabe an der Substanz des Grundstücks im Rahmen der Veräußerung gewährt.[22] Der aty-

---

[16] BFH 26.7.2000 – II R 33/98, BFH/NV 2001, 206.
[17] BFH 26.7.2000 – II R 33/98, BFH/NV 2001, 206.
[18] BFH 10.3.1999 – II R 35/97, BStBl. II 1999, 491.
[19] Boruttau/*Fischer* GrEStG § 1 Rn. 620.
[20] BFH 27.3.1985 – II R 37/83, BStBl. II 1985, 526.
[21] BFH 30.10.1974 – II R 13/68, BStBl. II 1975, 248; BFH 27.3.1985 – II R 37/83, BStBl. II 1985, 526.
[22] Im Gegensatz dazu verpflichtet sich beim typischen Maklervertrag der Grundstückseigentümer nach den §§ 652 ff. BGB zur Zahlung des Maklerlohns für den Fall, dass der Verkauf des Grundstücks aufgrund der Maklerleistung zustande kommt.

pische Makler kann in der Regel durch eine Vollmacht rechtlich sowie wirtschaftlich über ein Grundstück verfügen und ist nur zur Herausgabe eines fixen Betrags aus dem Verkaufspreis an den Grundstückseigentümer verpflichtet, während er jeglichen Mehrerlös für sich behalten kann (garantierte Substanzbeteiligung). Das GrEStG fingiert bei tatsächlichem Abschluss eines Grundstückskaufvertrags zwischen dem (atypischen) Makler und dem Grundstückserwerber zwei Erwerbstatbestände, da der Grundstückseigentümer das Grundstück unter Vereinbarung eines Mindestkaufpreises „wirtschaftlich" an den Makler verkauft und der Erwerber anschließend durch Abschluss eines notariellen Kaufvertrags den Tatbestand des § 1 Abs. 1 Nr. 1 GrEStG erfüllt. Es bedarf keine zusätzliche Einräumung einer Besitz- oder Nutzungsbefugnis zugunsten des Maklers, da diesem bereits durch Versprechen eines Mehrerlöses die stärkste Form der Verwertungsbefugnis zukommt.

IV. Ersatztatbestände

Da Immobilien ökonomisch nicht nur unmittelbar (**Asset Deal**), sondern auch mittelbar über den Erwerb einer Beteiligung an der grundstückshaltenden Gesellschaft (**Share Deal**) übertragen werden können, besteuern § 1 Abs. 2a, 3 und 3a GrEStG bestimmte unmittelbare und mittelbare Erwerbe von grundstückshaltenden Gesellschaften. Diesen Tatbeständen ist gemein, dass im Falle der Steuerpflicht (z. B. Änderung des Gesellschafterbestands einer grundstückshaltenden Personengesellschaft i. H. v. 95 % der Beteiligung am Vermögen i. S. d. § 1 Abs. 2a S. 1 GrEStG) 100 % des Grundstückswerts der Besteuerung unterliegen, mithin keine lediglich anteilige Ermittlung der Bemessungsgrundlage erfolgt.[23]

1. Änderung im Gesellschafterbestand einer Personengesellschaft (§ 1 Abs. 2a GrEStG)

a) Allgemeines

Gehört zum **Vermögen einer Personengesellschaft** ein inländisches Grundstück und ändert sich innerhalb von fünf Jahren der Gesellschafterbestand unmittelbar oder mittelbar dergestalt, dass mindestens 95 % der Anteile am Gesellschaftsvermögen auf neue Gesellschafter übergehen, gilt dies nach § 1 Abs. 2a S. 1 GrEStG als ein auf die Übereignung eines Grundstücks auf eine neue Personengesellschaft gerichtetes Rechtsgeschäft. Die Norm beruht auf der gesetzgeberischen Intention, dass – getragen von der Angst vor einer Gestaltungsanfälligkeit der Gesamtplanrechtsprechung des BFH[24] – abweichend von der zivilrechtlichen Betrachtungsweise im Falle eines tatbestandsmäßigen Wechsels im Gesellschafterbestand eine „neue" grundstückshaltende Personengesellschaft entsteht, mithin ein Rechtsträgerwechsel fingiert wird.

---

[23] Eine (partielle) Begünstigung kann jedoch z. B. über § 6 Abs. 3 GrEStG erfolgen (→ Rn. 77).
[24] Pahlke/Franz/*Pahlke* GrEStG § 1 Rn. 268.

31 § 1 Abs. 2a GrEStG fungiert daher als spezielle Missbrauchsvermeidungsnorm zur Verhinderung der Umgehung grunderwerbsteuerbarer Vorgänge, sodass ein Rückgriff auf § 42 AO im Regelfall verwehrt sein sollte.[25] Darüber hinaus kann nach der neuesten Rechtsprechung des BFH bereits die wirtschaftliche Übertragung eines Anteils an einer Gesamthand der Besteuerung unterliegen.[26] Die Norm ist vorrangig vor § 1 Abs. 3 sowie 3a GrEStG und ausschließlich auf in- und ausländische Personengesellschaften (GbR, oHG, KG, PartG) anzuwenden. Hierzu gehören nicht die Erben- sowie Gütergemeinschaft und reine Innengesellschaften wie die typische bzw. atypische stille Gesellschaft – unabhängig von ihrer Qualifikation als Mitunternehmerschaft.

32 **Praxishinweis:**
Ein Grundstück gehört bereits zum Vermögen einer Personengesellschaft, wenn es ihr aus grunderwerbsteuerlicher Sicht zugeordnet wird. Nicht notwendig ist, dass die Personengesellschaft zivilrechtlicher Eigentümer des Grundvermögens ist. So gehört zum Vermögen einer Personengesellschaft ein Grundstück bereits, wenn diese einen Kaufvertrag i. S. d. § 1 Abs. 1 Nr. 1 GrEStG abgeschlossen hat, bevor sie als Eigentümerin im Grundbuch eingetragen ist.[27] Erfasst werden jedoch nur Grundstücke, die sich während des gesamten maßgeblichen Fünfjahreszeitraums[28] durchgängig im Vermögen der Personengesellschaft befinden.

b) Änderung des Gesellschafterbestands

33 **Anteil am Gesellschaftsvermögen** ist der dem einzelnen Gesellschafter zustehende Wertanteil am Reinvermögen als schuldrechtlicher, gesellschaftsvertraglicher Anspruch gegen die Gesamthand. Die wertmäßige Beteiligung ergibt sich aus den gesellschaftsvertraglichen Vereinbarungen der Gesamthänder sowie aus den gesetzlichen Bestimmungen (§§ 722, 734 BGB, §§ 120ff. HGB).[29] Eine Änderung tritt bereits mit Abschluss des schuldrechtlichen Geschäfts und damit vor der dinglichen Wirksamkeit ein. Maßgebend ist nicht die Beteiligung des Gesellschafters am Ergebnis der Gesamthand, sondern allein am Vermögen.[30]

34 § 1 Abs. 2a S. 1 GrEStG hat nur Änderungen im Gesellschafterbestand durch den **Eintritt eines „Neugesellschafters"** zum Gegenstand, während Anteilsbewegungen unter „Altgesellschaftern" unberücksichtigt bleiben.[31] Erfasst wird sowohl die Übertragung eines schon bestehenden Anteils an ei-

---

[25] Pahlke/Franz/*Pahlke* GrEStG § 1 Rn. 268. Dagegen ist der Anwendungsbereich der Norm nicht auf Fälle begrenzt, in denen eine Missbrauchsabsicht vorliegt.
[26] BFH 9.7.2014 – II R 49/12, BFHE 246, 215.
[27] Unerheblich ist damit auch der Zeitpunkt des Übergangs von Besitz, Nutzen und Lasten.
[28] → Rn. 30.
[29] Gl. Ländererlasse 18.2.2014, BStBl. I 2014, 561. Soweit der Gesellschaftsvertrag keine entsprechende Aussage zur Beteiligung der Gesellschafter am Vermögen bereithält, ist die Beteiligung am Ergebnis entsprechend heranzuziehen.
[30] Der persönlich haftende Gesellschafter einer Kommanditgesellschaft ist in der Praxis regelmäßig von einer Beteiligung am Ergebnis und am Vermögen der Gesellschaft ausgeschlossen, sodass dessen Wechsel im Rahmen des § 1 Abs. 2a GrEStG grds. zu keinen steuerbaren Folgen führt.
[31] Nach § 1 Abs. 2a S. 2 GrEStG bleiben bei der Ermittlung des Prozentsatzes zudem Anteilserwerbe von Todes wegen außer Betracht.

nen Neugesellschafter (derivativer Erwerb) als auch eines erst – durch Kapitalerhöhung – entstehenden Gesellschaftsanteils (originärer Erwerb).[32]

Altgesellschafter sind: 35
– die unmittelbaren Gründungsgesellschafter (unabhängig von ihrer Rechtsform),
– diejenigen Gesellschafter (unabhängig von ihrer Rechtsform), die vor dem Beginn des maßgeblichen Fünfjahreszeitraums unmittelbar an der grundstücksbesitzenden Gesellschaft beteiligt waren,
– diejenigen Gesellschafter (unabhängig von ihrer Rechtsform), die im Zeitpunkt des Erwerbs des jeweiligen Grundstücks durch die Personengesellschaft unmittelbar an der Gesellschaft beteiligt waren, sowie
– die Gesellschafter, deren Beitritt schon einmal den Tatbestand des § 1 Abs. 2a S. 1 GrEStG erfüllt oder zu dessen Erfüllung beigetragen hat.[33]

Neugesellschafter sind u. a.: 36
– Gesellschafter, die durch einen originären oder derivativen Erwerb oder durch einen Vorgang nach dem UmwG erstmals in die Personengesellschaft (m. a. W. in die Mitberechtigung am Grundstück) einrücken, sowie
– ursprünglich als Altgesellschafter anzusehende Kapitalgesellschaften, an denen sich die Beteiligungsverhältnisse zu mindestens 95 % geändert haben.[34]

Ein **Eintritt eines Neugesellschafters** liegt auch vor, wenn der Altgesellschafter über den beitretenden Neugesellschafter weiterhin wirtschaftlich in gleicher Weise an der grundstückshaltenden Gesamthand beteiligt ist (sog. Verlängerung der Beteiligungskette)[35] oder mit dem Neugesellschafter vereinbart wird, dass dieser die Beteiligung lediglich treuhänderisch für den Altgesellschafter hält.[36] Demgegenüber stellt der Abschluss von Treuhandverträgen eines Gesellschafters mit Treugebern keinen Wechsel im Gesellschafterbestand dar, da der Treuhänder weiterhin zivilrechtlich Gesellschafter der Gesamthand bleibt.[37] 37

Beispiel: 38
A und B sind zu 95 bzw. 5% am Vermögen der grundstückshaltenden AB-oHG beteiligt. A veräußert seine Beteiligung an die A-GmbH, deren Alleingesellschafter er ist. Obwohl wirtschaftlich betrachtet A weiterhin zu 95% an dem grundstückshaltenden Rechtsträger partizipiert, stellt der Eintritt der A-GmbH einen Gesellschafterwechsel zugunsten eines Neugesellschafters dar, der gemäß § 1 Abs. 2a S. 1 GrEStG der Besteuerung unterliegt, da 95% am Vermögen der AB-oHG auf neue Gesellschafter übergegangen sind.

---

[32] Im Falle des Austritts eines Altgesellschafters aus der Gesamthand gilt dieser auch bei einem Wiedereintritt innerhalb der Fünfjahresfrist als Neugesellschafter, sodass der Wiedereintritt den steuerbaren Tatbestand erfüllen oder zumindest dazu beitragen kann (BFH 16.5.2013 – II R 3/11, BStBl. II 2013, 963).
[33] Gl. Ländererlasse 18.2.2014, BStBl. I 2014, 561.
[34] Bei mehrstufigen mittelbaren Beteiligungen ist die Prüfung, ob die 95 Prozent-Grenze erreicht wird, für jede Beteiligungsebene gesondert vorzunehmen. Wird die 95%-Grenze erreicht, ist die mittelbare Beteiligung nicht nur anteilig, sondern in voller Höhe zu berücksichtigen.
[35] BFH 29.2.2012 – II R 57/09, BStBl. II 2012, 917.
[36] BFH 16.1.2013 – II R 66/11, BStBl. II 2014, 266.
[37] FG München 12.2.2014 – 4 K 1537/11, EFG 2014, 948, Rev. II R 18/14.

39 Eine **unmittelbare steuerbare Änderung im Gesellschafterbestand** (mind. 95% der Beteiligung am Vermögen) liegt vor, wenn eine oder mehrere Gesellschaftsbeteiligungen an der grundstückshaltenden Gesamthand auf neue Gesellschafter übergehen. Dabei ist nach Auffassung der Finanzverwaltung bei mehrstufigen Beteiligungen über Kapitalgesellschaften die Frage eines mittelbaren Anteilsübergangs auf jeder Ebene gesondert festzustellen, während bei mehrstufigen Personengesellschaftsstrukturen anteilig durchzurechnen ist.[38] Nach Auffassung des BFH ist eine mittelbare Änderung des Gesellschafterbestands hingegen allein nach wirtschaftlichen Maßstäben zu beurteilen. Sowohl Kapital- wie auch Personengesellschaften seien über alle Beteiligungsebenen transparent zu betrachten. Ein relevanter mittelbarer Gesellschafterwechsel liegt aus Gründen der Rechtssicherheit jedoch nur vor, wenn sich der Gesellschafterbestand der vermittelnden Gesellschaft vollständig ändert.[39] Der Gesetzgeber beabsichtigt jedoch durch Einfügung eines neuen Satzes 2 in § 1 Abs. 2a GrEStG die Rechtsauffassung der Finanzverwaltung für mittelbare Änderungen vor Ergehen des BFH-Urteils wieder herzustellen. Art. 8 Nr. 1 StÄndG 2015-E (BR-Drs. 418/15) regelt, dass beteiligten Personengesellschaften durch Multiplikation der Beteiligung am Gesellschaftsvermögen ermittelt werden, während beteiligte Kapitalgesellschaften in vollem Umfang als neue Gesellschafter gelten, wenn deren Anteile um mindestens 95% auf neue Gesellschafter übergehen.

c) **Fünfjahreszeitraum**

40 Für die Beurteilung, ob durch eine Änderung im Gesellschafterbestand mindestens 95% der Beteiligung am Vermögen übergehen, sind sämtliche Anteilsübertragungen innerhalb von fünf Jahren **(taggenaue Berechnung)** zu berücksichtigen. Der Zeitraum ist für jedes Grundstück im Vermögen der Personengesellschaft selbständig zu beurteilen. In der Praxis ist daher von dem letzten Gesellschafterwechsel retrospektiv fünf Jahre zurückzurechnen und sämtliche Anteilsübertragungen in diesem Zeitraum in die Ermittlung des Prozentsatzes einzubeziehen.

41 **Beispiel:**
An der grundstückshaltenden CD-oHG sind die Gesellschafter C und D zu jeweils 50% am Vermögen beteiligt. Im Jahr 02 überträgt D seine Beteiligung auf E. Dieser überträgt im Jahr 03 seine Beteiligung an F. Innerhalb des Fünfjahreszeitraums ist der ursprünglich von D gehaltene Anteil (50%) zweimal übergegangen. Es fand jedoch kein Wechsel von 100%, sondern lediglich von 50% der Beteiligung am

---

[38] Gl. Ländererlasse 18.2.2014 –, BStBl. I 2014, 561.
[39] BFH 24.4.2013 – II R 17/10, BStBl. II 2013, 833; a. A. Gl. Ländererlasse 18.2.2014, BStBl. I 2014, 561, die bei einer vermittelnden Personengesellschaft Änderungen im Gesellschafterbestand auch anteilig auf Ebene der grundstückshaltenden Gesellschaft berücksichtigen wollen, während Änderungen im Gesellschafterbestand einer Kapitalgesellschaft von mindestens 95% zu einer vollständigen Änderung der Beteiligung an der grundstückshaltenden Gesellschaft führen, mithin kein „Durchrechnen" erfolgt und auf das Urteil mit einem Nichtanwendungserlass reagieren (Gl. Ländererlasse 9.10.2013, BStBl. I 2013, 1278).

Vermögen der CD-oHG statt, da C während dieser Zeit durchgehend mit 50% beteiligt blieb.[40]

d) Anrechnungsregel nach § 1 Abs. 2a Satz 3 GrEStG

Die **Anrechnungsregel des § 1 Abs. 2a S. 3 GrEStG** soll eine Doppelbesteuerung verhindern, wenn die Personengesellschaft von einem Gesellschafter ein Grundstück erwirbt (Befreiung nach § 5 Abs. 2 GrEStG, soweit der Gesellschafter am Vermögen der Gesamthand beteiligt ist) und sich innerhalb von fünf Jahren nach dem Erwerb die Beteiligung des Gesellschafters dergestalt vermindert, dass 95% der Beteiligung am Vermögen der Gesamthand auf neue Gesellschafter übergehen (steuerbar nach § 1 Abs. 2a S. 1 GrEStG und Rücknahme der Steuerbefreiung des § 5 Abs. 2 GrEStG gemäß § 5 Abs. 3 GrEStG). In diesem Fall wird die Bemessungsgrundlage für den vorangegangenen Erwerb des Grundstücks auf die Bemessungsgrundlage für den späteren nach § 1 Abs. 2a S. 1 GrEStG steuerbaren Gesellschafterwechsel angerechnet. Gleiches gilt, wenn die Personengesellschaft ein Grundstück von einer an ihr beteiligten Gesamthand erwirbt (§ 6 Abs. 3 GrEStG). Die Anrechnung erfolgt unabhängig davon, ob die Steuer für den Grundstückserwerb festgesetzt und erhoben wurde.[41]   42

2. Anteilsvereinigung und Übertragung vereinigter Anteile (§ 1 Abs. 3 GrEStG)

Gehört zum Vermögen einer Gesellschaft ein inländisches Grundstück, unterliegen gemäß § 1 Abs. 3 Nr. 1 bis 4 GrEStG die folgenden Vorgänge der Besteuerung, soweit diese nicht bereits nach dem insoweit vorrangigen § 1 Abs. 2a S. 1 GrEStG steuerbar sind: 43
- ein Rechtsgeschäft, das den Anspruch auf Übertragung eines oder mehrerer Anteile der Gesellschaft begründet, wenn durch die Übertragung unmittelbar oder mittelbar mindestens 95% der Anteile der Gesellschaft in der Hand des Erwerbers oder in der Hand von herrschenden und abhängigen Unternehmen oder abhängigen Personen oder in der Hand von abhängigen Unternehmen oder abhängigen Personen allein vereinigt werden würden,
- die Vereinigung unmittelbar oder mittelbar von mindestens 95% der Anteile der Gesellschaft, wenn kein schuldrechtliches Geschäft vorausgegangen ist,
- ein Rechtsgeschäft, das den Anspruch auf Übertragung unmittelbar oder mittelbar von mindestens 95% der Anteile der Gesellschaft begründet sowie
- der Übergang unmittelbar oder mittelbar von mindestens 95% der Anteile der Gesellschaft auf einen anderen, wenn kein schuldrechtliches Geschäft vorausgegangen ist.

a) Allgemeines

Entsprechend § 1 Abs. 2a GrEStG **fingiert** auch § 1 Abs. 3 GrEStG in seinen Nr. 1 bis 4 einen **Grundstückserwerb,** wenn mindestens 95% der Anteile   44

---
[40] In der Praxis bietet sich daher an, die unbewegt gebliebene Beteiligung der Altgesellschafter von der Gesamtbeteiligung zu subtrahieren, um die wertmäßige Änderung im Gesellschaftsvermögen zu ermitteln.
[41] BFH 17.12.2014 – II R 2/13, BStBl. II 2015, 557.

an einer Gesellschaft in der Hand eines Erwerbers vereinigt werden oder bereits vereinigte Anteile übertragen werden. Hintergrund ist, dass nach typisierender Ansicht des Gesetzgebers derjenige, der 95% der Anteile an einer grundstückshaltenden Gesellschaft auf sich vereint oder eine entsprechende Anteilskonstellation erwirbt, eine dem zivilrechtlichen Eigentum vergleichbare Sachherrschaft am Grundstück ausübt,[42] sodass die Norm Umgehungsachverhalte zwar vermeiden soll, jedoch keine Umgehungsabsicht tatbestandlich voraussetzt.

Eine **Anteilsvereinigung** kann auch gegeben sein, wenn die Grundbesitz haltende Gesellschaft eigene Anteile hält und die verbleibenden Anteile lediglich einem Gesellschafter zustehen; in diesem Fall vermag der Gesellschafter zivilrechtlich zwar nicht über zumindest 95% der Gesellschaftsanteile verfügen, ihm kommt jedoch eine beherrschende Stellung über die Gesellschaft in der gleichen Wiese zu, wie wenn diese keine eigenen Anteile halten würde.[43] § 1 Abs. 3 GrEStG ist sowohl auf Personen- wie auch auf Kapitalgesellschaften anzuwenden (nicht aber auf Erbengemeinschaften, Bruchteilsgemeinschaften und stille Beteiligungen).[44] Im Rahmen einer grunderwerbsteuerlichen Organschaft gehaltene Anteile (herrschende und abhängige Personen bzw. Unternehmen i. S. d. § 1 Abs. 4 Nr. 2 GrEStG) werden zusammengerechnet. Im Gegensatz zu § 1 Abs. 2a S. 1 GrEStG existiert kein maßgeblicher Zeitraum, innerhalb dessen die Anteile vereinigt werden müssen (punktuelle Betrachtung), sodass auch gestreckte Erwerbsvorgänge ggf. nach einem sehr langen Zeitraum gemäß Abs. 3 steuerbar sein können. Ob zum Vermögen einer Gesellschaft ein Grundstück gehört, richtet sich wiederum nicht nach zivilrechtlichen, sondern allein nach grunderwerbsteuerlichen Gesichtspunkten.[45]

45 | Praxishinweis:
Die Definition des Begriffs „Anteil an einer Gesellschaft" stellt bei Personengesellschaften auf eine sog. **Pro-Kopf-Betrachtung** ab, sodass etwa der in der Praxis regelmäßig nicht am Vermögen der Personengesellschaft beteiligte Komplementär einen Anteil i. S. d. Norm hält, während dem mit 100% am Vermögen der Gesellschaft beteiligten Kommanditist wiederum nur ein einheitlicher Anteil zukommt.[46] Bei Kapitalgesellschaften ermittelt sich der Anteil hingegen aus dem Verhältnis des Gesamtnennbetrags der dem Gesellschafter zustehenden Anteile zum gesamten Nenn- bzw. Stammkapital der Gesellschaft.

b) Anteilsvereinigung i. S. d. § 1 Abs. 3 Nr. 1 und Nr. 2 GrEStG

46 Eine Anteilsvereinigung setzt die **Konzentration von mindestens 95% der Anteile** an einer grundstückshaltenden Gesellschaft in einer Hand durch Erwerb voraus. Erwerber können hierbei sowohl natürliche als auch juristische Personen als auch Personengesellschaften sein. Keine Steuerbarkeit nach § 1 Abs. 3 Nr. 1 GrEStG liegt hingegen vor, wenn die Anteile schon vor dem Grundstückserwerb i. H. v. 95% vereinigt waren. Der Besteuerung unterliegt

---

[42] BFH 16.7.1999 – II R 8/95, BFH/NV 1998, 81.
[43] BFH 18.9.2013 – II R 21/12, BStBl. II 2014, 326.
[44] Zur unterschiedlichen Bedeutung des Anteilsbegriffs bei Personen- und Kapitalgesellschaften → Rn. 45.
[45] → Rn. 32.
[46] § 1 Abs. 2a S. 1 GrEStG stellt hingegen auf den Anteil „am Vermögen" der Personengesellschaft ab.

bereits das schuldrechtliche Rechtsgeschäft, welches den Anspruch auf Übertragung begründet (z. B. Kaufvertrag).

> **Beispiel:** 47
> A ist Alleingesellschafter der grundstückshaltenden A-GmbH. A veräußert im Jahr 1 durch notariellen Kaufvertrag 94 % der Anteile an der A-GmbH an B und im Jahr 7 weitere 1 % der Anteile an B. Durch den Anteilserwerb im Jahr 7 werden 95 % der Anteile an der A-GmbH in der Hand von B nach § 1 Abs. 3 Nr. 1 GrEStG vereinigt. Da die Norm nicht zeitraumbezogen gilt, wird auch der Anteilserwerb im Jahr 7 berücksichtigt.

Daneben kann auch eine **mittelbare Anteilsvereinigung** vorliegen, 48 wenn ein Gesellschafter an der vermittelnden Gesellschaft zu mindestens 95 % beteiligt ist; in diesem Fall wird ihm die Beteiligung der vermittelnden Gesellschaft an der grundstückshaltenden Gesellschaft insgesamt und nicht nur anteilig zugerechnet. Mischformen aus teils unmittelbarer sowie teils mittelbarer Anteilsvereinigung sind ebenfalls denkbar. Bei mehrstöckigen Strukturen ist auf das Erreichen der 95-Prozent-Grenze auf jeder Ebene abzustellen.

> **Beispiel:** 49
> An der AB-GmbH sind A zu 40 % und B zu 60 % beteiligt. Die AB-GmbH hält 95 % der Anteile an der grundstückshaltenden C-GmbH. B schließt mit A einen Kaufvertrag über den Erwerb von 35 % der Anteile an der AB-GmbH ab. Hierdurch hält B 95 % der Anteile an der AB-GmbH, welche wiederum 95 % der grundstückshaltenden C-GmbH hält, sodass eine mittelbare Anteilsvereinigung vorliegt. Es erfolgt eine vollständige Berücksichtigung der Beteiligung an der C-GmbH und kein Durchrechnen, obwohl B wirtschaftlich lediglich zu 90,25 % (95 % × 95 %) am Grundvermögen partizipiert.

Vermittelnde Gesellschaft kann auch eine Personengesellschaft sein. Zu 50 beachten ist hier jedoch die im Rahmen von Abs. 3 anzuwendende (zivilrechtlich orientierte) Pro-Kopf-Betrachtung, wonach jeder Personengesellschafter – unabhängig von seiner Beteiligung am Vermögen – einen einheitlichen Gesellschaftsanteil hält. Sofern jedoch auch zumindest 95 % der Anteile an der vermittelnden Personengesellschaft übergehen, kann dies ebenfalls eine Steuerbarkeit begründen.

> **Beispiel:** 51
> An der AB-KG sind als Kommanditisten A und B zu jeweils 50 % am Vermögen der Gesellschaft beteiligt. Komplementärin ist die B-GmbH, deren Anteile zu 95 % von B gehalten werden. Die AB-KG hält 95 % der Anteile an der grundstückshaltenden C-GmbH. A verkauft an B seine gesamte Kommanditbeteiligung an der AB-KG. Hierdurch werden 95 % der Anteile der C-GmbH in der Hand von B vereinigt, da sämtliche Anteile der vermittelnden AB-KG unmittelbar und mittelbar über die B-GmbH dem B zugerechnet werden.

Eine Vereinigung von Anteilen an einer grundstückshaltenden Gesellschaft 52 muss jedoch nicht notwendig in der Hand eines einzigen Gesellschafters erfolgen, sondern kann auch in der Hand von herrschenden und abhängigen Unternehmen oder abhängigen Personen oder in der Hand von abhängigen Unternehmen oder abhängigen Personen allein, m. a. W. im Organkreis, erfolgen (**grunderwerbsteuerliche Organschaft**). Die zum Organkreis gehörenden Rechtsträger bleiben für grunderwerbsteuerliche Zwecke jedoch selbständig, sodass Grundstücksübertragen zwischen diesen weiterhin steuerbar sind.[47] Das Abhängigkeitsverhältnis ersetzt in diesem Zusammenhang lediglich die erforderliche Beteiligung von zumindest 95 % der Anteile an der vermittelnden Gesellschaft.[48] Die Anteilsvereinigung im Organkreis ist dabei gegenüber der unmittelbaren oder mittelbaren Vereinigung von zumindest 95 % der Anteile bei dem Organträger oder einer Organgesellschaft subsidiär.[49]

53 Gemäß § 1 Abs. 4 Nr. 2 Buchst. a GrEStG gelten als **abhängig natürliche Personen**, soweit sie einzeln oder zusammengeschlossen[50] in einem Unternehmen so eingegliedert sind, dass sie den Weisungen des Unternehmers in Bezug auf die Anteile zu folgen verpflichtet sind und nach Buchst. b juristische Personen, die nach dem Gesamtbild der tatsächlichen Verhältnisse finanziell, wirtschaftlich und organisatorisch in ein Unternehmen eingegliedert sind. Erforderlich ist jedoch weiterhin eine Anteilsübertragung an der grundstückshaltenden Gesellschaft, da allein die Begründung einer Organschaft oder dessen Änderung noch nicht zur Steuerbarkeit führt.

54 § 1 Abs. 4 Nr. 2 Buchst. b UStG lehnt sich an die Voraussetzungen einer umsatzsteuerlichen Organschaft i. S. d. § 2 Abs. 2 Nr. 2 UStG an, sodass eine **finanzielle, wirtschaftliche und organisatorische Eingliederung** einer juristischen Person[51] in ein Unternehmen gefordert wird (eine herrschende Person existiert in § 1 Abs. 3 Nr. 1 GrEStG nicht). Die finanzielle Eingliederung in diesem Sinne fordert den Besitz einer Anteilsmehrheit, die nach dem jeweiligen Gesellschaftsstatut die Durchsetzung wesentlicher Entscheidungen gewährleistet; entscheidend ist nicht die Mehrheit am Kapital, sondern die Mehrheit an den Stimmrechten.[52] Eine wirtschaftliche Eingliederung liegt bei einer ausreichenden Verflechtung des Organträgers mit der Organgesellschaft vor. Letztere muss hierzu im Gefüge des übergeordneten Organträgers als dessen Bestandteil erscheinen[53] und die Tätigkeiten von Organträger und Organgesellschaft müssen aufeinander abgestimmt sein sowie sich dabei fördern und ergänzen.[54] Eine organisatorische Eingliederung ist gegeben, sofern der Organträger – etwa durch eine personelle Verflechtung der Geschäftsführung oder durch einen Beherrschungsvertrag – seinen Willen in der Organ-

---

[47] Gl. Ländererlasse 21.3.2007, BStBl. I 2007, 422.
[48] BFH 8.8.2001 – II R 66/98, BStBl. II 2002, 156.
[49] Boruttau/*Fischer* GrEStG § 1 Rn. 1045.
[50] Eine Personengesellschaft, an der juristische Personen beteiligt sind, ist kein Zusammenschluss natürlicher Personen.
[51] BFH 8.8.2001 – II R 66/98, BStBl. II 2002, 156. Etwas anderes ergibt sich nicht aus dem Urteil des FG München 13.3.2013 – 3 K 235/10, EFG 2013, 1434 (Rev. V R 25/13), wonach für umsatzsteuerliche Zwecke auch eine Personengesellschaft als Organgesellschaft auftreten kann. Die genannte Entscheidung gilt nur hinsichtlich des Umsatzsteuerrechts und ist aufgrund autonomer Interpretation des GrEStG nicht zu übertragen.
[52] Boruttau/*Fischer* GrEStG § 1 Rn. 1061.
[53] BFH 20.8.2009 – V R 30/06, BStBl. II 2010, 863.
[54] BFH 25.6.1998 – V R 76/97, BFH/NV 1998, 1534; BFH 29.1.2009 – V R 67/07, BStBl. II 2009, 1029.

gesellschaft durchsetzen kann, sodass eine abweichende Willensbildung bei der Organtochter nicht stattfinden kann. Insgesamt ist nicht notwendig, dass alle drei Voraussetzungen einer grunderwerbsteuerlichen Organschaft gleich stark ausgeprägt sind, sofern kein Merkmal gänzlich fehlt.

Sofern **kein Rechtsgeschäft** i. S. d. des § 1 Abs. 3 Nr. 1 GrEStG vorausgegangen ist, unterliegt die dingliche Anteilsvereinigung (unmittelbar oder mittelbar) von mindesten 95 % der Anteile an einer grundstückshaltenden Gesellschaft in einer Hand nach § 1 Abs. 3 Nr. 2 GrEStG der GrESt. Liegt hingegen ein steuerbares Rechtsgeschäft i. S. d. Nr. 1 vor, unterliegt der dingliche Vollzug des schuldrechtlichen Geschäfts nicht erneut der Besteuerung.   55

c) **Anteilsübertragung und Anteilsübergang i. S. d. § 1 Abs. 3 Nr. 3 und Nr. 4 GrEStG**

Daneben unterliegt ein Rechtsgeschäft, das die Übertragung von unmittelbar oder mittelbar zumindest 95 % der Anteile an einer grundstückshaltenden Gesellschaft begründet, der GrESt nach § 1 Abs. 3 Nr. 3 GrEStG. Damit wird die **Weiterübertragung bereits vereinigter Anteile** folgerichtig der Besteuerung unterworfen, da ein entsprechender unmittelbarer oder mittelbarer Anteilsbesitz eine direkte Zurechnung eines Grundstücks zu dem jeweiligen Mehrheitsgesellschafter fingiert. Ein separater Erwerb vereinigter Anteile durch zwei oder mehrere Personen ist hingegen nicht steuerbar, wenn keiner der Erwerber zumindest 95 % der Anteile auf sich vereint.   56

Dazu subsidiär unterliegt gemäß § 1 Abs. 3 Nr. 4 GrEStG auch der **dingliche Übergang** von unmittelbar oder mittelbar mindestens 95 % der Anteile einer grundstückshaltenden Gesellschaft auf einen anderen der GrESt, wenn kein entsprechendes Rechtsgeschäft vorausgegangen ist. Hierzu gehören auch Anteilsübertragungen kraft Gesetzes, wie z. B. durch Erbfolge oder aufgrund von Umwandlungen nach dem UmwG.   57

3. Erwerb einer wirtschaftlichen Beteiligung (§ 1 Abs. 3a GrEStG)

a) **Allgemeines**

§ 1 Abs. 3a GrEStG wurde zum 7.6.2013 durch das AmtshilfeRLUmsG[55] als Antwort auf sog. **RETT-Blocker-Strukturen**[56] eingefügt. Hierdurch sollte verhindert werden, dass durch die Zwischenschaltung einer Personengesellschaft, an der ein fremder Dritter einen Gesellschaftsanteil hält, eine Anteilsvereinigung i. S. d. § 1 Abs. 3 Nr. 1 GrEStG umgangen wird.[57] Im Mittelpunkt steht die Einführung einer sog. wirtschaftlichen Beteiligung durch § 1 Abs. 3a S. 2 GrEStG, wodurch ein Durchrechnen durch sämtliche vermittelnden Gesellschaften unabhängig von deren Gesellschaftsform gewährleistet wird.   58

b) **Anwendungsbereich**

Die Vorschrift gilt **unterschiedslos für grundstückshaltende Personen- bzw. Kapitalgesellschaften** und ist gemäß § 1 Abs. 3a S. 1 GrEStG   59

---

[55] Gesetz zur Umsetzung der Amtshilferichtlinie sowie zur Änderung steuerlicher Vorschriften v. 26.6.2013 (BGBl. I 2013, 1809).
[56] → § 17.
[57] Gl. Ländererlasse 9.10.2013, BStBl. I 2013, 1364.

subsidiär zu Abs. 2a sowie Abs. 3 anzuwenden. Eine Besteuerung i. S. d. Norm kann dabei nur erfolgen, sofern der zu beurteilende Rechtsvorgang nicht bereits nach § 1 Abs. 2a S. 1 oder Abs. 3 GrEStG steuerbar ist. Hierbei muss keine tatsächliche Besteuerung erfolgen, ausreichend ist vielmehr, wenn der Rechtsvorgang steuerbar, aber gemäß einer Begünstigungsvorschrift – z. B. § 1 Abs. 2a S. 3, § 5, § 6 GrEStG – steuerbefreit ist, sodass in diesen Fällen § 1 Abs. 3a GrEStG nicht zur Anwendung gelangt.[58]

c) Steuerbare Rechtsvorgänge

60 Der GrESt unterliegt ein Rechtsvorgang, sofern hierdurch ein Rechtsträger unmittelbar oder mittelbar bzw. teils unmittelbar, teils mittelbar eine **wirtschaftliche Beteiligung** an einer grundstückshaltenden Gesellschaft von zumindest 95 % innehat.[59] Die Norm fingiert stichtagsbezogen und ohne die Berücksichtigung einer Erwerbsfrist, wie sie § 1 Abs. 2a GrEStG vorsieht, einen Rechtsvorgang i. S. d. § 1 Abs. 3 GrEStG.

d) Wirtschaftliche Beteiligung

61 Den Kern der Vorschrift bildet die Definition des Begriffs der **wirtschaftlichen Beteiligung** in § 1 Abs. 3a S. 2 GrEStG, welche sich aus der Summe der unmittelbaren und mittelbaren Beteiligungen am Kapital oder am Vermögen der grundstückshaltenden Gesellschaft ergibt. Hierdurch erfolgt eine Aufgabe der sachenrechtlichen Betrachtungsweise, wodurch – unabhängig von der Rechtsform der beteiligten Rechtsträger – entweder die Anteile an einer Kapitalgesellschaft oder der Anteil am Vermögen einer Personengesellschaft zu berücksichtigen sind.[60] Trotz des Terminus der „wirtschaftlichen Beteiligung" sollten rein schuldrechtliche Vereinbarungen mit einer Gesellschaft wie Darlehensbeziehungen, Genussrechte oder stille Beteiligungen unbeachtlich sein.[61] Gemäß § 1 Abs. 3a S. 3 GrEStG sind für die Ermittlung der mittelbaren Beteiligungen die Vomhundertsätze (wiederum rechtsformneutral) am Kapital oder Vermögen der vermittelnden Gesellschaften zu multiplizieren. Unerheblich ist somit, ob ein Rechtsträger zumindest 95 % der Anteile an einer Gesellschaft hält oder ein Abhängigkeitsverhältnis i. S. d. § 1 Abs. 4 Nr. 2 GrEStG besteht.

62 Beispiel:
An der grundstückshaltenden A-GmbH sind B sowie die BC-oHG zu je 50 % beteiligt. An letzterer partizipieren wiederum B zu 90 % und C zu 10 % am Vermögen. Zur Geschäftsführung der BC-oHG ist allein C berufen. B veräußert seine Beteiligungen an der A-GmbH sowie der BC-oHG an D. Hierdurch erfolgt keine

---

[58] Gl. Ländererlasse 9.10.2013, BStBl. I 2013, 1364.
[59] Ursprünglich sah der Gesetzeswortlaut als steuerbaren Vorgang noch den „Erwerb" einer entsprechenden Beteiligung vor, während de lege lata bereits ein „Innehaben" ausreicht. Unsicher ist, welchen Zweck der Gesetzgeber durch die Verwendung dieses Verbes verfolgt; klar dürfte indes sein, dass hierdurch der Tatbestand der Norm erweitert wird, da nicht mehr nur die reine Transaktion eines Gesellschaftsanteils tatbestandlich erfasst wird.
[60] Gl. Ländererlasse 9.10.2013, BStBl. I 2013, 1364.
[61] *Demleitner* SteuK 2013, 265 (267); *Behrens* DStR 2013, 1405 (1406).

Anteilsvereinigung i. S. d. § 1 Abs. 3 Nr. 1 GrEStG, da aufgrund der sachenrechtlichen Betrachtungsweise D nicht mindestens 95% der Gesellschaftsanteile erwirbt. Die BC-oHG ist zudem keine abhängige Gesellschaft i. S. d. § 1 Abs. 4 Nr. 2 Buchst. b GrEStG, da diese keine juristische Person ist und es daneben aufgrund der ausschließlichen Geschäftsführung durch C an einer organisatorischen Eingliederung mangelt. D hat jedoch – zumindest nach dem dinglichen Übergang der Gesellschaftsanteile – eine wirtschaftliche Beteiligung von 95% an der A-GmbH inne (50% unmittelbar und mittelbar über die BC-oHG 45% = 90% × 50 Prozent), sodass der Tatbestand des § 1 Abs. 3a S. 1 GrEStG erfüllt ist.

Unerheblich ist, ob die an der Übertragung beteiligten Gesellschafter als 63 Alt- oder Neugesellschafter nach Abs. 2a qualifizieren. Ebenfalls wird keine Frist gefordert, innerhalb der die Anteilsübertragung stattfinden muss. Durch den weiten Wortlaut ergibt sich die Problematik, dass hierdurch einige Konstellationen der Besteuerung unterworfen werden, die im Grunde genommen keinem Rechtsträgerwechsel am Grundstück gleichkommen.

Beispiel: 64
An der grundstückshaltenden A-GmbH ist die B-GmbH zu 95% beteiligt, an der wiederum die C-GmbH 95% der Anteile hält. Die C-GmbH erwirbt von der B-GmbH deren Beteiligung an der A-GmbH. Die C-GmbH hält durch den Erwerb (erstmals) 95% der Anteile an der grundstückshaltenden A-GmbH. Zuvor kamen ihr wirtschaftlich lediglich 90,25% (95% × 95%) an der A-GmbH zu.[62] Eine solche Verkürzung der Beteiligungskette ist jedoch für Zwecke des § 1 Abs. 3 Nr. 1 GrEStG nicht steuerbar[63] und sollte aus denselben Erwägungen auch im Rahmen des Abs. 3a nicht der Besteuerung unterliegen, da der C-GmbH keine grunderwerbsteuerlich relevante Verstärkung der Rechtsposition am Grundstück zukommt.[64]

D. Steuerbefreiungen

Das GrEStG sieht an zahlreichen Stellen **diverse Steuerbefreiungstatbe-** 65 **stände** vor, denen gemein ist, dass sie nur im Falle eines steuerbaren Rechtsträgerwechsels an einem Grundstück relevant werden. Ggf. ist aufgrund der Vermeidung von Steuerumgehungsmöglichkeiten bei nachfolgenden Vorgängen die Steuerbefreiung wieder zurückzunehmen (z. B. § 6 Abs. 3 S. 2 GrEStG).

I. Allgemeine Ausnahmen von der Besteuerung

§ 3 GrEStG nennt in **neun Nummern** sachliche Ausnahmen von einer 66 fiskalisch unerwünschten Besteuerung, welche sich im Wesentlichen selbst

---

[62] Für Zwecke des § 1 Abs. 3 GrEStG ist der C-GmbH die gesamte Beteiligung an der A-GmbH (95%) zuzurechnen, da die 95 Prozentgrenze an der vermittelnden B-GmbH überschritten wird.
[63] BFH 20.10.1993 – II R 116/90, BStBl. II 1994, 121.
[64] *Demleitner* SteuK 2013, 265 (268); *Behrens* DStR 2013, 1405 (1408).

erklären. So unterliegen z.B. Grundstückserwerbe von Todes wegen und Grundstücksschenkungen unter Lebenden i.S.d. ErbStG (Nr. 2),[65] Grundstückerwerbe durch den Ehegatten oder eingetragenen Lebenspartner des Veräußerers (Nr. 3) sowie Grundstückserwerbe durch mit dem Veräußerer in gerader Linie verwandter Personen bzw. deren Ehegatten oder Lebenspartner (Nr. 6) nicht der GrESt.

II. Besondere Ausnahmen von der Besteuerung

67 Daneben existieren weitere sog. besondere Ausnahmen von der Besteuerung gemäß § 4 Nr. 1 bis 5 GrEStG, die jedoch allesamt geringe praktische Relevanz besitzen.

III. Übertragungen zwischen Personengesellschaften und ihren Gesellschaftern

68 §§ 5 und 6 GrEStG sehen einige **abschließend aufgezählte Steuerbefreiungen** bei Übertragungen zwischen Gesamthandsgemeinschaften und deren Gesellschaftern sowie zwischen (zumindest teilweise) beteiligungsidentischen Gesamthandsgemeinschaften vor. Die Befreiungen sind dogmatisch folgerichtig: Zwar bildet die Personengesellschaft im Grunderwerbsteuerrecht einen eigenständigen und unabhängig von ihren Gesellschaftern zu beurteilenden Rechtsträger, jedoch verfügen die an einer Gesamthand beteiligten Personen jeweils über eine dingliche Mitberechtigung am Vermögen der Gesellschaft. Zu den Gesamthandsgemeinschaften gehören sämtliche Personengesellschaften wie die GbR, oHG, KG und PartG sowie die Erbengemeinschaft jedoch mangels gesamthänderischen Vermögens nicht die Bruchteilsgemeinschaften i.S.d. §§ 741 ff. bzw. 1008 ff. BGB oder stille Gesellschaften. Die Begünstigungen gelten ebenfalls für mehrstufige Personengesellschaftsstrukturen; bei diesen ist jedoch anteilig auf die Beteiligungsverhältnisse der natürlichen oder juristischen Personen durchzurechnen.[66]

1. Übergang auf eine Gesamthand

69 Gemäß § 5 Abs. 1 GrEStG wird die Steuer insoweit **nicht erhoben,** als ein Grundstück von mehreren Miteigentümern auf eine Gesamthand übergeht und der Anteil des einzelnen Personengesellschafters an der Gesamthand seinem Bruchteil am Grundstück entspricht.[67]

---

[65] Die Befreiung bezweckt eine Doppelbelastung mit GrESt und ErbSt zu vermeiden, setzt aber keine effektive Doppelbelastung voraus. Die Vorschrift ist auch bei Übertragungen von Gesellschaftsanteilen i.S.d. § 1 Abs. 2a bis 3a GrEStG anwendbar.
[66] BFH 27.4.2005 – II R 61/03, BStBl. II 2005, 649.
[67] Zur Rücknahme der Befreiung im Falle von Änderungen im Gesellschafterbestand → Rn. 72.

Beispiel: 70

A und B sind zu gleichen Teilen Miteigentümer an einem inländischen Grundstück. Sie verkaufen dieses an die ABC-GbR, an der A zu 50%, B zu 40% und C zu 10% am Vermögen beteiligt sind. Die Übertragung ist nach § 1 Abs. 1 Nr. 1 GrEStG steuerbar, aber nach § 5 Abs. 1 GrEStG i. H. v. 90% von der Steuer befreit, da die vormals 50% haltenden Miteigentümer des Grundstücks A und B zu 50 bzw. 40% am Vermögen der Gesamthand beteiligt sind. Wären A und B an der erwerbenden Gesamthand zu jeweils 50% beteiligt, wäre der Vorgang vollständig von der Steuer befreit.

Notwendig ist eine unmittelbare oder mittelbare dingliche Mitberechtigung am Grundvermögen, sodass ein indirektes Engagement an der Gesamthand über eine Kapitalgesellschaft nicht ausreicht, während die Beteiligung über eine weitere Personengesellschaft – ggf. anteilig – zu einer Steuerbefreiung führen kann. Gleiches gilt nach § 5 Abs. 2 GrEStG folgerichtig, soweit ein Alleineigentümer an einem Grundstück am Vermögen der erwerbenden Gesamthand beteiligt ist. 71

Um einen **Missbrauch** durch steuerfreie Übertragung auf eine Gesamthand mit anschließender steuerfreier Übertragung von Gesellschaftsanteilen **zu vermeiden,** nimmt § 5 Abs. 3 GrEStG die nach Abs. 1 oder 2 gewährte Befreiung zurück, soweit sich der Anteil des Veräußerers am Vermögen der Gesamthand innerhalb von fünf Jahren nach dem Übergang des Grundstücks vermindert.[68] Eine subjektive Missbrauchsvermeidungsabsicht setzt die Norm hingegen nicht voraus. Die Frist beginnt mit dem steuerauslösenden Ereignis für den Erwerb der Personengesellschaft, m. a. W. der Verwirklichung des Erwerbsvorgangs i. S. d. § 1 GrEStG. Schädlich für die Steuerbefreiung ist die Verringerung der Beteiligung des oder der das Grundstück auf die Gesamthand übertragender Gesellschafter an der Gesamthand. Eine solche Verminderung der Gesamthand kann entweder durch eine Übertragung der Beteiligung des betreffenden Gesellschafters ohne Kapitalerhöhung auf einen anderen Gesellschafter oder einen fremden Dritten (derivativer Erwerb) oder durch einen Beitritt neuer Gesellschafter mit Kapitalerhöhung erfolgen (originärer Erwerb). Daneben führt auch die Verringerung der Beteiligung am Vermögen – d. h. der Reduzierung der dinglichen Mitberechtigung – des oder der das Grundstück zuvor übertragender Gesellschafter zur Versagung der Steuerbefreiung, während die Erhöhung der Beteiligung am Vermögen sowie eine Verringerung der Beteiligung derjenigen Gesellschafter unschädlich ist, die nicht zuvor das Grundstück auf die Gesamthand übertragen haben. 72

Fortsetzung des Beispiels in → Rz. 70: 73

Ein Jahr nach der Grundstücksübertragung auf die ABC-GbR überträgt A seinen gesamten Gesellschaftsanteil auf D. Ein weiteres Jahr später tritt nach Durchführung einer Kapitalerhöhung der ABC-GbR die E-GmbH bei, sodass anschließend

---

[68] Dies gilt – unabhängig davon, ob die Gesamthand aufgelöst oder mit den Erben fortgeführt – nicht, wenn der übertragende Gesellschafter stirbt, da in diesem Fall der Missbrauch einer Gestaltungsmöglichkeit objektiv ausgeschlossen ist (Pahlke/Franz/*Franz* GrEStG § 5 GrEStG Rn. 31).

die Gesellschafter B, C, D und die E-GmbH zu 35, 5, 45 und 15 % beteiligt sind. Durch die Anteilsübertragung auf D ist die vormals zu 90 % gewährte Steuerbefreiung i. H. v. 50 rückgängig zu machen. Ferner führt der Beitritt der E-GmbH zur ABC-GbR zu einer weiteren Rückgängigmachung der Steuerbefreiung i. H. v. 5 Prozent, sodass die ursprüngliche Übertragung nur noch zu 35 % gemäß § 5 Abs. 1 GrEStG steuerbefreit ist.

74 Die **dingliche Mitberechtigung** am Grundstück und damit die Steuerbefreiung nach § 5 Abs. 1 oder 2 GrEStG kann auch aufgrund von Umwandlungsvorgängen entfallen. Hier kommt einerseits eine Umwandlung des oder der übertragenden Rechtsträger und zum anderen der erwerbenden Gesamthand in Betracht. Soweit aus einer Verschmelzung oder Spaltung eine Änderung der Gesellschafterstellung an der Gesamthand folgt, entfällt ebenfalls die Steuerbefreiung nach § 5 Abs. 3 GrEStG. Auch der heterogene Formwechsel der erwerbenden Gesamthand in eine Kapitalgesellschaft führt zur Anwendung von § 5 Abs. 3 GrEStG, da die beteiligten Gesellschafter jeweils ihre dingliche Mitberechtigung am Grundstück verlieren.[69] Dagegen führt der heterogene oder homogene Formwechsel des übertragenden Gesellschafters nicht zum Entfallen der Steuerbefreiung, da die aus steuerlicher Sicht notwendige Identität des Rechtsträgers gewahrt bleibt.

2. Übergang von einer Gesamthand

75 Da das Grunderwerbsteuerrecht die **dingliche Mitberechtigung** des Gesamthänders am Gesamthandsvermögen äquivalent zum unmittelbaren Eigentum beurteilt, werden auch Übergänge von einer Gesamthand an die beteiligten Gesellschafter oder an eine beteiligungsidentische Gesamthand von der GrESt befreit. Dementsprechend und quasi als Pendant zu § 5 Abs. 1 GrEStG befreit § 6 Abs. 1 S. 1 GrEStG Grundstücksübertragungen von einer Personengesellschaft an einen ihrer Gesellschafter insoweit, als der Anteil des Einzelnen am Gesamthandsvermögen und am begründeten Miteigentum übereinstimmt. Gleiches gilt nach § 6 Abs. 1 S. 2 GrEStG im Falle der Auflösung der Gesamthand und der daraus folgenden Übertragung des Grundstücks an die partizipierenden Gesellschafter. Soweit diese für die Auseinandersetzung eine abweichende Quote vereinbart haben, ist diese maßgeblich.

76 Bei Übertragung eines Grundstücks von einer Gesamthand in das Alleineigentum eines Gesellschafters ist gemäß § 6 Abs. 2 S. 1 GrEStG die Steuer daher insoweit nicht zu erheben, als der Erwerber am Vermögen der Personengesellschaft beteiligt ist. Soweit die Grundstücksübertragung im Rahmen der Auflösung einer Gesamthand erfolgt, ist gemäß § 6 Abs. 2 S. 2 GrEStG die gesellschaftsvertraglich vereinbarte Auseinandersetzungsquote maßgebend.

77 Daneben gewährt § 6 Abs. 3 S. 1 GrEStG eine Steuerbefreiung durch entsprechende Anwendung von Abs. 1 beim **Erwerb eines Grundstücks durch eine Gesamthand von einer weiteren Gesamthand.** Privilegiert ist damit eine beteiligungsidentische Gesamthand, soweit die Teilhabe der

---

[69] Der heterogene Formwechsel der erwerbenden Entität von einer Kapitalgesellschaft hin zu einer Personengesellschaft führt nicht zur Anwendung von § 5 Abs. 3 GrEStG, da es bereits an den Voraussetzungen einer zuvor zu gewährenden Befreiung mangelt.

Mitglieder der Gesamthand am Grundstückswert deckungsgleich ist. Die Norm erlangt dabei nicht nur Bedeutung für die dingliche Übertragung eines Grundstücks zwischen zwei Personengesellschaften, sondern auch für steuerbare Änderungen im Gesellschafterbestand einer Gesamthand i. S. d. § 1 Abs. 2a, 3 oder 3a GrEStG.

Beispiel: 78
An der grundstückshaltenden AB-GbR sind die Gesellschafter A und B jeweils zu 50 % am Vermögen der Personengesellschaft beteiligt. Die AB-GbR veräußert ihr Grundstück an die ABC-oHG, an der A zu 50 Prozent, B zu 30 % und C zu 20 % am Vermögen der Gesellschaft beteiligt sind. Die Grundstücksübertragung ist nach § 1 Abs. 1 Nr. 1 GrEStG steuerbar und nach § 6 Abs. 3 S. 1 GrEStG zu 80 % steuerbefreit, da A und B zu 50 bzw. 30 % an der erwerbenden Gesamthand beteiligt sind.[70]

Beispiel: 79
An der grundstückshaltenden C-GmbH & Co. KG ist die C-GmbH (als Komplementär) am Vermögen der Gesellschaft nicht beteiligt. Die Gesellschafter D und E sind zu 40 bzw. 60 % am Vermögen beteiligt. F erwirbt von D dessen gesamte Gesellschaftsbeteiligung und gleichzeitig von E 55 % seiner Beteiligung. Der Gesellschafterwechsel unterliegt gemäß § 1 Abs. 2a S. 1 GrEStG der Besteuerung, da innerhalb von fünf Jahren 95 % der Beteiligung am Gesamthandsvermögen auf einen neuen Gesellschafter übergehen. Der Vorgang ist allerdings nach § 6 Abs. 3 S. 1 GrEStG i. H. v. 5 % von der Steuer befreit, da die C-GmbH & Co. KG nach dem Gesellschafterwechsel als „neue" Gesamthand fingiert wird, an der E weiterhin zu 5 % am Vermögen beteiligt ist.

Dagegen entfällt die Privilegierung nach § 6 Abs. 3 S. 2 GrEStG wiederum, soweit sich die Beteiligung des Gesamthänders am Vermögen der erwerbenden Gesamthand innerhalb von fünf Jahren nach dem Übergang des Grundstücks vermindert. Bei mehrstöckigen Gesamthandsgemeinschaften ist die Steuerbefreiung des Abs. 1 ebenso zu versagen, als sich die Beteiligung des jeweiligen (mittelbaren) Gesellschafters nicht innerhalb der Frist deckungsgleich fortsetzt. Gleiches gilt für den Fall, dass die erwerbende Gesamthand in eine Kapitalgesellschaft umgewandelt wird, weil dadurch die Gesamthänder ihre dingliche Mitberechtigung am Grundstück verlieren. 80

Beispiel: 81
Die AB-GbR, an der A zu 20 % und B zu 80 % beteiligt sind, verkauft im Jahr 1 ihr Grundstück an die ABC-oHG, an der A zu 10 Prozent, B zu 70 % und die C-GbR zu 20 % beteiligt sind. Die C-GbR besteht aus A, B, C und D, die jeweils mit 25 % an deren Vermögen beteiligt sind. Im Jahr 3 verkauft A seine Beteiligung an der ABC-oHG an E und im Jahr 4 verkauft B seine Beteiligung an der C-GbR ebenfalls an E. Die Übertragung des Grundstücks von der AB-GbR an die ABC-oHG ist nach § 1 Abs. 1 Nr. 1 GrEStG steuerbar, aber nach § 6 Abs. 3 S. 1 GrEStG i. H. v. 90 % steuerbefreit (fortgeführte Beteiligungen an der ABC-oHG: A zu 15 Prozent, B zu 75 Pro-

---

[70] Dagegen ist die Steuerbefreiung nicht zu gewähren, wenn einer der privilegierten Gesellschafter A oder B über eine Kapitalgesellschaft an der ABC-oHG beteiligt ist, selbst wenn diese Alleingesellschafter der Kapitalgesellschaft wären (BFH 3.6.2014 – II R 1/13, BStBl. II 2014, 855).

zent). Durch den Verkauf des Anteils im Jahr 3 durch A entfällt die Steuerbefreiung nach § 6 Abs. 3 S. 2 GrEStG von 10 Prozent. Durch den Verkauf des Anteils an der C-GbR im Jahr 4 durch B entfällt darüber hinaus die Steuerbefreiung von 5 Prozent, sodass der Vorgang insgesamt nur noch zu 75 % von der Steuer befreit ist.

82 Bei **mehrstöckigen Personengesellschaftsstrukturen** ist trotz der Rechtsträgereigenschaft von Personengesellschaften auf die dahinter stehenden (ultimativen) natürlichen oder juristischen Personen abzustellen.[71]

83 Als **weitere spezielle Missbrauchsvermeidungsnorm** verwehrt § 6 Abs. 4 S. 1 GrEStG die Anwendung der Abs. 1 bis 3, soweit ein Gesamthänder oder im Fall einer Erbfolge sein Rechtsvorgänger seinen Anteil an der erwerbenden Gesamthand innerhalb von fünf Jahren vor der Grundstücksübertragung erworben hat. Gleiches gilt, soweit eine vom Beteiligungsverhältnis abweichende Auseinandersetzungsquote innerhalb der letzten fünf Jahre vor der Auflösung der Gesamthand vereinbart wurde. Für den Umfang der Steuerbefreiung ist dann jeweils stattdessen, die Beteiligungs- bzw. Auseinandersetzungsquote anzusetzen, die unmittelbar vor dieser Sperrfrist bestand.

IV. Umstrukturierungen im Konzern

84 Um **konzerninterne Umstrukturierungen** nicht unerwünscht mit GrESt zu belasten, wurde durch das Wachstumsbeschleunigungsgesetz[72] § 6a GrEStG eingefügt, der gemäß seinen Sätzen 1 und 2 die Erhebung der GrESt versagt, wenn ein nach § 1 Abs. 1 Nr. 3 S. 1, Abs. 2, 2a, 3 oder 3a GrEStG steuerbarer Vorgang[73] durch
– eine Umwandlung i. S. d. § 1 Abs. 1 Nr. 1 bis 3 UmwG (inkl. Umwandlungen kraft Landesrecht[74]),
– eine Einbringung,
– einen anderen Erwerbsvorgang auf gesellschaftsvertraglicher Grundlage oder
– entsprechende Umwandlungen, Einbringungen und andere Erwerbsvorgänge aufgrund des Rechts eines Staates des EU- oder EWR-Raumes (Umwandlungen i. S. d. Art. 17 Abs. 1, Abs. 2 Buchst. a VO (EG) 2157/2001 i. V. m. Art. 3 Abs. 1 der Richtlinie 78/855/EWG)[75]
vorliegt.

85 Zu den begünstigten **Umwandlungsvorgängen** nach dem UmwG zählen die Verschmelzung, Spaltung (Aufspaltung, Abspaltung, Ausgliederung) und

---

[71] BFH 27.4.2005 – II R 61/03, BStBl. II 2005, 649; BFH 29.2.2012 – II R 57/09, BStBl. II 2012, 917; FG Münster 28.2.2012 – 8 K 2285/09 F, EFG 2013, 315.
[72] Gesetz zur Beschleunigung des Wirtschaftswachstums v. 22.12.2009 (BGBl. I 2009, 3950).
[73] Aufgrund des eindeutigen Wortlauts gehört hierzu nicht der nach § 1 Abs. 1 Nr. 1 GrEStG steuerbare unmittelbare Grundstücksverkauf, selbst wenn dieser innerhalb eines Konzerns stattfindet, sodass in diesem Fall ggf. eine Spaltung oder Verschmelzung bevorzugt werden sollte.
[74] Pahlke/Franz/*Pahlke* GrEStG § 6a GrEStG Rn. 8; Boruttau/*Viskorf* GrEStG § 6a Rn. 18.
[75] Eingefügt durch KroatienAnpG v. 25.7.2014 (BGBl. I 2014, 1266) und auf nach dem 6.6.2013 verwirklichte Erwerbsvorgänge anzuwenden.

die Vermögensübertragung. Die genannten Transaktionen können zudem einen grenzüberschreitenden Charakter aufweisen. Notwendig ist jedoch, dass der Vorgang selbst steuerbar und nicht bereits nach anderen Vorschriften von der Besteuerung ausgenommen ist. Auf die Voraussetzungen des § 6a GrEStG kommt es z. B. gar nicht an, wenn bei einer Verschmelzung der übernehmende Rechtsträger bereits von Anfang an den inländischen Grundbesitz hält, da dann gar keine steuerbare Grundstücksübertragung durch die übertragende Einheit vorliegt. Der Formwechsel nach § 1 Abs. 1 Nr. 4 UmwG bedarf folgerichtig keiner Privilegierung, da dieser im Regelfall keine Belastung mit GrESt nach sich zieht.[76] Die Steuerbarkeit muss allerdings unmittelbar aus einem der genannten Vorgänge resultieren (Kausalität) und darf nicht lediglich im Zuge dessen oder zur Vorbereitung einer entsprechenden Transaktion entstehen. Der Anwendungsbereich der Norm ist nicht nur auf Konzernumstrukturierungen im engeren Sinne beschränkt, sondern kann ggf. auch zur steuerfreien Akquisition eines Grundstücks von einem fremden Dritten genutzt werden.[77]

Um den **Konzerncharakter der Norm** hervorzuheben, fordert § 6a S. 3 GrEStG, dass an dem genannten Rechtsvorgang ausschließlich ein herrschendes Unternehmen und ein oder mehrere von diesem abhängige Gesellschaften beteiligt sind. Satz 4 definiert eine abhängige Gesellschaft als eine Entität, an deren Kapital oder Gesellschaftsvermögen das herrschende Unternehmen innerhalb von fünf Jahren vor dem Rechtsvorgang und fünf Jahren nach dem Rechtsvorgang unmittelbar oder mittelbar oder teils unmittelbar, teils mittelbar zu mindestens 95% ununterbrochen beteiligt ist.[78] Wird die Nachbehaltefrist nicht gewahrt, stellt dies ein rückwirkendes Ereignis i. S. d. § 175 Abs. 1 S. 1 Nr. 2 AO dar, das eine nachträgliche Änderung des Steuerbescheids bzw. dessen erstmaliges Ergehen nach sich zieht. Die Steuerschuldner sind gemäß § 19 Abs. 2 Nr. 4a GrEStG zur Anzeige des Vorgangs beim Finanzamt verpflichtet.

Die **Unternehmensform der abhängigen Gesellschaft ist unerheblich,** sodass sowohl Kapital- wie auch Personengesellschaften erfasst sind. Hingegen kann die Fiktion eines Abhängigkeitsverhältnisses nach § 1 Abs. 4 Nr. 2 GrEStG für Organschaftsfälle im Rahmen des § 6a GrEStG aufgrund des eindeutigen Wortlauts nicht herangezogen werden.[79] Das herrschende Unternehmen kann eine natürliche oder juristische Person bzw. eine Personengesellschaft sein.

Praxishinweis:
Voraussetzung ist nach Auffassung der Finanzverwaltung, dass das herrschende Unternehmen auch Unternehmer im umsatzsteuerrechtlichen Sinn ist (§ 2 UStG); darüber hinaus darf im Falle einer natürlichen Person als herrschendes Unternehmen diese ihre Beteiligung an der abhängigen Gesellschaft nicht im Privatvermögen halten.[80]

---

[76] Gl. Ländererlasse 1.12.2010, BStBl. I 2010, 1321.
[77] → Rn. 17 ff.
[78] Nach Auffassung der Finanzverwaltung ist es unschädlich, wenn die übertragende abhängige Gesellschaft im Zuge des Umwandlungsvorgangs erlischt (Gl. Ländererlasse 19.6.2012, BStBl. I 2012, 662).
[79] Pahlke/Franz/*Pahlke* GrEStG § 6a Rn. 23; Boruttau/*Viskorf* GrEStG § 6a Rn. 56.
[80] Gl. Ländererlasse 1.12.2010, BStBl. I 2010, 1321; so auch Boruttau/*Viskorf* GrEStG § 6a Rn. 52 ff.

89 Die **Vor- und Nachbehaltefrist** betreffen ausschließlich das Abhängigkeitsverhältnis zwischen herrschenden und abhängigen Unternehmen, sind aber für die von dem steuerbaren Vorgang betroffenen Grundstücke unbeachtlich. Abzustellen ist für die Berechnung der Fünfjahres-Zeiträume auf den Zeitpunkt der Verwirklichung des steuerbaren Erwerbsvorgangs. Erlischt jedoch die übertragende abhängige Gesellschaft bei der Umwandlung, muss nur die übernehmende abhängige Gesellschaft fünf Jahre fortbestehen und an ihr die Mindestbeteiligung von 95 % bestehen bleiben.[81] Unschädlich ist, ob die Nichteinhaltung der Nachbehaltefrist selbst zu einem steuerbaren Vorgang führt. Stichtag für die Berechnung der Vorbehaltefrist ist die Eintragung des steuerbaren Rechtsvorgangs im Handelsregister. Bei mittelbaren Beteiligungen muss auf jeder das Engagement vermittelnden Stufe ebenfalls eine Beteiligung von mindestens 95 % am Kapital oder am Vermögen der Gesellschaft vorliegen.

V. Umwandlung von gemeinschaftlichem Eigentum in Flächeneigentum

90 § 7 Abs. 1 GrEStG befreit die **flächenweise Teilung eines Grundstücks**, soweit den bisherigen Miteigentümern Teilgrundstücke zukommen, deren Wert dem Bruchteil entspricht, zu dem der jeweilige Erwerber bislang am Grundstück beteiligt war. Gleiches gilt nach § 7 Abs. 2 S. 1 GrEStG im Falle der flächenweisen Teilung eines Grundstücks einer Gesamthand, soweit dieses auf die einzelnen an der Gesamthand beteiligten Personen übergeht bzw. gemäß Abs. 2 S. 2 im Falle der Auflösung der Gesamthand, wobei dann wiederum die gesellschaftsvertraglich vereinbarte Auseinandersetzungsquote maßgeblich ist. Den Miteigentümern oder einer Gesamthand gehört ein Grundstück schon dann, wenn zuvor ein steuerbarer (nicht notwendig auch steuerpflichtiger) Tatbestand i. S. d. § 1 GrEStG erfüllt wurde, auf den zivilrechtlich wirksamen Erwerb des Eigentums kommt es damit nicht an.

91 Die flächenweise Teilung ist die Teilung eines einzelnen Grundstücks i. S. d. § 2 GrEStG in reale Teile durch Abschluss eines **notariellen Teilungsvertrags**, Erklärung der Eigentümer gegenüber dem Grundbuchamt und **Eintragung ins Grundbuch**. Werden mehrere Grundstücke geteilt, sind die Voraussetzungen des § 7 GrEStG für jedes Grundstück gesondert zu prüfen.[82] § 6 Abs. 2 GrEStG bleibt daneben anwendbar, soweit die Voraussetzungen des § 7 Abs. 2 GrEStG nicht gegeben sind. Darüber hinaus kann auch die Umwandlung von gemeinschaftlichem Eigentum zu Wohnungseigentum der einzelnen Miteigentümer nach § 7 GrEStG begünstigt sein.[83] Für die Ermittlung der festzusetzenden GrESt gilt:

Praxishinweis:
Nicht zu erhebende Steuer : volle Steuer = Wert des Bruchteils : Wert des Teilgrundstücks

---

[81] Gl. Ländererlasse 1.12.2010, BStBl. I 2010, 1321.
[82] BFH 5.12.1956 – II 69/56 U, BStBl. III 1957, 69.
[83] Der Erwerb, die Begründung sowie die Aufhebung von Wohnungseigentum kann der GrESt unterliegen.

Praxishinweis:
§ 7 GrEStG verlangt über den Wortlaut hinaus, dass die Teilung des Grundstücks und Übertragung der jeweiligen Miteigentums- bzw. Gesamthandsanteile in einem engen sachlichen Zusammenhang erfolgt.[84]

Daneben schließt § 7 Abs. 3 GrEStG die Anwendung des Abs. 2 aus, soweit ein Gesamthänder bzw. im Falle einer Erbfolge sein Rechtsvorgänger seinen Anteil an der Gesamthand innerhalb von fünf Jahren vor der Umwandlung durch Rechtsgeschäft unter Lebenden erworben hat oder – im Falle des Abs. 2 S. 2 – soweit eine von den Beteiligungsverhältnissen abweichende Auseinandersetzungsquote der Gesamthand innerhalb der letzten fünf Jahre vor deren Auflösung erst vereinbart wurde.

VI. Aufeinanderfolgen von Rechtsvorgängen

Dogmatisch zu den Steuerbefreiungen zählend findet sich mit § 1 Abs. 6 GrEStG eine weitere **Begünstigungsnorm** unter den steuerbaren Tatbeständen. Danach wird zwar ein in § 1 Abs. 1, 2, 3 oder 3a GrEStG bezeichneter Rechtsvorgang[85] auch dann besteuert, wenn ihm ein anderer in diesen Absätzen bezeichneter Rechtsvorgang vorausgegangen ist (deklaratorische Klarstellung); in diesem Fall wird jedoch die Steuer lediglich insoweit erhoben, als die Bemessungsgrundlage für den späteren Rechtsvorgang den Betrag übersteigt, von dem beim vorausgegangenen Rechtsvorgang die Steuer berechnet wurde. Voraussetzung ist, dass eine Steuer für den vorausgegangenen Rechtsvorgang auch tatsächlich festgesetzt wurde, da es ansonsten an einem Bedürfnis für die nachfolgende Steuerbefreiung mangelt.[86] Ferner müssen auf Erwerberseite dieselben Personen beteiligt sein (sog. Erwerberidentität).

Sind die Voraussetzungen gegeben, bleibt der vorangegangene Rechtsvorgang unberührt und für die Ermittlung der **Bemessungsgrundlage** der Steuer auf den zweiten Rechtsvorgang wird die auf den ersten Rechtsvorgang angewendete Bemessungsgrundlage abgesetzt. Sind beide Bemessungsgrundlagen identisch oder ist die Bemessungsgrundlage für den vorangegangenen Erwerbsvorgang höher, wird der nachfolgende Erwerbsvorgang effektiv steuerfrei verwirklicht. Ist die Bemessungsgrundlage für den vorangegangenen Erwerbsvorgang niedriger als die für den nachfolgenden, wird die Steuer für die zweite Transaktion nur auf den Differenzbetrag erhoben.

E. Bemessungsgrundlage

Die **Bemessungsgrundlage der GrESt** ermittelt sich gemäß § 8 GrEStG entweder nach dem Wert der Gegenleistung (Abs. 1) oder in bestimmten abschließend genannten Fällen nach dem gemäß § 138 Abs. 2 bis 4 BewG

---

[84] BFH 8.8.1990 – II R 20/88, BStBl. II 1990, 922.
[85] § 1 Abs. 2a GrEStG wird hiervon nicht erfasst.
[86] BFH 31.8.1994 – II R 108/91, BFH/NV 1995, 431.

errechneten Bedarfswert (Abs. 2). Danach ist der Bedarfswert nur anzusetzen, wenn eine Gegenleistung nicht vorhanden oder nicht zu ermitteln ist, bei Umwandlungen, Einbringungen oder anderen Erwerbsvorgängen aufgrund gesellschaftsvertraglicher Grundlage sowie insbesondere in den Fällen des § 1 Abs. 2a, 3 und 3a GrEStG.

I. Grundsatz: Wert der Gegenleistung

97 Im **Regelfall** ermittelt sich die **Bemessungsgrundlage der GrESt** nach dem Wert der Gegenleistung. Was zur Gegenleistung zählt, richtet sich nach § 9 Abs. 1 GrEStG. Beim Kauf gilt als Gegenleistung der zu zahlende Kaufpreis einschließlich der vom Käufer übernommenen sonstigen Leistungen und der dem Verkäufer vorbehaltenen Nutzungen. Der Erwerb des Grundstücks und die Gegenleistung müssen kausal miteinander verknüpft sein; außerhalb des Erwerbsvorgangs ausgetauschte Leistungen, die nur aus Anlass des Erwerbsvorgangs erfolgen, sind unbeachtlich. Dementsprechend gehört die durch einen erklärten Verzicht auf die Umsatzsteuerbefreiung anfallende Umsatzsteuer[87] aufgrund der eigenständigen Steuerschuldnerschaft des Erwerbers gegenüber dem Fiskus nach § 13b Abs. 5 S. 1 i.V.m. Abs. 2 Nr. 3 UStG nicht zur Gegenleistung und erhöht damit nicht die Bemessungsgrundlage.[88]

98 Gemäß § 9 Abs. 2 Nr. 1 GrEStG gehören zur **Gegenleistung** auch diejenigen Leistungen, die der Grundstückserwerber dem Veräußerer neben der vereinbarten Gegenleistung gewährt, und nach Nr. 4 auch diejenigen Leistungen, die ein Dritter dem Veräußerer als Gegenleistung für die Übertragung des Grundstücks an den Erwerber gewährt. Dagegen zählt gemäß § 9 Abs. 3 GrEStG die anfallende GrESt nicht zur Bemessungsgrundlage.

II. Maßgeblicher Grundstückszustand

99 Besonderes Augenmerk ist von Beraterseite her auf die Frage zu legen, in welchem Zustand die Immobilie dem Erwerber zur Verfügung gestellt werden soll. Die in diesem Zusammenhang diskutierte Problematik ist u. a. unter dem Begriff des **„einheitlichen Vertragswerks"** oder des **„einheitlichen Erwerbsgegenstands"** bekannt. Die hierunter subsumierten Fälle betreffen alle Grundstücksübertragungen, bei denen das Grundstück entweder im Zustand der Bebauung übertragen oder die Transaktion in engem Zusammenhang mit der Bebauung oder sonstiger baulicher Veränderung erfolgt.[89]

100 Danach können auch diejenigen Leistungen einen **Teil der Bemessungsgrundlage** bilden, die als **Entgelt** erst auf einen zukünftigen Zustand der Bebauung des Grundstücks abzielen. Der Gegenstand des Erwerbs bestimmt sich durch den engen sachlichen Zusammenhang zwischen dem ei-

---

[87] → § 6 Rn. 75 ff.
[88] Boruttau/*Loose* GrEStG § 9 Rn. 237; Pahlke/Franz/*Pahlke* GrEStG § 9 Rn. 97; FM Baden-Württemberg 22.6.2004, DStR 2004, 1432.
[89] *Klein* DB 2014, 208; *Schültge* BB 2013, 549; BFH 1.10.2014 – II R 32/13, BFH/NV 2015, 230; kritisch vorangehend FG Niedersachsen 20.3.2013 – 7 K 28/10, 7 K 29/10, 7 K 28/10, 7 K 29/10, ErbStB 2014, 64.

gentlichen Kaufvertrag und der Bauverpflichtung, sodass auch zivilrechtlich getrennte Vertragswerke ggf. einheitlich zu betrachten sind. Ein solcher Fall liegt grds. vor, wenn der Erwerber gegenüber dem Veräußerer über das „Ob" und „Wie" der Bebauung nicht mehr frei entscheiden kann (z. B. durch Verwirklichung eines von Seiten des Veräußerers bereitgestellten Konzepts)[90] oder wenn der Veräußerer mit dem Errichter des Gebäudes abgestimmte Vertragswerke bereithält (sog. „Erwerb aus einer Hand"),[91] ausreichend ist hierbei schon ein tatsächliches, einvernehmliches Zusammenwirken.

Beispiel:
A erwirbt von der Bauträger-GmbH ein unbebautes Grundstück zum Preis von 100.000 Euro und schließt mit dieser gleichzeitig einen Vertrag über die Bebauung mit einem Einfamilienhaus gegen Bezahlung von weiteren 400.000 Euro ab. Die Bemessungsgrundlage für den nach § 1 Abs. 1 Nr. 1 GrEStG steuerbaren Erwerb beträgt insgesamt 500.000 Euro, da wirtschaftlich ein bebautes Grundstück zum Preis von 500.000 Euro übertragen werden soll.[92]

Dabei müssen auf beiden Seiten des Rechtsgeschäfts nicht notwendigerweise dieselben Parteien auftreten. So können etwa eine Vertragspartei lediglich zur Übereignung und eine weitere Partei nur zur Gebäudeerrichtung verpflichtet sein. Dies gilt auch, wenn der Grundstücksverkäufer und der Errichter des Gebäudes wirtschaftlich nicht miteinander verbunden sind.[93]

III. Ausnahme: Bedarfswert

In den in § 8 Abs. 2 GrEStG abschließend genannten Fällen ermittelt sich die Bemessungsgrundlage abweichend nach dem **Bedarfswert** des Grundstücks i. S. d. § 138 Abs. 2 bis 4 BewG. Bildet ein noch zu errichtendes Gebäude den Gegenstand des Erwerbs oder beruht die Steuerbarkeit i. S. d. § 1 Abs. 2a S. 1 GrEStG auf einen vorgefassten Plan zur Bebauung des Grundstücks, ist dessen Wert gemäß § 8 Abs. 2 S. 2 GrEStG abweichend von § 138 Abs. 1 S. 1 BewG anhand den Verhältnissen im Zeitpunkt der Gebäudefertigstellung heranzuziehen.

Bei **bebauten Grundstücken** ermittelt sich die Bemessungsgrundlage in einem ersten Schritt gemäß § 138 Abs. 3 S. 1 i. V. m. § 146 BewG aus dem 12,5-fachen der im Besteuerungszeitpunkt vereinbarten Jahresmiete. Diese ist das Gesamtentgelt, das die Mieter für die Nutzung des bebauten Grundstücks für ein Jahr zu zahlen haben ohne die Berücksichtigung von Betriebskosten. Statt der vereinbarten Jahresmiete ist die übliche Miete für die jeweilige Fläche anzusetzen, wenn diese eigengenutzt, ungenutzt, nur zum vorübergehenden Gebrauch oder unentgeltlich überlassen ist (§ 146 Abs. 3 S. 1 Nr. 1

---

[90] Pahlke/Franz/*Pahlke* GrEStG § 9 Rn. 19 ff.; Boruttau/*Loose* GrEStG § 9 Rn. 162 f.
[91] Pahlke/Franz/*Pahlke* GrEStG § 9 Rn. 27 ff.; Boruttau/*Loose* GrEStG § 9 Rn. 162 f.
[92] Der Grundstückskaufvertrag sowie der Werkvertrag werden aus grunderwerbsteuerlicher Sicht als einheitliches Vertragswerk qualifiziert (BFH v. 25.7.1979, II R 105/77, BStBl. II 1980, 11).
[93] BFH 21.12.1981 – II R 124/79, BStBl. II 1982, 330; BFH 23.6.1982 – II R 155/80, BStBl. II 1982, 741.

GrEStG). Gleiches gilt, wenn der Mietgegenstand zu einem um mehr als 20% von der üblichen Miete abweichenden Entgelt überlassen wird (§ 146 Abs. 3 S. 1 Nr. 2 GrEStG).

105 In einem zweiten Schritt ist die **faktorisierte Jahresmiete** um eine Wertminderung wegen Alters des Gebäudes abzusetzen. Die Alterswertminderung beträgt nach § 146 Abs. 4 S. 1 BewG für jedes Jahr, das seit Bezugsfertigkeit des Gebäudes bis zum Besteuerungszeitpunkt vollendet worden ist, 0,5 Prozent, höchstens jedoch 25% des Werts nach § 146 Abs. 2 und 3 BewG. Sind nach der Bezugsfertigkeit des Gebäudes bauliche Maßnahmen durchgeführt worden, welche dessen gewöhnliche Nutzungsdauer um mindestens 25 Jahre verlängert haben, ist von einer entsprechend längeren gewöhnlichen Nutzungsdauer auszugehen.

Das BVerfG hat jedoch mit seinen Beschlüssen vom 23.6.2015[94] entschieden, dass die Ermittlung der Ersatzbemessungsgrundlage des § 8 Abs. 2 GrEStG i. V. m. §§ 138 ff. BewG **gegen den Gleichheitssatz des Art. 3 GG verstößt** und nicht mehr anzuwenden ist. Der Gesetzgeber ist nunmehr aufgefordert, rückwirkend ab dem 1.1.2009 eine grundgesetzkonforme Ermittlung der Bemessungsgrundlage für diese Fälle bereitzustellen. Derzeit ist noch unklar, wie diese aussehen soll, sowie welche Auswirkungen die Entscheidungen auf bereits verwirklichte Erwerbsvorgänge haben (bei denen ggf. auch schon GrESt unter Heranziehung von § 8 Abs. 2 GrEStG festgesetzt wurde).

106 | **Praxishinweis:**
Dem Steuerpflichtigen bleibt es nach § 138 Abs. 4 BewG unbenommen, gegenüber dem Finanzamt einen niedrigeren gemeinen Wert nachzuweisen.

F. Steuersatz

107 Der **Grunderwerbsteuersatz** betrug für alle Erwerbsvorgänge nach § 11 Abs. 1 GrEStG ursprünglich einheitlich 3,5 Prozent. Aufgrund der Föderalismusreform[95] sind die Bundesländer seit dem 1.9.2006 berechtigt, den Grunderwerbsteuersatz frei zu wählen. Als erstes machte das Land Berlin von dieser Befugnis Gebrauch und erhöhte den Steuersatz zum 1.1.2007 auf 4,5 Prozent. Zahlreiche weitere Länder folgten diesem Beispiel und erhöhten in der Folgezeit ihre Steuersätze (zuletzt Nordrhein-Westfalen und Saarland auf 6,5 Prozent). Lediglich Bayern und Sachsen verwenden den ursprünglichen Steuersatz von 3,5% auf in ihrem Hoheitsgebiet steuerpflichtige Erwerbsvorgänge.

108 Die nachfolgende **Übersicht** zeigt die in den einzelnen Bundesländern anwendbaren **Grunderwerbsteuersätze** sowie den Zeitpunkt, seitdem dieser gilt:

---

[94] BVerfG 23.6.2015 – 1 BvL 13/11, 1 BvL 14/11, DStR 2015, 1678.
[95] Gesetz v. 5.9.2006, BGBl. I 2006, 2098.

Bundesland	gültig ab	Steuersatz
Baden-Württemberg	1.10.2011	5,0 %
Bayern		3,5 %
Berlin	1.1.2007/1.4.2012/1.1.2014	4,5 %/5 %/6 %
Brandenburg	1.1.2011	5,0 %
Bremen	1.1.2011/1.1.2014	4,5 %/5 %
Hamburg	1.1.2009	4,5 %
Hessen	1.1.2013/1.8.2014	5 %/6 %
Mecklenburg-Vorpommern	1.7.2012	5 %
Niedersachsen	1.1.2011/1.1.2014	4,5 %/5 %
Nordrhein-Westfalen	1.10.2011/1.1.2015	5,0 %/6,5 %
Rheinland-Pfalz	1.3.2012	5,0 %
Saarland	1.1.2012/1.1.2013/1.1.2015	4,5 %/5,5 %/6,5 %
Sachsen		3,5 %
Sachsen-Anhalt	1.3.2012	5 %
Schleswig-Holstein	1.1.2012/1.1.2014	5,0 %/6,5 %
Thüringen	7.4.2011	5,0 %

109 Die **geschuldete GrESt** ergibt sich gemäß § 11 Abs. 2 GrEStG nach Abrundung auf den vollen Euro des durch Anwendung des jeweiligen Steuersatzes auf die Bemessungsgrundlage ermittelten Betrags.

110 Alternativ kann das Finanzamt in dem – praktisch wenig relevanten – Fall, dass die Besteuerung vereinfacht und das steuerliche Ergebnis nicht wesentlich geändert wird, gemäß § 12 GrEStG im Einvernehmen mit dem Steuerpflichtigen von der exakten Berechnung des Steuerbetrags absehen und stattdessen die Steuer in einem **Pauschbetrag** festsetzen. Die Anwendung der Norm liegt im Ermessen der Finanzverwaltung und kommt lediglich dann in Betracht, wenn die Festsetzung der Steuer im Vergleich zu dessen Höhe nur unter unverhältnismäßig hohem Aufwand erfolgen kann.

G. Rückgängigmachung des Erwerbs und Rückerwerb

I. Rückgängigmachung des Erwerbs

111 § 16 Abs. 1 GrEStG gewährt in zwei Alternativen die **Nichtfestsetzung** bzw. im Fall einer bereits ergangenen Festsetzung die **Aufhebung der GrESt,** wenn das Eigentum an einem Grundstück noch nicht auf den Erwerber übergegangen ist, sprich bevor die Eintragung ins Grundbuch erfolgt ist. Sobald der Eigentumsübergang zivilrechtlich bereits wirksam vollzogen wurde, bleibt Abs. 1 unanwendbar und es kommt nur noch eine Rückgängigmachung der Besteuerung nach Abs. 2 in Frage.

112 **Weitere Voraussetzung** ist, dass der Erwerbsvorgang entweder durch Vereinbarung zwischen den Vertragsparteien, durch Ausübung eines vorbehaltenen Rücktrittsrechts oder eines Wiederkaufsrechts innerhalb von zwei Jahren[96] nach dem Entstehungszeitpunkt der GrESt i. S. d. § 38 AO ggf. i. V. m. § 14 GrEStG erfolgt (Nr. 1), bzw. eine Partei die vereinbarten Kaufvertragsbedingungen endgültig nicht erfüllt und der Erwerbsvorgang deswegen aufgrund eines Rechtsanspruch des Erwerbers rückgängig gemacht wird (Nr. 2).

113 Für beide Alternativen ist erforderlich, dass der **Erwerb sowohl zivilrechtlich als auch wirtschaftlich vollständig rückgängig gemacht** wird.[97] In Frage kommen daher ein Aufhebungsvertrag sowie die Ausübung eines vertraglichen oder gesetzlichen Rücktrittsrechts. Hierunter fällt allerdings nicht die Übernahme des Kaufvertrags durch einen Dritten. Dieser erwirbt zwar zivilrechtlich vom veräußernden Eigentümer, für grunderwerbsteuerliche Zwecke liegt jedoch ein Ankauf vom Ersterwerber vor, der erneut der Besteuerung unterliegt. Zusätzlich fordert die wirtschaftliche Rückgängigmachung des Erwerbsvorgangs, dass die Parteien sämtliche aus dem Grundstückskaufvertrag heraus gewährten Leistungen wieder zurückgewähren.

II. Rückerwerb

114 Dagegen gelangt § 16 Abs. 2 GrEStG nur zur Anwendung, wenn das **Eigentum** an dem gegenständlichen Grundstück bereits **auf dem Erwerber übergegangen** ist. In den Fällen der Nr. 1 bis 3 wird dann sowohl für den Ersterwerb als auch für den Rückerwerb, der grds. nach § 1 Abs. 1 GrEStG erneut der Besteuerung unterliegt, die Steuer nicht festgesetzt oder, soweit eine Festsetzung bereits erfolgt ist, die Steuerfestsetzung aufgehoben. Für den Rückerwerb genügt jeder gemäß § 311b BGB beurkundete Kaufvertrag, wenn die am Vertrag beteiligten Personen identisch sind und das zurückübertragene Grundstück mit dem zuvor übertragenen übereinstimmt. Zwischenzeitliche Wertminderungen oder Wertsteigerung sind irrelevant.[98] Soweit lediglich eine Teilfläche rückübertragen wird, ist die Steuer auch nur anteilig nicht festzusetzen bzw. die Festsetzung aufzuheben.

115 Voraussetzung für die Anwendung des § 16 Abs. 2 Nr. 1 GrEStG ist, dass der **Rückerwerb innerhalb von zwei Jahren** seit Entstehung der Steuer für den Ersterwerb erfolgt. Soweit für den Rückerwerb eine Eintragung in das Grundbuch notwendig ist, muss innerhalb der Frist für den Rückerwerb die Auflassung i. S. d. § 925 BGB erklärt sowie die auf den Eigentumswechsel abzielende Eintragung ins Grundbuch beantragt werden.

116 Sofern die Rückübertragung des gegenständlichen Grundstücks aufgrund **Nichtigkeit des dem Erwerbsvorgangs zugrundeliegenden Rechtsgeschäfts**, m. a. W. des Verpflichtungsgeschäfts, erfolgt, wird die Steuer nach § 16 Abs. 2 Nr. 2 GrStG nicht festgesetzt bzw. die Festsetzung aufgehoben.

---

[96] Für die Fristberechnung gelten die § 108 AO i. V. m. §§ 186 ff. BGB, eine Wiedereinsetzung in den vorigen Stand i. S. d. § 110 AO ist hierbei nicht möglich. Allerdings kann der Antrag des Steuerpflichtigen auf Rückgängigmachung des Erwerbs auch noch nach Ablauf der Zweijahresfrist gestellt werden.

[97] Pahlke/Franz/*Pahlke* GrEStG § 16 Rn. 18; Boruttau/*Loose* GrEStG § 16 Rn. 33.

[98] BFH 27.4.2005 – II R 4/04, BFH/NV 2005, 1629; BFH 14.1.1976 – II R 149/74, BStBl. II 1976, 347.

Gleiches gilt, wenn das Rechtsgeschäft aufgrund einer Anfechtung ex tunc nichtig ist. Die Voraussetzungen der Norm knüpfen damit allein an die zivilrechtlichen Folgen an.

Kann eine der Vertragsparteien seine **Verpflichtungen** aus dem Kaufvertrag **nicht erfüllen** und wird dieser deshalb rückgängig gemacht, wird die GrESt gemäß § 16 Abs. 2 Nr. 3 GrEStG nicht festgesetzt bzw. die Festsetzung aufgehoben. Die Norm dient als Pendant zu Abs. 1 Nr. 2, der im Falle der Rückgängigmachung des Erwerbs vor Eigentumsumschreibung die Steuerprivilegierung gestattet. **117**

III. Herabsetzung der Bemessungsgrundlage

Anstatt der Rückgängigmachung des Erwerbsvorgangs vor oder nach Übergang des Eigentums nach Abs. 1 oder Abs. 2 wird gemäß § 16 Abs. 3 GrEStG die Steuer entsprechend niedriger festgesetzt oder, sofern eine Steuerfestsetzung bereits erfolgte, die Festsetzung entsprechend korrigiert, wenn die Gegenleistung für das Grundstück einvernehmlich herabgesetzt wird. Voraussetzung ist, dass die Herabsetzung der Gegenleistung innerhalb von zwei Jahren seit der Steuerentstehung (§ 38 AO bzw. § 14 GrEStG) stattfindet (Nr. 1) oder die Herabsetzung aufgrund einer geltend gemachten Minderung i. S. d. § 437 BGB erfolgt (Nr. 2). Im letzten Fall kann die Minderung aufgrund eines Sach- oder Rechtsmangels oder aufgrund eines vertraglichen Minderungsrechts erfolgen. **118**

IV. Anwendung auf gesellschaftsrechtliche Vorgänge

§ 16 GrEStG findet **entsprechende Anwendung** auf steuerbare Vorgänge nach § 1 Abs. 2a, 3 und 3a GrEStG.[99] Im Hinblick auf einen steuerbaren Wechsel im Gesellschafterbestand einer Gesamthand i. S. d. § 1 Abs. 2a S. 1 GrEStG soll es entgegen der früheren Ansicht der Finanzverwaltung nunmehr ausreichend sein, wenn durch die Rückgängigmachung des Erwerbs im Ergebnis weniger als 95 % der Beteiligung am Vermögen der Personengesellschaft auf neue Gesellschafter übergehen.[100] Da § 1 Abs. 3 GrEStG nur eine punktuelle Betrachtung vornimmt, soll hier ebenfalls bereits die Rückgängigmachung eines Gesellschafterwechsels genügen, wenn damit keine Anteilsvereinigung mehr vorliegt. Gleiches dürfte für eine Besteuerung i. S. d. § 1 Abs. 3a S. 1 GrEStG gelten, da dieser lediglich einen Erwerbsvorgang i. S. d. Abs. 3 fingiert. **119**

V. Verfahrensrechtliche Aspekte

1. Antragserfordernis

Die Finanzverwaltung ist selbst **bei positiver Kenntnis** über das Erfüllen eines Tatbestands des § 16 GrEStG **nicht zur** entsprechenden **Korrektur** **120**

---

[99] Daneben ist § 16 GrEStG auch auf Erwerbsvorgänge i. S. d. § 1 Abs. 2 GrEStG anwendbar.
[100] Gl. Ländererlasse 18.2.2014, BStBl. I 2014, 561; Pahlke/Franz/*Pahlke* GrEStG § 16 Rn. 73; Boruttau/*Loose* GrEStG § 16 Rn. 271.

des Steuerbescheids verpflichtet;** die Norm fordert vielmehr in jedem Fall einen eigenen Antrag des Steuerpflichtigen bei dem zuständigen Finanzamt. In den Fällen des § 16 Abs. 1 Nr. 1, Abs. 2 Nr. 1, Abs. 3 Nr. 1 GrEStG ist die genannte Zweijahresfrist zu beachten. Im Übrigen ist die Nichtfestsetzung der Steuer bzw. die Aufhebung der bereits erfolgten Steuerfestsetzung nur möglich, wenn der Antrag innerhalb der allgemeinen Festsetzungsfrist der §§ 169 ff. AO gestellt wird,[101] wobei die Festsetzungsfrist gemäß § 16 Abs. 4 GrEStG nicht vor Ablauf eines Jahres nach dem Eintritt des die Aufhebung oder Änderung des Steuerbescheides begründenden Ereignisses eintritt.

121 | **Praxishinweis:**
§ 16 Abs. 5 GrEStG negiert die Nichtfestsetzung der Steuer bzw. die Aufhebung der Steuerfestsetzung, wenn der rückgängig gemachte Erwerbsvorgang ursprünglich nicht ordnungsgemäß nach §§ 18 bis 20 GrEStG angezeigt wurde. Dies erfordert eine in allen Teilen vollständige Anzeige des Erwerbsvorgangs.[102] Hingegen kann eine vermeintliche „Rückgängigmachung" des Erwerbsvorgangs stattdessen ein weiteres Mal GrESt auslösen. Soweit ein Nachholen der Anzeigeverpflichtung noch möglich ist, kann auch noch ein entsprechender Antrag gemäß § 16 GrEStG wirksam gestellt werden.

2. Verhältnis zu allgemeinen verfahrensrechtlichen Korrekturnormen

122 § 16 GrEStG und die §§ 172 ff. AO stehen selbständig nebeneinander und können grds. gleichzeitig Anwendung finden.

H. Durchführung der Besteuerung

I. Entstehung der Steuer

1. Allgemeines

123 Das GrEStG hält keine Vorschrift bereit, welche die **Entstehung der Steuer** im Allgemeinen regelt, sodass auf § 38 AO Rückgriff genommen werden muss.
Danach entsteht die GrESt vorbehaltlich des § 14 GrEStG wie folgt:[103]

§ 1 Abs. 1 Nr. 1 GrEStG	mit	Abschluss des notariellen die Übereignung begründenden Vertrags
§ 1 Abs. 1 Nr. 2 GrEStG	mit	Erklärung der Auflassung
§ 1 Abs. 1 Nr. 3 GrEStG	mit	Übergang des Eigentums

---

[101] Die Antragsstellung hemmt nach § 173 AO den Ablauf der Festsetzungsfrist.
[102] Diese Verschärfung fand erst mit dem KroatienAnpG v. 25.7.2014, BGBl. I 2014, 1266) Einzug, da der BFH nach bisheriger Rechtslage bereits dann von einer ordnungsgemäßen Anzeige in diesem Zusammenhang ausging, wenn der Vorgang innerhalb der Anzeigefristen dem Finanzamt in irgendeiner Weise bekannt wird, sodass es die Verwirklichung einer der genannten Tatbestände prüfen kann (BFH 20.1.2005 – II B 42/04, BStBl. II 2005, 492).
[103] Vgl. hierzu auch OFD Nordrhein-Westfalen 8.1.2015, BeckVerw 294118.

§ 1 Abs. 1 Nr. 4 GrEStG	mit	Abgabe des Meistgebots im Zwangsversteigerungsverfahren
§ 1 Abs. 1 Nr. 5 GrEStG	mit	Abschluss des Rechtsgeschäfts, das den Anspruch auf Abtretung eines Übereignungsanspruchs oder der Rechte aus einem Meistgebot begründet;
§ 1 Abs. 1 Nr. 6 GrEStG	mit	Abschluss des den Anspruch auf Abtretung der Rechte aus einem Kaufangebot begründenden Rechtsgeschäfts oder eines anderen Vertrags, kraft dessen die Übereignung verlangt werden kann;
§ 1 Abs. 1 Nr. 7 GrEStG	mit	Abtretung
§ 1 Abs. 2 GrEStG	mit	Vollzug des die wirtschaftliche Verfügungsmacht begründenden Rechtsgeschäfts
§ 1 Abs. 2a S. 1 GrEStG	mit	Abschluss des den Gesellschafterwechsels begründenden Rechtsgeschäfts, spätestens mit dinglicher Änderung des Gesellschafterbestands
§ 1 Abs. 3 Nr. 1 und 3 GrEStG	mit	Abschluss des die Übertragung der Gesellschaftsanteile begründenden Rechtsgeschäfts
§ 1 Abs. 3 Nr. 2 und 4 GrEStG	mit	Übergang der Gesellschaftsanteile
§ 1 Abs. 3a S. 1 GrEStG	mit	Abschluss des wirksamen Vertrages, aufgrund dessen eine steuerbare wirtschaftliche Beteiligung erlangt wird.[104]

2. Entstehung der Steuer in besonderen Fällen

Abweichend von den allgemeinen Prinzipien entsteht die GrESt gemäß § 14 Nr. 1 GrEStG erst mit **Eintritt der Bedingung,** wenn das steuerbare Rechtsgeschäft von dem Eintritt einer Bedingung abhängig ist. Bedingung in diesem Sinn ist nur die aufschiebende Bedingung nach § 158 Abs. 1 BGB, m. a. W. jeder von den Parteien vereinbarte Umstand, von dessen Eintritt die Wirksamkeit des Vertrags abhängen soll. Nicht hierzu zählt hingegen eine auflösende Bedingung gemäß § 158 Abs. 2 BGB, da diese den Anschluss des steuerbaren Rechtsgeschäfts nicht hindert, sondern nur im Nachhinein entfallen lässt.[105]

Allerdings hemmt nicht jede von den Parteien vereinbarte Bedingung die Steuerbarkeit; notwendig ist, dass die Bedingung für die Begründung des Rechtsgeschäfts im Ganzen **konstitutiv** oder zumindest die Verpflichtung zur Herbeiführung des Rechtsträgerwechsels **von einem äußeren Ereignis abhängig ist.** Nicht hierzu zählen sog. Rechtsbedingungen, die von den Parteien nur deklaratorisch vereinbart werden oder zeitliche Bedingungen, da die Parteien hiernach das steuerbare Rechtsgeschäft unbedingt gelten lassen und nur zeitlich hinausschieben wollen.

---

[104] Diese Ansicht der Finanzverwaltung negiert den Wortlaut der Norm („Innehaben"), der vielmehr auf den dinglichen Vollzug des Erwerbs abstellt (so auch *Behrens* BB 2013, 2839 (2839)).
[105] Unberührt bleibt ggf. die Rückgängigmachung der Steuer nach § 16 GrEStG.

126 Daneben entsteht die Steuer nach § 14 Nr. 2 GrEStG mit **Erteilung der Genehmigung,** wenn das steuerbare Rechtsgeschäft einer Genehmigung bedarf. Genehmigung ist jede von einem Dritten (Behörden, natürliche und juristische Personen des Privatrechts sowie des öffentlichen Rechts) zu erteilende Zustimmung.

II. Verfahren

1. Zuständigkeit für die Steuerfestsetzung

127 Die GrESt ist regelmäßig nach § 17 Abs. 1 S. 1 GrEStG von dem **Finanzamt** festzusetzen, in dessen Bezirk das Grundstück bzw. der wertvollste Teil des Grundstücks belegen ist.

2. Anzeigepflicht

128 § 19 Abs. 1 GrEStG sieht in seinen Nr. 1 bis 8 die Verpflichtung der jeweiligen Steuerschuldner zur **Anzeigeerstattung** gegenüber der zuständigen Finanzbehörde vor. Daneben besteht nach § 18 GrEStG ebenfalls eine Anzeigepflicht für Gerichte, Behörden und Notare.

3. Erteilung der Unbedenklichkeitsbescheinigung

129 Gemäß § 22 Abs. 1 S. 1 GrEStG kann der Erwerber eines Grundstücks erst in das Grundbuch eingetragen werden, wenn das für die Besteuerung zuständige Finanzamt eine sog. **Unbedenklichkeitsbescheinigung** vorlegt, wonach der Eintragung des Rechtsträgerwechsels im Grundbuch keine steuerlichen Bedenken entgegenstehen. Das Finanzamt hat nach § 22 Abs. 2 S. 1 GrEStG eine entsprechende Bescheinigung auszustellen (d.h. es besteht ein Rechtsanspruch des Einzelnen auf eine gebundene Entscheidung), wenn die GrESt entrichtet wurde, gestundet worden ist oder der Vorgang nach allgemeinen oder besonderen Normen steuerfrei ist.[106] Die Steuerzahlung wird damit effektiv zur Voraussetzung des Eigentumswechsels, da die Nichtzahlung einer Grundbuchsperre gleichkommt, sodass die Norm der Durchsetzung des Steueranspruchs dient.

III. Fälligkeit

130 Nach § 15 S. 1 GrEStG wird die Steuer grds. **einen Monat nach Bekanntgabe** des Steuerbescheids zur Zahlung fällig. Das zuständige Finanzamt darf gemäß § 15 S. 1 GrEStG nach ihrem Ermessen auch eine längere Zahlungsfrist festsetzen (jedoch keine kürzere).

IV. Steuerschuldner

131 § 13 GrEStG regelt für die verschiedenen Besteuerungstatbestände die **Steuerschuldnerschaft der GrESt.** Gemäß § 13 Nr. 1 GrEStG sind grds.

---

[106] Gleiches dürfte für den Fall der fehlenden Steuerbarkeit gelten.

– insbesondere in den Fällen der Steuerbarkeit nach § 1 Abs. 1 Nr. 1 GrEStG die an den Erwerbsvorgang als Vertragsteile beteiligten Personen Steuerschuldner, d. h. Käufer und Verkäufer des Grundstücks.[107] Unerheblich ist eine etwaige Vereinbarung der Grunderwerbsteuertragung durch eine Partei (meist der Erwerber) im notariellen Kaufvertrag, da diese Vereinbarung lediglich inter partes und nicht ggü. dem Fiskus Relevanz besitzt. Gleiches gilt nach Nr. 2 beim Erwerb eines Grundstücks kraft Gesetz. Im Falle des Enteignungsverfahrens bzw. im Zwangsversteigerungsverfahrens ist nur der Erwerber Schuldner der Steuer (Nr. 3 bzw. Nr. 4).

Soweit sich **mindestens 95 % der Anteile an einer Gesellschaft** i. S. d. § 1 Abs. 3 GrEStG in der Hand eines Erwerbers vereinigen, schuldet nach § 13 Nr. 5 Buchst. a GrEStG dieser Erwerber die GrESt. Liegt hingegen eine Anteilsvereinigung im Organkreis vor, sind die am Organkreis beteiligten Personen Steuerschuldner (§ 13 Nr. 5 Buchst. b GrEStG). Im Falle einer steuerbaren Änderung im Gesellschafterbestand einer Personengesellschaft i. S. d. § 1 Abs. 2a S. 1 GrEStG schuldet nach § 13 Nr. 6 GrEStG die Personengesellschaft selbst die Steuer, nicht die beteiligten Gesellschafter. Beim Innehaben einer wirtschaftlichen Beteiligung an einer Gesellschaft gemäß § 1 Abs. 3a S. 1 GrEStG schuldet derjenige die GrESt, dem die wirtschaftliche Beteiligung zukommt (§ 13 Nr. 7 GrEStG).

I. Ertragsteuerliche Behandlung der Grunderwerbsteuer

Soweit ein Erwerbsvorgang der GrESt unterliegt, ist diese im Rahmen der **Ertragsbesteuerung** entweder als Teil der Anschaffungskosten oder als sofort abziehbarer Aufwand (**Werbungskosten bzw. Betriebsausgaben**) zu berücksichtigen. Im Falle der Qualifikation der GrESt als Anschaffungskosten ist diese entsprechend der Allokation des Kaufpreises auf den Grund und Boden sowie das Gebäude aufzuteilen, wobei nur die auf das Gebäude entfallenden Anschaffungskosten nach § 7 Abs. 4 oder 5 EStG ratierlich abzusetzen sind.[108]

Bei einem nach § 1 Abs. 1 oder Abs. 2 GrEStG steuerbaren Vorgang, m. a. W. bei einem unmittelbaren Grundstückserwerb im Wege eines Asset Deals bzw. einem diesem wirtschaftlich gleichgestellten Vorgang, ist die GrESt unstreitig als **Teil der Anschaffungskosten** zu behandeln.[109] Demgegenüber war die ertragsteuerliche Behandlung der GrESt bei einem Wechsel im Gesellschafterbestand einer Personengesellschaft und im Falle einer Anteilsvereinigung bzw. dem Erwerb vereinigter Anteile lange Zeit zwischen Finanzverwaltung und Literatur strittig.[110] Mittlerweile hat sich die Rechtsprechung jedoch jeweils der Literaturmeinung angeschlossen und sich für

---

[107] Hierzu gehören nicht diejenigen Personen, die nicht notwendigerweise für den Übertragungsvorgang Partei des Vertrages sein müssen, wie eine Zustimmung erteilender Dritter oder Garanten einer Vertragspartei.
[108] → § 1 Rn. 24.
[109] → § 3 Rn. 18.
[110] Vgl. Behrens DStR 2008, 338 ff.

eine Berücksichtigung als sofort abziehbarer Aufwand beim jeweiligen Schuldner der GrESt ausgesprochen.

135 Entgegen der grunderwerbsteuerlichen Sichtweise, die bei § 1 Abs. 2a S. 1 GrEStG einen **Erwerb durch eine neue Gesamthand fingiert,** findet ertragsteuerlich auf Ebene der Gesamthand nämlich kein Erwerbsvorgang statt, da das Grundstück weiterhin im zivilrechtlichen und wirtschaftlichen Eigentum der Personengesellschaft steht. Etwas anderes ergibt sich auch nicht aus dem für Personengesellschaften geltenden Transparenzprinzip, da nicht der neu in die Gesamthand eintretende Gesellschafter, sondern die Gesamthand selbst Schuldner der Steuer ist mit der Folge, dass die anfallende GrESt als sofort abziehbarer Aufwand auf Ebene der grundstückshaltenden Gesellschaft gilt.[111] Es fehlt mithin an einem für ertragsteuerliche Zwecke notwendigen Zusammenhang zwischen den Aufwendungen und dem Anschaffungsvorgang.

136 Gleiches gilt für eine durch **Anteilsvereinigung** i.S.d. § 1 Abs. 3 Nr. 1 GrEStG ausgelöste Steuer. Danach können Anschaffungskosten nur diejenigen Aufwendungen sein, die nach wirtschaftlichen Gesichtspunkten auf die Beschaffung eines Wirtschaftsguts abzielen. Hingegen reicht allein die Kausalität des Erwerbsvorgangs für die anfallende GrESt nicht für eine Qualifikation als Anschaffungskosten aus, notwendig ist vielmehr ein finaler Zusammenhang zwischen Erwerb und Aufwendung.[112]

137 Eine entsprechende **Judikatur** steht für die nach § 1 Abs. 3a GrEStG entstehende GrESt noch aus. Es ist jedoch zu erwarten, dass auch in diesem Fall die Steuer als sofort abziehbarer Aufwand und nicht als Teil der Anschaffungskosten qualifiziert, da die vorstehend aufgeführten Argumente (lediglich fiktiver Wechsel der Zuordnung am Grundstück und keine Finalität zwischen Aufwand und Erwerb) auch auf § 1 Abs. 3a GrEStG übertragbar sind. Zudem fingiert § 1 Abs. 3a S. 1 GrEStG gerade lediglich einen Rechtsträgerwechsel i.S.d. § 1 Abs. 3 GrEStG.

---

[111] BFH 2.9.2014 – IX R 50/13, DStR 2015, 291.
[112] BFH 20.4.2011 – I R 2/10, BStBl. II 2011, 761.

§ 6 Umsatzsteuer

Übersicht

	Rn.
A. Überblick über die umsatzsteuerlichen Themen im Immobilienbereich	1–10
B. Grundstückserwerb aus umsatzsteuerlicher Sicht	
I. Umsatzsteuerlicher Grundstücksbegriff	11–17
II. Grundstücks- und Gebäudeübertragung als Lieferung (§ 3 Abs. 1 UStG)	18–30
III. Aufteilung eines Grundstücks (Gebäudes) für Zwecke der Umsatzsteuer	31–35
C. Steuerbarkeit von Grundstückslieferungen aus Sicht des Erwerbers	
I. Nicht steuerbare Grundstücksübertragung(en) im Rahmen einer Geschäftsveräußerung im Ganzen	41–55
II. Steuerbare, aber grundsätzlich steuerfreie Grundstückslieferung	56–74
1. Umfang der Steuerbefreiung nach § 4 Nr. 9a UStG	57–61
2. Einzelfragen zum Umfang der Steuerbefreiung	62–74
a) Entnahme eines Grundstücks aus dem Unternehmensvermögen	62
b) Einheitlicher Vertragsgegenstand versus nicht zur Grundstückslieferung gehörende Leistungen	63, 64
c) Entschädigungszahlungen neben Kaufpreiszahlung für das Grundstück	65
d) Erwerb von Miteigentum (Wohnungseigentum)	66
e) Lieferung eines Grundstücks mit Abrissabsicht	67
f) Zeitpunkt der Grundstücksveräußerung	68
III. Option zur Steuerpflicht der Grundstückslieferung (§ 9 Abs. 1 und 3 UStG)	75–80
1. Voraussetzungen und Gründe aus Sicht des Erwerbers	76–78
2. Einzelfragen zum Umfang der Option	79, 80
IV. Vorsteuerabzug des Erwerbers	81–118
1. Vorsteuerabzugsberechtigung bei Herstellung und Anschaffung von Immobilien	81–94
2. Vorsteueraufteilung bei Errichtung gemischt genutzter Gebäude	95–113
3. Einschränkung des Vorsteuerabzugs bei Grundstücken, § 15 Abs. 1b UStG	114–118

A. Überblick über die umsatzsteuerlichen Themen im Immobilienbereich

Die Veräußerung von Immobilien kann ein **steuerbarer Umsatz im** 1 **Sinne von § 1 Abs. 1 Nr. 1 UStG** sein, sofern es sich um eine Lieferung handelt, die ein Unternehmer im Inland gegen Entgelt im Rahmen seines Unternehmens ausführt. Dabei muss der Leistende (Veräußerer) stets ein Unternehmer sein, während es für diese erste Frage der Steuerbarkeit gleichgültig ist, ob der Leistungsempfänger (Erwerber) Unternehmer ist oder nicht. Zu prüfen ist auch bei Immobilienübertragungen, ob dagegen nicht eine (nicht steuerbare) Geschäftsveräußerung im Ganzen vorliegt, so dass keine Umsatzsteuer auf den Immobilienkaufpreis zu fakturieren und abzuführen wäre. Grundstücksumsätze sind umsatzsteuerrechtlich weiter relevant, wenn das betreffende Grundstück dem unternehmerischen/wirtschaftlichen Bereich des Unternehmers, hier beim Veräußerer, zuzuordnen ist. Aber auch auf Seiten des Erwerbers ist die Zuordnung der Immobilie zum Unternehmerbereich oder „privaten"/nichtunternehmerischen Bereich für dessen Vorsteuerabzugsrecht bei Herstellung oder Anschaffung einer Immobilie sowie in der Nutzungsphase der Immobilie entscheidend.

2   Die **Veräußerung bzw. Lieferung** eines bebauten oder unbebauten, nicht erschlossenen oder erschlossenen in Deutschland belegenen **Grundstücks** stellt grundsätzlich nach § 4 Nr. 9a UStG einen steuerfreien Umsatz dar, da die Verpflichtung zur Grundstückslieferung unter das GrEStG fällt, so dass der Erwerber beim Bezug einer Immobilie nicht mit Umsatzsteuer belastet ist. Unter diese Steuerbefreiung fallen beispielsweise auch die Bestellung von Erbbaurechten und die Entnahme von Grundstücken für Zwecke, die außerhalb des Unternehmens liegen. Nicht unter das GrEStG fällt die Mitveräußerung von Betriebsvorrichtungen mit der Folge, dass insoweit auch die Umsatzsteuerbefreiung nach § 4 Nr. 9a UStG nicht eingreift. Wird ein Grundstück mit Betriebsvorrichtungen veräußert, ist der auf die Betriebsvorrichtung entfallende Entgeltanteil steuerpflichtig. Etwas anderes kann im Fall der Vermietung eines Gebäudes mit Betriebsvorrichtungen gelten, wofür auf die objektive Sicht des Durchschnittsverbrauchers abzustellen ist (nicht auf die subjektive Einschätzung der Vertragsparteien),[1] ob eine Betriebsvorrichtung nur Nebenleistung zur Vermietung des Gebäudes ist, die steuerfrei nach § 4 Nr. 12 UStG ist; diese Steuerbefreiung würde dann ebenso für die Nebenleistungen gelten. Das Grundstückszubehör gehört ebenfalls nicht zum Grundstücksbegriff im Sinne des GrEStG. Beim Erwerb eines Grundstücks mit Zubehör muss also beispielsweise der Kaufpreis auf das Grundstück und das Zubehör aufgeteilt werden, damit nicht zudem der auf das Zubehör fallende Kaufpreis nach § 4 Nr. 9a UStG steuerfrei ist.[2] Die Folge der grundsätzlichen umsatzsteuerlichen Befreiung ist, dass beispielsweise ein Bauträger (Verkäufer) dem Käufer keine Umsatzsteuer in Rechnung stellt.

3   Im Fall der **zulässigen Option zur Steuerpflicht** nach § 9 Abs. 1 UStG kann die Grundstückslieferung aber umsatzsteuerpflichtig behandelt werden und gemäß § 12 Abs. 1 UStG auf den Immobilienkaufpreis dem Regelsteuersatz unterliegen. Für den Veräußerer bedeutet die Option, dass eine oft nicht unerhebliche Vorsteuerkorrektur nach § 15a UStG bezogen auf den

---

[1] Vgl. BFH 4.3.2011 – V B 51/10, BFH/NV 2011, 1035.
[2] Vgl. z.B. BFH 10.9.1992 – V R 99/88, BStBl. II 1993, 316. Nach BFH-Rechtsprechung sind Baubetreuungsleistungen nicht nach § 4 Nr. 9a UStG steuerfrei, weil sie beim Leistungsempfänger in die Bemessungsgrundlage für die Grunderwerbsteuer einbezogen werden.

ursprünglichen Vorsteuerabzug aus Anschaffung/Herstellung der Immobilie vermieden werden kann und auch ein Vorsteuerabzug für seine Transaktionskosten möglich wird.

Generell ist die **Option zur Steuerpflicht** im Immobilienbereich für den Erwerber nur dann wirtschaftlich empfehlenswert, wenn er seinerseits voll vorsteuerabzugsberechtigt ist, sollte nicht eine entsprechende Kaufpreisanpassung dafür entgegenkommend seitens des Veräußerers möglich sein. Ist er nicht voll vorsteuerabzugsberechtigt, kann der Veräußerer ein Interesse an der Qualifizierung des Veräußerungsvorgangs als nicht steuerbare Geschäftsveräußerung im Ganzen (§ 1 Abs. 1a UStG) haben, da dadurch für ihn – anders als bei steuerbarer und steuerfreier Grundstückslieferung – ein Vorsteuerabzug erhalten bleibt (bezogen auf seine Transaktionskosten und vor allem in Bezug auf den ursprünglich oder nachträglich bei Anschaffung/Herstellung von Gebäuden geltend gemachten Vorsteuerabzug) und der Erwerber – ebenso wie bei steuerfreier Grundstückslieferung – nicht mit Umsatzsteuer belastet ist.   4

Für beide Seiten hat damit die Frage nach der umsatzsteuerlichen Behandlung des **Grundstücksumsatzes,** der nicht nur die Veräußerung/den Erwerb des Grundstücks betrifft, sondern auch die Verwendung/Nutzung des Grundstücks und auf die dabei erzielten Umsätze, umsatzsteuerliche Auswirkungen: Wird ausgangsseitig Umsatzsteuer geschuldet (und ist diese vom Erwerber zu zahlen oder abzuführen), ist eingangsseitig aus den im Zusammenhang mit der Immobilie bezogenen Leistungen ein Vorsteuerabzug möglich.   5

Der Erwerber hat wiederum selbst zu entscheiden, **wie er das Grundstück verwendet,** z.B. seinem Unternehmen zuordnet (zuordnen kann) oder nicht, es gemischt für unternehmerische und private Zwecke nutzt. Diese Überlegungen haben jeweils unmittelbare Auswirkung auf seine Vorsteuerabzugsberechtigung und seine Pflicht zur Abführung von Umsatzsteuer. Daher ist schon rein wirtschaftlich vorab zu überlegen, was mit dem Grundstück bezweckt und umsatzsteuerlich optimiert gestaltbar ist.   6

einstweilen frei   7–10

B. Grundstückserwerb aus umsatzsteuerlicher Sicht

I. Umsatzsteuerlicher Grundstücksbegriff

Der **Begriff der Immobilien** wird in der MwStSystRL und im UStG **nicht verwendet.** Darunter umsatzsteuerlich zu subsumieren sind Grundstücke, die ebenfalls in den Gesetzestexten nicht definiert werden, die aber nach EuGH- und BFH-Rechtsprechung sowie nach Auffassung der deutschen Finanzverwaltung nicht nach jeweiligem nationalen Zivilrecht zu interpretieren sind, sondern als eigenständiger Begriff des Unionsrechts EU-einheitlich auszulegen sind. Der Begriff des Grundstücks umfasst grob gesprochen Grund und Boden sowie gegebenenfalls aufstehende Gebäude und Gebäudeteile. Eine Abgrenzung wird dann in der Praxis erforderlich und diffizil, wo entschieden werden muss, ob – nach nationalem Recht entwickelte Begrifflich-   11 keiten wie wesentliche Gebäudebestandteile oder Betriebsvorrichtungen, Mit- oder Sondereigentum – einzelne mitveräußerte (bewegliche oder unbewegliche) Gegenstände bzw. Wirtschaftsgüter zur Grundstücksveräußerung zugerechnet werden können bzw. müssen oder nicht.

12 Zur **EU-weit einheitlichen Bestimmung des Grundstücks** und einer Änderung der Durchführungsverordnung (EU) Nr. 282/2011 zur MwStSystRL hat sich der Rat Wirtschaft und Finanzen der EU in seiner Sitzung am 21.6.2013 verständigt, die vor allem für grundstücksbezogene sonstige Leistungen (Dienstleistungen im Zusammenhang mit einem Grundstück) gelten sollen. Die deutsche Finanzverwaltung hat die Vorschläge des Mehrwertsteuerausschusses der EU übernommen und definiert das Grundstück nunmehr in UStAE 3a.3 Abs. 2 Satz 3, wonach ein Grundstück ein bestimmter über- oder unterirdischer Teil der Erdoberfläche ist, an dem Eigentum und Besitz begründet werden kann, jedes mit oder in dem Boden, jedes über oder unter dem Meeresspiegel befestigte Gebäude oder jedes derartige Bauwerk, das nicht leicht abgebaut oder bewegt werden kann. Ferner gilt jede Sache, die einen wesentlichen Bestanteil des Gebäudes oder eines Bauwerks bildet, ohne die das Gebäude unvollständig ist (z.B. Türen, Fenster, Dächer, Treppen), sowie Sachen, Ausstattungsgegenstände oder Maschinen, die auf Dauer in einem Gebäude oder Bauwerk installiert sind und die nicht bewegt (leicht versetzt oder demontiert) werden können ohne das Gebäude zu zerstören oder zu verändern, als zum Grundstück gehörend.[3]

13 Die **MwStSystRL** erwähnt im Zusammenhang mit Grundstücken lediglich die „Lieferung von Gebäuden oder Gebäudeteilen". Ein Gebäude, z.B. auch aus Fertigteilen errichtet, die so in das Erdreich eingelassen werden, dass sie weder leicht demontiert noch leicht versetzt werden können, stellen damit ein Grundstück dar, auch wenn dieses Gebäude beispielsweise nach Beendigung eines Mietvertrags entfernt und auf einem anderen Grund und Boden wieder verwendet werden soll.[4]

14 Der **Begriff des Grundstücks** meint nicht nur das Grundstück als solches, sondern auch nach deutscher Auffassung und Abgrenzung in § 2 GrEStG die Grundstücke des BGB, also alle wesentlichen Bestandteile i.S.v. §§ 93, 94 BGB[5] wie Grund und Boden, Außenanlagen (Umzäunungen oder andere Befestigungen), Erbbaurechte, Gebäude auf fremdem Grund und Boden, Rechte wie Sondernutzungsrechte nach § 15 WEG und des § 1010

---

[3] Nach deutschem Zivilrecht ist ein Grundstück dagegen ein räumlich abgegrenzter Teil der Erdoberfläche, vgl. Palandt/*Basenge* BGB, Vor § 873. Sowohl das Wohneigentum und Teileigentum wie auch das Erbbaurecht wird dem Grundstück gleichgestellt. Nach unionsrechtlicher Auslegung können auch Scheinbestandteile Grundstücksbestandteile sein, sofern sie nicht mehr leicht demontierbar oder versetzbar sind, so dass sich deren Leistungsort ebenfalls nach § 3 Abs. 7 Satz 1 UStG bestimmt.
[4] Vgl. EuGH 16.1.2003 – C-315/00, UR 2003, 86 – Rudolf Maierhofer. Es ist nicht erforderlich, dass Fertigteilkonstruktionen vom Boden untrennbar in diesen eingelassen sind.
[5] Unwesentliche Bestandteile können von der Übereignung ausgenommen werden, ansonsten werden sie vom umsatzsteuerlichen Grundstücksbegriff und damit von der Steuerfreiheit des § 4 Nr. 9a UStG bei Veräußerung erfasst. Von den Bestandteilen sind Bestandteile i.S.d. § 3 Abs. 1b Satz 2 UStG zu unterscheiden, wenn bei einer Entnahme eines Grundstücks beispielsweise nur ein Grundstücksbestandteil, nicht aber das Grundstück im Übrigen zum Vorsteuerabzug berechtigt hat.

BGB (Sondernutzungsrecht des Miteigentümers).[6] Maschinen und sonstige Vorrichtungen aller Art (sog. Betriebsvorrichtungen i. S. d. § 68 Abs. 2 BewG), die zu einer Betriebsanlage gehören, werden in umsatzsteuerlicher Hinsicht aber nicht zu den Grundstücken gerechnet; sie fallen nicht unter das GrEStG, so dass z. B. die umsatzsteuerliche Befreiungsvorschrift in § 4 Nr. 9a UStG nicht anwendbar ist.[7] Denn das Wesen einer Betriebsvorrichtung liegt in ihrer auf den Gewerbebetrieb ausgerichteten maschinenähnlichen Funktion.[8] Negativ sind sie abzugrenzen von Gebäude(teilen) und Außenanlagen, die eben keine Betriebsvorrichtungen sind und deren Veräußerung daher in den Anwendungsbereich der Steuerbefreiung nach § 4 Nr. 9a UStG fällt.

Zu beachten ist gegebenenfalls in Bezug auf künftige Bauvorhaben eine eventuell weitere angepasste nationale Abgrenzung des Grundstücksbegriffs anhand der oben erwähnten weiterentwickelten **EU-Vorgaben,** die insoweit unmittelbar national anzuwenden sind. Betroffen sind die zum 1.1.2017 in Kraft tretenden Änderungen der VO zur MwStSystRL (Art. 13, Art. 31a und Art. 31b MwStSystRL). Danach gilt als Grundstück „jede Sache, die einen wesentlichen Bestandteil eines Gebäudes oder eines Bauwerks bildet, ohne die das Gebäude oder das Bauwerk unvollständig ist, wie zum Beispiel Türen, Fenster, Dächer, Treppenhäuser und Aufzüge" oder „Sachen, Ausstattungsgegenstände oder Maschinen, die auf Dauer in einem Gebäude oder einem Bauwerk installiert sind, und die nicht bewegt werden können, ohne das Gebäude oder das Bauwerk zu zerstören oder zu verändern". Damit könnte ab 2017 eine Vielzahl von Betriebsvorrichtungen als „Bestandteile des Grundstücks" zu qualifizieren sein.[9]

Bei Veräußerung eines Grundstücks inklusive wesentlicher Bestandteile − wie in der Praxis üblich − liegt aus Sicht des Durchschnittsverbrauchers ein **einheitlicher Leistungsgegenstand** und damit eine einheitliche Grundstückslieferung vor.[10]

Wird das **Inventar des Grundstücks** mitverkauft, kann dieses bei entsprechenden Nachweisen des Veräußerers als sog. Nebenleistung zur Grundstückslieferung angesehen werden, umsatzsteuerlich wie die Grundstückslieferung selbst etwa in Bezug auf die Frage der Steuerbefreiung und Optionsmöglichkeit zu behandeln ist; dies gilt dann unabhängig davon, ob das Inventar im notariellen Kaufvertrag mit aufgenommen wurde oder nicht. Weist der Unternehmer nicht nach, dass es sich bei den im Zusammenhang mit einer Grundstücksveräußerung verkauften Inventargegenständen um wesentliche Bestandteile des Grundstücks oder um unselbständige Nebenleistungen zur

---

[6] Vgl. zur Abgrenzung des Grundvermögens von den Betriebsvorrichtungen Gl. Ländererlasse 5.6.2013, BStBl. I 2013, 734. Nicht darunter fallen Mineralgewinnungsrechte oder sonstige Gewerbeberechtigungen, jedoch Erbbaurechte und Wohnungseigentum.
[7] Damit muss für Betriebsvorrichtungen auch grundsätzlich nicht über eine Option zur Steuerpflicht nach § 9 UStG nachgedacht werden.
[8] Vgl. BFH 5.3.1971 − III R 90/69, BStBl. II 1971, 455; BFH 2.6.1971 − III R 18/70, BStBl. II 1971, 673; Bunjes/*Heidner* UStG, § 4 Nr. 9 Rn. 9.
[9] Vgl. auch andeutungsweise schon BFH 28.8.2014 − V R 7/14, DStR 2014, 2290 mit Anm. *Heu*. Vgl. aber dagegen BMF 28.7.2015, DStR 2015, 1808, wonach eine Betriebsvorrichtung kein Grundstücksbestandteil ist.
[10] Vgl. BFH 31.5.2001 − V R 97/98, BStBl. II 2001, 658; UStAE 3.10 Abs. 1 und 2; Weymüller/*Spilker* UStG, 2015, § 4 Nr. 9 Rn. 30.2.

Grundstückslieferung gehandelt hat, unterliegt der Inventarverkauf aber – wie zutreffend vom FG München[11] beurteilt und regelmäßig in der Praxis vorliegend – nicht der Befreiung nach § 4 Nr. 9a UStG für die Grundstückslieferung. Der Verkauf eines Grundstücks und der Abriss der aufstehenden Altgebäude beispielsweise sind dagegen als einheitliche Leistung des Verkäufers und als Lieferung eines Grundstücks zu bewerten, wenn das Grundstück mit aufstehenden Gebäuden keinerlei wirtschaftlichen Nutzen für den Käufer hat.[12]

II. Grundstücks- und Gebäudeübertragung als Lieferung (§ 3 Abs. 1 UStG)

18 Eine **reine Grundstückslieferung** ist dort steuerbar, wo sich das Grundstück und damit nicht nur der Grund und Boden selbst, sondern auch das aufstehende Gebäude und seine wesentlichen Bestandteile befinden, § 3 Abs. 7 Satz 1 UStG.

19 Eine Lieferung eines (beweglichen oder unbeweglichen, materiellen oder immateriellen) Gegenstands liegt vor, wenn die **Verfügungsmacht** an einem Gegenstand verschafft wird,[13] d. h. der Leistende (Veräußerer der Immobilie) den Abnehmer der Leistung (Erwerber) befähigt, im eigenen Namen über einen Gegenstand zu verfügen, Substanz, Wert und Ertrag an dem betreffenden Gegenstand unbedingt und endgültig überträgt.[14] Die Übertragung der Befähigung, wie ein Eigentümer über einen körperlichen Gegenstand zu verfügen, ist wiederum nicht danach zu beurteilen, ob eine Eigentumsübertragung im Sinne des jeweils anwendbaren nationalen Rechts gegeben ist, so dass eine solche Übertragung auch dann vorliegen würde, wenn das rechtliche Eigentum an dem Gegenstand tatsächlich nicht übertragen wird.[15] Bei Grundstücksübertragungen wird im Grundfall regelmäßig das rechtliche Eigentum übertragen, so dass mit dem bürgerlich-rechtlichen Eigentumsübergang in jedem Fall eine Verschaffung der Verfügungsmacht und folglich eine Lieferung im umsatzsteuerlichen Sinn verbunden sind.[16]

20 In der Regel ist davon auszugehen, dass eine **Lieferung durch Übertragung des bürgerlich-rechtlichen Eigentums** aufgrund eines Rechtsgeschäfts erfolgt. Besteht das Rechtsgeschäft in der Übertragung einer unbeweglichen Sache (Grundstück), erfolgt der Eigentumsübergang gem. § 873 BGB mit Einigung über den Eigentumsübergang (Auflassung § 925 BGB)

---

[11] Vgl. FG München 16.4.2013 – 2 K 3443/10, DStRE 2014, 415 (rkr.).
[12] Vgl. EuGH 19.11.2009 – C-461/08, BeckRS 2009, 71303 – Don Bosco Onroerend Goed BV.
[13] Gem. § 3 Abs. 1 UStG; nach Art. 14 Abs. 1 MwStSystRL wird abgestellt auf die „Übertragung der Befähigung, wie ein Eigentümer über einen Gegenstand zu verfügen".
[14] Vgl. BFH 18.11.1999 – V R 13/99, BStBl. II 2000, 153.
[15] Folglich können auch Übertragungen erfasst sein, die den Erwerber ermächtigen, faktisch so über den Gegenstand zu verfügen, als wäre er Eigentümer, was im Sinne des wirtschaftlichen Eigentums verstanden werden kann.
[16] Vgl. BFH 24.4.1969 – V 176/64, BStBl. II 1969, 451; UStAE 3.1 Abs. 2 Satz 4. Kritisch zur Gleichsetzung der Verschaffung der Verfügungsmacht mit einer Lieferung Weymüller/*Hahn* UStG, § 3 Rn. 72 ff., was infolge der klaren Definition im Gesetzeswortlaut in § 3 Abs. 1 UStG abzulehnen ist.

und der Eintragung der Rechtsänderung ins Grundbuch. Unabhängig von der zivilrechtlichen Beurteilung können wirtschaftlich abgrenzbare Teile eines Bauwerks, wie z. B. einzelne Wohnungen oder Etagen, separat geliefert werden. Die Übertragung eines Miteigentumsanteils ist deshalb eine Lieferung i. S. d. § 3 Abs. 1 UStG.[17]

Wird – wie in der Praxis teilweise vorkommend – vertraglich bereits **zu einem früheren Zeitpunkt** der Übergang von Nutzen, Lasten und Ertrag vereinbart und damit das **wirtschaftliche Eigentum** vor dem rechtlichen **übertragen,** erfolgt umsatzsteuerlich die Lieferung und eine etwaige Entstehung der Umsatzsteuer (sofern zur Steuerpflicht optiert wird) bereits zu diesem Zeitpunkt. Wird dagegen – wie oft in der Praxis üblich – nur der obligatorische Kaufvertrag geschlossen und Nutzen, Lasten und Ertrag erst zu einem späteren Zeitpunkt übertragen bzw. der Übergang des Grundstücks von bestimmten aufschiebenden Bedingungen abhängig gemacht, ist eine Lieferung erst zu diesem späteren Zeitpunkt gegeben.[18] 21

Ist der Erwerber bereits **im Besitz der Sache,** z. B. als Mieter oder Pächter, genügt für die zivilrechtliche Übertragung des Eigentums die Einigung oder der Eigentumsübergang nach § 929 Satz 2 BGB, womit regelmäßig die Zuwendung des Substanzwerts der Sache umsatzsteuerlich zu diesem Zeitpunkt vorliegt. 22

> **Exkurs: Bauherrenmodell.** 23
> Im Falle eines einheitlichen Vertragswerks mit verschiedenen Personen auf Veräußererseite ist derzeit zwischen II. und V. Senat des BFH die umsatzsteuerliche Behandlung von sog. Bauherrenmodellen bzw. die Frage umstritten, ob die Lieferung von Gegenständen und die Erbringung sonstiger Leistungen (Dienstleistungen) als „Bündel" von Werkleistungen und sonstigen Leistungen (Bündelung von Verträgen mit erbrachter Lieferung und Dienstleistungen durch eine andere Person als den Lieferanten des Baugrundstücks), die für die Errichtung eines Gebäudes erforderlich sind, als einheitliche Leistung gelten oder – wie der V. Senat abweichend vom II. Senat annimmt – i. d. R. jeweils eigenständige Leistungen vorliegen.

Die **Bauleistungen** sind (sofern im Inland steuerbar) **steuerpflichtige Leistungen** und unterliegen folglich nicht der Umsatzsteuerbefreiung für Erwerbsvorgänge, die dem GrEStG unterliegen. Im Ergebnis läge eine Doppelbelastung der Empfänger von Bauleistungen vor, mit Umsatzsteuer und Grunderwerbsteuer, die der Verbraucher zu tragen hat. Der EuGH hat zur Frage, ob diese Doppelbelastung mit Umsatzsteuer und Grunderwerbsteuer unionsrechtskonform ist, entschieden, dass die Grunderwerbsteuer nicht den Charakter einer Umsatzsteuer habe und daher die Mitgliedstaaten nicht gehindert sind, einen umsatzsteuerbaren und -pflichtigen Vorgang zusätzlich mit einer weiteren Verkehrsteuer (hier der Grunderwerbsteuer) zu belegen.[19] Im 24

---

[17] Vgl. EuGH 4.10.1995 – C-291/92, DStR 1995, 1709 – Armbrecht; EuGH v. 15.12.2005, C-63/04, IStR 2006, 52 – Centralan Property Ltd.
[18] Vgl. BFH 6.12.1979 – V R 87/72, BStBl. II 1980, 279.
[19] Vgl. EuGH 27.11.2008 – C-156/08, DStR 2009, 223 – Vollkommer, der der deutschen FG-Vorlage (Bauherrenmodell) damit gefolgt ist, vgl. FG Niedersachsen 2.4.2008 – 7 K 333/06, DStR 2008, 869.

Rahmen von Bauherrenmodellen übernimmt der Veräußerer des Grundstücks zusätzlich zur Lieferung des Grundstücks die Baubetreuung, häufig auch die Planung und Errichtung des Gebäudes. Unter Beachtung des Grundsatzes, jeden Umsatz als eigene selbstständige Leistung zu beurteilen, ist eine einheitliche Leistung in diesen Fällen – anders als nach der grunderwerbsteuerlichen Beurteilung – nicht anzunehmen.[20] Ein Baubetreuer erbringt hier eine Vielzahl an umsatzsteuerlich selbstständig zu würdigenden Einzelleistungen. Etwas anderes soll zutreffend nach Ansicht des BFH[21] nur gelten, wenn die Grundstücksveräußerung und die Pflicht zur Erstellung eines schlüsselfertigen Gebäudes „nach dem Parteiwillen so eng miteinander verbunden" sind, dass „die Lieferung des Grund und Bodens und die Generalübernehmerleistungen nicht unabhängig voneinander sein sollten und die Vertragsparteien sich nur auf die Summe beider Verträge als einheitliches Leistungsziel verpflichten". Abzustellen ist damit maßgebend auf den Parteiwillen und das vertraglich vereinbarte Leistungsziel, was infolge dieser engen Verknüpfung der geschuldeten Leistungen zu einer einheitlichen „Lieferung eines bebauten Grundstücks" führt.

25 Auch die **Leistungen der Architekten,** der einzelnen Bauunternehmer und der Bauhandwerker sind mit dem der Grunderwerbsteuer unterliegenden Erwerbsvorgang nicht identisch und fallen daher nicht unter eine Umsatzsteuerbefreiung einer Grundstückslieferung nach § 4 Nr. 9a UStG.[22]

26–30 *einstweilen frei*

III. Aufteilung eines Grundstücks (Gebäudes) für Zwecke der Umsatzsteuer

31 Eine **Aufteilung** des Grundstücks in **Grund und Boden** einerseits und in das **Gebäude** andererseits ist grundsätzlich nicht möglich.[23] Eine Aufteilung kann jedoch bei gemischt (unternehmerisch und nichtunternehmerisch) genutzten Grundstücken/Gebäuden in die unternehmerisch und nichtunternehmerisch genutzten Teile erfolgen, sollte das Grundstück/Gebäude nicht insgesamt (bei mehr als 10% unternehmerischer Nutzung) dem unternehmerischen Bereich zugeordnet werden.

32 Ordnet der Erwerber das Grundstück zutreffend und zulässig seinem Unternehmen zu, kann der Lieferant auf die Steuerfreiheit des gesamten Grundstücksumsatzes verzichten und insgesamt zur Steuerpflicht optieren.

33–35 *einstweilen frei*

---

[20] Vgl. BFH 10.9.1992 – V R 99/88, BStBl. II 1993, 316. Grundstücksveräußerer und Bauunternehmer sind auch dann verschiedene Personen, wenn sie durch umsatzsteuerliche Organschaft miteinander verbunden sind. So auch BFH 29.10.2008 – XI R 74/07, UR 2009, 47.

[21] Vgl. BFH 29.10.2008 – XI R 74/07, UR 2009, 47; anders damals noch BMF 27.6.1986, BStBl. I 1986, 352; in diesem Sinne aber bereits OFD Chemnitz 3.2.1999, UR 1999, 380.

[22] Vgl. auch BFH 30.10.1986 – V B 44/86, BStBl. II 1987, 145; BFH 24.2.2000 – V R 89/98, BStBl. II 2000, 278.

[23] Vgl. EuGH 8.6.2000 – C-396/98, BStBl. II 2003, 446 – Schloßstraße.

C. Steuerbarkeit von Grundstückslieferungen aus Sicht des Erwerbers

Im Folgenden soll es vor allem um die **umsatzsteuerlichen Risiken** bei Abschluss eines Immobilienkaufvertrags aus Sicht des Erwerbers gehen. Hierzu wird zunächst allgemein abgegrenzt, wann ein steuerbarer Umsatz bei Bezug einer Immobilie vorliegt und welche Besonderheiten bei Annahme eines nicht steuerbaren Grundstückserwerbs im Kaufvertrag zu beachten sind bzw. welche Steuerklauseln vorgesehen sein sollten. 36

An der **Steuerbarkeit** kann es fehlen, wenn das Grundstück schon nicht im Inland liegt, der Leistungserbringer/Veräußerer des Grundstücks kein Unternehmer i. S. d. § 2 UStG ist, das Grundstück beim Veräußerer nicht seinem Unternehmen bzw. dem unternehmerischen Bereich im umsatzsteuerlichen Sinn zugeordnet wurde oder es sich bei dem Vorgang der Grundstücksveräußerung um eine nicht steuerbare Geschäftsveräußerung im Ganzen (§ 1 Abs. 1a UStG) handelt bzw. das Grundstück als ein Asset im Rahmen eines nicht steuerbaren Asset Deals als Geschäftsveräußerung im Ganzen übergeht.[24] 37

Für den Erwerber stellt sich die Frage des **steuerbaren Grundstückserwerbs** regelmäßig im Zusammenhang mit seiner Vorsteuerabzugsmöglichkeit bei Anschaffung der Immobilien und damit einhergehenden Transaktionskosten und seiner Liquiditätsbelastung, d. h. hat er Umsatzsteuer aus der Anschaffung der Immobilie an den Veräußerer zu zahlen bzw. an den Fiskus abzuführen. 38

Ein Erwerber ist nur mit Umsatzsteuer aus der Anschaffung einer Immobilie, bei bezogener Grundstückslieferung belastet, wenn er Unternehmer ist und die Immobilie für sein Unternehmen mit Option zur Steuerpflicht bezieht und keine Geschäftsveräußerung im Ganzen vorliegt. 39

Bei der **Herstellung eines Gebäudes** etwa ist der Erwerber/Leistungsempfänger aus bezogenen Bauleistungen, z. B. Werklieferung durch einen Bauunternehmer, mit deutscher Umsatzsteuer belastet, unabhängig davon, ob er Unternehmer ist und für seinen unternehmerischen Bereich bezieht oder nicht. 40

I. Nicht steuerbare Grundstücksübertragung(en) im Rahmen einer Geschäftsveräußerung im Ganzen

Eine steuerbare und steuerfreie, bei Option nach § 9 UStG gegebenenfalls steuerpflichtige **Grundstücksveräußerung** ist von einer nicht steuerbaren Geschäftsveräußerung im Ganzen zu unterscheiden. Die Geschäftsveräußerung im Ganzen als solche und die jeweiligen Voraussetzungen werden ausführlicher an späterer Stelle aus Sicht des Veräußerers dargestellt.[25] 41

---

[24] Ggf. auch unter bestimmten Voraussetzungen im Wege eines Share Deals denkbar.
[25] Siehe → § 16 Rn. 83 ff.

42 Nach § 1 Abs. 1a Satz 3 UStG tritt der Erwerber an die Stelle des veräußernden Unternehmers. Diese Regelung wirkt sich vor allem dahingehend aus, dass der Erwerber etwaige Vorsteuerkorrekturverpflichtungen des Veräußerers in Bezug auf die erworbene Immobilie fortführen muss. Die entsprechenden Berichtigungszeiträume, die bereits auf Ebene des Überträgers zu laufen begonnen haben, werden nicht unterbrochen (§ 15a Abs. 10 UStG). Insoweit wird das Unternehmen des Überträgers und des Übernehmers wie ein Unternehmen behandelt.

43 Umstritten ist die Frage, ob auch Entscheidungen des Veräußerers in Bezug auf **Wahlrechte** (z. B. Option des Kleinunternehmers zur Regelbesteuerung gem. § 19 Abs. 2 UStG oder zur Steuerpflicht gem. § 9 UStG) zunächst fortgelten, was abzulehnen ist.[26] Die höchstpersönliche Unternehmereigenschaft begründet der Erwerber erst mit der Fortführung des Unternehmens. Allein der Erwerb des Unternehmens macht ihn noch nicht zum Unternehmer i. S. d. § 2 UStG. Der Vorsteuerabzug des übernehmenden Unternehmers aus transaktionsbezogenen Kosten richtet sich nach seinen zukünftigen ausgeführten Umsätzen. Etwaige Berichtigungen gem. § 17 UStG sind hingegen noch vom Überträger zu erklären, sofern sie nach dem Übertragungsstichtag eintreten und sich dadurch bei ihm das Entgelt für zuvor getätigte Umsätze ändert, d. h. soweit er Zahlungen vereinnahmt oder entrichtet, die sich auf von ihm getätigte Umsätze beziehen.[27]

44 Zu bedenken ist, dass der Übernehmer nicht aufgrund der Regelung des § 1 Abs. 1a UStG für die Abführung der Umsatzsteuer haftet, die noch auf Ebene des Überträgers festzusetzen war. Eine solche **Haftung** ergibt sich aber gegebenenfalls aus § 75 AO.

---

45 | **Praxishinweis:**
Die Verpflichtung zur Fortführung des Berichtigungszeitraums (für Grundstücke gem. § 15a Abs. 1 Satz 2 UStG zehn Jahre) kann beim Erwerber zu entsprechenden Belastungen führen, wenn beispielsweise ein Grundstück steuerfrei vermietet wird, für das der Veräußerer Vorsteuern geltend gemacht hat. Ebenso sind aber auch umgekehrt Potenziale denkbar, die etliche Unternehmen als „Geschäftsidee" mit nutzen, wenn der Erwerber ein Grundstück steuerpflichtig vermietet, für das der Überträger aufgrund seiner noch steuerfreien Vermietung in der Vergangenheit keine Vorsteuern geltend gemacht hat. Um diese Risiken und Potenziale einschätzen und auch bei der Kalkulation des etwaigen Kaufpreises berücksichtigen zu können, benötigt der Übernehmer Informationen und die Aufzeichnungen des Veräußerers für Zwecke des § 15a UStG.[28] Hierzu wurde in § 15a Abs. 10 Satz 2 UStG eine entsprechende Verpflichtung des Überträgers geregelt (als zivilrechtlicher Anspruch des Erwerbers auf Auskunft). Für die Praxis ist aber zu empfehlen, diese Potenziale und Belastungen über entsprechende Steuerklauseln im Kaufvertrag zu regeln.

---

[26] Vgl. Rau/Dürrwächter/*Husmann* UStG § 1 Rn. 1127; ablehnend auch *Reiß* UR 1996, 357; Reiß/Kraeusel/Langer/*Tehler* UStG § 1 Rn. 530; Rau/Dürrwächter/*Stadie* UStG § 2 Rn. 613; bejahend Sölch/Ringleb/*Klenk* UStG, § 1 Abs. 1a Rn. 167; Bunjes/*Robisch* UStG § 1 Rn. 140.
[27] Vgl. OFD Magdeburg 27.11.2013, MwStR 2014, 177, 180.
[28] Vgl. Bunjes/*Robisch* UStG § 1 Rn. 140 ff.

Diesbezüglich ist aus Sicht des Erwerbers empfehlenswert, neben den sonstigen Steuerklauseln, insbesondere der vorsorglichen Bestätigung der Unternehmereigenschaft nach § 2 UStG der Vertragsparteien bzw. der Absicht der unternehmerischen Tätigkeit (hier angesprochen der Erwerber) und Bezug des Grundstücks für den unternehmerischen Bereich (hier angesprochen der Erwerber), vorsorglich auch die Aushändigung aller dafür relevanten Unterlagen im Kaufvertrag vorzusehen.

Für den Erwerber, sollte er voll vorsteuerabzugsberechtigt sein, wird es – **46** rein grob und wirtschaftlich betrachtet – unerheblich sein, ob eine nicht steuerbare **Geschäftsveräußerung im Ganzen** vorliegt oder ob er eine steuerfreie oder steuerpflichtige **Grundstückslieferung** empfängt. In den ersten beiden Fällen hat er keine Umsatzsteuer zu entrichten (nicht an den Veräußerer durch entsprechende Fakturierung ohne gesonderten Umsatzsteuerausweis); auch bei steuerpflichtigem Grundstücksbezug würde er als Leistungsempfänger die Umsatzsteuer nach § 13b Abs. 5 UStG schulden, kann im selben Monat und selber Höhe aber den Vorsteuerabzug dafür geltend machen, so dass sich keine negativen Liquiditätseffekte bei ihm durch die Umsatzsteuerentstehung ergeben.

Zu beachten sind im Ergebnis also bei vorliegender Geschäftsveräußerung **47** im Ganzen vor allem etwaige **Vorsteuerkorrekturverpflichtungen,** sollte der Erwerber die Immobilie in Bezug auf den Vorsteuerabzug dann innerhalb des Berichtigungszeitraums anders verwenden, als dies der Veräußerer von der erstmaligen Verwendung an tat.[29]

Praxishinweis: **48**
Allerdings gilt zu erwähnen: Eine etwaige Vorsteuerkorrektur nach § 15a UStG ist nur dann beim Erwerber erforderlich, was insoweit natürlich grundsätzlich im Handlungsspielraum und an den wirtschaftlichen und unternehmerischen Entscheidungen des Erwerbers selbst liegt, wenn es ab Erwerb bei ihm zu einer Nutzungsänderung kommt oder nicht. Klar ist, dass der Erwerber, je nach beabsichtigter Nutzung der Immobilie, auch umsatzsteuerlich einbeziehen sollte, inwieweit im Vergleich zur bisherigen Nutzung des Veräußerers eine Änderung bei Vertragsabschluss vorhersehen und entsprechend über den Kaufpreis (z.B. Anpassung/Reduzierung des Kaufpreises bereits bei Vertragsabschluss oder aufschiebende Reduzierung im Fall der Vorsteuerkorrektur) ein solches Risiko abdecken kann.
Dazu ist primär zu prüfen, ob überhaupt der Berichtigungszeitraum von zehn Jahren ab erstmaliger Verwendung der Immobilie noch besteht, was in der Praxis oftmals bei großen Immobilienobjekten/Mieteinheiten etwa und unterschiedlichen Zeitpunkten von Vermietungen nicht leicht feststellbar ist, ob und in welcher Höhe der Veräußerer einen Vorsteuerabzug geltend gemacht hat (gegebenenfalls in welchem Umfang bei ihm schon Korrekturen erfolgten) und ob er eine vorsteuerschädliche Verwendung der Immobilie beabsichtigt, was eine Vorsteuerkorrektur bei ihm auslösen würde.
Einbezogen werden in die Prüfung des Vorsteuerkorrekturrisikos sollten auch etwaige nachträgliche Anschaffungs- und Herstellungskosten des Veräußerers, die gegebenenfalls von diesem (zutreffend oder unzutreffend) noch nicht erfasst wurden, was entsprechende Durchsichten der Bilanzen und buchhalterischen Aufzeichnungen erfordert.

---

[29] Vgl. BFH 4.9.2008 – V R 23/06, UR 2009, 528; BFH 30.4.2009 – V R 4/07, BStBl. II 2009, 1804; – V R 5/06, BStBl. II 2008, 448.

§ 6 49–56 Teil 3. Erwerb

49 Inwieweit drohende **Vorsteuerkorrekturrisiken** z. B. über den Kaufpreis oder die Aufnahme von Schadensersatzansprüchen im Kaufvertrag Berücksichtigung finden können – rein umsatzsteuerlich kann ein Vorsteuerkorrekturrisiko für den Erwerber nicht ausgeschlossen werden –, hängt letztlich von der Verhandlungsposition der Vertragsparteien ab.

50 Ist allein der Verkäufer im Besitz von **Informationen,** die dem Käufer für die Beurteilung dienlich sein können, ob ein Fall des § 1 Abs. 1a UStG vorliegt oder ob der Verkäufer Unternehmer i. S. des § 2 UStG ist und die Immobilie seinem Unternehmen zugeordnet ist, so kann es vorteilhaft sein, den Verkäufer für die **Richtigkeit** dieser Informationen ebenfalls **haften** zu lassen. Die vor Einführung des sog. Reverse Charge-Verfahrens bei steuerpflichtigen Grundstücksveräußerung lautende Empfehlung, dass eine Klausel in den Vertrag aufgenommen werden sollte, die sicherstellt, dass der Verkäufer dem Käufer den Anteil des Kaufpreises zurückerstatten soll, der der Umsatzsteuer entspricht, falls sich herausstellen sollte, dass der Veräußerungserlös beim Verkäufer nicht umsatzsteuerpflichtig ist, gilt nicht mehr, da der Erwerber nach § 13b Abs. 5 UStG die Umsatzsteuer nicht an den Veräußerer zu zahlen, sondern direkt an das Finanzamt abzuführen hat als Schuldner dieser Umsatzsteuer.

51 | **Praxishinweis:**
Beim Erwerber kann eine vorsorglich vertraglich vereinbarte unbedingte Option im Falle, dass die Finanzverwaltung abschließend verbescheidet (wie üblicherweise in der Formulierung einer Steuerklausel vorgeschlagen) keine Geschäftsveräußerung im Ganzen annimmt, mit dem Nachteil verbunden sein, dass der Erwerber die gesamte, auf den Kaufpreis entfallende Umsatzsteuer gem. § 13b Abs. 2 Nr. 3 i. V. m. Abs. 5 UStG schuldet. Daher sollte sich der Erwerber eine Option zur Steuerpflicht durch eine entsprechende Kaufpreisgestaltung „vergüten" lassen, sollte er nicht voll vorsteuerabzugsberechtigt sein. Dies gilt vor allem auch umgekehrt für den Fall, dass die Vertragsparteien von einer steuerfreien Grundstückslieferung ausgehen, die zu einem späteren Zeitpunkt aus Sicht der Finanzbehörde des Veräußerers als nicht steuerbare Geschäftsveräußerung im Ganzen beurteilt wird. Dann trifft eine (durch Weiterveräußerung oder Nutzungswechsels der Immobilie) ausgelöste Vorsteuerkorrektur innerhalb des 10-jährigen Berichtigungszeitraums des Veräußerers nach § 15a UStG allein den Käufer.

52–55 *einstweilen frei*

II. Steuerbare, aber grundsätzlich steuerfreie Grundstückslieferung

56 Ein **umsatzsteuerbarer**[30] **Erwerb** von Immobilien, wenn das Grundstück im Inland[31] belegen ist, unterliegt grundsätzlich nicht der Umsatzsteuerbesteuerung, sondern ist nach § 4 Nr. 9a UStG steuerfrei. Denn entgeltliche Grundstücksgeschäfte unterfallen in der Regel der Grunderwerbsteuer als spezielle

---

[30] Hinweise zur nicht steuerbaren Grundstücksübertragung im Rahmen einer Geschäftsveräußerung im Ganzen nach § 1 Abs. 1a UStG siehe → § 16 Rn. 83 ff.
[31] § 1 Abs. 2 UStG, insbesondere in Relevanz auf Grundstücksübertragungen das Gebiet der Bundesrepublik Deutschland mit Ausnahme des Gebiets von Büsingen, der Insel Helgoland.

Verkehrsteuer und sind daher von der Umsatzsteuer als allgemeiner Verbrauch- und Verkehrsteuer befreit. Nur grunderwerbsteuerbare Umsätze sind für die Steuerbefreiung nach § 4 Nr. 9a UStG beachtlich. D. h. besteht für den Vorgang eine Grunderwerbsteuerbefreiung, ist dies für die Frage der Umsatzbesteuerung unbeachtlich, so dass umsatzsteuerlich ebenso die Steuerbefreiung greift.

1. Umfang der Steuerbefreiung nach § 4 Nr. 9a UStG

Die **nationale Steuerbefreiung** in § 4 Nr. 9a UStG betrifft Umsätze, die 57 unter das GrEStG fallen. Die unter das GrEStG fallenden Umsätze sind in § 1 GrEStG aufgeführt, wonach vor allem grunderwerbsteuerbar sind die Lieferung von Grundstücken und Grundstücksteilen, Gebäuden und Außenanlagen, die Bestellung und Übertragung von Erbbaurechten, aber auch die Änderung im Gesellschafterbestand, z. B. Übertragung von Miteigentumsanteilen an einem Grundstück oder eine Anteilsveräußerung an juristischen Personen.

Die Grunderwerbsteuer knüpft durchweg an Vorgänge des Rechtsverkehrs 58 bzw. an einen Wechsel des Rechtsträgers an. Diese Rechtsvorgänge sind überwiegend solche des **bürgerlichen Rechts** (z. B. durch Kaufvertrag oder Abtretung). Der Grunderwerbsteuer unterliegen aber auch Vorgänge des **Vollstreckungsrechts** und des **Enteignungsrechts,** die zum Erwerb des Eigentums an einem Grundstück führen. Liegen solche Rechtsvorgänge vor, so lösen sie Grunderwerbsteuer aus, unabhängig davon, ob im konkreten Einzelfall auch wirtschaftlich ein Grundstücksumsatz verwirklicht ist. Der Rechtsvorgang muss auf den Erwerb eines bisher einem anderen gehörenden Grundstücks gerichtet sein. Ein grunderwerbsteuerbarer Vorgang setzt daher verschiedene Rechtsträger voraus, zwischen denen der Grundstückswechsel stattfindet. Zu solchen Rechtsträgern im Grunderwerbsteuerrecht zählen natürliche Personen, Kapitalgesellschaften und bestimmte Gesamthandsgemeinschaften. Grunderwerbsteuerbar sind die dem für die Umsatzbesteuerung maßgeblichen Erfüllungsgeschäft zugrundeliegenden Verpflichtungsgeschäfte, d. h. insbesondere die rechtsgeschäftliche Begründung des Anspruchs auf Übereignung eines Grundstücks. Darunter werden alle auf den dinglichen Eigentumsübergang zielenden schuldrechtlichen, die Verpflichtung zur Auflassung enthaltenden Rechtsgeschäfte verstanden. Es muss ein schuldrechtlicher Vertrag abgeschlossen werden, aus dem auf die Erklärung der Auflassung geklagt werden kann. Das wichtigste und häufigste Verpflichtungsgeschäft, den Kaufvertrag, nennt das Gesetz in § 1 Abs. 1 Nr. 1 GrEStG ausdrücklich.[32]

Umsatzsteuerlich müssen leistender Unternehmer und Leistungsempfänger 59 (mit Ausnahme der Grundstücksentnahme) **verschiedene Personen** sein. Grundstücksumsätze sind auch zwischen Gesellschaft und Gesellschafter oder umgekehrt möglich.[33]

---

[32] Der Grundstückskaufvertrag, durch den sich der eine Teil verpflichtet, das Eigentum an einem Grundstück zu übertragen, bedarf nach § 311b Abs. 1 Satz 1 BGB der notariellen Beurkundung. Bei Nichteinhaltung dieser Form ist der Kaufvertrag nichtig (§ 125 BGB) und nach § 1 Abs. 1 Nr. 1 GrEStG steuerbar; vgl. Bunjes/*Heidner* UStG § 4 Nr. 9 Rn. 2 ff.; Sölch/Ringleb/*Mößlang* UStG § 4 Nr. 9 Rn. 3 ff.

[33] Das gilt auch für eine Einmann-GmbH in Gründung, bei der es zu einer Geschäftsveräußerung im Ganzen kommen kann, wenn es später nicht zu einer Eintragung ins Handelsregister kommt, vgl. auch Rau/Dürrwächter/*Klenk* UStG § 4 Nr. 9 Rn. 21.

60 Ein nach § 4 Nr. 9a UStG insgesamt umsatzsteuerbarer, aber steuerfreier einheitlicher Grundstücksumsatz kann nicht nur bei der Veräußerung eines bereits bebauten Grundstücks vorliegen, sondern auch dann, wenn derselbe Veräußerer in **zwei getrennten Verträgen** ein Grundstück veräußert und die Pflicht zur Erstellung eines schlüsselfertigen Bürohauses und Geschäftshauses übernimmt. Leistungsgegenstand ist in diesem Fall ein noch zu bebauendes Grundstück.[34] Dagegen unterliegt beispielsweise die Lieferung eines transportfähigen Gebäudes (z. B. Mobilheim) selbst dann nicht der GrESt, wenn der Verkäufer dem Käufer das Grundstück, auf dem das Gebäude aufgestellt wird, vermietet und eine erforderliche Baugenehmigung besorgt.[35] Diese Lieferung eines Mobilheims ist daher umsatzsteuerpflichtig.

61 Grundstücksübertragungen bleiben **steuerfrei,** wenn keine Geschäftsveräußerung im Ganzen vorliegt oder keine Option zur Steuerpflicht (§ 9 UStG) ausgeübt werden kann.

2. Einzelfragen zum Umfang der Steuerbefreiung

a) Entnahme eines Grundstücks aus dem Unternehmensvermögen

62 Diskutiert wird, ob die **unentgeltliche Wertabgabe bei Entnahme** eines Grundstücks aus dem Unternehmensvermögen nach § 4 Nr. 9a UStG (ohne Rechtsträgerwechsel) steuerfrei sein kann, da eine Entnahme umsatzsteuerlich wie eine Veräußerung behandelt wird.[36] Denn die Steuerbefreiung setze lediglich voraus, dass es sich um eine unentgeltliche Wertabgabe handelt (auch wenn eine solche nicht unter das GrEStG fällt), die unter den sonst gleichen Bedingungen unter das GrEStG falle.[37] Dieser Auffassung ist zu folgen.[38] Nach Auffassung der Finanzverwaltung[39] ist die Entnahme von Grundstücken, unabhängig davon, ob damit ein Rechtsträgerwechsel verbunden ist, steuerfrei, was eine entsprechende Vorsteuerkorrektur nach § 15a UStG auslösen kann, wenn beim ursprünglichen Grundstückserwerb damit zusammenhängend Vorsteuern geltend gemacht wurden.[40]

b) Einheitlicher Vertragsgegenstand versus nicht zur Grundstückslieferung gehörende Leistungen

63 Nur **Umsätze des Grundstücksveräußerers** können nach § 4 Nr. 9a UStG steuerfrei sein, nicht Umsätze anderer Art von dritten Unternehmern, z. B. steuerpflichtige Sanierungs- oder Bebauungsleistungen (hierzu → Rn. 23).

---

[34] Vgl. BFH 19.3.2009 – V R 50/07, BStBl. II 2010, 78; so auch UStAE 4.9.1 Abs. 1 Sätze 5 und 6.
[35] Vgl. BFH 28.1.1998 – II R 46/95, BStBl. II 1998, 275.
[36] Vgl. Sauter/Ritzer/Schumann/*Schuhmann*, Handbuch Immobilienbesteuerung, H IV Rn. 2 mit Verweis auf BMF 13.4.2004, BStBl. I 2004, 469.
[37] Vgl. noch BFH 18.11.1999 – V R 13/99, BStBl. II 2000, 153.
[38] So auch Reiß/Kraeusel/Langer/*Kraeusel* UStG § 4 Nr. 9 Rn. 7; Vogel/Schwarz/*Huschens* UStG § 4 Nr. 9 Rn. 24; Weymüller/*Spilker* UStG, § 4 Nr. 9 Rn. 50 ff.; Sölch/Ringleb/*Mößlang* UStG § 4 Nr. 9 Rn. 19.
[39] Vgl. BMF 22.9.2008, BStBl. I 2008, 895.
[40] Vgl. nunmehr UStAE 4.9.1 Abs. 2 Nr. 6.

Besteht ein **einheitliches Vertragswerk** mit einer Person auf der Seite des 64
Veräußerers, die die Verpflichtungen aus dem Vertragsbündel betreffen,
kommt eine einheitliche Grundstückslieferung in Betracht. Übernimmt der
Veräußerer die gesamte Bebauung des Grundstücks, dürfte in der Regel zivilrechtlich, grunderwerbsteuerrechtlich und umsatzsteuerrechtlich das bebaute
Grundstück Gegenstand des Rechtsvorgangs sein. Es kommt keine Aufteilung dieser einheitlichen Leistung in eine (steuerfreie) Grundstückslieferung
und eine steuerpflichtige Werklieferung in Frage, wenn/da das Vertragsobjekt
das bebaute Grundstück ist (z. B. Kauf einer Wohnung im „Bauträgermodell").[41] Der Bauträger liefert damit nach § 4 Nr. 9a UStG steuerfrei an den
Erwerber.[42]

c) Entschädigungszahlungen neben Kaufpreiszahlung für das Grundstück

Zahlt der Erwerber neben dem eigentlichen Kaufpreis noch **Entschädi-** 65
gungen für die Wertminderung der nicht veräußerten Grundstücke, z. B.
bei Enteignungen oder bei Grundstücksverkäufen, die einer Enteignung zuvorkommen, ist die Entschädigung regelmäßig nicht echter Schadensersatz,
sondern Entgelt für eine steuerbare Leistung des Veräußerers, die steuerfrei
nach § 4 Nr. 9a UStG sein kann.[43]

d) Erwerb von Miteigentum (Wohnungseigentum)

Umsatzsteuerlich ist die Veräußerung eines Grundstücks durch eine unter- 66
nehmerisch tätige **Miteigentümer-Gemeinschaft** an eine Miteigentümer-Gemeinschaft eine steuerbare, steuerfreie Grundstückslieferung, wenn es sich
nicht um eine nicht steuerbare Geschäftsveräußerung handelt. Bei der Aufteilung des unternehmerisch genutzten Grundstücks in Flächeneigentum (Realteilung) oder Wohnungseigentum ist wohl eine Grundstückslieferung der
Bruchteilsgemeinschaft an den einzelnen Miteigentümer anzunehmen, die
steuerfrei nach § 4 Nr. 9a UStG ist, wenn sie steuerbar ist.[44]

e) Lieferung eines Grundstücks mit Abrissabsicht

Der EuGH hat in einer niederländischen Rechtssache entschieden, dass die 67
Lieferung einer aus einem Grundstück und einem alten Gebäude, dessen Umbau in ein neues Gebäude im Gang ist, bestehenden Immobilie unter die Steuerbefreiung für Grundstücke fällt, wenn zum Zeitpunkt dieser Lieferung am
alten Gebäude **erst teilweise Abrissarbeiten durchgeführt** wurden und es
zumindest teilweise noch als solches genutzt wurde. Der Streitfall war insoweit

---

[41] Ist ein Treuhänder oder Projektanbieter in den Grundstückserwerb eingeschaltet, sind
dessen Leistungen nur dann nach § 4 Nr. 9a UStG steuerfrei, wenn dieser als Grundstückslieferer gilt, z. B. aber nicht, wenn diese keine Verwertungsmöglichkeiten an den Baugrundstücken erworben haben, vgl. BFH 12.3.1992 – V R 43/87, UR 1992, 332.
[42] Eine nicht steuerbare Geschäftsveräußerung im Ganzen scheidet damit aus, da/wenn
das Gebäude nicht vom Bauträger, sondern vom Erwerber vermietet wird, vgl. BFH
24.2.2005 – V R 45/02, UR 2005, 547.
[43] Vgl. Rau/Dürrwächter/*Klenk* UStG, § 4 Nr. 9a Rn. 40 ff.
[44] Vgl. Rau/Dürrwächter/*Klenk* UStG, § 4 Nr. 9a Rn. 47 ff.

§ 6 68–76 Teil 3. Erwerb

ungewöhnlich, als der Steuerpflichtige die Steuerpflicht erreichen wollte und somit in diesem Verfahren unterlag. Denn nach niederländischem Recht führt die Steuerbefreiung von der Umsatzsteuer zur Grunderwerbsteuerpflicht. Dies ist im deutschen Recht gerade umgekehrt (§ 4 Nr. 9a UStG).[45]

f) Zeitpunkt der Grundstücksveräußerung

68 Der **Zeitpunkt** des grunderwerbsteuerlichen Erwerbs und der umsatzsteuerlichen Grundstückslieferung fallen regelmäßig auseinander. Der Grunderwerbsteuer unterliegt bereits der obligatorische Vertrag. In Bezug auf die Grundstückslieferung können die Vertragsparteien die Übergabe des Grundstücks und damit den Zeitpunkt der Lieferung beliebig hinausschieben; regelmäßig ist die Grundstückslieferung nach dem zivilrechtlichen Eigentumsübergang auf den Erwerber verbunden,[46] wenngleich dann grundsätzlich in diesem Zeitpunkt keine Umsatzsteuer anfällt, es sei denn, auf die Steuerbefreiung wird verzichtet und zur Steuerpflicht optiert (§ 9 UStG).

69–74 *einstweilen frei*

III. Option zur Steuerpflicht der Grundstückslieferung (§ 9 Abs. 1 und 3 UStG)

75 Wenn ein unternehmerisch genutztes oder umsatzsteuerpflichtig vermietetes Objekt gekauft wird, wird wohl der Veräußerer auf die **Umsatzsteuerbefreiung verzichten** und zur Umsatzsteuerpflicht optieren wollen, wenngleich in diesem Fall dann nicht der Veräußerer, sondern der Erwerber als Leistungsempfänger die Umsatzsteuer schuldet.

1. Voraussetzungen und Gründe aus Sicht des Erwerbers

76 Nach § 9 Abs. 1 UStG kann der Veräußerer, wenn er Unternehmer ist, **auf die Steuerbefreiung verzichten,** wenn auch sein Erwerber Unternehmer i. S. d. § 2 UStG ist oder mit dem Erwerb der Immobilie eine unternehmerische Tätigkeit beabsichtigt bzw. unternehmerisch tätig wird. Die grundsätzlich formlos vom leistenden Unternehmer ausübbare Option ist bei Grundstücksübertragungen an Formvorschriften gebunden. Nach § 9 Abs. 3 UStG ist die Option bei Lieferungen von Grundstücken (§ 4 Nr. 9a UStG) im Zwangsversteigerungsverfahren durch den Vollstreckungsschuldner an den Ersteher bis zur Aufforderung zur Abgabe von Geboten im Versteigerungstermin zulässig. Bei anderen Umsätzen im Sinne von § 4 Nr. 9a UStG – also reinen Grundstückslieferungen – kann der Verzicht auf Steuerbefreiung nach § 9 Abs. 1 UStG nur in dem gemäß § 311b Abs. 1 BGB notariell zu beurkundenden Vertrag erklärt werden. Ist eine notarielle Beurkundung nach

---

[45] Vgl. EuGH 12.7.2012 – C-326/11, BB 2012, 1825 – J.J. Komen en Zonen Beheer Heerhugowaard BV.
[46] Bei der Errichtung von Bauten auf fremdem Grund und Boden liegt i. d. R. keine sofortige Weiterlieferung des Gebäudes an den Grundstückseigentümer vor (sondern i. d. R. Werklieferungen oder Werkleistungen), wenn der Bauherr das Gebäude auf eigene Kosten errichtet und im Rahmen seines Unternehmens nutzt.

§ 311b BGB nicht erforderlich (z.B. bei der Veräußerung eines Gebäudes auf fremdem Grund und Boden) ist eine Option auch ohne notarielle Beurkundung möglich.[47]

Vor allem zur **Vermeidung missbräuchlicher Gestaltungen** darf ein Verzicht bei Grundstücksübertragungen nur noch im notariell zu beurkundenden Vertrag erklärt werden (§ 9 Abs. 3 Satz 2 UStG). Zudem wird nach § 13b Abs. 2 Nr. 3 i.V.m. Abs. 5 UStG die Umsatzsteuer vom Erwerber geschuldet. Seit dem 1.1.2002 ist der Leistungsempfänger der Steuerschuldner (vgl. § 13b Abs. 2 Nr. 3, Abs. 5 UStG), falls er Unternehmer oder eine Person des öffentlichen Rechts ist. Der Zeitpunkt, zu dem der notarielle Kaufvertrag abgeschlossen wird, ist somit auch letztmöglicher Zeitpunkt für die Erklärung des Verzichts auf die Steuerbefreiung des § 4 Nr. 9a UStG.[48] 77

Praxishinweis: 78
Die Umsatzsteuer gehört im Fall der Umsatzsteueroption nicht zum Kaufpreis. Dies bedeutet, dass weder im notariellen Kaufvertrag noch in einer eventuell separaten Rechnung des Verkäufers die Umsatzsteuer gesondert ausgewiesen werden darf. Auf den Übergang der Steuerschuldnerschaft auf den Käufer muss der Notar in der Kaufurkunde ausdrücklich hinweisen. Der Erwerber schuldet die Umsatzsteuer zusätzlich/zuzüglich zum Kaufpreis.
Unbeachtlich ist dabei, ob der Erwerber, der als Unternehmer i.S.d. Umsatzsteuerrechts gilt, zum Vorsteuerabzug berechtigt ist oder nicht. Die nach § 13b Abs. 5 UStG vom Erwerber geschuldete und abzuführende Umsatzsteuer auf den Kaufpreis kann er nur dann vom Finanzamt zurück erhalten, wenn der Erwerber die Immobilie weiterhin entweder selbst zur Ausübung umsatzsteuerpflichtiger Umsätze nutzen oder umsatzsteuerpflichtig vermieten kann. Andernfalls wird die Umsatzsteuer für den Erwerber zur Definitivsteuer.

2. Einzelfragen zum Umfang der Option

Eine **Teiloption** ist bei unterschiedlicher Nutzung der Gebäudeteile möglich.[49] Sollte die Option gewünscht sein, wäre sie zwingend, wenn der Erwerber die erworbene Immobilie nur teilweise seinem Unternehmensvermögen zuordnet. Dann liefert der Veräußerer in den Privatbereich, womit § 9 Abs. 1 UStG auf diesen Teil eine Option ausschließt[50] und auch eine quotale Aufteilung des Kaufpreises nicht ermöglicht.[51] 79

Bei der Lieferung von Gebäuden und Gebäudeteilen mit Grund und Boden kann die **Option zur Steuerpflicht** ebenso nur zusammen für Gebäude bzw. Gebäudeteile und den dazugehörigen Grund und Boden ausgeübt werden.[52] 80

---

[47] Vgl. OFD Hannover 27.6.2006, DStR 2006, 1720.
[48] Gesetzesbegründung in BR-Drs. 583/10 zum HBeglG 2004 (BGBl. 2003 I, 3076, BGBl. 2004 I, 69) mit Wirkung ab 1.1.2004.
[49] Vgl. EuGH 4.10.1995 – C-291/92, BStBl. II 1996, 392 – Armbrecht; UStAE 9.1 Abs. 5 und 6.
[50] Die zivilrechtliche Beurteilung des Veräußerungsvorgangs ist dabei unbeachtlich.
[51] Vgl. UStAE 9.2 Abs. 6 Satz 3.
[52] Vgl. EuGH 8.6.2000 – C-396/98, BStBl. II 2003, 446 – Schloßstraße; UStAE 9.2 Abs. 6 Satz 4. Kritisch dazu aber Rau/Dürrwächter/*Stadie* UStG § 13b UStG Rn. 328.

IV. Vorsteuerabzug des Erwerbers

1. Vorsteuerabzugsberechtigung bei Herstellung und Anschaffung von Immobilien

81 Nach § 15 Abs. 1 Satz 1 Nr. 1 UStG kann ein **leistungsempfangender Unternehmer** den Vorsteuerabzug geltend machen, wenn die Umsatzsteuer vom leistenden Unternehmer gesetzlich geschuldet wird, der Erwerber die Lieferung oder sonstige Leistung von einem anderen Unternehmer für sein Unternehmen bezieht und ihm eine ordnungsgemäße Rechnung nach § 14 UStG vorliegt.

82 Im Hinblick auf die Entstehung des Rechts auf Vorsteuerabzug (Art. 167 MwStSystRL, § 15 UStG) ist die **Zuordnungsentscheidung** für ein bezogenes Wirtschaftsgut oder eine Dienstleistung zu seinem Unternehmen an sich „**sofort**" **bei Leistungsbezug** zu treffen. Nach Art. 167 MwStSystRL entsteht das Recht auf Vorsteuerabzug, wenn der Anspruch auf die abziehbare Steuer entsteht (Sofortabzug). Letzteres ist der Zeitpunkt, in dem die Lieferung des Gegenstands oder die Dienstleistung bewirkt wird. Das Entstehen eines Rechts auf Vorsteuerabzug hängt allein davon ab, dass zu diesem Zeitpunkt der Leistungsempfänger die Eigenschaft als Steuerpflichtiger hat (oder diese beabsichtigt) und als solcher handelt.[53] Es besteht zwischen den an sich eigenständigen Merkmalen von Entstehung und Umfang des Rechts auf Vorsteuerabzug der Zusammenhang, dass das Vorsteuerabzugsrecht für den Leistungsbezug „in dem Umfang" entstanden ist, den es durch die (regelmäßig zunächst) beabsichtigten Verwendungsumsätze hat. Dies führt insbesondere dazu, dass auch der Umfang des entstandenen Vorsteuerabzugsrechts grundsätzlich nicht rückwirkend geändert werden darf. Ist die erstmalige tatsächliche Verwendung in einem folgenden Besteuerungszeitraum für den Vorsteuerabzug anders zu beurteilen als die beabsichtigte Verwendung, greift eine Vorsteuerkorrektur (Art. 184 f. MwStSystRL; § 15a UStG) ab der Änderung der Verwendung ein.[54]

83 Nach **neuer Terminologie** ist beim Recht auf Vorsteuerabzug danach zu unterscheiden, ob die Leistung für das Unternehmen, für eine unternehmerische oder nichtunternehmerische Tätigkeit bezogen wurde. Nichtunternehmerische Tätigkeiten werden differenziert nach nicht-wirtschaftlicher Tätigkeit im engeren Sinn,[55] bei der eine Vorsteueraufteilung geboten ist, und nach unternehmensfremder (privater) Tätigkeit,[56] die ein Zuordnungswahlrecht vorsieht. Bei gemischter Verwendung der bezogenen Leistung hat eine Aufteilung der Vorsteuerbeträge zu erfolgen.

---

[53] Grundlegend bereits EuGH 11.7.1991 – C-97/90, DB 1992, 122 – Lennartz; EuGH 8.6.2000 – C-400/98, BStBl. II 2003, 452 – Breitsohl; EuGH 8.6.2000 – C-396/98, BStBl. II 2003, 446 – Schloßstraße.

[54] Vgl. Sölch/Ringleb/Oelmaier UStG § 15 Rn. 56 und 201 ff.; Offerhaus/Söhn/Lange/Hundt-Eßwein UStG § 15 Rn. 161.

[55] Z. B. unentgeltliche Tätigkeiten eines Vereins aus ideellen Zwecken, hoheitliche Tätigkeiten durch juristische Personen des öffentlichen Rechts, Veräußerung von nicht im Umlaufvermögen gehaltener Beteiligungen.

[56] Z. B. Verwendungen für den privaten Bedarf des Unternehmers als natürliche Person, für den privaten Bedarf des Personals und den privaten Bedarf des Gesellschafters.

Bei **einheitlichen Gegenständen,** wie z. B. einem Grundstück, kommt 84
es folglich auf die tatsächliche Verwendung an. Kommt es zu keiner Verwendung der bezogenen Leistung bzw. des bezogenen Gegenstands, so hängt der Vorsteuerabzug davon ab, ob die Verwendung objektiv erkennbar für Zwecke des Unternehmens beabsichtigt war. Wurde eine Immobilie zur Ausführung steuerfreier Umsätze errichtet, kommt es tatsächlich zu einer nicht steuerbaren Geschäftsveräußerung im Ganzen, bleibt der Veräußerer vom Vorsteuerabzug auf seine diesbezüglichen Eingangsleistungen ausgeschlossen.[57]

Ausschließlich **unternehmerisch genutzte Gegenstände** zählen zum 85
Unternehmensvermögen. Ausschließlich **nichtunternehmerisch genutzte Gegenstände** können kein Unternehmensvermögen sein, d. h. nicht dem unternehmerischen Bereich zugeordnet werden. Bei Gegenständen, die sowohl unternehmerisch als auch für nicht wirtschaftliche Tätigkeiten verwendet werden, folgt grundsätzlich ein Aufteilungsgebot nach dem Umfang der jeweiligen Nutzung.[58] Bei Grundstücken, die sowohl unternehmerisch als auch nichtunternehmerisch (privat) verwendet werden, kann der Unternehmer (Erwerber) – abweichend von der ertragsteuerlichen Zuordnung zum Betriebsvermögen – dabei zwischen folgenden Möglichkeiten wählen:
– Der Erwerber kann das Grundstück insgesamt seinem unternehmerischen Bereich zuordnen, wenn es mindestens 10 % unternehmerisch genutzt wird (§ 15 Abs. 1 Satz 2 UStG). Die Genehmigung der EU zur Fortführung dieser 10 %-Grenze gilt aktuell bis zum 31.12.2015.[59]
– Der Erwerber kann das Wirtschaftsgut insgesamt seinem nichtunternehmerischen Bereich zuordnen.
– Der Erwerber kann den nichtunternehmerisch (privat) genutzten Teil von vornherein seinem nichtunternehmerischen Bereich und den unternehmerisch genutzten Teil seinem Unternehmen zuordnen.

Wird eine Leistung, z. B. ein Grundstückserwerb, ausschließlich für unter- 86
nehmerische Tätigkeiten bezogen, ist sie vollständig dem Unternehmen zuzuordnen **(Zuordnungsgebot).** Bei einer Leistung, die ausschließlich für nichtunternehmerische Tätigkeiten bezogen wird, ist eine Zuordnung zum Unternehmen hingegen ausgeschlossen **(Zuordnungsverbot).** Erreicht der Umfang der unternehmerischen Verwendung eines einheitlichen Gegenstands nicht mindestens 10 % (sog. unternehmerische Mindestnutzung), gilt das Zuordnungsverbot nach § 15 Abs. 1 Satz 2 UStG.[60]

Beabsichtigt der Unternehmer, eine Immobilie **sowohl für die unter-** 87
nehmerische als auch die nichtunternehmerische Tätigkeit zu ver-

---

[57] Vgl. FG Rheinland-Pfalz 18.3.2002 – 6 K 2217/99, DStR 2002, 968; Reiß/Kraeusel/Langer/*Forgách* UStG, § 15 Rn. 139, 377. Die Verwendungsabsicht ist damit auch ausschlaggebend in gleicher Weise bei zwischenzeitlichem Leerstand von Gebäuden, etwa anlässlich von Renovierungen, womit ein Leerstand unproblematisch ist, solange objektive Anhaltspunkte die Verwendungsabsicht bei Leistungsbezug belegen.
[58] Aus Billigkeitsgründen gewährt die Finanzverwaltung eine Zuordnung zu 100 % zum nichtunternehmerischen Bereich, vgl. UStAE 15.2c Abs. 2 Nr. 2a Satz 2.
[59] Kritisch zur Mindestgrenze von 10 % siehe jedoch Reiß/Kraeusel/Langer/*Forgách* UStG, § 15 Rn. 364.3.
[60] Vgl. UStAE 15.2c Abs. 1.

wenden (sog. teilunternehmerische Verwendung), gilt z.B. bei teilunternehmerischer unternehmensfremder Verwendung der Immobilie ein Zuordnungswahlrecht. Er kann den Gegenstand nach Auffassung der Finanzverwaltung insgesamt seiner unternehmerischen Tätigkeit zuordnen, in vollem Umfang in seinem nichtunternehmerischen Bereich belassen oder im Umfang der tatsächlichen (gegebenenfalls zu schätzenden) unternehmerischen Verwendung seiner unternehmerischen Tätigkeit zuordnen.[61] Einem Vorsteuerabzug steht damit nicht entgegen, dass der erworbene Gegenstand vor einer bestimmungsgemäßen unternehmerischen Verwendung zunächst nicht für unternehmerische Zwecke genutzt wird.[62] Wird ein Gegenstand vorübergehend ausschließlich nichtunternehmerisch genutzt, liegt ein gemischt genutztes Wirtschaftsgut vor.[63] Die Zuordnung zum Unternehmen bestimmt den Vorsteuerabzug dem Grunde nach und die beabsichtigte Verwendung der Höhe nach.[64] Denn eine Immobilie kann auch dann insgesamt als für das Unternehmen des Erwerbers angeschafft angesehen werden, wenn sowohl eine unternehmerische als auch nichtunternehmerische Verwendung möglich ist und der Erwerber die Zuordnung zum Unternehmen vorgenommen hat. Der Vorteil der vollständigen Zuordnung zum Unternehmen trotz gemischter Nutzung besteht darin, dass bei einer späteren Ausdehnung der unternehmerischen Nutzung weitere Vorsteuerbeträge aus der Anschaffung/Herstellung innerhalb des 10-Jahreszeitraums gemäß § 15a UStG im Rahmen einer Vorsteuerberichtigung geltend gemacht werden können.

88 | **Praxishinweis:**
| Will der Unternehmer von der Möglichkeit der Zuordnung von nichtunternehmerisch verwendeten Teilen zum unternehmerischen Bereich bei mehr als 10 % unternehmerischer Nutzung der Immobilie Gebrauch machen, muss er dies dem Finanzamt spätestens im Folgejahr bis zur gesetzlichen Abgabefrist der Umsatzsteuererklärung (31. Mai) schriftlich mitteilen. Dokumentiert wird dies zum einen durch die Geltendmachung entsprechender Vorsteuerbeträge in der Erklärung, zum anderen – sollte diese Erklärung nicht bis zum 31. Mai des Folgejahrs eingereicht werden – durch vorgenannte schriftliche Mitteilung gegenüber der zuständigen Finanzbehörde.[65]

89 Klargestellt ist durch die **EuGH-Rechtsprechung** (ebenso bereits BFH), dass die Zuordnungsentscheidung über einen „gemischt" zu verwendenden Leistungsbezug der steuerpflichtige Unternehmer (in der vorgenannten Wei-

---

[61] Vgl. BFH 7.7.2011 – V R 42/09, BStBl. II 2014, 76; BFH 7.7.2011 – V R 21/10, BStBl. II 2014, 81; UStAE 15.2c Abs. 2.

[62] Nach gegenteiliger Auffassung liegt grundsätzlich eine Einlage vor, die nicht zum nachträglichen Vorsteuerabzug berechtigt, wenn ein Gegenstand zunächst ausschließlich nichtunternehmerisch und anschließend (teilweise) unternehmerisch genutzt wird; ein gemischt genutztes Wirtschaftsgut liegt dann nicht vor, vgl. *Hundt-Eßwein* DStR 2012, 2253.

[63] Vgl. EuGH 19.7.2012 – C-334/10, DStR 2012, 1551 – X ./. Staatssecretaris van Financiën.

[64] Vgl. *Küffner/von Streit* DStR 2012, 581.

[65] Vgl. BFH 7.7.2011 – V R 42/09, BStBl. II 2014, 76; BFH 7.7.2011 – V R 21/10, BStBl. II 2014, 81; BFH 7.7.2011 – V R 41/09, BStBl. II 2014, 73.

se) und nicht das Finanzamt trifft.[66] Gibt es keinen in einer Umsatzsteuer-Voranmeldung erklärten Vorsteuerabzug und keine Beweisanzeichen für eine vollständige Zuordnung eines Gegenstands zum Unternehmen, kann eine solche Zuordnung nicht unterstellt werden. Zu beachten ist, dass der gemischt genutzte Gegenstand dann vollumfänglich als nicht für das Unternehmen bezogen gilt, so dass ein Vorsteuerabzug aus der Anschaffung bzw. Herstellung vollständig ausscheidet.[67]

Bei **Herstellungsvorgängen,** die sich über **mehr als ein Kalenderjahr** erstrecken, muss für das im Bau befindliche Gebäude die Zuordnungsentscheidung ebenso fristgerecht erklärt werden, wobei es in diesen Fällen nicht ausreichend ist, die Zuordnung erst nach Fertigstellung des Gebäudes bis 31. Mai des Folgejahrs zu erklären.[68] 90

Allgemein gilt, dass die (durch objektive Anhaltspunkte belegte) Verwendungsabsicht bei Anschaffung einer Immobilie für den Umfang bzw. die Berichtigung des Vorsteuerabzugs nicht nur maßgebend ist, wenn die erstmalige Verwendung der Immobilie (eines Wirtschaftsguts) noch aussteht, sondern auch, wenn zunächst mit dem Wirtschaftsgut tatsächlich ausgeführte Umsätze nicht fortgeführt werden. Auch beispielsweise bei (zu Beginn bestehendem oder einem zwischenzeitlichem) **Leerstand eines Gebäudes** gilt dies, so dass es nicht auf die künftige tatsächliche Verwendung ankommt. Steht ein Gebäude leer und wurde aus der Anschaffung/Herstellung ein Vorsteuerabzug geltend gemacht, tritt dabei keine Änderung der für den Vorsteuerabzug maßgeblichen Verwendungsverhältnisse ein. Anhaltspunkte dafür wären, dass die „Absichtsänderung" zum steuerpflichtigen Verkauf z. B. nicht in gutem Glauben abgegeben wurde (etwa, weil bereits mit einem Zwangsversteigerungsverfahren zu rechnen gewesen wäre, weshalb insgesamt eine diesbezügliche Dokumentation empfohlen ist).[69] 91

Die **durch objektive Anhaltspunkte belegte Verwendungsabsicht** für den Umfang bzw. die Berichtigung des Vorsteuerabzugs ist nicht nur maßgebend, wenn die erstmalige Verwendung des Wirtschaftsguts noch aussteht, sondern auch dann, wenn zunächst mit einem Wirtschaftsgut tatsächlich ausgeführte Umsätze nicht fortgeführt werden können. Da nach der EuGH-Rechtsprechung das Recht auf Vorsteuerabzug nicht verfahrensrechtlich „offengehalten" werden darf, bis die tatsächliche Verwendung des Wirtschafts- 92

---

[66] Der Steuerpflichtige hat die Wahl der jeweiligen Zuordnung im Rahmen der objektiv nachweisbaren Kriterien, vgl. z. B. EuGH 4.10.1995 – C-291/92, BStBl. II 1996, 392 – Armbrecht; BFH 11.11.1993 – V R 52/91, BStBl. II 1994, 335. Dem Finanzamt steht allerdings das Prüfungsrecht hinsichtlich der erklärten Zuordnungsentscheidung zu; insoweit gelten die Grundsätze, nach denen das Recht auf Vorsteuerabzug „sofort" aufgrund der beabsichtigten Verwendung der erhaltenen Leistung bindend entsteht, vgl. EuGH 8.6.2000 – C-396/98, BStBl. II 2003, 446 – Schloßstraße.
[67] Vgl. BFH 11.4.2008 – V R 10/07, BStBl. II 2009, 741. So auch zuletzt BFH 18.7.2014 – XI B 37/14, MwStR 2015, 23 m. Anm. *Oelmaier.*
[68] Vgl. UStAE 15.2c Abs. 19. Zu teilunternehmerisch genutzten Eingangsleistungen und Investitionsgütern vgl. *Meurer* DStR 2011, 2183 und *Wäger* DB 2012, 1288.
[69] Als objektive Anhaltspunkte der Verwendungsabsicht können einzelfallbezogen z. B. Mietverträge, Zeitungsinserate, Beauftragung eines Maklers, Korrespondenz mit Interessenten, Vertriebskonzepte und betriebswirtschaftliche Kalkulationsunterlagen herangezogen werden.

guts feststeht, ist auch in solchen Fällen anhand der Absichtserklärung zu entscheiden, ob sich die Verwendungsverhältnisse ändern; eine spätere erneute tatsächliche Verwendung (oder eine durch objektive Anhaltspunkte belegte Änderung der Verwendungsabsicht) kann regelmäßig nur zur Vorsteuerberichtigung (in der Zukunft) führen.[70]

93 Hat der Unternehmer das **Gebäude noch nicht errichtet** bzw. befindet sich das Gebäude in der **Bauphase,** ist nach Auffassung der Finanzverwaltung auf den jeweiligen Stand der Bauphase abzustellen. Dabei ist zu unterscheiden, ob eine Baugenehmigung oder Teilbaugenehmigung, ein Bauantrag oder lediglich eine Bauvoranfrage vorliegt.[71]

94 Nach Auffassung des EuGH[72] gelten **Umbaumaßnahmen** grundsätzlich als eigenes Investitionsgut mit der Folge, dass keine nachträglichen Herstellungskosten beispielsweise in Bezug auf ein Firmengebäude als dem Betriebsvermögen zugeordnetem Wirtschaftsgut gegeben sind, wenn eine Umbaumaßnahme in der Absicht erfolgt, den „umgebauten" Teil für private Wohnzwecke zu nutzen. Es ist also ausschlaggebend die Absicht des Steuerpflichtigen (im Zeitpunkt der Eingangsleistung): Bei Verwendung für den privaten Bedarf kann kein Vorsteuerabzug aus den Herstellungskosten geltend gemacht werden, anders als beim unternehmerischen (unternehmerisch beabsichtigten) Bedarf. Danach wäre, wenn die Absicht entscheidend ist, eine zunächst private Nutzung (auch etwa über einen Zeitraum von 23 Monaten) unschädlich, so dass im Zeitpunkt der Eingangsleistung ein voller Vorsteuerabzug bei entsprechender Absicht möglich wäre und eine Erfassung der privaten Nutzung über die Besteuerung der unentgeltlichen Wertabgabe gem. § 3 Abs. 9a Nr. 1 UStG erfolgt. Die deutsche Finanzverwaltung stellt ausschließlich auf die Verwendungsverhältnisse des neuen Gebäudeteils ab. Nach UStAE 15.2c Abs. 9 führen nachträgliche Herstellungskosten zu einem eigenständigen Zuordnungsobjekt; dies gilt für den Anbau, die Aufstockung und/oder Vergrößerung von Nutzflächen bei einem bestehendem Gebäude.[73]

2. Vorsteueraufteilung bei Errichtung gemischt genutzter Gebäude

95 **Anschaffungs- und Herstellungskosten** eines Gebäudes unterliegen der Korrektur des Vorsteuerabzugs nach § 15a UStG. Nach aktueller Auffassung des V. Senats des BFH[74] bestimmt sich bei der Errichtung eines gemischt genutzten Gebäudes die Vorsteueraufteilung im Regelfall nach dem objektbezogenen Flächenschlüssel. Soweit der V. Senat bislang ein gegenstandsbezogenes Verständnis des § 15 Abs. 4 UStG vertreten und auf die Nutzung des

---

[70] Vgl. BFH 25.4.2002 – V R 58/00, DStR 2003, 560; Ausnahmen sind nur bei Betrug oder Missbrauch möglich, vgl. EuGH 8.6.2000 – C-396/98, BStBl. II 2003, 446 – Schloßstraße.
[71] Vgl. OFD Frankfurt 28.10.2003, BeckVerw 252370.
[72] Vgl. EuGH 19.7.2012 – C-334/10, DStR 2012, 1551 – X ./. Staatssecretaris van Financiën.
[73] Überholt damit BFH 25.3.2009 – V R 9/08, BStBl. II 2010, 651, wonach Ausbauflächen mit in die Gesamtgebäudeflächen einzubeziehen waren, soweit die Ausbaufläche mit bisheriger Fläche im gleichen Nutzungszusammenhang steht.
[74] Vgl. BFH 7.5.2014 – V R 1/10, DStR 2014, 1162.

jeweiligen Gegenstandes (Gebäudes) abgestellt hat,[75] hält er daran nicht mehr fest, so dass auch die Vorsteueraufteilung nach den Gesamtumsätzen des Unternehmens unionsrechtskonform nach Art. 174 MwStSystRL als Methode wirtschaftlicher Zurechnung i. S. d. § 15 Abs. 4 S. 1 UStG anzusehen ist.

Der Senat **weicht damit nicht von der bisherigen Rechtsprechung des XI. Senats**[76] **ab.** Dieses Urteil betrifft die Abzugsfähigkeit von Vorsteuern aus der Errichtung eines Treppenhauses und der Installation einer Fahrstuhlanlage. Die dafür bezogenen Eingangsleistungen betrafen ausschließlich den für steuerfreie Ausgangsumsätze verwendeten Wohnteil des neu errichteten Gebäudes. Danach darf der nach einem objektbezogenen Umsatzschlüssel ermittelte Vorsteuerabzug für die Fahrstuhlanlage und das Treppenhaus beansprucht werden. Die dafür angefallenen Aufwendungen gehörten zu den Herstellungskosten eines Gegenstands (Gebäudes), der für Zwecke besteuerter Umsätze verwendet wurde. Das Urteil enthält jedoch keine Ausführungen zur Zulässigkeit eines Vorsteuerabzugs nach den Gesamtumsätzen des Unternehmens, obwohl dieses Unternehmen unstritig aus mehreren Mietobjekten (Objekt „B" und Objekt „A-Straße") bestand. 96

Nach Auffassung des EuGH[77] können die Mitgliedstaaten zum Zwecke der Berechnung des Pro-rata-Satzes für den Abzug der Vorsteuern aus einem bestimmten Umsatz „wie der Errichtung eines gemischt genutzten Gebäudes" vorrangig einen **anderen Aufteilungsschlüssel** als den auf die Gesamtumsätze des Unternehmens bezogenen Umsatzschlüssel nach Art. 174 MwStSystRL vorschreiben. 97

Zu beachten ist, gegebenenfalls auch positiv, dass der **Flächenschlüssel** regelmäßig (im Vergleich zum sowohl gesamtunternehmensbezogenen und auch objektbezogenen Umsatzschlüssel) als präzisere Aufteilung bei gemischt genutzten Gebäuden gilt. Ein Flächenschlüssel kann nicht bei erheblichen Ausstattungsunterschieden der Räumlichkeiten (z. B. Höhe der Räume, Dicke der Wände und Decken oder Innenausstattung), die verschiedenen Zwecken dienen, verwendet werden. In solchen Fällen kann nicht davon ausgegangen werden, dass sich die Eingangsleistungen gleichmäßig auf die Fläche verteilen, so dass der Flächenschlüssel nicht als genauere Aufteilung gilt. Da das Gebäude als der herzustellende oder der hergestellte Gegenstand endgültiges Zuordnungsobjekt ist, müssen in die Vorsteueraufteilung nach § 15 Abs. 4 UStG alle der Herstellung des Gebäudes dienenden Aufwendungen einbezogen werden.[78] 98

Sollte ein **Umsatzschlüssel** angewendet werden, besteht kein Rangverhältnis, ob sich dabei an dem Gesamtbetrag der Umsätze des Unternehmens oder an den Umsätzen des einzelnen Objekts orientiert werden muss; es ist grundsätzlich die Methode zu verwenden, die eine genauere Aufteilung ermöglicht (nur das wird der Verwendung des Gebäudes durch den Steuerpflichtigen gerecht). Die Vorsteuerbeträge sind dann anhand des objektbezogenen Umsatzschlüssels aufzuteilen, wenn sie den Gegenstand selbst – das 99

---

[75] So noch z. B. BFH 10.12.2009 – V R 13/08, BFH/NV 2010, 960; BFH 12.3.1998 – V R 50/97, BStBl. II 1998, 525; Sölch/Ringleb/*Wagner* UStG § 15 Rn. 684 m. w. N.
[76] Vgl. BFH 13.8.2008 – XI R 53/07, DStR 2008, 2262.
[77] Vgl. EuGH 8.11.2012 – C-511/10, DStR 2012, 2333 – BLC Baumarkt.
[78] BFH 28.9.2006 – V R 43/03, BStBl. II 2007, 417; BFH v. 22.11.2007 – V R 43/06, BStBl. II 2008, 770; UStAE 15.17 Abs. 5.

Gebäude – betreffen und die objektbezogene gegenüber einer gesamtumsatzbezogenen Aufteilung genauer ist, weil ein direkter und unmittelbarer Zusammenhang zu den Ausgangsumsätzen durch Verwendung (Nutzung) dieses Gebäudes besteht (z. B. durch Vermietung) und es nicht um seine Verwendung für Umsätze des gesamten Unternehmens (wie z. B. bei einem Verwaltungsgebäude)[79] geht. Im letzteren Fall gehören die Aufwendungen zur Herstellung des Gebäudes zu den allgemeinen Aufwendungen des Unternehmers und hängen direkt und unmittelbar mit seiner wirtschaftlichen Gesamttätigkeit zusammen. Dies rechtfertigt es auch, Vorsteuerbeträge nach dem allgemeinen Umsatzschlüssel gesamtumsatzbezogen aufzuteilen.[80]

100 Nach **Unionsrecht** (Art. 173 Abs. 1 Unterabs. 2 MwStSystRL) erfolgt die Vorsteueraufteilung nach dem sog. pro-rata-Satz gemäß Art. 174, 175 MwStSystRL und zwar für die Gesamtheit der vom Unternehmer bewirkten Umsätze.[81] Bei einem Gebäude, das entsprechend der Errichtungsabsicht z. B. steuerfrei und steuerpflichtig vermietet wird, wäre eine Vorsteueraufteilung denkbar nach
– dem Gesamtumsatz des Unternehmens,
– nur in Bezug auf die Baugemeinkosten (d. h. Rohbau, Dach, Gemeinflächen ohne Aufteilung für die Sonderausstattung) nach der Objektfläche i. S. eines objektbezogenen Flächenschüssels,
– nur in Bezug auf die Baugemeinkosten (d. h. Rohbau, Dach, Gemeinflächen ohne Aufteilung für die Sonderausstattung) nach dem Objektumsatz i. S. eines objektbezogenen Umsatzschlüssels,
– für das Gebäude insgesamt nach der Objektfläche oder
– für das Gebäude insgesamt nach Objektumsatz.

101 Dabei ist zu beachten, dass nach MwStSystRL die Mitgliedstaaten dem Steuerpflichtigen gestatten oder ihn verpflichten, den **Vorsteuerabzug** je nach Zuordnung der Gesamtheit oder eines Teils der Gegenstände/Dienstleistungen vorzunehmen, was in § 15 Abs. 4 UStG mit einer wirtschaftlichen Zurechnung für die Vorsteueraufteilung angeordnet wird.

102 Nach einer ersten **Änderung der BFH-Rechtsprechung** im Jahr 2001 konnte sich der Unternehmer anstelle eines Flächenschüssels bei der Vorsteueraufteilung auch für einen objektbezogenen Umsatzschlüssel entscheiden, d. h. eine Aufteilung nach Einzelleistungen und Umsatz vornehmen. Der BFH ging davon aus, dass der Flächenschlüssel nach Unionsrecht den Umsatzschlüssel nicht ausschließen kann.[82] Nach **erneuter Änderung der BFH-Rechtsprechung**[83] war maßgeblich darauf abzustellen, dass bei der

---

[79] Vgl. dazu UStAE 15.17 Abs. 3 Satz 4 i. V. m. Abs. 1 Satz 2 Nr. 3.
[80] Vgl. BFH 24.4.2013 – XI R 25/10, BStBl. II 2014, 346; so jetzt auch BMF 10.4.2014, BStBl. I 2014, 802; UStAE 15.16 Abs. 2a.
[81] Der pro-rata-Satz ergibt sich aus einem jährlich zu ermittelnden Bruch, der im Zähler den Gesamtbetrag (netto) der vorsteuerberechtigenden Umsätze enthält, im Nenner den Gesamtbetrag aller Umsätze, d. h. vorsteuerberechtigende und vorsteuerausschließende Umsätze. Zu beachten ist, dass die MwStSystRL keinen großen Wert auf eine möglichst *präzise* Aufteilung legt wie dies die deutsche Rechtsprechung zuletzt vorsehen und stets in die Beurteilung einbezieht.
[82] Vgl. BFH 17.8.2001 – V R 1/01, BStBl. II 2002, 833.
[83] Vgl. BFH 28.6.2006 – V R 43/03, BStBl. II 2007, 417; BFH 22.11.2007 – V R 43/06, BStBl. II 2008, 770.

Aufteilung der Vorsteuerbeträge für einen im Unternehmen neu hergestellten Gegenstand auf diesen, nicht aber auf die Verwendung der für die Herstellung bezogenen Eingangsleistungen abzustellen ist.

Beispiel: 103
Der Unternehmer (Rechtsanwalt mit sonstigen steuerpflichtigen Beratungsumsätzen von € 1 Mio.) errichtet im Jahr 01 ein Gebäude mit drei Etagen und vermietet das Erdgeschoss (400 qm) steuerpflichtig an einen anderen Unternehmer zu einem monatlichen Mietzins von € 15.000, das 1. Obergeschoss (300 qm) ebenfalls steuerpflichtig zu einem monatlichen Mietzins von € 10.000 und das 2. Obergeschoss (300 qm) steuerfrei zu einem monatlichen Mietzins von € 5.000. Für Rohbau und Gemeinflächen fallen € 1 Mio. an, die Vorsteuern für die zu den Herstellungskosten rechnenden Ausbaukosten wie Böden, Türen, Fenster in den jeweiligen Mieteinheiten belaufen sich auf € 100.000 (Erdgeschoss) und € 50.000 (jeweils für die Obergeschosse), d. h. Vorsteuerbetrag insgesamt i. H. v. € 1,2 Mio.
Nach dem pro-rata-Satz der MwStSystRL (hier 96 %) ergäbe sich für den Unternehmer ein Vorsteuerabzug von € 1,152 Mio. (Jahresgesamtumsatz des Unternehmers i. H. v. € 1,36 Mio. aus Rechtsanwalts- und Vermietungstätigkeit im Verhältnis zum vorsteuerabzugsberechtigenden Jahresumsatz i. H. v. € 1,3 Mio.).
Bei Aufteilung nach Flächen- oder Umsatzschlüssel sind die gesamten Vorsteuerbeträge nach Auffassung des BFH und seiner erneuten Rechtsprechungsänderung von € 1,2 Mio. einheitlich aufzuteilen; bei Anwendung des Flächenschlüssels (70 %) führt dies zu einem Vorsteuerabzug von € 840.000, bei einem objektbezogenen Umsatzschlüssel von 83,3 % ergibt sich ein Vorsteuerabzug von € 1 Mio.

Zu beachten ist dabei weiterhin, dass infolge dieser BFH-Rechtsprechung 104 **§ 15 Abs. 4 Satz 3 UStG geändert** wurde und seit 2004 der Umsatzschlüssel nach § 15 Abs. 4 Satz 3 UStG nur subsidiär anzuwenden ist, d. h. wenn keine andere wirtschaftliche Zurechnung möglich ist.

Fraglich war, ob das **Verbot des Umsatzschlüssels** ab 2004 **mit** 105 **Unionsrecht vereinbar ist.** In einer entsprechende Vorlage an den EuGH[84] hat dieser entschieden, dass die MwStSystRL den Mitgliedstaaten erlaubt, zum Zweck der Berechnung des pro-rata-Satzes für den Vorsteuerabzug aus einem bestimmten Umsatz wie der Errichtung eines gemischt genutzten Gebäudes vorrangig einen anderen Aufteilungsschlüssel als den Umsatzschlüssel vorzuschreiben. Das Folgeurteil des BFH wirkt sich nun auf das nationale Recht insofern aus, als der Umsatzschlüssel nach § 15 Abs. 4 Satz 3 UStG nicht gegen Unionsrecht verstößt, da ein objektbezogener Flächenschlüssel eine präzisere Bestimmung des pro-rata-Satzes ermöglicht als der auf die Gesamtumsätze des Unternehmens bezogene Umsatzschüssel. Die Neuregelung der Vorsteueraufteilung nach § 15 Abs. 4 Satz 3 UStG durch das StÄndG 2003[84a] stellt eine zur Korrektur des Vorsteuerabzugs nach § 15a Abs. 1 UStG führende Änderung der rechtlichen Verhältnisse dar. Nach nationalem Recht ist also keine Regelung für den gesamtunternehmensbezogenen Umsatzschlüssel (Art. 173 Abs. 1 MwStSystRL) als Regelfall der Vorsteueraufteilung enthalten, so dass zum Flächenschlüssel für die Anschaffungs-/Herstellungskosten zurückgekehrt wurde.

---

[84] Vgl. EuGH 8.11.2012 – C-511/10, DStR 2012, 2333 – BLC Baumarkt.
[84a] StÄndG 2003 v. 15.12.2003, BGBl. I 2003, 2645.

106 Beispiel (Fortsetzung von Rn. 103):
Danach war für die Anschaffungs-/Herstellungskosten als nach § 15a UStG berichtigungspflichtige Vorsteuerbeträge zwingend nach dem Flächenschlüssel vorzunehmen, so dass sich im Fallbeispiel ein Vorsteuerabzug (70%) aus den Gesamtvorsteuerbeträgen von € 1,2 Mio. ergibt, hier € 840.000.

107 Mit dem zweiten Folgeurteil, das insoweit eine **dritte Änderung der BFH-Rechtsprechung** darstellt, modifiziert der BFH,[85] dass bei Errichtung eines gemischt genutzten Gebäudes sich die Vorsteueraufteilung im Regelfall nach dem objektbezogenen Flächenschlüssel richtet. Vorsteuerbeträge wären aber dann nach dem (objektbezogenen) Umsatzschlüssel aufzuteilen, wenn erhebliche Unterschiede in der Ausstattung der verschiedenen Zwecken dienenden Räume bestehen. Der BFH geht davon aus, dass der Begriff der wirtschaftlichen Zurechnung auch den gesamtunternehmensbezogenen Umsatzschüssel umfasst. Unter Berücksichtigung eines sich auch aus dem EuGH-Urteil in Rechtssache *BLC Baumarkt* ergebenden Präzisionserfordernisses schränkt der BFH die sich aus § 15 Abs. 4 Satz 3 UStG ergebende Subsidiarität einer umsatzbezogenen Aufteilung auf die Fälle ein, in denen eine nicht umsatzbezogene Aufteilung zu präziseren Ergebnissen führt. Der BFH bejaht eine höhere Präzision des objektbezogenen Flächenschlüssels gegenüber dem Umsatzschlüssel, sei dieser nun objekt- oder gesamtumsatzbezogen. Im Ergebnis bleibt es bei der Vorsteueraufteilung für vermietete Grundstücke grundsätzlich beim Flächenschlüssel.

108 Praxishinweis:
Auch wenn der V. Senat des BFH vom Grundsatz her am Flächenschlüssel festhält, ergibt sich eine für die Praxis wichtige Einschränkung: Der BFH sieht im Flächenschlüssel nur dann eine höhere Präzision zu, wenn die Flächen des Gebäudes in Bezug auf ihre (Sonder-)Ausstattung und damit z. B. nach Raumhöhe, Dicke von Wänden und Decken sowie nach der Innenausstattung keine erheblichen Unterschiede aufweisen. Ist dies vorliegend, wird letztlich dadurch der Umsatzschlüssel reaktiviert.

109 Beispiel (Fortsetzung von → Rn. 103):
Für das Fallbeispiel ist der objektbezogene Umsatzschlüssel von 83,3% anzuwenden, da Ausstattungsunterschiede bestehen, so dass der Unternehmer einen Vorsteuerabzug von € 1 Mio. vornehmen kann.

110 Zwischenzeitlich hat der XI. Senat des BFH[86] **dem EuGH** allerdings **die Frage vorgelegt,** ob bei der Anschaffung oder Errichtung eines gemischt genutzten Gebäudes Eingangsleistungen, deren Bemessungsgrundlage zu den Anschaffungs-/Herstellungskosten gehören, zur präziseren Bestimmung der abziehbaren Vorsteuerbeträge zunächst den (steuerpflichtigen oder steuerfreien) Verwendungsumsätzen des Gebäudes zuzurechnen sind. Und weiter, ob

---

[85] Vgl. BFH 7.5.2014 – V R 1/10, UR 2014, 531; ebenso BFH 3.7.2014 – V R 2/10, MwStR 2014, 692 m. Anm. *Engler.*
[86] Vgl. BFH 5.6.2014 – XI R 31/09, UR 2014, 651, Verfassungsbeschwerde EuGH C-332/14 – Wolfgang und Wilfried Rey GbR.

nur die danach verbliebenen Vorsteuern nach einem Flächen- oder Umsatzschlüssel aufgeteilt werden müssen, so dass – wie früher – entsprechend seiner Verwendung das Gebäude in unterschiedliche Teile aufgeteilt werden muss und eine unterschiedliche Ausstattung als Grundlage für die Vorsteueraufteilung nach dem objektbezogenen Umsatzschlüssel wohl eingeschränkt würde. Denn würde man nicht mehr das Gebäude und die darauf entfallenden Vorsteuern als Gegenstand der Vorsteueraufteilung ansehen, sondern die einzelnen Leistungen für die Herstellung des Gebäudes, könnten sich unterschiedliche Ausstattungsmerkmale (als Voraussetzung für den objektbezogenen Umsatzschlüssel) nur noch aus den Eingangsleistungen ergeben, die auch bei Einzelbetrachtung gemischt genutzt werden.

Nach dem XI. Senat des BFH hat wohl auch der **objektbezogene Umsatzschlüssel Vorrang vor dem Gesamt-Umsatzschlüssel.** Allerdings wird wohl ein objektbezogener Flächenschlüssel gegenüber dem objektbezogenen Umsatzschlüssel präziser eingeschätzt. Ein objektbezogener Umsatzschlüssel darf ansetzbar sein, wenn Nutzflächen nicht vergleichbar sind. Zweifel hat der XI. Senat des BFH daran, ob die Aufteilung nach § 15 Abs. 4 UStG bei allen Herstellungskosten eines Gebäudes erforderlich ist oder nur, soweit diesbezüglich gemischte Nutzung vorliegt, ob ein Flächenschlüssel bei Erhaltungsaufwendungen für gemischt genutzte Gebäudeteile zulässig ist. Und letztlich hat der Senat Zweifel, ob eine Vorsteuerkorrektur nach § 15a UStG infolge einer Änderung der Verwendung notwendig ist, wenn vor der Gesetzesänderung des § 15 Abs. 4 Satz 3 UStG ein Umsatzschlüssel vorgesehen war. Wenn § 15a UStG durch Gesetzesänderung anzuwenden wäre, soll geklärt werden, ob dabei ein Verstoß gegen die Grundsätze der Rechtssicherheit und des Vertrauensschutzes wegen fehlender Übergangsregelung vorliegt.

Praxishinweis:
Die Finanzverwaltung entscheidet zum Umfang des Vorsteuerabzugs bei Erwerb und erheblichem Umbau eines Gebäudes, das anschließend vom Erwerber für vorsteuerunschädliche und vorsteuerschädliche Verwendungsumsätze genutzt werden soll, derzeit danach, ob für die Umbaumaßnahmen Erhaltungsaufwand am Gebäude, anschaffungsnaher Aufwand zur Gebäudeanschaffung oder insgesamt die Herstellung eines neuen Gebäudes anzunehmen ist.[87] Vorsteuerbeträge, die einerseits den Gegenstand selbst oder andererseits die Erhaltung, Nutzung oder den Gebrauch des Gegenstands betreffen, sind jeweils gesondert zu beurteilen. Handelt es sich um Aufwendungen für den Gegenstand selbst (aus der Anschaffung oder Herstellung), kommt nur eine Aufteilung der gesamten, auf den einheitlichen Gegenstand entfallenden Vorsteuerbeträge nach einem sachgerechten Aufteilungsmaßstab (§ 15 Abs. 4 UStG) in Betracht. Der Umfang der abzugsfähigen Vorsteuerbeträge auf sog. Erhaltungsaufwendungen an dem Gegenstand kann sich hingegen danach richten, für welchen Nutzungsbereich des gemischt genutzten Gegenstands die Aufwendungen vorgenommen werden.

Selbst wenn **Herstellungskosten** eines Gebäudes aus einer Vielzahl von einzelnen Leistungsbezügen bestehen können, die für sich betrachtet einzelnen Gebäudeteilen zugeordnet werden oder auf mehrere unterschiedliche Nutzun-

---

[87] Vgl. UStAE 15.17 Abs. 5 mit Verweis auf BFH 28.9.2006 – V R 43/03, BStBl. II 2007, 417.

gen aufgeteilt werden könnten, muss einerseits zwischen der Verwendung des Gegenstands selbst und andererseits der Verwendung von Gegenständen und Dienstleistungen zur Erhaltung oder zum Gebrauch dieses Gegenstands unterschieden werden. Anschaffungs- oder Herstellungskosten betreffen jeweils die Anschaffung oder Herstellung eines bestimmten Gegenstands (bei einem Gebäude das einheitliche Gebäude) und nicht bestimmte Gebäudeteile. Werden jedoch lediglich bestimmte Gebäudeteile angeschafft oder hergestellt, sind diese der jeweilige Gegenstand.[88] Wird ein Gebäude durch einen Unternehmer angeschafft oder hergestellt und soll dieses Gebäude sowohl für vorsteuerunschädliche als auch für vorsteuerschädliche Ausgangsumsätze verwendet werden, sind die gesamten, auf die Anschaffungs- oder Herstellungskosten des Gebäudes entfallenden Vorsteuerbeträge nach § 15 Abs. 4 UStG aufzuteilen. Als sachgerechter Aufteilungsmaßstab kommt bei Gebäuden nach Auffassung der Finanzverwaltung **in der Regel** die Aufteilung nach dem **Verhältnis der Nutzflächen** in Betracht. Der Unternehmer kann eine flächenbezogene Vorsteueraufteilung nur beanspruchen, wenn diese sachgerecht ist.[89] Weicht die Ausstattung der unterschiedlich genutzten Räume erheblich voneinander ab, ist es erforderlich, den Bauaufwand den einzelnen Verwendungsumsätzen zuzuordnen.[90] Entsprechendes gilt beispielsweise bei Abweichungen in der Geschosshöhe. Die Ermittlung des nicht abziehbaren Teils der Vorsteuerbeträge nach dem Verhältnis der vorsteuerschädlichen Umsätze zu den vorsteuerunschädlichen Umsätzen, also nach Umsatzschlüssel, ist dabei nur zulässig, wenn keine andere wirtschaftliche Zurechnung möglich ist.[91]

3. Einschränkung des Vorsteuerabzugs bei Grundstücken, § 15 Abs. 1b UStG

114 Nach § 15 Abs. 1b UStG wird der **Vorsteuerabzug bei gemischt genutzten Grundstücken,** Bauten auf fremdem Grund und Boden sowie Berechtigungen, für die die Vorschriften des Grundstücksrechts Anwendung finden, ab Erwerb oder Herstellung nach dem Veranlagungsjahr 2010 eingeschränkt.[92] Vorsteuerbeträge können demnach auch bei einer vollständigen Zuordnung des Gebäudes zum Unternehmensvermögen nur noch in Höhe der Verwendung zu unternehmerischen Zwecken abgezogen werden. Bei Grundstücken ist die unternehmerische Nutzung wohl grundsätzlich anhand des Nutzflächenverhältnisses (→ § 6 Rn. 95 ff.) zu bestimmen.

115 Die Möglichkeit, gemischt (unternehmerisch und nichtunternehmerisch/privat) genutzte Gebäude ganz dem Unternehmen zuzuordnen und die Pri-

---

[88] Vgl. UStAE 15.17 Abs. 5 Satz 5 ff.; BFH 22.11.2007 – V R 43/06, BStBl. II 2008, 770.
[89] Unter Verweis auf BFH 7.7.2011 – V R 36/10, BStBl. II 2012, 77; BFH 5.9.2013 – XI R 4/10, BStBl. II 2014, 95. Beim Erwerb, nicht jedoch bei der Herstellung von Gebäuden, kommt auch eine Vorsteueraufteilung nach dem Verhältnis der Ertragswerte zur Verkehrswertermittlung in Betracht, vgl. auch BFH 5.2.1998 – V R 101/96, BStBl. II 1998, 492; BFH 12.3.1998 – V R 50/97, BStBl. II 1998, 525.
[90] Unter Verweis auf ein älteres Urteil, hier BFH 20.7.1988 – X R 8/80, BStBl II 1988, 1012.
[91] Vgl. UStAE 15.17 Abs. 7 Satz 2 ff. Eine Zurechnung der Aufwendungen zu bestimmten Gebäudeteilen nach einer räumlichen (sog. „geografischen") oder zeitlichen Anbindung oder nach einem Investitionsschlüssel ist nicht zulässig, so BFH 18.11.2004 – V R 16/03, BStBl. II 2005, 503.
[92] Vgl. UStAE 15.6a Abs. 1.

vatnutzung als besteuerten Umsatz i. S. d. EuGH-Rechtsprechung zu beurteilen,[93] hatte in Deutschland zur Gestaltung von Wohnungserrichtung nach dem sog. „Seeling-Modell" geführt. Dieses Modell sah den sofortigen Vollabzug der Vorsteuer für das ganz dem Unternehmen zugeordnete gemischt unternehmerisch/privat genutzte Gebäude vor und erreicht lediglich fraktioniert den Ausgleich des Sofortabzugs der Vorsteuer über die Besteuerung der privaten Verwendung (als unentgeltliche Wertabgabe in der Zeitspanne nach § 10 Abs. 4 UStG) mit Wirkung vom 1.7.2004.[94]

Die **„Bereinigung" dieser Folgen von Vorsteuerabzugs-/Liquiditätsvorteilen** wurde unionsrechtlich mit Wirkung ab 15.1.2010 durch Art. 168a MwStSystRL, § 15 Abs. 1b UStG angestrebt. Die Bestimmung sieht nunmehr den Ausschluss des Vorsteuerabzugs bei „zugeordneten" Gegenständen und deren unternehmensfremder Verwendung vor. Die Bestimmung geht davon aus, dass „dem Unternehmen zugeordnete" Gegenstände gemischt „sowohl für unternehmerische Zwecke als auch für seinen privaten Bedarf oder für den seines Personals oder allgemein für unternehmensfremde Zwecke" verwendet werden können, dass aber der Vorsteuerabzug auf den Teil beschränkt ist, der auf die Verwendung „für unternehmerische Zwecke" entfällt. 116

Die **Zuordnungsgrundsätze zum Unternehmen** (auch wenn ein Teil weniger oder gleich 10 % privat/nichtunternehmerisch genutzt wird) bleiben – auch durch die vorbeschriebene Gesetzesänderung – unberührt,[95] lediglich der Vorsteuerabzug wird durch die Ausschlussregelung so beschränkt, wie dies für wirtschaftliche und nichtwirtschaftliche Tätigkeiten im Unternehmen gilt. 117

§ 15 Abs. 1b UStG stellt im Ergebnis eine **Vorsteuerabzugsbeschränkung** dar und berührt dabei nicht das Zuordnungswahlrecht des Unternehmers nach § 15 Abs. 1 UStG. Soweit ein Grundstück für nichtwirtschaftliche Tätigkeiten i. e. S. verwendet wird, ist der Vorsteuerabzug bereits nach § 15 Abs. 1 UStG ausgeschlossen; für die Anwendung des § 15 Abs. 1b UStG bleibt insoweit kein Raum.[96] Eine teilunternehmerische Verwendung im Sinne des § 15 Abs. 1b UStG liegt unter Berücksichtigung nur vor, wenn das dem Unternehmen zugeordnete Grundstück teilweise für unternehmensfremde Zwecke verwendet wird. Hierzu gehören nach Auffassung der Finanzverwaltung nur solche Grundstücksverwendungen, die ihrer Art nach zu einer unentgeltlichen Wertabgabe i. S. d. § 3 Abs. 9a Nr. 1 UStG führen können.[97] 118

---

[93] Vgl. EuGH 8.5.2003 – C-269/00, BStBl. II 2004, 378 – Seeling.
[94] Der EuGH bestätigte diese Sichtweise auf die gezielte österreichische Vorlage in der Rechtssache Puffer, vgl. EuGH 23.4.2009 – C-460/07, DStR 2009, 903 – Puffer.
[95] Vgl. z. B. EuGH 30.3.2006 – C-184/04, IStR 2006, 311 – Uudenkaupungin kaupunki.
[96] Vgl. BFH 3.3.2011 – V R 23/10, BStBl. II 2012, 74; UStAE 2.10, 2.11, 15.2b Abs. 2 und UStAE 15.19.
[97] Vgl. UStAE 15.6a Abs. 2. Wird ein insgesamt dem Unternehmensvermögen zugeordnetes teilunternehmerisch genutztes Grundstück, das nach § 15 Abs. 1b UStG nur teilweise zum Vorsteuerabzug berechtigt hat, veräußert, unterliegt der Umsatz im vollen Umfang der Umsatzsteuer, wenn auf die Steuerbefreiung nach § 4 Nr. 9a UStG wirksam verzichtet wird (§ 9 UStG). Es liegt insoweit eine Änderung der Verhältnisse vor, die zu einer Vorsteuerberichtigung nach § 15a UStG führt (§ 15a Abs. 8 Satz 2 UStG). Sofern sich die Verwendung des teilunternehmerisch genutzten Grundstücks ändert, liegt ebenfalls eine Änderung der Verhältnisse i. S. d. § 15a UStG vor (§ 15a Abs. 6a UStG).

Teil 4. Nutzungsphase

§ 7 Laufende Besteuerung

Übersicht

	Rn.
A. Bilanzierende Steuerpflichtige (inkl. AfA)	
I. Allgemeines zur Bilanzierung	1
II. Betriebseinnahmen	2
III. Betriebsausgaben	3–40
1. Allgemeines zu Betriebsausgaben	3
2. Absetzungen für Abnutzungen (AfA) bei Gebäuden	4–40
a) Allgemeines zur AfA	4–12
aa) Beginn der AfA	5, 6
bb) Ende der AfA	7
cc) AfA Methoden	8
dd) Wechsel der AfA-Methoden	9
ee) Bemessungsgrundlage	10–12
b) AfA nach nachträglichen Anschaffungs- oder Herstellungskosten	13, 14
c) AfA bei einem vollständigen bzw. teilweise unentgeltlichen Erwerb	15–18
d) Absetzungen für außergewöhnliche technische oder wirtschaftliche Abnutzung	19
e) Teilwertabschreibungen	20, 21
f) Erhöhte Absetzungen und Sonderabschreibungen	22–34
aa) Sonderabschreibung nach dem FördG	24
bb) Erhöhte Absetzungen bei Gebäuden in Sanierungsgebieten und städtebaulichen Entwicklungsbereichen gem. § 7h EStG ..	25–28
cc) Erhöhte Absetzungen bei Baudenkmalen gem. § 7i EStG	29
dd) Erhöhte Absetzungen für Wohnungen mit Sozialbindung gem. § 7k EStG	30–32
ee) Exkurs: Steuerbegünstigung für zu eigenen Wohnzwecken genutzte Baudenkmale und Gebäude in Sanierungsgebieten sowie städtebaulichen Entwicklungsbereichen gem. § 10f EStG	33
ff) Weitere erhöhte Absetzungen nach § 7b und § 7c EStG	34
g) AfA nach in Anspruch genommener AfaA, Sonderabschreibung oder erhöhter Absetzung	35–37
h) Unterlassene oder überhöhte AfA	38–40

§ 7　Teil 4. Nutzungsphase

	Rn.
IV. Besonderheiten bei Nutzungsrechten	41, 42
1. Nießbrauchrecht	41
2. Erbbaurecht	42
V. Verdeckte Gewinnausschüttungen im Zusammenhang mit Mietverhältnissen und Bauten auf fremden Grund und Boden	43–53
1. Prüfung dem Grunde nach	43–46
2. Prüfung der Höhe nach	47, 48
3. Beispiele für die steuerrechtlichen Nichtanerkennung von Miet- und Pachtverträgen	49
4. Begründung einer vGA durch die Errichtung eines Gebäudes auf dem Grundstück eines Gesellschafters	50–53
VI. Grundzüge der Bauabzugsteuer	54–61
1. Bauleistungen	55
2. Leistender	56
3. Leistungsempfänger	57, 58
4. Steuerabzug	59–61
a) Ausnahmen vom Steuerabzug	60
b) Anrechnung des Abzugsbetrages	61
VII. Gewerbesteuer	62–89
1. „Einfache" Grundstückskürzung nach § 9 Nr. 1 Satz 1 GewStG	62, 63
2. „Erweiterte" Grundstückskürzung nach § 9 Nr. 1 Satz 2 GewStG	64–89
a) Allgemeines	64, 65
b) Verwaltung und Nutzung des eigenen Grundbesitzes	66–77
aa) Begriff „Verwaltung und Nutzung"	66–68
bb) Begriff „eigener Grundbesitz"	69–73
cc) Erlaubte Nebentätigkeiten	74–77
c) Besondere Ausschlussgründe für die Begünstigung, § 9 Nr. 1 Satz 5 und 6 GewStG	78–84
aa) Grundstücke im Dienste eines Gesellschafters oder Genossen	78–80
bb) Sondervergütungen an Mitunternehmer	81
cc) Gewinne aus der Aufdeckung stiller Reserven	82, 83
dd) Gewinne aus der Veräußerung oder Aufgabe	84
d) Sonderfälle	85–89
aa) Leasing	85
bb) Organschaft	86, 87
cc) Betriebsaufspaltung	88
dd) Bauten auf fremden Grund und Boden/Erbbaurechte	89
B. Vermietung und Verpachtung	
I. Umfang der Einkünfte aus Vermietung und Verpachtung	90, 91
II. Abgrenzung Vermögensverwaltung und Gewerblichkeit	92–95

§ 7 Laufende Besteuerung

	Rn.
III. Einkommensermittlung	96–101
1. Allgemeines	96, 97
2. Besonderheiten der Einkommensermittlung bei vermögensverwaltenden Personengesellschaften bzw. Bruchteilsgemeinschaften	98–101
a) Grundsätze	98, 98a
b) Zebragesellschaft	99
c) Vermietung an Miteigentümer	100, 101
IV. Einnahmen	102, 103
V. Werbungskosten	104–129a
1. Laufende Werbungskosten	104–109
a) Gemischt genutztes Grundstück	105, 106
b) Übernahme von Zahlungsverpflichtungen des Steuerpflichten durch Dritte bzw. Ehegatten	107–109
2. Vorab entstandene Werbungskosten	110–112
3. Finanzierungsaufwendungen als nachträgliche Werbungskosten	113–115
4. „Sonstige" nachträgliche Werbungskosten	116, 117
5. Absetzungen für Abnutzungen (AfA)	118–120
a) Allgemeines	118
b) AfA bei vollständig bzw. teilweise unentgeltlichem Erwerb	119, 119a
6. Verteilung von Erhaltungsaufwendungen	120–122
7. Zinsschranke	123
8. Vergünstigte Vermietung	124–129a
a) Miete beträgt weniger als 66% der ortsüblichen Marktmiete	125–128a
b) Miete beträgt mindestens 66% der ortsüblichen Marktmiete	129, 129a
VI. Einkunftserzielungsabsicht	130–154
1. Beweisanzeichen gegen eine Einkunftserzielungsabsicht	134–149
a) Nicht auf Dauer angelegte Vermietungstätigkeit	134–136
b) Verbilligte Überlassung einer Wohnung	137
c) Vermietung von Ferienwohnungen	138–140
aa) Ausschließliche Vermietungen	139, 140
bb) Zweitweise Vermietung und zweitweise Selbstnutzung	141, 142
d) Leer stehende Wohnung bzw. Gebäude	143–147
e) Sonstige Gründe	148, 149
2. Totalüberschussprognose	150–154
a) Prognosezeitraum	151
b) Einzubeziehende Einnahmen und Werbungskosten	152–154
VII. Verträge zwischen Angehörigen	155–164
1. Missbrauch gem. § 42 AO bzw. Scheingeschäfte gem. § 41 Abs. 2 AO	158–158b
2. Zivilrechtliche Wirksamkeit	160
3. Fremdvergleich	161–163
4. Tatsächliche Durchführung	164

§ 7 Teil 4. Nutzungsphase

	Rn.
VIII. Nießbrauch	165
IX. Erbbaurecht	166–175

C. Umsatzsteuer

I. Unternehmerische Nutzung einer dem Unternehmen zugeordneten Immobilie	177
II. Nichtunternehmerische Nutzung einer dem Unternehmen zugeordneten Immobilie	178–180
III. Vermietung und Verpachtung von Immobilien und Grundstücksteilen als sonstige Leistung	181–238
1. Abgrenzung der steuerfreien zur steuerpflichtigen Vermietung	185–197
a) Voraussetzungen der Steuerbefreiung nach § 4 Nr. 12 UStG	185–191
b) Betriebs- und Nebenkosten sowie Einzelfälle steuerpflichtiger Vermietung	192–194
c) Abfindungen durch Vermieter und Mieter	195–197
2. Umgang mit sog. gemischten Verträgen	198–200
3. Option zur steuerpflichtigen Vermietung und Verpachtung (§ 9 Abs. 1 und 2 UStG)	201–238
a) Verwendungsabsicht des Vermieters mit Auswirkung auf die Option	216–219
b) Ausübung der Option und vorgesehene Bagatellgrenze	220–228
c) Widerruf der Option durch den Vermieter	229–232
d) Herausforderung in der Praxis – Nachweispflichten	233–238
IV. Vorsteuerabzug in der Nutzungsphase	239–259

D. Grundsteuer

I. Einleitung	260–263
II. Gegenstand der Besteuerung	264–271
1. Unbebautes Grundstück	268
2. Grundstück im Zustand der Bebauung	269, 270
3. Bebautes Grundstück	271
III. Stichtagsprinzip der Grundsteuer	272–275
IV. Steuerschuldner und Haftungsschuldner	276–291
1. Steuerschuldner	276–279
2. Steuerschuldner in besonderen Fällen	280–282
3. Haftungsschuldner	283–291
a) Haftung des Nießbrauchers	284
b) Haftung des Erwerbers	285–287
c) Dingliche Haftung des Grundstücks	288–291
V. Bemessungsgrundlagen für die Grundsteuer	292–305
1. Übersicht und Hintergründe	292, 293
2. Der Einheitswert	294–298
3. Der Grundsteuermessbetrag	299–305
a) Steuermesszahl	300–302
b) Grundsteuermessbescheid	303–305
VI. Höhe und Entrichtung der Grundsteuer	306–311

	Rn.
VII. Auswirkungen auf die Praxis	312–314
VIII. Mitwirkungs- und Erklärungspflichten	315, 316
IX. Ausnahmen von der Besteuerung	317–328
1. Grundsteuererlass	317–322
2. Grundsteuerbefreiung	323–328
X. Ausblick und Entwicklung	329–331

A. Bilanzierende Steuerpflichtige (inkl. AfA)

I. Allgemeines zur Bilanzierung

In diesem Abschnitt wird ausschließlich auf **bilanzierende Steuerpflichtige** eingegangen, die **Einkünfte aus Gewerbebetrieb** gem. § 15 EStG erzielen, womit insbesondere gewerblich tätige natürliche Personen, gewerbliche Personengesellschaften und Kapitalgesellschaften umfasst sind. Die **Buchführungs- bzw. Bilanzierungspflicht** für steuerliche Zwecke wird entweder durch § 140 AO i.V.m. § 238 HGB oder durch die Vorschrift § 141 AO begründet. Sollten die Kaufmannseigenschaft des HGB nicht erfüllt sein oder die Grenzen des § 141 AO nicht überschritten werden, ist eine Buchführungspflicht nicht gegeben und eine sog. Einnahmenüberschussrechnung nach § 4 Abs. 3 EStG wäre für Zwecke der Einkunftsermittlung nach § 15 EStG durchzuführen. Eine freiwillige Bilanzierung bleibt hiervon unberührt. Die **Gewinnermittlung** bei einer Buchführungspflicht erfolgt durch Betriebsvermögensvergleich gemäß § 4 Abs. 1 bzw. § 5 Abs. 1 EStG. Hierdurch können sich im Vergleich zu der Einkunftsermittlung durch die Einnahmenüberschussrechnung erhebliche Unterschiede ergeben, da bspw. die gewinnabgrenzenden transitorischen[1] oder antizipativen[2] Posten nur bei einer Bilanzierung berücksichtigt werden müssen. 1

II. Betriebseinnahmen

Betriebseinnahmen sind nach § 8 Abs. 1 EStG alle Güter, die in Geld oder Geldeswert bestehen. Der Gesetzeswortlaut spricht zwar nur von „Einnahmen" und umfasst demnach lediglich die Überschusseinkunftsarten, jedoch gilt die Definition auch für die Gewinneinkunftsarten und somit für „Betriebseinnahmen".[3] Zu den Betriebseinnahmen bei der Vermietung von Immobilien zählen insbesondere die Miet- bzw. Pachterträge sowie die von den Mietern gezahlten Umlagen für Nebenkosten (z.B. Strom, Wasser, Heizung).[4] 2

---

[1] Zahlung erfolgte im alten Wirtschaftsjahr, Gewinnauswirkung erst im neuen Wirtschaftsjahr (z.B. ARAP, PRAP).
[2] Zahlung erfolgt im neuen Wirtschaftsjahr, Gewinnauswirkung im alten Wirtschaftsjahr (z.B. sonstige Forderung, sonstige Verbindlichkeiten).
[3] Vgl. Blümich/*Glenk* EStG § 8 Rn. 4.
[4] Die Ausführungen zu den Einnahmen im Rahmen der Einkünfte aus Vermietung und Verpachtung gelten grundsätzlich auch für die Betriebseinnahmen, → Rn. 102f.

III. Betriebsausgaben

1. Allgemeines zu Betriebsausgaben

3   **Betriebsausgaben** sind die Aufwendungen, die durch den Betrieb veranlasst sind, § 4 Abs. 4 EStG. Im Wesentlichen ist hierfür das sog. Veranlassungsprinzip von Bedeutung. Durch das Veranlassungsprinzip wird sichergestellt, dass nur Aufwendungen für Vorgänge, Handlungen und Wirtschaftgüter als Betriebsausgaben geltend gemacht werden können, die dem Betrieb zuordenbar sind.[5] Bei Immobilien sind dies insbesondere Erhaltungsaufwendungen, Finanzierungsaufwendungen, AfA und sonstige Betriebsausgaben wie z. B. Grundsteuer und Aufwendungen für Strom, Wasser und Heizung. Oftmals ist die Prüfung, ob Anschaffungs- bzw. Herstellungskosten oder Erhaltungsaufwendungen vorliegen, von größeren Abgrenzungsproblematiken betroffen.[6] Aber auch die Berechnung der AfA kann erhebliche Probleme beinhalten, wie die nachfolgenden Ausführungen verdeutlichen.

2. Absetzungen für Abnutzungen (AfA) bei Gebäuden

a) Allgemeines zur AfA

4   **Handelsbilanziell** sind Gebäude nach § 253 Abs. 3 HGB auf die tatsächliche Nutzungsdauer abzuschreiben. Nach § 5 Abs. 1 Satz 1 Halbsatz 1 EStG sind die handelsbilanziellen Wertansätze aufgrund der sog. Maßgeblichkeit auch für die Steuerbilanz maßgebend. **Steuerrechtlich** existieren jedoch eine Reihe von (zusätzlichen) Vorschriften die beachtet werden müssen. So sind steuerrechtlich die typisierten AfA-Sätze nach § 7 Abs. 4 und Abs. 5 EStG maßgebend. Bei § 7 Abs. 4 EStG handelt es sich um eine lineare AfA, wobei die tatsächliche Nutzungsdauer für steuerrechtliche Zwecke anhand von festgelegten Prozentsätzen bestimmt wird und § 7 Abs. 5 EStG beinhaltet Staffelsätze in Form der degressiven AfA. Hieraus können sich auch Abweichungen zwischen der Handelsbilanz und Steuerbilanz ergeben, was zu einer Durchbrechung der Maßgeblichkeit gemäß § 5 Abs. 6 EStG führen würde.

aa) Beginn der AfA

5   Eine **AfA** ist grundsätzlich vorzunehmen, sobald ein Wirtschaftsgut angeschafft oder hergestellt worden ist.[7] Für Gebäude ergeben sich keine abweichenden Regelungen. Die **Anschaffung** erfolgt im Zeitpunkt der Lieferung.[8] Die Lieferung erfolgt wiederum, wenn der Erwerber nach dem Willen der Vertragsparteien über das Wirtschaftsgut wirtschaftlich verfügen kann. Dies ist in der Regel der Fall, wenn Eigenbesitz, Gefahr, Nutzen und Lasten auf den Erwerber übergehen.[9] In diesem Zeitpunkt geht regelmäßig auch das wirtschaftliche Eigentums über. Bei einem Gebäude ist der maßgebende Tag

---

[5] Vgl. Blümich/*Wied* EStG § 4 Rn. 555.
[6] → § 3 Rn. 16, 19 ff.
[7] EStR 7.4 Abs. 1 Satz 1.
[8] § 9a EStDV.
[9] Vgl. EStH 7.4 „Lieferung".

§ 7 Laufende Besteuerung 6–8 § 7

des Übergangs von Besitz, Gefahr sowie Nutzen und Lasten, meist im Kaufvertrag geregelt. Das zivilrechtliche Eigentum und somit die Eintragung im Grundbuch nach § 873 BGB bzw. die Auflassung nach § 925 BGB ist hierbei grundsätzlich unerheblich.

Bei **Herstellung** eines Gebäudes ist für den Beginn der AfA der Zeitpunkt 6 der Fertigstellung maßgebend.[10] Das Gebäude ist fertig gestellt, wenn es seiner Zweckbestimmung nach genutzt werden kann, indem die wesentlichen Bauarbeiten abgeschlossen sind und der Bau soweit errichtet ist, dass der Bezug der Wohnungen zumutbar ist oder dass das Gebäude für den Betrieb in seinen wesentlichen Bereichen nutzbar ist.[11] Nacharbeiten im geringeren Umfang stehen der Fertigstellung nicht entgegen. Gebäudeteile, die aufgrund ihrer unterschiedlichen Funktion selbständige Wirtschaftsgüter sind, sind fertig gestellt, sobald diese Teile bestimmungsgemäß nutzbar sind.[12]

Die AfA ist nach § 7 Abs. 1 Satz 4 EStG ab dem Monat der Anschaffung bzw. der Fertigstellung vorzunehmen. Für den Monat der Anschaffung bzw. Fertigstellung kann die volle AfA beansprucht werden, unabhängig davon zu welchem Zeitpunkt im Monat die Voraussetzungen für die AfA vorliegen.

bb) Ende der AfA

Die AfA ist **zeitanteilig** bis zum vollständigen Aufbrauchen des AfA- 7 Volumens oder einer Veräußerung bzw. Entnahme aus dem Betriebsvermögens des Gebäudes vorzunehmen.[13] Hierbei kann für den Monat der Veräußerung oder Entnahme keine AfA beansprucht werden.

cc) AfA Methoden

Gebäude sind als **Einheit** zu behandeln und somit hinsichtlich der AfA 8 auch grundsätzlich einheitlich abzuschreiben. Jedoch könnte sich die AfA-Methode und somit auch der AfA-Zeitraum zwischen den unselbständigen und selbständigen Gebäudeteilen unterscheiden.

Die steuerrechtlichen AfA-Methoden sind in § 7 Abs. 4 und 5 abschließend aufgeführt, wobei für Gebäude die zu einem Betriebsvermögen gehören lediglich folgende **vier Fallgruppen** zu unterscheiden sind:

Fallgruppe 1 (§ 7 Abs. 4 Satz 1 Nr. 1 EStG):
Der AfA-Satz beträgt 3 %, wenn folgende Voraussetzungen erfüllt sind:
– das Gebäude gehört zu einem Betriebsvermögen,
– das Gebäude dient nicht Wohnzwecken,
– der Bauantrag wurde nach dem 31.3.1985 gestellt.
Die AfA beträgt 4 % für sog. Altfälle gem. § 52 Abs. 21b a. F. EStG. Hiernach muss mit der Herstellung des Gebäudes vor dem 1.1.2001 begonnen wurden sein bzw. im Fall der Anschaffung der rechtswirksam abgeschlossene obligatorische Vertrag vor dem 1.1.2001 abgeschlossen wurden sein.

---

[10] Vgl. EStR 7.4 Abs. 1 Satz 5.
[11] Vgl. EStH 7.4 „Fertigstellung" 1. und 2. Spiegelstrich; BFH 9.8.1989 – X R 77/87, BStBl. II 1991, 132.
[12] Vgl. EStH 7.4 „Fertigstellung" 5. Spiegelstrich; BFH 9.8.1989 – X R 77/87, BStBl. II 1991, 132.
[13] EStR 7.4 Abs. 8.

Geils

§ 7 8

Fallgruppe 2 (§ 7 Abs. 4 Satz 1 Nr. 2 Buchstabe a und b EStG):
Der AfA-Satz beträgt 2%, wenn folgende Voraussetzungen erfüllt sind:
- das Gebäude wurde nach dem 31.12.1924 fertiggestellt,
- die Voraussetzungen des § 7 Abs. 4 Satz 1 Nr. 1 EStG sind nicht erfüllt,
- folglich wird das Gebäude zu Wohnzwecken genutzt, das Gebäude befindet sich nicht im Betriebsvermögen oder der Bauantrag wurde bis zum 31.3.1985 gestellt.
Der AfA-Satz beträgt unter den gleichen Voraussetzungen 2,5%, wenn abweichend das Gebäude vor dem 1.1.1925 fertiggestellt worden ist.

Fallgruppe 3 (§ 7 Abs. 4 Satz 2 EStG):
Unterschreitet die tatsächliche Nutzungsdauer die folgenden der oben zugrunde liegenden Nutzungsdauern, so kann die tatsächliche Nutzungsdauer für die Bemessung der AfA zugrunde gelegt werden:
Zu Fallgruppe 1 (§ 7 Abs. 4 Satz 1 Nr. 1 EStG)   33 Jahre
Zu Fallgruppe 2 (§ 7 Abs. 4 Satz 1 Nr. 2 Buchst. a)   50 Jahre
Zu Fallgruppe 2 (§ 7 Abs. 4 Satz 1 Nr. 2 Buchst. b EStG)   40 Jahre

Fallgruppe 4 (§ 7 Abs. 5 EStG):
Bei dieser Fallgruppe handelt es sich um eine degressive AfA in Form von Staffelsätzen, wobei sich deren Anwendungsbereich nur noch auf Altfälle erstreckt. Welche konkreten Staffelsätze Anwendung finden, ist abhängig von der anzuwendenden Gesetzesfassung des § 7 Abs. 5 EStG. Aufgrund der geringen Praxisrelevanz wird nachfolgend lediglich kurz die aktuelle Gesetzesfassung[14] vorgestellt. Hiernach existieren fünf verschiedene Staffelsätze. Deren Anwendung ist zum einen abhängig von dem Zeitpunkt des gestellten Bauantrags und zum anderen von der Zugehörigkeit zu einem Betriebsvermögen.
Voraussetzungen für Staffelsatz nach § 7 Abs. 5 Nr. 1 EStG:
- Gebäude im Betriebsvermögen und dient keinen Wohnzwecken,
- vor dem 1.1.1994 gestellter Bauantrag oder
- vor dem 1.1.1994 rechtswirksam abgeschlossener Kaufvertrag.
Voraussetzungen für Staffelsatz nach § 7 Abs. 5 Nr. 2 EStG:
- Gebäude nicht im Betriebsvermögen oder im Betriebsvermögen und dient Wohnzwecken,
- vor dem 1.1.1995 gestellter Bauantrag oder
- vor dem 1.1.1995 rechtswirksam abgeschlossener Kaufvertrag.
Voraussetzungen für Staffelsatz nach § 7 Abs. 5 Nr. 3 Buchstabe a EStG:
- Gebäude dient Wohnzwecken (im Betriebsvermögen oder Privatvermögen),
- nach dem 28.2.1989 und vor dem 1.1.1996 gestellter Bauantrag oder
- nach dem 28.2.1989 und vor dem 1.1.1996 rechtswirksam abgeschlossener Kaufvertrag
Voraussetzungen für Staffelsatz nach § 7 Abs. 5 Nr. 3 Buchstabe b EStG:
- Gebäude dient Wohnzwecken (im Betriebsvermögen oder Privatvermögen)
- Nach dem 31.12.1995 und vor dem 1.1.2004 gestellter Bauantrag oder
- nach dem 31.12.1995 und vor dem 1.1.2004 rechtswirksam abgeschlossener Kaufvertrag
Voraussetzungen für Staffelsatz nach § 7 Abs. 5 Nr. 3 Buchstabe c EStG:
- Gebäude dient Wohnzwecken (im Betriebsvermögen oder Privatvermögen),
- nach dem 31.12.2003 und vor dem 1.1.2006 gestellter Bauantrag oder
- nach dem 31.12.2003 und vor dem 1.1.2006 rechtswirksam abgeschlossener Kaufvertrag.

---

[14] Gesetz v. 8.4.2010, BGBl. I 2010, 386, vgl. auch § 52 Abs. 21c a. F. EStG.

Voraussetzung ist bei allen **Staffelsätzen,** dass das Gebäude in einem Mitgliedstaat der Europäischen Union oder des Europäischen Wirtschaftsraums (EWR) belegen ist und dass das im Fall der Anschaffung der Hersteller für das veräußerte Gebäude weder AfA nach dieser Fallgruppe – § 7 Abs. 5 EStG – noch erhöhte Absetzung für Abnutzung oder Sonderabschreibungen in Anspruch genommen hat.[15]

dd) Wechsel der AfA-Methoden

Ein **Wechsel der AfA-Methoden** wie nach § 7 Abs. 3 Satz 1 bzw. Satz 3 EStG, ist bei Gebäuden grundsätzlich nicht möglich. Dies ist auch dem Umstand geschuldet, dass nur ein typisierter AfA-Satz auf das Gebäude Anwendung finden kann, wenn dessen Voraussetzungen erfüllt sind.[16] Deshalb kann ein Wechsel der AfA-Sätze überhaupt nur in Betracht kommen, wenn die Voraussetzungen für die Inanspruchnahme der AfA nach § 7 Abs. 4 bzw. Abs. 5 nicht mehr bzw. erstmals erfüllt werden. So ändert sich die AfA beispielsweise in Fällen, wo das Gebäude erstmals Betriebsvermögen wird bzw. kein Betriebsvermögen mehr darstellt. Die weitere AfA bemisst sich dann nach § 7 Abs. 4 Satz 1 Nr. 1 oder 2 EStG.[17] Werden jedoch die Voraussetzungen einer bestimmten Nummer des § 7 Abs. 5 EStG nicht mehr erfüllt, ist die weitere AfA zwingend nach Abs. 4 zu bemessen. Somit ist ein Übergang von § 7 Abs. 5 Satz 1 Nr. 1 zu Nr. 2 oder 3 EStG nicht zulässig.[18]

ee) Bemessungsgrundlage

Die **Bemessungsgrundlage für die AfA** sind grundsätzlich die Anschaffungs- bzw. Herstellungskosten. Wird ein teilfertiges Gebäude erworben und daraufhin fertiggestellt, gehören zu der Bemessungsgrundlage zum einen die Anschaffungskosten des teilfertigen Gebäudes und zum anderen die Herstellungskosten zur Fertigstellung des Gebäudes.[19]

Ist es beabsichtigt, **ein in Bau** befindliches Gebäude **zu unterschiedlichen Zwecken zu nutzen,** liegen selbstständige Gebäudeteile vor, die abhängig von der beabsichtigten Nutzung entweder Privatvermögen, gewillkürtes Betriebsvermögen oder notwendiges Betriebsvermögen darstellen können. Wenn zuerst ein im Betriebsvermögen befindlicher Gebäudeteil und danach ein im Privatvermögen befindlicher Gebäudeteil fertiggestellt wird, hat der Steuerpflichtige ein Wahlrecht, ob er für die Bestimmung der AfA-Bemessungsgrundlage die Herstellungskosten des noch nicht fertiggestellten Gebäudeteils vorerst mit einbezieht.[20] Entscheidend für dieses Wahlrecht wird aber sein, dass die zukünftige Nutzungsweise des noch in Bau befindlichen Gebäudeteils zu dem Zeitpunkt der Einbeziehung in die AfA-Bemessungsgrundlage noch ungewiss ist.[21] Die Einbeziehung der Herstellungskosten des noch nicht fertiggestellten und zukünftig zum Privatvermögen gehörenden

---

[15] Vgl. § 7 Abs. 5 Satz 1 und 2 EStG.
[16] Vorbehaltlich der degressiven AfA nach § 7 Abs. 5 EStG für bestimmte Altfälle.
[17] Vgl. EStR 7.4 Abs. 7.
[18] Blümich/*Brandis* EStG § 7 Rn. 568.
[19] Vgl. EStR 7.3 Abs. 1.
[20] Vgl. EStR 7.3 Abs. 2, EStH 7.3 „Fertigstellung von Teilen eines Gebäudes zu verschiedenen Zeitpunkten".
[21] So wohl auch BFH 9.8.1989 – X R 77/87, BStBl. II 1991, 132, Tz. 2.

§ 7 12–14   Teil 4. Nutzungsphase

Gebäudeteils bis zum Zeitpunkt der Fertigstellung sei nach Auffassung des BFH gerechtfertigt, da noch kein selbständiger Gebäudeteil vorliegt und daher dieser Gebäudeteil als unselbständiger Gebäudeteil ein einheitliches Wirtschaftsgut mit dem bereits fertiggestellten Gebäudeteil bildet.[22] Eine Korrektur der bereits in Anspruch genommenen AfA bei Fertigstellung des zum Privatvermögen gehörenden Gebäudeteils soll nicht erfolgen, sondern lediglich eine Kürzung der AfA-Bemessungsgrundlage für die zukünftige AfA auf den im Betriebsvermögen befindlichen Gebäudeteil.

12 Wird das Gebäude nach § 6 Abs. 3 oder Abs. 5 EStG **unentgeltlich** erworben, so sind die Buchwerte des Rechtsvorgängers fortzuführen. Dieses gilt sowohl für die Übertragung nach der Gesamtrechtsnachfolge als auch nach der Einzelrechtsnachfolge. Der Erwerber tritt faktisch in die Rechtsstellung des Rechtsvorgängers ein. Die AfA-Bemessungsgrundlage und die AfA-Methode bleiben somit unberührt, woraus auch der beizubehaltende AfA-Betrag resultiert.[23]

b) AfA nach nachträglichen Anschaffungs- oder Herstellungskosten

13 Welche Auswirkungen **nachträgliche Anschaffungs- bzw. Herstellungskosten** auf die AfA-Bemessungsgrundlage haben, ist maßgeblich von der anzuwendenden AfA-Methode abhängig. Der anzuwendende AfA-Satz bleibt hierbei grundsätzlich unverändert. Bei unterjähriger Beendigung der nachträglichen Herstellungsarbeiten, wird für die Berechnung der AfA fingiert, dass die nachträglichen Herstellungsarbeiten bereits zu Beginn des Jahres abgeschlossen waren und somit die erhöhte AfA für das volle Jahr in Anspruch genommen werden kann.[24]

Wird aufgrund der nachträglichen Anschaffungs- bzw. Herstellungskosten die volle Absetzung innerhalb der tatsächlichen Nutzungsdauer i. S. d. § 7 Abs. 4 Satz 1 EStG nicht erreicht, kann die AfA ab Beendigung der nachträglichen Herstellungsarbeiten an nach der Restnutzungsdauer des Gebäudes bemessen werden.[25]

14 Die folgenden **Fallgruppen** sind bezogen auf die angewandte **AfA-Methode** zu unterscheiden:

Fallgruppe 1 (§ 7 Abs. 4 Satz 2 EStG)
Die Restnutzungsdauer ist nach Beendigung der nachträglichen Herstellungsarbeiten bzw. Entstehung der nachträglichen Anschaffungskosten neu zu schätzen. Es ist jedoch nicht zu beanstanden, wenn aus Vereinfachungsgründen der bisher angewandte AfA-Satz auf die neue Bemessungsgrundlage angewandt wird.[26] Die neue Bemessungsgrundlage ermittelt sich nach dem Buchwert bzw. Restwert zuzüglich der nachträglichen Anschaffungs- bzw. Herstellungskosten.[27]

---

[22] Vgl. BFH 9.8.1989 – X R 77/87, BStBl. II 1991, 132.
[23] Vgl. EStR 7.3 Abs. 3.
[24] Vgl. EStR 7.4 Abs. 9 Satz 3.
[25] Vgl. EStH 7.4 „Nachträgliche Anschaffungs- oder Herstellungskosten", 3. Spiegelstrich.
[26] Vgl. EStR 7.4 Abs. 9 Satz 1 und 2; EStH 7.4 „Nachträgliche Anschaffungs- oder Herstellungskosten", 1. Spiegelstrich.
[27] Vgl. EStH 7.3 „Nachträgliche Anschaffungs- oder Herstellungskosten", 1. Spiegelstrich, 2. Punkt.

Fallgruppe 2 (§ 7 Abs. 4 Satz 1 Nr. 1 und 2 EStG)
Die AfA bemisst sich in den Fälle des § 7 Abs. 4 Satz 1 Nr. 1 und 2 EStG nach der bisherigen Bemessungsgrundlage zuzüglich der nachträglichen Anschaffungs- bzw. Herstellungskosten.[28] Der bisher geltende AfA-Prozentsatz ist weiterhin anzuwenden.[29]

Sachverhalt:[30]
Ein zu Beginn des Jahres 01 angeschafftes Gebäude, für das lineare AfA nach § 7 Abs. 4 Satz 1 Nr. 2 EStG vorgenommen worden ist, wird im Jahre 24 erweitert. Die Restnutzungsdauer beträgt danach noch mindestens 50 Jahre. Die ursprünglichen Anschaffungskosten betrugen 200.000 EUR und die nachträglichen Herstellungskosten 100.000 EUR.

Lösung:

Anschaffungskosten im Jahr 01	200.000 EUR
AfA in den Jahren 01 bis 23:	
23 × 2% = € 92.000	
nachträgliche Herstellungskosten	100.000 EUR
Bemessungsgrundlage ab dem Jahr 24	300.000 EUR

Die fortgeführten Anschaffungskosten bzw. Buchwert zzgl. die nachträglichen Herstellungskosten bilden das zur Verfügung stehende AfA-Volumen i. H. v. 208.000 EUR (108.000 + 100.000). Bis zu diesem Betrag beträgt die AfA jährlich 6.000 EUR (2% von 300.000 EUR).

Fallgruppe 3 (§ 7 Abs. 5 EStG)
Die AfA bemisst sich für Fälle des § 7 Abs. 5 EStG nach der bisherigen Bemessungsgrundlage zuzüglich der nachträglichen Anschaffungs- bzw. Herstellungskosten.[31] Die bisher geltenden AfA-Staffelsätze sind weiterhin anzuwenden.[32]

Sachverhalt:[33]
Ein im Jahr 01 fertig gestelltes Gebäude, für das degressive AfA nach § 7 Abs. 5 Satz 1 Nr. 1 EStG vorgenommen worden ist, wird im Jahr 06 erweitert. Die ursprünglichen Herstellungskosten betrugen 200.000 EUR und die nachträglichen Herstellungskosten 80.000 EUR.

Lösung:

Herstellungskosten im Jahr 01	200.000 EUR
AfA in den Jahren 01 bis 04:	
4 × 10% =	80.000 EUR
AfA im Jahr 05:	
1 × 5% =	10.000 EUR
Gesamt AfA bis 05	90.000 EUR
nachträgliche Herstellungskosten im Jahre 06	80.000 EUR
Bemessungsgrundlage ab dem Jahr 06	280.000 EUR

---

[28] Vgl. EStH 7.3 „Nachträgliche Anschaffungs- oder Herstellungskosten", 1. Spiegelstrich, 1. Punkt.
[29] Vgl. EStH 7.4 „Nachträgliche Anschaffungs- oder Herstellungskosten", 2. Spiegelstrich.
[30] Vgl. EStH 7.4 „AfA nach nachträglichen Anschaffungs- oder Herstellungskosten" 2. Beispiel.
[31] Vgl. EStH 7.3 „Nachträgliche Anschaffungs- oder Herstellungskosten", 1. Spiegelstrich, 1. Punkt.
[32] Vgl. EStH 7.4 „Nachträgliche Anschaffungs- oder Herstellungskosten", 2. Spiegelstrich.
[33] Vgl. EStH 7.4 „AfA nach nachträglichen Anschaffungs- oder Herstellungskosten" 3. Beispiel.

Die fortgeführten Anschaffungskosten bzw. der Buchwert zzgl. die nachträglichen Herstellungskosten bilden das zur Verfügung stehende AfA-Volumen i. H. v. 190.000 EUR (110.000 + 80.000). Bis zu diesem Betrag beträgt die AfA in den Jahren 06 und 07 jährlich 14.000 EUR (5 % von 280.000 EUR); in den Jahren 08 bis 25 beträgt die AfA jährlich 7.000 EUR (2,5 % von 280.000).

c) AfA bei einem vollständigen bzw. teilweise unentgeltlichen Erwerb

15 Wird ein im Betriebsvermögen befindliches Gebäude (teilweise) unentgeltlich in ein anderes Betriebsvermögen einer natürlichen Person oder Personengesellschaft übertragen, ist für die weitere AfA nach dem Grund – betrieblich oder privat – der Übertragung zu unterscheiden.

Die unentgeltliche Übertragung von Immobilien aber auch von anderen Wirtschaftsgütern erfolgt regelmäßig aus **privat motivierten Gründen,** z. B. der vorweggenommenen Erbfolge. Hierbei ist zu unterscheiden, ob das Wirtschaftsgut im Rahmen eines Betriebs bzw. Teilbetriebs oder als einzelnes Wirtschaftsgut übergeht.

16 Erfolgt die Übertragung nach § 6 Abs. 3 EStG und somit im Rahmen eines Betriebs oder Teilbetriebs, so ist gem. § 6 Abs. 3 Satz 3 EStG der Rechtsnachfolger neben dem Bilanzansatz und der AfA-Bemessungsgrundlage auch an die AfA-Methode des Rechtsvorgängers gebunden.[34] Gleiches gilt für die Übertragung eines einzelnen Wirtschaftsguts nach § 6 Abs. 5 EStG.[35]

Sind die Voraussetzungen des § 6 Abs. 3 oder Abs. 5 EStG nicht erfüllt, liegt eine Entnahme zum Teilwert gem. § 4 Abs. 1 Satz 2 i. V. m. § 6 Abs. 1 Nr. 4 Satz 1 EStG aus dem einen Betriebsvermögen und eine zeitgleiche Einlage gem. § 4 Abs. 1 Satz 8 i. V. m. § 6 Abs. 1 Nr. 5 Satz 1 EStG in das andere Betriebsvermögen zum Teilwert vor, was auch die AfA-Bemessungsgrundlage darstellt.[36]

17 Wird das einzelne Wirtschaftsgut **teilentgeltlich aus privaten Gründen** übertragen, setzt sich die Bemessungsgrundlage aus der Gegenleistung (tatsächliche Anschaffungskosten) und einem anteiligen Teilwert gem. § 6 Abs. 1 Nr. 5 Satz 1 EStG zusammen. In welchem Umfang sich der entgeltliche und unentgeltliche Teil der Übertragung darstellt, ist nach dem Verhältnis des Entgelts zu dem Verkehrswert des übertragenden Grundstücks zu bestimmen. Der anteilige Teilwert ist somit nach dem ermittelten Verhältnis des unentgeltlichen Teils zu bemessen. Nach der sog. „Einheitstheorie"[37] kann § 6 Abs. 3 EStG nicht anteilig Anwendung finden.[38] Sind hingegen die Voraussetzungen des § 6 Abs. 5 EStG erfüllt, ist die Vorschrift grundsätzlich auch anteilig nach der „strengen Trennungstheorie"[39] anzuwenden, woraus eine

---

[34] Vgl. Blümich/*Brandis* EStG § 7 Rn. 257.
[35] Vgl. Blümich/*Ehmcke* EStG § 6 Abs. 5 Rn. 1290.
[36] BMF 13.1.1993, BStBl. I 1993, 80, Tz. 33 f.
[37] Zur Einheitstheorie vgl. BMF 13.1.1993, BStBl. I 1993, 80, Rn. 35 ff; BMF 3.3.2005, BStBl. I 2005, 458.
[38] Vgl. Blümich/*Brandis* EStG § 7 Rn. 260.
[39] Zur Trennungstheorie vgl. BMF 8.12.2011, BStBl. I 2011, 1279.

§ 7 Laufende Besteuerung

anteilige Buchwertfortführung resultiert.[40] Insbesondere bei Gebäuden könnte sich daher für den unentgeltlichen und den entgeltlichen erworbenen Teil eine unterschiedliche AfA-Bemessungsgrundlage und AfA-Methode sowie eine unterschiedliche Abschreibungsdauer (zwei AfA Reihen) ergeben.[41] Die Praxisrelevanz dieser Fallvariante ist insbesondere bei einer Übertragung aus dem Sonderbetriebsvermögen in das Gesamthandsvermögen einer Personengesellschaft gegen Übernahme von Verbindlichkeiten gegeben. Der BFH hat zu diesem Fall in einem Urteil vom 19.9.2012 von der bisherigen Rechtsprechung und Finanzverwaltungsauffassung zu der „strengen Trennungstheorie" bei § 6 Abs. 5 EStG Abstand genommen und entschieden, dass eine volle Unentgeltlichkeit auch angenommen werden kann, wenn zwar ein Entgelt geleistet wird, aber dieses den vollständigen Buchwert nicht übersteigt und somit der Buchwert nach § 6 Abs. 5 EStG im vollen Umfang fortgeführt werden muss (sog. „modifizierte Trennungstheorie").[42]

Wird ein Wirtschaftsgut unentgeltlich aus **betrieblichen Gründen** übertragen, so ist das Wirtschaftsgut gem. § 6 Abs. 4 EStG mit dem gemeinen Wert anzusetzen, der zugleich auch die AfA-Bemessungsgrundlage ist.[43] Die AfA-Methode ist ebenfalls neu zu bestimmen, welche sich regelmäßig nach § 7 Abs. 4 EStG richtet.

Wird das einzelne Wirtschaftsgut **teilentgeltlich aus betrieblichen Gründen** übertragen, setzt sich die Bemessungsgrundlage aus der Gegenleistung (tatsächliche Anschaffungskosten) und den anteiligen fiktiven Anschaffungskosten in Form des anteiligen gemeinen Werts nach § 6 Abs. 4 EStG zusammen. In welchem Umfang sich der entgeltliche und unentgeltliche Teil der Übertragung darstellt, richtet sich nach dem Verhältnis des Entgelts zu dem Verkehrswert des übertragenden Grundstücks. Der anteilige gemeine Wert i. S. des § 6 Abs. 4 EStG ist somit nach dem ermittelten Verhältnis des unentgeltlichen Teils zu bemessen.

§ 6 Abs. 3 und 5 EStG sind grundsätzlich auch für Übertragungen aus betrieblichen Gründen anzuwenden. Jedoch muss das Verhältnis der einzelnen Vorschriften untereinander beachtet werden. § 6 Abs. 3 EStG verlangt insbesondere einen Betrieb oder Teilbetrieb, wohingegen § 6 Abs. 5 EStG auf das einzelne Wirtschaftsgut abzielt. Sollten die Vorschriften des § 6 Abs. 5 und Abs. 4 EStG beide erfüllt sein, so ist m. E. die speziellere Norm der Buchwertübertragung nach § 6 Abs. 5 EStG vorrangig.[44]

---

[40] Vgl. BMF 8.12.2011, BStBl. I 2011, 1279, Tz. 15; BFH 11.12.2001 – VIII R 58/98, BStBl. II 2002, 420.
[41] Bei beweglichen Wirtschaftgütern vgl. auch BMF 13.1.1993, BStBl. I 1993, 80, Rn. 18.
[42] Vgl. BFH 19.9.2012 – IV R 11/12, BFH/NV 2012, 1880; das BMF wendet das Urteil vorerst nicht an und wartet ein weiteres anhängiges Revisionsverfahren ab (X R 28/12), vgl. BMF 12.9.2013, BStBl. I 2013, 1164.
[43] Vgl. Blümich/*Brandis* EStG § 7 Rn. 260.
[44] Vgl. auch Blümich/*Ehmcke* EStG § 6 Rn. 1261, m. w. N., kritisch: H/H/R/*Niehus*/ *Wilke* EStG § 6 Rn. 1426, 1431, m. w. N.

d) Absetzungen für außergewöhnliche technische oder wirtschaftliche Abnutzung

19 Die **Absetzung für außergewöhnliche technische oder wirtschaftliche Abnutzung** (AfaA) ist nach dem Gesetzeswortlaut des § 7 Abs. 4 Satz 3 i. V. m. Abs. 1 Satz 7 EStG auch für Gebäude mit einer linearen AfA im Sinne des § 7 Abs. 4 Satz 1 Nr. 1 und Nr. 2 EStG zulässig.[45] Eine AfaA ist jedoch nach § 7 Abs. 4 Satz 4 EStG nicht nur unter Berufung auf den bei Wirtschaftsgebäuden gem. § 7 Abs. 4 Satz 1 Nr. 1 EStG schneller sinkenden Buchwert (aufgrund eines höheren AfA-Satzes als bei der AfA nach § 7 Abs. 4 Satz 1 Nr. 2 EStG) möglich, vielmehr müssen die individuellen Voraussetzungen der AfaA erfüllt sein.[46] Für Gebäude mit einer AfA nach § 7 Abs. 5 EStG ist eine AfaA ebenfalls zulässig.[47]

In folgenden beispielhaften Fällen ist eine AfaA vorzunehmen:[48]
1. das Gebäude scheidet durch Abbruch, Brand oder ähnliche Ereignisse aus dem Betriebsvermögen aus,
2. bei einem Umbau werden bestimmte Teile eines Gebäudes ohne vorherige Abbruchabsicht entfernt,
3. ein Gebäude wird abgebrochen.

In den genannten Fällen sind auch die spezielleren Regelungen zu Abbruchkosten – insbesondere EStH 6.4 „Abbruchkosten" – zu beachten.[49] Beispielsfälle in denen keine AfaA vorzunehmen ist, sind in H 7.4 „Eine AfaA ist nicht vorzunehmen, wenn" EStH näher beschrieben.

e) Teilwertabschreibungen

20 Das steuerrechtliche **Wahlrecht** für den **Ansatz eines niedrigeren Teilwerts** auf den Bilanzstichtag ist bei einem bebauten Grundstück sowohl für den Grund und Boden (§ 6 Abs. 1 Nr. 2 Satz 3 i. V. m. Nr. 1 Satz 4 EStG) als auch für das Gebäude (§ 6 Abs. 1 Nr. 1 Satz 4 EStG) getrennt zu beurteilen.

Der **Teilwert** ist nach § 6 Abs. 1 Nr. 1 Satz 3 EStG der Betrag, den ein Erwerber des ganzen Betriebs im Rahmen des Gesamtkaufpreises für das einzelne Wirtschaftsgut ansetzen würde. Dabei ist davon auszugehen, dass der Erwerber den Betrieb fortführt. Ein niedriger Teilwert kann jedoch nur angesetzt werden, wenn eine voraussichtlich dauernde Wertminderung vorliegt.[50] Diese grundlegenden Regeln zum allgemeinen Teilwertbegriff gelten grundsätzlich auch für Grundstücke, wobei die Rechtsprechung und Finanzverwaltung besondere Erfordernisse für die Annahme einer erforderlichen dauernden Wertminderung bestimmt hat. Hiernach muss zwischen abnutzbaren Anlagevermögen (z. B. Gebäude) und nicht abnutzbaren Anlagevermögen (z. B. Grund und Boden) unterschieden werden. Für die Wirtschaftsgüter des abnutzbaren Anlagevermögens kann von einer voraussichtlichen dauernden Wertminderung ausgegangen werden, wenn der Wert des jeweiligen Wirt-

---

[45] Vgl. auch H/H/R/*Nolde* EStG § 7 Rn. 240; Blümich/*Brandis* EStG § 7 Rn. 528.
[46] Vgl. H/H/R/*Nolde* EStG § 7 Rn. 452.
[47] Vgl. EStR 7.4 Abs. 11 Satz 2; wohl a. A. Blümich/*Brandis* EStG § 7 Rn. 549.
[48] Vgl. EStH 7.4 „Eine AfaA ist vorzunehmen, wenn".
[49] → § 3 Rn. 38 ff.
[50] BMF 16.7.2014, BStBl. I 2014, 1162.

schaftsguts zum Bilanzstichtag mindestens für die halbe Restnutzungsdauer unter dem planmäßigen Restbuchwert liegt. Für Gebäude ist die verbleibende Nutzungsdauer nach § 7 Abs. 4 und 5 EStG zu bestimmen. Für Wirtschaftsgüter des nicht abnutzbaren Anlagevermögens ist nach den allgemeinen Grundsätzen darauf abzustellen, ob die Gründe für eine niedrigere Bewertung voraussichtlich anhalten werden.[51] Diese Grundsätze hatte der BFH in einem neueren Urteil bestätigt und weiter konkretisiert, indem er eine Teilwertabschreibung nur aufgrund der Realisierung eines Veräußerungsverlusts vor Aufstellung der Bilanz, als nicht gerechtfertigt ansieht.[52] Es soll eben nicht auf eine rein punktuelle Betrachtung anlässlich eines Verkaufs des Wirtschaftsguts zu irgendeinem Zeitpunkt während seiner (betriebsgewöhnlichen) Restnutzungsdauer abzustellen sein. In einem weiteren Urteil hatte der BFH eine Teilwertabschreibung aufgrund eines für ein Grundstück gezahlten Überpreises abgelehnt. Der Überpreis nimmt jedoch an einer aus anderen Gründen gerechtfertigten Teilwertabschreibung in dem Verhältnis teil, das dem gegenüber dem Anschaffungszeitpunkt gesunkenen Vergleichswert entspricht.[53]

Bei **schadstoffbelasteten Grundstücken** können sich jedoch Besonderheiten ergeben, da zum einen eine Teilwertabschreibung und zum anderen die Bildung einer Rückstellung für Sanierungsverpflichtungen in Betracht kommen. Der BFH geht davon aus, dass eine Teilwertabschreibung grundsätzlich unabhängig von der Bildung einer Rückstellung für Sanierungsverpflichtungen durchzuführen ist.[54] Das BMF unterscheidet daraufhin zwei Fallkonstellationen für eine Teilwertabschreibung bei schadstoffbelasteten Grundstücken.[55] Wenn die Voraussetzungen für die Bildung einer Rückstellung für eine Sanierungsverpflichtung vorliegen, scheidet eine Teilwertabschreibung grundsätzlich aus, soweit die Sanierung voraussichtlich zu einer Wertaufholung führt. Bei dieser Konstellation kommt eine Teilwertabschreibung nur insoweit in Betracht, als der Steuerpflichtige anhand geeigneter Nachweise (z. B. Gutachten) darlegen kann, dass trotz der voraussichtlichen Sanierung eine dauernde Wertminderung anzunehmen ist. Sollten die Voraussetzungen für die Bildung einer Rückstellung für eine Sanierungsverpflichtung nicht vorliegen, kommt grundsätzlich eine Teilwertabschreibung in Betracht, es sei denn, die Rückstellung durfte nur aufgrund von § 5 Abs. 4b Satz 1 EStG nicht gebildet werden. Demnach dürfen Rückstellungen für Aufwendungen, die in künftigen Wirtschaftsjahren als Anschaffungs- oder Herstellungskosten zu aktivieren sind, nicht gebildet werden. Wann eine Rückstellung zu bilden ist, richtet sich nach den allgemeinen Vorschriften.[56]

---

[51] BMF 16.7.2014, BStBl. I 2014, 1162, Tz. 8–12; BFH 14.3.2006 – I R 22/05, BStBl. II 2006, 680; BFH 29.4.2009 – I R 74/08, BStBl. II 2009, 899.
[52] BFH 9.9.2010 – IV R 38/08, BFH/NV 2011, 423.
[53] BFH 7.2.2002 – IV R 87/99, BStBl. II 2002, 294; EStH 6.7 „Überpreis".
[54] BFH 19.11.2003 – I R 77/01, BStBl. II 2010, 482; so auch BMF 11.5.2010, BStBl. I 2010, 495.
[55] BMF 11.5.2010, BStBl. I 2010, 495, Rn. 7 ff.
[56] Zu den Voraussetzungen vgl. insbesondere EStR 5.7 Abs. 2; BMF 11.5.2010, BStBl. I 2010, 495, Rn. 1 ff.

§ 7 22–26   Teil 4. Nutzungsphase

f) Erhöhte Absetzungen und Sonderabschreibungen

22 Sonderabschreibungen bzw. erhöhte Absetzungen bei Gebäuden kommen insbesondere nach dem „Gesetz über Sonderabschreibungen und Abzugsbeträge im Fördergebiet (FördG)", für Gebäude in Sanierungsgebieten und städtebaulichen Entwicklungsbereichen gem. § 7h EStG, Baudenkmalen gem. § 7i EStG, Wohnungen mit Sozialbaubindung gem. § 7k EStG oder für eigene Wohnzwecke genutzte Baudenkmale und Gebäude in Sanierungsgebieten und städtebaulichen Entwicklungsgebieten gem. § 10f EStG in Betracht. Eine Sonderabschreibung nach § 7g Abs. 5 EStG kann nur für bewegliche Wirtschaftsgüter beansprucht werden, nicht aber für Gebäude.[57]

23 Nach **§ 7a Abs. 8 EStG** können erhöhte Absetzungen oder Sonderabschreibungen nur in Anspruch genommen werden, wenn die betreffenden Wirtschaftsgüter in ein besonderes, laufend zu führenden Verzeichnis aufgenommen werden, das den Tag der Anschaffung oder Herstellung, die Anschaffungs- oder Herstellungskosten, die betriebsgewöhnliche Nutzungsdauer und die Höhe der jährlichen AfA, AfaA und Sonderabschreibungen enthält. Dieses gesonderte Verzeichnis braucht jedoch nicht geführt werden, wenn die Angaben aus der Buchführung ersichtlich sind. Liegt ein entsprechendes Verzeichnis nicht vor, so darf eine AfaA nicht vorgenommen werden.

aa) Sonderabschreibung nach dem FördG

24 **Begünstigt sind nach §§ 2 und 3 FördG** grundsätzlich die Anschaffung bzw. Herstellung von abnutzbaren unbeweglichen Wirtschaftsgütern sowie Modernisierungsmaßnahmen und andere nachträgliche Herstellungsarbeiten an abnutzbaren unbeweglichen Wirtschaftsgütern. Voraussetzung für die Sonderabschreibung ist, dass die Investitionen in den neuen Bundesländern durchgeführt werden. Die Höhe der Sonderabschreibung richtet sich nach § 4 FördG. Diese Sonderabschreibung sollte jedoch nur noch Altfälle betreffen, da Voraussetzung für die Inanspruchnahme die Fertigstellung des Gebäudes bzw. eine geleistete Anzahlung auf die Anschaffungs- oder Herstellungskosten jeweils in verschiedenen Konstellationen in den 90er Jahren ist und daher nur noch eine geringe Bedeutung hat.

bb) Erhöhte Absetzungen bei Gebäuden in Sanierungsgebieten und städtebaulichen Entwicklungsbereichen gem. § 7h EStG

25 Die Vorschrift des **§ 7h EStG** begünstigt Herstellungskosten für Modernisierungs- und Instandsetzungsmaßnahmen i. S. d. § 177 BauGB an Gebäuden in Sanierungsgebieten und städtebaulichen Entwicklungsbereichen. Ein Sanierungsgebiet ist nach § 142 Abs. 1 BauGB bzw. ein städtebauliches Entwicklungsgebiet ist nach § 165 Abs. 3 BauGB als ein Gebiet definiert, in dem eine städtebauliche Sanierungsmaßnahme bzw. eine städtebauliche Entwicklungsmaßnahme durchgeführt werden soll. Beide Gebiete sind förmlich in einer Satzung festzulegen.[58]

26 **Modernisierungs- und Instandsetzungsmaßnahmen i. S. d. § 177 BauGB** liegen vor, wenn das Objekt nach ihrer inneren oder äußeren Be-

---

[57] Vgl. auch Littmann/Bitz/Pust/*Handzik* EStG § 7g Rn. 39.
[58] Vgl. § 142 Abs. 1, § 165 Abs. 6 BauGB.

schaffenheit Missstände oder Mängel aufweist. Missstände sind insbesondere gegeben, wenn das Objekt nicht den allgemeinen Anforderungen an gesunde Wohn- und Arbeitsverhältnisse entspricht.[59] Mängel liegen hingegen insbesondere vor, wenn durch Abnutzung, Alterung, Witterungseinflüsse oder Einwirkungen Dritter
1. die bestimmungsgemäße Nutzung der baulichen Anlage nicht nur unerheblich beeinträchtigt wird,
2. das Objekt nach ihrer äußeren Beschaffenheit das Straßen- oder Ortsbild nicht nur unerheblich beeinträchtigt oder
3. das Objekt erneuerungsbedürftig ist und wegen ihrer städtebaulichen, insbesondere geschichtlichen oder künstlerischen Bedeutung erhalten bleiben soll.[60]

Nach § 7h Abs. 1 Satz 2 EStG sind auch Herstellungskosten für Maßnamen begünstigt, die der Erhaltung, Erneuerung und funktionsgerechten Verwendung eines Gebäudes dienen, das wegen seiner geschichtlichen, künstlerischen oder städtebaulichen Bedeutung erhalten bleiben soll.

Die beschriebenen **Herstellungskosten** sind nur begünstigt, wenn sie auf einem entsprechenden Gebot oder auf einer vertraglichen Vereinbarung zwischen dem Eigentümer und der Gemeinde beruhen. Auch darf mit der Maßnahme erst begonnen werden, nachdem das Sanierungsgebiet bzw. der städtebauliche Entwicklungsbereich förmlich festgelegt wurde und das entsprechende Modernisierungs- bzw. Instandsetzungsgebot, der Modernisierungs- bzw. Instandsetzungsvertrag oder eine freiwillige Vereinbarung bestimmt bzw. abgeschlossen wurde.[61]

Sind die Voraussetzungen erfüllt, beträgt die **erhöhte AfA** – abweichend von § 7 Abs. 4 und 5 EStG – ab dem Veranlagungsjahr 2004 im Jahr der Herstellung und in den folgenden sieben Jahren jeweils 9 % und in den folgenden vier Jahren jeweils bis zu 7 % der begünstigten Herstellungskosten. Die erhöhte AfA gilt auch für Anschaffungskosten, die auf die oben beschriebenen Maßnahmen entfallen, soweit diese nach dem rechtswirksamen Abschluss eines obligatorischen Kaufvertrages oder eines gleichstehenden Rechtsakts durchgeführt worden sind. Bei bis zum Veranlagungsjahr 2003 begonnenen Maßnahmen betragen die jährlichen Absetzungen höchstens 10 %. Es ist jedoch nach neuem und altem Recht mindestens der nach § 7 Abs. 4 bzw. Abs. 5 EStG maßgebliche Prozentsatz anzuwenden.[62]

Die **Bemessungsgrundlage für die erhöhten Absetzungen** ist ausschließlich auf die begünstigten Anschaffungs- bzw. Herstellungskosten begrenzt.[63] Etwaige Zuschüsse verringern die Bemessungsgrundlage. Die Absetzungsbeträge können sich um die nach den allgemeinen Grundsätzen vorzunehmende AfA erhöhen, soweit sie die nicht begünstigten Baukosten betreffen.[64] Die erhöhten Absetzungen von den begünstigten Baukosten und

---
[59] § 177 Abs. 2 BauGB.
[60] § 177 Abs. 3 BauGB.
[61] Vgl. Blümich/*Erhard* EStG § 7h Rn. 21–24.
[62] Vgl. Littmann/Bitz/Pust/*Handzik* EStG § 7h Rn. 47, 48.
[63] § 7h Abs. 1 Satz 1 und 3 EStG.
[64] Vgl. Blümich/*Erhard* EStG § 7h Rn. 32.

die „normale" AfA von den nicht begünstigten Baukosten bilden zusammen den jährlichen Abschreibungsbetrag.[65]

cc) Erhöhte Absetzungen bei Baudenkmalen gem. § 7i EStG

29 **Regelungsinhalt sowie Sinn und Zweck von § 7i EStG** sind im Wesentlichen deckungsgleich mit denen des § 7h EStG. Die Unterschiede beziehen sich hauptsächlich auf das begünstigte Objekt. § 7i EStG begünstigt im Inland belegende Gebäude, die nach dem landesrechtlichen Vorschriften als ein Baudenkmal qualifiziert werden. Neubauten sind nicht begünstigt.[66] Nach § 7i Abs. 1 Satz 3 EStG sind auch Gebäudeteile begünstigt. Jedoch sind die Kriterien für Gebäudeteile im Sinne des § 7i EStG andere, als die für Gebäudeteile nach § 7 Abs. 5a EStG.[67] Demnach können auch unselbständige Gebäudeteile wie Fassaden, Treppenhäuser und einzelne Räume begünstigt sein.[68]

Nach § 7i Abs. 2 EStG ist für die Inanspruchnahme der erhöhten Absetzung das Vorliegen einer Bescheinigung von der nach Landesrecht zuständigen Stelle notwendig. Diese Bescheinigung ist ein Grundlagenbescheid nach § 171 Abs. 10 AO, an den das Finanzamt grundsätzlich gebunden ist.[69]

Die anzuwendenden Prozentsätze der erhöhten Absetzungen, die zeitgleich in Anspruch zunehmende „normale" AfA[70] sowie die Bemessungsgrundlage entsprechen den Regelungen zu § 7h EStG.

dd) Erhöhte Absetzungen für Wohnungen mit Sozialbindung gem. § 7k EStG

30 Diese Vorschrift über erhöhte Absetzungen hat aufgrund ihrer befristeten zeitlichen Anwendung in der Praxis nur noch eine **geringe Bedeutung**. Begünstigt sind die Herstellungs- bzw. Anschaffungskosten inländischer Wohnungen, wenn folgende Voraussetzungen nach § 7k Abs. 2 EStG kumulativ erfüllt sind:
1. a) Stellung des Bauantrags und Herstellung der Wohnungen durch den Steuerpflichtigen nach dem 28.2.1989 oder
   b) Anschaffung der Wohnungen aufgrund eines nach dem 28.2.1989 abgeschlossenen Kaufvertrags und das Gebäude muss bis zum Ende des Jahres der Fertigstellung angeschafft worden sein,
2. Die Wohnungen sind vor dem 1.1.1996 fertiggestellt worden,
3. Es wurden keine öffentlichen Mittel unmittelbar oder mittelbar gewährt,
4. Die Wohnungen dienen im Jahr der Herstellung bzw. Anschaffung und in den folgenden neun Jahren (Verwendungszeitraum) dem Steuerpflichtigen zu fremden Wohnzwecken,

---

[65] Vgl. Littmann/Bitz/Pust/*Handzik* EStG § 7h Rn. 21; BFH v. 25.5.2004 – VIII R 6/01; BStBl. II 2004, 783; inwieweit die lineare und degressive AfA nach dem Begünstigungszeitraum Anwendung finden kann → Rn. 37.
[66] Vgl. VGH Mannheim 24.6.2002 – 1 S 1199/01, BauR 2002, 1836.
[67] Vgl. BFH 27.5.2004 – IV R 30/02, BStBl. II 2004, 945.
[68] Vgl. Blümich/*Erhard* EStG § 7i Rn. 16.
[69] Vgl. Blümich/*Erhard* EStG § 7i Rn. 41.
[70] Vgl. Littmann/Bitz/Pust/*Handzik* EStG § 7i Rn. 27.

5. Der Steuerpflichtige hat für jedes Jahr des Verwendungszeitraums, in dem die Wohnung vermietet wurde, eine Bescheinigung i. S. d. § 7k Abs. 3 EStG vorzulegen.
Die Bescheinigung nach § 7k Abs. 3 EStG muss beinhalten, dass die Wohnungen nur an einen begünstigten Personenkreis[71] mit niedrigem Einkommen und einer bestimmten Wohnungsgröße vermietet werden. Ebenfalls darf eine bestimmte gesetzliche Höchstmiete nicht überschritten werden.[72]

31 Wohnungen, für die der **Bauantrag erst nach dem 31.12.1992** gestellt worden ist und die vom Steuerpflichtigen hergestellt worden sind oder die vom Steuerpflichtigen auf Grund eines nach dem 31.12.1992 rechtswirksam abgeschlossenen Kaufvertrag angeschafft worden sind, müssen neben den o. g. Voraussetzungen, an Personen vermietet werden, die zu dem Steuerpflichtigen in einem Dienstverhältnis stehen. Das Dienstverhältnis muss im Jahr der Fertigstellung bestanden haben. Demnach ist ein späterer Arbeitsplatzwechsel des Arbeitnehmers unschädlich.[73]

32 Sind alle Voraussetzungen erfüllt, kann der Steuerpflichtige im Jahr der Fertigstellung und in den folgen vier Jahren jeweils bis zu 10 % und in den folgenden fünf Jahren jeweils bis zu 7 % der **Herstellungskosten bzw. Anschaffungskosten absetzen.** Dieses gilt nach § 7k Abs. 1 Satz 2 EStG nur, wenn der Hersteller für die veräußerte Wohnung weder AfA nach § 7 Abs. 5 EStG noch erhöhte Absetzungen oder Sonderabschreibungen in Anspruch genommen hat.
Nach Ablauf des zehnjährigen Begünstigungszeitraums beträgt die AfA 3 ⅓ und die verbleibende Restnutzungsdauer 30 Jahre[74]. Kann ausnahmsweise eine kürzere Restnutzungsdauer nachgewiesen werden, ist der Restwert nach § 7 Abs. 4 Satz 2 EStG auf die kürzere Restnutzungsdauer zu verteilen.[75]
Absetzungsberechtigte sind natürliche sowie juristische Personen, welche unbeschränkt oder auch beschränkt steuerpflichtig sein können.[76] Die Ausführungen zu der Bemessungsgrundlage sowie zu der „normalen" AfA im Begünstigungszeitraum entsprechen denen zu § 7h EStG.[77]

ee) Exkurs: Steuerbegünstigung für zu eigenen Wohnzwecken genutzte Baudenkmale und Gebäude in Sanierungsgebieten sowie städtebaulichen Entwicklungsbereichen gem. § 10f EStG

33 Sind die **Voraussetzungen des § 7h oder § 7i EStG erfüllt,** kann der Steuerpflichtige die erhöhten Absetzungen dennoch nicht in Anspruch nehmen, wenn das Gebäude zu eigenen Wohnzwecken genutzt wird und eben nicht der Einkünfteerzielung dient. § 10f Abs. 1 EStG ermöglicht in diesem

---
[71] Personen für die eine Bescheinigung über die Wohnberechtigung nach § 5 Wohnbindungsgesetz oder eine Bescheinigung über die vorliegenden Voraussetzungen des § 88a Abs. 1 Buchst. b II. WoBauG ausgestellt worden ist.
[72] Vgl. § 7k Abs. 3 Satz 1 Nr. 2 EStG.
[73] § 7k Abs. 3 Satz 2 EStG.
[74] Sofern die maximal Beträge der erhöhten Absetzungen in Anspruch genommen wurden.
[75] § 7k Abs. 1 Satz 3 EStG.
[76] Blümich/*Erhard* EStG § 7k Rn. 7.
[77] → Rn. 28.

§ 7 34, 35   Teil 4. Nutzungsphase

Fall die Berücksichtigung der erhöhten Absetzung als Sonderausgabe. Voraussetzung hierfür ist, dass sich das Gebäude im zivilrechtlichen oder wirtschaftlichen Eigentum[78] des Steuerpflichtigen befindet, während des ganzen Kalenderjahrs zu eigenen Wohnzwecken[79] genutzt wird, die Voraussetzungen des § 7h oder § 7i EStG vorliegen und die Aufwendungen nicht in die Bemessungsgrundlage nach § 10e EStG oder dem Eigenheimzulagengesetz einbezogen wurden. Unschädlich ist die teilweise unentgeltliche Überlassung der Wohnung zu Wohnzwecken.[80] Sofern eine qualifizierte Nutzung nicht während des gesamten Kalenderjahrs vorliegt, ist der jährliche Abzugsbetrag zeitanteilig zu kürzen.[81]

Neben den begünstigten Baumaßnahmen i. S. v. § 7h und § 7i EStG sind nach § 10f Abs. 2 EStG auch Erhaltungsaufwendungen an einem eigenen Gebäude, soweit sie nicht Betriebsausgaben oder Werbungskosten darstellen, begünstigt.[82]

Wenn die Voraussetzungen erfüllt sind, kann der Steuerpflichtige ab dem Veranlagungszeitraum 2004 die begünstigten Aufwendungen an dem Gebäude im Kalenderjahr des Abschlusses der Maßnahme und in den neun folgenden Kalenderjahren abweichend von § 7 Abs. 4 und 5 EStG jeweils bis zu 9 % als Sonderausgaben abziehen. Bemessungsgrundlage sind zum einen die Herstellungs- bzw. Anschaffungskosten i. S. von § 10f Abs. 1 EStG und zum anderen die Erhaltungsaufwendungen i. S. v. § 10f Abs. 2 EStG.

ff) Weitere erhöhte Absetzungen nach § 7b und § 7c EStG

34 **Weitere Regelungen für erhöhte Absetzungen** sind die Vorschriften zur erhöhte Absetzungen für Einfamilienhäuser, Zweifamilienhäuser und Eigentumswohnungen gem. § 7b EStG und die erhöhten Absetzungen für Baumaßnahmen an Gebäuden zur Schaffung neuer Mietwohnungen gem. § 7c EStG. Diese Normen setzen eine Anschaffung der Wirtschaftsgüter spätestens vor 20 Jahren voraus. Aufgrund des acht bzw. fünf jährigen Begünstigungszeitraum sind diese Vorschriften für erhöhte Absetzungen lediglich für Altfälle relevant und daher von geringer Bedeutung.

g) AfA nach in Anspruch genommener AfaA, Sonderabschreibung oder erhöhter Absetzung

35 Wurden in einem Wirtschaftsjahr **AfaA** in Anspruch genommen, bemisst sich die weitere AfA von dem folgenden Wirtschaftsjahr an nach den Anschaffungs- oder Herstellungskosten des Gebäudes abzüglich des Betrages der AfaA. Entsprechendes gilt bei einer Teilwert-AfA im Sinne von § 6 Abs. 1 Nummer 1 Satz 2 EStG für ein im Betriebsvermögen befindliches Gebäude.[83]

Ist in einem späteren Wirtschaftsjahr der Grund für die AfaA oder die Teilwert-AfA weggefallen, ist eine Zuschreibung nach § 7 Abs. 4 Satz 3 bzw.

---
[78] Zum zivilrechtlichen bzw. wirtschaftlichen Eigentum vgl. Blümich/*Erhard* EStG § 10f Rn. 18.
[79] Zur eigenen Nutzung vgl. Blümich/*Erhard* EStG § 10f Rn. 18.
[80] § 10f Abs. 1 Satz 1 bis 4 EStG.
[81] Vgl. Blümich/*Erhard* EStG § 10f Rn. 29.
[82] Vgl. Blümich/*Erhard* EStG § 10f Rn. 36 bis 58.
[83] Vgl. § 11c Abs. 2 Satz 1 und 2 EStDV.

§ 7 Laufende Besteuerung 36, 37 § 7

§ 6 Abs. 1 Nr. 1 Satz 4 EStG zwingend vorzunehmen. Die Zuschreibung gilt für die AfA-Bemessungsgrundlage jedoch erst ab dem folgenden Wirtschaftsjahr. Die neue Bemessungsgrundlage bemisst sich dann nach der alten Bemessungsgrundlage zuzüglich der Zuschreibung.[84]

Wurde eine zulässige **Sonderabschreibung**[85] vorgenommen, so muss gem. § 7a Abs. 9 EStG nach Ablauf des maßgebenden Begünstigungszeitraums eine neue Bemessungsgrundlage bestimmt werden. Die zukünftige AfA bemisst sich bei Gebäuden und Gebäudeteilen i. S. von § 7 Abs. 5a EStG nach dem Restwert und dem weiteren AfA-Satz nach § 7 Abs. 4 EStG unter Berücksichtigung der Restnutzungsdauer.[86]   36

Beispiel:
Sachverhalt:[87]
Für ein im Januar 01 für 500.000 EUR hergestelltes Wirtschaftsgebäude sind in den Jahren 01 bis 03 die nach § 4 FördG zulässigen Sonderabschreibungen vorgenommen worden. Nach Ablauf des Begünstigungszeitraums am 31.12.05 beträgt die restliche Abschreibungsdauer des Gebäudes noch 20 Jahre. Wie hoch ist die AfA in den Folgejahren nach Ablauf des Begünstigungszeitraums?

Lösung:
Herstellungskosten   500.000 EUR
AfA 01 bis 03:
3 Jahre × 4%[88] = 12%   60.000 EUR
Sonderabschreibungen 50%   250.000 EUR
AfA 04 und 05:
2 Jahre × 4% = 8%   40.000 EUR
Restwert 31.12.05   150.000 EUR

Nach Ablauf des Begünstigungszeitraums zum 31.12.05 beträgt der Restwert 150.000 EUR, welcher gleichzeitig die AfA-Bemessungsgrundlage ab 06 darstellt. Der AfA-Satz ab 06 beträgt unter Berücksichtigung der Restnutzungsdauer von 20 Jahren 5%, woraus eine jährliche AfA i. H. v. 7.500 EUR resultiert.

§ 7a Abs. 9 EStG beschreibt nur die **Ermittlung der AfA von Gebäuden nach Sonderabschreibungen;** erhöhte Absetzungen sind im Gesetzeswortlaut ausdrücklich nicht enthalten und werden demnach abweichend behandelt.[89] Die AfA nach der Anwendung von **erhöhten Absetzungen** bemisst sich nach Ablauf des Begünstigungszeitraums nach dem Restwert der begünstigten Herstellungs- bzw. Anschaffungskosten und der ursprünglichen AfA-Bemessungsgrundlage der nicht begünstigter Herstellungs- bzw. Anschaffungskosten.[90] Im Ergebnis wird der Restwert der begünstigten Herstellungs- bzw. Anschaffungskosten wie nachträgliche Herstellungs- bzw. Anschaffungskosten behandelt und einheitlich mit den Herstellungskosten- bzw. Anschaffungskosten des gesamten Gebäudes abgeschrieben. Die weitere AfA   37

---

[84] Vgl. § 11c Abs. 2 Satz 3 EStDV.
[85] Sonderabschreibung nach § 58 Abs. 1 EStG, § 3 ZRFG, §§ 3 und 4 FördG, § 76 EStDV a. F.; vgl. EStR 7a Abs. 9.
[86] EStR 7a Abs. 9 Satz 1 und 2; BFH 21.11.2013 – IX R 12/13.
[87] Beispiel aus den Einkommensteuerhinweisen: EStH 7a 4. Beispiel.
[88] Die AfA beträgt 4% gem. § 7 Abs. 4 Satz 1 Nr. 1 EStG i. V. m. § 52 Abs. 21b EStG.
[89] EStR 7a Abs. 9 Satz 3.
[90] Vgl. § 7h Abs. 1 Satz 5 EStG; Schmidt/*Kulosa* EStG § 7h Rn. 9.

bemisst sich nach den allgemeinen Grundsätzen des § 7 Abs. 4 EStG.[91] Die degressive AfA nach § 7 Abs. 5 EStG ist nach Vornahme einer Sonderabschreibung oder einer erhöhten Absetzung nicht zulässig.[92]

Des Weiteren ist zu beachten, dass diesbezüglich die Behandlung von Gebäuden und anderen Wirtschaftsgütern von einander abweichen kann.

Beispiel:
Sachverhalt:
Zum 1.1.2002 wurde ein Mehrfamilienhaus fertiggestellt, welches sich im Betriebsvermögen befindet und zu Wohnzwecken vermietet wird. Die i. S. v. § 7h EStG begünstigten Herstellungskosten betrugen 2.000.000 EUR und die nicht begünstigten Herstellungskosten betrugen 1.000.000 EUR. Der Steuerpflichtige machte über den Begünstigungszeitraum von insgesamt 10 Jahren (Beginn der Baumaßnahme vor dem 31.12.2003) eine unstreitig zulässige erhöhte Absetzung nach § 7h EStG geltend. Um die Herstellungskosten über einen längeren Zeitraum verteilen zu können, nimmt der Steuerpflichtige lediglich eine erhöhte Absetzung von 5% (anstatt 10%) während des Begünstigungszeitraums in Anspruch. Die nicht begünstigten Herstellungskosten werden nach § 7 Abs. 4 Satz 1 Nr. 2 Buchst. a EStG abgeschrieben. Wie hoch ist die AfA in den Folgejahren nach Ablauf des Begünstigungszeitraums?

Lösung:
Die AfA ab dem Veranlagungszeitraum 2002 wird wie folgt ermittelt:

Begünstigte Baukosten
Herstellungskosten	2.000.000 EUR
Erhöhte Absetzung im Begünstigungszeitraum 2002 bis 2010: jährlich 100.000 EUR (2 Mio. × 5%)	
10 Jahre × 100.000 EUR =	1.000.000 EUR
Restwert zum 31.12.2010	1.000.000 EUR

Nicht begünstigte Baukosten
Herstellungskosten	1.000.000 EUR
AfA gem. § 7 Abs. 4 S. 1 Nr. 2 Buchst. a EStG für 10 Jahre: jährlich € 20.000 (1 Mio. × 2%)	
10 Jahre × 20.000 EUR =	200.000 EUR
Restwert zum 31.12.2010	800.000 EUR

Die AfA-Bemessungsgrundlage ab dem 1.1.2011 beträgt 2 Mio. EUR (Restwert begünstigte Baukosten 1 Mio. EUR zzgl. urspr. AfA-Bemessungsgrundlage der nicht begünstigten Baukosten 1 Mio. EUR). Die weitere AfA beträgt somit jährlich 40.000 EUR (2 Mio. EUR × 2%). Das AfA-Volumen hingegen beträgt 1,8 Mio. EUR.

h) Unterlassene oder überhöhte AfA

Wurde die AfA nach § 7 Abs. 4 Satz 2 in einem Wirtschaftsjahr unterlassen, kann sie in den folgenden Wirtschaftsjahren nachgeholt werden, indem sie auf die Restnutzungsdauer verteilt wird.[93]

Ist die AfA nach § 7 Abs. 4 Satz 1 Nr. 1 oder 2 EStG unterlassen oder überhöht vorgenommen worden, sind weiterhin die gesetzlich vorgeschrie-

---

[91] Vgl. Blümich/*Erhard* EStG § 7h Rn. 34 und 35; § 7i Rn. 34.
[92] Vgl. Blümich/*Erhard* EStG § 7 Rn. 35; § 7a Abs. 4 EStG; § 7a Abs. 9 EStG Umkehrschluss; BFH 21.11.2013 – IX R 12/13, BFH/NV 2014, 932.
[93] Vgl. EStH 7.4 „Unterlassene oder überhöhte AfA" 1. Spiegelstrich.

benen Prozentsätze anzusetzen. Bei einer unterlassenen AfA ergibt sich somit ein verlängerter Abschreibungszeitraum und bei einer überhöhte AfA ein entsprechend verkürzter Abschreibungszeitraum.[94]

Wurde die **degressive AfA** gemäß § 7 Abs. 5 EStG überhöht vorgenommen, bemisst sich die weitere AfA weiterhin von den ungekürzten Anschaffungs- bzw. Herstellungskosten.[95] Eine überhöhte degressive AfA gem. § 7 Abs. 5 EStG wird somit – wie bei einer überhöhten AfA nach § 7 Abs. 4 EStG – grundsätzlich nicht berichtigt, wenn sich der Fehler in den folgenden Jahren durch Ansatz des zutreffenden AfA–Satzes von selbst aufhebt.[96] Demnach sollte auch eine unterlassene degressive AfA nicht in einem Vorgang nachgeholt werden dürfen. Erst durch die weitere unveränderte Anwendung der degressiven AfA bis zur vollständigen Absetzung des Gebäudes erfolgt im Ergebnis die Nachholung der unterlassenen AfA. Dieses Vorgehen entspricht auch dem bei der linearen AfA gem. § 7 Abs. 4 Satz 1 EStG.[97] 39

AfA, die unterblieben ist, um dadurch unberechtigte Steuervorteile zu erlangen, darf nicht nachgeholt werden, auch nicht in späteren Wirtschaftsjahren.[98] Dieses wäre beispielsweise der Fall, wenn ein Steuerpflichtiger AfA in spätere Wirtschaftsjahre verschieben möchte, um diese dort mit vergleichsweise höheren Gewinnen zu verrechnen. 40

> **Beispiel:**
> **Sachverhalt:**
> Im Jahre 2010 wurde ein im Betriebsvermögen befindliches Bürogebäude fertiggestellt. Die Herstellungskosten betrugen 3.000.000 EUR. Aufgrund eines versehentlichen Fehlers des Buchhalters, wurde die AfA im Jahre 2013 vergessen zu buchen. Die jährliche AfA wurde bisher nach § 7 Abs. 4 Satz 1 Nr. 1 EStG mit 3% i. H. v. 90.000 EUR vorgenommen.
> **Lösung:**
> Die AfA wurde nicht unterlassen, um dadurch einen unberechtigten Steuervorteil zu erlangen und kann somit grundsätzlich nachgeholt werden. Jedoch werden die gesetzlich vorgeschriebenen Prozentsätze auch weiterhin angewandt. Die jährliche AfA beträgt somit über den regulären Abschreibungszeitraum 90.000 EUR, welcher sich durch die unterlassene AfA um ein Jahr verlängert.

IV. Besonderheiten bei Nutzungsrechten

1. Nießbrauchrecht

Hinsichtlich der steuerrechtlichen Behandlung eines Nießbrauchs an einem Grundstück wird auf die entsprechenden Ausführungen beim „Erwerb" verwiesen.[99] 41

---

[94] Vgl. EStH 7.4 „Unterlassene oder überhöhte AfA" 2. Spiegelstrich; BFH 21.11.2013 – IX R 12/13, BFH/NV 2014, 932.
[95] Vgl. EStH 7.4 „Unterlassene oder überhöhte AfA" 3. Spiegelstrich.
[96] Vgl. auch BFH 4.5.1993 – VIII R 14/90, BStBl. II 1993, 661.
[97] So auch BFH 20.1.1987 – IX R 103/83, BStBl. II 1987, 491.
[98] Vgl. EStH 7.4 „Unterlassene oder überhöhte AfA" 5. Spiegelstrich.
[99] → § 3 Rn. 77 ff.

2. Erbbaurecht

42 Das **Erbbaurecht** während der Nutzungsphase ist bei bilanzierenden Steuerpflichtigen insbesondere durch die AfA und die Auflösung eines etwaigen Rechnungsabgrenzungspostens geprägt. Die AfA für das bilanzierte Erbbaurecht des Erbbauberechtigten bemisst sich nach § 7 Abs. 1 Satz 1 EStG, wonach die Anschaffungskosten linear über die voraussichtliche Dauer des Nutzungsrechts zu verteilen sind. Die degressive AfA nach § 7 Abs. 2 EStG ist bereits mangels Beweglichkeit des Erbbaurechts ausgeschlossen.[100]

Die AfA-Befugnis des Erbbauberechtigten für das von ihm errichtete **Gebäude**, bestimmt sich nach den allgemeinen Grundsätze und somit im Wesentlichen nach § 7 Abs. 4 und 5 EStG. Eine Besonderheit kann sich jedoch ergeben, wenn bspw. die Laufzeit des Erbbaurechts und der Zeitraum bis zur völligen Abnutzung des Gebäudes erheblich auseinander fallen. Danach sollten die Herstellungskosten des Gebäudes im Rahmen der AfA auf die Laufzeit des Erbbaurechts verteilt werden.[101]

Wurde ein aktiver **Rechnungsabgrenzungsposten** beim Erbbauberechtigten für vorausbezahlte Erbbauzinsen und/oder Erschließungskosten gebildet, so ist dieser linear über die Laufzeit des Erbbaurechts aufzulösen.[102] Korrespondierend hat der Erbbauverpflichtete den passiven Rechnungsabgrenzungsposten linear aufzulösen.

V. Verdeckte Gewinnausschüttungen im Zusammenhang mit Mietverhältnissen und Bauten auf fremden Grund und Boden

1. Prüfung dem Grunde nach

43 Eine **verdeckte Gewinnausschüttung** (vGA) i. S. d. § 8 Abs. 3 Satz 2 KStG ist eine Vermögensminderung oder verhinderte Vermögensmehrung, die durch das Gesellschaftsverhältnis veranlasst ist, sich auf die Höhe des Unterschiedsbetrags i. S. des § 4 Abs. 1 Satz 1 auswirkt und nicht auf einem gesellschaftsrechtlichen Vorschriften entsprechenden Gewinnverteilungsbeschluss beruht.[103] Des Weiteren muss der Vorgang auch geeignet sein, bei dem begünstigten Gesellschafter einen Bezug i. S. d. § 20 Abs. 1 Nr. 1 Satz 2 EStG auszulösen.[104]

44 Die **Veranlassung durch das Gesellschaftsverhältnis** kann angenommen werden, wenn die Kapitalgesellschaft ihrem Gesellschafter einen Vermögensvorteil zuwendet, den sie bei Anwendung der Sorgfalt eines ordentlichen und gewissenhaften Geschäftsleiters einem Nichtgesellschafter nicht gewährt hätte.[105] Für die Frage, ob ein Vermietungsverhältnis im Gesellschafterinteresse

---

[100] Zu den AK eines Erbbaurechts → § 3 Rn. 89, 90; zur der AfA vgl. Blümich/*Brandis* EStG § 7 EStG Rn. 170; Blümich/*Krumm* EStG § 5 Rn. 1061.
[101] Vgl. H/H/R/*Nolde* EStG § 7 Rn. 600 „Erbbaurecht" und Rn. 156; vgl. auch Besonderheiten bei einer Laufzeit des Erbbaurechts von nur 5 Jahren → § 3 Rn. 88.
[102] BFH 26.3.1991 – IV B 132/90, BFH/NV 1991, 736; BFH 19.10.1993 – VIII R 87/91, BStBl. II 1994, 109.
[103] KStR 36 Abs. 1.
[104] Vgl. BFH 7.8.2002 – I R 2/02, BStBl. II 2004, 131; BFH 8.10.2008 – I R 61/07, BStBl. II 2011, 62.
[105] Vgl. BFH 16.3.1967 – I 261/63, BStBl. III 1967, 626; BFH 3.5 2006 – I R 124/04, BStBl. II 2011, 547.

eingegangen wird, müsste u. U. auf die Abgrenzungskriterien zwischen Einkünfteerzielungsabsicht und Liebhaberei abgestellt werden.[106] Auch kann der Vergleich der vereinbarten Miete mit anderen vergleichbaren Mietverhältnissen über eine Fremdüblichkeit Aufschluss geben. Hierbei soll als Vergleichsmiete regelmäßig von der Marktmiete auszugehen sein. Eine vGA ist jedoch dann anzunehmen, wenn die Gesellschaft die Immobilie bzw. Wohnung nicht zu einer kostendeckenden Miete zur Nutzung überlässt.[107] In diesem Zusammenhang wird auf die Ausführungen zur „Prüfung der Höhe nach" verwiesen, da die Bestimmung der Markt- bzw. Kostenmiete sowohl für die Prüfung, ob eine vGA vorliegt als auch in welchem Umfang eine vGA vorliegt entscheidend ist.

Im umgekehrten Fall, wenn der Gesellschafter der Gesellschaft eine Immobilie bzw. Wohnung **zu einer überhöhten Miete überlässt,** liegt auf Grund einer Vermögensminderung, die ihre Ursache im Gesellschaftsverhältnis hat, ebenfalls eine vGA vor.[108] Für die steuerrechtliche Anerkennung eines Mietverhältnisses zwischen der Gesellschaft und einem beherrschenden Gesellschafter ist es zudem erforderlich, dass die Vereinbarungen klar und im Voraus getroffen wurden sowie tatsächlich durchgeführt werden.[109] Des Weiteren sind die allgemeinen Regelungen zu missbräuchlichen Gestaltungen i. S. d. § 42 AO und zu Scheingeschäften i. S. d. § 41 Abs. 2 AO zu beachten. Bei Mietverträgen die aus privaten Gründen geschlossen wurden, besteht das Risiko, dass der entsprechende Mietvertrag für steuerliche Zwecke vollständig nicht anerkannt wird.[110] In diesen Fällen sind die Einnahmen und die Werbungskosten bzw. Betriebsausgaben vollständig nicht als aus dem Mietverhältnis resultierend zu behandeln. Vielmehr könnten etwaige Mietzahlungen in voller Höhe eine vGA darstellen.

In Abgrenzung zu einer vGA aufgrund einer zu hoch vereinbarten Miete zugunsten des Gesellschafters, kann bei einer **zu gering vereinbarten Miete** nicht generell eine verdeckte Einlage angenommen werden, da Nutzungsvorteile keine einlagefähigen Vermögensvorteile sind und somit nicht in die Kapitalgesellschaft eingelegt werden können.[111] Jedoch könnte auf Ebene des Gesellschafters nach § 21 Abs. 2 EStG der Werbungskostenabzug bei den Einkünften aus Vermietung und Verpachtung beschränkt sein. Wird hingegen eine zu hoch vereinbarte Miete zugunsten der Kapitalgesellschaft vereinbart (Vermietung an Gesellschafter), erhöht sich insoweit als Aktivposten der Bankbestand bei der Kapitalgesellschaft, womit ein einlagefähiger Vermögensvorteil vorliegt.[112] Demnach ist der Teil der zu hohen Miete eine verdeckte Einlage in die Kapitalgesellschaft durch den Gesellschafter. Entspre-

---

[106] Vgl. Fallgruppe 2 → Rn. 48.
[107] Vgl. BFH 17.11.2004 – I R 56/03, BFH/NV 2005, 793; FG Köln 13.3.2014 – 10 K 2606/12, EFG 2014, 1141.
[108] Vgl. auch Mössner/Seeger/*Haug/Huber* KStG § 8 Rn. 1536.
[109] KStH 36 „Beherrschender Gesellschafter", 5. Spiegelstrich „Klare und eindeutige Vereinbarung".
[110] Diesbezüglich wird auf die Ausführungen zu Verträgen zwischen Angehörigen verwiesen → Rn. 155; vgl. auch → Rn. 49.
[111] KStH 40 „Nutzungsvorteil".
[112] KStR 40 Verdeckte Einlage; EStH 40 „Einlagefähiger Vermögensvorteil".

chend erhöhen sich korrespondierend die Anschaffungskosten der Beteiligung an der Gesellschaft bei dem Gesellschafter.[113]

2. Prüfung der Höhe nach

47 Im Rahmen der Prüfung des Umfangs einer – dem Grunde nach gegebenen – vGA wird die Angemessenheit der Miete grundsätzlich aus **Vergleichsmieten bzw. Marktmieten** abgeleitet, wobei konkrete Vergleichsmieten vorrangig maßgebend sind.[114] Eine solche konkrete Vergleichsmiete kann bspw. bei einer Änderung der Nutzung von einer ursprünglichen Vermietung an einem Dritten zu einer Selbstnutzung des Gesellschafters vorliegen. Für die Ermittlung von Vergleichsmieten bzw. Marktmieten können vergleichbar vermietete Wohnungen herangezogen werden. Aber auch Vergleichswerte aus Mietangeboten in Tageszeitungen bzw. Internet und von Maklern kommen in Betracht. Hierbei ist aber zu beachten, dass derartige Werte nur einen angemessenen Vergleichswert darstellen, wenn die Wohnung nach Art, Lage, Größe und Ausstattung auch vergleichbar ist.[115] Wesentliche Faktoren, die Einfluss auf die Miete haben können, sind insbesondere auch die Lage des Grundstücks, die Verkehrsanbindung, die vorhandene Infrastruktur, die Ausstattung des Objekts und konkrete Vertragsgestaltungen. Nach Auffassung des BFH könnte auch der Mietspiegel als ein maßgebendes Vergleichsinstrument dienen.[116] Dabei soll eine Miete am unteren Ende der Bandbreite des Mietspiegels noch als marktüblich angesehen werden können.[117]

48 Abweichend von der Vergleichsmiete bzw. Marktmiete muss bei bestimmten Fallkonstellationen die **Kostenmiete** zur Prüfung der Angemessenheit einer Miete herangezogen werden. Die Kostenmiete wird anhand einer fiktiven Verzinsung des eingesetzten Kapitals und des durchschnittlichen Werteverbrauchs sowie unter Berücksichtigung eines angemessenen Gewinnaufschlags berechnet.[118] Der Werteverzehr ist grundsätzlich in Höhe der linearen AfA zu berücksichtigen, Sonderabschreibungen bzw. erhöhte Absetzungen sind hierbei nicht einzubeziehen.[119] Die Kapitalverzinsung ist zumindest auf der Basis eines Zinssatzes zu bemessen, der der durchschnittlichen effektiven Rendite für langfristige risikolose Kapitalanlagen entspricht.[120] Zusätzlich ist ein angemessener Gewinnaufschlag mit einzubeziehen.[121] Nach der neueren Rechtsprechung kommt der Ansatz der Kostenmiete bei der Überlassung

---

[113] § 6 Abs. 6 Satz 2 EStG.
[114] Vgl. Blümich/*Rengers* KStG § 8 Rn. 526; H/H/R/*Schallmoser/Eisgruber/Janetzko* KStG § 8 Rn. 269.
[115] Vgl. *Kolbe* StuB 19/2005, 837; Blümich/*Rengers* KStG § 8 Rn. 525.
[116] BFH 17.8.2005 – IX R 10/05, BFH/NV 2006, 148; a.A. *Kolbe* StuB 19/2005, 837.
[117] Vgl. Mössner/Seeger/*Haug/Huber* KStG § 8 Rn. 1081 f.
[118] Vgl. Blümich/*Rengers* KStG § 8 Rn. 526; H/H/R/*Schallmoser/Eisgruber/Janetzko* KStG § 8 Rn. 269.
[119] BFH 17.11.2004 – I R 56/03, BFH/NV 2005, 793.
[120] *Kolbe* StuB 19/2005, 837 m.w.N.; Mössner/Seeger/*Haug/Huber* KStG § 8 Rn. 1082.
[121] BFH 17.11.2004 – I R 56/03, BFH/NV 2005, 793; Vgl. auch Auffassung zur Obergrenze des Gewinnaufschlags von *Kolbe* StuB 19/2005, 837.

§ 7 Laufende Besteuerung

einer Wohnung von der Gesellschaft an den Gesellschafter insbesondere in **drei Fallgruppen** in Betracht:[122]

Fallgruppe 1 (Die Überlassung der Wohnung ist im Anstellungsvertrag geregelt; vorbehaltlich Fallgruppe 3):
Die Wohnungsüberlassung sollte möglichst im Anstellungsvertrag (z. B. bei einem Gesellschafter-Geschäftsführer) geregelt werden, da nach der Rechtsprechung für Überlassungen außerhalb eines Anstellungsverhältnisses wohl strengere Maßstäbe anzusetzen sind.[123] Demnach gilt der Grundsatz, dass sich die vGA dem Grund und der Höhe nach, an der Marktmiete orientiert. Zur Bestimmung der Marktmiete gelten die obigen Ausführungen. Wurde die Wohnung jedoch über das übliche Maß hinaus durch Sonderaufwand besonders gestaltet oder ausgestattet, so ist als angemessene Miete die Kostenmiete anzusetzen. Dies soll beispielsweise in Fällen anzunehmen sein, in denen zu dem Wohnhaus eine Schwimmhalle gehört oder wenn die private Wohnfläche 250m² überschreitet.[124] Derzeit ist beim BFH jedoch die Frage anhängig (Rev. I R 12/15),[125] ob bei einer Vermietung von Wohnraum generell – unabhängig von der Wohnraumausstattung – die Kostenmiete anzusetzen ist.

Fallgruppe 2 (Die Überlassung der Wohnung ist nicht im Anstellungsvertrag geregelt; vorbehaltlich Fallgruppe 3):
Der Urteilsbegründung des FG Köln lässt sich entnehmen, dass in diesen Fällen für die Beurteilung einer vGA strengere Grundsätze gelten sollen.[126] Im Gegensatz zu einer Regelung im Anstellungsverhältnis, wird für die Frage, ob und in welchem Umfang eine vGA vorliegt, insbesondere auf die Abgrenzungskriterien zwischen der Einkunftserzielungsabsicht und Liebhaberei abgestellt.[127] Nach den hierfür geltenden Grundsätzen ist eine auf Dauer angelegt Vermietung keine Liebhaberei, soweit die tatsächliche Miete mindestens 75% der Marktmiete erreicht.[128] Die Marktmiete ist als Vergleichsmaßstab jedoch nur maßgebend, wenn es sich um ein durchschnittliches Gebäude ohne besondere Ausstattungsmerkmale handelt. Nur bei besonders aufwändig hergestellten Gebäuden soll nicht auf eine marktübliche Miete, sondern auf eine Kostenmiete abzustellen sein.[129] Jedoch ist unklar, ob in diesem Fall eine Miete von 75% ebenfalls ausreichend ist.[130] Nach einem Urteil des FG Köln ist jedoch selbst bei normal ausgestatteten Wohnungen immer die Kostenmiete anzusetzen. Das Revisionsverfahren I R 12/15 ist jedoch noch anhängig.[131] Auch wird der Ansatz der Kostenmiete in der Literatur kritisiert, da eine Anlage in Immobilien oftmals schon wegen der Wertbeständigkeit und Inflationssicherheit erfolgt und eine Gewinnmaximierung weniger aus-

---

[122] FG Köln 13.3.2014 – 10 K 2606/12, EFG 2014, 1141; BFH 17.11.2004 – I R 56/03, BFH/NV 2005, 793; FG Köln 22.1.2015 – 10 K 3204/12, EFG 2015, 843: Rev. I R 12/15.
[123] Siehe hierzu Fallgruppe 2.
[124] FG Köln 13.3.2014 – 10 K 2606/12, EFG 2014, 1141, Tz. 1b.; Mössner/Seeger/*Haug/Huber* KStG § 8 Rn. 1082.
[125] Vorinstanz: FG Köln 22.1.2015 – 10 K 3204/12, EFG 2015, 843 (im Streitfall war das Mietverhältnis jedoch nicht im Anstellungsvertrag geregelt).
[126] FG Köln 13.3.2014 – 10 K 2606/12, EFG 2014, 1141, Tz. 1 c.
[127] BFH 17.11.2004 – I R 56/03, BFH/NV 2005, 793; FG Köln 13.3.2014 – 10 K 2606/12, EFG 2014, 1141.
[128] Schmidt/*Kulosa* EStG § 21 Rn. 10, m. w. N.
[129] FG Köln 13.3.2014 – 10 K 2606/12, EFG 2014, 1141, Tz. 1c.
[130] Vgl. Mössner/Seeger/*Haug/Huber* KStG § 8 Rn. 1531.
[131] FG Köln 22.1.2015 – 10 K 3204/12, EFG 2015, 843.

schlaggebend ist. Zudem wird ein ordentlicher und gewissenhafter Geschäftsführer in seine Kalkulation einbeziehen, dass er durch die Investition Steuervorteile erlangen (z. B. Sonderabschreibungen bzw. erhöhte Absetzungen) sowie einen Veräußerungsgewinn erzielen kann.[132] Zumindest etwaige Steuervorteile könnten nur von temporärer Natur sein, da sich bei einer späteren Veräußerung dieser Vorteil ggfs. wieder umkehrt. Im Ergebnis ist es nicht eindeutig feststellbar, ob eine Trennung der Beurteilung einer vGA in Fällen mit bzw. ohne Regelung in einem Anstellungsverhältnis wirklich von der Rechtsprechung gewollt war. M. E. sollte vielmehr immer auf den Einzelfall unter Berücksichtigung aller Umstände abgestellt werden, woraus eher ein Ineinandergreifen dieser beiden Fallgruppen resultiert. Letztlich kann das Revisionsverfahren (BFH I R 12/15) in vielen Punkten Klarheit schaffen.

Fallgruppe 3 (Die Überlassung der Wohnung in Fallgruppe 1 und 2 erfolgt nicht zu einer kostendeckenden Miete):
Diese Fallgruppe wird in der Praxis wohl der häufigere Fall sein, da eine Gesellschaft oftmals ihren Gesellschafter eine Wohnung unentgeltlich oder zu einer sehr geringen Miete überlässt und die Kosten durch die Miete nicht gedeckt werden. In diesem Fall soll nach der Rechtsprechung immer eine vGA gegeben sein.[133] Selbst wenn nach der Fallgruppe 1 oder 2 durch Ansatz der Marktmiete eine Einkunftserzielungsabsicht vorliegt, jedoch die Miete nicht kostendeckend ist, sollte eine vGA vorliegen.[134] Die Fallgruppe 1 und 2 sind subsidiär anzuwenden.
Begründet wird diese Rechtsauffassung mit der Tatsache, dass im Rahmen eines anzustellenden Fremdvergleichs zu berücksichtigen sei, dass ein ordentlicher und gewissenhafter Geschäftsführer nur bereit sein werde, die laufenden Aufwendungen für den Ankauf, den Ausbau und die Unterhaltung einer Wohnung zu privaten Wohnzwecken und somit im Interesse des Gesellschafters zu tragen, wenn der Gesellschaft diese Aufwendungen in voller Höhe erstattet werden. Daher sei bei einer nicht kostendeckenden Überlassung nicht auf die Marktmiete, sondern immer auf die Kostenmiete abzustellen.[135] Hiervon sollte m. E. eine Ausnahme bestehen, wenn die Gesellschaft nachweisbar versucht hat, die Wohnung zu einer Kostenmiete zu vermieten, jedoch nur eine niedrigere Marktmiete gegenüber einen fremden Dritten zu erzielen wäre. Die Rechtsfrage ist derzeit beim BFH anhängig (Rev. I R 12/15).

Die Fallgruppen gelten nicht nur im Verhältnis zum Gesellschafter, sondern auch zu jeder anderen nahestehenden Person. So können bspw. bei einer vergünstigten Miete an die Ehefrau oder den Kindern des Gesellschafters keine anderen Grundsätze gelten als für den Gesellschafter selbst.

3. Beispiele für die steuerrechtliche Nichtanerkennung von Miet- und Pachtverträgen

49   Bei Immobilien ist **für die Begründung einer vGA entscheidend, ob der Miet- bzw. Pachtvertrag steuerrechtlich anzuerkennen ist.** Soweit ein entsprechender Vertrag steuerrechtlich nicht anerkannt wird und die Zahlung somit durch das Gesellschaftsverhältnis veranlasst ist, liegt grundsätzlich

---

[132] Vgl. Mössner/Seeger/*Haug/Huber* KStG § 8 Rn. 1534, m. w. N.; *Paus* GmbHR 2005, 1600 ff. hält sogar den Ansatz einer Marktmiete sowie einer Kostenmiete für unzutreffend.
[133] BFH 17.11.2004 – I R 56/03, BFH/NV 2005, 793; FG Köln 13.3.2014 – 10 K 2606/12, EFG 2014, 1141.
[134] FG Köln 22.1.2015 – 10 K 3204/12, EFG 2015, 843 (Rev. I R 12/15).
[135] Vgl. BFH 17.11.2004 – I R 56/03, a. a. O., Tz. II 1 c.; FG Köln 13.3.2014 – 10 K 2606/12, EFG 2014, 1141, Tz. 1 c.

eine vGA vor.[136] Die Rechtsprechung hatte für die folgenden beispielhaften Fälle eine bzw. keine vGA angenommen:

Beispiele:
1. Mietverbindlichkeiten der Kapitalgesellschaft sind bereits von Anfang an auszuweisen. Anderenfalls könnte das Mietverhältnis steuerrechtlich zeitweise nicht anerkannt werden, woraus eine vGA für den entsprechenden Zeitraum resultiert.[137]
2. Werden Mietzahlungen von der Gesellschaft an den nicht beherrschenden Gesellschafter nicht monatlich sondern in drei Raten im Folgejahr entrichtet, muss dieses nicht zwangsweise eine vGA auslösen. In dem zugrundeliegenden Fall war die mietende Gesellschaft zahlungsunfähig, was eine spätere Entrichtung der Miete rechtfertigen könnte.[138]
3. Ein Mietvertrag könnte steuerrechtlich nicht anzuerkennen sein, wenn die vereinbarte Monatsmiete erheblich verspätet bzw. nur unregelmäßig und nicht in der vereinbarten Höhe gezahlt wird.[139]
4. Ein Mietverhältnis entspricht nicht dem unter Fremden üblichen, wenn der Mieter dem Vermieter ein unverzinsliches Darlehen zur Finanzierung erheblicher an dem Haus durchzuführender Arbeiten zusagt, die im Mietvertrag nur ihrer Art nach genannt, aber in ihrem Umfang nicht näher umschrieben sind, ohne das Darlehen der Höhe nach zu beschränken.[140]
5. Ein Mietvertrag ist steuerrechtlich nicht anzuerkennen, wenn die Miete von vornherein zinslos fünf Jahre gestundet wird.[141]
6. Die regelmäßige Bezahlung der Grundsteuer und der Gebäudeversicherung neben den laufenden Pachtzahlungen ist grundsätzlich keine vGA.[142]
7. Eine rückwirkende Mietanpassung aufgrund einer langjährig nicht durchgeführten Wertsicherungsklausel ist steuerrechtlich nicht anzuerkennen.[143]
8. Ein Angehörigen-Mietvertrag ist steuerlich nicht anzuerkennen, wenn in dem verwendeten Einheitsmietvertrag lediglich die persönlichen Angaben der Mietparteien, die Adresse des Mietobjekts, der Beginn des Mietverhältnisses und die Höhe des Mietzinses ausgefüllt werden, alle anderen ergänzenden Angaben aber (u.a. Nebenkostenabrechnung, Zahlung der Miete, genau Bezeichnung der Wohnung in dem Haus) offen bleiben und zudem auch die Durchführung des Vertrags nicht dem zwischen fremden Dritten Üblichen entspricht (u.a. Finanzierung der vermieteten Wohnung durch den Sohn als Mieter, Verrechnung der Miete mit der Finanzierung, fehlende Nebenkostenabrechnungen).[144]

4. Begründung einer vGA durch die Errichtung eines Gebäudes auf dem Grundstück eines Gesellschafters

Errichtet eine Kapitalgesellschaft auf dem Grund und Boden des Gesellschafters ein Gebäude und ist sie zugleich – abweichend vom zivilrechtlichen

---

[136] Vgl. auch Ausführungen zur steuerlichen Anerkennung von Mietverträgen bei Angehörigen → Rn. 155.
[137] BFH 21.12.1994 – I R 16/08, BFH/NV 2009, 49.
[138] FG Berlin-Brandenburg 12.11.2008 – 12 K 8423/05, EFG 2009, 433.
[139] FG Baden-Württemberg 2.11.1995 – 6 K 65/93, EFG 1996, 342; BFH 15.5.1996 – X R 99/92, BFH/NV 1996, 891; (siehe auch Einschränkungen bei Bsp. Nr. 2).
[140] BFH 17.1.1995 – IX R 85/92, BFH/NV 1995, 769.
[141] FG München 13.7.2000 – 10 K 4502/97, EFG 2000, 1185.
[142] FG Düsseldorf 11.1.1994 – 6 K 562/90, EFG 1994, 680.
[143] BFH 21.2.2008 – III R 70/05, BFH/NV 2008, 1139.
[144] FG Bremen 16.3.2000 – 2000 14 K 5, EFG 2000, 739.

Eigentum – **wirtschaftliche Eigentümerin,** sind die von der Kapitalgesellschaft getragenen Herstellungskosten sowie Betriebsausgaben auch steuerrechtlich anzuerkennen, was zudem eine vGA ausschließt.[145] Ist hingegen der Gesellschafter zivilrechtlicher und wirtschaftlicher Eigentümer an dem Gebäude, wird die Errichtung des Gebäudes durch die Kapitalgesellschaft regelmäßig auf dem Gesellschaftsverhältnis beruhen, was wiederum eine vGA begründet.

51 Ist die Kapitalgesellschaft bei Errichtung des Gebäudes **zivilrechtliche Eigentümerin,** ohne das sich ein abweichendes wirtschaftliches Eigentum ergibt, da es sich bei dem Gebäude z. B. um einen sog. Scheinbestandteil gem. § 95 Abs. 1 BGB handelt, und überträgt die Gesellschaft zu einem späteren Zeitpunkt das Eigentum auf den Gesellschafter ohne ein Entgelt in Höhe des Verkehrswerts zu verlangen, so könnte eine vGA vorliegen.[146] Hierfür ist jedoch ein ausdrücklicher Verzicht auf ein angemessenes Entgelt notwendig.[147] Auch ist das Vorliegen einer vGA unabhängig davon, ob der Verzicht auf einem Wertausgleich von vornherein oder erst später ausgesprochen wurde.[148] Wurde hingegen eine Beseitigungspflicht vereinbart und beseitigt die Kapitalgesellschaft das Gebäude auch tatsächlich nach Ablauf des Nutzungsverhältnisses, kann eine vGA nicht angenommen werden.[149] Die vorstehenden Grundsätze gelten grundsätzlich auch bei einer Änderung bzw. Übertragung des wirtschaftlichen Eigentums. Jedoch gibt es in der Literatur Gestaltungsideen, wodurch eine Übertragung des wirtschaftlichen Eigentums und somit eine vGA vermieden werden könnte.[150]

52 Nach Auffassung von *Janssen*[151] ist es der sicherste Weg zur **Vermeidung einer vGA,** wenn bereits vor Baubeginn eine Nutzungsvereinbarung zwischen dem Gesellschafter und der Gesellschaft getroffen wurde, die wegen ihrer Langfristigkeit das wirtschaftliche Eigentum am zu errichtenden Gebäude auf die Gesellschaft überträgt. Nach Ablauf der Nutzungsdauer des Gebäudes erhält der zivilrechtliche Eigentümer (Gesellschafter) lediglich einen wirtschaftlich verbrauchten Gegenstand. Daher liegt bei der Gesellschaft bereits keine Vermögensminderung vor, welche für eine vGA Voraussetzung wäre. In diesem Zusammenhang muss jedoch beachtet werden, dass es für die Übertragung eines wirtschaftlich verbrauchten Gebäudes notwendig ist, dass der Gesellschafter, in Anlehnung an der dem § 7 Abs. 4 Satz 1 Nr. 1 EStG zugrunde liegenden Nutzungsdauer, mindestens 33,33 Jahre von der Nutzungsmöglichkeit an dem Gebäude ausgeschlossen wird. Aber selbst nach Ablauf von 33,33 Jahren könnte das Gebäude noch einen nicht nur geringfügigen Verkehrswert haben, weshalb ein etwaiger Entschädigungsanspruch

---

[145] BFH 30.7.1997 – I R 65/96, BStBl. II 1998, 402; Zur Zivilrechtlichen und bilanzsteuerrechtlichen Beurteilung eines Gebäudes auf fremden Grund und Boden → § 3 Rn. 58 ff.
[146] Blümich/*Rengers* EStG § 8 Rn. 527; BFH 8.11.1989 – I R 16/86, BStBl. II 1990, 244.
[147] BFH 30.7.1997 – I R 65/96, BStBl. II 1998, 402.
[148] Vgl. auch BFH 30.7.1997 – 65/96, BStBl. II 1998, 402.
[149] Vgl. Blümich/*Rengers* EStG § 8 Rn. 527.
[150] Nachfolgende Ausführungen basieren auf Mössner/Seeger/*Janssen* KStG § 8 Rn. 641.
[151] Mössner/Seeger/*Janssen* KStG § 8 Rn. 641.

bereits gesetzlich besteht und worauf auch nicht verzichtet werden sollte, da anderenfalls ebenfalls eine vGA begründet werden könnte.[152]

Nach Auffassung des BFH[153] könnte eine **vGA grds. auch vermieden werden,** wenn zwischen der Gesellschaft und dem Gesellschafter ein sogenanntes „**in anderer Weise angemessenes Entgelt**" vereinbart wurde. Als ein anderweitig vereinbartes angemessenes Entgelt könnte insbesondere eine schuldrechtliche Vereinbarung dahingehend in Betracht kommen, dass sich der Gesellschafter verpflichtet, das zivilrechtlich in seinem Eigentum stehende Gebäude, dem Wert nach für die Gesellschaft zu halten und es ihr „**quoad sortem**"[154] zu überlassen. Im Streitfall hatte der BFH jedoch – entgegen der Auffassung der Vorinstanz – entschieden, dass eine solche Vereinbarung kein wirtschaftliches Eigentum der Gesellschaft an dem Gebäude begründet. Vielmehr bestünden lediglich schuldrechtliche Rechtsbeziehungen, die sich auch nur auf die Überlassung des Gebäudes mit seinem gesamten Wert beziehen.[155] Daher könnte bei einer solchen „Gestaltung" eine Vermögensminderung und somit auch eine **vGA angenommen werden.** Die vGA bemisst sich nach der Differenz zwischen dem Betrag, den ein ordentlicher und gewissenhafter Geschäftsleiter für den Verzicht auf die Ansprüche aus der Gebäudeübertragung gefordert hätte und dem tatsächlich vom Gesellschafter erstatteten Betrag.[156] Es sollten daher entweder neben oder alternativ zu einer solchen Vereinbarung, weitergehende Vereinbarungen getroffen werden, wodurch das wirtschaftliche Eigentum an dem Gebäude der Gesellschaft zugerechnet wird.

VI. Grundzüge der Bauabzugsteuer

Erbringt jemand **im Inland eine Bauleistung** (Leistender) an einen Unternehmer i. S. d. § 2 UStG oder an eine juristische Person des öffentlichen Rechts (Leistungsempfänger), ist der Leistungsempfänger verpflichtet, von der Gegenleistung[157] einen Steuerabzug in Höhe von 15 %[158] für Rechnung des Leistenden vorzunehmen, § 48 Abs. 1 Satz 1 EStG.

1. Bauleistungen

Nach § 48 Abs. 1 Satz 3 EStG sind als **Bauleistungen** alle Leistungen anzusehen, die der Herstellung, Instandsetzung, Instandhaltung, Änderung oder Beseitigung von Bauwerken dienen. Diese Definition entspricht der Regelung in § 211 Abs. 1 Satz 2 SGB III[159] i. V. m. § 1 und 2 Baubetriebe-Verordnung, wobei zu den Bauleistungen im Sinne des Steuerabzugs nach § 48 EStG auch die Gewerke gehören, die von der Winterbauförderung ge-

---

[152] Vgl. die Rolle des Entschädigungsanspruchs für das wirtschaftliche Eigentum und dessen Rechtsfolgen in § 3 Rn. 60.
[153] BFH 8.11.1989 – I R 16/86, BStBl. II 1990, 244.
[154] „Quoad sortem" bedeutet „dem Werte nach".
[155] BFH 8.11.1989 – I R 16/86, BStBl. 1990 II, 244, Tz. 2 a.
[156] BFH 8.11.1989 – I R 16/86, BStBl. 1990 II, 244, Tz. 4 a.
[157] Gegenleistung ist das Entgelt zzgl. Umsatzsteuer, § 48 Abs. 3 EStG.
[158] Der Solidaritätszuschlag wird nicht erhoben, vgl. Blümich/*Ebling* EStG § 48 Rn. 137.
[159] § 211 SGB III wurde aufgehoben mit Wirkung vom 1.4.2006 durch Gesetz v. 24.4.2006 (BGBl. I 2006, 926).

mäß § 2 Baubetriebe-Verordnung ausgeschlossen sind. Der Begriff des Bauwerks ist weit auszulegen und umfasst demzufolge nicht nur Gebäude, sondern darüber hinaus sämtliche irgendwie mit dem Erdboden verbundene oder infolge ihrer eigenen Schwere auf ihm ruhende, aus Baustoffen oder Bauteilen mit baulichem Gerät hergestellte Anlagen. Zu den Bauleistungen gehören u. a. der Einbau von Fenstern und Türen sowie Bodenbelägen, Aufzügen, Rolltreppen und Heizungsanlagen, aber auch von Einrichtungsgegenständen, wenn sie mit einem Gebäude fest verbunden sind, wie z. B. Ladeneinbauten, Schaufensteranlagen, Gaststätteneinrichtungen. Ebenfalls zu den Bauleistungen zählen die Installation einer Lichtwerbeanlage, Dachbegrünung eines Bauwerks oder der Hausanschluss durch Energieversorgungsunternehmen.[160] Ausschließlich planerische Leistungen, Labordienstleistungen oder reine Leistungen zur Bauüberwachung, zur Prüfung von Bauabrechnungen und zur Durchführung von Ausschreibungen und Vergaben sind keine Bauleistungen. Zu den Bauleistungen gehören grundsätzlich auch Wartungs- und Reparaturleistungen sowie Erhaltungsaufwendungen. Es muss jedoch beachtet werden, dass reine Schönheitsreparaturen hiervon nicht umfasst sind.[161] Die Annahme einer Bauleistung setzt voraus, dass sie sich unmittelbar auf die Substanz des Bauwerks auswirkt, bspw. eine Substanzveränderung im Sinne einer Substanzerweiterung, Substanzverbesserung oder Substanzbeseitigung.[162] Ein Steuerabzug auf die gesamte Vergütung ist auch vorzunehmen, wenn neben (Nichtbau-)Leistungen auch als Bauleistung zu qualifizierende Tätigkeiten ausgeführt werden und somit sog. Nebenleistungen vorliegen, die das Schicksal der Hauptleistung teilen.

Der **Begriff des Bauwerks** umfasst bis auf wenige Ausnahmen im wesentlichen Gebäude.[163]

2. Leistender

56   Als **Leistender** kommen **alle natürlichen und juristischen Personen** unabhängig von ihrer Ansässigkeit im In- oder Ausland in Betracht, wobei nach dem Sinn und Zweck der Vorschrift auch der Leistende Unternehmer im Sinne des § 2 UStG oder eine juristische Person des öffentlichen Rechts sein muss.[164] Liegt eine umsatzsteuerrechtliche Organschaft vor und wird von der Organgesellschaft eine Leistung an ein außenstehendes Unternehmen erbracht, so ist nach Auffassung des BMF die Organgesellschaft „Leistender".[165] Als Leistender gilt auch derjenige, der über eine Leistung abrechnet, ohne sie selbst erbracht zu haben, z. B. gezahlte Vergütungen an einen Generalunternehmer, der selbst nicht als Bauunternehmer tätig wird, aber mit dem

---

[160] BMF 27.12.2002, BStBl. I 2002, 1399, Tz. 5; weitere Beispiele siehe Blümich/*Ebling* EStG § 48 Rn. 53 ff.
[161] Vgl. Blümich/*Ebling* EStG § 48 Rn. 55, 80.
[162] BMF 27.12.2002, BStBl. I 2002, 1399, Rn. 6; a. A. Blümich/*Ebling* EStG § 48 Rn. 80.
[163] Vgl. Blümich/*Ebling* EStG § 48 Rn. 71, 75.
[164] BMF 27.12.2002, BStBl. I 2002, 1399, Rn. 24, 26; Blümich/*Ebling* EStG § 48 Rn. 93.
[165] BMF 27.12.2002, BStBl. I 2002, 1399, Rn. 27; a. A. BFH 29.10.2008 – XI R 74/07, BStBl. II 2009, 256; kritisch: Blümich/*Ebling* EStG § 48 Rn. 100 ff.

§ 7 Laufende Besteuerung 57–60 § 7

Leistungsempfänger die Leistungen der beauftragten Subunternehmer abrechnet.[166]

3. Leistungsempfänger

Abzugsverpflichtender ist der Leistungsempfänger, wenn es sich hierbei 57
um einen Unternehmer im Sinne des § 2 UStG oder um eine juristische Person des öffentlichen Rechts handelt. Die Abzugsverpflichtung besteht demzufolge auch für Kleinunternehmer (§ 19 UStG), pauschalversteuernde Land- und Forstwirte (§ 24 UStG) und Unternehmer, die ausschließlich steuerfreie Umsätze tätigen. Die Abzugsverpflichtung betrifft nur den unternehmerischen Bereich des Auftraggebers. Wird eine Bauleistung ausschließlich für den nichtunternehmerischen Bereich eines Unternehmers erbracht, wird kein Steuerabzug vorgenommen.[167] Bauleistungen, die einem Teil des Bauwerks nicht eindeutig zugeordnet werden können, sind dem Zweck zuzuordnen, der überwiegt. Der überwiegende Zweck ist anhand des Wohn-/Nutzflächenverhältnisses oder anderer sachgerechter Maßstäbe festzustellen.[168]

Im Rahmen einer **umsatzsteuerrechtlichen Organschaft** ist der Or- 58
ganträger Unternehmer. Bei Bauleistungen, die von Leistenden außerhalb des Organkreises an die Organgesellschaft erbracht werden, ist deshalb der Organträger Leistungsempfänger und zur Durchführung des Steuerabzugs verpflichtet. Es wird jedoch nicht beanstandet, wenn die Durchführung des Steuerabzugs durch die Organgesellschaft im Auftrage des Organträgers erfolgt. Bei Innenumsätzen zwischen der Organgesellschaft und dem Organträger besteht keine Abzugsverpflichtung.[169]

4. Steuerabzug

Der **Steuerabzug beträgt 15 % der Gegenleistung (Entgelt),** zzgl. 59
Umsatzsteuer.[170] Ein Solidaritätszuschlag wird nicht erhoben.[171] Die Verpflichtung zum Steuerabzug entsteht in dem Zeitpunkt, in dem die Gegenleistung erbracht wird, d. h. beim Leistungsempfänger selbst oder bei einem Dritten, der für den Leistungsempfänger zahlt, abfließt (§ 11 EStG). Der Leistungsempfänger hat den innerhalb eines Kalendermonats einbehaltenden Steuerabzugsbetrag jeweils bis zum 10. des Folgemonats an das für die Besteuerung des Einkommens des Leistenden zuständigen Finanzamts abzuführen.[172] Des Weiteren ist der Leistungsempfänger verpflichtet, mit dem Leistenden über den einbehaltenen Steuerabzug abzurechnen, in dem er einen Abrechnungsbeleg erteilt.[173]

a) Ausnahmen vom Steuerabzug

Unter bestimmten Voraussetzungen muss der Steuerabzug nicht vorge- 60
nommen werden:

---

[166] BMF 27.12.2002, BStBl. I 2002, 1399, Rn. 25.
[167] BMF 27.12.2002, BStBl. I 2002, 1399, Rn. 15.
[168] BMF 27.12.2002, BStBl. I 2002, 1399, Rn. 16.
[169] BMF 27.12.2002, BStBl. I 2002, 1399, Rn. 21, 22.
[170] § 48 Abs. 1 und 3 EStG.
[171] BMF 27.12.2002, BStBl. I 2002, 1399, Rn. 81.
[172] BMF 27.12.2002, BStBl. I 2002, 1399, Rn. 64, 65.
[173] BMF 27.12.2002, BStBl. I 2002, 1399, Rn. 70.

Geils

1. **Vermietungstätigkeit des Leistungsempfängers:**
Vermietet der Leistungsempfänger Wohnungen, so finden die Vorschriften der Bauabzugsteuer nicht auf Bauleistungen für diese Wohnungen Anwendung, wenn er nicht mehr als zwei Wohnungen vermietet, § 48 Abs. 1 Satz 2 EStG.

2. **Bagatellgrenze:**
Betragen die Gegenleistungen im laufenden Kalenderjahr nicht mehr als 5.000 EUR (Freigrenze) wird von einem Steuereinbehalt abgesehen. Die Freigrenze erhöht sich auf 15.000 EUR, wenn der Leistungsempfänger ausschließlich steuerfreie Umsätze nach § 4 Nr. 12 Satz 1 UStG ausführt, wobei diese erhöhte Freigrenze nicht im Falle einer Option gem. § 9 UStG gilt.[174] Für die Ermittlung des Betrages sind die für denselben Leistungsempfänger im Kalenderjahr erbrachten und voraussichtlich noch zu erbringenden Bauleistungen zusammenzurechnen.[175]

3. **Freistellungsbescheinigung:**
Liegt eine Freistellungsbescheinigung spätestens im Zeitpunkt der Gegenleistung vor, kann von dem Steuereinbehalt ebenfalls abgesehen werden. Eine solche Freistellungsbescheinigung wird auf Antrag gewährt, wenn der zu sichernde Steueranspruch nicht gefährdet erscheint und ein inländischer Empfangsbevollmächtigter bestellt ist, § 48b Abs. 1 Satz 1 EStG.

b) Anrechnung des Abzugsbetrages

61 Der **einbehaltende und angemeldete Steuereinbehalt** wird – in der folgenden Reihenfolge – nach § 48c Abs. 1 EStG vom Finanzamt auf die Lohnsteuer, Vorauszahlungen auf die Einkommensteuer und Körperschaftsteuer, Einkommens- und Körperschaftsteuer des Besteuerungs- oder Veranlagungszeitraums sowie auf die eigene anzumeldende und abzuführende Bauabzugsteuer des Leistenden angerechnet. Für die Anrechnung ist grundsätzlich nicht Voraussetzung, dass der angemeldete Betrag auch abgeführt wurde.[176] Das zuständige Finanzamt nach § 20a Abs. 1 AO kann auf Antrag des Leistenden den Steuerabzugsbetrag auch erstatten, wenn der Leistende nicht zur Abgabe von Lohnsteueranmeldungen verpflichtet ist und eine Veranlagung zur Einkommensteuer- oder Körperschaftsteuer nicht in Betracht kommt oder der Leistende glaubhaft macht, dass im Veranlagungszeitraum keine zu sichernden Steueransprüche entstehen werden, § 48 Abs. 1 Satz 1 und 2 EStG.

VII. Gewerbesteuer

1. „Einfache" Grundstückskürzung nach § 9 Nr. 1 Satz 1 GewStG

62 Die **einfache Grundstückskürzung** nach § 9 Nr. 1 Satz 1 GewStG ist wohl eine der bedeutsamsten Kürzungsvorschriften im GewStG und soll die Doppelbelastung von Grundbesitz mit Grundsteuer und Gewerbesteuer ver-

---

[174] Vgl. § 48 Abs. 2 EStG.
[175] BMF 27.12.2002, BStBl. I 2002, 1399, Rn. 48 ff.
[176] BMF 27.12.2002, BStBl. I 2002, 1399, Rn. 88.

§ 7 Laufende Besteuerung

meiden. Hiernach wird die Summe des Gewinns und der Hinzurechnungen um 1,2% des Einheitswerts des zum Betriebsvermögen des Unternehmers gehörenden und nicht von der Grundsteuer befreiten Grundbesitzes gekürzt. Was zum Grundbesitz gehört, richtet sich nach den Vorschriften des BewG, somit Grundstücke des Grundvermögens (§ 68 BewG) sowie Betriebsgrundstücke (§ 99 BewG).[177] Hierzu zählen insbesondere auch Erbbaurechte und Bauten auf fremdem Grund und Boden. Bei einem Erbbaurecht ist der Wert des Grund und Bodens nicht mitzuberücksichtigen, da dieser dem entsprechenden Eigentümer zuzurechnen ist.[178] Ob der Grundbesitz zum Betriebsvermögen gehört, ergibt sich nach § 20 Abs. 1 Satz 1 GewStDV grundsätzlich aus den Vorschriften des EStG bzw. KStG. Maßgebend sind nach § 20 Abs. 1 Satz 2 GewStDV die Verhältnisse („ob" und „inwieweit" Zugehörigkeit zum Betriebsvermögen) zu Beginn des Kalenderjahres.[179] Beginnt die Steuerpflicht eines Gewerbebetriebs im Laufe eines Kalenderjahres, kommt für den in diesem Kalenderjahr endenden Erhebungszeitraum die Grundstückskürzung somit nicht im Betracht.[180] Gehört der Grundbesitz nur zum Teil zum Betriebsvermögen, so ist nach § 20 Abs. 2 GewStDV für die Kürzung nur der entsprechende Teil des Einheitswertes zugrunde zu legen. Dieser Teil des Einheitswerts ist grundsätzlich nach dem Verhältnis der Jahresrohmiete (gem. § 79 BewG) zu ermitteln. Ein anderer Aufteilungsmaßstab, insbesondere das Verhältnis der Nutzfläche oder des Rauminhalts, ist anzuwenden, wenn dieses Ergebnis den tatsächlichen Verhältnissen des einzelnen Falls besser entspricht.[181] Wird das Grundstück nach § 8 EStDV nicht bilanziert, so soll nach Auffassung der Finanzverwaltung dennoch die Grundstückskürzung beansprucht werden können.[182] Für im Ausland belegende Grundstücke kann mangels deutscher Gewerbesteuer- sowie Grundsteuer-Pflicht keine Grundstückskürzung in Anspruch genommen werden.[183]

Die **Höhe der Kürzung** beträgt 1,2% des Einheitswerts, welcher auf den letzten Feststellungszeitpunkt vor dem Ende des Erhebungszeitraums lautet, § 9 Nr. 1 Satz 1 letzter Halbsatz GewStG. Ein Einheitswert wird regelmäßig auf den 1.1. eines Jahres festgestellt und ist somit solange für die Kürzung maßgeblich, bis ein neuer Einheitswert zum 1.1. festgestellt wird. Nach § 121a BewG sind grundsätzlich 140% des auf den Wertverhältnissen vom 1. Januar 1964 beruhenden Einheitswerts für Zwecke der Grundstückskürzung anzusetzen. Bei Betriebsgrundstücken im Beitrittsgebiet sind die Einheitswerte 1935 mit den in § 133 BewG genannten Prozentsätzen anzuwenden.[184]

---

[177] Betriebe der Land- und Forstwirtschaft scheiden aufgrund der fehlenden GewSt-Pflicht aus.
[178] Vgl. auch Blümich/*Gosch* GewStG § 9 Nr. 1 Rn. 29.
[179] Kritisch zum Stichtagsprinzip: Blümich/*Gosch* GewStG § 9 Nr. 1 Rn. 39.
[180] GewStR 9.1 Abs. 1 Satz 11.
[181] GewStR 9.1 Abs. 1 Satz 8 und 9; vgl. auch Blümich/*Gosch* GewStG § 9 Nr. 1 Rn. 30, Glanegger/Güroff/*Güroff* GewStG § 9 Nr. 1 Rn. 14.
[182] GewStR 9.1 Abs. 1 Satz 4; a. A. Glanegger/Güroff/*Güroff* GewStG § 9 Nr. 1 Rn. 5 und 14; Blümich/*Gosch* GewStG § 9 Nr. 1 Rn. 23.
[183] Vgl. auch Blümich/*Gosch* GewStG § 9 Nr. 1 Rn. 23.
[184] Vgl. auch GewStR 9.1 Abs. 2 Satz 2 und 3, insbesondere die Ausführungen zu Betrieben im Sinne des § 99 Abs. 1 Nr. 2 BewG (Betriebsgrundstücke die wie Betriebe der LuF behandelt werden).

2. „Erweiterte" Grundstückskürzung nach § 9 Nr. 1 Satz 2 GewStG

a) Allgemeines

64 Wie bei der einfachen Grundstückskürzung nach § 9 Nr. 1 Satz 1 GewStG, soll die **erweiterte Grundstückskürzung nach § 9 Nr. 1 Satz 2 GewStG** die Doppelbelastung von Grundbesitz mit Grundsteuer und Gewerbesteuer vermeiden. Hiernach kann auf Antrag des Steuerpflichtigen, welcher ausschließlich eigenen Grundbesitz oder neben eigenen Grundbesitz eigenes Kapitalvermögen verwaltet und nutzt oder daneben Wohnungsbauten betreut oder Einfamilienhäuser, Zweifamilienhäuser oder Eigentumswohnungen errichtet und veräußert, der Teil des Gewerbeertrags der auf die Verwaltung und Nutzung des eigenen Grundbesitz entfällt, gekürzt werden. Diese Kürzung ist rechtsformunabhängig. Jedoch sind hauptsächlich Kapitalgesellschaften und gewerblich geprägte Personengesellschaften tatsächlich begünstigt. Personengesellschaften und natürliche Personen hingegen nur dann, wenn diese neben der Vermögensverwaltung sonstige gewerbliche Aktivitäten entwickeln, die unter den Katalog der zwar erlaubten aber nicht begünstigten Tätigkeiten fallen, da diese sonst bereits aufgrund ihrer Tätigkeit nicht gewerblich wären und somit auch nicht der Gewerbesteuer unterliegen würden.[185] Der Grundgedanke dieser Regelung beruht auf der Gleichstellung von Gewerbebetrieben kraft Rechtsform und natürlichen Personen, soweit sich deren Tätigkeit auf die reine Grundstücksverwaltung und -nutzung beschränkt. Zu den erlaubten aber nicht begünstigten Tätigkeiten (Gewerbeertrag wird insoweit nicht gekürzt) gehören nach § 9 Nr. 1 Satz 2 und 3 GewStG folgende Tätigkeiten:
- Verwaltung und Nutzung von eigenen Kapitalvermögen,
- Betreuung von Wohnungsbauten,
- Errichtung und Veräußerung von Einfamilienhäusern, Zweifamilienhäusern, Eigentumswohnungen und Teileigentum.

Werden **weitere nicht begünstigte Tätigkeiten** ausgeübt, führt dies zur vollständigen Versagung der erweiterten Grundstückskürzung, auch bei einer nur geringfügigen Tätigkeit.[186] Die Voraussetzungen für die erweiterte Kürzung müssen während des gesamten Erhebungszeitraums oder während des gesamten abgekürzten Erhebungszeitraums nach § 14 Satz 3 GewStG vorliegen.[187]

65 Der für die **erweiterte Grundstückskürzung** erforderliche Antrag ist jedes Jahr erneut zu stellen und wird regelmäßig durch eine entsprechende Eintragung im vorgesehenen Feld des Steuererklärungsformulars gestellt. Jedoch ist dieser Antrag nicht fristgebunden und kann daher bis zum Eintritt der formellen Bestandskraft des GewSt-Messbescheides oder bis zur Aufhebung eines Vorbehalts der Nachprüfung gem. § 164 Abs. 1 AO gestellt bzw. zurückgenommen werden.[188] Durch das Erfordernis der Antragstellung wurde

---
[185] Blümich/Gosch GewStG § 9 Rn. 47 und 48.
[186] BFH 8.6.1978 – I R 68/75, BStBl. II 1978, 505; FG Hamburg 13.12.1989, EFG 1990, 439, Tz. 54; vgl. auch Glanegger/Güroff/*Güroff* GewStG § 9 Nr. 1 Rn. 23a.
[187] GewStR 9.2 Abs. 1.
[188] Blümich/Gosch GewStG § 9 Rn. 51, m. w. N.

dem Steuerpflichtigen aber auch zugleich ein Wahlrecht auf die erweiterte Grundstückskürzung eingeräumt, wobei eine Nichtausübung dieses Wahlrechts unter bestimmten Umständen sinnvoll sein kann. Denn wird die erweiterte Grundstückskürzung beantragt, so findet im vollen Umfang die „einfache" Grundstückskürzung keine Anwendung mehr. Sind beispielsweise die Voraussetzungen für die erweiterte Grundstückskürzung erfüllt, entfällt auf die Verwaltung und Nutzung des eigenen Grundbesitz ein negativer Gewerbeertrag und zugleich ein positiver Gewerbeertrag auf die zwar erlaubten aber nicht begünstigten sonstigen gewerblichen Aktivitäten, so würde eine erweiterte Grundstückskürzung zwar zulässig aber ohne Auswirkung bleiben. Die „einfache" Grundstückskürzung hingegen beschränkt sich nicht nur auf den Teil der Verwaltung und Nutzung des eigenen Grundbesitzes, woraus bei einem insgesamt positiven Gewerbeertrag eine Kürzung resultiert.

b) Verwaltung und Nutzung des eigenen Grundbesitzes

aa) Begriff „Verwaltung und Nutzung"

Die Verwaltung und Nutzung eigenen Grundbesitzes entspricht dem Begriff der Vermögensverwaltung. Die Grundsätze zur Abgrenzung Vermögensverwaltung und Gewerblichkeit können daher auch auf die Abgrenzung Verwaltung und Nutzung eigenen Grundbesitzes zur gewerblichen Tätigkeit angewandt werden.[189] Danach sind Gesellschaften mit einer nur reinen vermögensverwaltenden Tätigkeit begünstigt. Sollte die Tätigkeit der Gesellschaft einen gewerblichen Charakter annehmen, so ist eine Begünstigung vollständig ausgeschlossen.[190] Der BFH hat in einer Reihe von Streitfällen zur entsprechenden Abgrenzungsproblematik Stellung bezogen und eine begünstigte Tätigkeit verneint.[191] So liegt beispielsweise keine begünstigte Verwaltung und Nutzung bei einer Betriebsverpachtung vor, da in diesem Fall auch Vermögen anderer Art verwaltet und genutzt wird.[192] Auch die Anschaffung und Verwaltung von Grundstücken in der Absicht, sie später zu bebauen und zu veräußern begründet eine nicht begünstigte Tätigkeit.[193] Bereits eine nur zeitweise ausgeübte schädliche Tätigkeit schließt die erweiterte Grundstückskürzung aus.[194]

Es gibt aber auch – von der Rechtsprechung entwickelte – nicht begünstigungsschädliche sondern vielmehr auch **von der Kürzung umfasste Nebentätigkeiten,** wenn sie der Verwaltung und Nutzung eigenen Grundbesitzes im engeren Sinne dienen und als zwingend notwendiger Teil einer wirtschaftlich sinnvoll gestalteten eigenen Grundstücksverwaltung und -nutzung angesehen

---

[189] Vgl. Blümich/*Gosch* GewStG § 9 Rn. 58, m.w.N; zur Abgrenzungsproblematik → Rn. 92ff.
[190] Vgl. Blümich/*Gosch* GewStG § 9 Rn. 57; Lenski/Steinberg/*Roser* GewStG § 9 Rn 101.
[191] Vgl. Blümich/Gosch GewStG § 9 Rn. 60.
[192] BFH 14.6.2005 – VIII R 3/03, BStBl. II 2005, 778; GewStH 9.2 Abs. 2 „Betriebsverpachtung".
[193] BFH 7.4.1967 – VI R 285/66, BStBl. III 1967, 616; BFH 7.4.1967 – VI R 26/67, BStBl. III 1967, 677.
[194] GewStH 9.1 Abs. 1 „Zeitweise Ausübung einer steuerschädlichen Tätigkeit".

werden können.[195] Hierzu zählt insbesondere der Betrieb notwendiger Sondereinrichtungen für die Mieter und von notwendigen Sondereinrichtungen im Rahmen der allgemeinen Wohnungsbewirtschaftung, etwa die Unterhaltung von zentralen Heizungsanlagen, Gartenanlagen und Ähnlichem. Eine darüber hinausgehende Mitvermietung von (nicht fest mit dem Grundstück verbundenen) **Betriebsvorrichtungen** schließt die Kürzung regelmäßig aus.[196] Dies sollte jedoch nicht für Betriebsvorrichtungen gelten, welche fest mit dem Grundstück verbunden sind, wie z. B. Lichtanlagen, Wasseranlagen, Brandmelde- und Sprinkleranlagen, Klimaanlagen und Belüftungen, Lastenaufzüge, Alarmmelder, Einbauschränke, Verkabelung usw.[197] Der BFH hatte sich in einem weiteren Urteil zu etwaigen schädlichen Grenzen von Betriebsvorrichtungen im Verhältnis zu den gesamten Herstellungskosten geäußert.[198] Hiernach sollen auf jeden Fall für die erweiterte Grundstückskürzung schädliche Maßnahmen vorliegen, wenn die Herstellungskosten der überlassenen Betriebsvorrichtungen mehr als 44 % der Herstellungskosten der überlassenen Gebäude betragen. Umgekehrt heißt dieses jedoch nicht, dass bei einem Verhältnis von unter 44 % dieses zu einer nicht begünstigungsschädliche Nebentätigkeiten führt. Jedoch ein Verhältnis von lediglich 2,88 % sei wohl unschädlich.[199]

Der BFH hatte sich zu einer genauen Grenze von **unschädlichen Betriebsvorrichtungen** im Verhältnis zu den gesamten Herstellungskosten leider nicht geäußert. Vielmehr muss auch auf das Verhältnis der Gesamterträge abgestellt werden. Hiernach liegt ein nicht schädliches Nebengeschäft vor, wenn der Reingewinn (nicht die Einnahmen!) des Nebengeschäfts im Verhältnis zum gewerbesteuerpflichtigen Gewinn 10 % nicht übersteigt.[200] Jedoch könnte auch das jüngste Urteil des BFH[201] zu Grenzen bei einer gewerblichen Infektion bzw. Abfärbung i. S. des § 15 Abs. 3 Nr. 1 EStG auch für Zwecke der erweiterten Grundstückskürzung herangezogen werden. Danach soll eine gewerbliche Tätigkeit unschädlich sein, wenn die Nettoumsatzerlöse 3 % der Gesamtnettoumsatzerlöse der Gesellschaft und den Betrag von 24.500 EUR im Veranlagungszeitraum nicht übersteigen. Es müssen kumulativ beide Voraussetzungen erfüllt sein, wobei sich der Betrag von 24.500 EUR am Gewerbesteuerfreibetrag gem. § 11 Abs. 1 Satz 3 Nr. 1 GewStG orientiert, welcher nur für natürliche Personen und Personengesellschaften gilt. Eine Anwendung dieser Rechtsprechung auf Kapitalgesellschaften ist daher eher zweifelhaft. Um etwaige Risiken zu vermeiden, könnte eine Überführung (z. B. im Rahmen einer Ausgliederung) der Betriebsvorrichtungen in eine gesonderte Gesellschaft in Erwägung gezogen werden.

---

[195] BFH 14.6.2005 – VIII R 3/03, BStBl. II 2005, 778, Tz. II 2a; vgl. auch GewStR 9.2 Abs. 2 Satz 3 und Abs. 3; kritisch zu den Nebentätigkeiten Blümich/*Gosch* GewStG § 9 Rn. 72.
[196] Vgl. auch BFH 22.6.1977 – I R 50/75, BStBl. II 1977, 778; GewStH 9.2 Abs. 2 „Betriebsvorrichtungen".
[197] Blümich/*Gosch* GewStG § 9 Rn. 71.
[198] BFH 22.8.1990 – I R 66/88, BStBl. II 1991, 249.
[199] Vgl. BFH 4.10.2006 – VIII R 48/05, BeckRS 2006, 25010896.
[200] Vgl. BFH 12.9.1985 – VIII R 241/81; BFH 26.2.1992 – I R 53/90, BStBl. II 1992, 738; BFH 4.10.2006 – VIII R 48/05.
[201] BFH 27.8.2014 – VIII R 6/12, DStR 2015, 345.

§ 7 Laufende Besteuerung 68–70 **§ 7**

Ein unmittelbarer Ausfluss der verwaltenden und nutzenden Tätigkeit soll hingegen die Verwaltung von **Mietkautionen** ohne Gewinnerzielungsabsicht, die Kreditmittelbeschaffung für die verwaltende und nutzende Tätigkeit sowie die gelegentliche **Veräußerung** eines Grundstücks bzw. der Anteil an einer grundstücksverwaltenden Personengesellschaft sein.[202] 68

bb) Begriff „eigener Grundbesitz"

Der **Begriff des Grundbesitzes** richtet sich nach den Vorschriften des BewG.[203] Zum Grundbesitz i. S. d. § 9 Nr. 1 Satz 2 GewStG gehören somit nicht Betriebsvorrichtungen, auch wenn sie wesentliche Bestandteile des Grundstücks sind, wohl aber Grundstücksteile, die nur wegen der Eigenart ihrer Nutzung durch den Mieter Betriebsvorrichtungen darstellen.[204] 69

Das Tatbestandsmerkmal „**eigener Grundbesitz**" knüpft grundsätzlich an das zivilrechtliche Eigentum an und nicht an die steuerliche Zuordnung.[205] Jedoch muss der Grundbesitz immer zum „steuerlichen" Betriebsvermögen des Unternehmens gehören; hierzu gehört auch das Sonderbetriebsvermögen.[206] Es handelt sich dabei um zwei getrennt voneinander zu beurteilende Tatbestandsmerkmale, die jedoch beide unabdingbar für die erweiterte Grundstückskürzung sind. Nach dem Wortlaut des § 20 Abs. 1 Satz 2 GewStDV muss das Grundstück zu Beginn des Kalenderjahres Betriebsvermögen sein, denn § 20 Abs. 1 unterscheidet nicht zwischen § 9 Nr. 1 Satz 1 und 2 GewStG. Abweichend hiervon ist nach Auffassung der Finanzverwaltung[207] nicht auf den Stand an einem bestimmten Stichtag abzustellen. Es ist demnach auch unschädlich, wenn das Grundstück zu Beginn des Kalenderjahres nicht dem Betriebsvermögen des Unternehmens zugehörig ist. In der Literatur ist es streitig, ob es diese Auffassung sachgerecht ist. Nur nach dem Sinn und Zweck der Vorschrift könnte dem durchaus zugestimmt werden, jedoch entspricht dieses nicht dem Wortlaut der gesetzlichen Regelung und ist daher wohl abzulehnen.[208] Auch der BFH ist geneigt, auf den Beginn des Kalenderjahres abzustellen.[209] Selbst unter der Annahme, dass ein unterjähriger Erwerb eines Grundstücks für Zwecke des Vorliegens von Betriebsvermögens unschädlich ist, sollte dennoch zwingend beachtet werden, dass unstreitig im ganzen Erhebungszeitraum die Haupttätigkeit in der schlichten Verwaltung und Nutzung eigenen Grundbesitzes durchgängig bestehen muss, 70

---

[202] Blümich/*Gosch* GewStG § 9 Rn. 71, 73; GewStR 9.2 Abs. 2 Satz 3 und Abs. 3; GewStH 9.2 Abs. 2 „Nebentätigkeiten".
[203] GewStH 9.2 Abs. 2 „Eigener Grundbesitz".
[204] Vgl. BFH 22.6.1977 – I R 50/75, BStBl. II 1977, 778; GewStH 9.2 Abs. 2 „Eigener Grundbesitz"; zur schädlichen Nebentätigkeit bei Mitvermietung von Betriebsvorrichtungen → Rn. 67.
[205] Vgl. Blümich/*Gosch* GewStG § 9 Rn. 65.
[206] Vgl. Blümich/*Gosch* GewStG § 9 Rn. 65c.
[207] GewStR 9.2 Abs. 1 Satz 4.
[208] Vgl. Frotscher/Maas/*Schnitter* GewStG § 9 Rn. 47; Blümich/*Gosch* GewStG § 9 Rn. 67; a. A.: Lenski/Steinberg/*Roser* GewStG § 9 Rn. 121; Glanegger/Güroff/*Güroff* GewStG § 9 Nr. 1 Rn. 21a.
[209] BFH 20.1.1982 – I R 201/78, BStBl. II 1982, 477.

um die erweiterte Grundstückskürzung in Anspruch nehmen zu können.[210]

71 Bei verschiedenen gesellschaftsrechtlichen Strukturen kann jedoch **kein „eigener Grundbesitz"** angenommen werden. So ist ein Unternehmen, das neben der eigenen Grundstücksverwaltung als Mitunternehmer an einer nur grundstücksverwaltenden, **gewerblich geprägten Personengesellschaft** beteiligt ist, nicht begünstigt.[211] Dieses beruht auf der Tatsache, dass die Beteiligung an einer gewerblich geprägten Personengesellschaft keine „Verwaltung und Nutzung eigenen Vermögens" darstellt, denn das Grundstück ist zivilrechtlich der gewerblich geprägten Personengesellschaft zugehörig und befindet sich ebenfalls in deren steuerlichen Betriebsvermögen. Für die Beteiligung an der gewerblich geprägten Personengesellschaft scheidet auch eine unschädliche Nebentätigkeit in Rahmen einer Verwaltung und Nutzung von Kapitalvermögen aus, insbesondere da die Beteiligung zu Einkünften aus Gewerbebetrieb führt. Nach Auffassung des BFH gelten diese Grundsätze auch, wenn sich ein Grundstücksunternehmen an einer vermögensverwaltenden – nicht gewerblich geprägten – Personengesellschaft (sog. **Zebragesellschaft**) beteiligt. Trotz der ertragsteuerrechtlichen Zurechnung der einzelnen Wirtschaftsgüter nach § 39 Abs. 2 Nr. 2 AO verwaltet und nutzt die Grundstücksgesellschaft nicht ausschließlich eigenen Grundbesitz.[212] Auch hier ist auf die zivilrechtliche Sichtweise abzustellen, nach der sich das Grundstück im Gesamthandsvermögen der Personengesellschaft befindet und es sich aus Sicht des Gesellschafters um fremden Grundbesitz handelt.[213]

72 Unabhängig davon geht der BFH noch weiter und erörtert, dass das Halten einer **Komplementärbeteiligung von einer GmbH** an einer vermögensverwaltenden KG eine Tätigkeit sein soll, die nicht zu dem abschließenden Katalog an steuerlich unschädlichen (Neben-)Tätigkeiten eines Grundstücksunternehmens gehört. Die erweiterte Grundstückskürzung soll allein deswegen nicht möglich sein.[214] Somit schließt nach Auffassung des BFH das Halten einer Beteiligung an einer (vermögensverwaltenden) Mitunternehmerschaft die erweiterte Grundstückskürzung unabhängig vom Umfang der Beteiligung und der daraus erzielten Einkünfte grundsätzlich aus. Diese Auffassung wird ebenfalls von der Finanzverwaltung geteilt.[215]

73 Die **bisherige Rechtsprechung des BFH** steht jedoch auf dem Prüfstand. Das FG Berlin-Brandenburg hat in jüngerer Rechtsprechung, mit einer m. E. zutreffenden Begründung, entgegen dem BFH entschieden, indem nicht auf die zivilrechtliche sondern auf die steuerrechtliche Sichtweise abgestellt

---

[210] So auch BFH 20.1.1982 – I R 201/78, BStBl. II 1982, 477; BFH 8.6.1978 – I R 68/75, BStBl. II 1978, 505; BFH 29.3.1973 – I R 199/72, BStBl. II 1973, 563.
[211] Vgl. BFH 22.1.1992 – I R 61/90, BStBl. II 1992, 628; GewStH 9.2 Abs. 2 „Eigener Grundbesitz"; a. A. *Dräger* DB 2015, 1123.
[212] Vgl. BFH 19.10.2010 – I R 67/09, BStBl. II 2011, 367.
[213] Vgl. auch *Dorn* DStR 2013, 2485, Beispiel 3a; Lenski/Steinberg/*Roser* GewStG § 9 Rn 125a; kritisch: *Dräger* DB 2015, 1123.
[214] Vgl. BFH 19.10.2010 – I R 67/09, BStBl. II 2011, 367, Tz. 9 und 10.
[215] Vgl. auch GewStH 9.2 Abs. 2 „Mitunternehmerische Beteiligung"; vgl. auch weitere verschiedene Fallgestaltungen von *Dorn* DStR 2013, 2485.

werden soll.[216] Somit ist bei einer Beteiligung an einer vermögensverwaltenden Personengesellschaft unter Anwendung der „Bruchteilsbetrachtung" sehrwohl eigener Grundbesitz anzunehmen. Auch hat das Finanzgericht in dem Halten einer Beteiligung keine für die erweiterte Grundstückskürzung schädliche Tätigkeit gesehen. Es bleibt abzuwarten, ob der BFH die Auffassung des Finanzgerichts in den anhängigen Urteilen zustimmt und damit seine bisherige Rechtsaufassung ändert.[217]

cc) Erlaubte Nebentätigkeiten

Als **erlaubte bzw. nicht schädliche Nebentätigkeiten** gelten die „Verwaltung und Nutzung eigenen Kapitalvermögens", „Betreuung von Wohnungsbauten" und „Errichtung und Veräußerung von Einfamilienhäusern, Zweifamilienhäusern, Eigentumswohnungen und Teileigentum". Soweit lediglich diese Nebentätigkeiten vorliegen, ist die erweiterte Grundstückskürzung auf den Teil des Gewebeertrags anwendbar, der auf die Verwaltung und Nutzung eigenen Grundbesitzes entfällt. Der Teil des Gewerbeertrags, der auf die Nebentätigkeiten entfällt, ist nicht begünstigt. **74**

Im Rahmen der **Verwaltung und Nutzung eigenen Kapitalvermögens** ist die Definition des eigenen Kapitalvermögens im Sinne dieser Vorschrift gleichzusetzen mit den Einkünften aus Kapitalvermögen nach § 20 EStG. Im Wesentlichen gelten die Ausführungen zu der Verwaltung und Nutzung von Grundbesitz auch für die Verwaltung und Nutzung von Kapitalvermögen. So muss auch das Kapitalvermögen zivilrechtlich dem Steuerpflichtigen zugehörig sein, sowie auch zu seinem Betriebsvermögen gehören.[218] Die Tätigkeit darf ebenfalls nicht als gewerblich zu qualifizieren sein, sondern muss im Rahmen der privaten Vermögensverwaltung bleiben.[219] Wann die Grenzen der Vermögensverwaltung überschritten werden, ist im Einzelfall zu prüfen. Ein erheblicher Kauf und Verkauf von Wertpapieren kann grundsätzlich noch als Vermögensverwaltung angesehen werden, solange sich dies im gewöhnlichen Rahmen bewegt, wie sie bei Privatleuten die Regel sind.[220] **75**

Die **Betreuung von Wohnungsbauten** umfasst sowohl die Baubetreuung bei der Errichtung von Wohngebäuden als auch die Bewirtschaftungsbetreuung bei bereits fertig gestellten Wohngebäuden. Die Verwaltung bereits fertig gestellter fremder Gebäude ist auch dann als Betreuung von Wohnungsbauten anzusehen, wenn diese Gebäude vom Grundstücksunternehmer **76**

---

[216] FG Berlin-Brandenburg 6.5.2014 – 6 K 6091/12, DStRE 2014, 1232; Rev. IV R 27/14; FG Berlin-Brandenburg 6.5.2014 – 6 K 6322/13, EFG 2014, 1420 – Rev. IV R 26/14; FG Hessen 7.5.2012 – 8 K 2580/11, BeckRS 2012, 96451; Rev. IV R 24/12 stellt hingegen auf die zivilrechtliche Sichtweise ab.
[217] FG Berlin-Brandenburg 6.5.2014 – 6 K 6091/12, DStRE 2014, 1232; Rev. IV R 27/14; FG-Berlin-Bradenburg 6.5.2014 – 6 K 6322/13, EFG 2014, 1420; Rev. IV R 26/14; vgl. auch *Wienke* DB 2014, 2801; *Bodden* DStR 2014, 2208.
[218] Die Ausführungen zur „Verwaltung und Nutzung eigenen Grundbesitzes" gelten entsprechend → Rn. 70.
[219] Siehe auch Blümich/*Bode* EStG § 15 Rn. 110 und 111; Rechtsprechung zur Abgrenzungsproblematik vgl. Blümich/*Gosch* GewStG § 9 Rn. 89 ff.
[220] Siehe Blümich/*Bode* EStG § 15 Rn. 153 f.

nicht selbst errichtet worden sind.[221] Insbesondere eine Betreuung von solchen fremden Wohnungsbauten wird in der Regel gewerblichen Charakter haben. Jedoch ist ein gewerblicher Charakter bei der Betreuung von Wohnungsbauten unschädlich.[222] Der Begriff „Wohnungsbauten" umfasst lediglich zu Wohnzwecken dienende Gebäude wie z. B. Mietgrundstücke, Einfamilienhäuser sowie Häuser die aus Eigentumswohnungen bestehen. Betrieblich genutzte Grundstücke sind ausdrücklich nicht hiervon umfasst. Ebenso wenig sind gemischt genutzte Grundstücke vom Gesetzeswortlaut umfasst. Jedoch wird in der Literatur teilweise die Auffassung vertreten, dass auch gemischt genutzte Grundstücke einbezogen werden, wenn sie zu 66 ⅔ % Wohnzwecken dienen.[223]

77 Im Rahmen der **Errichtung und Veräußerung von Einfamilienhäusern, Zweifamilienhäusern, Eigentumswohnungen und Teileigentum** sind die Begriffsbestimmungen von Einfamilienhäusern, Zweifamilienhäusern, Eigentumswohnungen und Teileigentum an die gesetzlichen Regelungen des § 75 BewG angelehnt. Wobei eine Feststellung in einem Einheitswertbescheid für Zwecke der erweiterten Grundstückskürzung nicht zwingend bindend ist und somit die Begriffe für gewerbesteuerliche Zwecke anders ausgelegt werden können.[224] Hiernach ist ein Einfamilienhaus ein Haus, das die Wohnung für eine Familie enthält bzw. hierfür bestimmt ist. Entscheidend ist die bauliche Gestaltung. Gleiches gilt für ein Zweifamilienhaus, mit dem Unterschied, dass das Gebäude nicht mehr als zwei Wohnungen beinhaltet und kein Einfamilienhaus ist.[225] Als Eigentumswohnung ist ein Gebäudeteil zu verstehen, an dem Wohnungseigentum i. S. d. WEG begründet worden ist. Teileigentum ist nach § 1 Abs. 3 WEG das Sondereigentum an nicht zu Wohnzwecken dienenden Räumen eines Gebäudes i. V. m. dem Miteigentumsanteil an dem gemeinschaftlichen Eigentum, zu dem es gehört. Das Gebäude muss zudem zu mehr als 66⅔% Wohnzwecken dienen. Die erlaubte Nebentätigkeit der Errichtung und Veräußerung der vorgenannten Immobilien hat regelmäßig gewerblichen Charakter, ist jedoch, wie auch bei der Betreuung von Wohnungsbauten, unschädlich.[226]

c) Besondere Ausschlussgründe für die Begünstigung, § 9 Nr. 1 Satz 5 und 6 GewStG

aa) Grundstücke im Dienste eines Gesellschafters oder Genossen

78 Nach § 9 Nr. 1 Satz 5 Nr. 1 GewStG gilt die **erweiterte Grundstückskürzung** nicht, wenn der Grundbesitz ganz oder zum Teil dem Gewerbebetrieb eines Gesellschafters oder Genossen dient. Zweck der Vorschrift ist die Gleichstellung mit natürlichen Personen und die Vermeidung damit verbundener Gestaltungen von Grundstücksunternehmen, die die erweiterte Grund-

---
[221] GewStH 9.2 Abs. 2 „Betreuung von Wohnungsbauten".
[222] Vgl. Lenski/Steinberg/*Roser* GewStG § 9 Rn. 175.
[223] Vgl. Lenski/Steinberg/*Roser* GewStG § 9 Rn. 173; Glanegger/Güroff/*Güroff* GewStG § 9 Nr. 1 Rn. 29; a. A. Blümich/*Gosch* GewStG § 9 Rn. 94.
[224] Vgl. Blümich/*Gosch* GewStG § 9 Rn. 100.
[225] Vgl. auch BFH 20.9.2000 – II R 7/99, BFH/NV 2001, 428.
[226] Vgl. auch Blümich/*Gosch* GewStG § 9 Rn. 100 ff.

§ 7 Laufende Besteuerung

stückskürzung beanspruchen können, obwohl deren Gesellschafter das Grundstück innerhalb seines Gewerbebetriebs nutzt. Ohne diesen Ausschluss könnte beispielsweise eine Grundstücks-GmbH die erweiterte Grundstückskürzung in Anspruch nehmen, die sich selbst auf eine rein begünstigte Vermögensverwaltung beschränkt, deren Gesellschafter bzw. Genosse jedoch mit dem Grundbesitz eine begünstigungsschädliche gewerbliche Tätigkeit ausübt. Zum Vergleich, bei natürlichen Personen würde der Grundbesitz gewerbesteuerlich verstrickt bleiben.[227] Der Gesetzgeber sieht in diesem Fall die Voraussetzungen für eine Begünstigung des Grundstücksunternehmens nicht mehr als gegeben an, weil bei einer Nutzung des Grundstücks im Gewerbebetrieb des Gesellschafters ohne Zwischenschaltung eines weiteren Rechtsträgers die Grundstückserträge in den Gewerbeertrag einfließen und damit der Gewerbesteuer unterliegen würden.[228]

Der **Begriff des „Gesellschafters bzw. Genossen"** ist grundsätzlich steuerlich zu verstehen.[229] Der Umfang der Beteiligung ist unerheblich und somit kann auch bereits eine geringe Beteiligung die erweiterte Grundstückskürzung ausschließen. Grundsätzlich ist eine erweiterte Grundstückskürzung auch ausgeschlossen, wenn ein Komplementär nicht am Vermögen sowie Gewinn und Verlust beteiligt ist.[230] Ob dieses auch für einen Kommanditisten gilt, der nicht am Vermögen sowie Gewinn und Verlust beteiligt ist, bleibt offen.[231] Auch hat der BFH offen gelassen, ob ein Bagatellanteil von 1 % unschädlich ist.[232] Ein solcher Bagatellanteil könnte jedoch nur für eine Nutzung des Grundstücks durch einen Kommanditisten gelten und nicht durch einen persönlich haftenden Gesellschafter.[233] Auch ist es schädlich, wenn das Grundstück den Gesellschafter nur für eine kurze Zeit (z. B. zwei oder drei Tage) überlassen wird.[234] Streitig ist, ob eine Überlassung des Grundstücks nur zu einem ganz unwesentlichen Teil unschädlich sein könnte.[235] Nach dem Wortlaut des Gesetzes sollte jede Überlassung – unabhängig vom Umfang – schädlich sein. Jedoch ist aus der Rechtsprechung zu erkennen, dass eine gewisse Bagatellgrenze gewollt – jedoch der Höhe nach noch unbestimmt – ist und somit sehr geringe

---

[227] Vgl. auch Lenski/Steinberg/*Roser* GewStG § 9 Rn. 193.
[228] BFH 17.1.2006 – VIII R 60/02, BStBl. II 2006, 434.
[229] Vgl. Lenski/Steinberg/*Roser* GewStG § 9 Rn. 194.
[230] BFH 7.8.2008 – IV R 36/07, BStBl. II 2010, 988; BFH v. 22.1.2009 – IV R 80/06, BFH/NV 2009, 1279.
[231] FG Niedersachsen 2.3.2006 – 10 K 574/02, EFG 2006, 1691 hat die erweiterte Grundstückskürzung bei einem entsprechenden Komplementär für anwendbar gehalten. Jedoch hat BFH 22.1.2009 – IV R 80/06, BFH/NV 2009, 1279 in der Revision anders entschieden. Es bleibt abzuwarten, ob die Grundsätze des FG Niedersachsen auf einen Kommanditisten übertragbar sind. Siehe auch Lenski/Steinberg/*Roser* GewStG § 9 Rn. 197.
[232] BFH 7.4.2005 – IV R 34/03, BStBl. II 2005, 576; BFH 26.6.2007 – IV R 9/05, BFH/NV 2007, 2197.
[233] BFH 7.8.2008 – IV R 36/07, BStBl. II 2010, 988, Tz. II b cc, m.w.N.; vgl. auch Lenski/Steinberg/*Roser* GewStG § 9 Rn. 195, 197.
[234] BFH 7.4.2005 – IV R 34/03, BStBl. II 2005, 576; BFH 11.8.2004 – I R 89/03, BStBl. II 2004, 1080; BFH 8.6.1978 – I R 68/75, BStBl. II 1978, 505.
[235] Zustimmend: Lenski/Steinberg/*Roser* GewStG § 9 Rn. 207, m.w.N.; Ablehnend: Glanegger/Güroff/*Güroff* GewStG § 9 Nr. 1 Rn. 33 f., m.w.N.; Blümich/*Gosch* GewStG § 9 Rn. 108, m.w.N.

Überlassungen unschädlich sein könnten. Diese Sichtweise wäre zumindest mit der Beurteilung von etwaigen geringen schädlichen Nebentätigkeiten einheitlich.[236] Die vorstehenden Ausführungen gelten jedoch nicht, wenn der Gesellschafter bzw. Genosse von der Gewerbesteuer befreit ist. In diesem Fall ist die erweiterte Grundstückskürzung zu gewähren.[237]

Als **Gesellschafter** i. S. d. § 9 Nr. 1 Satz 5 Nr. 1 GewStG sind auch mittelbare Beteiligungen über Personengesellschaften einzubeziehen.[238] Danach ist es für die erweiterte Grundstückskürzung auch schädlich, wenn nur ein Gesellschafter der Personengesellschaft gleichzeitig Gesellschafter des Grundstücksunternehmens ist und die Personengesellschaft das Grundstück entsprechend nutzt.[239] Eine Kapitalgesellschaft hat hingegen eine abschirmende Wirkung und entsprechende mittelbare Beteiligungen sind somit unschädlich.[240]

80   Der **Begriff des „Dienens"** umfasst im Wesentlichen eine Nutzungsüberlassung des Grundstücks. Auch soll ein „Dienen" angenommen werden, wenn der Grundbesitz den Zwecken des Gesellschafters bei dem Betrieb seines Gewerbebetriebs auf andere Weise hilfreich bzw. unterstützend eingesetzt wird.[241] Als eine Gestaltungsvariante könnte die Einräumung eines Erbbaurechts zugunsten des Gesellschafters durch die Gesellschaft in Betracht kommen. Denn in diesem Fall dient nicht das Grundstück sondern das Erbbaurecht selbst dem Gesellschafter.[242] Dieses gilt jedoch nicht, wenn die Grundstücksgesellschaft ein ihr zustehendes Erbbaurecht ihrem Gesellschafter zu gewerblichen Zwecken überlässt.[243]

bb) Sondervergütungen an Mitunternehmer

81   **Nach § 9 Abs. 1 Satz 5 Nr. 1a GewStG gilt die erweiterte Grundstückskürzung nicht**, soweit der Gewerbeertrag Sondervergütungen i. S. des § 15 Abs. 1 Satz 1 Nr. 2 Satz 1 EStG enthält, die nicht in der Überlassung von Grundbesitz bestehen. Sollten hiernach „andere" Sondervergütungen vorliegen, so ist die erweiterte Grundstückskürzung nicht vollständig ausgeschlossen, sondern nur „soweit" die Sondervergütungen nicht auf der Überlassung von Grundbesitz beruhen (z. B. in der Darlehensgewährung). Der Sinn und Zweck dieser Vorschrift beruht auf der Vermeidung von Gestaltungen, bei denen mit einem kleinen mitunternehmerischen Anteil die Entgelte für erbrachte Leistungen und Nutzungsüberlassungen in die erweiterte Kürzung einbezogen werden.[244]

---

[236] → Rn. 67.
[237] Vgl. BFH 26.6.2007 – IV R 9/05, BFH/NV 2007, 2197.
[238] BFH 15.12.1998 – VIII R 77/93, BStBl. II 1999, 168.
[239] Vgl. BFH 18.12.1974 – I R 10/73, BStBl. II 1975, 268.
[240] Vgl. BFH 15.4.1999 – IV R 11/98, BStBl. II 1999, 532; BFH 22.10.1986 – I R 180/82, BStBl. II 1987, 117; BFH 1.8.1979 – I R 111/78, BStBl. II 1980, 77; OFD Kiel 25.1.2000 –, DStR 2000, 877.
[241] Lenski/Steinberg/*Roser* GewStG § 9 Rn. 201, mit Verweis auf BFH 28.7.1993 – I R 35, 36/92, BStBl. II 1994, 46.
[242] Vgl. BFH 17.1.1968 – I 5/65, BStBl. II 1968, 353.
[243] Vgl. Blümich/*Gosch* GewStG § 9 Rn. 109.
[244] Vgl. Lenski/Steinberg/*Roser* GewStG § 9 Rn. 212 f.; Blümich/*Gosch* GewStG § 9 Rn. 109 b ff.

cc) Gewinne aus der Aufdeckung stiller Reserven

Nach § 9 Abs. 1 Satz 5 Nr. 2 GewStG gilt die **erweiterte Grund-** 82
stückskürzung nicht soweit der Gewerbeertrag Gewinne aus der Auflösung
stiller Reserven aus dem Grundvermögen enthält, der innerhalb von drei Jahren
vor der Aufdeckung der stillen Reserven zu einem unter dem Teilwert liegenden
Wert in das Betriebsvermögen des aufdeckenden Gewerbebetriebs überführt
oder übertragen worden ist, und soweit diese Gewinne auf bis zur Überführung
oder Übertragung entstandenen stillen Reserven entfallen. Diese Regelung
versagt die erweiterte Grundstückskürzung nur für den Teil der im Veräußerungsgewinn enthaltenen realisierten stillen Reserven, die bis zum Zeitpunkt
der Überführung bzw. Übertragung entstanden sind. Auch diese Vorschrift
dient der Vorbeugung etwaiger Gestaltungen. Anderenfalls könnte beispielsweise eine Kapitalgesellschaft Grundbesitz in eine grundstücksverwaltende Personengesellschaft gem. § 6 Abs. 5 Satz 2 EStG oder § 24 UmwStG zu einem unter
dem Teilwert liegenden Wert einbringen und daraufhin unter Berücksichtigung
der erweiterten Grundstückskürzung im Ergebnis gewerbesteuerfrei veräußern.[245]

Die Begriffe „überführt" und „übertragen" orientieren sich an der 83
einkommensteuerrechtlichen Bedeutung.[246] Auch die Frist von drei Jahren
zur Aufdeckung der stillen Reserven, ist an die einkommensteuerrechtliche
Sperrfrist des § 6 Abs. 5 Satz 4 EStG angelehnt. Jedoch stellt § 6 Abs. 5 Satz 4
EStG für den Beginn der „Drei-Jahres-Sperrfrist" auf die Abgabe der Steuererklärung ab, wohingegen § 9 Abs. 1 Satz 5 Nr. 2 GewStG einen solchen
Beginn nicht regelt und lediglich die drei Jahre umfasst. Dieses kann zu einer
Verzerrung zwischen der Einkommens- und Gewerbebesteuerung führen. So
könnte beispielsweise nach § 6 Abs. 5 Satz 4 EStG eine Aufdeckung und Besteuerung der stillen Reserven zu einem Zeitpunkt verlangt werden, in dem
die erweiterte Grundstückskürzung aufgrund der früher endenden gewerbesteuerlichen „Drei-Jahres-Frist" bereits wieder zulässig ist.[247]

dd) Gewinne aus der Veräußerung oder Aufgabe

Nach § 9 Nr. 1 Satz 6 GewStG ist die **erweiterte Grundstückskürzung** 84
auch für den Teil des Gewerbeertrags ausgeschlossen, der auf Veräußerungs-
oder Aufgabegewinne im Sinne des § 7 Satz 2 Nr. 2 und 3 GewStG entfällt.
Es sind somit ausschließlich Veräußerungen von Anteilen i. S. von § 7 Satz 2
Nr. 2 und 3 GewStG beteiligter Kapitalgesellschaften und Personengesellschaften betroffen. Folglich sind andere Vorgänge die der Gewerbesteuer unterliegen
– z. B. § 18 Abs. 3 UmwStG – hiervon nicht umfasst.[248] Die Vorschrift ähnelt
hinsichtlich dem Sinn und Zweck im Grundsatz dem § 9 Nr. 1 Satz 5 Nr. 2
GewStG. Jedoch sind speziellere Fallgestaltungen betroffen. Es soll verhindert
werden, dass Kapital- oder Personengesellschaften Grundstücke zum Buchwert
in eine grundstücksverwaltende Personengesellschaft einbringen und daraufhin

---

[245] Lenski/Steinberg/*Roser* GewStG § 9 Rn. 216.
[246] Vgl. Lenski/Steinberg/*Roser* GewStG § 9 Rn. 217.
[247] Blümich/*Gosch* GewStG § 9 Rn. 111a; Lenski/Steinberg/*Roser* GewStG § 9 Rn. 222.
[248] Vgl. Glanegger/Güroff/Güroff GewStG § 9 Nr. 1 Rn. 36; Blümich/*Gosch* GewStG
§ 9 Rn. 112; BFH 18.12.2014, BFH/NV 2015, 918.

die dafür eingeräumten Gesellschaftsanteile mit Gewinn veräußern, der wegen der erweiterten Grundstückskürzung nicht der Gewerbesteuer unterliegen würden.[249]

d) Sonderfälle

aa) Leasing

85 Unternehmen, die auf Grund von **Leasingverträgen** anderen Personen Grundbesitz zum Gebrauch überlassen, können die erweiterte Kürzung in Anspruch nehmen, wenn ihre Betätigung für sich betrachtet ihrer Natur nach keinen Gewerbebetrieb darstellt, sondern als Vermögensverwaltung anzusehen ist.[250] Eine solche Immobilienleasing-Gesellschaft muss, um als Leasinggeberin angesehen werden zu können, wirtschaftliche Eigentümerin der Gebäude sein.[251] Auch darf die Leasingnehmer-Gesellschaft nicht auch an der Leasinggeber-Gesellschaft beteiligt sein.[252]

bb) Organschaft

86 Bei der **Organschaft** sind die Voraussetzungen für die erweiterte Grundstückskürzung mit Wirkung auf den im Organkreis erzielten und beim Organträger zusammenzurechnenden Gewerbeertrag für die zum Organkreis gehörenden Unternehmen gesondert zu prüfen. Ob die erweiterte Kürzung bei dem einzelnen Unternehmen des Organkreises zu berücksichtigen ist, richtet sich jeweils allein nach den bei diesem Unternehmen gegebenen Verhältnissen.[253] Die erweiterte Grundstückskürzung ist beim Organträger nicht deshalb zu versagen, weil die Organgesellschaft eine schädliche Tätigkeit ausübt.[254]

87 Anders sind die Rechtsfolgen bei einer konzerninternen Vermietung zu beurteilen. Gewerbesteuerlich haben der Organträger und die Organgesellschaft **jeweils eigene Geschäftsbetriebe**. Bei der Zusammenrechnung der getrennt ermittelten Gewerbeerträge sind jedoch sich ergebende steuerliche Doppelbelastungen und ungerechtfertigte steuerliche Entlastungen zu korrigieren.[255] Mietaufwendungen und Mieterträge innerhalb der Organschaft führen zu einer Konsolidierung und somit zu einem neutralen Vorgang.[256] Hieraus resultiert auch die Versagung der erweiterten Grundstückskürzung. Anderenfalls würde sich eine doppelte Vergünstigung im Organkreis – zum einen durch die Konsolidierung der betreffenden Mieterträge mit dem Mietaufwand und zum anderen durch die zusätzliche erweiterte Grundstückskürzung – ergeben. Fraglich ist, auf welcher Ebene die erweiterte Grundstückskürzung zur Nichtanwendung gelangt. Nach den allgemein anzuwendenden Grundsätzen führen Geschäftsbeziehungen innerhalb des Organkreises nicht zu Hinzurechnungen und Kürzungen, beispielsweise bei Zinsenaufwendun-

---

[249] Glanegger/Güroff/*Güroff* GewStG § 9 Nr. 1 Rn. 36.
[250] GewStR 9.2 Abs. 2 Satz 4.
[251] Lenski/Steinberg/*Roser* GewStG § 9 Rn. 148.
[252] Blümich/*Gosch* GewStG § 9 Rn. 61.
[253] GewStH 9.2 Abs. 2 „Organschaft".
[254] Vgl. BFH 30.7.1969 – I R 21/67, BStBl. II 1969, 629.
[255] Vgl. EStR 7.1 Abs. 5; BFH 18.5.2011 – X R 4/10, BStBl. II 2011, 887.
[256] Vgl. BFH 18.5.2011 – X R 4/10, BStBl. II 2011, 887.

gen einer Organgesellschaft innerhalb der Organschaft, wo eine Hinzurechnung bereits bei der Organgesellschaft unterbleibt. Somit ist die erweiterte Grundstückskürzung auch auf der Ebene der betreffenden (Organ-)gesellschaft zu versagen.[257] Dennoch kann anstatt dessen, die einfache Grundstückskürzung beansprucht werden.[258] Bei einer gemischten Vermietung (Vermietung des nicht ganzen Grundbesitzes innerhalb des Organkreises) sollte die erweiterte Grundstückskürzung insoweit anzuwenden sein, als den Erträgen keine korrespondierenden Aufwendungen gegenüberstehen.[259]

cc) Betriebsaufspaltung

Im Falle der **Betriebsaufspaltung** kann die Besitzgesellschaft die nur für die bloße Vermögensverwaltung von Grundbesitz geltende erweiterte Kürzung des § 9 Nr. 1 Satz 2 GewStG nicht in Anspruch nehmen.[260] Dieses beruht auf der Verflechtung mit der Betriebsgesellschaft und der damit verbundenen gewerblichen Tätigkeit. Teile der Literatur und Rechtsprechung vertreten die Auffassung, dass bei Vorliegen einer Besitz-Kapitalgesellschaft die erweiterte Grundstückskürzung grundsätzlich in Anspruch genommen werden könnte, es sei denn, die Besitz-Kapitalgesellschaft beschränkt sich nicht nur auf die Vermietungstätigkeit, sondern geht weiteren schädlichen Tätigkeiten nach oder ist selbst an der Betriebsgesellschaft beteiligt.[261]

Die **neuere Rechtsprechung** sieht die erweiterte Kürzung in der Konstellation der kapitalistischen Betriebsaufspaltung als nicht zulässig an. Denn die Kapitalgesellschaft wird als Besitzunternehmen über das übliche Maß der Vermögensverwaltung durch das Halten von Beteiligungen an (anderen) Kapitalgesellschaften hinaus tätig, wenn sie durch die persönliche und sachliche Verflechtung mit der Betriebsgesellschaft an der originär gewerblichen Tätigkeit jener Gesellschaft teilnimmt.[262]

dd) Bauten auf fremden Grund und Boden/Erbbaurechte

Bei **Bauten auf fremden Grund und Boden** kann abweichend von der zivilrechtlichen Zurechnung eines Grundstücks, der wirtschaftliche Eigentümer gem. § 39 Abs. 2 Nr. 1 AO die erweiterte Grundstückskürzung beanspruchen.[263] Dieses kann aus den für Grundbesitz geltenden Vorschriften des BewG gefolgert werden. Denn nach § 70 Abs. 3 BewG gilt als Grundstück auch ein Gebäude, das auf fremden Grund und Boden errichtet wurden ist,

---

[257] So auch *Herbst* DStR 2011, 1003; *Hoffmann* StuB 2011, 929; wohl auch BFH 18.5.2011 – X R 4/10, BStBl. II 2011, 887, Tz. 40, m.w.N.; GewStR 7.1 Abs. 5; a.A. FG Berlin-Brandenburg 18.1.2011 – 6 K 6038/06 B, EFG 2011, 1178; Glanegger/Güroff/ *Güroff* GewStG § 9 Nr. 1 Rn. 19a, m.w.N.; Blümich/*Gosch* GewStG § 9 Rn. 121; Nach Auffassung von *Pyska* ist die erweiterte Grundstückskürzung vollständig zu gewähren GmbHR 2013, 135.
[258] Vgl. *Borberg/Lüking* BB 2011, 2344.
[259] *Borberg/Lüking* BB 2011, 2344.
[260] GewStH 9.2 Abs. 2 „Betriebsaufspaltung"; vgl. auch Blümich/*Gosch* GewStG § 9 Rn 62.
[261] Vgl. BFH 1.8.1979 – I R 111/78, BStBl. II 1980, 77; BFH 24.1.2012 – I B 136/11, BFH/NV 2012, 1176; Blümich/*Gosch* GewStG § 9 Rn. 62 und 63.
[262] BFH 24.1.2012 – I B 136/11, BFH/NV 2012, 1176.
[263] Vgl. BFH 12.11.2009 – IV B 8/09, BFH/NV 2010, 464.

selbst wenn es wesentlicher Bestandteil des Grund und Bodens geworden ist und somit gem. § 94 Abs. 1 BGB der zivilrechtliche Eigentümer des Gebäudes der Eigentümer des Grund und Bodens ist.[264] Zum eigenen Grundbesitz gehören auch das **Erbbaurecht** und die auf Grund eines solchen Rechts errichteten Gebäude.[265]

B. Vermietung und Verpachtung

I. Umfang der Einkünfte aus Vermietung und Verpachtung

90   Zu **Einkünften aus Vermietung und Verpachtung** führen folgende Sachverhalte:
– Vermietung und Verpachtung von unbeweglichem Vermögen, § 21 Abs. 1 Satz 1 Nr. 1 EStG,
– Vermietung und Verpachtung von Sachinbegriffen, § 21 Abs. 1 Satz 1 Nr. 2 EStG,
– Überlassung von Rechten, § 21 Abs. 1 Satz 1 Nr. 3 EStG,
– Veräußerung von Miet- und Pachtzinsforderungen, 21 Abs. 1 Satz 1 Nr. 4 EStG.

Die **Einkünfte aus Vermietung und Verpachtung** von **unbeweglichem Vermögen** umfassen nach § 21 Abs. 1 Satz 1 Nr. 1 EStG insbesondere die Einnahmen aus der Vermietung und Verpachtung von Grundstücken, Gebäuden, Gebäudeteilen und Schiffen, die in ein Schiffsregister eingetragen sind, sowie Rechten, die den Vorschriften des bürgerlichen Rechts über Grundstücke unterliegt. Die nachfolgenden Ausführungen beschränken sich hingegen im Wesentlichen auf die Vermietung von Grundstücken und Gebäuden.

91   Um jedoch überhaupt steuerlich relevante **Einkünfte aus Vermietung und Verpachtung** zu erzielen, muss der Steuerpflichtige mit **Einkunftserzielungsabsicht** handeln.[266] Anderenfalls wird die Tätigkeit dem Bereich der privaten Lebensführung zugeordnet (sog. „Liebhaberei"). Auch liegen nicht bei jeder Vermietungstätigkeit automatisch Einkünfte nach § 21 EStG vor. Vielmehr muss die Subsidiarität der einzelnen Einkunftsarten untereinander beachtet werden. So sind die Einkünfte aus Vermietung und Verpachtung i.S.d. § 21 EStG grundsätzlich den anderen Einkunftsarten gegenüber subsidiär. Eine Ausnahme besteht lediglich im Verhältnis zu den Einkünften aus Kapitalvermögen gem. § 20 Abs. 8 EStG und zu den sonstigen Einkünften gem. § 22 EStG. So gehören beispielsweise Guthabenzinsen aus Bausparerträgen zu den Einkünften aus Vermietung und Verpachtung, wenn sie in einem engen zeitlichen Zusammenhang mit einem der Einkunftserzielung dienenden Grundstück stehen.[267] Dieses ist regelmäßig bei einer Finanzierung eines

---

[264] Blümich/*Gosch* GewStG § 9 Rn. 65a.
[265] GewStH 9.2 Abs. 2 „Eigener Grundbesitz"; vgl. auch Blümich/*Gosch* GewStG § 9 Rn. 65a, m.w.N.
[266] Zur Einkunftserzielungsabsicht → Rn. 130 ff.
[267] EStH 21.2 „Einnahmen", 2. Spiegelstrich.

Grundstücks der Fall, wenn bei Zuteilung des Bausparvertrags eine Umschuldung beabsichtigt ist. Dieses heißt jedoch andererseits, dass die Gewinneinkunftsarten, insbesondere die Einkünfte aus Gewerbebetrieb gem. § 15 EStG den Einkünften aus Vermietung und Verpachtung vorgehen, was zu Abgrenzungsproblematiken führen kann und gerade hinsichtlich der Gewerbesteuer von Bedeutung ist.

II. Abgrenzung Vermögensverwaltung und Gewerblichkeit

Die **Einkünfte aus Vermietung und Verpachtung** sind **gegenüber den Einkünften aus Gewerbebetrieb** nach § 21 Abs. 3 EStG **subsidiär** und können daher nur vorliegen, wenn die Voraussetzungen für die Einkünfte aus Gewerbebetrieb nicht erfüllt sind. Für das Vorliegen von Einkünften aus Gewerbebetrieb müssen folgende Tatbestandmerkmale kumulativ erfüllt sein:
1. Selbständige Tätigkeit
2. Nachhaltige Tätigkeit
3. Gewinnerzielungsabsicht
4. Beteiligung am allgemeinen wirtschaftlichen Verkehr
5. Keine Vermögensverwaltung

Die Tatbestandsmerkmale 1 bis 4 sind regelmäßig auch für eine **reine Vermietungstätigkeit** erfüllt. Daher ist das weitere nicht gesetzlich geregelte Tatbestandmerkmal „keine Vermögensverwaltung" für eine Abgrenzung zwingend notwendig. Ob Vermögensverwaltung oder Gewerblichkeit vorliegt, ist immer anhand aller Umstände des Einzelfalls zu entscheiden.

Der **Begriff „Vermögensverwaltung"** ist lediglich in § 14 Abs. 3 AO gesetzlich normiert. Hiernach liegt Vermögensverwaltung in der Regel vor, wenn Vermögen genutzt wird, zum Beispiel Kapitalvermögen verzinslich angelegt oder unbewegliches Vermögen vermietet oder verpachtet wird. Diese Umschreibung ist jedoch nicht ausreichend konkretisiert. Eine detailliertere Erläuterung enthält EStR 15.7 Abs. 1. Danach ist die bloße Verwaltung eigenen Vermögens regelmäßig keine gewerbliche Tätigkeit. Vermögensverwaltung liegt vor, wenn sich die Betätigung noch als Nutzung von Vermögen im Sinne einer Fruchtziehung aus zu erhaltenden Substanzwerten darstellt und die Ausnutzung substantieller Vermögenswerte durch Umschichtung nicht entscheidend in den Vordergrund tritt.[268] Unerheblich ist der Umfang des vermieteten bzw. verpachteten Vermögens, so dass selbst bei einem sehr umfangreichen Vermögen keine Gewerblichkeit angenommen werden muss.[269] Es ist jedoch zu beachten, dass der Begriff Vermögensverwaltung nicht an die Qualifizierung als Einkünfte aus Vermietung und Verpachtung gem. § 21 EStG anknüpft und regelmäßig von Rechtsprechung und Literatur weiter ausgelegt wird, was neben der Abgrenzung zu den Einkünften aus Gewerbebetrieb auch insbesondere auf die erweiterte Grundstückskürzung gem. § 9 Nr. 1 Satz 2 GewStG Auswirkungen haben kann.[270]

---
[268] EStR 15.7 Abs. 1.
[269] Vgl. Blümich/*Bode* EStG § 15 Rn. 113, 151; vgl. auch kritisch Haase/Dorn/ *Kemcke*/*Schäffer*, Vermögensverwaltende Personengesellschaft, Teil 3, S. 58, Rn. 25.
[270] → Rn. 64 ff.

94 Eine **gewerbliche Tätigkeit** setzt vielmehr voraus, dass die Nutzung des Vermögens im Einzelfall hinter die Bereitstellung einer – mit einem gewerblichen Beherbergungsbetrieb vergleichbaren – einheitlichen unternehmerischen Organisation zurücktritt.[271] Danach geht die gewerbliche Tätigkeit über die private Vermögensverwaltung hinaus, wobei darauf abzustellen ist, ob die Tätigkeit nach der Verkehrsauffassung dem Bild eines Gewerbebetriebs entspricht und deshalb einer Vermögensverwaltung fremd ist.[272] Dieses kann insbesondere vorliegen, wenn zusätzlich zur reinen Vermietungstätigkeit erhebliche Sonderleistungen erbracht werden, wie z. B. Verpflegung.[273] Der BFH hatte auch bei einem besonders schnellen, sich aus der Natur der Vermietung ergebenden Wechsel der Mieter und damit verbunden einer gegenüber der Anlage eigenen Vermögens in den Vordergrund tretenden spekulativen Absicht eine Gewerblichkeit angenommen.[274] Dieses kann wie im entschiedenen Streitfall aber nur vorliegen, wenn auch eine Vielzahl von bereitgestellten Bettenplätzen angeboten wird und damit eine hotelmäßige Organisation erforderlich ist.[275] Denn gerade bei einer Vermietung von Ferienwohnungen, die auch auf einen schnellen Wechsel von Mietern ausgerichtet ist, wird grundsätzlich eine reine Vermögensverwaltung angenommen.[276] Auch hier liegen die Grenzen zur Gewerblichkeit in einer hotelmäßigen Nutzung der Ferienwohnung oder wenn die Vermietung nach Art einer Fremdenpension erfolgt. Ausschlaggebend ist, ob wegen der Häufigkeit des Gästewechsels oder im Hinblick auf zusätzlich zur Nutzungsüberlassung erbrachte Leistungen, z. B. Bereitstellung von Wäsche und Mobiliar, Reinigung der Räume oder Übernahme sozialer Betreuung, eine Unternehmensorganisation erforderlich ist, wie sie auch in Fremdenpensionen vorkommt.[277] Nach diesen allgemeinen Kriterien hat der BFH unter Berücksichtigung von weitergehenden Umständen bei der Vermietung bzw. Verpachtung von Lagerhallen, Sälen, Tennisplätzen und Liegeplätzen von Sportbooten eine Gewerblichkeit angenommen.[278] Auch kann die Rechtsprechung zur erweiterten Grundstückskürzung gem. § 9 Nr. 1 Satz 2 GewStG, insbesondere zu (un)schädlichen Nebentätigkeiten (z. B. die Mitvermietung von Betriebsvorrichtungen), zur hier diskutierten Abgrenzung von Vermögensverwaltung und Gewerblichkeit herangezogen werden.[279]

95 Übt eine **Personengesellschaft** eine **vermögensverwaltende Tätigkeit** aus, gelten grundsätzlich die gleichen Regeln, wobei Besonderheiten zu be-

---

[271] Vgl. BFH 21.12.1976 – VIII R 27/72, BStBl. II 1977, 277; BFH 27.1.1983 – IV R 215/80, BStBl. II 1983, 426.
[272] Blümich/*Bode* EStG § 15 Rn. 56, m. w. N.
[273] Vgl. BFH 17.1.1961 – I 53/60 S, BStBl. III 1961, 233; BFH 30.7.1985 – VIII R 263/81, BStBl. II 1986, 359; BFH 21.8.1990 – VIII R 271/84, BStBl. II 1991, 126.
[274] BFH 18.1.1973 – IV R 196/71, BStBl. II 1973, 561.
[275] Zur hotelmäßigen Organisation vgl. BFH 21.8.1990 – VIII R 271/84, BStBl. II 1991, 126.
[276] Vgl. BFH 28.6.1984 – IV R 150/82, BStBl. II 1985, 211; BFH 14.2.1989 – IX R 109/84, BStBl. II 1989, 922; BFH 21.8.1990 – VIII R 271/84, BStBl. II 1991, 126.
[277] Vgl. EStH 15.7 Abs. 2 „Ferienwohnung"; kritisch im Hinblick auf Sonderleistungen bei Ferienwohnungen H/H/R/*Buge* § 15 EStG Rn. 1182.
[278] Vgl. auch Blümich/*Bode* EStG § 15 Rn. 119, m. w. N.
[279] → Rn. 67.

achten sind. Die Personengesellschaft kann neben ihrer Tätigkeit auch durch die gesellschaftsrechtliche Struktur nach § 15 Abs. 3 Nr. 2 EStG (gewerbliche Prägung) oder durch etwaige auch nur geringfügige gewerbliche Einkünfte gem. § 15 Abs. 3 Nr. 1 EStG (gewerbliche Infektion) im vollen Umfang gewerbliche Einkünfte erzielen. Jedoch auch eine Betriebsaufspaltung gem. EStH 15.7 Abs. 4 oder die Qualifikation als Sonderbetriebsvermögen kann zur Gewerblichkeit führen.[280]

III. Einkommensermittlung

1. Allgemeines

Die **Einkünfte aus Vermietung und Verpachtung** ergeben sich durch den Überschuss der Einnahmen (§ 8 EStG) über die Werbungskosten (§ 9 EStG) nach § 2 Abs. 2 Satz 1 Nr. 2 EStG. Wie auch bei den übrigen Überschusseinkünften ist das sog. Zufluss- und Abflussprinzip maßgebend. Hiernach werden gem. § 11 EStG die Einnahmen und Ausgaben erst im Zeitpunkt der Vereinnahmung bzw. Verausgabung steuerlich berücksichtigt, wovon es jedoch Ausnahmen gibt. So gelten wiederkehrende Einnahmen, die dem Steuerpflichtigen kurze Zeit vor Beginn oder kurze Zeit nach Beendigung des Kalenderjahrs, zu dem sie wirtschaftlich gehören, zugeflossen sind, als in diesem bezogen.[281] Als kurze Zeit ist ein Zeitraum von bis zu zehn Tagen zu verstehen. Innerhalb dieses Zeitraums müssen die Zahlungen fällig und geleistet worden sein.[282] Nach § 11 Abs. 2 Satz 2 EStG gilt dieses entsprechend für Ausgaben. Zu den wiederkehrenden Zahlungen gehören auch Miet- und Pachtzahlungen.[283]

Werden Ausgaben für eine **Nutzungsüberlassung** von mehr als fünf Jahren im Voraus geleistet, sind sie insgesamt auf den Zeitraum gleichmäßig zu verteilen, für den die Vorauszahlungen geleistet worden sind, § 11 Abs. 2 Satz 3 EStG. Bei den Einnahmen gilt dieses Verfahren ebenso, mit dem Unterschied, dass nach § 11 Abs. 1 Satz 3 EStG die Verteilung der Einnahmen nur ein Wahlrecht ist. Betroffen sind insbesondere Zahlungen für die Nutzung von Grundstücken, beweglichen Sachen und Rechten im Rahmen von Miet- und Pachtverhältnissen, Leasinggeschäften, Nießbrauch- und Erbbaurechten. Diese Regelung gilt nicht für ein Damnum oder Disagio, soweit dieses marktüblich ist. Von Marktüblichkeit eines Damnums kann bei einem Prozentsatz von bis zu 5 % bei mindestens fünfjähriger Zinsbindungsdauer ausgegangen werden; dem entspricht bei 10-jähriger Laufzeit ein Damnum von bis zu 10 %.[284] Ist das Damnum bzw. Disagio demnach marktüblich, so wird es im Jahr der Zahlung sofort im vollen Umfang als Werbungskosten berücksichtigt.

---

[280] Vgl. auch zur vermögensverwaltenden Personengesellschaft: Haase/Dorn/*Kemcke*/*Schäffer*, Vermögensverwaltende Personengesellschaft 2013, Teil 3, S. 59 ff., Rn. 26 ff.
[281] § 11 Abs. 1 Satz 2 EStG.
[282] EStH 11 „Kurze Zeit".
[283] Vgl. hierzu auch Beispiele in Blümich/ *Glenk* EStG § 11 Rn. 94.
[284] BMF 20.10.2003, BStBl. I 2003, 546.

2. Besonderheiten der Einkommensermittlung bei vermögensverwaltenden Personengesellschaften bzw. Bruchteilsgemeinschaften

a) Grundsätze

98 Die vermögensverwaltende Personengesellschaft ist **steuerlich als eine Bruchteilsgemeinschaft** nach § 39 Abs. 2 Nr. 2 AO zu qualifizieren. Hieraus folgt die anteilige Zurechnung der Wirtschaftsgüter zu den jeweiligen Gesellschaftern, soweit eine getrennte Zurechnung für die Besteuerung erforderlich ist, wie es bspw. für die Besteuerung eines privaten Veräußerungsgeschäfts notwendig sein kann.[285] Auf die Zurechnung von Einkünften, Geschäftsvorfällen, Tätigkeiten oder Verfahrenshandlungen soll § 39 Abs. 2 Nr. 2 AO jedoch keinen Einfluss haben, da eine getrennte Zurechnung hier für die Besteuerung grds. nicht notwendig ist.[286] Eine vermögensverwaltende Personengesellschaft erzielt regelmäßig Einkünfte aus Vermietung und Verpachtung oder Einkünfte aus Kapitalvermögen, woraus auch die Ermittlung der Einkünfte aus den Überschuss der Einnahmen über die Werbungskosten (sog. Einnahmenüberschuss-Rechnung) resultiert. Das Zu- und Abflussprinzip findet somit auch bei einer vermögensverwaltenden Personengesellschaft Anwendung. Dieses gilt unabhängig davon, ob sie aus anderen Gründen, beispielsweise nach dem HGB, verpflichtet ist, zu bilanzieren.[287]

98a **Einnahmen und Werbungskosten** werden den Gesellschaftern **im Verhältnis ihres quotalen Anteils** zugerechnet. Dies gilt auch für die AfA, wobei sich hier unter Umständen Besonderheiten ergeben können. Eine von der Beteiligungsquote abweichende Verteilung der AfA-Beträge ist grundsätzlich nicht zulässig, es sei denn, eine getrennte Zurechnung nach § 39 Abs. 2 Nr. 2 AO ist für die Besteuerung erforderlich. Steuerpflichtig ist stets der Gesellschafter einer vermögensverwaltenden Personengesellschaft. Das kann zur Folge haben, dass die Abhängigkeit der Inanspruchnahme einer erhöhten Absetzung von den persönlichen Verhältnissen des jeweiligen Gesellschafters eine getrennte Zuordnung der entsprechenden AfA zu den jeweiligen Gesellschafter für die Besteuerung erforderlich macht.[288]

b) Zebragesellschaft

99 Sind an der vermögensverwaltenden Personengesellschaft **sowohl Personen beteiligt, die ihre Beteiligung im Privatvermögen, als auch solche, die sie im Betriebsvermögen halten,** und somit zwar die gleiche Einkunftsquelle haben, diese jedoch auf Ebene der Gesellschafter in unterschiedlichen Einkunftsarten unqualifiziert werden, liegt eine sog. **Zebragesellschaft** vor. Für die Qualifizierung der Einkunftsart sowie die Ermittlung

---

[285] Vgl. auch Veräußerungen von Grundstücken bei vermögensverwaltenden Personengesellschaften → § 16 Rn. 51 ff.
[286] Vgl. Koenig/*Koenig* AO § 39 Rn. 77; Klein/*Ratschow* AO § 39 Rn. 80.
[287] Vgl. Haase/Dorn/*Kemcke/Schäffer*, Vermögensverwaltende Personengesellschaft 2013, Teil 3, Rn. 41 und 42.
[288] Vgl. Haase/Dorn/*Kemcke/Schäffer*, Vermögensverwaltende Personengesellschaft 2013, Teil 3, Rn. 49.

§ 7 Laufende Besteuerung 100, 101 § 7

der Einkunftshöhe ist das Wohnsitz-Finanzamt des jeweiligen Gesellschafters zuständig.[289] Bei der Zebragesellschaft finden somit verschiedene Gewinnermittlungsarten Anwendung, so dass bei einigen Gesellschaftern der Gewinn durch Betriebsvermögensvergleich gem. §§ 4 Abs. 1, 5 Abs. 1 EStG i. V. m. §§ 140, 141 AO und bei anderen durch eine Einnahmenüberschuss-Rechnung ermittelt werden muss, woraus sich bei den einzelnen Gesellschaftern der Höhe nach verschiedene Einkünfte ergeben können. Bilanzierende Steuerpflichtige müssen anhand der bei der Gesellschaft durchgeführten Gewinnermittlung (meist „nur" die Ermittlung durch eine Einnahmenüberschuss-Rechnung) ihren Gewinnanteil nach bilanziellen Grundsätzen ermitteln, was mit einem erheblichen Aufwand verbunden ist. Das BMF hat daher für bilanzierende Steuerpflichtige aus Vereinfachungsgründen – im Antragswege – grundsätzlich auch die Einkunftsermittlung durch Schätzung auf Grundlage der Einnahmenüberschuss-Rechnung zugelassen, wenn der Steuerpflichtige an der Gesellschaft zu weniger als 10 % beteiligt ist.[290]

c) Vermietung an Miteigentümer

Der **Mietvertrag** zwischen einer vermögensverwaltenden Personengesellschaft bzw. einer Bruchteilsgemeinschaft und einem Gesellschafter ist steuerrechtlich nicht anzuerkennen, soweit diesem das Grundstück nach § 39 Abs. 2 Nr. 2 AO anteilig zuzurechnen ist. Übersteigt bei einer entgeltlichen Überlassung die überlassene Fläche den Miteigentumsanteil, ist hinsichtlich des übersteigenden Teils das Mietverhältnis steuerrechtlich anzuerkennen, woraus ausschließlich bei den „anderen" Gesellschaftern, im Verhältnis des Miteigentumsanteils zur Summe aller Miteigentumsanteile, Einkünfte aus Vermietung und Verpachtung resultieren. Eine Vermietung an den Ehegatten eines Miteigentümers und die gemeinschaftliche Nutzung durch die Eheleute ist als Selbstnutzung durch den Miteigentümer anzusehen. Erfolgt neben der Eigennutzung durch die Miteigentümer auch eine Fremdvermietung durch die Gesellschaft bzw. Gemeinschaft, liegt hinsichtlich der Fremdvermietung eine Vermietung durch alle Miteigentümer vor.[291] 100

Auf Grundlage des BFH-Urteils vom 18.5.2004, hat die OFD Münster anhand eines umfassenden Beispiels die steuerrechtliche Behandlung von Vermietungen an Miteigentümer erörtert:[292] 101

Beispiel:
Sachverhalt:
Die Geschwister A und B sind je zur Hälfte Miteigentümer eines Hauses mit drei gleich großen Wohnungen von jeweils 60 qm Wohnfläche. Die AK i. H. v. 380.000 EUR (GruBo.-Anteil: 80.000 EUR) wurden von A und B entsprechend ihren Miteigentumsanteil getragen. Die Wohnungen werden wie folgt genutzt:

---

[289] Vgl. BFH 11.4.2005 – GrS 2/02, BStBl. II 2005, 679.
[290] BMF 29.4.1994, BStBl. I 1994, 282, Tz. 6 bis 10.
[291] Vgl. EStH 21.6 „Mietverhältnis zwischen GbR und Gesellschafter" und „Miteigentum"; OFD Münster 21.1.2005, DStR 2005, 380; BFH 18.5.2004 – IX R 49/02, BStBl. II 2004, 929; insbesondere zur zivilrechtlichen und der darauf aufbauenden steuerrechtlichen Behandlung siehe EStH 21.6 „Miteigentum".
[292] BFH 18.5.2004 – IX R 49/02, BStBl. II 2004, 929; OFD Münster 21.1.2005, DStR 2005, 380.

§ 7 101

EG: Vermietung durch die Grundstücksgemeinschaft an B zu eigenen Wohnzwecken
I. OG: Unentgeltliche Überlassung an die Eltern von A und B zu eigenen Wohnzwecken
II OG: Vermietung durch die Grundstücksgemeinschaft an einen fremden Dritten
Die Miete für die Wohnungen im EG und im II. OG beträgt einschließlich Umlagen jeweils 500 EUR pro Monat. Auf das gesamte Gebäude entfallen Aufwendungen (ohne AfA) i. H. v. 9.000 EUR.

Lösung:
1. Vermietung an Miteigentümer B (Wohnung im EG):
B hat im Zusammenhang mit der Vermietung der Wohnung im EG keine Vermietungseinkünfte erzielt, weil es schon an einem zivilrechtlich wirksamen Mietverhältnis fehlt. B wäre Vermieter und gleichzeitig sein eigener Mieter.[293] Das Mietverhältnis ist jedoch steuerrechtlich insoweit anzuerkennen, als die entgeltliche Überlassung den ideellen Miteigentumsanteil des B übersteigt. Der ideelle Miteigentumsanteil des B an der Wohnung im EG beträgt ½, während die Nutzung zu ¹/₁ erfolgt, so dass das Mietverhältnis zu Hälfte anzuerkennen ist.
2. Unentgeltliche Überlassung (Wohnung im I. OG):
Mangels Einkunftserzielungsabsicht bleiben die auf diese Wohnung entfallenden Aufwendungen allerdings außer Ansatz.
3. Fremdvermietung (Wohnung im II. OG.):
Hinsichtlich der Fremdvermietung liegt eine Vermietung durch alle Miteigentümer vor. Die Einkünfte sind A und B zu je ½ zuzurechnen.
4. Ermittlung der Einkünfte:

	A in EUR	B in EUR	Summe in EUR
Einnahmen			
EG: ½ von € 500 = 250 EUR × 12 (Zurechnung nur bei A) =	3.000	–	3.000
I. OG:	–	–	–
II. OG: 500 EUR × 12 =	3.000	3.000	6.000
Summe der Einnahmen	**6.000**	**3.000**	**9.000**
Werbungskosten			
AfA EG: 2% von 100.000 EUR = 2.000 EUR, Ansatz bei A zu ½	1.000	–	1.000
AfA I. OG: kein Ansatz mangels Einkunftserzielungsabsicht	–	–	–
AfA II. OG: wie EG = 2.000, Ansatz bei A und B zu je ½	1.000	1000	2.000
Sonstige WK EG: ⅓ von 9.000 EUR = 3.000 EUR, Ansatz nur bei A zu ½	1.500	–	1.500
Sonstige WK I. OG: ⅓ = 3.000 EUR, kein Ansatz	–	–	–

---

[293] Vgl. BFH 18.5.2004 – IX R 49/02, BStBl. II 2004, 929, Tz. II 4, m. w. N.

	A in EUR	B in EUR	Summe in EUR
Sonstige WK II. OG: ⅓ = 3.000 EUR, Ansatz bei A und B zu je ½	1.500	1.500	3.000
Summe der Werbungskosten	5.000	2.500	7.500
Einkünfte aus Vermietung und Verpachtung	1.000	500	1.500

IV. Einnahmen

Nach § 8 Abs. 1 EStG sind **Einnahmen** alle Güter, die in Geld oder Geldeswert bestehen und dem Steuerpflichtigen im Rahmen einer der Überschusseinkunftsarten zufließen. Zu den Einnahmen aus der Vermietung und Verpachtung gehören neben den Miet- bzw. Pachtzahlungen auch alle sonstigen Entgelte, die in einem objektiven wirtschaftlichen oder tatsächlichen Zusammenhang mit der Einkunftsart stehen und dadurch veranlasst sind. Hierzu gehören insbesondere auch Nebenkosten, die der Mieter bzw. Pächter an den Vermieter leistet, z. B. für Wasser, Elektrizität, Heizung, Grundsteuer, Müllabfuhr, Straßenreinigung, Kanalbenutzung.[294] Bei dem Vermieter stellen diese Kosten wiederum Werbungskosten dar. Zu den Einnahmen gehören auch Sachleistungen, wie z. B. die Eigentumsübertragung an einem Grundstück des „Mieters" auf den „Vermieter" als Gegenleistung für die Nutzungsüberlassung an einem anderen Grundstück. Wird das zukünftig vermietete Gebäude durch den „Mieter" auf einem Grundstück des „Vermieters" errichtet, ist die weitere steuerliche Behandlung im Wesentlichen davon abhängig, wer das zivilrechtliche bzw. wirtschaftliche Eigentum an dem Gebäude inne hat.[295] Weder das zivilrechtliche noch das wirtschaftliche Eigentum liegt beim „Mieter", wenn er keinen Entschädigungsanspruch für die Errichtung des Gebäudes auf fremden Grund und Boden hat, woraus eine Einnahme beim „Vermieter" resultieren würde.[296] Die Einnahme wird in Höhe des Gebäudewerts angesetzt, wobei der Zeitpunkt des Zuflusses abhängig von dem Übergang des wirtschaftlichen Eigentums ist.[297]

Einnahmen i. S von § 8 EStG können auch durch **Dienstleistungen** erzielt werden. So begründen die zwischen einem Arbeitgeber und Arbeitnehmer in einem Arbeitsvertrag getroffenen Vereinbarungen, in dem die Wohnungsüberlassung neben einem Barlohn geregelt ist, eine steuerpflichtige

102

103

---

[294] Vgl. Blümich/ *Schallmoser* EStG § 21 Rn. 232; H/H/R/*Pfirrmann* EStG § 21 Rn. 84.
[295] → „Bauten auf fremden Grund und Boden", § 3 Rn. 59 ff.
[296] Vgl. H/H/R/*Pfirrmann* EStG § 21 Rn. 81; BFH 26.7.1983 – VIII R 30/82, BStBl. II 1983, 755; die Rechtsprechung dieses Urteils hat sich teilweise – insbesondere hinsichtlich der AfA – geändert, vgl. hierzu auch BFH 25.2.2010 – IV R 2/07, DStR 2010, 789, Tz. 17c und 18aa.
[297] Vgl. BFH 21.11.1989 – IX R 170/85, BStBl. II 1990, 310, Tz. 2; vgl. auch H/H/R/ *Pfirrmann* EStG § 21 Rn. 81, m. w. N.; wohl auch BFH 1.12.1961 – VI 244/60, HFR 1962, 161.

§ 7 104, 105 Teil 4. Nutzungsphase

Einnahme im Rahmen des § 21 EStG.[298] Ob **Zuschüsse** Einnahmen darstellen, ist von der Art der Zuschüsse abhängig. So führen öffentliche Zuschüsse regelmäßig zu einer Minderung der Anschaffungs- bzw. Herstellungskosten und nur in Ausnahmefällen zu Einnahmen. Mieterzuschüsse führen hingegen regelmäßig zu Einnahmen. Auch Schadensersatz kann eine Einnahme darstellen, wenn sie nach dem Veranlassungsprinzip mit der steuerpflichtigen Vermietung im Zusammenhang steht.[299] Demnach gehören beispielsweise Zahlungen des Mieters für unterlassene Schönheitsreparaturen zu den Einnahmen.[300] Des Weiteren sind Einnahmen auch Ersatzleistungen, die dazu dienen sollen Werbungskosten zu ersetzen. Hierbei handelt es sich beispielsweise um Zahlungen eines Architekten, dessen Fehlplanung eine kostspielige Dachreparatur ausgelöst hatte[301] oder Zahlungen einer Feuerversicherung, welche AfaA oder Abbruchkosten ersetzt.[302]

V. Werbungskosten

1. Laufende Werbungskosten

104 **Werbungskosten** sind nur dem Steuerpflichtigen **zurechenbar,** der die damit zusammenhängenden Einnahmen auch erzielt hat. Eine weitere Voraussetzung ist das Prinzip der individuellen Leistungsfähigkeit, d. h. nur die vom Steuerpflichtigen selbst getragenen Aufwendungen sind abziehbar. Die Mittelherkunft ist dabei unbeachtlich. Daher können auch Aufwendungen aus geschenkten Mitteln Werbungskosten darstellen.[303] Besonderheiten können sich unter Berücksichtigung dieser Aspekte bei gemischt genutzten Grundstücken sowie bei sog. Drittaufwand oder bei einem abgekürzten Vertragsweg ergeben.

a) Gemischt genutztes Grundstück

105 Wird eine Immobilie **gemischt genutzt,** so etwa bei einer teilweisen Selbstnutzung neben der Erzielung von Einkünften aus Vermietung und Verpachtung, kann der gebäudebezogene Aufwand nur in dem Umfang als Werbungskosten berücksichtigt werden, soweit er auf den vermieteten Teil entfällt. Ist eine direkte Zuordnung zu dem vermieteten Teil nicht möglich, so ist der Aufwand regelmäßig nach dem Verhältnis der eigengenutzten zu den vermieteten Wohn- bzw. Nutzflächen aufzuteilen. Eine Verteilung nach den Verkehrswerten kommt lediglich in Betracht, wenn eine Aufteilung nach dem vorstehenden Grundsatz wegen der unterschiedlichen Nutzbarkeit der jeweiligen Bereiche zu einem ersichtlich sachwidrigen Ergebnis führt. Bei einem solchen Fall der unterschiedlichen Nutzbarkeit (z. B. gute Vermietbarkeit eines Ladenlokals einerseits und aufgrund einer Belastung mit einem Wohnrecht deutlich geringeren Vermietungschancen einer Wohnung ande-

---

[298] Vgl. BFH 1.9.1998 – VIII R 3/97, BStBl. II 1999, 213.
[299] Vgl. auch H/H/R/*Pfirrmann* EStG § 21 Rn. 85.
[300] Vgl. BFH 18.12.1967 – VI R 119/66, BStBl. II 1968, 309.
[301] Vgl. BFH 23.3.1993 – IX R 67/88, BStBl. II 1993, 748.
[302] Vgl. BFH 1.1.1992 – IX R 189/85, BStBl. II 1994, 11; BFH 1.12.1992 – IX R 333/87, BStBl. 1994, 12.
[303] Vgl. Blümich/*Schallmoser* EStG § 21 Rn. 245.

rseits) ist ersichtlich, dass eine Aufteilung nach dem Verhältnis der Wohn-/ Nutzflächen nicht sachgerecht wäre. Im Grundsatz können die Verkehrswerte sowohl nach dem Sachwert- als auch nach dem Ertragswertverfahren bestimmt werden. Jedoch muss bei einer, wie auch im vorgenannten Sachverhalt vorliegenden unterschiedlichen Nutzbarkeit auf das Ertragswertverfahren abgestellt werden.[304] Es sollte aber die vom Steuerpflichtigen vorgenommene Aufteilung eines Kaufpreises vorrangig beachtet werden, wenn diese nicht aus offensichtlichen Gründen nicht (mehr) zeitgemäß ist oder sonstige Gründe dagegen sprechen.[305]

Von einer **Aufteilung des Werbungskostenabzugs** bei gemischt genutzten Grundstücken sind insbesondere auch die **Schuldzinsen** für die Finanzierung der Immobilie betroffen. Zur Ermittlung in welchem Umfang die Schuldzinsen abgezogen werden dürfen, müssen nach dem BMF zwei Schritte beachtet werden:[306]

Schritt 1: Zuordnung der Anschaffungs- oder Herstellungskosten
Im ersten Schritt müssen die Anschaffungs- oder Herstellungskosten den Gebäudeteilen, die eigenständige Wirtschaftsgüter bilden, zugeordnet werden.
Anschaffungskosten:
– Direkte Zuordnung: Eine nach außen hin erkennbare Zuordnung der Anschaffungskosten, z. B. Aufteilung des einheitlichen Kaufpreises im notariellen Kaufvertrag, ist auch steuerlich zu folgen, soweit diese nicht unangemessen ist.
– Keine direkte Zuordnung: Wird keine entsprechende Zuordnungsentscheidung getroffen, sind die Anschaffungskosten den einzelnen Gebäudeteilen nach dem Verhältnis der Wohn-/Nutzfläche anteilig zuzuordnen.
Herstellungskosten:
– Direkte Zuordnung: Entgelte für Lieferungen und Leistungen die ausschließlich einen bestimmten Gebäudeteil betreffen sind dem Gebäudeteil direkt zuzuordnen. Eine gesonderte Abrechnung durch den Unternehmer oder eine gleichartige Aufstellung mit Aufteilung und Ausweis der Anschaffungskosten des Steuerpflichtigen ist erforderlich.[307]
– Keine direkte Zuordnung: Kosten die das Gesamtgebäude betreffen, sind den einzelnen Gebäudeteilen nach dem Verhältnis der Wohn-/Nutzfläche anteilig zuzuordnen. Entsprechend ist zu verfahren, wenn die Kosten für die Errichtung des gesamten Gebäudes einheitlich abgerechnet wurden und die auf die jeweiligen Gebäudeteile entfallenden Kosten nicht gesondert ausgewiesen wurden.

Schritt 2: Zuordnung der Schuldzinsen zu den Anschaffungs- bzw. Herstellungskosten
Ein wirtschaftlicher Zusammenhang zwischen den Schuldzinsen und den zugeordneten Anschaffungs- bzw. Herstellungskosten ist unabdingbar. Dieser liegt nur dann vor, wenn der Teil der Anschaffungs- oder Herstellungskosten tatsächlich mit den dafür aufgenommenen Darlehensmitteln bezahlt worden ist.[308] Die Zuord-

---

[304] Vgl. BFH 25.5.2005 – IX R 46/04, BFH/NV 2006, 261.
[305] So auch Blümich/*Schallmoser* EStG § 21 Rn. 247.
[306] Vgl. BMF 16.4.2004, BStBl. I 2004, 464.
[307] Vgl. BFH 16.4.2002 – IX R 65/98, BFH/NV 2002, 1154; BFH 25.3.2003 – IX R 22/01, BStBl. II 2004, 348.
[308] Vgl. BFH 1.4.2009 – IX R 35/08, BStBl. II 2009, 663; BFH 25.3.2003 – IX R 22/01, BStBl. II 2004, 348.

nungsentscheidung des Steuerpflichtigen muss anhand getrennter Zahlungsströme nachvollziehbar sein. Für die dem vermieteten Gebäudeteil zugeordneten Darlehen, sind die Schuldzinsen als Werbungskosten abzugsfähig.

Anschaffung eines Gebäudes:
Wurden die Darlehensmittel ausschließlich für die Anschaffungskosten des vermieteten Teils verwendet, ist ein Abzug der vollständigen Schuldzinsen möglich. Eine gesonderte Zahlung der zugeordneten Anschaffungskosten liegt auch vor, wenn der Steuerpflichtige diese Kosten mittels eines eigenständigen Darlehens auf ein Notaranderkonto überweist und der Notar den gesamten Kaufpreis vom Notaranderkonto auskehrt.[309] Für den Fall, dass die Aufwendungen den jeweiligen Gebäudeteilen zugeordnet wurden, jedoch diesen keine getrennte Eigen- und Darlehnsfinanzierung zu Grunde liegt, sowie den Fall, dass die Anschaffungskosten nicht den Gebäudeteilen zugeordnet wurden, wird auf die nachfolgenden Ausführungen zur „Herstellung eines Gebäudes" verwiesen.

Herstellung eines Gebäudes:
Der Steuerpflichtige sollte durch eine eigene Aufstellung die Herstellungskosten anteilig dem vermieteten Gebäudeteil zuordnen und die sich danach ergebenden Herstellungskosten getrennt mit Darlehensmitteln bezahlen, um die hierauf entfallenden Schuldzinsen als Werbungskosten geltend machen zu können. Liegt ein Baukonto vor, welches ausschließlich mit Darlehensmitteln ausgestattet wurde und die Zahlungen der zum vermieteten Gebäudeteil zugeordneten Herstellungskosten zulasten dieses Kontos gehen, ist ebenfalls ein wirtschaftlicher Zusammenhang anzunehmen.[310] Versäumt es der Steuerpflichtige, die den unterschiedlich genutzten Gebäudeteilen gesondert zugeordneten Aufwendungen getrennt mit Eigen- und Darlehnsmitteln zu finanzieren, sind die Schuldzinsen nach dem Verhältnis der Baukosten der einzelnen Gebäudeteile schätzungsweise aufzuteilen.[311] Wurden im Unterschied dazu, auch die Aufwendungen nicht gesondert den einzelnen Gebäudeteilen zugeordnet, sondern vielmehr einheitlich abgerechnet und bezahlt, ist korrespondierend zu der Aufteilung der Herstellungskosten auch bei der Aufteilung der Darlehensmittel von einem Verhältnis der Wohn-/Nutzflächen auszugehen.

Diese Grundsätze zu Schuldzinsen im Zusammenhang mit Anschaffungs- bzw. Herstellungskosten einer Immobilie gelten entsprechend für die Finanzierung von Renovierungsmaßnahmen.[312]

b) Übernahme von Zahlungsverpflichtungen des Steuerpflichten durch Dritte bzw. Ehegatten

107 **Trägt ein Dritter Kosten,** die durch die Einkünfteerzielung des Steuerpflichtigen veranlasst sind, können sie als sog. **Drittaufwand** grundsätzlich nicht Betriebsausgaben bzw. Werbungskosten des Steuerpflichtigen sein.[313] Liegt jedoch lediglich eine Abkürzung des Zahlungswegs vor, können die Aufwendungen als solche des Steuerpflichtigen zu werten sein. Abkürzung des Zahlungswegs bedeutet die Zuwendung eines Geldbetrags an den Steuer-

---

[309] Vgl. BFH 9.7.2002 – IX R 65/00, BStBl. II 2003, 389.
[310] Vgl. BFH 19.2.2008 – IX B 195/07; BFH 25.2.2008 – IX B 5/08, BFH/NV 2008, 1142.
[311] Vgl. BFH 1.4.2009 – IX R 35/08, BStBl. II 2009, 663.
[312] OFD Frankfurt v. 30.8.2006, BeckVerw 080410.
[313] Vgl. EStH 4.7 „Drittaufwand", BFH 23.8.1999 – GrS 1/97, BStBl. II 1999, 778.

pflichtigen in der Weise, dass der Zuwendende im Einvernehmen mit dem Steuerpflichtigen dessen Schuld tilgt, statt ihm den Geldbetrag unmittelbar zu geben; wenn also der Dritte für Rechnung des Steuerpflichtigen an dessen Gläubiger zahlt. Auch bei einem sog. abgekürzten Vertragsweg kann eigener Aufwand angenommen werden. Hierbei handelt es sich um Aufwendungen eines Dritten, die im eigenen Namen des Dritten, aber auf einen im Interesse des Steuerpflichtigen abgeschlossenen Werkvertrag beruhen und der Dritte die geschuldeten Zahlungen leistet. Auch Bargeschäfte des täglichen Lebens sind hiervon umfasst.[314] Bei Kreditverträgen und anderen Dauerschuldverhältnissen (z. B. Miet- und Pachtverträge) kommt eine Berücksichtigung der Zahlung unter dem Gesichtspunkt des abgekürzten Vertragswegs beim Steuerpflichtigen nicht in Betracht.[315] Betriebsausgaben bzw. Werbungskosten könnten jedoch angenommen werden, wenn eine interne Ausgleichsvereinbarung geschlossen wird.[316]

Bei **Ehegatten** können sich in der Praxis die verschiedensten Fallkonstellationen ergeben, insbesondere in Bezug auf Grundstücksaufwendungen und Schuldzinsen. Ist beispielsweise ein Ehegatte Alleineigentümer eines bebauten Grundstücks und nutzt der andere Ehegatte (nachfolgend: Steuerpflichtiger) ein sich hierauf befindendes Arbeitszimmer unentgeltlich, stellt sich regelmäßig die Frage, welche **Grundstücksaufwendungen** im Zusammenhang mit dem Arbeitszimmer als Betriebsausgaben bzw. Werbungskosten geltend gemacht werden können. Der BFH hat hinsichtlich der Aufwendungen im Zusammenhang mit einem Arbeitszimmer zwischen „grundstücksbezogenen Aufwendungen" und „arbeitszimmerbezogenen Aufwendungen" unterschieden.[317] Werden die grundstücksbezogenen Aufwendungen (z. B. Grundsteuer, Schuldzinsen, Versicherungsbeiträge) von einem gemeinsamen Konto der Ehegatten bezahlt, könnten diese vollständig nicht von dem anderen Ehegatten (Steuerpflichtiger) als Betriebsausgaben bzw. Werbungskosten abgezogen werden, da es sich hierbei um Drittaufwand handeln soll. Somit müssen die Aufwendungen von dem eigenen Konto des anderen Ehegatten (Steuerpflichtiger) bezahlt werden, damit er diese als Betriebsausgaben bzw. Werbungskosten geltend machen kann. Hingegen sollen arbeitszimmerbezogene Aufwendungen (z. B. Heizung, Reparaturkosten betreffend das Arbeitszimmer), welche von einem gemeinsamen Konto bezahlt werden, von dem anderen Ehegatten (Steuerpflichtiger) als Betriebsausgaben bzw. Werbungskosten abgezogen werden können.[318]

Bei der Möglichkeit eines **Schuldzinsenabzugs** als Betriebsausgaben bzw. Werbungskosten kommen hinsichtlich der Darlehensaufnahme für ein Grundstück ebenfalls verschiedene Fallkonstellationen in Betracht, wenn das vermietete Grundstück nur einem Ehegatten gehört:[319]

---

[314] Vgl. BFH 15.11.2005 – IX R 25/03, BStBl. II 2006, 623; BMF 7.7.2008, BStBl. I 2008, 717.
[315] EStH 4.7 „Drittaufwand".
[316] Vgl. BFH 25.6.2008 – X R 36/05, BFH/NV 2008, 2093.
[317] BFH 23.8.1999 – GrS 1/97, BStBl. II 1999, 778.
[318] Schmidt/*Loschelder* EStG § 9 Rn. 71; Loschelder kritisiert auch zutreffend die unterschiedliche steuerliche Behandlung der beiden Aufwandstypen.
[319] Vgl. auch Schmidt/*Loschelder* EStG § 9 Rn 71, m. w. N.

Gesamtschuldnerisches Darlehen:
Die Schuldzinsen sind in vollem Umfang als Betriebsausgaben bzw. Werbungskosten abzugsfähig, unabhängig aus wessen Mitteln sie tatsächlich gezahlt wurden.[320]

Darlehensaufnahme durch Nichteigentümerehegatten:
Nimmt ein Ehegatte allein ein Darlehen zur Finanzierung eines vermieteten Gebäudes auf, das dem anderen Ehegatten gehört und vom ihm zur Vermietung genutzt wird, sind die vom Nichteigentümerehegatten gezahlten Schuldzinsen nicht abzugsfähig. Dies gilt selbst dann, wenn der Eigentümerehegatte für das Darlehen eine selbstschuldnerische Bürgschaft übernimmt und die auf seinem Gebäude lastenden Grundpfandrechte als Sicherheit einsetzt. Betriebsausgaben bzw. Werbungskosten können jedoch vorliegen, wenn der Eigentümerehegatte sie aus eigenen Mitteln bezahlt.[321]

Darlehensaufnahme teils gemeinschaftlich, teils allein durch den Nichteigentümer-Ehegatten:
Sind die Darlehen für die vermietete Immobilie eines Ehegatten teils von den Eheleuten gemeinschaftlich, teils allein vom Nichteigentümer-Ehegatten aufgenommen worden und wird der Zahlungsverkehr für die Immobilie insgesamt über ein Konto des Nichteigentümer-Ehegatten abgewickelt, so werden aus den vom Eigentümer-Ehegatten auf dieses Konto geleiteten eigenen Mitteln (hier: Mieteinnahmen) vorrangig die laufenden Aufwendungen für die Immobilie und die Schuldzinsen für die gemeinschaftlich aufgenommenen Darlehen abgedeckt. Nur soweit die eingesetzten Eigenmittel (Mieteinnahmen) des Eigentümer-Ehegatten darüber hinaus auch die allein vom Nichteigentümer-Ehegatten geschuldeten Zinsen abzudecken vermögen, sind diese Zinsen als Werbungskosten des Eigentümer-Ehegatten abziehbar.[322]

109 Sind die **Ehegatten beide Miteigentümer** des bebauten Grundstücks, so können sie die Aufwendungen als Betriebsausgaben bzw. Werbungskosten in Höhe ihres Miteigentumsanteils geltend machen. Anderenfalls könnte Drittaufwand mit den oben beschriebenen Konsequenzen vorliegen. Diese Grundsätze gelten auch für die AfA. So kann der Nichteigentümerehegatte die AfA im Grundsatz nur geltend machen, wenn er auch (teilweise) die Anschaffungs- bzw. Herstellungskosten des Gebäudes trägt.[323]

2. Vorab entstandene Werbungskosten

110 **Vorab entstandene Werbungskosten** sind abziehbar, wenn der subjektive Tatbestand (Einkunftserzielungsabsicht) erfüllt ist.[324] Unschädlich ist, dass der objektive Tatbestand (tatsächliches Vermieten) noch nicht verwirklicht wurde. Danach genügt es, wenn zum einen die Einkunftserzielungsabsicht gegeben ist und zum anderen ein ausreichend bestimmter wirtschaftlicher Zusammenhang zwischen den Aufwendungen und der Einkunftsart besteht, in deren Rahmen der Abzug begehrt wird.[325] So sind beispielsweise Aufwen-

---

[320] EStH 21.2 „Finanzierungskosten", 11. Spiegelstrich.
[321] EStH 21.2 „Finanzierungskosten", 12. Spiegelstrich.
[322] EStH 21.2 „Finanzierungskosten", 13. Spiegelstrich; BFH 4.9.2000 – IX R 22/97, BStBl. II 2001, 785.
[323] Zur AfA siehe auch Ausführungen zu Bauten auf Fremden Grund und Boden → § 3 Rn. 60, 61; vgl. auch Blümich/*Wied* EStG § 4 Rn. 580 ff., Fallgruppe 1–4.
[324] Vgl. zum Vorliegen der Einkunftserzielungsabsicht → Rn. 130.
[325] BFH 4.7.1990 – GrS 1/89, BStBl. II 1990, 830, Tz. II 2 a.

§ 7 Laufende Besteuerung

dungen zur Beseitigung eines nicht wirksam gewordenen Pachtverhältnisses nicht als vorab entstandene Werbungskosten anzuerkennen, da eben die Einkunftserzielung verhindert werden sollte und somit kein wirtschaftlicher Zusammenhang besteht.[326] Dementgegen können auch Aufwendungen weiter abgezogen werden, wenn der Steuerpflichtige sie – nachdem er das Scheitern seiner Investition erkannt hat – tätigt, um sich aus der vertraglichen Verbindung zu lösen und so die Höhe der vergeblich aufgewendeten Kosten zu begrenzen.[327] In diesem Fall sind die Aufwendungen durch die ursprünglich zur Erzielung von Einnahmen begonnene Tätigkeit veranlasst.[328] Solche sog. Aufgabeaufwendungen können bspw. Rechtsverfolgungskosten, Prozesskosten oder Schadensersatz sein.[329] Oftmals stehen vorab entstandene Werbungskosten im Zusammenhang mit leer stehenden Objekten. Hier ist im Wesentlichen der Werbungskostenabzug von dem Vorliegen der Einkunftserzielungsabsicht abhängig.[330]

Als vorab entstandene Werbungskosten sind auch **vergebliche Aufwendungen** zur Anschaffung oder Herstellung anzusehen. Ein wesentliches Merkmal bei vergeblichen Aufwendungen ist, dass es auch später nicht zu einer Verwirklichung des objektiven Tatbestands kommt. Würde es zu einer Vermietung kommen, würden diese Aufwendungen, soweit sie sich auf das Gebäude beziehen, im Rahmen der AfA als Werbungskosten berücksichtigt werden. Da es aber bei vergeblichen Aufwendungen in der Natur der Sache liegt, dass eine Nutzung der Immobilie durch eine Vermietung nicht zustande kommt und somit auch keine AfA zu berücksichtigen ist, sind diese Aufwendungen in demjenigen Veranlagungszeitraum als Werbungskosten zu erfassen, in dem sich mit großer Wahrscheinlichkeit herausstellt, dass es zu keiner Verteilung des Aufwands nach den in § 9 Abs. 1 Nr. 7 EStG (AfA) angeführten Vorschriften kommen kann.[331] Dieser Grundsatz soll jedoch nur für Aufwendungen betreffend abnutzbaren Wirtschaftsgütern gelten, und somit eben nicht für Aufwendungen im Zusammenhang mit dem Grund und Boden.[332] So hatte der BFH beispielsweise entschieden, dass Aufwendungen für Architektenhonorare als Werbungskosten abziehbar sind, wenn der geplante Bau des zur Vermietung bestimmten Gebäudes an der fehlenden Finanzierungsmöglichkeit scheitert.[333] Anders verhält es sich bei Sachverhalten, wo bereits mit dem Bauvorhaben begonnen wurde (z. B. das Gebäude bereits zum Teil errichtet ist), jedoch beispielsweise aufgrund einer Insolvenz des Bauunternehmens, das Bauvorhaben durch ein anderes Unternehmen fertiggestellt wurde. In diesen Fällen sind die Aufwendungen für das Gebäude (z. B. Vor-

---

[326] Vgl. BFH 22.4.1975 – VIII R 110/70, BStBl. II 1975, 663; sinngemäß auch BFH 15.12.1981 – VIII R 107/79, BStBl. II 1982, 494.
[327] Blümich/*Schallmoser* EStG § 21 Rn. 268.
[328] BFH 5.11.2001 – IX B 92/01, BStBl. II 2002, 144, Tz. II 3.
[329] Vgl. BFH 15.11.2005 – IX R 3/04, BStBl. II 2006, 258; BFH 7.6.2006 – IX R 45/05, BStBl. 2006, 803.
[330] → Rn. 130.
[331] Vgl. BFH 14.2.1978 – VIII R 9/76, BStBl. II 1978, 455.
[332] Vgl. insbesondere H/H/R/*Pfirrmann* EStG § 21 Rn. 166. kritisch: Littmann/Bitz/Pust/*v. Reden* EStG § 21 Rn. 208.
[333] Vgl. BFH 13.11.1973 – VIII R 157/70, BStBl. II 1974, 161; siehe auch weitere Beispiele: H/H/R/*Pfirrmann* EStG § 21 Rn. 94 und 166, m. w. N.

auszahlungen, Gerichts- und Anwaltskosten) als Herstellungskosten zu qualifizieren.[334] Dieses gilt auch, wenn abweichend zum vorherigen Fall das Bauvorhaben noch nicht begonnen wurde, jedoch das dann nachfolgend errichtete Gebäude eines nach dem Zweck und der Bauart gleiches Gebäude im Verhältnis zu dem ursprünglich geplanten – jedoch nicht verwirklichten – Gebäude ist.[335] Umgekehrt handelt es sich um Werbungskosten, wenn kein gleicher Zweck und keine gleiche Bauart vorliegen.

112 Wird ein Grundstück **mit Bebauungsabsicht erworben,** können etwaige Finanzierungskosten und Grundsteuer als Werbungskosten berücksichtigt werden, wenn der Steuerpflichtige nachweisen kann, dass eine Bebauungsabsicht von Anfang an besteht. Dass seine tatsächliche Bebauung erst nach mehreren Jahren durchgeführt wird, ist unschädlich.[336] Die Finanzverwaltung könnte jedoch erhöhte Nachweispflichten für die Bebauungsabsicht nach Ablauf von drei Jahren seit der Grundstücksanschaffung verlangen.[337] Anlässlich des Erwerbs von Bauerwartungsland angefallene Finanzierungskosten können als vorab entstandene Werbungskosten abziehbar sein, wenn der Steuerpflichtige schon bei der Anschaffung des Grundstücks konkret damit rechnen konnte, das Grundstück in überschaubarer Zeit bebauen zu dürfen und wenn er seine erkennbare Bauabsicht auch nachhaltig zu verwirklichen sucht.[338] Nach Auffassung von *v. Reden* können vorab entstandene Werbungskosten, bei Vorliegen einer Bebauungsabsicht, bis zu einem Zeitraum von zehn Jahren nach Grundstückserwerb geltend gemacht werden.[339]

3. Finanzierungsaufwendungen als nachträgliche Werbungskosten

113 Nachträgliche Werbungskosten sind Aufwendungen, die mit früheren steuerbaren Einnahmen im wirtschaftlichen Zusammenhang stehen und nach § 24 Nr. 2 EStG den Einkünften aus Vermietung und Verpachtung zugerechnet werden können. Insbesondere Finanzierungsaufwendungen und Renovierungs- oder Erhaltungsaufwendungen kommen als nachträgliche Werbungskosten in Betracht, wobei erstgenanntes sich verstärkt im Blickpunkt der jüngeren Rechtsprechung befindet. Bei Veräußerung einer ursprünglich **mit einem Darlehen finanzierten Immobilie** stellt sich die Frage, ob die **Schuldzinsen** auch nach der Veräußerung noch als Werbungskosten bei den Einkünften aus Vermietung Verpachtung abgezogen werden können. Nach dem Veranlassungszusammenhang können Aufwendungen (z.B. Schuldzinsen) als nachträgliche Werbungskosten berücksichtigt werden, wenn sie mit einer früheren steuerbaren Vermietung zusammenhängen. Hierbei steht der sog. Surrogationsgedanke im Vordergrund. Denn mit der Veräußerung des

---

[334] Vgl. BFH 24.3.1987 – IX R 31/84, BStBl. II 1987, 695; diskutiert in Literatur: vgl. Littmann/Bitz/Pust/*v. Reden* EStG § 21 Rn. 211 „Beispiel 2".
[335] Vgl. BFH 9.9.1980 – VIII R 44/78, BStBl. II 1981, 418.
[336] Vgl. BFH 8.2.1983 – VIII R 130/79, BStBl. II 1983, 554; FG München v. 28.9.2005 – 9 K 4800/03, BeckRS 2005, 26018805.
[337] Littmann/Bitz/Pust/*v. Reden* EStG § 21 Rn. 209, m.w.N.; zur Nachweiserbringung vgl. Littmann/Bitz/Pust/*v. Reden* EStG § 21 Rn. 210.
[338] BFH 4.6.1991 – IX R 30/89, BStBl. II 1991, 761.
[339] Vgl. Littmann/Bitz/Pust/*v. Reden* EStG § 21 Rn. 210.

Grundstücks erfährt das Darlehen eine Zweckänderung und tritt in einen wirtschaftlichen Zusammenhang mit dem an die Stelle des Grundstücks getretenen Veräußerungserlös.[340] Hieraus hatte der BFH in seinem Urteil vom 20.6.2012 gefolgert, dass Schuldzinsen nach Veräußerung der Immobilie weiter als nachträgliche Werbungskosten abgezogen werden können, wenn und soweit die Verbindlichkeiten durch den Veräußerungserlös nicht getilgt werden können.[341] Dieser Grundsatz gilt nicht nur für steuerbare Veräußerungen nach § 23 Abs. 1 Nr. 1 EStG, sondern nach jüngerer Rechtsprechung – entgegen der ursprünglichen Auffassung der Finanzverwaltung – auch ausdrücklich für nicht steuerbare Veräußerungen.[342] Die Finanzverwaltung hat sich nun dem BFH angeschlossen und bestimmt, dass der nachträgliche Schuldzinsenabzug für rechtswirksam nach dem 31.12.1998 getätigte Grundstücksveräußerungen unabhängig von der Steuerbarkeit des Veräußerungsgeschäfts ist.[343] Reicht jedoch der Veräußerungserlös aus, um das Darlehen vollständig zu tilgen, endet der wirtschaftliche Zusammenhang und ein Werbungskostenabzug scheidet aus. Dieses ist unabhängig davon, ob der Veräußerungserlös tatsächlich zur Ablösung des Darlehens verwendet oder anderweitig (privat) verwendet wird. Erwirbt der Steuerpflichtige hingegen eine neue zur Vermietung bestimmte Immobilie, so besteht der Veranlassungszusammenhang weiter fort und die Schuldzinsen sind im vollen Umfang als Werbungskosten abzugsfähig.[344] Auch für ein Refinanzierungs- oder Umschuldungsdarlehen gezahlte Schuldzinsen können dem Grunde nach durch die frühere Einkunftserzielung veranlasst sein.[345]

Nach Auffassung des BFH sind gezahlte **Schuldzinsen** für ein **Darlehen, mit dem Werbungskosten** finanziert wurden, auch nach Aufgabe der Vermietungstätigkeit als nachträgliche Werbungskosten abziehbar, unabhängig davon, ob der bei einer Veräußerung erzielbare oder erzielte Erlös zur Schuldentilgung ausgereicht hätte.[346] Es bleibt jedoch abzuwarten, ob der BFH nach seiner neueren Rechtsprechung vom 20.6.2012 zu Schuldzinsen im Zusammenhang mit Anschaffungs- bzw. Herstellungskosten an dieser Ansicht weiterhin festhält oder sich der Auffassung der Finanzverwaltung anschließt und auch bei Schuldzinsen für ein Darlehen betreffend der Finanzierung von Werbungskosten, den Werbungskostenabzug auf die Höhe des nicht durch einen Veräußerungserlös gedeckten Teil beschränkt.[347]

---

[340] Blümich/*Schallmoser* EStG § 21 Rn. 296.
[341] BFH 20.6.2012 – IX R 67/10, BStBl. II 2013, 275; vgl. auch ausführlich zur Rechtsprechungsentwicklung: Blümich/*Schallmoser* EStG § 21 Rn. 296; Schmidt/*Kulosa* EStG § 21 Rn. 85; Littmann/Bitz/Pust/*v. Reden* EStG § 21 Rn. 217ff.
[342] BFH 8.4.2014 – IX R 45/13, DStR 2014, 996; a. A. BMF v. 28.3.2013, BStBl. I 2013, 508; EStH 21.2 „Finanzierungskosten", 8. Spiegelstrich.
[343] BMF 27.7.2015, DStR 2015, 1753 Tz. 1.
[344] BFH 8.4.2014 – IX R 45/13, DStR 2014, 996, Tz. 19a ff.
[345] BFH 8.4.2014 – IX R 45/13, DStR 2014, 996, Tz. 25c.
[346] BFH 16.9.1999 – IX R 42/97, BStBl. II 2001, 528; BFH 12.10.2005 – IX R 28/04, BStBl. II 2006, 407; a. A. BMF 15.1.2014, DStR 2014, 144; BMF 27.7.2015, DStR 2015, 1753 Tz. 4.1. Anwendung bei Veräußerungsgeschäften vor dem 1.1.2014: BMF 3.5.2006, BStBl. I 2014, 108; EStH 21.2 „Finanzierungskosten" 8. Spiegelstrich; BMF 27.7.2015, DStR 2015, 1753, Tz. 4.2.
[347] Vgl. BFH 20.6.2012 – IX R 67/10, BStBl. II 2013, 275.

115 Zu den Finanzierungsaufwendungen gehören grundsätzlich auch **Vorfälligkeitsentschädigungen**, welche aufgrund einer vorzeitigen Darlehensablöse gezahlt werden, z. B. bei einer Veräußerung der Immobilie. Bei einer aufgrund einer Veräußerung gezahlten Vorfälligkeitsentschädigung handelt es sich um eine vertragliche Änderungsvereinbarung die steuerrechtlich der „auslösende Moment" für die Zahlung der Vorfälligkeitsentschädigung darstellt. Es fehlt somit an einem wirtschaftlichen Zusammenhang mit der früheren Vermietungstätigkeit, woraus ein Ausschluss des Werbungskostenabzugs bei den Einkünften aus Vermietung und Verpachtung resultiert. Dieses gilt unabhängig vom Grund der Darlehensaufnahme (z. B. Finanzierung der AK bzw. HK oder etwaiger Werbungskosten). Ist der Veräußerungsvorgang jedoch nach § 23 Abs. 1 Satz 1 Nr. 1 EStG steuerbar, ist die Vorfälligkeitsentschädigung als Veräußerungskosten in die Ermittlung des Veräußerungsgewinnes oder -verlustes einzubeziehen.[348] Jedoch kann die Vorfälligkeitsentschädigung (anteilig) zu den Finanzierungskosten eines neuen Objekts gehören, wenn (und soweit nach der Darlehenstilgung) der Restkaufpreis aus der Veräußerung des „alten" Objekts zur Finanzierung des „neuen" Objekts tatsächlich verwendet worden ist.[349] Unter diesen Umständen könnte die anteilige Vorfälligkeitsentschädigung ausnahmsweise als Werbungskosten bei den Einkünften aus Vermietung und Verpachtung berücksichtigt werden, wobei die Rechtsprechung des BFH dem noch tendenziell eher kritisch gegenüber steht.[350]

4. „Sonstige" nachträgliche Werbungskosten

116 Als **„sonstige" nachträgliche Werbungskosten** kommen insbesondere Renovierungs- und Erhaltungsaufwendungen in Betracht. Auch bei solchen Aufwendungen kommt es maßgeblich auf den Veranlassungszusammenhang an, d. h. die Aufwendungen müssen mit der früheren Vermietungstätigkeit zusammenhängen. Hierbei ist nicht auf den Zahlungszeitpunkt der entsprechenden Aufwendungen abzustellen, sondern vielmehr auf den Zeitpunkt der Reparatur. Werden Renovierungs- oder Instandsetzungsarbeiten während der Vermietungszeit ausgeführt, geht der BFH typisierend davon aus, dass sie noch der Einkünfteerzielung dienen und die dadurch entstandenen Aufwendungen – unabhängig vom Zahlungszeitpunkt – grundsätzlich als (nachträgliche) Werbungskosten zu berücksichtigen sind.[351] Umgekehrt bedeutet dies, dass selbst wenn während der Vermietungstätigkeit – vorschüssig – Zahlungen für Reparaturaufwendungen geleistet werden, die jedoch erst nach dem Ende der Vermietungstätigkeit durchgeführt werden, ein Werbungskostenabzug ausgeschlossen ist.[352] Es darf jedoch auch bei dieser typisierenden Behandlung niemals der tatsächliche Veranlassungszusammenhang aus den Augen verloren

---

[348] Vgl. BFH 11.2.2014 – IX R 42/13, DStR 2014, 1272, Tz. 9 ff.; BFH 28.7.2004 – IX B 136/03, BFH/NV 2005, 43; BMF 27.7.2015, DStR 2015, 1753, Tz. 2.
[349] BFH 14.2.2004 – IX R 34/01, BFH/NV 2004, 1091.
[350] Ablehnend BFH 6.12.2005 – VIII R 34/04, BStBl. II 2006, 265; EStH 21.2 „Finanzierungskosten" 6. Spiegelstrich; zur Abgrenzung des BFH-Urteils v. 14.02.2004 – IX R 34/01, BFH/NV 2004, 1091: BFH 6.12.2005 – VIII R 34/04, BStBl II 2006, 265, letzter Absatz; vgl. auch zitierte Rechtsprechung in Schmidt/*Kulosa* EStG § 21 Rn. 85.
[351] Vgl. BFH 1.4.2009 – IX R 51/08, BFH/NV 2009, 1259, Tz. II 1 b.
[352] Vgl. auch Blümich/*Schallmoser* EStG § 21 Rn. 278.

werden. Denn selbst wenn die Reparaturaufwendungen während der Vermietungszeit durchgeführt werden, können diese nicht als Werbungskosten bei den Einkünften aus Vermietung und Verpachtung abgezogen werden, wenn die Aufwendungen beispielsweise durch den Vermieter in der Absicht übernommen werden, das Grundstück zu veräußern.[353] Auch gezahlte Entschädigungen an den Mieter für dessen vorzeitigen Auszug aufgrund einer beabsichtigten Selbstnutzung oder Veräußerung sind vom Werbungskostenabzug ausgeschlossen.[354]

Am Ende der Vermietungstätigkeit werden regelmäßig **Renovierungs- und Erhaltungsaufwendungen** durchgeführt. Deren Berücksichtigung hat der BFH nur unter erschwerten Voraussetzungen zugelassen.[355] So sind Aufwendungen für Reparaturen nur als Werbungskosten zu berücksichtigen, wenn sie zur Beseitigung eines Schadens getätigt wurden, der die mit dem gewöhnlichen Gebrauch der Mietsache verbundene Abnutzung deutlich übersteigt, wie insbesondere bei mutwilligen Schäden. Werden also lediglich „gewöhnliche" Reparaturen am Ende der Vermietungstätigkeit durchgeführt, ist ein Werbungskostenabzug ausgeschlossen.[356] Dieses gilt selbst dann, wenn normalerweise der Mieter sie hätte durchführen müssen.[357]

117

5. Absetzungen für Abnutzungen (AfA)

a) Allgemeines

Die Ausführungen zur AfA, AfaA, Sonderabschreibung und erhöhten Absetzung bei bilanzierenden Steuerpflichtigen **gelten** im Wesentlichen **auch für Gebäude im Privatvermögen**. Eine Ausnahme besteht lediglich bei der AfA nach § 7 Abs. 4 Satz 1 Nr. 1 EStG. Diese AfA bleibt ausschließlich Gebäuden im Betriebsvermögen, welche nicht zu Wohnzwecken genutzt werden, vorbehalten.

118

b) AfA bei vollständig bzw. teilweise unentgeltlichem Erwerb

Soweit der **Rechtsnachfolger** das Wirtschaftsgut **unentgeltlich erworben** hat, führt er die AfA des Rechtsvorgängers fort, § 11d Abs. 1 EStDV. Er kann die AfA nur bis zu dem Betrag abziehen, der anteilig von der Bemessungsgrundlage des Übergebers nach Abzug der bereits in Anspruch genommenen AfA, erhöhten Absetzung und Sonderabschreibungen verbleibt. Werden bei einem unentgeltlichen Erwerb vom Rechtsnachfolger Erwerbskosten aufgewendet, erhöhen diese nach Literaturauffassung neben den nach § 11d Abs. 1 EStDV zu berücksichtigen Herstellungskosten die AfA-Bemessungsgrundlage für das erworbene Objekt.[358]

119

---

[353] Vgl. BFH 14.12.2004 – IX R 34/03, BStBl. II 2005, 343; BFH 25.2.2009 – IX R 80/07, BFH/NV 2009, 1414; BFH 23.11.2006 – IX B 109/06, BFH/NV 2007, 680.
[354] Vgl. auch BFH 7.7.2005 – IX R 38/03, BStBl. II 2005, 760.
[355] BFH 17.12.2002 – IX R 6/99, BFH/NV 2003, 610.
[356] Aber ggf. Berücksichtigung bei der Ermittlung der Veräußerungskosten gem. § 23 EStG → § 16 Rn. 58.
[357] Vgl. BFH v. 11.7.2000 – IX R 48/96, BStBl. II 2001, 784.
[358] Vgl. Schmidt/*Kulosa* EStG § 7 Rn. 67; Blümich/*Brandis* EStG § 7 EStG Rn. 258; a. A. BMF 13.1.1993, BStBl. I 1993, 80, Tz. 13, nach BMF weder Anschaffungskosten noch Werbungskosten.

§ 7 119a–121   Teil 4. Nutzungsphase

119a Wird das Wirtschaftsgut **teilentgeltlich erworben,** ist zwischen dem entgeltlichen und unentgeltlichen Teil zu unterscheiden. Für den unentgeltlichen Teil hat der Rechtsnachfolger die vom Rechtsvorgänger begonnene AfA gem. § 11d Abs. 1 EStDV anteilig fortzuführen. Die AfA des entgeltlichen Teils bemisst sich bei Gebäuden regelmäßig nach § 7 Abs. 4 EStG. Hieraus können insbesondere bei Gebäuden unterschiedliche AfA-Bemessungsgrundlagen und ggf. unterschiedliche AfA-Methoden sowie Abschreibungszeiträume resultieren.[359] Es werden somit im ersten Schritt zwei AfA Beträge getrennt voneinander ermittelt (zwei AfA Reihen) und dann zu einem AfA Betrag zusammengerechnet.[360] Etwaige Nebenkosten im Zusammenhang mit dem Erwerb sind bei einem teilentgeltlichen Erwerb nach Auffassung der Finanzverwaltung – im Unterschied zu einem voll unentgeltlichen Erwerb – in voller Höhe als Anschaffungsnebenkosten zu behandeln.[361]

6. Verteilung von Erhaltungsaufwendungen

120 Nach § 82b EStDV können **abweichend vom Zufluss-/Abflussprinzip** des § 11 EStG größere Erhaltungsaufwendungen für Gebäude, die nicht einem Betriebsvermögen zugehörig sind und überwiegend Wohnzwecken dienen, gleichmäßig auf zwei bis fünf Jahre verteilt werden. Das Gebäude dient Wohnzwecken, wenn die Grundfläche der Wohnzwecken dienenden Räume mehr als die Hälfte der gesamten Nutzfläche beträgt. Dabei stellt der BFH auf eine dauerhafte Wohnnutzung ab, woran es bei einer Vermietung an wechselnde Feriengäste fehlt.[362] Das Tatbestandsmerkmal **„größere Erhaltungsaufwendungen"** ist der Höhe nach gesetzlich nicht näher definiert. Nach Auffassung des BFH kann bereits der Einbau von zwei Fenstern für insgesamt 1.440 DM ausreichen.[363] Sind die Voraussetzungen in dem Veranlagungsjahr der Zahlung erfüllt, hat der Steuerpflichtige in diesem Jahr ein Wahlrecht, die Aufwendungen auf zwei bis fünf Jahre zu verteilen. Die Voraussetzungen müssen in den folgenden Jahren des Verteilungszeitraums nicht mehr zwingend erfüllt sein. Jedoch wird nach dem Grundsatz der Abschnittsbesteuerung jedes Jahr erneut geprüft, ob die Voraussetzungen im Jahr der Zahlung erfüllt waren.[364] Bei Teilzahlungen können sich auch zwei Verteilungszeiträume ergeben.[365] Der Steuerpflichtige hat neben der Wahl „dem Grunde nach" auch die Wahl „der Höhe nach". So kann er bestimmen, über wie viele Veranlagungszeiträume (zwei bis fünf) er die Aufwendungen verteilen möchte.[366]

121 Hat der Steuerpflichtige **größere Erhaltungsaufwendungen** im Jahr ihrer Entstehung **nicht als Werbungskosten abgezogen** und vor Bestands-

---

[359] Bei beweglichen Wirtschaftgütern vgl. auch BMF 13.1.1993, BStBl. I 1993, 80, Rn. 18.
[360] Vgl. BMF 13.1.1993, BStBl. I 1993, 80, Rn. 17; nach Auffassung von Kulosa kann das Teilentgelt wie nachträgliche Anschaffungskosten behandelt werden, Schmidt/*Kulosa* EStG § 7 Rn. 68.
[361] BMF 13.1.1993, BStBl. I 1993, 80, Rn. 13.
[362] BFH 4.9.2000 – IX R 75/99, BFH/NV 2001, 429.
[363] BFH 27.10.1992 – IX R 66/91, BStBl. II 1993, 591.
[364] Vgl. Blümich/*Schallmoser* EStG § 21 Rn. 336 und 337.
[365] Vgl. Schmidt/*Kulosa* EStG § 21 Rn. 77.
[366] Vgl. Blümich/*Schallmoser* EStG § 21 Rn. 335.

kraft der Veranlagung dieses Jahres auch keine Verteilung nach § 82b EStDV gewählt, so kann er die Aufwendungen dennoch anteilig gleichmäßig auf die folgenden Jahre des Verteilungszeitraums verteilen. Der auf das Jahr der Entstehung entfallende Anteil der Aufwendungen ist dabei nicht zu berücksichtigen.[367] In welchem Umfang der Steuerpflichtige die Aufwendungen in den Folgejahren anteilig als Werbungskosten abziehen kann, hängt somit davon ab, wie er die Aufwendungen verteilt. Die Wahl des Verteilungszeitraums legt zugleich fest, welcher Anteil der Aufwendungen auf das bestandskräftig veranlagte Entstehungsjahr entfällt und steuerlich nicht mehr zu berücksichtigen ist. So bleibt z.B. bei einer Verteilung auf fünf Jahre ein Fünftel oder bei einer Verteilung auf vier Jahre ein Viertel der Aufwendungen unberücksichtigt.[368]

Wird ein Gebäude **während des Verteilungszeitraums** veräußert, in ein Betriebsvermögen eingebracht oder nicht mehr zur Einkunftserzielung genutzt, ist nach § 82b Abs. 2 EStDV der noch nicht berücksichtigte Teil des Erhaltungsaufwands in diesem Jahr in voller Höhe abzuziehen.

7. Zinsschranke

Die **Zinsschranke nach § 4h EStG** findet grundsätzlich nur bei den Gewinneinkunftsarten Anwendung, da anderenfalls kein Betrieb im Sinne der Zinsschranke vorliegt.[369] Somit hat eine vermögensverwaltend tätige Personengesellschaft, die Einkünfte aus Vermietung und Verpachtung nach § 21 EStG erzielt, ebenfalls kein Betrieb im Sinne der Zinsschranke, es sei denn, ihre Einkünfte gelten kraft gewerblicher Prägung nach § 15 Abs. 3 Nr. 2 EStG als Gewinneinkünfte.[370] Sind gewerblich tätige Gesellschafter an der vermögensverwaltenden Personengesellschaft beteiligt, findet die Zinsschranke erst auf der Gesellschafterebene Anwendung.[371] Die Zinsaufwendungen, Zinserträge und Abschreibungen der vermögensverwaltenden Personengesellschaft sowie die Beteiligungseinkünfte sind anteilig beim Gesellschafter im Rahmen seiner Gewinneinkünfte zu berücksichtigen.[372]

8. Vergünstigte Vermietung

Bei **vergünstigten Vermietungen** ist nach § 21 Abs. 2 Satz 1 EStG die Nutzungsüberlassung in einen entgeltlichen und unentgeltlichen Teil aufzuteilen, wenn das Entgelt für die Wohnungsüberlassung weniger als 66%[373] der ortsüblichen Marktmiete beträgt. Beträgt das Entgelt für eine auf Dauer angelegte Wohnungsvermietung hingegen **mindestens 66% der ortsüblichen Miete**, gilt die Wohnungsvermietung nach § 21 Abs. 2 Satz 2 EStG als voll entgeltlich. Für eine Ermittlung der ortsüblichen Marktmiete sind nach Auf-

---

[367] BFH 27.10.1992 – IX R152/89, BStBl. II 1993, 589.
[368] BFH 27.10.1992 – IX R152/89, BStBl. II 1993, 589, Tz. II 2c aa.
[369] Vgl. Blümich/*Heuermann* EStG § 4h Rn. 29.
[370] BMF 4.7.2008, BStBl. I 2008, 718, Tz. 5.
[371] Vgl. Blümich/*Heuermann* EStG § 4h Rn. 29; BMF 4.7.2008, BStBl. I 2008, 718, Tz. 43; *Kröner/Bolik* DStR 2008, 1309.
[372] BMF 4.7.2008, BStBl. I 2008, 718, Tz. 43.
[373] Ab dem VZ 2012: 66%, davor 56%.

fassung der Finanzverwaltung Wohnungen vergleichbarer Art, Lage und Ausstattung heranzuziehen.[374] Sind diese nicht vorhanden, kann auch der Mietspiegel herangezogen werden, wobei die ganze Spanne des Mietspiegels als ortsübliche Marktmiete angesehen wird.[375] Somit ist auch der unterste Wert des Mietspiegels noch als marktüblich anzuerkennen. Ein Sachverständigengutachten wäre als letzte Möglichkeit auch zweckgemäß.[376] Diese Unterscheidung gilt jedoch **nur für die Einkünfte aus Vermietung und Verpachtung** und ist **nicht auf die Gewinneinkünfte übertragbar.**[377] Jedoch gelten diese Grundsätze nicht nur bei einer Vermietung an nahe Angehörigen sondern auch bei einer Vermietung an fremde Dritte, selbst wenn der Steuerpflichtige verhindert ist aus vertraglichen oder tatsächlichen Gründen die Miete zu erhöhen.[378] So sind beispielsweise auch diejenigen Vermieter hiervon betroffen, die bei einem langjährigen Mietverhältnis die vereinbarte Miete unverändert beibehalten, weil sie mit dem Mieter zufrieden sind und einen risikobehafteten Wechsel scheuen.[379]

a) Miete beträgt weniger als 66 % der ortsüblichen Marktmiete

125 Das **gesetzliche Aufteilungsgebot** nach § 21 Abs. 2 Satz 1 EStG bedingt die Überlassung einer Wohnung zu Wohnzwecken. Eine Vermietung von Geschäftsräumen ist somit nicht von dem Aufteilungsgebot umfasst. Sind Gegenstände (z. B. mehrere Garagen, die nicht zur Wohnung gehören) im Entgelt enthalten, die nicht zu Wohnzwecken überlassen werden, so sind diese für Zwecke der Berechnung hinsichtlich der 66 %-Grenze auszuscheiden.[380]

126 In die **Berechnung der Marktmiete** sind die Kaltmiete sowie die nach der Betriebskostenverordnung umlagefähigen Betriebskosten einzubeziehen.[381] Bei der Vermietung einer voll möblierten Wohnung ist zusätzlich noch ein Zuschlag für die Möblierung zu berücksichtigen.[382]

> **Beispiel:**
> **Sachverhalt:**
> Herr X vermietet eine Wohnung zu Wohnzwecken an Frau Y zu einer monatlichen Miete von 1.000 EUR. Die monatliche ortsübliche Marktmiete beträgt hingegen 2.000 EUR. Die im Veranlagungszeitraum angefallenen Werbungskosten betragen 10.000 EUR.

---

[374] EStR 21.3; nach Auffassung von H/H/R/*Pfirrmann* EStG § 21 Rn. 206, ist die Vergleichsmiete nur Ausnahmsweise und damit nachrangig zum Mietspiegel heranzuziehen.
[375] BFH 17.8.2005 – IX R 10/05, BStBl. II 2006, 71; BFH 11.9.2007 – IX B 4/07, BFH/NV 2007, 2291, BFH 27.12.2010 – IX B 107/10, BeckRS 2011, 95789.
[376] H/H/R/*Pfirrmann* EStG § 21 Rn. 206.
[377] Ergibt sich aus dem Gesetzestext; klarstellend auch BFH 14.1.1998 – X R 57/93, BFH/NV 1998, 1160, zu II. 6.
[378] EStH 21.3 „Überlassung an fremde Dritte".
[379] H/H/R/*Pfirrmann* EStG § 21 Rn. 206, m. w. N.
[380] Vgl. BFH 24.10.2003 – IX B 90/3, BFH/NV 2004, 193.
[381] EStR 21.3 Satz 2.
[382] FG Niedersachsen 7.12.2010 – 3 K 251/08, EFG 2011, 628.

> **Lösung:**
> Die tatsächliche Miete beträgt nur 50% der ortsüblichen Marktmiete. Somit ist das Mietverhältnis nach § 21 Abs. 2 Satz 1 EStG in einen entgeltlichen und unentgeltlichen Teil aufzuteilen. Die Werbungskosten i. H. v. 10.000 EUR sind daher nur zu 5.000 EUR (50% von 10.000 EUR) bei den Einkünften aus Vermietung und Verpachtung zu berücksichtigen.

Die 66%-Grenze bezieht sich auf die Jahresmiete. So könnten unterjährige Mieterhöhungen dazu beitragen, dass die Grenze von 66% eingehalten wird und somit sämtliche Werbungskosten abzugsfähig bleiben. Einzelne Monate die unterhalb dieser Grenze liegen sind unschädlich.[383]

In der Literatur wird diskutiert, ob eine Prüfung der **Einkünfteerzielungsabsicht**[384] trotz der vom Gesetz vorgegebenen Grenze für die Entgeltlichkeit noch zusätzlich notwendig ist oder ob durch die gesetzliche Annahme einer Entgeltlichkeit eine Prüfung der Einkünfteerzielungsabsicht nicht mehr erforderlich ist. Im Wesentlichen muss hierfür die Rechtslage bis zum VZ 2011[385] und ab dem VZ 2012 unterschieden werden. **Vor dem VZ 2012** war nach § 21 Abs. 2 EStG a. F. das Nutzungsverhältnis in einen entgeltlichen und unentgeltlichen Teil aufzuteilen, wenn das Entgelt für die Überlassung einer Wohnung zu Wohnzwecken weniger als 56%[386] der ortsüblichen Marktmiete beträgt.[387] Die BFH Rechtsprechung[388] und Finanzverwaltungsauffassung[389] hatte diesbezüglich folgende Grundsätze zur Prüfung einer Einkünfteerzielungsabsicht aufgestellt. 127

Bei einer Miete die der ortsüblichen Miete zu mind. 75% entspricht, kann grundsätzlich auf eine Totalüberschussprognose verzichtet werden. Beträgt die Miete mindestens 56% der ortsüblichen Miete, jedoch weniger als 75%, so können bei einer negativen Totalüberschussprognose dennoch die Werbungskosten abgezogen werden, jedoch nur anteilig. Ist die Totalüberschussprognose hingegen positiv, können die Werbungskosten im vollen Umfang geltend gemacht werden. Bei einer Miete von unter 56% der ortsüblichen Miete entfällt die Prüfung der Einkunftserzielungsabsicht in Bezug auf die verbilligte Miete.[390] 127a

Ab dem VZ 2012 wird von der hM[391] die Auffassung vertreten, dass für den entgeltlichen Teil (insbesondere für den Teil zwischen 66% und 75%) nach § 21 Abs. 2 Satz 1 und 2 EStG keine Totalüberschussprognose mehr 128

---

[383] Vgl. H/H/R/*Pfirrmann* EStG § 21 Rn. 206.
[384] → Rn. 130.
[385] § 21 Abs. 2 EStG wurde mit dem StVereinfG 2011 v. 1.11.2011, BGBl. I 2011, 2131 (2144) geändert.
[386] Ab dem VZ 2004.
[387] Aufgrund der geringen Aktualität hier nur verkürzt aufgeführt, vgl. hierzu insbesondere Ausführungen mit weiteren Unterscheidungen von Frotscher/Geurts/*Lindenberg* EStG § 21 Rn. 212–215; Littmann/Bitz/Pust/*v. Reden* EStG § 21 Rn. 18 f.
[388] BFH 5.11.2002 – IX R 48/01, BStBl. II 2003, 646.
[389] BMF 8.10.2004, BStBl. I 2004, 933.
[390] BMF 8.10.2004, BStBl. I 2004, 933, Rn. 12–14; BFH 5.11.2002 – IX R 48/01, BStBl. II 2003, 646, Tz. II 1 bbb.
[391] Vgl. insbesondere Frotscher/Geurts/*Lindenberg* EStG § 21 Rn. 216; H/H/R/*Pfirrmann* EStG § 21 Rn. 207; wohl auch Littmann/Bitz/Pust/*v. Reden* EStG § 21 Rn. 18 g.

§ 7 128a–130 Teil 4. Nutzungsphase

vorliegen muss. *Stein* hingegen vertritt die Auffassung, dass eine Einkünfteerzielungsabsicht immer geprüft werden muss und erst in einem zweiten Schritt die Abzugsfähigkeit der Werbungskosten nach § 21 Abs. 2 EStG gesondert untersucht wird.[392]

128a Nach dem Willen des Gesetzgebers soll aus Vereinfachungsgründen die alte zweistufige Prozenthürde (56% sowie 75%) durch eine **einzige Hürde (66%)** ersetzt werden.[393] Somit besteht zwischen der Abzugsfähigkeit von Werbungskosten und der Einkünfteerzielungsabsicht ein Gleichlauf, was eine Totalüberschussprognose nicht mehr voraussetzt. Jedoch ist fraglich, ob dieser Grundsatz auch bei einem erheblichen Missverhältnis tatsächlich Anwendung finden soll oder ob eine Totalüberschussprognose im Einzelfall wieder erforderlich wird. Im Regelfall sollte jedoch bei einem Mietverhältnis zwischen fremden Dritten eine Einkünfteerzielungsabsicht vorliegen, was der Gesetzgeber durch die Änderung des § 21 Abs. 2 EStG wohl ebenfalls unterstellt hat.[394] Lediglich bei Mietverhältnissen zwischen Angehörigen könnten sich Besonderheiten ergeben.[395]

b) Miete beträgt mindestens 66% der ortsüblichen Marktmiete

129 Beträgt die Miete **mindestens 66% der ortsüblichen Marktmiete**, ist das Nutzungsverhältnis nicht in einem entgeltlichen und unentgeltlichen Teil aufzuteilen. Vielmehr wird die volle Entgeltlichkeit angenommen, was einen vollen Werbungskostenabzug zur Folge hat. Voraussetzung hierfür ist ebenfalls die Überlassung der Wohnung bzw. der Räume zu Wohnzwecken. Erfolgt eine Überlassung für andere Zwecke, z. B. gewerbliche Zwecke, so ist ein Werbungskostenabzug nur im Verhältnis der vereinbarten Miete zur ortsüblichen Miete zulässig. Eine weitere Voraussetzung ist ein auf Dauer angelegtes Mietverhältnis. Der Gesetzgeber unterstellt insoweit das Vorliegen einer Einkünfteerzielungsabsicht.[396]

129a Sollte das Mietverhältnis **nicht auf Dauer** angelegt sein, ist eine volle Entgeltlichkeit nicht „pauschal" anzunehmen, woraus resultiert, dass eine Totalüberschussprognose zu erstellen ist.[397] Fällt diese Totalüberschussprognose negativ aus, ist das Mietverhältnis steuerlich nicht zu berücksichtigen. Sollte hingegen eine positive Totalüberschussprognose vorliegen, ist das Nutzungsverhältnis nach den allgemeinen Grundsätzen ggf. in einem entgeltlichen und unentgeltlichen Teil aufzuteilen.

VI. Einkunftserzielungsabsicht

130 Das Vorliegen der **Einkunftserzielungsabsicht** ist entscheidend für die Berücksichtigung der Einkünfte bei der Ermittlung des zu versteuernden Ein-

---

[392] *Stein* DStZ 2012, 19–36.
[393] BT-Drs. 17/5125, 38.
[394] Besonderheiten können sich bei aufwendig gestalteten oder ausgestatteten Wohnung ergeben → Rn. 148.
[395] → Rn. 155 ff.
[396] Vgl. H/H/R/*Pfirrmann* EStG § 21 Rn. 211.
[397] Vgl. H/H/R/*Pfirrmann* EStG § 21 Rn. 210.

§ 7 Laufende Besteuerung 131–133 § 7

kommens. Liegt keine Einkunftserzielungsabsicht vor, sind die betreffenden Einnahmen und Werbungskosten der privaten Lebensführung zuzuordnen und nicht für steuerliche Zwecke zu berücksichtigen. Voraussetzung für die Einkunftserzielungsabsicht ist jedoch, dass der Vertrag bzw. das Mietverhältnis auch steuerlich anerkannt wird. Gerade bei einem Mietverhältnis zwischen Angehörigen kann die steuerliche Anerkennung strengeren Anforderungen unterliegen.[398] Die Einkunftserzielungsabsicht ist **objektbezogen**. Daher muss für jede vermietete Immobilie die Einkunftserzielungsabsicht gesondert geprüft werden.[399]

Eine **Einkunftserzielungsabsicht** wird bei einer auf Dauer angelegten 131 Vermietungstätigkeit grundsätzlich **ohne weitere Prüfung unterstellt**. Danach ist es unerheblich ob tatsächlich ein Totalüberschuss erreicht wird. Dieses gilt nur dann nicht, wenn besondere Umstände oder Beweisanzeichen gegen das Vorliegen einer Einkunftserzielungsabsicht sprechen oder besondere Arten der Nutzung für sich allein Beweisanzeichen für eine private, nicht mit der Erzielung von Einkünften zusammenhängende Veranlassung sind.[400] Hiernach könnte eine Einkunftserzielungsabsicht anhand einer **Totalüberschussprognose** insbesondere bei folgenden Umständen zu prüfen sein:
– Nicht auf Dauer angelegte Vermietungstätigkeit
– Verbilligte Überlassung einer Wohnung
– Vermietung von Ferienwohnungen
– Leer stehende Immobilie
– Sonstige Gründe

Eine **auf Dauer angelegte Vermietung** liegt grundsätzlich vor, wenn das 132 Mietverhältnis keiner Befristung unterliegt.[401] Ein Mietverhältnis ist auf Dauer angelegt, wenn es mindestens 30 Jahre umfassen soll.[402] Der BFH hatte zu Immobilienfonds entschieden, dass eine auf 20 Jahre angelegte Vermietung nicht auf Dauer angelegt und daher eine Totalüberschussprognose zu erstellen ist.[403] Hat sich der Steuerpflichtige noch nicht entschieden, ob er das Grundstück langfristig oder kurzfristig vermieten will, liegt keine auf Dauer angelegt Vermietung vor.[404] Diese Vereinfachungsregelungen beschränken sich lediglich auf Wohnungen, welche für Wohnzwecke genutzt werden. Für unbebaute Grundstücke und Gewerbeobjekte ist immer die Einkunftserzielungsabsicht zu prüfen.[405]

Bei **vermögensverwaltenden Personengesellschaften,** welche Einkünf- 133 te aus Vermietung und Verpachtung erzielen oder bei anderen Gemeinschaften,

---

[398] → Rn. 155.
[399] Vgl. Blümich/*Schallmoser* EStG § 21 Rn. 159.
[400] BMF 8.10.2004, BStBl. I 2004, 933, Rn. 1 und 2.
[401] BFH 9.7.2002 – IX R 24/07, BStBl. II 2003, 695; BFH 29.3.2007 – IX R 7/06, BFH/NV 2007, 1847.
[402] Vgl. H/H/R/*Pfirrmann* EStG § 21 Rn. 70 und 71; Blümich/*Schallmoser* EStG § 21 Rn. 183.
[403] BFH 2.7.2008 – IX B 46/08, BStBl. II 2008, 815; BFH 28.7.2008 – IX B 33/08, BFH/NV 2008, 1841.
[404] Vgl. BFH 18.1.2006 – IX R 18/04, BFH/NV 2006, 1078; BFH 31.7.2007 – IX R 30/05, BFH/NV 2008, 202.
[405] Blümich/*Schallmoser* EStG § 21 Rn. 167; BMF 8.10.2004, BStBl. I 2004, 933, Rn. 29; BFH 19.2.2013 – IX R 7/10, BStBl. 2013, 436.

sind die vorstehenden Grundsätze ebenfalls anzuwenden. Bei diesen Gesellschaften muss sowohl auf Ebene der Gesellschaft als auch auf Ebene des Gesellschafters die Einkunftserzielungsabsicht vorliegen. Liegt bei der Gesellschaft keine Einkunftserzielungsabsicht vor, so können den einzelnen Gesellschaftern keine steuerlich relevanten Einkünfte zugerechnet werden. Liegt hingegen bei der Gesellschaft eine Einkunftserzielungsabsicht vor, kann bei dem Gesellschafter gleichwohl die entsprechende Absicht zweifelhaft sein, wenn er sich nur kurzzeitig zur Verlustmitnahme an der Gesellschaft beteiligt hat[406] oder seine Beteiligung fremd finanziert hat.[407] Handelt es sich bei der Personengesellschaft jedoch um eine Verlustzuweisungsgesellschaft, besteht zunächst die Vermutung der fehlenden Einkunftserzielungsabsicht. Hier liegt in der Regel erst bei einer positiven Totalüberschussprognose eine Einkunftserzielungsabsicht vor.[408]

1. Beweisanzeichen gegen eine Einkunftserzielungsabsicht

a) Nicht auf Dauer angelegte Vermietungstätigkeit

134 Eine **Vermietungstätigkeit** ist grundsätzlich nicht auf Dauer angelegt, wenn das Mietverhältnis unter 30 Jahre dauern soll.[409] Entscheidend hierfür sind die eigenen Dispositionen des Steuerpflichtigen und zwar im Zeitpunkt der Entschlussfassung zur Vermietung. So kann beispielsweise eine Vermietung zunächst auf Dauer ausgerichtet sein, jedoch nur bis zu dem Zeitpunkt, wo der Steuerpflichtige einen neuen Entschluss fasst, beispielsweise das Grundstück zukünftig selbst oder nur kurzfristig zu nutzen.[410]

134a Es ist jedoch zu beachten, dass allein der **Abschluss eines Mietvertrags auf eine bestimmte Zeit** noch nicht den Schluss rechtfertigt, dass die Vermietungstätigkeit nicht auf Dauer ausgerichtet sei. Es müssen dementsprechend Umstände hinzutreten, die zusammen mit dem Abschluss des Vertrags auf eine bestimmte Zeit den Schluss rechtfertigen, der Vermieter habe seine Vermietungstätigkeit nicht auf Dauer ausgerichtet. Für eine auf Dauer angelegte Vermietungstätigkeit spricht vor allem, dass sich der Steuerpflichtige tatsächlich so verhält und seine Wohnung nach Ablauf der ausbedungenen Mietzeit wiederum vermietet oder den befristeten Vertrag verlängert.[411] Ob eine dauerhafte Vermietungstätigkeit vorliegt, ist auch bei Umwandlung eines ausdrücklich mit Veräußerungs- oder Selbstnutzungsabsicht vereinbarten befristeten Mietvertrags in ein unbefristetes Mietverhältnis oder bei erneuter Vermietung dieser Immobilie nach Auszug des Mieters erneut zu prüfen.[412] Entsprechend ist nach Auffassung des BMF bei Vereinbarung eines befristeten Mietverhältnisses im Anschluss an eine unbefristete Vermietung die Einkunftserzielungsabsicht grundsätzlich immer erneut zu prüfen. Dieses kann aber nicht generell gelten,

---

[406] BMF 8.10.2004, BStBl. I 2004, 933, Rn. 30 und 31.
[407] BFH 2.7.2008 – IX B 46/08, BStBl. II 2008, 815.
[408] BMF 8.10.2004, BStBl. I 2004, 933, Rn. 32.
[409] → Rn. 132; Blümich/*Schallmoser* EStG § 21 Rn. 183.
[410] So auch Blümich/*Schallmoser* EStG § 21 Rn. 183.
[411] BFH 14.12.2004 – IX R 1/04, BStBl. II 2005, 211; vgl. auch Blümich/*Schallmoser* EStG § 21 Rn. 186.
[412] BMF 8.10.2004, BStBl. I 2004, 933, Rn. 28.

sondern nur wenn nach den obigen Ausführungen Beweisanzeichen gegen eine auf Dauer ausgerichtete Vermietungstätigkeit vorliegen. So kann ein Mietverhältnis durchaus auch bei einer Umstellung von einem unbefristeten auf ein befristetes auf Dauer ausgelegt sein. Der Vermieter kann Gründe wie bspw. Erzielung einer höheren Miete am Markt durch befristete Verträge oder die nicht gewollte Bindung an einem Mieter als wirtschaftlich vertretbare Gründe voranstellen, die unter einer Gesamtwürdigung aller Umstände nicht zwingend gegen eine auf Dauer angelegte Vermietung sprechen.

Auch soll nach Ansicht des BMF bei **verbilligter Überlassung einer** **135** **Wohnung** nach vorheriger nicht verbilligter Überlassung die Einkunftserzielungsabsicht zu prüfen sein.[413] Dieser Grundsatz kann jedoch nach der Neufassung des § 21 Abs. 2 EStG nicht mehr uneingeschränkt Anwendung finden, da die Einkunftserzielungsabsicht in diesen Fällen typisierend festgestellt werden soll.[414] Daneben liegt nach Auffassung des BMF eine nur vorübergehende Vermietung bei der Beteiligung an einem Mietkaufmodell oder einem Bauherrenmodell mit Rückkaufangebot oder Verkaufsgarantie vor, wenn voraussichtlich Werbungskostenüberschüsse erzielt werden.[415]

Ein gegen die Einkunftserzielungsabsicht sprechendes **Beweisanzeichen** **136** liegt auch vor, wenn sich der Steuerpflichtige die Möglichkeit offen gehalten hat, das Mietobjekt innerhalb einer bestimmten Frist zu verkaufen bzw. nicht mehr zur Einkunftserzielung zu nutzen und innerhalb dieses Zeitraums ein positiver Gesamtüberschuss nicht erzielt werden kann.[416] Demnach ist eine Einkunftserzielungsabsicht auch zu verneinen, wenn der Steuerpflichtige ein bebautes Grundstück oder eine Wohnung innerhalb eines engen zeitlichen Zusammenhangs, von in der Regel bis zu fünf Jahren,[417] seit der Anschaffung oder Herstellung veräußert oder selbst nutzt und innerhalb dieser Zeit nur einen Werbungskostenüberschuss erzielt. Je kürzer der Abstand zwischen der Anschaffung oder Errichtung des Objekts und der nachfolgenden Veräußerung oder Selbstnutzung ist, umso mehr spricht dies gegen eine auf Dauer angelegte Vermietungstätigkeit und für eine von vornherein bestehendes Veräußerungs- oder Selbstnutzungsabsicht.[418] Sprechen Beweisanzeichen gegen eine Einkunftserzielungsabsicht, kann diese Annahme jedoch durch eine positive Totalüberschussprognose widerlegt werden.

b) Verbilligte Überlassung einer Wohnung

Durch das **Steuervereinfachungsgesetz 2011**[419] wurde der § 21 Abs. 2 **137** EStG neu gefasst, indem der Gesetzgeber eine einheitliche Größe bestimmt hat, nachdem eine Einkunftserzielungsabsicht unterstellt wird. Beträgt hiernach die Miete mindestens 66 % der ortsüblichen Marktmiete, so ist die Ein-

---

[413] BMF 8.10.2004, BStBl. I 2004, 933, Rn. 28.
[414] → Rn. 124 ff., 128 f.
[415] BMF 8.10.2004, BStBl. I 2004, 933, Rn. 5; vgl. auch Blümich/*Schallmoser* EStG § 21 Rn. 184 und 185.
[416] BMF 8.10.2004, BStBl. I 2004, 933, Rn. 6.
[417] Es handelt sich hierbei um keine starre Grenze, sondern hat lediglich Indizwirkung, vgl. BFH 29.12.2006 – IX B 139/05, BFH/NV, 1084.
[418] BMF 8.10.2004, BStBl. I 2004, 933, Rn. 7.
[419] BGBl. I 2011, 2131.

kunftserzielungsabsicht ohne weitere Prüfungen anzunehmen und der volle Werbungskostenabzug zulässig. Bei einer Miete unter 66% der ortsüblichen Marktmiete, ist das Nutzungsverhältnis in einen entgeltlichen und unentgeltlichen Teil aufzuteilen, wobei die Einkunftserzielungsabsicht für den entgeltlichen Teil ebenfalls unterstellt wird. Ein Werbungskostenabzug ist somit nur für den entgeltlichen Teil anteilig zulässig. Es wird in diesem Zusammenhang auf die Ausführungen im Abschnitt „Vergünstigte Vermietung" verwiesen.[420]

c) Vermietung von Ferienwohnungen

138 Die **Einkunftserzielungsabsicht** bei der Vermietung von Ferienwohnungen ist abhängig von der genauen Nutzung der Ferienwohnung. So ist bei einer ausschließlich an Feriengäste vermieteten und in der übrigen Zeit hierfür bereit gehaltene Ferienwohnung von einer Einkunftserzielungsabsicht auszugehen.[421] Es handelt sich um eine typisierende Annahme, wonach eine Totalüberschussprognose nicht benötigt wird. Anders kann die Rechtsfolge bei einer zeitweisen Vermietung und zeitweisen Selbstnutzung sein, wo im Regelfall eine Totalüberschussprognose vorliegen muss. Diese **typisierenden Grundsätze gelten nicht** für die gewerbliche Vermietung von Ferienwohnungen. Das Vermieten einer Ferienwohnung ist als gewerbliche Tätigkeit zu beurteilen, wenn sie einem gewerblichen Beherbergungsbetrieb vergleichbar mit nicht üblichen Sonderleistungen des Vermieters entspricht.[422]

aa) Ausschließliche Vermietungen

139 Für die **ausschließliche Vermietung der Ferienwohnung** trägt der Steuerpflichtige die Feststellungslast. Nach Auffassung des BMF kann davon ausgegangen werden, wenn der Steuerpflichtige einen der folgenden Umstände glaubhaft macht:[423]
- Es wird ein Vermittler (z.B. Kurverwaltung) für die Vermietung der Ferienwohnung eingeschaltet und eine Eigennutzung vertraglich für das gesamte Jahr ausgeschlossen.
- Die Ferienwohnung befindet sich im ansonsten selbst genutzten Zwei- oder Mehrfamilienhaus des Steuerpflichtigen oder in unmittelbarer Nähe zu seiner selbst genutzten Wohnung. Die selbst genutzte Wohnung muss jedoch die Möglichkeit zur Unterbringung von Gästen bieten, um davon ausgehen zu können, dass der Steuerpflichtige die Ferienwohnung nicht selbst nutzt. Voraussetzung ist außerdem, dass die selbstgenutzte Wohnung nach Größe und Ausstattung den Wohnbedürfnissen des Steuerpflichtigen entspricht.
- Der Steuerpflichtige hat an demselben Ort mehr als eine Ferienwohnung und nutzt nur eine dieser Ferienwohnungen für eigene Wohnzwecke oder in Form der unentgeltlichen Überlassung. Hiervon kann ausgegangen wer-

---

[420] → Rn. 124 ff.
[421] BMF 8.10.2004, BStBl. I 2004, 933, Rn. 16.
[422] Vgl. BFH 15.2.2005 – IX R 53/03, BFH/NV 2005, 1059; BFH 23.7.2003 – IX B 23/03, BFH/NV 2003, 1425; BFH 14.1.2004 – X R 7/02, BFH/NV 2004, 945; BFH 14.7.2004 – IX R 69/02, BFH/NV 2004, 1640; vgl. zur Abgrenzung Vermögensverwaltung und Gewerblichkeit auch Rn. 92 ff.
[423] BMF 8.10.2004 BStBl. I 2004, 933, Rn. 17.

den, wenn Ausstattung und Größe einer Wohnung auf die besonderen Verhältnisse des Steuerpflichtigen zugeschnitten sind.
– Die Dauer der Vermietung der Ferienwohnung entspricht zumindest dem Durchschnitt der Vermietung in der am Ferienort üblichen Saison. Als Ort ist je nach Struktur des Ferienwohnungsmarktes das Gebiet einer oder mehrerer vergleichbarer Gemeinden sowie lediglich Teile davon gemeint.[424]

In den übrigen Fällen muss der Steuerpflichtige **schlüssig darlegen** und ggf. **nachweisen,** dass er die Ferienwohnung **nicht selbst nutzt.** Bei einer zu geringen Zahl der Vermietungstage muss der Steuerpflichtige ggf. die Absicht einer auf Dauer angelegten Vermietungstätigkeit durch entsprechend gesteigerte Werbemaßnahmen, z. B. durch häufige Zeitungsanzeigen, nachweisen.[425] Als Ergänzung zu dieser Regelung hatte der BFH entschieden, dass der Steuerpflichtige ausnahmsweise auch bei einer ausschließlichen Vermietung die Einkünfteserzielungsabsicht mit einer Totalüberschussprognose zu überprüfen hat, wenn die Vermietung die ortsübliche Vermietungszeit von Ferienwohnungen erheblich unterschreitet.[426] Aus Vereinfachungsgründen und um den bei einer solchen Prüfung gegebenen Unsicherheiten Rechnung zu tragen, ist die zur Prognose führende Unterschreitungsgrenze bei mind. 25% anzusetzen.[427] Ortsübliche Leerstandszeiten sind somit unschädlich.

In einer weiteren Entscheidung des BFH, hatte dieser die Einkünfteserzielungsabsicht in Fällen wo eine Vermietungstätigkeit in den Anlaufjahren zu Werbungskostenüberschüssen führen ausdrücklich für vorliegend erklärt, so dass eine Totalüberschussprognose nicht erstellt werden muss.[428]

bb) Zweitweise Vermietung und zweitweise Selbstnutzung

Für die Einkünfteserzielungsabsicht kann die (teilweise) **Selbstnutzung** der Ferienwohnung schädlich sein, da eine private Veranlassung unterstellt wird. Selbstnutzung ist gegeben, wenn der Steuerpflichtige die Wohnung selbst nutzt oder sie unentgeltlich Dritten zur Nutzung überlässt.[429] Auch das Vorbehalten zur Selbstnutzung gilt als Selbstnutzung, unabhängig davon an wie vielen Tagen er von seinem Recht auf Selbstnutzung tatsächlich Gebrauch gemacht hat.[430] In diesen Fällen muss zwingend eine Totalüberschussprognose erstellt werden. Dieses gilt selbst dann, wenn der Steuerpflichtige im Vergleich zu der ortsüblichen Vermietung, eine überdurchschnittliche Anzahl von Vermietungstagen pro Jahr belegen kann.[431] Es ist alleine entscheidend, ob sich der Steuerpflichtige eine Selbstnutzung vorbehalten hat.

Eine Selbstnutzung liegt hingegen nicht bei **kurzfristigen Aufenthalten** des Steuerpflichtigen in der Ferienwohnung zu Wartungsarbeiten, Schlüs-

---

[424] Vgl. hierzu Blümich/*Schallmoser* EStG § 21 Rn. 175; Selbst bei einer Vermietung an überdurchschnittlich vielen Tagen, muss eine Totalüberschussprognose erstellt werden, wenn eine zeitweise Selbstnutzung des Steuerpflichtigen vorliegt → Rn. 141 f.
[425] BMF 8.10.2004, BStBl. I 2004, 933, Rn. 18
[426] BFH 26.10.2004 – IX R 26/02, BFH/NV 2005, 688, Tz. 3b.
[427] BFH 26.10.2004 – IX R 26/02, BFH/NV 2005, 688.
[428] BFH 30.9.1997 – IX R 80/94, BStBl. II 1998, 771.
[429] BMF 8.10.2004, BStBl. I 2004, 933, Rn. 21.
[430] Vgl. BFH 16.4.2013 – IX R 26/11, BStBl. II 2013, 613, Rz. 11 und 12.
[431] BFH 16.4.2013 – IX R 26/12, BStBl. II 2013, 613.

selübergabe an Feriengäste, Reinigung bei Mieterwechsel, allgemeine Kontrolle, Beseitigung von durch Mieter verursachte Schäden, Durchführung von Schönheitsreparaturen oder Teilnahme an Eigentümerversammlungen vor.[432]

142 Hat der Steuerpflichtige die **Selbstnutzung zeitlich beschränkt,** ist nur die vorbehaltene Zeit der Selbstnutzung zuzurechnen; im Übrigen ist die Leerstandszeit der Vermietung zuzuordnen. Ist die Selbstnutzung dagegen jederzeit möglich, sind die Leerstandszeiten im Wege der Schätzung entsprechend dem Verhältnis der tatsächlichen Selbstnutzung aufzuteilen. Lässt sich der Umfang der Selbstnutzung nicht aufklären, ist davon auszugehen, dass die Leerstandzeit der Ferienwohnung zu gleichen Teilen durch das Vorhalten zur Selbstnutzung und das Bereithalten zur Vermietung entstanden sind und damit die hierauf entfallenden Aufwendungen zu je 50% der Selbstnutzung und der Vermietung zuzuordnen sind.[433]

Die Aufwendungen im Zusammenhang mit der Immobilie sind **vorrangig** direkt dem vermieteten sowie selbstgenutzten Teil zuzuordnen und die übrigen Aufwendungen, welche durch beide Teile veranlasst sind, nach dem Verhältnis zwischen Vermietungs- und Selbstnutzungszeitraum zu verteilen.[434]

d) Leer stehende Wohnung bzw. Gebäude

143 Die **Einkunftserzielungsabsicht** einer **leer stehenden Wohnung** ist gerade für den in dieser Phase entstehenden Werbungskostenabzug von Bedeutung. Denn auch bei einer leer stehenden Wohnung fallen weiterhin laufende Aufwendungen an, wie z. B. Finanzierungskosten, Nebenkosten und AfA. Nur wenn eine Einkunftserzielungabsicht gegeben ist, können diese Werbungskosten auch steuerlich berücksichtigt werden. Zu unterscheiden ist im Wesentlichen der Leerstand von Anfang an und erst nach einer vorangegangenen Vermietung.

144 Aufwendungen für eine **von Anfang an leer stehende** Wohnung können als vorab entstandene Werbungskosten abziehbar sein, wenn der Steuerpflichtige sich endgültig entschlossen hat, durch die Vermietung Einkünfte nach § 21 Abs. 1 Satz 1 Nr. 1 EStG zu erzielen und diese Entscheidung später nicht wieder aufgegeben hat. An diesem Entschluss fehlt es regelmäßig, wenn der Steuerpflichtige alternativ zur Vermietung auch eine Veräußerung in Erwägung zieht und somit noch offen ist, ob er die Wohnung vermieten oder ggf. auch verkaufen will.[435] Ein Werbungskostenabzug ist folglich solange nicht möglich, wie eine Aufnahme der Einkunftserzielungsabsicht nicht festgestellt werden kann.

145 Aufwendungen für eine Wohnung, die **nach einer auf Dauer angelegten Vermietung** leer steht, sind als Werbungskosten bei den Einkünften aus Vermietung und Verpachtung abziehbar, solange der Steuerpflichtige seine Einkunftserzielungsabsicht nicht endgültig aufgegeben hat.[436] Dieses gilt auch

---

[432] BMF 8.10.2004, BStBl. I 2004, 933, Rn. 19.
[433] BMF 8.10.2004, BStBl. I 2004, 933, Rn. 22 und 23.
[434] Vgl. Blümich/*Schallmoser* EStG § 21 Rn. 177.
[435] BFH 28.10.2008 – IX R 1/07, BStBl. II 2009, 848; BFH 5.3.2008 – X R 48/06, BFH/NV 2008, 1463; BFH 11.12.2012 – IX R 14/12, BStBl. II 2013, 279.
[436] BFH 9.7.2003 – IX R 102/00, BStBl. II 2003, 940; BFH 11.12.2012 – IX R 39/11, BFH/NV 2013, 540.

dann, wenn der Steuerpflichtige das Objekt aufgrund eines neu gefassten Entschlusses veräußert bzw. zugleich zum Verkauf anbietet.[437] Im Gegensatz zu einem Leerstand von Anfang an ist ein gleichzeitiges zum Verkauf anbieten bei einer vorherigen Vermietung für die Einkunfserzielungsabsicht grundsätzlich unschädlich, da seine Einkunftserzielungsabsicht weiterhin fortbesteht und eben noch nicht aufgegeben wurde. Bei einem Leerstand von Anfang an geht es dagegen als wesentliches Unterscheidungsmerkmal um die Begründung der Einkunftserzielungsabsicht.[438] Leerstandszeiten im Rahmen der Untervermietung einzelner Räume innerhalb der eigenen Wohnung des Steuerpflichtigen sind nicht der Eigennutzung, sondern der Vermietungstätigkeit zuzurechnen, wenn ein solcher Raum – als Objekt der Vermietungstätigkeit – nach vorheriger, auf Dauer angelegten Vermietung leer steht und feststeht, dass das vorübergehend leer stehende Objekt weiterhin für eine Neuvermietung bereit gehalten wird.[439] Ein Werbungskostenabzug ist somit solange möglich, bis eine Aufgabe der Einkunftserzielungsabsicht festgestellt wird.

Der BFH hatte als **Beweisanzeichen für eine Vermietungsabsicht** und die damit einhergehende Einkunftserzielungsabsicht auf die Ernsthaftigkeit und Nachhaltigkeit der Vermietungsbemühungen abgestellt.[440] Es handelt sich hierbei nicht um gesetzliche Tatbestandsmerkmale, sondern nur um Indizien, die jeweils unter der Berücksichtigung aller Umstände des Einzelfalls gesehen werden müssen. Als Beweisanzeichen für die Art und Intensität der Vermietungsbemühungen können beispielsweise die Reaktionen auf Mietgesuche, Mietanzeigen in der Tagespresse oder die Beauftragung eines Maklers dienen.[441] Der BFH hatte in der Vergangenheit eine Reihe von Einzelfällen hinsichtlich der Annahme einer Vermietungsabsicht zu entscheiden. Hiernach liegt keine Vermietungs- und somit Einkunftserzielungsabsicht vor, wenn der Leerstand der Wohnung nicht auf einer fortbestehenden Vermietungsabsicht, sondern auf der geplanten Veräußerung der Wohnung beruht oder wenn sich eine ursprüngliche Vermietungsabsicht nicht verwirklichen lässt, weil die erforderlichen baurechtlichen Voraussetzungen nicht vorliegen.[442] Zeigt sich aufgrund bislang vergeblicher Vermietungsbemühungen, dass für das Objekt, so wie es baulich gestaltet ist, kein Markt besteht und die Immobilie deshalb nicht vermietbar ist, so muss der Steuerpflichtige – will er seine fortbestehende Vermietungsabsicht belegen – zielgerichtet darauf hinwirken, unter Umständen auch durch bauliche Umgestaltungen einen vermietbaren Zustand des Objekts zu erreichen. Bleibt er untätig und nimmt den Leerstand auch künftig hin, spricht dieses Verhalten gegen den endgültigen Entschluss zu vermieten oder – sollte er bei seinen bisherigen, vergeblichen Vermietungs-

---

[437] BFH 9.7.2003 – IX R 102/00, BStBl. II 2003, 940, Tz. II, 1a; vgl. aber auch Rn. 136 hinsichtlich der Veräußerung innerhalb eines engen zeitlichen Zusammenhangs.
[438] BFH 28.10.2008 – IX R 1/07, BStBl. II 2009, 848, Tz. II, 2a.
[439] BFH 22.1.2013 – IX R 19/11, BStBl. II 2013, 376.
[440] BFH 28.10.2008 – IX R 1/07, BStBl. II 2009, 848, Tz. II, 2b.
[441] Blümich/*Schallmoser* EStG § 21 Rn. 212; zu den Anforderungen solcher Vermietungsbemühungen vgl. BFH 11.12.2012 – IX R 68/10, BStBl. II 2013, 367.
[442] Vgl. BFH 5.4.2005 – IX R 48/04, BFH/NV 2005, 1299; BFH 19.12.2007 – IX R 30/07, BFH/NV 2008, 1300.

bemühungen mit Einkunftserzielungsabsicht gehandelt haben – für deren Aufgabe.[443]

Bei **einzelnen Räumen einer Wohnung** ist von einer (teilweisen) Aufgabe der Vermietungstätigkeit auszugehen, wenn sie nicht mehr zur Vermietung bereit gehalten werden, sondern in einem neuen Nutzungs- und Funktionszusammenhang gestellt werden, selbst wenn es sich dabei um einen steuerrechtlich bedeutsamen Zusammenhang handelt (z. B. zukünftige Verwendung im Rahmen der Einkünfte aus Gewerbebetrieb).[444]

147 Besondere Problematiken kann ein sog. **struktureller Leerstand** beinhalten. Hierbei handelt es sich um Immobilien, wofür es trotz baulicher Umgestaltungen oder Reduzierung der Miete aufgrund eines erheblichen Überangebots an Wohnungen keine Nachfrage mehr gibt. Der BFH hatte hierzu entschieden, dass ein besonders lang andauernder, strukturell bedingter Leerstand einer Wohnimmobilie – auch nach vorheriger, auf Dauer angelegter Vermietung – dazu führen kann, dass die Einkunftserzielungsabsicht wegfällt.[445] Hiervon kann im Einzelfall aber nur ausgegangen werden, wenn das dem Grunde nach betriebsbereite Objekt entweder wegen fehlender und unter wirtschaftlich zumutbaren Umständen nicht herbeizuführender Marktgängigkeit oder aufgrund anderweitiger struktureller Vermietungshindernisse in absehbarer Zeit nicht wieder vermietet werden kann. Unter diesen Umständen kann die zunächst vermutete Einkunftserzielungsabsicht ohne Verschulden des Steuerpflichtigen später wegfallen, was einen Werbungskostenabzug ab diesem Zeitpunkt ausschließt.

e) Sonstige Gründe

148 Der BFH hatte entschieden, dass eine **Einkunftserzielungsabsicht** auch bei einer aufwendig gestalteten oder ausgestatteten Wohnung geprüft werden muss.[446] Dieses liegt an der Tatsache, dass der Wohnwert einer solchen Wohnung nicht in der Marktmiete angemessen berücksichtigt wird und daher eine entsprechende Vermietungstätigkeit nicht typisiert vorgenommen werden kann. Ob es sich bei der Wohnung um eine aufwendig gestaltete oder ausgestaltete Immobilie handelt, ist nach denselben Kriterien, die für den Ansatz der Kostenmiete bei selbstgenutzten Wohnraum entwickelt worden sind, zu prüfen. Dieses ist beispielsweise der Fall, wenn die Wohnfläche mehr als 250 qm beträgt bzw. eine Schwimmhalle vorhanden ist.[447] Diese Grundsätze gelten auch wenn die Wohnung verbilligt vermietet wird und die Einkunftserzielungsabsicht nach § 21 Abs. 2 EStG grundsätzlich für den entgeltlichen Teil unterstellt werden würde.[448]

---

[443] BFH 25.6.2009 – IX R 54/08, BStBl. II 2010, 124; BFH 20.7.2010 – IX R 49/09, BStBl. II 2010, 1038.
[444] BFH 12.6.2013 – IX R 38/12, BStBl. II 2013, 1013.
[445] BFH 9.7.2013 – IX R 48/12; BStBl II 2013, 693; BFH 11.12.2012 – IX R 14/12, BStBl. II 2013, 279; vgl. auch Blümich/*Schallmoser* EStG § 21 Rn. 213; H/H/R/*Pfirrmann* EStG § 21 Rn. 69.
[446] BFH 6.10.2004 – IX R 30/03, BStBl. II 2005, 386.
[447] Vgl. auch Ausführungen zur Kostenmiete im Rahmen einer vGA → Rn. 44, 48; so auch Blümich/*Schallmoser* EStG § 21 Rn. 206.
[448] BFH 6.10.2004 – IX R 30/03, BStBl. II 2005, 386.

§ 7 Laufende Besteuerung 149–151 § 7

Des Weiteren ist nach Auffassung des BFH die Einkunftserzielungsabsicht 149
bei einer **langfristigen Vermietung** ausnahmsweise zu prüfen, wenn der
Steuerpflichtige die Anschaffungs- oder Herstellungskosten des Vermietungsobjekts sowie anfallende Schuldzinsen **fremdfinanziert** und somit Zinsen
auflaufen lässt, ohne dass durch ein Finanzierungskonzept von vornherein
deren Kompensation durch spätere positive Ergebnisse vorgesehen ist.[449] Alleine der Umstand eines krassen Missverhältnisses der Mieteinnahmen im
Verhältnis zu den Schuldzinsen rechtfertigt jedoch noch keine Bedenken hinsichtlich der Einkunftserzielungsabsicht, wenn das gewählte Finanzierungskonzept marktgerecht ist.[450]

2. Totalüberschussprognose

Eine **Totalüberschussprognose** ist erforderlich, wenn die Einkunftserzie- 150
lungsabsicht nicht typisiert angenommen werden kann bzw. etwaige Beweisanzeichen gegen die Einkunftserzielungsabsicht sprechen. Mit der Totalüberschussprognose wird geprüft, ob nach rein objektiven Gesichtspunkten die
Vermietungstätigkeit über einen bestimmten Zeitraum eine positive Prognose
bezogen auf den Überschuss der Einnahmen über die Werbungskosten erwarten lässt. Auf die Höhe des Überschusses kommt es nicht an, vielmehr kann
ein bescheidener Überschuss von bspw. nur 1 EUR ausreichend sein.[451] Wird
eine negative Prognose ermittelt, ist dieses ein Beweis gegen eine Einkunftserzielungsabsicht und die jeweiligen Einkünfte dürfen steuerlich nicht berücksichtigt werden.

In die Prognose sind **alle objektiv erkennbaren Umstände** einzubeziehen, zukünftig eintretende Faktoren jedoch nur dann, wenn sie bei objektiver
Betrachtung vorhersehbar waren. Die Verhältnisse eines bereits abgelaufenen
Zeitraums können wichtige Anhaltspunkte liefern. Dies gilt umso mehr,
wenn die zukünftige Bemessung eines Faktors unsicher ist.[452] Eine Totalüberschussprognose ist in der Regel jeweils für das einzelne Mietverhältnis gesondert zu prüfen. Abweichend hiervon ist bei der Vermietung von Ferienwohnungen eine objekt-, d. h. wohnungsbezogene Prüfung durchzuführen.[453]

a) Prognosezeitraum

Der **Prognosezeitraum** ist typisierend mit 30 Jahren anzunehmen, wenn 151
sich nicht aus objektiven Umständen eine zeitliche Befristung der Nutzung
ergibt.[454] Bei einer zeitlich befristeten Vermietung ist entsprechend der kürzere Zeitraum zugrunde zu legen.[455] Entsprechendes gilt, wenn das Objekt im
zeitlichen Zusammenhang mit dem Erwerb veräußert worden ist oder selbstgenutzt wird. Beginn des Prognosezeitraums ist grundsätzlich mit Anschaf-

---

[449] BFH 10.5.2007 – IX R 7/07, BStBl. II 2007, 873.
[450] BFH 19.4.2005 – IX R 15/04, BStBl. II 2005, 754.
[451] BFH 15.12.1999 – X R 23/95, BStBl. II 2000, 267.
[452] BMF 8.10.2004, BStBl. I 2004, 933, Rn. 33.
[453] BMF 8.10.2004, BStBl. I 2004, 933, Rn. 34, 3. Spiegelstrich.
[454] BMF 8.10.2004, BStBl. I 2004, 933, Rn. 34, 1. Spiegelstrich; BFH 6.11.2001 – IX R 97/00, BStBl. II 2002, 726.
[455] BMF 8.10.2004, BStBl. I 2004, 933, Rn. 36.

fung bzw. Herstellung des Gebäudes oder in dem Zeitpunkt der Einkunftserzielungsabsicht (z. B. bei einer Vermietung nach vorheriger Selbstnutzung). Bei einer Veräußerung bzw. Selbstnutzung im zeitlichen Zusammenhang mit dem Erwerb umfasst der Prognosezeitraum die Zeit zwischen der Anschaffung bzw. Herstellung und der Veräußerung bzw. dem Beginn der Selbstnutzung. Jedoch könnten in diesem Fall in den ersten Jahren üblicherweise Werbungskostenüberschüsse erzielt werden, so dass eine Einkunftserzielungsabsicht regelmäßig zu verneinen ist.[456]

b) Einzubeziehende Einnahmen und Werbungskosten

152 In die **Totalüberschussprognose** werden grundsätzlich nur die voraussichtlich erzielbaren und nach steuerlichen Vorschriften steuerpflichtigen Einnahmen bzw. anfallenden Werbungskosten einbezogen.[457] Die im Prognosezeitraum voraussichtlich zu erwartenden steuerpflichtigen Einnahmen und Werbungskosten sind zu schätzen. Soweit für diese Schätzung keine ausreichend objektiven Umstände, über eine bereits im Veranlagungszeitraum ersichtliche zukünftige Entwicklung der Mieteinnahmen und Werbungskosten, ersichtlich sind, werden die zukünftig zu erwartenden steuerpflichtigen Einnahmen und Werbungskosten anhand des Durchschnitts der in der Vergangenheit in einem bestimmten Zeitraum (in der Regel in den fünf letzten Veranlagungszeiträumen) angefallenen steuerpflichtigen Einnahmen und Werbungskosten geschätzt.[458] Die sich hieraus ergebenden Überschüsse werden auf den Rest des Prognosezeitraums hochgerechnet. Hat der Steuerpflichtige auf in der Vergangenheit entstandene Werbungskostenüberschüsse reagiert und die Art und Weise der Vermietung geändert, ist der Schätzung der Durchschnitt der steuerpflichtigen Einnahmen und Werbungskosten der zukünftigen (z. B. fünf) Veranlagungszeiträume zugrunde zu legen, in denen sich die Maßnahmen erstmals ausgewirkt haben. Die sich so ergebenden Einnahmen und Werbungskosten sind ebenfalls auf den Rest des Prognosezeitraums hochzurechnen.[459] Nach Auffassung des BFH und der Finanzverwaltung sind die so geschätzten Einnahmen noch um einen Sicherheitszuschlag von 10 % zu erhöhen und die Werbungskosten um einen Sicherheitsabschlag von 10 % zu vermindern.[460]

Bei einer Totalüberschussprognose für **Ferienwohnungen** muss beachtet werden, dass nur die Aufwendungen einbezogen werden dürfen, die auf Zeiträume entfallen, in denen die Ferienwohnung an Feriengäste tatsächlich vermietet oder zur Vermietung angeboten und bereitgehalten worden ist.[461]

---

[456] So auch Schmidt/*Kulosa* EStG § 21 Rn. 28.
[457] BMF 8.10.2004, BStBl. I 2004, 933, Rn. 33.
[458] BFH 6.11.2001 – IX R 97/00, BStBl. II 2002, 726; BMF 8.10.2004, BStBl. I 2004, 933, Rn. 34, Bsp. 2, 3. Spiegelstrich.
[459] BFH 6.11.2001 – IX R 97/00, BStBl. II 2002, 726, Tz. 1g.
[460] BFH 6.11.2001 – IX R 97/00, BStBl. II 2002, 726, Tz. 1f; BMF 8.10.2004, a.a.O., Rn. 34, Bsp. 2, 4. Spiegelstrich; kritisch: H/H/R/*Pfirrmann* EStG § 21 Rn. 71 „Sicherheitszu- und -abschläge".
[461] BMF 8.10.2004, BStBl. I 2004, 933, Rn. 39.

Folgende **Einzelfälle** zu den Einnahmen bzw. Werbungskosten sind im 153
Rahmen einer Totalüberschussprognose zu berücksichtigen:
- Investitionszulagen sind in die Prognose mit einzubeziehen,[462]
- Inflationsbedingte Erhöhungen bei den Einnahmen bzw. Werbungskosten werden nicht berücksichtigt,[463]
- Instandhaltungsaufwendungen können nach den Höchstbeträgen des § 28 der II. BerechnungsVO geschätzt werden,[464]
- Unvorhersehbare Kosten sind bei der Prognose einzubeziehen,[465]
- Die AfA bei Gebäuden bemisst sich ausschließlich nach § 7 Abs. 4 EStG. Des Weiteren sind Sonderabschreibungen, erhöhte Absetzungen und eine degressive AfA gem. § 7 Abs. 5 EStG nicht zulässig. Dieses gilt grundsätzlich nicht bei befristeten Vermietungen.[466]
- Die AfA für Einrichtungsgegenstände kann nach der amtlichen AfA-Tabelle für das Gastgewerbe geschätzt werden.[467]

Das BMF ist der Auffassung, dass **die Einkunftserzielungsabsicht für** 154
jede Einkunftsart gesondert zu ermitteln ist und daher private Veräußerungsgeschäfte nicht in die auf eine Vermietungstätigkeit bezogene Prognose einzubeziehen sind, unabhängig davon, ob und ggf. in welcher Höhe sie nach § 23 Abs. 1 Satz 1 Nr. 1 EStG der Besteuerung unterliegen.[468] Entgegen dieser Auffassung zieht die h.M. steuerpflichtige private Veräußerungsgeschäfte in die Berechnung eines Totalüberschusses mit ein.[469] Nichtsteuerbare private Veräußerungsgeschäft werden hingegen nicht berücksichtigt. Auch der BFH hatte im Rahmen der Ermittlung einer Totalüberschussprognose entschieden, dass hierfür eine Aufspaltung in verschiedene Einkunftsarten (im entschiedenen Fall Einkünfte nach §§ 18 und 19 EStG) nicht erfolgen darf.[470]

VII. Verträge zwischen Angehörigen

Verträge zwischen Angehörigen können bei Kapitalgesellschaften ver- 155
deckte Gewinnausschüttungen (vGA) auslösen, wenn die in den entsprechenden Verträgen enthaltenen Vereinbarungen (teilweise) dem Grunde oder ihrer

---

[462] BMF 8.10.2004, BStBl. I 2004, 933, Rn. 35.
[463] H/H/R/*Pfirrmann* EStG § 21 Rn. 71.
[464] BFH 6.11.2001 – IX R 97/00, BStBl. II 2002, 726, Tz. 1e Doppelbuchst. ee; BMF 8.10.2004, BStBl. I 2004, 933, Rn 34, Bsp. 2, 2. Spiegelstrich.
[465] BFH 26.7.2006 – IX B 162/05, BFH/NV 2007, 878; Im entschiedenen Streitfall hat das Gericht unvorhersehbare Kosten für die nach der Anschaffung des mehr als 200 Jahre alten Ferienhauses begonnene Sanierung des Dachstuhls in die Prognose einbezogen.
[466] BMF 8.10.2004, BStBl. I 2004, 933, Rn. 34, Bsp. 2, 1. Spiegelstrich; H/H/R/*Pfirrmann* EStG § 21 Rn 71 „Ansatz der AfA in der Prognoserechnung", m.w.N.; bei der befristeten Vermietung könnten ggf. Sonderabschreibung, erhöhte Absetzungen und degr. AfA berücksichtigt werden, vgl. hierzu auch H/H/R/*Pfirrmann* EStG § 21 Rn. 71 „Ansatz der AfA in der Prognoserechnung, Ausnahme"; BMF 8.10.2004, BStBl. I 2004, 933, Rn. 36.
[467] BFH 6.11.2001 – IX R 97/00, BStBl. II 2002, 726, Tz. 1e Doppelbuchst.ee.
[468] BMF 8.10.2004, BStBl. I 2004, 933, Rn. 34, 2. Spiegelstrich.
[469] Vgl. Blümich/*Schallmoser* EStG § 21 Rn. 168; Schmidt/*Kulosa* EStG § 21 Rn. 29 und 30; Littmann/Bitz/Pust/*v. Reden* EStG § 2 Rn. 7b; H/H/R/*Pfirrmann* EStG § 21 Rn. 71 „Veräußerungsgewinne".
[470] Vgl. BFH 6.3.2003 – XI R 46/01, BStBl. II 2003, 602, zitiert in: Schmidt/*Kulosa* EStG § 21 Rn. 29 und 30.

Höhe nach steuerlich nicht anerkannt werden.[471] Im Privatvermögen sind die Konsequenzen der steuerlichen Nichtanerkennung von Verträgen grundsätzlich andere als die im Betriebsvermögen. Vor allem für die Abzugsfähigkeit von Werbungskosten aber auch für die Berücksichtigung etwaiger Einnahmen ist die steuerliche Qualifikation von Bedeutung. Die Finanzverwaltung und die Rechtsprechung haben sich mit den genauen Abgrenzungskriterien in der Vergangenheit des Öfteren beschäftigen müssen, welche sicherlich auch zukünftig deren Aufmerksamkeit haben werden. Dieses liegt nicht zuletzt an der Tatsache, dass Verträge zwischen nahen Angehörigen oftmals privat motiviert sind und nicht überwiegend in einem Zusammenhang mit einer Einkunftsart stehen.[472] Im Zusammenhang mit Immobilien kommen als Verträge zwischen Angehörigen insbesondere Mietverträge in Betracht, welche in den nachfolgenden Ausführungen genauer betrachtet werden.

156 Die **steuerliche Anerkennung eines Mietvertrages** bedingt in erster Linie die Ernsthaftigkeit des abgeschlossenen Mietvertrages, wonach folgende Merkmale grundsätzlich kumulativ gegeben sein sollten:
– der Vertrag sollte zivilrechtlich wirksam abgeschlossen sein,
– der Vertragsinhalt muss fremdüblich sein,
– der Vertrag muss tatsächlich durchgeführt werden.
Darüber hinaus sind vorrangig die allgemeinen Grundsätze zu Missbrauchsfällen im Sinne des § 42 AO zu berücksichtigen. Auch darf für die steuerliche Anerkennung eines Mietvertrags kein Scheingeschäft im Sinne des § 117 Abs. 1 BGB i. V. m. 41 Abs. 2 AO vorliegen.

157 **Nur wenn alle Voraussetzungen** für die steuerliche Anerkennung eines Mietvertrags **erfüllt sind,** können die entsprechenden Werbungskosten sowie die Einnahmen im Rahmen der Einkunftsermittlung bei den Einkünften aus Vermietung und Verpachtung gem. § 21 EStG **berücksichtigt werden.** Sollte die Ernsthaftigkeit eines Mietvertrags angezweifelt werden, weil er bspw. weder zivilrechtlich wirksam abgeschlossen wurde, noch deren Inhalte fremdüblich sind, könnte der Mietvertrag und somit auch die vermeindlichen Werbungskosten und Einnahmen vollständig der privaten Vermögenssphäre zugeordnet werden. Es sind aber auch Fallkonstellationen denkbar, wo lediglich die Höhe der Mietzahlungen nicht fremdüblich ist und somit nur der fremdunübliche Teil steuerlich nicht anerkannt werden könnte. Die Prüfungen hinsichtlich der Fremdüblichkeit der Miethöhe sind jedoch im Rahmen der Einkunftserzielungsabsicht und nicht für die vorrangige Prüfung der steuerlichen Anerkennung von Mietverträgen anzustellen.[473]

1. Missbrauch gem. § 42 AO bzw. Scheingeschäfte gem. § 41 Abs. 2 AO

158 Es steht den Steuerpflichtigen grundsätzlich frei, Rechtsverhältnisse steuerlich möglichst günstig zu gestalten. Liegen hingegen rechtliche Gestaltungen

---

[471] → Rn. 43 ff.
[472] Vgl. beispielhaft BFH 3.3.2004 – X R 14/01, BStBl. II 2004, 826; BFH 19.12.2007 – VIII R 13/05, BStBl. II 2008, 568; BFH 7.5.1996 – IX R 69/94, BStBl. II 1997, 196.
[473] BFH 31.7.2007 – IX R 8/07, BFH/NV 2008, 350; zur Einkunfterzielungsabsicht → Rn. 130.

vor, die nur dem Zweck der Steuerminderung dienen, ohne dass wirtschaftliche oder sonstige beachtliche Gründe hierfür vorliegen, ist ein **Missbrauch i. S. d. § 42 AO** anzunehmen.[474] Der BFH hat hierzu entschieden, dass das Motiv „Steuern zu sparen" eine rechtliche Gestaltung noch nicht unangemessen macht. Eine rechtliche Gestaltung ist erst dann unangemessen, wenn der Steuerpflichtige die vom Gesetzgeber vorausgesetzte Gestaltung zum Erreichen eines bestimmten wirtschaftlichen Ziels nicht gebraucht, sondern dafür einen ungewöhnlichen Weg wählt, auf dem nach den Wertungen des Gesetzgebers das Ziel nicht erreichbar sein soll.[475]

Der BFH hatte eine entsprechende missbräuchliche Gestaltung bei sog. **Überkreuzvermietungen** angenommen.[476] So kann bei einem Kauf von Eigentumswohnungen der gleichen Größe und in der gleichen Wohnanlage jeweils von Arbeitskollegen unter Berücksichtigung der tatsächlichen Nutzung und Ausstattung der Wohnungen, eine rechtsmissbräuchliche Gestaltung angenommen werden, wenn die jeweilige Eigentumswohnung wechselseitig an den anderen Arbeitskollegen vermietet wird.[477] Demnach soll eine solche Gestaltung nur für Zwecke der Begründung von Einkünften aus Vermietung und Verpachtung und der damit verbundenen Möglichkeit des Werbungskostenabzugs gewählt wurden sein. Dies beweist nicht zuletzt die Tatsache, dass sich die Vorgänge wirtschaftlich neutralisieren.[478] Entsprechendes gilt auch bei nahestehenden Personen, welche in Haushaltsgemeinschaften leben und die gemeinsam und planmäßig mehrere in sich abgeschlossene Wohneinheiten errichten, sich gegenseitig Teileigentum übertragen und dieses anschließend wechselseitig zu eigenen Wohnzwecken untereinander vermietet wird.[479]

Anders hatte der BFH im Falle der **Übertragung einer Wohnung von der Mutter auf ihren Sohn** im Rahmen der vorweggenommen Erbfolge und anschließender Vermietung an die Mutter entschieden, wobei der Sohn auch noch eine andere Wohnung von der Mutter angemietet hatte.[480] Hier soll keine rechtsmissbräuchliche Gestaltung vorliegen, da es der Mutter frei steht, über ihr Eigentum zu verfügen. In Abgrenzung zu den missbräuchlichen Gestaltungen lag in diesem Fall die Entscheidungsbefugnis, ob und welche der Wohnungen vermietet werden, bei der Mutter als Alleineigentümerin. Weitere Beispiele für rechtsmissbräuchliche Gestaltungen aus der Rechtsprechung sind u. a. auch im Littmann/Bitz/Pust[481] exemplarisch aufgeführt.

Die steuerliche Anerkennung eines Mietvertrags setzt des Weiteren voraus, dass kein **Scheingeschäft i. S. d. § 41 Abs. 2 AO** vorliegt.[482] Der BFH hat zum Vorliegen eines Scheingeschäfts ausgeführt, dass ein Scheingeschäft vor-

---

[474] Littmann/Bitz/Pust/*v. Reden* EStG § 21 Rn. 18d.
[475] BFH 7.12.2010 – IX R 40/09, BStBl. II 2011, 427.
[476] BFH 19.6.1991 – IX R 134/86, BStBl. II 1991, 904; BFH 1.4.1993 – V R 85/91, BFH/NV 1994, 64; BFH 25.1.1994 – IX R 97–98/90, BStBl. II 1994, 738.
[477] BFH 19.6.1991 – IX R 134/86, BStBl. II 1991, 904.
[478] So auch BFH 12.9.1995 – IX R 54/93, BStBl. II 1996, 158, Tz. 2b; kritisch: Littmann/Bitz/Pust/*v. Reden* EStG § 21 Rn. 18d, zweiter Absatz.
[479] BFH 22.1.2013 – IX R 18/12, BFH/NV 2013, 1094.
[480] BFH 12.9.1995 – IX R 54/93, BStBl. II 1996, 158.
[481] Littmann/Bitz/Pust/*v. Reden* EStG § 21 Rn. 18d.
[482] BFH 17.12.2002 – IX R 23/00, BFH/NV 2003, 612, BFH 19.06.1991 – IX R 134/86, BStBl. II 1991, 904.

liegt, wenn die Vertragsparteien – offenkundig – die notwendigen Folgerungen aus dem Vertrag bewusst nicht gezogen haben.[483] Danach ist ein Mietverhältnis gem. § 41 Abs. 2 AO für die Besteuerung unerheblich, wenn der Vermieter dem Mieter die Miete im Vorhinein zur Verfügung stellt oder die Miete nach Eingang auf seinem Konto alsbald wieder an den Mieter zurückzahlt, ohne hierzu aus anderen, z.B. unterhaltsrechtlichen Rechtsgründen verpflichtet zu sein. Ein Beweisanzeichen für eine solche Voraus- oder Rückzahlung kann sich insbesondere daraus ergeben, dass der Mieter wirtschaftlich nicht oder nur schwer in der Lage ist, die Miete aufzubringen.[484]

2. Zivilrechtliche Wirksamkeit

160 Die **zivilrechtliche Wirksamkeit** ist kein zwingendes Tatbestandsmerkmal, sondern vielmehr ein Indiz gegen die Ernsthaftigkeit der getroffenen Vereinbarungen, wenn die zivilrechtlichen Anforderungen nicht erfüllt sind.[485] Sollten die zivilrechtlichen Anforderungen nicht erfüllt sein, kann im Umkehrschluss somit auch nicht zwangsweise eine steuerliche Nichtanerkennung daraus gefolgert werden. Diese Auffassung hatte der BFH mehrmals bestätigt.[486] Bei Mietverträgen sollte dies, anders als bei Darlehensverträgen, aber eher eine untergeordnete Rolle spielen. Denn zivilrechtlich ist die Schriftform bei Mietverträgen gem. § 550 BGB nicht ausdrücklich erforderlich.[487] Nur in Ausnahmefällen, in denen eine gesetzliche Formvorschrift existiert, ergibt sich hier eine erhöhte Relevanz. Der BFH hatte aber selbst die fehlende gesetzlich vorgeschriebene notarielle Beurkundung im Zusammenhang mit einem Wohnrecht und einem Mietvertrag als unschädlich angesehen.[488]

3. Fremdvergleich

161 Der Vertragsinhalt muss dem **zwischen Fremden Üblichen** entsprechen.[489] Als wesentliche Kriterien für einen solchen Fremdvergleich sollten die Tatbestandmerkmale „Klarheit und Eindeutigkeit der Vereinbarung" sowie die „Fremdüblichkeit des Vertragsinhalts" möglichst vorliegen.[490] Aber auch beim Fremdvergleich haben die Tatbestandmerkmale lediglich indizielle Bedeutung.[491] Es muss immer eine Würdigung der Umstände des Einzelfalls erfolgen, so dass ein weniger ausgeprägtes Tatbestandsmerkmal von anderen kompensiert werden kann.[492]

---

[483] BFH 17.12.2002 – IX R 23/00, BFH/NV 2003, 612.
[484] BFH 28.1.1997 – IX R 23/94, BStBl. II 1997, 655.
[485] Blümich/*Schallmoser* EStG § 21 Rn. 127.
[486] BFH 22.2.2007 – IX R 45/06, BStBl. II 2011, 20; BFH 7.6.2006 – IX R 4/04, BStBl. II 2007, 294; BFH 13.7.1999 – VIII R 29/97, BStBl. II 2000, 386.
[487] So auch BFH 19.10.1999 – IX R 80/97, BFH/NV 2000, 249; BFH 31.7.2007 – IX R 8/07, BFH/NV 2008, 350; kritisch: Schmidt/*Kulosa* EStG § 21 Rn. 47.
[488] BFH 21.10.1997 – IX R 57/96, BStBl. II 1998, 108: ein Wohnrecht kann nach dem ehemalig anzuwendenden DDR-Recht nur durch notarielle Beurkundung aufgehoben werden.
[489] Vgl. auch EStH 21.4 „Fremdvergleich".
[490] Vgl. Schmidt/*Kulosa* EStG § 21 Rn. 48 ff.
[491] Vgl. BVerfG 7.11.1995 – 2 BvR 802/90, BStBl. II 1996, 34.
[492] Vgl. BFH 7.5.1996 – IX R 69/94, BStBl. II 1997, 196.

Demnach sind im Rahmen des Fremdvergleichs die **Hauptpflichten** der 161a
Mietvertragsparteien wie z. b. das Überlassen einer konkret bestimmten Mietsache und die Höhe der zu entrichtenden Miete stets **klar und eindeutig** zu
regeln.[493] An einer klaren und eindeutigen Vereinbarung der Hauptpflichten
des Mieters kann es fehlen, wenn dem Mietvertrag nicht zu entnehmen ist,
ob es sich bei dem vereinbarten Mietzins um eine Warm- oder Kaltmiete
handelt.[494] Im Regelfall kann ein entsprechender Mangel bei den Hauptpflichten somit zu einer steuerlichen Nichtanerkennung des Mietverhältnisses
führen. Jedoch gilt auch für das Erfordernis von klaren und eindeutigen Regelungen der Hauptpflichten, dass eine Würdigung aller Umstände erfolgen
muss und somit nicht automatisch bei einem entsprechenden Mangel auf eine
steuerliche Nichtanerkennung des Mietvertrags geschlossen werden kann.[495]
Hingegen führt eine Abweichung vom Üblichen bei den **Nebenpflichten**
regelmäßig nicht zu einer steuerlichen Nichtanerkennung des Mietverhältnisses.[496]

Neben der klaren und eindeutigen Vereinbarung muss auch der **Vertrags-** 162
inhalt fremdüblich sein. Hier kommen insbesondere die übrigen Vereinbarungen, unabhängig von der Miethöhe in Betracht, z. b. Mietdauer und
Kündigungsfristen. Der BFH hatte beispielsweise entschieden, dass ein auf
Lebenszeit geschlossener unkündbarer Mietvertrag zwischen Kindern und
ihren Eltern sowie ein Arbeitsvertrag, nach dem der Vater als Hausmeister für
das von den Kindern und Eltern bewohnte Zweifamilienhaus tätig ist, insgesamt nicht demjenigen entspricht, was Fremde vereinbaren würden und somit
steuerliche nicht anzuerkennen ist.[497]

Eine **verbilligte Miete** wird nicht in den Fremdvergleich mit einbezogen, 163
sondern ist vielmehr bei der Prüfung der Entgeltlichkeit des Mietverhältnisses
bzw. der Einkünfteerzielungsabsicht einzubeziehen.[498] Des Weiteren hatte der
BFH entschieden, dass im Rahmen des Fremdvergleichs auch Tatsachen außerhalb des betroffenen Veranlagungszeitraums berücksichtigt werden können.[499]

4. Tatsächliche Durchführung

Die in einem Mietvertrag getroffenen **Vereinbarungen** müssen auch **tat-** 164
sächlich durchgeführt werden. Der BFH hatte in einer Reihe von Fällen die tatsächliche Durchführung der Vereinbarung exemplarisch verneint.[500]

---

[493] BFH 20.10.1997 – IX R 38/97, BStBl. II 1998, 106; BFH 31.7.2007 – IX R 8/07, BFH/NV 2008, 350; BFH 19.8.2008 – IX R 78/07, BStBl. II 2009, 299; vgl. auch Bsp. in EStH 21.4 „Fremdvergleich".
[494] BFH 28.7.2004 – IX R 50/04, BFH/NV 2004, 1531: im entschiedenen Fall sprachen auch noch weitere Punkte gegen eine Fremdüblichkeit.
[495] BFH 7.5.1996 – IX R 69/94, BStBl. II 1997, 196; BFH 17.2.1998 – IX R 30/96, BStBl. II 1998, 349; BFH 25.7.2000 – IX R 6/97, BFH/NV 2001, 305.
[496] Vgl. Littmann/Bitz/Pust/*v. Reden* EStG § 21 Rn. 18b.
[497] BFH 5.11.2002 – IX R 30/01, BFH/NV 2003, 465.
[498] BFH 31.7.2007 – IX R 8/07, BFH/NV 2008, 350; zur Entgeltlichkeit bzw. Einkünfteerzielungsabsicht → Rn. 130ff.
[499] BFH 12.1.2001 – IX B 116/00, BeckRS 2001, 25005631, Tz. 4, m. w. N.
[500] Vgl. hierzu Schmidt/*Kulosa* EStG § 21 Rn. 52ff., m. w. N.; Blümich/*Schallmoser* EStG § 21 Rn. 130ff., m. w. N.

Hiernach soll beispielsweise ein Mietverhältnis nicht anerkannt werden, wenn die erste Miete zehn Monate nach Mietbeginn geleistet wird[501] oder die Miete in den ersten Monaten des Mietverhältnisses verspätet geleistet und dann ganz eingestellt wird.[502]

VIII. Nießbrauch

165 Hinsichtlich der steuerrechtlichen Behandlung eines Nießbrauchs an einem Grundstück wird auf die entsprechenden Ausführungen zum Erwerb verwiesen.[503]

IX. Erbbaurecht

166 Die steuerliche Behandlung von **Erbbaurechten** ist bei den Einkünften aus Vermietung und Verpachtung und bei der Gewinnermittlung nach Betriebsvermögensvergleich im Wesentlichen deckungsgleich.[504] Der Grundstückseigentümer erzielt durch die **Erbbauzinsen** Einkünfte aus Vermietung und Verpachtung gem. § 21 Abs. 1 Satz 1 Nr. 1 EStG und der Erbbauberechtigte hat korrespondierend ggf. einen Werbungskostenabzug. Im Voraus gezahlte Erbbauzinsen können hingegen vom Erbbauverpflichteten bzw. Grundstückseigentümer gem. § 11 Abs. 1 Satz 3 EStG über den Erbbaurechtszeitraum verteilt werden.[505] Der Erbbauberechtigte muss grds. die im Voraus gezahlten Erbbauzinsen über den Erbbaurechtszeitraum verteilen, soweit Werbungskosten vorliegen, § 11 Abs. 2 Satz 3 EStG. Ein erheblicher Unterschied besteht jedoch bei der Behandlung von **Erschließungsaufwendungen**. Bei den Einkünften aus Vermietung und Verpachtung werden Erschließungsaufwendungen, mangels der Möglichkeit der Bildung eines Rechnungsabgrenzungspostens, den Anschaffungskosten des Erbbaurechts zugerechnet und im Rahmen der AfA auf die Laufzeit verteilt.[506] Unter Umständen könnte es sich bei den Erschließungsaufwendungen auch um sofort abziehbare Werbungskosten handeln, was jedoch nach dem jeweiligen Einzelfall zu beurteilen ist.[507]

167–175 *einstweilen frei*

C. Umsatzsteuer

176 Vor allem in der Nutzungsphase von Immobilien, für eigene unternehmerische Zwecke, für private Wohnzwecke oder durch Vermietung/Ver-

---

[501] BFH 19.6.1991 – IX R 306/87, BStBl. II 1992, 75.
[502] BFH 22.1.2013 – IX R 70/10, BFH/NV 2013, 1067, Rz. 17.
[503] → § 3 Rn. 77 ff.
[504] → § 3 Rn. 88 ff.
[505] Zu der Behandlung von im Voraus geleisteten Erbbauzinsen beim Grundstückseigentümer bzw. Erbbauberechtigten → § 3 Rn. 89, 91, 97.
[506] Vgl. Blümich/*Schallmoser* EStG § 21 Rn. 400, „Erbbaurecht/Erbbauzinsen"; BFH 14.9.1999 – IX R 31/96, BFH/NV 2000, 558, jedoch wurde im BFH Urteil die Behandlung von Erschließungsaufwendungen nicht abschließend geklärt.
[507] BFH 19.12.1995 – IX R 5/95, BStBl. II 1996, 134; zur Abgrenzung von Erschließungsaufwendungen → § 3 Rn. 16.

pachtung der Immobilie (gegebenenfalls mit „Leerstand") stellt sich in der Praxis für den leistenden Unternehmer regelmäßig die Frage, ob die **umsatzsteuerliche Behandlung seiner eigenen Ausgangsumsätze,** d.h. die Erklärung und eine Abführung von Umsatzsteuer oder eben keine korrekt erfolgte, sowie eingangsseitig ein Vorsteuerabzug für damit zusammenhängende Eingangsleistungen, insbesondere in Bezug auf die Anschaffung oder Herstellung einer Immobilie, zutreffend geltend gemacht werden konnte.

Denn etwa seine eigene Besteuerung und Vorsteuerabzugsmöglichkeiten im Beispiel der Nutzung einer Immobilie für eigene Zwecke oder im Rahmen von Vermietungen hängen letztlich vom eigenen umsatzsteuerlichen Status und von dem seines Geschäftspartners (z. B. Mieters) und dessen tatsächlicher Verwendung des Mietobjekts ab.

I. Unternehmerische Nutzung einer dem Unternehmen zugeordneten Immobilie

Nutzt ein Unternehmer die dem Unternehmen zugeordnete Immobilie **für eine unternehmerische Tätigkeit** (möglich bei einer Nutzung von mehr als 10% für unternehmerische Zwecke), kann er Vorsteuerbeträge aus der Anschaffung/Herstellung der Immobilie und aus laufenden Aufwendungen, die dieser Nutzung (unmittelbar) oder anteilig zurechenbar sind, geltend machen. Die Eigennutzung der Immobilie ist an sich nicht steuerbar, da etwa eine Vermietung an sich selbst nicht erfolgt bzw. ausgangsseitig Umsätze mit der Immobilie nicht erzielt werden müssen. Entscheidend ist beispielsweise, ob die betreffenden Räume/Räumlichkeiten zur Erbringung steuerbarer und steuerpflichtiger Umsätze genutzt werden.

II. Nichtunternehmerische Nutzung einer dem Unternehmen zugeordneten Immobilie

Die nichtunternehmerische (hier: unternehmensfremde) Nutzung, also die gemischte Nutzung einer dem Unternehmen zugeordneten Immobilie, stellt eine **unentgeltliche Wertabgabe** nach § 3 Abs. 9a Nr. 1 UStG dar.

Für die **unentgeltliche,** unternehmensfremde Nutzung etwa zu privaten Wohnzwecken ist keine Steuerbefreiung nach § 4 Nr. 12a UStG vorgesehen, d.h. Umsatzsteuer (unter Beachtung der besonderen Bemessungsgrundlage nach § 10 Abs. 4 UStG) fällt entsprechend der „Seeling"-Rechtsprechung des EuGH[508] auf den privat genutzten Teil an.

Eine **nur vorübergehende nichtunternehmerische Nutzung** etwa im Anschaffungsjahr einer Immobilie, aus deren Erwerb und damit zusammenhängenden bezogenen Leistungen ein Vorsteuerabzug geltend gemacht wurde, ist für die Frage der Zuordnung zum Unternehmen selbst unschädlich. Ebenso unerheblich ist, in welcher Reihenfolge die Immobilie für unternehmerische und nichtunternehmerische Zwecke eingesetzt wird. Bei der Zu-

---

[508] Vgl. EuGH 8.5.2003 – C-269/00, BStBl. II 2004, 378 – Seeling. So auch zuletzt BFH 23.10.2014 – V R 11/12, MwStR 2015, 176 m. Anm. *Weymüller,* und FG Thüringen 12.2.2014 – 3 K 1025/11, MwStR 2015, 188 m. Anm. *Wagner.*

ordnung eines Grundstücks zum Unternehmen handelt es sich also um eine **Prognoseentscheidung**, die sich grundsätzlich nach der im Zeitpunkt des Leistungsbezugs beabsichtigten Verwendung für den Besteuerungszeitraum der erstmaligen Verwendung des bezogenen oder herzustellenden oder hergestellten Gegenstands richtet. Dies gilt auch, wenn die erstmalige Verwendung des Gegenstands in einem auf den Besteuerungszeitraum der Anschaffung oder Fertigstellung folgenden Besteuerungszeitraum erfolgt. Für die Zuordnung zum Unternehmen muss die Verwendungsabsicht objektiv belegt und in gutem Glauben erklärt werden.[509]

III. Vermietung und Verpachtung von Immobilien und Grundstücksteilen als sonstige Leistung

181 Eine **Immobilienvermietung** stellt die Nutzungsüberlassung von Grundstücken oder Grundstücksteilen auf Zeit gegen einen Mietzins dar, bei der das Eigentum an dem vermieteten Gegenstand beim Vermieter verbleibt, dieser dem Mieter aber den Gebrauch der Sache während der Mietzeit gewährt (§ 535 BGB). Bei der Verpachtung wird das Grundstück neben der reinen Gebrauchsüberlassung auch übergeben, damit der Pächter in den Genuss der Früchte kommt, soweit sie nach den Regeln einer ordnungsmäßigen Wirtschaft als Ertrag anzusehen sind (§ 581 BGB).

182 Die **Eigennutzung** einer dem Unternehmen zugeordneten Immobilie für die unternehmerische (wirtschaftliche) Geschäftstätigkeit, die keine Vermietung ist (sondern z. B. Nutzung einer Fertigungshalle für die Produktion als Hauptgeschäftstätigkeit des Unternehmers), hat für einen Unternehmer, der im Übrigen nicht vorsteuerabzugsschädliche Ausgangsumsätze erbringt, keine nachteiligen Konsequenzen; er kann aus der laufenden Unterhaltung der Immobilie – wie bei deren Erwerb – grundsätzlich den Vorsteuerabzug geltend machen.

183 Die Vermietung und Verpachtung von Grundstücken stellt eine **sonstige Leistung** im Zusammenhang mit einem Grundstück dar. Ort dieser Leistung ist nach der speziellen Regelung gem. § 3a Abs. 3 UStG – unabhängig davon, wo Vermieter oder Mieter ansässig ist – dort, wo das Grundstück belegen ist. Die Vermietung und Verpachtung ist sicherlich ein Hauptfall der Regelung des § 3a Abs. 3 UStG, bei Weitem aber nicht der einzige. Abgrenzungsthemen entstehen in der Praxis in Vielzahl zum einen vor allem dort, wo z. B. nach Auffassung der Finanzverwaltung (UStAE 3a.3 Abs. 3) ein enger/unmittelbarer Zusammenhang der sonstigen Leistung mit dem Grundstück bestehen muss, z. B. bei Reparaturen an einem Grundstück, Überwachung einer Baustelle. Zum anderen bereits zuvor oder als Folge, ob schon ein Grundstück in dieser Begrifflichkeit anzunehmen ist. Der EuGH hat sowohl einen „hinreichend engen Zusammenhang" gefordert als auch nur einen „ausreichend direkten Zusammenhang".[510]

---

[509] Vgl. UStAE 15.2c Abs. 12 und 15.2b Abs. 3 Satz 3.
[510] Vgl. EuGH 3.9.2009 – C-37/08, DStR 2009, 2003 – RCI Europe; EuGH 27.10.2011 – C-533/09, DStR 2011, 2145 – Inter-Mark Group; EuGH 7.9.2006, C-166/05, IStR 2007, 109 – Heger GmbH; dem folgend BFH 9.8.2011 – V R 42/10, BStBl. II 2012, 248.

§ 7 Laufende Besteuerung 184–187 § 7

Der **Mehrwertsteuerausschuss der EU** plädiert in seinen **Leitlinien**[511] 184
für einen „hinreichend engen Zusammenhang". Das BMF leitet hieraus ab,
dass die Dienstleistung zum einen mit einem ausdrücklich bestimmten
Grundstück im Zusammenhang stehen muss und zum anderen das Grundstück selbst Gegenstand der Dienstleistung sein muss (UStAE 3a.3 Abs. 1 und
Abs. 3a). Da es hier um die Nutzung der Immobilie selbst gehen soll, die als
solche im Inland belegen ist, wird nachfolgend der Schwerpunkt auf der
Vermietung und Verpachtung eines Grundstücks als Nutzungstatbestand liegen und nicht auf weiteren sonstigen Leistungen im Zusammenhang mit einem Grundstück.

1. Abgrenzung der steuerfreien zur steuerpflichtigen Vermietung

a) Voraussetzungen der Steuerbefreiung nach § 4 Nr. 12 UStG

Für die **Nutzung einer Immobilie gegen Entgelt** kommt insbesondere 185
die Steuerbefreiung für die Vermietung und Verpachtung der Immobilie nach
§ 4 Nr. 12 UStG in Betracht. Nach § 4 Nr. 12 UStG sind steuerfrei die Vermietung und Verpachtung von Grundstücken, von Berechtigungen, für die
die Vorschriften des bürgerlichen Rechts über Grundstücke gelten, und von
staatlichen Hoheitsrechten, die Nutzungen von Grund und Boden betreffen
(§ 4 Nr. 12a UStG), die Überlassung von Grundstücken und Grundstücksteilen zur Nutzung durch einen auf Übertragung des Eigentums gerichteten
Vertrag oder Vorvertrag (§ 4 Nr. 12b UStG) und die Bestellung, die Übertragung und die Überlassung der Ausübung von dinglichen Nutzungsrechten an
Grundstücken (§ 4 Nr. 12c UStG). Letzteres sind insbesondere Nießbrauch
(§ 1030 BGB), Grunddienstbarkeit (§ 1018 BGB), die beschränkte persönliche Dienstbarkeit (§ 1090 BGB) sowie das Dauermietrecht/-nutzungsrecht
(§ 31 WEG).[512]

Eine Steuerbefreiung kann im Einzelfall auch für vom Vermieter auf die 186
Mietparteien **weiterbelastete Kosten aus Sonderausstattungen** gelten,
wenn diese auf den Mietzins umgelegt werden (oder in Einmalsumme vom
Mieter bezahlt werden). Denn es scheint vertretbar, die diesbezüglich vom
Vermieter erbrachten Leistungen (z. B. Einbau von höherwertigen Fenstern,
Türen etc.) als Nebenleistung zur Vermietung anzusehen, wenn Mieter vor
Mietbeginn die jeweilige Sonderausstattung wählen können und entsprechend dafür – wie im Mietvertrag aufgenommen – eine höhere Miete für das
besser ausgestattete Mietobjekt bezahlen.

Zur **Dauer der Grundstücksnutzungs- und Gebrauchsüberlassung** 187
hat der EuGH[513] festgestellt, dass diese zwar erheblich und wesensbestimmend
sei, jedoch nur eines von mehreren Kriterien, die Umsatzsteuerbefreiung be-

---
[511] Abgedruckt z. B. in UR 2012, 919, Nr. 3.
[512] Entgeltlicher Zuwendungsnießbrauch zugunsten eines Dritten ist eine Duldungsleistung, die nach § 4 Nr. 12a UStG steuerfrei ist, UStAE 4.12.8 Abs. 1. Vgl. zum Nießbrauch als gleichgestellter Vermietungsumsatz auch EuGH 4.1.2001 – C-326/99, DStRE 2001, 1309 – Stichting Goed Wohnen.
[513] Vgl. EuGH 18.1.2001 – C-150/99, BFH/NV Beilage 2001, 44 – Svenska staten. So auch BFH 31.5.2001 – V R 97/98, BStBl. II 2001, 658.

jahen zu können. Dies wird insbesondere noch für die Überlassung von Sportanlagen kritisch und unterschiedlich diskutiert.⁵¹⁴

188 **Ausgeschlossen** ist die **Steuerbefreiung** (§ 14 Nr. 12 Satz 2 UStG) für die Vermietung von Wohn- und Schlafräumen, die ein Unternehmer zur kurzfristigen Beherbergung von Fremden bereithält (v. a. Hotelübernachtung). Ob auch beim Kauf von Rechten zur zeitweisen Nutzung von Ferienunterkünften (Time-Sharing), die grundsätzlich als Vermietung bei Umwandlung der Rechte in eine Gewährung von Unterkunft in einem Hotel oder einer Ferienwohnung gilt, eine nicht steuerbefreite kurzfristige Vermietung von Wohn- und Schlafräumen vorliegt, muss anhand der gesamten Umstände ermittelt werden.⁵¹⁵

189 **Nicht steuerbefreit** ist auch die Vermietung von Plätzen für das Abstellen von Fahrzeugen (also die selbstständige Parkplatz-/Stellplatzüberlassung), die kurzfristige Vermietung auf Campingplätzen und die Vermietung und die Verpachtung von Maschinen und sonstigen Vorrichtungen aller Art, die zu einer Betriebsanlage gehören (Betriebsvorrichtungen), auch wenn sie wesentliche Bestandteile eines Grundstücks sind.⁵¹⁶ Betriebsvorrichtungen i. S. d. BewG, d. h. Maschinen und sonstige Vorrichtungen aller Art, die zu einer Betriebsanlage gehören, sind danach von Gebäuden, den einzelnen Gebäudeteilen und den Außenanlagen abzugrenzen.⁵¹⁷ Eine Leasingkonstellation oder ein Mietkauf sind ebenfalls nicht von der Steuerbefreiung erfasst, da/wenn sie Lieferungen sind, für die die Vorschriften über Kaufverträge (§ 433 BGB) gelten.⁵¹⁸

190 Das **Grundstück** ist auch für § 4 Nr. 12 UStG maßgebliches Tatbestandsmerkmal. Das Unionsrecht definiert den Begriff des Grundstücks weiter als die bisherige BFH-Rechtsprechung, die sich weitgehend an den Vorschriften des nationalen bürgerlichen Rechts orientiert. Somit sind auch Wohnungen, einzelne Räume und sonstige Grundstücks- und Gebäudeteile von § 4 Nr. 12 UStG erfasst, unabhängig davon, ob sie einem Grundstückseigentümer oder einem Erbbauberechtigten zuzuordnen sind.⁵¹⁹

---

⁵¹⁴ Vgl. UStAE 4.12.1 Abs. 2 Satz 6 und 7, wonach eine kurzfristige Überlassung von Sportanlagen steuerfrei sein kann. Vgl. auch BFH 17.12.2008 – XI R 23/08, BStBl. II 2010, 208. Dazu aber UStAE 4.12.6 Abs. 2 Nr. 8 im Fall ohne Ausschluss weiterer Besucher. Aktuell auch zur entgeltlichen (nicht steuerfreien) Überlassung eines Fußballstadions bei Erbringung vielfältiger Dienstleistungen EuGH 22.1.2015 – C-55/14, MwStR 2015, 172 m. Anm. *Grube – Stade Luc Varenne*.

⁵¹⁵ Vgl. EuGH 16.12.2010 – C-270/09, DB 2011, 220 – MacDonald Resort Ltd.; EuGH 3.9.2009 – C-37/08, DStR 2009, 2003 – RCI Europe.

⁵¹⁶ Vgl. BFH 28.5.1998 – V R 19/96, BStBl. II 2010, 307; UStAE 4.12.10 Abs. 1 Satz 1. Siehe aber BFH 28.8.2014 – V R 7/14, BStBl. II 2015, 682 und Nichtanwendungserlass BMF v. 28.7.2015, BStBl. I 2015, 623.

⁵¹⁷ Vgl. UStAE 4.12.10 Satz 3 sowie Gl. Ländererlasse 5.6.2013, BStBl. I 2013, 734.

⁵¹⁸ Vgl. UStAE 3.5 Abs. 5, wenn der Leasingnehmer nach den vertraglichen Vereinbarungen und deren tatsächlicher Durchführung berechtigt ist, wie ein Eigentümer über den Leasing-Gegenstand zu verfügen. Hiervon kann in der Regel nach deutschem Recht ausgegangen werden, wenn das Leasingobjekt einkommensteuerrechtlich dem Leasingnehmer zuzurechnen ist. Der EuGH stellt für die Zurechnung von Leasingobjekten auf die IAS/IFRS-Standards ab (vgl. EuGH 16.2.2012 – C-118/11, UR 2012, 230 – Eon Aset Tz. 38 ff.).

⁵¹⁹ Vgl. EuGH 12.9.1998 – C-346/95, UVR 1998, 113 – Blasi; BFH 8.10.1991 – V R 89/86, BStBl. II 1992, 108; siehe auch zuletzt BFH 28.8.2014 – V R 7/14, DStR 2014, 2290.

Praxishinweis: 191
Die Vermietung eines Garageneinstellplatzes ohne gleichzeitige Vermietung auch einer dazugehörigen Wohnung ist gem. § 4 Nr. 12 Satz 2 UStG eine steuerpflichtige sonstige Leistung. Andernfalls ist die Vermietung eines Stellplatzes grundsätzlich Nebenleistung zur Grundstücksvermietung, wenn Grundstücksmietvertrag als auch Garagenmietvertrag zwischen den gleichen Personen abgeschlossen wird, so dass auch die diesbezüglichen Vereinbarungen in getrennten Verträgen dafür unschädlich sind.[520]
Bei der Vermietung einer Garage i. V. m. Wohnraum wird davon ausgegangen, dass die Garage ein in der Hauptleistung enthaltenes geringfügiges Zubehör darstellt und folglich steuerlich gleich behandelt wird wie die Vermietung des Wohnraums, auch wenn über die Vermietung des Wohnraums und die Vermietung der Garage separate Verträge mit demselben Mieter abgeschlossen werden.[521]

b) Betriebs- und Nebenkosten sowie Einzelfälle steuerpflichtiger Vermietung

Nach bisheriger Auffassung stellen die Lieferung von Strom, Wärme, Versorgung mit Wasser (auch Warmwasser), Beleuchtung, die Überlassung von Waschmaschinen, mitvermieteten Mobiliar zu Wohnzwecken (nicht Büromobiliar[522]), die Herstellung eines bestimmten Gebäudezustands[523] oder die Flur- und Treppenhausreinigung „in der Regel" **unselbstständige Nebenleistungen** zur Grundstücksvermietung dar.[524] Die Aussagen des EuGH zur selbstständigen Reinigung von Gemeinschaftsunterkünften neben der Wohnraumvermietung sind nach herrschender Meinung in Deutschland nur einzelfallbezogen zu sehen und über den konkreten Einzelfall hinaus nicht anzuwenden.[525] 192

Nach Verwaltungsanweisungen, die mit Zustimmung des Bundesrats ergangen sind, stellt auch die Vermietung von aus Fertigteilen oder in Leichtbauweise errichteten, nur vorübergehend mit dem Grund und Boden verbundenen Gebäuden (z. B. auch **Mobilheime, Containerbauten**) keine 193

---

[520] Vgl. UStAE 4.12.2 Abs. 3; dies entspricht auch den Vorgaben des EuGH 13.7.1989 – 173/88, BeckRS 2004, 71965 – Skatteministeriet/Henriksen; *Henriksen* UR 1991, 42, wonach die Stellplatzvermietung dann als Nebenleistung anzusehen ist, wenn sie mit der steuerfreien Verwendung des Grundstücks eng verbunden ist. Allerdings besteht keine enge Verbundenheit zwischen Stellplatzvermietung und Vermietung einzelner Wohnungen/Büros, wenn es zwischen den Mietverträgen für die Parkplätze und der jeweils vermieteten Bürofläche keine rechtliche Verbindung gibt, vgl. BFH 26.6.2007 – V B 12/06, UR 2007, 938. Kritisch zur Abgrenzung nach der engen Verbundenheit vgl. Rau/Dürrwächter/*Nieskens* UStG § 1 Rn. 800.
[521] Vgl. UStAE 4.12.2 Abs. 3. Für die Vermietung einer Garage auf einzelvertraglicher/losgelöster Basis besteht keine Steuerbefreiung.
[522] Vgl. UStAE 4.12.1 Abs. 6 Satz 1; BMF 22.7.2014, BStBl. I 2014, 1113. Siehe aber FG Niedersachsen 13.2.2014 – 5 K 282/12, BeckRS 2014, 96144.
[523] Vgl. Rau/Dürrwächter/*Wenzel* UStG § 4 Nr. 12 Rn. 46.
[524] Vgl. UStAE 4.12.1 Abs. 5 Satz 3; RFH 17.3.1933 – V R 390/32, RStBl. 1933, 1326. Anders als die Lieferung von Heizöl und Heizgas ist die Lieferung von Strom als Nebenleistung durch die Finanzverwaltung qualifiziert, vgl. UStAE 4.12.1 Abs. 6 Satz 4 und 2. Siehe aber EuGH 16.4.2015 – C-42/14, MwStR 2015, 413.
[525] Vgl. EuGH 11.6.2009 – C-572/07, UR 2009, 557 – RLRE Tellmer Property sro; Rau/Dürrwächter/*Nieskens* UStG § 1 Rn. 800, § 3 Rn. 439.

Vermietung eines Grundstücks im Sinne des BGB dar und ist daher von der für die Vermietung von Grundstücken vorgesehenen Umsatzsteuerbefreiung ausgenommen.[526] Die Einräumung des Rechts, durch eine vertragliche Gestaltung das betreffende Grundstück in Besitz zu nehmen und jede andere Person von diesem Recht auszuschließen, kann eine Vermietung oder Verpachtung eines Grundstücks darstellen.[527]

194 | **Praxishinweis:**
Im Einzelfall ist genau zu prüfen, ob und wann die Vermietung von Büro- und Wohncontainern, Bühnenbefestigungen oder Tribünen von der Umsatzsteuerbefreiung nach § 4 Nr. 12 UStG erfasst sind. Die Finanzverwaltung stellt dabei auf eine Einzelfallbetrachtung ab.[528]

c) Abfindungen durch Vermieter und Mieter

195 Nach Auffassung des EuGH sind **Abstandszahlungen** für die vorzeitige Beendigung des Miet- oder Pachtverhältnisses umsatzsteuerlich wie die Miet- und Pachtzahlungen selbst zu behandeln, d. h. sie sind steuerfrei und gelten nicht als nicht steuerbarer (echter) Schadensersatz, wenn der Mieter auf seine Rechte aus dem Mietvertrag vor Ablauf der vereinbarten Mietzeit verzichtet und zuvor die Vermietung des Grundstücks umsatzsteuerfrei war.[529] Dies ist auch für den umgekehrten Fall der Zahlung durch den Mieter für den Verzicht des Vermieters auf seine Rechte aus dem Mietvertrag anwendbar.[530]

196 **Entschädigungsleistungen bei verspäteter Rückgabe** des Miet- oder Pachtgegenstands durch den Mieter, beispielsweise eine Nutzungsentschädigung bei nichtigem Mietvertrag nach §§ 987, 989 BGB oder Pachtentschädigungen für Leerstandzeiten stellen keine steuerbare, damit auch keine steuerfreie Gegenleistung dar, sondern qualifizieren als echter, nicht steuerbarer Schadensersatz.[531]

197 **Mietausgleichszahlungen oder -ergänzungszahlungen** stellen keinen echten Schadensersatz dar, wenn die Mieträume im Einvernehmen der Vertragsparteien von einem Dritten genutzt werden und an den Vermieter der Unterschiedsbetrag zwischen vereinbarter Miete und vom Dritten gezahltem Nutzungsentgelt gezahlt wird.[532]

---

[526] Vgl. EuGH 16.1.2003 – C-315/00, UR 2003, 86 – Rudolf Maierhofer. Allerdings soll danach unter die Steuerbefreiung die Vermietung eines für vorübergehende Zwecke errichteten Gebäudes fallen, das nach Beendigung des Mietvertrags auf einem anderen Grundstück wieder verwendet werden soll.

[527] Vgl. EuGH 6.12.2007 – C-451/06, BFH/NV 2008, Beil. 2, 146 L – Gabriele Walderdorff. Die Berechtigung zur Nutzung einer Wasserfläche stellt weder eine Vermietung noch eine Verpachtung von Grundstücken dar, soweit mit der Einräumung dieser Berechtigung nicht das Recht verliehen wird, das betreffende Grundstück in Besitz zu nehmen und jede andere Person von diesem Recht auszuschließen.

[528] Vgl. UStAE 4.12.1 Abs. 4 Satz 2.

[529] Vgl. EuGH 15.12.1993 – C-63/92, BStBl. II 1995, 480 – Lubbock Fine & Co.; BFH 26.3.1998 – XI B 73/97, BFH/NV 1998, 1381; UStAE 4.12.1 Abs. 1 Satz 5.

[530] Vgl. OFD München 18.11.1996, UR 1997, 191.

[531] Vgl. BGH 6.12.1995 – XII ZR 2228/93, UR 1996, 225; BGH 22.10.1997 – XII ZR 142/95, MDR 1998, 94; OLG Köln 24.11.1998 – 13 W 38/98, WuM 1999, 288.

[532] Vgl. FG Baden-Württemberg 13.7.2009 – 9 K 303/06, EFG 2011, 834.

2. Umgang mit sog. gemischten Verträgen

198 Ein **gemischter Vertrag** liegt vor, wenn die Leistungsvereinbarung Elemente einer Grundstücksüberlassung und andere Leistungen umfasst, was in der Praxis regelmäßig auftritt. Denn oftmals beinhalten Verträge sowohl Elemente einer Vermietung oder Verpachtung von Grundstücken als auch Elemente der Nutzungsüberlassung an anderen Gegenständen oder die Erbringung anderer Leistungen, z. B. Serviceleistungen im Zusammenhang mit einer Grundstücksvermietung. Auch können aufgrund anderer Rechtsbeziehungen Leistungselemente neben der reinen Grundstücksvermietung vorgesehen sein. Bei einem solchen Vertrag ist nach den allgemeinen Grundsätzen zunächst zu prüfen, ob es sich um eine einheitliche Leistung oder um mehrere selbstständige Leistungen handelt. Liegen mehrere selbstständige Leistungen vor, ist zu prüfen, ob diese nach den Grundsätzen von Haupt- und Nebenleistung einheitlich zu beurteilen sind (und gegebenenfalls das Vermietungselement der Leistung und der dafür vorgesehenen Steuerbefreiung das Gepräge gibt) oder letztlich ein Vertrag über gleichwertige Leistungspflichten anzunehmen ist.

199 Nach leicht geänderter Auffassung der Finanzverwaltung muss das entsprechende **Entgelt** nach Einordnung eines solchen Vertrags in eine steuerfreie Grundstücksvermietung und steuerpflichtige Leistung anderer Art getrennt ermittelt und beziffert werden, anderenfalls geschätzt werden.[533]

200 Können einzelne Leistungselemente nicht klar und eindeutig voneinander unterschieden werden, können **Verträge besonderer Art** vorliegen, die – aus Sicht der Finanzverwaltung – nicht von der Steuerbefreiung nach § 4 Nr. 12 UStG umfasst sind, z. B. die Überlassung von Grundstücksflächen für Jahrmarkt und Wochenmärkte, Außenwandflächen oder Dachflächen zu Werbezwecken,[534] von Golfplätzen an vereinsfremde Personen gegen Zahlung eines Greenfee, Benutzung eines Sportplatzes oder Schwimmbads (Sportanlage) gegen Eintrittsgeld.[535]

3. Option zur steuerpflichtigen Vermietung und Verpachtung (§ 9 Abs. 1 und 2 UStG)

201 Nach **§ 9 Abs. 1 UStG** kann – seit der Neufassung des UStG 1980 unverändert – der leistende Unternehmer bestimmte Umsätze wie eine steuerfreie Grundstücksveräußerung oder Grundstücksvermietung/-verpachtung als steuerpflichtig behandeln, um selbst in Bezug auf damit zusammenhängende Eingangsleistungen den Vorsteuerabzug zu erlangen, wenn der betreffende Umsatz
1. an einen anderen Unternehmer
2. für dessen Unternehmen
ausgeführt wird.

202 Um diese Voraussetzung zu erfüllen, wird sich in der Praxis schlicht damit beholfen, eine Auskunft und Bestätigung seines Geschäftspartners über dessen Unternehmerstatus einzuholen. Dies erfolgt regelmäßig im Fall der Vermietung im zugrundeliegenden **Mietvertrag** oder dazu begleitender Dokumen-

---

[533] Vgl. UStAE 4.12.3 Abs. 4 Satz 6.
[534] So auch BFH 23.10.1957 – V 153/55 U, BStBl. 1957, 457.
[535] Vgl. UStAE 4.12.6 Abs. 2.

te; so ist dies auch in Fällen der Grundstücksübertragung etwa im zugrundeliegenden Kaufvertrag gehandhabt, wo neben einem etwaigen Hinweis auf die Option als solche auch einleitend die jeweiligen Unternehmereigenschaften der Vertragsparteien i. S. d. § 2 UStG – sofern solche vorliegen – aufgenommen sein sollten.

203 Eine solche Bestätigung des Mieters zu seinem **Unternehmerstatus** kann (bisher) grundsätzlich aber lediglich zivilrechtliche Handhabe des Vermieters versprechen.

204 Der Leistende (Vermieter) muss also, um in den Genuss der Option zu gelangen, zunächst sicherstellen, dass sein Mieter der Immobilie Unternehmer ist und den Vermietungsumsatz bzw. die erworbene Immobilie für sein Unternehmen bzw. für seinen unternehmerischen/wirtschaftlichen Bereich bezieht.

205 **Praxishinweis:**
Neben der schriftlichen, vertraglichen Bestätigung der Unternehmereigenschaft ist in praktischer Hinsicht[536] zur weiteren Absicherung und im Zweifel empfehlenswert, die Umsatzsteuer-Identifikationsnummer abzufragen (mit Vornahme einer qualifizierten Bestätigungsabfrage beim Bundeszentralamt für Steuern) oder eine Unternehmerbescheinigung beim Mieter anzufordern. Da bei der Vermietung die Zuordnung des bezogenen Vermietungsumsatzes zum Unternehmen des Mieters weiter in § 9 Abs. 2 UStG konkretisiert wird, erscheint eine diesbezügliche Prüfung im Rahmen des § 9 Abs. 1 UStG – anders als bei der Grundstückslieferung, für deren Option § 9 Abs. 3 UStG bloße formelle zusätzliche Anforderungen stellt – regelmäßig entbehrlich.

206 Eine Option ist nicht von der Zustimmung des Mieters als Leistungsempfänger abhängig, was in bestimmten Fällen aber für den Mieter (umsatzsteuer-)belastend wirken kann, wenn er teilweise nicht vorsteuerabzugsberechtigt ist, aber z. B. infolge anwendbarer **Bagatellgrenze** (bei bis zu 5 % steuerfreien Ausgangsumsätzen → Rn. 220 ff.) eine Volloption durch den Vermieter möglich ist. So sind in der Praxis die umsatzsteuerlichen Belastungen der Geschäftspartner regelmäßig abhängig von deren Verhandlungsgeschick und Verhandlungsposition.

207 Allerdings kann der Mieter, sollte er **Kleinunternehmer** sein, durch Optionswiderruf nach § 19 Abs. 2 UStG beispielsweise mittelbar auf die Option des Vermieters einwirken, weil mangels Berechtigung zum Vorsteuerabzug die Voraussetzungen nach § 9 Abs. 2 UStG bei Grundstücksüberlassung entfallen würden.

208 Ist der Mieter **voll vorsteuerabzugsberechtigt,** wird er einer Option zur Steuerpflicht seitens seines Vermieters grundsätzlich zustimmen, zumal in der Praxis oftmals Anpassungen der Nettomiete erfolgen und sich Vermieter finanzielle Nachteile steuerfreier Vermietung durch eigene Vorsteuerabzugsbeschränkung – je nach seiner Verhandlungsposition – ausgleichen lassen (Beispiel: steuerfreie Vermietung i. H. v. € 10.800 bei Eingangsrechnungen mit dann nicht abziehbarer Vorsteuer von € 800 versus steuerpflichtiger Vermietung von € 10.000 netto zzgl. € 1.900 Umsatzsteuer). In der Praxis erfolgt

---

[536] Vergleichbar etwa den Sorgfaltspflichten eines ordentlichen Kaufmanns – wie in der Rechtsprechung formuliert – beim Nachweis einer grenzüberschreitenden innergemeinschaftlichen Lieferung.

also je nach Durchsetzbarkeit und wirtschaftlicher Kalkulation mit dem Nettomietzins eine Option oder nicht.

Da **§ 9 Abs. 3 UStG** für die Lieferung von Grundstücken im Zwangsversteigerungsverfahren oder in der freien Veräußerung keine Einschränkung dahingehend vorsieht, dass der Erwerber zum Vorsteuerabzug berechtigende Umsätze ausführen muss, wie für Grundstücksüberlassungen, kann der Erwerber auf die Option durch den Veräußerer (außer natürlich über seine Verhandlungsmacht) keinen Einfluss nehmen. Bei unerwünschter definitiver Belastung und mangelnder Einflussnahme auf den Leistenden, keine Option auszuüben, würde ihm letztlich wohl nur der Verzicht auf das Geschäft bleiben. 209

Ein Vermieter hat regelmäßig ein **Interesse an einer steuerpflichtigen Erbringung seiner Ausgangsumsätze.** Ist der Mieter Unternehmer und voll vorsteuerabzugsberechtigt, ist für ihn eine Option zur Steuerpflicht und damit eine zuzügliche Bezahlung der Umsatzsteuer unerheblich. Liquiditätsnachteile etwa durch eine Bezahlung der Umsatzsteuer an den Leistenden vor einer entsprechenden Vorsteuererstattung seitens des Finanzamts können praktisch leicht vermieden werden, beispielsweise durch entsprechend vereinbarte Zahlungsziele nach Rechnungserteilung (im Fall von Sollbesteuerung). 210

§ 9 Abs. 2 UStG sieht **weitere Restriktionen** für den Verzicht auf bestimmte Steuerbefreiungen vor. Insbesondere bei Grundstücksüberlassung, z. B. Vermietung eines Gebäudes oder selbstständig nutzbarer Gebäudeteile (z. B. Wohnungen, gewerbliche Flächen usw.), ist eine Option nur zulässig, soweit der Mieter das Grundstück ausschließlich für Umsätze verwendet (oder zu verwenden beabsichtigt), die den Vorsteuerabzug nicht ausschließen. 211

Die beiden **Begriffe „soweit"** und **„ausschließlich"** sind dabei von großer Bedeutung, wobei deren praktische Bedeutung wird nachfolgend noch beschrieben. Der Vermieter hat diese Voraussetzung, also die Verwendung beim Leistungsempfänger, nach dem Wortlaut des Gesetzes nachzuweisen, § 9 Abs. 2 Satz 2 UStG. Diese Nachweispflicht ist jedoch keine materiell-rechtliche Voraussetzung, sondern kann lediglich eine formelle sein. 212

Die Option des Vermieters ist folglich entscheidend von der **Verwendung(sabsicht)** des Mieters abhängig. 213

Praxishinweis: 214
Zu beachten ist, dass die Einschränkung des § 9 Abs. 2 UStG nur für Immobilienobjekte gilt, die z. B. im Falle von Nicht-Wohnzwecken, sondern unternehmerischen Zwecken vor dem 1.1.1998 fertig gestellt wurden (bei Baubeginn vor dem 11.11.1993), § 27 Abs. 2 UStG. Für sog. Altgebäude[537] gilt § 9 Abs. 2 UStG demnach „objektbezogen" (nicht personenbezogen[538]) grundsätzlich nicht, so dass hier noch umsatzsteuerliche Vorteile erzielt werden können.[539]

---

[537] In der Praxis sind Fälle späterer Baumaßnahmen, etwa des Ausbaus und der Erweiterung von Altobjekten, zu beachten, insbesondere da sich einzelne Tatbestandsmerkmale in den unterschiedlichen Gesetzesfassungen des § 9 UStG geändert haben und eine Vorsteuerabzugsberechtigung des Mieters nicht durchgehend zwingende Voraussetzung der Option zur Steuerpflicht war.
[538] D. h. für einen Grundstückserwerb/Erwerb eines „Altbaus" durch einen Erwerber in 2015 beispielsweise gilt die Übergangsregelung des § 27 Abs. 2 UStG ebenso. Vgl. z. B. auch *Schöngart* UR 2015, 224.
[539] Vgl. z. B. *Sterzinger* DStR 2013, 167.

Sinn der Einführung des § 9 Abs. 2 UStG mit Wirkung zum 1.1.1994 war und ist es, einer Umgehung der an sich z. B. für Banken, Versicherungen, Ärzte nicht möglichen Option vorzubeugen, so dass z. b. anmietende Banken, Versicherungen und Ärzte letztlich keinen Vorsteuerabzug aus der Herstellung oder Anschaffung eines Gebäudes erlangen, wenn sie (verbundene) voll vorsteuerabzugsberechtigte Vermieter vorschalten.[540]
In Bezug auf „Altbauten" ist aber auch zu beachten, dass die Übergangsregelung nicht greift und dann § 9 Abs. 2 UStG Anwendung findet, wenn grundlegende Umbauten und Sanierungsmaßnahmen erfolgen und damit ein neues Wirtschaftsgut entsteht oder die Umbaumaßnahme selbst als eigenständiges Wirtschaftsgut gilt.
Um Kenntnis über die Verwendungsabsicht bzw. tatsächliche Verwendung des Mietobjekts durch den Mieter zu erlangen, muss der Vermieter diese Information einholen. Mit einer bloßen Bestätigung des Mieters über seine (ausschließlich) steuerpflichtige Nutzung werden die Risiken einer anderweitigen Nutzung (was im Übrigen auch für die Bestätigung der Unternehmereigenschaft gilt) jedoch nicht beseitigt.
Da die tatsächliche Nutzung durch den Mieter auf die Zulässigkeit der Option des Vermieters reflektiert, sind im Fall vertragswidriger Nutzung vertragliche Sanktionen vorzusehen, die bis zur Kündigung des Mietverhältnisses in der Praxis zu finden und (aus Sicht des Vermieters) empfohlen sind.

215 | **Praxishinweis:**
Regelmäßig vereinbart werden also eine (zivilrechtlich wirksame) Auskunftspflicht des Mieters im Falle der Nutzungsänderung der angemieteten Räumlichkeiten und eine Anpassung des Nettomietzinses als Ausgleich steuerlicher Nachteile des Vermieters (z. B. infolge Vorsteuerausschluss oder Vorsteuerkorrekturbedarf nach § 15a UStG auf Ebene des Vermieters bei Nutzungsänderung durch den Mieter). Ständig wiederholte Bestätigungen des Mieters über die Verwendung des Grundstücks bzw. Grundstücksteils sind auch nach Auffassung der Finanzverwaltung nicht erforderlich, solange beim Mieter keine Änderungen in der Verwendung des Grundstücks zu erwarten sind. Im Einzelfall kann es aber erforderlich sein (so UStAE 9.2 Abs. 4 Satz 5), vom Mieter zumindest eine jährliche Bestätigung einzuholen, ohne das die Finanzverwaltung jedoch die aus ihrer Sicht betroffenen Einzelfälle nennt.[541]
So sollte in der Praxis zumindest eine Auskunftspflicht des Mieters bei Nutzungsänderung in Bezug auf die Ausführung steuerpflichtiger Umsätze oder deren Quote zu den Gesamtumsätzen (bei angewendeter Bagatellgrenze) vereinbart werden sowie vorsorglich die jeweiligen Schadensersatzansprüche,[542] auch wenn manche Stimmen eine solche für nicht erforderlich halten, da sich diese ja ohnehin bereits aus einer anderslautenden vertraglichen Bestätigung des Mieters ergeben können.

---

[540] Auf den Zeitpunkt des Erwerbs eines Altobjekts durch den Vermieter nach dem 1.1.1994 kommt es nicht an.
[541] Neben Bestätigungen des Mieters sind auch andere Beweismittel möglich, z. B. Zeugenbeweis, Augenschein durch die Finanzbehörde, vgl. Birkenfeld/Wäger/*Birkenfeld* Umsatzsteuer-Handbuch, Bd. II, § 113 Rn. 259.
[542] Z. B. Anpassung Nettomietzinses, Ersatz und Ausgleich von Vorsteuer-/Vorsteuerkorrekturschäden bis etwa hin zu einem Kündigungsrecht betreffend das Mietverhältnis.

Die Vereinbarung von Schadensersatzansprüchen und festgelegten Steuerklauseln hängt wiederum ab von der einzelnen Verhandlungsmacht und verspricht letztlich lediglich zivilrechtliche Handhabe; an der rein umsatzsteuerlichen Beurteilung der Option ändert dies nichts, da diesbezüglich schlussendlich nur die tatsächliche Nutzung entscheidend ist. Mit der bloßen Bestätigung des Mieters sind die umsatzsteuerlichen Risiken für den Vermieter nicht beseitigt. Eine solche Bestätigung bietet lediglich eine Absicherung vertragswidriger Nutzung und/oder Auskunft. Sie bestätigt nur die grundsätzliche Zulässigkeit der Option, so dass diese entfällt, gegebenenfalls auch für einen vergangenen Zeitraum, sollte das Mietobjekt tatsächlich nicht zu steuerpflichtigen Umsätzen verwendet werden.

a) Verwendungsabsicht des Vermieters mit Auswirkung auf die Option

Hat der optierende Unternehmer das Grundstück im Abzugsjahr noch nicht tatsächlich zur Ausführung eines in § 9 Abs. 2 UStG genannten Umsatzes verwendet, ist seine Verwendungsabsicht zum Zeitpunkt der Anschaffung oder Herstellung des Grundstücks für den Vorsteuerabzug aus den Anschaffungs- oder Herstellungskosten maßgeblich; bereits bei Bezug der Eingangsleistung hat er zu entscheiden, ob er auf die Steuerfreiheit des Ausgangsumsatzes verzichten will.[543] Hat (lediglich) der Leistungsempfänger das Grundstück im Abzugsjahr noch nicht tatsächlich zur Ausführung von Umsätzen verwendet, kommt es für die Optionsmöglichkeit des Leistenden auf die Verwendungsabsicht des Leistungsempfängers an.

216

Wenn der Vorsteuerabzugsanspruch nach Grund und Höhe im Zeitpunkt des Leistungsbezugs entsteht (**Sofortabzug der Vorsteuer**), sofern der Unternehmer mit den Eingangsumsätzen nachweislich wirklich besteuerte Umsätze auszuführen beabsichtigt (Sofortentscheidung des Unternehmers), ist auch eine fiktive Option gesetzlich möglich.[544] Im Sinne der Rechtsprechung ist also auf Ebene des Vermieters zu prüfen, ob seine Erklärung, steuerpflichtige Umsätze tätigen zu wollen, in gutem Glauben abgegeben und durch objektive Anhaltspunkte belegt ist.[545] Eine zweckmäßige Anwendung der Option nach § 9 UStG wirkt sich – oben bereits erwähnt – wie eine Steuervergünstigung aus,[546] da insbesondere bei Grundstücksumsätzen mit hohem Vorsteuervolumen infolge des Sofortabzugs im Anschaffungs- oder Herstellungszeitraum erhebliche Liquiditätswirkungen eintreten.

217

---

[543] Eine zuvor – für Zwecke des Vorsteuerabzugs – dem Finanzamt gegenüber abgebene Absichtserklärung, auf die Steuerfreiheit zu verzichten, ist grundsätzlich wirkungslos, wenn nicht später wirklich verzichtet wird. Nach einem Urteil des FG Niedersachsen 22.8.2013 – 16 K 286/12, BeckRS 2014, 95190 (Rev. XI R 40/13; siehe aber bereits BFH 19.12.2013 – V R 7/12, BFH/NV 2014, 1130), kann die Option ausgeübt werden, solange die Steuerfestsetzung für das Jahr der Leistungserbringung noch änderbar und nicht festsetzungsverjährt ist. Das Gesetz sehe keine zeitliche Beschränkung vor und der BFH-Rechtsprechung sei nichts Gegenteiliges zu entnehmen.
[544] Vgl. EuGH 8.6.2000 – C-396/98, BStBl. II 2003, 446 – Schloßstraße; EuGH 8.6.2000 – C-400/98, UR 2000, 330 – Breitsohl.
[545] Vgl. BFH 22.3.2001 – V R 46/00, BStBl. II 2003, 433; BFH 26.1.2006 – V R 74/03, BFH/NV 2006, 1164; so auch in UStAE 9.1 Abs. 5 Satz 2.
[546] Vgl. Reiß/Kraeusel/Langer/*Kraeusel* UStG, § 9 Rn. 19.

218 Die **Verwendungsabsicht** ist eine zu entscheidende Tatfrage, die unter Berücksichtigung aller Gegebenheiten des Sachverhalts zu entscheiden ist. Auch die spätere tatsächliche Verwendung eines Leistungsbezugs kann ein wesentliches Indiz für die bei Leistungsbezug bestehende Verwendungsabsicht sein, sofern diese zeitnah dazu erfolgt.[547] Welche objektiven Nachweise zu verlangen sind, kann allerdings nicht allgemein, sondern nur unter Berücksichtigung der Umstände des jeweiligen Einzelfalls beantwortet werden,[548] so dass hier in der Praxis die Finanzbehörden auch Inserate in Immobilienzeitschriften oder Internetplattformen auswerten und – bei nicht expliziter Erwähnung der beabsichtigten steuerpflichtigen Vermietung der Gewerbeflächen im Inserat – schon einmal die steuerpflichtige Verwendungsabsicht des Vermieters anzweifeln. Solch diffizile Einzelfall-Gegennachweise bezüglich der Verwendungsabsicht sind kritisch zu sehen. Nachvollziehbar ist, dass der Vermieter seine sowie die Verwendungsabsicht des Mieters verifizieren muss.[549] Es bedarf eines Konzepts und einer **Dokumentation** der Vermietung in der Praxis, nach dem er entschlossen und konsequent die Absicht, ein Grundstück für besteuerte Umsätze zu nutzen, verfolgt und sich bei Leistungsbezug sofort für eine den Vorsteuerabzug ermöglichende Verwendung entscheidet.

219 Exkurs: Grundstücksübertragung

Eine steuerpflichtige Grundstückslieferung ist grundsätzlich ebenso überwiegend für den Veräußerer von Vorteil, zumal er dadurch eine regelmäßig mit dem Veräußerungsvorgang einhergehende Vorsteuerkorrektur nach § 15a UStG (betreffend die ursprünglich geltend gemachten Vorsteuern bei Anschaffung/Herstellung der Immobilie) vermeidet und im Übrigen für seine Transaktionskosten (z. B. Berater- und Notarkosten) einen Vorsteuerabzug geltend machen kann.
Er wird daher den Erwerber für eine Option „gewinnen wollen",[550] der eine potentielle Vorsteuerkorrektur betreffend den gegebenenfalls noch nicht abgelaufenen zehnjährigen Berichtigungszeitraum für das Grundstück „erbt". Andererseits liegt eine etwaige Vorsteuerkorrektur jedoch auch allein im Geschäftstätigkeitsbereich des Erwerbers. Daher wird der Veräußerer auch wenig Verständnis dafür haben, wenn der Erwerber seine „Zustimmung" zur Option – sollte er voll vorsteuerabzugsberechtigt sein – im Rahmen der Kaufpreisgestaltung berücksichtigt wissen will.

b) Ausübung der Option und vorgesehene Bagatellgrenze

220 Die **Option** kann unter den o. g. Voraussetzungen **hinsichtlich jedes einzelnen Umsatzes gesondert** ausgeübt werden, wobei für Vermietungsumsätze entscheidend ist, ob der Mieter die bezogene Vermietungsleistung zur Ausführung steuerpflichtiger, steuerfreier oder (bei Verwendung für den nicht-

---

[547] Vgl. BFH 26.1.2006 – V R 74/03, BFH/NV 2006, 1164.
[548] Vgl. BFH 23.5.2002 – V B 104/01, BFH/NV 2002, 1351; 25.4.2002 – V R 58/00, BStBl. II 2003, 435.
[549] Vgl. FG Köln 13.8.2007 – 5 K 1866/05, EFG 2008, 174 (rkr.); vgl. aber auch BFH 24.4.2013 – XI R 25/10, BStBl. II 2014, 346. Siehe auch Offerhaus/Söhn/Lange/*Nieuwenhuis* UStG § 9 Rn. 99.
[550] Auch bei Grundstückslieferung ist die Optionsausübung wohl noch eine einseitige Willenserklärung, die jedoch praktisch durch die Aufnahme im notariell zu beurkundenden Kaufvertrag von der Gegenseite abhängt.

unternehmerischen Bereich) zur Ausführung nicht-wirtschaftlicher/unternehmensfremden Umsätze verwendet. In die Prüfung, ob die Voraussetzungen vorliegen, wenn bereits die Unternehmereigenschaft des Mieters bejaht wird,[551] muss gegebenenfalls die gesamte Unternehmerkette bis zum Endnutzer einbezogen werden.[552] In manchen Fällen wird ein Nachweis praktisch ausgeschlossen sein, weil der Unternehmer die gesamte Nutzerkette durchgehen müsste – z. B. bei Einschaltung eines Zwischenmieters – und es ihm unmöglich ist, die Besteuerungsverhältnisse bei allen Unternehmern in der Unternehmerkette zu überprüfen, mit denen er ein direktes Vertragsverhältnis hat.[553]

Der leistende Unternehmer hat bei den in § 9 Abs. 1 UStG aufgeführten Steuerbefreiungen die Möglichkeit, seine **Entscheidung für die Steuerpflicht bei jedem Umsatz einzeln** zu treffen. Der Verzicht auf die Steuerbefreiung kann bei einer Lieferung vertretbarer Sachen (z. B. Grundstücken) sowie bei aufteilbaren sonstigen Leistungen (z. B. Vermietungsumsätze) auf deren Teile begrenzt werden.[554] Bei Beachtung verschiedener wirtschaftlicher Funktionen ist auch die Aufteilung nach räumlichen Gesichtspunkten zulässig. Eine **quotale Option** (beispielsweise auf die Hälfte der Umsätze) ist grundsätzlich nicht möglich; Ausnahmen sind etwa gegeben bei nur teilweiser Zuordnung des Grundstücks zum Unternehmen, womit sich der Verzicht auf diesen Teil beschränkt.[555] 221

Bei **gemischter Verwendung** durch den Mieter kommt es nach h. M. darauf an, ob die Leistung räumlich oder zeitlich trennbar ist und damit eine **Teiloption** möglich wäre. Ist eine solche Trennung möglich, ist jede „Teilleistung" für Zwecke der Option gesondert zu beurteilen. Die Finanzverwaltung sieht bei gemischter Verwendung der Räumlichkeiten durch den Mieter – sollte also keine räumliche (oder zeitliche) Trennbarkeit gegeben sein – eine **Bagatellgrenze** von 5% vor, wonach eine Option für den Vermieter möglich ist, wenn der vom Mieter steuerfreie Anteil 5% seiner Ausgangsumsätze nicht übersteigt. 222

Diese Bagatellgrenze der Finanzverwaltung betrifft nur das Optionsrecht des leistenden Unternehmers, nicht aber den Vorsteuerabzug des Leistungsempfängers, so dass der Leistungsempfänger mit diesem Anteil dann infolge Fakturierung von Umsatzsteuer im Rahmen der Volloption mit Vorsteuern belastet ist. Bei der von der Finanzverwaltung vorgesehenen Bagatellgrenze ist unklar, ob es sich um eine Auslegung oder um eine **Billigkeitsmaßnahme** gemäß § 163 AO handelt.[556] 223

---

[551] Als Leistungsempfänger kommt auch eine Person öffentlichen Rechts (§ 2 Abs. 3 UStG) in Betracht, die das Grundstück steuerpflichtig weitervermietet, vgl. EuGH 4.6.2009 – C-102/08, UR 2009, 484 – SALIX.
[552] Vgl. BFH 21.4.1993 – XI R 55/90, BStBl. II 1994, 266; 20.10.1999 – V B 112/99, BFH/NV 2000, 609.
[553] So auch Sölch/Ringleb/*Schüler-Täsch* UStG § 9 Rn. 119.
[554] Vgl. hierzu Auffassung der Finanzverwaltung in UStAE 9.1 Abs. 6 Satz 2; allerdings keine gesonderte Option für die Lieferung des Gebäudes ohne auch anteiliger Option des Grund und Bodens möglich, vgl. EuGH 8.6.2000 – C-400/98, BStBl. II 2003, 452 – Breitsohl.
[555] Vgl. Reiß/Kraeusel/Langer/*Kraeusel* UStG § 9 Rn. 26.2.
[556] Vgl. *Endert/Trinks* MwStR 2014, 724, die von einer Billigkeitsmaßnahme ausgehen.

224 Beispiel:
Der Mieter nutzt im vollen Kalenderjahr – bei entsprechender Faktenlage/ Dokumentation – einen Raum mit 40 qm der angemieteten Räumlichkeiten ausschließlich für steuerfreie Umsätze, z. B. steuerfreie Finanzdienstleistungen, die restlichen Räume mit einer Fläche von 300 qm für steuerpflichtige Umsätze. Durch die räumliche Trennbarkeit des Mietobjekts ist entsprechend des Flächenschlüssels eine Teiloption möglich, d. h. nach der qm-Zahl der Räumlichkeiten (nicht nach dem Umsatzschlüssel der vom Mieter erzielten Umsätze). Unter Zugrundelegung unterschiedlicher wirtschaftlicher Funktionen ist auch eine Aufteilung nach räumlichen Gesichtspunkten zulässig, wenn unterschiedliche wirtschaftliche Funktionen vorliegen.[557] Eine Mitnutzung der Flure des Mietobjekts (also von „Gemeinschaftsflächen") etwa soll dabei unschädlich sein.

Nutzt der Allgemeinarzt seine gesamten Praxisräume zur Erbringung steuerfreier Heilbehandlungen und steuerpflichtiger Schönheitsoperationen, ist eine räumliche Trennung (bei und mangels baulicher Trennung nach dem Grundriss des Gebäudes) nicht möglich. Hier ist für den Vermieter keine Teiloption möglich. Erbringt der Mieter nur bis zu 5 % steuerfreie Umsätze, ist i. S. d. vorgesehenen Bagatellgrenze jedoch eine Volloption möglich. Sollte der Mieter 10 % steuerfreie Umsätze erbringen, entfällt die Optionsmöglichkeit für den Vermieter gänzlich.[558]

Da es nach neuerer Rechtsprechung bei gemischter Verwendung hinsichtlich der Bagatellgrenze und der jeweiligen räumlichen Trennbarkeit auf die Fläche ankommt, wird schon diskutiert, ob auch ein Schreibtisch in einem Zimmer einer angemieteten Fläche, an dem ein Mitarbeiter ausschließlich den Teil steuerfreier Umsätze ausführt, diese räumliche Trennbarkeit beschreibt. Eine Teiloption erscheint jedenfalls bei der Nutzung eines Zimmers, etwa von 10 qm, zu steuerfreien Umsätzen, die 90 % der Gesamttätigkeit ausmachen, und der restlichen Nutzung der Mieteinheit (90 qm) zu steuerpflichtigen Umsätzen (verbleibende 10 % der Gesamtumsätze), zweifelsfrei; hier ist eine räumliche Trennbarkeit gegeben, so dass es schon nicht auf eine Bagatellgrenze ankommt.

225 Die Teiloption ist dann entsprechend des **Flächenschlüssels,** nicht nach **Umsatzschlüssel,** möglich, weil bei der Option rein auf das Grundstück abgestellt wird. Fraglich in der Praxis bleibt in diesem Zusammenhang aber, wie man (regelmäßig) tatsächlich Auskunft vom Mieter über seine steuerfreien und steuerpflichtigen Umsätze bei räumlicher Untrennbarkeit oder die jeweilige räumliche Nutzung der Mieteinheit bei räumlicher Trennbarkeit erlangt.

226 Zudem ist fraglich, wie dies **zeitlich wirkt** bzw. wirken kann, da vielleicht erst am Ende des maßgeblichen Veranlagungsjahrs klar ist, in welcher Höhe der Mieter die Mieteinheit für steuerfreie und steuerpflichtige Umsätze genutzt hat. Eine monatliche Betrachtungsweise ist hier geboten entsprechend der Voranmeldungszeiträume und kann nur auf Umsatzschätzung (ggf. auf der des Vorjahrs) basieren,[559] auch wenn dies in praktischer Hinsicht als diffizile Prüfung und Abfrage beim Mieter (bei dem vielleicht finale Entgeltzahlungen erst am

---

[557] Vgl. Reiß/Kraeusel/Langer/*Kraeusel* UStG § 9 Rn. 26.2.
[558] Eine Teiloption unter Berücksichtigung eines einzelnen Raums sollte nicht per se ausgeschlossen werden, da in der Praxis eine Abgrenzung auch innerhalb eines Raums erfolgen kann, sofern bestimmte Mitarbeiter mit der Erbringung der betreffenden Umsätze betraut sind, vgl. auch *Endert/Trinks* MwStR 2014, 724 (725).
[559] So auch vorgesehen in UStAE 9.2 Abs. 3 und UStAE 15.16 Abs. 2a.

Jahresende feststehen) aus Sicht des Vermieters wohl nicht handhabbar erscheinen mag.

Nicht nur das Beispiel der **Bagatellgrenze** oder der **Teiloption** zeigt die unterschiedlichen Ausprägungsformen der Voraussetzungen sowie der Nachweispflichten und Nachweisführung der Option für den Vermieter in der Praxis. 227

Der Leistende hat nicht lediglich nach der Verwendung des Mieters zu fragen, d. h. ob er das Mietobjekt für die Ausführung steuerfreier oder steuerpflichtiger Umsätze verwendet, ob in bestimmten Räumen des Mietobjekts in welchem Umfang steuerpflichtige Umsätze ausgeführt werden. Der Vermieter muss in dieser **Gesamtschau** seine eigene Optionsmöglichkeit (Volloption, Teiloption, keine Option) auch anhand von einem Flächen- und Umsatzschlüssel des Mieters abhängig machen. 228

c) **Widerruf der Option durch den Vermieter**

Andererseits hat der Vermieter auch die Möglichkeit, einseitig die Option durch **Widerruf** rückgängig zu machen. Dies kann in der Praxis für den Mieter ebenso mit erheblichen/nachteiligen Folgen verbunden sein, z. B. durch rückwirkenden Verlust des Vorsteuerabzugs aus ursprünglichen (Miet-/Dauer-)Rechnungen mit gesondert ausgewiesener Umsatzsteuer, die dann nicht mehr gesetzlich geschuldet wird. Denn ein Verzicht – beispielsweise infolge korrigierter Mietrechnungen für ein Vorjahr – wirkt in das Jahr der Ausführung des betreffenden Umsatzes zurück, wodurch aber positiverweise dem Mieter eine Verzinsung von Vorsteuerrückzahlungen nach § 233a AO erspart bleibt.[560] 229

Eine **Rückkehr zur Steuerfreiheit** ist nicht von der Zustimmung des Mieters abhängig.[561] Ob zugleich eine zivilrechtliche Befugnis zur Rechnungsberichtigung besteht, ist unbeachtlich.[562] Das gilt auch dann, wenn der Vermieter sich zur steuerpflichtigen Behandlung des Umsatzes verpflichtet hat – was insofern doch diskutabel anmutet. Dies ist aber vielleicht vergleichbar zum einseitigen Widerruf einer umsatzsteuerlichen Gutschrift durch den Leistenden (Gutschriftempfänger). Diesbezüglich hat der BFH entschieden, dass der Widerspruch gegen eine Gutschrift uneingeschränkt möglich ist, selbst wenn die Gutschrift keine Fehler aufweist und der Widerspruch womöglich sogar mit bzw. in der Absicht erfolgte, dem Leistungsempfänger durch Wegfall des Vorsteuerabzugs zu schaden.[563] 230

Der Widerspruch ist eine einseitige zugangsbedürftige Erklärung. Er ist ebenso form- und fristfrei und bedarf keiner Begründung. Der Verzicht kann jedoch nicht zeitlich unbegrenzt erklärt werden. Der BFH[564] hat eine **Bin-** 231

---

[560] Vgl. BFH 18.9.2008 – V R 56/06, BStBl. II 2009, 250 (254); 10.12.2009 – XI R 7/08, BFH/NV 2010, 1497.
[561] Vgl. BFH 25.2.1993 – V R 78/88, BStBl. II 1993, 777.
[562] Vgl. BFH 11.10.2007 – V R 27/05, BStBl. II 2008, 438, wonach für die Rücknahme auch nicht vorausgesetzt wird, dass der Vermieter die zuvor ausgewiesene und vereinnahmte Umsatzsteuer an den Mieter zurückerstattet.
[563] Vgl. BFH 23.1.2013 – XI R 25/11, BStBl. II 2013, 417; zur Kritik siehe *Stadie* UR 2013, 365.
[564] Vgl. BFH 10.12.2008 – XI R 1/08, BStBl. II 2009, 1026.

§ 7 232–235 Teil 4. Nutzungsphase

dungswirkung an die Option zur Steuerpflicht nach § 9 UStG ab Eintritt der formellen Bestandskraft der jeweiligen Steuerfestsetzung bejaht, zugleich aber offengelassen, wie zu entscheiden wäre, wenn die Option beispielsweise nachträglich ausgeübt würde. Daraus wurde zunächst abgeleitet, dass die Erklärung der Option und deren Widerruf nur bis zur formellen Bestandskraft der Jahressteuerfestsetzung zulässig sein sollen. Die Finanzverwaltung[565] hat dies in Bezug auf eine Grundstücksveräußerung dahingehend abgeschwächt, dass die im notariellen Kaufvertrag vorsorglich und im Übrigen unbedingt erklärte Option als mit Vertragsschluss wirksam gilt.

232 Fraglich war allerdings in diesem Zusammenhang, ob die **formelle Bestandskraft der Steuerfestsetzung** für das Kalenderjahr der Vermögensübertragung überhaupt als zeitliche Grenze für Erklärung und Widerruf der Option anzusehen ist. Nunmehr hat der BFH[566] – ohne bisherige Reaktion der Finanzverwaltung – klargestellt und widerspricht damit der Rechtsauffassung der Verwaltung in UStAE 9.1 Abs. 3, dass der Verzicht auf die Steuerbefreiung nach § 9 UStG zurückgenommen werden kann, solange die Steuerfestsetzung für das Jahr der Leistungserbringung anfechtbar oder aufgrund eines Vorbehalts der Nachprüfung gemäß § 164 AO noch änderbar ist. Folglich ist der Widerruf also nicht nur bis zur formellen Bestandskraft der jeweiligen Jahressteuerfestsetzung möglich.

d) Herausforderung in der Praxis – Nachweispflichten

233 In Referenzierung auf die erwähnte Vergleichbarkeit zu Nachweispflichten bei grenzüberschreitenden Liefergeschäften wäre für den Bereich der Option darüber nachzudenken, ob nicht (auch hier) ein **Vertrauensschutz** des Leistenden besteht, auch wenn ein solcher vom Gesetzeswortlaut her nicht vorgesehen ist, wenngleich aber als indiziert angenommen werden kann (z. B. gerade über die in § 9 Abs. 2 Satz 2 UStG vorgesehene Nachweispflicht).

234 Ebenso bei **Ausfuhrlieferungen** ist gesetzeswörtlich kein Vertrauensschutz/Gutglaubensschutz vorgesehen, wie etwa in § 6a Abs. 4 UStG für innergemeinschaftliche Lieferungen, gleichwohl wird ein solcher durch die Rechtsprechung gewährt. Sollten sich die Nachweise als objektiv falsch erweisen, ist für den Bereich der Option zu entscheiden, ob eine solche aufgrund unrichtiger Abnehmerangaben und nach den vom EuGH[567] entwickelten Grundsätzen zum **Vertrauensschutz** – unter Berufung auf allgemeine Rechtsgrundsätze, die Teil der Gemeinschaftsrechtsordnung sind und zu denen u. a. die Grundsätze der Rechtssicherheit, der Verhältnismäßigkeit und der steuerlichen Neutralität gehören – in Betracht kommt und zumindest nicht rückwirkend versagt werden kann.[568]

235 Der vor allem in § 9 Abs. 2 Satz 3 UStG explizite Hinweis auf die **Nachweispflicht** indiziert bereits einen Vertrauensschutz; würde ein solcher nicht bestehen, braucht man eine Nachweispflicht schon nicht vorsehen. Im Übri-

---

[565] Vgl. BMF 23.10.2013, BStBl. I 2013, 1382.
[566] Vgl. BFH 19.12.2013 – V R 6/12 und V R 7/12, BFH/NV 2014, 1126.
[567] Vgl. EuGH 21.2.2008 – C-271/06, DStR 2008, 450 – Netto Supermarkt; 27.9.2007 – C-409/04, BStBl. II 2009, 70 – Teleos.
[568] Vgl. Friedrich-Vache UR 2014, 646.

gen hat die EuGH-Rechtsprechung z.B. der Nichterfüllung der Nachweispflichten gemäß § 6a Abs. 3 UStG für die Steuerfreiheit der innergemeinschaftlichen Lieferung gegenüber dem Vorliegen der materiell-rechtlichen Voraussetzungen keine Bedeutung beigemessen[569], was auch im Bereich der Option gelten muss.

> **Lösungsidee: Erlass bei sachlicher Unbilligkeit** 236
> In Fällen der Täuschung oder verspäteten Meldung durch den Geschäftspartner muss jedenfalls vorgesehen werden, dass die Beurteilung über die für den Unternehmer nicht erkennbare Unrichtigkeit von Abnehmerangaben im Billigkeitsverfahren nach § 163 AO zu erfolgen hat.[570] Danach sollte auch für Optionsfälle auf Ebene des Vermieters ein Erlass etwaiger Vorsteuerrückzahlungen aus sachlicher Unbilligkeit möglich sein.

Da es sich bei der Option wirtschaftlich gesehen (nicht steuersystematisch) 237 um eine **Herbeiführung eines steuerlichen Vorteils** (nicht um eine freiwillige Lastenerhöhung) handelt,[571] hat der leistende Unternehmer auch die Voraussetzungen der Option nachzuweisen und ist gerechtfertigter Weise abhängig von seinem Geschäftspartner. Denn im Rahmen der Umsetzung der Option in nationales Recht wurden gerade – wie erwähnt – die Mitgliedstaaten berechtigt, Bedingungen und Beschränkungen dazu festlegen zu können; diese dürfen nicht über das Unionsrecht hinausgehen oder diesem widersprechen, was vorliegend bei der im UStG vorgesehenen Voraussetzungen zur Option nicht der Fall ist. Gleichwohl sind bestimmte Fallkonstellationen zu beachten, die die Abbildung von steuerlichen Nachteilen nicht rein außerhalb des UStG, hier in das Zivilrecht, verlegen dürfen.

Daher müssen **Vertrauensschutzregelungen** aus dem UStG heraus eben- 238 so für den Bereich der Option gelten und/oder jedenfalls Billigkeitsmaßnahmen im Fall unrichtiger oder verspäteter Angaben durch den Leistungsempfänger oder im Fall unverschuldeter Änderung seiner Nutzung z.B. durch geänderte Rechtsprechung bestehen. Eine reine Auslagerung zur Erstattung etwaiger Schäden infolge nachträglich festgestellter unzulässiger Option auf das Zivilrecht für alle denkbaren Fallgestaltungen ist letztlich abzulehnen.[572]

IV. Vorsteuerabzug in der Nutzungsphase

Eine **Berechtigung zum Vorsteuerabzug** nach § 15 UStG besteht, 239 wenn ein direkter und unmittelbarer Zusammenhang zwischen einem bestimmten Eingangsumsatz und einem oder mehreren Ausgangsumsätzen, die das Recht auf Vorsteuerabzug eröffnen, besteht.[573]

---

[569] Vgl. EuGH 27.9.2007 – C-146/05, BFH/NV Beilage 2008, 34 – Collée; BFH 6.12.2007 – V R 59/03, BStBl. II 2009, 57.
[570] Vgl. auch BFH 30.7.2008 – V R 7/03, BStBl. II 2010, 1075.
[571] Vgl. Reiß/Kraeusel/Langer/*Kraeusel* UStG § 9 Rn. 19.
[572] Vgl. *Friedrich-Vache* UR 2014, 646 (651).
[573] Vgl. EuGH 16.2.2012 – C-118/11, DStRE 2012, 1077 – Eon Aset; EuGH 6.9.2012, C-496/11, DStR 2012, 1859 – Portugal Telecom; EuGH 29.10.2009 – C-29/08, DStR 2009, 2311 – SKF; EuGH 8.6.2000 – C-98/98, IStR 2000, 591 – Midland Bank; BFH 24.4.2013 – XI R 25/10, DStR 2013, 1544; BFH 14.3.2012 – XI R 8/10, BFH/NV 2012, 1667.

§ 7 240–243   Teil 4. Nutzungsphase

240   Die bei/für den Leistungsbezug getätigten Aufwendungen müssen zu den **Kostenelementen** der versteuerten/steuerpflichtigen, zum Vorsteuerabzug berechtigenden Ausgangsumsätze gehören, nicht nach § 15 Abs. 2 UStG zu unecht steuerfreien.[574] Zu welchem Ausgangsumsatz der für den Vorsteuerabzug maßgebliche direkte und unmittelbare Zusammenhang besteht und ob insoweit Kostenelemente eines Umsatzes vorliegen, richtet sich nach den „objektiven Umständen".[575]

241   **Fehlt ein direkter und unmittelbaren Zusammenhang** zwischen einem Eingangsumsatz und bestimmten Ausgangsumsätzen wird ein Recht auf Vorsteuerabzug dennoch angenommen, wenn die Kosten für die betreffenden Leistungen zu den allgemeinen Aufwendungen des Unternehmers gehören und als solche Bestandteile des Preises der von ihm ausgeführten Leistungen darstellen. Derartige Kosten hängen direkt und unmittelbar mit der wirtschaftlichen Tätigkeit des Steuerpflichtigen zusammen. Stellt diese wirtschaftliche Tätigkeit also die Erbringung steuerpflichtiger/oder echt steuerbefreiter Umsätze dar, wird ein Vorsteuerabzug gewährt. Kein Recht auf Vorsteuerabzug besteht dagegen, wenn der Unternehmer eine Leistung für einen steuerfreien Ausgangsumsatz bezieht, um mittelbar seine zum Vorsteuerabzug berechtigende wirtschaftliche Gesamttätigkeit zu stärken, da der von ihm verfolgte endgültige Zweck unerheblich ist.[576]

242   Beabsichtigt der Unternehmer, eine bezogene Leistung für seine wirtschaftliche (unternehmerische) und seine nichtwirtschaftliche (nichtunternehmerische) Tätigkeit zu verwenden, kann er den **Vorsteuerabzug** grundsätzlich nur insoweit in Anspruch nehmen, wie die Aufwendungen hierfür seiner wirtschaftlichen Tätigkeit zuzurechnen sind. Beabsichtigt der Unternehmer daher eine teilweise Verwendung für eine nichtwirtschaftliche Tätigkeit, ist er insoweit nicht zum Vorsteuerabzug berechtigt.[577]

243   Die Finanzverwaltung[578] unterscheidet ebenfalls **drei Gruppen von Vorsteuerbeträgen:**
– Vorsteuerbeträge, die in voller Höhe abziehbar sind, weil sie ausschließlich Umsätzen zuzurechnen sind, die zum Vorsteuerabzug berechtigen.

---

[574] Vgl. EuGH 6.9.2012 – C-496/11, DStR 12, 1859 – Portugal Telecom; EuGH 13.3.2008 – C-437/06, BFH/NV Beilage 2008, 207 – Securenta; EuGH 8.2.2007 – C-435/05, UR 2007, 225 – Investrand; EuGH 22.2.2001 – C-408/98, UR 2001, 164 – Abbey National.
[575] Vgl. EuGH 8.6.2000 – C-98/98, IStR 2000, 591 – Midland Bank; BFH 14.3.2012 – XI R 26/11, BFH/NV 2012, 1192. Es ist auf die „objektive Natur des betreffenden Umsatzes" abzustellen.
[576] Vgl. EuGH 6.9.2012 – C-496/11, DStR 2012, 1859 – Portugal Telecom; EuGH 6.4.1995 – C-4/94, Slg 1995, I-983 – BLP Group.
[577] Vgl. BFH 9.12.2010 – V R 17/10, BFH/NV 2011, 717; BFH 13.1.2011 – V R 12/08, DStR 2011, 465; vgl. auch BMF 2.1.2012, BStBl. I 2012, 60. Etwas anderes gilt, wenn es sich bei der nichtwirtschaftlichen Tätigkeit um eine Privatentnahme i. S. d. Art. 16, 26 MwStSystRL handelt. Beabsichtigt der Unternehmer bereits bei Leistungsbezug, die bezogene Leistung nicht für seine wirtschaftliche Tätigkeit, sondern ausschließlich und unmittelbar für eine unentgeltliche Entnahme gemäß § 3 Abs. 1b Satz 1 Nr. 1 bis 3 UStG zu verwenden, ist er nicht zum Vorsteuerabzug berechtigt, vgl. BFH 13.1.2011 – V R 12/08, DStR 2011, 465.
[578] Vgl. UStAE 15.17 Abs. 1.

§ 7 Laufende Besteuerung 244, 245 § 7

– Vorsteuerbeträge, die in voller Höhe vom Abzug ausgeschlossen sind, weil sie ausschließlich Umsätzen zuzurechnen sind, die nicht zum Vorsteuerabzug berechtigen. Hierzu gehören z.B. bei steuerfreien Grundstücksverkäufen die Vorsteuerbeträge für die Leistungen des Maklers und des Notars sowie für Inserate. Bei steuerfreien Vermietungen und Verpachtungen kommen vor allem die Vorsteuerbeträge in Betracht, die bei der Anschaffung oder Herstellung eines Wohngebäudes, beim Herstellungs- und Erhaltungsaufwand, bei Rechtsberatungen und der Grundstücksverwaltung anfallen.
– Übrige Vorsteuerbeträge, die sowohl mit Umsätzen, die zum Vorsteuerabzug berechtigen, als auch mit Umsätzen, die den Vorsteuerabzug ausschließen, in wirtschaftlichem Zusammenhang stehen. Hierzu gehören z.B. die Vorsteuerbeträge, die mit dem Bau, der Einrichtung und der Unterhaltung eines Verwaltungsgebäudes in Verbindung stehen, das auch der Ausführung steuerfreier Vermietungs- oder Verpachtungsumsätze dient. Für diese Vorsteuerbeträge hat eine Vorsteueraufteilung nach § 15 Abs. 4 UStG zu erfolgen.

Wird also eine eigengenutzte Immobilie, die dem Unternehmen zugeordnet wurde, ausschließlich zur Erbringung steuerpflichtiger Umsätze verwendet, erhält der Unternehmer den Vorsteuerabzug für im Zusammenhang mit der Immobilie bezogenen Leistungen, etwa für Reparaturen. Wird die Immobilie (fremd-)vermietet, ist ein solcher Vorsteuerabzug nur möglich, wenn die Vermietung steuerpflichtig erfolgt, also zulässigerweise zur Steuerpflicht nach § 9 UStG optiert wurde.

Beispiel: 244
Das dem Unternehmen zugeordnete Gebäude nutzt der Unternehmer zu ¼ der Gesamtfläche zu eigenbetrieblichen Zwecken (mit einer Haupttätigkeit, in der der Unternehmer ausschließlich steuerpflichtige Umsätze ausführt). Den Rest des Gebäudes, das jeweils aus gleichen Einheiten (Geschossflächen) besteht, nutzt er zu ¼ zu eigenen Wohnzwecken und zu anderer unternehmerischer/wirtschaftlicher Tätigkeit, hier zur Vermietung (¼ steuerfreie Vermietung an einen Arzt, ¼ steuerpflichtige Vermietung an einen Steuerberater).
Vorsteuerbeträge aus der Reparatur des Bodens in der Mieteinheit „Steuerberater" und in der Mieteinheit, die er zu eigenbetrieblichen Zwecken nutzt, sind infolge ihrer direkten Zuordenbarkeit zu steuerpflichtigen Ausgangsumsätzen jeweils zu 100% abzugsfähig. Vorsteuerbeträge aus der Reparatur des Bodens in der Mieteinheit „Arzt" oder Mieteinheit „eigene Wohnzwecke" sind infolge ihrer direkten Zuordenbarkeit zu steuerfreien Ausgangsumsätzen bzw. zum privaten Bereich nicht abzugsfähig.
Eine Vorsteueraufteilung nach § 15 Abs. 4 UStG regelmäßig anhand des Flächenschlüssels muss der Unternehmer vornehmen, wenn Vorsteuerbeträge etwa aus Aufwendungen des Treppenhauses (infolge deren Qualifikation als Gemeinkosten und nicht direkt zuordenbaren Aufwendungen zu einem bestimmten Ausgangsumsatz) resultieren; dafür wäre dann für die hier vorliegende Verwendung des Grundstücks insgesamt nur ein hälftiger Vorsteuerabzug möglich.

Wurde ein **gemischt genutztes Gebäude** zu 100% dem Unternehmen 245 zugeordnet, können aus Vereinfachungsgründen – entgegen dem Auf-

246 Für den Umfang des Vorsteuerabzugs bei **erheblichem Umbau** eines Gebäudes in der Nutzungsphase, das anschließend vom Erwerber für vorsteuerunschädliche und vorsteuerschädliche Verwendungsumsätze genutzt werden soll, ist vorgreiflich zu entscheiden, ob es sich bei den Umbaumaßnahmen um Erhaltungsaufwand am Gebäude oder um anschaffungsnahen Aufwand zum Gebäudeerwerb handelt oder ob insgesamt die Herstellung eines neuen Gebäudes anzunehmen ist.[580]

247 Handelt es sich um **Aufwendungen für den Gegenstand selbst** (aus der Anschaffung oder Herstellung), kommt nur eine Aufteilung der gesamten auf den einheitlichen Gegenstand entfallenden Vorsteuerbeträge nach einem sachgerechten Aufteilungsmaßstab (§ 15 Abs. 4 UStG) in Betracht. In der Nutzungsphase ist bei gemischt genutzter Immobilie eine Vorsteueraufteilung nach sachgerechter Schätzung vorzunehmen. Bei Immobilien (Gebäuden) kommt dabei regelmäßig als Aufteilungsmaßstab die jeweiligen Nutzflächen (qm-Zahlen, die auf steuerfreie und steuerpflichtige Umsätze entfallen) in Betracht. Inwiefern ein Umsatzschlüssel dienen kann, etwa wenn die betreffenden Räumlichkeiten Verwaltungszwecken dienen und diese Verwaltungstätigkeit aus steuerfreien und steuerpflichtigen Umsätzen besteht, ist im Einzelfall zu beurteilen.[581]

248 Die Finanzverwaltung wendet die **Nutzfläche als Aufteilungsmaßstab** dann **nicht** an, wenn die Ausstattung (oder auch die Geschosshöhe) der unterschiedlich genutzten Räume erheblich voneinander abweicht.[582] Bestehen solche baulichen Unterschiede, ist es erforderlich, den Bauaufwand den einzelnen Verwendungsumsätzen zuzuordnen. In Fällen mit Sonderausstattung (verstärkte Decken oder Wände) dürfte jedoch eine Aufteilung nach dem Flächenschlüssel nicht entfallen. Gleichwohl sind Vorsteuerbeträge aus diesen Sonderausstattungsaufwendungen den entsprechenden Räumlichkeiten vorab direkt zuzuordnen.

249 Der Umfang der abzugsfähigen Vorsteuerbeträge auf sog. **Erhaltungsaufwendungen** an dem Gegenstand kann sich hingegen danach richten, für welchen Nutzungsbereich des gemischt genutzten Gegenstands (unternehmerisch oder nichtunternehmerisch/unternehmensfremd) die Aufwendungen vorgenommen werden.[583]

250–259 *einstweilen frei*

---

[579] UStAE 15.2c Abs. 2 Nr. 2 Satz 6.
[580] Vgl. BFH 28.9.2006 – V R 43/03, BStBl. II 2007, 417; UStAE 15.17 Abs. 5.
[581] Eine Zurechnung der Aufwendungen zu bestimmten Gebäudeteilen nach einer räumlichen (sog. „geografischen") oder zeitlichen Anbindung oder nach einem Investitionsschlüssel, vgl. BFH 18.11.2004 – V R 16/03, BStBl. II 2005, 503 und UStAE 15.17 Abs. 7 Satz 10, ist nicht zulässig.
[582] Vgl. UStAE 15.17 Abs. 7 Satz 5 ff.
[583] Vgl. UStAE 15.17 Abs. 5 Satz 2 ff.; vgl. auch → § 6 Rn. 95 ff.

D. Grundsteuer

I. Einleitung

Bei der Grundsteuer handelt es sich um eine **Realsteuer,** die (im Wesentlichen) unabhängig von den persönlichen und/oder wirtschaftlichen Verhältnissen des Steuerpflichtigen erhoben wird (Objektsteuer).[584] Der Besteuerung unterliegt dabei inländischer Grundbesitz. Als Bemessungsgrundlage für die Grundsteuer ist in erster Linie der Einheitswert maßgeblich.

Die Grundsteuer ist eine **Gemeindesteuer,**[585] die in „Zusammenarbeit" mit den Finanzverwaltungen der Länder ermittelt wird. Dabei sind die Finanzämter für die Wertermittlung sowie die Zurechnung des Grundbesitzes zuständig. Die Festsetzung und Erhebung der Grundsteuer obliegt anschließend den Gemeinden.

Das **Aufkommen aus der Grundsteuer** lag in 2013 bei 12,3 Mrd. EUR und stieg im Jahr 2014 auf ca. 12,7 Mrd. EUR an.[586] Aufgrund des stetig steigenden Aufkommens zählt die Grundsteuer zu den wichtigsten sowie zuverlässigsten Einnahmequellen der Gemeinden. Durch Veränderung des in der Gemeinde festgesetzten Hebesatzes kann zudem die Höhe der zu entrichtenden Grundsteuer eigenständig bestimmt werden.

Aufgrund der **Komplexität des gesamten Verfahrens** von der Grundstücksbewertung bis hin zur Entrichtung der Grundsteuer bei gleichzeitiger Berücksichtigung einer Vielzahl von Detailfragen und der immer hitziger werdenden Diskussion über die Art und Weise der Bewertung von Grundstücken sowie den generellen Sinn und Zweck der Grundsteuer ist es nicht möglich, das ganze Spektrum der Rechtslage hier abzubilden. Vielmehr soll das Ziel dieses Kapitels sein, eine Einführung in die Systematik und den Aufbau sowie einen möglichen zukünftigen Ausblick der Grundsteuer im Allgemeinen zu geben.

II. Gegenstand der Besteuerung

Gemäß § 1 Abs. 1 GrStG sind die **Gemeinden berechtigt (nicht verpflichtet**[587]**),** von dem in ihrem Gebiet liegenden Grundbesitz, Grundsteuer zu erheben. Die Grundsteuer erfasst somit nur den im Inland belegenen Grundbesitz. Der Begriff Grundbesitz ist dem „unbeweglichen Vermögen" im Sinne des bürgerlichen Rechts gleichzusetzen.[588]

---

[584] § 3 Abs. 2 AO; Artikel 106 Abs. 6 GG; Ähnlich *Ritzer* in Sauer/Ritzer/Schuhmann, Handbuch Immobilienbesteuerung, F. I. Rn. 1.
[585] Nach Artikel 106 Abs. 6 S. 1 GG steht das Aufkommen der Grundsteuer den Gemeinden zu.
[586] Vgl. Statistisches Bundesamt, Pressemitteilung vom 31.8.2015 – 316/15.
[587] Vgl. *Ritzer* in Sauer/Ritzer/Schuhmann, Handbuch Immobilienbesteuerung, F. I. Rn. 12.
[588] Vgl. *Ritzer* in Sauer/Ritzer/Schuhmann, Handbuch Immobilienbesteuerung, A. IV. Rn. 3.

265 Steuerpflichtig ist allerdings der als sog. „**wirtschaftliche Einheit**"[589] anzusehende Grundbesitz. Hierbei sind für Zwecke der Grundsteuer die folgenden Steuergegenstände zu unterscheiden:[590]
- Betriebe der Land- und Forstwirtschaft (§§ 33, 48a und 51a des BewG)[591]
- Grundstücke (§§ 68, 70 des BewG)[592]

Vereinfacht betrachtet wirkt sich die vorgenannte Unterscheidung nur auf die Höhe der Grundsteuer aus.

266 Darüber hinaus gilt es zu klären, was dem obigen **Grundstücksbegriff** für Zwecke der Grundsteuer zuzurechnen ist. In Anlehnung an das Merkmal wirtschaftliche Einheit gehören der Grund und Boden, die Gebäude, die sonstigen Bestandteile und Zubehör sowie jeweils das Erbbaurecht, das Wohnungseigentum, das Teileigentum, das Wohnungserbbaurecht sowie das Teilerbbaurecht zum Grundstück, soweit sie nicht das land- und forstwirtschaftliche Vermögen betreffen. Von einem Betrieb der Land- und Forstwirtschaft ist auszugehen,[593] sofern die mehr oder weniger planmäßige Nutzung des Grund und Bodens zur Gewinnung pflanzlicher und tierischer Erzeugnisse sowie die unmittelbare Verwertung derselben im Vordergrund stehen.[594]

267 Das Bewertungsgesetz unterscheidet zudem zwischen **unbebauten** und **bebauten Grundstücken**.[595]

Die im BewG vorgenommene Abgrenzung der sog. „Betriebsgrundstücke" ist für die Grundsteuer im Ergebnis nicht von entscheidender Bedeutung. Die insoweit bestehende Besonderheit der Betriebsgrundstücke liegt darin, dass sie entweder dem Steuergegenstand „**Betrieb der Land- und Forstwirtschaft**" oder dem Steuergegenstand „**Grundstücke**" zugeordnet werden. Für Zwecke dieser Zuordnung gilt es die Frage zu beantworten, welchen Zweck das betreffende Grundstück erfüllen würde, wenn es nicht Teil des Gewerbebetriebes wäre.

Als Grundbesitz im Sinne des Bewertungs- und damit auch Grundsteuerrechts sind darüber hinaus auch Erbbaurechte sowie Gebäude auf fremden Grund und Boden anzusehen.[596]

---

[589] Definition in § 2 BewG: Jede wirtschaftliche Einheit ist für sich zu bewerten. Ihr Wert ist im Ganzen festzustellen. Was als wirtschaftliche Einheit zu gelten hat, ist nach den Anschauungen des Verkehrs zu entscheiden.
[590] Ähnlich Troll/Eisele GrStG § 2 Rn. 2.
[591] § 2 Nr. 1 GrStG.
[592] § 2 Nr. 2 GrStG.
[593] Gemäß § 62 BewG werden hierunter auch der Garten- und Obstbau, die Binnenfischerei, die Teichzucht, die Schäferei und Imkerei definiert. Detaillierte Auflistung der zum land- und forstwirtschaftlichen Vermögen gehörenden Wirtschaftsgüter sowie der Abgrenzung Gewerbebetrieb und Betrieb der Land- und Forstwirtschaft siehe Troll/Eisele GrStG § 2 Rn. 3 ff.
[594] BFH 5.12.1980 – III R 56/77, BStBl. II 1981, 498.
[595] §§ 72 und 75 BewG.
[596] Vgl. *Ritzer* in: Sauer/Ritzer/Schuhmann, Handbuch Immobilienbesteuerung, F. II. Rn. 7.

§ 7 Laufende Besteuerung

1. Unbebautes Grundstück

Entsprechend der Definition des § 72 Abs. 1 BewG sind **unbebaute Grundstücke** solche Grundstücke, auf denen sich keine benutzbaren Gebäude befinden.

2. Grundstück im Zustand der Bebauung

Die Auslegung eines Grundstücks als „noch" unbebaut kann sich in der Praxis vor allem bei Bauprojekten (z. B. Errichtung eines oder einer Vielzahl von Bürogebäuden) im großen Stil schwierig gestalten. Da das Grundstück allerdings die Grundlage der Bemessungsgrundlage bildet und somit die Höhe der zu entrichtenden Grundsteuer maßgeblich beeinflusst, sollte der Tatbestand im Einzelfall einer genauen Überprüfung unterzogen werden. So kommt es z. B. bei der Errichtung eines Bürogebäudes auf die Benutzbarkeit, die mit der Bezugsfertigkeit beginnt, an.[597] Grundsätzlich ist bei betrieblich genutzten Gebäuden bereits von einer **Bezugsfertigkeit** auszugehen, wenn das Gebäude in seinen wesentlichen Bereichen bestimmungsgemäß für den vorgesehenen Betrieb nutzbar ist. Konkret bedeutet dies, dass z. B. die Außenwände sowie tragenden Innenwände und Fenster eingebaut und u. a. die Heizungs- sowie Sanitäranlagen installiert sein müssen.[598] Für die Praxis allerdings von wesentlicher Bedeutung ist jüngst die Entscheidung des BFHs darüber, dass bereits von einer Bezugsfertigkeit des gesamten Gebäudes auszugehen ist, sofern die jeweiligen Büroeinheiten lediglich aufgrund von subjektiven Wünschen des zukünftigen Mieters noch nicht ausgebaut sind (also z. B. Elektroleitungen noch nicht verlegt sind). Soweit also ein Gebäude objektiv unter Berücksichtigung der Verkehrsauffassung am Markt angeboten werden kann, ist von einem benutzbaren und bezugsfertigen Gebäude auszugehen.

Aufgrund der **Stichtagsbetrachtung** der Grundsteuer ist allerdings zu beachten, dass sich unterjährige Bautätigkeiten nicht auf die Höhe der Grundsteuer auswirken. Das betreffende Grundstück bleibt bis zum Ende des laufenden Erhebungszeitraums, d. h. bis zum 31. Dezember des aktuellen Kalenderjahres, unbebaut im Sinne des Grundsteuergesetzes.

3. Bebautes Grundstück

Soweit ein **bebautes Grundstück** vorliegt, wird für Zwecke der Bewertung zwischen mehreren Grundstücksarten unterschieden.[599]

III. Stichtagsprinzip der Grundsteuer

Die Grundsteuer folgt einem strengen Stichtagsprinzip. Dem Grunde nach sind für die Zurechnung und Bewertung des Grundbesitzes, mögliche Steu-

---

[597] Vgl. BFH 25.4.2013, II R 44/11, BFH/NV 2013, 1544.
[598] Benutzbarkeit liegt z. B. bei bereits erfolgter Installierung der Heizung und Sanitäreinrichtungen sowie aller notwendigen Grundleitungen (Wasser, Strom etc.) und bei Abgrenzung durch Türen von nicht vermieteten Räumen vor.
[599] Vgl. § 75 BewG (Mietwohngrundstücke, Geschäftsgrundstücke, gemischt genutzte Grundstücke, Ein- und Zweifamilienhäuser sowie sonstige bebaute Grundstücke.

erbefreiungen sowie die Erhebung der Steuer allein die Verhältnisse **zu Beginn** eines jeden Erhebungszeitraums (entspricht dem Kalenderjahr) maßgeblich (Stichtag).[600] Es ist dabei auf die Verhältnisse zum 1. Januar, 0:00 Uhr, abzustellen, sodass es auf mögliche Änderungen am 1. Januar selbst nicht ankommt.[601] Darüber hinaus entsteht die Steuer auch in formaler Hinsicht bereits mit dem Beginn des Kalenderjahres.[602]

273 Das für die Grundsteuer maßgebliche **Stichtagsprinzip** führt insbesondere dazu, dass sich unterjährige Änderungen weder in Bezug auf die Eigentumsverhältnisse am Grundbesitz noch auf die Qualifikation bzw. die Art des Grundbesitzes selbst auswirken. Dies gilt insbesondere für Bautätigkeiten (Grundstück im Zustand der Bebauung) bzw. Abrisstätigkeiten. Die Umqualifizierung des betreffenden Grundstücks als beispielsweise bebaut wirkt sich für Zwecke der Grundsteuer erst im folgenden Kalenderjahr aus.

274 Auch im Hinblick auf die **Voraussetzungen für die Inanspruchnahme von Steuerbefreiungen bzw. -vergünstigungen** kommt es in der Regel auf die Verhältnisse zum Stichtag an.[603] Entfallen beispielsweise unterjährig die Voraussetzungen für die Steuerbefreiung, so wird die Grundsteuer dennoch erst (wieder) ab dem unmittelbar folgenden Kalenderjahr erhoben.[604]

275 **Steuerschuldner** ist derjenige, dem der betreffende Grundbesitz zum Stichtag zuzurechnen ist. Die unterjährige Veräußerung/Übertragung des Grundbesitzes entbindet diesen damit nicht von der (persönlichen) Steuerpflicht. Auf diesen Umstand sollte insbesondere in der Transaktionspraxis bei der Veräußerung von Grundbesitz geachtet werden. In diesem Zusammenhang sei allerdings bereits an dieser Stelle darauf hingewiesen, dass davon abweichende Vereinbarungen im Grundstückskaufvertrag allein schuldrechtlicher Natur sind. Die (gesetzliche) Steuerschuldnerschaft lässt sich nicht durch eine vertragliche Vereinbarung auf den Erwerber übertragen.

IV. Steuerschuldner und Haftungsschuldner

1. Steuerschuldner

276 **Steuerschuldner** ist gemäß § 10 Abs. 1 GrStG grundsätzlich derjenige, dem der Steuergegenstand bei Feststellung des Einheitswerts zugerechnet wird.[605] Die Frage der Steuerschuldnerschaft wird somit in verfahrenstechnischer Weise bereits mit dem Erlass des Einheitswertbescheides geklärt, sodass der Einheitswertbescheid insbesondere die (formale) Feststellung beinhalten muss, wem die wirtschaftliche Einheit des Grundbesitzes zuzurechnen ist.

---

[600] Vgl. § 9 Abs. 1 GrStG.
[601] Vgl. Troll/Eisele GrStG § 9 Rn. 2; vgl. *Ritzer* in: Sauer/Ritzer/Schuhmann, Handbuch Immobilienbesteuerung, F. IV. Rn. 1.
[602] Vgl. § 9 Abs. 2 GrStG.
[603] Vgl. *Ritzer* in Sauer/Ritzer/Schuhmann, Handbuch Immobilienbesteuerung, F. IV. Rn. 3.
[604] Vgl. *Ritzer* in Sauer/Ritzer/Schuhmann, Handbuch Immobilienbesteuerung, F. IV. Rn. 3. Vgl. aber GrStR 33 Satz 2 bei überwiegender Nutzung im Erhebungszeitraum.
[605] Änderungen in den Eigentumsverhältnissen werden im Rahmen der Zurechnungsfortschreibung berücksichtigt (Neuveranlagung).

Sämtliche Folgebescheide sind an diese Feststellung gebunden (Grundlagenbescheid).[606]

Die für Zwecke der Grundsteuer maßgebliche Zurechnung des Grundbesitzes folgt den Bestimmungen des § 39 AO. Demnach wird der Grundbesitz bei der Feststellung des Einheitswerts **grundsätzlich dem zivilrechtlichen Eigentümer** zugerechnet. Sofern allerdings ein anderer als der (zivilrechtliche) Eigentümer die tatsächliche Herrschaft über den Grundbesitz in der Weise ausübt, dass er den (zivilrechtlichen) Eigentümer im Regelfall für die gewöhnliche Nutzungsdauer von der Einwirkung auf den Grundbesitz ausschließen kann, ist der Grundbesitz diesem (sog. **„wirtschaftlicher Eigentümer"**) zuzurechnen.[607]

Vor diesem Hintergrund sei bereits an dieser Stelle darauf hingewiesen, dass bei **Grundstücksveräußerungen** regelmäßig das Grundstück bereits vor der Eintragung in das Grundbuch dem Erwerber für Zwecke der Grundsteuer zuzurechnen ist.[608] Aufgrund des für die Grundsteuer geltenden Stichtagsprinzips wirkt sich dies bei unterjährigen Grundstücksübertragungen nicht aus (vgl. insoweit auch die Ausführungen zu → Rn. 313).

Eigentümer können sowohl inländische/ausländische natürliche und juristische Personen sowie nichtrechtsfähige Vereine und Stiftungen sein.[609] Auch Personenhandelsgesellschaften (OHG und KG) können Steuerschuldner im Sinne des Grundsteuergesetzes sein. Sie sind zwar keine juristischen Personen, können allerdings Träger von Rechten und Pflichten sein sowie Eigentum an Grundstücken erwerben.[610] Gleichermaßen kann die GbR als Urform der Personengesellschaften – soweit das Grundstück zum Gesamthandsvermögen gehört – Steuerschuldner sein.[611] Reine Innengesellschaften ohne Gesamthandsvermögen (z. B. die stille Gesellschaft) können hingegen nicht als Schuldner der Grundsteuer angesehen werden.[612]

2. Steuerschuldner in besonderen Fällen

Bei einem **Erbbaurecht**[613] bilden dieses Recht und das belastete Grundstück **zwei** selbständige wirtschaftliche Einheiten, für die im Grunde genommen jeweils ein Einheitswert festzustellen ist.[614] In Abhängigkeit von der

---

[606] Vgl. *Ritzer* in Sauer/Ritzer/Schuhmann, Handbuch Immobilienbesteuerung, F. IV. Rn. 20.
[607] Vgl. § 39 Abs. 2 Nr. 1 AO.
[608] Die Übertragung des wirtschaftlichen Eigentums richtet sich dabei regelmäßig nach dem Übergang von Nutzungen und Lasten.
[609] Vgl. *Ritzer* in Sauer/Ritzer/Schuhmann, Handbuch Immobilienbesteuerung, F. IV. Rn. 15; Troll/Eisele GrStG § 10 Rn. 2.
[610] Vgl. *Ritzer* in Sauer/Ritzer/Schuhmann, Handbuch Immobilienbesteuerung, F. IV. Rn. 16.
[611] Vgl. *Ritzer* in Sauer/Ritzer/Schuhmann, Handbuch Immobilienbesteuerung, F. IV. Rn. 17.
[612] Vgl. *Ritzer* in Sauer/Ritzer/Schuhmann, Handbuch Immobilienbesteuerung, F. IV. Rn. 16.
[613] Gemäß § 1 Abs. 1 ErbbauRG. Das Recht oder unter der Oberfläche des Grundstücks ein Bauwerk zu haben.
[614] § 92 Abs. 1 BewG.

Laufzeit des Erbbaurechts am Feststellungszeitpunkt[615] ist der Wert auf das belastete Grundstück und das Erbbaurecht zu verteilen. Beträgt die (Rest)-Laufzeit dabei mehr als 50 Jahre entfällt der Gesamtwert allein auf das Erbbaurecht.[616] Vor dem Hintergrund, dass nach § 10 Abs. 2 GrStG derjenige, dem ein Erbbaurecht zugerechnet wird auch Steuerschuldner des belasteten Grundstücks ist, ist für die Praxis davon auszugehen, dass unabhängig von der Zurechnung des Grundstückswerts auf den Erbbauberechtigten oder den Erbbauverpflichteten der **Erbbauberechtigte** in jedem Fall der Steuerschuldner ist.[617] In der Praxis wird daher häufig auf eine Aufteilung des Einheitswerts verzichtet.[618]

281 Insoweit der Steuergegenstand mehreren Personen zugerechnet wird, sind diese auch nach § 10 Abs. 3 GrStG **Gesamtschuldner** der Grundsteuer. Eine Aufteilung des Einheitswertes ist insoweit nicht erforderlich, denn jeder Steuerschuldner hat gemäß § 44 AO die gesamte Steuerschuld zu tragen.[619] Vielmehr steht es der Gemeinde grundsätzlich frei, welchen Steuerschuldner sie als Gesamtschuldner heranzieht.[620] Ein klassisches Beispiel für Gesamtschuldnerschaften zur Grundsteuer stellen die Erbengemeinschaften dar (§§ 2032 ff. BGB).

282 Beim **Gebäude auf fremden Grund und Boden** ist für das Gebäude der wirtschaftliche Eigentümer nach § 39 Abs. 2 Nr. 1 AO und für das Grundstück grundsätzlich der davon abweichende zivilrechtliche Eigentümer Steuerschuldner.[621] Im Falle des **Wohnungs- und Teileigentums** ist jeder Eigentümer Steuerschuldner über die ihm zugerechnete wirtschaftliche Einheit.[622]

3. Haftungsschuldner

283 Einleitend sei an dieser Stelle darauf hingewiesen, dass die steuerliche Besonderheit des Haftungsschuldners darin besteht, dass dieser stets **für eine fremde Schuld haftet**. Somit kann der Haftungsschuldner nicht mit dem Steuerschuldner identisch sein.[623] Neben den Regelungen über den Steuerschuldner beinhaltet das Grundsteuergesetz in den §§ 11 und 12 GrStG ausdrückliche Regelungen über die Haftung für Grundsteuer. Im Einzelnen werden dabei die folgenden Haftungsarten unterschieden:

---

[615] Zeitpunkt ist das Kalenderjahr, das auf die Entstehung des Erbbaurechts folgt. Das Erbbaurecht entsteht mit der Eintragung in das Grundbuch.

[616] Ausführlich über Aufteilung und Wertfortschreibung bei Unterschreitung der 50 Jahre siehe *Mannek* in Güsching/Stenger, Bewertungsrecht, § 92 Rn. 17; *Ritzer* in Sauer/Ritzer/Schuhmann, Handbuch Immobilienbesteuerung, A. IV. Rn. 230 ff.

[617] Vgl. Troll/Eisele GrStG § 10 Rn. 4.

[618] Vgl. FinMin Baden-Württemberg 24.3.1998, DB 1998, 801.

[619] Denn nach § 3 BewG ist der Wert eines Wirtschaftsguts im Ganzen zu ermitteln, soweit ein mehreren Personen zusteht.

[620] Vgl. Troll/Eisele GrStG § 10 Rn. 5.

[621] Vgl. *Ritzer* in Sauer/Ritzer/Schuhmann, Handbuch Immobilienbesteuerung, A. IV. Rn. 42.

[622] Vgl. *Ritzer* in Sauer/Ritzer/Schuhmann, Handbuch Immobilienbesteuerung, F. IV. Rn. 32 f.

[623] *Dumke* in Schwarz/Pahlke AO § 191 Rz. 6: Haftungsschuldner ist nach § 191 Abs. 1 AO derjenige, der kraft Gesetzes für Steuern haftet. Der Haftungsanspruch muss sich aus der Erfüllung von Tatbestandsmerkmalen einer Rechtsnorm ergeben; vgl. Troll/Eisele GrStG, § 11 Rn. 2.

- Haftung des Nießbrauchers (§ 11 Abs. 1 GrStG)
- Haftung des Erwerbers (§ 11 Abs. 2 GrStG)
- Dingliche Haftung des Grundstücks (§ 12 GrStG)

Darüber hinaus sind weitere Haftungstatbestände außerhalb des Grundsteuergesetzes zu beachten.[624]

a) Haftung des Nießbrauchers

Der Nießbrauch ist das an einem Grundstück bestellte Recht, in vollem oder beschränktem Umfang die Nutzungen des Grundstücks zu ziehen (§§ 1030 ff. BGB).[625] Nach § 11 Abs. 1 GrStG haftet dieser **Nießbraucher neben dem Steuerschuldner für die gesamte Steuerschuld**. Soweit der Nießbrauch allerdings **nur einen Teil des Steuergegenstands betrifft**, besteht eine Haftung auch nur für diesen Teil, was eine Aufteilung des Einheitswerts erforderlich macht.[626]

b) Haftung des Erwerbers

Wird ein Grundstück ganz oder teilweise einer anderen Person übereignet (z. B. aufgrund eines Veräußerungsvorgangs), so haftet der Erwerber gemäß § 11 Abs. 2 GrStG **neben dem früheren Eigentümer** für die auf das Grundstück oder Teil des Grundstücks (Steuergegenstand) entfallende Grundsteuer.

In zeitlicher Hinsicht erstreckt sich die Haftung des Erwerbers auf (noch offene) Grundsteuerbeträge, die für die Zeit **seit Beginn des letzten vor der Übereignung liegenden Kalenderjahres** zu entrichten sind. Im Ergebnis haftet der Erwerber somit für die Grundsteuer des laufenden Jahr (d. h. Kalenderjahr der Grundstücksübertragung) sowie des Vorjahres.[627] Vor dem Hintergrund der sich insgesamt aus der Übertragung von Grundstücken ergebenden Abgrenzungsprobleme bzgl. der Grundsteuer wird auch auf die Ausführungen zu → Rn. 313 verwiesen.

Die **Haftung** des Erwerbers **entfällt** gemäß § 11 Abs. 2 Satz 2 GrStG in den Fällen des Erwerbs aus einer Insolvenzmasse sowie für Erwerbe im Vollstreckungsverfahren.

c) Dingliche Haftung des Grundstücks

Eine insbesondere für die praktische Tätigkeit nicht zu unterschätzende Besonderheit des Grundsteuerrechts besteht darin, dass gemäß § 12 GrStG (bisher nicht entrichtete) Grundsteuerbeträge als **öffentliche Last** des betref-

---

[624] Zum einen wäre dies die Haftung nach der AO (§ 1 Abs. 2 Nr. 2 AO). Hierbei insbesondere die Haftung des Vertreters nach § 69 AO, die Haftung des Eigentümers nach § 74 AO sowie die Haftung des Betriebsübernehmers nach § 75 AO. Zum anderen können sich weitere Haftungstatbestände aus dem Zivilrecht (§ 191 Abs. 1 und 4 AO), wie z. B. die Haftung eines Kommanditisten nach §§ 171 ff. HGB und aus vertraglicher Haftung ergeben. Vgl. dazu auch Ritzer, in: *Ritzer* in Sauer/Ritzer/Schuhmann, Handbuch Immobilienbesteuerung, F. IV. Rn. 48 bis 54.
[625] Vgl. Troll/Eisele GrStG § 11 Rn. 3.
[626] Vgl. *Ritzer* in Sauer/Ritzer/Schuhmann, Handbuch Immobilienbesteuerung, F. IV. Rn. 41.
[627] Vgl. BFH v. 17.12.1970, Az. IV R 133/70, BStBl. II 1971, 553; vgl. Troll/Eisele GrStG, § 11 Abs. 2 Rn. 4.

fenden Grundbesitzes zu berücksichtigen sind. Es handelt sich insoweit um eine dingliche Haftung des Grundstücks. Problematisch ist dabei insbesondere der Umstand, dass die Eintragung dieser öffentlichen Last ins Grundbuch nicht möglich ist.[628]

289 Als Folge der öffentlichen Last ist die betreffende Gemeinde berechtigt, ihre Grundsteuerforderung **unmittelbar aus dem Grundstück** zu befriedigen. Im Falle einer Zwangsversteigerung besteht sogar die Möglichkeit, diese Forderung vorrangig geltend zu machen (§ 10 ZVG).[629]

290 In Anlehnung an die Grundsätze zur Bewertung von Grundstücken ist auch hier die **wirtschaftliche Einheit** als Sicherungsobjekt maßgeblich, sodass im Falle des Gebäudes auf fremden Grund und Boden das (eigene) Gebäude und das (fremde) Grundstück jeweils selbständige wirtschaftliche Einheiten bilden. Der Eigentümer des Grundstücks haftet daher dinglich nicht für die auf das Gebäude entfallende Grundsteuer.[630]

291 Die **fehlende Eintragung** einer ggf. rückständigen Grundsteuerschuld stellt zwar eine öffentliche Last des Grundbesitzes dar, ist allerdings nicht aus dem Grundbuch ersichtlich. Darüber hinaus ist der Steuergläubiger (Gemeinde) nicht verpflichtet, den Erwerber eines Grundstücks von Amts wegen über Grundsteuerrückstände des Voreigentümers oder über vergebliche Beitreibungsversuche gegen den Voreigentümer zu unterrichten.[631] Vor diesem Hintergrund ist für die Transaktionspraxis zu empfehlen, Nachweise über die Entrichtung der Grundsteuer durch den Verkäufer zu verlangen. Darüber hinaus sollte der Verkäufer verpflichtet werden, bei der zuständigen Gemeinde eine amtliche Auskunft über den Stand des „Grundsteuerkontos" einzuholen und diese Auskunft dem Erwerber vorzulegen.

V. Bemessungsgrundlagen für die Grundsteuer

1. Übersicht und Hintergründe

292 Allein die Ermittlung der Bemessungsgrundlage für die Grundsteuer erfolgt im Rahmen eines **mehrstufigen Verfahrens**.[632] Zunächst obliegt es dem Finanzamt, den für den betreffenden Grundbesitz maßgeblichen Einheitswert zu ermitteln (Einheitswertverfahren). Anschließend ermittelt wiederum das Finanzamt den Grundsteuermessbetrag (Steuermessbetragsverfahren). Im Anschluss daran ermittelt die Gemeinde die Grundsteuer (Steuerfestsetzungsverfahren).

293 Auf jeder dieser Verfahrensstufen ergeht ein Bescheid, der für das darauf folgende Verfahren bindend ist.[633] Sofern sich auf einer Stufe Änderungen

---

[628] Vgl. § 54 GBO; Troll/Eisele GrStG, § 12 Rn. 2, 11. Auflage 2014; vgl. *Ritzer* in Sauer/Ritzer/Schuhmann, Handbuch Immobilienbesteuerung, F. IV. Rn. 70.
[629] Vgl. Troll/Eisele GrStG, § 12 Rn. 2.
[630] Vgl. *Ritzer* in Sauer/Ritzer/Schuhmann, Handbuch Immobilienbesteuerung, F. IV. Rn. 75.
[631] BVerwG 13.12.1987, 8 25/85, BStBl. II 1987, 475.
[632] Vgl. Troll/Eisele GrStG, § 13 Rn. 2; BVerwG 2.4.1955, V C 47.54, DGStZ 1955 S. 127.
[633] Vgl. BVerwG 2.4.1955, V C 47.54, DGStZ 1955 S. 127; sinngemäß Troll/Eisele GrStG, § 13 Rn. 2; vgl. *Ritzer* in Sauer/Ritzer/Schuhmann, Handbuch Immobilienbesteuerung, F. V. Rn. 1 ff.

ergeben, sind diese von Amts wegen auf der folgenden Stufe zu berücksichtigen.

2. Der Einheitswert

Soweit dieser für die Besteuerung[634] relevant ist, wird der sog. „**Einheits-** 294 **wert**" (der Wert für eine bestimmte wirtschaftliche Einheit) von dem Finanzamt, in dessen Bezirk sich der für diese Einheit maßgebliche Grundbesitz befindet, festgestellt. Sollte sich der Grundbesitz über mehrere Finanzamtsbezirke erstrecken, so ist grundsätzlich das Finanzamt zuständig, in dessen Bezirk sich der wertvollste Teil dieses Grundbesitzes befindet.[635] Im Ergebnis wird für jede wirtschaftliche Einheit nur ein einziger Einheitswert festgestellt, der keine – für die spätere Festsetzung der Grundsteuer erforderliche – Aufteilung auf die berechtigten Gemeinden beinhaltet.

Die Ermittlung dieses Wertes erfolgt nach dem im BewG niedergelegten 295 Verfahren.[636] Dabei war ursprünglich geplant, die vergleichsweise aufwendige Wertermittlung,[637] welche dem Grunde nach den gemeinen Wert (Verkehrswert[638]) des betreffenden Grundbesitzes widerspiegeln soll, in regelmäßigen Abständen im Rahmen der sog. „**Hauptfeststellung**" zu wiederholen.[639] Allerdings hat es bekanntlich nach der erstmaligen Feststellung der Einheitswerte auf den 1.1.1964 keine weiteren (Haupt)Feststellungen dieser Art gegeben. Vor diesem Hintergrund sind die damaligen (tatsächlichen) Grundstücksverkehrswerte für Zwecke der Grundsteuer noch heute (mehr als 50 Jahre später!) unverändert gültig. Für den im Beitrittsgebiet (ehemalige DDR) belegenen Grundbesitz ist sogar auf die Wertverhältnisse zum 1.1.1935 abzustellen (vgl. § 129 Abs. 1 BewG).

Die Rechtfertigung (des Staates) bei der Erhebung der Grundsteuer einen 296 Maßstab anzuwenden, der auf die tatsächlichen Verhältnisse abstellt, die vor mehr als 50 Jahren bzw. im Beitrittsgebiet vor mehr als 80 Jahren(!) gegeben waren, hat den BFH „gezwungen", die Frage der **Verfassungsmäßigkeit** dieser Besteuerungspraxis durch das BVerfG prüfen zu lassen.[640] Ohne an dieser Stelle im Detail auf diese anhängigen Verfahren eingehen zu wollen, sei darauf hingewiesen, dass das BVerfG nicht über die Erhebung der Grundsteuer als solche zu entscheiden hat. Es geht vorrangig um die Frage, nach den „richtigen"

---

[634] Vgl. *Halaczinsky* DStR-Beihefter 2014, 139: Zum Zeitpunkt der Hauptfeststellung zum 1.1.1935/64 wurde dieser insbesondere für die Grund-, Vermögen-, Erbschaft- sowie Gewerbekapitalsteuer verwendet. Heute wird dieser lediglich für Zwecke der Grund- und Gewerbesteuer (Kürzung nach § 9 Nr. 1 GewStG) benötigt.
[635] Vgl. *Ritzer* in Sauer/Ritzer/Schuhmann, Handbuch Immobilienbesteuerung, F. V Rn. 21; Troll/Eisele GrStG § 16 Rn. 3.
[636] Vgl. §§ 19ff. BewG.
[637] Vgl. Troll/Eisele GrStG § 13 Rn. 3: Nach Art. 1 Abs. 1 BewÄndG 1971 iVm § 37 GrStG wurden die damals festgestellten Einheitswerte erstmalig 1974 für die Grundsteuer angewendet. Vgl. hierzu auch § 37 Abs. 3 GrStG.
[638] Vgl. auch *Stöckel* NWB 2014, 3475 (3478).
[639] Vgl. § 21 BewG. Gemäß § 21 Abs. 1 BewG sollte diese Bewertung in Zeitabständen von je sechs Jahren erfolgen. Im Rahmen der Änderung und Ergänzung der bewertungsrechtlichen Vorschriften vom 22.7.1970, BStBl. I 1970, 911, wurde die Hauptfeststellung auf unbestimmte Zeit verschoben.
[640] Vgl. BFH 22.10.2014 – II R 16/13, BStBl. II 2014, 957 (BVerfG 1 BvL 11/14) sowie BFH 22.10.2014 – II R 37/14, BFH/NV 2015, 309 (BVerfG 1 BvL 12/14).

Maßstäben für die Verteilung der sich aus dieser Steuer ergebenden finanziellen Belastung auf die betroffenen Grundstückseigentümer. Es stellt sich (stark) vereinfacht ausgedrückt die Frage: Warum sollen beispielsweise die Eigentümer benachbarter und nach heutigen Verhältnissen identischer Grundstücke unterschiedlich hohe Beiträge leisten, nur weil die betreffenden Grundstücke vor mehr als 80 Jahren unterschiedlich bewertet wurden?

297 Die Berücksichtigung der tatsächlichen Verhältnisse im Besteuerungszeitpunkt (Stichtag) erfolgt derzeit (allein) im Hinblick auf Änderungen in der Art des Grundbesitzes (sog. „**Artfortschreibung**"), der Existenz bzw. Relevanz einer wirtschaftlichen Einheit (sog. „**Nachfeststellung**"), der Zurechnung des Grundbesitzes zum tatsächlichen (wirtschaftlichen) Eigentümer (sog. „**Zurechnungsfortschreibung**") sowie dem Umfang und Nutzung des Grundbesitzes (sog. „**Wertfortschreibung**"). Im Hinblick auf eine geänderte Festsetzung des Einheitswertes aufgrund einer Wertfortschreibung ist darauf zu achten, dass § 22 BewG Bagatell- bzw. Wertgrenzen vorsieht, innerhalb derer eine Änderung des Einheitswertes (aus Vereinfachungsgründen) unterbleibt.

298 Wie bereits dargestellt wird im Rahmen der **Einheitswertermittlung** festgestellt, wem der betreffende Grundbesitz für grundsteuerliche Zwecke zuzurechnen ist und wer als Schuldner der Grundsteuer anzusehen ist. Da es sich bei dem Einheitswertbescheid um einen Grundlagenbescheid im Sinne des § 171 Abs. 10 AO handelt, kann eine ggf. unzutreffende steuerliche Zurechnung nur durch die Anfechtung dieses Einheitswertbescheides (durch Einspruch) erreicht werden.

3. Der Grundsteuermessbetrag

299 Nach der Ermittlung und Festsetzung des Einheitswerts ist auf der zweiten (gesonderten) Verfahrensstufe **der Grundsteuermessbetrag** (ebenfalls) vom Finanzamt[641] festzustellen. Im Einzelnen wird dabei der Steuermessbetrag gemäß § 13 Abs. 1 GrStG durch Multiplikation des Einheitswertes des Steuergegenstands (Grundstück) mit der Steuermesszahl ermittelt. Grund für die Zwischenschaltung des Steuermessbetrags ist die Zielsetzung des Gesetzgebers, dass unberechtigte Steuerbelastungen für bestimmte Grundstücke durch die Steuermesszahl leicht ausgeglichen werden können.[642]

a) Steuermesszahl

300 Die **Steuermesszahlen** sind in den **alten Bundesländern** nach §§ 14 und 15 GrStG entsprechend der Grundstücksart wie folgt aufzuteilen:

Betriebe der Land- und Forstwirtschaft	6 ‰
Einfamilienhäuser: 1. für die ersten 38.346,89 Euro des Einheitswerts 2. für den Rest	 2,6 ‰ 3,5 ‰
Zweifamilienhäuser	3,1 ‰
alle übrigen Grundstücke	3,5 ‰

---

[641] Entsprechend der Einheitswertfeststellung ist auch hier das Lagefinanzamt zuständig.
[642] Vgl. *Ritzer* in Sauer/Ritzer/Schuhmann, Handbuch Immobilienbesteuerung, F. V. Rn. 30.

§ 7 Laufende Besteuerung

Für die **neuen Bundesländer** gelten nach § 41 GrStG i. V. m. §§ 29 bis 301
33 GrStDV abweichende Steuermeßzahlen:

Grundstücks- bzw. Wertgruppen	Gemeindegruppen		
	Bis 25.000 Einwohner	Über 25.000 bis 1.000.000 Einwohner	Über 1.000.000 Einwohner
Unbebaute Grundstücke	10 ‰	10 ‰	10 ‰
Einfamilienhäuser; Altbauten – für die ersten angefangenen oder vollen 15.338,76 Euro des Einheitswerts	10 ‰	8 ‰	6 ‰
– Für den Teil des Einheitswerts, der 15.338,76 Euro übersteigt	10 ‰	10 ‰	10 ‰
Einfamilienhäuser; Neubauten – für die ersten angefangenen oder vollen 15.338,76 Euro des Einheitswerts	8 ‰	6 ‰	5 ‰
– für den Teil des Einheitswerts, der 15.338,76 Euro übersteigt	8 ‰	7 ‰	6 ‰
Altbauten	10 ‰	10 ‰	10 ‰
Neubauten	8 ‰	7 ‰	6 ‰

Die Anwendung der jeweiligen Steuermeßzahl soll anhand der nachfol- 302
genden **Beispielrechnung** veranschaulicht werden:

Beispiel:
Annahmen:
maßgeblicher Einheitswert: 100.000 EUR
anzuwendende Steuermeßzahl: 3,5 ‰ (z. B. Mietwohngrundstück)
Berechnung:
Grundsteuermeßbetrag = € 100.000 EUR × 3,5/1.000
Grundsteuermeßbetrag = € 350 EUR

b) Grundsteuermeßbescheid

Der Grundsteuermeßbetrag wird durch das Finanzamt[643] im sog. „**Grundsteuermeßbescheid**" festgesetzt und muss dem Steuerpflichtigen bekannt gegeben werden.
In verfahrenstechnischer Hinsicht ist der Grundsteuermeßbescheid sowohl 303
Grundlagenbescheid (für die anschließende Festsetzung der Grundsteuer) als auch **Folgebescheid** (für die vorausgegangene Festsetzung des Einheitswertes). In der Praxis erfolgt die Festsetzung in der Regel zusammen mit dem Einheitswertbescheid, da in beiden Fällen ein und dasselbe Finanzamt zuständig ist. Allerdings handelt es sich hierbei – selbst für den Fall, dass beide Fest-

---

[643] Das Finanzamt ist sachlich zuständig gemäß § 16 AO i. V. m. § 17 Abs. 2 FVG. Örtlich zuständig ist für die Grundsteuer das Lagefinanzamt gemäß §§ 18 Abs. 1 Nr. 1 und 22 Abs. 1 AO.

setzungen in einem Dokument (zusammengefasster Bescheid) ergehen – um zwei Verwaltungsakte, die eigenständig angefochten werden müssen.[644]

304 Wie bereits dargestellt wird der Umstand, dass sich ein Grundstück (als wirtschaftliche Einheit) über eine oder mehrere Gemeindegrenzen hinweg erstrecken kann, bei der Ermittlung des Einheitswertes nicht berücksichtigt. Da die Gemeindegrenze allerdings entscheidungserheblich bei der Anwendung des maßgeblichen Hebesatzes und damit der Höhe der Grundsteuer ist, muss ggf. eine Aufteilung des einheitlichen Grundsteuermessbetrages auf die betroffenen Gemeinden erfolgen (sog. „**Zerlegung**"). In sachlicher Zuständigkeit wird diese Zerlegung durch das Finanzamt – welches den Grundsteuermessbescheid erlässt – vorgenommen.[645] Die Zerlegung erfolgt – von Besonderheiten bei land- und forstwirtschaftlichem Vermögen abgesehen – nach Maßgabe der der jeweiligen Gemeinde zuzurechnenden Grundstücksflächen.

305 Maßgeblich sind auch in dieser Hinsicht wieder die tatsächlichen Verhältnisse zum Stichtag.

VI. Höhe und Entrichtung der Grundsteuer

In einem letzten Verfahrensschritt erfolgt die konkrete Berechnung und anschließende Festsetzung der Grundsteuer durch Anwendung des von der jeweiligen Gemeinde[646] festgesetzten **Hebesatzes**.[647]

306 Die Festsetzung dieses Hebesatzes erfolgt in der Regel durch Festlegung in der jährlichen Haushaltssatzung oder einer besonderen Abgabensatzung, die jeweils durch das betreffende Gemeindeparlament beschlossen wird.[648] Hierbei sind die Hebesätze für Land- und Forstwirtschaft (**„Grundsteuer A"**) und den Grundstücken (**„Grundsteuer B"**) zu unterscheiden. Allerdings müssen die Hebesätze nach § 25 Abs. 4 GrStG jeweils einheitlich sein. Dies bedeutet, dass für alle Grundstücke in einer Gemeinde, die nicht der Land- und Forstwirtschaft dienen, der gleiche Hebesatz gelten muss. Die Festsetzung der Grundsteuer gegenüber dem Steuerpflichtigen erfolgt im Wege der Veranlagung durch die Gemeinde (**Grundsteuerbescheid**).

307 Mit der Bekanntgabe des Grundsteuerbescheids erfolgt die Festsetzung der Grundsteuer gemäß § 27 Abs. 1 GrStG für das **Kalenderjahr**, sodass es sich bei der Grundsteuer um eine sog. **„Jahressteuer"** handelt. Soweit das Gemeindeparlament den Hebesatz für mehrere Jahre beschlossen hat, kann die Grundsteuer auch bereits für die folgenden Kalenderjahre festgesetzt werden. Wird der Hebesatz geändert, muss auch eine unmittelbare Änderung der Festsetzung erfolgen.

[644] Vgl. *Ritzer* in Sauer/Ritzer/Schuhmann, Handbuch Immobilienbesteuerung, F.V. Rn. 26.
[645] Vgl. §§ 185 bis 189 AO, §§ 22, 23 GrStG.
[646] Vgl. § 1 Abs. 2 GrStG, *Ritzer* in Sauer/Ritzer/Schuhmann, Handbuch Immobilienbesteuerung, F.I. Rn. 11: In den gemeindefreien Stadtstaaten Berlin, Hamburg und Bremen übernimmt das für die Festsetzung von Einheitswert und Grundsteuermessbetrag zuständige Finanzamt auch die Festsetzung der Grundsteuer.
[647] Vgl. § 25 Abs. 1 GrStG. Der Steuerbetrag ergibt sich dabei aus der Multiplikation der festgesetzten Grundsteuermesszahl bzw. dem Zerlegungsanteil mit dem Hebesatz.
[648] Vgl. Troll/Eisele GrStG, § 25 Rn. 3.

Die Grundsteuer ist gemäß § 28 Abs. 1 GrStG vierteljährlich (somit in Höhe von vier gleichen „Vorauszahlungen" auf die festgesetzte Jahressteuer) jeweils zum 15. Februar, 15. Mai, 15. August und 15. November zu entrichten **(Fälligkeit)**.

Dabei ist die Grundsteuer unabhängig davon, ob ein Bescheid ergangen ist oder nicht, zu den angegebenen Terminen fällig.[649] In Einzelfällen oder im Allgemeinen kann die Gemeinde bestimmen, wie Kleinbeträge gemäß § 28 Abs. 2 GrStG unabhängig von der obigen Fälligkeit zu entrichten sind.[650]

Die Ermittlung der jeweiligen Grundsteuer soll anhand der nachfolgenden **Beispielrechnung** veranschaulicht werden:

Beispiel:
Annahmen:
Festgesetzter Grundsteuermessbetrag: 350 EUR
maßgeblicher Hebesatz der Gemeinde: 500%
Berechnung:
Grundsteuerbetrag = 350 EUR × 500/100
Grundsteuerbetrag = 1.750 EUR

Die allgemeinen Regelungen zur **Festsetzungsfrist** (vgl. §§ 169ff AO) gelten auch für die Festsetzung der Grundsteuerbescheide durch die Gemeinden. Die „normale" Festsetzungsfrist beträgt dabei vier Jahre.[651] Da es sich bei dem Grundsteuerbescheid um einen Folgebescheid zum Grundsteuermessbescheid handelt, beginnt die Festsetzungsfrist für die Grundsteuer gemäß § 171 Abs. 10 AO nicht vor Ablauf von zwei Jahren nach der Bekanntgabe des zugrunde liegenden Grundsteuermessbescheids.

VII. Auswirkungen auf die Praxis

Die größten Herausforderungen für die Praxis bestehen derzeit in der Unsicherheit im Hinblick auf die Auswirkungen der (seit geraumer Zeit geplanten) Reform[652] der Grundsteuer sowie den möglichen Konsequenzen der bevorstehenden Entscheidung des BVerfG.[653]

Die strenge Stichtagsbetrachtung des Grundsteuerrechts erfordert zudem Handlungsbedarf im Falle der **unterjährigen Übertragung** von Grundbesitz. Wie bereits dargestellt zeigt die sich aus der Grundstücksübertragung ergebende neue (steuerliche) Zurechnung des Grundbesitzes ihre Wirkung für Zwecke der Grundsteuer erst im Folgejahr, sodass der wirtschaftlich gewollte Übergang des Grundstücks – einschließlich der damit verbundenen Grundsteuerbelastungen – im Rahmen vertraglicher Vereinbarungen nachgebildet werden muss.

---

[649] BVerwG v. 13.2.1987, 8 C 25.85, BStBl. 1987 II, S. 475; vgl. *Ritzer* in Sauer/Ritzer/Schuhmann, Handbuch Immobilienbesteuerung, F. VII. Rn. 4.
[650] Das Ermessen in diesem Zusammenhang hat die Gemeinde und nicht der Steuerschuldner.
[651] Vgl. § 169 Abs. 2 Nr. 2 AO entsprechend.
[652] Vgl. *Stöckel* NWB 2014, 3475.
[653] Vgl. Anhängige Verfassungsbeschwerden: BVerfG 1 BvL 11/14 und 1 BvL 12/14.

314 Darüber hinaus können die Bestimmungen zur **dinglichen Haftung** des Grundbesitzes (rückständige Grundsteuer als öffentliche Last) zu praktischen Schwierigkeiten führen. Zum einen enthält das Grundbuch nicht alle öffentlichen Belastungen, die auf dem Grundstück ruhen.[654] Zum anderen ist gerade der potenzielle Grundstückserwerber formal nicht berechtigt, bei der zuständigen Gemeinde eine Auskunft über die ggf. noch ausstehenden Grundsteuerzahlungen zu erhalten. Der Grundstücksverkäufer wird zwar in aller Regel vertraglich verpflichtet sein, ein (insoweit) unbelastetes Grundstück zu übergeben. Allerdings handelt es sich insoweit „nur" um schuldrechtliche Verpflichtungen bzw. Verstöße gegen anderslautende Garantieerklärungen des Verkäufers, die im Zweifel erst im Rahmen entsprechender Klageverfahren geltend gemacht werden können. Aus der Sicht des Grundstückserwerbs wäre es selbstverständlich deutlich einfacher, entsprechende Beträge unmittelbar von dem zu leistenden Kaufpreis einbehalten zu können. An dieser Stelle sei somit noch einmal empfohlen, im Rahmen der steuerlichen Erwerbsprüfung (sog. „**Tax Due Diligence**") vom Verkäufer amtliche Nachweise über die Entrichtung der bisherigen Grundsteuerbeträge zu verlangen.

VIII. Mitwirkungs- und Erklärungspflichten

315 Dem Grundsteuerrecht ist **keine allgemeine (Steuer)Erklärungspflicht** zu entnehmen. Die für die Besteuerung maßgeblichen Angaben werden der Gemeinde (von Amts wegen) vom Finanzamt im Rahmen der Festsetzung von Einheitswert, Steuermess- und ggf. Zerlegungsbetrag mitgeteilt.

316 Allerdings sieht § 19 GrStG eine **Verpflichtung zur Anzeige von Änderungen** in der Nutzung oder in den Eigentumsverhältnissen für Grundbesitz vor, für den eine Befreiung von der Grundsteuer in Anspruch genommen wird. Die Frist für die Abgabe einer (formlosen) Anzeige gegenüber dem Finanzamt, welches für die Festsetzung des Steuermessbetrags zuständig ist, beträgt höchstens drei Monate. Die Frist beginnt im Zeitpunkt des Eintritts der betreffenden Änderung.[655]

IX. Ausnahmen von der Besteuerung

1. Grundsteuererlass

317 Trotz des **Objektsteuercharakters** der Grundsteuer besteht unter gewissen Voraussetzungen die Möglichkeit, die persönlichen (wirtschaftlichen) Verhältnisse des Steuerpflichtigen bei der Erhebung der Grundsteuer zu berücksichtigen. Die in der Praxis wohl am häufigsten anzutreffende Variante stellt daher der (teilweise) Erlass der Grundsteuer bei wesentlicher Ertragsminderung gemäß § 33 GrStG dar.[656]

---

[654] Hinweis mit Verweis nach oben – Grundsteuer wird nicht als öffentliche Last im Grundbuch eingetragen.
[655] Vgl. § 19 Satz 2 GrStG.
[656] Vgl. daneben auch: § 32 GrStG: Erlass für Kulturgut, wie z. B. Teile von Grundbesitz, dessen Erhaltung für Kunst, Geschichte und Wissenschaft im öffentlichen Interesse liegen und Erlass von Grünanlagen, wie z. B. Spiel und Sportplätze; siehe ausführlich Troll/Eisele GrStG, § 32 Rn. 1 ff.

§ 7 Laufende Besteuerung 318–321 § 7

In verfahrenstechnischer Sicht erfolgt der **Erlass aus Billigkeitsgründen** 318 im Steuererhebungsverfahren grundsätzlich durch die Gemeinde.[657] Als Besonderheit darf an dieser Stelle darauf hingewiesen werden, dass bei Erfüllung der Voraussetzungen ein Rechtsanspruch auf den Erlass der Grundsteuer besteht.[658]

Der **Grundsteuererlass gemäß § 33 GrStG** findet lediglich auf bebaute 319 Grundstücke sowie bei eigengewerblich genutzten und Betrieben der Land- und Forstwirtschaft Anwendung. Unbebaute Grundstücke werden von der Regelung nicht erfasst. Hinsichtlich der bebauten Grundstücke kommt der Erlass vor allem bei den zur Vermietung bestimmten und ganz bzw. teilweise leer stehenden oder einen substantiellen Mietausfall zu verzeichnenden Gebäuden in Frage.

Voraussetzung für einen erfolgreichen Erlassantrag **bei vermieteten** 320 **Grundstücken** ist, dass der normale Rohertrag[659] des Steuergegenstandes um mehr als 50 % gemindert ist[660] **und** der Steuerschuldner dies nicht eigenverantwortlich zu vertreten hat. Die Auslegung des Merkmals „zu vertreten haben" hat in der Vergangenheit eine Vielzahl von gerichtlichen Verfahren nach sich gezogen.[661] Insgesamt kann an dieser Stelle festgehalten werden, dass der Steuerpflichtige die Ertragsminderung, soweit sie durch einen Leerstand bedingt ist, dann nicht zu vertreten hat, wenn er sich selbst oder durch Einschaltung eines Maklers nachhaltig um eine Vermietung der Räumlichkeiten zu einem marktgerechten Mietzins bemüht hat. Konkret bedeutet dies, dass eine **Vermietungsabsicht in jedem Fall vorliegen** muss.

Liegen die oben genannten Tatbestandsmerkmale vor, ist zu überprüfen, in 321 welcher Höhe die Grundsteuer zu erlassen ist. Sofern eine Minderung von mehr als 50 % vorliegt wird die Grundsteuer in Höhe von **25 % erlassen.** Beträgt die Minderung dagegen 100 % des normalen Rohertrages, wird die Grundsteuer in Höhe von **50 % erlassen.** Hierfür ist ein entsprechender **Antrag bis zum 31. März des Folgejahres** bei der Gemeinde zu stellen.[662] An dieser Stelle sei noch einmal auf das Stichtagsprinzip der Grundsteuer hingewiesen, denn antragsberechtigt ist immer nur derjenige dem das Grundstück zum 01.01. des Erlasszeitraums zugerechnet wird. Der Antrag muss nicht jährlich erneut eingereicht werden. Vielmehr besteht eine Pflicht des Steuerschuldners eine Änderung der Verhältnisse **binnen drei Monaten** nach Eintritt der Änderung **anzuzeigen.**[663]

---

[657] Vgl. u. a. BVerwG 21.10.1983 – 8c 162.81, BStBl. 1984 II, 244; in den Stadtstaaten sprechen die Finanzämter den Erlass aus.
[658] Vgl. *Ritzer* in Sauer/Ritzer/Schuhmann, Handbuch Immobilienbesteuerung, F. VIII. Rn. 3.
[659] Vgl. FinMin Berlin 20.3.2008, DStR 2008, 874: Jahresrohmiete, die am Anfang des Kalenderjahres festgesetzt worden ist.
[660] Die Minderung des normalen Rohertrages ergibt sich aus dem Unterschiedsbetrag zwischen dem normalen Rohertrag zu Beginn des Erlasszeitraums und dem im Erlasszeitraum tatsächlich erzielten Rohertrag.
[661] Vgl. zuletzt u. a. BVerwG 3.12.2014, 9 B 73.14, JZ 2015, 64; BFH v. 17.12.2014, II R 41/12, DStR 2015, 10; BVerwG 14.3.2014, 9 C 1.13, NvwZ-RR 2014, 894; siehe daneben auch FM Berlin 20.3.2008, DStR 2008, 874.
[662] § 34 Abs. 2 GrStG; Die Begründung kann nachgereicht werden.
[663] § 34 Abs. 3 GrStG.

322 Die Ermittlung des Erlassbetrags soll anhand der nachfolgenden **Beispielrechnung** für ein vermietetes Objekt (1.000 m² Grundfläche, zum 1.1.2014 400 m² vermietet, 600 m² Leerstand) veranschaulicht werden:

> **Beispiel:**
> **Ermittlung:**
> Übliche Miete: 5 EUR/m²
> Normaler Rohertrag: 1.000 m² × 5 EUR/m² × 12 Monate = 60.000 EUR
> Tatsächlicher Mietertrag: 400 m² × 5 EUR/m² × 12 Monate = 24.000 EUR
> Vorliegende Rohertragsminderung: 60 %
> Grundsteuererlass: 25 %
> Der entsprechende Antrag auf Erlass ist bis zum 31.3.2015 bei der zuständigen Gemeinde zu stellen.

2. Grundsteuerbefreiung

323 Die für die tägliche Praxis **wesentlichen Steuerbefreiungen** ergeben sich aus den §§ 3 bis 8 GrStG.[664] Ob eine Steuerbefreiung im Einzelfall zu gewähren ist, muss durch das zuständige Finanzamt grundsätzlich erst im Steuermessbetragsverfahren entschieden werden.[665] In den meisten Fällen wird allerdings bereits im Rahmen des Einheitswertverfahrens eine Entscheidung über ggf. zu gewährende Steuerbefreiungen gefällt. Hintergrund ist, dass die Einheitswerte lediglich dann festgestellt werden, wenn diese für die Besteuerung von Bedeutung sind.

324 Die Gewährung von Steuerbefreiungen nach **§ 3 Abs. 1 GrStG** ist zum einen ausschließlich den in der Vorschrift genannten Rechtsträgern vorbehalten **(subjektive Voraussetzung)**. Darüber hinaus muss dieser Grundbesitz unmittelbar für einen steuerbegünstigten Zweck benutzt werden **(objektive Voraussetzung)**.[666] Begünstigte Rechtsträger sind die Körperschaften des öffentlichen Rechts (z. B. Gemeinden), gemeinnützige Körperschaften sowie die Religionsgesellschaften des öffentlichen Rechts, deren Orden, Genossenschaften und Verbände. Die subjektive Voraussetzung wird auch dann als erfüllt angesehen, sofern der Steuergegenstand einem der o. g. Rechtsträger aufgrund einer wirtschaftlichen Betrachtungsweise nach § 39 AO zugerechnet wird.[667]

325 Die Steuerbefreiungen nach **§ 4 GrStG** finden primär auf private Grundstückseigentümer Anwendung, da sich für alle anderen in Frage kommenden Rechtsträger in der Regel bereits eine Befreiung nach § 3 GrStG ergibt.[668]

326 Die für die Anwendung der **§§ 3 und 4 GrStG erforderliche Nutzung** des Grundbesitzes muss insbesondere in der Förderung des Gemeinwohls, dem öffentlichen Dienst oder Gebrauch, der Gemeinnützigkeit, der

---

[664] Die praktische Bedeutung der in §§ 36 und 44 GrStG normierten Befreiungen von der Grundsteuer hält sich hingegen in Grenzen.
[665] Vgl. Troll/Eisele GrStG, § 3 Rn. 3.
[666] Vgl. GrStR 6 Abs. 1.
[667] Vgl. GrStR 6 Abs. 3.
[668] Vgl. *Ritzer* in Sauer/Ritzer/Schuhmann, Handbuch Immobilienbesteuerung, F. III. Rn. 15.

Mildtätigkeit, dem kirchlichen Zweck, der Wissenschaft, dem Unterricht oder den Krankenanstalten bestehen.[669] Dies gilt insbesondere für Straßen, Wege, Plätze, Häfen sowie Verkehrsflughäfen, fließende Gewässer sowie öffentliche Schulen.[670]

Die §§ 5 bis 8 GrStG stellen **keine eigenständigen Befreiungsvorschriften** dar. Sie dienen vielmehr der Ergänzung bzw. Einschränkung der Haupttatbestände nach §§ 3 und 4 GrStG.

Der Tatbestand nach § 5 GrStG macht in erster Linie deutlich, dass Grundbesitz der **Wohnzwecken dient grundsätzlich nicht steuerbefreit** sein kann.[671] Dies bedeutet konkret, dass Wohnungen stets steuerpflichtig sind.[672] Ausnahmen bilden lediglich die in dieser Vorschrift **abschließend aufgeführten Wohnräume,** die gleichzeitig auch für steuerbegünstigte Zwecke nach §§ 3 und 4 GrStG genutzt werden.[673] Die in § 6 GrStG genannten Befreiungstatbestände **für land- und forstwirtschaftlich genutzten Grundbesitz** folgen dem Prinzip des § 5 GrStG. Grundsätzlich ist der land- und forstwirtschaftliche Grundbesitz steuerpflichtig, bleibt in diesem Fall allerdings steuerfrei, wenn er von einem nach §§ 3 und 4 begünstigten Eigentümer für Lehr- und/oder Versuchszwecken (wie z. B. Botanische Gärten und Versuchsgüter von landwirtschaftlichen Universitäten/Fakultäten) genutzt wird.

X. Ausblick und Entwicklung

Auf der einen Seite stellt die Grundsteuer für die Kommunen die **zweitwichtigste Einnahmequelle** dar. Auf der anderen Seite beruht der Maßstab, nach dem diese Steuer erhoben wird auf **Wertverhältnissen, die nicht mehr annähernd den aktuellen Verhältnissen entsprechen.**[674] Insbesondere vor diesem Hintergrund besteht dringender Handlungsbedarf hinsichtlich einer zeitgemäßen und verfassungskonformen Grundbesitzbewertung. An dieser Stelle sei nochmal ausdrücklich darauf hingewiesen, dass die Grundsteuer an sich, als eine auf die Substanz bzw. das Vermögen abzielende Besteuerung nicht per se verfassungswidrig ist. Es geht allein um den Maßstab, nach dem diese Steuer erhoben werden darf.

---

[669] Die Aufzählung kann unter Umständen nicht jeden abzubildenden Einzelfall wiedergeben, aber einen Überblick über die Art der Nutzung eines Grundstücks vermitteln, die für Zwecke einer Steuerbefreiung ggf. maßgeblich ist.
[670] Siehe ausführlich *Ritzer* in Sauer/Ritzer/Schuhmann, Handbuch Immobilienbesteuerung, F. III. Rn. 16 ff.
[671] GrStG 5 Abs. 2.
[672] GrStR 24: Wohnungen sind einzelne oder mehrere Räume, die zur Führung eines Haushalts geeignet und zu diesem Zweck jeweils mit Küche oder Kochgelegenheit, Wasserversorgung und Toilette ausgestattet sind. Ob im Einzelfall eine Wohnung anzunehmen ist, richtet sich nach der baulichen Gestaltung und der Zweckbestimmung.
[673] BFH 9.12.1970 – III R 3/69, BStBl. II 1971, 230: Wohnraum ist dann eine Wohnung, wenn er zur Führung eines selbständigen Haushalts geeignet ist.
[674] Vgl. BFH 22.10.2014, II R 16/13, BStBl. II 2014, 957; BFH 22.10.2014 – II R 37/14, BFH/NV 2015, 309; Verfassungsbeschwerden anhängig BVerfG 1 BvL 11/14 sowie 1 BvL 12/14: Ist die Einheitsbewertung seit dem 1.1.2009 verfassungswidrig?

§ 7 330, 331 Teil 4. Nutzungsphase

330 Um eine **verfassungsmäßige Grundlage** zu schaffen, wurden daher bereits in 2011 im Rahmen einer Arbeitsgruppe der Länder drei Reformmodelle vorgestellt. Zu diesen zählen das „Verkehrswertmodell" (Nord-Modell), das „Wertunabhängige Modell" (Süd-Modell) sowie das „Gebäudewertunabhängige Kombinationsmodell" (Thüringer-Modell).[675] Ende Juni 2015 haben sich die Länderfinanzminister mit Ausnahme von Bayern in Grundzügen auf ein neues Modell (4. Variante) geeinigt, welches grundsätzlich zwischen unbebauten und bebauten Grundstücken unterscheidet. Dieses Modell soll sich vornehmlich an den Verkehrswerten orientieren, die nach Möglichkeit aus bereits vorliegenden elektronischen Daten abzuleiten sind. Die Folgen einer Verkehrswertorientierung wären allerdings vor allem im „stadtnahen" Bereich zu spüren, da die Grundstücke hier einen tendenziell hohen Marktwert haben. Um einen drastischen Anstieg der Grundsteuerbelastung zu vermeiden, wird über eine länderspezifische Grundsteuermesszahl diskutiert. Dabei sollen im Rahmen einer sog. „Länderöffnungsklausel" insbesondere die Stadtstaaten die Möglichkeit bekommen, ihre „eigene" Steuermesszahl festzusetzen. Eine der großen Herausforderungen scheint zudem darin zu bestehen, die Grundsteuerreform „unterm Strich" aufkommensneutral zu gestalten. Dies würde im Ergebnis allerdings bedeuten, dass die Steuer für einige Immobilieneigentümer steigt und für andere sinkt.

331 Vor dem Hintergrund der immer hitziger werdenden Debatte zur Verfassungsmäßigkeit der Grundsteuer und der noch im Jahr 2015 zu erwartenden Entscheidung des **Bundesverfassungsgerichts,** bleibt es abzuwarten, ob und in welcher Form das derzeitig diskutierte Modell letztlich in die Tat umgesetzt wird. Unstreitig ist auf jeden Fall, dass es die in der Vergangenheit vorgenommene Ermittlung des Einheitswertes in (naher) Zukunft in dieser Art und Weise nicht mehr geben wird.

---

[675] Vgl. ausführlich Troll/Eisele GrStG Anhang V sowie *Schulemann,* Reform der Grundsteuer, Handlungsbedarf und Reformoptionen, Karl-Bräuer-Institut des Bundes der Steuerzahler e. V. Heft 109, Juni 2011.

§ 8 Besonderheiten bei Auslandsbezug

Übersicht

	Rn.
A. Inländische Immobilien von Steuerausländern	
I. Systematik	1–6
II. Beschränkte Steuerpflicht (EStG und KStG)	7–100
1. Persönliche Steuerpflicht	7–25
a) Natürliche Personen	7–15
aa) Wohnsitz (§ 8 AO)	8–12
bb) Gewöhnlicher Aufenthalt (§ 9 AO)	13–15
b) Körperschaften	16–22
aa) Ort der Geschäftsleitung (§ 10 AO)	17–21
bb) Satzungssitz (§ 11 AO)	22
c) Personengesellschaften	23
d) InvStG	24, 25
2. Sachliche Steuerpflicht	26–100
a) Allgemeines	26–30
b) Isolierende Betrachtungsweise (§ 49 Abs. 2 EStG)	31–37
c) Die einzelnen Tatbestände des § 49 EStG	38–94
aa) § 49 Abs. 1 Nr. 2 Buchst. a EStG	38–62
bb) § 49 Abs. 1 Nr. 2 Buchst. f EStG	63–86
cc) § 49 Abs. 1 Nr. 6 EStG	87–94
d) Einkünfteermittlung	95–97
e) Zeitbezug	98, 99
f) Steuererhebung	100
III. Gewerbesteuer	101, 102
IV. Doppelbesteuerungsabkommen	103–127
1. Allgemeines	103
2. Besteuerung im Belegenheitsstaat	104–108
3. Definition unbeweglichen Vermögens	109–126
a) Allgemeines	109–113
b) Unbewegliches Vermögen im deutschen Recht	114–118
c) Explizit genanntes unbewegliches Vermögen	119–126
4. Nutzung	127
B. Ausländische Immobilien von Steuerinländern	
I. Systematik	128–130
II. Doppelbesteuerungsabkommen	131–135
1. Allgemeines	131–133
2. Progressionsvorbehalt	134, 135

§ 8 1–3   Teil 4. Nutzungsphase

A. Inländische Immobilien von Steuerausländern

I. Systematik

1   Wie stets bei der Behandlung grenzüberschreitender Steuerfälle ist auch bei Sachverhalten mit Immobilienbezug streng zwischen der Ebene des nationalen (deutschen oder ausländischen) Steuerrechts und der Ebene der **Doppelbesteuerungsabkommen** zu unterscheiden. Ungeachtet der Tatsache, dass die DBA aufgrund ihres völkerrechtlichen Charakters vorrangig anzuwenden sind (vgl. § 2 AO), führt jedoch ein nationaler Besteuerungstatbestand ohne korrespondierende abkommensrechtliche Legitimation – in DBA-Fällen – i. E. ebenso wenig zu einer materiellen Besteuerung wie ein im Grundsatz gegebenes abkommensrechtliches Besteuerungsrecht, welches jedoch nicht durch einen nationalen Besteuerungstatbestand ausgefüllt wird. Beides – nationaler Besteuerungstatbestand und abkommensrechtliche Besteuerungsbefugnis – muss vorliegen, damit die Bundesrepublik Deutschland einen Inbound-Sachverhalt (inländische Immobilien von Steuerausländern) besteuern kann. Allein das nationale deutsche Steuerrecht ist hingegen i. E. maßgebend, wenn kein DBA besteht oder für ausländisches Immobilienvermögen und Erträge hieraus ausnahmsweise die **Anrechnungsmethode** gilt. Nachstehend werden ausschließlich die laufenden Einkünfte aus Immobilien behandelt, namentlich Einkünfte aus der Vermietung und Verpachtung von Immobilien. Die Besonderheiten der Besteuerung der (grenzüberschreitenden) direkten oder indirekten Veräußerung werden in → § 18 dargestellt.

2   Als Steuerausländer für Zwecke dieses Kapitels werden nur Steuerpflichtige betrachtet, die im Inland nicht der unbeschränkten deutschen Steuerpflicht unterliegen.[1] Gemeint ist die Steuerpflicht nach EStG oder KStG. Die Gewerbesteuer wird nachstehend gesondert unter → Rn. 130 behandelt. Die angesprochenen Steuerausländer verfügen daher, als natürliche Personen, weder über einen inländischen Wohnsitz (§ 8 AO) noch über einen inländischen gewöhnlichen Aufenthalt (§ 9 AO), bzw. als Körperschaften weder über einen inländischen Ort der Geschäftsleitung (§ 10 AO) noch über einen inländischen Satzungssitz (§ 11 AO). Jene Steuerpflichtige werden daher nach dem nationalen Steuerrecht eines ausländischen Staates i. d. R. als dort unbeschränkt steuerpflichtig behandelt und begründen – in DBA-Fällen – ihre **abkommensrechtliche Ansässigkeit** nach der Art. 4 OECD-MA entsprechenden Vorschrift des anwendbaren DBA ebenfalls im Ausland. Sie können im Inland demgemäß allenfalls der beschränkten deutschen Steuerpflicht unterliegen,[2] sofern sog. **inländische Einkünfte** i. S. d. § 49 EStG (für Körperschaften i. V. m. § 8 Abs. 1 KStG) gegeben sind.

3   Steuerpflichtige, die nicht natürliche Personen sind, werden zunächst im Ausgangspunkt nach ihrer zivilrechtlichen Rechtsform beurteilt. Regelmäßig

---

[1] Für natürliche Personen geregelt in § 1 Abs. 1–3 EStG, für Körperschaften geregelt in § 1 Abs. 1 KStG.
[2] Für natürliche Personen geregelt in § 1 Abs. 4 EStG, für Körperschaften geregelt in § 2 Nr. 1, 8 Abs. 1 KStG.

Haase

§ 8 Besonderheiten bei Auslandsbezug

sind ausländische beschränkt steuerpflichtige Körperschaften (§ 2 Nr. 1 KStG) daher nach dem Körperschaftsteuergesetz und ausländische Personengesellschaften aufgrund des aus deutscher Sicht geltenden **Transparenzprinzips** in Abhängigkeit von der Rechtsform ihrer Gesellschafter entweder nach dem EStG oder KStG zu besteuern. Die zivilrechtliche Prägung setzt sich jedoch nur durch, sofern sie steuerlich nicht korrigiert wird. Ob ausländische Kapital- oder Personengesellschaften auch für deutsche steuerliche Zwecke als solche behandelt werden, bestimmt sich nämlich herkömmlich nach dem sog. **Typenvergleich** (Rechtstypenvergleich).[3] Nur wenn etwa eine ausländische Kapitalgesellschaft strukturell einer inländischen Körperschaft vergleichbar ist, wird dies entsprechend auch steuerlich nachvollzogen. Anderenfalls wird die Besteuerung im Inland abweichend von der ausländischen zivilrechtlichen Vorgabe vorgenommen.

Der Typenvergleich basiert allein auf deutschem Steuerrecht und auf den bekannten acht **Strukturkriterien**[4] (zentralisierte Geschäftsführung und Vertretung; Beschränkung der persönlichen Haftung der Gesellschafter; Übertragbarkeit der Anteile; Gewinnzuteilung; Kapitalaufbringung; Lebensdauer; Gewinnverteilung nach Kapitalanteilen; Registerzwang und besondere Gründungsvoraussetzungen), so dass entsprechend auch ausländische Wahlrechte[5] darauf keinen Einfluss haben können.[6] Nach der Rechtsprechung und insbesondere nach Auffassung der Finanzverwaltung ist es für die Einordnung entscheidend, ob die bei einem ausländischen Rechtsgebilde vorhandenen Merkmale in ihrem Gesamtbild eher für eine Körperschaft oder für eine Personengesellschaft typisch sind, so dass bei der Beurteilung die Einzelmerkmale gewichtet werden müssen. Dabei kann keinem der Merkmale eine allein ausschlaggebende Bedeutung zukommen (sog. **Gesamtbildtest**). Führt die Prüfung im Einzelfall zu keinem eindeutigen Gesamtbild, ist die Gesellschaft nach Verwaltungsauffassung als Körperschaft einzustufen, wenn bei ihr die Mehrzahl der ersten fünf genannten Kriterien, die für eine Körperschaft spre-

---

[3] Grundlegend BFH 23.6.1992 – IX R 182/87, BStBl. II 1992, 972 ff. Der Rechtstypenvergleich ist vom Reichsfinanzhof in der sog. Venezuela-Entscheidung (RFH 12.2.1930 – VI A 899/27, RStBl. 1930, 444 ff.) entwickelt worden. Bei ausländischen Rechtsgebilden stellt sich stets die der eigentlichen Besteuerung vorgelagerte Frage, ob sie strukturell eher einer deutschen Körperschaft vergleichbar sind und daher ggf. auf sie, nicht aber auf die dahinter stehenden Gesellschafter das KStG zur Anwendung kommt (Trennungsprinzip), oder ob sie eher die Strukturmerkmale einer inländischen Personengesellschaft aufweisen und daher nicht sie selbst, sondern nur die hinter ihnen stehenden Gesellschafter für eine Besteuerung in Betracht kommen (Transparenzprinzip); instruktiv statt vieler *Schnittker/Lemaitre* GmbHR 2003, 1314; *Großfeld/Luttermann* IPRax 1993, 229; speziell zum Typenvergleich bei Personengesellschaften *Storck/Selent* RIW 1980, 332; *Lüdicke* StJB 1997/98, 449 ff.; *Schnittker* StuW 1994, 39; *Stewen* FR 2007, 1047.
[4] Die für den Typenvergleich maßgebenden Kriterien können BMF 19.3.2004, BStBl. I 2004, 411 betreffend die steuerliche Einordnung der nach dem Recht einzelner Bundesstaaten der USA gegründeten Limited Liability Company (LLC) entnommen werden.
[5] Beispiel insbesondere: US-amerikanische Check-the-box-Regulations.
[6] Ausführlich dazu *Haase* IWB 2013, 162 ff. sowie *ders.*, Abkommensrechtliche Ansässigkeit – Eine Standortbestimmung; Heft Nr. 178 der Schriftenreihe „Hefte zur Internationalen Besteuerung" des Interdisziplinären Zentrums für Internationales Finanz- und Steuerwesen der Universität Hamburg.

chen, vorhanden ist (sog. **Merkmalsmehrheittest**).[7] Das ausländische Zivil- oder Steuerrecht des Ansässigkeits- bzw. Quellenstaates jedenfalls ist ausdrücklich nicht maßgeblich.[8]

5   Nichts anderes gilt im Grundsatz für ausländische Steuerpflichtige, die sich nicht in die Kategorien Personen- versus Kapitalgesellschaft fassen lassen. Insbesondere im Rahmen der **beschränkten Steuerpflicht** muss der Steuerpflichtige ermittelt werden, der den Tatbestand erfüllt, an den das Gesetz die Leistungspflicht knüpft (vgl. § 38 AO). Dies kann für ausländische offene Investmentfonds,[9] Pensionsfonds, Trusts, Stiftungen[10] oder andere orphanisierte Strukturen, die direkt oder indirekt inländische Immobilieninvestments getätigt haben, fraglich sein und muss im Einzelfall gründlich anhand des zugrunde liegenden Vertragswerks bzw. des tatsächlich „gelebten" Sachverhalts ermittelt werden.[11] Wie auch sonst im Steuerrecht kommt es danach im Zweifelsfall für Zwecke der inländischen Besteuerung auf den **wirtschaftlichen Eigentümer** an, wenn der rechtliche Eigentümer nicht ermittelt werden kann bzw. rechtlicher und wirtschaftlicher Eigentümer voneinander abweichen und die zugrunde liegenden vertraglichen Regelungen eine Zurechnung anhand der Kriterien des § 39 AO gestatten.

6   Ist nach dem Gesagten der mögliche ausländische Steuerpflichtige bzw. bei Personenmehrheit die möglichen ausländischen Steuerpflichtigen **zweifelsfrei ermittelt,** muss in einem zweiten Schritt geprüft werden, ob hinsichtlich der laufenden Besteuerung des Immobilienvermögens (regelmäßig dem Grunde nach Einkünfte aus Vermietung und Verpachtung) ein Besteuerungstatbestand im Rahmen der beschränkten deutschen Steuerpflicht gegeben ist. Hierzu nachstehend im Einzelnen.

---

[7] Die Praxis zeigt, dass jedenfalls die Finanzverwaltung diese in BMF 19.3.2004, BStBl. I 2004, 411 zur LLC vertretene Auffassung auch generell anwenden möchte.

[8] Diese Auffassung vertritt namentlich die deutsche Finanzverwaltung, vgl. BMF 16.4.2010, BStBl. I 2010, 354 (dazu Haase/Steierberg IWB 2014, 4) sowie die OECD in ihrem OECD-Partnership-Report.

[9] Insoweit sind dann das InvStG sowie das KAGB ergänzend hinzuzuziehen. Hier stellen sich kaum immobilienspezifische Fragestellungen, auch wenn gerade in Bezug auf das KAGB in der Praxis noch viele Fragen offen bleiben. So ist etwa derzeit unklar, ob die nunmehr verpflichtende inländische KVG stets zu einer gewerblichen Prägung einer grundbesitzhaltenden Personengesellschaft i. S. d. § 15 Abs. 3 Nr. 1 EStG führt.

[10] Insoweit stellt sich die grundsätzliche Frage, ob die Stiftung oder der Trust als transparent oder intransparent anzusehen ist. Sofern die zivilrechtliche Anerkennung im Grundsatz bejaht wird (dazu OLG Stuttgart 29.6.2009 – 5 U 40/09, ZEV 2010, 265 sowie OLG Düsseldorf, I-22 U 126/06, 22 U 126/06, IStR 2011, 475 und FG Baden-Württemberg 30.3.2011, 4 K 1723/09, DStRE 2012, 315), beantwortet sich die Frage nach der Abschirmwirkung nach der Möglichkeit des Settlors, über das Trustvermögen zu verfügen. Der BFH hat entschieden, dass eine ausländische Stiftung bzw. ein Trust dann als steuerlich transparent anzusehen ist, wenn der Settlor zu Lebzeiten alle Rechte aus dem Trustvermögen und dessen Ertrag innehat und er jederzeit das Recht hat, die Vereinbarungen und Regelungen des Trusts ändern zu lassen (BFH 28.6.2007 – II R 21/05, BStBl. II 2007, 669). Kann der Settlor damit im Ergebnis wie ein Kontoinhaber über das Vermögen verfügen, kommt eine Abschirmwirkung nicht in Betracht. Anderenfalls ist nur eine Besteuerung als ausländische Familienstiftung (§ 15 AStG) denkbar.

[11] Insoweit bestehen indes keine immobilienspezifischen Besonderheiten, so dass auf die allgemeine Literatur zu diesem Themenkomplex verwiesen wird.

II. Beschränkte Steuerpflicht (EStG und KStG)

1. Persönliche Steuerpflicht

a) Natürliche Personen

Natürliche Personen unterliegen der beschränkten deutschen Einkommensteuerpflicht, wenn sie **weder einen inländischen Wohnsitz noch einen inländischen gewöhnlichen Aufenthalt** haben und inländische Einkünfte i. S. d. § 49 EStG erzielen. Die inländischen Einkünfte sind damit **konstitutiv** für das Eingreifen des § 1 Abs. 4 EStG und erfüllen eine Doppelfunktion sowohl im Rahmen der persönlichen als auch der sachlichen Steuerpflicht. Liegen keine inländischen Einkünfte vor, entfällt die Besteuerung nach § 1 Abs. 1 EStG. Liegt kein ausländischer, sondern ein inländischer Wohnsitz oder gewöhnlicher Aufenthalt vor, ist die unbeschränkte Steuerpflicht nach § 1 Abs. 1 EStG zu prüfen.

aa) Wohnsitz (§ 8 AO)

Nach § 8 AO hat eine natürliche Person einen Wohnsitz dort, wo sie **(1)** eine Wohnung hat und wo sie **(2)** diese unter Umständen innehat, die darauf schließen lassen, dass sie die Wohnung beibehalten und benutzen wird. Jede potenziell steuerpflichtige natürliche Person ist einzeln auf einen Wohnsitz hin zu untersuchen. Für **Familien** gelten einige Besonderheiten. So haben nicht dauernd getrennt lebende Ehegatten grundsätzlich einen Wohnsitz am Wohnort der Familie,[12] und minderjährige Kinder haben regelmäßig einen Wohnsitz am Wohnort ihrer Eltern.[13] Nach Nr. 1 Satz 2 AEAO zu § 8 AO besteht darüber hinaus die Gefahr, dass die Finanzverwaltung auch bei im Ausland ansässigen Steuerpflichtigen prüft, ob sie nicht über Familienangehörige im Inland einen eigenen Wohnsitz begründen.

Das **Melderecht** und der Wohnsitzbegriff des Bürgerlichen Rechts (§ 7 BGB) sind für die Beurteilung nicht entscheidend, sondern es kommt allein auf die tatsächlichen und wirtschaftlichen Gegebenheiten[14] und damit sozusagen auf die Rechtskraft des Faktischen an. Über das Vorliegen einer Wohnung wird auf rein objektiver Tatsachengrundlage entschieden, innere Beweggründe und die bloße Absicht, einen Wohnsitz zu begründen oder aufzugeben, fließen nicht in die Beurteilung ein.[15] Nach Auffassung der Finanzverwaltung kann aber der melderechtliche Status ein **Indiz** für die Begründung des Wohnsitzes sein (Nr. 2 Satz 3 AEAO zu § 8 AO). Was die Art der Beschaffenheit der Wohnung anbelangt, so stellt das Gesetz keine besonderen Anforderungen auf. Jegliche Art objektiv zum Wohnen geeigneter Räume ist erforderlich und ausreichend, so dass einfachste Verhältnisse ausrei-

---

[12] BFH 6.2.1985 – I R 23/82, BStBl. II 1985, 331
[13] BFH 29.11.1983 – VIII R 215/79, BStBl. II 1984, 366.
[14] Vgl. BFH 14.11.1969 – III R 96/68, BStBl. II 1970, 153 ff.: „Ob diese Voraussetzungen erfüllt sind, ist nach ständiger Rechtsprechung des RFH und des Bundesfinanzhofs (BFH) ausschließlich nach tatsächlichen und wirtschaftlichen Gesichtspunkten zu beurteilen."
[15] BFH 14.11.1969 – III R 96/68, BStBl. II 1970, 153 ff.

chen. Es kommt nicht etwa darauf an, ob die Wohnung den Ansprüchen des Steuerpflichtigen im Übrigen genügt. Als Wohnungen sind von der Rechtsprechung schon Wohncontainer, dauerhaft gemietete Wohnwagen auf Campingplätzen, Gemeinschaftsunterkünfte auf Baustellen, Jagdhäuser, etc. angesehen worden.[16]

10 Der Steuerpflichtige muss die Wohnung innehaben. Damit ist die **tatsächliche Verfügungsmacht** angesprochen, was zugleich bedeutet, dass die zivilrechtlichen Verhältnisse an der Wohnung auch insoweit nicht maßgeblich sind.[17] Bereits die Möglichkeit, tatsächlich über die Wohnung verfügen zu können, wird als ausreichend angesehen.[18] Das „**Innehaben**" beinhaltet ebenso wenig wie das „Beibehalten" die Notwendigkeit einer gewissen Dauer des Aufenthalts. Weder ist es erforderlich, dass der Steuerpflichtige mehrfach innerhalb eines Veranlagungszeitraums zu seinem Wohnsitz zurückkehrt,[19] noch ist eine bestimmte Anzahl von Tagen je Aufenthalt Voraussetzung für das Vorliegen eines Wohnsitzes (Nr. 4 Satz 3 AEAO zu § 8 AO). Das Vorliegen eines Wohnsitzes als Voraussetzung für die Einkommensteuerpflicht muss allein nach den Verhältnissen des jeweiligen Zeitraums geprüft werden, in dem die Einkünfte erzielt werden. Weder entfalten die Vorjahre eine Präjudizwirkung, noch sind die Verhältnisse in den Folgejahren von Bedeutung.

11 Die Rechtsprechung hat eine Ausnahme zu der Regel entwickelt, dass die **Motive des Steuerpflichtigen** und die Dauer des Aufenthalts für das Vorliegen des Wohnsitzes unmaßgeblich sind. Sie wendet § 9 Satz 2 AO auf § 8 AO analog an und hat zugleich daraus den Rückschluss gezogen, dass derjenige Steuerpflichtige keinen Wohnsitz begründet, der von vornherein eine Wohnung in der Absicht nimmt, sie weniger als sechs Monate beizubehalten und zu benutzen.[20] Was das Beibehalten der Wohnung angeht, darf die Formulierung des Gesetzes nicht dahingehend missverstanden werden, es komme doch auf die Intention des Steuerpflichtigen an, einen Wohnsitz zu begründen. Aus der Wendung „unter Umständen innehat" ist zu folgern, dass allein aus äußeren, objektiven Umständen auf den subjektiven Willen des Steuerpflichtigen zu schließen ist.[21] In den Worten „**beibehalten und benutzen wird**" ist dann jedenfalls insoweit auch ein **Zukunftsmoment** enthalten. In diesem Zusammenhang interessant ist daher die Entscheidung des BFH vom 27.8.2008.[22] Das Innehaben einer Wohnung führt danach nur so lange zum Bestehen eines Wohnsitzes, wie nach dem Gesamtbild der Verhältnisse wahrscheinlich ist, dass sich das Benutzen der Wohnung in Zukunft fortsetzen

---

[16] Vgl. die Nachweise zur Rechtsprechung bei Klein/*Gersch* in AO § 8 Rn. 2 und Koenig/*Koenig* AO, § 8 Rn. 9 ff.
[17] Statt aller Klein/*Gersch* AO, § 8 Rn. 3.
[18] Vgl. dazu die Grundsatzurteile des BFH 24.4.1964 – VI 236/62 U, BStBl. III 1964, 462 ff. und 6.3.1968 – I 38/65, BStBl. II 1968, 439 ff.
[19] Bereits ein zweimaliges Aufsuchen der Wohnung pro Veranlagungszeitraum reicht aus, vgl. BFH 23.11.1988 – II R 139/87, BStBl. II 1989, 182.
[20] Vgl. den 2. Leitsatz von BFH 30.8.1989 – I R 215/85, BStBl. II 1989, 956: „Zur Bestimmung des Zeitmoments kann auf die Sechsmonatsfrist des § 9 Satz 2 AO 1977 zurückgegriffen werden."; so im Anschluss auch die Finanzverwaltung in Nr. 4 Satz 4 AEAO zu § 8 AO.
[21] Statt aller Klein/*Gersch* AO § 8 Rn. 4.
[22] BFH 27.8.2008 – I R 81/07, IStR 2009, 103.

wird. Auch ungeachtet einer im Inland bestehenden Wohnung, die nicht dauerhaft fremdvermietet war, gelangte der BFH im Streitfall allein aufgrund von Zeugenaussagen und **objektiven Kriterien** (Wohnungsnebenkosten, Stromverbrauch) zu der Annahme, dass die Steuerpflichtigen die Wohnung auf nicht nur vorübergehende Zeit nicht nutzen würden. Das Urteil betraf jedoch einen eindeutigen Wegzugsfall. Ob man daraus wirklich ableiten kann, dass ein Steuerpflichtiger, der über Wohnungen in Hamburg, Paris und London verfügt und in London melderechtlich gemeldet ist, im Inland nicht als unbeschränkt steuerpflichtig zu behandeln ist, wenn er glaubhaft belegt, dass er die Hamburger Wohnung nicht nutzen möchte, ist m. E. aber fraglich. Fraglich ist in diesem Zusammenhang insbesondere, was die Zeitspanne anbelangt, innerhalb derer eine Nutzung nicht „absehbar" im Sinne der BFH-Rechtsprechung ist. Diese mag bei einem „Wegzügler" in der Tat länger sein als bei jemandem, der zuvor noch nicht im Inland gemeldet war. Die weitere Entwicklung der Rechtsprechung in diesem Bereich bleibt abzuwarten, insbesondere was das Verhältnis und die Interdependenzen **objektiver und subjektiver Umstände** angeht.

Da es für die Begründung eines steuerlichen Wohnsitzes stets des Vorliegens einer Wohnung bedarf, ein Steuerpflichtiger aber natürlich mehrere Wohnungen im In- und Ausland haben kann, lässt sich daraus ableiten, dass ein Steuerpflichtiger auch **mehrere Wohnsitze** im In- und Ausland begründen kann.[23] Die steuerlichen Konsequenzen, die sich an mehrere Wohnsitze eines Steuerpflichtigen im In- und Ausland knüpfen, bemessen sich zunächst einmal unabhängig voneinander nach dem nationalen Steuerrecht der jeweils betroffenen Staaten. Ebenfalls ist es für die Begründung der deutschen unbeschränkten Einkommensteuerpflicht eines zusätzlich im Ausland lebenden Steuerpflichtigen unerheblich, ob ein DBA mit dem jeweiligen Staat besteht[24] oder ob das DBA diesen ausländischen Staat zum sog. Ansässigkeitsstaat im Sinne des Abkommens macht. Die unbeschränkte Steuerpflicht richtet sich **allein nach nationalem Recht**. 12

bb) Gewöhnlicher Aufenthalt (§ 9 AO)

Der Definition des Wohnsitzes in § 8 AO folgt in § 9 AO die Definition des gewöhnlichen Aufenthalts.[25] Wie § 1 Abs. 1 Satz 1 EStG erkennen lässt, müssen beide Anknüpfungsmerkmale für die unbeschränkte Steuerpflicht **nicht kumulativ** vorliegen. Das Gesetz geht vielmehr von einer Eigenständigkeit beider Varianten aus. Die eigentliche Definition des gewöhnlichen Aufenthalts findet sich in § 9 Satz 1 AO. Danach hat der Steuerpflichtige einen gewöhnlichen Aufenthalt dort, wo (1) er sich aufhält und wo (2) er sich unter Umständen aufhält, die erkennen lassen, dass er an diesem Ort oder in diesem Gebiet nicht nur vorübergehend verweilt. Das „Sich-Aufhalten" meint eine **physische Präsenz**. Sie ist ausweislich des eindeutigen Wortlauts des Gesetzes nicht auf einen geografisch eng umgrenzten Ort festgelegt, son- 13

---

[23] BFH 19.3.1997 – I R 69/96, BStBl. II 1997, 447 ff.
[24] Zutreffend Klein/*Gersch* AO, § 8 Rn. 8. Zumindest missverständlich daher EStH 1.
[25] Einführend bereits *Birk*, Steuerrecht, Rn. 673 ff.; zum gewöhnlichen Aufenthalt im Fall des Wegzugs eines Gesellschafters *Löffler/Stadler* IStR 2008, 832.

dern kann an verschiedenen Orten im gesamten Hoheitsgebiet der Bundesrepublik Deutschland bestehen.[26] Entsprechend sind auch die Tatbestandsmerkmale „nicht nur vorübergehend" nicht als lokale Beschränkung zu verstehen. Sie beziehen sich ebenfalls auf das **gesamte Bundesgebiet.**

14 Wie bei § 8 AO kommt es auch für den gewöhnlichen Aufenthalt nicht auf innere Absichten oder Motive des Steuerpflichtigen an.[27] Ausschließlich maßgebend sind die **objektiven Umstände**,[28] die einen nicht nur vorübergehenden Aufenthalt „erkennen lassen" müssen. Aus der unterschiedlichen Zeitform gegenüber § 8 AO (dort „beibehalten und benutzen wird", hier „nicht nur vorübergehend verweilt") ergeben sich keine Änderungen. Auch § 9 AO ist ein Zukunftsmoment immanent. Wird aus den objektiven Umständen deutlich, dass der Steuerpflichtige nach seinem Plan mehr als sechs Monate im Inland verweilen will, nimmt die Rechtsprechung in Anlehnung an § 9 Satz 2 AO auch im Anwendungsbereich des § 9 Satz 1 AO dann einen gewöhnlichen Aufenthalt an, wenn es tatsächlich zu einer kürzeren Verweildauer gekommen ist.[29] Die Tatbestandsmerkmale „nicht nur vorübergehend" dürfen ferner nicht mit „ununterbrochen" verwechselt werden. Ein ununterbrochener Aufenthalt ist nicht erforderlich, was schon aus § 9 Satz 2 HS 2 AO folgt.[30] Andererseits ist eine gewisse Stetigkeit durchaus Voraussetzung für den gewöhnlichen Aufenthalt. Sog. **Grenzpendler** bzw. **Grenzgänger** beispielsweise, die grenznah im Ausland wohnen, im Inland arbeiten und abends wieder über die Grenze zu ihrem ausländischen Wohnsitz fahren, halten sich nach h. M. nicht gewöhnlich im Inland auf.[31]

15 Die Definition des **gewöhnlichen Aufenthalts** in § 9 Satz 1 AO wird ergänzt durch die **Fiktion** des § 9 Satz 2 AO. Danach gilt stets und von Beginn an ein zeitlich zusammenhängender Aufenthalt von mehr als sechs Monaten Dauer als gewöhnlicher Aufenthalt, jedoch kann nach den Umständen des Einzelfalls auch eine kürzere Verweildauer zu einem gewöhnlichen Aufenthalt führen.[32] Umgekehrt gilt die Rechtsfolge des § 9 Satz 2 AO auch dann, wenn ursprünglich ein kürzerer Aufenthalt geplant war. § 9 Satz 3 AO setzt den Satz 2 der Vorschrift in den Fällen außer Kraft, in denen der Aufenthalt ausschließlich zu Besuchs-, Erholungs-, Kur- oder ähnlichen privaten Zwecken genommen wird und dieser nicht länger als ein Jahr dauert.[33] Aus dem Wesen des Aufenthalts schließlich folgt, dass ein Steuerpflichtiger – anders als

---

[26] Der Vorbehalt von Klein/*Gersch* AO § 9 Rn. 2 ist nicht nachvollziehbar. Dass unter dem „Gebiet" das gesamte Inland zu verstehen ist, ergibt sich schon aus § 1 Abs. 1 EStG; so auch *Birk,* Steuerrecht, Rn. 674: Erfasst wird gerade das nicht sesshafte Verweilen im gesamten Bundesgebiet, wie auch § 9 Satz 2 AO („im Geltungsbereich dieses Gesetzes") verrät.
[27] Vgl. zu bestimmten Ausnahmen bei der Wohnsitzaufgabe Nr. 4 AEAO zu § 9 AO.
[28] Statt aller Klein/*Gersch* AO § 9 Rn. 2.
[29] BFH 30.8.1989 – I R 215/85, BStBl. II 1989, 956 ff. und dazu Koenig/*Koenig* AO, § 9 Rn. 10 m. w. N.
[30] Ebenso BFH 30.8.1989 – I R 215/85, BStBl. II 1989, 956 ff.
[31] Vgl. den 1. Leitsatz von BFH 30.8.1989 – I R 215/85, BStBl. II 1989, 956: „Sog. Grenzgänger haben im Inland nicht schon deswegen ihren gewöhnlichen Aufenthalt, weil sie sich während der Arbeitszeit im Inland aufhalten"; vgl. auch BFH 7.8.2008 – I R 10/07, IStR 2009, 28.
[32] Vgl. die Nachweise in Nr. 1 Satz 7 AEAO zu § 9 AO.
[33] Dazu im Einzelnen Koenig/*Koenig* AO § 9 Rn. 21.

§ 8 Besonderheiten bei Auslandsbezug   16, 17   § 8

beim Wohnsitz – stets nur einen gewöhnlichen Aufenthalt haben kann (Nr. 4 Satz 1 AEAO zu § 9 AO). Die Bestimmung des gewöhnlichen Aufenthalts erfolgt unabhängig vom Bestehen oder Nichtbestehen eines DBA.

b) Körperschaften

Körperschaften unterliegen der beschränkten deutschen Körperschaftsteuerpflicht, wenn sie weder einen inländischen Ort der Geschäftsleitung noch einen inländischen statutarischen Sitz haben **und** sie inländische Einkünfte erzielen, § 2 Nr. 1 KStG. Der Begriff der inländischen Einkünfte richtet sich wegen **§ 8Abs. 1 KStG** nach den Bestimmungen des § 49 EStG. Ob aus der Sicht des deutschen Körperschaftsteuerrechts eine Körperschaft vorliegt, bestimmt sich nach den Kriterien des **Typenvergleichs** (dazu → Rn. 3). 16

aa) Ort der Geschäftsleitung (§ 10 AO)

Der Ort der Geschäftsleitung wird in § 10 AO definiert als der **Mittelpunkt der geschäftlichen Oberleitung**.³⁴ Dabei handelt es sich um den Ort, an dem kaufmännische Leitungsentscheidungen von einigem Gewicht getroffen werden und sich die Geschäftsführung ihren für die Unternehmensleitung maßgebenden Willen bildet.³⁵ Beides gilt aber nur, soweit das unternehmerische Tagesgeschäft betroffen ist. Nicht entscheidend sind strategische und unternehmenspolitische Vorgaben, auch wenn sie sich mittelbar auf das Tagesgeschäft auswirken. Der Ort der Geschäftsleitung wird allein anhand der tatsächlichen Verhältnisse ermittelt.³⁶ Absprachen zwischen den Gesellschaftern oder eine Festlegung des Ortes der Geschäftsleitung im Gesellschaftsvertrag binden die Finanzverwaltung insoweit nicht.³⁷ Zur Geschäftsführung zählt nach dem Steuerrecht, wer durch Gesetz oder Rechtsgeschäft dazu bestimmt ist. In Einzelfällen kann auch auf die aus dem nationalen Steuerrecht bekannte Figur des sog. **faktischen Geschäftsführers** abgestellt werden.³⁸ Der Ort der Geschäftsleitung befindet sich in der Regel am Ort des Geschäftsbüros des Unternehmens, in dem sich die Geschäftsleitung für gewöhnlich aufhält. Fehlt ein solches Büro, lässt sich unter Umständen von der **Wohnung des Geschäftsführers** auf den Ort der Geschäftsleitung schließen.³⁹ Aus dem Wortlaut des § 10 AO („der Mittelpunkt"; „Oberleitung") kann man an sich folgern, dass ein Unternehmen grundsätzlich nur einen Ort der Geschäftsleitung haben kann. Verteilt sich die Oberleitung dennoch ausnahmsweise betriebsbedingt auf mehrere Orte, kommt es auf die organisatorisch und wirtschaftlich bedeutsamste Stelle an.⁴⁰ 17

---
[34] Dazu bereits *Birk*, Steuerrecht, Rn. 1214.
[35] Allgemeine Ansicht, vgl. *Koschmieder* „Geschäftsleitung" in Wacker (Hrsg.), Lexikon der deutschen und internationalen Besteuerung, S. 282; *Frotscher*/Schwarz § 12 AO Rn. 94. Auf die Umsetzung dieser internen Willensbildung in externe Akte wird hingegen nicht abgestellt.
[36] Klein/*Gersch* AO § 10 Rn. 3; Koenig/*Koenig* AO § 10 Rn. 5.
[37] Vgl. die Rechtsprechungsnachweise bei Koenig/*Koenig* AO § 10 Rn. 4.
[38] Klein/*Gersch* AO § 10 Rn. 2. Von einem faktischen Geschäftsführer spricht man, wenn eine Person mit gewisser Stetigkeit unter Überschreitung ihrer (gesellschaftsrechtlichen) Befugnisse dauernd in den laufenden Geschäftsbetrieb eingreift und Entscheidungen trifft.
[39] BFH 28.7.1993 – I R 15/93, BStBl. II 1994, 148 ff.
[40] Koenig/*Koenig* AO § 10 Rn. 7.

18 Der Ort der Geschäftsleitung nach § 10 AO darf nicht mit dem zivilrechtlichen Begriff des sog. **Verwaltungssitzes** verwechselt werden. Letzterer wird gemeinhin als der Ort definiert, an dem das Tagesgeschäft der Gesellschaft abgewickelt und in die Tat umgesetzt wird.[41] Eine gesetzliche Anknüpfung gibt es dafür nicht. Da sich der Gesetzgeber nicht zu einer Definition veranlasst sah, ist die Abgrenzung von Verwaltungssitz und Ort der Geschäftsleitung nicht leicht zu handhaben und muss in der Praxis gleichsam misslingen. Sie wird aber ohnehin allenfalls in Konzernstrukturen relevant.[42] Die Frage des Ortes der Geschäftsleitung von Kapitalgesellschaften beschäftigt – gerade bei ausländischen sog. **special purpose vehicles** (SPV), die inländische Immobilieninvestments tätigen – die Finanzverwaltungen in der Praxis in nicht unerheblichem Maße.[43] Während nämlich der statutarische Sitz einer Gesellschaft durch einen Blick in das jeweilige Register regelmäßig leicht zu ermitteln ist, ist eine eindeutige Feststellung des Ortes der Geschäftsleitung nicht immer ohne weiteres möglich. Dies gilt vor allem bei sog. **ausländischen Domizil- oder Briefkastengesellschaften.** Dabei handelt es sich um funktionslose oder funktionsarme Gesellschaften, die von inländischen Steuerpflichtigen meist in Niedrigsteuerländern angesiedelt und über die bestimmte Geschäftsaktivitäten geleitet werden, die bei einer Offenlegung des Sachverhalts gegenüber der Finanzverwaltung im Inland besteuert werden würden. In jedem Fall wird sich die deutsche Finanzverwaltung in einer solchen Konstellation zwei Fragen stellen: Die erste Frage betrifft die zivilrechtliche und die steuerliche Anerkennung der ausländischen Gesellschaft insgesamt. Die zweite Frage betrifft – systematisch vorgelagert – den Ort der Geschäftsleitung. Hieran kann man Zweifel haben, solange sich der Geschäftsführer in Deutschland aufhält und die Finanzverwaltung die Befürchtung haben muss, die eigentlichen Geschäftsentscheidungen hinsichtlich der ausländischen Gesellschaft würden nicht im Ausland, sondern im Inland am Wohnsitz des Geschäftsführers getroffen.

19 Zur ersten Frage: Die Frage der **zivilrechtlichen Anerkennung** einer ausländischen Gesellschaft richtet sich zunächst nach dem Gesellschaftsstatut,[44] welches nach den Regeln des Internationalen Privatrechts zu ermitteln ist. Im Steuerrecht jedoch gilt die sog. **wirtschaftliche Betrachtungsweise** (§§ 39 ff. AO). Danach werden ausländische Gesellschaften im Inland steuerlich nur anerkannt, wenn sie mit ausreichend wirtschaftlicher Substanz ausgestattet sind. Als normativer Anknüpfungspunkt für diese Regel mag § 50d Abs. 3 EStG dienen. Kommt man zu dem Ergebnis, dass in der ausländischen Gesellschaft nicht genügend wirtschaftliche Substanz vorhanden ist, wird auf-

---

[41] Vgl. die umfassenden Nachweise bei *Haase/Torwegge* DZWIR 2006, 57, 58.

[42] Vgl. statt vieler die Nachweise bei Staudinger/*Großfeld* 15. Aufl. 2015 IntGesR Rn. 229; Lutter/Hommelhoff/*Lutter/Bayer* 18. Aufl. 2012 GmbHG § 4a Rn. 7; sehr ausführlich *Schlenker,* Gestaltungsmodelle einer identitätswahrenden Sitzverlegung über die Grenze, 1998, S. 4 f.

[43] Zu den Voraussetzungen eines inländischen Orts der Geschäftsleitung im Einzelnen *Haase,* Tax Planning International Review 2006, 7.

[44] Der Begriff „Gesellschaftsstatut" ist der Terminologie des Internationalen Privatrechts entnommen. Das Gesellschaftsstatut ist dasjenige Recht, nach dem die Gesellschaft „entsteht, fortbesteht und untergeht", vgl. instruktiv Staudinger/*Großfeld* 15. Aufl. 2015 IntGesR Rn. 1 und 249.

grund eines angenommenen Rechtsmissbrauchs das **Trennungsprinzip** und damit die **Abschirmwirkung** der ausländischen Kapitalgesellschaft aufgehoben und die Steuerfolgen unmittelbar bei den inländischen Gesellschaftern gezogen.[45] Man wird aber sagen können, dass bei Erfüllung der folgenden Kriterien jedenfalls von ausreichend wirtschaftlicher Substanz in der ausländischen Gesellschaft gesprochen werden kann: real existente Firmenanschrift nebst Briefpapier und Visitenkarten, ständige postalische und telefonische Erreichbarkeit von Mitarbeitern, eigene Buchführung und Ergebnisrechnung, Möglichkeit zur Vorlage von Unterlagen zur Gesellschaftsgründung (z.B. Registerauszüge) und zu Gesellschaftern, Möglichkeit der Vorlage von Unterlagen zum laufenden Geschäftsbetrieb (z.B. Wasser- und Stromrechnungen).

Zur zweiten Frage: Welche Anforderungen konkret an einen ausländischen Ort der Geschäftsleitung gestellt werden und ab welcher Grenze davon auszugehen ist, dass die deutsche Finanzverwaltung mit Sicherheit eine inländische Geschäftsleitung annimmt oder gerade nicht mehr annimmt, lässt sich nur schwer vorhersagen, weil sich die Frage der tatsächlichen Leitung regelmäßig nach dem Gesamtbild der Verhältnisse beantworten wird, wie es sich der Finanzverwaltung (ggf. nach Jahren im Rahmen einer **steuerlichen Außenprüfung**) darstellt. Sicher ist jedoch, dass für den Fall, dass ausschließlich inländische Steuerpflichtige Geschäftsführer einer ausländischen Gesellschaft sind, **erhöhte Anforderungen** an die Dokumentation einer ausländischen Leitung gestellt werden würden.

Es muss sichergestellt sein, dass **(1)** die Gesellschaft auf dem Papier und auch rein tatsächlich aus dem ausländischen Staat heraus geleitet wird und dass **(2)** dies gegenüber der Finanzverwaltung im Zweifelsfall auch dokumentiert werden kann. Es sollten daher – stets in Abhängigkeit vom konkreten Geschäftsgegenstand – in der ausländischen Gesellschaft die personellen und sachlichen Ressourcen vorgehalten werden, die für die tatsächliche Leitung der Gesellschaft notwendig sind. Dabei wird es sich jedenfalls um die gängigen Kommunikationsmittel handeln. Weiterhin sollten geschäftliche Entscheidungen, jedenfalls aber die wesentlichen Leitungsentscheidungen in schriftlicher Form unter Ausweis des Ortes der Entscheidung festgehalten werden. Über Vorstands- bzw. Geschäftsführungssitzungen, die – mit der für den konkreten Geschäftsgegenstand erforderlichen Regelmäßigkeit – im Ausland stattfinden sollten, sind Protokolle anzufertigen, die den genauen Inhalt der Sitzung und die Beschlussfassungen wiedergeben. Insgesamt darf es sich aus der Sicht der Finanzverwaltung nicht um reine „pro forma-Sitzungen" handeln, die den Schluss nahe legen, dass die wesentlichen Entscheidungen eigentlich an anderer Stelle getroffen werden. Sofern an den Geschäftsleitungssitzungen Personen mit inländischem Wohnsitz teilnehmen, sollten die Flüge und die Dauer des Aufenthalts nachgewiesen werden.

bb) Satzungssitz (§ 11 AO)

Der gegenüber dem Ort der Geschäftsleitung alternative (nicht: kumulative) Anknüpfungspunkt für die unbeschränkte Körperschaftsteuerpflicht nach

---

[45] Vgl. zuletzt wieder BFH 25.2.2004 – I R 42/02, BStBl. II 2005, 14 und zuvor bereits BFH 20.3.2002 – I R 63/99, BStBl. II 2003, 50.

§ 2 Nr. 1 KStG ist der Sitz der Körperschaft, Personenvereinigung oder Vermögensmasse. § 11 AO bestimmt hierzu, dass sich der Sitz an dem Ort befindet, der durch Gesetz, Gesellschaftsvertrag, Satzung, Stiftungsgeschäft und dergleichen vorgegeben ist. Dieser Ort ist in der Regel nicht nur leicht zu ermitteln, sondern ist auch meist frei wählbar[46] und auf einen schnellen Wechsel grundsätzlich nicht ausgerichtet. Die aus dem Zivilrecht bekannte Rechtsfigur des sog. fiktiven Sitzes wird nicht vom Steuerrecht übernommen. Der **fiktive Sitz** wird daher entweder als Scheingeschäft nach § 41 Abs. 2 AO oder als rechtsmissbräuchlich im Sinne des § 42 AO angesehen.[47] Ebenso kann eine Körperschaft, Personenvereinigung oder Vermögensmasse grundsätzlich nur einen Sitz haben. Ein sog. **Doppelsitz** ist – auch soweit er zivilrechtlich vorgegeben bzw. vereinbart ist – nur ausnahmsweise anzuerkennen.[48] Seine Rechtfertigung verdient sich dieser Grundsatz damit, dass es den Gesellschaften freisteht, nach den §§ 13ff. HGB Zweigniederlassungen zu gründen.

c) **Personengesellschaften**

23 **Ausländische Personengesellschaften** werden aus der Sicht des deutschen Steuerrechts transparent besteuert, so dass nur die Gesellschafter, nicht aber die Gesellschaft selbst für Zwecke des Einkommen- oder Körperschaftsteuerrechts[49] der Besteuerung unterworfen werden. Die Gesellschaft ist ausschließlich Subjekt für Zwecke der Einkommensermittlung, nicht aber Steuersubjekt. Dies gilt unabhängig davon, wie die Besteuerung im Ausland vorgenommen wird und insbesondere ob die Gesellschaft dort als selbstständiges Steuersubjekt besteuert wird. Es gilt ferner unabhängig davon, ob aus der Sicht des deutschen Steuerrechts eine vermögensverwaltende, eine originär gewerblich tätige (§ 15 Abs. 1 Satz 1 Nr. 2 EStG), eine gewerblich infizierte (§ 15 Abs. 3 Nr. 1 EStG) oder eine gewerblich geprägte (§ 15 Abs. 3 Nr. 2 EStG) Personengesellschaft vorliegt. Ob aus der Sicht des deutschen Steuerrechts eine Personengesellschaft vorliegt, bestimmt sich nach den Kriterien des **Typenvergleichs** (dazu → Rn. 3).

d) **InvStG**

24 Bei ausländischen Vehikeln, die dem deutschen InvStG unterfallen, ist zu unterscheiden: Investmentfonds, die die Voraussetzungen des § 1 Abs. 1b Satz 2 InvStG erfüllen (OGAW oder AIF), sind als Zweckvermögen des privaten Rechts Steuersubjekte i. S. d. § 1 Abs. 1 Nr. 5 KStG. Diese können, nach den Erträgen auf der Fondseingangsseite, unter bestimmten Voraussetzungen als sog. **transparente Fonds** besteuert werden oder als sog. intransparente Fonds der Pauschalbesteuerung des § 6 InvStG unterliegen.

---

[46] Vgl. etwa § 4a GmbHG. Zu den Beschränkungen des § 4a Abs. 2 GmbHG a. F. *Haase/Torwegge* DZWIR 2006, 57.
[47] Vgl. Klein/*Gersch* AO § 11 Rn. 3; Koenig/*Koenig* AO § 11 Rn. 3; etwas abweichend Beermann/Gosch/*Buciek* § 11 AO Rn. 8.
[48] Vgl. BFH 28.2.1990 – I R 120/86, BStBl. II 1990, 553 ff.; Koenig/*Koenig* AO § 11 Rn. 4; ablehnend Tipke/Kruse/*Kruse* § 11 AO Rn. 4.
[49] Zur Gewerbesteuer siehe Rn. 130 f.

§ 8 Besonderheiten bei Auslandsbezug

Alle anderen ausländischen Vehikel, die nicht die Voraussetzungen des § 1 Abs. 1b Satz 2 InvStG erfüllen, werden entweder als sog. **Personen-Investitionsgesellschaft** (§ 18 InvStG) oder als sog. **Kapital-Investitionsgesellschaft** (§ 19 InvStG) angesehen.

Einkünfte aus Personen-Investitionsgesellschaften unterliegen auf der Anlegerebene der Besteuerung nach den allgemeinen Besteuerungsregelungen. Auf der Ebene der Personen-Investitionsgesellschaft gelten ferner die allgemeinen gewerbesteuerlichen Regelungen, d.h. nur gewerbliche Personen-Investitionsgesellschaften mit inländischer Betriebsstätte unterliegen der Gewerbesteuer. Im Hinblick auf die Besteuerung der Kapital-Investitionsgesellschaften bleibt es auch nach der Gesetzesneufassung bei der steuerlichen Abschirmwirkung der Kapital-Investitionsgesellschaft, d.h. auf der Anlegerebene unterliegen lediglich Ausschüttungen der Besteuerung (ohne eine zusätzliche, ausschüttungsunabhängige **Thesaurierungs- bzw. Pauschalbesteuerung**). Sowohl für Investmentfonds als auch die Investitionsgesellschaften gilt: Eine Besteuerung im Inland kommt nur unter den Voraussetzungen des § 49 EStG in Betracht, so dass die fraglichen Immobilien im Inland belegen sein müssen.

2. Sachliche Steuerpflicht

a) Allgemeines

§ 49 EStG legt abschließend die inländischen Einkünfte für Zwecke der inländischen beschränkten Steuerpflicht fest. Zu beachten ist, dass zunächst die Tatbestandsmerkmale der §§ 13ff. EStG erfüllt sein müssen, bevor in die Prüfung eingetreten werden kann, ob inländische (**„inlandsradizierte"**) Einkünfte vorliegen.[50] Bei den Verweisungen in § 49 EStG handelt es sich demgemäß um Rechtsgrundverweisungen, denn der Katalog der Einkunftsarten des § 2 Abs. 1 Satz 1 EStG wird durch § 49 EStG nicht erweitert.[51] § 49 EStG hat insoweit **keine konstitutive Bedeutung.**[52] Eine Erweiterung findet nur insoweit statt, als die inländischen Einkünfte von den übrigen Einkünften abzugrenzen sind.[53]

Das **Vorliegen inländischer Einkünfte** ist das zentrale Tatbestandsmerkmal der beschränkten Steuerpflicht. Der einschlägige Katalogtatbestand des § 49 EStG ist abschließend und besonders sorgfältig zu prüfen, weil die Bundesrepublik Deutschland hierüber ihren Besteuerungsanspruch gegenüber anderen Staaten rechtfertigt (Herstellung des Inlandsbezugs).[54] Der beschränkten Steuerpflicht im Inland wird nämlich regelmäßig eine unbeschränkte Steuerpflicht des Steuerpflichtigen in einem anderen Staat gegenüber stehen,

---

[50] BFH 20.2.1974 – I R 217/71, BStBl. II 1974, 511 ff.; BFH 12.11.1986 – I R 192/85, BStBl. II 1987, 383; Schmidt/*Loschelder* § 49 EStG Rn. 3; *Gosch* in FS-WassermeyerS. 263, 268.
[51] Statt vieler Blümich/*Wied* § 50a EStG Rn. 6; Schmidt/*Loschelder* § 49 EStG Rn. 3; *Gosch* in FS-Wassermeyer S. 263, 268; *Mössner* in FS-Flick S. 939, 948.
[52] *Schaumburg*, Internationales Steuerrecht, 3. Aufl. 2011 Rn. 5.127.
[53] BFH 24.2.1988 – I R 95/84, BStBl. II 1988, 663; ebenso BFH 13.12.1989 – I R 25/86, BStBl. II 1989, 1056.
[54] BFH 18.12.1963 – I 230/61 S, BStBl. III 1964, 253.

§ 8   28, 29   Teil 4. Nutzungsphase

so dass für die Besteuerung ein besonderer Inlandsbezug gegeben sein muss, damit die Besteuerung nicht gegen allgemeines Völkerrecht verstößt.[55] Das Tatbestandsmerkmal der inländischen Einkünfte wirkt bei der beschränkten Steuerpflicht **doppelfunktional:** Seine Erfüllung ist zunächst Voraussetzung für das Vorliegen einer persönlichen Steuerpflicht. Zugleich wird über dieses Merkmal der Umfang der sachlichen Steuerpflicht festgelegt.[56] Eine klare Trennung zwischen Steuersubjekt und Steuerobjekt ist somit nicht möglich.[57]

28   Der besondere Inlandsbezug wird in § 49 EStG auf ganz unterschiedliche Weisen verwirklicht. Den einzelnen Tatbeständen liegen international anerkannte Anknüpfungspunkte für die Besteuerung zugrunde, die sich wie folgt systematisieren[58] lassen: Für Einkünfte aus Land- und Forstwirtschaft (§ 49 Abs. 1 Nr. 1 EStG) und Einkünfte aus Vermietung und Verpachtung (§ 49 Abs. 1 Nr. 6 EStG) beispielsweise gilt das **Belegenheitsprinzip,** während bei der Besteuerung von Einkünften aus Gewerbebetrieb (§ 49 Abs. 1 Nr. 2 EStG) weitgehend das **Betriebsstättenprinzip** verwirklicht ist. Die Besteuerung von Einkünften aus selbständiger Arbeit (§ 49 Abs. 1 Nr. 3 EStG) und aus nichtselbständiger Arbeit (§ 49 Abs. 1 Nr. 4 EStG) ist am Ort der Tätigkeit oder der Verwertung der Arbeit orientiert, und die Besteuerung von Einkünften aus Kapitalvermögen (§ 49 Abs. 1 Nr. 5 EStG) folgt im Grundsatz dem **Quellenprinzip.** Insgesamt gewinnt die beschränkte Steuerpflicht, ähnlich der Gewerbesteuer, aufgrund dieser Anknüpfungspunkte sowie aufgrund der Tatsache, dass persönliche Verhältnisse des Steuerpflichtigen weitgehend außer Betracht gelassen werden, einen objektsteuerähnlichen Charakter,[59] die dem der beschränkten Steuerpflicht zugrunde liegenden **Territorialitätsprinzip** Rechnung trägt. Letztlich wird in allen vorgenannten Fällen eine inländische Einkunftsquelle verlangt. Der Katalog des § 49 EStG ist daher notwendig lückenhaft. Besonders deutlich wird dies bei § 49 Abs. 1 Nr. 5 Buchst. c Doppelbuchst. aa EStG.[60] Anders als bei § 20 Abs. 1 Nr. 5 und 7 EStG unterliegen beispielsweise gewöhnliche Darlehenszinsen nur der beschränkten Steuerpflicht, wenn das Kapitalvermögen durch inländischen Grundbesitz und damit dinglich besichert ist. Auch im Bereich der gewerblichen Einkünfte bestehen erhebliche Lücken, so etwa bei Dienstleistungen, die von Steuerausländern im Inland erbracht werden, ohne dass eine inländische Betriebsstätte begründet wird.[61]

29   Zu beachten ist, dass sich die Katalogtatbestände der §§ 34d und 49 EStG nicht in allen Einzelheiten entsprechen. Sie sind auch nicht in Abgrenzung

---

[55] Zum „genuine link"-Erfordernis *Haase,* Internationales und Europäisches Steuerrecht, Rn. 18 sowie ausführlich *Schaumburg,* Internationales Steuerrecht, Rn. 3.13 m. w. N.
[56] Dazu *Mössner* in FS-Flick S. 939, 948 f.
[57] Treffend *Schaumburg,* Internationales Steuerrecht, Rn. 5.99.
[58] Kritik daran (mangels einer einheitlichen gesetzgeberischen Wertung) u. a. bei *Schaumburg,* Internationales Steuerrecht, Rn. 5.128 sowie bei *Lüdicke* DStR 2008, Beihefter 17, S. 27.
[59] So BFH 28.1.2005 – I R 73/02, BStBl. II 2005, 550 ff.
[60] Kritik an weiteren Besteuerungslücken insbesondere bei Einkünften aus Gewerbebetrieb bei *Schaumburg,* Internationales Steuerrecht, Rn. 5.129 und mit weiteren Beispielen in Rn. 5.140.
[61] Zu neueren Entwicklungen bei Dienstleistungsbetriebsstätten im internationalen Kontext vgl. Haase/Haase DBA/AStG Art. 5 OECD-MA Rn. 41 ff.

zueinander definiert.⁶² § 49 EStG ist zumindest wesentlich detaillierter ausgestaltet als § 34d EStG, weil er eine **grundlegend andere Funktion** erfüllt. Über § 49 EStG kann die Bundesrepublik Deutschland ihren Besteuerungsanspruch gegenüber anderen Staaten ausdehnen, während ihr über eine großzügigere Definition ausländischer Einkünfte Besteuerungssubstrat verloren ginge, weil über § 34c EStG auf diese Weise die Steueranrechnungsmöglichkeiten erweitert würden.⁶³ Ob sich die Ansicht von *Wied*,⁶⁴ die Vorschrift des § 34d EStG ginge in ihrer Reichweite zum Zwecke der Vermeidung oder Milderung der Doppelbesteuerung über § 49 EStG hinaus, noch halten lässt, darf jedenfalls bezweifelt werden. Jedenfalls ist § 49 EStG im Laufe der Zeit durch den Gesetzgeber immer weiter ausgedehnt worden.⁶⁵

Wie bei § 34d EStG hat der Gesetzgeber auch im Rahmen des § 49 EStG einen **Vorrang** bestimmter Einkunftsarten angeordnet, der sich entweder aus der jeweiligen Vorschrift selbst oder der allgemeinen Gesetzessystematik ergibt. So geht beispielsweise § 49 Abs. 1 Nr. 2 Buchst. a EStG den Buchstaben b–d sowie f und g der Vorschrift vor. Zugleich wird etwa in § 49 Abs. 1 Nr. 2 Buchst, d EStG der Vorrang der Nr. 3 und 4 des § 49 EStG angeordnet, und schließlich fungieren § 49 Abs. 1 Nr. 9 und 10 EStG als Auffangvorschriften.⁶⁶ Zusätzlich gelten – wie bei rein inländischen Sachverhalten – die allgemeinen Regeln der §§ 20 Abs. 8, 21 Abs. 3, 22 Nr. 3 und 23 Abs. 2 Satz 1 EStG (Subsidiarität der Überschusseinkünfte), sofern sie nicht durch die **isolierende Betrachtungsweise** nach § 49 Abs. 2 EStG suspendiert werden. Außerhalb dieser Regeln schließen sich die einzelnen Tatbestände des § 49 EStG gegenseitig aus.⁶⁷

b) Isolierende Betrachtungsweise (§ 49 Abs. 2 EStG)

Bei rein inländischen Sachverhalten stellt die Einteilung in die verschiedenen Einkunftsarten gemäß den §§ 2 Abs. 1 Satz 1, 13 ff. EStG sicher, dass Einkünfte stets exakt nach einer bestimmten Einkunftsart besteuert werden. Hierfür bedient sich das Gesetz unterschiedlicher Mechanismen. So schließen sich manche Einkunftsarten bereits tatbestandlich aus (vgl. etwa die Abgrenzungsregel des § 15 Abs. 2 Satz 1 EStG für Einkünfte aus Gewerbebetrieb von den anderen **Gewinneinkunftsarten**). Andere Einkunftsarten dienen als Auffangtatbestände (vgl. etwa § 22 Nr. 1 EStG: „… soweit sie nicht zu den in *§ 2 Abs. 1 Nr. 1 bis 6 bezeichneten Einkunftsarten gehören …*"). Und schließlich statuiert der Gesetzgeber in den §§ 20 Abs. 8, 21 Abs. 3, 22 Nr. 3 und 23 Abs. 2 EStG das Prinzip der sog. **Subsidiarität der Überschusseinkünfte**.⁶⁸

Man mag zwar im Einzelfall über die Subsumtion eines bestimmten Steuersachverhalts unter die Einkunftstatbestände streiten, und im Einzelfall mögen auch mehrere Einkunftstatbestände gleichzeitig erfüllt sein. Die verschie-

---

⁶² Zutreffend *Lüdicke* in FS-Fischer S. 731, 736.
⁶³ Dazu speziell für den Betriebsstättenfall des § 49 Abs. 1 Nr. 2 Buchstabe a EStG auch Haase/*Haase* Art. 5 OECD-MA Rn. 2.
⁶⁴ In Blümich/*Wied* § 49 EStG Rn. 27.
⁶⁵ So auch *Lüdicke* DStR-Beihefter 2008 Heft 17 S. 25 und 27.
⁶⁶ Zur Funktion der Auffangvorschrift Korn/*Strunk* § 49 EStG Rn. 227.
⁶⁷ Vgl. allgemein auch Blümich/*Wied* § 49 EStG Rn. 34.
⁶⁸ Dazu bereits *Birk*, Steuerrecht, Rn. 762.

denen Einkunftsarten aber stehen in einem gesetzlich klar angeordneten **Rangverhältnis**[69] mit der Folge, dass die konkrete Besteuerung stets nach nur einer Einkunftsart vorzunehmen ist. Diese Systematik und insbesondere das Prinzip der Subsidiarität der Überschusseinkünfte (§§ 20 Abs. 8, 21 Abs. 3, 22 Nr. 3 und 23 Abs. 2 EStG), das für den Vorrang der Einkünfte aus Gewerbebetrieb gemäß § 15 EStG ursächlich ist, führen im Anwendungsbereich des § 49 EStG zu besonderen Problemen:

Beispiel:

33 Der Einzelgewerbetreibende X (Wohnsitz und gewöhnlicher Aufenthalt im ausländischen Staat A) hält im **Betriebsvermögen** seines ausländischen Gewerbebetriebs ein in Hamburg belegenes Grundstück, welches gegen Zahlung eines Mietzinses an den im Inland wohnenden Y vermietet ist. Das Grundstück dient X nur als Geldanlage, eine weitere Verbindung zu seinem ausländischen Gewerbebetrieb besteht nicht. Bei der Beurteilung dieses Sachverhalts sind für die Untersuchung der Frage, ob X inländische Einkünfte im Sinne des § 49 EStG bezieht, im Grundsatz im Inland und im Ausland gegebene Tatbestandsmerkmale zu berücksichtigen.[70]

34 Dies führt zu folgendem Ergebnis: Wegen § 21 Abs. 3 EStG erzielt X (ebenso wie bei einem rein inländischen Sachverhalt) Einkünfte aus Gewerbebetrieb gemäß § 15 EStG. Für gewerbliche Einkünfte gilt ausschließlich § 49 Abs. 1 Nr. 2 EStG, nicht hingegen § 49 Abs. 1 Nr. 6 EStG, der sich auf Einkünfte aus Vermietung und Verpachtung im Sinne des § 21 EStG bezieht. § 49 Abs. 1 Nr. 2 EStG aber ist vorliegend nicht einschlägig. Buchstabe a greift nicht Platz, weil das Grundstück in casu **keine Betriebsstätte** des Gewerbebetriebs darstellt,[71] und die anderen Buchstaben sind ersichtlich nicht einschlägig. X ist daher an sich nicht beschränkt steuerpflichtig gemäß § 1 Abs. 4 EStG, weil der Katalog des § 49 EStG abschließend ist und keiner seiner Tatbestände erfüllt ist. Dieses Ergebnis ist nicht sachgerecht. Zum einen könnten Steuerpflichtige durch Gestaltungen leicht die beschränkte Steuerpflicht umgehen, zum anderen werden allein aufgrund der **Subsidiaritätsregeln** bzw. der Tatsache, dass bestimmte Besteuerungsmerkmale im Ausland verwirklicht worden sind (vorliegend das Merkmal der Gewerblichkeit bzw. genauer der Umstand, dass das Grundstück zu einem ausländischen Gewerbebetrieb gehört), Sachverhalte nicht in die beschränkte Steuerpflicht einbezogen, die ohne diese Regeln nach § 49 EStG ohne weiteres besteuert werden könnten (vorliegend nach § 49 Abs. 1 Nr. 6 EStG).

35 Hier setzt § 49 Abs. 2 EStG an (sog. **isolierende Betrachtungsweise**).[72] Die von ihrem Wortlaut her nicht eben eingängige Norm besagt lediglich,

---

[69] Korn/*Strunk* § 49 EStG Rn. 232.
[70] Korn/*Strunk* § 49 EStG Rn. 233.
[71] Reine Vermietungstätigkeiten führen, auch wenn sie im Rahmen eines Gewerbebetriebs ausgeübt werden, i. d. R. nicht zur Annahme einer Betriebsstätte i. S. d. § 12 AO bzw. einer dem Art. 5 OECD-MA entsprechenden Norm. Anders kann es sich verhalten, wenn seitens des Vermieters Sonderleistungen erbracht werden oder ein ständiger Vertreter bestellt ist, vgl. statt vieler BFH 7.8.2002 – I R 10/01, BStBl. II 2002, 848 ff., Tz. 8 OECD-MK zu Art. 5 OECD-MA sowie die Nachweise bei *Töben/Lohbeck/Fischer* FR 2009, 151 sowie bei *Töben/Lohbeck* in FS 10 Jahre Pöllath + Partners, 2008 S. 211.
[72] Ausführlich und grundlegend aus jüngerer Zeit *Morgenthaler* in FS-Krawitz S. 275 ff.; ebenso *Mössner* in FS-Flick, 939 ff.; *Coenen*, Isolierende Betrachtungsweise, 2004; *Gosch* in FS-Wassermeyer, 263 ff.

§ 8 Besonderheiten bei Auslandsbezug

dass im Ausland verwirklichte Besteuerungsmerkmale nicht zu berücksichtigen sind, wenn für den Fall ihrer Berücksichtigung „an sich" keine inländischen Einkünfte im Sinne des § 49 Abs. 1 EStG gegeben wären. Die Subsumtion unter die einzelnen Tatbestände des § 49 Abs. 1 EStG ist also nur anhand der im Inland verwirklichten Besteuerungsmerkmale vorzunehmen.[73] Die isolierende Betrachtungsweise reduziert damit lediglich den bei der beschränkten Steuerpflicht erforderlichen Inlandsbezug, eine inhaltliche Umqualifizierung von Einkünften wird durch § 49 Abs. 2 EStG ebenso wenig bewirkt[74] wie eine Erweiterung des Katalogs der inländischen Einkünfte. Die isolierende Betrachtungsweise („isoliert betrachtet" in diesem Sinne werden die im Inland verwirklichten Besteuerungsmerkmale) verhindert lediglich, dass (Überschuss-)Einkünfte unbesteuert bleiben, die ohne die zwingende Subsidiarität gegenüber den Gewinneinkunftsarten nach § 49 EStG besteuert werden könnten.[75]

Beispiel: 36
Im Beispielsfall unter → Rn. 33 erzielt X daher wegen § 49 Abs. 2 EStG inländische Einkünfte im Sinne des § 49 Abs. 1 Nr. 6 EStG (nunmehr auch spezialgesetzlich geregelt in Abs. 1 Nr. 2 Buchst. f). Unklar bleibt die Bedeutung des in § 49 Abs. 2 EStG verwendeten Begriffs „Besteuerungsmerkmal", der **keine gesetzliche Definition** erfährt. Der Begriff ist nicht im strengen Sinne als Tatbestandsmerkmal, sondern allgemein als Teil des Sachverhalts zu verstehen, der für den jeweiligen Besteuerungstatbestand bedeutsam ist. Es kann sich bei Besteuerungsmerkmalen um im Ausland gegebene Umstände oder Eigenschaften oder im Ausland ausgeübte Tätigkeiten handeln.[76] Im Beispielsfall war das außer Betracht zu lassende, im Ausland verwirklichte Besteuerungsmerkmal jenes der Gewerblichkeit bzw. der Umstand, dass das Grundstück zu einem ausländischen Gewerbebetrieb gehört.

Die Anwendung der isolierenden Betrachtungsweise setzt danach zweierlei 37 voraus:[77] Erstens müssen bestimmte Einkünfte unter mehr als eine der Einkunftsarten im Sinne des § 2 Abs. 1 Satz 1 EStG subsumiert werden können, und zweitens muss eine Subsidiaritätsregel bewirken, dass die eigentlich gegebene Einkunftsart wegen des stärkeren Auslandsbezuges nicht zu einer beschränkten Steuerpflicht führt. § 49 Abs. 2 EStG ersetzt hingegen nicht etwaige nicht gegebene inländische Besteuerungsmerkmale im Sinne des §§ 13 ff. EStG[78] und ist auch nicht anwendbar, wenn ein bestimmter Besteuerungssachverhalt und die sich daraus ergebenden Einkünfte isoliert betrachtet (d.h. nach Anwendung des § 49 Abs. 2 EStG) nicht eindeutig einer bestimmten Überschusseinkunftsart zugeordnet werden können.[79] Die Grundsätze der

---

[73] Blümich/Wied § 49 EStG Rn. 31; Korn/Strunk § 49 Rn. 233 f.; Frotscher, Internationales Steuerrecht, 4. Aufl. 2015 Rn. 111; Kirchhof/Gosch § 49 EStG Rn. 161.
[74] Vgl. dazu BFH 1.12.1982 – I B 11/82, BStBl. II 1983, 367 f. im Gliederungspunkt 2. b der Gründe.
[75] Korn/Strunk § 49 EStG Rn. 235.
[76] Vgl. zum Ganzen die Nachweise bei Korn/Strunk § 49 EStG Rn. 236.
[77] Dazu Reith, Internationales Steuerrecht, 2004 Rn. 13.11; zur systematischen Prüfungsreihenfolge ebenso Frotscher, Internationales Steuerrecht, 4. Aufl. 2015 Rn. 111.
[78] Zur partiell steuerbegründenden Wirkung der isolierenden Betrachtungsweise in den Fällen der Liebhaberei vgl. die Nachweise bei Kirchhof/Gosch § 49 EStG Rn. 162.
[79] Korn/Strunk (Hrsg.) § 49 EStG Rn. 241; Kirchhof/Gosch § 49 EStG Rn. 162 f.

isolierenden Betrachtungsweise sind nach der Rechtsprechung des BFH auch umkehrbar. Diese sog. **umgekehrte isolierende Betrachtungsweise** hat ihren Anwendungsbereich dann insbesondere im Hinblick auf die Anrechnung ausländischer Steuern, wenn „an sich" keine ausländischen Einkünfte i. S. d. § 34d EStG gegeben wären.[80]

c) Die einzelnen Tatbestände des § 49 EStG

aa) § 49 Abs. 1 Nr. 2 Buchst. a EStG

38 aaa) **Allgemeines.** Einkünfte aus Gewerbebetrieb (§ 15 EStG) sind im Rahmen des enumerativen Katalogs des § 2 Abs. 2 Satz 1 EStG die **zentrale Einkunftsart**.[81] Dies zeigt sich auch an der systematischen Stellung der gewerblichen Einkünfte im Rahmen der beschränkten Steuerpflicht, weil die Einkünfte gemäß § 49 Abs. 1 Nr. 2 EStG, wie es sich aus der Gesetzessystematik ergibt, den anderen Nummern des Tatbestands vorgehen. Vor diesem Hintergrund ist die Betriebsstätte (§ 12 AO) im nationalen deutschen Steuerrecht der wichtigste steuerliche Anknüpfungspunkt für gewerbliche Einkünfte (Verwirklichung des Betriebsstättenprinzips).[82] Dies gilt insbesondere für den hier interessierenden **Inbound-Fall** (Steuerausländer mit inländischer Betriebsstätte), weil dann primär das Vorliegen oder Nichtvorliegen einer Betriebsstätte über das Vorliegen oder Nichtvorliegen inländischer gewerblicher Einkünfte i. S. d. § 49 Abs. 1 Nr. 2 Buchst. a EStG entscheidet. Und schließlich gilt dies auch für **Dreieckssachverhalte mit Inlandsbezug** (Steuerausländer mit inländischer Betriebsstätte, der steuerlich Einkünfte aus Immobilien aus einem weiteren Staat zugerechnet werden), wie die Regelung des § 50 Abs. 3 EStG verdeutlicht. In allen genannten Fällen gilt, dass die Begründung der beschränkten Steuerpflicht nach § 138 Abs. 1 AO **anzeigepflichtig** ist.

39 Im Hinblick auf Erträge aus Immobilien kommt § 49 Abs. 1 Nr. 2 Buchst. a EStG immer dann zum Tragen, wenn der betrachtete Steuerausländer (der beschränkt Steuerpflichtige) gewerbliche Einkünfte i. S. d. § 15 EStG erzielt (etwa Kapitalgesellschaften, Einzelgewerbetreibende oder die Gesellschafter gewerblicher bzw. gewerblich geprägter oder infizierter Personengesellschaften) und für den Gewerbebetrieb im Inland eine **Betriebsstätte** i. S. d. § 12 AO unterhalten wird bzw. ein **ständiger Vertreter** i. S. d. § 13 AO bestellt ist. Sodann muss als weitere Voraussetzung hinzu kommen, dass in dieser Betriebsstätte bzw. über diese Betriebsstätte oder über diesen ständigen Vertreter Vergütungen für die Vermietung oder Verpachtung von Immobilien vereinnahmt werden.[83]

---

[80] BFH 9.4.1997 – I R 178/94, BStBl. II 1997, 657.
[81] Enger mit Eingrenzung auf den gewerblichen Bereich *Schaumburg*, Internationales Steuerrecht, 3. Aufl. 2011 Rn. 5.141.
[82] *Schaumburg*, Internationales Steuerrecht, Rn. 5.141; speziell zu den Änderungen im Bereich der Betriebsstättenbesteuerung durch das JStG 2009 *Schmidt/Heinz* IStR 2009, 43 und *Beinert/Benecke* Ubg 2009, 169.
[83] Im Unterschied zu § 49 Abs. 1 Nr. 6 EStG ist hier die Vereinnahmung von Vergütungen in einer inländischen Betriebsstätte erforderlich, aber auch ausreichend; vgl. auch zu den systematisch kaum begründbaren unterschiedlichen Anknüpfungspunkten in § 49 Abs. 1 Nr. 6 EStG kritisch *Lüdicke* DStR-Beihefter 2008 Heft 17 S. 27.

§ 49 Abs. 1 Nr. 2 Buchst. a EStG nennt die **Betriebsstätte** und den **ständigen Vertreter** als Anknüpfungspunkte für die Begründung der beschränkten Steuerpflicht in Bezug auf gewerbliche Einkünfte. Beide Begriffe (vor allem die Betriebsstätte) sind zentral für das deutsche internationale Steuerrecht. Auf die einschlägigen Kommentierungen wird verwiesen, so dass im Folgenden nur die Grundzüge erläutert werden. Dies gilt auch deshalb, weil die Erträge aus Vermietung und Verpachtung, die in einer inländischen Betriebsstätte erzielt werden, sich in ihrer steuerlichen Behandlung nicht von anderen gewerblichen Einkünften unterscheiden, die in einer inländischen Betriebsstätte erzielt werden. In Bezug auf Erträge aus Immobilien weist daher § 49 Abs. 1 Nr. 2 Buchst. a EStG keine steuerlichen Besonderheiten auf. 40

bbb) Betriebsstätte (§ 12 AO). Für das nationale Ertragsteuerrecht gilt allein die **Betriebsstättendefinition des § 12 AO.** Das abweichende Betriebsstättenverständnis im Rahmen der §§ 4 Abs. 5 Nr. 6,[84] 41 Abs. 2 EStG ist nicht entscheidend und trägt allein der Besonderheit der dort geregelten Einzelfälle Rechnung. Die Grundregel für die Betriebsstätte findet sich in § 12 Satz 1 AO. Danach ist unter einer Betriebsstätte jede feste Geschäftseinrichtung oder Anlage zu verstehen, der Tätigkeit eines Unternehmens dient. Im Satz 2 der Norm folgen sodann Regelbeispiele, in denen das Gesetz ohne weiteres von einer Betriebsstätte ausgeht. Aus dem Wort „insbesondere" ist aber ersichtlich, dass dieser Betriebsstättenkanon nicht abschließend ist. Auch andere als die explizit im Satz 2 genannten Geschäftseinrichtungen können Betriebsstätten sein. Umgekehrt stellen die **Regelbeispiele** zuweilen Voraussetzungen für eine Betriebsstätte auf, die in § 12 Satz 1 AO nicht genannt sind (die Sechs-Monats-Frist des § 12 Satz 2 Nr. 8 AO etwa findet sich im Satz 1 der Norm nicht wieder). Und schließlich nehmen die Regelbeispiele die Anforderungen an eine Betriebsstätte gegenüber § 12 Satz 1 AO manchmal auch zurück (§ 12 Satz 2 Nr. 8 AO verzichtet offensichtlich auf eine feste Geschäftseinrichtung oder Anlage: „... örtlich fortschreitende oder schwimmende ..."). 41

Das Zusammenspiel von Satz 1 und Satz 1 des § 12 AO[85] ist dahingehend zu verstehen, dass jede Prüfung, ob eine Betriebsstätte vorliegt, mit dem Grundsatz des § 12 Satz 1 AO zu beginnen hat. Im Rahmen der Auslegung dieser Norm gewinnen die Regelbeispiele des Satzes 2 eine **indizielle Bedeutung.** Es müssen daher im Einzelfall auch nicht sämtliche Tatbestandsmerkmale des Satzes 1 erfüllt sein, solange ausdrücklich ein Anwendungsfall des Satzes 2 gegeben ist. Innerhalb des Satzes 2 wiederum sind die tatbestandlichen Erweiterungen etwa der Nr. 8 auch auf andere Regelbeispiele übertragbar.[86] Die Beurteilung von Betriebsstätten seitens der Finanzverwaltung nebst den damit zusammenhängenden praktischen Problemen ist im **Betriebsstättenerlass**[87] niedergelegt. 42

Für eine Betriebsstätte ist ein **Mindestmaß an sachlichem Substrat** erforderlich, weil sonst kein hinreichender steuerlicher Anknüpfungspunkt be- 43

---

[84] BFH 13.7.1989 – IV R 55/88, BStBl. II 1990, 23.
[85] Klein/*Klein* § 12 AO Rn. 1; Koenig/*Koenig*, § 12 AO Rn. 5.
[86] BFH 28.7.1993 – I R 15/93, BStBl. II 1994, 148.
[87] BMF 24.12.1999, BStBl. I 1999, 1076.

steht. Dieses sachliche Substrat wird i. d. R. durch eine Geschäftseinrichtung oder Anlage begründet. Unter einer Geschäftseinrichtung ist jeder körperliche Gegenstand (Sachen im Sinne des § 90 BGB) und jede Bündelung von Sachen (sog. **Sachgesamtheit**) zu verstehen, die bestimmt und geeignet sind, die Grundlage für eine Unternehmenstätigkeit zu bilden.[88] Die Geschäftseinrichtung muss keinen besonderen baulichen Vorgaben entsprechen. Sie kann überirdisch oder unterirdisch angesiedelt sein, eine vollständige räumliche Umschlossenheit wird nicht gefordert. Auch Personal ist keine Voraussetzung.[89] Daher sind neben ganzen Fabrikationsstätten und Gebäuden auch einzelne Zimmer, Zelte, Bau- und Lagerplätze, Bergwerke, Ölpipelines und Maschinen zu den Betriebsstätten zu rechnen. Bereits ein leihweise zur Verfügung gestellter Schreibtisch mit Telefon in einem dem Unternehmer nicht gehörenden Gebäude kann u. U. eine Betriebsstätte begründen.

44 Die zivil- oder öffentlich-rechtliche Zulässigkeit der Geschäftseinrichtung oder Anlage ist für das Steuerrecht nicht maßgebend (§ 40 AO). Auch ist es unerheblich, ob die Geschäftseinrichtung isoliert als Geschäftsbetrieb lebensfähig wäre, wenn sie nur eine unselbstständige Teilfunktion im Rahmen eines Gesamtbetriebs erfüllt (Beispiel: Pipeline). Das Halten von Unternehmensbeteiligungen und insbesondere das Halten von Kapitalgesellschaftsanteilen reichen nach der Rechtsprechung für die Begründung einer Betriebsstätte hingegen nicht aus. Kapitalgesellschaftsanteile vermitteln kein sachliches Substrat, es mangelt ihnen an der erforderlichen **Sacheigenschaft**.[90]

45 Die Anlage von der **Geschäftseinrichtung** abzugrenzen, ist angesichts fehlender gesetzlicher Differenzierungen im Ausgangspunkt schwierig und zugleich meist nicht erforderlich.[91] Das Gesetz behandelt die Anlage offenbar als Unterfall der Geschäftseinrichtung. Unterschiede in der materiellen Besteuerung indes sind nicht erkennbar. Das Tatbestandsmerkmal „fest" des § 12 Satz 1 AO hingegen lässt sich mit den Stichworten Ortsbezogenheit und Dauerhaftigkeit kennzeichnen.[92] Für eine feste Geschäftseinrichtung besteht die Voraussetzung, dass die Einrichtung eine Verbindung zu einem bestimmten Teil der Erdoberfläche aufweist und dass diese Verbindung von gewisser Dauer ist.[93] Eine mechanische oder eine nicht mehr zu entfernende Fixierung ist nicht notwendig, auch transportable Einrichtungen wie beispielsweise Marktstände von Schaustellern genügen, sofern die Einrichtungen nur in regelmäßigen Abständen an derselben Stelle errichtet werden.[94]

46 Was die Dauer der **örtlichen Verbindung** anbelangt, macht § 12 Satz 1 AO keine weiteren Vorgaben. Die wohl h. M. wendet die Sechs-Monats-Frist des § 12 Satz 2 Nr. 8 AO bzw. des § 9 Satz 2 AO auch im Rahmen des Satzes 1 an, so dass eine Geschäftseinrichtung immer dann auf Dauer angelegt

---

[88] BFH 3.2.1993 – I R 80, 81/91, BStBl. II 1993, 462; BMF 24.12.1999, BStBl. I 1999, 1076, Tz 1.1.1.1 und 1.2.1.1.
[89] Klein/*Klein* § 12 AO Rn. 2 und 9; Koenig/*Koenig* § 12 AO Rn. 6.
[90] BFH 7.12.1994 – I K 1/93, BStBl. II 1995, 175.
[91] BFH 3.2.1993 – I R 80, 81/91, BStBl. II 1993, 462.
[92] BMF 24.12.1999, BStBl. I 1999, 1076, Tz 1.1.1.1.
[93] *Frotscher*, Internationales Steuerrecht, 4. Aufl. 2015 Rn. 265.
[94] Koenig/*Koenig*, § 12 AO Rn. 10 und 13 m. w. N.

§ 8 Besonderheiten bei Auslandsbezug

ist, wenn sie länger als sechs Monate besteht.[95] Bei darunter liegenden Zeitspannen kommt es auf den Einzelfall an. Nur für eine Veranstaltung anreisende Berufssportler z.B. begründen im Inland keine Betriebsstätte. Die Rechtsprechung berücksichtigt zum Teil auch die Intention des Steuerpflichtigen und geht nicht von einer Betriebsstätte aus, wenn der Unternehmer die Geschäftseinrichtung a priori nur für kurze Zeit nutzen möchte.[96]

Nach § 12 Satz 1 HS 2 AO muss die feste Geschäftseinrichtung oder Anlage der Tätigkeit eines Unternehmens dienen. Es gilt der aus § 2 Abs. 1 UStG bekannte **Unternehmensbegriff**. Aus dem Gesetzeswortlaut ist nicht abzuleiten, dass es sich um ein gewerbliches Unternehmen handeln muss. Deshalb können auch selbstständig Tätige im Sinne des § 18 EStG oder Unternehmen der Land- und Forstwirtschaft im Sinne des § 13 EStG Betriebsstätten begründen. Lediglich vermögensverwaltende Tätigkeiten werden nach h.M. vom Unternehmensbegriff nicht erfasst.[97] Weiterhin wird aus der Formulierung in § 12 Satz 1 HS 2 AO deutlich, dass ein Unternehmen **mehrere Betriebsstätten** unterhalten kann. Bei der Gewerbesteuer mit Betriebsstätten in verschiedenen Gemeinden erlangt dies auch national eine besondere Bedeutung, der Grundsatz gilt aber auch international. Der Gegenbegriff zur Betriebsstätte ist das sog. **Stammhaus**. Mit diesem Begriff wird – obgleich er in den Steuergesetzen nicht definiert ist – in der Terminologie des Internationalen Steuerrechts der Ort des Unternehmens bezeichnet, an dem die Oberleitung aller zum Unternehmen gehörenden Betriebsstätten angesiedelt ist.[98] Damit ist der Ort der Geschäftsleitung im Sinne des § 10 AO gemeint, was aber nichts an der Tatsache ändert, dass auch das Stammhaus eines Unternehmens eine Betriebsstätte – und sei es auch nur eine Geschäftsleitungsbetriebsstätte – im Sinne des § 12 AO begründet.

Eine Geschäftseinrichtung oder Anlage kann dem Unternehmen nur dienen, wenn der Unternehmer über die Einrichtung eine nicht nur **vorübergehende Verfügungsmacht** (ungeschriebenes Tatbestandsmerkmal) hat. Dies erfordert eine Rechtsposition, die dem Unternehmer nicht ohne weiteres entzogen werden kann.[99] Auf welchem Rechtsgrund die Rechtsposition beruht, ist unerheblich. Neben dem Eigentum genügen dingliche und schuldrechtliche Nutzungsrechte, sofern wenigstens ein Recht zum unmittelbaren Besitz im Sinne des § 854 BGB eingeräumt wird.

Die alleinige Verfügungsmöglichkeit ist keine zwingende Voraussetzung; ein Gleiches gilt für die Entgeltlichkeit der Nutzungseinräumung sowie die Frage, ob die Nutzungsmöglichkeit für Dritte erkennbar sein muss. Selbst eine von Dritten nur geduldete, rein tatsächliche Nutzung durch den Unternehmer ist ausreichend.[100] Neben der **rechtlichen Verfügungsmacht** muss

---

[95] *Tipke/Kruse/Drüen* § 12 AO Rn. 23; *Klein/Gersch* § 12 AO Rn. 1; *Koenig/Koenig* § 12 AO Rn. 10.
[96] BFH 22.9.1993 – X R 48/92, BStBl. II 1994, 107; umgekehrt kann auch die Planung des Steuerpflichtigen, eine Einrichtung mehr als sechs Monate zu nutzen, bereits zu einer Betriebsstätte führen, vgl. BFH 19.5.1993 – I R 80/92, BStBl. II 1993, 655.
[97] *Klein/Gersch* § 12 AO Rn. 5; *Koenig/Koenig* § 12 AO Rn. 17.
[98] BMF 24.12.1999, BStBl I 1999, 1076, Tz 3.4.1.
[99] BFH 16.5.1990 – I R 113/87, BStBl. II 1990, 983.
[100] *Tipke/Kruse/Drüen* § 12 AO Rn. 11 ff.

der Unternehmer die Einrichtung jedoch auch **rein faktisch** für eine bestimmte Dauer zu unternehmerischen Zwecken verwenden.[101] Mit „unternehmerischen Zwecken" sind ausschließlich **eigenbetriebliche Zwecke** gemeint. Eine bestimmte Art von Tätigkeiten, für die die Einrichtung verwendet werden müsste, schreibt das Gesetz nicht vor. Es genügt daher jede Art von kaufmännischen, technischen und sonstigen Tätigkeiten, die auch der Erfüllung von Nebenzwecken und Hilfsfunktionen dienen können.[102]

50 Vor dem Hintergrund dieser Grundregel des § 12 Satz 1 AO nehmen sich die Regelbeispiele des § 12 Satz 2 AO wie folgt aus, wobei in Bezug auf Immobilien nur die ersten drei Regelbeispiele sowie das achte Regelbeispiel von praktischer Bedeutung sind: § 12 Abs. 1 Satz 2 Nr. 1 AO erklärt die Stätte der Geschäftsleitung zu einer Betriebsstätte. Damit wird Bezug genommen auf § 10 AO. Am Ort der Geschäftsleitung besteht also stets eine Betriebsstätte im steuerrechtlichen Sinne (sog. **Geschäftsleitungsbetriebsstätte**), während der statutarische Sitz (§ 11 AO) nicht per se betriebsstättenbegründend wirkt. Nach der Rechtsprechung des BFH ist für eine Geschäftsleitungsbetriebsstätte weder eine feste Geschäftseinrichtung noch eine im Betriebsvermögen befindliche Geschäftseinrichtung erforderlich.[103]

> **Praxishinweis:**
> Für die Praxis ist zu beachten, dass insbesondere inländische Kommanditgesellschaften in der Rechtsform einer GmbH & Co. KG dann keine Betriebsstätte für den ausländischen Gesellschafter der KG vermitteln, wenn der Komplementär im Ausland ansässig ist und die KG einer reinen Vermietungstätigkeit nachgeht.

51 § 12 Abs. 1 Satz 2 Nr. 2 AO bestimmt, **Zweigniederlassungen** als Betriebsstätten anzusehen sind. Der Begriff ist grundsätzlich im Lichte der §§ 13 ff. HGB zu verstehen, jedoch hat auch eine Eintragung einer Zweigniederlassung in das Handelsregister nur eine widerlegliche Vermutung im Rahmen der Beantwortung der Frage nach dem Vorliegen einer Betriebsstätte zur Folge.[104] Ist umgekehrt ein Unternehmensteil aufgrund seiner partiellen Selbstständigkeit gegenüber der Hauptniederlassung objektiv als Zweigniederlassung anzusehen, kommt es folgerichtig nach einer in der Literatur umstrittener, aber m. E. zutreffender Ansicht auf die Eintragung in das Handelsregister nicht an, und es handelt sich gleichwohl aus steuerlicher Sicht um eine Betriebsstätte.[105]

52 § 12 Abs. 1 Satz 2 Nr. 3 AO schließlich erhebt sog. **Geschäftsstellen** in den Rang steuerlicher Betriebsstätten. In einem sehr weiten Verständnis zählt der BFH hierzu alle Einrichtungen, in denen unternehmensbezogene Tätigkeiten ausgeübt werden.[106] Anders als bei den Zweigniederlassungen ist eine organisatorische und wirtschaftliche Selbstständigkeit gegenüber der Haupt-

---

[101] BFH 30.10.1996 – II R 12/92, BStBl. II 1997, 12.
[102] Tipke/Kruse/*Drüen* § 12 AO Rn. 19 f.; Klein/*Gersch* § 12 AO Rn. 6; Koenig/*Koenig* § 12 AO Rn. 19.
[103] BFH 28.7.1993 – I R 15/93, BStBl. II 1994, 148.
[104] BFH 30.1.1981 – III R 116/79, BStBl. II 1981, 560.
[105] *Koenig/Koenig* § 12 AO Rn. 25 m. w. N.; a. A. Tipke/Kruse/*Drüen* § 12 AO Rn. 25.
[106] BFH 10.5.1989 – I R 50/85, BStBl. II 1989, 755.

niederlassung nicht erforderlich, sondern es ist jede Art von betrieblicher Nutzung ausreichend.

Zusammenfassend lässt sich sagen: Für die Anwendung des § 49 Abs. 1 Nr. 2 Buchst. a EStG müssen erstens gewerbliche Einkünfte nach den allgemeinen Regeln vorliegen, und es muss zweitens eine inländische Betriebsstätte bestehen, der drittens eine inländische oder ausländische Immobilie (betrachtet wird in der hier vorliegenden Inbound-Konstellation allein der erstgenannte Fall) zuzurechnen ist. Zentral ist jedenfalls die Erkenntnis, dass eine **inländische Immobilie** alleine – abgesehen vom Sonderfall der Bau- und Montagebetriebsstätte – **keine inländische Betriebsstätte** begründet,[107] so dass das Vorliegen einer inländischen Betriebsstätte nur dann in Betracht kommt, wenn § 12 AO aus anderen Gründen (d. h. ungeachtet der inländischen Immobilie) zu bejahen ist.

ccc) Ständiger Vertreter (§ 13 AO). Nach § 13 Satz 1 AO ist ein **ständiger Vertreter** eine Person, die nachhaltig die Geschäfte eines Unternehmens besorgt und dabei dessen Sachweisungen unterliegt.[108] Satz 2 konkretisiert dahingehend, dass insbesondere eine Person ständiger Vertreter sei, die für ein Unternehmen nachhaltig Verträge abschließt oder vermittelt, Aufträge einholt oder einen Bestand von Gütern und Waren unterhält und davon Auslieferungen vornimmt. Der Vertreter begründet damit offenkundig nicht zwingend ein Vertretungsverhältnis im Sinne des §§ 164 ff. BGB, es reicht (auch ohne rechtsverbindliche Vollmacht) jede Art von nachhaltiger Geschäftsbesorgung aus. Auch kann der Vertreter nach dem offenen Gesetzeswortlaut ein selbständiger (etwa **Kommissionär, Handelsvertreter, Makler**)[109] oder unselbständiger Vertreter sein, solange er eine Tätigkeit „für" das Unternehmen ausübt.[110] Handelt es sich hingegen um eine Tätigkeit des Unternehmens selbst, ist § 12 AO vorrangig zu prüfen. Zentral ist jedenfalls die Voraussetzung, dass der ständige Vertreter **weisungsabhängig** handeln muss.[111]

Umstritten ist, ob der ständige Vertreter im Tätigkeitsstaat selbst eine Betriebsstätte unterhalten muss. Die h. M. verneint dies.[112] Der ständige Vertreter spielt in Bezug auf Erträge aus Immobilien für die Besteuerungspraxis

---

[107] Reine Vermietungstätigkeiten führen, auch wenn sie im Rahmen eines Gewerbebetriebs ausgeübt werden, i. d. R. nicht zur Annahme einer Betriebsstätte i. S. d. § 12 AO bzw. einer dem Art. 5 OECD-MA entsprechenden Norm. Anders kann es sich verhalten, wenn seitens des Vermieters Sonderleistungen erbracht werden oder ein ständiger Vertreter bestellt ist, vgl. statt vieler BFH 7.8.2002 – I R 10/01, BStBl. II 2002, 848 ff., Tz. 8 OECD-MK zu Art. 5 OECD-MA sowie die Nachweise bei *Töben/Lohbeck/Fischer* FR 2009, 151 ff. sowie bei *Töben/Lohbeck* in FS 10 Jahre Pöllath + Partners, 2008 S. 211.
[108] Dazu BMF 24.12.1999, BStBl. I 1999, 1076, Tz 1.2.2.
[109] Die Finanzverwaltung wendet Art. 5 Abs. 6 OECD-MA analog an, vgl. BMF 24.12.1999, BStBl. I 1999, 1076, Tz 1.1.2 (unabhängige bzw. selbständige Vertreter begründen für das vertretene Unternehmen keine Betriebsstätte).
[110] BFH 30.4.1975 – I R 152/73, BStBl. II 1975, 626 (ständiger Vertreter muss Tätigkeiten ausüben, die in den Betrieb des Unternehmens fallen).
[111] Dazu *Schaumburg*, Internationales Steuerrecht, Rn. 5.157 m. w. N.
[112] *Wassermeyer/Kaeser/Schwenke* DBA Art. 5 OECD-MA Rn. 205; BFH 18.12.1990 – X R 82/89, BStBl. II 1991, 395; a. A. RFH 29.6.1934, I A 56/ 33, RStBl. 1934, 1125 und Tz. 32 OECD-MK zu Art. 5 OECD-MA; weitere Nachweise bei *Frotscher*, Internationales Steuerrecht, 4. Aufl. 2015 Rn. 277 f.

keine besondere Rolle. Er kann aber ausnahmsweise relevant werden, wenn ausländische Immobiliengesellschaften inländisches Personal (insbesondere solches mit **Vertragsabschlussvollmacht**) beschäftigen oder wenn inländische Personen rund um die inländische Immobilie besondere Serviceleistungen erbringen.[113]

56 **ddd) Zuordnung der Immobilie zur Betriebsstätte.** Damit § 49 Abs. 1 Nr. 2 Buchst. a EStG erfüllt ist, müssen – neben dem Vorliegen einer inländischen Betriebsstätte – die betrachteten Immobilien dieser Betriebsstätte **funktional zugeordnet** werden können.[114] Dies ist aber auch die einzige Voraussetzung, was im Ergebnis nur bedeutet, dass die Erträge aus den Immobilien (sei es über eine Überlassung, sei es über einen Verkauf) im Betriebsstättenergebnis der inländischen Betriebsstätte vereinnahmt werden müssen. Im Gegensatz zu § 49 Abs. 1 Nr. 6 EStG ist damit keine Verwertung in einer inländischen Betriebsstätte und im Gegensatz zu § 49 Abs. 1 Nr. 9 EStG ist auch keine Nutzung im Inland vorausgesetzt.[115] Praktische Unterschiede zur Verwertung dürften sich jedoch nur selten ergeben.

57 Die Frage der funktionalen Zuordnung stellt sich nicht nur aus abkommensrechtlicher Sicht und auch nicht nur in Bezug auf Immobilien, sondern auch im Rahmen der beschränkten Steuerpflicht in Bezug auf gewerbliche Gewinne. Allein aus dem Vorliegen einer inländischen Betriebsstätte und der gleichzeitigen Zahlung eines Mietzinses für die Überlassung von Immobilien durch einen inländischen Mieter etwa kann nämlich nicht automatisch darauf geschlossen werden, dass die Erträge auch in der inländischen Betriebsstätte erzielt werden. Nach ganz h. M. entfaltet eine Betriebsstätte keine sog. **Attraktivkraft,** die einen solchen Automatismus zur Folge hätte.[116]

58 Bei der Beurteilung der Frage, wann ein Wirtschaftsgut tatsächlich zu einer Betriebsstätte „gehört", ist nach der ständigen BFH-Rechtsprechung, die insbesondere zur Zuordnung von Kapitalgesellschaftsbeteiligungen in **Outbound-Fallgestaltungen**[117] ergangen ist, allein auf die tatsächlichen, nicht auf die rechtlichen Verhältnisse abzustellen.[118] Erforderlich ist ein sog. funktionaler Zusammenhang.[119] Die jüngeren BFH-Urteile hierzu befassten sich mit der speziellen Problematik der Zuordnung von sog. **Drittstaatenbeteili-**

---

[113] BFH 7.8.2002 – I R 10/01, BStBl. II 2002, 848.

[114] Ob die Wirtschaftsgüter im In- oder Ausland belegen sind, spielt hingegen keine Rolle, vgl. *Wassermeyer/Andresen/Ditz* Betriebsstätten Handbuch, Rn. 2.78 und *Roth* in Lüdicke, Zurechnung von Wirtschaftsgütern, S. 87 ff.

[115] Vgl. auch zu den systematisch kaum begründbaren unterschiedlichen Anknüpfungspunkten in § 49 Abs. 1 Nr. 6 und 9 EStG kritisch *Lüdicke* DStR-Beihefter 2008 Heft 17 S. 27.

[116] Vgl. dazu statt vieler *Wassermeyer/Andresen/Ditz* Betriebsstätten Handbuch, Rn. 2.170; ebenso Tz. 5 OECD-MK zu Art. 7 OECD-MA; *Haase,* Internationales und Europäisches Steuerrecht, 4. Aufl. 2014 Rn. 636 m. w. N.

[117] Dazu *Haase/Brändel* Ubg 2010, 859 ff.

[118] Zu den grundsätzlich denkbaren, teilweise inzwischen überholten Zurechnungskriterien im Spiegel der Rechtsprechung vgl. *Suchanek/Herbst* IStR 2007, 630, 623.

[119] Vgl. z. B. das BFH 26.2.1992 – I R 85/91, BStBl. II 1992, 937 sowie Haase/*Gaffron* AStG/DBA Art. 10 OECD-MA Rn. 160 und Vogel/Lehner/*Vogel* Vor Art. 10–12 OECD-MA Rn. 40 unter Hinweis auf den Wortlaut („effectively connected") des OECD-MA.

§ 8 Besonderheiten bei Auslandsbezug

gungen zu ausländischen Personengesellschaften.[120] Vergleichbare Fragestellungen ergeben sich bei der Zuordnung von Kapitalforderungen[121] und von Veräußerungsgewinnen[122] und m.E. auch in dem hier interessierenden Zusammenhang der Zuordnung von Immobilien.

In Outbound-Konstellationen bieten sich der Finanzverwaltung Angriffsmöglichkeiten auf nationaler und auf internationaler Ebene, um die meist angestrebte Steuerfreistellung im Inland zu verhindern: Aus der Abkommenssicht ließen sich die Anforderungen an den sog. **Betriebsstättenvorbehalt**[123] bzw. die **Aktivitätsklausel** erhöhen, oder im Fall einer zunächst erfolgten Zuordnung des Mietzinses zu den Unternehmensgewinnen des Art. 7 OECD-MA könnte man erwägen, den Methodenartikel nicht im Hinblick auf Unternehmensgewinne, sondern gleichwohl auf die diesen zugrunde liegende Miete[124] anzuwenden. Im nationalen Recht verbleibt die Möglichkeit der Prüfung des § 42 AO[125] sowie – in Extremfällen – die Bemühung der sog. **Zentralfunktion des Stammhauses.**[126]

In der hier betrachteten **Inbound-Konstellation** besteht m.E. kein Zweifel, dass die Finanzverwaltung die für den Outbound-Fall aufgestellten Hürden nicht in gleicher Weise anwenden würde. Die Besteuerungspraxis zeigt, dass Sachverhalte, die im Outbound-Fall nicht zu einer funktionalen Zuordnung eines Wirtschaftsguts zu einer ausländischen Betriebsstätte gereichen, im vergleichbaren Inbound-Fall dennoch nicht dazu führen, dass die beschränkte deutsche Steuerpflicht verneint wird. Hier wird offensichtlich mit zweierlei Maß gemessen. M.E. müssen daher die Kriterien, die Rechtsprechung und Finanzverwaltung in Outbound-Konstellationen für die funktionale Zuordnung von Wirtschaftsgütern zu ausländischen Betriebsstätten aufgestellt haben, in gleicher Weise für § 49 Abs. 1 Nr. 2 Buchst. a EStG greifen. Insbesondere der von der Finanzverwaltung behauptete Grundsatz von der Zentralfunktion des Stammhauses muss entsprechend gelten.

eee) Aufwandsabgrenzung. Im Verhältnis zwischen ausländischem Stammhaus und inländischer Betriebsstätte gelten auch vor dem Hintergrund von Erträgen aus Immobilien die **allgemeinen nationalen und abkommensrechtlichen Regelungen,** so dass die folgenden kurzen Ausführungen genügen mögen.

---

[120] BFH 19.12.2007 – I R 66/06, BStBl. II 2008, 510; zum Ganzen *Blumers* DB 2008, 1765, *Schnitger/Bildstein* Ubg 2008, 444, *Früchtl* BB 2008, 1212. sowie Haase/*Haase* AStG/DBA Art. 5 OECD-MA Rn. 40.
[121] Vgl. BFH 17.10.2007 – I R 5/06, BFH/NV 2008, 869.
[122] Vgl. BFH 13.2.2008 – I R 63/06, BFH/NV 2008, 1250.
[123] Dazu näher Haase/*Gaffron* AStG/DBA Art. 10 OECD-MA Rn. 155 ff.
[124] So für Dividenden insbesondere BFH 7.8.2002 – I R 10/01, BStBl. II 2002, 848 und Wassermeyer/*Wassermeyer/Kaeser* Art. 7 OECD-MA Rn. 160; a. A. die h. L., vgl. *Strunk/Kaminski* IStR 2003, 181; *Kleineidam* IStR 2004, 2 sowie die Finanzverwaltung in BMF 16.4.2010, BStBl. I 2010, 354 Tz. 4.1.1.1.1.
[125] Dies vor allem bei der Zuordnung von im Inland eingetragenen Immaterialgüterrechten.
[126] BMF 24.12.1999, BStBl. I 1999, 1076 Tz. 2.4. (Betriebsstätten-Verwaltungsgrundsätze). Diese Grundsätze sind auch im Nicht-DBA-Fall anwendbar, allerdings ist die Behauptung der Zentralfunktion des Stammhauses vor dem Hintergrund des strikteren functionally separate entity approach der OECD m. E. kaum aufrecht zu erhalten.

§ 8 62–64 Teil 4. Nutzungsphase

62 Gelegentlich werden inländischen Betriebsstätten vom ausländischen Stammhaus **Betriebsimmobilien** zur Nutzung überlassen, wobei dann wie auch bei anderen Wirtschaftsgütern zu differenzieren ist: Es können erstens fremde Wirtschaftsgüter oder zweitens erworbene oder selbst erschaffene, mithin eigene Wirtschaftsgüter genutzt werden. Im erstgenannten Fall muss der **Drittaufwand** so zugeordnet werden, wie sich die tatsächliche Nutzung vollzieht, d. h. bei einer ausschließlichen Nutzung in der inländischen Betriebsstätte ist ihr die Immobilie auch vollständig zuzuordnen.[127] Eine Zuordnung von Wirtschaftsgütern bei der nutzenden Betriebsstätte kann danach nur unterbleiben, wenn (1) die Wirtschaftsgüter der Betriebsstätte nur vorübergehend überlassen werden und die Überlassung unter Fremden aufgrund eines Miet-, Pacht- oder ähnlichen Rechtsverhältnisses erfolgt wäre und (2) deren Aufwendungen und Erträge durch ein Aufteilungsverfahren innerhalb des Unternehmens umgelegt werden. Richtigerweise wird man sich hinsichtlich der Beteiligung des ausländischen Stammhauses an den Einkünften der inländischen Betriebsstätte an einer fremdüblichen Miete zu orientieren haben.[128]

bb) § 49 Abs. 1 Nr. 2 Buchst. f EStG

63 **aaa) Allgemeines.** § 49 Abs. 1 Nr. 2 Buchst. f EStG zielte historisch auf Inbound-Steuergestaltungen ausländischer **Immobilienobjektgesellschaften,** die im Inland weder eine Betriebsstätte noch einen ständigen Vertreter unterhielten, bei der Veräußerung von Grundvermögen ab.[129] Seit dem Veranlagungszeitraum 1994 gehören zu den inländischen gewerblichen Einkünften auch Einkünfte aus der Veräußerung von inländischem unbeweglichem Vermögen, von Sachinbegriffen oder Rechten, die im Inland belegen oder in ein inländisches öffentliches Buch oder Register eingetragen sind oder deren Verwertung in einer inländischen Betriebsstätte oder anderen Einrichtung erfolgt.

64 Mit dem JStG 2009[130] wurde der Anwendungsbereich auf Vermietungstätigkeiten ausgeweitet[131] und die Einkünfte aus Gewerbebetrieb damit (nahezu) lückenlos erfasst. Mit der Neufassung des § 49 Abs. 1 Nr. 2 Buchst. f EStG werden die einer gewerblichen Tätigkeit des beschränkt Steuerpflichtigen zuzuordnenden Einkünfte aus der **zeitlich begrenzten Überlassung** von Grundbesitz und Rechten künftig unabhängig von einer inländischen Betriebsstätte oder einem ständigen Vertreter im Inland als gewerbliche Einkünfte besteuert, so dass in solchen Fällen sowohl die laufenden Vermietungseinkünfte als auch der Veräußerungserlös den gleichen Gewinnermittlungsvorschriften unterliegen.[132]

---

[127] BMF 24.12.1999, BStBl. I 1999, 1076, Tz. 2.4.
[128] Wassermeyer/*Wassermeyer/Kaeser* Art. 7 OECD-MA Rn. 250; jetzt auch Blümich/ *Wied* § 49 EStG Rn. 89.
[129] BT-Drs. 12/5630, S. 64; dazu *Töben/Lohbeck/Fischer* FR 2009, 151.
[130] JStG 2009 v. 19.12.2008, BGBl. I 2008, 2794.
[131] BT-Drs. 16/10189, S. 78 (Verhinderung unterschiedlicher Einkunfts(ermittlungs)arten bei einheitlichen wirtschaftlichen Vorgängen).
[132] Zu damit im Zusammenhang stehenden Buchführungspflichten sowie zur Gewinnermittlung vgl. BMF 16.5.2011, IV C 3 – S 2300/08/10014, BStBl. I 2011, 1023.

Im Ergebnis wird durch die Vorschrift die **isolierende Betrachtungsweise** des § 49 Abs. 2 EStG für die genannten Erträge außer Kraft gesetzt,[133] jedoch hat die Vorschrift insgesamt nur einen sehr begrenzten Anwendungsbereich.[134] Die Konkurrenzverhältnisse sind im Hinblick auf § 49 Abs. 1 Nr. 2 Buchst. f EStG im Grundsatz klar geregelt.[135] § 49 Abs. 1 Nr. 2 Buchst. a EStG geht dem Buchstaben f kraft ausdrücklicher gesetzlicher Anordnung vor, und mit § 49 Abs. 1 Nr. 6 EStG kann es schon deshalb keine Schnittmenge geben, weil sich die Norm selbst gegenüber § 49 Abs. 1 Nr. 2 Buchst. f EStG für nachrangig erklärt. § 49 Abs. 1 Nr. 8 EStG schließlich ist wegen § 23 Abs. 2 EStG gegenüber § 49 Abs. 1 Nr. 2 Buchst. f EStG subsidiär.[136]

bbb) Gewerbebetrieb und Fiktion des Gewerbebetriebs. § 49 Abs. 1 Nr. 2 Buchst. f EStG betrifft ausschließlich Einkünfte aus Gewerbebetrieb. Ob ein Gewerbebetrieb vorliegt, ergibt sich insbesondere hinsichtlich der Abgrenzung zu **vermögensverwaltenden Tätigkeiten** aus den allgemeinen steuerlichen Grundsätzen zu § 15 Abs. 2 EStG.[137] Die Grenze zum Gewerbebetrieb wird danach im Grundsatz überschritten, wenn nach dem Gesamtbild der Betätigung die Ausnutzung substanzieller Vermögenswerte durch **Umschichtung** gegenüber der Nutzung von Vermögen im Sinne einer **Fruchtziehung** aus zu erhaltenden Substanzwerten entscheidend in den Vordergrund tritt (Beispiel: **gewerblicher Grundstückshändler**).[138] Die Beurteilung, ob ein Gewerbebetrieb vorliegt, wird allein nach deutschem Steuerrecht vorgenommen, wobei jedoch auch ausländische Sachverhalte in die Beurteilung einzubeziehen sind.[139]

Abgrenzungsschwierigkeiten zwischen Gewerbebetrieb und Vermögensverwaltung treten bezüglich der möglichen Rechtsformen der Steuerpflichtigen danach i.d.R. bei natürlichen Personen (Gewerbetreibenden) und Personengesellschaften auf. Worauf sich bei Letzteren die Gewerblichkeit in Bezug auf die Vermietung oder Veräußerung von Immobilien gründet (d.h. auf eine originär gewerbliche Tätigkeit i.S.d. § 15 Abs. 2 EStG, auf eine gewerbliche Prägung nach § 15 Abs. 3 Nr. 2 EStG oder auf eine gewerbliche Infizierung nach § 15 Abs. 3 Nr. 1 EStG, ist für § 49 Abs. 1 Nr. 2 Buchst. f EStG unerheblich. Für **Kapitalgesellschaften** gilt dies nicht in gleicher Weise. Für sie bestimmt § 49 Abs. 1 Nr. 2 Buchst. f S. 2 EStG, dass als Einkünfte aus Gewerbebetrieb auch die Einkünfte aus Tätigkeiten im Sinne des Buchstabens f gelten,[140] die von einer (beschränkt steuerpflichtigen) Körperschaft im Sinne

---

[133] So treffend *Schaumburg*, Internationales Steuerrecht, Rn. 5.191; ebenso *Bornheim* DStR 1998, 1773, Kirchhof/*Gosch* § 49 EStG Rn. 43 und K/S/M/*Hidien* § 49 EStG Rn. E 664.
[134] Dazu *Schaumburg*, Internationales Steuerrecht, Rn. 5.194.
[135] Vgl. zu den Konkurrenzfragen am Beispiel von Vergütungen für Fernsehübertragungsrechte an Sportveranstaltungen *Schlotter* FR 2010, 651 ff.
[136] Zutreffend Blümich/*Wied* § 49 EStG Rn. 131.
[137] H/H/R/*Pfeffermann* § 49 EStG Rn. 620.
[138] H. M., vgl. nur BFH 17.1.1973 – I R 191/72, BStBl. II 1973, 260; BFH 19.12.1997 – XI R 1/96, BStBl. II 1997, 399.
[139] Kirchhof/*Gosch* § 49 EStG Rn. 62.
[140] Fingiert werden gewerbliche Einkünfte, nicht aber ein gewerblicher Betrieb, vgl. Kirchhof/*Gosch* § 49 EStG Rn. 46; *Huschke/Hartwig* IStR 2008, 745; a. A. möglicherweise H/H/R/*Pfeffermann* § 49 EStG Rn. 634. Entsprechend wäre ohne § 8a Abs. 1 Satz 4 KStG beispielsweise § 4h EStG nicht anwendbar.

des § 2 Nr. 1 KStG erzielt werden, die mit einer Kapitalgesellschaft oder sonstigen juristischen Person im Sinne des § 1 Abs. 1 Nr. 1 bis 3 KStG vergleichbar ist.[141] Die Regelung hat ihren Hauptanwendungsfall für die hier betrachteten Zwecke somit bei ausländischen Immobiliengesellschaften, die (auch) inländische Immobilien verwalten.

68 Die Prüfung der strukturellen Vergleichbarkeit der ausländischen Gesellschaft mit den juristischen Personen im Sinne des § 1 Abs. 1 Nr. 1 bis 3 KStG wird anhand des sog. **Rechtstypenvergleichs**[142] vorgenommen, wie er im deutschen internationalen Steuerrecht üblicherweise angewendet wird. Entscheidend ist sodann allein, dass die ausländische Körperschaft nicht über einen inländischen Sitz (§ 11 AO) oder einen inländischen Ort der Geschäftsleitung (§ 10 AO) verfügen darf.

69 **ccc) Vermietung.** Die Vermietung oder Verpachtung von inländischen Immobilien wird in § 49 Abs. 1 Nr. 2 Buchst. f Doppelbuchst. aa EStG wie bei § 49 Abs. 1 Nr. 6 EStG verstanden.[143] Insofern wird auf die Erläuterungen unter den → Rn. 117ff. verwiesen. Eine Veräußerung i. S. d. § 49 Abs. 1 Nr. 2 Buchst. f Doppelbuchst. bb EStG hingegen wird nach allgemeinen steuerlichen Grundsätzen als entgeltliche **Übertragung des rechtlichen und/oder wirtschaftlichen Eigentums** auf eine andere Person verstanden (Kauf, Tausch, gemischte Schenkung, Einbringung gegen Gewährung von Gesellschaftsrechten).[144] I. E. wird damit bei Veräußerungsgewinnen beschränkt Steuerpflichtiger in systemwidriger Weise auf die auch international übliche Anknüpfung an eine Betriebsstätte verzichtet.[145]

70 Die Frage, wie Veräußerungen von Anteilen an Personengesellschaften, in deren Gesamthandsvermögen Immobilien i. S. d. § 49 Abs. 1 Nr. 2 Buchst. f EStG gehalten werden, behandelt werden, ist m. E. differenziert zu betrachten.[146] Zunächst ist zu konstatieren, dass der veräußernde Gesellschafter im

---

[141] Dazu *Schnitger/Fischer* DB 2008, 598; *Mensching* DStR 2009, 96; *Lindauer/Westphal* BB 2009, 420; *Bron* DB 2009, 592; *Wassermeyer* IStR 2009, 238.
[142] Grundlegend BFH 23.6.1992 – IX R 182/87, BStBl. II 1992, 972. Der Rechtstypenvergleich ist vom RFH in der sog. Venezuela-Entscheidung (RFH 12.2.1930 – VI A 899/27, RStBl. 1930, 444) entwickelt worden. Er wird seit langem inzwischen ganz allgemein bemüht, wenn es um die Einordnung ausländischer Rechtsgebilde in die Kategorien des deutschen Steuerrechts geht. Bei diesen stellt sich stets die der eigentlichen Besteuerung vorgelagerte Frage, ob sie strukturell eher einer deutschen Körperschaft vergleichbar sind und daher ggf. auf sie, nicht aber auf die dahinter stehenden Gesellschafter das KStG zur Anwendung kommt (Trennungsprinzip), oder ob sie eher die Strukturmerkmale einer Personengesellschaft deutscher Prägung aufweisen und daher nicht sie selbst, sondern nur die hinter ihnen stehenden Gesellschafter für eine Besteuerung in Betracht kommen (Transparenzprinzip); zum Rechtstypenvergleich instruktiv statt vieler *Schnittker/Lemaitre* GmbHR 2003, 1314; *Großfeld/Luttermann* IPRax 1993, 229; speziell zum Typenvergleich bei Personengesellschaften *Storck/Selent* RIW 1980, 332; *Lüdicke* StJB 1997/98, 449; *Schnittker* StuW 1994, 39; *Stewen* FR 2007, 1047.
[143] Ausführlich H/H/R/*Pfeffermann* § 49 EStG Rn. 621.
[144] *Schaumburg*, Internationales Steuerrecht, Rn. 5.194; Blümich/*Wied* § 49 EStG Rn. 136. Nicht erfasst sind hingegen Einbringungen in vermögensverwaltende Personengesellschaften und verdeckte Einlagen in Kapitalgesellschaften (vgl. aber etwa § 49 Abs. 1 Nr. 2 Buchst. e EStG).
[145] Kritik daran bereits bei *Lüdicke* DB 1994, 952.
[146] Sehr ungenau hingegen Blümich/*Wied* § 49 EStG Rn. 136.

§ 8 Besonderheiten bei Auslandsbezug   71–73   § 8

Ausland ansässig sein muss, weil sonst kein Fall der beschränkten Steuerpflicht gegeben wäre. Sodann ist zu unterscheiden: Wird ein Anteil an einer inländischen gewerblichen Personengesellschaft veräußert, die in ihrem **Gesamthandsvermögen** Immobilien i. S. d. § 49 Abs. 1 Nr. 2 Buchst. f EStG hält, so ist § 49 Abs. 1 Nr. 2 Buchst. a EStG einschlägig. In allen anderen Konstellationen (inländische vermögensverwaltende Personengesellschaft oder ausländische gewerbliche bzw. vermögensverwaltende Personengesellschaft) kann zumindest auf den ersten Blick § 49 Abs. 1 Nr. 2 Buchst. f EStG zur Anwendung kommen.

Das FG München hat mit inzwischen rechtskräftigem Urteil vom 29.7.2013[147] entschieden, dass der Verkauf von Anteilen an einer inländischen, i. S. d. § 15 Abs. 3 Nr. 2 EStG **gewerblich entprägten Personengesellschaft** mit inländischem Grundbesitz durch eine ausländische Kapitalgesellschaft nicht zu beschränkt steuerpflichtigen Einkünften i. S. d. § 49 EStG führt. Sowohl das Urteil als auch die dazu ergangene Anmerkung geben Anlass zu einigen grundlegenden Bemerkungen. Das FG nennt zunächst die in Betracht kommenden Besteuerungstatbestände: § 49 Abs. 1 Nr. 2 Buchst. a EStG, § 49 Abs. 1 Nr. 2 Buchst. f EStG[148] und § 49 Abs. 1 Nr. 8 EStG. Abgesehen vom letztgenannten Tatbestand, der aufgrund des Sachverhalts ausschied, ist es m. E. fraglich, ob die anderen beiden Tatbestände wirklich aus Rechtsgründen zu verneinen waren. Jedenfalls hätte man sich eine umfassende(re) Auseinandersetzung des FG mit den nachstehenden Problemkreisen gewünscht.   71

Der Kernsatz des FG, der zur Verneinung des § 49 Abs. 1 Nr. 2 Buchst. a EStG führt, steht in der Tz. 19 des Urteils: „Als lediglich vermögensverwaltend tätige Personengesellschaft konnte die B-KG der Klägerin [Anm.: Gemeint ist die niederländische B. V.] keine inländische Betriebsstätte vermitteln, da sie selbst nicht über eine solche verfügte."[149] Der Verfasser hat bereits an anderer Stelle ausführlich hergeleitet, dass sich derlei pauschale Aussagen über die Interdependenzen von Gewerbebetrieb und Betriebsstätte verbieten.[150] Die Frage, ob eine vermögensverwaltende Personengesellschaft eine Betriebsstätte (i. S. d. nationalen Steuerrechts und im Weiteren auch i. S. d. Abkommensrechts) verfügen kann, ist m. E. zwar oft pauschal verneint, aber immer noch nicht höchstrichterlich in alle Richtungen abgesichert. Hierzu kurz im Einzelnen.   72

Liest man den Wortlaut von § 12 AO, so finden sich auf den ersten Blick keine Anhaltspunkte dafür, dass vermögensverwaltende Personengesellschaften keine Betriebsstätten unterhalten können. Immerhin ist in § 12 Satz 2 Nr. 1 AO von einer „**Stätte der Geschäftsleitung**" die Rede, und eine   73

---

[147] FG München 29.7.2013 – 7 K 190/11; IStR 2013, 963 ff. m. Anm. Kutschka/Orth.
[148] In der im Streitjahr (2003) geltenden Fassung; nach derzeitiger Rechtslage aber bezogen auf das zugrunde liegende Problem insoweit gleichlautend im S. 1 Doppelbuchst. bb der Norm.
[149] Dies entspricht auch der Auffassung der Finanzverwaltung in Tz. 1.1.5.1 des Betriebsstättenerlasses (BMF24.12.1999, BStBl. I 1999, 1076), wonach eine lediglich vermögensverwaltende Personengesellschaft keine Betriebsstätte hat und ihrem Gesellschafter keine solche vermitteln kann.
[150] Ausführlich Haase/Dorn, Vermögensverwaltende Personengesellschaften, 2013, 293.

solche besteht unzweifelhaft auch bei einer vermögensverwaltenden Personengesellschaft, weil auch sie stets einen Ort der Leitung i. S. d. § 10 AO haben muss.[151] Insofern stellt sich erstens die Frage, ob § 12 Satz 2 Nr. 1 AO im Zusammenhang mit Satz 1 der Norm zu lesen ist oder eine eigenständige Bedeutung aufweist. Weiterhin stellt sich zweitens die Frage, wie der Begriff „Unternehmen" in § 12 Satz 1 AO zu verstehen ist und wie es um das Verhältnis zum Gewerbebetrieb nach § 15 Abs. 2 EStG bestellt ist.

74 Zur ersten Frage: Das Zusammenspiel von Satz 1 und Satz 2 des § 12 AO ist nach wohl h. M. dahingehend zu verstehen, dass jede Prüfung, ob eine Betriebsstätte vorliegt, mit dem Grundsatz des § 12 Satz 1 AO zu beginnen hat.[152] Im Rahmen der Auslegung dieser Norm gewinnen indes die Regelbeispiele des Satzes 2 eine indizielle Bedeutung. Es müssen daher im Einzelfall auch nicht sämtliche Tatbestandsmerkmale des Satzes 1 erfüllt sein, solange ausdrücklich ein Anwendungsfall des Satzes 2 gegeben ist. Innerhalb des Satzes 2 wiederum sind die tatbestandlichen Erweiterungen etwa der Nr. 8 auch auf andere Regelbeispiele übertragbar.[153] Teilweise wird in der Literatur gar vertreten, es handele sich bei den Sätzen 1 und 2 gar um gänzlich „alternative Regelungen".[154] Geht man einmal hiervon aus, so wird deutlich, dass etwa der Ort der Geschäftsleitung auch dann betriebsstättenbegründend wirken kann, wenn nicht sämtliche Voraussetzungen des § 12 Satz 1 AO erfüllt sind.

75 Auch nach der Rechtsprechung des BFH entbindet ferner das vorstehend zum Verhältnis zwischen § 12 Satz 1 AO und § 12 Satz 2 Nr. 1 AO Gesagte jedoch nicht von der Feststellung, ob ein „Unternehmen" i. S. d. Vorschrift vorliegt. Der BFH verzichtet im Rahmen der Prüfung des § 12 AO jedenfalls ausdrücklich lediglich auf das Erfordernis des Vorliegens einer Geschäftseinrichtung oder Anlage,[155] so dass im Weiteren zu fragen ist, ob eine **originär vermögensverwaltende Tätigkeit** für den Unternehmensbegriff des § 12 AO qualifiziert. Die Rechtsprechung ist hier uneinheitlich. Dass auch eine

---

[151] Man mag freilich über die Anforderungen an den Ort der Geschäftsleitung im Einzelfall trefflich streiten und sich gerade bei vermögensverwaltenden Tätigkeiten fragen, welche Tätigkeiten als Leitungsentscheidungen in diesem Sinne qualifizieren. Im Fall einer Kapitalanlagetätigkeit etwa wird man auf den Ort abzustellen haben, an dem die Anlageentscheidungen getroffen werden. Dies kann, muss aber nicht zwangsläufig der Ort sein, an dem sich der Geschäftsführer oder Gesellschafter aufhält. Es handelt sich also um eine Fallfrage, die nach den tatsächlichen Umständen des Einzelfalles zu beantworten wäre. Vgl. zur (m. E. im Detail fragwürdigen) Entscheidung für eine Geschäftsleitungsbetriebsstätte bei Managementaktivitäten eines Private Equity/Venture Capital-Fonds BFH 24.8.2011 – I R 46/10, BFH/NV 2011, 2165.
[152] Klein/*Gersch* § 12 AO Rn. 1; Koenig/*Koenig* § 12 AO Rn. 5.
[153] BFH 28.7.1993 – I R 15/93, BStBl. II 1994, 148.
[154] Beermann/Gosch/*Buciek* § 12 AO Rn. 6. Der Kommentator konzediert indes, dass das Verhältnis der beiden Sätze „nicht gänzlich" geklärt sei.
[155] BFH 28.7.1993 – I R 15/93, BStBl. II 1994, 148. Dort heißt es wörtlich (man beachte den Satz 2): „§ 12 AO 1977 erfordert nur in seinem Grundtatbestand (Satz 1) eine feste Geschäftseinrichtung oder eine Anlage, die der Tätigkeit eines Unternehmens dient. Die Vorschrift enthält in ihrem Satz 2 eine Definitionserweiterung, die nicht notwendigerweise eine feste Geschäftseinrichtung oder Anlage voraussetzt. So ist z. B. eine mehr als sechsmonatige Bauausführung auch dann Betriebsstätte i. S. des § 12 Satz 2 Nr. 8 AO 1977, wenn an einer festen Geschäftseinrichtung oder Anlage fehlt. Entsprechendes gilt für die Geschäftsleitungsbetriebsstätte."

§ 8 Besonderheiten bei Auslandsbezug   76, 77   § 8

Gesellschaft, die in der Sache lediglich originäre Vermögensverwaltung betreibt, einen Ort der Geschäftsleitung haben kann und als „Unternehmen" i. S. d. § 12 Satz 1 AO anzusehen ist, hat der BFH – jedenfalls in einem obiter dictum – bereits ausdrücklich entschieden. In seinem Urteil vom 7.12.1994 heißt es: „Betätigt sich z. B. ein Unternehmen nur vermögensverwaltend, so kann der Mittelpunkt seiner geschäftlichen Oberleitung auch dort liegen, wo es die laufende Kontrolle über sein Vermögen ausübt, wo es seine Wertpapiere verwahrt oder wo es seine Steuererklärungen anfertigt bzw. unterschreibt, wenn nur an keinem anderen Ort gewichtigere Entscheidungen getroffen werden."[156] Indes ist zu konstatieren, dass diese Entscheidung eine GmbH betraf, so dass die Übertragbarkeit auf vermögensverwaltende Personengesellschaften zweifelhaft ist.

Andererseits hat der BFH entschieden, dass beispielsweise der Besitz von Grundstücken oder Gebäuden (Gebäudeteilen) allein nicht für ein Unternehmen ausreichend sei. Hinzukommen müsse jedenfalls, dass dort eine eigene gewerbliche Tätigkeit ausgeübt werde. Lediglich vermietete oder verpachtete Gebäude oder Gebäudeteile begründen nach dem BFH **keine Betriebsstätte**.[157] Der Hinweis auf die gewerbliche Tätigkeit wird vom BFH in mehreren Urteilen[158] wiederholt, ohne dass jedoch deutlich würde, worauf sich die Gleichsetzung zwischen Gewerbebetrieb (offenbar verstanden i. S. d. § 15 EStG) und Unternehmen (i. S. d. § 12 AO) gründet. Eine solche Gleichsetzung aber geht weder aus dem Wortlaut, noch aus dem systematischen Gesetzeszusammenhang hervor und ist daher m. E. abzulehnen. Eine stichhaltige Begründung bleibt die Rechtsprechung (bislang) schuldig.

76

Der Unternehmensbegriff i. S. d. § 12 AO erfasst nach seinem Wortsinn m. E. auch originär vermögensverwaltende Tätigkeiten. Aus dem Gesetz geht kein Anhaltspunkt hervor, der für eine anderslautende Auffassung streiten könnte.[159] Insofern ist es durchaus erstaunlich, wenn in der Kommentarliteratur die vorgenannte Rechtsprechung des BFH nahezu einhellig ohne weitere Kritik übernommen wird. *Koenig* (statt vieler) etwa hat keine Bedenken gegen die Behauptung, dass der Unternehmensbegriff neben der gewerblichen Betätigung auch die selbstständige sowie land- und forstwirtschaftliche Tätigkeit erfasse und dass die **bloße Vermögensverwaltung** eigenen Grund- und

77

---

[156] BFH 7.12.1994 – I R 1/93, BStBl. II 1995, 175; ebenso FG Schleswig-Holstein 30.6.2011 – 1 K 73/06; abweichend nachgehend BFH 5.11.2014 – IV R 30/11, BFHE 248, 81.
[157] BFH 28.8.1986 – V R 20/79, BStBl. II 1987, 162. Die Frage des Bestehens einer Betriebsstätte ist jedoch systematisch zunächst einmal von der Frage zu trennen, ob ein Unternehmen mit einem Gewerbebetrieb gleichzusetzen ist.
[158] Etwa BFH 10.2.1988 – VIII R 159/84, BStBl. II 1988, 653. Ebenso lässt sich aus BFH 5.12.1990 – I R 94/88, BStBl. II 1991, 287, 289 herauslesen, dass § 12 AO nur Gewinneinkünfte erfassen soll.
[159] Insbesondere folgt eine solch anderslautende Auffassung nicht aus § 14 Satz 3 AO. Erstens ist dort der sog. wirtschaftliche Geschäftsbetrieb und nicht das Unternehmen definiert, zweitens ist auch der wirtschaftliche Geschäftsbetrieb nicht zwingend mit dem Gewerbebetrieb i. S. d. § 15 EStG gleichzusetzen und drittens verwendet das Gesetz die Wendung des wirtschaftlichen Geschäftsbetriebs nur sehr selektiv (so insbesondere im Gemeinnützigkeitsrecht, vgl. § 64 AO). Für die Herausbildung einer allgemeinen Regel ist sie daher nur bedingt tauglich.

§ 8 78, 79　　　　　　　　　　　　　　　　　　　　Teil 4. Nutzungsphase

Kapitalvermögens für sich kein Unternehmen begründe.[160] Auch hier bleibt der Kommentator indes eine Begründung schuldig. Ein Gleiches gilt für *Wassermeyer*, der die unbelegte These aufstellt, dass § 12 AO nur für **Gewinneinkünfte** Gültigkeit beanspruchen könne.[161]

78　*Musil* hingegen[162] will ausdrücklich **nur Vermietungstätigkeiten aus dem Anwendungsbereich ausnehmen** und versteht den Unternehmerbegriff als „nachhaltige selbstständige berufliche" Tätigkeit. So verstanden wäre aber auch eine Person ertragsteuerlicher Unternehmer i. S. d. § 12 AO, die hauptberuflich der Kapitalanlage nachgeht, ohne dabei zugleich Gewerbebetreibender i. S. d. § 15 EStG zu sein. Dass „beruflich" in diesem Sinne nicht als „freiberuflich" zu verstehen ist, sondern als allgemeiner Ausdruck der Profession einer Person anzusehen sein muss, zeigt sich dabei aus einem argumentum e contrario aus sowohl § 18 EStG als auch § 15 Abs. 2 EStG. Hier ist stets von einer „freiberuflichen" Tätigkeit die Rede, so dass dem von *Musil* verwendeten Ausdruck m. E. ein weiteres Verständnis zukommen muss. Dass mit dem Unternehmensbegriff in § 12 AO nicht ein Gewerbebetrieb i. S. d. EStG gemeint sein kann, zeigt sodann ein Rückblick auf die Vorgängervorschrift, nämlich § 16 StAnpG.[163] Diese Norm verlangte, dass die Einrichtung oder Anlage „einem stehenden Gewerbe"[164] diente. Die Entscheidung des Gesetzgebers, das „Gewerbe" durch den Begriff des Unternehmens zu ersetzen, ist ein Indiz dafür, dass mit der geänderten Bezeichnung auch ein anderes inhaltliches Verständnis verbunden sein sollte. Der „Gewerbebetrieb" bzw. das „Gewerbe" waren lange eingeführte, inhaltlich klar konturierte Begriffe. Es bestand keine Notwendigkeit, bei der Fassung des § 12 AO hiervon abzurücken, wenn damit kein inhaltlicher Kurswechsel verbunden sein sollte.[165]

79　Insofern ist es m. E. begrüßenswert, dass - soweit ersichtlich - einzig *Buciek* und *Maier* mit der Änderung des § 16 StAnpG argumentieren und über die Gewinneinkünfte hinaus immerhin ausdrücklich auch ein Unternehmen, das Vermietung und Verpachtung i. S. d. § 21 EStG betreibt, in den Kreis der Unternehmen i. S. d. § 12 AO aufnehmen möchten.[166] M. E. geht der An-

---

[160] Koenig/*Koenig* § 12 AO Rn. 17; unkritisch ebenso Tipke/Kruse/*Kruse* § 12 AO Rn. 2 und Kühn/v.Wedelstädt/*Werth* § 12 AO Rn. 9; undifferenziert Klein/Gersch § 12 AO Rn. 2 ff.
[161] *Wassermeyer* in FS Kruse, 2001, 589, 596.
[162] Hübschmann/Hepp/Spitaler/*Musil* § 12 AO Rn. 20.
[163] Ebenso ergibt sich dies m. E. schon aus § 15 Abs. 1 Satz 1 Nr. 1 EStG. Dort sind die Einkünfte aus „gewerblichen Unternehmen" geregelt. Die Wendung macht deutlich, dass es im Umkehrschluss auch Unternehmen geben muss, die nicht gewerblich (tätig) sind.
[164] Diese Wendung findet sich heute nur noch in § 2 Abs. 1 Satz 1 GewStG.
[165] Soweit die Gesetzesbegründung (BT-Drs. VI/1982, S. 103) die Revision mit der Anlehnung an die neuere Abkommenspraxis erklärt, wonach in den DBA zunehmend der Begriff des Unternehmens Verwendung fände, ist dem entgegen zu halten, dass mit dieser Begründung noch nicht per se eine Entscheidung gegen die Erfassung vermögensverwaltender Tätigkeiten getroffen wurde. Vielmehr führen originär vermögensverwaltende Tätigkeiten einer Personengesellschaft bei gleichzeitiger gewerblicher Prägung beispielsweise nach (bisheriger) Ansicht der Finanzverwaltung zu Unternehmensgewinnen, vgl. die Tz. 2.2.1 in BMF 16.4.2010, BStBl. I 2010, 354 Anwendung der DBA auf Personengesellschaften,.
[166] Beermann/Gosch/*Buciek* § 12 AO Rn. 3; *Maier* in Löwenstein/Looks/*Maier* Betriebsstättenbesteuerung, 2. Aufl., München 2011, S. 53; a. A. indes Hübschmann/Hepp/Spitaler/*Musil* § 12 AO Rn. 20, der ebenfalls mit § 16 StAnpG argumentiert und die Vermietungseinkünfte ausgenommen wissen möchte.

§ 8 Besonderheiten bei Auslandsbezug

wendungsbereich der Vorschrift noch darüber hinaus.[167] § 12 AO muss im Grundsatz für **sämtliche Einkunftsarten** Gültigkeit beanspruchen, soweit dies zum Wesensgehalt der Einkunftsart passt.[168] Dies ergibt sich zunächst aus dem Wortsinn, sodann aber beispielsweise auch aus § 50g Abs. 3 Nr. 1 Buchst. a EStG. Danach ist der sog. Nutzungsberechtige i. S. d. Zins/Lizenzgebühren-Richtlinie[169] ein „Unternehmen, wenn es die Einkünfte im Sinne von § 2 Absatz 1 erzielt".[170] In § 2 Abs. 1 EStG indes finden sich die Gewinn- und Überschusseinkunftsarten wieder, eine Beschränkung nur auf die Gewinneinkunftsarten (ggf. erweitert um die Einkünfte aus Vermietung und Verpachtung i. S. v. *Buciek*) lässt sich daraus nicht ableiten.

Dem lässt sich auch nicht entgegen halten, dass das **Wort „Betriebsstätte"** aufgrund der Verwendung des Wortteiles „Betrieb" allein auf Einkünfte aus Gewerbebetrieb anzuwenden wäre. Betriebe können vielfältiger Art und Natur sein, so dass zwar sicherlich vorwiegend, aber eben nicht ausschließlich Gewerbebetriebe erfasst sind. Ein „Vermietungsbetrieb" etwa ist dem Wortsinn und natürlichen Sprachgebrauch nach ebenso denkbar wie ein „Kapitalanlagebetrieb". Was bedeutet das nun vorliegend? Geht man davon aus, dass auch eine vermögensverwaltende Personengesellschaft jedenfalls eine Geschäftsleitungsbetriebsstätte unterhält, so hätte das FG weiter prüfen müssen, ob die B. V. im Ausland einen Gewerbebetrieb unterhalten hat, denn das Vorliegen eines solchen ist nach dem Einleitungssatz des § 49 Abs. 1 Nr. 2 Buchst. a EStG eine weitere Voraussetzung für die beschränkte Steuerpflicht nach dieser Vorschrift. Erst hier gewinnt das **Merkmal des Gewerbebetriebs** m. E. eine eigenständige Bedeutung neben dem sonst allein maßgeblichen Unternehmensbegriff. Diese Feststellung bzgl. des Gewerbebetriebs also hätte das FG ggf. nach Rückverweisung durch den BFH nachholen müssen.

Der zweite **zentrale Kritikpunkt** entzündet sich weniger am Urteil des FG München als an der Untätigkeit des Gesetzgebers. Man wird erstens konstatieren müssen, dass das Rechtsinstitut der vermögensverwaltenden Personengesellschaft seit Jahrzehnten bekannt und sehr praxisüblich ist, dass aber zweitens dies den Gesetzgeber bislang nicht veranlasst hat, im Ertragsteuerrecht eine für eine Vielzahl von Sachverhalten tragfähige gesetzliche Grundlage für die steuerliche Behandlung solcher Gesellschaften zu entwickeln. Auf diese Weise bleibt die steuerliche Behandlung vermögensverwaltender Personengesellschaften bislang ein richterrechtlicher Flickenteppich.

---

[167] So wohl auch Löwenstein/Looks/*Maier* Betriebsstättenbesteuerung, 2.Aufl., München 2011, S. 53.
[168] Für § 22 EStG beispielsweise ist dies tendenziell nur im Rahmen des § 23 EStG denkbar.
[169] EU-Zinsrichtlinie 2003/49/EG v. 3.6.2003 (ABl. EU Nr. L 157 S. 49), maßgebend geändert durch die EU-Richtlinie 2006/98/EG v. 20.11.2006 (ABl. EU Nr. L 363 S. 129).
[170] Dass der Unternehmensbegriff hier im systematischen Zusammenhang der genannten Richtlinie zu verstehen ist (vgl. § 50g Abs. 5 EStG), ändert an der grundsätzlichen Aussage nichts. Zwar ließe sich einwenden, dass eine Personengesellschaft ohnehin nicht die Voraussetzungen des § 50g Abs. 5 Buchst. a EStG erfüllt, jedoch ist es unstreitig, dass beispielsweise ausländische Kapitalgesellschaften im Rahmen der beschränkten Steuerpflicht mangels Anwendbarkeit des § 8 Abs. 2 KStG im Grundsatz sämtliche Einkunftsarten des § 2 Abs. 1 EStG erfüllen können (Ausnahme: § 18 und 19 EStG). Der Unternehmensbegriff widerspricht daher nicht prinzipiell dem Vorliegen von „Einkünften aus Vermögensverwaltung", wenngleich er hier freilich im Lichte der Richtlinie zu verstehen und auszulegen ist.

§ 8 82–84   Teil 4. Nutzungsphase

82   Besonderheiten in Bezug auf vermögensverwaltende Personengesellschaften gibt es insoweit in zweierlei Hinsicht: Relevant werden „über eine **vermögensverwaltende Personengesellschaft**" bezogene Einkünfte nur bei Tatbeständen, die formal an das Gesamthandsvermögen der Personengesellschaft anzuknüpfen scheinen. Sind beispielsweise mehrere natürliche Personen als Gesellschafter an einer GbR beteiligt und hält die GbR 1% der Anteile an einer inländischen GmbH, so stellt sich für die Anwendung des § 17 EStG (bei der beschränkten Steuerpflicht i.V.m. § 49 Abs. 1 Nr. 2 Buchst. e EStG) die Frage, ob für die Erfüllung der 1%-Beteiligung auf die Personengesellschaft oder (ggf.) durchgerechnet auf den dahinter stehenden Gesellschafter abzustellen ist. Für die Fälle des § 17 EStG hat sich die Rechtsprechung klar positioniert und nicht auf die Beteiligung der Personengesellschaft, sondern i. S. e. **Bruchteilsbetrachtung** auf die durchgerechnete Beteiligung der Gesellschafter abgestellt.[171] In anderen Konstellationen ist die Frage unter Berücksichtigung des Wortlauts und der Systematik der jeweiligen Regelung zu beantworten. Für § 17 EStG möchte man dies nach h.l. aus der „mittelbaren Beteiligung" herleiten, die – anders als an vielen anderen Stellen im Steuerrecht[172] – hier auch über eine vermögensverwaltende Personengesellschaft vermittelt werden soll. Näher liegt freilich, wie es der BFH getan hat, in der Tat eine **Zurechnung** über § 39 AO.

83   Auf der anderen Seite muss man den **Wortlaut** von Vorschriften auch ernst nehmen. Der Wortlaut ist Richtschnur und Grenze jeder Auslegung. Das FG hat in der Tz. 28 des Urteils die BFH-Rechtsprechung zu § 23 EStG zitiert und dargestellt, wie es historisch zur Norm des § 23 Abs. 1 Satz 4 EStG kam. Wiederum mit dem Wortlaut argumentiert das FG München auch bei der Abhandlung des § 49 Abs. 1 Nr. 2 Buchst. f EStG. Nach dem Wortlaut der Vorschrift ist eine Veräußerung von inländischem unbeweglichem Vermögen erforderlich, welche in casu nicht gegeben war. Der Gesetzgeber hat nicht zum Ausdruck gebracht, dass die Veräußerung einer mittelbaren Beteiligung ausreicht. Formaljuristisch ist dem nur schwer beizukommen.

84   Aber hat es damit sein Bewenden? Schon die Rechtsprechung zu § 17 EStG und die Rechtsprechung zu § 23 EStG liegen nicht präzise auf einer Linie. Man muss sich einmal vor Augen führen, was die Aussage des FG München, § 39 AO sei im Rahmen des § 49 Abs. 1 Nr. 2 Buchst. f EStG unanwendbar, im Ergebnis bedeutet. Wendet man sich für einen Moment vom Urteilssachverhalt ab und fragt, welche Einkünfte beispielsweise ein Gesellschafter einer **(gewerblich entprägten)** VuV-KG erzielt, so stellt man fest, dass er jedenfalls nicht gewerbliche Einkünfte erzielt, weil § 15 EStG nicht gegeben ist. Aber die Tatsache, dass er nach ganz h.M. Einkünfte aus

---

[171] Etwa BFH 9.5.2000 – VIII R 41/99, BStBl. II 2000, 686. sowie ausführlich *Engel*, Vermögensverwaltende Personengesellschaften im Ertragsteuerrecht, 2. Aufl. 2015 Rn. 856 ff.

[172] Die Entlastung von deutscher Kapitalertragsteuer nach § 43b EStG etwa wird nach dem ausdrücklichen Wortlaut des § 43b Abs. 2 Satz 1 EStG nur bei einer unmittelbaren Beteiligung einer EU-Kapitalgesellschaft an einer inländischen Kapitalgesellschaft gewährt. Ähnlich sehen dies die meisten deutschen DBA für das abkommensrechtliche Schachtelprivileg. Hier ist die Zwischenschaltung einer vermögensverwaltenden Personengesellschaft daher nicht förderlich. Die Ermäßigung nach § 44a Abs. 9 EStG ist hingegen auch mittelbar beteiligten Kapitalgesellschaften zu gewähren. Ein Gleiches gilt mutatis mutandis für § 9 Nr. 7 GewStG und für § 8b Abs. 1, Abs. 6 Satz 1 KStG.

§ 8 Besonderheiten bei Auslandsbezug 85–87 § 8

§ 21 EStG zugewiesen bekommt, liegt an nichts anderem als an der **impliziten Anwendung** des § 39 AO. Der Gesellschafter selbst hält zivilrechtlich nur die Beteiligung an der Gesellschaft, er selbst ist auch nicht Vermieter. Gleichwohl werden ihm unstreitig steuerlich Vermietungseinkünfte zur Besteuerung zugewiesen.

Nimmt man das FG München hingegen beim Wort, so müsste man zu 85 dem Schluss kommen, dass der Gesellschafter einen **Beteiligungsertrag** erhält, der mangels Erfüllung der Tatbestandsmerkmale nicht unter den Numerus clausus der Einkunftsarten fällt und daher nicht steuerbar ist. Diese Schlussfolgerung möchte aber soweit ersichtlich – m.E. zu Recht – bislang niemand ziehen. Dann aber sollte man auch konsequent sein und das Konzept der Besteuerung vermögensverwaltender Personengesellschaften auch möglichst einheitlich umsetzen. Freilich: Im Anwendungsbereich des § 49 EStG ist dies schwieriger als bei unbeschränkter Steuerpflicht, weil hier die einzelnen Tatbestände leges speciales sind. In der Tat ist der Tatbestand des § 49 Abs. 1 Nr. 2 Buchst. f EStG bei Veräußerung von Gesellschaftsanteilen offenkundig nicht erfüllt. Insofern hat das FG hier zutreffend entschieden, auch wenn m.E. § 39 AO auch in diesem Zusammenhang anwendbar sein sollte. Konzeptionell sinnvoll aber ist dies nicht, so dass der Gesetzgeber gefordert ist.

Vor allem die Frage nach der **möglichen Betriebsstätte vermögens-** 86 **verwaltender Personengesellschaften** ist von erheblicher praktischer Relevanz. Dies gilt nicht nur im nationalen Steuerrecht, sondern vor allem auch im Abkommensrecht. Sollte der BFH künftig Gelegenheit erhalten, zu dieser Problematik ausführlich Stellung zu nehmen, so sollte er die Folgewirkungen einer Grundsatzentscheidung bedenken. M.E. sprechen gute Gründe dafür, nach dem Wortlaut des § 12 AO auch vermögensverwaltenden Personengesellschaften jedenfalls eine Geschäftsleitungsbetriebsstätte zuzusprechen. Ob daraus die konsequente Anwendung des Betriebsstättenprinzips auch auf internationale vermögensverwaltende Personengesellschaften folgt, bleibt abzuwarten. Die Diskussion hierüber steht noch ganz am Anfang. Steuerausländer (und ihre Berater) allerdings sollte eine Kursänderung freuen. Die künstlich anmutende Differenzierung in gewerbliche und gewerblich geprägte bzw. vermögensverwaltende Personengesellschaften findet im Ausland ohnehin keine Entsprechung. Der Sachverhalt des FG München jedenfalls wäre bei Anwendung des **Betriebsstättenprinzips** falsch entschieden, weil § 49 Abs. 1 Nr. 2 Buchst. a EStG eröffnet wäre, wenn die B.V. im Ausland tatsächlich einen Gewerbebetrieb unterhalten hätte. § 49 Abs. 1 Nr. 2 Buchst. f EStG ist aufgrund seines eindeutigen Wortlauts zutreffend verneint worden, eine diesbezügliche Gesetzesänderung wäre aber m.E. folgerichtig und notwendig, um eine einheitliche Behandlung zu gewährleisten.

cc) § 49 Abs. 1 Nr. 6 EStG

aaa) Allgemeines: Gemäß § 49 Abs. 1 Nr. 6 EStG gehören zu den inlän- 87 dischen Einkünften auch Einkünfte aus Vermietung und Verpachtung (§ 21 EStG), soweit sie nicht zu den Einkünften im Sinne der Nr. 1 bis 5 des § 49 Abs. 1 EStG gehören, wenn das unbewegliche Vermögen, die Sachinbegriffe

§ 8 88–90   Teil 4. Nutzungsphase

oder Rechte im Inland belegen oder in ein inländisches öffentliches Buch oder Register eingetragen sind oder in einer inländischen Betriebsstätte oder in einer anderen Einrichtung verwertet werden. Hinsichtlich des hier allein interessierenden unbeweglichen Vermögens ist ausschließlich die inländische Belegenheit relevant. Die **Verwertung** von Grundvermögen in einer Betriebsstätte ist zwar denkbar, wird aber praktisch kaum vorkommen.

88 Durch den vollumfänglichen tatbestandlichen Verweis auf § 21 EStG (Rechtsgrundverweisung)[173] wird insbesondere § 21 Abs. 1 Satz 1 Nr. 1 EStG in Bezug genommen. Insbesondere die Einkunftserzielungsabsicht muss daher gegeben sein.[174] Der tatbestandliche Verweis auf § 21 EStG in § 49 Abs. 1 Nr. 6 EStG ist abschließend. Soweit Immobilien dort nicht erfasst sind, scheidet eine beschränkte Steuerpflicht nach § 49 Abs. 1 Nr. 6 EStG aus. Für die Kommentierung der Tatbestandsmerkmale des § 21 Abs. 1 Satz 1 Nr. 3 EStG wird auf § 1 des 3. Teils verwiesen. § 49 Abs. 1 Nr. 6 EStG ist aufgrund der eindeutigen gesetzlichen Anordnung gegenüber § 49 Abs. 1 Nr. 1–5 EStG nachrangig, sofern nicht die isolierende Betrachtungsweise des § 49 Abs. 2 EStG eingreift.[175] In der Regel werden vorrangig entweder § 49 Abs. 1 Nr. 2 Buchst. a EStG (Zugehörigkeit zu einer inländischen Betriebsstätte) und § 49 Abs. 1 Nr. 2 Buchst. f EStG einschlägig sein.

89 Soweit Erträge aus Immobilien in Rede stehen, handelt es sich bei § 49 Abs. 1 Nr. 6 EStG um die Zentralnorm der beschränkten Steuerpflicht. Die Norm hat jedoch nur Bedeutung für den einkommensteuerlichen Privatbereich. Bei **gewerblichen Einkünften** wird die Norm verdrängt. § 49 Abs. 1 Nr. 2 Buchst. f EStG beispielsweise erfasst jedenfalls auch sämtliche Immobilien und sämtliches Grundvermögen des § 49 Abs. 1 Nr. 6 EStG. Der Hauptanwendungsfall der Vorschrift ist die **Überlassung** einer Immobilie bzw. allgemein von Grundvermögen auf Zeit gegen Entgelt.

90 **bbb) Zeitlich begrenzte Überlassung:** § 21 Abs. 1 Satz 1 Nr. 3 EStG erfasst ausweislich seines ausdrücklichen Wortlauts nur die zeitlich begrenzte Überlassung von Immobilien, was aufgrund des Verweises in § 49 Abs. 1 Nr. 6 EStG ohne Ausnahme auch für die beschränkte Steuerpflicht gilt. Der **Rechtsgrund der zeitlichen Begrenzung** ist dabei unerheblich, er kann sich daher aus schuldrechtlichen oder dinglichen Rechtsgeschäften ergeben.[176] Über das Tatbestandsmerkmal der zeitlichen Begrenzung wird die Vermietung insbesondere von Veräußerungsvorgängen und dauerhaften Überlassungen abgegrenzt, die wirtschaftlich wie eine Veräußerung wirken. Entscheidend ist ohnehin nur die wirtschaftliche Betrachtungsweise, § 39 AO. Nur wenn das Nutzungsrecht bei wirtschaftlicher Betrachtungsweise nicht endgültig in das Vermögen des Nutzenden übergeht, liegt **kein Veräußerungsvorgang** vor.[177] Es ist daher

---
[173] I. E. zustimmend Blümich/*Wied* § 49 EStG Rn. 203.
[174] FG Münster 15.5.1990 – XII-IV 7757/86 F, 9036/86 F, 8442/87 F, 1495/88 F, XII-IV 7757/86 F, XII-IV 9036/86 F, XII-IV 8442/87 F, XII–IV 1495/88 F, EFG 1991, 481, rkr.; a. A. BMF 25.11.2010, BStBl. I 2010, 1350 Tz. 15, wonach Fragen der Einkunftserzielungsabsicht nur im Freistellungs- oder Veranlagungsverfahren zu prüfen seien.
[175] Vgl. etwa BFH 28.7.1982 – I R 196/79, BStBl. II 1983, 77.
[176] Blümich/*Wied* § 49 EStG Rn. 205.
[177] BFH 16.5.2001 – I R 64/99, BFH/NV 2002, 94; BFH 19.12.2007 – I R 19/06, BFH/NV 2008, 672.

stets zu prüfen, wie es um das wirtschaftliche Eigentum an einer Immobilie bestellt ist. Allein die Tatsache, dass die Dauer der Nutzung ungewiss ist, steht der Annahme einer zeitlich begrenzten Überlassung jedoch nicht entgegen (so die Regel bei unbegrenzten Mietverträgen).[178] Nur wenn endgültig feststeht, dass die Immobilie nicht mehr auf den Vermieter zurückübertragen werden kann (etwa aus Rechtsgründen oder aufgrund tatsächlicher Umstände), liegt eine Veräußerung vor.[179] Grundsätzlich wird für eine zeitlich begrenzte Überlassung entsprechend eine Kündbarkeit der zugrunde liegenden Vereinbarung vorausgesetzt.[180]

Rückschlüsse von der Art der Vergütung auf die Dauer des Rechtsgeschäfts sind im Wege eines (widerleglichen) ersten Anscheins möglich, jedoch nicht zwingend. In der Regel aber werden ratierliche oder umsatzabhängige Zahlungen für eine zeitlich begrenzte Überlassung sprechen, während endfällige Zahlungen oder die Leistung eines Einmalbetrags auf eine Veräußerung hindeuten.[181] Die Person des Überlassenden muss mit der Person des Eigentümers nicht übereinstimmen. Zu den Immobilien i. S. d. § 21 Abs. 1 Satz 1 Nr. 1 EStG gehören Immobilien auch dann, wenn sie von dem Rechtsinhaber **selbst in Verkehr gebracht** und einem Dritten gegen Entgelt zur Nutzung überlassen werden. Weder aus der Sicht des Leistenden noch aus jener des Leistungsempfängers bedeutet es einen Unterschied, ob ein originäres oder ein derivatives Eigentumsrecht überlassen oder genutzt wird, so dass auch die Untervermietung tatbestandlich ist. 91

ccc) Belegenheit im Inland. Im Hinblick auf Erträge aus Immobilien stellt § 49 Abs. 1 Nr. 6 EStG die Bedingung auf, dass diese Immobilien im Inland belegen sein oder in einer inländischen Betriebsstätten oder anderen inländischen Einrichtung[182] verwertet werden müssen. Hierüber wird der **erforderliche Inlandsbezug** der beschränkten Steuerpflicht festgelegt.[183] Nur für Schiffe, die nach § 21 EStG als unbewegliches Vermögen gelten, kommt eine beschränkte Steuerpflicht aufgrund von **Eintragung** in ein inländisches Seeschiffsregister in Betracht. 92

Der **Verwertungstatbestand** ist, obwohl er nach dem Wortlaut der Norm auch für Immobilien einschlägig ist, bislang nicht weiter praktisch geworden. Denklogisch kann er auch kaum in Betracht kommen. Denn überlässt ein Steuerausländer einem Steuerinländer eine inländische Immobilie zur Nutzung in dessen inländischer Betriebsstätte, ist die beschränkte Steuerpflicht bereits über die inländische Belegenheit der Immobilie gegeben. Wird 93

---

[178] BFH 5.12.1977 – I R 54/75, BStBl. II 1978, 355.
[179] BFH 27.2.2002 – I R 62/01, BFH/NV 2002, 1142; BFH 28.1.2004 – I R 73/02, BStBl. II 2005, 550; BFH 16.5.2001 – I R 64/99, BStBl. II 2003, 641; ebenso Kirchhof/ *Gosch* § 49 EStG Rn. 85.
[180] BFH 19.12.2007 – I R 19/06, BFH/NV 2008, 672; H/H/R/*Klein* § 49 EStG Rn. 933.
[181] Vgl. etwa BFH 5.11.1992 – I R 41/92, BStBl. II 1993, 407; ebenso FG Köln 21.11.1997 – 2 K 4387/95, EFG 1998, 881, rkr.; FG München 13.12.2000 – 1 K 5389/98, EFG 2001, 571, rkr.
[182] Z. B. öffentlich-rechtliche Rundfunkanstalten, vgl. EStR 50a.1 Satz 2.
[183] Vgl. auch zu den systematisch kaum begründbaren unterschiedlichen Anknüpfungspunkten in § 49 Abs. 1 Nr. 6 und 6 EStG kritisch *Lüdicke* DStR-Beihefter 2008, Heft 17 S. 27.

§ 8 94–96   Teil 4. Nutzungsphase

aber eine ausländische Immobilie überlassen, ist es schwierig darzustellen, wie diese ausländische Immobilie in einer inländischen Betriebsstätten oder anderen inländischen Einrichtung verwertet werden könnte. In wessen inländischer Betriebsstätte[184] oder Einrichtung eine Verwertung stattfindet und ob diese Person selbst im Inland steuerpflichtig ist, ist für § 49 Abs. 1 Nr. 6 EStG zwar unerheblich.[185] Aber handelt es sich um die inländische Betriebsstätte des ausländischen Steuerpflichtigen, so ist bereits § 49 Abs. 1 Nr. 2 Buchst. a EStG gegeben.

94 **Betriebsstätte**[186] ist allein i. S. d. § 12 AO zu verstehen, eine dem Art. 5 OECD-MA entsprechende Vorschrift ist im Rahmen der beschränkten Steuerpflicht irrelevant. Auf die entsprechenden Kommentierungen des § 12 AO wird ausdrücklich verwiesen. Der Begriff der „Einrichtung" wird selbstständig nur selten praktisch, weil er bereits in der Betriebsstättendefinition („Geschäftseinrichtung") enthalten ist. Der Gesetzgeber versteht ihn als Klarstellung[187] für die Fälle, in denen nur deshalb keine Betriebsstätte vorliegt, weil die feste Einrichtung nicht der Tätigkeit eines Unternehmens dient.[188]

d) Einkünfteermittlung

95 Für Zwecke der §§ 49 ff. EStG sind die Einkünfte ohne Ausnahme nach deutschem Steuerrecht zu ermitteln.[189] Bei beschränkt Steuerpflichtigen bezieht sich dies naturgemäß nur auf die steuerbaren inländischen Einkünfte i. S. d. § 49 Abs. 1 EStG, damit im Zusammenhang stehende ausländische Einkünfte (beispielsweise eines ausländischen Stammhauses mit inländischer Betriebsstätte) hingegen sind außer Betracht zu lassen. Dem steht jedoch nicht entgegen, dass es in Einzelfällen hingenommen werden muss, wenn die im Inland steuerbaren Einkünfte aus einer Einkünfteermittlung für den gesamten (sich auch auf das Ausland erstreckenden) Betrieb abgeleitet werden, weil eine **direkte Gewinnermittlung** technisch nicht oder nur unter erheblichen Schwierigkeiten möglich ist.[190]

96 Bei der **Einkünfteermittlung** gelten die allgemeinen Grundsätze des § 2 EStG. Für § 49 Abs. 1 Nr. 1 bis 3 EStG ist daher nach § 2 Abs. 2 Nr. 1 EStG der Gewinn nach den §§ 4 ff. EStG zu ermitteln,[191] während für § 49 Abs. 1

---

[184] Verwertet der ausländische Vergütungsgläubiger selbst in einer inländischen Betriebsstätte, ist § 49 Abs. 1 Nr. 2 Buchst. a EStG gegeben. Verwertet der Rechtsinhaber selbst, liegt § 49 Abs. 1 Nr. 3 EStG vor; zum Ganzen H/H/R/*Klein* § 49 EStG Rn. 955.
[185] RFH 8.11.1938, RStBl. 1939, 579; BFH 5.11.1992 – I R 41/92, BStBl. II 1993, 407; BFH 5.12.1992 – I R 41/92, BStBl. II 1993, 407.
[186] Es muss sich um eine inländische Betriebsstätte handeln (zu Abgrenzungsschwierigkeiten zwischen in- und ausländischer Betriebsstätte BFH 23.5.1973 – I R 163/71, BStBl. II 1974, 287).
[187] BT-Drs. 10/4513, S. 23.
[188] Zutreffend Blümich/*Wied* § 49 EStG Rn. 209; H/H/R/*Klein* § 49 EStG Rn. 954; Kirchhof/*Gosch* § 49 EStG Rn. 86. Beispiele: Einrichtungen von öffentlich-rechtlichen Rundfunk- und Fernsehanstalten.
[189] Dazu Kahle/*Schulz* RIW 2009 140.
[190] BFH 17.12.1995 – I R 95/96, BStBl. II 1998, 260.
[191] Ausnahme: Manche Vorschriften gelten nur für die unbeschränkte Steuerpflicht, wie etwa § 13a EStG im Fall des § 49 Abs. 1 Nr. 1 EStG, vgl. BFH 17.12.1995 – I R 95/96, BStBl. II 1998, 260.

§ 8 Besonderheiten bei Auslandsbezug

Nr. 4 ff. der Überschuss der Einnahmen über die Werbungskosten nach den §§ 8, 9 EStG bestimmt wird[192] (§ 2 Abs. 2 Nr. 2 EStG). Für beschränkt Steuerpflichtige mit Einkünften aus Gewerbebetrieb i. S. d. § 15 EStG (§ 49 Abs. 1 Nr. 2 EStG, hier vor allem die Buchstaben a und f) wird regelmäßig § 5 EStG Anwendung finden, wenn dessen allgemeine Anwendungsvoraussetzungen erfüllt sind (entweder Buchführungs- und Abschlusspflicht nach deutschem Handelsrecht wegen § 238 HGB oder Buchführungs- und Abschlusspflicht nach deutschem Steuerrecht wegen § 141 AO).[193]

Ob eine Tätigkeit der steuerrechtlich relevanten Einkunftserzielung oder dem Bereich der **privaten Vermögenssphäre** und damit der „**Liebhaberei**" zuzuordnen ist, muss bei beschränkt Steuerpflichtigen nach m. E. zutreffender Ansicht der Rechtsprechung nach denselben Kriterien wie bei unbeschränkt Steuerpflichtigen beurteilt werden. Denn § 49 Abs. 1 EStG, der den Kreis der bei beschränkt Steuerpflichtigen zu erfassenden Einkünfte bestimmt, knüpft ebenfalls an das Vorliegen von Einkünften i. S. d. §§ 13 ff. EStG an und enthält, wie bereits oben dargestellt, keine Erweiterung gegenüber dem für unbeschränkt Steuerpflichtige geltenden Einkünftebegriff.[194] Hieraus folgt zugleich, dass auch die im Zusammenhang mit der „Liebhaberei" geltenden Vermutungs- und Beweislastregeln bei beschränkter Steuerpflicht in derselben Weise wie für unbeschränkt Steuerpflichtige gelten.[195]

e) Zeitbezug

Es ist zu konstatieren, dass sich hinsichtlich des Zeitbezugs der beschränkt steuerpflichtigen Einkünfte das (nur für einige Tatbestände des § 49 Abs. 1 EStG anwendbare) **Zufluss-/Abflussprinzip** des § 11 EStG und das aus § 50 Abs. 1 Satz 1 EStG abgeleitete **Veranlassungsprinzip** gegenüberstehen. Nach wohl h. M. setzt sich im Grundsatz das Veranlassungsprinzip durch, d. h. Erträge und Aufwendungen bzw. Einnahmen und Ausgaben, die vor bzw. nach der Beendigung der beschränkten Steuerpflicht angefallen sind, sind nur, aber auch immer dann zu berücksichtigen, wenn ein unmittelbarer wirtschaftlicher Zusammenhang mit den früheren oder späteren steuerpflichtigen inländischen Einkünften besteht.[196] Für den Bereich der Überschusseinkünfte jedoch soll es stets auf die Verhältnisse im Zufluss- bzw. Abflusszeitpunkt ankommen.[197] Insoweit hat der BFH entschieden, dass Grundsatz der wirtschaftlichen Verursachung kein dem Zufluss-/Abflussprinzip vorrangiges Prinzip sei. Er diene allein der sachlichen Verknüpfung von wirtschaftlich

---
[192] Dazu BFH 17.4.1996 – I R 78/95, BStBl. II 1996, 571.
[193] Auch eine freiwillige Unterwerfung unter die Buchführungs- und Abschlusspflicht ist insoweit möglich, vgl. Blümich/*Wied*, § 49 EStG Rn. 43 m. w. N.
[194] BFH 1.12.1982 – I B 11/82, BStBl. II 1983, 367.
[195] BFH 7.11.2001 – I R 14/01, BStBl. II 2002, 861; a. A. bereits seinerzeit BMF 11.12.2002, BStBl. I 2002, 1394 (Nichtanwendungserlass).
[196] BFH 28.3.1984 – I R 129/79, BStBl. II 1984, 620; dazu auch H/H/R/*Herkenrath/Striegel* § 50 EStG Rn. 38 ff. und Schmidt/*Loschelder* § 50 EStG Rn. 7.
[197] Vgl. das Beispiel des Zuflusses von Darlehenszinsen in einem Zeitpunkt, in dem zugrunde liegende Forderung nicht mehr durch inländischen Grundbesitz gesichert war, wie es § 49 Abs. 1 Nr. 5 Buchst. c Doppelbuchst. aa EStG verlangt, vgl. BFH 28.3.1984 – I R 129/79, BStBl. II 1984, 620.

Haase 393

99 Für den Bereich der gewerblichen Einkünfte und insbesondere die Betriebsstättenbesteuerung (§ 49 Abs. 1 Nr. 2 Buchst. a EStG) gilt konsequent das Veranlassungsprinzip: Bei nachträglichen Einkünften aus der Betriebsstätte, für die der Steuerpflichtige im Zeitpunkt der steuerlichen Erfassung dieser Einkünfte die Betriebsstätte nicht mehr unterhält, ist darauf abzustellen, ob die betriebliche Leistung, die für die Einkünfte **ursächlich** ist, während der Zeit des Bestehens der Betriebsstätte erbracht wurde.[199] Gründungsaufwand und Aufwendungen im Hinblick auf eine Betriebsstätte vor ihrer Errichtung sind umgekehrt zu Lasten des Betriebsstättenergebnisses anzusetzen, weil sie in einem Veranlassungszusammenhang mit der Betriebsstätte stehen. Dies gilt auch dann, wenn die Betriebsstättenbegründung scheitert, da die Aufwendungen in einem **unmittelbaren wirtschaftlichen Zusammenhang** mit den Einnahmen stehen, die aus der zu errichtenden Betriebsstätte erzielt werden sollten.[200] Aufwendungen der Auftragsakquisition, die nur bei Erfolg zu einer Betriebsstättenbegründung führt, sollen hingegen nach Auffassung der Finanzverwaltung stets vom Stammhaus zu tragen sein.[201]

f) Steuererhebung

100 Hinsichtlich der Art der Steuererhebung gilt der (ungeschriebene)[202] Grundsatz, dass bei grundsätzlich bestehender deutscher Steuerpflicht immer dann eine Veranlagung des ausländischen Steuerpflichtigen zu erfolgen hat, wenn die Steuer nicht im Wege des **Steuerabzugs** erhoben wird. Bei laufenden Einkünften aus Immobilien ist – abgesehen vom Spezialfall der §§ 48 ff. EStG – ein Steuerabzug an der Quelle (der ggf. eine **abgeltende Wirkung** entfalten könnte) nicht ersichtlich, so dass ein im Inland (beispielsweise nach § 49 Abs. 1 Nr. 6 EStG) beschränkt Steuerpflichtiger eine Steuerklärung nach amtlichem Vordruck abzugeben hätte. Dieser Grundsatz gilt bei jedweder Steuerpflicht nach § 49 EStG i. V. m. § 1 Abs. 4 EStG oder § 2 Nr. 1 KStG.

III. Gewerbesteuer

101 Hinsichtlich der Gewerbesteuer gelten auch bei beschränkter Steuerpflicht keine Besonderheiten. Aufgrund der sog. **Objektsteuercharakters** der Ge-

---

[198] BFH 17.4.1996 – I R 78/95, BStBl. II 1996, 571; in diesem Sinne wohl auch *Lüdicke* DStR-Beihefter 2008, Heft 17, S. 28.
[199] BMF 24.12.1999, BStBl. I 1999, 1076 . Tz. 2.9.2 (dort allerdings mit der zeitlichen Einschränkung auf das dem Jahr der Betriebsstättenauflösung folgenden Wirtschaftsjahr); vgl. im Übrigen BFH 15.7.1964 – I 415/61 U, BStBl. III 1964, 551 ff. sowie die weiteren Nachweise bei Blümich/*Wied* § 49 EStG Rn. 47.
[200] Die Finanzverwaltung beruft sich zur Begründung (in BMF 24.12.1999, BStBl. I 1999, 1076, Tz. 2.9.1) auf BFH 28.4.1983 – IV R 122/79, BStBl. II 1983, 567. Das Urteil ist zwar zur unbeschränkten Steuerpflicht ergangen, kann aber m. E. dennoch als allgemeines Prinzip herangezogen werden (a. A. Blümich/*Wied* § 49 EStG Rn. 48).
[201] BMF 24.12.1999, BStBl. I 1999, 1076 Tz. 2.9.1.
[202] Man mag dies aus einem argumentum e contrario aus § 50 Abs. 2 Satz 2 EStG schließen.

§ 8 Besonderheiten bei Auslandsbezug

werbesteuer sind gegenüber der unbeschränkten Steuerpflicht keine abweichenden Prinzipien festzustellen. Insofern gilt § 2 Abs. 1 GewStG mit seinen drei Grundaussagen: (1.): Der Gewerbesteuer unterliegt jeder stehende Gewerbebetrieb, soweit er im Inland betrieben wird. (2.): Unter Gewerbebetrieb ist ein gewerbliches Unternehmen im Sinne des Einkommensteuergesetzes zu verstehen. (3.): **Im Inland** betrieben wird ein Gewerbebetrieb, soweit für ihn im Inland oder auf einem in einem inländischen Schiffsregister eingetragenen Kauffahrteischiff eine Betriebsstätte unterhalten wird. Anders als bei § 49 Abs. 1 Nr. 2 Buchst. a EStG ist der ständige Vertreter für die Gewerbesteuer nicht tatbestandsmäßig.

Weil inländische Grundstücke für sich genommen keine inländische Betriebsstätte begründen,[203] kann eine beschränkte Steuerpflicht für die Gewerbesteuer allein über eine inländische Betriebsstätte erreicht werden. In der Struktur der beschränkten Steuerpflicht muss daher ein ausländisches (gewerbliches) Unternehmen, welches nach den Maßstäben des § 15 Abs. 2 EStG einen Gewerbebetrieb unterhält, eine inländische Betriebsstätte begründen, um zu einer Gewerbesteuerpflicht zu gelangen. Auf die Ausführungen zur Betriebsstätte unter → Rn. 41 ff. wird insoweit verwiesen. Zudem wird auf die allgemeinen Ausführungen zu (gewerblichen) Unternehmen verwiesen, welche nach h. M. allein eine inländische Betriebsstätte begründen können. Die in der Praxis am häufigsten anzutreffenden Fälle einer Umqualifikation von Einkünften nach § 21 EStG in gewerbliche Einkünfte nach § 15 EStG betreffen das Angebot (gewerblicher) Sonderleistungen durch den Vermieter neben der Vermietung oder die Vermietung von sog. **Betriebsvorrichtungen.**

IV. Doppelbesteuerungsabkommen

1. Allgemeines

Sämtliche von Deutschland abgeschlossenen DBA enthalten eine Vorschrift zur Verteilung der Besteuerungsrechte für Einkünfte aus unbeweglichem Vermögen. Sie orientieren sich nahezu ausnahmslos an **Art. 6 OECD-MA,** weshalb nachstehend auch nur diese Norm im Detail behandelt wird. Die Abweichungen in den einzelnen DBA erschließen sich dann durch sorgfältiges Lesen. Art. 6 OECD-MA gehört zu den sog. Verteilungsnormen des OECD-MA und setzt den auch international nahezu einhellig anerkannten Grundsatz des Belegenheitsprinzips bei der Besteuerung von Grundvermögen um. Das Belegenheitsprinzip geht insoweit dem Betriebsstättenprinzip vor, Art. 6 Abs. 4 OECD-MA.

---

[203] Reine Vermietungstätigkeiten führen, auch wenn sie im Rahmen eines Gewerbebetriebs ausgeübt werden, i. d. R. nicht zur Annahme einer Betriebsstätte i. S. d. § 12 AO bzw. einer dem Art. 5 OECD-MA entsprechenden Norm. Anders kann es sich verhalten, wenn seitens des Vermieters Sonderleistungen erbracht werden oder ein ständiger Vertreter bestellt ist, vgl. statt vieler BFH 7.8.2002, I R 10/01, BStBl. II 2002, 848, Tz. 8 OECD-MK zu Art. 5 OECD-MA sowie die Nachweise bei *Töben/Lohbeck/Fischer* FR 2009, 151 sowie bei *Töben/Lohbeck* FS 10 Jahre Pöllath + Partners, 2008, S. 211.

2. Besteuerung im Belegenheitsstaat

104 Art. 6 Abs. 1 OECD-MA weist als Grundgedanken dem Belegenheitsstaat das nicht ausschließliche Besteuerungsrecht für das unbewegliche Vermögen zu, das im anderen Vertragsstaat (dem Belegenheitsstaat) liegt.[204] Die Zuweisung des Besteuerungsrechts erfolgt grundstücksbezogen ohne die Berücksichtigung von persönlichen Merkmalen. Die Zuweisung des Besteuerungsrechts liegt darin begründet, dass offenkundig eine sehr enge **ökonomische Verbindung** zwischen der Quelle des Vermögens und dem Belegenheitsstaat besteht. Verstärkt wird die Bedeutung der Verbundenheit des unbeweglichen Vermögens mit dem Belegenheitsstaat durch den Vorrang des Art. 6 OECD-MA vor der Auffangvorschrift des Art. 7 OECD-MA (siehe Abs. 4) bzw. Art. 21 OECD-MA.

105 **Ob und in welchem Umfang** eine Besteuerung durch den Belegenheitsstaat (Quellenstaat) durchgeführt wird, ist nicht im Abkommen geregelt, sondern bestimmt sich allein nach **den nationalen Regelungen,** ohne dass diese durch das Abkommen beschränkt wären. Auch die Vorrangigkeit des Art. 6 OECD-MA vor Art. 7 OECD-MA stellt kein Präjudiz für die Art der Besteuerung durch den Belegenheitsstaat dar. Die konkreten Besteuerungsfolgen ergeben sich erst aus den innerstaatlichen Regelungen zur Besteuerung im Belegenheitsstaat und den Rechtsfolgen im Ansässigkeitsstaat unter Berücksichtigung der Regelungen zur Vermeidung der Doppelbesteuerung nach Art. 23A und Art. 23B OECD-MA. Deutschland vermeidet in nahezu all seinen DBA die Doppelbesteuerung durch Anwendung der Freistellungsmethode. Dies ist auch international das beherrschende Prinzip. Umgekehrt ist es Deutschland nach sämtlichen DBA gestattet, im Inland belegene Immobilien der Besteuerung zu unterwerfen. Das nach den einzelnen Tatbeständen des § 49 EStG eingeräumte Besteuerungsrecht wird also in Bezug auf inländische Immobilien in vollem Umfang ausgefüllt.

106 Art. 6 Abs. 1 OECD-MA regelt die Besteuerung des unbeweglichen Vermögens (einer in einem Vertragsstaat ansässigen Person), das im anderen Vertragsstaat liegt. Die Begriffe „Person" und „Ansässigkeit in einem Vertragsstaat" sind gemäß den allgemeinen Regeln in den Art. 2–4 OECD-MA zu verstehen, und das unbewegliche Vermögen ist in Art. 6 Abs. 2 OECD-MA legaldefiniert. Art. 6 Abs. 1 OECD-MA findet somit unabhängig von der Rechtsform des Grundstückseigentümers Anwendung, wobei freilich die allgemeinen steuerlichen Grundsätze zu beachten sind. Insofern kann eine Personengesellschaft zwar „Person", nicht aber eine „Person mit Wohnsitz in einem Vertragsstaat" sein, weshalb insoweit auf die dahinter stehenden Gesellschafter abzustellen ist. Art. 6 OECD-MA fordert unmissverständlich einen abkommensrechtlichen Wohnsitz bzw. die **Ansässigkeit** der Person.

107 Wem das unbewegliche Vermögen zuzurechnen ist, bestimmt sich nach dem innerstaatlichen Recht des Anwenderstaates, da diese Frage nicht von Art. 6 OECD-MA beantwortet wird. Durch unterschiedliche Prinzipien der Vermögenszurechnung in den Vertragsstaaten kann es entsprechend zu **Zurechnungskonflikten** kommen, die in einer Doppelbesteuerung resultieren

---

[204] Zum Ganzen auch im Folgenden identisch (in Bezug auf das OECD-MA 2010) Haase/Galke AStG/DBA Art. 6 OECD-MA Rn. 1 ff. m. w. N.

können. Ist Deutschland Anwenderstaat, ist dabei auf das wirtschaftliche Eigentum i. S. d. § 39 AO an dem Grundvermögen abzustellen. Danach sind bei der Zwischenschaltung eines Treuhänders die Vermögenswerte regelmäßig dem Treugeber zuzurechnen und die Abkommenswirkungen auf der Ebene des Treugebers zu bestimmen.[205] Unerheblich ist danach, ob der Treuhänder selbst als transparent anzusehen ist (wie z. B. bei einem **Immobilien-Sondervermögen**) oder aufgrund vertraglicher Beziehungen nur das zivilrechtliche Eigentum auf fremde Rechnung verwaltet.[206]

Art. 6 OECD-MA setzt insoweit nicht explizit voraus, dass die in einem Vertragsstaat ansässige Person auch zivilrechtlicher Eigentümer des unbeweglichen Vermögens ist. Freilich wird i. d. R. eine Korrespondenz von zivilrechtlichem Eigentum an dem Grundvermögen und seiner steuerlichen Zugehörigkeit zu einem Steuerpflichtigen gegeben sein, weil sich die meisten Rechtsordnungen diesbezüglich einer **Zivilrechtsakzessorietät** bedienen.

3. Definition unbeweglichen Vermögens

a) Allgemeines

Die Definitionshoheit des Begriffs „unbewegliches Vermögen" wird gemäß Art. 6 Abs. 2 OECD-MA der Rechtsordnung des Belegenheitsstaates zugewiesen.[207] Durch die Ausformulierung als **dynamischer Verweis** ist das Recht des Belegenheitsstaates mit dem Inhalt heranzuziehen, den es im Zeitpunkt der Erzielung der Einkünfte hat. In der praktischen Anwendung können sich hieraus vor allem dann Schwierigkeiten ergeben, wenn das ausländische Recht häufiger durch Gesetzesänderungen angepasst wird. Die Vorschrift verweist auf das gesamte wirksam gesetzte Recht des Belegenheitsstaates. Dies meint wegen **Art. 3 Abs. 2 OECD-MA** vorrangig das Steuerrecht, was aber nur praktische Relevanz in Fällen hat, in denen das Steuerrecht vom Zivilrecht abweicht.

Umstritten ist, ob der Verweis auf das Steuerrecht auch die Rechtsprechung und die Verwaltungspraxis des Belegenheitsstaats umfasst oder ob beides nur als **Auslegungshilfe** heranzuziehen ist.[208] Richtigerweise werden i. E. sowohl die Rechtsprechung als auch die Verwaltungsauffassung des Belegenheitsstaates zwingend zu beachten sein, weil diese der praktischen Rechtsanwendung neben der Literatur am nächsten sind und weil diesen auch bei der innerstaatlichen Rechtsanwendung i. d. R. eine besondere Bedeutung zukommt. Ob dies dann als Auslegungshilfe eingestuft wird oder als Teil des „Rechts" selbst, kann m. E. dahinstehen.

Art. 6 Abs. 2 OECD-MA beinhaltet eine sog. **Qualifikationsverkettung** hinsichtlich des Vorliegens von unbeweglichem Vermögen, an das der Ansässigkeitsstaat gebunden ist, auch wenn nach seiner innerstaatlichen Rechtsnorm Besteuerungsfolge anders zu beurteilen wären. Die Qualifikationsver-

---

[205] Tz. 2 OECD-MK zu Art. 5 OECD-MA.
[206] Vogel/Lehner/*Lehner* Art. 4 OECD-MA Rn. 17a.
[207] Dazu Tz. 3 OECD-MK zu Art. 5 OECD-MA.
[208] Für Ersteres Vogel/Lehner/*Reimer* Art. 6 OECD-MA Rn. 68, für Letzteres Wassermeyer/*Wassermeyer*/Kaeser Art. 6 OECD-MA Rn. 32.

kettung des Abs. 2 Satz 1 schlägt jedoch nicht auf das nationale Recht des Anwenderstaates durch, sondern ist nur für die Abkommensanwendung maßgeblich. Das Recht zur Definition durch den Belegenheitsstaat wird in Abs. 2. Satz 2 durch einen Katalog von negativen und positiven Kriterien eingeschränkt. Für die Anwendung des Abkommens sind damit bestimmte Vermögenswerte immer als unbewegliches Vermögen anzusehen, andere jedoch nicht, und zwar unabhängig davon, ob der Belegenheitsstaat nach nationalem Recht eine abweichende Definition des unbeweglichen Vermögens vornimmt. Damit kommt dem Satz 2 ein Vorrang vor Satz 1 zu.[209]

112 Durch das **einseitige Definitionsrecht des Belegenheitsstaates** kommt es zwischen den Vertragsstaaten ggf. zu unerwünschten Verschiebungen des Steueraufkommens, da keine Gegenseitigkeit gegeben ist. Staaten, in denen der Begriff des „unbeweglichen Vermögens" besonders weit auszulegen ist, kommt daher u. U. ein umfangreicheres Besteuerungsrecht zu als für ähnliche Fälle von Einkünften aus dem anderen Abkommensstaat, der innerstaatlich eine engere Definition des unbeweglichen Vermögens verankert hat. Einer übermäßigen Ausdehnung der innerstaatlichen Begriffsbestimmung setzt jedoch nur der völkerrechtliche bona-fides- bzw. **genuine-link-Gedanke Grenzen,** der notfalls durch Kündigung des Abkommens durchgesetzt werden muss.[210]

113 Die – abgesehen von den Einschränkungen des Satzes 2 – **unmittelbare Verweisung auf die Rechtsordnung des Belegenheitsstaates** dient der eindeutigen Abgrenzung der Vermögenswerte, ohne eine ausführliche Definition im Abkommen selbst vornehmen zu müssen. Da das Vermögen unbeweglich ist und sich regelmäßig räumlich eindeutig dem Belegenheitsstaat zuordnen lässt, erfüllt dieser Verweis wirksam und praktikabel die Entstehung von Qualifikationskonflikten und daraus ggf. im Weiteren entstehender Doppelbesteuerung. Der Ansässigkeitsstaat i. S. d. Art. 4 OECD-MA muss damit ausnahmsweise das Recht des Belegenheitsstaates für die eigene Besteuerung anwenden. Daraus können sich Probleme ergeben, weil im beispielsweise im deutschen Inland nicht immer ausreichend Kenntnisse über das ausländische Steuer- oder Zivilrecht und seine Anwendung bestehen. Zudem sind die Kenntnisse in der Praxis auf Seiten der Steuerpflichtigen und der Finanzverwaltung teilweise sehr unterschiedlich ausgeprägt, und die Erlangung von Auskünften über das ausländische Recht kann sich bei Zweifelsfällen als langwierig und kostspielig erweisen. In Zweifelsfällen bleibt nur die Anstrengung eines **Verständigungsverfahrens** nach Art. 25 OECD-MA.

b) Unbewegliches Vermögen im deutschen Recht

114 Mangels einer Definition in der **Abgabenordnung als Mantelgesetz** ergibt sich für Deutschland als Anwenderstaat die Definition des unbeweglichen Vermögens aus der Grundnorm des § 21 Abs. 1 S. 1 Nr. 1 EStG und aus § 13 Abs. 1 Nr. 1 S. 1 EStG. Der dort definierte Umfang ist jedoch wei-

---

[209] Wassermeyer/*Wassermeyer/Kaeser* Art. 6 OECD-MA Rn. 26.
[210] Vogel/Lehner/*Raimer* Art. 6 OECD-MA Rn. 70. Völkerrechtlich muss stets ein „genuine link" zum Territorium des Belegenheitsstaates bestehen. Eine Besteuerung ohne jedwede, sachlich nachvollziehbare Anknüpfung an das Territorium wäre völkerrechtswidrig.

§ 8 Besonderheiten bei Auslandsbezug 115–117 § 8

ter als im Abkommensrecht und wird durch den **Negativkatalog** des Abs. 2 beschränkt. Der Begriff „Grundstück" ist im **Positivkatalog** des Art. 6 Abs. 2 OECD-MA zwar nicht explizit aufgenommen (sondern nur mittelbar bei der Definition der Rechte, für die die Vorschriften über Grundstücke gelten), dürfte aber nach nahezu jeder Rechtsordnung als unbewegliches Vermögen zu definieren sein. Im deutschen Recht ist der Begriff steuerrechtlich – freilich unter **Rückgriff auf seine zivilrechtliche Bedeutung** – auszulegen, aber gleichwohl nicht mit dem zivilrechtlichen Begriff der §§ 94 ff. BGB identisch, da steuerlich insbesondere nicht zwingend eine Einheit mit einem Gebäude gegeben ist. Zum Grund und Boden gehört danach z.b. auch der Luftraum, die Grasnarbe und Ackerkrume sowie nicht konkretisierte Bodenschätze, nicht jedoch Feldinventar und genutzte bzw. konkretisierte Bodenschätze. Grundpfandrechtlich besicherte Forderungen sind kein unbewegliches Vermögen und sind daher allein nach Art. 11 oder 21 OECD-MA zu behandeln.[211] 115

M.E. ist auch ein Rückgriff auf § 68 BewG statthaft. Dort ist das sog. **Grundvermögen** für bewertungsrechtliche Zwecke definiert. Zum Grundvermögen gehören der Grund und Boden, die Gebäude, die sonstigen Bestandteile und das Zubehör, das Erbbaurecht und das Wohnungseigentum, Teileigentum, Wohnungserbbaurecht und Teilerbbaurecht nach dem Wohnungseigentumsgesetz, soweit es sich nicht um land- und forstwirtschaftliches Vermögen (i.S.d. § 33 BewG) oder um Betriebsgrundstücke (§ 99 BewG) handelt. In das Grundvermögen sind nach § 68 Abs. 2 BewG jedoch nicht einzubeziehen Bodenschätze sowie die Maschinen und sonstigen Vorrichtungen aller Art, die zu einer Betriebsanlage gehören **(Betriebsvorrichtungen)**, auch wenn sie wesentliche Bestandteile[212] sind. Einzubeziehen sind jedoch die Verstärkungen von Decken und die nicht ausschließlich zu einer Betriebsanlage gehörenden Stützen und sonstigen Bauteile wie Mauervorlagen und Verstrebungen. 116

Der Begriff „**Gebäude**" ist in § 21 Abs. 1 Nr. 1 EStG nicht definiert. Nach der Rechtsprechung ist der Begriff jedoch auch für Zwecke der Ertragsteuern im bewertungsrechtlichen Sinne zu interpretieren.[213] Somit ist ein Bauwerk als ein „Gebäude anzusehen, wenn es Menschen und Sachen durch räumliche Umschließung Schutz gegen äußere Einflüsse gewährt, den Aufenthalt von Menschen gestattet, fest mit Grund und Boden verbunden, von einiger Beständigkeit und ausreichend standfest ist".[214] „Gebäudeteile" i.S.d. § 21 Abs. 1 Nr. 1 EStG hingegen sind selbstständige Wirtschaftsgüter, die in einem vom Gebäude verschiedenen Nutzungs- und Funktionszusammenhang stehen und daher gesondert zu bilanzieren sind.[215] Von den Gebäudeteilen sind die **Bestandteile eines Gebäudes** bzw. Grundstücks abzugrenzen. Hierzu gehören die Teile von Gebäuden, die keine unabhängige Nutzung zulassen und nicht Gegenstand besonderer Rechte sein können. Hierunter 117

---
[211] Tz. 6 OECD-MK zu Art. 5 OECD-MA.
[212] Dazu Tz. 4 OECD-MK zu Art. 5 OECD-MA.
[213] BFH 26.11.1973 – GrS 5/71, BStBl. II 1974, 132.
[214] Gl. Ländererlasse 15.3.2006, BStBl. I 2006, 314, Tz. 2.2.
[215] Wassermeyer/*Wassermeyer*/*Kaeser* Art. 6 OECD-MA Rn. 36.

Haase 399

fallen die in § 94 BGB genannten Bestandteile von Grundstücken und Gebäuden wie z. B. Türen, Fenster, Ziegel sowie Pflanzen, Aussaat, etc., die fest mit dem Gebäude bzw. dem Grundstück verbunden sind. Die Scheinbestandteile (§ 95 BGB), die nur zu einem vorübergehenden Zweck mit dem Gebäude oder Grundstück verbunden sind, gehören unstreitig nicht zum unbeweglichen Vermögen.[216]

118 Die nach § 21 Abs. 1 Nr. 1 EStG ebenfalls zum unbeweglichen Vermögen gehörenden **Schiffe, die in ein Schiffsregister eingetragen sind,** gehören nach dem Negativkatalog des Art. 6 Abs. 2 Satz 2 OECD-MA im Abkommensrecht explizit nicht zum unbeweglichen Vermögen. Rechte die den Vorschriften des bürgerlichen Rechts über Grundstücke unterliegen (sog. grundstücksgleiche Rechte), sind bei der deutschen Rechtsanwendung nach § 21 Abs. 1Nr. 1 EStG und dem Positivkatalog des Art. 6 Abs. 2 OECD-MA als unbewegliches Vermögen definiert.

c) Explizit genanntes unbewegliches Vermögen

119 Die in Art. 6 Abs. 2 Satz 2 OECD-MA ausdrücklich genannten Wirtschaftsgüter gehören unabhängig von der **Definition des unbeweglichen Vermögens** im Belegenheitsstaat in jedem Fall zum unbeweglichen Vermögen im abkommensrechtlichen Sinne. Ob die Auslegung auch nach dem Recht des Belegenheitsstaat erfolgt, ist umstritten.[217] In der Praxis relevant wird der Positivkatalog des Abs. 2 jedenfalls immer dann, wenn das innerstaatliche Recht gerade die Elemente des Positivkataloges aus der Definition des unbeweglichen Vermögens ausschließt.

120 Zum in Art. 6 Abs. 2 Satz 2 OECD-MA genannten **Zubehör** rechnen nach deutschem Verständnis gemäß § 97 BGB bewegliche Sachen, die dem wirtschaftlichen Zweck der Hauptsache zu dienen bestimmt sind und zu dieser in einem räumlichen Verhältnis stehen, ohne Bestandteil der Hauptsache zu sein. Damit sind die Wirtschaftsgüter des Zubehörs rechtlich selbständige bewegliche Sachen, die aber aufgrund des engen wirtschaftlichen Zusammenhangs mit dem unbeweglichen Vermögen genauso behandelt werden sollen. Dazu gehören insbesondere mit dem unbeweglichen Vermögen zusammen überlassene Wirtschaftsgüter, die wirtschaftlich untergeordnet sind. Hierzu gehören z. B. Einrichtungen von Wohnungen und Hotels, Haushaltsgeräte, Beleuchtungsanlagen, etc. Die Einordnung als Zubehör verlangt eine nicht nur vorübergehende Nutzung zusammen mit dem unbeweglichen Vermögen, andererseits ist eine nur vorübergehende Entfernung vom unbeweglichen Vermögen für die Klassifikation als Zubehör nicht schädlich (§ 97 Abs. 2 BGB). Dazu gehören insbesondere Sachen, die mit dem Grundstück fest verbunden sind: Bei Gebäuden sind dies v. a. solche Sachen, bei denen es sich nach deutschem Recht um wesentliche Bestandteile i. S. d. §§ 93, 94 BGB handelt.

121 Rechte, für die die Vorschriften des Privatrechts über Grundstücke gelten, meinen die sog. **grundstücksgleichen Rechte,** die i.d.R. der Eigentümer bestellt (Erbbaurecht, Erbpacht, Wohnungseigentumsrecht). Dabei ist auf das

---

[216] Wassermeyer/*Wassermeyer*/Kaeser Art. 6 OECD-MA Rn. 36a.
[217] Wohl zustimmend Vogel/Lehner/*Reimer* Art. 6 OECD-MA Rn. 76; a. A. Wassermeyer/*Wassermeyer*/Kaeser Art. 6 OECD-MA Rn. 53.

§ 8 Besonderheiten bei Auslandsbezug

Privatrecht des Belegenheitsstaates abzustellen. Grundpfandrechte sind nach deutschem Verständnis beschränkt dingliche Rechte mit Grundstücksbezug und fallen somit auch unter den Anwendungsbereich des Art. 6 Abs. 2 Satz 2 OECD-MA. Dinglich gesicherte Vorkaufsrechte sind ebenfalls unbewegliches Vermögen i. S. d. Vorschrift. Ferner werden auch bloße Nutzungsrechte an unbeweglichem Vermögen erfasst. Als Nutzungsrechte gelten namentlich die sich aus dem Eigentum ableitenden Nutzungsrechte, also die beschränkt dinglichen Rechte, die sich durch Ausübung nicht verbrauchen. Dies sind der Nießbrauch und die Reallast, nicht aber die dinglich gesicherten Vorkaufsrechte und Grundpfandrechte.

Art. 6 Abs. 2 Satz 2 OECD-MA kann indes nicht auf dingliche Rechte **122** beschränkt werden, da die Vorschrift wegen der Wendung „Rechte, für die die Vorschriften des Privatrechts über Grundstücke gelten" dann leer liefe. Vielmehr müssen hierbei grundsätzlich auch die schuldrechtlichen Nutzungsrechte erfasst sein. Dies begründet sich insbesondere darin, dass eine schuldrechtliche Position grundsätzlich für Zwecke der Besteuerung ausreichen kann, da sie wirtschaftlich dem steuerpflichtigen Erblasser eine **vergleichbare Rechtsposition** einräumen.[218] Unstreitig nicht erfasst werden hingegen gesellschaftsrechtlich begründete Nutzungsrechte.

Erfasst wird ferner das lebende und tote Inventar **land- und forstwirt- 123 schaftlicher Betriebe**. Soweit es sich bei dem Inventar um Zubehör handelt, hat die Erwähnung nur wiederholenden Charakter. Für bewegliches Arbeitsgerät wie Werkzeuge, Fahrzeuge und mobile Bewässerungseinrichtungen hat sie allerdings konstitutiven Charakter; ein Gleiches gilt für totes Inventar wie Düngemittel, etc. Erfasst werden somit in erster Linie körperliche Gegenstände. Teilweise wird vertreten, dass unter Inventar auch nichtkörperliche Gegenstände zu fassen seien. Dies soll insbesondere für Wertpapiere und Kontokorrentforderungen und ähnliche Wirtschaftsgüter in betriebsüblichen Mengen und Höhen gelten, wenn die Wirtschaftgüter im Betriebsvermögen gehalten werden und dem land- und forstwirtschaftlichen Betrieb zu dienen bestimmt sind.[219]

Der Begriff „Land- und Forstwirtschaft" ist **abkommensrechtlich** zu **124** bestimmen, so dass aus deutscher Sicht insbesondere nicht auf § 33 BewG zurückgegriffen werden kann.[220] Nur soweit eine abkommensautonome Auslegung nicht möglich ist, kann das nationale Recht des Belegenheitsstaates zur Begriffsbestimmung herangezogen werden.[221] Umstritten ist, ob das land- und forstwirtschaftliche Vermögen unter die Definition des „unbeweglichen Vermögens" i. S. d. Art. 5 Abs. 2 S. 1 OECD-MA fallen muss. Dies wird insbesondere von *Wassermeyer*[222] abgelehnt. Seiner Ansicht nach hat Art. 3 Abs. 2 OECD-MA Vorrang vor Art. 6 Abs. 2 Satz 2 OECD-MA. Dem kann m. E. nicht gefolgt werden. Die Land- und Forstwirtschaft ist nach Art. 6

---

[218] So Vogel/Lehner/*Reimer* Art. 6 OECD-MA Rn. 96 unter Verweis auf BFH 18.4.1982 – I R 151/78, BStBl. II 1982, 566 sowie Wassermeyer/*Wassermeyer*/Kaeser Art. 6 OECD-MA Rn. 76.
[219] Vogel/Lehner/*Reimer* Art. 6 OECD-MA Rn. 86 m. w. N.
[220] Vogel/Lehner/*Reimer* Art. 6 OECD-MA Rn. 66.
[221] A. A. Wassermeyer/*Wassermeyer*/Kaeser Art. 6 OECD-MA Rn. 16.
[222] Wassermeyer/*Wassermeyer*/Kaeser Art. 6 OECD-MA Rn. 16.

Abs. 2 Satz 2 OECD-MA gerade in die abkommensrechtliche Norm eingebettet worden, die ihren besonderen Bezug zum Quellenstaat durch die Belegenheit des Grund und Bodens ausdrückt. Löst man diesen besonderen Bezug für die Land- und Forstwirtschaft auf, indem man die Land- und Forstwirtschaft unabhängig vom Bodenbezug unter die Vorschrift fasst, so durchbricht dies die Systematik des Artikels.

125 Landwirtschaft umfasst danach insbesondere den Ackerbau wie Getreide, Obst, Wein etc. Die Viehzucht ist nur insofern Land- und Forstwirtschaft, als die Tiere auf die natürlichen Ressourcen des Bodens zurückgreifen. Ansonsten fällt sie als **gewerbliches Tierzuchtunternehmen** unter Art. 7 OECD-MA. Forstwirtschaft ist die Bodennutzung durch Bäume und andere Gehölze zur Gewinnung von Naturholz. Sie erfasst auch Baumschulen und andere Einrichtungen zur Pflege und zum Erhalt des Waldes. Die Jagdwirtschaft und die Fischerei hingegen sind nach dem Wortlaut nicht erfasst.

126 **Nebenbetriebe** wie die in die Land- und Forstwirtschaft eingegliederten Be- und Verarbeitungsbetriebe (auch Produktionsstätten für Biogas) fallen grundsätzlich nicht in den Anwendungsbereich des Art. 6 OECD-MA. In den Anwendungsbereich fallen hingegen die Einrichtungen dann, wenn sie nicht selbstständige Nebenbetriebe sind, sondern noch Teil des land- und forstwirtschaftlichen Betriebes (Attraktivität des Hauptbetriebes). Ob es sich bei dem Nebenbetrieb um einen selbstständigen oder unselbstständigen Teil handelt, ist eine Tatsachenfrage. Als Abgrenzungsmerkmal dient insbesondere die Frage, ob auch betriebsfremde Produkte mit einbezogen werden, der Grad der wirtschaftlichen Eigenständigkeit und die Bedeutung der zusätzlichen Wertschöpfung.

4. Nutzung

127 Art. 6 Abs. 3 OECD-MA bestimmt, dass Abs. 1 der Norm für die Einkünfte aus der unmittelbaren Nutzung, der Vermietung und Verpachtung sowie jeder anderen Form der Nutzung gilt. Die Vorschrift füllt damit die in Abs. 1 enthaltene Wendung „Einkünfte […] aus unbeweglichem Vermögen" aus, hat aber weitgehend deklaratorischen Charakter. Sie versucht sprachlich zu umschreiben, was bei natürlicher Wortlautauslegung ohnehin gelten würde: **Jede Art der Nutzung** unbeweglichen Vermögens, die gegen Entgelt gestattet ist und beim Empfänger des Entgelts zu Einnahmen führt, wird erfasst. Worauf die Nutzung zivilrechtlich beruht, welchem Recht die Nutzung unterliegt, ob das Entgelt angemessen ist oder nicht und ob die Nutzung erlaubt oder verboten ist, spielt für Art. 6 Abs. 1 OECD-MA keine Rolle.

B. Ausländische Immobilien von Steuerinländern

I. Systematik

128 Als **Steuerinländer** i. S. d. Kapitels werden nur im Inland unbeschränkt Steuerpflichtige angesehen. Es muss sich daher bei natürlichen Personen um Steuerpflichtige handeln, die einer unbeschränkten Steuerpflicht nach § 1 Abs. 1–3 EStG unterliegen bzw. bei Körperschaften einer Steuerpflicht nach

§ 8 Besonderheiten bei Auslandsbezug

§ 1 KStG unterliegen. Dies gilt entsprechend für Beteiligte an in- oder ausländischen Personengesellschaften, die Grundbesitz halten und diesen ertragswirksam verwalten.

Da in diesem Kapitel nur die **spezifisch internationale Dimension** des Steuerrechts darzustellen ist, kann es hinsichtlich der ausländischen Immobilien von Steuerinländern mit der Feststellung bewenden, dass es steuerlich betrachtet keinen Unterschied ausmacht, ob ein Steuerinländer beispielsweise eine inländische Immobilie vermietet oder ob es sich um eine ausländische Immobilie handelt. Aufgrund des sog. **Welteinkommensprinzips** wird der Auslandssachverhalt in vollem Umfang der Besteuerung im Inland unterworfen, so dass hinsichtlich der allgemeinen Besteuerungsregeln bei Vermietung bzw. Verkauf der Immobilie auf → §§ 7 und 18 verwiesen wird. 129

Zwar gibt es im Detail Besonderheiten, soweit Steuertatbestände an inländische Immobilien anknüpfen, wie etwa die Tatsache, dass die erhöhten Absetzungen nach § 7b EStG ausweislich des Wortlauts nur auf im Inland belegene Immobilien anwendbar sind. Diese Unterschiede in der laufenden Besteuerung erschließen sich aber bei sorgfältigem Lesen der einschlägigen Vorschriften, so dass an dieser Stelle auf eine umfassende Aufzählung verzichtet wird. Zentral ist jedenfalls die Erkenntnis, dass im Grundsatz keine Besonderheiten gelten, wenn Steuerinländer einen laufenden Immobilienertrag aus einer ausländischen Immobilie erwirtschaften. Beispielsweise rechnen ausländische Immobilien auch zu den sog. **Zählobjekten,** wenn es um die Betrachtung eines gewerblichen Grundstückshändlers und die dadurch bedingte Infektion seiner laufenden Einkünfte geht. 130

II. Doppelbesteuerungsabkommen

1. Allgemeines

Anders als unter → Rn. 103 ff. dargestellt, betrifft die Situation der unbeschränkten Steuerpflicht im Inland Deutschland nicht als Quellenstaat, sondern als Ansässigkeitsstaat des Steuerpflichtigen. Der im Inland unbeschränkt Steuerpflichtige wird daher nach den Kriterien des Art. 4 OECD-MA regelmäßig eine auch abkommensrechtlich im Inland **ansässige Person** sein, die laufende Einkünfte aus unbeweglichem Vermögen aus dem Quellenstaat bezieht. Die Anwendung des Art. 6 OECD-MA verläuft dann im Grundsatz nicht anders als oben dargestellt, so dass auf die → Rn. 103 ff. verwiesen wird. Zu beachten ist in jedem Fall, dass sich die Besteuerung des unbeschränkt Steuerpflichtigen ungeachtet des DBA und ungeachtet des ausländischen Rechts des Quellenstaates (Ausnahme: Art. 6 Abs. 2 OECD-MA) und ungeachtet etwaiger Qualifikationskonflikte allein nach den deutschen Besteuerungsregeln richtet. Dies gilt insbesondere für die Frage, wem die Einkünfte zuzurechnen sind, sowie für die Frage, wer aus deutscher Sicht das Steuersubjekt ist.[223] 131

---

[223] Zuletzt deutlich BFH 25.5.2011 – I R 95/10, BFH/NV 2011, 1602 (Leitsatz 1: Die Besteuerung des in Deutschland ansässigen Gesellschafters einer ungarischen, nach dortigem im Gegensatz zum deutschen Recht steuerlich als transparent behandelten Personengesellschaft ist nach Maßgabe des DBA-Ungarn auf der Grundlage des deutschen und nicht des ungarischen Steuerrechts vorzunehmen.").

132 In nahezu sämtlichen deutschen DBA vermeidet Deutschland eine Doppelbesteuerung, indem entweder in der Art. 6 Abs. 1 OECD-MA entsprechenden Vorschrift ein ausschließliches Besteuerungsrecht des Quellenstaates statuiert wird (sog. **Zuordnungsmethode**) oder indem auf die Einkünfte aus unbeweglichem Vermögen die Freistellungsmethode nach Art. 23A OECD-MA angewendet wird. Ein „Rückfall" des Besteuerungsrechts nach Deutschland kann dann nur aufgrund einer abkommensrechtlichen **subject-to-tax- oder Aktivitätsklausel,** aufgrund des § 20 Abs. 2 AStG oder des § 50d Abs. 9 EStG erfolgen, was aber in der Praxis bei Einkünften aus unbeweglichem Vermögen selten der Fall ist. Insoweit wird auf die allgemeinen Kommentierungen zu diesen Normen verwiesen.

133 Es kann nicht oft genug betont werden, dass selbst bei **vermeintlich „einfachen" DBA-Fällen** und der vermeintlich „einfachen" Norm des Art. 6 OECD-MA das gesamte DBA stets sorgfältig gelesen werden sollte. Dies gilt auch für alle verfügbaren Denkschriften, Protokolle, Notenwechsel und sonstige Materialien zu einem DBA, die nicht selten ergänzende, zuweilen auch gegensätzliche Besteuerungsregeln beinhalten. Auch muss davor gewarnt werden, im Outbound-Sachverhalt bei Erfüllung der Voraussetzungen des Art. 6 Abs. 2 OECD-MA unbesehen von einer Freistellung von Einkünften auszugehen. Zuweilen enthalten die DBA nämlich auch verschiedene Definitionen des unbeweglichen Vermögens, die je nach Situation (laufende Einkünfte versus Veräußerungsgewinn) zur Anwendung kommen.

Beispiel:
Mehrere inländische natürliche Personen sind über eine inländische gewerblich geprägte (§ 15 Abs. 3 Nr. 2 EStG) Personengesellschaft an einer kanadischen Limited Partnership (LP) beteiligt, die Grund und Boden (qualifiziert annahmegemäß als unbewegliches Vermögen i. S. d. Art. 6 Abs. 2 Satz 1 DBA Kanada) besitzt. Grund und Boden dienen der Ölexploration, die von der LP selbst durchgeführt wird. Es ist angedacht, dass die inländische Personengesellschaft ihre LP-Anteile gegen Gewährung von Gesellschaftsrechten in eine neu zu gründende kanadische Limited Partnership (New LP) einbringt. Fraglich ist die abkommensrechtliche Behandlung dieser angedachten Umstrukturierung unter dem DBA-Kanada.

Lösung:
Aufgrund der Transparenz der Beteiligungskette aus deutscher Sicht sind die Einnahmen aus der Ölexploration wegen Art. 13 Abs. 1 i. V. m. Art. 6 Abs. 1 DBA-Kanada allein in Kanada zu versteuern. Wegen des konzeptionell **strukturellen Gleichlaufs** von laufenden Gewinnen und Veräußerungsgewinnen im OECD-MA müsste dieser Gleichlauf an sich auch für das DBA-Kanada gelten. Jedoch sieht Art. 13 Abs. 4 Satz 2 DBA-Kanada eine eigenständige Definition des unbeweglichen Vermögens allein für Zwecke der Anwendung des Art. 13 DBA-Kanada vor, welche von Art. 6 Abs. 2 DBA-Kanada abweicht (Grundstücke, auf denen Personengesellschaften Tätigkeiten ausüben, gelten nicht als unbewegliches Vermögen). Insoweit gilt für einen etwaigen Veräußerungsgewinn die Anrechnungs- und nicht die Freistellungsmethode.

2. Progressionsvorbehalt

134 Die meisten deutschen DBA sehen keine absolute Steuerfreistellung, sondern lediglich eine Freistellung unter Progressionsvorbehalt vor, was in

§ 8 Besonderheiten bei Auslandsbezug

Deutschland im Hinblick auf DBA durch § 32b Abs. 1 Satz 1 Nr. 3 EStG ausgefüllt wird. Der deutsche Gesetzgeber hatte indes bereits im JStG 2009[224] die Vorschrift des § 32b EStG aufgrund **europarechtlicher Bedenken** einer teilweisen Revision unterzogen. Durch die Neuregelung werden der negative und der positive Progressionsvorbehalt bei bestimmten, innerhalb der Mitgliedstaaten der EU bzw. des EWR-Abkommens verwirklichten Tatbeständen, in denen Einkünfte nach einem DBA freigestellt sind, ausgeschlossen. Der Regelung liegt dabei die Annahme zugrunde, dass der Ausschluss von Auslandsverlusten für Zwecke des negativen Progressionsvorbehalts dann nicht gegen die EU-Grundfreiheiten verstößt, wenn im Gegenzug auch **positive Auslandseinkünfte** nicht im Rahmen eines positiven Progressionsvorbehalts berücksichtigt werden müssen. Entsprechend ist die Neuregelung im Zusammenhang mit § 2a EStG n. F. zu sehen.

Im Einzelnen ist der Progressionsvorbehalt nach § 32b Abs. 1 Satz 2 EStG insbesondere **ausgeschlossen** bei Einkünften aus einer anderen als in einem Drittstaat belegenen land- und forstwirtschaftlichen Betriebsstätte (Nr. 1), bei Einkünften aus einer anderen als in einem **Drittstaat** belegenen gewerblichen Betriebsstätte, die nicht die Voraussetzungen des § 2a Abs. 2 Satz 1 EStG erfüllt (Nr. 2) sowie bei Einkünften aus der Vermietung oder der Verpachtung von unbeweglichem Vermögen oder von Sachinbegriffen, wenn diese in einem anderen Staat als in einem Drittstaat belegen sind (Nr. 3). Alle drei Tatbestände können im Zusammenhang mit ausländischen Immobilien praktisch werden, die Nr. 3 ist allerdings der Hauptanwendungsfall für innerhalb der EU/des EWR belegene Immobilien.

---

[224] JStG 2009 v. 19.12.2008, BGBl. I 2008, 2794.

Teil 5. Nutzungsänderung

§ 9 Ertragsteuern

Übersicht

	Rn.
A. Bilanzierung nach Nutzungsänderung	
I. Nutzungsänderung eines Grundstücks im Privatvermögen	2, 3
II. Nutzungsänderung eines Grundstücks im Betriebsvermögen	4, 5
B. AfA nach Nutzungsänderung	
I. Gruppe 1: AfA nach Einlage in das Betriebsvermögen	7–9
II. Gruppe 2: Änderung des Nutzungsumfangs	10–12

A. Bilanzierung nach Nutzungsänderung

Die **bilanzielle Behandlung** eines Grundstücks im Zeitpunkt der Anschaffung bzw. Herstellung ist nicht zwingend auch für die Folgejahre bindend, wenn etwaige Nutzungsänderungen eintreten. Eine solche Nutzungsänderung kann dazu führen, dass beispielsweise ein Grundstück (teilweise) entnommen wird oder umgekehrt eingelegt werden muss. Hierbei ist zu unterscheiden, ob das Grundstück vor der Nutzungsänderung Privat- oder Betriebsvermögen war. **1**

I. Nutzungsänderung eines Grundstücks im Privatvermögen

Wird ein **privat genutztes Grundstück zukünftig betrieblich genutzt,** erfolgt die steuerliche Beurteilung nach den allgemeinen Vorschriften. Das Grundstück wird gem. § 4 Abs. 1 Satz 8 i.V.m. § 6 Abs. 1 Nr. 5 EStG mit dem Teilwert bzw. mit dem Buchwert in das Betriebsvermögen eingelegt, soweit nach den allgemeinen Grundsätzen gewillkürtes oder notwendiges Betriebsvermögen angenommen werden kann. **2**

Die **Nutzungsänderung eines bisher zum Privatvermögen gehörenden Gebäudeteils,** der nunmehr für Vermietungen zu Wohnzwecken oder zur gewerblichen Nutzung an Dritte genutzt wird, führt nicht zur Zwangseinlage ins Betriebsvermögen, auch wenn ein weiterer, schon vorher für die selben Zwecke vermieteter Gebäudeteil dem gewillkürten Betriebsvermögen zugeordnet worden ist.[1] Zwar begründet die Vermietung eines **3**

---

[1] Vgl. BFH 21.4.2005 – III R 4/04, BStBl. II 2005, 604; EStH 4.2 Abs. 4 Nutzungsänderungen 2. Spiegelstrich.

§ 9 4–6 Teil 5. Nutzungsänderung

Gebäude(teils) zu Wohnzwecken oder zur gewerblichen Nutzung an Dritte gewillkürtes Betriebsvermögen, jedoch Bedarf es für eine entsprechende Behandlung auch eine ausdrückliche Einlagehandlung.[2] Eine Einlage kann somit nicht automatisch angenommen werden, nur weil andere Gebäudeteile mit dem gleichen Nutzungs- und Funktionszusammenhang dem gewillkürten Betriebsvermögen zugeordnet worden sind. Lediglich bei der erstmaligen Zuordnung müssen Gebäudeteile mit gleichen Nutzungs- und Funktionszusammenhang auch gleich behandelt werden, nicht jedoch bei einer späteren Nutzungsänderung.[3]

II. Nutzungsänderung eines Grundstücks im Betriebsvermögen

4   Eine **Nutzungsänderung** eines Grundstücks im Betriebsvermögen ist regelmäßig mit erheblichen steuerlichen Auswirkungen verbunden, da hieraus eine gewinnerhöhende Zwangsentnahme resultieren kann. Zu unterscheiden ist insbesondere, ob das Grundstück bzw. der Grundstücksteil nach der Nutzungsänderung gewillkürtes Betriebs- oder Privatvermögen darstellt. Wird ein Gebäude bzw. Gebäudeteil, das bisher zum notwendigen Betriebsvermögen gehörte, zukünftig beispielsweise für fremde Wohnzwecke vermietet und damit dem gewillkürten Betriebsvermögen zugerechnet, muss dieses nicht zwingend entnommen werden. Dieses gilt auch, wenn ein weiterer zu fremden Wohnzwecken vermieteter Gebäudeteil dem Privatvermögen zugeordnet wurde.[4] Lediglich bei der erstmaligen Zuordnung müssen Gebäudeteile mit gleichen Nutzungs- und Funktionszusammenhang auch gleich behandelt werden, nicht jedoch bei einer späteren Nutzungsänderung.[5]

5   Eine **Zwangsentnahme** liegt hingegen vor, wenn der Grundstücksteil nach der Nutzungsänderung Privatvermögen darstellt. Wird auf einem bisher unbebauten Betriebsgrundstück ein zum Privatvermögen gehörendes Gebäude errichtet, muss daher der Grund und Boden zwingend entnommen werden. Eine anteilige Entnahme des Grund und Bodens liegt vor, wenn auf einem Betriebsgrundstück ein Gebäude errichtet wird, das nur teilweise Privatvermögen ist.[6] Auch die Bebauung eines zum Gesamthandsvermögen einer Personengesellschaft gehörenden Betriebsgrundstücks durch einen oder mehrere Gesellschafter mit Zustimmung der Gesellschaft für private Wohnzwecke des oder der Gesellschafter begründet eine Entnahme.[7]

B. AfA nach Nutzungsänderung

6   Die **Nutzungsänderung eines Gebäudes** wird oftmals durch eine Einlage, Entnahme oder durch eine tatsächliche Änderung des Nutzungsumfangs

---

[2] EStR 4.2 Abs. 9 S. 1; BFH 21.4.2005 – III R 4/04, BStBl. II 2005, 604, Tz. II 2 b.
[3] EStR 4.2 Abs. 4.
[4] EStH 4.3 Abs. 2–4 Keine Entnahme des Grundstücks oder Grundstücksteils, Nutzungsänderung 2. Spiegelstrich; EStH 4.2 Abs. 4 Nutzungsänderung 1. Spiegelstrich.
[5] EStR 4.2 Abs. 4.
[6] EStH 4.3 Abs. 2–4 Grundstücke oder Grundstücksteile.
[7] EStH 4.3 Abs. 2–4 Personengesellschaft 3. Spiegelstrich.

begründet. Eine **Entnahme** aus einem Betriebsvermögen ist gem. § 4 Abs. 1 Satz 2 i. V. m. § 6 Abs. 1 Nr. 4 EStG mit dem Teilwert zu bewerten, welcher regelmäßig auch für eine etwaige weitere AfA im Privatvermögen als AfA-Bemessungsgrundlage maßgebend ist.[8] Besonderheiten können sich hingegen ergeben, wenn das Gebäude teilweise oder vollständig in das Betriebsvermögen **einlegt** wird. Für die Frage nach der weiteren AfA-Bemessungsgrundlage ist es entscheidend, ob das Gebäude vorher der Einkünfteerzielung, beispielsweise bei den Einkünften aus Vermietung und Verpachtung gem. § 21 EStG, gedient hat. Aber auch die **Änderung des Nutzungsumfangs** eines aus mehreren selbständigen Gebäudeteilen bestehenden Gebäudes, hat oftmals weitgehende Konsequenzen für die zukünftige AfA. Im Wesentlichen lassen sich die relevanten Sachverhalte in **zwei Gruppen** unterteilen:

I. Gruppe 1: AfA nach Einlage in das Betriebsvermögen

Bei der **AfA nach einer Einlage in das Betriebsvermögen** muss dahingehend unterschieden werden, ob das Gebäude ursprünglich der Erzielung von Überschusseinkünften oder der privaten Lebensführung gedient hat.

Wurde das Gebäude ursprünglich nicht im Rahmen der Überschusseinkünfte genutzt und wird es zukünftig nach der Einlage - entweder mit den Anschaffungs- bzw. Herstellungskosten oder dem Teilwert - dem Betriebsvermögen zugeordnet, ist das im Zeitpunkt der Einlage gültige Absetzungsverfahren nach § 7 Abs. 4 EStG maßgebend.[9]

Diente das Gebäude jedoch den Überschusseinkünften, muss zwischen den Begriffen „Einlagewert" und „AfA-Bemessungsgrundlage" unterschieden werden. Der **Einlagewert** bemisst sich grundsätzlich nach den allgemeinen Grundsätzen des § 6 Abs. 1 Nr. 5 EStG. Für Zwecke der Ermittlung der **AfA-Bemessungsgrundlage** regelt die Vorschrift § 7 Abs. 1 Satz 5 EStG, dass bei Wirtschaftsgütern, die vor der Einlage der Erzielung von Überschusseinkünften gedient haben, der Einlagewert um die AfA, Substanzverringerung, Sonderabschreibungen oder erhöhte Absetzungen, die bis zur Einlage vorgenommen worden sind, vermindert wird, jedoch höchstens bis zu den fortgeführten Anschaffungs- bzw. Herstellungskosten. Ist der Einlagewert nach § 6 Abs. 1 Nr. 5 EStG jedoch geringer als die so ermittelte AfA-Bemessungsgrundlage, stellt der geringere Einlagewert auch gleichzeitig die AfA-Bemessungsgrundlage dar. Die AfA-Bemessungsgrundlage ist in diesen Fällen auch gleichzeitig das AfA-Volumen. In einigen Fallkonstellationen kann sich so ein Restbuchwert nach der Nutzungsdauer ergeben, welcher sich aber erst bei Veräußerung des Grundstücks gewinnmindernd auswirkt. Hat sich durch die Einlage die AfA-Bemessungsgrundlage geändert, ist die weitere Gebäude-AfA nach der tatsächlichen künftigen Nutzungsdauer i. S. d. § 7 Abs. 4 Satz 2 EStG oder nach § 7 Abs. 4 Satz 1 EStG zu bemessen.[10]

---
[8] EStR 7.3 Abs. 6 Satz 1.
[9] Vgl. auch EStR 7.4 Abs. 10 Nr. 2 Satz 3.
[10] EStR 7.4 Abs. 10.

9 Für die vorstehenden Fälle, in denen das **Gebäude zuvor zur Erzielung von Überschusseinkünften genutzt wurde**, hat die Finanzverwaltung zur Klarstellung des § 7 Abs. 1 Satz 5 EStG und der damit zusammenhängenden Ermittlung der AfA-Bemessungsgrundlage ein umfangreiches BMF Schreiben vom 27.10.2010[11] veröffentlicht, welches **verschiedene Fallgruppen** unterscheidet.

Beispiel:
Fallgruppe 1:
Sachverhalt:
Einlagewert ≥ historische Anschaffungs- bzw. Herstellungskosten
Lösung:
Einlagewert
./. bereits in Anspruch genommene AfA oder Substanzverringerung
./. Sonderabschreibungen
./. erhöhte Abnutzungen
= AfA Bemessungsgrundlage

Fallgruppe 2:
Sachverhalt:
Einlagewert < historischen Anschaffungs- bzw. Herstellungskosten aber
Einlagewert ≥ fortgeführte Anschaffungs- bzw. Herstellungskosten
Lösung:
Fortgeführte Anschaffungs- bzw. Herstellungskosten = AfA-Bemessungsgrundlage

Fallgruppe 3:
Sachverhalt:
Einlagewert < fortgeführten Anschaffungs- bzw. Herstellungskosten
Lösung:
Einlagewert = AfA-Bemessungsgrundlage

Fallgruppe 4:
Wenn sich der Einlagewert nach den historischen Anschaffungs- bzw. Herstellungskosten abzüglich der bis zur Einlage in Anspruch genommenden AfA gemäß § 6 Abs. 1 Nr. 5 Satz 1 Buchstabe a i. V. m. Satz 2 EStG bemisst, so ist der ermittelte Einlagewert auch gleichzeitig die AfA-Bemessungsgrundlage.

II. Gruppe 2: Änderung des Nutzungsumfangs

10 Besteht ein **Gebäude aus mehreren selbständigen Gebäudeteilen** und wird der Nutzungsumfang eines Gebäudeteiles infolge einer Nutzungsänderung des Gebäudes ausgedehnt, bemisst sich insoweit die weitere AfA von der neuen Bemessungsgrundlage nach § 7 Abs. 4 EStG.[12]

---

[11] Vgl. BMF 27.10.2010, BStBl. I 2010, 1204.
[12] Vgl. EStR 7.4 Abs. 10 Satz 2.

> **Beispiel:**
> **Sachverhalt:**[13]
> Von den gesamten Herstellungskosten i. H. v. 600.000 EUR eines zum Betriebsvermögen gehörenden Gebäudes, das je zur Hälfte eigenbetrieblichen Zwecken und fremden Wohnzwecken dient, entfallen je 300.000 EUR auf die beiden selbständigen Gebäudeteile. Der eigenbetrieblich genutzte Gebäudeteil wird nach § 7 Abs. 5 Satz 1 Nr. 1 EStG degressiv, der zu fremden Wohnzwecken genutzte Gebäudeteil nach § 7 Abs. 4 Satz 1 Nr. 2 EStG linear abgeschrieben. Die jährliche AfA beträgt
> a) für den eigenbetrieblich genutzten Gebäudeteil:
> 10 % von 300.000 EUR = 30.000 EUR,
> b) für den zu fremden Wohnzwecken genutzten Gebäudeteil
> 2 % von 300.000 EUR = 6.000 EUR.
> Vom Beginn des 3. Jahres an wird die eigenbetriebliche Nutzung auf ein Drittel des bisher zu Wohnzwecken genutzten Gebäudeteils ausgedehnt.
>
> **Lösung:**
> Von diesem Zeitpunkt an beträgt die AfA-Bemessungsgrundlage für den eigenbetrieblichen genutzten Gebäudeteil 400.000 EUR, für den zu fremden Wohnzwecken genutzten Gebäudeteil 200.000 EUR. Für den nunmehr eigenbetrieblich genutzten Teil des bisher zu fremden Wohnzwecken genutzten Gebäudeteils ist die lineare AfA künftig mit dem höheren AfA-Satz des § 7 Abs. 4 Satz 1 Nr. 1 EStG vorzunehmen. Die AfA beträgt somit im 3. Jahr
> a) für den eigenbetrieblichen genutzten Gebäudeteil
> 10 % von 300.000 EUR = 30.000 EUR
> + 3 % von 100.000 EUR = 3.000 EUR,
> b) für den zu fremden Wohnzwecken genutzten Gebäudeteil
> 2 % von 200.000 EUR = 4.000 EUR.

Wird ein dem **Privatvermögen zugehöriges Gebäude** zur Erzielung von Einkünften im Sinne des § 21 EStG verwendet, welches zuvor zu eigenen Wohnzwecken oder zu fremden Wohnzwecken auf Grund einer unentgeltlicher Überlassung genutzt wurde, bleiben die ursprünglichen Anschaffungs- oder Herstellungskosten oder der an deren Stelle tretende Wert des Wirtschaftsgutes für die weitere AfA als Bemessungsgrundlage maßgebend.[14] Auch das ursprüngliche Absetzungsverfahren findet weiter Anwendung.[15]

Bei einer **Nutzungsänderung im laufenden Veranlagungszeitraum** ist die AfA entsprechend den tatsächlichen Nutzungsverhältnissen in diesem Jahr zeitanteilig aufzuteilen.[16] Zu beachten sind die Besonderheiten, wenn die Voraussetzungen des § 7 Abs. 5 EStG nicht mehr erfüllt sind. In diesem Zusammenhang wird auch auf die Ausführungen bei einem Wechsel der AfA-Methode verwiesen.[17]

---

[13] Vgl. EStH 7.4 AfA nach einer Nutzungsänderung 2. Beispiel.
[14] EStR 7.3 Abs. 6 Satz 2 Nr. 1 Buchst. a.
[15] EStR 7.4 Abs. 10 Nr. 2 Satz 1.
[16] EStR 7.4 Abs. 8.
[17] → § 7 Rn. 9.

§ 10 Umsatzsteuer

Übersicht

	Rn.
A. Tatbestände der Nutzungsänderung mit Auswirkungen auf den Vorsteuerabzug	
I. Änderung der Vermietungssituation oder Änderung durch Veräußerung des Grundstücks	1–4
II. Allgemeines zur Vorsteuerkorrektur nach § 15a UStG	5–14
III. Grundstücksentnahme und unentgeltliche Grundstückslieferung (unentgeltliche Zuwendung eines Grundstücks)	15–20
B. Durchführung der Vorsteuerkorrektur nach § 15a UStG	
I. Von § 15a UStG erfasste Wirtschaftsgüter	21–35
II. Besonderheiten in Bezug auf den Berichtigungszeitraum	36–42
III. Besonderheiten bei Umbaumaßnahmen oder Umwidmungen	43–49
IV. Besonderheiten bei Beendigung der Unternehmenszugehörigkeit eines Grundstücks	50–58
1. Veräußerung und Entnahme eines Grundstücks und Abwicklung eines offenen Immobilienfonds	50–53
2. Vorliegende Geschäftsveräußerung im Ganzen	54–56
3. Vorweggenommene Erbfolge	57
4. Übertragung von Miteigentumsanteilen an einem Grundstück	58

A. Tatbestände der Nutzungsänderung mit Auswirkungen auf den Vorsteuerabzug

I. Änderung der Vermietungssituation oder Änderung durch Veräußerung des Grundstücks

1 Wird eine Immobilie, wenn sie dem Unternehmen zu 100% zugeordnet ist, **unterjährig oder zum neuen Jahr anders genutzt** (etwa von steuerpflichtiger zur – gewechselten – steuerfreien Vermietung, Eigennutzung anstelle bisheriger Fremdvermietung), können sich für den Unternehmer hieraus unterschiedliche umsatzsteuerliche Konsequenzen sowohl auf der Ausgangs- als auch auf der Eingangsseite ergeben.

2 Eingangsseitig, d.h. bei **Bezug von Eingangsleistungen** für die laufende Bewirtschaftung der Immobilie, ist bei nun steuerfreier Vermietung beispielsweise kein Vorsteuerabzug gem. § 15 Abs. 2 Nr. 1 UStG mehr möglich; bei

§ 10 Umsatzsteuer 3–6 § 10

teilweiser bzw. bei einem höheren Anteil steuerfreier Vermietung ist die Vorsteueraufteilung nach § 15 Abs. 4 UStG entsprechend anzupassen.

In Bezug auf einen **ursprünglich geltend gemachten Vorsteuerabzug** 3 aus den Anschaffungs-/Herstellungskosten des Gebäudes ist zu prüfen, ob eine Korrektur der Vorsteuer nach § 15a UStG vorzunehmen ist. Dies gilt auch für andere Fallvarianten der Nutzungsänderung, etwa für die Veräußerung des Grundstücks, die Entnahme des Grundstücks bzw. eine (anteilig höhere) Nutzung der Immobilie für private Zwecke (Wohnzwecke).

Wird ein Grundstück z. B. zunächst steuerpflichtig, **zu einem späteren** 4 **Zeitpunkt steuerfrei vermietet,** ist ausgangsseitig die Fakturierung des Vermieters gegenüber dem Mieter anzupassen und entsprechend buchhalterisch und (umsatzsteuer-)erklärungstechnisch zu erfassen.

Praxishinweis:
Die oftmals vorgesehenen Dauermietrechnung sind anzupassen, in denen Umsatzsteuer gesondert ausgewiesen ist, um im Falle der geänderten steuerfreien Vermietung keine Umsatzsteuer nach § 14c Abs. 1 UStG zu schulden. Sollte im Mietvertrag selbst ein Steuerausweis enthalten sein, sollte der Mietvertrag, der insoweit auch als Rechnung gilt (gelten kann), geändert werden.

II. Allgemeines zur Vorsteuerkorrektur nach § 15a UStG

Hauptfall der **Änderung der Verwendungsverhältnisse** in den Folgejahren des Berichtigungszeitraums – gegenüber den Verhältnissen, die für den ursprünglichen Vorsteuerabzug (v. a. aus dem Anschaffungs-/Herstellungsaufwand) maßgebend waren – ist in erster Linie ein tatsächlicher Wechsel in der Verwendung des Wirtschaftsguts von steuerpflichtigen Umsätzen (z. B. durch Option erfolgte steuerpflichtige Vermietung) zu steuerfreien Umsätzen (z. B. steuerfreie Vermietung durch Mieterwechsel oder steuerbare, aber steuerfreie Veräußerung der Immobilie). Zu einer Änderung der Verhältnisse kann z. B. es auch kommen, wenn die im Anschaffungsjahr ausgeübte Option zur Steuerpflicht in einem Folgejahr (für die Zukunft) widerrufen wird oder (umgekehrt) von der ursprünglich steuerfreien Verwendung zur Steuerpflicht der Umsätze optiert wird. 5

Beispiel:
Ein Unternehmer verwendet ein im Jahr 01 errichtetes, seinem Unternehmen zugeordnetes Gebäude ab diesem Jahr zu steuerfreier Vermietung (§ 4 Nr. 12 UStG) an andere Unternehmer. Ab dem Jahr 04 erbringt er unter Verzicht auf die Steuerbefreiung gem. § 9 UStG steuerpflichtige Vermietung. Ab dem Jahr 04 kann er im Berichtigungsweg je $1/10$ der Vorsteuerbeträge für den restlichen Berichtigungszeitraum geltend machen.

In Bezug auf die **Änderungen der Verhältnisse** sind neben dem Regelfall des Wechsels zwischen steuerpflichtiger und steuerfreier Verwendung durch den Unternehmer auch Änderungen der Verwendungsanteile bei „gemischter" steuerpflichtiger und steuerfreier Verwendung sowie die Änderungen durch Rechtsänderungen, z. B. in Bezug auf Steuerbefreiungen, denkbar. 6

Friedrich-Vache 413

7 Art. 185 ff. MwStSystRL sieht den Fall einer **Gesetzesänderung als Berichtigungsfall** für die Vorsteuerkorrektur zwar nicht vor, schließt ihn aber auch nicht aus. Ein Mitgliedstaat kann etwa das Recht, für die Besteuerung von Grundstücksvermietungen zu optieren, mit der Folge aufheben, dass die Vorsteuerabzüge, die hinsichtlich der als Investitionsgüter erworbenen vermieteten Grundstücke vorgenommen wurden, zu berichtigen sind.[1]

8 Auch der **Wegfall der Vorsteueraufteilungsmethode nach dem Umsatzschlüssel** (so noch vorgesehen in § 15 Abs. 3 UStG 1973) ab 1980 führte zu einer Änderung der Verwendungsverhältnisse i. S. d. § 15a UStG, wenn das Wirtschaftsgut tatsächlich während des Berichtigungszeitraums voll zur Ausführung von Umsätzen mit oder ohne Ausschluss des Vorsteuerabzugs verwendet wurde und die Vorsteuerbeträge diesen Umsätzen gem. § 15 Abs. 4 UStG wirtschaftlich zuzurechnen war. Nach bisheriger Auffassung des BFH[2] ist die Einschränkung des Umsatzschlüssels gem. § 15 Abs. 4 Satz 3 ab 1.1.2004 eine zu einer Berichtigung des Vorsteuerabzugs nach § 15a Abs. 1 UStG führende Änderung der rechtlichen Verhältnisse. Der XI. Senat des BFH zweifelt daran allerdings und hat diese Frage dem EuGH vorgelegt.[3] Im Einklang mit dieser Auslegung kann sich nach ständiger Rechtsprechung des BFH eine Änderung der Verwendungsverhältnisse gegenüber denen des Erstjahrs durch den Eintritt von Rechtsänderungen in den Folgejahren ergeben.[4]

9 Bisher noch nicht entschieden ist die Frage, ob bei einem **Wechsel** von wirtschaftlicher Nutzung **zu einer nichtwirtschaftlichen Nutzung** im Unternehmen (also keiner unternehmensfremden Nutzung) § 15a UStG ausgelöst wird.[5]

10 § 15a UStG ist wesentlich im System der **Vorsteuerberichtigung** des gegenwärtig geltenden Umsatzsteuerrechts. Die MwStSystRL sieht mehrere Berichtigungsmechanismen des „ursprünglichen Vorsteuerabzugs" vor. Der Anwendungsbereich und die Bedeutung der Berichtigungssysteme ergeben sich aus dem Prinzip der „sofortigen" und „endgültigen" Entstehung des Rechts auf Vorsteuerabzug bei Bezug der Leistung, sog. Sofortabzug von Vorsteuerbeträgen.[6] Dabei ist zwischen der Berichtigung der ursprünglichen Vorsteuerbeträge bei späterer Änderung der Verwendung des Leistungsgegenstands (Art. 184 ff. MwStSystRL, § 15a UStG) und der Besteuerung „unentgeltlicher Verwendung" eines Unternehmensgegenstands zu „unternehmensfremden Zwecken", im Folgenden Privatentnahmen (Art. 16 und 26 MwStSystRL), zu unterscheiden. Es ist also zwischen wirtschaftlichen und nichtwirtschaftlichen Tätigkeiten einerseits und der unternehmensfremden, d. h. privaten Verwendung (Privatentnahme) andererseits.

11 Gemeinsam ist beiden Systemen, dass sie **Verwendungsänderungen** bei einem dem Unternehmen zugeordneten Gegenstand betreffen. Das gilt auch

---

[1] Nach EuGH 29.4.2004 – C-487/01, BFH/NV Beilage 2004, 250 – Gemeente Leusden.
[2] Vgl. BFH 22.8.2013 – V R 19/09, DStR 13, 2757; *Kraeusel* UVR 2004, 2, 18.
[3] Vgl. BFH 5.6.2014 – XI R 31/09, DStR 2014, 1438 (dem EuGH vorgelegt – C-332/14).
[4] Vgl. z. B. BFH 28.6.1995 – XI R 40/94, BStBl. II 1995, 805.
[5] Bejahend z. B. Sölch/Ringleb/*Oelmaier* § 15a UStG Rn. 171a.
[6] Unabhängig von Verwendungsänderungen ist die Berichtigung des Vorsteuerabzugs bei Änderung der Bemessungsgrundlage, § 17 UStG.

für die in § 15a Abs. 6a und Abs. 8 UStG ab 2011 eingefügte Umsetzung des Art. 168a MwStSystRL, der die Änderung der Verwendung von Unternehmensgrundstücken zu privater Tätigkeit bzw. für private/unternehmensfremde Zwecke betrifft.

Der **Vorsteuerabzug und der Berichtigungsmechanismus nach § 15a UStG** setzen einen Gegenstand bzw. eine Dienstleistung voraus, den/die der Erwerber bei Anschaffung oder Bezug „sofort" seiner Tätigkeit „als Steuerpflichtiger" und den Zwecken seiner wirtschaftlichen Tätigkeit zugeordnet hat.[7] Eine Vorsteuerberichtigung nach § 15a UStG muss nur vorgenommen werden, wenn zuvor die Voraussetzungen des § 15 Abs. 1 UStG – Zuordnung zum Unternehmen – gegeben waren.[8] Dabei ist anerkannt, dass der Unternehmer einen Gegenstand insgesamt seinem Unternehmen zuordnen kann, auch wenn er einen Teil privat nutzt, also hier ein gemischt genutztes Grundstück insgesamt seinem Unternehmen zugeordnet hat.[9]

12

Eine **Berichtigung des ursprünglichen Vorsteuerabzugsbetrags** wird nach § 15a UStG auch zu Gunsten des Unternehmers ermöglicht. Das Recht auf Vorsteuerabzug entsteht, wenn der Anspruch auf die abziehbare Steuer entsteht. Folglich hängt das Bestehen eines Rechts auf Vorsteuerabzug allein davon ab, in welcher Eigenschaft eine Person zu diesem Zeitpunkt handelt; Voraussetzung ist also das Handeln „als Steuerpflichtiger".[10]

13

Daran anschließend ist der **Umfang des Vorsteuerabzugs** (§ 15 Abs. 2 bis 4 UStG) und seine **Berichtigung** (§ 15a UStG) zu prüfen, nämlich die zum Abzug führende steuerpflichtige Verwendung und die zum Ausschluss vom Vorsteuerabzug führende steuerfreie Verwendung. Hat der Steuerpflichtige eine Immobilie bei Erwerb nur zum (prozentualen) Teil dem Unternehmen zugeordnet, ist die Berichtigung des Vorsteuerabzugs ebenfalls auf diesen Teil beschränkt.[11]

14

Praxishinweis:
Zu beachten ist, dass § 15a UStG keine Rechtsgrundlage für die Entstehung eines Rechts auf Vorsteuerabzug darstellt. Daraus folgt beispielsweise, dass bei Einlage eines Grundstücks in das Unternehmen, das zuvor für das Privatvermögen erworben wurde, kein Recht auf „nachträglichen", gegebenenfalls anteiligen Vorsteuerabzug im Berichtigungsweg entsteht.[12]

III. Grundstücksentnahme und unentgeltliche Grundstückslieferung (unentgeltliche Zuwendung eines Grundstücks)

Die **Grundstücksentnahme,** die unentgeltliche Zuwendung von Grundstücken an das Personal oder jede andere Zuwendung eines Grund-

15

---
[7] So bereits EuGH 11.7.1991 – C-97/90, UR 1991, 291 – Lennartz.
[8] So bereits BFH 26.2.1987 – V R 1/79, BStBl. II 1987, 521.
[9] Vgl. z. B. EuGH 30.3.2006 – C-184/04, BFH/NV Beilage 2006, 286 – Uudenkaupungin kaupunki.
[10] Vgl. EuGH 30.3.2006 – C-184/04 BFH/NV-Beilage 2006, 286, Rn. 36 ff. – Uudenkaupungin kaupunki.
[11] Vgl. EuGH 4.10.1995 – C-291/92, BStBl. II 1996, 392 – Armbrecht.
[12] Vgl. UStAE 15a.1 Abs. 6.

stücks unterliegt gemäß § 3 Abs. 1b UStG der Umsatzbesteuerung, vorausgesetzt, das Grundstück oder seine Bestandteile haben zum vollen oder teilweisen Vorsteuerabzug berechtigt (§ 3 Abs. 1b Satz 2 UStG) und es ist keine Steuerbefreiung nach § 4 UStG vorgesehen.

16 Eine **Berechtigung zum Vorsteuerabzug** besteht für Aufwendungen im Zusammenhang mit Grund und Boden sowie Gebäude regelmäßig nur dann, wenn die vorsteuerbehafteten Eingangsleistungen die Anschaffung oder Herstellung des Gebäudes oder sonstigen Grundstücksbestandteile betroffen haben. Nachträgliche Aufwendungen für den Erhalt und den Gebrauch des Grundstücks (hier Dienstleistungen/sonstige Leistungen) begründen die Steuerbarkeit der Entnahme grundsätzlich nicht.[13] Dies gilt auch für diesbezügliche Anschaffungsnebenkosten in Form sonstiger Leistungen, z. B. Notarkosten.[14]

17 Hat ein auf dem Grund und Boden aufstehendes Gebäude zum Vorsteuerabzug berechtigt, **nicht aber der Grund und Boden,** ist die Entnahme des Gebäudes i. S. d. § 1 Abs. 1 Nr. 1 UStG steuerbar, wenn es nicht zum Zeitpunkt der Entnahme völlig verbraucht/wertlos ist, da das Gebäude Bestandteil i. S. d. § 3 Abs. 1b UStG ist.[15] Die Steuerbefreiung der Grundstücksentnahme ist bis heute noch nicht endgültig geklärt, wird aber nach h. M. bejaht.[16]

18 Da eine **Steuerbefreiung nach § 4 UStG** lediglich für die unter § 1 Abs. 1 Nr. 1 UStG fallenden steuerbaren Umsätze Anwendung findet, scheint eine Anwendung von § 4 Nr. 9a UStG für die Grundstücksentnahme nicht ohne weiteres geboten.[17] Nach h. M. ist diese analog § 4 Nr. 9a UStG steuerfrei, da die Grundstücksentnahme i. S. d. § 3 Abs. 1b Nr. 1 UStG nicht der Grunderwerbsteuer unterliegt.[18] Anders als die Grundstücksentnahme unterliegt die unentgeltliche Zuwendung eines Grundstücks dagegen gem. § 3 Abs. 1b Nr. 2 und 3 UStG der Grunderwerbsteuer.

19 Nach Art. 135 Abs. 1 Buchst. j und k MwStSystRL ist explizit die **Grundstücksentnahme** und die entgeltliche und unentgeltliche Lieferung von **Altbauten steuerfrei** und nur die Entnahme und Lieferung von Neubauten und Baugrundstücken nach Art. 12 Abs. 1 Buchst. b, Abs. 3 MwStSystRL steuerpflichtig. Damit kann sich der Steuerpflichtige jedenfalls bei der Entnahme von Altbauten auf die Steuerbefreiung berufen.[19] Es wurde bereits hingewiesen, dass der Grundstücksbegriff der MwStSystRL von der nationalen Begriffsbestimmung mit Referenzierung auf das BGB abweicht.[20]

---

[13] Vgl. EuGH 17.5.2001 – C-322/99, C-323/99, UR 2001, 293 – Fischer, Brandenstein; BFH 18.8.2001 – V R 106/98, BStBl. II 2002, 551.
[14] Vgl. Rau/Dürrwächter/*Klenk* § 4 Nr. 9 UStG Rn. 119.1.
[15] Vgl. EuGH 17.5.2001 – C-322/99, C-323/99, UR 2001, 293 – Fischer, Brandenstein.
[16] Vgl. Rau/Dürrwächter/*Klenk* § 4 Nr. 9 UStG Rn. 119.5; gegen die Steuerfreiheit vgl. *Schmidt-Liebig* UR 1977, 210.
[17] So Rau/Dürrwächter/*Klenk* § 4 Nr. 9 UStG Rn. 119.1.
[18] A. A. Rau/Dürrwächter/*Klenk* § 4 Nr. 9 UStG Rn. 119.1.
[19] So auch Rau/Dürrwächter/*Klenk* § 4 Nr. 9 UStG Rn. 119.4; *Doege* DStZ 2004, 554. A. A. BMF 13.4.2004, BStBl. I 2004, 469; *Berndt* UVR 2004, 50; *Schmidt* DB 2004, 897. Eine Steuerbefreiung für sog. Neubauten und Baugrundstücke sieht die MwStSystRL nicht vor. Zum Begriff des Baugrundstücks vgl. EuGH 28.3.1996 – C-468/93, ZR 1996, 227 – Gemeente Emmen.
[20] Gem. unbefristeter Übergangszeit für national bestehende Befreiungsvorschriften nach Art. 371 i. V. m. Anhang X Teil B Nr. 9 MwStSystRL.

§ 10 Umsatzsteuer 20 § 10

Nach Auffassung der Finanzverwaltung kann die **Verwendung eines** 20
dem Unternehmen zugeordneten Grundstücks/Gebäudes (z.B. die
Benutzung von Räumen in einem dem Unternehmen zugeordneten Gebäude) **für Zwecke außerhalb des Unternehmens**[21] als unentgeltliche
Wertabgabe (§ 3 Abs. 9a Nr. 1 UStG) steuerbar sein. Gem. § 3 Abs. 9a Nr. 1
UStG ist die Verwendung eines dem Unternehmen zugeordneten Gegenstands für außerhalb des Unternehmens liegende Zwecke oder für den privaten Bedarf des Personals (nichtunternehmerische Zwecke) nur steuerbar (sofern keine Aufmerksamkeiten vorliegen), wenn der Gegenstand zum vollen
oder teilweisen Vorsteuerabzug berechtigt hat. Bei der Prüfung der Frage, ob
diese Voraussetzung vorliegt, ist ausschließlich die unternehmerische Nutzung
des Gegenstandes maßgeblich. Soweit die Verwendung des dem Unternehmen zugeordneten Grundstücks/Gebäudes für nichtunternehmerische Zwecke steuerbar ist, ist diese nicht einer steuerfreien Grundstücksvermietung i.S.
des § 4 Nr. 12a UStG gleichgestellt. Der Vorsteuerabzug ist deshalb nicht
gem. § 15 Abs. 2 Satz 1 UStG ausgeschlossen. Insofern unterscheidet sich die
Entnahme eines Grundstücks aus dem Unternehmen von der privaten Nutzung eines dem Unternehmen zugeordneten Grundstücks.

> **Praxishinweis:**
> Dies gilt auch für den Einbau von Gebäudebestandteilen, soweit eine Lieferung
> vorliegt, z.B. beim Einbau von Aufzügen, Balkonen, Einbauküchen, Fenstern
> oder Klimaanlagen.
> Ein ohne Vorsteuerabzug erworbenes Gebäude, an dem in einem Jahr eine Großreparatur (Austausch Fenster) vorgenommen wird und das im zweiten Jahr entnommen wird, kommt es nur hinsichtlich des Grundstücksteils „Fenster" zu einer
> Erfassung einer unentgeltlichen Wertabgabe nach § 3 Abs. 1b UStG, sofern der
> Fenstereinbau als Lieferung zu qualifizieren ist. Wäre der Fenstereinbau als Dienstleistung qualifiziert, kommt eine Vorsteuerberichtigung (ohne zwischengeschaltete
> Entnahme) in Betracht.[22]

> **Beispiele:**
> Unternehmer U hat ein Zweifamilienhaus insgesamt seinem Unternehmen zugeordnet, in dem er eine Wohnung steuerbar, aber steuerfrei vermietet und die andere Wohnung für eigene Wohnzwecke nutzt. U steht hinsichtlich des Zweifamilienhauses kein Vorsteuerabzug zu (§ 15 Abs. 2 Satz 1 Nr. 1 UStG), weder nach
> UStG vor Einführung von § 15 Abs. 1b UStG noch danach. Die private Nutzung
> ist daher keine steuerbare unentgeltliche Wertabgabe i.S. des § 3 Abs. 9a Nr. 1
> UStG, da das dem Unternehmen zugeordnete Grundstück nicht zum vollen oder
> teilweisen Vorsteuerabzug berechtigt hat.

---

[21] Ein Unternehmer, der ein Grundstück erwirbt oder ein Gebäude errichtet, das er teilweise unternehmerisch und teilweise nichtunternehmerisch (z.B. zu eigenen Wohnzwecken) nutzt, darf das Grundstück/Gebäude insgesamt seinem Unternehmen zuordnen, wenn er es zu mindestens 10% für unternehmerische Zwecke nutzt (§ 15 Abs. 1 Satz 2 UStG).
[22] Vgl. EuGH 7.5.2001 – C-322/99, C-323/99, UR 2001, 293 – Fischer, Brandenstein; BFH 18.8.2001 – V R 106/98, BStBl. II 2002, 551.

> U ist Schriftsteller und nutzt in seinem im Übrigen für eigene Wohnzwecke genutzten Einfamilienhaus ein Arbeitszimmer für seine unternehmerische Tätigkeit. U hat das Gebäude zulässigerweise (auf das Arbeitszimmer entfallen 15% der Nutzfläche des Gebäudes) insgesamt seinem Unternehmen zugeordnet. U steht hinsichtlich des gesamten Gebäudes gem. § 15 Abs. 1b UStG nur ein anteiliger Vorsteuerabzug zu 15% zu, wenn das Gebäude rechtswirksam aufgrund eines nach dem 31.12.2010 abgeschlossenen obligatorischen Vertrags oder gleichgestellten Rechtsakts angeschafft wurde oder mit dessen Herstellung nach dem 31.12.2010 begonnen wurde. Damit wird die private Nutzung des Gebäudes für gemischt genutzte Gebäude nicht mehr über eine unentgeltliche Wertabgabe einer endgültigen Besteuerung zugeführt, sondern durch entsprechende Kürzung des Vorsteuerabzugs, womit das sog. „Seeling-Modell" beendet wurde. Für zuvor angeschaffte Grundstücke gilt noch der volle Vorsteuerabzug sowie die Erfassung der privaten Nutzung der übrigen Räume als unentgeltliche Wertabgabe i.S.d. § 3 Abs. 9a Nr. 1 UStG, da der dem Unternehmen zugeordnete Gegenstand hinsichtlich des unternehmerisch genutzten Gebäudeteils (Arbeitszimmer) zum Vorsteuerabzug berechtigt hat. Die unentgeltliche Wertabgabe ist steuerpflichtig. Das gilt auch, wenn die Nutzung für Zwecke außerhalb des Unternehmens in der unentgeltlichen Überlassung an Dritte besteht.[23]

B. Durchführung der Vorsteuerkorrektur nach § 15a UStG

I. Von § 15a UStG erfasste Wirtschaftsgüter

21 § 15a UStG gestaltet die **Voraussetzungen der „Berichtigung des Vorsteuerabzugs"** gegenüber dem Anspruch auf Vorsteuerabzug nach § 15 UStG insoweit unabhängig, als § 15a UStG Zeitpunkt und Berechnung des jeweiligen Berichtigungsanspruchs – zugunsten oder zulasten des Steuerpflichtigen – nach den Verhältnissen des Änderungsjahrs der Verwendung bestimmt. Der Berichtigungsanspruch wird Besteuerungsgrundlage dieses Besteuerungszeitraums.

22 Der in § 15a Abs. 1 UStG verwendete **Begriff „Wirtschaftsgut"** stammt nicht aus dem Unionsrecht/der MwStSystRL. Ein Wirtschaftsgut ist nach deutscher Auffassung ein Gut, das nach der Verkehrsauffassung selbstständig verkehrsfähig und bewertbar ist.[24] Das Unionsrecht verwendet den Begriff „Investitionsgut" (vgl. Art. 187 MwStSystRL). Nach Auffassung des EuGH bezieht sich dieser Begriff auf Gegenstände, die – für Zwecke einer wirtschaftlichen Tätigkeit genutzt – durch ihre *Langlebigkeit* und ihren Wert gekennzeichnet sind und deren Anschaffungskosten damit regelmäßig nicht als laufende Kosten verbucht, sondern über mehrere Jahre hinweg abgeschrieben werden. Darunter fallen typischerweise auch Grundstücke/Immobilien.

23 Die Mitgliedstaaten können den **Begriff „Investitionsgut"** selbst definieren (Art. 189 Buchst. a MwStSystRL), wobei auf eine richtlinienkonforme

---

[23] Die Finanzverwaltung lässt im Fall der unentgeltlichen Übertragung eines dem Unternehmen zugeordneten Grundstücks im unternehmerischen Interesse den Vorsteuerabzug gem. § 15 Abs. 2 Satz 1 Nr. 3 UStG i.V.m. § 4 Nr. 9a UStG nicht zu, was zweifelhaft erscheint, vgl. Rau/Dürrwächter/*Klenk* UStG § 4 Nr. 9 Rn. 119.4.

[24] Vgl. BFH 3.11.2011 – V R 32/10, BStBl. II 2012, 525; UStAE 15a.1 Abs. 1.

§ 10 Umsatzsteuer

Auslegung zu achten ist.[25] Der Begriff „Wirtschaftsgut" in § 15a UStG wird als auf dieser Ermächtigung basierend angesehen.

Mit der **Ausdehnung der Vorsteuerberichtigung** auf Wirtschaftsgüter, die „nur einmalig zur Ausführung eines Umsatzes verwendet" werden (§ 15a Abs. 2 UStG), musste der in § 15a Abs. 1 UStG verwendete Begriff Wirtschaftsgut konkretisiert werden, um eine Abgrenzung zu dem in Abs. 2 verwendeten Begriff des Wirtschaftsguts zu ermöglichen. Dies geschah mit dem Zusatz „das nicht nur einmalig zur Ausführung von Umsätzen verwendet wird", so dass von § 15a Abs. 1 UStG „im Regelfall Gegenstände des Anlagevermögens erfasst werden sollen".[26]   24

Bei Grundstücken neigt die **ertragsteuerliche Beurteilung** bei den nur einmal zur Verwendung von Umsätzen verwendeten Grundstücken mehr zur Annahme von Umlaufvermögen, zumal diese durch zwischenzeitliche Nutzung nicht wie bewegliche Wirtschaftsgüter dem Wertverzehr unterliegen. Aus umsatzsteuerlicher Sicht soll (seit der Neufassung des § 15a Abs. 1 bis 3 UStG, seit 2005) die tatsächliche Verwendung ausschlaggebend sein. Vor allem beim gewerblichen Grundstückshandel rechnet der BFH die zum Verkauf bestimmten Grundstücke (grundsätzlich) auch dann dem Umlaufvermögen zu, wenn sie zwischen Erwerb und Verkauf vermietet werden,[27] z. B. wenn bei einem Generalmietvertrag ein vermietetes Grundstück nach dessen Konzeption zum Verkauf bestimmt war.   25

Erwirbt aber ein Unternehmer ein Grundstück, um es **nach Bebauung steuerpflichtig zu vermieten und anschließend steuerpflichtig zu veräußern,** war es nicht nur einmalig zur Erzielung von Umsätzen bestimmt, wenn es zunächst über einen Zeitraum von mehr als 15 Monaten zu Vermietungszwecken genutzt und erst anschließend veräußert wurde. Der BFH ließ dabei offen, ob es sich bei einem vermieteten und später veräußerten Grundstück einkommensteuerlich um Anlage- oder Umlaufvermögen handelt.[28]   26

> Praxishinweis:
> Will der Unternehmer einen Unternehmensgegenstand sowohl für Zwecke seines Unternehmens als auch für Zwecke, die außerhalb des Unternehmens liegen, verwenden, so spielen einkommensteuerrechtliche Grundsätze zur Aufteilung sog. „einheitlicher Gegenstände" in mehrere Wirtschaftsgüter nach unterschiedlichen „Nutzungs- und Funktionszusammenhängen" keine Rolle.[29] Aus umsatzsteuerlicher Sicht geht es vielmehr um die Zuordnung eines Wirtschaftsguts zum Unternehmen.

Soweit eine Immobilie **nichtunternehmerischen Zwecken,** z. B. dem Privatvermögen des Unternehmers **zugeordnet** wird, entsteht kein Recht auf Vorsteuerabzug. Soweit der Unternehmer das Wirtschaftsgut Zwecken   27

---

[25] Vgl. EuGH 11.7.2002 – C-62/00, UR 2002, 436 – Marks & Spencer plc.
[26] Vgl. bereits EuGH 1.2.1977 – 51/76, UR 1977, 92 m. Anm. *Weiß* – Nederlandse Ondernemingen; so auch UStAE 15a.1 und z. B. BFH 24.9.2009 – V R 6/08, BStBl. II 2010, 315.
[27] Vgl. BFH 6.3.2007 – IV B 118/05, BFH/NV 2007, 1128.
[28] Vgl. BFH 24.9.2009 – V R 6/08, BStBl. II 2010, 315.
[29] Vgl. Sölch/Ringleb/*Oelmaier* UStG § 15a Rn. 95.

seines Unternehmens zuordnet, entsteht grundsätzlich das Recht auf Vorsteuerabzug. Durch die Rechtsprechung[30] ist geklärt, dass der Steuerpflichtige einen Gegenstand
- insgesamt seinem Unternehmen,
- insgesamt seinem nichtunternehmerischen Bereich oder
- entsprechend dem – geschätzten – unternehmerischen Nutzungsanteil seinem Unternehmen und im Übrigen seinem nichtunternehmerischen Bereich zuordnen kann.

28 Eine **Aufteilung** zwischen dem vom Steuerpflichtigen unternehmerisch und dem von ihm privat genutzten Teil erfolgt (auch bei Gebäuden) auf der Grundlage des Nutzungsverhältnisses (prozentual) im Erwerbsjahr und nicht „geographisch" nach Flächen bzw. räumlich, so dass aus umsatzsteuerlicher Sicht keine Teilung in mehrere Wirtschaftsgüter erfolgt. Zu beachten ist allerdings, dass nach § 15 Abs. 1 Satz 2 UStG der Erwerb eines Gegenstands (Grundstücks), der zu weniger als 10% für das Unternehmen genutzt wird, nach gängiger Auffassung nicht zur Zuordnung zum Unternehmensvermögen führen kann, so dass insgesamt – auch für den z.B. zu 8% unternehmerisch genutzten Teil eines Grundstücks – kein Vorsteuerabzug auf die Anschaffungs-/Herstellungskosten oder der laufenden Unterhaltung des Grundstücks geltend gemacht werden kann. Es ist also die Mindestgrenze von 10% zu beachten. Dies wäre – wie dies *Forgách* tut – kritisch zu hinterfragen. Für Grundstücke und Gebäude sprechen anders als bei beweglichen Sachen gute Gründe dafür, an der Aufteilung eines Gegenstands bzw. an der Trennung nach räumlichen Einheiten festzuhalten, so dass der Vorsteuerabzug für den unternehmerisch genutzten teil nicht verloren gehen würde.[31]

29 Zur Anwendung des § 15a Abs. 1 UStG ist i.S.d. gängigen Verständnisses somit zunächst zu prüfen, ob das Grundstück dem **Unternehmensbereich** (i.S. einer wirtschaftlichen Tätigkeit) zugeordnet wurde oder werden durfte, auch unter Beachtung der 10%-Mindestgrenze.

30 In dieser Folge ist das **Vorsteuerabzugsrecht voll oder anteilig** entstanden. Insoweit ist die Grundlage für die Anwendung des § 15a UStG gegeben. Als Sonderregelung gilt hier der mit § 15 Abs. 1b UStG (ab 2011) eingeführte Vorsteuerausschluss bei Grundstücken: Auch bei einem voll dem Unternehmen zugeordneten Grundstück ist die Steuer „vom Vorsteuerabzug ausgeschlossen, soweit sie nicht auf die Verwendung des Grundstücks für Zwecke des Unternehmens entfällt". Änderungen dieser Verwendung können aber gem. § 15a Abs. 6a UStG berichtigt werden.

31 Zur weiteren Prüfung kommt es darauf an, ob das dem Unternehmen zugeordnete Grundstück für steuerpflichtige oder steuerfreie Umsätze **ohne Vorsteuerabzugsrecht** verwendet wird. Dadurch wird der Umfang des Vorsteuerabzugs und der Umfang der späteren Berichtigungen bestimmt, d.h.

---

[30] Vgl. EuGH 4.10.1995 – C-291/92, BStBl. II 1996, 392 – Armbrecht; EuGH 8.3.2001 – C-415/98, UR 2001, 149 – Baksci; EuGH 12.2.2009 – C-515/07, BFH/NV 2009, 682 – VNLTO; auch z.B. BFH 22.10.2009 – V R 33/08, BFH/NV 2010, 957. Siehe hierzu aber *Oelmaier* MwStR 2014, 600.

[31] Vgl. Reiß/Kraeusel/Langer/*Forgách* § 15 UStG Rn. 364.3. Diese Ansicht stünde auch nicht im Widerspruch zur EuGH-Rechtsprechung in Rechtssache Armbrecht, da dieser kein allgemeines Verbot der „geografischen" Aufteilung entnommen werden kann.

diese Verwendung ist der Bereich der Vorsteuerberichtigung nach § 15a Abs. 1 UStG. Die Berichtigungsvorschriften gem. § 15a Abs. 1 UStG sind gem. § 15a Abs. 6 UStG sinngemäß auf Vorsteuerbeträge anzuwenden, die auf nachträgliche Anschaffungs- oder Herstellungskosten für solche Wirtschaftsgüter entfallen.

Nach § 15a Abs. 1 UStG ist die **Vorsteuerkorrektur nur innerhalb des maßgebenden Berichtigungszeitraums** durchzuführen. Der Berichtigungszeitraum beginnt „ab dem Zeitpunkt der erstmaligen Verwendung" des Grundstücks (§ 15a Abs. 1 Satz 1 UStG i. d. F. seit 1.1.2002). Damit beginnt der Berichtigungszeitraum zwar grundsätzlich mit dem Tag, an dem die erstmalige Verwendung beginnt, z. B. mit dem Mietbeginn der ersten vermieteten Mieteinheit. Änderungen der für den Vorsteuerabzug maßgebenden Verhältnisse nach Ablauf des Berichtigungszeitraums ermöglichen keine Vorsteuerberichtigung mehr. Da in der Praxis oftmals die erstmalige Verwendung nicht mit dem Kalenderjahr beginnt, sind Abstimmungen bei den jährlichen Berichtigungsbeträgen zwangsläufig. **32**

Praxishinweis:
Die Berichtigung des Vorsteuerabzugs ist jeweils für das Kalenderjahr des Berichtigungszeitraums vorzunehmen, in dem sich im Vergleich zum Kalenderjahr der Entstehung des Vorsteuererstattungsanspruchs die ursprünglich für den Vorsteuerabzug maßgebenden Verhältnisse geändert haben, § 44 UStDV.

Bei der **Berichtigung** ist bei Grundstücken von den in § 15a Abs. 1 UStG bezeichneten Anteilen der Vorsteuerbeträge regelmäßig von einem Zehntel auszugehen bzw. bei einer kürzeren Verwendungsdauer von dem entsprechenden Anteil. Der Berichtigungszeitraum umfasst grundsätzlich volle Jahre ab dem Beginn der erstmaligen Verwendung des Grundstücks im Unternehmen. Infolgedessen ist im letzten Kalenderjahr nicht der volle Jahresanteil der Vorsteuerbeträge, sondern nur derjenige Anteil anzusetzen, der den jeweiligen Kalendermonaten entspricht (§ 45 UStDV zu den vollen Kalendermonaten). **33**

Nach UStAE 15a.1 ist es **für die Berichtigung unerheblich, wie die Anschaffungs- oder Herstellungskosten einkommensteuerrechtlich anzusetzen sind.** Deshalb sind auch solche Vorsteuerbeträge in die Berichtigung einzubeziehen, die auf Kosten entfallen, für die einkommensteuerrechtlich Regelungen gelten, z. B. sofort absetzbare Beträge oder Abschreibungen, die auf die Zeit bis zur tatsächlichen Ingebrauchnahme entfallen.[32] **34**

Führt die **Berichtigung nach § 15a UStG** in einem späteren Kalenderjahr zugunsten des Steuerpflichtigen zu einem erstmaligen Vorsteuerabzug, weil der Vorsteuerabzug im Erstjahr nach § 15 Abs. 2 UStG durch steuerfrei beabsichtigter und tatsächlicher Vermietung ausgeschlossen war, so dürfen nur die Vorsteuerbeträge berichtigt/angesetzt werden, für die die allgemeinen Voraussetzungen des § 15 Abs. 1 UStG vorliegen. Daher sind in diesen Fällen Vorsteuerbeträge, für die der Abzug zu versagen ist, weil keine ordnungsgemäße Rechnung i. S. d. § 14 UStG vorliegt, von der Berichtigung aus- **35**

---
[32] Vgl. Bunjes/*Heidner* § 15a UStG Rn. 58 ff.

genommen. Werden zum Vorsteuerabzug berechtigende ordnungsgemäße Rechnungen erteilt, nachdem bereits eine Änderung der Verhältnisse eingetreten ist, so ist sowohl der Vorsteuerabzug als auch die Vorsteuerberichtigung im Jahr der Rechnungserteilung vorzunehmen.[33]

II. Besonderheiten in Bezug auf den Berichtigungszeitraum

36 Der nach § 15a Abs. 1 Satz 2 UStG vorgesehene **verlängerte Berichtigungszeitraum** von zehn Jahren betrifft Grundstücke einschließlich ihrer wesentlichen Bestandteile, Berechtigungen, für die die Vorschriften des bürgerlichen Rechts über Grundstücke gelten, und Gebäude auf fremdem Grund und Boden. Art. 187 Abs. 1 Unterabs. 3 MwStSystRL sieht die Verlängerung für die Berichtigung (von fünf Jahren) bis auf zwanzig Jahre nur „bei Grundstücken, die als Investitionsgüter erworben wurden" vor. Das deutsche UStG hat davon keinen Gebrauch gemacht.[34]

37 Der **Begriff Grundstück** ist in der MwStSystRL zwar mehrfach Regelungsgegenstand, z. B. auch in Art. 13b MwStVO, aber – wie oben erwähnt – nicht ausdrücklich definiert. Als eigenständiger, gemeinschaftsrechtlich auszulegender Begriff gilt er grundsätzlich unabhängig von den zivilrechtlichen Begriffen der einzelnen Mitgliedstaaten. Nach Rechtsprechung des EuGH ist wesentliches Merkmal eines Grundstücks, dass es „mit einem bestimmten Abschnitt der Erdoberfläche verbunden ist."[35] Als Grundstück kann auch ein „fest abgegrenztes Gelände, selbst wenn es von Wasser überflutet ist", qualifiziert werden; damit kann es Gegenstand einer Vermietung oder Verpachtung sein. Unionsrechtlich gehören dazu (über den vorbezeichneten „engen" Grundstücksbegriff hinausgehend) auch Gebäude (= jedes mit dem Boden fest verbundene Bauwerk), gleich ob auf eigenem oder fremdem Grundstück, einschließlich ihrer wesentlichen Bestandteile.

38 In der Regel sind also **Bestandteile** Gegenstände, die in einen anderen Gegenstand so eingebaut werden, dass sie ihre körperlichen und wirtschaftlichen Eigenarten endgültig verlieren. Ein Gegenstand, der nach dem Einbau aber trennbar und eigenständig bleibt, ist kein Bestandteil.[36]

39 Es soll dabei keine Rolle spielen, dass der Bestandteil für sich gegebenenfalls eine „**kürzere Verwendungsdauer**" i. S. v. § 15a Abs. 5 Satz 2 UStG hätte, weil er als eingebauter Bestandteil seine „Eigenständigkeit" verliert. Er unterliegt also ebenfalls dem 10-jährigen Berichtigungszeitraum.[37]

---

[33] Vgl. UStAE 15a.1 und 15a.4.
[34] Vgl. dazu EuGH 14.9.2006 – C-72/05, BFH/NV-Beilage 2007, 66 – Wollny; siehe auch Sölch/Ringleb/*Oelmaier* § 15a UStG Rn. 182.
[35] Z. B. EuGH 3.3.2005 – C-428/02, BFH/NV-Beilage 2005, 175 – Fonden Marselisborg Lystbådehavn; EuGH 6.12.2007 – C-451/06, BFH/NV-Beilage 2008, 146 – Walderdorff.
[36] Vgl. EuGH 17.5.2001 – C-322/99, 323/99, UVR 2001, 390 – Brandenstein, Fischer, sowie Folgeentscheidung BFH 18.10.2001 – V R 106/98, BFH/NV 2002, 298.
[37] Vgl. Sölch/Ringleb/*Oelmaier* § 15a Rn. 190. Der 10-jährige Berichtigungszeitraum gilt auch für grundstücksgleiche Rechte, nicht aber – sondern der 5-jährige – für Scheinbestandteile, z. B. für Ausstellungsgebäude (soweit es keine Gebäude auf fremdem Boden sind), Bauhütten u. Ä., sowie für Um- und Einbauten in gemietete Gebäude (die

Wesentliche Bestandteile des Grundstücks bzw. des Gebäudes sind 40 grundsätzlich auch Betriebsvorrichtungen. Unionsrechtlich handelt es sich um „auf Dauer eingebaute Vorrichtungen und Maschinen", die gem. Art. 135 Abs. 2 Buchst. c MwStSystRL von der Befreiung der Vermietung und Verpachtung von Grundstücken nach Art. 135 Abs. 1 Buchst. l MwStSystRL ausgeschlossen sind. Mangels Sonderbestimmung in Art. 187 Abs. 1 Unterabs. 3 MwStSystRL gehören auch die auf Dauer in ein Grundstück/Gebäude eingebauten „Betriebsvorrichtungen" grundsätzlich zu den Grundstücken i. S. d. § 15a UStG, so dass für sie nach Auffassung des BFH ebenfalls der Berichtigungszeitraum von zehn Jahren gilt.[38]

Die **umsatzsteuerlich unterschiedliche Behandlung** der Verwendung 41 des Grundstücks und der eingebauten Betriebsvorrichtung spielt für die Berichtigung des Vorsteuerabzugs wegen geänderter Verwendungsverhältnisse beim Grundstück keine Rolle, was vor allem bei der Vermietung und Veräußerung des Grundstücks zu beachten ist. Denn die Grundstücksvermietung/ -verpachtung ist gem. § 4 Nr. 12a UStG steuerfrei, nicht dagegen gem. § 4 Nr. 12 Satz 2 UStG die Vermietung und Verpachtung von Betriebsvorrichtungen, „auch wenn sie wesentliche Bestandteile eines Grundstücks sind."

> **Beispiel:**
> Ein Unternehmer errichtet und vermietet steuerpflichtig infolge gewählter Option ein Gebäude mit Betriebsvorrichtungen. Nach vier Jahren widerruft er die Option.
> Grundsätzlich tritt nur hinsichtlich des Gebäudes – ohne Betriebsvorrichtungen – der Wechsel zur Steuerfreiheit der Vermietung ein. Die Vermietung der Betriebsvorrichtungen bleibt kraft Gesetzes steuerpflichtig. Hinsichtlich der Herstellungskosten scheidet eine Berichtigung des Vorsteuerabzugs also aus.

Im Fall der Veräußerung eines Grundstücks, die nach § 4 Nr. 9a UStG 42 grundsätzlich steuerfrei ist, rechnen Betriebsvorrichtungen („Maschinen und sonstige Vorrichtungen aller Art, die zu einer Betriebsanlage gehören") nicht zu den Grundstücken unabhängig davon, ob es sich um wesentliche Grundstücksbestandteile handelt. Daher sind Betriebsvorrichtungen bei der Grundstücksveräußerung nicht von der Befreiung erfasst.

> **Beispiel:**
> Ein Unternehmer erwirbt steuerpflichtig ein bebautes Grundstück einschließlich Betriebsvorrichtungen. Die Vorsteuerbeträge zieht er als Leistungsempfänger im Rahmen des Reverse Charge-Verfahrens ab. Nach vier Jahren veräußert er (ohne Optionsmöglichkeit, z. B. an eine Finanzholding oder an eine öffentliche Einrichtung ohne wirtschaftlichen Geschäftsbetrieb) steuerfrei. Für die mitveräußerten Betriebsvorrichtungen gilt die Befreiung aber nicht. Der auf sie entfallende Vorsteueranteil unterliegt nicht der Vorsteuerkorrektur nach § 15a UStG (unabhängig davon, ob man einen 10- oder 5-jährigen Berichtigungszeitraum annehmen würde).

---

dem 10-jährigen Berichtigungszeitraum unterliegen würden, sofern sie in eigenen Gebäuden vorgenommen würden).
[38] Vgl. BFH 14.7.2010 – XI R 9/09, BFH/NV 2010, 2364. Siehe aber BFH 28.8.2014 – V R 7/14, BStBl. II 2015, 682 und BMF 28.7.2015, BStBl. I 2015, 623.

III. Besonderheiten bei Umbaumaßnahmen oder Umwidmungen

43   Bei **An- und Umbauten** stellt sich die Frage, ob der zivilrechtlich einheitliche Gegenstand auch umsatzsteuerrechtlich als ein **einheitlicher Gegenstand** anzusehen ist. Durch das EURLUmsG[39] neu in das UStG eingefügt worden sind die Regelungen in § 15a Abs. 3 und 4 UStG. Danach wird der ursprüngliche Vorsteuerabzug nach den von den Mitgliedstaaten festgelegten Einzelheiten auch berichtigt, wenn sich die Faktoren, die bei der Festsetzung des Vorsteuerabzugsbetrags berücksichtigt werden, nach Abgabe der Erklärung geändert haben.

44   Ist ein **Anbau räumlich vom bestehenden Gebäude abgrenzbar**, z. B. durch getrennte Zugänge, dann stellt er umsatzsteuerrechtlich ein eigenständiges Wirtschaftsgut dar, das nur auf sich bezogen bei der Frage der Zuordnung zum Unternehmen zu prüfen ist.[40]

45   Beispielsweise berechtigt bei einer aus Anlass der **Photovoltaikinstallation** vorgenommenen **Dachneueindeckung** nur der unternehmerische Nutzungsanteil des Gebäudes zum Vorsteuerabzug. Die Photovoltaikanlage ist insoweit kein Bestandteil des Gebäudes; der unternehmerische Anteil des Gebäudes ist eigenständig zu ermitteln.[41]

46   Der BFH hat weiter entschieden, dass ein **grundlegender Umbau** nur dann als Errichtung eines Neubaus und damit als Herstellung eines (weiteren) Wirtschaftsguts angesehen werden kann, wenn die neu eingefügten Gebäudeteile dem Gesamtgebäude das bautechnische Gepräge geben.[42] Von einem Neubau könne nicht gesprochen werden, wenn wesentliche Elemente wie Fundamente, Dachkonstruktion sowie tragende Außen- und Innenwände erhalten bleiben.

47   Eine **spätere Umwidmung des Gebäudes** z. B. in Teileigentumsbereiche (Erdgeschoss bzw. Ober- und Dachgeschoss) wirkt sich dagegen nicht nachteilig bzw. ändernd auf das ursprüngliche Vorsteuerabzugsrecht aus. Hierfür ist auch keine „weitere" Vorsteuerkorrektur nach § 15a UStG erforderlich, wenn eine solche bereits ohnehin aus der privaten Verwendung (wenn eine solche von Anfang beabsichtigt, angezeigt und berücksichtigt war) resultiert. Der rein zivilrechtliche Vorgang der Aufteilung in Teil-/Sondereigentum beispielsweise stellt keine nach Umsatzsteuerrecht vorgesehene und im Gesetzeswortlaut des § 15a UStG explizit definierte Änderung der tatsächlichen Verwendung und Nutzung gegenüber der belegten Verwendungsabsicht im Zeitpunkt der Anschaffung/Herstellung aus umsatzsteuerlicher Sicht dar.

48   Die Regelungen zur **Berichtigung der ursprünglichen Vorsteuer** betrifft „nur" eine spätere Änderung der Verwendung des Leistungsgegenstands, also beispielsweise *i)* eine Änderung der Umsatzfolge (also tatsächlicher Wechsel der Art der maßgebenden Verwendungsumsätze, z. B. Wechsel in steuerfreie Vermietung) oder *ii)* eine Änderung gegenüber der ursprünglichen Verwendungsabsicht.

---

[39] EURLUmsG v. 9.12.2004, BGBl. I 2004, 3310.
[40] Vgl. BFH 23.9.2009 – XI R 18/08, BStBl. II 2010, 314.
[41] Vgl. BFH 19.7.2011 – XI R 29/10, BStBl. II 2012, 438. Siehe aber BFH 2.7.2014 – XI S 8/14, BFH/NV 2014, 1601, wonach offen ist, ob die Montage einer Photovoltaikanlage eine Bauleistung ist.
[42] So auch Auffassung der Finanzverwaltung, vgl. UStAE 15.2c.

§ 10 Umsatzsteuer

Für **nachträgliche Anschaffungs- oder Herstellungskosten** gilt ein eigener Berichtigungszeitraum.[43] Der Berichtigungszeitraum beginnt zu dem Zeitpunkt, zu dem der Unternehmer das in seiner Form geänderte Wirtschaftsgut erstmalig zur Ausführung von Umsätzen verwendet. Seine Dauer bemisst sich nach der Art des betreffenden Wirtschaftsguts, sofern nicht im Einzelfall eine kürzere Verwendungsdauer in Betracht kommt. Der Begriff der nachträglichen Anschaffungs- oder Herstellungskosten kann wiederum nach einkommensteuerrechtlichen Grundsätzen beurteilt werden. Aufwendungen, die nach den einkommensteuerrechtlichen Vorschriften Erhaltungsaufwand sind, bleiben auch dann unberücksichtigt, wenn sich die jeweiligen Erhaltungsmaßnahmen über das betreffende Kalenderjahr hinaus auswirken. Geprüft werden muss gleichwohl, ob die nachträglichen Kosten in ein bereits vorhandenes Wirtschaftsgut eingehen oder ob ein selbstständiger Herstellungsaufwand vorliegt. 49

> **Praxishinweis:**
> Vorsteuerbeträge, die auf Kosten entfallen, die im Jahr der Anschaffung/Herstellung ertragsteuerlich als sofort abzugsfähige Werbungskosten behandelt werden, bilden keine Anschaffungs- oder Herstellungskosten und sind deshalb auch nicht in die Berichtigung des Vorsteuerabzugs nach § 15a UStG einzubeziehen.

IV. Besonderheiten bei Beendigung der Unternehmenszugehörigkeit eines Grundstücks

1. Veräußerung und Entnahme eines Grundstücks und Abwicklung eines offenen Immobilienfonds

Eine **Änderung der Verhältnisse** kann – wie oben erwähnt – gem. § 15a Abs. 8 UStG vorliegen, wenn das noch verwendungsfähige Wirtschaftsgut vor Ablauf des Berichtigungszeitraums veräußert wird und dieser Veräußerungsumsatz anders zu beurteilen ist als die für den ursprünglich geltend gemachten Vorsteuerbeträge maßgebliche Verwendung. 50

Unter die Veräußerung fallen **die entgeltliche Übertragung/Lieferung von Gegenständen,** hier vor allem die Grundstücksübertragung, die grundsätzlich steuerfrei nach § 4 Nr. 9a UStG ist (wenn keine Geschäftsveräußerung im Ganzen vorliegt) und damit einen anderen Verwendungsumsatz darstellen kann, wenn ursprünglich das Gebäude zu steuerpflichtigen Umsätzen verwendet wurde (und ein Vorsteuerabzug damit aus der Anschaffung/Herstellung und laufend geltend gemacht wurde). Betroffen sind aber auch die unentgeltlichen Übertragungen/Veräußerungen, hier z.B. eine Entnahme eines ursprünglich dem Unternehmen zugeordneten Grundstücks, die ebenfalls steuerfrei nach § 4 Nr. 9a UStG ist, oder die Geschäftsveräußerung im Ganzen. 51

Beschließt eine Kapitalverwaltungsgesellschaft die **Auflösung eines Sondervermögens** (z.B. ein Immobilienfonds)[44] und kündigt ihr Verwaltungs- 52

---
[43] Vgl. UStAE 15a.8.
[44] Z.B. im Fall, dass das Fondsvermögen auch nach Ablauf der gesetzlichen Aussetzungsfrist nicht ausreicht, um alle Anteilsrückgaben an die Anleger zu bedienen. Zur Frage des Immobilienfonds als Sondervermögen vgl. Schlussanträge EuGH 20.5.2015 – C-595/13, BeckRS 2015, 80685.

mandat, geht das Fondsvermögen kraft Gesetz auf die Verwahrstelle über, die die Abwicklung des Immobilienfonds vorzunehmen hat.[45] Dieser Übergang des Sondervermögens nach § 100 Abs. 1 KAGB soll dem einer Erbfolge vergleichbar sein, da kraft Gesetz unentgeltlich die Verwahrstelle in die Eigentümerstellung eintritt.[46]

53 Infolge des **Eigentumsübergangs der Grundstücke des Fonds** tritt die Verwahrstelle in die Mietverträge ein, die die Kapitalverwaltungsgesellschaft mit Dritten geschlossen hat und tritt ebenso – sollte für den Übergang eine Geschäftsveräußerung im Ganzen angenommen werden – nach § 15a Abs. 10 UStG in den bestehenden Berichtigungszeitraum für alle betreffenden Grundstücke ein.[47]

2. Vorliegende Geschäftsveräußerung im Ganzen

54 Die **Geschäftsveräußerung im Ganzen** führt beim Veräußerer nicht zu einer Vorsteuerberichtigung nach § 15a UStG. Dafür wird nach § 15a Abs. 10 UStG der maßgebliche Berichtigungszeitraum durch die Veräußerung nicht unterbrochen. Der Berichtigungszeitraum gilt vielmehr für den Erwerber fort, mit der Folge, dass dieser die Vorsteuerberichtigung als Rechtsnachfolger vorzunehmen hat, wenn die Verwendung durch ihn von der erstmaligen Verwendung beim Veräußerer abweicht.[48]

55 Beim Immobilienerwerb besteht damit für den Erwerber eine **Risikolage** durch etwaige Vorsteuerberichtigung nach § 15a UStG, die er bei seiner Kaufentscheidung und dem Kaufpreis mit berücksichtigen muss. Wie erwähnt, liegt eine solche Verwendungsänderung der Immobilie jedoch regelmäßig in seinem wirtschaftlichen Handeln, so dass dies entsprechende Gegenargumente des Veräußerers begründet.

56 Zu bedenken ist auch, sollte beim Immobilienerwerb **keine Umsatzsteuer entstehen** (bei steuerfreiem oder nicht steuerbarem Grundstückserwerb), dass aus der Anschaffung der Immobilie **keine Vorsteuerbeträge** entstehen, die der Erwerber zu einem späteren Zeitpunkt bei Verwendungsänderung nach § 15a UStG zu korrigieren hätte, was insofern für ihn wirtschaftlich positiv zu werten ist.

Praxishinweis:
Eine Berichtigung zugunsten des Erwerbers setzt voraus, dass dem Veräußerer zum Vorsteuerabzug berechtigende Rechnungen vorgelegen haben.
Der Erwerber ist auf die betreffende Dokumentation des Veräußerers zum ursprünglichen Vorsteuerabzug, zu zwischenzeitlichen Vorsteuerkorrekturen infolge Verwendungsänderungen beim Veräußerer angewiesen und hat ein Recht auf Aushändigung dieser Dokumentation und Informationen (§ 15a Abs. 10 Satz 2 UStG).

---

[45] Vgl. *Hansen* MwStR 2014, 720.
[46] Siehe nachfolgend unter → Rn. 57.
[47] Vgl. *Hansen* MwStR 2014, 720 (723), wonach aber für den Übergang des Sondervermögens im ersten Schritt analog der Erbfolge ein nicht steuerbarer Vorgang angenommen wird (ob bei Erbfolge ein nicht steuerbarer Vorgang vorliegt, ist in der Literatur umstritten) und keine Geschäftsveräußerung im Ganzen, die hier m. E. anzunehmen ist.
[48] Vgl. BFH 4.4.2008 – V R 23/06, UR 2009, 528; BFH 30.4.2009 – V R 4/07, BStBl. II 2009, 1804; BFH 22.11.2007 – V R 5/06, BStBl. II 2008, 448.

Beim Anraten von Ausgleichsregelungen im Kaufvertrag bezüglich einer späteren Vorsteuerberichtigung, sind die jeweiligen Vor- und Nachteile auf Seiten der jeweiligen Vertragsparteien zu beachten.[49]

3. Vorweggenommene Erbfolge

Die **unentgeltliche Übertragung von Grundstücken aus dem Unternehmen in vorweggenommener Erbfolge** ist – in der Literatur jedoch umstritten – ein steuerbarer Umsatz nach § 3 Abs. 1b UStG im Sinne einer unentgeltlichen Wertabgabe, sofern und soweit das dem Unternehmen zugeordnete Grundstück zum vollen/teilweisen Vorsteuerabzug berechtigt hat.[50] Die Übertragung ist jedoch steuerfrei und kann bei einem bisher nicht abzugsschädlich verwendeten Grundstück wegen der Änderung der Verwendungsverhältnisse zur Berichtigung der Vorsteuer nach § 15a Abs. 8 UStG führen. 57

4. Übertragung von Miteigentumsanteilen an einem Grundstück

Die **Übertragung eines Miteigentumsanteils an einem Grundstück** wird nach h. M. als Lieferung angesehen.[51] Wird ein solcher Miteigentumsanteil unentgeltlich übertragen, liegt – auch bei Annahme einer sonstigen Leistung gem. § 3 Abs. 9a Nr. 1 UStG – eine unentgeltliche Wertabgabe („Entnahme") vor, die nach § 4 Nr. 9a UStG steuerfrei ist. Hinsichtlich des übertragenen Anteils kann der Vorgang zu einer Berichtigung des Vorsteuerabzugs nach § 15a Abs. 8 UStG führen, sollte nicht eine Geschäftsveräußerung im Ganzen vorliegen, für die dann jedoch § 15a Abs. 10 UStG zu beachten ist.[52] 58

---

[49] Vgl. schon *Schönborn* DStR 1999, 437 (440).
[50] Vgl. UStAE 3.3 Abs. 2; Reiß/Kraeusel/Langer/*Fleckenstein-Weiland* § 15a UStG Rn. 326. Die Erbfolge als solche löst nach anderer Auffassung keinen Leistungsaustausch und keine Anwendbarkeit von Ersatztatbeständen nach § 3 Abs. 1b UStG aus, siehe z. B. OFD Frankfurt 22.10.1996, BeckVerw 027062; Rau/Dürrwächter/*Nieskens* § 1 UStG Rn. 436; *Hansen* MwStR 2014, 720 (722).
[51] Vgl. UStAE 3.5 Abs. 3 Nr. 2; OFD Niedersachsen 16.9.2011, DStR 2011, 2467.
[52] Vgl. Reiß/Kraeusel/Langer/*Fleckenstein-Weiland* § 15a UStG Rn. 316, wonach es geboten erscheinen soll, auch bei Annahme einer sonstigen Leistung für die Übertragung des Miteigentumsanteils eine Vorsteuerkorrektur vorzusehen und diese nicht als bloßen Verwendungseigenverbrauch zu behandeln.

Teil 6. Insolvenzrechtliche Bezüge

§ 11 Umsatzsteuer

Übersicht

	Rn.
A. Umsatzsteuer auf Mieterträge	
I. Der Schuldner als Vermieter	6–20
1. Vereinnahmung durch den Insolvenzverwalter	8–15
2. Vereinnahmung durch den vorläufigen Insolvenzverwalter	16–20
II. Der Schuldner als Mieter	21–23
III. Veräußerung einer vermieteten Immobilie durch den Insolvenzverwalter	24
B. Zeitgleiche Zwangsverwaltung und Insolvenzverwaltung	25–32
C. Optierung	33, 34
D. Vorsteuerkorrektur i. S. v. § 15a UStG infolge von Rechtshandlungen des Insolvenzverwalters	35, 36
E. Umsatzsteuer bei der Verwertung von Immobilien	
I. Unbelastete Immobilien	41–47
1. Zwangsversteigerung	42–44
2. Freihändiger Verkauf	45–47
II. Belastete Immobilien	48–64
III. „Kalte Zwangsverwaltung" von Grundstücken durch den Insolvenzverwalter	65–67
F. Umsatzsteuerliche Organschaft	
I. Insolvenz des Organträgers	74–77
II. Insolvenz der Organgesellschaft	78–90
1. Eröffnung des Insolvenzverfahrens	78–82
2. Insolvenzeröffnungsverfahren	83–89
3. Auswirkungen auf die Organgesellschaft in Eigenverwaltung	90
III. Insolvenz des Organträgers und der Organgesellschaft	91–96
IV. Unerkannte Organschaft	97, 98
V. Rechtsfolgen der Beendigung des Organschaftsverhältnisses	99–103
VI. Auswirkungen bei der Überlassung von Betriebsgrundstücken innerhalb des Organschaftsverhältnisses	104–110
G. Freigabe	111–115

Der Insolvenzverwalter findet oftmals bei Eröffnung des Insolvenzverfah- 1
rens über das Vermögen eines Insolvenzschuldners in der Insolvenzmasse

§ 11 2, 3   Teil 6. Insolvenzrechtliche Bezüge

Grundbesitz vor. Ist der Schuldner **Unternehmer i. S. v. § 2 Abs. 1 UStG**, kann die Insolvenzmasse in diesem Zusammenhang mit Umsatzsteuerforderungen belastet werden. Gemäß **§ 251 Abs. 2 S. 1 AO** bleiben die Vorschriften der InsO unberührt, sodass ein Anspruch aus dem Steuerverhältnis nur noch unter Beachtung der insolvenzrechtlichen Regelungen durchgesetzt werden kann.[1] Insoweit richtet sich das Bestehen des Umsatzsteueranspruchs nach dem UStG, dessen Durchsetzung jedoch nach der InsO.[2] Zur Vereinfachung der Unterscheidung der vor bzw. nach Verfahrenseröffnung anfallenden Steuerforderungen erhält der Insolvenzverwalter für die Masse eine **neue Steuernummer**. Allerdings bleibt der Schuldner weiterhin Unternehmer eines einheitlichen Unternehmens und somit Steuerschuldner.[3] Erwirtschaftet der Schuldner außerhalb des Insolvenzverfahrens weitere Umsätze, ist ihm zur Verfahrensvereinfachung eine **dritte Steuernummer** zu erteilen.[4]

2   Bei der Differenzierung zwischen den verschiedenen insolvenzrechtlichen Forderungskategorien ist auf den **Zeitpunkt der Eröffnung des Insolvenzverfahrens** abzustellen. Dieser stellt die zeitliche Zäsur dar, denn zuvor begründete Forderungen sind als **Insolvenzforderungen** zur Insolvenztabelle anzumelden (§ 38 InsO) und werden quotal befriedigt, wohingegen anschließend begründete **Masseverbindlichkeiten** (§§ 53, 55 InsO) einen bevorzugten Befriedigungsstatus genießen. Für die Einordnung des Anspruchs kommt es dabei darauf an, ob der steuerrechtliche Vermögensanspruch bereits vor Eröffnung des Insolvenzverfahrens nach den insolvenzrechtlichen Grundsätzen begründet worden ist.[5] Dabei ist nach Auffassung des BFH abzugrenzen, ob der den Umsatzsteueranspruch begründende **Lebenssachverhalt** der steuerrechtlichen Ansprüche vor oder nach Eröffnung des Insolvenzverfahrens vollständig verwirklicht und somit abgeschlossen worden ist.[6]

3   Hat ein Gläubiger einen Vermögensanspruch gegen den Schuldner bereits vor der Zeit des Insolvenzverfahrens begründet, kann er diesen nur noch als Insolvenzforderung i. S. d. § 38 InsO geltend machen (§§ 87 InsO, 174 InsO). Derartige Ansprüche dürfen von der Finanzverwaltung **nicht mehr durch Steuerbescheid** mit Leistungsgebot festgesetzt, sondern nur noch durch Berechnung mitgeteilt und zur Tabelle angemeldet werden; im Streitfall können sie durch besonderen Feststellungsbescheid gemäß § 251 Abs. 3 AO festgestellt werden.[7] Dies ist Ausdruck des Gläubigergleichbehandlungsgrundsatzes, da der Steuergläubiger, gleich den übrigen Gläubigern, bei der Gel-

---

[1] *Wäger* DB 2012, 1460 (1461); *Wäger* ZInsO 2014, 1121 (1122).
[2] *Wäger* DB 2012, 1460 (1461); *Jaffé/Friedrich-Vache* MwStR 2013, 75; FG Berlin-Brandenburg 2.4.2014 – 7 K 7337/12, EFG 2014, 1427.
[3] Kahlert/Rühland/*Rühland* Sanierungs- und Insolvenzsteuerrecht Rn. 9.7 f.
[4] Sölch/Ringleb/*Leipold* § 13 UStG Rn. 114.
[5] Uhlenbruck/*Sinz* § 55 InsO Rn. 26; BFH 21.9.1993 – VII R 68/92, ZIP 1993, 1892.
[6] Uhlenbruck/*Sinz* § 55 InsO Rn. 26; vormals unterschiedliche Auffassung der einzelnen Senate des BFH: BFH 1.4.2008 – X B 201/07, BFH/NV 2008, 925: BFH 6.10.2005 – VII B 309/04, BFH/NV 2006, 369; a. A. V. Senat des BFH: BFH 29.1.2009 – V R 64/07, BStBl. II 2009, 682; BFH 21.12.1988 – V R 29/86, BStBl. II 1989, 434; BFH 13.11.1986 – V R 59/79, BFHE 148, 346.
[7] BFH 13.5.2009 – XI R 63/07, BStBl. II 2010, 11; BFH 10.12.2008 – I R 41/07, BFH/NV 2009, 719; BFH 24.8.2004 – VIII R 14/02, BStBl. II 2005, 246; FG Münster 5.11.2009 – 7 K 1237/08, EFG 2010, 379.

tendmachung seiner Forderungen am Insolvenzverfahren teilnehmen und gerade nicht den Weg der Verwaltungsvollstreckung nutzen soll. Masseverbindlichkeiten nach § 55 InsO werden hingegen durch Steuerbescheid gegen den Insolvenzverwalter festgesetzt, welche dieser gemäß §§ 34 Abs. 3 i. V. m. Abs. 1 AO aus der Insolvenzmasse zu begleichen hat.[8]

A. Umsatzsteuer auf Mieterträge

Der Gesetzgeber hat die Vertragspartner aus Miet- und Pachtverträgen von Immobilien gegenüber sonstigen Vertragspartnern aus gegenseitigen Verträgen dahingegen **privilegiert,** dass derartige Verträge gemäß §§ 108 Abs. 1 S. 1, 55 Abs. 1 Nr. 1 InsO zunächst mit Wirkung für und gegen die Masse **fortbestehen.**[9] Dies hat zum einen zur Folge, dass für den Betrieb erforderliche Räumlichkeiten zunächst weitergenutzt werden können, zum anderen bedeutet es eine massive Belastung der Masse mit Raumkosten. Die sich aus der Aufrechterhaltung des Mietverhältnisses ergebenden Forderungen des Vertragspartners sind **Masseverbindlichkeiten** nach § 55 Abs. 1 Nr. 2 InsO.[10] Während des Kündigungsauslaufs muss der Insolvenzverwalter, unabhängig von einer tatsächlichen Nutzung des Objekts, die Kosten ebenso als **Masseverbindlichkeiten** befriedigen. Die rückständigen Forderungen aus der Zeit vor Verfahrenseröffnung sind hingegen einfache Insolvenzforderungen i. S. v. § 38 InsO.[11]

Zu beachten ist, dass nach der Rechtsprechung des BGH in der Insolvenz des Vermieters das Mietverhältnis nur dann mit Wirkung für die Insolvenzmasse fortbesteht, wenn die Mietsache im Zeitpunkt der Eröffnung des Insolvenzverfahrens dem Mieter bereits überlassen worden ist.[12] Das Mietverhältnis muss demnach bereits **in Vollzug gesetzt** worden sein und der Mieter darf den Besitz an der Wohnung bei Insolvenzeröffnung nicht wieder aufgegeben haben.[13]

4

5

I. Der Schuldner als Vermieter

Wird ein Gegenstand einem Dritten zur Miete überlassen, ist darin grundsätzlich eine **sonstige Leistung nach § 3 Abs. 9 UStG in Form von Duldung der Fremdnutzung** zu erblicken, die jedoch gemäß § 4 Nr. 12 Buchst. a UStG **steuerfrei** ist.[14] Der Vermieter hat allerdings bei Vermietung an einen Unternehmer die Möglichkeit nach § 9 Abs. 1 UStG **zur Umsatzsteuer zu optieren** → § 1 Rn. 33 f. Sind für die Immobilie vorsteuerbe-

6

---

[8] FG Baden-Württemberg 27.5.2009 – 1 K 105/06, EFG 2009, 1585; BFH 29.8.2007 – IX R 4/07, BStBl. II 2010, 145.
[9] *Hinz* NZM 2014, 137 (139); *Dahl* NJW 2007, 3715.
[10] FK-InsO/*Wegener* § 108 InsO Rn. 35.
[11] BGH 13.12.2012 – IX ZR 9/12, NZM 2013, 145.
[12] BGH 5.7.2007 – IX ZR 185/06, BGHZ 173, 116; *Dahl* NZM 2008, 585.
[13] BGH 11.12.2014 – IX ZR 87/14; ZInsO 2015, 141.
[14] *Jakob* Umsatzsteuer § 5 Rn. 291; *Depré/Lampert* ZfIR 2012, 1 (5).

§ 11 7–9   Teil 6. Insolvenzrechtliche Bezüge

haftete Aufwendungen zu erwarten, kann in diesem Falle die Vorsteuer aus den Eingangsrechnungen in Abzug gebracht oder eine Belastung mit Vorsteuerberichtigungsansprüchen nach § 15a UStG vermieden werden.[15] Voraussetzung dafür ist, dass der Mieter als Empfänger der Vermietungsleistung das Mietobjekt für solche Umsätze verwendet, die den Vorsteuerabzug nicht ausschließen.[16] Bei einer **Mischnutzung** ist zur steuerpflichtigen Vermietung eine tatsächliche und vertragliche Trennung der Nutzungsbereiche erforderlich.[17] Insoweit erstreckt sich die Möglichkeit zur Option lediglich auf die Gebrauchsüberlassung des unternehmerisch genutzten Teils, sodass die Vorsteuer gemäß § 15 Abs. 4 UStG aufzuteilen ist.

7   Bei der Beurteilung des Schicksals der Umsatzsteuer auf Mieterträge ist danach zu differenzieren, zu welchem Zeitpunkt die steuerbare und steuerpflichtige Leistung erfolgt ist. Wenn Umsatzsteuerforderungen aufgrund einer **vor Eröffnung des Insolvenzverfahrens liegenden Leistung** entstanden sind und die **Gegenleistung** auch vor Verfahrenseröffnung erfolgt ist, der spätere Insolvenzschuldner die Umsatzsteuer jedoch **nicht abgeführt** hat, stellt die Umsatzsteuerforderung eine **Insolvenzforderung** im Rang von § 38 InsO dar, welche nach § 174 InsO zur Insolvenztabelle anzumelden ist und quotal befriedigt wird, da die **umsatzsteuerrechtlich zur vollständigen Tatbestandsverwirklichung führenden Handlungen bereits vor Verfahrenseröffnung erfolgt** sind.[18] Anders ist der Fall jedoch zu beurteilen, sofern der Insolvenzverwalter eines Unternehmers Entgelt für eine vor Eröffnung des Verfahrens ausgeführte Leistung des Unternehmers einzieht:[19]

1. Vereinnahmung durch den Insolvenzverwalter

8   Da nach § 80 Abs. 1 InsO die Verwaltungs- und Verfügungsbefugnis auf den Insolvenzverwalter übergeht, obliegt es nach Verfahrenseröffnung dem Insolvenzverwalter, Miet- und Pachtforderungen einzuziehen. Er hat dem Mieter gemäß § 34 AO i.V.m. § 80 InsO eine **ordnungsgemäße Rechnung** i.S.v. § 14 UStG unter Verwendung der **Steuernummer der Insolvenzmasse** auszustellen und zur Erlangung des Vorsteuerabzugs ferner die Eingangsrechnungen auf ordnungsgemäße Rechnungsstellung zu prüfen.[20] Je nach Ist- bzw. Sollbesteuerung hat er die vereinnahmten bzw. vereinbarten Mietforderungen in die Umsatzsteuervoranmeldung und Jahreserklärung aufzunehmen.[21]

9   Nach Auffassung des V. Senats des BFH begründet die Entgeltvereinnahmung für eine vor Eröffnung des Insolvenzverfahrens ausgeführte Leistung durch den Insolvenzverwalter eines Unternehmens sowohl bei Ist-, als auch

---

[15] *Depré/Lampert* ZfIR 2012, 1 (5); OFD Karlsruhe 5.4.2011 – 5.4.2011, DStR 2011, 1034.
[16] *Depré/Lampert* ZfIR 2012, 1 (5).
[17] *Depré/Lampert* ZfIR 2012, 1 (6); BFH 20.7.1988 – X R 6/80, BStBl. II 1988, 915.
[18] BFH 11.7.2013 – XI B 41/13, NZI 2013, 992; *Roth* ZInsO 2014, 309.
[19] Ausführlich dazu *Roth* ZInsO 2014, 309.
[20] *Depré/Lampert* ZfIR 2012, 1 (6); *Herrlein* NZM 2013, 409 (413f.); Kahlert/Rühland/ Rühland Sanierungs- und Insolvenzsteuerrecht Rn. 9.38; BMF 29.1.2004 –, BStBl. I 2004, 258.
[21] *Depré/Lampert* ZfIR 2012, 1 (6).

bei Sollbesteuerung eine **Masseverbindlichkeit** i. S. v. § 55 InsO.[22] Gleiches gilt nach neuester Rechtsprechung des V. Senats nun auch für die Entgeltvereinnahmung durch einen vorläufigen Insolvenzverwalter mit Zustimmungsvorbehalt.[23]

Zieht der Insolvenzverwalter **rückständige Mietforderungen** aus der Zeit vor Verfahrenseröffnung ein, stellen die darin enthaltenen Umsatzsteuerbeträge nach Auffassung des BFH und der Finanzverwaltung **Masseverbindlichkeiten** dar.[24] Gemäß § 17 Abs. 1 S. 1, 2 UStG haben nämlich der leistende Unternehmer die Umsatzsteuerschuld, sowie der Leistungsempfänger den Vorsteuerabzug zu **berichtigen**, sofern sich die **Bemessungsgrundlage** für den steuerpflichtigen Umsatz geändert hat.[25] Eine solche Änderung der Bemessungsgrundlage liegt vor, wenn das Entgelt für die Leistung uneinbringlich wird. Uneinbringlichkeit der Forderung liegt vor, wenn der Leistungsempfänger sie nicht erfüllt und bei objektiver Betrachtung damit zu rechnen ist, dass der leistende Unternehmer die Forderung ganz oder teilweise jedenfalls auf absehbare Zeit nicht durchsetzen kann.[26] 10

Die Eröffnung des Insolvenzverfahrens führt – nach äußerst kritikwürdiger Auffassung des V. Senats des BFH, der erhebliche verfassungsrechtliche und europarechtliche Bedenken begegnen[27] – in diesem „Augenblick" zur Uneinbringlichkeit **sämtlicher Entgeltforderungen und Entgeltverbindlichkeiten des insolventen Unternehmers i. S. v. § 17 Abs. 2 Nr. 1 UStG**, in voller Höhe und unbeschadet einer möglichen Insolvenzquote.[28] Der Berichtigungsanspruch für Entgelte aus durch den insolventen Unternehmer erbrachten Leistungen entsteht dabei „mit" – und damit eine **juristische Sekunde vor** der Insolvenzeröffnung, so dass es sich sowohl bei dem Vorsteuerberichtigungsanspruch für bezogene Leistungen als auch bei dem Steuerberichtigungsanspruch für erbrachte Leistungen um vor der Verfahrenseröffnung begründete Ansprüche und folglich um bei der Forderungsanmeldung nach § 174 InsO zu berücksichtigende **Insolvenzforderungen** handelt.[29] Mit Eröffnung des Insolvenzverfahrens gehe nach § 80 Abs. 1 InsO die Empfangszuständigkeit für alle 11

---

[22] BFH 11.7.2013 – XI B 41/13, NZI 2013, 992; BFH 9.12.2010 – V R 22/10, BStBl. II 2011, 996; BFH 29.1.2009 – V R 64/07, BStBl. II 2009, 682; Verfassungsmäßigkeit der Sollbesteuerung BVerfG 20.3.2013 – 1 BvR 3063/10, NJW-RR 2013, 1300; kritisch *Depré/Lambert* KSI 2011, 214 (216).
[23] BFH 24.9.2014 – V R 48/13, BStBl. II 2015, 506.
[24] BFH 9.12.2010 – V R 22/10, BStBl. II 2011, 996; BMF 9.12.2011, DStR 2011, 2412; *Depré/Lampert* ZfIR 2012, 1 (6).
[25] BFH 24.10.2013 – V R 31/12, NJW 2014, 1471; *Sterzinger* NZI 2012, 63.
[26] *Bunjes/Korn* § 17 UStG Rn. 61; *Sölch/Ringleb/Klenk* § 17 UStG Rn. 102; BFH 22.10.2009 – V R 14/08, BStBl. II 2011, 988; BFH 19.8.2008 – VII R 36/07, BStBl. II 2009, 90; BFH 4.6.2007 – V B 76/06, BFH/NV 2007, 2151; BFH 20.7.2006 – V R 13/04, BStBl. II 2007, 22; BFH 13.1.2005 – V R 21/04, BFH/NV 2005, 928; BFH 22.4.2004 – V R 72/03, BStBl. II 2004, 684; BFH 10.3.1983 – V B 46/80, BStBl. II 1983, 389; UStAE 17.1. Abs. 5; *Ganter/Brünink,* NZI 2006, 257 (266).
[27] Ausführlich dazu *Roth* ZInsO 2014, 309.
[28] *Bunjes/Korn* § 17 UStG Rn. 68; *Sölch/Ringleb/Klenk* § 17 UStG Rn. 117; BFH 22.10.2009 – V R 14/08, BStBl. II 2011, 988; BFH 13.11.1986 – V R 59/79, BStBl. II 1987, 226; a. A. FG Berlin-Brandenburg 2.4.2014 – 7 K 7337/12, DStRE 2015, 290.
[29] BFH 24.11.2011 – V R 13/11, BStBl. II 2012, 298; BFH 9.12.2010 – V R 22/10, BStBl. II 2011, 996; *Wäger* DB 2012, 1460 (1463); *Wäger* DStR 2011, 1925 (1926 ff.).

§ 11 12–14   Teil 6. Insolvenzrechtliche Bezüge

Leistungen, welche auf die zur Insolvenzmasse gehörenden Forderungen erbracht werden, auf den Insolvenzverwalter über.[30] Der Unternehmer sei somit aus rechtlichen Gründen nicht mehr in der Lage, rechtswirksam Entgeltforderungen in seinem vorinsolvenzrechtlichen Unternehmensteil selbst zu vereinnahmen, da diese in die Insolvenzmasse zu leisten sind.[31]

12 Vereinnahmt der Insolvenzverwalter später Entgeltforderungen, führt dies für den Voranmeldungszeitraum, in welchem die Uneinbringlichkeit eintritt, zu einer **erneuten Berichtigung** nach § 17 Abs. 2 Nr. 1 S. 2 UStG.[32] Die infolge der erneuten Berichtigung entstehenden Umsatzsteuerforderungen sind dann **Masseverbindlichkeiten,** da sie i. S. v. § 55 Abs. 1 InsO aus der Verwaltung bzw. Verwertung der Insolvenzmasse durch den Insolvenzverwalter resultieren.[33]

13 Zwar gilt der Grundsatz der Unternehmenseinheit auch nach Eröffnung des Insolvenzverfahrens fort, allerdings bestehe das Unternehmen, bedingt durch die Erfordernisse des Insolvenzrechts, nach Verfahrenseröffnung aus **mehreren Unternehmensteilen.**[34] Demnach sind folgende Unternehmensteile zu unterscheiden: Gegen den **vorinsolvenzlichen** Unternehmensteil sind Insolvenzforderungen gemäß §§ 38, 175 InsO zur Tabelle anzumelden. Ferner existiert der **nachinsolvenzliche,** die Insolvenzmasse betreffende Unternehmensteil, gegen welchen die Masseverbindlichkeiten nach § 55 InsO geltend zu machen sind. Daneben steht das gegebenenfalls vom Insolvenzverwalter freigegebene oder vom Schuldner neu erworbene **insolvenzfreie** Vermögen. Zu begründen sei diese Aufteilung damit, dass infolge des Übergangs der Verwaltungs- und Verfügungsmacht auf den Insolvenzverwalter der vorinsolvenzliche Vermögensteil die Forderungen nicht mehr einnehmen kann. In der Folge ergibt sich aus dieser Rechtsprechung eine Privilegierung dahingehend, dass ein nach Insolvenzeröffnung entstehender Erstattungsanspruch nicht zwangsweise zur Masse fließen muss, sondern im Wege der Aufrechnung für den Fiskus einem Ausfall entgegenwirkend nutzbar bleibt.[35]

14 Nach Rechtsauffassung des BFH[36] liegt die Rechtsprechung zur Uneinbringlichkeit in den verschiedenen Stadien der Insolvenz im „Gestaltungsspielraum bei der Festlegung der Maßnahmen zur Bestimmung des Betrags der Minderung" gemäß **Art. 90 Abs. 1 MwStSystRL,** wonach die Steuerbemessungsgrundlage insbesondere im Fall der vollständigen oder teilweisen Nichtbezahlung unter den von den Mitgliedstaaten festgelegten Bedingungen zu vermindern ist.[37] Ohne dass es insoweit einer eigenständigen Regelung für den

---

[30] BFH 9.12.2010 – V R 22/10, BStBl. II 2011, 996; BGH 16.7.2009 – IX ZR 118/08, BGHZ 182, 85.
[31] BFH 9.12.2010 – V R 22/10, BStBl. II 2011, 996.
[32] Bunjes/*Korn* § 17 UStG Rn. 69; Sölch/Ringleb/*Klenk* § 17 UStG Rn. 110; zur praktischen Umsetzung siehe *Jaffé/Friedrich-Vache* MwStR 2013, 75 (78).
[33] *Wäger* DB 2012, 1460 (1463).
[34] BFH 24.11.2011 – V R 13/11, BStBl. II 2012, 298; BFH 9.12.2010 – V R 22/10, BStBl. II 2011, 996; kritisch *Welte/Friedrich-Vache* UR 2012, 740; *Roth* ZInsO 2014, 309 (311 ff.); *Krüger* ZInsO 2013, 2200, (2201); *Mitlehner* EWiR 2013, 387 (388).
[35] *Roth* ZInsO 2014, 309 (312); BFH 9.12.2010 – V R 22/10, BStBl. II 2011, 996; *Depré/Lambert* KSI 2011, 214 (219).
[36] BFH 24.9.2014 – V R 48/13, BFH/NV 2015 133.
[37] BFH 24.10.2013 – V R 31/12, NJW 2014, 1471.

Insolvenzfall bedürfe, gehöre § 17 Abs. 2 Nr. 1 UStG und dessen Anwendung im Insolvenzeröffnungsverfahren unter Berücksichtigung der für den vorläufigen Insolvenzverwalter bestehenden Befugnisse auch zu den Bedingungen i. S. v. Art. 90 Abs. 1 MwStSystRL. Im Gegensatz dazu sei laut *FG Berlin-Brandenburg* die Uneinbringlichkeit allein auf ein Unvermögen auf Seiten des Schuldners zurückzuführen und gerade nicht von der Einziehungsberechtigung bzw. Legitimation auf Seiten des Gläubigers abhängig, sodass ein Wechsel in der Vertretungs- und/oder Verfügungsmacht des Forderungsgläubigers keine zur Umsatzsteuerberichtigung führende Uneinbringlichkeit einer noch vom Insolvenzschuldner angelegten Forderung begründen könne.[38] Art. 90 Abs. 1 MwStSystRL stellt allein auf den Nichtbezahlung des Leistungsempfängers ab.[39]

Diese von der Rechtsprechung geschaffene Zäsur im Steuerschuldverhältnis stellt vielmehr eine **verfassungswidrige** und vom Gesetzgeber nicht legitimierte **Privilegierung des Fiskus** gegenüber den übrigen Gläubigern dar.[40] Vielmehr ist der Fiskus, wenn er am Gesamtvollstreckungsverfahren teilnimmt, den übrigen Gläubigern gleichzustellen, sodass, in Ermangelung gesetzlich legitimierter Eingriffsnormen, für diesen die gleichen Regelungen zur Befriedigung der Forderung gelten. Dies widerspricht ferner dem Verständnis des Gesetzgebers, denn dieser hat bei Einführung des **§ 55 Abs. 4 InsO** lediglich die Privilegierung der Steuerforderungen wegen Leistungserbringung während des Insolvenzeröffnungsverfahrens normiert, ohne dass es einer Berichtigung bedürfe.[41] Daraus folgt, entgegen der Auffassung des V. Senats des BFH, dass eben nur solche eine Masseverbindlichkeit darstellen. Im Ergebnis läuft diese Rechtsprechung § 13c UStG zuwider, verstößt gegen den Grundsatz der Unternehmenseinheit, den Grundsatz der Gläubigergleichbehandlung und ist mit § 55 Abs. 4 InsO unvereinbar.[42] Des Weiteren ist die Annahme des V. Senats des BFH der vollständigen Tatbestandsverwirklichung durch tatsächliche Entgeltvereinnahmung europarechtswidrig, da **Art. 2 MwStSystRL** gerade eine Entgeltvereinnahmung für eine Steuerentstehung nicht voraussetzt, sondern lediglich eine Entgeltlichkeit der Leistung. Die Umsatzsteuerforderung ist vielmehr vorinsolvenzlich begründet und daher **Insolvenzforderung** nach § 38 InsO.[43]

2. Vereinnahmung durch den vorläufigen Insolvenzverwalter

Im Zusammenhang mit den vom Schuldner vorab geschlossenen Mietverträgen ist insbesondere der **Forderungseinzug rückständigen Miet-**

---

[38] FG Berlin-Brandenburg 2.4.2014 – 7 K 7337/12, EFG 2014, 1427; FG Berlin-Brandenburg 18.3.2013 – 7 V 7279/12, EFG 2013, 1076; *Mitlehner* EWiR 2013, 387 (388); *Krüger* ZInsO 2013, 2200, (2202); *Welte/Friedrich-Vache* ZIP 2011, 1595 (1599).
[39] *Welte/Friedrich-Vache* ZIP 2011, 1595 (1599).
[40] Siehe dazu *Roth* ZInsO 2014, 309; so auch *Hölzle* BB 2012, 1571 (1579); BVerfG 19.10.1983 – 2 BvR 485/80, 2 BvR 486/80, BVerfGE 65, 182; Verstoß gegen das Unionsrecht laut FG Berlin-Brandenburg 2.4.2014 – 7 K 7337/12, EFG 2014, 1427; Rev. XI R 21/14; a. A. BFH 24.9.2014 – V R 48/13, BFH/NV 2015, 133 in Bezugnahme auf EuGH 3.9.2014 – C-589/12, DB 2014, 2262 – GMAC.
[41] *Arbeitsgemeinschaft Insolvenzrecht und Sanierung des DAV* ZInsO 2011, 1449; *Kahlert* DStR 2011, 921 (926).
[42] *Mitlehner* EWiR 2013, 387 (388); *Mitlehner* EWiR 2011, 323 (324); *Kahlert* DStR 2011, 921; *Welte/Friedrich-Vache* ZIP 2011, 1595.
[43] So auch *Depré/Lambert* KSI 2011, 214 (216).

zinses durch den vorläufigen Insolvenzverwalter von Relevanz. Der vorläufige Insolvenzverwalter ist durch Anordnung des Insolvenzgerichts nach § 22 InsO regelmäßig dazu ermächtigt, Forderungen des Schuldners einzuziehen.

17 Maßgeblich für das Entstehen von Masseverbindlichkeiten ist dabei, dass es sich bei der Umsatzsteuerforderung um eine Verbindlichkeit handelt, welche **durch den vorläufigen Insolvenzverwalter begründet** worden ist. Auch wenn bei der Sollbesteuerung der Steueranspruch des Finanzamts bereits mit Lieferung entsteht, sodass die Vereinnahmung durch den vorläufigen Insolvenzverwalter keinen Steueranspruch begründet, werden im Zeitpunkt der Anordnung der vorläufigen **starken Verwaltung** sowie bei Bestellung eines vorläufigen Insolvenzverwalters mit allgemeinem **Zustimmungsvorbehalt** und mit dem Recht zum Forderungseinzug die dem Schuldner zustehenden Forderungen gegen Dritte nach Auffassung des BFH i. S. v. § 17 Abs. 1 UStG **uneinbringlich.**[44] Im Zeitpunkt der Anordnung auch der vorläufigen schwachen Insolvenzverwaltung erfolge die Aufspaltung des Unternehmens in mehrere Unternehmensteile, sodass die Bemessungsgrundlage nach § 17 Abs. 2 Nr. 1 S. 1 UStG i. V. m. § 17 Abs. 1 S. 1 UStG zu berichtigen sei. Im Zeitpunkt einer späteren Vereinnahmung des uneinbringlich gewordenen Entgeltes sei der Umsatzsteuerbetrag erneut zu berichtigen. Die Steuerberichtigung führe dabei zum **Entstehen einer Masseverbindlichkeit,** bei Vereinnahmung durch den vorläufigen starken Verwalter gemäß § 55 Abs. 2 S. 1 InsO, bei Vereinnahmung durch einen später ernannten Insolvenzverwalter gemäß § 55 Abs. 1 Nr. 1 InsO und gemäß § 55 Abs. 4 InsO bei Einzug durch den schwachen vorläufigen Insolvenzverwalter.[45]

18 Erlasse das Insolvenzgericht entsprechend § 23 Abs. 1 S. 3 InsO bei der Bestellung eines vorläufigen Insolvenzverwalters mit Zustimmungsvorbehalt das Verbot an Drittschuldner, an den Schuldner zu zahlen, und ermächtigt es den vorläufigen Insolvenzverwalter gemäß § 22 Abs. 2 InsO, Forderungen des Schuldners einzuziehen sowie eingehende Gelder entgegenzunehmen, werde damit das Rechtsverhältnis zwischen dem Schuldner und dem vorläufigen Insolvenzverwalter gegenüber Drittschuldnern gemäß § 24 Abs. 1 InsO in einer Weise geregelt, die § 80 Abs. 1 InsO und § 82 InsO entspreche.[46] Ordnet das Insolvenzgericht also an, dass der vorläufige Insolvenzverwalter berechtigt ist, Bankguthaben und sonstige Forderungen des Insolvenzschuldners einzuziehen sowie eingehende Gelder entgegenzunehmen und verbietet es zudem den Drittschuldnern an den Insolvenzschuldner zu zahlen, führe dies wie bei Eröffnung des Insolvenzverfahrens zur **Uneinbringlichkeit** der dem Unternehmer zustehenden Entgelte, da es dem Unternehmer auch im Insolvenzeröffnungsverfahren aufgrund der auf den vorläufigen Insolvenzverwalter übergegangenen Einziehungsbefugnis nicht mehr möglich sei, das Entgelt für die zuvor entstandene Steuerschuld zu erlangen, sodass der Vorsteuerabzug zu

---

[44] BFH 24.9.2014 – V R 48/13, BFH/NV 2015, 133; BMF 9.12.2011, BStBl. I 2011, 1273; UStAE 17.1. Abs. 12; a. A. *Onusseit* DZWiR 2011, 353; *Heinze* DZWiR 2011, 276; *Lenger* NZI 2014, 144; *Schmittmann* ZIP 2012, 249 (250).
[45] *Kruth* MwStR 2015, 77 (82).
[46] BFH 24.9.2014 – V R 48/13, BFH/NV 2015, 133; BGH 22.2.2007 – IX ZR 2/06, NZI 2007, 338 (339); a. A. BMF 17.1.2012, BStBl. I 2012, 120.

berichtigen sei.[47] Daher sei die zweite Steuerberichtigung nach § 17 Abs. 2 Nr. 1 S. 2, Abs. 1 S. 1 UStG – im Gegensatz zur ersten Berichtigung nach § 17 Abs. 2 Nr. 1 UStG – aufgrund einer späteren Eröffnung des Insolvenzverfahrens insolvenzrechtlich bei der Berechnung der sich für den Voranmeldungs- oder Besteuerungszeitraum ergebenden Masseverbindlichkeit nach § 55 Abs. 4 InsO zu berücksichtigen.

Infolge dieser Entwicklung der Rechtsprechung ist die von der Finanzverwaltung[48] vertretene Praxis der **Sollbesteuerung im Insolvenzantragsverfahren** weitgehend obsolet, auf Basis derer sämtliche aus einer Betriebsfortführung folgenden Steuerforderungen nach des § 55 Abs. 4 InsO Masseverbindlichkeiten sind, soweit die Betriebsfortführung mit Kenntnis des vorläufigen Verwalters und nicht gegen seinen Widerspruch erfolgt ist.[49]

Diese Ansicht des V. Senats des BFH ist jedoch verfehlt. Sie begegnet denselben **Bedenken,** die gegen die Annahme einer Uneinbringlichkeit der Entgelte im Eröffnungszeitpunkt aus verfassungs- und/oder europarechtlicher Sicht sprechen. In der Praxis stellt es die Ausnahme dar, dass ein vorläufiger Insolvenzverwalter neue Mietverhältnisse für eine massezugehörige Immobilie begründet. Im Hinblick auf eine spätere Veräußerung der Immobilie stellen sich die Chancen bei einem nicht vermieteten Objekt oft besser dar. Vermietet er die Immobilie jedoch neu, sind die daraus folgenden Steueransprüche gemäß **§ 55 Abs. 4 InsO Masseverbindlichkeiten,** da sie durch die Verwaltung der Insolvenzmasse entstehen.

II. Der Schuldner als Mieter

Zur Ermöglichung einer **Unternehmensfortführung** muss verhindert werden, dass das Unternehmen durch die Beendigung betriebsnotwendiger Verträge geschwächt wird. Daher enthält § 112 InsO eine **Kündigungssperre** für Miet- und Pachtverträge, welche der Schuldner als Mieter oder Pächter eingegangen war. Demnach ist eine Kündigung wegen der bis zum Antrag aufgelaufenen Zahlungsrückstände oder der sich durch den Insolvenzantrag zum Ausdruck kommenden Verschlechterung der schuldnerischen Vermögensverhältnisse ausgeschlossen.

Steht dem Schuldner für die Zeit vor Anordnung der vorläufigen Insolvenzverwaltung bzw. vor Eröffnung des Insolvenzverfahrens noch ein bisher **nicht in Anspruch genommener Vorsteuerabzug** zu, kann der (vorläufige) Insolvenzverwalter diesen weiterhin in Anspruch nehmen. Die Finanzverwaltung ist aber insoweit zur Aufrechnung mit Insolvenzforderungen berechtigt (§ 94 InsO).

Wenn der Insolvenzverwalter **nach Anzeige der Masseunzulänglichkeit** → § 13 Rn. 22 die Mietsache nutzt, handelt es sich bei den nach der Anzeige fällig werdenden Verbindlichkeiten um gegenüber den weiteren Masseverbindlichkeiten bevorzugt zu befriedigende Neumasseschulden.[50]

---

[47] BFH 3.7.2014 – V R 32/13, NZI 2014, 962; BFH 8.8.2013 V R 18/13, BFHE 242, 433.
[48] BMF 17.1.2012, BStBl. I 2012, 120.
[49] *Kruth* MwStR 2015, 77 (78 ff.).
[50] *Leo/Heider* NZM 2005, 167 (172); BGH 4.12.2003 – IX ZR 222/02, ZInsO 2004, 151.

III. Veräußerung einer vermieteten Immobilie durch den Insolvenzverwalter

24 Bei Berichtigungsansprüchen gemäß § 15a UStG → Rn. 35f., die durch den Insolvenzverwalter ausgelöst werden, handelt es sich um **Masseverbindlichkeiten** gemäß § 55 Abs. 1 Nr. 1 InsO, welche nach § 53 InsO vorrangig aus der Masse zu berichtigen sind.[51] Bei der Veräußerung vermieteter Immobilien handelt es sich um eine nicht steuerbare Geschäftsveräußerung nach § 1 Abs. 1a UStG.[52] Da der Erwerber den bisherigen Berichtigungszeitraum fortführt, stellt sich die Frage einer Berichtigung gemäß § 15a UStG für den Insolvenzverwalter nicht.[53]

B. Zeitgleiche Zwangsverwaltung und Insolvenzverwaltung

25 Bei der Anordnung der Zwangsverwaltung über ein Grundstück eines Unternehmers bleibt der Schuldner nach § 43 AO als Unternehmer Steuerschuldner und damit Steuerpflichtiger nach § 33 Abs. 1 AO. Die zwangsverwalteten Grundstücke im Insolvenzverfahren bilden jeweils eine **gesonderte Masse innerhalb der Insolvenzmasse**.[54] Die Verwaltungs- und Nutzungsbefugnis des Zwangsverwalters über das von der Beschlagnahme eines Grundstücks erfasste Zubehör besteht grundsätzlich fort, wenn nach der Beschlagnahme das Insolvenzverfahren über das Vermögen des Insolvenzschuldners eröffnet wird.[55] Zwar werden das Grundstück und dessen Zubehör aufgrund des fortgeltenden Eigentumsrechts des Vollstreckungsschuldners mit Eröffnung des Insolvenzverfahrens gemäß § 35 Abs. 1 InsO Teil der Insolvenzmasse.[56] Die Verwaltungs- und Verfügungsbefugnis über die im Wege der Zwangsverwaltung bereits beschlagnahmten Sachen geht jedoch **nicht** auf den Insolvenzverwalter über.[57]

26 Somit sind Zwangsverwalter und Insolvenzverwalter parallel tätig, sodass beide Verfahren nebeneinander existieren. Die im Zusammenhang mit der Zwangsverwaltung begründeten umsatzsteuerlichen Ansprüche sind Teil der Zwangsverwaltungsmasse und daher verfahrensrechtlich gegen den Zwangsverwalter geltend zu machen.[58] In Ansehung jedes Grundstückes ist der **Zwangsverwalter gemäß § 34 Abs. 3 i. V. m. § 34 Abs. 1 AO Steuer-**

---

[51] BFH 8.3.2012 – V R 24/11, BStBl. II 2012, 466; BFH 9.2.2011 – XI R 35/09, BStBl. II 2011, 1000.
[52] BFH 30.4.2009 – V R 4/07; BStBl. II 2010, 863; *Wäger* WM 2012, 769.
[53] *Wäger* WM 2012, 769.
[54] Kahlert/Rühland/*Rühland* Sanierungs- und Insolvenzsteuerrecht Rn. 9.575, BFH 1.8.2012 – II R 28/11, BStBl. II 2013, 131; BFH 29.1.2009 – V R 67/07, BStBl. II 2009, 1029; Haarmeyer/Wutzke/Förster/Hintzen ZVG § 148 Rn 2; Mohrbutter/Ringstmeier/ *Ben P. Elsner* Handbuch der Insolvenzverwaltung § 24 Rn. 44; Steiner/*Hagemann* § 152 ZVG Rn 18; *Eickmann* ZIP 1986, 1517, (1519).
[55] BFH 1.8.2012 – II R 28/11, BStBl. II 2013, 131.
[56] BFH 1.8.2012 – II R 28/11, BStBl. II 2013, 131.
[57] BFH 1.8.2012 – II R 28/11, BStBl. II 2013, 131; *Stöber* § 152 ZVG Rz. 3.7.
[58] Kahlert/Rühland/*Rühland* Sanierungs- und Insolvenzsteuerrecht Rn. 9.576.

pflichtiger, soweit seine Verwaltung reicht.[59] Folglich sind auch die Immobilie betreffende Umsatzsteuerbescheide gegen den Zwangsverwalter zu richten. Für die Geltendmachung der Steueransprüche gegen den Zwangsverwalter wird diesem eine **gesonderte Steuernummer** erteilt.[60] Ferner hat dieser auch das Optionsrecht, dessen Ausübung bei unternehmerisch tätigen Mietern sinnvoll sein kann.[61] → Rn. 33 ff.

Unterliegen mehrere Grundstücke der Zwangsverwaltung, sind die Nutzungen des Grundstücks und die Ausgaben der Verwaltung gemäß § 155 ZVG grundsätzlich **für jedes Grundstück gesondert** zu ermitteln.[62] Gemäß 155 ZVG sind aus den Nutzungen des Grundstücks die Ausgaben der Verwaltung und die übrigen in § 155 Abs. 1 ZVG genannten Kosten vorweg zu bestreiten, die Überschüsse werden anschließend auf die in § 10 Abs. 1 Ziff. 1–5 ZVG genannten Ansprüche verteilt. Die Nutzungen müssen für jedes Grundstück gesondert ermittelt werden, da die Gläubiger besagter Ansprüche für jedes Grundstück verschieden sein und ihnen die Nutzungen in unterschiedlicher Höhe zustehen können. Zudem ist die **Umsatzsteuer für jedes Grundstück gesondert zu ermitteln und anzumelden,** da andernfalls Grundpfandgläubiger verschiedener Objekte die Umsatzsteuerbelastung anderer Objekte mitzutragen hätten.[63] 27

Ist das Grundstück bereits vor Beschlagnahme einem Mieter überlassen worden, ist der Mietvertrag entsprechend § 152 Abs. 2 ZVG dem Zwangsverwalter gegenüber wirksam. Die Beschlagnahme des Grundstückes umfasst allerdings gemäß §§ 148 Abs. 1 S. 2, 21 Abs. 2 ZVG i. V. m. §§ 1124, 1123 BGB **laufende und bis zu einem Jahr vor Beschlagnahme rückständige Mietforderungen** gegen den Mieter, sodass solche Forderungen nunmehr vom Zwangsverwalter und nicht vom Insolvenzverwalter einzuziehen sind.[64] 28

Führt der Insolvenzverwalter Umsätze aus, die den nicht von der Zwangsverwaltung erfassten Unternehmensbereich betreffen, ist die daraus resultierende Umsatzsteuer allein durch einen an den Insolvenzverwalter gerichteten Umsatzsteuerbescheid geltend zu machen.[65] Dabei erfolgt eine strikte **Trennung der Vermögensmassen,** sodass Umsatzsteuerforderungen nicht mit Umsatzsteuervergütungen der unterschiedlichen Vermögenssphären verrechnet werden können.[66] 29

Die Rechtsgrundsätze der Entscheidung zur Entstehung und Geltendmachung des Vorsteuerberichtigungsanspruchs nach § 15a UStG durch den Insolvenzverwalter sind auf den Fall der Zwangsverwaltung übertragbar.[67] Beim 30

---

[59] BFH 18.10.2001 – V R 44/00, BStBl. II 2002, 171; *Drasdo* NJW-Spezial 2013, 161 (161 f.); *Drasdo* NJW 2012, 1922 (1925); zu den Pflichten des Zwangsverwalters: *Wedekind* ZfIR 2011, 648; *Onusseit* ZfIR 2005, 265.
[60] *Kahlert/Rühland/Rühland* Sanierungs- und Insolvenzsteuerrecht Rn. 9.576.
[61] *Depré/Lampert* ZfIR 2012, 1 (7).
[62] BFH 18.10.2001 – V R 44/00, BStBl. II 2002, 171; *Depré/Lampert* ZfIR 2012, 1 (7).
[63] BFH 18.10.2001 – V R 44/00, BStBl. II 2002, 171; *Depré/Lampert* ZfIR 2012, 1 (7).
[64] *Depré/Lampert* ZfIR 2012, 1 (7).
[65] BFH 23.6.1988 – V R 203/83, BStBl. II 1988, 920.
[66] *Depré/Lampert* ZfIR 2012, 1 (8).
[67] BFH 28.6.2011 – XI B 18/11, BFH/NV 2011, 1931; *Wedekind* ZfIR 2011, 648.

§ 11 31–33   Teil 6. Insolvenzrechtliche Bezüge

Einzug der **Mietforderungen** sind daher dieselben Grundsätze zu Grunde zu legen, wie es in der Insolvenz der Fall ist.[68] Demnach werden die **rückständigen Altforderungen** aus Rechtsgründen mit Eröffnung des Insolvenzverfahrens, spätestens jedenfalls mit der Beschlagnahme aus Rechtsgründen **uneinbringlich**, da ein Einzug weder durch den Insolvenz-, noch durch den Zwangsverwalter erfolgt ist. Allerdings kann eine daraus resultierende Umsatzsteuerforderung **nur gegen den Zwangsverwalter** und den von ihm verwalteten Vermögensteil festgesetzt werden.[69] Infolge der Einnahmen muss der Zwangsverwalter eine **Berichtigung** vornehmen.[70]

31 Die Umsatzsteuerforderungen genießen dabei keinen der Masseverbindlichkeit vergleichbar **privilegierten Status** innerhalb der zwangsverwalteten Vermögensmasse. Zwar erfolgt bei der Zwangsverwaltung die Erlösverteilung ebenso nach **Rängen**, jedoch erfasst § 155 Abs. 1 ZVG lediglich Ausgaben der Verwaltung sowie die Kosten des Verfahrens mit Ausnahme derjenigen, welche durch die Anordnung des Verfahrens oder den Beitritt eines Gläubigers entstehen. Der Zwangsverwalter darf grundsätzlich nur die Aufwendung für die Nutzung und die Kosten des Verfahrens aus der verwalteten Masse bestreiten, wozu die Umsatzsteuer nicht gehört.[71] Die Umsatzsteuerforderungen entstehen eben gerade infolge der Anordnung der Zwangsverwaltung nach § 155 Abs. 1 ZVG, werden durch diese Zäsur erst uneinbringlich und entstehen infolge der Berichtigung wieder neu. Die Vorsteuerberichtigungsansprüche hängen nicht am Eigentum, sondern an der eingezogenen Forderung, sodass die Verteilungsreihenfolge der §§ 10, 155 Abs. 2 ZVG zu wahren ist.[72] Daher haben die Umsatzsteuerforderungen aus rückständigem Mietzins in der Zwangsverwaltung **keinen vorrangigen Befriedigungsstatus** inne.

32 Hiervon zu differenzieren ist die sog. „**kalte Zwangsverwaltung**" (→ Rn. 65 ff.). Dabei bewirtschaftet der Insolvenzverwalter das Grundstück für den absonderungsberechtigten Gläubiger. Er zieht die Miet- bzw. Pachtzinsen ein und zahlt die Lasten. Allerdings wird der wesentliche Teil der Einnahmen nicht für die Insolvenzmasse vereinnahmt, sondern an den Grundpfandgläubiger herausgegeben, der im Gegenzug auf eine gerichtliche Zwangsverwaltung verzichtet.

C. Optierung

33 Zur Vermeidung nachteiliger Wirkungen von Steuerbefreiungen bei Zwischenumsätzen unter Unternehmen besteht nach § 9 UStG die Möglichkeit,

---

[68] *Depré/Lampert* ZfIR 2012, 1 (8).
[69] BFH 28.6.2011 – XI B 18/11, NZI 2011, 737; BFH 18.10.2001 – V R 44/00, BStBl. II 2002, 171; BFH 23.6.1988 – V R 203/83, BStBl. II 1988, 920; BFH 19.12.1985 – V R 139/76, BStBl. II 1986, 500; FG Baden-Württemberg 30.9.2011 – 9 K 629/07, ZfIR 2012, 199; BMF 8.6.1992, BStBl. I 1992, 397; Anm. *Lambert* zu FG Münster 29.11.2013 – 4 K 3607/10 E, ZfIR 2014, 343 (345), a. A. *Drasdo* NJW 2014, 1855 (1860); Anm. *Drasdo* zu BFH 28.6.2011 – XI B 18/11, NZI 2011, 738.
[70] *Depré/Lampert* ZfIR 2012, 1 (8).
[71] *Drasdo* NJW 2014, 1855 (1860).
[72] *Wedekind* ZfIR 2011, 648 (651).

an sich steuerfreie Umsätze als steuerpflichtige zu behandeln und somit die Voraussetzungen für einen **Vorsteuerabzug** zu schaffen. Der Umsatz von Grundstückslieferungen ist gemäß § 4 Nr. 9 Buchst. a UStG und der Umsatz von Grundstücksvermietungen → Rn. 6 ff. ist gemäß § 4 Nr. 12 UStG **optionsfähig**. Bei Grundstückslieferungen im Zwangsversteigerungsverfahren ist das Optionsrecht bis zur Aufforderung zur Abgabe von Geboten im Versteigerungstermin zulässig, bei freihändiger Veräußerung ist die Option bereits im notariellen Kaufvertrag zu erklären.[73] Zu differenzieren ist hingegen, wenn das gelieferte Grundstück vom Erwerber nur **teilweise** für gewerbliche Zwecke genutzt wird. In diesem Falle ist eine Option und somit der Verzicht auf die Steuerbefreiung lediglich hinsichtlich des für das Unternehmen erworbenen Teils des Grundstückes möglich.[74] Das Optionsrecht gehört zu den Rechten, die **gemäß § 80 Abs. 1 InsO auf den Insolvenzverwalter übergehen**.[75] Im Hinblick auf die Risiken im Zusammenhang mit § 15a UStG → Rn. 35 ff. ist eine Option durch den Insolvenzverwalter sinnvoll, auch wenn die Umsatzsteuer für ihn kein durchlaufender Posten mehr ist.[76]

Ist der Erwerber selbst Unternehmer oder eine juristische Person des öffentlichen Rechts, ist er in diesem Falle **Steuerschuldner nach § 13b Abs. 1 Nr. 3 UStG i. V. m. § 13b Abs. 2 UStG**.[77] Ist der Erwerber kein Unternehmer oder Kleinunternehmer, bleibt der Insolvenzschuldner Steuerschuldner. Da der Zuschlag nach Eröffnung des Insolvenzverfahrens erfolgt, hat die daraus folgende Umsatzsteuerforderung den Status einer **Masseverbindlichkeit** inne.[78]

D. Vorsteuerkorrektur i. S. v. § 15a UStG infolge von Rechtshandlungen des Insolvenzverwalters

Ist das Grundstück zur Ausführung steuerpflichtiger Umsätze genutzt worden, kann die steuerfreie Lieferung eine Umsatzsteuerkorrektur nach § 15a UStG nach sich ziehen. Der Berichtigungszeitraum beträgt bei Grundstücken gemäß § 15a Abs. 1 S. 2 UStG **zehn Jahre** ab dem Beginn der Verwendung. Eine Veränderung im Sinne dieser Vorschrift ist zu bejahen, sofern der Unternehmer mit dem Wirtschaftsgut in den Folgejahren, innerhalb des Berichtigungszeitraums, Umsätze ausführt, die für den Vorsteuerabzug anders zu beurteilen sind als die Umsätze im Kalenderjahr der erstmaligen Verwendung.[79]

---

[73] *Jakob* Umsatzsteuer § 7 Rn. 706.
[74] EuGH 4.10.1995 – C 291/92, BStBl. II 1996, 392 – Armbrecht.
[75] *Schmittmann* ZInsO 2006, 1299 (1302); MüKoInsO/*Kling/Schüppen/Ruh* Insolvenzsteuerrecht Rn. 179.
[76] *Hawelka* ZfIR 2010, 665 (669).
[77] Kahlert/Rühland/*Rühland* Sanierungs- und Insolvenzsteuerrecht Rn. 9.573.
[78] Kahlert/Rühland/*Rühland* Sanierungs- und Insolvenzsteuerrecht Rn. 9.573.
[79] FG Nürnberg 12.5.2009 – II 262/2006, EFG 2009, 1688.

36 Durch Handlungen des Insolvenzverwalters ausgelöste Vorsteuerkorrekturen nach § 15a UStG stellen Masseverbindlichkeiten dar.[80] Beruht die Berichtigung nach § 15a UStG auf einer steuerfreien Veräußerung durch den Insolvenzverwalter im Rahmen der Verwaltung und Verwertung der Masse, ist der Berichtigungsanspruch eine Masseverbindlichkeit i. S. von § 55 Abs. 1 Nr. 1 InsO.[81] Entsteht der Vorsteuerberichtigungsanspruch nach § 15a UStG dadurch, dass der Insolvenzverwalter ein Wirtschaftsgut abweichend von den für den ursprünglichen Vorsteuerabzug maßgebenden Verhältnissen verwendet, gehört dieser ebenso zu den Masseverbindlichkeiten.[82] Dies kann sich insbesondere aus einer unbedachten Vermietung oder sonstiger Verwendung des Grundstückes ergeben.[83] Wird die Änderung durch den Insolvenzverwalter zum Beispiel durch eine Neuvermietung herbeigeführt, ist nach zutreffender Rechtsprechung des BFH der Berichtigungsanspruch eine Masseverbindlichkeit.[84] Um der Insolvenzmasse diese, als **Masseverbindlichkeit** durchsetzbare Steuerrückzahlung zu ersparen, ist es dem Insolvenzverwalter angeraten, das Grundstück in einem solchen Falle an einen Unternehmer unter Verwendung der Option zur steuerpflichtigen Lieferung zu vermieten bzw. veräußern.

E. Umsatzsteuer bei der Verwertung von Immobilien

37 Dem Grundpfandgläubiger steht in der Insolvenz des Sicherungsgebers ein **Absonderungsrecht gemäß § 49 InsO** an der betreffenden Immobilie zu. Nach § 1120 BGB fallen neben dem Grundstück auch die bleibenden Erzeugnisse und die wesentlichen sowie nicht wesentlichen Bestandteile des Grundstückes i. S. v. §§ 93, 94, 99 BGB in den Haftungsverband. Der Insolvenzverwalter hat hinsichtlich einer Verwertung die Möglichkeit, auf die Mittel der Zwangsversteigerung oder -verwaltung zurückzugreifen, die Immobilie freihändig zu veräußern oder sie an den Schuldner freizugeben. Dabei kann die Veräußerung der Immobilie eine umsatzsteuerlich relevante Lieferung i. S. v. § 1 Abs. 1 UStG darstellen.

38 Die steuerfreie Lieferung einer Immobilie kann zu einer Belastung der Masse mit Kosten als Folge der Anwendbarkeit von **§ 15a UStG** führen, sofern für das veräußerte Grundstück in den letzten zehn Jahren vor Veräußerung Vorsteuern geltend gemacht worden sind.[85] In diesen Fällen ist es dem Insolvenzverwalter angeraten, vom Optionsrecht nach § 9 UStG Gebrauch zu machen und somit auf die Steuerbefreiung zu verzichten. → Rn. 33 f.

39 Bei der Veräußerung einer Immobilie ist stets zu prüfen, ob es sich um eine **Geschäftsveräußerung im Ganzen** nach § 1 Abs. 1a S. 2 UStG han-

---

[80] BFH 8.3.2012 – V R 24/11, BStBl. II 2012, 466; BFH 9.2.2011 – XI R 35/09, BStBl. II 2011, 1000, BFH 6.5.1991 – V R 115/87, BStBl. II 1991, 817; BFH 9.4.1987 – V R 23/80, BStBl. II 1987, 572; Kahlert/Rühland/*Rühland* Sanierungs- und Insolvenzsteuerrecht Rn. 9.446; *Hawelka* ZfIR 2010, 665 (669).
[81] BFH 8.3.2012 – V R 24/11, BStBl. II 2012, 466.
[82] BFH 9.2.2011 – XI R 35/09, BStBl. II 2011, 1000.
[83] *Depré/Lampert* ZfIR 2012, 1 (6); *Waclawik* ZIP 2010, 1465 (1470).
[84] BFH 9.2.2011 – XI R 35/09, BStBl. II 2011, 1000; *Depré/Lampert* ZfIR 2012, 1 (6).
[85] Kahlert/Rühland/*Rühland* Sanierungs- und Insolvenzsteuerrecht Rn. 9.571.

delt, denn eine solche unterliegt nicht der Umsatzsteuer.[86] Allerdings unterliegt ein gegebenenfalls vereinbarter Massebeitrag als **Geschäftsbesorgung** an den Grundpfandgläubiger der Umsatzsteuer.[87]

Eine Geschäftsveräußerung liegt vor, wenn ein Unternehmen oder ein in der Gliederung eines Unternehmens gesondert geführter Betrieb im Ganzen entgeltlich oder unentgeltlich übereignet oder in eine Gesellschaft eingebracht wird. Ferner wird vorausgesetzt, dass der Erwerber die wirtschaftliche Tätigkeit des Veräußerers weiterführen kann, aber nicht zwangsweise in derselben Art und Weise, wobei geringfügige Veränderungen und Modernisierungen unschädlich sind.[88] Dabei kann der Geschäftsbetrieb bereits stillgelegt worden sein. Der durch die Übertragung Begünstigte muss lediglich beabsichtigen, den übertragenen Geschäftsbetrieb oder Unternehmensteil zu betreiben und nicht nur die betreffende Geschäftstätigkeit sofort abzuwickeln sowie gegebenenfalls den Warenbestand zu verkaufen.[89] Eine Geschäftsveräußerung kann zu bejahen sein, sofern nur ein Gegenstand übereignet wird, welcher die wesentliche unternehmerische Tätigkeit ausmacht.[90] Dies ist insbesondere bei der **Veräußerung vermieteter Immobilien** der Fall, bei welchen die Miet- bzw. Pachtverträge durch den Erwerber fortgeführt werden.[91] 40

I. Unbelastete Immobilien

Verwertet der Insolvenzverwalter eine in der Insolvenzmasse eines Unternehmers befindliche unbelastete Immobilie, hat er diese umsatzsteuerpflichtig zu veräußern und die Umsatzsteuer an das Finanzamt abzuführen. Der Schuldner liefert in diesem Falle **unmittelbar** an den Erwerber. Der Masse verbleibt demnach lediglich der **Netto-Erlös**.[92] 41

1. Zwangsversteigerung

Der Insolvenzverwalter hat gemäß § 165 InsO das Recht, die Zwangsversteigerung einer zur Insolvenzmasse gehörenden Immobilie zu betreiben und diese einzuleiten.[93] Dies gilt unabhängig von etwaigen Absonderungsrechten Dritter. Diese sog. **Verwalterversteigerung**[94] richtet sich nach §§ 172 ff. ZVG. Dabei bleibt das Recht der Absonderungsgläubiger auf Betreiben der Zwangsversteigerung unberührt. Der Insolvenzverwalter kann ferner nach 42

---

[86] Kahlert/Rühland/*Rühland* Sanierungs- und Insolvenzsteuerrecht Rn. 9.569.
[87] *Depré/Lampert* ZfIR 2012, 1 (5).
[88] BFH 24.2.2005 – V R 45/02, BStBl. II 2007, 61; Sölch/Ringleb/*Klenk* § 1 UStG Rn. 189.
[89] EuGH 27.11.2003 – C-497/01, DStR 2003, 2220; BFH 8.3.2001 – V R 24/98, BStBl. II 2003, 430.
[90] BFH 18.11.1999 – V R 13/99, BStBl. II 2000, 153.
[91] BFH 6.5.2010 – V R 26/09, BStBl. II 2010, 1114; BFH 11.10.2007 – V R 57/06, BStBl. II 2008, 447; BFH 1.4.2004 – V B 112/03, BStBl. II 2004, 802.
[92] Abgesehen von Fällen der Masseunzulänglichkeit und den mit dem Zeitpunkt der Masseunzulänglichkeit eintretenden Besonderheiten.
[93] MüKoInsO/*Ott/Vuia* § 80 InsO Rn. 50.
[94] HambKommInsO/*Büchler* InsO § 165 Rn. 19.

§ 30c ZVG eine bereits eingeleitete Zwangsversteigerung einstellen lassen, wenn diese eine angemessene Verwertung der Masse wesentlich erschwert.[95] Eine Veräußerung der Immobilie im Wege der Zwangsversteigerung schließt gemäß § 56 S. 3 ZVG Gewährleistungsrechte des Erwerbers und gegebenenfalls die Ausübung von Vorkaufsrechten aus.[96]

43 Grundsätzlich führt die Versteigerung einer zur Insolvenzmasse gehörigen Immobilie zu einer steuerbaren Leistung nach § 1 Abs. 1 Nr. 1 UStG.[97] Bei der Zwangsversteigerung eines Grundstücks wird das Grundstück nach zutreffender Auffassung des BFH **unmittelbar vom Schuldner an den Ersteher geliefert.**[98] Gemäß § 4 Nr. 9a UStG ist der Grundstücksumsatz von der Umsatzsteuer befreit, da bei der Verwertung des Grundstücks im Wege der Zwangsversteigerung, wie auch bei der freihändigen Veräußerung, nach §§ 1 Abs. 1 Nr. 4, 8 Abs. 1, 9 Abs. 1 Nr. 4, 13 Nr. 4 GrEStG **Grunderwerbsteuer** anfällt (→ § 14 Rn. 1 ff.). Da Zubehör und Betriebseinrichtungen nicht von § 4 Nr. 9a GrEStG erfasst werden, unterliegt deren Veräußerung stets der Umsatzsteuer.[99] Die Lieferung kommt gemäß § 90 ZVG mit dem Zuschlag zustande.[100]

44 Das Meistgebot stellt die Bemessungsgrundlage i. S. v. § 10 UStG für die Lieferung des Grundstücks als **Netto-Betrag** dar.[101] Sofern die Lieferung an einen Unternehmer erfolgt, ist dieser nach § 13b Abs. 2 UStG Steuerschuldner. Andernfalls geht die Umsatzsteuerschuld zu Lasten der Insolvenzmasse, und muss gemäß § 55 Abs. 1 Nr. 1 InsO als **Masseverbindlichkeit** beglichen werden. Ein Grundpfandgläubiger erhält in diesem Falle nach überwiegender Auffassung den Bruttoerlös auf sein Grundpfandrecht ohne vorherigen Abzug der Umsatzsteuer.[102] Hinsichtlich der Lieferung von Grundstücken sind wohl weder § 171 Abs. 2 S. 3 InsO noch § 10 Abs. 1 Nr. 1a ZVG analog anwendbar, weil die gesetzlichen Vorschriften der §§ 170, 171 InsO ausschließlich für bewegliche Sachen Platz greifen. Hätte der Gesetzgeber die Umsatzsteuer-Neutralität für die Insolvenzmasse auch bei Grundstücken herstellen wollen, dann hätte er eine Regelung systematisch nicht in § 171 Abs. 2 S. 3 InsO verorten dürfen, sondern hätte eine solche etwa bei § 165 InsO ansiedeln oder von dort auf § 171 Abs. 2 S. 3 InsO verweisen müssen.

2. Freihändiger Verkauf

45 Verkauft der Insolvenzverwalter eine massezugehörige Immobilie, kommt es zu einer **steuerbaren, allerdings steuerfreien Grundstückslieferung.** Durch den Verzicht auf die Steuerbefreiung im Wege der Option nach § 9 Abs. 1 UStG kann sie allerdings der Umsatzsteuer unterworfen werden. → Rn. 33 f. Bei der freihändigen Verwertung ist die Option gemäß § 9 Abs. 3 S. 2 UStG allein durch notariell beurkundeten Kaufvertrag möglich.

---

[95] MüKoInsO/*Ott/Vuia* § 80 InsO Rn. 50; *Mönning/Zimmermann* NZI 2008, 134 (135).
[96] MüKoInsO/*Ott/Vuia* § 80 InsO Rn. 50.
[97] Kahlert/Rühland/*Rühland* Sanierungs- und Insolvenzsteuerrecht Rn. 9.567.
[98] BFH 19.12.1985 – V R 139/76, BStBl. II 1986, 500.
[99] Kahlert/Rühland/*Rühland* Sanierungs- und Insolvenzsteuerrecht Rn. 9.571.
[100] Kahlert/Rühland/*Rühland* Sanierungs- und Insolvenzsteuerrecht Rn. 9.568.
[101] BGH 3.4.2003 – IX ZR 93/02, BGHZ 154, 327; *Kroth* NZI 2004, 345 (354).
[102] *Waza/Uhländer/Schmittmann* Insolvenzen und Steuern Rn. 2291.

46 Für eine **freihändige Verwertung** einer Immobilie ist nach § 160 Abs. 2 Nr. 1 InsO die Zustimmung des Gläubigerausschusses bzw. der Gläubigerversammlung einzuholen.[103] Eine ohne Zustimmung des Gläubigerausschusses bzw. der Gläubigerversammlung durchgeführte Veräußerung ist allerdings gleichwohl wirksam; lediglich im Verhältnis zu den am Insolvenzverfahren Beteiligten kann sich der Insolvenzverwalter u. U. Schadenersatzansprüchen gemäß § 60 InsO aussetzen, wenn er ohne die erforderliche Zustimmung veräußert.

47 Der Erwerber einer vermieteten Immobilie tritt in das Mietverhältnis ein, kann jedoch unter Wahrung der Frist des **§ 111 InsO** das Mietverhältnis kündigen.[104]

II. Belastete Immobilien

48 Im Falle der Verwertung von Grundbesitz hat der Insolvenzverwalter jedoch **kein gesetzliches Verwertungsrecht,** sodass er auch **keine Feststellungs- und Verwertungspauschalen** nach §§ 170 Abs. 1, 172 InsO beanspruchen kann.[105] Allerdings ist es bei belastetem Grundbesitz üblich, dass der Grundpfandrechtsinhaber mit dem Insolvenzverwalter eine Vereinbarung darüber trifft, dass der Insolvenzverwalter freihändig verwertet; so vermeidet der Grundpfandrechtsinhaber den aufwendigen, kostenintensiven und mitunter wenig Erfolg versprechenden Weg einer Zwangsversteigerung. Es ist in diesen Fällen üblich, **Verwertungspauschalen zu vereinbaren.**[106]

49 Nach Auffassung des BMF[107] handelt es sich bei der Verwertung der grundpfandrechtsbelasteten Immobilie um ein **Kommissionsgeschäft i. S. v. § 3 Abs. 3 UStG.** Demnach würde bei der Lieferung ein **Doppel- bzw. Dreifachumsatz** zustande kommen.[108] Bei einem sog. Doppelumsatz erfolgt zunächst eine Lieferung des Gegenstandes an den Gläubiger, der diesen dann verwertet und damit eine zweite Lieferung desselben Gegenstandes an den Erwerber vornimmt. Ein solcher liegt regemäßig vor, wenn der Gläubiger selbst die Sache im eigenen Namen verwertet. Im Gegensatz dazu liegt ein Dreifachumsatz vor, wenn der Schuldner zunächst den Gegenstand an den Gläubiger liefert, der Gläubiger den Gegenstand an den Schuldner zurück liefert, sodass dieser wiederum die Veräußerung und somit die Lieferung an den Erwerber vornehmen kann. Dies ist der Fall, sofern der Schuldner die Sache im eigenen Namen auf Rechnung des Gläubigers verwertet. Die Finanzverwaltung nimmt dabei auf ein Urteil des BFH Bezug, aus diesem sich angeblich diese Ansicht herleiten lasse.[109] Das ist jedoch unzutreffend. Das Urteil des BFH[110] besagt vielmehr Folgendes:

---

[103] MüKoInsO/*Ott/Vuia* § 80 InsO Rn. 50.
[104] MüKoInsO/*Ott/Vuia* § 80 InsO Rn. 50; HambKommInsO/*Pohlmann-Weide* § 111 InsO Rn. 2 ff.
[105] A. A. *Johann* DStZ 2012, 127 (130).
[106] Kahlert/Rühland/*Rühland* Sanierungs- und Insolvenzsteuerrecht Rn. 9.581.
[107] BMF 30.4.2014, BStBl. I 2014, 816, ZInsO 2014, 1000; UStAE 1.2 Abs. 4 S. 3.
[108] Siehe dazu *Onusseit* ZInsO 2014, 1461.
[109] Kritisch *de Weerth* NZI 2014, 597.
[110] BFH 28.07.2011 – V R 28/09, BStBl. II 2014, 406.

50 Veräußert der Insolvenzverwalter im Insolvenzverfahren aufgrund einer mit dem Grundpfandgläubiger getroffenen Vereinbarung ein Grundstück freihändig und behält er vereinbarungsgemäß vom Veräußerungserlös für die Masse einen „Massekostenbeitrag" ein, liegt **neben der Grundstückslieferung an den Erwerber eine nach § 1 Abs. 1 Nr. 1 UStG steuerbare und auch steuerpflichtige Leistung** vor.[111]

51 Ein Unternehmer erbringe eine Leistung gegen Entgelt, wenn zwischen Unternehmer und Leistungsempfänger ein Rechtsverhältnis besteht, das einen unmittelbaren Zusammenhang zwischen Leistung und Entgelt begründet, so dass das Entgelt als Gegenwert für die Leistung anzusehen sei.[112] Veräußere der Insolvenzverwalter aufgrund einer mit dem Grundpfandgläubiger getroffenen Vereinbarung das mit einem Grundpfandrecht belastete Massegrundstück freihändig, erbringe er eine **sonstige Leistung i. S. v. § 3 Abs. 9 S. 1 UStG** an den Grundpfandgläubiger, da er in dessen Interesse und Auftrag die Veräußerung des Grundstücks betreibt und daher für diesen ein **Geschäft besorgt**.[113] Es bestehe keine Pflicht des Insolvenzverwalters zur freihändigen Veräußerung des grundpfandrechtsbelasteten Grundstücks, vielmehr könne er sich gemäß § 165 InsO lediglich darauf beschränken, die Zwangsvollstreckung zu dulden. Durch die freihändige Veräußerung verschaffe er dem Grundpfandgläubiger eine **weitergehende Tilgungsmöglichkeit,** als sie im Falle der Zwangsvollstreckung gegeben wäre. Da der Grundpfandgläubiger selbst keine freihändige Veräußerung betreiben dürfe, könne er diesen Vorteil **ohne Zutun des Insolvenzverwalters nicht selbst erreichen.**

52 Demnach liege sowohl bei **Zwangsvollstreckung,** als auch bei **freihändiger Veräußerung** des Grundstücks durch den Insolvenzverwalter **lediglich eine Lieferung** des durch den Insolvenzverwalter kraft Amt vertretenen Schuldners an den Erwerber vor.[114] Einen Mehrfachumsatz durch Lieferung vom Schuldner an den Grundpfandgläubiger und anschließend durch den Grundpfandgläubiger an den Erwerber verneint der BFH ferner ausdrücklich. Handele der Insolvenzverwalter nicht für Rechnung des Grundpfandgläubigers, liegen die Voraussetzungen eines **Kommissionsgeschäfts** nach § 3 Abs. 3 UStG **nicht** vor und daher führe die freihändige Veräußerung im Namen des Grundstückseigentümers auch nicht nach den Regeln über Kommissionsgeschäfte zu einem **Dreifachumsatz.**

53 Dies schließe jedoch die Annahme einer **sonstigen Leistung an den Grundpfandgläubiger** nicht aus. Anstelle der Zwangsvollstreckung zur Befriedigung des Grundpfandgläubigers aus dem Grundstück, auf die der Grundpfandgläubiger auch im Rahmen des Insolvenzverfahrens verwiesen ist (§§ 1147, 1192 BGB), können Grundpfandgläubiger und Grundstückseigen-

---

[111] A. A. *Mitlehner* EWiR 2011, 673 (674).
[112] BFH 5.12.2007 – V R 60/05, BStBl. II 2009, 486; BFH 6.5.2004 – V R 40/02, BStBl. II 2004, 854; BFH 19.2.2004 – V R 10/03, BStBl. II 2004, 675; EuGH 21.3.2002 – C-174/00, DStRE 2002, 642 – Kennemer Golf & Country Club; EuGH 16.10.1997 – C-258/95, DStRE 1997, 930 – Fillibeck; EuGH 3.3.1994 – C-16/93, NJW 1994, 1941 – Tolsma.
[113] A. A. *Johann* DStZ 2012, 127 (131 f.).
[114] BFH 19.12.1985 – V R 139/76, BStBl. II 1986, 500.

tümer, vertreten durch den Insolvenzverwalter, im Rahmen eines **entgeltlichen Geschäftsbesorgungsauftrags gemäß § 675 BGB** vereinbaren, dass der Insolvenzverwalter mit Zustimmung des Grundpfandberechtigten das überschuldete Grundstück **im Namen des Grundstückseigentümers** veräußert und den Veräußerungserlös abzüglich eines vereinbarten Entgelts zur Tilgung der gesicherten Forderung herauszugeben hat.[115] Dass der Insolvenzverwalter bei der Ausführung dieser Geschäftsbesorgungsleistung zugleich dafür sorgt, dass die Verbindlichkeit des Insolvenzschuldners getilgt wird, sei hier unerheblich, denn entsprechend der Regeln zur Geschäftsbesorgung ohne Auftrag könne der Geschäftsführer zugleich auch ein objektiv eigenes Geschäft besorgen.[116]

Beim Geschäftsbesorgungsvertrag als gegenseitiger Vertrag erfolgt die Leistung im Rahmen eines **Leistungsaustausches**[117], soweit der Insolvenzverwalter vereinbarungsgemäß zur Vereinnahmung eines Massekostenbeitrages, als entgeltlicher Verzicht seitens des Gläubigers, berechtigt ist. Diese entgeltliche sonstige Leistung ist ferner **steuerpflichtig**, da § 4 Nr. 9 Buchst. a UStG nicht auf sonstige Leistungen anzuwenden sind, soweit sie nicht lediglich Nebenleistungen zur Grundstückslieferung darstellen. Im Gegensatz dazu scheidet die Entgeltlichkeit hingegen aus, sofern der Insolvenzverwalter infolge eines bei der Verwertung erzielten Übererlöses **keinen Massekostenbeitrag** erhält.

Diese Auffassung des BFH trifft zu. Gleiches gelte hinsichtlich eines zwischen Insolvenzverwalter und Grundpfandgläubiger vereinbarten Massekostenbeitrags für die **Verwaltung** der grundpfandrechtsbelasteten Grundstücke.

Der BFH begründet dies im Wege eines **Erst-recht-Schlusses**. Wenn schon bei der Verwertung sicherungsübereigneter beweglicher Gegenstände von einer Geschäftsbesorgung des Insolvenzverwalters an die Sicherungsnehmer auszugehen sei, muss dies erst recht für den Fall der freihändigen Verwertung grundpfandrechtsbelasteter Immobilien gelten, da bei letzterem nicht einmal ein **gesetzliches Verwertungsrecht** des Insolvenzverwalters besteht.[118] Ausdrücklich offen gelassen hat der BFH, ob die entgeltliche Geschäftsbesorgungsleistung bei der Verwertung durch den Insolvenzverwalter **im Namen des Sicherungsnehmers,** wie bei einer Verwertung durch den Eigentümer vor Eröffnung des Insolvenzverfahrens, unter Berücksichtigung der **Kommissionsgrundsätze** durch die fiktive Lieferung absorbiert wird und ein **Dreifachumsatz** vorliegt. Dies ist indessen zu verneinen, denn der Insolvenzverwalter kann und will nicht im Namen eines Einzelgläubigers tätig werden, sondern als Sachwalter der gemeinsamen Interessen aller Insolvenzgläubiger. Wenn er seine Verfügungsmacht aus § 80 InsO nutzt, um einen zur Insolvenzmasse gehörenden Gegenstand zu verwerten, dann tut er das einzig und allein, um für die Gesamtgläubigerschaft eine Massekostenbeteiligung zu erlösen, die er durch Vereinbarung mit dem Grundpfandrechts-

---

[115] A.A *Heublein* EWiR 2005, 513.
[116] BGH 27.5.2009 – VIII ZR 302/07, BGHZ 181, 188.
[117] BFH 24.8.2006 – V R 19/05, BStBl. II 2007, 187.
[118] Zustimmend *Depré/Lampert* ZfIR 2012, 1 (10).

inhaber erzielbar macht. Er handelt also **offenkundig nie im Namen des Sicherungsnehmers**, sondern stets im Namen der Insolvenzmasse in Erfüllung eines Geschäftsbesorgungsvertrags, den er mit dem Grundpfandrechtsinhaber schließt.

57 Dies zu entscheiden hatte der BFH allerdings im konkreten Streitfall keine Veranlassung, wenn auch er die Konstruktion eines Dreifachumsatzes zumindest nicht ausgeschlossen hat. Der BFH deutet Parallelen zur Veräußerung einer zur Insolvenzmasse gehörigen **beweglichen Sache**, an der ein Absonderungsrecht besteht, an. Zu beachten ist, dass insolvenzrechtlich diverse Sicherungsrechte ein Absonderungsrecht i. S. v. §§ 49 ff. InsO gewähren, diese aber sachenrechtlich grundverschiedene Rechtskonstruktionen darstellen. So gewähren Sicherungseigentum und Grundpfandrecht insolvenzrechtlich gleichermaßen ein **Absonderungsrecht**. Bei der Grundpfandrechtsbestellung erfolgt jedoch keine bürgerlich-rechtliche Eigentumsübertragung. Da dem Grundpfandgläubiger weder zivilrechtlich Eigentum übertragen, noch umsatzsteuerrechtlich eine tatsächliche Verfügungsmacht über das Grundstück nach § 3 Abs. 1 UStG verschafft worden ist, gibt es keine Leistung, die an den Grundpfandgläubiger und zurück an den Schuldner bzw. Insolvenzverwalter geleistet werden könnte.[119]

58 Diese Rechtsauffassung beseitigt nun die **Ungleichbehandlung** der beweglichen und unbeweglichen Sicherungsgegenstände. Auch bei **beweglichem Sicherungsgut** hat der Insolvenzverwalter die Möglichkeit, die Verwertung gemäß § 170 Abs. 2 InsO dem Gläubiger zu überlassen. Übernimmt der Insolvenzverwalter die Verwertung selbst, erbringt er eine entgeltliche Leistung an den Gläubiger.

59 Das BMF nahm dieses Urteil zum Anlass, den UStAE dahingehend zu ändern, dass nun grundsätzlich neben der Lieferung des Grundstücks zusätzlich die „Verwertung" in Form einer Geschäftsbesorgung, im Rahmen eines **Kommissionsgeschäfts**, geliefert wird. Dies steht im direkten Widerspruch zu den zustimmungswürdigen Ausführungen des BFH und ist daher abzulehnen.

60 Vielmehr schließen sich Kommissionsgeschäft und Verwertungsgeschäftsbesorgung aus, denn Kommissionsverhältnisse sind umsatzsteuerrechtlich gesehen, im Gegensatz zu einer zivil- oder handelsrechtlichen Betrachtung, gerade keine Geschäftsbesorgungen, sondern führen vielmehr zu einer **Verdoppelung der Lieferbeziehungen**.[120] Bei einer Verkaufskommission liegt also neben der Lieferung durch den Kommissionär an den Erwerber auch eine Lieferung durch den Kommittenten an den Kommissionär und eben **keine Geschäftsbesorgung** des Kommissionärs an den Kommittenten vor.[121]

61 Der **Annahme einer Geschäftsbesorgung** liegen folgende Überlegungen zugrunde: Die wirtschaftliche Ausbeute in Form des Erlöses aus der Verwertung des Grundstücks fließt größtenteils an den Sicherungsnehmer und Grundpfandrechtsgläubiger. Diesem fehlt jedoch die Verwaltungs- und Verfü-

---

[119] BFH 19.12.1985 – V R 139/76, BStBl. II 1986, 500.
[120] Wäger WM 2012, 769.
[121] Wäger WM 2012, 769.

gungsbefugnis, um diesen wirtschaftlichen Wert selbst im Wege der Verwertung ohne Zutun des Insolvenzverwalters zu realisieren. Demgegenüber kann der Insolvenzverwalter das Grundstück ohne Zutun des Grundpfandgläubigers nicht lastenfrei übertragen.[122] Der Insolvenzverwalter überträgt schließlich das Grundstück unter Verwendung einer vom Grundpfandgläubiger erteilten Löschungsbewilligung.[123]

Verwertet der Insolvenzverwalter hingegen **im Namen** des Sicherungsnehmers, fiele zumindest bei der Lieferung an den Sicherungsnehmer Grunderwerbsteuer nach § 1 Abs. 2 GrEStG an, da der **Grunderwerbsteuer** auch solche Rechtsvorgänge unterliegen, die es ohne Begründung eines Anspruchs auf Übereignung einem anderen rechtlich oder **wirtschaftlich** ermöglichen, ein inländisches Grundstück auf eigene Rechnung zu verwerten.[124] Der Verwertungsberechtigte erhält nämlich dabei eine **wertmäßige Beteiligung an der wirtschaftlichen Substanz des Grundstücks** und macht sich den Wert für eigene Rechnung nutzbar.[125] § 1 Abs. 2 GrEStG ist nicht einschlägig, sofern ein **Grundpfandgläubiger** die Möglichkeit hat, ein Grundstück bei Eintritt des Sicherungsfalls im Wege der Zwangsvollstreckung zu veräußern und aus dem Erlös seine Forderung befriedigt, da die Veräußerung hier **nicht für eigene Rechnung des Gläubigers** erfolgt.[126]

62

Nach zutreffender Ansicht des BFH wird also das Grundstück selbst im Wege der **Direktlieferung** vom Insolvenzverwalter an den Ersteher geliefert. Die Geschäftsbesorgung liegt in der Ausführung der Verwertung durch den Insolvenzverwalter **im Namen des Schuldners.**

63

Demnach unterliegt die Verwertungskostenpauschale ihrerseits selbst als Entgelt für eine Geschäftsbesorgung der Umsatzsteuer.[127] Diese Verwertungsvereinbarung stellt eine Geschäftsbesorgung zwischen dem Insolvenzverwalter und den Grundpfandrechtsinhabern dar. Die vereinbarte **Massekostenbeteiligung** ist in diesem Falle als **Entgelt** für eine sonstige Leistung anzusehen. Daraus folgt, dass die Massekostenbeteiligung der Umsatzsteuer unterliegt.

Der BFH nimmt davon zu Recht ausdrücklich solche Verwertungshandlungen aus, die zu einem **Übererlös** führen. Die Entgeltlichkeit der Geschäftsbesorgung entfällt, wenn der Insolvenzverwalter in diesem Falle zum Einbehalt des Kostenbeitrages nicht berechtigt ist, weil der erzielte Erlös die Forderung des Grundpfandgläubigers übersteigt. Zwar erbringt der Insolvenzverwalter auch hier Leistungen im Hinblick auf eine Verwertung, die den Grundpfandgläubigern zugutekommt. Allerdings liegt kein **Verzicht der**

64

---

[122] *Johann* DStZ 2012, 127 (131).
[123] *Wäger* WM 2012, 769; *Johann* DStZ 2012, 127 (129).
[124] *Wäger* WM 2012, 769; *Herget/Kreuzberg* NZI 2013, 118; *Pahlke* GrEStG § 1 Rn. 240; Boruttau/*Fischer* GrEStG § 1 Rn. 712, 722; Hofmann/*Hofmann* GrEStG § 1 Rn. 83; BFH 2.12.1971 – II 136/65, BStBl. II 1972, 495; BFH 3.12.1968 – II B 39/68, BStBl. II 1969, 170; BFH 21.7.1965 – II 78/62 U, BStBl. III 1965, 561.
[125] *Pahlke* GrEStG § 1 Rn. 240; BFH 24.4.2013 – II R 32/11, BStBl. II 2013, 962; BFH 9.11.2008 – II R 24/07, BFH/NV 09,788; HFR 1999, 735; BFH 10.3.1999 – II R 35/97, BStBl. II 1999, 491.
[126] *Pahlke* GrEStG § 1 Rn. 249; Hofmann/*Hofmann* GrEStG § 1 Rn. 86; BFH 27.4.2005 – II R 30/03, BFH/NV 2005, 2050; BFH 27.7.1994 – II R 67/91, BFH/NV 1995, 269.
[127] BFH 10.2.2005 – V R 31/04, BStBl. II 2007, 183; FG Düsseldorf 10.6.2009 – 5 K 3940/07 U, EFG 2009, 1882; Rev. BFH 28.7.2011 – V R 28/09, BFHE 235, 22.

Grundpfandgläubiger auf einen Teil des Verwertungserlöses vor, welcher zur Bejahung der Entgeltlichkeit führen könnte, da deren Forderungen vollständig befriedigt werden.

III. „Kalte Zwangsverwaltung" von Grundstücken durch den Insolvenzverwalter

65 Insolvenzverwalter und Gläubiger können sich anstelle einer gerichtlichen Zwangsverwaltung für eine sog. „kalte Zwangsverwaltung" entscheiden.[128] Dabei wird die grundpfandrechtsbelastete Immobile **durch den Insolvenzverwalter selbst verwaltet.** Er handelt also wie ein Zwangsverwalter und erhält dementsprechend einen **Anteil** an dem verteilungsfähigen Überschuss aus der Bewirtschaftung der Immobilie für die Insolvenzmasse.[129]

66 Eine derartige Vereinbarung hat für den Grundpfandrechtsgläubiger den **Vorteil,** dass zum einen der mit einer gerichtlich angeordneten Zwangsverwaltung einhergehende mit den Vorschriften des ZVG verbundene Aufwand erspart bleibt, zum anderen wird die Immobilie nicht mit der ins Grundbuch einzutragenden Zwangsverwaltung und dem daraus folgenden, für jedermann ersichtlichen „Makel der Zwangsverwaltung" behaftet. Jedoch ist die „kalte Zwangsverwaltung" für den Insolvenzverwalter mit einem höheren Arbeitsumfang und einem höheren Haftungsrisiko verbunden.[130] Bei der Vereinbarung der „kalten Zwangsverwaltung" sollte wegen der klaren Risikoverteilung, sofern nichts Abweichendes bestimmt ist, auf die Rechtslage bei der gerichtlichen Zwangsverwaltung verwiesen werden, um eine Haftung auszuschließen.[131]

67 Im Rahmen der „kalten Zwangsverwaltung" erbringt der Insolvenzverwalter eine **steuerbare und steuerpflichtige sonstige Leistung an die Grundpfandgläubiger gegen Entgelt.**[132] Wenn der Insolvenzverwalter mit dem jeweiligen Grundpfandgläubiger vereinbart, dass dieser auf die Durchführung von Zwangsverwaltungsverfahren verzichtet und stattdessen der Insolvenzverwalter die mit den Grundpfandrechten belasteten Grundstücke verwaltet und die Mieten anstelle eines gerichtlich eingesetzten Zwangsverwalters im Auftrag der Gläubigerbanken einzieht, übt der Insolvenzverwalter nach zutreffender Auffassung des BFH[133] eine **„freihändige" Tätigkeit gegen Entgelt** aus, zu der er nicht verpflichtet ist, da er sich nach § 165 InsO darauf beschränken könnte, die Zwangsverwaltung zu dulden und für die Masse vereinbarungsgemäß im Gegenzug einen Anteil der realisierten Kaltmieten als „Inkassogebühren" als Leistungsentgelt erhält. Dieser Massekostenbeitrag steht in unmittelbarem Zusammenhang mit dem **Mehraufwand** des Insolvenzverwalters für die von ihm, anstelle eines gerichtlich bestellten

---

[128] De Weerth NZI 2007, 329.
[129] Beck/Depré/Ringstmeier Praxis der Insolvenz 2. Aufl. 2010 § 15 Rn. 99.
[130] Andres/Leithaus/Andres InsO § 165 Rn. 6; FG Düsseldorf 10.6.2009 – 5 K 3940/07 U, EFG 2009, 1882.
[131] Tetzlaff ZInsO 2004, 521.
[132] BFH 28.07.2011 – V R 28/09, BStBl. II 2014, 406; FG Düsseldorf 10.6.2009 – 5 K 3940/07 U, DStRE 2009, 1392, a. A. Keller NZI 2013, 265 (267); a. A. Mitlehner EWiR 2011, 673 (674); Mitlehner ZIP 2012, 649 (654).
[133] BFH 28.07.2011 – V R 28/09, BStBl. II 2014, 406.

Zwangsverwalters, wahrgenommene Grundstücksverwaltung. Auch insoweit ist demnach von einer **entgeltlichen Geschäftsbesorgung für den Grundpfandgläubiger** auszugehen.

F. Umsatzsteuerliche Organschaft

Eine umsatzsteuerliche Organschaft wird begründet, wenn die gesetzlichen Voraussetzungen einer **finanziellen, wirtschaftlichen sowie organisatorischen Eingliederung** gemäß § 2 Abs. 2 Nr. 2 UStG vorliegen.[134] Dies hat umsatzsteuerlich zur Folge, dass lediglich der Organträger Unternehmer im Sinne des UStG ist, sodass eine **„Verschmelzung zu einem einzigen Steuerpflichtigen"** erfolgt.[135] Diese Verschmelzung aufgrund der Organschaft führt dazu, dass der Organträger als Steuerpflichtiger für alle Organgesellschaften „öffentliche Gelder" als **„Steuereinnehmer für Rechnung des Staates"** vereinnahmt.[136]

68

Während jeder Unternehmer i. S. v. § 2 UStG Organträger sein kann, können nach bisher verbreiteter Auffassung nur juristische Personen Organgesellschaft sein. Dem ist nun der EuGH entgegengetreten mit der Folge, dass auch Personengesellschaften und -vereinigungen als Organträger anzusehen sein können.[137] **Finanziell** muss der Organträger in der Weise an der Organgesellschaft beteiligt sein, dass er seinen **Willen durch Mehrheitsbeschluss in der Gesellschafterversammlung autonom durchsetzen** kann.[138] Daher setzt die finanzielle Eingliederung stets eine **Mehrheitsbeteiligung** voraus, so dass eine nur ein bloßes Vetorecht vermittelnde Sperrminorität von beispielsweise 50 % der Stimmrechte nicht ausreicht.[139]

69

Wirtschaftliche Eingliederung besteht, sofern die Organgesellschaft nach dem Willen des Organträgers wirtschaftlich tätig wird und als dessen Bestandteil erscheint.[140] Voraussetzung ist eine **einheitliche Gesamtkonzeption** zwischen Mutter- und Tochtergesellschaft, wobei ein vernünftiger

70

---

[134] Dem EuGH zur Vorabentscheidung vorgelegt: BFH 11.12.2013 – XI R 38/12, BStBl. II 2014, 428; EuGH 16.7.2015 – C-108/14, BeckRS 2015, 80935.

[135] EuGH 22.5.2008 – C-162/07, DStRE 2008, 902 – Ampliscientifica and Amplifin; BFH 8.8.2013 – V R 18/13, BFHE 242, 433.

[136] BFH 8.8.2013 – V R 18/13, BFHE 242, 433; EuGH 25.4.2013 – C-480/10, UR 2013, 423 – Kommission/Schweden; EuGH 9.4.2013 – C-85/11, DB 2013, 1644 – Kommission/Irland; EuGH 20.10.1993 – C-10/92, Slg. 1993, I-5105 – Balocchi; EuGH 21.2.2008 – C-271/06, DStR 2008, 450 – Netto Supermarkt; kritisch FG Berlin-Brandenburg 2.4.2014 – 7 K 7337/12, EFG 2014, 1427.

[137] Dem EuGH zur Vorabentscheidung vorgelegt: BFH 11.12.2013 – XI R 38/12, BStBl. II 2014, 428; EuGH 16.7.2015 – C-108/14, BeckRS 2015, 80935.

[138] BFH 8.8.2013 – V R 18/13, BFHE 242, 433; BFH 7.7.2011 – V R 53/10, BStBl. II 2013, 218; BFH 1.12.2010 – XI R 43/08, BStBl. II 2011, 600; BFH 22.4.2010 – V R 9/09, BStBl II 2011, 597; BFH 30.4.2009 – V R 3/08, BFH/NV 2009, 1734; BFH 19.5.2005 – V R 31/03, BStBl. II 2005, 671; BFH 22.11.2001 – V R 50/00, BStBl. II 2002, 167, *Roth/Germer* NWB 2005 Fach 7, 6540 (6541); *Onusseit* ZInsO 2004, 1182; *Maus* GmbHR 2005, 859 (860).

[139] BFH 8.8.2013 – V R 18/13, BFHE 242, 433; BFH 1.12.2010 – XI R 43/08, BStBl. II 2011, 600; *Maus* GmbHR 2005, 859 (860); *Onusseit* ZInsO 2004, 1182; *Bunjes/Robisch* UStG § 3 Rn. 116.

[140] *Onusseit* ZInsO 2004, 1182.

wirtschaftlicher Zusammenhang im Sinne von wirtschaftlicher Einheit genügt und eine tatsächliche wirtschaftliche Abhängigkeit nicht erforderlich ist.[141] Dabei kann eine den Betrieb der Untergesellschaft fördernde Tätigkeit der Obergesellschaft ausreichen, wie es unter anderem bei der **Vermietung eines Betriebsgrundstückes,** das für die Obergesellschaft wegen räumlicher und funktionaler Grundlage der Geschäftstätigkeit der Organgesellschaft nicht nur von geringer Bedeutung ist, der Fall sein kann.[142] → Rn. 104 ff.

71 Die **organisatorische Eingliederung** setzt voraus, dass der Organträger die mit der finanziellen Eingliederung verbundene **Möglichkeit der Beherrschung** der Tochtergesellschaft in der laufenden Geschäftsführung wahrnimmt, wobei er die Organgesellschaft durch die Art und Weise der Geschäftsführung beherrschen muss.[143] Maßgeblich ist dabei, dass der Organträger die Organgesellschaft durch die Art und Weise der Geschäftsführung beherrscht oder zumindest sichergestellt ist, dass eine abweichende Willensbildung bei der Tochtergesellschaft nicht möglich ist.[144]

72 Zwischen den Organen ausgeführte Leistungen lösen **keine Umsatzsteuer** aus, sondern stellen einen **nicht steuerbaren Innenumsatz** dar. Nach Beendigung der Organschaft sind die umsatzsteuerrechtlichen Ansprüche wieder den beteiligten Rechtsträgern **separat** zuzurechnen. Ob und wann ein Organschaftsverhältnis endet, hängt vom jeweiligen Stadium des Insolvenzverfahrens ab. Im Innenverhältnis zwischen Organgesellschaft und Organträger hat die Organgesellschaft die Steuerlast zu tragen.[145] Der zivilrechtliche Ausgleichsanspruch zwischen Organträger und Organgesellschaft besteht in Höhe des Betrages, der sich aus den internen Umsatzsteuervoranmeldungen der Organgesellschaft nach Saldierung von Vorsteuerbeträgen und Umsatzsteuerschulden ergibt.[146]

73 Bei der Organschaft ist zu beachten, dass insolvenzrechtlich derzeit **kein einheitliches Insolvenzverfahren über einen Zusammenschluss mehrerer Rechtssubjekte** vollzogen werden kann, da das Insolvenzrecht bislang keine Regelungen, die im Fall einer Konzerninsolvenz ein einheitliches Insolvenzverfahren für mehrere Konzerngesellschaften ermöglichen, enthält.[147] Verbundene Unternehmen bleiben daher insolvenzrechtlich selbständig, sowohl hinsichtlich der Feststellung des Insolvenzgrundes als auch in Bezug auf

---

[141] BFH 20.9.2006 – V B 138/05, BFH/NV 2007, 281; BFH 3.4.2003 – V R 63/01, BStBl. II 2004, 434; *Maus* GmbHR 2005, 859 (860).
[142] BFH 3.4.2003 – V R 63/01, BStBl. II 2004, 434; BFH 25.4.2002 – V B 128/01, BFH/NV 2002, 1058; BFH 16.8.2001 – V R 34/01, BFH/NV 2002, 223; BFH 17.4.1969 – V 44/65, BStBl. II 1969, 413.
[143] BFH 8.8.2013 – V R 18/13, BFHE 242, 433; BFH 28.10.2010 – V R 7/10, BStBl. II 2011, 391; BFH 3.4.2008 – V R 76/05, BStBl. II 2008, 905; BFH 14.2.2008 – V R 12/06, V R 13/06, BFH/NV 2008, 1365; BFH 5.12.2007 – V R 26/06, BStBl. II 2008, 451.
[144] BFH 7.7.2011 – V R 53/10, BStBl. II 2013, 218; *Frotscher* Besteuerung bei Insolvenz S. 269; *Onusseit* ZIP 2003, 743; *Steiner* NZG 2011, 1413 (1415).
[145] BFH 19.3.2014 – V B 14/14, BFHE 244, 156; BGH 29.1.2013 – II ZR 91/11, DStR 2013, 478.
[146] BFH 19.3.2014 – V B 14/14, BFHE 244, 156; BGH 29.1.2013 – II ZR 91/11, DStR 2013, 478.
[147] BFH 19.3.2014 – V B 14/14, BFHE 244, 156; *Siemon* NZI 2014, 55; *Verhoeven* ZInsO 2014, 217; *Zeek* KTS 2006, 407 (417).

die Abwicklung des Insolvenzverfahrens.[148] Dies ist mit den unterschiedlichen Gläubigerrechten zu begründen, die sich aus dem Verhältnis zur jeweiligen Haftungsmasse ergeben.[149] Andernfalls würde der unterschiedliche Umfang der Gläubigerrechte, wie sie im Verhältnis zu den einzelnen Insolvenzschuldnern bestehen, missachtet.[150]

I. Insolvenz des Organträgers

74 Die Eröffnung des Insolvenzverfahrens über das Vermögen des Organträgers führt nicht automatisch zur Beendigung der Organschaft und hat grundsätzlich keine Auswirkung auf die finanzielle und wirtschaftliche Eingliederung.[151] Dabei ist unerheblich, dass die Willensbildung nun durch den Insolvenzverwalter und nicht mehr durch den Organträger selbst oder dessen gesellschaftsrechtliche Organe durchgesetzt wird. Um die organisatorische Eingliederung zu wahren, wird der Insolvenzverwalter durch diese organisatorische Maßnahme sicherstellen, dass sein Wille in der Organgesellschaft durchgesetzt wird. Es ist stets zwischen dem Vermögen des Organträgers und dem insolvenzfreien Vermögen der Organgesellschaft zu unterscheiden.[152]

75 Der Insolvenzverwalter des Organträgers hat die Umsätze des Organträgers unter der **Massesteuernummer** des Organträgers anzumelden. Diese stellen Masseverbindlichkeiten gemäß § 55 Abs. 1 Nr. 1 InsO dar.[153]

Der **BFH** gelangt zu dem Ergebnis, der Fortbestand der Organschaft in der Insolvenz des Organträgers sei „ernstlich zweifelhaft" vor allem deswegen, weil er **zu Unrecht davon ausgeht,** dass die Umsatzsteuer, die auf Grund der Umsätze der Organgesellschaft abzuführen ist, im Insolvenzverfahren des Organträgers **nicht Masseverbindlichkeiten sein könne.** Der BFH meint, die Umsatzsteuer für die Umsatztätigkeit der Organgesellschaft gehöre nicht zur Verwaltung, Verwertung und Verteilung der Insolvenzmasse, die sich auf das rechtlich eigene Vermögen des Organträgers beziehe und sich nicht auf das Vermögen der Organgesellschaften erstrecke. Insolvenzrechtlich bestünde daher für das Finanzamt allenfalls die Möglichkeit, einen auf die eigene Umsatztätigkeit des Organträgers beschränkten Steuerbescheid zu erlassen und die Organgesellschaft als Haftende nach § 73 AO in Anspruch zu nehmen. Dies sei mit dem umsatzsteuerrechtlichen Grundsatz der organschaftlichen Unternehmenseinheit nicht vereinbar.

75a Der **BFH verkennt in dieser vorläufigen Entscheidung,** dass die Umsatzsteuer für die Umsatztätigkeit der Organgesellschaft im Insolvenzverfah-

---

[148] BFH 19.3.2014 – V B 14/14, BFHE 244, 156; Uhlenbruck/*Maus* InsO § 80 Rn. 34; Jaeger/*Ehricke* InsO § 11 Rn. 32.
[149] BFH 19.3.2014 – V B 14/14, BFHE 244, 156.
[150] BFH 19.3.2014 – V B 14/14, BFHE 244, 156; Uhlenbruck/*Hirte* InsO § 11 Rn. 394; kritisch *Beck* MWStR 2014, 359 (366 f.).
[151] *Roth* Insolvenzsteuerrecht Rn. 4.365; a. A. *Frotscher* Besteuerung bei Insolvenz S. 269; nunmehr als „ernstlich zweifelhaft" bezeichnet in BFH 19.3.2014 – V B 14/14, BFHE 244, 156.
[152] BFH 19.3.2014 – V B 14/14, BFHE 244, 156; BFH 28.1.1999 – V R 32/98, BStBl. II 1999, 258.
[153] BFH 19.3.2014 – V B 14/14, BFHE 244, 156.

ren der Organgesellschaft sehr wohl Masseverbindlichkeiten ist: **Es bedarf nämlich einer Verwaltung des Insolvenzverwalters im Hinblick auf die von dem Organträger gehaltenen Geschäftsanteile an der Organgesellschaft.** Er hat die Entscheidung darüber zu treffen, ob er die Geschäftsanteile in der Masse hält oder sie freigibt. Er hat des Weiteren die Entscheidung darüber in der Hand, ob er den Organkreis aufrecht erhält oder beispielsweise durch Entzug der Betriebsmittel aus der Organgesellschaft das Ende der wirtschaftlichen Eingliederung herbeiführt. Diese Verwaltung des in die Masse fallenden Geschäftsanteils an der Organgesellschaft rechtfertigt es, die daraus resultierenden Umsatzsteuerschulden – also diejenigen, die aus der Umsatztätigkeit der Organgesellschaft resultieren – im Insolvenzverfahren über das Vermögen des Organträgers zu begreifen.

76 Die Organschaft endet, wenn der Insolvenzverwalter hingegen tatsächlich keinen Einfluss auf die Organgesellschaft nimmt, oder wenn die wirtschaftliche Verflechtung entfällt, sodass keine wirtschaftliche Kooperation mehr vorhanden ist.[154] Im Falle der Liquidation des Organträgers muss diese zur Beendigung der Organschaft ein Stadium erreicht haben, in welchem der Insolvenzverwalter über das Vermögen des Organträgers keine operativ-wirtschaftlichen Aktivitäten in Bezug auf die Organgesellschaft mehr entfaltet.[155] Da die **Freigabe der Geschäftsanteile** an der Organgesellschaft durch den Insolvenzverwalter lediglich seine Verwaltungs- und Verfügungsbefugnis beendet und diese im Anschluss wieder an den Schuldner zu dessen Handlungsbefugnis zurückfallen, beendet eine solche die Organschaft nicht.

77 Nach § 73 AO haftet die **Organgesellschaft** in der Insolvenz des Organträgers für die Steuerverbindlichkeiten des Organträgers, für welche die Organschaft zwischen ihnen steuerlich von Bedeutung ist. Diese Forderungen müssen während des Bestehens der Organgesellschaft entstanden sein, wohingegen es nicht auf deren Fälligkeit ankommt.[156] Dabei ist es nicht von Relevanz, ob die Steuern tatsächlich aufgrund von Handlungen des Organträgers selbst oder einer weiteren Tochtergesellschaft entstanden sind, solange die Steuern innerhalb des Organkreises anfallen.[157] Die Haftung erstreckt sich ferner auf die Erstattung von zu Unrecht gewährten Steuererstattungen wie beispielsweise Vorsteuererstattungen.[158] Nicht erfasst sind hingegen zu Unrecht erstattete Steuern, da der Erstattungsanspruch der Finanzverwaltung nach § 37 Abs. 2 AO keinen Steueranspruch i. S. v. § 73 AO darstellt. Nach § 73 AO ist die Haftung durch Haftungsbescheid gegenüber der Organgesellschaft geltend zu machen, wobei dieser auch nach Beendigung der Organschaft erlassen werden kann, sofern dieser sich auf Steuern bezieht, die aus der Zeit der Organschaft stammen.[159] Eine Inanspruchnahme der Organge-

---

[154] BFH 2.11.1999 – V R 32/98, BStBl. II 1999, 258; MüKoInsO/*Schüppen/Ruh* Insolvenzsteuerrecht Rn. 191b.

[155] A. A. wohl *Waza/Uhländer/Schmittmann* Insolvenzen und Steuern Rn. 1938; *Frotscher* Besteuerung bei Insolvenz S. 270.

[156] Koenig/*Intemann* AO § 73 Rn. 8; *Siemon/Frind* NZI 2013, 1 (7).

[157] Koenig/*Intemann* AO § 73 Rn. 13; Klein/*Rüsken* AO § 73 Rn. 7; a. A. *Probst* BB 1987, 1992; *Breuer* AO-StB 2003, 342; *Sturm* StuW 1992, 252; *Reiß* StuW 1979, 343.

[158] Koenig/*Intemann* AO § 73 Rn. 16.

[159] Koenig/*Intemann* AO § 73 Rn. 17, BFH 8.9.1983 – V R 114/78, BeckRS 1983, 05507.

sellschaft durch das Finanzamt widerspräche dem Grundsatz der organschaftlichen Unternehmenseinheit, wonach der Organträger Steuerschuldner aller im Organkreis erbrachten Leistungen ist.[160] Die Finanzverwaltung muss sich demnach grundsätzlich an den **Organträger** halten.

II. Insolvenz der Organgesellschaft

1. Eröffnung des Insolvenzverfahrens

Spätestens mit **Eröffnung des Insolvenzverfahrens** über das Vermögen der Organgesellschaft endet das Organschaftsverhältnis, da die Verwaltungs- und Verfügungsbefugnis nach § 80 Abs. 1 InsO auf den Insolvenzverwalter übergeht und damit die organisatorische Eingliederung entfällt. Ab diesem Zeitpunkt ist nicht mehr gewährleistet, dass der Wille des Organträgers in der Organgesellschaft tatsächlich ausgeführt wird.[161] 78

Infolgedessen ist die **vormalige Organgesellschaft** als eigenständiger Unternehmer i. S. v. § 2 Abs. 1 UStG anzusehen, auch wenn nach Beendigung der Organschaft lediglich nicht nachhaltige Verwertungshandlungen vorgenommen werden. Die Unternehmereigenschaft endet erst mit Vollendung der letzten Liquidationshandlung.[162] 79

Es ist auf eine **getrennte umsatzsteuerliche Erfassung** zu achten, wobei für Besteuerungsform und Voranmeldungszeitraum der ehemaligen Organgesellschaft die Verhältnisse des damaligen Organkreises zugrunde zu legen sind.[163] 80

Dem Organträger steht wegen Übernahme der Umsatzsteuerverbindlichkeiten ein **Regressanspruch im Innenverhältnis** i. S. v. § 426 Abs. 1 S. 1 BGB zu. Dieser stellt in der Insolvenz der Organgesellschaft jedoch **keine Masseverbindlichkeit** dar, da er nicht infolge einer Handlung des Insolvenzverwalters gemäß § 55 Abs. 1 Nr. 1 InsO entsteht und keine Verbindlichkeit aus ungerechtfertigter Bereicherung oder aus gegenseitigem Vertrag nach § 55 Abs. 1 Nr. 2, 3 InsO darstellt.[164] 81

Wird der Antrag auf Eröffnung des Insolvenzverfahrens hingegen **mangels Masse abgelehnt,** bleibt die vorher bestehende Eingliederung bestehen, bis die Liquidation der Organgesellschaft abgeschlossen und das vorhandene Gesellschaftsvermögen verteilt ist.[165] 82

2. Insolvenzeröffnungsverfahren

Wird über das Vermögen der Organgesellschaft das **vorläufige Insolvenzverfahren** angeordnet und ein allgemeines Verfügungsverbot nach § 21 83

---

[160] BFH 19.3.2014 – V B 14/14, BFHE 244, 156; *Wagner/Fuchs* BB 2014, 2583 (2584).
[161] BFH 13.3.1997 – V R 96/96, BStBl. II 1997, 580.
[162] OFD Frankfurt. 20.7.2009, NZI 2009, 798; FG Nürnberg 22.2.1990 – II 169/86, EFG 1990, 543.
[163] OFD Frankfurt 20.7.2009, NZI 2009, 798 (799).
[164] BFH 19.3.2014 – V B 14/14, BFHE 244, 156; kritisch *Wagner/Fuchs* BB 2014, 2583 (2585).
[165] OFD Frankfurt 20.7.2009, NZI 2009, 798 (799); BFH 27.9.1992 – V B 78/91, BFH/NV 1992, 346; FG Münster 31.1.1991 – 5 K 3761/88 U, UR 1992, 378.

Abs. 1 InsO auferlegt, so endet das Organschaftsverhältnis insoweit bereits ab diesem Zeitpunkt. Wegen Übergang der Verwaltungs- und Verfügungsbefugnis auf den vorläufigen Insolvenzverwalter endet in diesem Zusammenhang die organisatorische Eingliederung in die Organgesellschaft. Die organisatorische Eingliederung endet aber auch dann, wenn die Verwaltungs- und Verfügungsbefugnis zwar nicht in vollem Umfang auf den vorläufigen Insolvenzverwalter übertragen wird, wohl aber faktisch für den gesamten noch verbleibenden operativen Geschäftsbereich und der übrige Geschäftsbereich, in dem der vorläufige Insolvenzverwalter auf die Mitwirkung der Geschäftsführung angewiesen ist, gleichsam nur noch eine leere Hülle ist.[166]

84 Bisher galt, dass die Organschaft bis zur Eröffnung des Insolvenzverfahrens ohne Anordnung eines Verwaltungs- und Verfügungsverbots nach § 22 Abs. 1 InsO regelmäßig bis zur Eröffnung des Insolvenzverfahrens **bestehen blieb,** auch wenn ein Zustimmungsvorbehalt angeordnet worden ist.[167] Für den Organträger hatte dies zur Folge, dass die von der Organgesellschaft während des vorläufigen Insolvenzverfahrens ausgeführten umsatzsteuerpflichtigen Leistungen zu einer Umsatzsteuerschuld des **Organträgers** führten. Diese war allerdings regelmäßig höher als der Vorsteuerabzug, da der vorläufige Insolvenzverwalter eine schnellstmögliche Generierung liquider Mittel anstrebt und mitunter unter Gewährung erheblicher Rabatte und Abschläge die Lagerbestände veräußert. Der Insolvenzverwalter vereinnahmte die Umsatzsteuerbeträge zwar, führte diese jedoch nicht an das Finanzamt ab. Der Regressanspruch des Organträgers wurde hingegen entsprechend der Insolvenzquote befriedigt. Der BFH hat diese Rechtsprechung allerdings unter Bezugnahme auf die Rechtsprechung des EuGH[168] aufgegeben.[169]

85 Wenn das Insolvenzgericht einen **vorläufigen Insolvenzverwalter** nach § 21 Abs. 2 Nr. 1 InsO bestellt und gemäß § 21 Abs. 2 Nr. 2 InsO dem Schuldner ein **allgemeines Verfügungsverbot oder** einen **allgemeinen Zustimmungsvorbehalt** auferlegt, haben beide Arten der Verfügungsbeschränkung und damit nunmehr auch die Anordnung eines allgemeinen Zustimmungsvorbehalts[170] zur Folge, dass die **organisatorische Eingliederung endet.** Die Gläubiger können ihren Entgeltanspruch zumindest für die Dauer des Eröffnungsverfahrens und damit im Regelfall über einen längeren Zeitraum von ungewisser Dauer **nicht mehr durchsetzen,** sodass diese **uneinbringlich** werden.[171] Dies folgt aus der Pflicht des vorläufigen Verwalters zur

---

[166] BFH 24.8.2011 – V R 53/09, BStBl. II 2012, 256.
[167] BFH 22.10.2009 – V R 14/08, BFHE 227, 513; BFH 1.4.2004 – V R 24/03, BStBl. II 2004, 905; BFH 16.8.2001 – V R 34/01, BFH/NV 1001, 113; BFH 28.1.1999 – V R 32/98, BStBl. II 1999, 258; BFH 13.3.1997 – V R 96/96, BStBl. II 1997, 580; BFH 20.2.1992 – V R 80/85, BFH/NV 1993, 133; OFD Frankfurt. 11.3.2013, BeckVerw 270419; OFD Frankfurt 20.7.2009, NZI 2009, 798; *kritisch Roth* DZWIR 2009, 274; Anm. *Mitlehner* zu BFH 17.1.2002 – V R 37/00, ZIP 2002, 1816 (1818); *Onusseit* ZInsO 2004, 1182; *Roth/Germer* NWB 2005 Fach 7 6539; *Hölzle* DStR 2006, 1210; *Maus* GmbHR 2005, 859 (861).
[168] EuGH 20.10.1993 – C-10/92, Slg. 1993, I-5105 – Balocchi; EuGH 21.2.2008 – C-271/06, DStR 2008, 450 – Netto Supermarkt.
[169] BFH 8.8.2013 – V R 18/13, BFHE 242, 433.
[170] BFH 8.8.2013 – V R 18/13, BFHE 242, 433.
[171] BFH 8.8.2013 – V R 18/13, BFHE 242, 433; BFH 8.3.2012 – V R 49/10, BFH/NV 2012, 1665.

Massesicherung und dem sich hieraus ergebenden Verbot, solche Gläubigeransprüche zu erfüllen, die im Insolvenzverfahren lediglich **Insolvenzforderungen** sein werden.[172] Da der vorläufige Insolvenzverwalter nicht nur befugt, sondern insolvenzrechtlich sogar verpflichtet sei, Zahlungen der Organgesellschaft an den bisherigen Organträger zu verhindern, entfalle für den Organträger die Möglichkeit, die Organgesellschaft zu beherrschen und die Steuer für die Umsätze aus der Tätigkeit der bisherigen Organgesellschaft als Steuerschuldner und damit als „Steuereinnehmer" zu entrichten.[173] Der vorläufige Insolvenzverwalter mit Zustimmungsvorbehalt könne aber auf die Vertragsabwicklung durch den Schuldner dadurch Einfluss nehmen, dass er Vermögensverringerungen des Schuldners durch die Erfüllung von Verbindlichkeiten im **Interesse der Gleichbehandlung aller Gläubiger** verhindert.[174] Er habe die künftige Masse zu sichern und zu erhalten, sodass es insbesondere nicht seine Aufgabe sei, einer Erfüllungshandlung des Schuldners durch seine Zustimmung Wirksamkeit zu verleihen, falls dies nicht im Interesse aller Gläubiger liege.[175]

Folglich könne der Organträger den ihm nach § 426 Abs. 1 S. 1 BGB zustehenden **Innenregressanspruch** gegen die Organgesellschaft auf Zahlung der Umsatzsteuer, die durch die wirtschaftliche Tätigkeit der Organgesellschaft verursacht werde, nicht mehr durchsetzen, denn der vorläufige Insolvenzverwalter sei in Ausübung seiner Pflicht zur Massesicherung berechtigt, seine Zustimmung zur Weiterleitung einer von der Organgesellschaft für Ausgangsleistungen vereinnahmten Umsatzsteuer an den Organträger zu verweigern.[176] Mit der Eröffnung des Insolvenzverfahrens über das Vermögen der Organgesellschaft könne der Organträger seinen Ausgleichsanspruch vielmehr nur durchsetzen, wenn dieser insolvenzrechtlich eine Masseverbindlichkeit nach § 55 Abs. 1 InsO darstelle, was im Ergebnis laut BFH zu verneinen sei.[177] Dieser Anspruch ergebe sich hingegen allein aus dem Fortbestehen der Organschaft und nicht aus der Insolvenzverwaltung des Vermögens der Organgesellschaft. 86

Hinsichtlich des **Vorsteuerberichtigungsanspruchs** nach § 17 Abs. 2 Nr. 1 UStG ist ferner zu beachten, dass die Organschaft zwar bereits aufgrund der Bestellung des vorläufigen Verwalters mit Zustimmungsvorbehalt geendet habe, die Uneinbringlichkeit eine juristische Sekunde zuvor - und damit vor einem möglichen Entfallen der wirtschaftlichen Eingliederung - eintrete, sodass die Organschaft noch im Zeitpunkt des Eintritts der Uneinbringlichkeit bestand und sich der Vorsteuerberichtigungsanspruch daher gegen Organträger richtete.[178] Beim Berichtigungsanspruch nach § 17 Abs. 2 Nr. 1 87

---

[172] BFH 19.3.2014 – V B 14/14, BFHE 244, 156; BGH 25.10.2007 – IX ZR 217/06, BGHZ 174, 84.
[173] BFH 8.8.2013 – V R 18/13, BFHE 242, 433.
[174] BFH 19.3.2014 – V B 14/14, BFHE 244, 156.
[175] BFH 19.3.2014 – V B 14/14, BFHE 244, 156; BGH 4.11.2004 – IX ZR 22/03, BGHZ 161, 49.
[176] BFH 19.3.2014 – V B 14/14, BFHE 244, 156; BGH 29.1.2013 – II ZR 91/11, DStR 2013, 478.
[177] BFH 19.3.2014 – V B 14/14, BFHE 244, 156.
[178] BFH 3.7.2014 – V R 32/13, NZI 2014, 962; BFH 8.8.2013 – V R 18/13, BFHE 242, 433; BFH 9.12.2010 – V R 22/10, BStBl. II 2011, 996; BGH 19.7.2007 – IX ZR 81/06, NZI 2007, 655; BFH 6.6.2007 – V R 22/01, BFH/NV 2007, 1352; BFH

UStG ist nämlich nicht, entsprechend des Wortlautes, lediglich auf den Unternehmer abzustellen, an den der Umsatz abgeführt worden ist, sondern vielmehr auf den Zeitpunkt, in welchem das Berichtigungsereignis eintritt.[179] Die Formulierungen „der Unternehmer, der diesen Umsatz ausgeführt hat" bzw. „der Unternehmer, an den dieser Umsatz ausgeführt wurde", bezeichnen nur den Unternehmer auf der jeweiligen Seite der Leistungsbeziehung als ausführender sowie empfangender Unternehmer und haben darüber hinaus keine materielle Bedeutung.[180] Demnach ist die Organgesellschaft nur dann Schuldnerin des Vorsteuerberichtigungsanspruchs, wenn die Organschaft im Zeitpunkt dessen Entstehung nicht mehr bestanden hat.[181]

88 Nach Auffassung des BFH ist die **Beherrschung der Geschäftsführung** der Organgesellschaft durch den Organträger notwendig, sodass eine Verhinderung abweichender Willensbildung nicht mehr zum Bestehenbleiben der Organschaft ausreiche. In Ansehung des **Art. 11 MwStSystRL**, welcher von einer „Beziehung" der an der Organschaft Beteiligten spricht, sowie einer Mitteilung der EU-Kommission, wonach für eine Organschaft bereits eine zumindest teilweise gemeinsame Managementstruktur ausreichen soll, hätte dies wohl hinsichtlich einer Beherrschung der Organgesellschaft dem EuGH zur Vorabentscheidung vorgelegt werden müssen.[182]

89 Infolge der **„mangelnden gemeinschaftsrechtlichen Absicherung"**[183] kann allein dadurch Gewissheit geschaffen werden, indem die Organschaft schnellstmöglich auf andere Weise als durch das Insolvenzrecht beendet wird. Zum einen kommt eine Veräußerung der Geschäftsanteile an der Obergesellschaft in Betracht, was zum Wegfall der organisatorischen Eingliederung führt. Mitunter wird es allerdings schwierig sein, bei drohender Insolvenz der Organgesellschaft einen Dritten für den Erwerb der Geschäftsanteile zu finden. Des Weiteren kann die wirtschaftliche Verflechtung zwischen Ober- und Untergesellschaft beendet werden. Dabei ist allerdings eine mögliche Strafbarkeit zu beachten, wenn die wirtschaftliche Eingliederung auf Grund der Überlassung eines wesentlichen Betriebsgegenstandes, wie beispielsweise eines Grundstücks, besteht. Entzieht der Organträger der Organgesellschaft diesen Gegenstand, kann dadurch der Straftatbestand des Bankrotts nach § 283 StGB erfüllt werden.[184] Daher sind Maßnahmen zur Beendigung der Organgesellschaft vorab sorgfältig zu prüfen.

13.11.1986 – V R 59/79, BStBl. II 1987, 226; BFH 10.3.1983 – V B 46/80, BStBl. II 1983, 389; *Wagner/Marchal* BB 2015, 86 (88).

[179] *Wagner/Marchal* BB 2014, 86 (87); BFH 5.12.2008 – V B 101/07, BFH/NV 2009, 432; BFH 7.12.2006 – V R 2/05, BStBl. II 2007, 848.

[180] BFH 7.12.2006 – V R 2/05, BStBl. II 2007, 848.

[181] *Wagner/Marchal* BB 2014, 86 (87); BFH 5.12.2008 – V B 101/07, BFH/NV 2009, 432; BFH 7.12.2006 – V R 2/05, BStBl. II 2007, 848.

[182] Anm. *de Weerth* zu BFH 8.8.2013 – V R 18/13, NZI 2013, 857 (860 f.); Anm. *de Weerth* zu BFH 8.8.2013 – V R 18/13, DB 2013, 2065 (2069); EU-Kommission 2.7.2009 – KOM (2009) 325 endgültig, UR 2009, 632 (636); *von Streit/Duyffes* DStR 2014, 399 (402); *Marchal/Oldiges* DStR 2013, 2211 (2213); *Wagner/Marchal* BB 2014, 86 (87); *Radeisen* SteuK 2013, 133 (134); *Roth* SteuK 2014, 313 (314 f.).

[183] Anm. *de Weerth* zu BFH 8.8.2013 – VR 18/13, DB 2013, 2065 (2069).

[184] *Roth/Germer* NWB 2005 Fach 7 6539.

3. Auswirkungen auf die Organgesellschaft in Eigenverwaltung

Diese Grundsätze gelten ferner in der **Eigenverwaltung**.[185] Zwar wird der Schuldner im Schutzschirmverfahren durch den Sachwalter lediglich überwacht, sodass die Verwaltungs- und Verfügungsbefugnis beim Schuldner verbleibt.[186] Auch kann das Gericht wegen § 270b II InsO keinen allgemeinen Zustimmungsvorbehalt anordnen.[187] Jedoch endet nach Auffassung des BFH bereits mit Anordnung des vorläufigen Insolvenzverfahrens, bei dem ein Antrag auf Eigenverwaltung gestellt wurde, die Organschaft ohne Differenzierung anhand der dem Sachwalter übertragenen Kompetenzen und unabhängig der Ausgestaltung der Eigenverwaltung.[188] Was die Uneinbringlichkeit der Forderungen anbelangt, lässt sich die diesbezügliche Rechtsprechung, welche an die fehlende Empfangszuständigkeit des Schuldners anknüpft, nicht auf die Situation der Eigenverwaltung übertragen.[189] Allerdings erfolgt in der Eigenverwaltung oftmals eine Auswechselung der Geschäftsführung, welche unabhängig davon zur Beendigung der Organschaft führen kann.[190] Die Organschaft endet folglich mit der Stellung des Schuldners als Amtswalter und dessen Bindung an die insolvenzrechtlichen Grundsätze, im Interesse der Gläubigergesamtheit zu handeln.[191]

III. Insolvenz des Organträgers und der Organgesellschaft

Die Organschaft muss **als beendet angesehen werden,** sofern über Organgesellschaft und Organträger das Insolvenzverfahren eröffnet worden ist.[192] Wegen der Pflicht des Insolvenzverwalters zum Handeln im Sinne der jeweiligen Gläubiger besteht keine einheitliche Willensbetätigung mehr, unabhängig davon, ob dieselbe natürliche Person für beide Gesellschaften zum Insolvenzverwalter bestellt worden sein sollte.[193]

Sofern **keine gleichzeitige Eröffnung der Insolvenzverfahren** erfolgt, müssen die Umsatzsteuerforderungen den entsprechenden insolvenzrechtlichen Forderungskategorien zugeordnet werden:

---

[185] Anm. *de Weerth* zu BFH 8.8.2013 – VR 18/13, NZI 2013, 857 (860f.); *Lenger/Khanian* NZI 2014, 385 (387); a. A. FG Hessen 6.11.2013 – 6 V 2469/12, NZI 2014, 425; kritisch *Beck* MWStR 2014, 359 (367).
[186] BFH 19.3.2014 – V B 14/14, BFHE 244, 156; FG Hessen 6.11.2013 – 6 V 2469/12, NZI 2014, 425; *Jaffé/Friedrich-Vache* MwStR 2013, 75 (80).
[187] MüKoInsO/*Kern* InsO § 270b Rn. 98.
[188] BFH 19.3.2014 – V B 14/14, BFHE 244, 156; *Lenger/Khanian* NZI 2014, 385 (389); *Kahlert*, ZIP 2013, 2351; a. A. *Dal Bosco/Götz* DZWiR 2013, 505.
[189] *Kruth* MwStR 2015, 77 (81); *Schmittmann* ZIP 2011, 1125 (1130); *Klusmeier* ZInsO 2014, 488 (489).
[190] Anm. *de Weerth* zu BFH 8.8.2013 – VR 18/13, NZI 2013, 857 (861).
[191] *Lenger/Khanian* NZI 2014, 385 (389); BFH 19.3.2014 – V B 14/14, BFHE 244, 156; Uhlenbruck/*Uhlenbruck* InsO § 270 Rn. 32.
[192] *Waza/Uhländer/Schmittmann* Insolvenzen und Steuern Rn. 1940; a. A. *Frotscher* Besteuerung bei Insolvenz S. 270 ; MüKoInsO/*Schüppen/Ruh* Insolvenzsteuerrecht Rn. 191d.
[193] BFH 19.3.2014 – V B 14/14, BFHE 244, 156; OFD Frankfurt 20.7.2009, NZI 2009, 798 (799); *Zeek* KTS 2006, 407 (417); a. A. *Frotscher* Besteuerung bei Insolvenz S. 270.

93 Wird das Insolvenzverfahren über das Vermögen des Organträgers vor dem über das Vermögen der Organgesellschaft eröffnet, ist die **gesamte Umsatzsteuerschuld Insolvenzforderung** im Insolvenzverfahren über das Vermögen des Organträgers.

94 Wird das Insolvenzverfahren über das Vermögen der Organgesellschaft vor dem über das Vermögen des Organträgers eröffnet, erfolgt eine **Aufteilung** der Umsatzsteuerschuld. Ist die Umsatzsteuerschuld im insolvenzrechtlichen Sinne vor Eröffnung des Insolvenzverfahrens über das Vermögen des Organträgers begründet worden, so stellt diese **Insolvenzforderung** im Insolvenzverfahren über das Vermögen des Organträgers dar. Wurde die Umsatzsteuerschuld hingegen nach der Eröffnung des Insolvenzverfahrens über das Vermögen des Organträgers insolvenzrechtlich begründet, ist sie im Insolvenzverfahren über das Vermögen des Organträgers **Masseverbindlichkeit**.

95 Der zivilrechtliche **Erstattungsanspruch** des Organträgers ist im Insolvenzverfahren über das Vermögen der Organgesellschaft in beiden Fällen **Insolvenzforderung**. Diese Erstattungsansprüche stehen dem Organträger zu, soweit die Organschaft im Zeitpunkt der Begründung der Erstattungsansprüche bestand, auch wenn die Erstattungsansprüche durch diese auslösende Zahlungen der Organgesellschaft an die Finanzverwaltung entstanden sind.

96 Im Insolvenzverfahren der Organgesellschaft sind etwaige Haftungsansprüche nach § 73 AO **Insolvenzforderungen,** wenn die Umsatzsteuerschuld des Organträgers bereits vor Eröffnung des Insolvenzverfahrens über das Vermögen des Organträgers im insolvenzrechtlichen Sinne entstanden sind. Von Relevanz ist dabei der **Zeitpunkt der Ausführung des Umsatzes** und nicht das Entstehen im steuerrechtlichen Sinne. Hat die Organgesellschaft demnach auch nach Eröffnung des Insolvenzverfahrens über das Vermögen des Organträgers Umsätze ausgeführt, stellen die daraus resultierenden Umsatzsteuerforderungen **Masseverbindlichkeiten** im Insolvenzverfahren über das Vermögen des Organträgers dar.

IV. Unerkannte Organschaft

97 Da die umsatzsteuerliche Organschaft **kraft Gesetzes** bei Vorliegen der Voraussetzungen eintritt, können die Beteiligten von deren Rechtsfolgen auch ganz ohne deren Willen betroffen sein.

98 Hat die Organgesellschaft daher **fälschlicherweise** Umsatzsteuer an das Finanzamt **abgeführt,** steht dieser grundsätzlich auch im Insolvenzverfahren ein **Erstattungsanspruch** nach § 37 Abs. 2 AO zu. Dementsprechend sind auf Antrag bzw. Anmeldung des Insolvenzverwalters unter Vorbehalt der Nachprüfung ergangene Steuerfestsetzungen und -anmeldungen bis zum Ablauf der Festsetzungsfrist zu korrigieren und auf Null Euro festzusetzen. Sind die Festsetzungen allerdings inzwischen bestandskräftig, kommt eine Anfechtung nach § 134 InsO in Betracht.[194]

---

[194] *Roth* Insolvenzsteuerrecht, 2011 Rn. 4.380; *Nickert/Nickert* ZInsO 2004, 479 ff. und 596 ff.

V. Rechtsfolgen der Beendigung des Organschaftsverhältnisses

Ab dem Zeitpunkt der Beendigung der Organschaft handelt es sich bei den **99** Rechtsträgern wiederum um **selbständige Unternehmer,** sodass die während der Organschaft bestehenden Regelungen nicht mehr angewendet werden können.[195]

Wenn die Organgesellschaft Leistungen vor der Beendigung der Organschaft **100** erbringt, werden diese dem Organträger zugerechnet. Erfolgt die Leistungserbringung nach Beendigung der Organschaft, sind sie der Organgesellschaft als eigenständigem Unternehmen zuzurechnen.[196] Dabei ist allein auf den Zeitpunkt der **Ausführung der umsatzsteuerpflichtigen Leistung** abzustellen, sodass Zeitpunkt der Rechnungserstellung sowie der der Steuerentstehung nicht maßgeblich sind.[197] Berichtigungsansprüche nach § 17 UStG richten sich nur dann gegen den ehemaligen Organträger, wenn das den Berichtigungsanspruch auslösende Ereignis in einer Zeit lag, zu welcher die Organschaft noch bestand.[198] Nach der Beendigung eintretende Ereignisse hingegen lösen Berichtigungsansprüche gegen die vormalige Organgesellschaft aus.[199]

Bei der Zurechnung des **Vorsteueranspruchs** ist der Leistungsbezug als aus- **101** lösendes Ereignis maßgebend, sodass Vorsteuern aus Leistungen, die die Organgesellschaft vor Beendigung der Organschaft bezogen hat, dem **Organträger,** unabhängig dem Vorliegen der Voraussetzungen des § 15 UStG, zustehen.[200]

Hat die Organgesellschaft **vor Beendigung** der Organschaft An- oder Vor- **102** auszahlungen auf die Leistungen entrichtet und hat der Organträger daraus vorgezogenen Vorsteuerabzug vorgenommen, ist die Organgesellschaft lediglich hinsichtlich der noch offenen **Differenz** zum Vorsteuerabzug berechtigt.[201]

Betreffen **Vorsteuerberichtigungsansprüche** Leistungsbezüge der Organ- **103** gesellschaft vor Beendigung der Organschaft, bei welchen das den Berichtigungsanspruch auslösende Ereignis ebenso vor Beendigung der Organschaft eintritt, richten sich diese gegen den Organträger.[202] Entgeltforderungen werden spätestens im Zeitpunkt der Eröffnung des Insolvenzverfahrens in voller Höhe gemäß § 17 Abs. 2 Nr. 1 UStG uneinbringlich, woraufhin eine Berichtigung der Umsatzsteuer des Leistenden und der Vorsteuer des Leistungsempfängers zu erfolgen hat (→ Rn. 11 ff.). Bei einer umsatzsteuerlichen Organschaft erfolgt die Vorsteuerberichtigung gegenüber dem Organträger, sofern die Uneinbringlichkeit vor Beendigung der Organschaft eintritt. Gleiches gilt, wenn durch die Eröffnung des Insolvenzverfahrens die Beendigung der Organschaft sowie die Uneinbringlichkeit der Forderungen zugleich eintreten.[203] Wird die

---

[195] OFD Frankfurt 20.7.2009, NZI 2009, 798.
[196] OFD Frankfurt 20.7.2009, NZI 2009, 798.
[197] FG Düsseldorf 23.4.1993 – 5 K 531/90 U, EFG 1993, 747.
[198] OFD Frankfurt 20.7.2009, NZI 2009, 798.
[199] Rechenbeispiel siehe OFD Frankfurt 20.7.2009, NZI 2009, 798.
[200] *Waza/Uhländer/Schmittmann* Insolvenzen und Steuern Rn. 1943, OFD Frankfurt 20.7.2009, NZI 2009, 798.
[201] OFD Frankfurt 20.7.2009, NZI 2009, 798.
[202] BFH 22.10.2009 – V R 14/08, BStBl. II 2011, 988; OFD Frankfurt 20.7.2009, NZI 2009, 798.
[203] BFH 22.10.2009 – V R 14/08, BStBl. II 2011, 988.

Organgesellschaft demnach bei noch bestehender Organschaft zahlungsunfähig, richtet sich der Vorsteuerrückforderungsanspruch gegen den Organträger, der die Vorsteuer ursprünglich abgezogen hatte.[204]

VI. Auswirkungen bei der Überlassung von Betriebsgrundstücken innerhalb des Organschaftsverhältnisses

104 Die für die umsatzsteuerrechtliche Organschaft erforderliche **wirtschaftliche Eingliederung** kann bereits dann vorliegen, wenn zwischen dem Organträger und der Organgesellschaft aufgrund gegenseitiger Förderung und Ergänzung **mehr als nur unerhebliche wirtschaftliche Beziehungen bestehen** wobei die Organgesellschaft insbesondere nicht wirtschaftlich vom Organträger abhängig zu sein braucht.[205] Die **entgeltliche Überlassung** eines Betriebsgrundstücks kann daher eine **wirtschaftliche Eingliederung** begründen, auch wenn außer dem Grundstück kein weiteres Betriebsvermögen vermietet wird.[206] Die Vermietung eines Betriebsgrundstücks genügt insoweit, wenn es für die Organgesellschaft von nicht nur geringfügiger Bedeutung ist und **räumliche sowie funktionale Grundlage der Geschäftstätigkeit** der Organgesellschaft bildet.[207] Der erforderliche wirtschaftliche Zusammenhang zwischen der Organgesellschaft und dem Unternehmen des Organträgers wird **von der Dauer des Mietvertrags nicht berührt,** sodass es nicht auf langfristige Miet- oder Pachtverträge ankommt.[208]

105 In diesem Zusammenhang entfällt allerdings die wirtschaftliche Eingliederung, sobald für das Grundstück die Zwangsverwaltung und Zwangsversteigerung **angeordnet** und die Überlassung des Betriebsgrundstücks zu einem in naher Zukunft liegenden Zeitpunkt **gekündigt** wird.[209] Die Beendigung der **wirtschaftlichen Eingliederung** tritt nach Auffassung des BFH dann ein, wenn sich die Beendigung der Überlassung **abzeichnet.**[210] Nach Auffassung des BFM reicht hingegen die Absehbarkeit der künftigen Beendigung des Leistungsaustausches nicht aus. Vielmehr ende die wirtschaftliche Eingliederung bei **tatsächlicher Beendigung** der Überlassung des Betriebsgrundstücks.[211]

---

[204] *Wäger* DStR 2011, 1925 (1932); BFH 6.6.2007 – V R 22/01, BFH/NV 2002, 1352.

[205] BFH 3.4.2003 – V R 63/01, BStBl. II 2004, 434; BFH 22.10.2009 – V R 14/08, BStBl. II 2011, 988; zustimmend Anm. *de Weerth* zu BFH 22.10.2009 – V R 14/08, DStR 2010, 323.

[206] BFH 13.10.2004 – V R 55/04, BFH/NV 2005, 390; BFH 3.4.2003 – V R 63/01, BStBl. II 2004, 434; BFH 25.4.2002 – V B 128/01, BFH/NV 2002, 1058; BFH 9.9.1993 – V R 124/89, BStBl. II 1994, 129; BFH 16.8.2001 – V R 34/01, BFH/NV 2002, 223, BFH 25.4.2002 – V B 128/01, BFH/NV 2002, 1058.

[207] *De Weerth* DStR 2010, 590 (590); BFH 6.5.2010 – V R 26/09, BStBl. II 2010, 1114; BFH 22.10.2009 – V R 14/08, BStBl. II 2011, 988; BFH 20.8.2009 – V R 30/06, BFH/NV 2009, 2080; BFH 25.4.2002 – V B 128/01, BFH/NV 2002, 1058; BFH 16.8.2001 – V R 34/01, BFH/NV 2002, 223; BFH 23.1.2001 – VIII R 71/98, BFH/NV 2001, 894; BFH 23.5.2000 – VIII R 11/99, BStBl. II 2000, 621; BFH 17.4.1969 – V 44/65, BStBl. II 1969, 413.

[208] BFH 25.4.2002 – V B 128/01, BFH/NV 2002, 1058; BFH 1.4.1998 – V B 108/97, BFH/NV 1998, 1272; BFH 28.1.1965 – V 126/62 U, BFHE 81, 678.

[209] BFH 29.1.2009 – V R 67/07, BStBl. II 2009, 1029; dagegen allerdings Nichtanwendungserlass BMF 1.12.2009, BStBl. I 2009, 1609; Sölch/Ringleb/*Klenk* UStG § 2 Rn. 135.

[210] BFH 29.1.2009 – V R 67/07, BStBl. II 2009, 1029.

[211] BMF 1.12.2009, BStBl. I 2009, 1609.

Eine wirtschaftliche Eingliederung ist im Gegensatz dazu bei einer **unent-** 106
geltlichen Überlassung von Immobilien zu verneinen, da diese nicht im
Wege eines Leistungstausches erfolgt, sondern lediglich eine Beistellung der
Leistung darstellt.[212] Beschränkt sich nämlich die Tätigkeit des Mehrheitsgesellschafters auf die Erbringung einer bloßen Beistellung für die von der
Tochtergesellschaft bezogene Leistung, liegt keine entgeltliche Leistung i. S. v.
§ 1 Abs. 1 UStG vor.[213]

Die **Übertragung** eines zu bebauenden Grundstücks kann auch dann zu 107
einer einheitlichen Leistung und demnach zu einer **wirtschaftlichen Eingliederung** führen, wenn im Rahmen einer Organschaft der Organträger das
Grundstück übereignet, während die Baumaßnahmen von einer Organgesellschaft durchzuführen sind.[214]

Bei Grundstücksgeschäften führt die Übertragung eines vermieteten oder 108
verpachteten Grundstücks zu einer **Geschäftsveräußerung im Ganzen** nach
§ 1 Abs. 1a UStG, da durch den mit dem Grundstückserwerb verbundenen
Eintritt in den Miet- oder Pachtvertrag ein **Vermietungs- oder Verpachtungsunternehmen** übernommen wird.[215] Bei der Übertragung eines Vermietungsunternehmens liegt eine nichtsteuerbare Geschäftsveräußerung nur
dann vor, wenn der Erwerber die Vermietungstätigkeit des Veräußerers nicht
nur zivilrechtlich, sondern auch umsatzsteuerrechtlich unter Berücksichtigung
des § 2 Abs. 2 Nr. 2 S. 3 UStG **fortführt,** denn für die Geschäftsveräußerung
kommt es auf die Fortsetzung einer Unternehmenstätigkeit und damit auf umsatzsteuerrechtliche Kriterien, die sich nach § 2 UStG richten, an.[216] Die **Übertragung** eines an eine Organgesellschaft vermieteten Grundstücks auf den
Organträger führt daher nicht zu einer **Geschäftsveräußerung,** da der Organträger umsatzsteuerrechtlich keine Vermietungstätigkeit fortsetzt, sondern
das Grundstück im Rahmen seines Unternehmens **selbst nutzt.**[217]

Entstehen durch Umwandlung eines ehemaligen Einzelunternehmens im 109
Wege der **Betriebsaufspaltung** mehrere Unternehmensteile, kann infolge
der Überlassung von Betriebsgrundstücken eine **wirtschaftliche Eingliederung** bestehen.[218] Eine solche Situation liegt beispielsweise vor, wenn ein
Grundstückseigentümer dessen Grundstück als wesentliches Betriebsmittel an
eine Gesellschaft überlässt, an welcher er beherrschend beteiligt ist.[219] Nutzt

---

[212] BFH 18.6.2009 – V R 4/08, BStBl. II 2010, 310; BFH 9.10.2002 – V R 64/99, BStBl. II 2003, 375.
[213] BFH 18.6.2009 – V R 4/08, BStBl. II 2010, 310; BFH 6.12.2007 – V R 42/06, BStBl. II 2009, 493.
[214] BFH 29.10.2008 – XI R 74/07, BStBl. II 2009, 256.
[215] BFH 6.5.2010 – V R 26/09, BStBl. II 2010, 1114; BFH 11.10.2007 – V R 57/06, BStBl. II 2008, 447.
[216] BFH 6.5.2010 – V R 26/09, BStBl. II 2010, 1114.
[217] BFH 6.5.2010 – V R 26/09, BStBl. II 2010, 1114.
[218] BFH 25.4.2002 – V B 128/01, BFH/NV 2002, 1058; BFH 22.1.2001 – V B 141/01, BFH/NV 2002, 550; BFH 1.4.1998 – V B 108/97, BFH/NV 1998, 1272; BFH 9.9.1993 – V R 124/89, BStBl. II 94, 129; BFH 26.5.1993 – X R 78/91, BStBl. II 93, 718; UStAE 2.8. Abs. 6b; FG Köln 20.2.2008 – 7 K 3972/02, EFG 2008, 905; FG Niedersachsen 2.3.2009 – 16 K 226/08, BeckRS 2009, 26027491; Sölch/Ringleb/*Klenk* UStG § 2 Rn. 123; *Jahn/Gierlich* Steueranwaltsmagazin 2/2010, 59.
[219] *Depré/Lampert* ZfIR 2012, 1 (6).

der abgespaltene Unternehmensteil weiterhin ein Betriebsgrundstück, und stellt dies eine räumliche sowie funktionale Grundlage der Geschäftstätigkeit der Organgesellschaft dar, welches wirtschaftlich nicht nur von geringer Bedeutung ist, besteht demnach eine den Betrieb fördernde Tätigkeit des Organträgers.[220] Voraussetzung ist, dass das Grundstück für die Umsatztätigkeit der Organgesellschaft besonders gestaltet, ihrem Betriebsablauf angepasst und dafür nach Lage, Größe, Bauart und Gliederung besonders zugeschnitten, d. h. geeignet ist, wobei das Gesamtbild der Verhältnisse maßgebend ist.[221] Die beherrschende Stellung ergibt sich daraus, dass die bloße Möglichkeit der Kündigung eines Miet- oder Pachtvertrags dem Vermieter oder Verpächter besteht.[222]

110 Führt die Anordnung der vorläufigen Verwaltung mit Zustimmungsvorbehalt bzw. einem Übergang der Verwaltungs- und Verfügungsbefugnis zur **Beendigung der Organschaft**, gelten die grundstücksbezogenen Umsätze als zwischen eigenständigen Unternehmen getätigt. Ferner führten die Beendigung der Organschaft und spätestens die Eröffnung des Insolvenzverfahrens zur **Uneinbringlichkeit** der Forderungen (→ Rn. 11 ff.). Der Insolvenzverwalter sollte ggf. nach Beendigung der Organschaft die **Option** zum Verzicht auf die Steuerbefreiung in Anspruch nehmen (→ Rn. 39 ff.).

G. Freigabe

111 Unter Freigabe ist die **Herauslösung** von Rechten und Vermögensgegenständen aus dem Insolvenzbeschlag durch einen rechtsgeschäftlichen Akt des Insolvenzverwalters zu verstehen, mit der Rechtsfolge, dass der Schuldner wieder uneingeschränkt darüber verfügen kann.[223] Diese ist zwar gesetzlich nicht geregelt, wird allerdings vom Gesetzgeber vorausgesetzt.[224] Eine Freigabe bedeutet also eine Aufhebung der Verwaltungs- und Verfügungsbefugnis des Insolvenzverwalters nach § 80 InsO. Der freigegebene Gegenstand wird demnach wieder insolvenzfreies Vermögen.[225] Die Freigabe erfolgt durch einseitige, empfangsbedürftige Willenserklärung, die sich auf einen bestimmten massezugehörigen Gegenstand bezieht und einen Verzicht auf die Massezugehörigkeit enthalten muss.[226]

---

[220] BFH 12.10.2009 – V R 14/08, BFHE 227, 513; BFH 28.9.2008 – V B 213/06, BFH/NV 2001, 894; BFH 13.5.2008 – XI B 195/07, BFH/NV 2008, 1543; BFH 22.11.2001 – V B 141/01, BFH/NV 2002, 550; BFH 23.5.2000 – VIII R 11/99, BStBl. II 2000, 621; Sölch/Ringleb/*Klenk* UStG § 2 Rn. 123.
[221] BFH 23.1.2001 – VIII R 71/98, BFH/NV 2001, 894; BFH 12.11.1998 – V B 119/98, BFH/NV 1999, 684.
[222] BFH 12.11.1998 – V B 119/98, BFH/NV 1999, 684, BFH, 9.9.1993 – V R 124/89 BStBl. II 1994, 129; BFH 25.1.1968 – V 25/65, BStBl. II 1968, 421; Sölch/Ringleb/*Klenk* UStG § 2 Rn. 123.
[223] MüKoInsO/*Ott/Vuia* InsO § 80 Rn. 65.
[224] Vgl. § 32 Abs. 3 S. 1 InsO.
[225] *Kalter* KTS 1975, 1 (9), MüKoInsO/*Peters* InsO § 35 Rn. 58; Sölch/Ringleb/*Leipold* UStG § 13 Rn. 114.
[226] Uhlenbruck/*Hirte* InsO § 35 Rn. 73; *Kalter* KTS 1975, 1 (9); MüKoInsO/*Peters* InsO § 35 Rn. 100.

§ 11 Umsatzsteuer   112–115   § 11

Obwohl die uneingeschränkte Freigabe die Verwaltungs- und Verfügungs-   112
macht an den Schuldner zurück übertragen wird, handelt es sich dabei **nicht**
um einen Vorgang, welcher der Umsatzsteuer unterliegt, da der Schuldner
trotz Verlust der Verwaltungs- und Verfügungsmacht nach § 80 InsO rechtlich
Träger der Masse bleibt.[227]

Im Wege der Freigabe von Grundstücken kann der Insolvenzverwalter eine   113
Belastung der Masse mit Realsteuern wie Grundsteuern verhindern. Die **vor
Eröffnung** entstandenen Steueransprüche stellen **Insolvenzforderungen**
dar, spätere **bis zum Zeitpunkt der Freigabe** entstehende Ansprüche sind
hingegen **Masseverbindlichkeiten**. Einzig problematisch in diesem Zusammenhang ist der Rang der Umsatzsteuerforderungen, die nach der Freigabe, womöglich infolge der Veräußerung durch den Schuldner entstehen.

In einer inzwischen überholten Entscheidung hat der BFH geurteilt, dass   114
Umsatzsteuer aus einer nach Freigabe durch den Schuldner erfolgten Lieferung
an einen Erwerber **Masseverbindlichkeit** sei.[228] Dies ist jedoch mit dem heutigen Verständnis von Trennung zwischen insolvenzfreiem Vermögen und Masse
nicht mehr vereinbar.[229] Die Freigabe von Gegenständen, die aus der Masse
durch den Insolvenzverwalter an den Schuldner beendet die Massezugehörigkeit
dieser Gegenstände, so dass Umsätze, die mit diesen Gegenständen ausgeführt
werden, vielmehr gegenüber dem **Schuldner** und nicht gegenüber der Insolvenzmasse geltend zu machen sind.[230] Unklar ist auf Grund der derzeitigen zivilrechtlichen Rechtsprechung aber noch, ob der Verkaufserlös – soweit er nicht
durch Grundpfandrechte aufgezehrt wird – in das insolvenzfreie Vermögen oder
in die Insolvenzmasse gehört. Wenn auch vieles dafür spricht, § 35 Abs. 1 InsO
für diese Fälle teleologisch zu reduzieren und das insolvenzfreie Vermögen
– auch bei privaten, nicht tätigen Schuldnern – als dynamischen Vermögenskreis
zu begreifen, in dem auch Umschichtungen möglich sind, ohne dass es zu einem
„Rückfall" des wirtschaftlichen Wertes freigegebener Gegenstände in die Insolvenzmasse kommt, wird man derzeit – insbesondere im Anschluss an den BGH-
Beschluss v. 26.9.2013[229a] noch davon auszugehen haben, dass der Verkaufserlös
aus einem freigegebenen Grundstück in die Insolvenzmasse zurückfällt.

Bei der sog. **„modifizierten Freigabe"** hingegen scheidet das Grund-   115
stück nicht aus dem Insolvenzbeschlag aus. Die Verwertung erfolgt dabei weiterhin für Rechnung der Insolvenzmasse durch den dazu ermächtigenden
Schuldner, sodass sie einer Verwertung durch den Insolvenzverwalter selbst
gleichzustellen ist. Infolgedessen ist die daraus folgende Umsatzsteuer **Masseverbindlichkeit** i. S. v. § 55 Abs. 1 Nr. 1 InsO.[231]

---

[227] *Frotscher* Besteuerung bei Insolvenz S. 257; BFH 12.5.1993 – XI R 49/90, BFH/NV 1994, 274.
[228] BFH 16.8.2001 – V R 59/99, BStBl. II 2003, 208; MüKoInsO/*Lwowski/Peters* InsO § 35 Rn. 90; a. A. Uhlenbruck/*Hirte* InsO § 35 Rn. 84; HambKommInsO/*Jarchow* InsO § 55 Rn. 60; MüKoInsO/*Hefermehl* InsO § 55 Rn. 82.
[229] So auch *Frotscher* Besteuerung bei Insolvenz S. 258; *de Weerth* ZInsO 2008, 1252 (1253); BFH 29.7.2009 – V B 156/08, BFH/NV 2010, 238.
[230] BFH 29.7.2009 – V B 156/08, BFH/NV 2010, 238; BFH 12.5.1993 – XI R 49/90, BFH/NV 1994, 274; BFH 24.9.1987 – V R 19/82, BFH/NV 1988, 678.
[229a] BGH 26.9.2013 – IX ZB 247/11, NJW-RR 2013, 1519.
[231] *Frotscher* Besteuerung bei Insolvenz S. 259.

§ 12 Ertragsteuern

Übersicht

Rn.

A. Ertragsteuern aus der Aufdeckung stiller Reserven bei der Verwertung massezugehörigen Grundeigentums

   I. Insolvenzrechtliche Forderungsqualität des Ertragsteueranspruchs aus der Aufdeckung stiller Reserven 3–7

   II. Anfechtbarkeit der Entstehung des Ertragsteueranspruchs nach §§ 129 ff. InsO 8–14

   III. Freigabe mit Absonderungsrechten belasteter Grundstücke 15–22

   IV. Betriebsaufgabe 23, 24

B. Gewerblicher Grundstückshandel bei Verwertung der Insolvenzmasse zugehöriger Immobilien

   I. Einkünfte aus dem Gewerbebetrieb des Insolvenzschuldners 26–34

     1. Dauer der Gewerbesteuerpflicht 27–29

     2. Voraussetzungen für das Vorliegen eines Gewerbebetriebs 30–32

     3. Der gewerbliche Grundstückshandel 33, 34

   II. Verwertung von Grundstücken durch den Insolvenzverwalter als private Vermögensverwaltung 35, 36

   III. Die Drei-Objekt-Grenze im Insolvenzverfahren 37–44

     1. Überschreiten der Drei-Objekt-Grenze allein durch Verwertungshandlungen des Insolvenzverwalters 38, 39

     2. Überschreitung der Drei-Objekt-Grenze vor Eröffnung des Insolvenzverfahrens durch Grundstücksgeschäfte des Schuldners 40–42

     3. Überschreiten der Drei-Objekt-Grenze durch zusätzliche Verwertungshandlungen des Insolvenzverwalters .. 43, 44

   IV. Forderungsqualität der Gewerbesteuer im Insolvenzverfahren 45–47

C. Private Veräußerungsgeschäfte nach § 23 EStG 48–50

D. Ertragsteuern bei zeitgleicher Zwangsverwaltung der Immobilie 51, 52

1   Nach der zutreffenden **Rechtsprechung des BFH** ist die **Einkommensteuer** wegen der insolvenzrechtlichen Abgrenzung von Insolvenz- und Masseverbindlichkeiten in die insolvenzrechtlichen Forderungskategorien aufzuteilen, also nach Insolvenzforderung, Masseforderung oder insolvenzfrei-

er Forderung.¹ Insbesondere in Verbindung mit der Verwertung von Immobilien im Insolvenzverfahren ist die Zuordnung zu den unterschiedlichen Sphären mitunter problematisch.

A. Ertragsteuern aus der Aufdeckung stiller Reserven bei der Verwertung massezugehörigen Grundeigentums

Verwertet der Insolvenzverwalter massezugehörige Immobilien, so kann dies zu einer **Aufdeckung stiller Reserven** führen, welche als außerordentlicher Gewinn zu versteuern sind. Als stille Reserve gilt die aus der Bilanz nicht erkennbare Differenz zwischen dem Buchwert und einem über dem Buchwert liegenden Marktwert der jeweiligen Bilanzposition. Bei Grundstücken kommt es oftmals zur Bildung stiller Reserven, da im Laufe der Zeit erhebliche Wertsteigerungen gegenüber den ursprünglichen Anschaffungskosten eintreten können.² Dabei führen Verwertungshandlungen des Insolvenzverwalters dieselben steuerlichen Folgen herbei, wie Verwertungshandlungen eines Unternehmers außerhalb des Insolvenzverfahrens.

I. Insolvenzrechtliche Forderungsqualität des Ertragsteueranspruchs aus der Aufdeckung stiller Reserven

Bisher sieht der BFH die aus der Aufdeckung stiller Reserven resultierenden Steuerbeträge als Masseverbindlichkeiten gemäß **§ 55 Abs. 1 Nr. 1 InsO** an, welche nach § 53 InsO vorrangig zu befriedigen sind, sofern die Besteuerungsmerkmale nach Eröffnung des Insolvenzverfahrens verwirklicht worden sind.³ Das Halten stiller Reserven erfülle noch kein Besteuerungsmerkmal, denn die Realisierung der stillen Reserven könne die Einkommensteuerschuld des Jahres der Insolvenzeröffnung nicht erhöhen. Der Geschäftsvorfall werde erst nach der Insolvenz im Zeitpunkt der Realisierung erfolgswirksam und führe erst dann zu einer Veränderung des Betriebsvermögens des Schuldners.⁴ Jene Einkommensteuer, die auf Verwertungshandlungen des Insolvenzverwalters zurückzuführen ist, sei demnach stets als **nachinsolvenzliche Masseverbindlichkeiten** zu beurteilen, da die Besteuerung stiller, in den betrieblichen Wirtschaftsgütern enthaltener Reserven erst durch entsprechende Verwertungshandlungen des Verwalters ausgelöst würde. Maßgeblich sei, ob die Besteuerungsmerkmale vor oder nach Eröffnung des Insolvenzverfahrens verwirklicht würden.

Diese strikte Anknüpfung an den **Zeitpunkt der Gewinnrealisierung** der aus der Aufdeckung der stillen Reserven resultierenden Steuerforderung wi-

---

¹ BFH 11.11.1993 – XI R 73/92, ZIP 1994, 1286.
² Buth/Hermanns/*König* Restrukturierung, Sanierung, Insolvenz 4. Aufl. 2014 § 24 Rn. 61.
³ BFH 16.5.2013 – IV R 23/11, NZI 2013, 709; BFH 11.11.1993 – XI R 73/92, ZIP 1994, 1286; BFH 29.3.1984 – IV R 271/83, NJW 1985, 511; BFH. 7.11.1963 – IV 210/62, NJW 1964, 613; FG Düsseldorf 2.2.2011 – 7 K 3953/10 E, DStRE 2012, 274; FG Düsseldorf 19.8.2011 – 11 K 4201/10 E, ZIP 2011, 2070.
⁴ BFH 9.12.2014 – X R 12/12, BFH/NV 2015, 988; FG Niedersachsen 19.1.2012, 14 K 47/10, BeckRS 2013, 94281.

derspricht jedoch dem insolvenzrechtlichen Befriedigungssystem. Auch wenn eine Aufdeckung durch den Insolvenzverwalter als Handlung des Insolvenzverwalters bzw. Verwertungshandlung i. S. v. **§ 55 Abs. 1 Nr. 1 InsO** zu qualifizieren ist, bleibt eine solche Betrachtung mit dem tragenden insolvenzrechtlichen Prinzip der Gläubigergleichbehandlung unvereinbar und missachtet den Vorrang des insolvenzrechtlichen Befriedigungssystems vor dem Steuerrecht.[5] Dies stellt eine **Durchbrechung der insolvenzrechtlichen Befriedigungssystematik** dar, denn so wird dem Steuergläubiger aufgrund von vor Insolvenzeröffnung erworbener Rechtspositionen ein bevorzugtes Recht auf Befriedigung aus der Insolvenzmasse gewährt.[6] Vorschriften, welche Masseverbindlichkeiten ohne willentliche Begründung des Insolvenzverwalters entstehen lassen, müssen direkt im Insolvenzrecht verankert sein und können nicht aus dem nachrangigen Steuerrecht abgeleitet werden. Das Insolvenzverfahren als Gesamtvollstreckungsverfahren zugunsten aller Gläubiger ist vom Grundsatz der Gläubigergleichbehandlung getragen, welcher den Schutz des **Art. 3 Abs. 1 GG** genießt. Die Privilegierung einzelner Gläubiger oder Gläubigergruppen bedarf einer ausdrücklichen Regelung im Insolvenzrecht selbst.[7]

5 Vielmehr sind die mit der Bildung der stillen Reserven verbundenen Steuervorteile **vorinsolvenzlich entstanden.**[8] Dies ergibt sich aus dem Realisations-, sowie dem Leistungsfähigkeitsprinzip des Steuerrechts. Demnach wird der Steuerschuldner nicht lediglich entsprechend seiner wirtschaftlichen Leistungsfähigkeit besteuert. Er wird erst in diesem Zeitpunkt der Besteuerung unterworfen, in dem der Gewinn tatsächlich realisiert wird. Der Gesetzgeber hat sich insoweit dazu entschieden, den Steuerpflichtigen zu **kreditieren,** denn die aus Verfassungsgründen entsprechend des Leistungsprinzips eigentlich zu erhebende Steuer wird erst zu einem späteren Zeitraum erhoben.

6 Es handelt sich um eine **Kreditierung,** welche in dem Zeitpunkt beginnt, als der Buchwert erstmals unter den Verkehrswert fällt und sich fortentwickelt bis zum Zeitpunkt der tatsächlichen Realisierung.[9] In diesem Zeitraum besteht demnach eine „Steuerentstehungsanwartschaft" des Fiskus.[10] Diese ergibt sich aus der begründeten Aussicht, die bereits vorhandene Steigerung der wirtschaftlichen Leistungsfähigkeit des Steuerpflichtigen zu einem späteren Zeitpunkt als Steueraufkommen realisieren zu können.

---

[5] So auch *Waza/Uhländer/Schmittmann* Insolvenzen und Steuern Rn. 1469 ff.; *Olbing* Steuerrecht in der Insolvenz 2. Aufl. 2013 S. 71 f.

[6] So auch MüKoInsO/*Schüppen/Ruh* Insolvenzsteuerrecht Rn. 52; Kahlert/Rühland/ *Kahlert* Sanierungs- und Insolvenzsteuerrecht Rn. 9.765; *Roth* FR 2013, 441; dem zustimmend *Crezelius* NZI 2013, 633.

[7] Siehe dazu *Roth* Interessenwiderstreit im Insolvenzeröffnungsverfahren S. 91 f.

[8] So auch *Waza/Uhländer/Schmittmann* Insolvenzen und Steuern Rn. 1469 ff.; Braun/ *Bäuerle/Schneider* InsO § 55 Rn. 37; MüKoInsO/*Schüppen/Ruh* Insolvenzsteuerrecht Rn. 53 f.; MüKoInsO/*Ehricke* InsO § 38 Rn. 81a; *Frotscher* Besteuerung bei Insolvenz 8. Aufl. 2014 S. 126 ff., S. 139 f., 130; *Schmittmann* EWiR 2013, 621.

[9] *Frystatzki* EStB 2004, 88; MüKoInsO/*Schüppen/Ruh* Insolvenzsteuerrecht Rn. 53; *Onusseit/Kunz* Steuern in der Insolvenz Rn. 521; *Onusseit* ZinsO 2003, 677; *Blöbaum* Zivilrechtliche Grundlagen und steuerrechtliche Behandlung von Insolvenzverfahren 2006, S. 28; *Hess/Mitlehner* Steuerrecht Rechnungslegung Insolvenz 2001 Rn. 860; *Roth* FR 2013, 441; dem zustimmend *Crezelius* NZI 2013, 633; Uhlenbruck/*Sinz* InsO § 38 Rn. 73.

[10] Anm. *Kahlert* zu BFH 16.5.2013 – IV R 23/11, DStR 2013, 1584, 1588.

Insoweit ist der Fiskus hier einem Gläubiger gleichzustellen, welcher dem Insolvenzschuldner über einen längeren Zeitraum hinweg wieder und wieder Darlehen ausgereicht hat. Selbst wenn deren Beendigung nach Insolvenzverfahrenseröffnung durch Rechtshandlungen des Insolvenzverwalters erfolgt, ändert dies nichts an der Qualität der Steuerforderung. Soweit die stillen Reserven also vor Eröffnung des Verfahrens gebildet worden sind, stellt die daraus resultierende Steuerforderung, entsprechend des Grundsatzes der Gläubigergleichbehandlung, eine einfache **Insolvenzforderung** nach § 38 InsO dar.[11] Aus der Aufdeckung stiller Reserven nach Verfahrenseröffnung können demnach **keine Masseverbindlichkeiten** entstehen.

II. Anfechtbarkeit der Entstehung des Ertragsteueranspruchs nach §§ 129 ff. InsO

Diese Rechtslage ergibt sich jedenfalls ebenso infolge einer Anfechtungserklärung des Insolvenzverwalters nach **§§ 129 ff. InsO**. Dem sind folgende Grundsätze zugrunde zu legen:

Zunächst gilt, dass das Entstehen eines Absonderungsrechts kraft Gesetz eine **gläubigerbenachteiligende Rechtshandlung i. S. v. § 129 Abs. 1 darstellt**. Entsteht also beispielsweise infolge des Brauens von Bier während des Insolvenzeröffnungsverfahrens durch eine insolvente Brauerei ein Absonderungsrecht aufgrund der Sachhaftung nach § 76 AO, ist dies als Realakt anfechtbar.[12] Das Brauen des Bieres und die dadurch entstehende Sachhaftung für die Biersteuer belastet das Schuldnervermögen mit einer **dinglichen Haftung,** was als gläubigerbenachteiligend zu werten ist. Unerheblich ist, dass durch dieselbe Handlung die Aktivmasse erhöht wird, denn eine Saldierung der Vor- und Nachteile im Sinne einer schadensersatzrechtlichen Vorteilsausgleichung wird im Insolvenzanfechtungsrecht nicht vorgenommen. Vielmehr ist, dem Zwecke des Anfechtungsrechts entsprechend, die Entstehung des Absonderungsrechts isoliert zu betrachten. Anfechtbar ist die rechtliche Folge, also die gläubigerbenachteiligende Wirkung des Realakts, welche durch die Rechtshandlung begründet worden ist. Nach § 143 Abs. 1 InsO ist genau diese rückgängig zu machen.

Ferner stellt die Entstehung einer Umsatzsteuerforderung selbst eine **anfechtbare Rechtshandlung** dar.[13] Dabei kommt es nicht darauf an, dass Steuertatbestände ihrerseits an Rechtshandlungen des Steuerpflichtigen beziehungsweise von Dritten anknüpfen und die Steuer sich kraft Gesetz aus den Geschäften des Schuldners als Steuerpflichtigen ableitet. Hier zeigt sich wiederum die Zäsur der Insolvenzeröffnung und der daraus folgenden klaren Zuordnung von Risiken, abhängig davon, ob die Forderung vor oder nach

---

[11] So auch *Waza/Uhländer/Schmittmann* Insolvenzen und Steuern Rn. 1472; MüKoInsO/*Schüppen/Ruh* Insolvenzsteuerrecht Rn. 54; Gottwald/*Frotscher* § 122 Rn. 29; *Wessel* DZWIR 2009, 112; *Meyer/Verfürth* BB 2007, 862 (865); *Frotscher* Besteuerung bei Insolvenz Rn. 139 ff.; *Braun/Uhlenbruck* Unternehmensinsolvenz 1997 S. 142; *Onusseit/Kunz* Steuern in der Insolvenz Rn. 523; FK-InsO/*Boochs* InsO § 155 Rn. 288; a. A. *Classen* BB 1985, 50 (51).
[12] BGH 9.7.2009 – IX ZR 86/08, NZI 2009, 644.
[13] BGH 22.10.2009 – IX ZR 147/06, NZI 2010, 17.

Insolvenzeröffnung begründet worden ist. Demnach sind Steuervorteile, die der Steuerpflichtige zwar vor Eröffnung des Insolvenzverfahrens erhalten, jedoch aufgrund eines nach Eröffnung eintretenden Ereignisses zurück zu gewähren hat, als vor Eröffnung des Insolvenzverfahrens entstanden und somit als **Insolvenzforderung** anzusehen.[14]

11 Daraus ergibt sich, dass die Steuerentstehung selbst, auch wenn sie kraft Gesetz erfolgt, eine gläubigerbenachteiligende Rechtshandlung i. S. v. § 129 Abs. 1 InsO darstellt. Maßgeblich ist dabei nämlich, dass sie **irgendeine Voraussetzung** für eine gläubigerbenachteiligende Wirkung geschaffen hat. Dies gilt sowohl für die Umsatzsteuer, als auch für die Ertragsteuern, bei welchen Geschäftsvorfälle eine Rechtswirkung nach sich ziehen, wie es bei der Aufdeckung stiller Reserven der Fall ist. Eine Anfechtbarkeit ist folglich zu bejahen, wenn durch die Veräußerung eines Wirtschaftsgutes vor Eröffnung des Insolvenzverfahrens stille Reserven aufgedeckt werden und infolgedessen eine Steuer entsteht. Anfechtbar ist die **Steuerentstehung selbst als gläubigerbenachteiligende Wirkung der Veräußerung.**

12 Für den Zeitraum **nach Verfahrenseröffnung** ist der Anfechtungstatbestand des **§ 135 InsO analog** anzuwenden, sofern die fragliche Rechtshandlung nach Insolvenzeröffnung erfolgt und durch den Insolvenzverwalter vorgenommen worden ist.[15] Die Rückabwicklung erfolgt nach **§ 143 InsO analog.**[16] Zu begründen ist dies damit, dass es für die Gläubigerbefriedigung keinen Unterschied macht, ob die Sicherheiten des Insolvenzschuldners noch vor Insolvenzantragstellung versilbert werden, oder ob diese durch Handlungen des Insolvenzverwalters frei werden. Demnach ist es für die Anfechtbarkeit nicht von Relevanz, ob die fragliche Rechtshandlung des Insolvenzverwalters vor oder nach Eröffnung des Insolvenzverfahrens erfolgt ist.

13 Dies lässt sich auf die Aufdeckung der stillen Reserven übertragen. Löst der Steuerpflichtige die stillen Reserven vor Eröffnung des Insolvenzverfahrens auf, ist die Steuerforderung Insolvenzforderung nach § 38 InsO, da in diesem Falle der Zeitpunkt der steuerrechtlichen Entstehung des Steueranspruchs vor Eröffnung des Insolvenzverfahrens liegt.[17] Gleiches gilt, wenn Veräußerung und Eröffnung in demselben Veranlagungszeitraum liegen, denn die Einkommens- bzw. Körperschaftsteuer als Jahressteuer ist in diesem Falle nach einem vorinsolvenzlichen Steuerbetrag, der als Insolvenzforderung zur Tabelle anzumelden ist, und einem nachinsolvenzlichen Steuerbetrag als Masseverbindlichkeit **aufzuteilen.**

14 Voraussetzung der Anfechtbarkeit ist, dass eine Anfechtungsvorschrift der §§ 130 ff. InsO einschlägig ist. Da ein Insolvenzverwalter die Verwertungshandlung, durch welche stille Reserven aufgedeckt werden, notwendigerweise nach Antragstellung vornimmt, sind die Voraussetzungen des § 131 Abs. 1 Nr. 1 InsO erfüllt. Die **Inkongruenz** folgt daraus, dass die Finanzverwaltung, auch wenn ihr ein latenter Steueranspruch zusteht, eben keinen Anspruch auf die Realisierung der Gewinne hat. Sobald der Insolvenzverwalter

---

[14] BFH 17.4.2007 – VII R 27/06, BStBl. II 2009, 589.
[15] BGH 1.12.2011 – IX ZR 11/11, BGHZ 192, 9.
[16] BGH 1.12.2011 – IX ZR 11/11, BGHZ 192, 9.
[17] BFH 2.11.2010 – VII R 6/10, BStBl. II 2011, 374.

das zuständige Finanzamt zeitlich vor der Veräußerung über die Verfahrenseröffnung und somit über den Eröffnungsantrag in Kenntnis gesetzt hat, ist jedenfalls eine Anfechtbarkeit nach § 130 Abs. 1 Nr. 2 InsO gegeben.

III. Freigabe mit Absonderungsrechten belasteter Grundstücke

15 War das verwertete Grundstück mit **Absonderungsrechten** belastet, kann es dazu kommen, dass nach Vorwegbefriedigung der Sicherungsgläubiger der zur Masse fließende Übererlös nicht ausreicht, um die infolge der Verwertungshandlung erhobenen Ertragsteuern vollständig zu befriedigen. Der BFH hat inzwischen die Beschränkung der Steuerforderung auf den tatsächlichen Gewinn, welcher der Insolvenzmasse infolge der Verwertung zufließt, aufgegeben.[18] Andernfalls sei der Insolvenzverwalter unzulässiger Weise in der Lage, Verbindlichkeiten gegen das insolvenzfreie Vermögen zu begründen, denn die Einkommensteuer, welche den zur Masse gelangten Betrag übersteige, müsse konsequenterweise als Forderung gegen das insolvenzfreie Vermögen qualifiziert werden.[19] Demnach ist nun die Einkommensteuerschuld, die sich aus der Verwertung der massezugehörigen Wirtschaftsgüter ergibt, **in voller Höhe Masseverbindlichkeit.** Dem Fiskus wird somit untragbarer Weise zugestanden, die **Masse zu schmälern,** ohne dass die zugehörigen Erlöse der Masse zugeflossen sind.[20]

16 In diesem Zusammenhang erkennt der BFH die Möglichkeit, dass es künftig vermehrt zur **Freigabe** von derart belasteten Grundstücken durch den Insolvenzverwalter kommen würde, um die Masse nicht mit aus Steueransprüchen resultierenden Masseverbindlichkeiten zu belasten. Infolge der Freigabe sei schließlich verwertbares Vermögen vorhanden, was eine erneute Eröffnung eines zweiten Insolvenzverfahrens rechtfertigen könne. Daraus ergeben sich diverse Konflikte.

17 Findet der Insolvenzverwalter also eine mit **Absonderungsrechten** belastete Immobilie in der Insolvenzmasse vor, bei welcher die aus der Aufdeckung der stillen Reserven folgenden Gewinne zu versteuern sind, hat er, den Grundsätzen einer ordnungsgemäßen Verwaltung entsprechend, das Grundstück freizugeben, wenn im Ergebnis die Belastung mit Masseverbindlichkeiten aus Einkommensteuer den Übererlös aus der Verwertung übersteigt. Andernfalls würde er ein Verlustgeschäft zum Nachteil der Insolvenzmasse eingehen.

18 Die Gläubiger finden hier folgende Situation vor: Ohne Eröffnung des Insolvenzverfahrens hätte ihnen die freie Spitze als Haftungsmasse zugestanden, in welche sie auch die Zwangsvollstreckung hätten betreiben können. Allerdings hindert sie die Eröffnung des Insolvenzverfahrens gemäß § 89 InsO an der Einzelzwangsvollstreckung. Entschließt sich der Insolvenzverwalter nun, die besagte Immobilie aus der Insolvenzmasse freizugeben, ist den Gläubigern wegen der Ausweitung der Wirkungen des § 89 InsO auf das insolvenzfreie

---

[18] BFH 16.5.2013 – IV R 23/11, BStBl. II 2013, 759; BFH 29.3.1984 – IV R 271/83, BStBl. II 1984, 602.
[19] Gottwald/*Adolphsen* InsO § 42 Rn. 222.
[20] FG Düsseldorf 19.8.2011 – 11 K 4201/10 E, EFG 2012, 544; FG Niedersachsen 19.1.2012 – 14 K 47/10, BeckRS 2013, 94261; *Frystatzki* EStB 2004, 88.

Vermögen weiterhin der Zugriff verwehrt.[21] **Neugläubiger** des Schuldners betrifft diese Beschränkung hingegen nicht, sodass diese die Zwangsvollstreckung in die freie Spitze der nun durch Freigabe insolvenzfreien Immobilie betreiben werden.[22] Dies stellt einen verfassungswidrigen Zustand dar und verstößt gegen **Art. 14 GG,** denn der Gesamtheit der Gläubiger wird infolge der Gesamtmasseverwertung der Übererlös am Grundstück als Haftungssubstrat entzogen.

19 Auf Seiten des Insolvenzschuldners ergibt sich als Konsequenz dieser Rechtsprechung ein Dilemma. Veräußert er nun das Grundstück selbst oder erfolgt die Zwangsvollstreckung, entsteht der Einkommensteueranspruch zu Lasten seines insolvenzfreien Vermögens. Haben die **Neugläubiger** inzwischen tatsächlich dingliche Rechte am im Falle der Verwertung der freien Spitze entsprechenden Teil des Erlöses erlangt, fehlt dem Schuldner der anteilige Verwertungserlös, um die Ertragsteuerschuld zu begleichen. In diesem Zusammenhang kann es erneut zu einer Insolvenzantragstellung kommen, sodass ein zweites Insolvenzverfahren zu eröffnen wäre.

20 Nun befindet sich der **zweite Insolvenzverwalter** allerdings in der gleichen Situation, sodass er das Grundstück wohl erneut freigeben wird, um die Masse vor den aus der Verwertung resultierenden ertragsteuerlichen Masseverbindlichkeiten zu bewahren. Fraglich bleibt hingegen, ob eine mehrfach aufeinanderfolgende Freigabe insolvenzrechtlich zulässig ist.

21 Auch sind die Auswirkungen auf eine **Restschuldbefreiung** des Schuldners fragwürdig, denn gemäß § 287 Abs. 2 Nr. 1 InsO ist der Antrag auf Restschuldbefreiung unzulässig, wenn dem Schuldner in den letzten zehn Jahren vor dem Antrag auf Eröffnung des Insolvenzverfahrens oder nach diesem Antrag Restschuldbefreiung erteilt oder wenn ihm die Restschuldbefreiung in den letzten fünf Jahren vor dem Antrag auf Eröffnung des Insolvenzverfahrens oder nach diesem Antrag nach § 297 InsO versagt worden ist. Führt die Umsetzung der Rechtsprechung des BFH nämlich tatsächlich zu einer Kette von Insolvenzen und Freigaben, ist ihm in besagtem Zeitraum die Möglichkeit einer Restschuldbefreiung genommen. Selbst wenn man davon ausgeht, dass eine Freigabe im anschließend folgenden zweiten Insolvenzverfahren nicht zulässig ist, ist es dem Schuldner unmöglich, die Antragsvoraussetzungen einer Restschuldbefreiung zu erfüllen.

22 Im Ergebnis zeigt sich also, dass infolge dieser geänderten Rechtsprechung keiner der Beteiligten einen Vorteil erlangt. Zwar steht dem Fiskus ein Masseanspruch zu, der aber wohl wegen der potentiellen „Kettenfreigabe" wirt-

---

[21] BGH 12.2.2009 – IX ZB 112/06, NZI 2009, 382; BGH 19.1.2006 – IX ZR 232/04, BGHZ 166, 74; LG Berlin 16.11.2004 – 14 O 523/04, BeckRS 2009, 12108; Andres/Leithaus/*Leithaus* InsO § 89 Rn. 4; Jaeger/*Eckardt* InsO § 89 Rn. 7, 29; Hamburger Kommentar zum Insolvenzrecht/*Kayser* InsO 15. Aufl. 2015 § 89 Rn. 30; Nerlich/Römermann/*Wittkowski*/*Kruth* InsO § 89 Rn. 4; a. A. Anm. *Schmidberger* zu LG Heilbronn 23.1.2006 – 1 T 529/05, Rpfleger 2006, 431.

[22] Kindl/Meller-Hannich/*Gruber,* Gesamtes Recht der Zwangsvollstreckung, 2. Aufl. 2013 § 8 Rn 14; MüKoInsO/*Hess* InsO § 89 Rn. 16; Hess/*Röpke* InsO § 89 Rn. 11; Hamburger Kommentar zum Insolvenzrecht/*Kayser* InsO § 89 Rn. 30; Jaeger/*Eckardt* InsO § 89 Rn. 25; Nerlich/Römermann/*Wittkowski*/*Kruth* InsO § 89 Rn. 20; OLG Hamm 25.1.2011 – 15 W 674/10, ZIP 2011, 1068.

schaftlich wertlos sein wird. Den Insolvenzgläubigern sämtlicher aufeinanderfolgender Insolvenzverfahren wird immer wieder das Haftungssubstrat entzogen. Zudem wird dem Schuldner die Möglichkeit der Erlangung einer sinnvollen **Restschuldbefreiung** erschwert.

IV. Betriebsaufgabe

Handelt es sich beim Schuldner um eine natürliche Person, die ihre gewerbliche Tätigkeit bereits vor Verfahrenseröffnung aufgegeben hat, wird das Grundstück **im Zeitpunkt der Betriebsaufgabe in das Privatvermögen des Schuldners überführt.**[23] Maßgeblich ist also der Zeitpunkt der Betriebsaufgabe, da auf diesen Zeitpunkt der Aufgabegewinn zu ermitteln ist, welcher der Einkommensteuer im Veranlagungszeitraum der Betriebsaufgabe unterlag.[24] Die auf den Aufgabegewinn bezogene Einkommensteuer ist mithin Insolvenzforderung nach § 38 InsO.[25] Eine erneute Realisierung des Gewinnes bei Veräußerung aus dem Privatvermögen des Schuldners erfolgt hingegen nicht.[26]

23

Wurde das Grundstück im Privatvermögen des Schuldners gehalten und übersteigt das Meistgebot die um Absetzungen reduzierten Anschaffungs- und Herstellungskosten des Objekts, gilt die Regelung der §§ 22 Nr. 2, 23 Abs. 1 Nr. 1 EStG.[27] Demnach unterliegen die sonstigen Einkünfte aus dem privaten Veräußerungsgeschäft nur dann der Einkommensteuer, wenn die „**Spekulationsfrist" von 10 Jahren** noch nicht verstrichen ist[28] (→ Rn. 48 ff.).

24

B. Gewerblicher Grundstückshandel bei Verwertung der Insolvenzmasse zugehöriger Immobilien

Durch die freihändige Veräußerung eines Grundstücks sowie durch dessen Zwangsversteigerung können gewerbliche oder sonstige Einkünfte der Insolvenzmasse entstehen.[29] So kann es zu **gewerblichen Einkünften** kommen, sofern ein Grundstück zwar im Privatvermögen des Insolvenzschuldners gehalten wird, allerdings **innerhalb von fünf Jahren** insgesamt mehr als drei Objekte veräußert werden.[30] Bei Überschreiten dieser sog. **Drei-Objekt-Grenze** wird **widerlegbar vermutet,** dass keine private Vermögensverwaltung vorliegt, sondern bereits im Zeitpunkt des Erwerbes die Absicht zur Weiterveräußerung vorlag und somit **nach dem Gesamtbild die Ausübung eines gewerblichen Grundstückshandels** zu bejahen ist.[31] Unbe-

25

---

[23] *Depré/Lampert* ZfIR 2012, 1 (3).
[24] *Depré/Lampert* ZfIR 2012, 1 (3).
[25] *Depré/Lampert* ZfIR 2012, 1 (3).
[26] *Depré/Lampert* ZfIR 2012, 1 (3).
[27] *Depré/Lampert* ZfIR 2012, 1 (3).
[28] *Depré/Lampert* ZfIR 2012, 1 (3).
[29] *Depré/Lampert* ZfIR 2012, 1 (5)
[30] *Depré/Lampert* ZfIR 2012, 1 (5); BFH 10.12.2001 – GrS 1/98, BFHE 197, 240.
[31] *Depré/Lampert* ZfIR 2012, 1 (5); Blümich/*Bode* EStG § 15 Rn. 171; kritisch *Söffing/Seitz* DStR 2007, 1841; *Tiedtke/Wälzholz* ZEV 2000, 428.

achtlich ist, ob die Veräußerung lediglich auf Druck eines Grundpfandgläubigers vorgenommen wird.[32] Jedoch ist die Veräußerung im Wege der **Zwangsversteigerung** kein in diesem Sinne relevanter Veräußerungsvorgang, denn diese ist jedenfalls kein Ausdruck einer Veräußerungsabsicht des Schuldners.[33]

I. Einkünfte aus dem Gewerbebetrieb des Insolvenzschuldners

26 Jeder stehende Gewerbebetrieb, soweit er im Inland betrieben wird, unterliegt gemäß § 2 Abs. 1 S. 1 GewStG der **Gewerbesteuer**. Als Gewerbebetrieb ist nach § 2 Abs. 1 S. 2 GewStG ein gewerbliches Unternehmen im Sinne des Einkommensteuergesetzes zu verstehen. Unternehmer und Steuersubjekt der Gewerbesteuer ist dabei der **Insolvenzschuldner** nach § 5 Abs. 1 S. 1, 2 GewStG.[34] Unternehmer ist in diesem Sinne derjenige, für dessen Rechnung der Gewerbebetrieb ausgeführt wird.[35]

1. Dauer der Gewerbesteuerpflicht

27 Die **Eröffnung des Insolvenzverfahrens** hat nach § 4 GewStDV **keine Auswirkungen auf die Gewerbesteuerpflicht**.[36] Demnach bleibt der aufgegebene oder aufgelöste Gewerbebetrieb bis zur Beendigung der Aufgabe oder Abwicklung Steuergegenstand. Gemäß § 16 GewStDV wird der im Zeitraum der Abwicklung entstandene Gewerbeertrag auf die Jahre des Abwicklungszeitraumes verteilt.[37] Dabei beginnt der Abwicklungszeitraum allerdings erst dann, wenn die Verwertung des Unternehmens erfolgt, und nicht bereits bei Eröffnung des Insolvenzverfahrens.[38]

28 Bei **Einzelgewerbebetreibenden sowie Personengesellschaften** endet die Gewerbesteuerpflicht gemäß § 4 Abs. 2 GewStDV, wenn der Betrieb endgültig eingestellt ist, insbesondere mit Ende der werbenden Tätigkeit. Erfolgt lediglich die Veräußerung des restlichen Inventars, kann nicht mehr von einer Betriebstätigkeit ausgegangen werden.[39] Führt der Insolvenzverwalter im Rahmen eines Insolvenzverfahrens den Betrieb fort oder nimmt er eine

---

[32] *Depré/Lampert* ZfIR 2012, 1 (5); *Figgener/Kiesel/Haug* DStR 2010, 1324; BFH 17.12.2009 – III R 102/06, BFH/NV 2010 1118; a. A. FG Köln 26.10.2006 – 6 K 397/04, NZM 2007, 375.

[33] So auch *Depré/Lampert* ZfIR 2012, 1 (5) FN 23; FG Köln 4.7.1994 – 1 V 2513/94, EFG 1995, 166 – „ernstlich zweifelhaft".

[34] Uhlenbruck/*Maus* InsO § 80 Rn. 56.

[35] Tipke/Lang/*Montag* Steuerrecht § 12 Rn. 15; Glanegger/Güroff/*Selder* GewStG § 5 Rn. 2.

[36] MüKoInsO/*Schüppen/Ruh* Insolvenzsteuerrecht Rn. 105; RFH 20.11.1940, RStBl. 1941, 225.

[37] Uhlenbruck/*Maus* InsO § 80 Rn. 56; *Waza/Uhländer/Schmittmann* Insolvenzen und Steuern Rn. 1866 f.

[38] *Waza/Uhländer/Schmittmann* Insolvenzen und Steuern Rn. 1866.

[39] Uhlenbruck/*Maus* InsO § 80 Rn. 57; Buth/Hermanns/*König* Sanierung Restrukturierung Insolvenz § 24 Rn. 88; BFH 24.4.1980 – IV R 68/77, BStBl. II 1980, 658; RFH 20.11.1940 – VI 330/40, RStBl. 1941, 225; RFH 29.6.1938 – VI 395/38, RStBl. 1938, 910.

Ausproduktion vor, gehören diese Tätigkeiten zu den werbenden Tätigkeiten.[40] Die Veräußerung des Sachanlagevermögens in Form von Verwertung der Insolvenzmasse fällt hingegen nicht darunter.[41] Maßgeblich für die Beendigung der Gewerbesteuerpflicht ist folglich der Zeitpunkt, in welchem die Veräußerung der wesentlichen Grundlagen eines Gewerbebetriebes beginnt. Ein zeitliches Zusammentreffen mit der Eröffnung des Insolvenzverfahrens ist nicht ausgeschlossen, da der Insolvenzverwalter aufgrund mangelnder Erfolgschancen von einer Betriebsfortführung absehen kann.[42]

Die Gewerbesteuerpflicht von **Kapitalgesellschaften und sonstigen Gesellschaften** endet hingegen mit der vollständigen Auflösung der Gesellschaft und der gesamten Verteilung des Gesellschaftsvermögens.[43] Dabei sind die aus der Veräußerung gezogenen Gewinne gewerbesteuerpflichtig.[44] Folglich werden die Tätigkeiten des Insolvenzverwalters im Rahmen der Insolvenzabwicklung als **gewerbliche Tätigkeiten** behandelt.

2. Voraussetzungen für das Vorliegen eines Gewerbebetriebs

Voraussetzung für einen **Gewerbebetrieb** ist gemäß § 15 Abs. 2 S. 1 EStG eine selbständige nachhaltige Betätigung, die mit Gewinnabsicht unternommen wird, sich als Beteiligung am allgemeinen wirtschaftlichen Verkehr darstellt und weder als Ausübung von Land- und Forstwirtschaft noch als Ausübung eines freien Berufs oder einer anderen selbständigen Arbeit anzusehen ist.[45] Außerdem müssen durch die Tätigkeit die Grenzen der privaten Vermögensverwaltung überschritten werden. Bei der Abgrenzung zwischen Gewerbebetrieb und der nicht steuerbaren Sphäre ist auf das Gesamtbild der Verhältnisse und die Verkehrsanschauung abzustellen.[46]

Ungeschriebene Voraussetzung ist ferner, dass sich die Tätigkeit nach den Umständen des Einzelfalls **nicht als private Vermögensverwaltung** darstellt, wobei auf das Gesamtbild der Verhältnisse und die Verkehrsanschauung abzustellen ist.[47] Nach ständiger Rechtsprechung des BFH wird die Grenze von der privaten Vermögensverwaltung zum Gewerbebetrieb überschritten, wenn **nach dem Gesamtbild der Betätigung** und unter Berücksichtigung der Verkehrsauffassung die Ausnutzung substantieller Vermögenswerte durch Umschichtung gegenüber der Nutzung der Vermögenswerte im Sinne einer Fruchtziehung aus zu erhaltenden Substanzwerten **entscheidend in den Vordergrund tritt**.[48] In Zweifelsfällen ist maßgebend, ob die Tätigkeit, soll

---

[40] Beck/Depré/*Depré/Dobler* Praxis der Insolvenz § 35 Rn. 61.
[41] Beck/Depré/*Depré/Dobler* Praxis der Insolvenz § 35 Rn. 61.
[42] *Waza/Uhländer/Schmittmann* Insolvenzen und Steuern Rn. 1857.
[43] Buth/Hermanns/*König* Sanierung Restrukturierung Insolvenz § 24 Rn. 89.
[44] Uhlenbruck/*Maus* InsO § 80 Rn. 57; Beck/Depré/*Depré/Dobler* Praxis der Insolvenz § 35 Rn. 61.
[45] BFH 25.6.1984 – GrS 4/82, BStBl. II 1984, 751.
[46] BFH 27.9.2012 – III R 19/11, BStBl. II 2013, 433; BFH 10.12.2001 – GrS 1/98, BStBl. II 2002, 291; BFH 3.7.1995 – GrS 1/93, BStBl. II 1995, 617.
[47] BFH 25.6.1984 – GrS 4/82, BStBl. II 1984, 751; BFH 6.10.1982 – I R 7/79, BStBl. II 1983, 80; BFH 25.2.1982 – IV R 25/78, BStBl. II 1982, 461; BFH 17.3.1981 – VIII R 149/78, BStBl. II 1981, 522; BFH 4.3.1980 – VIII R 150/76, BStBl. II 1980, 389.
[48] BFH 26.6.2007 – IV R 49/04, BStBl. II 2009, 289; BFH 10.12.2001 – GrS 1/98, BStBl. II 2002, 291; BFH 3.7.1995 – GrS 1/93, BStBl. II 1995, 617.

sie in den gewerblichen Bereich fallen, dem Bild entspricht, das nach der Verkehrsanschauung einen Gewerbebetrieb ausmacht und einer privaten Vermögensverwaltung fremd ist.[49]

32 Das **Vermieten** einzelner beweglicher sowie unbeweglicher Gegenstände geht regelmäßig nicht über den Rahmen einer privaten Vermögensverwaltung hinaus, da diese dadurch nur noch eingeschränkt durch Veräußerung verwertbar sind.[50] Eine gewerbliche Vermietungstätigkeit ist erst dann anzunehmen, wenn nach dem Gesamtbild der Verhältnisse im Einzelfall besondere Umstände hinzutreten, die der Tätigkeit als Ganzes das Gepräge einer gewerblichen Betätigung geben, hinter der die eigentliche Gebrauchsüberlassung des Gegenstandes in den Hintergrund tritt.[51] Letzteres ist anzunehmen, wenn sich ein Steuerpflichtiger dadurch „wie ein Händler" verhalten hat, dass er planmäßig und auf Dauer mit auf Güterumschlag gerichteter Absicht tätig geworden ist.[52] Ebenso kann die **langfristige Finanzierung** eines Objekts ein für die Zuordnung zum Bereich der Vermögensverwaltung sprechendes Indiz sein.[53] Auch die **Anschaffung und Veräußerung von Vermögensgegenständen** kann in diesem Sinne zur privaten Vermögensverwaltung gehören.[54]

3. Der gewerbliche Grundstückshandel

33 Zur steuerrechtlichen Abgrenzung zwischen Gewerbebetrieb und privater Vermögensverwaltung bei der Veräußerung von Grundbesitz gilt nach der Rechtsprechung des BFH die sog. **Drei-Objekt-Grenze**.[55] Demnach ist ein gewerblicher Grundstückshandel zu bejahen, sofern der Steuerpflichtige eine Anzahl bestimmter Objekte, insbesondere Ein- und Zweifamilienhäuser, Eigentumswohnungen oder unbebaute Grundstücke, kauft oder errichtet und sie in **engem zeitlichen Zusammenhang** anschließend veräußert.[56] Werden vor Ablauf eines Zeitraums von **fünf Jahren seit Anschaffung** bzw. Errichtung mehr als drei Objekte bzw. mindestens vier Objekte veräußert und liegen zwischen den einzelnen Verwertungsmaßnahmen nicht mehr als fünf Jahre, so ist

---

[49] BFH 26.6.2007 – IV R 49/04, BStBl. II 2009, 289; BFH 10.12.2001 – GrS 1/98, BStBl. II 2002, 291; BFH 3.7.1995 – GrS 1/93, BStBl. II 1995, 617; BFH 17.3.1981 – VIII R 149/78, BStBl. II 1981, 522.
[50] BFH 26.6.2007 – IV R 49/04, BStBl. II 2009, 289; BFH 14.1.2004 – IX R 88/00, BFH/NV 2004, 1089; BFH 20.12.2000 – III R 63/98, BFH/NV 2001, 1028; BFH 28.9.1987 – VIII R 46/84, BStBl. II 1988, 65; Blümich/*Bode* EStG § 15 Rn. 171.
[51] BFH 26.6.2007 – IV R 49/04, BStBl. II 2009, 289; BFH 4.7.2002 – IV B 44/02, BFH/NV 2002, 1559; BFH 2.5.2000 – IX R 71/96, BStBl. II 2000, 467; BFH 18.5.1999 – III R 65/97, BStBl. II 1999, 619.
[52] BFH 26.6.2007 – IV R 49/04, BStBl. II 2009, 289; BFH 2.5.2000 – IX R 99/97, BFH/NV 2001, 14; BFH 6.3.1991 – X R 39/88, BStBl. II 1991, 631.
[53] BFH 14.1.2004 – IX R 88/00, BFH/NV 2004, 1089; BFH 12.12.2002 – III R 20/01, BStBl. II 2003, 297.
[54] BFH 26.6.2007 – IV R 49/04, BStBl. II 2009, 289; BFH 17.3.1981 – VIII R 149/78, BStBl. II 1981, 522.
[55] BFH 9.12.1986 – VIII R 317/82, BStBl. II 1988, 244; Blümich/*Bode* EStG § 15 Rn. 171.
[56] BFH 20.11.2012 – IX R 10/11, BFH/NV 2013, 715; BFH 5.5.2004 – XI R 25/03, BFH/NV 2004, 1399.

regelmäßig von einem gewerblichen Grundstückshandel auszugehen, weil die äußeren Umstände den Schluss zulassen, dass es dem Steuerpflichtigen zu Beginn seiner Tätigkeiten weniger auf die Fruchtziehung aus zu erhaltenden Substanzwerten als auf die **Ausnutzung substantieller Vermögenswerte durch Umschichtung** ankommt.[57] Die Veräußerung von mehr als drei in bedingter Verkaufsabsicht erworbener oder errichteter Objekte innerhalb dieses Zeitraums führt bei Vorliegen der übrigen Voraussetzungen des § 15 Abs. 2 EStG grundsätzlich zur Gewerblichkeit aller, also auch der ersten drei, Objektveräußerungen.[58] Diese Grundsätze gelten auch in sog. Errichtungsfällen.[59] Steht aufgrund objektiver Umstände jedoch fest, dass der Grundbesitz mit unbedingter Veräußerungsabsicht erworben oder bebaut worden ist, so kann auch die Veräußerung von weniger als vier Objekten gewerblich sein.[60]

Selbständige Objekte i. S. der Drei-Objekt-Grenze sind dabei lediglich solche, bei denen ein enger zeitlicher Zusammenhang zwischen Errichtung, Erwerb oder Modernisierung und der Veräußerung besteht.[61] Darunter fallen selbständig veräußerbare und nutzbare Immobilienobjekte jeglicher Art, wobei es auf die Größe, den Wert oder die Nutzungsart des einzelnen Objekts nicht ankommt.[62] Wurden Grundstücke zwar mit Gewinnerzielungsabsicht veräußert, durch den Verkauf aber ein Verlust realisiert, sind diese in die Betrachtung der Drei-Objekt-Grenze mit einzubeziehen.[63] 34

II. Verwertung von Grundstücken durch den Insolvenzverwalter als private Vermögensverwaltung

Die **Verwertung einer Immobilie** im Rahmen des Insolvenzverfahrens stellt eine Verwertung der Vermögenssubstanz dar, denn es soll infolge der Abwicklung eben gerade keine langfristigere Fruchtziehung aus zu erhaltender Substanz mehr erfolgen. Vielmehr soll durch den Erlös eine Befriedigung der Forderungen des Schuldners erzielt werden. In diesem Sinne wird der Insolvenzverwalter für den Steuerpflichtigen am freien Markt wie ein Händler tätig. Auch üben Insolvenzverwalter, die größeres Grundvermögen abwickeln, regelmäßig aufgrund ihrer Tätigkeit und den hieraus resultierenden Beziehungen, einer der Grundstücksbranche nahestehende Tätigkeit aus, was sich auf die Chancen auf günstige Gelegenheiten zum An- und Verkauf von Grundstücken niederschlägt.[64] 35

---

[57] BFH 20.11.2012 – IX R 10/11, BFH/NV 2013, 715; BFH 20.7.2005 – X R 74/01, BFH/NV 2005, 2195; BFH 10.12.2001 – GrS 1/98, BStBl. II 2002, 291.
[58] BMF 26.3.2004, BStBl. I 2004, 434.
[59] Blümich/*Bode* EStG § 15 Rn. 171; BFH 10.12.2001 – GrS 1/98, BStBl. II 2002, 291.
[60] BFH 20.11.2012 – IX R 10/11, BFH/NV 2013, 715; BFH 1.12.2005 – IV R 65/04, BStBl. II 2006, 259 betreffend Einkaufspassage; BFH 15.3.2005 – X R 39/03, BStBl. II 2005, 817; BFH 10.12.2001 – GrS 1/98, BStBl. II 2002, 291; Blümich/*Bode* EStG § 15 Rn. 171.
[61] BMF 26.3.2004, BStBl. I 2004, 434.
[62] BMF 26.3.2004, BStBl. I 2004, 434; BFH 15.3.2000 – X R 130/97, BStBl. II 2001, 530; BFH 18.5.1999 – I R 118/97, BStBl. II 2000, 28, Blümich/*Bode* EStG § 15 Rn. 178.
[63] BMF 26.3.2004, BStBl. I S. 434.
[64] So *Hofer* DStR 2000, 1635 (1637); grundsätzlich zur Branchennähe FG München 11.12.2009 – 1 K 2424/06, DStRE 2011, 929.

36 Jedoch kann eine innerhalb von fünf Jahren erfolgte Veräußerung entgegen einer bei Erwerb bestehenden unbedingten Absicht zum Erhalt der Immobilie **den letzten Akt der privaten Vermögensverwaltung** darstellen, wenn beispielsweise ein Steuerpflichtiger, der sein Vermietungsobjekt langfristig finanziert, aber entgegen der ursprünglichen unbedingten Vermietungsabsicht seine vierte Immobilie veräußern muss.[65] Auch wenn die Intention des Steuerpflichtigen zum Zeitpunkt des Erwerbes maßgeblich ist, lässt sich diese jedoch nicht auf den Insolvenzverwalter übertragen, der insoweit unabhängig handelt (→ § 2 Rn. 43f.).

III. Die Drei-Objekt-Grenze im Insolvenzverfahren

37 Trotz Überschreitens der Drei-Objekt-Grenze können Veräußerungen sich im Rahmen privater Vermögensverwaltung halten, wenn **eindeutige Anhaltspunkte** gegen eine von Anfang an bestehende Veräußerungsabsicht vorliegen, sodass sie nicht als starre Begrenzung sondern als gewichtiges Indiz zu verstehen ist.[66] Eine reine Verwertung der Insolvenzmasse durch Verwertung des Sachanlagevermögens stellt zumindest bei **Einzelgewerbebetreibenden sowie Personengesellschaften** keine werbende Tätigkeit durch den Insolvenzverwalter dar.[67] Veräußerungsmaßnahmen durch den Insolvenzverwalter sind jedoch grundsätzlich **kein gewerblicher Grundstückshandel** im Sinne dieser Rechtsprechung, auch was das Umlaufvermögen betrifft.

1. Überschreiten der Drei-Objekt-Grenze allein durch Verwertungshandlungen des Insolvenzverwalters

38 Bei Überschreiten der Grenze von der privaten Vermögensverwaltung zum Gewerbebetrieb ist die Annahme eines gewerblichen Grundstückshandels ein **nachhaltiges Tätigwerden** sowie eine **Teilnahme am allgemeinen wirtschaftlichen Verkehr** erforderlich.[68] Verwertet der Insolvenzverwalter die Immobilie freihändig, bietet er sie mitunter über längere Zeit einer größeren Anzahl von Interessenten zum Verkauf an, und nimmt somit am allgemeinen wirtschaftlichen Verkehr teil.

39 Die **Nachhaltigkeit** ist zu bejahen, wenn die Tätigkeit auf Wiederholung angelegt ist und daher die Absicht besteht, weitere Geschäfte abzuschließen.[69] Bei der Betätigung des Steuerpflichtigen muss eine tatsächliche Wiederholung mehrerer Tätigkeitsakte vorliegen, welche auf einen als Erwerbsquelle

---

[65] So *Söffing/Seitz* DStR 2007, 1841 (1846) – z. B. aufgrund einer finanziellen Notlage zur Vermeidung der Zwangsversteigerung oder aus schwerwiegenden gesundheitlichen Gründen.
[66] BFH 20.11.2012 – IX R 10/11, BFH/NV 2013, 715; BFH 27.9.2012 – III R 19/11, BStBl. II 2013, 433; BVerfG 4.2.2005 – 2 BvR 1572/01, NZM 2005, 350; BFH 3.8.2004 – X R 40/03, BFH/NV 2005, 112; BFH 15.6.2004 – VIII R 7/02, BStBl. II 2004, 914; BFH 12.12.2002 – III R 20/01, BStBl. II 2003, 297; BFH 3.7.1995 – GrS 1/93, BStBl. II 1995, 617; BFH 10.12.2001 – GrS 1/98, BStBl. II 2002, 291; Blümich/*Bode* EStG § 15 Rn. 171.
[67] Beck/Depré/*Dobler* Praxis der Insolvenz § 35 Rn. 61.
[68] Blümich/*Bode* EStG § 15 Rn. 172.
[69] Blümich/*Bode* EStG § 15 Rn. 32, 172; BFH 19.2.2009 – IV R 10/06, BStBl. II 2009, 533.

geeigneten Dauerzustand, der die Nachhaltigkeit der Tätigkeit objektiv dokumentiert, ausgerichtet ist.[70] Dabei muss von Vornherein der Wille zur Wiederholung der Handlungen bei sich bietender Gelegenheit bestanden haben, mit dem Ziel, daraus eine Erwerbsquelle zu machen.[71] Dies ist beim Insolvenzverwalter eindeutig zu verneinen, denn dieser führt durch die Verwertung der Grundstücke **keinen nachhaltigen Handel der Immobilien** aus. Zwar handelt er in Veräußerungsabsicht. Auch wenn er versuchen wird, einen möglichst profitablen Kaufpreis zu erzielen, handelt er dabei doch **im Interesse der Gemeinschaft der Gläubiger** in Ansehung der möglichst vollständigen Befriedigung deren Verbindlichkeiten. **Zwangsverkäufe** stellen keinen gewerblichen Grundstückshandel dar.[72] Gleiches muss für Veräußerungen im Rahmen des Insolvenzverfahrens gelten.

2. Überschreitung der Drei-Objekt-Grenze vor Eröffnung des Insolvenzverfahrens durch Grundstücksgeschäfte des Schuldners

Die **Drei-Objekt-Grenze kann überschritten werden,** sofern der Schuldner vor Eröffnung des Insolvenzverfahrens bereits einen nachhaltigen gewerblichen Grundstückshandel betrieben hat und der Insolvenzverwalter lediglich weitere Verwertungshandlungen innerhalb des maßgeblichen Zeitraumes vornimmt.

Zwar sind die **persönlichen oder finanziellen Beweggründe** für die Veräußerung von Immobilien für die Zuordnung zum gewerblichen Grundstückshandel oder zur Vermögensverwaltung **unerheblich,** was auch für wirtschaftliche Zwänge gilt.[73] Nach ständiger Rechtsprechung des BFH steht der Annahme einer bedingten Veräußerungsabsicht grundsätzlich nicht entgegen, dass die ursprüngliche Vermietungsabsicht aufgegeben und das Objekt aufgrund wichtiger und ungewollter Gründe verkauft wird, denn die konkreten Anlässe und Beweggründe für den Verkauf sagen im Allgemeinen nichts darüber aus, ob der Steuerpflichtige nicht auch aus anderen Gründen zum Verkauf bereit gewesen wäre und insofern von Anfang an eine zumindest bedingte Veräußerungsabsicht gehabt hätte.[74] Anderes gilt jedoch für den Fall der **tatsächlich erfolgten Zwangsversteigerung,** denn diese geschieht ohne und gegen den Willen des Steuerpflichtigen.[75]

Mit **Eröffnung des Insolvenzverfahrens** wandelt sich jedoch der **Unternehmenszweck** von werbender Tätigkeit, wenn keine Fortführungsentscheidung getroffen wird, in die **Abwicklung** des Unternehmens. Ab diesem

---

[70] Blümich/*Bode* EStG § 15 Rn. 32; BFH 10.12.1998 – III R 61/97, BStBl. II 1999, 390; BFH 13.12.1995 – XI R 43–45/89, BStBl. II 1996, 232; BFH 21.8.1985 – I R 60/80, BStBl. II 1986, 88.
[71] Blümich/*Bode* EStG § 15 Rn. 32; BFH 7.3.1996 – IV R 2/92, BStBl. II 1996, 369.
[72] FG Köln 4.7.1994 – 1 V 2513/94, EFG 1995, 166 – „ernstlich zweifelhaft"; *Depré/Lampert* ZfIR 2012, 1 (5) FN 23; *Prinz* DStR 1996, 1145 (1148).
[73] Z.B. Druck der finanzierenden Bank und Androhung von Zwangsmaßnahmen, BFH 27.9.2012 – III R 19/11, BStBl. II 2013, 433; BFH 17.12.2009 – III R 101/06, BStBl. II 2010, 541; kritisch Blümich/*Bode* EStG § 15 Rn. 174a.
[74] BFH 27.9.2012 – III R 19/11, BStBl. II 2013, 433; BFH 17.12.2009 – III R 101/06, BStBl. II 2010, 541.
[75] So auch *Depré/Lampert* ZfIR 2012, 1 (5) FN 23; FG Köln 4.7.1994 – 1 V 2513/94, EFG 1995, 166 – „ernstlich zweifelhaft".

Zeitraum ändert sich also die gesamte wirtschaftliche Grundintention, mit welcher das Unternehmen gegründet und womöglich über Jahre betrieben worden ist. Der Schuldner verliert die Verfügungsbefugnis über sein Eigentum und somit die Mitbestimmung über das weitere Verfahren mit den der Masse zugehörigen Objekten. Die Beweggründe des Schuldners bei Anschaffung der Immobilie haben keinen Einfluss auf den Verlauf des Insolvenzverfahrens. Seine Planung hinsichtlich des Gewerbes wird gerade nicht umgesetzt. Daher muss spätestens mit Eröffnung des Insolvenzverfahrens eine derartige **Zäsur** eintreten, dass zuvor vom Schuldner getätigte Grundstücksgeschäfte nicht in den Bewertungsmaßstab der Drei-Objekt-Grenze für die Tätigkeit des Insolvenzverwalters einfließen. Dem Insolvenzverwalter ist insoweit eine Veräußerungsabsicht des Schuldners **nicht zuzurechnen**. Die Zeitabschnitte vor und nach Verfahrenseröffnung sind getrennt zu betrachten.

3. Überschreiten der Drei-Objekt-Grenze durch zusätzliche Verwertungshandlungen des Insolvenzverwalters

43 Zum **Überschreiten der Drei-Objekt-Grenze** kann es auch kommen, wenn der Schuldner vor Verfahrenseröffnung Grundstücke veräußert hat, die Grenze jedoch noch nicht erreicht oder überschritten hat. Nimmt nun der Insolvenzverwalter Verwertungshandlungen vor, kann dies zum Überschreiten der Grenze führen.

44 Hat der Schuldner also vor Verfahrenseröffnung innerhalb des maßgeblichen Zeitraums bereits Grundstücke veräußert und verwertet der Insolvenzverwalter nach Verfahrenseröffnung weitere Grundstücke, kann dies zusammen genommen **nicht ein Überschreiten der Grenze bewirken**. Auch hier ist eine getrennte Betrachtung der Zeiträume geboten.

IV. Forderungsqualität der Gewerbesteuer im Insolvenzverfahren

45 **Gewerbeertrag** ist gemäß § 7 S. 1 GewStG der nach den Vorschriften des EStG oder des KStG zu ermittelnde Gewinn aus dem Gewerbebetrieb, der bei der Ermittlung des Einkommens für den dem Erhebungszeitraum entsprechenden Veranlagungszeitraum zu berücksichtigen ist. Dieser dient nach § 6 GewStG als Grundlage der Bemessung und Besteuerung der Gewerbesteuer. Das Finanzamt setzt auf Basis des vom Finanzamt errechneten Gewerbeertrags den Gewerbesteuermessbetrag i. S. v. § 11 GewStG fest.[76] Die hebeberechtigte Gemeinde wendet anschließend ihren jeweiligen Hebesatz an, woraufhin sie die endgültige Höhe der Gewerbesteuer erhält.[77] Der Gewerbeertrag wird im Jahre der Eröffnung des Insolvenzverfahrens nach den allgemeinen gewerbesteuerlichen Regelungen für das gesamte Veranlagungsjahr bestimmt.[78]

46 War die Gewerbesteuer im Zeitraum der Verfahrenseröffnung bereits begründet, stellt sie nach Eröffnung des Insolvenzverfahrens eine Insolvenzforderung nach § 38 InsO dar. Eine Steuerforderung ist dann als vor Verfahrens-

---

[76] FG München 26.8.2013 – 5 K 2485/13, EFG 2014, 222.
[77] *Birk/Desens/Tappe* Steuerrecht 17. Aufl. 2014 Rn. 1417.
[78] *Waza/Uhländer/Schmittmann* Insolvenzen und Steuern Rn. 1866.

eröffnung begründet zu erachten, wenn der Kern des zivilrechtlichen Sachverhalts, auf welchem die Entstehung des Steueranspruchs basiert vor der Eröffnung des Insolvenzverfahrens verwirklich worden ist. Eine **Abschlusszahlung** der Gewerbesteuer, bei welcher der Veranlagungszeitraum vor Verfahrenseröffnung liegt, deren Fälligkeit aber bei Verfahrenseröffnung noch nicht eingetreten ist, bedarf als sog. „betagte Forderung" i.S.v. § 41 InsO mit dem abgezinsten Betrag der Anmeldung zur Insolvenztabelle.[79] **Vorauszahlungen** auf die Gewerbesteuer entstehen gemäß § 21 GewStG mit Beginn des Kalendervierteljahrs, in dem die Vorauszahlungen zu entrichten sind. Sofern die Verfahrenseröffnung am ersten Tag des Kalendervierteljahrs oder danach stattfindet, handelt es sich bei diesen um Insolvenzforderungen.[80] Wurde die Gewerbesteuer nach Eröffnung des Insolvenzverfahrens begründet, stellt sie Masseverbindlichkeit dar.

Zum **Gewerbeertrag** zählt nach § 7 Abs. 1 S. 2 GewStG auch der Gewinn, welcher sich aus der Veräußerung oder der Aufgabe des Geschäftsbetriebes ergibt, sodass dieser in die Berechnung einbezogen wird. Hat der Schuldner bereits vor Verfahrenseröffnung die Drei-Objekt-Grenze überschritten, stellt der gewerbesteuerpflichtige Veräußerungsgewinn des Grundstücks Insolvenzforderung nach § 38 InsO dar. 47

C. Private Veräußerungsgeschäfte nach § 23 EStG

Handelt es sich beim Schuldner um eine **Privatperson,** ist bei der Prüfung eines gewerblichen Grundstückshandels wesentlich auf die Dauer der Nutzung vor Veräußerung und die Zahl der veräußerten Objekte abzustellen. Zu beachten ist allerdings, dass Grundstücke, die eigenen Wohnzwecken dienen, nicht einzubeziehen sind, da sie meist zum notwendigen Privatvermögen gehören.[81] 48

Sofern ein **gewerblicher Grundstückshandel zu verneinen** ist, kann der Gewinn nach **§ 23 EStG** zu besteuern sein.[82] Sinn und Zweck des § 23 EStG ist es, innerhalb der Spekulationsfrist realisierte Werterhöhungen oder Wertminderungen aus verhältnismäßig kurzfristigen Wertdurchgängen eines bestimmten Wirtschaftsguts im Privatvermögen des Steuerpflichtigen der Einkommensteuer zu unterwerfen.[83] Im Fall des Gewinns aus privaten Veräußerungsgeschäften im Sinne des § 23 Abs. 1 S. 1 Nr. 1 EStG muss es nicht zwingend zu einer steuerrelevanten Aufdeckung von stillen Reserven kommen, denn der Grundbesitz ist nicht mehr steuerverstrickt, wenn er länger als zehn Jahre gehalten worden ist.[84] 49

---

[79] Uhlenbruck/*Maus* InsO § 80 Rn. 59.
[80] Uhlenbruck/*Maus* InsO § 80 Rn. 60.
[81] BMF 26.3.2004, BStBl. I 2004, 434; BFH 16.10.2002 – X R 74/99, BStBl. II 2003, 245.
[82] BMF 26.3.2004, BStBl. I 2004, 434.
[83] BFH 29.3.1989 – X R 4/84, BStBl. II 1989, 652; BFH 25.8.1987 – IX R 65/86, BStBl. II 1988, 248; BFH 30.11.1976 – VIII R 202/72, BStBl. II 1977, 384.
[84] FG Düsseldorf 19.8.2011 – 11 K 4201/10 E, EFG 2012, 544; Braun/*Dithmar/ Schneider* InsO § 165 Rn. 16.

50 Da die **Besteuerungsmerkmale** bei Verwertungshandlungen durch den Insolvenzverwalter notwendigerweise durch diesen und nach Verfahrenseröffnung verwirklicht werden, handelt es sich nach Auffassung der Rechtsprechung bei der Einkommensteuerschuld auf den Überschuss aus §§ 22, 23 EStG um eine Masseverbindlichkeit nach § 55 Abs. 1 Nr. 1 InsO und wird mittels Einkommensteuerbescheid gegenüber dem Insolvenzverwalter geltend gemacht (→ Rn. 2 ff.).

D. Ertragsteuern bei zeitgleicher Zwangsverwaltung der Immobilie

51 Nach neuester Rechtsprechung des BFH ist im Falle des Aufeinandertreffens von Zwangs- und Insolvenzverwaltung nicht der Insolvenzverwalter **Steuerschuldner,** sondern der Zwangsverwalter, soweit aus einer unter Zwangsverwaltung stehenden Immobilie Überschüsse erzielt werden.[85]

52 Entsprechende Bescheide sind also gegenüber dem Zwangsverwalter bekannt zu geben. Da es somit zu einkommensteuerlich relevanten Einkünften unterschiedlicher Vermögensmassen bzw. unterschiedlicher Steuerschuldner-Vermögenssphären kommt, wird es in der Praxis ratsam sein, dass der Zwangsverwalter wie bisher gegenüber dem Insolvenzverwalter Rechnung über von ihm während eines Veranlagungszeitraums ermittelte Einnahmen und Ausgaben legt, der Insolvenzverwalter diese in eine von ihm abzugebende einheitliche Jahressteuererklärung aufnimmt und mit dem Hinweis versieht, inwieweit daraus eine Festsetzung gegen den Zwangsverwalter zu erfolgen hat.

---

[85] BFH 10.2.2015 – IX R 23/14, DStR 2015, 1307.

§ 13 Bauabzugsteuer

Übersicht

	Rn.
A. Steuerabzug in der Insolvenz des Bauleistungserbringers	
I. Bei Insolvenzeröffnung bereits bestehende Werklohnforderungen	6–15
II. Nach Insolvenzeröffnung entstehende Werklohnforderungen	16, 17
III. Steuerabzug während des Insolvenzeröffnungsverfahrens	18–21
IV. Steuerabzug im masseunzulänglichen Insolvenzverfahren	22, 23
V. Haftung des Auftraggebers	24–26
B. Steuerabzug in der Insolvenz des Bauleistungsempfängers	27

Wird **im Inland eine Bauleistung** an einen unternehmerischen Leistungsempfänger erbracht, so ist dieser nach § 48 Abs. 1 EStG verpflichtet, von der Gegenleistung einen **Steuerabzug** in Höhe von 15 Prozent für Rechnung des Leistenden vorzunehmen. Diese Pflicht entfällt, soweit die Freigrenzen des § 48 Abs. 2 EStG nicht überschritten oder eine Freistellungsbescheinigung i. S. v. § 48b EStG vorgelegt wird.[1] Der Steuerabzugsbetrag ist nach § 48a EStG vom Leistungsempfänger zu berechnen und an das zuständige Finanzamt abzuführen. Dabei erfolgt eine Anrechnung des Abzugsbetrages auf die vom Leistenden zu entrichtenden Steuern. 1

Die **Freistellungsbescheinigung** wird dem Leistenden auf Antrag vom Finanzamt erteilt (§ 48b EStG), sofern der zu sichernde Steueranspruch nicht gefährdet scheint. Entscheidend ist, ob nach dem Gesamtbild der Verhältnisse die Befürchtung gerechtfertigt erscheint, dass die rechtzeitige und vollständige Erfüllung des durch das Abzugsverfahren gesicherten Steueranspruchs durch die Erteilung der Freistellungsbescheinigung gefährdet werden könnte.[2] 2

Wenn es sich aber für die Finanzbehörde um eine Insolvenzforderung handelt, hat diese ein Interesse daran, nicht lediglich die Insolvenzquote auf ihre Forderung zu erhalten, sondern den Betrag vom Leistungsempfänger zu erhalten und diesen auf die Steuern des insolventen Leistenden anzurechnen.[3] Auf diesem Wege könnte diese die Erfüllung einer Insolvenzforderung außerhalb des Insolvenzverfahrens und somit eine **Besserstellung** gegenüber den übrigen Gläubigern erreichen.[4] Allerdings ergibt sich aus dem potentiel- 3

---

[1] *Kroth* NZI 2004, 345 (347).
[2] BFH 13.11.2002 – I B 147/02, BStBl. II 2003, 716; FG Hamburg 15.9.2003 – II 293/03, BeckRS 2003, 26015643.
[3] Kahlert/Rühland/*Kahlert* Sanierungs- und Insolvenzsteuerrecht Rn. 9.842.
[4] *Göbes/Rösler* BKR 2002, 745.

len Forderungsausfall keine vorausgesetzte Gefährdung, denn § 4b Abs. 1 EStG dient nicht der Verbesserung der insolvenzrechtlichen Stellung des Steuergläubigers.[5]

4 Da von einem Insolvenzverwalter zu erwarten ist, dass er seinen steuerlichen Pflichten ordnungsgemäß nachkommt, ist ihm in Ermangelung konkreter anderweitiger Anhaltspunkte auf dessen Antrag hin grundsätzlich, **unabhängig von etwaigem nachlässigen Vorverhalten des Insolvenzschuldners,** eine Freistellungsbescheinigung zu erteilen.[6] Dies gilt ebenso für den vorläufigen Insolvenzverwalter, auf den die Verwaltungs- und Verfügungsbefugnis übergegangen ist, sodass die Erteilung der Freistellungsbescheinigung im Hinblick auf seine Verpflichtung aus § 25 Abs. 2 InsO nicht von der Prognose abhängig gemacht werden kann, ob das Insolvenzverfahren tatsächlich eröffnet werden wird.

5 Bei **Nichterteilung** der Freistellungsbescheinigung, kann der (vorläufige) Insolvenzverwalter nach § 114 Abs. 1 S. 2 FGO bei dem Finanzgericht den Erlass einer **einstweiligen Anordnung auf Erteilung der Freistellungsbescheinigung** beantragen.[7] Der Anordnungsanspruch ergibt sich i. d. R. aus § 48b Abs. 1 EStG.[8] Der Anordnungsgrund folgt daraus, dass die Finanzverwaltung mit der Weigerung zur Ausstellung der Bescheinigung von einem Vorrang des Steuerrechts gegenüber dem Insolvenzrecht ausgeht und daher eine gerichtliche Auseinandersetzung über eine Erstattung geführt werden muss, welche zu einer ungebührlichen Verzögerung des Insolvenzverfahrens führt.[9] Dem Erlass einer einstweiligen Anordnung steht der Grundsatz, dass im Eilverfahren nur in besonderen Ausnahmefällen die Entscheidung in der Hauptsache vorweggenommen werden darf, nicht entgegen.[10] Ferner können dem Finanzamt nach Setzen einer angemessenen Frist **Amtshaftungsansprüche** angedroht werden, sofern dies zweckmäßig erscheint.[11]

A. Steuerabzug in der Insolvenz des Bauleistungserbringers

I. Bei Insolvenzeröffnung bereits bestehende Werklohnforderungen

6 Stehen einem Bauleistungserbringer, dem keine Freistellungsbescheinigung erteilt worden ist, bei Verfahrenseröffnung Forderungen gegen seinen Auf-

---

[5] BFH 13.11.2002 – I B 147/02, BStBl. II 2003, 716; MAH Insolvenz und Sanierung/*Damaschk*e § 28 Rn. 92; *Waza/Uhländer/Schmittmann* Insolvenzen und Steuern Rn. 1596; a. A. FM Saarland 3.7.2002, DStR 2002, 1396.
[6] BFH 13.11.2002 – I B 147/02, BStBl. II 2003, 716; BMF 4.9.2003, BStBl. I 2003, 431; *Gundlach/Frenzel/Schirrmeister* DStR 2003, 823 (825); *Farr* Besteuerung der Insolvenz Rn. 321; *Eisolt* ZInsO 2013, 1564 (1567).
[7] So auch *Waza/Uhländer/Schmittmann* Insolvenzen und Steuern Rn. 1597.
[8] BFH 13.11.2002 – I B 147/02, BStBl. II 2003, 716.
[9] BFH 13.11.2002 – I B 147/02, BStBl. II 2003, 716.
[10] BFH 13.11.2002 – I B 147/02, BStBl. II 2003, 716.
[11] *Kahlert/Rühland/Kahlert* Sanierungs- und Insolvenzsteuerrecht Rn. 9.848; *Drenckhan* ZInsO 2003, 405 (406).

traggeber zu, fallen diese in vollem Umfang in die Insolvenzmasse. Dabei erfasst die insolvenzrechtliche Verstrickung den gesamten Anspruch und überlagert die grundsätzliche abgabenrechtliche Pflicht des Leistungsempfängers zur Abführung des Steuerabzugsbetrages, denn dessen Abführung wäre **insolvenzzweckwidrig**. Zu beachten ist zudem, dass der Anspruch der Finanzverwaltung auch erst dann entsteht, wenn der Leistungsempfänger tatsächlich an den Leistenden zahlt.[12]

Aus dem Wortlaut des § 48b Abs. 1 EStG „der zu sichernde Steueranspruch" folgt, dass es sich bei der Bauabzugsteuer um **keine Steuer** handelt, sondern um ein **Sicherungsmittel für bestimmte Steuern**. Gemäß § 91 InsO können nach Eröffnung des Insolvenzverfahrens an massezugehörigen Gegenständen keine Rechte Dritter mehr entstehen. Dies betrifft insbesondere Sicherungsrechte Dritter. Demnach kann nach Verfahrenseröffnung kein Sicherungsanspruch der Finanzverwaltung entstehen. Zwar besteht wohl ein abstraktes Sicherungsbedürfnis hinsichtlich später entstehender Steuerverbindlichkeiten, welche dann den Rang von Masseverbindlichkeiten innehaben, allerdings dürfen die Sicherungsmittel dann lediglich dem nach Insolvenzeröffnung entstehenden Massebestand entnommen werden, da der zum Eröffnungszeitpunkt bereits vorhandene Massebestand allen Gläubigern gleichermaßen zusteht. 7

Der Leistungsempfänger ist zum Steuerabzug **weder berechtigt, noch verpflichtet**.[13] Ließe man die Pflicht zum Steuerabzug nach Verfahrenseröffnung weiterhin bestehen, ohne der Finanzverwaltung die Verrechnung und insbesondere die Aufrechnung zu gestatten, wäre die Finanzbehörde reine Zahlstelle, die den Abzugsbetrag entgegen nehmen und unmittelbar an den Insolvenzverwalter weiterleiten müsste.[14] Dies betrifft jedoch lediglich solche Werklohnforderungen des insolventen Bauauftragnehmers, die vor Eröffnung des Insolvenzverfahrens bereits entstanden waren, unabhängig von einer Freistellungsbescheinigung des Insolvenzverwalters, denn der zivilrechtliche Bauwerklohnanspruch der Insolvenzmasse kann nur noch mit schuldbefreiender Wirkung an den Insolvenzverwalter gezahlt werden. Die Befriedigung der Insolvenzforderungen des Steuergläubigers hingegen bleibt in diesem Zusammenhang stets **insolvenzzweckwidrig**. 8

Führt der Leistungsempfänger dennoch den Abzugsbetrag an die Finanzverwaltung ab, ist diese zur **Aufrechnung** mit Steuerforderungen aus der Zeit vor der Eröffnung des Insolvenzverfahrens **nicht berechtigt**. Die insolvenzrechtliche Aufteilung der Ansprüche anhand des Eröffnungszeitpunktes nach Insolvenzforderungen und Masseverbindlichkeiten gilt auch für Steuerforderungen, die durch den Bausteuerabzug abgesichert werden. Eine gemäß § 48a Abs. 1 S. 2 EStG geleistete Abführung ist demnach nach Auffassung des BFH entweder **i. S. v. §§ 81 Abs. 1 S. 1, 91 Abs. 1 InsO unwirksam** oder nach **§§ 129 ff. InsO anfechtbar**.[15] 9

Bei der Abführung durch den Leistungsempfänger handelt es sich laut Urteil des BFH um eine Leistung für Rechnung des Steuerschuldners, welche 10

---

[12] Blümich/*Ebling* EStG § 48 Rn. 160.
[13] A. A. FG München 24.9.2009 – 7 K 1238/08, EFG 2010, 147 (obiter dictum).
[14] So aber BFH 13.11.2002 – I B 147/02, BStBl. II 2003, 716.
[15] BFH 13.11.2002 – I B 147/02, BStBl. II 2003, 716.

insolvenzrechtlich genau so zu behandeln ist, wie eine entsprechende Leistung des Schuldners selbst.[16] Deshalb müsse für eine Zahlung durch den Leistungsempfänger gleiches gelten wie für den Fall, dass der Insolvenzschuldner selbst die Zahlung nach Verfahrenseröffnung an die Finanzbehörde vorgenommen hätte. In beiden Fällen hätte die Finanzverwaltung den Betrag an den Insolvenzverwalter **auszukehren** und sich auf die **Insolvenzquote** verweisen zu lassen.

11 Eine Anfechtbarkeit scheidet, entsprechend des Wortlauts des § 129 InsO, jedenfalls dann aus, wenn der Leistungsempfänger den Steuerabzugsbetrag nach Verfahrenseröffnung an das Finanzamt gezahlt hat. Dies ist vielmehr nach **§ 81 Abs. 1 S. 1 i. V. m. § 91 Abs. 1 InsO** unwirksam.

12 Demzufolge hätte die Zahlung des Leistungsempfängers an die Finanzverwaltung gemäß **§ 362 Abs. 1 BGB** keine schuldbefreiende Wirkung gegenüber dem Insolvenzverwalter, sodass der Anspruch des Insolvenzverwalters gegen den Leistungsempfänger unverändert bestehen bliebe. Da die Zahlung ohne Rechtsgrund erfolgt ist, kommt es nicht zu einer Anrechnung nach § 48c EStG und folglich auch nicht zu einem Erstattungsanspruch der Insolvenzmasse nach § 48c Abs. 2 EStG. Der Erstattungsanspruch stünde vielmehr dem Leistungsempfänger zu, denn dieser hat ohne tatsächlich bestehenden Rechtsgrund fälschlicherweise an das Finanzamt gezahlt.

13 Dem Leistungsempfänger würde nun die mitunter schwierige Frage aufgebürdet, ob er denn zum Abzug verpflichtet ist. Bei einer gerichtlichen Geltendmachung des restlichen Werklohns müssten die Gerichte diese Frage inzident klären. In Ansehung dieser Situation hat der BGH entschieden, dass hinsichtlich der Werklohnforderung des Bauauftragnehmers bei unklarer steuerrechtlicher Lage bezüglich der Abzugsverpflichtung immer dann **Erfüllungswirkung** eintritt, wenn ein Bauleistungsempfänger den Steuerabzug vornimmt und besagten Betrag an das Finanzamt abführt, es sei denn, für den Leistungsempfänger war **auf Grund der ihm zum Zeitpunkt der Zahlung bekannten Umstände eindeutig erkennbar, dass eine Verpflichtung zum Steuerabzug nicht bestand.**[17] Wenn aber nun die Zahlung an die Finanzverwaltung den Werklohnanspruch des Bauauftragnehmers zum Erlöschen bringt, muss der Erstattungsanspruch dem **Bauauftragnehmer** zustehen. Zumindest derzeit ist von einer derart unklaren steuerlichen Lage auszugehen, sodass diese eine Erfüllungswirkung eintreten lässt.

14 Sollte die Finanzverwaltung der Erstattung des Insolvenzverwalters entgegenhalten, dass der Leistungsempfänger die mangelnde Abzugspflicht **hätte erkennen können,** sodass der Erstattungsanspruch weiterhin dem Leistenden zustehe, kann der Insolvenzverwalter die Zahlung an die Finanzverwaltung nach **§ 362 Abs. 2 i. V. m. § 185 BGB genehmigen.** Dies hat zur Folge, dass der Zahlung an das Finanzamt Erfüllungswirkung zukommt, sodass der Insolvenzverwalter in der Folge Inhaber des Erstattungsanspruchs wird und diesen selbst geltend machen kann.

15 Eine **Abtretung der Werklohnforderung an einen Dritten vor Eröffnung des Insolvenzverfahrens** erfasst lediglich den Werklohnanspruch

---

[16] BFH 13.11.2002 – I B 147/02, BStBl. II 2003, 716.
[17] BGH 12.5.2005 – VII ZR 97/04, BGHZ 163, 103.

unter Abzug des Abzugsbetrags. Führt der Leistungsempfänger den Abzugsbetrag an die Finanzverwaltung ab, steht der Erstattungsanspruch dem Insolvenzverwalter zu, denn der Abzugsbetrag dient nicht zur Absicherung der Steueransprüche des Zessionars.[18]

II. Nach Insolvenzeröffnung entstehende Werklohnforderungen

Entstehen nach Eröffnung des Insolvenzverfahrens infolge einer Fortführung des schuldnerischen Geschäftsbetriebs **Werklohnforderungen,** erfolgt das Steuerabzugsverfahren nach den allgemeinen Grundsätzen. 16

Wurde dem Schuldner vor Insolvenzeröffnung eine **Freistellungsbescheinigung** erteilt, gilt diese auch zugunsten des Insolvenzverwalters fort, solange sie nicht wirksam widerrufen worden ist. Die Steuerabzugsbeträge, die in der Folge an die Finanzverwaltung abgeführt werden, dürfen entsprechend § 48c EStG auf Lohn- und Einkommen- bzw. Körperschaftsteuerschulden, die den Range der Masseverbindlichkeiten nach § 55 InsO innehaben, **angerechnet werden.** Abgeführte Beträge, welche die Masseschulden übersteigen, sind an die Insolvenzmasse zu erstatten. Eine Verrechnung mit Insolvenzverbindlichkeiten ist hingegen **unzulässig.** 17

III. Steuerabzug während des Insolvenzeröffnungsverfahrens

Da §§ 81, 91 InsO erst ab Verfahrenseröffnung einschlägig sind, darf sich die Finanzverwaltung während des Eröffnungsverfahrens noch **Sicherheiten** verschaffen, sodass der Leistungsempfänger zum Steuerabzug verpflichtet bleibt. 18

Die durch die Abführung entstehende Sicherung der Finanzverwaltung bzw. die dadurch entstehende Aufrechnungslage ist jedoch der Insolvenzanfechtung nach **§§ 129 ff. InsO** unterworfen.[19] Eine Aufrechnung ist gemäß § 96 Abs. 1 Nr. 3 InsO ausgeschlossen, sofern ein Insolvenzgläubiger die Möglichkeit dazu in anfechtbarer Weise erlangt hat. Da die Finanzverwaltung keinen Anspruch darauf hat, dass der Leistungsempfänger den bestehenden Werklohnanspruch des Leistenden befriedigt, handelt es sich hier um einen Fall von **Inkongruenz** i. S. v. § 131 InsO. Demnach ist die Befriedigung des Werklohnanspruchs eine anfechtbare Rechtshandlung, die auf Seiten der Finanzverwaltung eine Aufrechnungslage entstehen lässt, sofern sie die Abzugsbeträge erhält. 19

Aus der Anfechtbarkeit folgt, dass die Finanzverwaltung zur Anrechnung des Abzugsbetrags nach § 48a EStG **nicht berechtigt** ist, sodass der Betrag an den Insolvenzverwalter zu **erstatten** ist. Bei Vorliegen der Voraussetzungen der §§ 130, 131 InsO kommt ferner eine Anfechtbarkeit in Betracht, sofern die Finanzverwaltung vor Antragstellung ihre Forderungen im Wege der Verrechnung befriedigt hat. 20

Bei **hohen Steuerrückständen** empfiehlt es sich für den Insolvenzverwalter, den Antrag auf Freistellung erst nach Eröffnung des Verfahrens zu 21

---

[18] *Mitlehner* NZI 2002, 143 (145).
[19] *Heinze* DZWIR 2005, 282.

stellen, da ihm dann mangels entgegenstehender Anhaltspunkte die Freistellungsbescheinigung zu erteilen ist, und den Einzug bauabzugssteuerpflichtiger Forderungen erst danach vorzunehmen.[20]

IV. Steuerabzug im masseunzulänglichen Insolvenzverfahren

22 Ähnliches gilt für den Steuerabzug nach **Masseunzulänglichkeitsanzeige**.[21] Sofern gemäß § 208 Abs. 1 InsO die Kosten des Insolvenzverfahrens zwar gedeckt sind, die Insolvenzmasse jedoch nicht ausreicht, um die fälligen sonstigen Masseverbindlichkeiten zu erfüllen, hat der Insolvenzverwalter dem Insolvenzgericht anzuzeigen, dass Masseunzulänglichkeit vorliegt. Dies hat zur Folge, dass kein Altmassegläubiger, dessen Masseverbindlichkeit vor der Masseunzulänglichkeitsanzeige entstanden ist, Gegenstände aus der Insolvenzmasse erhält, bis nicht zuvor die Masseverbindlichkeiten der Neumassegläubiger aus der Zeit nach der Masseunzulänglichkeitsanzeige befriedigt sind und alle übrigen Altmassegläubiger mit gleicher Quote Befriedigung aus der Insolvenzmasse erhalten haben.

23 § 91 Abs. 1 InsO ist analog anzuwenden, sodass der Leistungsempfänger nach Anzeige der Masseunzulänglichkeit **keinen Steuerabzug** mehr vorzunehmen hat, soweit die Werklohnforderung des insolventen Bauauftragnehmers bereits **vor der Anzeige der Masseunzulänglichkeit entstanden** war. Hat der Leistungsempfänger dennoch den Abzugsbetrag an das Finanzamt abgeführt, ist die Finanzverwaltung zur **Aufrechnung** mit Steuerforderungen, deren Rechtsgrund bereits vor Masseunzulänglichkeitsanzeige gelegt worden ist, **nicht berechtigt,** sondern ist im Gegenteil zur Erstattung des Betrags an den Insolvenzverwalter verpflichtet.[22]

V. Haftung des Auftraggebers

24 Führt der Auftraggeber die Steuer bei den jeweils fälligen Raten nicht an das Finanzamt ab, haftet er bei Insolvenz des Bauleistungserbringers dem Finanzamt für den Ausfall, sodass ein entsprechender **Haftungsbescheid** gegen ihn ergehen kann.[23] Das Finanzamt stellt sich also auch in dieser Konstellation besser als die übrigen Gläubiger, wohingegen der Auftraggeber zusätzlich zu seinem Vertragspartnerrisiko das Steuerrisiko trägt.[24]

25 Demnach kann nach Eröffnung des Insolvenzverfahrens **kein Haftungsbescheid** mehr für solche Abzugsbeträge ergehen, deren Pflicht zur Abführung zum damaligen Zeitpunkt noch nicht entstanden war. Insoweit kann eine zu sichernde Steuerschuld nicht mehr entstehen und bereits abgeführte Abzugsbeträge dürfen nicht mehr durch die Finanzverwaltung verrechnet werden.

---

[20] MüKoInsO/*Schüppen*/*Ruh* Insolvenzsteuerrecht Rn. 213a.
[21] Siehe dazu *Roth* Insolvenzsteuerrecht Rn. 3.213 ff.
[22] BFH 13.11.2002 – I B 147/02, BStBl. II 2003, 716.
[23] FG München, 24.9.2009 – 7 K 1238/08, EFG 2010, 147; *Göbes*/*Rösler* BKR 2002, 745.
[24] *Göbes*/*Rösler* BKR 2002, 745; *Grziwotz* ZfIR 2002, 91.

Ergeht trotz dessen ein Haftungsbescheid gegen den Leistenden wegen **vorinsolvenzlicher Verstöße** gegen die Abzugspflicht und zahlt der Leistungsempfänger tatsächlich auf die Haftungsschuld, darf der Haftungsbetrag auf die Steuerschulden des Insolvenzschuldners **angerechnet** werden. Da die Haftung nach § 48a EStG ein **außerinsolvenzliches Sicherungsmittel** darstellt, das ausschließlich Steueransprüche des Fiskus sichern soll. Vielmehr hat der Haftungstatbestand des § 48a EStG **Schadensersatzcharakter.**[25] Insoweit scheidet ein Erstattungsanspruch des Insolvenzverwalters mangels insolvenzzweckwidriger Bevorzugung des Steuergläubigers gegenüber den übrigen Gläubigern aus. 26

B. Steuerabzug in der Insolvenz des Bauleistungsempfängers

Hat der Insolvenzschuldner **vor Eröffnung** des Verfahrens, entgegen der Vorschriften der §§ 48 ff. EStG, die **Abzugsbeträge nicht einbehalten oder abgeführt,** stellen die **Haftungsforderungen** der Finanzverwaltung Insolvenzforderungen i. S. d. § 38 InsO dar. Die Feststellung des Abzugsbetrags zur Insolvenztabelle darf jedoch nur erfolgen, wenn die Bauwerklohnforderung tatsächlich befriedigt worden ist. Erst dann besteht ein Haftungsanspruch der Insolvenzmasse. 27

---

[25] BFH 29.10.2008 – I B 160/08, BFH/NV 2009, 377.

§ 14 Grunderwerbsteuer

Übersicht

	Rn.
A. Grunderwerbsteuer im Insolvenzverfahren	
I. Insolvenzrechtliche Qualität der Grunderwerbsteuerforderungen	4–9
1. Nicht vollständige Eigentumsübertragung	6
2. Nicht oder nicht vollständig erfüllte Verträge i. S. v. § 103 InsO	7
3. Zusätzliche Leistungen nach § 9 Abs. 2 Nr. 1 GrEStG	8, 9
II. Verwertung der Immobilie durch den Insolvenzverwalter	10, 11
III. Unbedenklichkeitsbescheinigung	12, 13
IV. Erstattung der Grunderwerbsteuer	14–18
B. Auswirkung der Freigabe des Grundstücks durch den Insolvenzverwalter	19

1 Wird **Grundbesitz im Insolvenzverfahren verwertet,** fällt Grunderwerbsteuer an. Von Relevanz sind jedoch insbesondere solche Grundstücksgeschäfte, die der Schuldner vor Eröffnung des Insolvenzverfahrens abgeschlossen hat, welche nach Verfahrenseröffnung neue Wendungen erfahren.

2 Der Sache nach stellt die Grunderwerbsteuer eine **Sonderumsatzsteuer** dar, welche den Grunderwerb besteuert.[1] Dabei wird im Gegensatz zur Umsatzsteuer jeder Grundstücksumsatz besteuert, unabhängig davon, ob er von einem Unternehmer oder einem Nichtunternehmer vorgenommen wird. Als Verkehrssteuer knüpft sie an einen Rechtsvorgang an und besteuert den durch das Rechtsgeschäft ausgetauschten Wert.[2] Die Pflicht zur Entrichtung der Grunderwerbsteuer besteht, sofern keine Befreiungstatbestände nach §§ 3 ff. GrEStG zu bejahen sind.

3 Die **Grunderwerbsteuer entsteht** nach § 14 GrEStG, abweichend von der Grundregel des § 38 AO, wenn die Wirksamkeit eines Erwerbsvorgangs von dem Eintritt einer Bedingung abhängig ist, mit dem Eintritt der Bedingung und wenn ein Erwerbsvorgang einer Genehmigung bedarf, mit der Genehmigung. Fällig i. S. v. § 15 S. 1 GrEStG wird sie i. d. R. einen Monat nach Bekanntgabe des Steuerbescheides. Ist eine Grunderwerbsteuer im Zeitpunkt der Eröffnung des Insolvenzverfahrens bereits steuerrechtlich i. S. v. § 14 GrEStG entstanden, aber noch nicht fällig, wird die Fälligkeit nach § 41 Abs. 1 InsO fingiert, sodass die Grunderwerbsteuer als fällige Forderung zur Tabelle angemeldet werden kann.[3]

---

[1] BeckStB-HdB/*Pelka/Hettler* G Rn. 366; Tipke/Lang/*Reiß* Steuerrecht § 15 Rn. 2.
[2] *Fehrenbacher* Steuerrecht 5. Aufl. 2015 § 1 Rn. 22.
[3] Beck/Depré/*Depré/Dobler* Praxis der Insolvenz § 35 Rn. 64.

A. Grunderwerbsteuer im Insolvenzverfahren

I. Insolvenzrechtliche Qualität der Grunderwerbsteuerforderungen

Die **insolvenzrechtliche Forderungsqualität** bestimmt sich grundsätzlich danach, ob der die Grundsteuer auslösende Lebenssachverhalt vor oder nach Eröffnung des Insolvenzverfahrens stattgefunden hat. Da die Grunderwerbsteuer, im Gegensatz zur Grundsteuer, nicht als öffentliche Last auf dem Grundstück liegt, kommt eine abgesonderte Befriedigung i. S. v. § 49 InsO nicht in Betracht.[4]

Hat der vollständige Grundstückserwerbsvorgang **vor Verfahrenseröffnung** stattgefunden, ist die Grundsteuer Insolvenzforderung und kann nur zur Tabelle angemeldet werden. Allerdings ist eine differenzierte Beurteilung der Forderungsqualität geboten, sofern der Erwerbsvorgang im Zeitpunkt der Verfahrenseröffnung noch nicht abgeschlossen ist.

1. Nicht vollständige Eigentumsübertragung

Ist der Eigentumsübergang im Zeitpunkt der Insolvenzeröffnung noch nicht abschließend verwirklicht, weil der Kaufvertrag womöglich unter einer Bedingung steht, stellt die daraus resultierende Grunderwerbsteuer eine Insolvenzforderung dar, weil das **maßgebliche Rechtsgeschäft** vor der Eröffnung des Insolvenzverfahrens stattgefunden hat und die Entstehung der Steuer nicht mehr von einer persönlichen Haltung des Schuldners abhängt.[5] In diesem Zeitraum liegt nämlich, unabhängig der Steuerentstehung nach § 14 GrEStG, die insolvenzrechtliche Begründung der Forderung, auch wenn der Eigentumsübergang von einer Bedingung abhängt und diese nach Verfahrenseröffnung eintritt oder das Rechtsgeschäft genehmigungsbedürftig ist. Der für die Grunderwerbsteuer maßgebliche Vorgang ist grundsätzlich der Abschluss des zugrundeliegenden Rechtsgeschäfts.[6]

2. Nicht oder nicht vollständig erfüllte Verträge i. S. v. § 103 InsO

Sofern ein Grundstücksvertrag zwischen dem Schuldner und dessen Vertragspartner im Zeitpunkt der Eröffnung des Insolvenzverfahrens nicht oder noch nicht vollständig erfüllt ist, hat der Insolvenzverwalter das **Erfüllungswahlrecht** nach § 103 InsO. Die Erfüllungswahl hebt die Grunderwerbsteuer dabei jedoch nicht in den Status einer Masseverbindlichkeit an, da diese nicht den Tatbestand der Grunderwerbsteuer verwirklicht, sondern das zugrundeliegende Rechtsgeschäft des Schuldners vor Verfahrenseröffnung.[7] Gleiches gilt, sofern die andere Vertragspartei als Erwerber nach § 106 InsO wegen der Eintragung einer **Vormerkung** die Erfüllung verlangen kann.[8]

---

[4] *Waza/Uhländer/Schmittmann* Insolvenzen und Steuern Rn. 2422.
[5] FK-InsO/*Boochs* InsO § 155 Rn. 427.
[6] *Maus* Steuern im Insolvenzverfahren Rn. 462.
[7] *Farr* Die Besteuerung in der Insolvenz Rn. 428; Uhlenbruck/*Maus* InsO § 80 Rn. 64; FG Brandenburg 11.4.2000 – 3 K 885/98 GE, EFG 2000, 1198.
[8] *Waza/Uhländer/Schmittmann* Insolvenzen und Steuern Rn. 2415.

3. Zusätzliche Leistungen nach § 9 Abs. 2 Nr. 1 GrEStG

8 Im Zusammenhang mit ein und demselben Erwerbsvorgang können in Ansehung der Grunderwerbsteuer sowohl **Insolvenzforderungen,** als auch **Masseverbindlichkeiten** entstehen, wenn ein rechtsgeschäftlicher Erwerbsvorgang vor Verfahrenseröffnung Grunderwerbsteuer ausgelöst hat, nach Eröffnung des Insolvenzverfahrens jedoch ein davon unabhängiger, selbständiger erneuter Rechtsakt stattfindet. Dieser stellt eine zusätzliche Leistung i. S. v. § 9 Abs. 2 Nr. 1 GrEStG dar, wenn die Leistung dem Erwerber als Entgelt für den Erwerb des Grundstücks gewährt wird und diese nicht bereits von § 9 Abs. 1 GrEStG erfasst ist. Dies betrifft i. d. R. solche Leistungen, welche vom Erwerber zusätzlich zu für den Erwerbsvorgang vereinbarten Gegenleistung nachträglich gewährt werden, um das Eigentum am Grundstück zu verschaffen oder zu erhalten.[9] Zwar ist diese Zusatzleistung u. U. nicht mehr kausal mit dem Grundstücksgeschäft verbunden, allerdings muss dabei ein innerer rechtlicher Zusammenhang bestehen.[10] Besagter Zusammenhang kann zu bejahen sein, wenn bestehende Zweifel an der Wirksamkeit des bereits abgewickelten Geschäfts vergleichsweise durch Zahlung eines zusätzlichen Entgelts ausgeräumt werden oder das Behaltendürfen des Grundstücks durch die zusätzliche Leistung abgesichert wird.[11]

9 Ficht er Insolvenzverwalter also zunächst einen vor Verfahrenseröffnung erfolgten Erwerbsvorgang an, einigt sich aber anschließend zur Erledigung der Auseinandersetzung um die Anfechtbarkeit mit dem Vertragspartner des Schuldners auf eine Vergleichszahlung und stimmt als Gegenleistung dafür dem vorinsolvenzlichen Erwerbsvorgang zu, stellt dies eine zusätzliche Leistung nach § 9 Abs. 2 Nr. 1 GrEStG dar.[12] Der aus der zusätzlichen Leistung resultierende Steuerbetrag kann in einem gesonderten Grunderwerbsteuerbescheid festgesetzt werden, ohne dass es einer Änderung des ursprünglichen Bescheids bedarf.

II. Verwertung der Immobilie durch den Insolvenzverwalter

10 **Veräußert** der Insolvenzverwalter im Insolvenzverfahren ein zur Insolvenzmasse gehörendes Grundstück **freihändig,** oder erwirbt dieser ein Grundstück für die Insolvenzmasse, wird der die Grunderwerbsteuer auslösende Tatbestand nach Verfahrenseröffnung verwirklicht, sodass die anfallende Grunderwerbsteuer eine Masseverbindlichkeit gemäß § 55 Abs. 1 InsO darstellt.[13]

11 Bei der Verwertung im Wege der **Zwangsversteigerung** fällt nach § 1 Abs. 1 Nr. 4 GrEStG Grunderwerbsteuer an, welche der Meistbietende zu entrichten hat.[14]

---

[9] BFH 24.2.1982 – II R 4/81, BStBl. II 1982, 625.
[10] BFH 13.4.1994 – II R 93/90, BStBl. II 1994, 817; BFH 12.12.1979 – II R 15/76, BStBl. II 1980, 162.
[11] BFH 13.4.1994 – II R 93/90, BStBl. II 1994, 817.
[12] BFH 13.4.1994 – II R 93/90, BStBl. II 1994, 817.
[13] *Waza/Uhländer/Schmittmann* Insolvenzen und Steuern Rn. 2417; MüKoInsO/*Schüppen/Ruh* Insolvenzsteuerrecht Rn. 225; *Farr* Die Besteuerung in der Insolvenz Rn. 431.
[14] Andres/Leithaus/*Leithaus* InsO § 165 Rn. 34.

III. Unbedenklichkeitsbescheinigung

Der Erwerber eines Grundstücks darf nach § 22 Abs. 1 GrEStG in das Grundbuch erst dann eingetragen werden, wenn eine Bescheinigung des für die Besteuerung zuständigen Finanzamts vorgelegt wird oder Bescheinigungen der für die Besteuerung zuständigen Finanzämter vorgelegt werden, dass der Eintragung steuerliche Bedenken nicht entgegenstehen.[15] Gemäß § 22 Abs. 2 S. 1 GrEStG hat das Finanzamt die Unbedenklichkeitsbescheinigung zu erteilen, wenn die Grunderwerbsteuer entrichtet, sichergestellt oder gestundet worden ist oder wenn Steuerfreiheit gegeben ist. Die Forderung ist in diesem Sinne sichergestellt, sofern der Insolvenzverwalter sie **nach § 178 InsO zur Tabelle festgestellt** hat. Daher besteht spätestens ab diesem Zeitpunkt ein Anspruch auf Erteilung der Unbedenklichkeitsbescheinigung.[16] Gleiches gilt, sofern die Finanzverwaltung den Anspruch nicht zur Tabelle angemeldet hat, obwohl dies ohne weiteres möglich gewesen wäre, da anderenfalls die Anmeldung verzögert und ein im Insolvenzabwicklung gebotener Vollzug des Rechtsgeschäfts gefährdet würde. Die Erteilung der Unbedenklichkeitsbescheinigung darf ferner nicht von der Bedingung der Zahlung der Grunderwerbsteuer aus der Masse abhängig gemacht werden.[17]

Überträgt eine **krisenbehaftete Gesellschaft** Grundvermögen an eine andere, ebenso krisenbehaftete Gesellschaft, und kommt es zur Eröffnung des Insolvenzverfahrens über das Vermögen beider Gesellschaften, hat die Finanzverwaltung die Unbedenklichkeitsbescheinigung zu erteilen, obwohl zu diesem Zeitpunkt i.d.R. feststeht, dass die Grunderwerbsteuer jedenfalls nicht vollständig entrichtet werden wird.[18]

IV. Erstattung der Grunderwerbsteuer

Hat der Insolvenzschuldner Grunderwerbsteuer entrichtet und wird das Grundstücksgeschäft anschließend nicht endgültig vollzogen, sodass das Eigentum nicht übergeht, kann es zur **Erstattung der Grunderwerbsteuer** nach § 16 GrEStG kommen. § 16 GrEStG hat zur Folge, dass bei einem Rückerwerb des Grundstücks die Grunderwerbsteuer für den Erwerb sowie den Rückerwerb entfällt. Basiert die Rückerstattung auf einem vertraglich vereinbarten **Rücktrittsrecht** und hat der spätere Insolvenzschuldner bereits vor Eröffnung des Insolvenzverfahrens die Grunderwerbsteuer entrichtet, entsteht mit der Ausübung des Rücktrittsrechts, auch bei Ausübung dessen nach Verfahrenseröffnung, ein Grunderwerbsteuererstattungsanspruch der Insolvenzmasse gegen die Finanzverwaltung. Unerheblich ist, ob der Rücktritt durch die andere Vertragspartei, den Schuldner selbst oder dessen Insolvenzverwalter vorgenommen wird.

---

[15] *Heine* ZInsO 2004, 230.
[16] MüKoInsO/*Schüppen*/*Ruh* Insolvenzsteuerrecht Rn. 227; Kahlert/Rühland/*Kahlert* Sanierungs- und Insolvenzsteuerrecht Rn. 9.1036; *Heinze* ZInsO 2004, 230 (231).
[17] *Boochs*/*Dauernheim* Steuerrecht in der Insolvenz 3. Aufl. 2007 Rn. 205; FG Brandenburg 11.4.2000 – 3 K 885/98 GE, EFG 2000, 1198.
[18] *Boochs*/*Dauernheim* Steuerrecht in der Insolvenz Rn. 205.

15 Die **Finanzverwaltung kann** gegen diesen Anspruch mit Insolvenzforderungen **aufrechnen,** da dieser Rückerstattungsanspruch bereits vor Verfahrenseröffnung im Vertragsverhältnis begründet war und im steuerrechtlichen Sinne lediglich nach Eröffnung des Insolvenzverfahrens entstanden ist.[19] Da die Finanzverwaltung einen infolge des nach Verfahrenseröffnung erfolgten Rücktritts vom Vertrag entstehenden Erstattungsanspruch nicht erst nach Verfahrenseröffnung schuldig wird, ist § 96 Abs. 1 Nr. 1 InsO insoweit nicht einschlägig.[20]

16 Beruht die Rückabwicklung des Kaufvertrags über ein Grundstück hingegen auf der **Nichterfüllungswahl** des Insolvenzverwalters nach § 103 Abs. 2 InsO, entfällt die Grunderwerbsteuer ebenfalls.[21] Sie ist vom Finanzamt an die Insolvenzmasse zurück zu erstatten, sofern der Schuldner diese aus seinem Vermögen vor Eröffnung des Insolvenzverfahrens gezahlt hat.[22]

17 Die **Aufrechnung** gegen diesen Erstattungsanspruch ist der Finanzverwaltung gemäß § 96 Abs. 1 Nr. 1 InsO verwehrt, da der Rechtsgrund für den Anspruch nicht in der abstrakten Regelung des § 16 Abs. 1 GrEStG liegt, sondern in der nach Verfahrenseröffnung liegenden insolvenzrechtlichen Nichterfüllungswahl.[23] Dieses originäre insolvenzrechtliche Gestaltungsrecht des Insolvenzverwalters entsteht kraft Gesetz und außerhalb des eigentlichen Vertragsverhältnisses im Zeitraum nach Verfahrenseröffnung. Insoweit ist der Vertrag also nicht vor Eröffnung des Insolvenzverfahrens unentschieden geblieben. Der Rückerstattungsanspruch ist dem Zeitraum nach Verfahrenseröffnung zuzuordnen und somit die Aufrechnung ausgeschlossen.

18 Gleiches gilt für den Erstattungsanspruch infolge einer durch den Insolvenzverwalter erklärten **Insolvenzanfechtung,** da das Anfechtungsrecht ebenso ein originäres insolvenzrechtliches Gestaltungsrecht des Insolvenzverwalters ist, welches erst mit Eröffnung des Insolvenzverfahrens entsteht.[24] Das Anfechtungsrecht war gleichermaßen nicht bereits vor Insolvenzeröffnung im Vertragsverhältnis angelegt. Ferner fließen infolge einer Anfechtung rückerstattete Beträge, entsprechend des dem Anfechtungsrecht immanenten Gläubigergleichbehandlungsgrundsatzes, der Gesamtheit der Gläubiger gleichermaßen zu, sodass eine Aufrechnung gemäß § 96 Abs. 1 Nr. 3 InsO ausscheidet. Bei der Insolvenzanfechtung ist § 16 Abs. 2 Nr. 2 GrEStG entsprechend anzuwenden, da sich die Vertragsparteien der Rückgängigmachung des Erwerbsvorgangs bzw. der Rückübertragung des Grundstücks aus Rechtsgründen nicht entziehen können.[25]

---

[19] BFH 17.4.2007 – VII R 27/06, BStBl. II 2009, 589.
[20] BFH 17.4.2007 – VII R 27/06, BStBl. II 2009, 589.
[21] MAH Insolvenz und Sanierung/*Damaschke* § 25 Rn. 101.
[22] *Boochs/Dauernheim* Steuerrecht in der Insolvenz Rn. 205; *Waza/Uhländer/Schmittman* Insolvenzen und Steuern Rn. 2416.
[23] *Farr* Die Besteuerung in der Insolvenz Rn. 429; *Waza/Uhländer/Schmittmann* Insolvenzen und Steuern Rn. 2416; FG Bremen 19.12.1973 – II 44/73, EFG 1974, 220.
[24] *Farr* Die Besteuerung in der Insolvenz Rn. 430.
[25] Hofmann/*Hofmann* GrEStG § 16 Rn. 48; Boruttau/*Loose* GrEStG § 16 Rn. 166; BFH 6.2.1980 – II R 7/76, BStBl. II 1980, 363.

B. Auswirkung der Freigabe des Grundstücks durch den Insolvenzverwalter

Veräußert der Insolvenzschuldner das Grundstück, nachdem der Insolvenzverwalter dieses freigegeben hat, fällt keine Grunderwerbsteuer zu Lasten der Insolvenzmasse an. Vielmehr ist diese vom Schuldner aus dessen insolvenzfreien Vermögen zu begleichen. Dies entspricht der Trennung der Vermögenssphären nach **§ 35 InsO** (→ § 11 Rn. 111). Eine Belastung der Masse mit Steuerforderungen aus dem Veräußerungsvorgang ist nur insoweit anzunehmen, als der Insolvenzverwalter daraus tatsächlich einen Betrag zur Masse zieht.

§ 15 Grundsteuer

Übersicht

	Rn.
A. Grundsteuer im Insolvenzverfahren	
I. Insolvenzrechtliche Qualität der Grundsteuerforderung	5–8
II. Bekanntgabe von Einheitswertbescheiden und Grundsteuermessbescheiden während des Insolvenzverfahrens	9–11
III. Erlass der Grundsteuer	12–15
IV. Inanspruchnahme des Grundstückserwerbers	16–18
B. Auswirkungen der Freigabe	19–21
C. Grundsteuer als Absonderungsrecht in der Insolvenz	22–25
D. Grundsteuer bei gleichzeitig bestehender Zwangsverwaltung	26–28

1 Befindet sich **Grundbesitz in der Insolvenzmasse**, fällt i.d.R. Grundteuer an. Problematisch ist in diesem Zusammenhang meist deren **insolvenzrechtliche Forderungsqualität**. Zwar ist die wirtschaftliche Bedeutung der Grundsteuer wegen der im Verhältnis zur Insolvenzmasse niedrigeren Beträge im Großteil der Fälle eher gering, doch kann im Einzelfall dadurch Masseunzulänglichkeit nach § 208 InsO (→ § 13 Rn. 22) eintreten. Insbesondere bei kleineren Insolvenzverfahren, meist bei solchen über das Vermögen eines Verbrauchers, kann die Masse überhaupt nur aus der Verwertung des Grundstücks gebildet werden. Aus der Verwertung fließt der Insolvenzmasse dabei wegen dinglicher Belastungen lediglich ein geringer Betrag zu. Ferner sind vorrangig vor der Grundsteuer die Verfahrenskosten i.S.v. § 54 InsO zu befriedigen.

2 Die **Grundsteuer entsteht** nach § 9 Abs. 2 GrStG **mit Beginn des Kalenderjahres** und wird grundsätzlich zu je einem Viertel ihres Jahresbeitrags gemäß § 28 Abs. 1 GrStG **vierteljährlich,** jeweils zum fünfzehnten des mittleren Monats, **fällig.**[1] Die Festsetzung nach § 27 GrStG erfolgt für das gesamte Kalenderjahr, auf Grundlage eines Grundsteuermessbescheids, der wiederum auf einem durch das Lagefinanzamt erlassenen Einheitswertbescheids basiert, wobei nach § 9 Abs. 1 GrStG die Verhältnisse zu Beginn des jeweiligen Kalenderjahres maßgeblich sind.

A. Grundsteuer im Insolvenzverfahren

3 Die **Befugnis der Gemeinde zum Erlass von Grundsteuerbescheiden** über Ansprüche aus dem Grundsteuerschuldverhältnis nach Eröffnung

---

[1] MüKoInsO/*Schüppen/Ruh* Insolvenzsteuerrecht Rn. 220a.

eines Insolvenzverfahrens über das Vermögen des Schuldners für ein in dessen Eigentum stehendes Grundstück ist grundsätzlich eingeschränkt.² Maßgeblich für die Zulässigkeit der Steuererhebung ist die Forderungsqualität der betroffenen Grundsteuerforderung. Diese kann nämlich den Rang einer Insolvenzforderung i. S. v. § 38 InsO, den Rang einer Masseverbindlichkeit nach § 55 InsO innehaben oder das insolvenzfreie Vermögen des Schuldners betreffen.³

Steuerbescheide dürfen **nach Eröffnung des Insolvenzverfahrens** grundsätzlich **nicht mehr** ergehen.⁴ Der Steuergläubiger ist gehalten, Ansprüche aus dem Steuerschuldverhältnis nach den Maßgaben des Insolvenzrechts zur Tabelle anzumelden.⁵ Ein förmlicher Steuerbescheid über einen Steueranspruch, der eine Insolvenzforderung betrifft, ist unwirksam.⁶ Die Erhebung der Grundsteuer durch Verwaltungsakt ist nur zulässig, wenn es sich dabei um eine Masseverbindlichkeit im Sinne des § 55 InsO handelt.⁷

I. Insolvenzrechtliche Qualität der Grundsteuerforderung

Hat der Insolvenzschuldner bei Eröffnung des Insolvenzverfahrens bereits Grundsteuerschulden, welche solche Veranlagungszeiträume betreffen, die bereits vor dem Kalenderjahr endeten, in das das Insolvenzverfahren fällt, stellen diese grundsätzlich **Insolvenzforderungen** i. S. v. § 38 InsO dar.

Ab Eröffnung des Insolvenzverfahrens sind öffentliche Grundstückslasten i. d. R. **Masseverbindlichkeiten**.⁸ Zu beachten ist bei der Grundsteuer allerdings, dass diese wegen § 9 Abs. 2 GrStG erst ab Beginn des Folgejahres der Verfahrenseröffnung als Masseverbindlichkeit gilt.⁹

Mitunter problematisch ist die **Zuordnung** dann, wenn innerhalb eines Kalenderjahres **Veränderungen** der für die Grundsteuer maßgeblichen Verhältnisse eintreten. In diesem Fall ist der gesamte Jahressteuerbetrag den Insolvenzforderungen zuzuordnen, weil der Grundsteuertatbestand bereits vor Eröffnung des Insolvenzverfahrens vollständig verwirklicht wird und lediglich die Fälligkeit vierteljährlich eintritt.¹⁰ Da nach dem System der Grundsteuer

---

² OVG Sachsen-Anhalt 5.11.2009 – 4 L 243/08, ZInsO 2010, 51; *App* NZI 1999, 478 (479); OVG Berlin-Brandenburg 21.12.2005 – 9 B 23.05, BeckRS 2009, 39865; BFH 2.7.1997 – I R 11/97, BFHE 183, 365.
³ Andres/Leithaus/*Leithaus* InsO § 165 Rn. 44.
⁴ VG Halle 22.1.2010 – 4 A 311/09, NZM 2011, 268; Klein/*Werth* AO § 251 Rn. 29.
⁵ VG Halle 22.1.2010 – 4 A 311/09, NZM 2011, 268.
⁶ VG Halle 22.1.2010 – 4 A 311/09, NZM 2011, 268; BFH 2.7.1997 – I R 11/97, BStBl. II 1998, 428; BFH 10.12.2008 – I R 41/07, BFH/NV 2009, 719; FG Brandenburg 14.9.2006 – 3 K 2728/03, EFG 2007, 708; Tipke/Kruse/*Loose* AO § 251 Rn. 44.
⁷ VG Halle 22.1.2010 – 4 A 311/09, NZM 2011, 268; OVG Sachsen-Anhalt 5.11.2009 – 4 L 243/08, ZInsO 2010, 51.
⁸ *Depré*/*Lampert* ZfIR 2012, 1 (5).
⁹ *Depré*/*Lampert* ZfIR 2012, 1 (5); *Schmidberger* NZI 2012, 953 (956); OVG Sachsen 25.8.2010 – 5 A 754/08, n. V.
¹⁰ VG Halle 22.1.2010 – 4 A 311/09, NZM 2011, 268; OVG Berlin-Brandenburg 21.12.2005 – 9 B 23.05, BeckRS 2009, 39865; VG Schleswig 24.7.1985 – 1 D 19/85, KTS 1985, 752; Braun/Schneider/*Bäuerle* InsO 6. Aufl. 2014 § 55 Rn. 45; Koenig/*Fritsch* § 251 AO Rn. 65; MAH Insolvenz und Sanierung/*Damaschke* § 28 Rn. 98; *Waza/Uhländer/*

für die Steuerschuldnerschaft und die Festsetzung der Grundsteuer ausschließlich die Verhältnisse zu Beginn des Kalenderjahres maßgebend sind, wirken sich innerhalb so wie außerhalb des Insolvenzverfahrens die Veränderungen erst für das auf die Veränderung folgende Kalenderjahr aus. Die Steuerbelastung tritt einmal im Jahr im Sinne eines reinen Stichtagsprinzips ein. Liegt diese vor Eröffnung des Insolvenzverfahrens, ist die Grundsteuer Insolvenzforderung. Eine zeitanteilige Aufteilung der Grundsteuerschuld im Veranlagungszeitraum der Insolvenzeröffnung verbietet sich daher.[11]

8 Es kommt ebenso nicht zu einer Aufteilung, sofern der Grundbesitz sich zu Beginn des Kalenderjahres in der Insolvenzmasse befindet und während des Kalenderjahres Veränderungen eintreten. Der gesamte Jahressteuerbetrag ist in diesem Falle Masseverbindlichkeit nach § 55 Abs. 1 Nr. 1 Alt. 2 InsO. Unerheblich ist dabei, ob die Veränderung auf einen Eigentümerwechsel, durch Veräußerung an einen Dritten oder durch Freigabe an den Insolvenzschuldner erfolgt.

II. Bekanntgabe von Einheitswertbescheiden und Grundsteuermessbescheiden während des Insolvenzverfahrens

9 Nach Eröffnung des Insolvenzverfahrens dürfen grundsätzlich keine die Insolvenzmasse betreffenden **Grundlagenbescheide** mehr erlassen werden, wenn dadurch Besteuerungsgrundlagen festgesetzt oder festgestellt werden, welche Auswirkungen auf zur Tabelle anzumeldende Steuerforderungen haben können.[12] Dies widerspräche dem aus § 87 InsO folgenden Vorrang des Insolvenzverfahrens gegenüber dem Festsetzungs- und Feststellungsverfahren nach der Abgabenordnung. Dabei genügt es, dass die festgestellten oder festgesetzten Besteuerungsgrundlagen für das Insolvenzverfahren präjudiziell sein können, soweit sie solche Steuern betreffen, die Insolvenzforderungen sein können.[13]

10 Für **Grundsteuermess- und Einheitswertbescheide** gilt jedoch insoweit eine Ausnahme. Der Erlass eines Einheitswertbescheids ist auch nach Eröffnung des Insolvenzverfahrens gegenüber dem Insolvenzverwalter zulässig, da im Einheitswertbescheid Besteuerungsgrundlagen nicht ausschließlich zum Zwecke der Anmeldung von Grundsteuerforderungen zur Tabelle ermittelt und festgestellt werden.[14] Dem Einheitswertbescheid kommt insofern **dingliche Wirkung** zu, dass dieser gemäß § 182 Abs. 2 S. 1 AO auch gegen-

---

Schmittmann Insolvenzen und Steuern Rn. 2442; *Maus* Steuern im Insolvenzverfahren Rn. 465; MüKoInsO/*Schüppen/Ruh* Insolvenzsteuerrecht Rn. 220a; Uhlbrinck/*Sinz* InsO § 38 Rn. 92; Uhlbrinck/*Maus* InsO § 80 Rn. 64; Kübler/Prütting/Bork/Pape/Schaltke InsO § 55 Rn. 49; *Schmidberger* NZI 2012, 953 (956); *Mayer* Rpfleger 2000, 260; a.A. Gottwald/*Frotscher* § 125 Rn. 11; MüKoInsO/*Hefermehl* InsO § 55 Rn. 81.

[11] MAH/*Damaschke* Insolvenz und Sanierung § 28, Rn. 97.
[12] BFH 2.7.1997 – I R 11/97, BStBl. II 1998, 428; BFH 18.12.2002 – I R 33/01, BStBl. II 2003, 630; BFH 14.2003 – I R 51/02, BStBl. II 2003, 779.
[13] BFH 1.4.2003 – I R 51/02, BStBl. II 2003, 779; BFH 18.12.2002 – I R 33/01, BStBl. II 2003, 630.
[14] BFH 24.7.2002 – II B 52/02, BFH/NV 2003, 8; FG Brandenburg 14.9.2006 – 3 K 2728/03, EFG 2007, 708; Koenig/*Fritsch* § 251 AO Rn. 65.

über dem Rechtsnachfolger wirkt, auf den der Gegenstand der Feststellung nach dem Feststellungszeitpunkt übergeht. Der Erlass des Grundlagenbescheids führt außerhalb des Insolvenzverfahrens liegende Regelungswirkungen herbei. Die dadurch bewirkte grundsätzliche Störung des insolvenzrechtlichen Forderungsanmeldungs- und -prüfungsverfahrens wirkt sich in diesem Fall nicht nachteilig auf das Insolvenzverfahren aus, da es nicht zu einer Verbesserung der insolvenzrechtlichen Forderungsqualität der Steuerforderung kommt und im Fall eines Streits über Grund und Höhe der zur Tabelle angemeldeten Steuerforderung ohnehin die Finanzgerichte anzurufen sind.

Der **Grundlagen- bzw. Messbescheid** ist daher trotz Eröffnung des Insolvenzverfahrens gegenüber dem Insolvenzverwalter zu erlassen, wenn eine bereits angemeldete Steuerforderung im Prüfungstermin bestritten wird und ein solcher noch nicht vorliegt. Selbst wenn der Grundlagenbescheid bereits vorliegt, stellt die Finanzverwaltung einen zur Insolvenztabelle angemeldeten und bestrittenen Steuerbescheid gemäß § 251 Abs. 3 AO durch Verwaltungsakt fest, gegen welchen nach § 347 AO der Einspruch statthaft ist.[15] Es bedeutet keine Schlechterstellung der Insolvenzmasse, wenn sich der Insolvenzverwalter notfalls zur Vermeidung eines Präjudizes für die Tabellenfeststellung an die Finanzgerichte wenden muss.

III. Erlass der Grundsteuer

Unter den Voraussetzungen der §§ 32, 33 GrStG ist ein **Erlass der Grundsteuer bei wesentlicher Ertragsminderung** möglich. Eine solche ist bei einer nicht vom Steuerschuldner zu vertretenden[16] erheblichen Minderung des Rohertrags[17] zu bejahen, welcher sich wiederum nach der Jahresrohmiete gemäß § 79 Abs. 1 BewG bestimmt. Ist ein Grundstück eigengenutzt, ungenutzt, **leerstehend,**[18] zu vorübergehendem Gebrauch oder unentgeltlich überlassen, gilt nach § 79 Abs. 2 S. 1 Nr. 1 BewG als Jahresrohmiete die übliche Miete, welche in Anlehnung an der für Räume gleicher oder ähnlicher Art, Lage und Ausstattung regelmäßig gezahlte Jahresrohmiete zu schätzen ist.

Entgegen der früheren Rechtsprechung des BVerwG kommt ein **Grundsteuererlass** nicht lediglich bei atypischen und vorübergehenden Ertragsminderungen in Betracht, sondern auch bei strukturell bedingten Ertragsminderungen, sodass eine Differenzierung nach typischen, strukturell bedingten, vorübergehenden oder daraus kombinierten Merkmalen hinfällig ist.[19]

Folglich kann in vielen Insolvenzverfahren, in welchen sich **leerstehende Immobilien** in der Insolvenzmasse befinden, auf Antrag des Insolvenzver-

---

[15] BFH 30.11.2004 – VII R 78/03, BFH/NV 2006, 1095; Koenig/*Fritsch* § 251 AO Rn. 55.
[16] Zu wirtschaftlichen Erwägungen des Steuerschuldners bzgl. eines Leerstandes siehe VGH Baden-Württemberg 16.3.2006 – 2 S 1002/05, DÖV 2006, 918.
[17] Minderung um mehr als 20 Prozent, MüKoInsO/*Schüppen/Ruh* Insolvenzsteuerrecht Rn. 220c.
[18] BFH 24.10.2007 – II R 5/05, BStBl. II 2008, 384; a. A. MüKoInsO/*Schüppen/Ruh* Insolvenzsteuerrecht Rn. 220d.
[19] BVerwG 24.4.2007 – GmS-OGB 1.07, ZKF 2007, 211; BFH 24.10.2007 – II R 5/05, BStBl. II 2008, 384.

walters nach § 34 Abs. 2 GrStG die Grundsteuer erlassen und somit eine diesbezügliche Belastung der Masse vermieden werden.

15 Entgegen der Auffassung des VG Köln[20] ist dem **Zweck der Erlassvorschrift des § 33 GrStG,** der allein auf den Grundsteuerschuldner und die Erhaltung seiner Existenz ausgerichtet ist, auch noch genüge getan, wenn die wirtschaftliche Existenz des Grundsteuerschuldners bereits vernichtet ist und ein Erlass wirtschaftlich nur noch dessen Gläubigern zu Gute käme. Vielmehr ist auch im Insolvenzverfahren nicht auszuschließen, dass der Erlass zumindest dazu beiträgt, die wirtschaftliche Situation des Schuldners zu verbessern bzw. eine Sanierung zu ermöglichen. Insbesondere im Hinblick auf die mitunter ungewisse Situation einer späteren Restschuldbefreiung, einer möglicherweise eintretenden Masseunzulänglichkeit oder der Option eines Insolvenzplans, kann ein Erlass **zumindest mittelbar die wirtschaftliche Situation des Schuldners beeinflussen.**

IV. Inanspruchnahme des Grundstückserwerbers

16 Gemäß §§ 191 Abs. 1 AO, 11 Abs. 2 S. 1 GrStG **haftet der Erwerber neben dem früheren Eigentümer** für die auf den Steuergegenstand oder Teilen des Steuergegenstandes entfallene Grundsteuer, die für die Zeit seit dem Beginn des letzten vor der Übereignung liegenden Kalenderjahres zu entrichten ist, wenn ein Steuergegenstand ganz oder zu einem Teil einer anderen Person übereignet wird.[21] Der Erwerber ist i. S. v. § 11 Abs. 2 GrStG kein Ersatzschuldner zum früheren Eigentümer, sondern steht von Gesetzes wegen neben diesem.[22]

17 Dabei muss die Steuerbehörde **nicht alle in Betracht kommenden Vollstreckungsmöglichkeiten gegenüber dem Steuerschuldner ausschöpfen,** denn dem staatlichen Gläubiger soll eine effektive Steuerbeitreibung durch einen zusätzlichen Schuldner ermöglicht werden.[23] Im Hinblick auf § 219 AO i. V. m. § 11 Abs. 2 GrStG und der gesetzessystematischen Zweiteilung in Steuer- und Haftungsschuldner sind an die Voraussetzung, dass die Vollstreckung aussichtslos ist, keine unangemessen hohen Anforderungen zu stellen.[24]

18 Ein neuer Grundstückseigentümer muss ferner die **Zwangsvollstreckung** in sein Grundstück grundsätzlich auch dann wegen rückständiger Grundsteuern dulden, wenn die Erhebungszeiträume mehr als zwei Jahre vor dem Grundstückserwerb liegen.[25] Ein **Duldungsbescheid** nach § 191 Abs. 1 S. 1 Alt. 2 AO, § 77 Abs. 2 S. 1 AO wegen rückständiger Grundsteuer nach Ein-

---

[20] VG Köln 18.6.2008 – 23 K 4903/07, ZInsO 2009, 129.
[21] VG Gießen 14.6.2012 – 8 K 2454/10.GI, NJW 2012, 3804.
[22] VG Gießen 14.6.2012 – 8 K 2454/10.GI, NJW 2012, 3804; *Troll/Eisele* GrStG § 11 Rn. 4.
[23] Hier Vollstreckungsersuchen in Luxemburg gegen eine insolvente und inzwischen liquidierte und gelöschte Gesellschaft: VG Gießen 14.6.2012 – 8 K 2454/10.GI, NJW 2012, 3804; VG Dresden 30.3.2010 – 2 K 351/08, BeckRS 2011, 51293.
[24] VG Gießen 14.6.2012 – 8 K 2454/10.GI, NJW 2012, 3804.
[25] VG Halle 22.1.2010 – 4 A 311/09, NZM 2011, 268; OVG Bautzen 8.1.2009 – 5 A 168/08, NJW-RR 2009, 950 (Ls.).

stellung des Insolvenzverfahrens und Veräußerung des Grundstücks gegen den Erwerber ist allerdings insoweit unzulässig, als dieser Forderungen betrifft, die im Rahmen des Insolvenzverfahrens hätten gelten gemacht werden können.[26] Der akzessorische Duldungsbescheid bedarf eines zugrundeliegenden rechtmäßig festgesetzten, fälligen und vollstreckbaren Grundsteueranspruchs.[27] Für den Zeitraum der Dauer des Insolvenzverfahrens müssen auch im Nachhinein die insolvenzrechtlichen Regelungen der Steuerfestsetzung beachtet werden. Ist der Steueranspruch hingegen gemäß § 178 Abs. 2 InsO zur Tabelle angemeldet und festgestellt worden, besteht als Grundlage für die Duldungspflicht ein fälliger und vollstreckbarer Grundsteueranspruch.[28]

B. Auswirkungen der Freigabe

Erfolgt die **Freigabe im Laufe eines Kalenderjahres,** ist die Grundsteuer im darauf folgenden Kalenderjahr zu Lasten des insolvenzfreien Vermögens des Insolvenzschuldners und nicht mehr an den Insolvenzverwalter festzusetzen.[29] Ein an den Insolvenzverwalter gerichteter Grundsteuerbescheid ist rechtswidrig und auf Einspruch hin aufzuheben.

Grundsteuerschulden für das laufende Kalenderjahr sind sog. **oktroyierte Masseverbindlichkeiten i. S. v. § 90 InsO**, da sie ohne Zutun des Insolvenzverwalters, allein aus der Eigentümerstellung des Schuldners resultieren. Grundsteuerforderungen, die zwar während der Zeit des Insolvenzverfahrens, aber nach Freigabe des Grundstücks entstehen, sind somit als Masseverbindlichkeit vom Insolvenzverwalter zu befriedigen.

Die Festsetzung der noch während der Dauer des Insolvenzverfahrens entstandenen Grundsteuer erfolgt im auf die Freigabe folgenden Kalenderjahr. Selbst bei Inaussichtstellen einer **Restschuldbefreiung im Verbraucherinsolvenzverfahren** kann im Nachhinein für diesen Zeitraum die Grundsteuer nachträglich gegen den Insolvenzschuldner festgesetzt werden.[30]

C. Grundsteuer als Absonderungsrecht in der Insolvenz

Bei der Grundsteuer handelt es sich um eine **öffentliche Last,** die mangels Eintragungsfähigkeit nicht im Grundbuch eingetragen und somit direkt aus der Rangklasse III heraus vollstreckt wird. Der Rechtsbegriff „öffentliche

---

[26] VG Halle 22.1.2010 – 4 A 311/09, NZM 2011, 268.
[27] VG Halle 22.1.2010 – 4 A 311/09, NZM 2011, 268; BVerwG 13.2.1987 – 8 C 25/85, BStBl II 1987, 475; OVG Sachsen-Anhalt 7.12.2011 – 4 L 70/10, NZI 2012, 254.
[28] OVG Sachsen-Anhalt 7.12.2011 – 4 L 70/10, NZI 2012, 254.
[29] OVG Sachsen-Anhalt 5.11.2009 – 4 L 243/08, ZInsO 2010, 51; OVG Berlin-Brandenburg 24.2.2010 – 9 N 168.08, NZI 2010, 7; OVG Berlin-Brandenburg 21.12.2005 – 9 B 23.05, BeckRS 2009, 39865; MüKoInsO/*Hefermehl* § 55 Rn. 82; MüKoInsO/*Tetzlaff* InsO § 165, Rn. 223; *Häsemeyer* Insolvenzrecht 4. Aufl. 2007 Rn. 13.19; Uhlenbruck/*Sinz* InsO § 55 Rn. 28; Hess/*Röpke* InsO § 55 Rn. 494.
[30] OVG Sachsen-Anhalt 5.11.2009 – 4 L 243/08, ZInsO 2010, 51.

Grundstückslast" ist gesetzlich nicht bestimmt, jedoch hat der BGH festgestellt, dass sie dinglicher Natur ist und im öffentlichen Recht ihre Grundlage hat.[31] Die öffentliche Grundstückslast sichert somit eine grundstücksbezogene öffentliche Abgabenforderung, deren Zwangsvollstreckung der Eigentümer nach § 77 Abs. 2 AO zu dulden hat.[32] Die Grundsteuer als wiederkehrende Leistung ist innerhalb der Rangklasse bevorrechtigt, aber lediglich mit den laufenden Beträgen sowie der Rückstände der letzten zwei Jahre.[33]

23 Sofern die **Zwangsvollstreckung** betrieben wird, kann die Grundsteuer, wenn sie **Insolvenzforderung** ist, als auf dem Grundstück ruhende öffentliche Last gemäß § 49 InsO i.V.m. § 10 Abs. 1 Nr. 3 ZVG von den Gemeinden als **Absonderungsrecht** geltend gemacht werden.[34] Ob es sich dabei um Rückstände handelt, die in die bevorrechtigte Rangklasse drei des § 10 Abs. 1 ZVG fallen, oder um ältere Rückstände im Sinne von § 10 Abs. 1 Nr. 7 ZVG, ist ohne Belang.[35] Dabei entsteht das Absonderungsrecht nicht erst und nicht nur dann, wenn das Grundstück nach der Eröffnung des Insolvenzverfahrens zwangsversteigert wird.[36] Die Grundsteuer ruht vielmehr nach § 12 GrStG unabhängig davon, ob ein Zwangsversteigerungsverfahren eingeleitet worden ist, als öffentliche Last auf dem Grundstück.[37] Auch die übrigen in § 10 Abs. 1 ZVG genannten Rechte werden sogleich mit der Eröffnung des Insolvenzverfahrens zu Absonderungsrechten, nicht etwa erst und nur im Rahmen einer Zwangsversteigerung.[38] Wird das betroffene Grundstück zwangsversteigert, richtet sich das Schicksal der öffentlichen Last des § 12 GrStG ausschließlich nach den Vorschriften des Zwangsversteigerungsgesetzes, sodass der Berechtigte mit dem Zuschlag anstelle des erloschenen Rechts einen pfandhaft gesicherten Anspruch auf Wertersatz aus dem Versteigerungserlös erwirbt.[39] Voraussetzung ist allerdings ein Duldungsbescheid, welcher trotz § 89 Abs. 1 InsO auch im laufenden Insolvenzverfahren gegen den Insolvenzverwalter erlassen werden kann, wobei die Feststellung der Forderung in der Insolvenztabelle die Grundlage für den Duldungstitel nach § 191 AO darstellt.[40]

---

[31] BGH 18.2.2010 – IX ZR 101/09, NZI 2010, 482; BGH 30.6.1988 – IX ZR 141/87, NJW 1989, 107; BGH 22.5.1981 – V ZR 69/80, NJW 1981, 2127; *Stöber* ZVG-Handbuch Rn. 73.
[32] *Stöber* ZVG-Handbuch Rn. 73.
[33] *Stöber* ZVG-Handbuch Rn. 73.
[34] MüKoInsO/*Schüppen/Ruh* Insolvenzsteuerrecht Rn. 220a; OLG Hamm 21.10.1993 – 27 U 125/93, NJW-RR 1994, 469 (470).
[35] BGH 6.10.2011 – V ZB 18/11, NZI 2011, 939; OLG Brandenburg 7.3.2007 – 7 U 105/06, juris.
[36] BGH 6.10.2011 – V ZB 18/11, NZI 2011, 939; BGH 18.2.2010 – IX ZR 101/09, NZI 2010, 482; AG Gera 11.4.2008 – 2 C 935/07, BeckRS 2010, 11529; a.A. OLG Hamm 21.10.1993 – 27 U 125/93, NJW-RR 1994, 469 (470).
[37] BGH 18.2.2010 – IX ZR 101/09, NZI 2010, 482; OVG Sachsen-Anhalt 14.3.2006 – 4 L 328/05, WM 2007, 1622.
[38] BGH 18.2.2010 – IX ZR 101/09, NZI 2010, 482.
[39] BGH 18.2.2010 – IX ZR 101/09, NZI 2010, 482; BVerwG 7.9.1984 – 8 C 30/82, BVerwGE 70, 91.
[40] *Schmidberger* NZI 2012, 953 (956); OVG Sachsen-Anhalt 14.3.2006 – 4 L 328/05, BeckRS 2007, 25656; *Glotzbach/Goldbach* Immobiliarvollstreckung aus Sicht der kommunalen Vollstreckungsbehörden Rn. 722; OVG Saarlouis 12.10.2007 – 1 B 340/07, NJW 2008, 250.

Der Inhaber einer öffentlichen Last gemäß § 12 GrStG kann, wenn der Insolvenzverwalter das belastete Grundstück hingegen **freihändig** veräußert hat, **keine abgesonderte Befriedigung** aus dem Veräußerungserlös verlangen.[41] Wird das Grundstück nach Festsetzung, Fälligkeit und Vollstreckbarkeit der Steuerforderung freihändig veräußert, **haftet das Grundstück weiterhin**, sodass die Haftung durch einen gegen den neuen Eigentümer gerichteten Duldungsbescheid geltend gemacht wird.[42] Insoweit kann das Absonderungsrecht auch nicht durch lastenfreie freihändige Veräußerung erlöschen, denn die auf das erworbene Grundstück beschränkte Haftung des Erwerbers aus § 12 GrStG kann nicht durch eine Vereinbarung der Vertragsparteien abbedungen werden.[43] Da das Grundstück nach der freihändigen Veräußerung weiterhin für die Steuerforderung haftet und das Absonderungsrecht also fortbesteht, kann es sich nicht im Wege der dinglichen Surrogation durch ein Pfandrecht am Veräußerungserlös fortsetzen.[44] Der Fiskus wäre doppelt gesichert, wenn sich das Absonderungsrecht an dem Veräußerungserlös fortsetzen würde.[45]

Allerdings gewähren **nur Insolvenzforderungen** ein Absonderungsrecht, nicht hingegen Masseverbindlichkeiten.[46] Offene Grundsteuerbeträge, die auf die Zeit nach Eröffnung entfallen, sind als Masseverbindlichkeiten vorweg aus der Insolvenzmasse zu befriedigen.[47]

D. Grundsteuer bei gleichzeitig bestehender Zwangsverwaltung

Der **Zwangsverwalter** hat die auf dem Grundstück ruhenden öffentliche Lasten, also auch die Grundsteuer gemäß § 156 Abs. 1 S. 1 ZVG ohne gesondertes Verfahren vorab aus der verwalteten Masse auszugleichen.[48] Bei Vorliegen der Voraussetzungen hat er ferner, zur Vermeidung der Haftung, einen Erlass der Grundsteuer zu beantragen.[49]

Wird **parallel zum Insolvenzverfahren die Zwangsversteigerung oder Zwangsverwaltung** angeordnet, kann die Insolvenzmasse für Grundsteuerforderungen nicht in Anspruch genommen werden.[50] Daher entstehen daraus auch keine Masseverbindlichkeiten, die der Insolvenzverwalter vorab zu begleichen hätte.[51] Ist der Insolvenzverwalter nicht mehr zur Verwaltung

---

[41] BGH 18.2.2010 – IX ZR 101/09, NZI 2010, 482.
[42] BGH 18.2.2010 – IX ZR 101/09, NZI 2010, 482; BVerwG 13.2.1987 – 8 C 25/85, BVerwGE 77, 38; BVerwG 20.9.74 – IV C 32/72, KStZ 1975, 10.
[43] Braun/*Bäuerle* InsO § 49 Rn. 29; BFH 11.3.2010 – IX ZR 34/09, BFH/NV 2010, 1406 L.
[44] BGH 18.2.2010 – IX ZR 101/09, NZI 2010, 482.
[45] MüKoInsO/*Ganter* InsO Vorbem. §§ 49–52 Rn. 66.
[46] *Schmidberger* NZI 2012, 953 (956).
[47] MüKoInsO/*Hefermehl* InsO § 55 Rn. 81.
[48] *Drasdo* NJW 2014, 1855 (1856); *Hartung* Rpfleger 2013, 661 (663).
[49] *Drasdo* NJW 2014, 1855 (1860); *Hartung* Rpfleger 2013, 661 (665).
[50] Uhlenbruck/*Maus* InsO § 80 Rn. 64; Hess/*Röpke* InsO § 55 Rn. 492 f.; Hess/*Boochs*/*Weis* Steuerrecht in der Insolvenz Rn. 789.
[51] VG Düsseldorf 21.2.1985 – 11 K 2805/82, kritisch Anm. *Frotscher* EWiR 1986, 389 (390).

des Grundstücks befugt, kann die Grundsteuer nicht zu Lasten der Insolvenzmasse festgesetzt werden.[52]

28 Ein Erstattungsanspruch aus vorausgezahlten Grundsteuern fällt allerdings in die **Insolvenzmasse** und nicht in die Zwangsverwaltungsmasse.[53]

---

[52] Uhlenbruck/*Maus* InsO § 80 Rn. 64; Hess/*Röpke* InsO § 55 Rn. 493.
[53] *Schmidberger* NZI 2012, 953 (956); LG Hannover 26.5.2006 – 4 O 15/06, ZInsO 2006, 1113.

Teil 7. Veräußerungen

§ 16 Grundzüge der Besteuerung

Übersicht

	Rn.
A. Ertragsteuern (entgeltlich/unentgeltlich)	
I. Gewerblicher Grundstückshandel	1–16
1. Merkmale der Drei-Objekt-Grenze	2–4
2. Besonderheiten der Drei-Objekt-Grenze	5–16
a) Gewerblicher Grundstückshandel wegen Überschreitens der Drei-Objekt-Grenze	5–13
b) Gewerblicher Grundstückshandel ohne Überschreiten der Drei-Objekt-Grenze bei Gesellschaften	14
c) Kein Gewerblicher Grundstückshandel bei Überschreiten der Drei-Objekt-Grenze	15
d) Rechtsfolgen	16
II. Steuerbegünstigungen nach §§ 16, 34 EStG	17, 18
III. Beendigung eines Nießbrauchsverhältnisses	19–26
1. Steuerrechtliche Auswirkungen der Beendigung	19–21
2. Zahlungen zur Ablösung eines Nießbrauchverhältnisses (insbesondere im Privatvermögen)	22–26
IV. Beendigung eines Erbbaurechtsverhältnisses	27–30
V. Gewerbesteuer	31–34
VI. Privates Veräußerungsgeschäft i.S.d. § 23 Abs. 1 Satz 1 Nr. 1 EStG	35–63
1. Tatbestandmerkmale	36–50
a) Grundstücke	37, 38
b) Erbbaurechte	39–43
c) Anschaffung und Veräußerung innerhalb von 10 Jahren	44–50
2. Besonderheiten bei vermögensverwaltenden Personengesellschaften	51–63
a) Ertragssteuerrechtliche Aspekte	52–55
b) Verfahrensrechtliche Aspekte	56
3. Ermittlung des Veräußerungsgewinns	57–63
B. Umsatzsteuer	
I. Überlegungen des Veräußerers zur steuerfreien und steuerpflichtigen Immobilientransaktion	64, 65
II. Überblick zum Umfang der steuerbefreiten Grundstücksübertragung und zur Option	66–115
1. Steuerbefreite Grundstücksübertragung nach § 4 Nr. 9a UStG	66–68

	Rn.
2. Option zur Steuerpflicht aus Sicht des Veräußerers	69–82
a) Zweck	69–73
b) Voraussetzungen der Option zur Steuerpflicht (§ 9 Abs. 1 und 3 UStG)	74–77
c) Entstehungszeitpunkt der Umsatzsteuer und Ermittlung des umsatzsteuerlichen Entgeltanteils	78–80
d) Unrichtiger oder unberechtigter Steuerausweis	81, 82
3. (Teil-)Geschäftsveräußerung im Ganzen aus Sicht des Veräußerers	83–115
a) Voraussetzungen der nicht steuerbaren Geschäftsveräußerung im Immobilienbereich	88–100
b) Immobilienübertragungen im Rahmen von Umstrukturierungen	101–106
c) Umgang mit einer fraglichen nicht steuerbaren Geschäftsveräußerung in der Praxis – Gestaltung des Grundstückskaufvertrags und von Steuerklauseln ...	107–114
4. Vorsteuerberichtigung durch den Veräußerer infolge geänderter Verhältnisse	115

A. Ertragsteuern (entgeltlich/unentgeltlich)

I. Gewerblicher Grundstückshandel

1 Eine **gewerbliche Tätigkeit** kann – neben der Tätigkeit als solche – auch durch die Veräußerungen von Grundstücken indiziert werden.[1] Im Wesentlichen ist hierbei auf die Dauer der Nutzung vor Veräußerung und die Zahl der veräußerten Objekte sowie auf eine Teilnahme am allgemeinen wirtschaftlichen Verkehr abzustellen. Der BFH hat für die standardisierte Annahme eines gewerblichen Grundstückshandels die sog. **Drei-Objekt-Grenze** festgelegt.[2] Dieser Auffassung schloss sich das BMF schließlich an.[3] Hiernach soll bei Veräußerungen von mehr als drei Objekten innerhalb eines engen zeitlichen Zusammenhangs eine gewerbliche Tätigkeit angenommen werden. Diese Drei-Objekt-Grenze soll jedoch nur indiziellen Charakter haben und ist somit nicht starr auszulegen, wie die nachfolgenden Ausführungen aufzeigen sollen.

1. Merkmale der Drei-Objekt-Grenze

2 Nach der **Drei-Objekt-Grenze** ist die Veräußerung von mehr als drei Objekten innerhalb eines Fünfjahreszeitraums grundsätzlich als eine gewerbliche Tätigkeit anzusehen. In dem Fall soll ein enger zeitlicher Zusammenhang zwischen Errichtung, Erwerb oder Modernisierung und Veräußerung bestehen und damit wird unterstellt, dass bereits von Anfang an eine Veräußerungsabsicht vorlag. Jedoch soll die Grenze von fünf Jahren – wie die Drei-

---

[1] Zur Abgrenzung von Vermögensverwaltung und Gewerblichkeit vgl. auch → § 7 Rn. 92.
[2] BFH 18.9.1991 – XI R 23/90, BStBl. II 1992, 135; BFH 10.12.2001 – GrS 1/98, BStBl. II 2002, 291.
[3] BMF 26.3.2004, BStBl. I 2004, 434.

Objekt-Grenze selbst – keine starre Bedeutung haben. Ist ein derartig enger zeitlicher Zusammenhang von fünf Jahren nicht gegeben, können bis zu zeitlichen Obergrenzen von zehn Jahren, Objekte dennoch mitgerechnet werden, wenn weitere Umstände den Schluss rechtfertigen, dass im Zeitpunkt der Errichtung bzw. des Erwerbs eine Veräußerungsabsicht vorgelegen hat. So kann ein gewerblicher Grundstückshandel bspw. auch bei einer höheren Zahl von Grundstücksveräußerungen nach Ablauf dieses Zeitraums, aber auch bei einer hauptberuflichen Tätigkeit im Baubereich vorliegen.[4] Wurde das veräußerte Objekt unentgeltlich durch **Einzel- oder Gesamtrechtsnachfolge** erworben, ist für die Fünf-Jahresfrist die Zeit der Anschaffung oder Herstellung durch den Rechtsvorgänger maßgebend.[5]

Als **Veräußerung im Sinne der Drei-Objekt-Grenze** gelten grundsätzlich auch die **Einbringung** eines Grundstücks in das Gesamthandsvermögen einer Personengesellschaft und die Einbringung in eine Kapitalgesellschaft gegen Gewährung von Gesellschaftsrechten. Erhält der Übertragende keine Gegenleistung oder Übertragungen im Wege der Realteilung einer vermögensverwaltenden Personengesellschaft oder Bruchteilsgemeinschaft gelten hingegen nicht als Veräußerung im Sinne der Drei-Objekt-Grenze.[6]

Ein **Objekt im Sinne der Drei-Objekt-Grenze** ist grundsätzlich jedes selbständig veräußerbare und nutzbare Immobilienobjekt und zwar unabhängig von seiner Größe, seinem Wert und anderen Umständen. Hierbei folgt nach ständiger Rechtsprechung die selbständige Veräußerbarkeit grundsätzlich der zivilrechtlichen Qualifizierung.[7] Auch **Erbbaurechte** sind Objekte im Sinne der Drei-Objekt-Grenze.[8] Unterscheidungen müssen bei **Garagenabstellplätzen** gemacht werden. Grundsätzlich zählen diese als selbständige Objekte. Ausgenommen sind jedoch Garagenstellplätze, die als Zubehörraum einer Eigentumswohnung fungieren.[9] Nicht einzubeziehen in die Drei-Objekt-Grenze sind hingegen grundsätzlich zu **eigenen Wohnzwecken** genutzte Grundstücke, es sei denn, sie wurde nur vorübergehend zu eigenen Wohnzwecken genutzt. Demnach soll bei einer Selbstnutzung von weniger als fünf Jahren das Grundstück nur nicht einbezogen werden, wenn der Veräußerer eine auf Dauer angelegte Eigennutzung nachweist, indem er darlegt, dass die Veräußerung auf offensichtlichen Sachzwängen beruhte (z.B. aufgrund einer nicht vorhergesehenen finanziellen Notlage).[10] Objekte die ohne Gewinnerzielungsabsicht übertragen werden, sind ebenfalls nicht einzubeziehen. Wurde das Objekt jedoch mit der Absicht veräußert Gewinn zu erzie-

---

[4] BMF 26.3.2004, BStBl. I 2004, 434, Rn. 5 und 6; vgl. auch BFH 5.9.1990 – X R 107–108/89, BStBl. II 1990, 1060.
[5] BMF 26.3.2004, BStBl. I 2004, 434, Rn. 8; Blümich/*Bode* EStG § 15 Rn. 176.
[6] BMF 26.3.2004, BStBl. I 2004, 434, Rn. 7; BFH 19.9.2002 – X R 51/98, BStBl. II 2003, 394.
[7] Vgl. BFH 3.8.2004 – X R 40/03, BStBl. II 2005, 35, Tz. 3 Buchst. d Doppelbuchst. aa, m. w. N.
[8] Vgl. BMF 26.3.2004, BStBl. I 2004, 434, Rn. 8.
[9] Vgl. BMF 26.3.2004, BStBl. I 2004, 434, Rn. 8; BFH 18.9.2002 – X R 183/96, BStBl. II 2003, 238.
[10] Vgl. BMF 26.3.2004, BStBl. I 2004, 434, Rn. 10; BFH 18.9.2002 – X R 28/00, BStBl. II 2003, 133; BFH 18.9.2002 – X R 28/00, BStBl. II 2003, 133.

len, durch deren Verkauf aber letztlich ein Verlust realisiert, sind diese auch in die Drei-Objekt-Grenze einzubeziehen.[11]

2. Besonderheiten der Drei-Objekt-Grenze

a) Gewerblicher Grundstückshandel wegen Überschreitens der Drei-Objekt-Grenze bei Gesellschaften

5 Besonderheiten bei Überschreitung der Drei-Objekt-Grenze können sich insbesondere bei Beteiligungen an **Grundstücksgesellschaften** ergeben. Zum einen kann durch die Grundstücksveräußerungen der Personengesellschaft selbst sowie durch die Veräußerung eines Anteils an einer Personengesellschaft auf Ebene des Gesellschafters ein gewerblicher Grundstückshandel begründet werden.

6 Bei Beteiligungen an Personengesellschaften ist vorrangig zu prüfen, ob die Personengesellschaft an sich **gewerblich** tätig ist und somit eine Mitunternehmerschaft im Sinne des § 15 Abs. 1 Satz 1 Nr. 2 EStG vorliegt. In diesem Fall ist die Drei-Objekt-Grenze vorerst auf **Ebene der Gesellschaft** zu prüfen. Jedoch ist die Überschreitung der Drei-Objekt-Grenze für die Gesellschaft selbst nicht von Bedeutung, wenn sie bereits durch ihre originäre Tätigkeit gewerbliche Einkünfte erzielt.

7 In einem zweiten Schritt ist die **Gesellschafterebene** zu betrachten. Grundstücksveräußerungen von gewerblichen Personengesellschaften sind den einzelnen Gesellschaftern, für die Frage nach einem gewerblichen Grundstückshandel, grundsätzlich anteilig zuzurechnen. Auf Ebene des Gesellschafters wird dann zur Prüfung, ob ein (weiterer) gewerblicher Grundstückshandel vorliegt, die von der Gesellschaft veräußerten Objekte in die Drei-Objekt-Grenze einbezogen. Eine Zurechnung der Grundstücksveräußerungen der Personengesellschaft zu den Gesellschaftern soll ausgeschlossen sein, wenn die Gesellschaft zu anderen Zwecken als der Grundstückshandel gegründet wurde und im Rahmen ihres gewöhnlichen Geschäftsbetriebs Grundstücke veräußert.[12]

8 In die **Prüfung der Drei-Objekt-Grenze** sollte prinzipell auch die **Veräußerung von Anteilen** an einer gewerblich tätigen Personengesellschaften mit einbezogen werden.[13] Denn die Veräußerung und der Erwerb von Gesellschaftsanteilen stellt die Übertragung ideeller Anteile des Veräußernden an den einzelnen gesamthänderisch gebundenen Wirtschaftsgütern des Gesellschaftsvermögen dar, für die insoweit eine getrennte Zurechnung für Zwecke der Besteuerung nach § 39 Abs. 2 Nr. 2 AO erforderlich ist.[14] Dabei wird für Zwecke der Drei-Objekt-Grenze auf die Anzahl der in Gesamthandsvermö-

---

[11] Vgl. BFH 23.7.2002 – VIII R 19/01, BFH/NV 2002, 1571; BFH 6.9.1998 – III R 227/94, BFH/NV 1999, 302; BMF 26.3.2004, BStBl. I 2004, 434, Rn. 11.

[12] BFH 28.11.2002 – III R 1/01, BStBl. II 2003, 250, Tz. II 1c.

[13] BFH 28.11.2002 – III R 1/01, BStBl. II 2003, 250; dem Urteil liegt eine Veräußerung eines 50%-Anteils an einer gewerblich geprägten Grundstücksgesellschaft zu Grunde. Der BFH hatte jedoch in Tz. II 1c ausgeführt, dass zwischen einer vermögensverwaltenden und gewerblich tätigen PersG hinsichtlich der Prüfung eines gewerblichen Grundstückshandels nicht zu unterscheiden ist.

[14] BFH 28.11.2002 – III R 1/01, BStBl. II 2003, 250, Tz. II 1b, m. w. N.

gen befindlichen Grundstücke abgestellt. Dieser Grundsatz sollte jedoch nicht gelten, wenn die Personengesellschaft selbst, einen anderen Zweck verfolge als die Grundstücksveräußerung und so etwaige Grundstücksveräußerungen durch die Personengesellschaft selbst, dem Gesellschafter auch nicht hätten zugerechnet werden können.[15]

Voraussetzung für die beschriebenen **Zurechnungen** zum Gesellschafter soll nach BMF eine mindestens 10% Beteiligung an der Personengesellschaft sein oder dass der Verkehrswert des Gesellschaftsanteils oder des Anteils an dem veräußerten Grundstück bei einer Beteiligung von weniger als 10% mehr als 250.000 EUR beträgt.[16]

Diese Grundsätze gelten noch ausgeprägter für **vermögensverwaltende Personengesellschaften** sowie für **Bruchteilsgemeinschaften** i. S. d. §§ 741, 1008 BGB – soweit sie nicht nach den o. g. Grundsätzen durch Überschreiten der Drei-Objekt-Grenze bereits gewerblich sind –, für die die Vorschrift des § 39 Abs. 2 Nr. 2 AO eine noch größere Bedeutung haben.[17] Demnach muss ihre Betätigung (z. B. Erwerb, Bebauung und Verkauf der Grundstücke) den einzelnen Gesellschaftern anteilig zugerechnet werden und bei diesen einkommensteuerrechtlich nach den für den einzelnen Gesellschafter und seine Betätigung maßgeblichen Kriterien beurteilt werden. Dabei ist zu unterscheiden, ob die Beteiligung an der vermögensverwaltenden Personengesellschaft im Betriebsvermögen oder Privatvermögen gehalten wird.

Wird die Beteiligung in einem **Betriebsvermögen** gehalten, erzielt der Gesellschafter in jedem Fall gewerbliche Einkünfte. Wird die Beteiligung hingegen in einem **Privatvermögen** gehalten, ist zu unterscheiden, ob die Personengesellschaft selbst ein Grundstück veräußert oder ob die Beteiligung an der Personengesellschaft veräußert wird.

Veräußert die Personengesellschaft selbst etwaige Grundstücke, gilt jedes von der Personengesellschaft veräußerte Objekt als **ein Zählobjekt** bei den jeweiligen Gesellschaftern für Zwecke der Drei-Objekt-Grenze. So kann diese Zurechnung dazu führen, dass durch die Zusammenrechnung aller Grundstücksveräußerungen, von ggf. mehreren vermögensverwaltenden Personengesellschaften, ein Steuerpflichtiger zwar selbst keine Grundstücksveräußerungen tätigt, aber durch die Zusammenrechnung dennoch einen gewerblichen Grundstückshandel begründet. Oder bei nur einer einzelnen Grundstücksveräußerung eines Steuerpflichtigen innerhalb der Fünf-Jahresfrist, könnte durch die Zurechnungen von weiteren Grundstücksveräußerungen von vermögensverwaltenden Personengesellschaften ein gewerblicher Grundstückshandel auf Ebene des Gesellschafters vorliegen.[18] In diesen Fällen werden die Gewinne aus den Grundstücksveräußerungen durch den Gesellschafter selbst, als auch die bezogenen Einkünfte von den vermögensverwaltenden Personengesellschaften auf Ebene des Gesellschafters in gewerbliche Einkünfte umqualifiziert.[19] Die Beteiligung an der Personengesellschaft sollte

---

[15] BFH 28.11.2002 – III R 1/01, BStBl. II 2003, 250, Tz. II 1c und 2a dd.
[16] BMF 26.3.2004, BStBl. I 2004, 434, Rn. 14.
[17] Vgl. BMF 26.3.2004, BStBl. I 2004, 434, Rn. 15.
[18] Vgl. auch BFH 3.7.1995 – GrS 1/93, BStBl. II 1995, 617; BFH 28.11.2002 – III R 1/01, BStBl. II 2003, 250.
[19] Vgl. BFH 3.7.1995 – GrS 1/93, BStBl. II 1995, 617, Tz. III 3.

in diesen Konstellationen im Rahmen der sog. Spiegelbildmethode erfolgsneutral in das Betriebsvermögen des Gesellschafters eingebucht werden müssen.[20]

11 Auch **Veräußerungen von Anteilen** an vermögenverwaltenden Personengesellschaften werden dem Gesellschafter –wie bei den gewerblichen Personengesellschaften – für Zwecke der Drei-Objekt-Grenze anteilig zugerechnet.

12 Ebenfalls gilt bei vermögensverwaltenden Personengesellschaften, als Voraussetzung für die beschriebenen Zurechnungen zum Gesellschafter, eine **mindestens 10%-Beteiligung** an der Personengesellschaft oder dass der Verkehrswert des Gesellschaftsanteils oder des Anteils an dem Grundstück bei einer Beteiligung von weniger als 10% mehr als 250.000 EUR beträgt.[21] Eine Zurechnung der Grundstücksveräußerungen der Personengesellschaft zu den Gesellschaftern sollte ebenfalls ausgeschlossen sein, wenn die Gesellschaft zu anderen Zwecken als Grundstückshandel gegründet ist und im Rahmen ihres gewöhnlichen Geschäftsbetriebs Grundstücke veräußert. Im Ergebnis lässt sich somit festhalten, dass die Beteiligung an einer gewerblichen und vermögensverwaltenden Personengesellschaft im Wesentlichen den gleichen Grundsätzen folgt.

13 Zurechnungen zu einem Steuerpflichtigen aufgrund von **Beteiligungen an Kapitalgesellschaften** werden nicht vorgenommen, da die Kapitalgesellschaft zivil- und steuerrechtlich ein selbständiges mit eigenen Rechtsfolgen ausgestaltetes Rechtssubjekt ist. Ein Durchgriff durch eine Kapitalgesellschaft lässt sich allenfalls über § 42 AO rechtfertigen.[22]

b) Gewerblicher Grundstückshandel ohne Überschreiten der Drei-Objekt-Grenze

14 Auch Grundstücksveräußerungen von **weniger als vier Objekten** können zu einer gewerblichen Tätigkeit führen, wenn beispielsweise das erworbene Grundstück bereits vor seiner Bebauung verkauft wird oder von vornherein auf Rechnung und nach Wünschen des Erwerbers bebaut wird. Dies führt zu einer unbedingten Veräußerungsabsicht, die nur schwer widerlegbar ist.[23]

c) Kein Gewerblicher Grundstückshandel bei Überschreiten der Drei-Objekt-Grenze

15 Trotz des **Überschreitens der Drei-Objekt-Grenze** ist ein gewerblicher Grundstückshandel ausnahmsweise nicht anzunehmen, wenn auf Grund besonderer vom Steuerpflichtigen darzulegender Umstände eindeutige Anhaltspunkte gegen eine von Anfang an bestehende Veräußerungsabsicht sprechen. Als Umstand, der gegen eine bereits im Zeitpunkt der Anschaffung oder Er-

---

[20] Zur Entnahme einer solchen Beteiligung (z.B. Betriebsaufgabe) vgl. BFH 29.9.1976 – I R 171/75, BStBl. II 1977, 259; Zimmermann/Hottmann/Kiebele/Schaeberle/Scheel Die Personengesellschaft im Steuerrecht Rn. 416, S. 411.
[21] BMF 26.3.2004, BStBl. I 2004, 434, Rn. 17, 18; BFH 7.12.1995 – IV R 112/92, BStBl. II 1996, 367; BFH 7.3.2001 – IV R 2/92, BStBl. II 1996, 369.
[22] Vgl. auch Blümich/*Bode* EStG § 15 Rn. 189.
[23] Vgl. Blümich/*Bode* EStG § 15 Rn. 181; weitere Beispiele sind im BMF 26.3.2004, BStBl. I 2004, 434, Rn. 28 enthalten.

§ 16 Grundzüge der Besteuerung

richtung des Objekts bestehende Veräußerungsabsicht spricht, kann eine vom Veräußerer selbst vorgenommene langfristige – über fünf Jahre hinausgehende – Vermietung eines Wohnobjektes angesehen werden. Die konkreten Anlässe und Beweggründe für die Veräußerung (z. B. plötzliche Erkrankung, Finanzierungsschwierigkeiten, schlechte Vermietbarkeit, Scheidung, nachträgliche Entdeckung von Baumängeln, unvorhergesehene Notlagen) sind im Regelfall jedoch nicht geeignet, die auf Grund des zeitlichen Abstands der maßgebenden Tätigkeiten vermutete Veräußerungsabsicht im Zeitpunkt der Anschaffung oder Errichtung auszuschließen.[24]

d) Rechtsfolgen

Die **Rechtsfolge eines gewerblichen Grundstückshandels** ist die Qualifikation der Grundstücksveräußerungen als Einkünfte aus Gewerbebetrieb gem. § 15 Abs. 1 Satz 1 Nr. 1 bzw. Nr. 2 EStG. Auch eine Geweerbesteuerpflicht wird hierduch begründet. Die Grundstücke sind dem Umlaufvermögen zuzuordnen. Bei Errichtung und Veräußerung der Grundstücke in einem engen zeitlichen Zusammenhang beginnt der gewerbliche Grundstückshandel grundsätzlich mit der Stellung des Bauantrags, bei baugenehmigungsfreien Bauvorhaben mit der Einreichung der Bauunterlagen oder dem Beginn der Herstellung bzw. bei Erwerb und Veräußerung in einem engem zeitlichen Zusammenhang grundsätzlich im Zeitpunkt des Grundstückserwerbs.[25] Bei Überschreiten der Drei-Objekts-Grenze sind mithin auch die Veräußerungen der ersten drei Objekte gewerblich. Die entsprechenden Steuerbescheide sind ggf. nach § 173 Abs. 1 Nr. 1 AO zu ändern. Die Gewinnermittlung erfolgt grundsätzlich durch Betriebsvermögensvergleich, kann aber durch Ausübung eines Wahlrechts zu Beginn des Gewinnermittlungszeitraums auch gem. § 4 Abs. 3 EStG ermittelt werden. Wird vom Steuerpflichtigen fälschlicherweise angenommen, dass kein gewerblicher Grundstückshandel vorliegt, so kann er auch nicht zu Beginn des Gewinnermittlungszeitraums das entsprechende Wahlrecht ausüben, mit der Folge, dass der Gewinn durch Betriebsvermögensvergleich zu ermitteln ist.[26] Ein gewerblicher Grundstückshandel wird mit Verkauf des letzten Objekts oder durch die endgültige Einstellung der Verkaufstätigkeit beendet. Die Gewinne aus den Grundstücksveräußerungen sind nach Auffassung des BMF regelmäßig nicht im Sinne des § 16 Abs. 4, § 34 EStG begünstigt und damit als laufende Gewinne zu besteuern, grundsätzlich auch wenn der Gewerbebetrieb zeitgleich aufgegeben wird.[27] Dieses hängt im Wesentlichen mit der Qualifikation der Grundstücke als Umlaufvermögen zusammen.[28]

II. Steuerbegünstigungen nach §§ 16, 34 EStG

Die **Steuerbegünstigungen nach § 16 Abs. 4 EStG und § 34 EStG** können grundsätzlich auch für Grundstücksveräußerungen Anwendung fin-

---
[24] BMF 26.3.2004, BStBl. I 2004, 434, Rn. 30.
[25] BMF 26.3.2004, BStBl. I 2004, 434, Rn. 31.
[26] BMF 26.3.2004, BStBl. I 2004, 434, Rn. 33.
[27] BMF 26.3.2004, BStBl. I 2004, 434, Rn. 35; siehe auch → Rn. 17.
[28] BFH 29.9.1976 – I R 170/74, BStBl. II 1977, 71.

den. Hierfür müssen im Wesentlichen die Voraussetzungen eines Betriebs bzw. Teilbetriebs i. S. des § 16 Abs. 1 Satz 1 Nr. 1 EStG erfüllt sein oder die Aufgabe eines Gewerbebetriebs nach § 16 Abs. 3 Satz 1 EStG vorliegen.

Ein **Teilbetrieb** ist ein mit einer gewissen Selbständigkeit ausgestatteter, organisatorisch geschlossener Teil des Gewerbebetriebs, der für sich betrachtet alle Merkmale eines Betriebs im Sinne des EStG aufweist und für sich lebensfähig ist.[29] Auch ein Grundstück kann einen Teilbetrieb darstellen. So kann beispielsweise eine Grundstücksvermietung in Gestalt eines Teilbetriebs ausgeübt werden, wenn sie für sich gesehen die Voraussetzungen eines Gewerbebetriebs erfüllt und sich als gesonderter Verwaltungskomplex aus dem Gesamtbetrieb des Unternehmens heraushebt sowie ein gewisses Eigenleben hat.[30] Ein vor der Veräußerung zerstörtes Wirtschaftsgut, wie z. B. ein abgebranntes Grundstück oder ein Trümmergrundstück kann keinen Teilbetrieb darstellen, da es hier an einem lebensfähigen Organismus mangelt.[31] Jedoch könnte in der Veräußerung eines Grundstücks, obwohl die Teilbetriebsvoraussetzungen grds. nicht erfüllt sind, dennoch eine begünstigte Betriebsaufgabe i. S. d. § 16 Abs. 3 EStG zu sehen sein. Denn gehört das Grundstück zum Sonderbetriebsvermögen eines Gesellschafters einer Personengesellschaft und betreibt die Personengesellschaft auf dem Grundstück einen Teilbetrieb, kann bei Veräußerung der Wirtschaftsgüter des Teilbetriebs und gleichzeitiger Veräußerung des Grundstücks an den Erwerber des Teilbetriebs oder Übertragung des Pachtverhältnisses auf den entsprechenden Erwerber, eine begünstigte Betriebsaufgabe beim Gesellschafter vorliegen.[32]

18 Für eine **begünstigte Betriebsaufgabe im Sinne des § 16 Abs. 3 Satz 1 EStG** ist es Voraussetzung, dass die gewerbliche Tätigkeit des Gewerbebetriebs als Ganzes eingestellt wird und die dem Betrieb gewidmeten Wirtschaftsgüter innerhalb kurzer Zeit in einem einheitlichen wirtschaftlichen Vorgang an einen oder mehrere Abnehmer veräußert oder ins Privatvermögen überführt werden. Keine Betriebsaufgabe liegt hingegen vor, wenn zwar die bisherige gewerbliche Tätigkeit eingestellt, gleichzeitig aber unter Einsatz des bisherigen gewerblichen Betriebsvermögens eine neue gewerbliche Tätigkeit begonnen, also insgesamt lediglich der Gegenstand des gewerblichen Unternehmens geändert wird. Demnach erzielt eine Personengesellschaft, die ein zur Vermietung und Verpachtung bestimmtes Grundstück erwirbt, keinen begünstigten Betriebsaufgabegewinn, sondern einen laufenden gewerblichen Gewinn, wenn sie etwa zwei Jahre später nach Scheitern des Projekts das Grundstück parzelliert, teilweise erschließt und die Parzellen an verschiedene Erwerber veräußert.[33] Die Veräußerung von Wirtschaftsgütern des Umlaufvermögens steht ungeachtet eines zeitlichen Zusammenfallens mit der Betriebsaufgabe nicht in dem erforderlichen wirtschaftlichen Zusammenhang mit der Betriebsaufgabe, wenn es sich als Fortsetzung der bisherigen unternehmerischen Tätigkeit darstellt. Dies gilt ins-

---

[29] EStR 16 Abs. 3 Satz 1.
[30] BFH 4.7.2007 – X R 44/03, BFH/NV 2007, 2093; FG Köln 15.6.2011 – 7 K 3773/08, DStRE 2012, 612.
[31] Vgl. Blümich/*Schallmoser* EStG § 16 Rn. 194.
[32] Vgl. Blümich/*Schallmoser* EStG § 16 Rn. 459.
[33] BFH 23.6.1977 – IV R 81/73, BStBl. II 1977, 721; BFH 29.9.1976 – I R 170/74, BStBl. II 1977, 71.

besondere für die Veräußerung von Grundstücken im Zusammenhang mit der Aufgabe eines gewerblichen Grundstückshandels.[34]

III. Beendigung eines Nießbrauchsverhältnisses

Hinweis: Die nachfolgenden Ausführungen beziehen sich **sowohl auf Nutzungsverhältnisse im Betriebsvermögen als auch im Privatvermögen.**

1. Steuerrechtliche Auswirkungen der Beendigung

Aus der Beendigung eines Zuwendungsnießbauchverhältnisses ergeben sich für den **Nießbraucher** keine größeren Konsequenzen, da weder das Grundstück bei ihm bilanziert noch eine AfA ihm zugerechnet wurde. Bei Beendigung eines Vorbehaltsnießbrauchs verliert der Nießbraucher seine AfA-Berechtigung für das Grundstück und geht auf den Eigentümer über.

Für den **Nießbrauchbesteller bzw. Eigentümer** ergeben sich bei der Beendigung des Nießbrauchs lediglich bei einem Vorbehaltsnießbrauch Besonderheiten für die AfA.[35] Grundsätzlich erzielt ein Eigentümer während des Nießbrauchzeitraums keine Einnahmen aus dem nießbrauchbelasteten Grundstück und hat daher auch keinen Anspruch, AfA geltend zu machen. Die AfA steht vielmehr dem Nießbraucher zu. Nach Erlöschen des Nießbrauchs kann der Eigentümer jedoch die AfA auf das gesamte Gebäude geltend machen. Wie sich die AfA nach Beendigung des Nießbrauchs ermittelt, ist maßgeblich davon abhängig, ob das Grundstück unter Einräumung des Nießbrauchs ursprünglich unentgeltlich oder entgeltlich übertragen wurde. Wurde das Grundstück **unentgeltlich** im Rahmen der vorweggenommenen Erbfolge übertragen, so vertritt die Finanzverwaltung die Auffassung, dass der Übergeber nur die Substanz des Grundstücks überträgt und die Nutzungsmöglichkeit an dem Grundstück zurückbehält. Danach geht nach § 11d Abs. 1 EStDV auch nur jener Teil der Anschaffungs- oder Herstellungskosten auf den Übernehmer über, der auf das belastete Grundstück entfällt. Der auf das belastete Grundstück entfallende Teil der Anschaffungs- oder Herstellungskosten errechnet sich nach dem Verhältnis des Verkehrswerts des belasteten Grundstücks zum Verkehrswert des unbelasteten Grundstücks.[36] Demnach kürzt die Finanzverwaltung auch die AfA-Bemessungsgrundlage beim Eigentümer prozentual um den Wert des Nießbrauchs.[37] Die neue AfA-Bemessungsgrundlage beim Eigentümer nach Beendigung des Nießbrauchverhältnisses setzt sich somit aus den ermittelten Anschaffungs- bzw. Herstellungskosten gem. § 11d Abs. 1 EStG und den ggf. eigenen Anschaffungs- bzw. Herstellungskosten zusammen. Unbeachtlich ist

---

[34] BFH 23.1.2003 – IV R 75/00, BStBl. II 2003, 467; BMF 26.3.2004, BStBl. I 2004, 434, Rn. 35.
[35] → auch § 3 Rn. 82 ff.
[36] Vgl. LfSt Bayern 28.1.2011, DStR 2011, 312, Tz. 1; BMF 30.9.2013, BStBl. I 2013, 1184, Rn. 48.
[37] M. E. ist die Auffassung der Finanzverwaltung kritisch zu beurteilen, da das Nießbrauchrecht keine Gegenleistung für das Grundstück darstellt; so auch *Goetze* RNotZ 2013, 147, Fn. 108.

nach Finanzverwaltungsauffassung auch, dass der Vorbehaltsnießbraucher während des Bestehens des Nießbrauchrechts die AfA auch weiterhin aus den ursprünglichen Anschaffungs- oder Herstellungskosten in Anspruch nehmen kann.[38] M. E. sollte jedoch das AfA-Volumen beim Eigentümer um die beim Nießbraucher bereits in Anspruch genommene AfA gekürzt werden.[39]

21 Ist das Grundstück unter Einräumung eines Nießbrauchs **ursprünglich entgeltlich übertragen** worden, bemisst sich die AfA nach den Anschaffungskosten des Eigentümers. Dabei ist das AfA-Volumen um die AfA-Beträge zu kürzen, die von den Anschaffungskosten des Eigentümers auf den Zeitraum zwischen Anschaffung des Grundstücks und dem Erlöschen des Nießbrauchs entfallen.[40]

Befindet sich das belastete Grundstück nach Übertragung im Betriebsvermögen, sollten sich hinsichtlich der AfA – mit der Ausnahme, dass § 11d Abs. 1 EStDV keine Anwendung findet – regelmäßig keine Unterscheidungen zum Privatvermögen ergeben.

2. Zahlungen zur Ablösung eines Nießbrauchverhältnisses (insbesondere im Privatvermögen)

22 Beim **Vorbehaltsnießbrauch** muss grundsätzlich nach dem ursprünglichen Anlass der Einräumung des Nießbrauchs unterschieden werden. In Betracht kommt insbesondere die Einräumung eines Nießbrauchs im Zusammenhang mit einer Vermögensübertragung im Rahmen der vorweggenommenen Erbfolge (Vermögensübergabe) und im Rahmen von sonstigen Vermögensübertragungen.[41] In beiden Fällen sind Einmalzahlungen im Zusammenhang mit der Ablösung eines solchen Nießbrauchverhältnisses als eine nicht steuerbare Vermögensumschichtung zu qualifizieren.[42] Bei der Ablösung eines Vorbehaltsnießbrauchs gegen wiederkehrende Leistungen gibt es hingegen Unterscheidungen. Im Rahmen einer Vermögensübergabe sind die wiederkehrenden Zahlungen beim **Nießbraucher** grds. nach § 22 Nr. 1b EStG zu besteuern.[43] Bei sonstigen Vermögensübertragungen wird der Zinsanteil gem. § 20 Abs. 1 Nr. 7 EStG bzw. bei Veräußerungsleibrenten der Ertragsanteil nach § 22 Nr. 1 Satz 3 Buchst. a Doppelbuchst. bb EStG besteuert.[44] Bei bilanzierenden Steuerpflichtigen ist der in den wiederkehrenden Zahlungen enthaltene Zinsanteil m. E. nach der Barwertmethode exakt zu berechnen.

23 Beim Zuwendungsnießbrauch muss zwischen der **Zahlung zur Ablösung eines unentgeltlich und entgeltlich eingeräumten Zuwendungsnießbrauchs** unterschieden werden, was jedoch im Wesentlichen erst auf Ebene des Eigentümers von Bedeutung ist. Beim Nießbraucher sind die Ab-

---

[38] LfSt Bayern 28.1.2011, DStR 2011, 312, Tz. 1.
[39] Zur entgeltlichen Übertragung: BMF 30.9.2013, BStBl. I 2013, 1184, Rn. 47; Kritik → § 3 Rn. 86; diese Grundsätzen sollten m. E. grds. auch für die unentgeltliche Übertragung gelten.
[40] BMF 30.9.2013, BStBl. I 2013, 1184, Rn. 47; kritisch: → § 3 Rn. 86.
[41] Zur näheren Unterscheidung siehe BMF 11.3.2010, BStBl. I 2010, 227, Rn. 2, 3, 5, 57.
[42] BMF 30.9.2013, BStBl. I 2013, 1184, Rn. 55, 58, 60.
[43] BMF 30.9.2013, BStBl. I 2013, 1184, Rn. 58; BMF 11.3.2010, BStBl. I 2010, 227.
[44] Vgl. hierzu – auch hinsichtlich der Berechnung – BMF 11.3.2010, BStBl. I 2010, 227, Rn. 75 und 71.

lösezahlungen im Zusammenhang mit einem unentgeltlich eingeräumten Zuwendungsnießbrauchs grds. als Zuwendungen im Sinne des § 12 Nr. 2 EStG zu beurteilen und unterliegen daher keiner Besteuerung. Dieses gilt jedoch nicht für die Fälle, in denen der ablösende Eigentümer das Grundstück selbst bereits mit der Belastung des Nießbrauchs erworben hat.[45] Bei einem entgeltlich bestellten Zuwendungsnießbrauch sind die Ablösezahlungen ebenfalls der privaten Vermögensebene zuzuordnen und werden nicht besteuert.[46]

Auch auf Ebene des **Grundstückseigentümers** muss bei einem **Vorbehaltsnießbrauch** zwischen der Vermögensübertragung im Rahmen der vorweggenommenen Erbfolge (Vermögensübergabe) und den sonstigen Vermögensübertragungen unterschieden werden. Einmalzahlungen führen bei der Vermögensübergabe zu nachträglichen Anschaffungskosten, welche grundsätzlich auf das Gebäude und dem Grund und Boden aufzuteilen sind. Dieses hat im Verhältnis der Verkehrswerte im Jahr der Ablösung zu erfolgen. Demnach erhöht sich die AfA-Bemessungsgrundlage für das Gebäude entsprechend. Für diese nachträglichen Anschaffungskosten muss jedoch eine eigene AfA-Reihe gebildet werden.[47] Besteht die Ablösezahlung aus wiederkehrenden Leistungen im Privatvermögen, so könnten Versorgungsleistungen im Sinne des § 10 Abs. 1 Nr. 1a EStG vorliegen.[48] Anderenfalls führen die wiederkehrenden Leistungen in Höhe des Barwerts zu Anschaffungskosten. Gleiches gilt im Grundsatz für die sonstigen Vermögensübertragungen. Hier führt eine Einmalzahlung in voller Höhe und bei wiederkehrenden Leistungen in Höhe des Barwerts zu Anschaffungskosten. Der in den wiederkehrenden Leistungen enthaltene Zinsanteil, der in entsprechender Anwendung der Ertragsanteilstabelle der §§ 22 EStG, 55 EStDV zu ermitteln ist, ist im Falle der Vermietung gem. § 9 Abs. 1 Satz 3 Nr. 1 Satz 2 EStG als Werbungskosten bei den Einkünften aus Vermietung und Verpachtung abzuziehen. Bei bilanzierenden Steuerpflichtigen ist der Zinsanteil m. E. exakt nach der Barwertmethode zu ermitteln. Ist die Einmalzahlung bzw. der Barwert der wiederkehrenden Leistung höher als der Wert des übertragenen Vermögens, ist eine Entgeltlichkeit nur in Höhe des angemessenen Kaufpreises anzunehmen. Der übersteigende Betrag ist eine Zuwendung i. S. d. § 12 Nr. 2 EStG. Ist die Einmalzahlung bzw. der Barwert der wiederkehrenden Leistung mehr als doppelt so hoch wie der Wert des übertragenen Vermögens, liegt insgesamt eine Zuwendung i. S. d. § 12 Nr. 2 EStG vor.[49]

Auch auf Ebene des Grundstückseigentümers muss für die Beurteilung des Zuwendungsnießbrauchs zwischen der **Ablösezahlung für einen unent-**

---

[45] Vgl. BMF 30.9.2013, BStBl. I 2013, 1184, Rn. 61 und 62.
[46] BMF 30.9.2013, BStBl. I 2013, 1184, Rn. 64.
[47] Vgl. BMF 30.9.2013, BStBl. I 2013, 1184, Rn. 57; BFH 21.7.1992 – IX R 72/90, BStBl. II 1993, 486, Tz. 5; LfSt Bayern 28.1.2011, DStR 2011, 312; nach Auffassung des BFH 21.7.1992 – IX R 14/89, BStBl. II 1993, 484, Tz. 3 Buchst. d, kann im Einzelfall die Ablösezahlung den AK des Gebäudes voll zugerechnet werden; wie im entschiedenen Fall zu der Abgeltung eines Wohnrechts an einzelnen Räumen eines EFH.
[48] Vgl. BMF 30.9.2013, BStBl. I 2013, 1184, Rn. 57; BMF 11.3.2010, BStBl. I 2010, 227, Rn. 57.
[49] BMF 30.9.2013, BStBl. I 2013, 1184, Rn. 59.

geltlich und entgeltlich eingeräumten Zuwendungsnießbrauch unterschieden werden. Beim unentgeltlich eingeräumten Zuwendungsnießbrauch darf der Eigentümer die Zahlungen nicht als Werbungskosten abziehen, auch erhöhen sie nicht seine Anschaffungskosten. Bei einem entgeltlich bestellten Zuwendungsnießbrauch sind die Ablösezahlungen beim Eigentümer im Jahr der Zahlung als negative Einnahmen bei den Einkünften aus Vermietung und Verpachtung zu erfassen.[50] Dieses gilt auch für wiederkehrende Leistungen. Bei Zahlungen im Privatvermögen sind die wiederkehrenden Leistungen somit im Jahr der Zahlung als negative Einnahmen anzusetzen.

26 Diese vom BMF aufgestellten Grundsätze für einen entgeltlich eingeräumten Zuwendungsnießbrauch (→ Rn. 23, 25) könnten jedoch zu einem **unzutreffenden Ergebnis** führen, wenn der Nießbraucher die ursprüngliche Zahlung für die Einräumung des Nießbrauchrechts (voll) als Werbungskosten geltend machen konnte sowie sich die Höhe der Ablösezahlung nach der vebleibenden Laufzeit des Nießbrauchsrechts richtet und so ein Teil der zuvor als Werbungskosten abgezogenen Beträge wieder steuerfrei „erstattet" werden können. Aufgrund der Tatsache, dass beim Nießbraucher die Ablösezahlungen nicht besteuert werden, könnte sich so im Ergebnis eine doppelte Begünstigung ergeben. Jedoch wäre eine Einmalzahlung für die Einräumung eines Nießbrauchs nach § 11 Abs. 2 Satz 3 EStG über die Laufzeit zu verteilen, so dass sich beim Nießbraucher die auf den Zeitraum ab Beendigung des Nutzungsverhältnisses entfallenden Beträge noch nicht einkommensmindernd ausgewirkt haben.[51] Sollte der Eigentümer die Einnahmen aus der Einmalzahlung für die Einräumung des Nießbrauchs nach § 11 Abs. 1 Satz 3 EStG ebenfalls auf die Laufzeit verteilt haben, so dürfte er die Ablösezahlungen m. E. auch nicht als negative Einnahmen ansetzen. Das BMF ordnet in diesem Fall an, dass der noch nicht versteuerte Restbetrag beim Eigentümer als Einnahme aus Vermietung und Verpachtung zu erfassen ist und somit die negativen Einnahmen diesem Betrag gegenüberstehen.[52]

IV. Beendigung eines Erbbaurechtsverhältnisses

27 Das **Erbbaurechtsverhältnis** kann **aus verschiedenen Gründen beendet werden,** beispielsweise durch Zeitablauf, durch vertragliche Aufhebung oder durch den sog. Heimfall an den Erbbauverpflichteten (z. B. § 2 Nr. 4, § 3 ErbbauRG).[53] Genauso unterschiedlich wie die Gründe der Beendigung sind, können auch die steuerrechtlichen Auswirkungen für den Erbbauberechtigten und den Erbbauverpflichteten sein. Bei dem immateriellen Wirtschaftsgut „Erbbaurecht" ergeben sich keine größeren Problematiken, da es im Zeitpunkt der Beendigung, beim Erbbauberechtigten regelmäßig vollständig abgeschrieben sein sollte. Beim Gebäude hingegen, ist für die weitere steuerliche Würdigung insbesondere nach der zu leistenden Entschädigung zu unterscheiden.

---

[50] BMF 30.9.2013, BStBl. I 2013, 1184, Rn. 63 und 64.
[51] → § 3 Rn. 78.
[52] BMF 30.9.2013, BStBl. I 2013, 1184, Rn. 63.
[53] Vgl. H/H/R/*Schick/Franz* EStG § 5 Rn. 1050.

28 Die steuerrechtliche Würdigung des Gebäudes bei Beendigung des Erbbaurechtsverhältnisses beim **Erbbauberechtigten** ist – neben dem Grund der Beendigung – auch maßgeblich davon abhängig, ob für das Gebäude eine Entschädigung gezahlt wird. Wird eine Entschädigung gezahlt, so ist beim Erbbauberechtigten eine entsprechende Forderung zu aktivieren. Wird keine Entschädigung gezahlt, so ist im Zeitpunkt der Beendigung des Erbbaurechtsverhältnisses grundsätzlich der Restbuchwert des Gebäudes erfolgswirksam auszubuchen. Des Weiteren könnte wirtschaftlich betrachtet in dem entschädigungslosen Übergang des Gebäudes auf den Erbbauverpflichteten eine weitere Gegenleistung des Erbbauberechtigten für die Nutzung angenommen werden, woraus eine Verteilung auf die Laufzeit des Erbbaurechts resultieren würde.[54] Unklar ist jedoch die tatsächliche bilanzielle Umsetzung. In der Literatur wird teilweise die Auffassung vertreten, dass zu der Bildung eines aktiven Rechnungsabgrenzungspostens, korrespondierend eine Rückstellung zu passivieren ist. Nach anderen Meinungen ist nichts dergleichen zu bilanzieren, da der Aufwand ausschließlich über die AfA erfasst wird.[55] Diese Auffassung scheint zutreffend zu sein. Eine Rückstellung sollte nur insoweit zulässig sein, wie durch den entschädigungslosen Übergang des Gebäudes zusätzliche Kosten entstehen bzw. der gemeine Wert des Gebäudes am Laufzeitende die bis dahin voraussichtlich geltend gemachte AfA übersteigt.[56] Zudem sollte die Unterscheidung der Entschädigungslosigkeit nach einem gesetzlichen oder vertraglichen Grund, bei dem Erbbauberechtigten keine Bedeutung haben.

29 Wie beim Erbbauberechtigten ist für den **Erbbauverpflichteten** die steuerliche Würdigung des Gebäudes maßgeblich davon abhängig, ob eine Entschädigung gezahlt wird. Wird eine Entschädigung gezahlt, so hat der Erbbauverpflichtete das Gebäude entsprechend mit seinen Anschaffungskosten zu aktivieren und in gleicher Höhe eine Verbindlichkeit zu passivieren. Gleiches gilt, wenn der Erbbauverpflichtete eine Ablösesumme für die Beendigung des Erbbaurechts zahlt und auf dem Grundstück ein neues Gebäude errichtet. Die Ablösesumme gehört dann neben den Kosten für den Abriss des alten Gebäudes ebenfalls zu den Herstellungskosten des neuen Gebäudes.[57] Wird hingegen das Erbbaurecht vor einer Bebauung gegen eine Ablösesumme aufgehoben, sollte die Ablösesumme zu den Anschaffungskosten des Grund und Bodens gehören.[58]

30 Erfolgt der **Übergang** des Gebäudes bei Beendigung des Erbbaurechtsverhältnisses **entschädigungslos,** so ist nach *Schick/Franz* danach zu unterscheiden, ob die Entschädigung gesetzlich oder vertraglich ausgeschlossen ist.[59] Bei gesetzlicher Entschädigungslosigkeit führt demnach ein unentgeltlicher Erwerb des Gebäudes im Zeitpunkt der Beendigung des Erbbaurechtsverhält-

---

[54] Vgl. BFH 11.12.2003 – IV R 42/02, BStBl. II 2004, 353; BFH 31.10.1990 – I R 77/86, BStBl. II 1991, 471.
[55] H/H/R/*Schick/Franz* EStG § 5 Rn. 1056, m.w.N.; vgl. auch bilanzielle Behandlung beim Erbbauverpflichteten, wonach ein passiver RAP zu bilden wäre; → Rn. 30.
[56] So auch H/H/R/*Schick/Franz* EStG § 5 Rn. 1056, „Stellungnahme"; Blümich/*Krumm* EStG § 5 Rn. 1072.
[57] Vgl. BFH 13.12.2005 – IX R 24/03, BStBl. II 2006, 461.
[58] So auch H/H/R/*Schick/Franz* EStG § 5 Rn. 1055.
[59] H/H/R/*Schick/Franz* EStG § 5 Rn. 1055.

nisses zu der Aktivierung des Gebäudes mit dem gemeinen Wert gem. § 6 Abs. 4 EStG.

Geht das vom Erbbauberechtigten errichtete Gebäude bei Beendigung durch Zeitablauf des Erbbaurechts entsprechend den vertraglichen Bestimmungen des Erbbaurechtsvertrags entschädigungslos auf den Erbbauverpflichteten über, führt dies – im Gegenteil zu einer gesetzlichen Entschädigungslosigkeit – beim Erbbauverpflichteten zu einer zusätzlichen Vergütung für die vorgegangene Nutzungsüberlassung.[60] Bilanziell soll nach Literaturauffassung zu Beginn der Laufzeit – entsprechend den Grundsätzen von einem vorab gezahlten Erbbauzins – eine Forderung und ein passiver Rechnungsabgrenzungsposten zu bilanzieren sein, welcher über die Laufzeit des Erbbaurechts zu verteilen ist. Die Forderung bzw. der passive Rechnungsabgrenzungsposten ist mit dem gemeinen Wert des Gebäudes zu bilanzieren. Der sog. Heimfall nach § 2 Nr. 4, § 3 ErbbauRG beschreibt eine Verpflichtung des Erbbauberechtigten, das Erbbaurecht beim Eintreten bestimmter Voraussetzungen auf den Grundstückseigentümer zu übertragen (z.B. bei Verzug). Bei dieser Variante ist zu Beginn der Laufzeit nicht abzusehen, ob und wann der Umstand des Heimfalls eintritt. Eine kürzere Laufzeit des passiven Rechnungsabgrenzungspostens kann daher nicht angenommen werden.[61]

V. Gewerbesteuer

31 Bei Veräußerungen von Grundbesitz stellt sich für Zwecke der Gewerbesteuer im Wesentlichen die Frage, ob die **einfache bzw. erweiterte Grundstückskürzung** gem. § 9 Nr. 1 Satz 1 bzw. Satz 2 GewStG im vollen Umfang beansprucht werden kann.

Bei der **einfachen Grundstückskürzung** lässt sich diese Frage vergleichsweise einfach beantworten. Denn nach Auffassung der Finanzverwaltung sind allein die Verhältnisse zu Beginn eines jeden Jahres entscheidend für die Frage, ob und inwieweit ein Grundbesitz bei der einfachen Grundstückskürzung gem. § 9 Nr. Satz 1 GewStG berücksichtigt wird. Sollte daher das Grundstück im Laufe des Erhebungszeitraums veräußert werden, könnte trotzdem eine entsprechende Kürzung in Betracht kommen.[62]

32 Die Anwendung der **erweiterten Grundstückskürzung** gem. § 9 Nr. 1 Satz 2 GewStG bei Veräußerungen von Grundbesitz bzw. von Anteilen an grundbesitzverwaltenden Personengesellschaften ist hingegen mit größeren Fragestellungen verbunden. Grundsätzlich findet die erweiterte Grundstückskürzung auch auf den Veräußerungsgewinn von **Grundbesitz** Anwendung, wenn es sich um die gelegentliche Veräußerung von Grundstücken handelt und soweit das Unternehmen die Voraussetzungen des § 9 Nr. 1 Satz 2 GewStG erfüllt.[63] Die Voraussetzungen für die erweiterte Kürzung bei Grundstücksunternehmen müssen während des gesamten Erhebungszeitraums oder

---

[60] BFH 11.12.2003 – IV R 42/02, BStBl. II 2004, 353.
[61] H/H/R/*Schick/Franz* EStG § 5 Rn. 1055.
[62] EStR 9.1 Abs. 1 Satz 10 und 11; → § 7 Rn. 62f.
[63] BFH 29.4.1987 – I R 10/86, BStBl. II 1987, 603; Lenski/Steinberg/*Roser* GewStG § 9 Rn. 233.

während des gesamten abgekürzten Erhebungszeitraums vorliegen.[64] Nach Auffassung der Finanzverwaltung gilt dieses auch für die Frage, ob Grundbesitz zum Betriebsvermögen des Unternehmens gehört. Es soll demnach nicht auf den Stand an einem bestimmten Stichtag ankommen.[65] Der während des Erhebungszeitraums vorgenommene Verkauf des einzigen und letzten Grundstücks einer bis zu diesem Zeitpunkt als Grundstücksverwaltungsgesellschaft tätigen GmbH schließt die erweiterte Kürzung des Gewerbeertrags nach § 9 Nr. 1 Satz 2 GewStG für den Erhebungszeitraum daher aus.[66] Dieses ist nach BFH Auffassung aber im Wesentlichen auf die Tatsache zurückzuführen, dass die Tätigkeit als Grundstücksverwaltungsgesellschaft nicht im ganzen Erhebungszeitraum ausgeführt worden ist und nicht darauf, dass das Grundstück nicht im ganzen Erhebungszeitraum Betriebsvermögen war.[67] Somit könnte ein grundstücksverwaltendes Unternehmen die erweiterte Kürzung des Gewerbeertrages beanspruchen, wenn das Unternehmen sein einziges Grundstück erst zum 31. Dezember, 23.59 Uhr, des Erhebungszeitraumes veräußert.[68]

Werden **Anteile an einem Grundstückunternehmen** veräußert, ist für die Anwendung der erweiterten Grundstückskürzung nach der Rechtsform des veräußernden Gesellschafters zu unterscheiden. Demnach sind die im Gewerbeertrag enthaltenen Veräußerungs- bzw. Aufgabegewinne i. S. des § 9 Nr. 1 Satz 6 GewStG i. V. m. § 7 Abs. 1 Satz 2 Nr. 2 und 3 GewStG (Mitunternehmeranteile) – soweit sie nicht auf eine unmittelbar beteiligte natürliche Person sondern auf beteiligte Kapitalgesellschaften entfallen – grundsätzlich nicht begünstigt.[69] Veräußerungs- bzw. Aufgabegewinne gem. § 7 Abs. 1 Satz 2 Nr. 2 und 3 GewStG werden nur bei dieser Konstellation bei der Ermittlung des Gewerbeertrags einbezogen, so dass auch nur für diese Fälle die erweiterte Grundstückskürzung auf entsprechende Gewinne grundsätzlich zu prüfen wäre. Denn entfällt der Veräußerungs- bzw. Aufgabegewinn auf eine natürliche Person, unterliegt sie von Natur aus nicht der Gewerbesteuer, § 7 Satz 2 Hs. 2 GewStG.[70]

Bei in **Liquidation** befindlichen Grundstücksgesellschaften – die nicht bereits nach § 9 Nr. 1 Satz 6 GewStG von der erweiterten Grundstückskürzung ausgeschlossen sind – können sich weitere Problemstellungen ergeben. Denn § 9 Nr. 1 Satz 6 GewStG verweist lediglich auf § 7 Abs. 1 Satz 2 Nr. 2 und 3 GewStG. Demnach würden nach der Gesetzessystematik Gewinne aus der Veräußerung und Aufgabe des Betriebs oder Teilbetriebs einer Personengesellschaft i. S. d. § 7 Abs. 1 Satz 2 Nr. 1 GewStG grundsätzlich von der erweiterten Grundstückskürzung erfasst sein, soweit sie auf Kapitalgesellschaften entfallen. Folglich sollte auch die Liquidation einer Personengesellschaft an

---

[64] Zu den Voraussetzungen → § 7 Rn. 64 ff.
[65] GewStR 9.2 Abs. 1 Satz 3; vgl. kritische Anmerkungen → § 7 Rn. 70.
[66] GewStH 9.2 Abs. 1 „Veräußerung des Grundbesitzes".
[67] Vgl. BFH 20.1.1982 – I R 201/78, BStBl. II 82, 477, zitiert in: GewStH 9.2 Abs. 1 „Veräußerung des Grundbesitzes".
[68] GewStH 9.2 Abs. 1 „Veräußerung des Grundbesitzes".
[69] → § 7 Rn. 84.
[70] Vgl. auch GewStR 7.1 Abs. 3; GewStH 7.1 Abs. 3 „Veräußerungs- und Aufgabegewinne".

der ausschließlich Kapitalgesellschaften beteiligt sind, dem Anwendungsbereich des § 7 Abs. 1 Satz 2 Nr. 1 zugerechnet werden, mit der Folge, dass solche Gesellschaften die erweiterte Grundstückskürzung grundsätzlich beanspruchen könnten. Jedoch sind die sich in Liquidation befindlichen Gesellschaften darauf gerichtet, ihre Vermögenswerte zu veräußern und eben nicht auf die Verwaltung und Nutzung des Grundbesitzes. Hierbei ist die Vorschrift des § 16 Abs. 1 GewStDV zu beachten. Danach ist der Gewerbeertrag, der im Zeitraum der Abwicklung entstanden ist, auf die jeweiligen Jahre des Abwicklungszeitraums zu verteilen. In der Literatur wird teilweise die Auffassung vertreten, dass die erweiterte Grundstückskürzung in diesem Abwicklungszeitraum nicht oder nur für einen Teil des Gewerbeertrags beansprucht werden kann.[71] Als Gestaltungsvariante könnte daher die Bildung eines Rumpfwirtschaftsjahres in Betracht kommen, um die erweiterte Grundstückskürzung bis zu dem Zeitpunkt der tatsächlichen Liquidationstätigkeiten nicht zu gefährden. Denn bei einer Liquidation über mehrere Jahre, kann nicht per se davon ausgegangen werden, dass keine Verwaltung und Nutzung des Grundbesitzes mehr vorliegt. Vielmehr könnten gerade in der Anfangszeit der Liquidation die Voraussetzungen der erweiterten Grundstückskürzung weiterhin vorliegen und erst durch tatsächliche spätere Liquidationshandlungen ausgeschlossen werden.

VI. Privates Veräußerungsgeschäft i. S. d. § 23 Abs. 1 Satz 1 Nr. 1 EStG

35 **Private Veräußerungsgeschäfte** werden systematisch den sonstigen Einkünften gem. § 22 Nr. 2 EStG zugeordnet und sind daher subsidiär gegenüber den anderen Einkunftsarten. Jedoch nicht jede private Veräußerung erfüllt auch die Voraussetzung eines steuerpflichtigen privaten Veräußerungsgeschäfts im steuerrechtlichen Sinne. Vielmehr müssen hierfür eine Reihe von Voraussetzungen erfüllt sein, was insbesondere für Grundstücke gilt. Die nachfolgenden Ausführungen beschäftigen sich daher eingehend mit privaten Veräußerungsgeschäften von Grundstücken unter Darstellung von verschiedenen Fallvarianten.

1. Tatbestandmerkmale

36 Private Veräußerungsgeschäfte im Sinne des § 23 Abs. 1 Satz 1 Nr. 1 EStG sind **Veräußerungsgeschäfte hinsichtlich Grundstücke und Rechte,** die den Vorschriften des bürgerlichen Rechts über Grundstücke unterliegen, und bei denen der Zeitraum zwischen Anschaffung und Veräußerung nicht mehr als zehn Jahre beträgt. Sind eine oder mehrere dieser Tatbestandmerkmale nicht erfüllt, so unterliegt das Veräußerungsgeschäft nicht der Einkommensbesteuerung.

a) Grundstücke

37 **Grundstücke im Sinne dieser Vorschrift** sind sowohl unbebaute als auch bebaute Grundstücke. Die Definition eines Grundstücks sowie dessen

---
[71] Vgl. Blümich/*Gosch* GewStG § 9 Nr. 1 Rn. 74.

zuzurechnenden Bestandteile richten sich nach den allgemeinen Vorschriften des Bewertungs- und Einkommensteuergesetzes.[72]

Der **Regelungsgehalt des § 23 Abs. 1 Nr. 1 Satz 1 EStG** umfasst die Anschaffung eines unbebauten oder bebauten Grundstücks. Hingegen umfasst der Satz 2 die Varianten, wo ein unbebautes Grundstück erst später bebaut bzw. ein bereits bebautes Grundstück später erweitert wird. Wird demzufolge auf einem ursprünglich unbebauten Grundstück ein Gebäude und/oder Außenanlagen errichtet, so sind diese bei der Würdigung eines privaten Veräußerungsgeschäfts mit einzubeziehen, soweit sie innerhalb des für den Grund und Boden maßgeblichen 10-Jahres-Zeitraums errichtet wurden bzw. ein ursprünglich bereits bebautes Grundstück ausgebaut oder erweitert wurde. Die Errichtung eines Gebäude(teils) setzt die Schaffung eines bautechnisch neuen, bisher nicht vorhandenen Gebäude(teils) voraus. Wie der Ausbau und die Erweiterung eines bestehenden Gebäudes definiert werden, lässt sich anhand des Herstellungskostenbegriffs abgrenzen. Demzufolge gehören Baumaßnahmen, die zu Herstellungskosten im Sinne des § 255 Abs. 2 Satz 2 HGB führen, zu den von der 10-Jahresfrist erfassten Aufwendungen.[73] Auch ist hervorzuheben, dass für diese Wirtschaftsgüter keine eigenständige Frist läuft. Eine Ausnahme hat das BMF jedoch unter Verweis auf Art. 231 und 233 EGBGB zugelassen.[74] Der Grund und Boden sowie das Gebäude können demnach nur gesonderte Gegenstände eines privaten Veräußerungsgeschäfts sein, wenn sie getrennt handelbar sind. Hiervon sollen insbesondere die Fälle von Sondereigentum an Gebäuden in den neuen Bundesländern betroffen sein.[75]

Nach § 23 Abs. 1 Satz 4 EStG gilt auch die **Anschaffung oder Veräußerung einer unmittelbaren oder mittelbaren Beteiligung an einer Personengesellschaft** als Anschaffung oder Veräußerung der anteiligen Wirtschaftsgüter.[76] Demnach sind auch Beteiligungen an Personengesellschaften, soweit keine gewerblich tätige Personengesellschaft vorliegt, sondern Grundstücke im Rahmen einer Vermögensverwaltung gehalten werden, als Miteigentumsanteil an den Grundstücken im Sinne des § 23 EStG einzuordnen.

b) Erbbaurechte

Die in § 23 Abs. 1 Satz 1 Nr. 1 EStG erwähnten Rechte zielen – neben den auch im Gesetzestext aufgeführten Mineralgewinnungsrechten – vor allem auf Erbbaurechte ab. Für die Beurteilung als Veräußerungsgeschäft muss es sich bei dem Entgelt für das Erbbaurecht ausdrücklich um ein vom Erbbauzins gesondertes Entgelt handeln, da Erbbauzinsen keine Anschaffungskosten sondern Entgelt für die Grundstücksnutzung darstellen.[77] In diesem Zusammenhang muss auch beachtet werden, dass das Erbbaurecht als besonderes

---

[72] → § 3 Rn. 2 ff.
[73] Vgl. auch Blümich/*Glenk* EStG § 23 Rn. 46, 47.
[74] Vgl. BMF 5.10.2000, BStBl. I 2000, 1383, Rn. 15.
[75] Vgl. zur steuerrechtlichen Bedeutung dieser Fallgruppe auch ausführlich H/H/R/*Musli* EStG § 23 Rn. 122.
[76] Eingeführt mit dem StMBG v. 21.12.1993, BGBl. I 1993, 2310 als Reaktion auf BFH 4.10.1990 – X R 148/88, BStBl. II 1992, 211.
[77] → § 3 Rn. 89.

§ 16   40–42   Teil 7. Veräußerungen

Wirtschaftsgut –auch im Falle einer in Ausübung des Erbbaurechts vorgenommenen Bebauung – vom errichteten Gebäude als ein weiteres eigenständiges Wirtschaftsgut grundsätzlich zu unterscheiden ist.[78]

40   Wird demnach in einem eher unüblicheren Fall, ein **Erbbaurecht an einem unbebauten Grundstück bestellt** und (vorerst) auch **nicht bebaut,** wird bei einer Veräußerung innerhalb der Frist von 10 Jahren grundsätzlich ein privates Veräußerungsgeschäft im Sinne des § 23 Abs. 1 Satz 1 Nr. 1 EStG ausschließlich für das Erbbaurecht angenommen. Wird hingegen ein Erbbaurecht an einem **bebauten Grundstück** veräußert, wobei das Gebäude typischerweise vom Erbbauberechtigten errichtet wurde, muss der erhaltene Veräußerungspreis auf die Wirtschaftsgüter „Erbbaurecht" und „Gebäude" aufgeteilt werden. Nur der auf das Erbbaurecht entfallende Teil des Veräußerungspreises wird für Zwecke eines privaten Veräußerungsgeschäfts berücksichtigt.[79] Der Veräußerungspreis entfällt insgesamt auf das Gebäude oder die Außenanlagen, wenn der Erwerber dem bisherigen Erbbauberechtigten nachweislich nur etwas für das Gebäude oder die Außenanlagen gezahlt hat und gegenüber dem Erbbauverpflichteten nur zur Zahlung des laufenden Erbbauzinses verpflichtet ist.[80] Die Finanzverwaltung spricht in diesem Zusammenhang von einem „bebauten Erbbaurecht".[81] Als „bebautes Erbbaurecht" ist ein auf dem Erbbaurechtsgrundstück erbautes Gebäude zu verstehen, was entweder bereits mit Bestellung des Erbbaurechts vom Grundstückseigentümer oder erst später vom Erbbauberechtigten errichtet wurde.

41   Für die Beurteilung der **Spekulationsfrist von 10 Jahren,** gilt nach Auffassung des BFH auch die erstmalige vertragliche Bestellung eines Erbbaurechts als eine Anschaffung im Sinne des § 23 EStG.[82] Demnach liegt ein privates Veräußerungsgeschäft vor, wenn der Zeitraum zwischen Abschluss bzw. Bestellung des Erbbaurechts und der Veräußerung oder der Anschaffung und der Veräußerung nicht mehr als 10 Jahre beträgt.[83]

42   Ausgehend von den dargestellten Grundsätzen, gibt es aber auch eine Reihe von **besonderen Konstellationen** mit ungewöhnlichen Ergebnissen. So kann beispielsweise die Bestellung eines Erbbaurechts an einem bereits bebau-

---

[78] BFH 30.11.1976 – VIII R 202/72, BStBl. II 1977, 384, Tz. III.
[79] Vgl. kritisch → Rn. 42 für den Sachverhalt, bei dem ein Erbbaurecht an einem bebauten Grunstück bestellt wurden ist.
[80] BMF 5.10.2000, BStBl. I 2000, 1383, Rn. 14; BFH 15.11.1994 – IX R 73/92, BStBl. II 1995, 374.
[81] BMF 5.10.2000, BStBl. I 2000, 1383, Rn. 14.
[82] BFH 30.11.1976 – VIII R 202/72, BStBl. II 1977, 384; so auch BMF 5.10.2000, BStBl. I 2000, 1383, Rn. 14; a. A.: H/H/R/*Musil* EStG § 23 Rn. 89, aber relativiert in Rn. 122 „Einbeziehung des Gebäudes bei Veräußerung eines Erbbaurechts"; Blümich/*Glenk* EStG § 23 Rn. 49, 60; dessen Ausführungen zu der Differenzierung von Anschaffungskosten und Nutzungsentgelte sind im Grundsatz zwar zu folgen, jedoch ist aufgrund der Rechtsprechung des BFH nicht die Anschaffung eines Erbbaurechts als solches zu verkennen. Vielmehr geht es um die Frage, ob die Erbbauzinsen für die Anschaffung oder als Nutzungsentgelt gezahlt werden. So gehören bspw. Gebühren für die Grundbucheintragung sehr wohl zu den Anschaffungskosten des Wirtschaftsguts „Erbbaurecht". Der Anschaffungsvorgang als solches kann somit m. E. nicht von der Qualifikation des gezahlten Entgelts abhängig gemacht werden.
[83] BMF 5.10.2000, BStBl. I 2000, 1383, Rn. 14.

ten Grundstück zu einer Veräußerung des Gebäudes durch den Erbbauberechtigten führen, wenn der Erbbaurechtsvertrag so ausgestaltet ist, dass das zivilrechtliche und/oder wirtschaftliche Eigentum an dem Gebäude auf den Erbbauberechtigten übergeht.[84] Ein wesentliches Kriterium für die Zurechnung des Gebäudes ist die vereinbarte Entschädigung. Diese Beurteilung sollte jedoch nur bei einem im Betriebsvermögen befindlichen Gebäude einschlägig sein. Bei einem im Privatvermögen befindlichen Gebäude könnte m. E. die Auffassung vertreten werden, dass kein privates Veräußerungsgeschäft vorliegt, da der Grund und Boden weiterhin im Eigentum des Erbbaurechtsbestellers verbleibt und der Gesetzeswortlaut des § 23 EStG die Konstellation der alleinigen Veräußerung des Gebäudes nicht umfasst. Eine solche Auslegung des § 23 EStG kann jedoch nicht vom Gesetzgeber gewollt sein, da hierdurch missbräuchliche Gestaltungen ermöglicht werden könnten. Diese Thematik findet sich auch bei der Beendigung eines Erbbaurechtsverhältnisses, wenn der Erbbauberechtigte für das von ihm errichtete Gebäude eine Entschädigung vom Erbbauverpflichteten erhält. Auch hier liegt kein der Vorschrift des § 23 Abs 1 Satz 1 Nr. 1 EStG erforderliches Veräußerungsgeschäft bei Grundstücken und Rechten, die den Vorschriften des bürgerlichen Rechts über Grundstücke unterliegen, vor.[85]

Wird jedoch – wie üblich – ein **Gebäude erst in Ausübung des Erbbaurechts errichtet** und in einem zweiten (unüblicheren) Schritt der Grund und Boden nach Fertigstellung des Gebäudes durch den Erbbauberechtigten erworben, ist bei einer späteren Veräußerung des bebauten Grundstücks das Gebäude unstreitig nicht in das private Veräußerungsgeschäft einzubeziehen.[86]

43

> **Beispiel:**
> **Sachverhalt:**[87]
> An einem unbebauten Grundstück wird im Jahr 2003 ein Erbbaurecht zu Gunsten von A bestellt. A errichtet auf dem Grundstück im Jahr 2004 ein zur Vermietung bestimmtes Gebäude. Im Jahr 2007 erwirbt er das Grundstück und veräußert es im Jahr 2010 mit dem aufstehenden Gebäude.
> **Lösung:**
> Hinsichtlich des Grundstücks liegt ein privates Veräußerungsgeschäft im Sinne des § 23 Abs. 1 Satz 1 Nr. 1 EStG im Veranlagungszeitraum 2010 vor. Das Gebäude ist nicht einzubeziehen, weil es vor der Anschaffung des Grundstücks in Ausübung des Erbbaurechts errichtet wurde und somit nicht das private Veräußerungsgeschäft betrifft, dessen Gegenstand das Grundstück und nicht das Erbbaurecht ist. Das Erbbaurecht ist vielmehr im Veranlagungsjahr 2007 durch den Kauf des Grundstücks „untergegangen".

c) Anschaffung und Veräußerung innerhalb von 10 Jahren

Wie bereits in den vorstehenden Abschnitten zum Teil ersichtlich wurde, ist für die Annahme eines privaten Veräußerungsgeschäfts zwingend eine **An-**

44

---

[84] H/H/R/*Schick/Franz* EStG § 5 Rn. 1054.
[85] Vgl. auch entsprechende Ausführungen zu im Betriebsvermögen befindlichen Grundstücken → Rn. 28.
[86] BMF 5.10.2000, BStBl. I 2000, 1383, Rn. 15.
[87] Vgl. BMF 5.10.2000, BStBl. I 2000, 1383, Rn. 15.

§ 16   45   Teil 7. Veräußerungen

schaffung erforderlich. Bis auf die Ausnahme von selbsterrichteten Gebäuden i. S. des § 23 Abs. 1 Nr. 1 Satz 2 EStG sind selbst hergestellte Wirtschaftsgüter von § 23 EStG nicht erfasst. Die Definition einer Anschaffung richtet sich nach den allgemeinen Regeln des § 6 EStG und § 255 Abs. 1 HGB. Danach setzt die Anschaffung einen entgeltlichen Erwerb (z. B. durch Kauf oder Tausch) eines Wirtschaftsguts voraus. Jedoch auch die Überführung eines Wirtschaftsguts in das Privatvermögen des Steuerpflichtigen durch Entnahme oder Betriebsaufgabe gilt im Rahmen eines privaten Veräußerungsgeschäfts als Anschaffung, § 23 Abs. 1 Satz 2 EStG. Keine Anschaffung ist hingegen der unentgeltliche Erwerb, z. B. durch Schenkung, Erbschaft oder Vermächtnis. Auch die unentgeltliche Übertragung eines Grundstücks unter Einräumung eines Vorbehaltsnießbrauchs begründet einen unentgeltlichen Erwerb.[88] Für den Beginn sowie dem Ende der 10-Jahresfrist wird auf das obligatorische Rechtsgeschäft (Abschluss des notariellen Kaufvertrags) abgestellt,[89] wobei die Begriffe Anschaffung aber auch Veräußerung wirtschaftlich ausgelegt werden sollen. Wird demnach das wirtschaftliche Eigentum bereits zu einem früheren Zeitpunkt übertragen, so beginnt die Frist mit Übergang von Gefahr, Nutzen und Lasten.[90]

45   Der **Veräußerungsbegriff** ist spiegelbildlich zum Anschaffungsbegriff zu verstehen. So führen auch bei einer Veräußerung sowohl ein Kaufvertrag, als auch bspw. ein Tausch oder gesellschaftsrechtliche Vorgänge zu einer Veräußerung im Sinne des § 23 EStG. Demnach ist nach der Rechtsprechung auch die Einlage eines Wirtschaftsguts in das Betriebsvermögen einer Personengesellschaft gegen Gewährung von Gesellschaftsrechte als ein tauschähnlicher Vorgang zu qualifizieren, was somit zu einer Veräußerung im Sinne des § 23 Abs. 1 EStG führt.[91] Hiervon abzugrenzen ist als gesellschaftsrechtlicher Vorgang die verdeckte Einlage, die im Grundsatz keine Veräußerung darstellt.[92] Jedoch fingiert die Gesetzesvorschrift des § 23 Abs. 1 Satz 5 EStG die verdeckte Einlage von (ausschließlich) Grundstücken bzw. grundstücksgleichen Rechten zum einen in ein Betriebsvermögen (Satz 5 Nr. 1) und zum anderen in eine Kapitalgesellschaft (Satz 5 Nr. 2) als Veräußerung. Diese zwei Arten von verdeckten Einlagen unterscheiden sich aber grundlegend voneinander. Die Einlage nach Satz 5 Nr. 1 wird erst als Veräußerung gewertet, wenn die Veräußerung aus dem Betriebsvermögen innerhalb eines Zeitraums von zehn Jahren seit Anschaffung des Wirtschaftsguts erfolgt. Hiervon ist sowohl die verdeckte als auch die offene Einlage umfasst. Maßgebend für die Annahme eines privaten Veräußerungsgeschäfts ist die ursprüngliche 10-Jahresfrist. Der Veräußerungspreis richtet sich nach dem Einlagewert gem. § 6 Abs. 1 Nr. 5 EStG im Zeitpunkt der Einlage, § 23 Abs. 3 Satz 2 EStG. Hierdurch wird die Besteuerung der im Privatvermögen entstandenen stillen Reserven sichergestellt. Daraus kann auch eine Fallkonstellation resultieren, wo ein Grundstück innerhalb von drei Jahren seit Anschaffung in das Betriebsvermögen eingelegt wird und daher die stillen Re-

---

[88] Vgl. Blümich/*Glenk* EStG § 23 Rn. 93–95, 122.
[89] Vgl. EStH 23 „Veräußerungsfrist" 4. Spiegelstrich; BFH 13.12.1983 – VIII R 16/83, BStBl. II 1984, 311.
[90] Vgl. Blümich/*Glenk* EStG § 23 Rn. 92, 162 und 163.
[91] Vgl. BFH 19.10.1998 – VIII R 69/95, BStBl. II 2000, 230; FG Münster 9.3.2005 – 1 K 5682/02, EFG 2005, 1198.
[92] Vgl. BFH 27.7.1988 – I R 147/83, BStBl. II 1989, 271.

serven wegen der Begrenzung des Einlagewerts auf die Anschaffungskosten (§ 6 Abs. 1 Nr. 5 Satz 1 Buchst. a EStG) ausschließlich im Betriebsvermögen verstrickt sind. Zum Zuflusszeitpunkt des Veräußerungsgewinns → Rn. 60.

Wird ein **Grundstück in ein Betriebsvermögen eingelegt und wieder zurück in das Privatvermögen überführt** und innerhalb von zehn Jahren nach der ursprünglichen Anschaffung veräußert, sind bei der Ermittlung des privaten Veräußerungsgewinns die ursprünglichen Anschaffungskosten zu Grunde zu legen. Dieser Veräußerungsgewinn ist um den im Betriebsvermögen zu erfassenden Gewinn zu korrigieren. Wurde das Grundstück jedoch nach mehr als zehn Jahren seit der ursprünglichen Anschaffung, aber innerhalb von zehn Jahren nach der Überführung ins Privatvermögen veräußert, ist bei der Ermittlung des privaten Veräußerungsgewinns der bei der Überführung angesetzte Wert zu Grunde zu legen.[93] 46

Beispiel:
A hat am 2.1.1993 ein unbebautes Grundstück für 100 000 EUR angeschafft. Im Jahr 1997 legt er es in sein Einzelunternehmen zum Teilwert von 150 000 EUR ein und entnimmt es wieder am 3.3.2000. Der Teilwert zum Zeitpunkt der Entnahme beträgt 200 000 EUR.
Veräußert A das Grundstück vor dem 3.1.2003 für 230 000 EUR, ermittelt sich der private Veräußerungsgewinn wie folgt:

Veräußerungserlös	230.000	
abzgl. Anschaffungskosten	100.000	
Veräußerungsgewinn (§ 23 Abs. 1 Satz 1 EStG)		130 000
Teilwert Entnahme	200.000	
abzgl. Teilwert Einlage	150.000	
abzuziehender Entnahmegewinn im Betriebsvermögen		50.000
privater Veräußerungsgewinn		80.000

Wird das Grundstück nach dem 2.1.2003 und vor dem 4.3.2010 veräußert, unterliegt der Veräußerungsgewinn auf der Grundlage des bei der Entnahme angesetzten Werts wie folgt der Besteuerung nach § 23 EStG:

Veräußerungserlös	230.000
abzgl. Entnahmewert (§ 23 Abs. 3 Satz 3 EStG)	200.000
privater Veräußerungsgewinn	30.000

Wird ein Grundstück hingegen **verdeckt in eine Kapitalgesellschaft eingelegt** (Satz 5 Nr. 2), löst dieser Vorgang unmittelbar ein privates Veräußerungsgeschäft aus, ohne an eine Bedingung geknüpft zu sein. Jedoch umfasst die Nr. 2 auch nur verdeckte (nicht „offene") Einlagen. Besonderheiten können sich ergeben, wenn die Beteiligung an der Kapitalgesellschaft zu einer anderen Vermögenssphäre als das Grundstück gehört. Wird die Beteiligung in einem Betriebsvermögen des Gesellschafters gehalten und das Grundstück hingegen im Privatvermögen, so wird im ersten Schritt eine Einlage des 47

---
[93] BMF 5.10.2000, BStBl. I 2000, 1383, Rn. 35; das nachfolgende Beispiel beruht ebenfalls auf Rn. 35.

Grundstücks in das Betriebsvermögen fingiert, woraus im zweiten Schritt die Veräußerung bzw. verdeckte Einlage aus dem Betriebsvermögen resultiert. Ein privates Veräußerungsgeschäft nach § 23 Abs. 1 Satz 5 Nr. 2 EStG kann demnach nicht vorliegen, sehr wohl aber eines nach Satz 5 Nr. 1 EStG.[94] Anders verhält es sich im umgekehrten Fall, wenn die Beteiligung im Privatvermögen und das Grundstück im Betriebsvermögen gehalten werden. Das Grundstück würde demzufolge vorerst aus dem Betriebsvermögen (ergebniswirksam) entnommen werden, um daraufhin eine Veräußerung bzw. verdeckte Einlage aus dem Privatvermögen – und somit ein privates Veräußerungsgeschäft nach § 23 Abs. 1 Satz 5 Nr. 2 EStG – annehmen zu können.

48 Ein privates Veräußerungsgeschäft soll hingegen nicht geben sein, wenn das Grundstück im Zeitraum zwischen der Anschaffung bzw. Fertigstellung und Veräußerung ausschließlich zu **eigenen Wohnzwecken** (1. Alternative) oder im Jahr der Veräußerung und in den beiden vorangegangenen Jahren zu eigenen Wohnzwecken genutzt wurde (2. Alternative), § 23 Abs. 1 Nr. 1 Satz 3 EStG. Die Nutzung zu eigenen Wohnzwecken soll die Führung eines eigenen selbständigen Haushalts bedingen, wobei eine unentgeltliche Überlassung einzelner Räume an Dritte unschädlich sein soll, solange dem Steuerpflichtigen eine eigenständige Haushaltsführung möglich bleibt.[95] Die 1. Alternative verlangt eine ausschließliche Nutzung zu eigenen Wohnzwecken. Das BMF legt den Begriff „ausschließlich" unter zeitlichen Aspekten aus.[96] Danach muss zwischen Anschaffung bzw. Fertigstellung und Veräußerung ununterbrochen eine Nutzung zu eigenen Wohnzwecken vorliegen. Jedoch sollte m. E. eine rein zeitliche Auslegung nicht ausreichend sein. Vielmehr muss auch eine räumliche Komponente mit einbezogen werden.[97] So darf das Grundstück innerhalb des besagten Zeitraums nicht (auch nicht geringfügig) für andere Zwecke als den eigenen Wohnzwecken genutzt werden. Jedoch führt eine gemischte Nutzung des Gebäudes regelmäßig nicht zu einem vollständigen Versagen der Steuerfreistellung, da mit dem auf die Eigennutzung entfallenden Gebäudeteil regelmäßig ein gesondertes Wirtschaftsgut begründet wird. Die Kehrseite ist aber die Begründung eines anteiligen (steuerpflichtigen) privaten Veräußerungsgeschäfts. So kann bei einem zu Wohnzwecken, mit zusätzlich nur einem Arbeitszimmer, genutzten Gebäude, eine Besteuerung des auf das Arbeitszimmer entfallenden Veräußerungsgewinns resultieren. Ein Arbeitszimmer könnte lediglich den eigenen Wohnzwecken zugeordnet werden, wenn kein Arbeitszimmer im steuerrechtlichen Sinne gem. § 4 Abs. 5 Nr. 6b EStG vorliegt.[98] Eine Ausnahme von dieser Regelung besteht lediglich bei Leerstand, wenn er mit der beabsichtigten Nutzung des Wirtschaftsguts zu eigenen Wohnzwecken in Zusammenhang steht. Dieses soll auch für einen Leerstand zwischen Beendigung der Nutzung zu eigenen Wohnzwecken und der Veräußerung gelten.[99]

---

[94] BMF 5.10.2000, BStBl. I 2000, 1383, Rn. 4 Nr. 5.
[95] Blümich/*Glenk* EStG § 23 Rn. 51; BMF 5.10.2000, BStBl. I 2000, 1383, Rn. 22, 23.
[96] BMF 5.10.2000, BStBl. I 2000, 1383, Rn. 25.
[97] So auch Blümich/*Glenk* EStG § 23 Rn. 55.
[98] Vgl. auch Blümich/*Glenk* EStG § 23 Rn. 55 m. w. N.; *Lehr* DStR 2007, 1199.
[99] Vgl. BMF 5.10.2000, BStBl. I 2000, 1383, Rn. 25.

Die 2. Alternative verlangt die **Nutzung zu eigenen Wohnzwecken im Jahr der Veräußerung und in den beiden vorangegangenen Jahren**. Die Nutzung zu eigenen Wohnzwecken muss somit in den letzten drei Kalenderjahren vorliegen, d. h. in einem zusammenhängenden Zeitraum innerhalb der letzten drei Kalenderjahre, der jedoch nicht die vollen drei Kalenderjahre umfassen muss.[100] Im Gegensatz zur 1. Alternative beinhaltet der Gesetzestext der 2. Alternative jedoch nicht die Bedingung der „ausschließlichen" Nutzung zu eigenen Wohnzwecken. Die Literatur vertritt daher in Teilen die Auffassung, dass die Wohnung nicht durchgängig eigengenutzt werden muss.[101]

> **Beispiel:**
> Eine Eigentumswohnung, die A im Jahr 2008 angeschafft und anschließend vermietet hatte, wird nach Beendigung des Mietverhältnisses im Dezember 2011 bis zur Veräußerung im Januar 2013 von ihm zu eigenen Wohnzwecken genutzt.
> A hat die Wohnung im Jahr der Veräußerung und in den beiden vorangegangenen Jahren zu eigenen Wohnzwecken genutzt, wonach ein Veräußerungsgewinn nicht der Besteuerung unterliegt. Wird die Wohnung nicht innerhalb der letzten drei Jahre in einem zusammenhängenden Zeitraum von drei Jahren eigengenutzt – z. B. wenn im Jahre 2012 eine vorübergehende Fremdvermietung vorlag – vertritt das BMF die Auffassung, dass keine Eigennutzung im Sinne der 2. Alternative vorliegt, woraus ein steuerpflichtige Veräußerung resultieren kann.[102]

Wird das Grundstück **sowohl für eigene Wohnzwecke als auch für andere Zwecke** genutzt, sind die Anschaffungs- bzw. Herstellungskosten und der Veräußerungspreis des gesamten Grundstücks im Verhältnis der Nutzfläche des zu anderen Zwecken genutzten Gebäudeteils zur Nutfläche des gesamten Gebäudeteils aufzuteilen, es sei denn, die Aufteilung nach dem Verhältnis der Nutzflächen führt zu einem unangemessenen Ergebnis. In die Aufteilung nach der Nutzfläche des Gebäudes sind nicht nur die Anschaffungs- bzw. Herstellungskosten und der Veräußerungspreis des Gebäudes sondern auch die des Grund- und Bodens einzubeziehen.[103]

2. Besonderheiten bei vermögensverwaltenden Personengesellschaften

Bei vermögensverwaltenden Personengesellschaften sind für die **Prüfung eines privaten Veräußerungsgeschäfts** i. S. des § 23 EStG eine Reihe von **Besonderheiten** zu beachten. Neben den rein ertragsteuerrechtlichen können sich auch verfahrensrechtliche Fragestellungen ergeben. So sind bspw. Fallkonstellationen denkbar, in denen ein Gesellschafter seine Anteile an der grundstücksverwaltenden Personengesellschaft oder die Personengesellschaft selbst ihre Grundstücke veräußert. Hierbei sind sowohl auf Ebene der Personengesellschaft als auch auf Ebene des Gesellschafters die Voraussetzungen für

---
[100] Vgl. BMF 5.10.2000, BStBl. I 2000, 1383, Rn. 25 2. Spiegelstrich.
[101] Vgl. Blümich/*Glenk* EStG § 23 Rn. 57; H/H/R/*Musil* EStG § 23 Rn. 131, „Verhältnis zwischen Alt. 1 und 2"; a. A. BMF 5.10.2000, BStBl. I 2000, 1383, Rn. 25 „Beispiel".
[102] Vgl. BMF 5.10.2000, BStBl. I 2000, 1383, Rn. 25 „Beispiel".
[103] Vgl. BMF 5.10.2000, BStBl. I 2000, 1383, Rn. 32.

§ 16 52, 53   Teil 7. Veräußerungen

ein privates Veräußerungsgeschäft zu prüfen und die Erklärungspflichten in den betrieblichen Steuererklärungen (Erklärung über die gesonderte und einheitliche Feststellung von Besteuerungsgrundlagen) sowie in der privaten Einkommensteuererklärungen zu beachten.

a) Ertragssteuerrechtliche Aspekte

52 Fallen **im Rahmen von vermögensverwaltenden Personengesellschaften private Veräußerungsgeschäfte** an, ist für die steuerrechtliche Beurteilung zu unterscheiden, ob der Tatbestand des § 23 EStG von der Gesellschaft selbst oder in der Person eines Beteiligten verwirklicht wurde. Dieses ist im Wesentlichen von der Frage abhängig, ob die Anwendung des § 23 EStG die Betrachtung nach Bruchteilen im Sinne des § 39 Abs. 2 Nr. 2 AO erfordert. Eine Bruchteilsbetrachtung ist immer dann erforderlich, wenn der auf der Stufe der Gesellschaft verwirklichte Handlungstatbestand (ertrag-) steuerrechtlich nicht von Bedeutung und deshalb beim Gesellschafter selber zu berücksichtigen ist.[104] Teile der Literatur vertreten auch die Auffassung, dass eine anteilige Zurechnung der Wirtschaftsgüter zu den Gesellschaftern stets erforderlich ist und somit die Gesellschaft selbst kein privates Veräußerungsgeschäft erzielt, sondern immer auf die Verhältnisse des Gesellschafters abgestellt wird (Höhe seiner Anschaffungskosten, sein Anteil am Veräußerungserlös etc.) und diesem auch das private Veräußerungsgeschäft direkt zugerechnet wird.[105]

53 Dementgegen kann nach Auffassung der Finanzverwaltung ein privates Veräußerungsgeschäft durch die **Gesellschaft** dann gegeben sein, wenn sowohl das Anschaffungs- als auch das Veräußerungsgeschäft von der Gesellschaft getätigt wurden.[106] Jedoch ist dieser Auffassung nicht uneingeschränkt zuzustimmen, denn es könnten sich Fallkonstellationen ergeben, die auch bei einer Anschaffung und Veräußerung durch die Gesellschaft eine Bruchteilsbetrachtung erfordern und somit der Tatbestand des § 23 EStG gerade nicht auf Ebene der Gesellschaft sondern beim Gesellschafter erfüllt ist. Eine Fallkonstellation ist der Eintritt eines neuen Gesellschafters in die Gesellschaft. So kann der neue Gesellschafter durch den Eintritt in die Gesellschaft im Vergleich zu den übrigen Gesellschaftern erhöhte Anschaffungskosten haben (bspw. durch Ausweis in einer Ergänzungsbilanz[107]) oder erhöhte Absetzungen beanspruchen, womit im Falle einer Grundstücksveräußerung durch die Gesellschaft eine Bruchteilsbetrachtung erforderlich wird. Im Übrigen ist zu erwähnen, dass bereits der durch den Eintritt eines neuen Gesellschafters bedingte anteilige Verkauf eines Personengesellschaftsanteils, ein privates Veräußerungsgeschäft i. S. des § 23 Abs. 1 Satz 2 EStG bei den veräußernden (übrigen) Gesellschaftern begründen kann. Somit

---

[104] Vgl. BFH 3.2.2010 – IV R 26/07, BStBl. II 2010, 751.
[105] Vgl. auch Ausführungen von Haase/Dorn/Kemcke/Schäffer Vermögensverwaltende Personengesellschaften S. 123 Rn. 193 und 194; *Wacker* DStR 2005, 2014 (2017) m. w. N.
[106] Vgl. OFD Frankfurt 5.3.2012, DStR 2012, 1511, Tz. 1.1; OFD Frankfurt 7.8.2014, DStR 2014, 1832.
[107] Bei nicht bilanzierungspflichtigen vermögensverwaltenden Personengesellschaften wird von einer „Ergänzungsrechnung" gesprochen, vgl. Haase/Dorn/Kemcke/Schäffer Vermögensverwaltende Personengesellschaften S. 92 Rn. 108.

würde eine ausschließliche Anwendung des § 23 EStG auf Ebene der Gesellschaft zu einen unzutreffenden Ergebnis führen.[108]

Ein privates Veräußerungsgeschäft auf Ebene der **Gesellschafter** ist nach Auffassung der Finanzverwaltung immer dann gegeben, wenn die Veräußerung nicht gemeinschaftlich erfolgt und eine der nachfolgend aufgeführten Konstellationen geben ist:[109]
– Der Beteiligte scheidet innerhalb der Haltefrist aus der Gesellschaft aus;
– Die Gesellschaft veräußert ein Wirtschaftsgut unschädlich nach Ablauf der maßgeblichen 10-jährigen Haltefrist, der Beteiligte ist jedoch erst zu einem späteren Zeitpunkt eingetreten, so dass für ihn die Haltefrist noch nicht abgelaufen ist.

Grundlage hierfür ist § 23 Abs. 1 Satz 4 EStG, wonach die Anschaffung oder Veräußerung einer **unmittelbaren oder mittelbaren Beteiligung** an einer Personengesellschaft als Anschaffung oder Veräußerung der anteiligen Wirtschaftsgüter gilt. In der Literatur wird z.T. diskutiert, ob der Gesetzeswortlaut des § 23 Abs. 1 Satz 4 EStG die Besteuerung sog. Mischfälle ausschließt, d.h. bei Erwerb einzelner gesamthändischer Grundstücke durch die Personengesellschaft und anschließendem Beteiligungsverkauf und umgekehrt, die Beteiligung wurde erst angeschafft und daraufhin das Grundstück durch die Personengesellschaft verkauft. Diese Interpretation ist m.E. nicht zu folgen, so dass eine Besteuerung nach § 23 EStG auch in diesen Fällen eintreten sollte.[110] Es sollte vielmehr auf die Unterscheidung der Ebenen (Personengesellschaft oder Gesellschafter) für ein privates Veräußerungsgeschäft abgestellt werden, wofür die allgemeinen von der Finanzverwaltung aufgestellten Grundsätze gelten. Hat demnach die Personengesellschaft das Grundstück angeschafft und tritt daraufhin ein Gesellschafter in die Personengesellschaft ein, hat dennoch die Personengesellschaft selbst ein privates Veräußerungsgeschäft realisiert, wenn das Grundstück innerhalb der für die Personengesellschaft geltenden 10-Jahresfrist wieder veräußert wird. Wurde das Grundstück außerhalb der für die Personengesellschaft maßgeblichen Veräußerungsfrist veräußert, kann durch den Eintritt des Gesellschafters in die Personengesellschaft die Veräußerungsfrist für den Gesellschafter nach § 23 Abs. 1 Satz 4 EStG ggf. noch nicht abgelaufen sein.

Im Ergebnis ist daher vorrangig zu prüfen, ob ein privates Veräußerungsgeschäft durch die Gesellschaft selbst verwirklicht wurde und dann, ob die Bruchteilsbetrachtung des § 39 Abs. 2 Nr. 2 AO erforderlich ist bzw. eine Anteilsveräußerung i.S. des § 23 Abs. 1 Satz 4 EStG vorliegt, was somit zu einer Verwirklichung des § 23 EStG auf Ebene des Gesellschafters führt.[111]

---

[108] Vgl. Haase/Dorn/*Kemcke/Schäffer* Vermögensverwaltende Personengesellschaften S. 121 ff.; weitere Bespiele sind a.a.O., Rn 189 ff. zu finden.
[109] Vgl. OFD Frankfurt 5.3.2012, DStR 2012, 1511, Tz. 5 ff.
[110] So auch H/H/R/*Musil* EStG § 23 Rn. 241; Haase/Dorn/*Kemcke/Schäffer* Vermögensverwaltende Personengesellschaften S. 187 Rn. 197; kritisch Blümich/*Glenk* EStG § 23 Rn. 81 m.w.N.
[111] Vgl. auch zurückgewiesene NZB: BFH 30.4.2015 – IX B 10/15, BFH/NV 2015, 1077.

b) Verfahrensrechtliche Aspekte

56 Die **verfahrensrechtliche Behandlung** ist maßgeblich davon abhängig „wer" das private Veräußerungsgeschäft verwirklicht. Denn nach § 180 Abs. 1 Nr. 2 Buchst. a AO ist eine gesonderte und einheitliche Feststellung von Besteuerungsgrundlagen nur durchzuführen, wenn an den Einkünften mehrere Personen beteiligt sind. Wird wie von der Finanzverwaltung gefordert, die Auffassung vertreten, dass die Personengesellschaft ein privates Veräußerungsgeschäft erzielen kann, so sind die auf ihrer Ebene angefallenen Veräußerungen i. S. d. § 23 EStG in eine gesonderte und einheitliche Feststellung von Besteuerungsgrundlagen einzubeziehen. Wird hingegen nach den obigen Ausführungen auf Ebene des Gesellschafters ein privates Veräußerungsgeschäft erzielt, ist dieses ausschließlich in der Veranlagung des Gesellschafters zu berücksichtigen. Eine Berücksichtigung in der gesonderten und einheitlichen Feststellung im Sinne des § 180 Abs. 1 Nr. 2 Buchst. a AO ist demnach grundsätzlich ausgeschlossen. Jedoch sollen dem Wohnsitzfinanzamt die Einkünfte aus dem privaten Veräußerungsgeschäft im Rahmen der gesonderten und einheitlichen Feststellung nachrichtlich mitgeteilt werden.[112] Dieses Verfahren erscheint auch sachdienlich, da das Wohnsitzfinanzamt über keine die für die Besteuerung notwendigen Informationen verfügt, wie z.B. der Veräußerungspreis und die Anschaffungskosten des Grundstücks im Falle eines Gesellschafter-Eintritts in bzw. Gesellschafter-Austritts aus einer vermögensverwaltenden Personengesellschaft.[113] Die nachrichtliche Mitteilung ändert nichts an der Tatsache, dass etwaige Einsprüche gegen die Erfassung der Einkünfte dem Grunde und der Höhe nach nur im Verfahren über die jeweilige Einkommensteuerfestsetzung zulässig sind.[114]

3. Ermittlung des Veräußerungsgewinns

57 Der **Veräußerungsgewinn** ist nach § 23 Abs. 3 Satz 1 EStG der Unterschiedsbetrag zwischen dem Veräußerungspreis und den Anschaffungskosten bzw. Herstellungskosten sowie abzüglich der Werbungskosten.
Der Begriff der **Anschaffungskosten** nach § 23 Abs. 3 EStG entspricht dem Anschaffungskostenbegriff im Sinne des § 255 Abs. 1 HGB. Demnach gehören zu den Anschaffungskosten alle Aufwendungen, die erforderlich sind, um ein Vermögensgegenstand zu erwerben und ihn in einen betriebsbereiten Zustand zu versetzen. Wurde als Kaufpreis eine Leibrente vereinbart, so bestimmen sich die Anschaffungskosten nach dem Kapitalwert. Die **Herstellungskosten** sind im Wesentlichen nur bei Fällen maßgebend, in dem innerhalb der Haltefrist nach dem Grundstückserwerb ein Gebäude bzw. Gebäudeteil errichtet wird. Der Begriff der Herstellungskosten im Sinne des § 23 Abs. 3 EStG ist nach § 255 Abs. 2 HGB auszulegen, wonach Herstellungskosten die Aufwendungen sind, die durch den Verbrauch von Gütern und die Inanspruchnahme von Diensten für die Herstellung eines Vermögensgegenstandes seine Erweiterung oder für eine über seinen ursprünglichen Zustand

---

[112] Vgl. OFD Frankfurt 5.3.2012, DStR 2012, 1511, Tz. 12.
[113] Vgl. auch zum Falle eines Eintritts in eine vermögensverwaltende Personengesellschaft BFH 21.1.2014 – IX R 9/13, BFH/NV 2014, 745.
[114] Vgl. OFD Frankfurt 5.3.2012, DStR 2012, 1511, Tz. 12.

hinausgehenden wesentliche Verbesserung entstehen. **Eigenleistungen** sind nach Auffassung des BFH – entgegen der Literaturmeinung – grundsätzlich nicht bei den Herstellungskosten zu berücksichtigen.[115] Hieraus folgt die Besteuerung der durch die Eigenleistung resultierenden Werterhöhung des Gebäudes, welche im Veräußerungspreis regelmäßig enthalten sein wird. Um dieser ungerechtfertigten Härte entgegenzuwirken, wird in der Literatur die Auffassung vertreten, dass der Teil des Veräußerungspreises, der auf die Eigenleistung entfällt, als nicht steuerbare Einnahme gilt.[116]

Nach § 23 Abs. 3 Satz 4 EStG mindern sich die Anschaffungs- bzw. Herstellungskosten um die AfA, erhöhte Absetzungen, Sonderabschreibungen, soweit sie bei der Ermittlung der Überschusseinkünfte abgezogen worden sind. Eine entsprechende Minderung tritt nur in Höhe der tatsächlich vorgenommenen Abschreibungen ein, welche ausschließlich bei den Überschusseinkünften berücksichtigt worden.

Zu den im Rahmen des § 23 Abs. 1 Nr. 1 EStG zu berücksichtigenden **Werbungskosten** sollen nach den allgemeinen Grundsätzen zum einen die sog. Veräußerungskosten (z.B. Grundbucheintragungen, Maklerprovision, Notarkosten etc.) gehören.[117] Zum anderen gehören nach BFH-Auffassung nicht nur die Veräußerungskosten, sondern auch alle durch ein privates Veräußerungsgeschäft veranlassten Aufwendungen, soweit sie nicht zu den Anschaffungs- bzw. Herstellungskosten gehören, zu den Werbungskosten im Sinne des § 23 Abs. 1 Nr. 1 EStG. Folglich gehören zu den Werbungskosten auch die innerhalb der Besitzzeit angefallenen Aufwendungen wie z.B. Schuldzinsen, wenn sie nicht vorrangig einer anderen Einkunftsart zugeordnet werden können. Zudem sieht der BFH auf Grundlage des für einen Werbungskostenabzug benötigten Veranlassungszusammenhangs eine Einschränkung des Abflussprinzip i.S.d. § 11 EStG als gerechtfertigt an. Demnach soll ein hinreichend wirtschaftlicher Zusammenhang der Aufwendungen mit den Einkünften nach § 22 Nr. 2 i.V.m. § 23 grds. während des gesamten Zeitraums zwischen Anschaffung und Veräußerung gegeben sein.[118] Aufwendungen, die innerhalb der Haltefrist des § 23 EStG angefallen sind und keiner anderen Einkunftsart zugerechnet werden können, sind demzufolge bei der Ermittlung des Veräußerungsgewinnes im Jahr des Zuflusses des Veräußerungspreises als Werbungskosten zu berücksichtigen. Als Aufwendungen werden regelmäßig **Schuldzinsen** und **Erhaltungsaufwendungen** in Betracht kommen. Auch das Abzugsverbots für Aufwendungen der privaten Lebensführung nach § 12 EStG sollte m.E. – entgegen der Auffassung der Finanzverwaltung – hieran nichts ändern. Denn die Vorschrift des § 23 EStG umfasst selbst Gegenstände der privaten Lebensführung. Somit sollten auch Aufwendungen die auf eine Eigennutzung

---

[115] Vgl. BFH 31.8.1994 – BFH X R 66/92, BFH/NV 1995, 391; a.A. H/H/R/*Musil* EStG § 23 Rn. 283; Blümich/*Glenk* EStG § 23 Rn. 188.
[116] Vgl. H/H/R/*Musil* EStG § 23 Rn. 283; m.E. kann diese Auffassung dem Gesetzeswortlaut nicht entnommen werden.
[117] Vgl. auch BFH 15.12.1987 – VIII R 281/83, BStBl. II 1989, 16.
[118] BFH 17.7.1991 – X R 6/91, BStBl. II 1991, 916; BFH 12.12.1996 – X R 65/95, BStBl. II 1997, 603; BFH 16.6.2003 – IX R 46/02, BStBl. II 2004, 284; so wohl auch die Auffassung der Finanzverwaltung: EStH 23 „Werbungskosten" 1. Spiegelstrich unter Verweis auf BFH 12.12.1996 – X R 65/95, BStBl. II 1997, 603.

des Steuerpflichtigen entfallen, als Werbungskosten in Betracht kommen.[119] Anderenfalls würden sich die durch die Aufwendungen bedingten Wertsteigerungen, welche im Veräußerungspreis regelmäßig berücksichtigt sind, nicht gewinnmindernd auswirken.[120] Jedoch wurde dieser Aspekt von der Rechtsprechung noch nicht aufgegriffen, womit das Abzugsverbot des § 12 EStG bei dem Werbungskostenabzug zu beachten ist. Wird daher ein Gebäude während der Haltefrist für eine Eigennutzung verwendet, sind die während dieses Zeitraums entstandenen Aufwendungen nicht abzugsfähig. Erst wenn sich der Steuerpflichtige zum Verkauf des Grundstücks entschlossen hat, sind die Aufwendungen als Werbungskosten zu berücksichtigen.[121]

59 Der **Veräußerungspreis** umfasst neben den eigentlichen Veräußerungserlös alle anderen in Geldeswert bestehenden Güter im Sinne des § 8 EStG, die der Steuerpflichtige als Gegenleistung erhält. Besteht die Gegenleistung in einer wiederkehrenden Leistung (Kaufpreisraten oder Rente), ist der Veräußerungspreis durch Aufteilung der wiederkehrenden Leistung in einen Tilgungs- und Zinsanteil zu bestimmen.[122] Nach dem einschlägigen BMF-Schreiben vom 11.3.2010 ist der Veräußerungspreis ausschließlich der Barwert der wiederkehrenden Leistungen.[123] Der Zinsanteil ist Entgelt für die Stundung des Veräußerungspreises, deren steuerliche Beurteilung von der Art der wiederkehrenden Leistung abhängig ist. Liegt eine dauernde Last oder Kaufpreisrate vor, so handelt es sich bei dem Zinsanteil um Einnahmen nach § 20 Abs. 1 Nr. 7 EStG. Wird hingegen eine Veräußerungsleibrente vereinbart, sind die Zinsanteile Einnahmen nach § 22 Nummer 1 Satz 3 Buchstabe a Doppelbuchstabe bb EStG.[124] Sog. Zeitrenten werden hingegen wie Kaufpreisraten behandelt.

60 Der **Gewinn aus einem privaten Veräußerungsgeschäft** wird erst im Zeitpunkt des Zuflusses des Veräußerungserlöses realisiert.[125] Wird der Veräußerungspreis ratenweise in mehreren Kalenderjahren gezahlt, so ist der die Anschaffungs- und Werbungskosten übersteigende Betrag als privater Veräußerungsgewinn jeweils in dem Veranlagungszeitraum zu berücksichtigen, in

---

[119] Vgl. auch FG München 22.7.2003 – 6 K 4124/01, EFG 2003, 1612; im Revisionsurteil vom 15.2.2005 – IX R 51/03 wurde diese Rechtsfrage jedoch offen gelassen; so auch *Warnke* DStR 1998, 1073, Tz. 1.2; Blümich/*Glenk* EStG § 23 Rn. 198; a. A. EStH 23 „Werbungskosten" 1. Spiegelstrich unter Verweis auf BFH 12.12.1996 – X R 65/95, BStBl. II 1997, 603; BMF 5.10.2000, BStBl. I 2000, 1383, Rn. 29; BFH 16.6.2004 – X R 22/00, BStBl. II 2005, 91; BFH 1.8.1978 – VIII R 157/75, BStBl. II 1979, 30 steht dem nicht entgegen. In dem Rechtsstreit waren die Schuldzinsen als Werbungskosten nach § 2 Abs. 2 EinfHaus-VO bei den Einkünften aus Vermietung und Verpachtung abzugsfähig. Die Tatsache, dass die Höhe der abzugsfähigen Schuldzinsen begrenzt ist, ändert nichts an der Qualifikation als Werbungskosten. Demnach waren die Aufwendung im vollen Umfang vorrangig den Einkünften aus Vermietung und Verpachtung zuzurechnen.
[120] Siehe auch Ausführungen zu der Fragestellung, ob Eigenleistungen bei den Anschaffungs- bzw. Herstellungskosten berücksichtigt werden, → Rn. 57.
[121] EStH 23 „Werbungskosten" 6. Spiegelstrich; BFH 16.6.2004 – X R 22/00, BStBl. II 2005, 91.
[122] EStH 23 „Wiederkehrende Leistungen"; BMF 11.3.2010, BStBl. I 2010, 227, Rn. 65 ff.
[123] BMF 11.3.2010, BStBl. I 2010, 227, Rn. 73.
[124] Zur Berechnung des Veräußerungspreises bzw. Zinsanteils vgl. BMF 11.3.2011, BStBl. I 2010, 227, Rn. 69–76.
[125] BFH 2.4.1974 – VIII R 76/69, BStBl. II 1974, 540.

denen er dem Steuerpflichtigen tatsächlich zugeflossen ist. Demnach werden sich die Anschaffungskosten regelmäßig im ersten Jahr voll auswirken, was zu einer vollen Besteuerung der in den Folgejahren zufließenden Raten führt.[126] Diesem Grundsatz folgt auch die Behandlung von Werbungskosten bei einem in mehreren Jahren zufließenden Veräußerungspreis. Demnach sind sämtliche Werbungskosten zunächst mit dem im ersten Zuflussjahr erhaltenen Teilerlös und ein etwa verbleibender Werbungskostenüberschuss mit den in den Folgejahren erhaltenen Teilerlösen zu verrechnen.[127]

Wird das Grundstück nach Einlage in ein Betriebsvermögen im Sinne des § 23 Abs. 1 Satz 5 Nr. 1 EStG veräußert bzw. i.S.d. Nr. 2 in eine Kapitalgesellschaft verdeckt eingelegt, so ist der Veräußerungsgewinn in dem Kalenderjahr, in dem der Preis für die Veräußerung aus dem Betriebsvermögen zugeflossen ist bzw. das Grundstück in die Kapitalgesellschaft eingelegt wurde, anzusetzen.[128] Bei Veräußerung des Grundstücks durch Ratenzahlungen, nachdem es in das Betriebsvermögen eingelegt worden ist, gelten entsprechend die oben dargestellten Grundsätze.[129]

> **Beispiel:**
> X erwirbt am 17.1.2010 für 300.000 EUR ein unbebautes Grundstück, welches er am 19.8.2012 mit dem Teilwert von 330.000 EUR in sein Betriebsvermögen einlegt. Am 1.10.2014 veräußert er es aus dem Betriebsvermögen für 350.000 EUR. Der Kaufpreis wird ratierlich in 2014 und 2015 jeweils i.H.v. 175.000 EUR gezahlt.
> Aufgrund der Veräußerung innerhalb eines Zeitraums von zehn Jahren im Sinne des § 23 Abs. 1 Satz 5 Nr. 1 EStG erzielt X erst bei Übersteigen des Veräußerungspreises über die (ursprünglichen) Anschaffungskosten in 2015 einen Veräußerungsgewinn nach § 23 EStG i.H.v. 30.000 (330.000 EUR − 300.000 EUR). Zeitgleich erzielt er auch einen gewerblichen Veräußerungsgewinn i.H.v. 20.000 EUR (350.000 EUR − 330.000 EUR).

Nachträgliche Werbungskosten und **Kaufpreisminderungen** im Rahmen des § 23 EStG sind, soweit die entsprechende Veranlagung vorläufig durchgeführt worden ist, nach § 165 Abs. 2 AO in dem Jahr des Zuflusses des Veräußerungspreises zu berücksichtigen. Anderenfalls soll der jeweilige Bescheid grundsätzlich nach § 175 Abs. 1 Satz 1 Nr. 2 AO geändert werden.[130] Durch der Einführung des Verlustrücktrags i.S.d. § 23 Abs. 3 Satz 8 EStG

---

[126] BFH 13.4.1962 – VI 194/61 U, BStBl. III 1962, 306; BMF 5.10.2000, BStBl. I 2000, 1383, Rn. 36; so auch H/H/R/*Musil* EStG § 23 Rn. 293; BFH 11.11.2009 – IX R 57/08, BStBl. II 2010, 607 äußert sich nicht ausführlich zu der Thematik; verweist aber auf Kirchhof/*Kube* EStG § 23 Rn. 21; welcher wiederum auf das BMF 5.10.2000, BStBl. I 2000, 1383, Rn. 36 verweist. a.A. Blümich/*Glenk* EStG § 23 Rn. 222.
[127] EStH 23 „Werbungskosten" 3. Spiegelstrich.
[128] Siehe § 23 Abs. 3 Satz 6 EStG.
[129] → Rn. 59; vgl. auch H/H/R/*Musil* EStG § 23 Rn. 317; a.A. Blümich/*Glenk* EStG § 23 Rn. 225.
[130] FG Hessen 3.5.2010 – 3 K 299/10, EFG 2011, 52; BFH 3.6.1992 – X R 91/90, BStBl. II 1992, 1017, Tz. 4 Buchst. a bis c; Der BFH nimmt in dem Urteil klar Abstand von seiner bisherigen Rechtsprechung BFH 2.4.1974 – VIII R 76/69, BStBl. II 1974, 540; so auch H/H/R/*Musil* EStG § 23 Rn. 293, 320; a.A. Blümich/*Glenk* EStG § 23 Rn. 221.

bedarf es nicht mehr zwingend einer Korrektur nach § 175 AO.[131] Wurde das Grundstück vor Veräußerung für die Erzielung von Einkünften aus Vermietung und Verpachtung genutzt, sind die „laufenden" Werbungskosten regelmäßig nicht zu den Werbungskosten i. S. d. § 23 EStG zu zählen, welche somit auch nicht von der Korrektur gem. § 165 bzw. 175 AO umfasst sind.

62 Die **Freigrenze von 600 EUR** gem. § 23 Abs. 3 Satz 5 EStG ist unabhängig von der Anzahl der Veräußerungsgeschäfte und kann für jeden Veranlagungszeitraum erneut beansprucht werden. Demnach kann bei einem Zufluss des Veräußerungspreises in mehreren Jahren (bspw. bei einem Veräußerungsgeschäft auf Raten), die Freigrenze in jedem Veranlagungszeitraum in Anspruch genommen werden, wenn der Veräußerungsgewinn jeweils weniger als 600 EUR beträgt.[132]

63 Auch ist § 23 Abs. 3 Satz 7 und 8 EStG zu beachten, wonach Verluste aus privaten Veräußerungsgeschäften nicht uneingeschränkt mit positiven Einkünften aus anderen Einkunftsarten verrechnet werden können, sondern nur mit Gewinnen aus anderen privaten Veräußerungsgeschäften desselben Veranlagungszeitraums. Die verbleibenden Verluste können jedoch wahlweise in den vorangegangenen Veranlagungszeitraum zurückgetragen oder in die nachfolgenden Veranlagungszeiträume vorgetragen werden. Im Falles eines Kommanditisten einer **vermögensverwaltenden Personengesellschaften** hat der BFH zutreffend geurteilt, dass positive Einkünfte aus privaten Veräußerungsgeschäften im Sinne des § 23 Abs. 1 Satz 1 Nr. 1 EStG mit negativen festgestellten Einkünften aus Vermietung und Verpachtung (§ 21 Abs. 1 Satz 2 EStG i. V. m. § 15a Abs. 4 EStG) verrechnet werden können.[133] Anders sollte der Sachverhalt im umgekehrten Fall (negative Einkünfte aus § 23 EStG und positive Einkünfte aus § 21 EStG) aufgrund des § 23 Abs. 3 Satz 7 und 8 EStG zu beurteilen sein.

B. Umsatzsteuer

I. Überlegungen des Veräußerers zur steuerfreien und steuerpflichtigen Immobilientransaktion

64 Sofern die Übertragung von Immobilien **keine (Teil-)Geschäftsveräußerung** nach § 1 Abs. 1a UStG darstellt, ist sie grundsätzlich bei Belegenheit des Grundstücks im Inland steuerbar, jedoch nach § 4 Nr. 9a UStG von der Umsatzsteuer befreit.

65 Die **Befreiung von der Umsatzsteuer** für eine Grundstücksübertragung bringt – mit Ausnahme von einzelnen steuerfreien Umsätzen, z. B. mit grenzüberschreitendem Bezug – die eingangsseitigen Nachteile mit, dass sie gemäß § 15 Abs. 2 UStG den Vorsteuerabzug für Eingangsumsätze im Zusammenhang mit der Transaktion ausschließt sowie zu einer Vorsteuerkorrektur nach

---

[131] Vgl. hierzu auch Blümich/*Glenk* EStG § 23 Rn. 203.
[132] So auch H/H/R/*Musil* EStG § 23 Rn. 316; a. A. Blümich/*Glenk* EStG § 23 Rn. 230 m. w. N.
[133] BFH 2.9.2014 – IX R 52/13, DStR 2015, 160.

§ 15a UStG führen kann. Zur Vermeidung etwaiger Vorsteuerberichtigungen bei Grundstücksübertragungen innerhalb des regulären Berichtigungszeitraums von zehn Jahren (§ 15a Abs. 1 UStG) kann der Verkäufer nach § 9 UStG auf die Umsatzsteuerfreiheit verzichten, vorausgesetzt der Käufer ist ebenfalls ein umsatzsteuerlicher Unternehmer, der die Immobilie für sein Unternehmen erwirbt. Ein optionaler Verzicht auf die Umsatzsteuerfreiheit ist für bestimmte Umsätze im Zusammenhang mit Immobilien (v. a. für die Vermietung und Verpachtung von Grundstücken und für die Grundstücksveräußerung) vorgesehen.

II. Überblick zum Umfang der steuerbefreiten Grundstücksübertragung und zur Option

1. Steuerbefreite Grundstücksübertragung nach § 4 Nr. 9a UStG

66 Im Vertrag über die Grundstücksveräußerung werden häufig **weitere, von der Grundstücksübertragung abzugrenzende Verpflichtungen,** z. B. im Zusammenhang mit der Bebauung des Grundstücks, eingegangen. Während im Grunderwerbsteuerrecht die verschiedenen, zu einem Leistungsbündel zusammengefassten Leistungen als eine einheitliche Leistung beurteilt werden, fällt in den Bereich der Umsatzsteuer grundsätzlich jede einzelne entgeltliche Leistung eines Unternehmers. Eine Bündelung mehrerer Leistungen ist nur bei Leistungen desselben Unternehmers nach dem Grundsatz der Einheitlichkeit der Leistung zulässig. Weitere Leistungen zur Hauptleistung werden daher von der Steuerfreiheit der Grundstücksübertragung nur umfasst, wenn sie mit dem Leistungsgegenstand so abgestimmt sind, dass sie in ihm aufgehen und ihre Selbstständigkeit verlieren. Der auf diese Weise bestimmte Umsatz begrenzt zugleich den Anwendungsbereich der Steuerbefreiung nach § 4 Nr. 9a UStG.

67 Ist **Vertragsgegenstand ein bebautes Grundstück,** z. B. ein schlüsselfertig erstelltes Eigenheim, ist dessen Lieferung steuerfrei. Das gilt auch dann, wenn zum Zeitpunkt des Vertragsabschlusses nur das unbebaute Grundstück vorhanden war.[134]

68 Bei der **Übertragung eines bebauten Grundstücks** und der im zeitlichen Zusammenhang damit stehenden weiteren Gewerke kann eine einheitliche steuerfreie Leistung auch vorliegen, soweit es sich um Nebenleistungen handelt und der Veräußerer nach dem wirtschaftlichen Gehalt der Vertragsgestaltung die Verfügungsmacht an dem fertigen Gebäude verschafft. Der Veräußerer muss für sämtliche Leistungen der Auftraggeber sein und das Bauherrenwagnis tragen. Umsatzsteuerpflichtig sind dagegen beispielsweise Baubetreuungsleistungen oder gesondert berechnete bauvorbereitende Leistungen, insbesondere Architektenleistungen des Veräußerers eines unbebauten Grundstücks sowie die Herstellung eines schlüsselfertigen Fertighauses durch einen mit dem Grundstücksveräußerer nicht identischen Unternehmer.[135]

---

[134] Vgl. BFH 9.4.1979, BStBl. II 1979, 749.
[135] Vgl. BFH 10.9.1992 – V R 99/88, BStBl. II 1993, 316; BFH v. 24.2.2000 – V R 89/98, BStBl. II 2000, 278.

> **Praxishinweis:**
> Bei der umsatzsteuerrechtlichen Beurteilung des Grundstückskaufvertrags sollte also immer auch geprüft werden, welche steuerfreien bzw. steuerpflichtigen Leistungen der Veräußerer im Zusammenhang mit der Grundstücksveräußerung erbracht hat und für welche dieser Leistungen Umsatzsteuer dagegen gesondert auszuweisen ist. Auswirkungen können sich insoweit insbesondere im Hinblick auf die Anwendung der §§ 9, 14, 15a UStG ergeben.

2. Option zur Steuerpflicht aus Sicht des Veräußerers

a) Zweck

69 Bereits die **Grunderwerbsteuerbarkeit einer umsatzsteuerbaren Grundstückslieferung** führt zu deren Umsatzsteuerfreiheit. Veräußert ein Unternehmer an einen anderen ein Grundstück, fällt Grunderwerbsteuer, aber grundsätzlich keine Umsatzsteuer an. § 4 Nr. 9a UStG will die doppelte Besteuerung des Grunderwerbs mit beiden Steuern ausschließen; im Kollisionsfall tritt die Umsatzsteuer zurück.[136] Dieser vermeintliche Vorteil kann sich insbesondere dann wirtschaftlich nachteilig auswirken, wenn ein Grundstück mit einem erst zu errichtenden Gebäude verkauft wird, also ein sog. Bauträgervertrag vorliegt.[137] Die Umsatzsteuerbefreiung führt nämlich dazu, dass der Veräußerer eine bisher in Anspruch genommene Erstattung berichtigen muss (§ 15a UStG).

70 Ein Veräußerer hat regelmäßig im Hinblick auf seine eigene Vorsteuerabzugsberechtigung ein **Interesse an einer steuerpflichtigen Erbringung seiner Ausgangsumsätze,** sollte schon bei der Veräußerung keine nicht steuerbare Geschäftsveräußerung im Ganzen vorliegen. Besondere Relevanz hat diese Umsatzsteueroption gerade für Grundstückslieferungen, deren Umsatzsteuerfreiheit zu betragsmäßig hohen Vorsteuerberichtigungen führen kann, wenn und soweit ursprünglich Vorsteuerbeträge aus der Anschaffung bzw. Herstellung der Immobilie vom jetzigen Veräußerer abgezogen wurden. Kann auch die Übertragung steuerpflichtig erfolgen, liegt keine Änderung der Verwendung des Grundstücks vor und damit kein Berichtigungstatbestand des § 15a UStG auf Ebene des Veräußerers.

71 Hat der Unternehmer **auf die Steuerbefreiung nach § 4 Nr. 9a UStG verzichtet,** schuldet der Erwerber (Unternehmer) seit 1.4.2004 die Umsatzsteuer gem. § 13b Abs. 2 Nr. 3 UStG. Das Problem der Preisvereinbarung, ob bei einem Grundstückskauf ein Preis mit oder ohne Umsatzsteuer vereinbart wurde (brutto oder netto), wurde dadurch entschärft. Dies betraf früher den Fall der „vergessenen Umsatzsteuer". Die Umsatzsteuer gehört somit nicht mehr zum zivilrechtlichen Entgelt und damit zur Gegenleistung gem. § 11 GrEStG.

---

[136] Vgl. Bunjes/*Heidner* UStG, § 4 Nr. 9 Rn. 2 f.; vgl. auch BFH 28.5.2015 – V B 15/15, BFH/NV 2015, 1117.

[137] Z.B. BFH 21.12.1981 – II R 124/79, BStBl. II 1982, 330; 21.12.1988 – II B 47/88, BStBl. II 1989, 333; 14.2.1990 – II B 158/89, BStBl. II 1990, 391. Vgl. zum Begriff Reithmann/Meichssner/von Heymann/*Reithmann* Kauf vom Bauträger, 7. Aufl. 1995, B Rn. 1 ff.; *Brych/Pause*, Bauträgerkauf und Baumodelle, 1989, 13 f.; *Basty* Der Bauträgervertrag, 2004, Rn. 2 ff.

Die vom Erwerber regelmäßig (voll) zu zahlende Grunderwerbsteuer gehört ebenso nicht zum umsatzsteuerlichen Entgelt, auch nicht die Hälfte.[138]

Hatte der Verkäufer beispielsweise im Fall der Nutzung des Grundstücks für Vermietung **zur Umsatzsteuer optiert** und **liefert er innerhalb von zehn Jahren** das Grundstück umsatzsteuerfrei, so wäre bei ihm der Vorsteuerabzug zeitanteilig nach § 15a UStG zu berichtigen, ausgenommen im Fall einer Geschäftsveräußerung im Ganzen (§ 1 Abs. 1a UStG), für die keinerlei Änderung der Verwendungsverhältnisse vorliegt, die aber zum Übergang des Berichtigungszeitraums auf den Erwerber führt, § 15a Abs. 10 UStG.

Wirtschaftlich mindert sich bei steuerfreier Grundstücksveräußerung im Fall einer Vorsteuerkorrektur nach § 15a UStG und dadurch auch einer Nichtabziehbarkeit von Vorsteuern aus den Transaktionskosten der Erlös des Verkäufers. Es liegt deshalb nahe, dass der Veräußerer für eine solche Transaktion die Option zur Steuerpflicht vorsehen sollte.

b) Voraussetzungen der Option zur Steuerpflicht (§ 9 Abs. 1 und 3 UStG)

Der **Verzicht auf die Steuerbefreiung** zur Erlangung des Vorsteuerabzugs ist bei Grundstücksgeschäften nach § 9 Abs. 1 UStG nur zulässig, soweit der Leistungsempfänger das Grundstück ausschließlich für sein Unternehmen verwendet oder zu verwenden beabsichtigt. Der Veräußerer muss Unternehmer sein und das Grundstück schon seinem Unternehmen zugeordnet haben, damit im ersten Schritt bereits ein steuerbarer (und steuerfreier) Umsatz vorliegt, für den überhaupt optiert werden kann.

Bei **Grundstücksverkäufen, die nach § 4 Nr. 9a UStG steuerfrei sind,** gelten die Einschränkungen nach § 9 Abs. 2 UStG nicht. Daher kann der Veräußerer auch dann zur Steuerpflicht optieren, wenn der Erwerber das Grundstück für steuerfreie Umsätze verwendet, so dass er hier weniger abhängig vom Geschäftspartner erscheint wie im Fall der Grundstücksüberlassung. Andererseits ist hier der Verzicht, dadurch dass er im notariellen Kaufvertrag erklärt werden muss, faktisch von der Mitwirkung des Erwerbers abhängig. Nach § 9 Abs. 3 UStG wird seit dem 1.1.2004 vorausgesetzt, dass die Option im nach § 311b BGB notariell zu beurkundenden Vertrag aufzunehmen bzw. zu erklären ist.

> **Praxishinweis:**
> Der Erwerber hat umsatzsteuerrechtlich keinen Anspruch auf die Ausübung der Option durch den Leistenden. Zivilrechtliche Vereinbarungen über die Ausübung der Option sind jedoch zwischen Veräußerer und Erwerber zulässig. Zu prüfen ist in jedem Einzelfall, ob eine Option wirtschaftlich sinnvoll ist. Hat der Veräußerer das Grundstück „umsatzsteuerfrei" erworben und die von ihm abzuführende Umsatzsteuer bei der Festsetzung der Kaufpreishöhe nicht berücksichtigt, so ist die Option für ihn, selbst wenn er vorsteuerabzugsberechtigt ist, nicht nur vorteilhaft. In die Beurteilung sind auch mit Umsatzsteuer belastete Übertragungskosten, z. B. für Notar, Makler, Berater etc., miteinzubeziehen. Es kann sich somit ein Interessengegensatz zwischen Grundstücksverkäufer und -erwerber hinsichtlich des Verzichts auf die Umsatzsteuerbefreiung ergeben.

---

[138] Vgl. BFH 20.12.2005 – V R 14/04, DStR 2006, 754.

76 Gemäß **§ 9 Abs. 1 UStG** kann der Veräußerer einen nach § 4 Nr. 9a UStG steuerfreien Grundstücksumsatz steuerpflichtig behandeln, wenn der Umsatz an einen anderen Unternehmer für dessen Unternehmen ausgeführt wird. Voraussetzung für die Option ist, dass der Veräußerer das Grundstück seinem Unternehmen zugeordnet hatte. Eine Teiloption ist bei unterschiedlichen Nutzungsarten der Gebäudeteile möglich.

77 Die **Veräußerung eines Grundstücks bei gleichzeitiger Bebauung, Sanierung oder sonstiger Veränderung** kann ein nach § 4 Nr. 9a UStG steuerfreier Umsatz sein, auch wenn über die Grundstückslieferung und Bebauung (Sanierung oder sonstige Veränderung) gesonderte Verträge abgeschlossen werden. Die Option kann aber nur einheitlich für die Lieferung des Grundstücks und der Aufbauten erfolgen, selbst wenn zivilrechtlich zwei Verträge vorliegen und der Vertrag über die Bebauung nicht gemäß § 311b BGB notariell beurkundet werden muss. Kein einheitlicher steuerfreier Umsatz liegt vor, wenn der Veräußerer das Grundstück veräußert und ein Bauunternehmer es bebaut; die Bauleistung des Bauunternehmers ist dann steuerpflichtig. Dagegen soll ein einheitlicher steuerfreier Umsatz vorliegen, wenn Veräußerer und Bauunternehmer organschaftlich miteinander verbunden sind.[139]

c) Entstehungszeitpunkt der Umsatzsteuer und Ermittlung des umsatzsteuerlichen Entgeltanteils

78 Abweichend von der Entstehung der Grunderwerbsteuer bei Grundstücksveräußerungen setzt die Besteuerung nicht bereits im Zeitpunkt des abgeschlossenen Kaufvertrags (Verpflichtungsgeschäft) an. Umsatzsteuer entsteht – wenn überhaupt – **erst im Zeitpunkt der Lieferung,** d.h. im Zeitpunkt der Verschaffung der Verfügungsmacht, in dem über eine Steuerbefreiung oder eine Option zu entscheiden ist.

79 Wird ein Grundstück **mit anderen Gegenständen,** die nicht als Teil des Grundstücks anzusehen sind, z.B. Maschinen, Betriebsvorrichtungen, nicht zum Grundstückseigentum gehörende Mineralgewinnungsrechte und/oder sonstige Gewerbeberechtigungen, zu einem einheitlichen Gesamtpreis **veräußert,** so ist die Grunderwerbsteuer nur von dem Teil der Gesamtgegenleistung zu erheben, der auf das Grundstück entfällt.

80 In Bezug auf die Umsatzsteuer ist ebenfalls die **Gegenleistung** nach dem Verhältnis **zu verteilen,** in dem der Wert des Grundstücks zum Wert der sonstigen Gegenstände steht, auch dann, wenn der Veräußerer nur bezüglich eines Teils des Unternehmensgrundstücks auf die Steuerfreiheit verzichtet. Wird/kann insgesamt auf die Umsatzsteuerbefreiung nach § 4 Nr. 9a UStG verzichtet (werden), wird also zur Steuerpflicht insgesamt optiert, erscheint diese Aufteilung zwischen Grundstück und sonstigen Gegenständen nicht problematisch.

d) Unrichtiger oder unberechtigter Steuerausweis

81 Hat der Unternehmer Umsatzsteuer für die Veräußerung eines nicht dem Unternehmen zugeordneten Gebäudeteils in der Rechnung bzw. im Vertrag

---

[139] Vgl. BFH 29.10.2008 – XI R 74/07, BStBl. II 2009, 256.

ausgewiesen, wird diese nach § 14c Abs. 2 UStG geschuldet und festgesetzt, weil die Lieferung nicht im Rahmen des Unternehmens erfolgte.

Ausgewiesene Umsatzsteuer für steuerfreie oder steuerpflichtige Grundstücksumsätze, für die der Leistungsempfänger die Steuer nach § 13b Abs. 5 UStG schuldet und gerade eine Rechnung ohne gesonderten Umsatzsteuerausweis zu erteilen ist (§ 14a Abs. 5 UStG), wird nach § 14c Abs. 1 UStG vom Leistenden/Rechnungsaussteller geschuldet und ihm gegenüber festgesetzt. Ein Vorsteuerabzug auf Seiten des Käufers wäre aus dieser Rechnung nicht zulässig, jedoch nach den weiteren Voraussetzungen gem. § 15 Abs. 1 Satz 1 Nr. 4 UStG. 82

3. (Teil-)Geschäftsveräußerung im Ganzen aus Sicht des Veräußerers

Eine **nicht steuerbare Geschäftsveräußerung im Ganzen** i. S. d. § 1 Abs. 1a UStG ist wirtschaftlich gesehen für den Veräußerer insofern vorteilhaft, weil er aus seinen Transaktionskosten (z. B. Notar- und Anwaltskosten) resultierende Vorsteuerbeträge geltend machen kann – seine grundsätzliche Vorsteuerabzugsberechtigung unterstellt. Denn in diesem Zusammenhang liegt mit der Transaktion kein vorsteuerschädlicher steuerfreier Ausgangsumsatz vor. 83

Ein ursprünglich geltend gemachter **Vorsteuerabzug aus der Anschaffung/Herstellung des Grundstücks/Gebäudes** bedarf zudem auch keiner Korrektur nach § 15a UStG, da sich hierdurch keine Änderung der Verhältnisse in Bezug auf den ursprünglichen Vorsteuerabzug ergibt. Das Vorsteuerkorrekturrisiko geht nach § 15a Abs. 10 UStG auf den Erwerber über, der insoweit als Rechtsnachfolger (i. S. einer Gesamtrechtsnachfolge) gilt.[140] 84

Nach Auffassung des EuGH[141] und der folgend der deutschen Finanzgerichte und Verwaltung gilt für den **Vorsteuerabzug aus Übertragungskosten bei der Geschäftsveräußerung im Ganzen,** dass die vorsteuerbeinhaltenden Kosten zu den *allgemeinen* Kosten des Übertragenden gehören und damit grundsätzlich einen direkten und unmittelbaren Zusammenhang mit seiner gesamten wirtschaftlichen Tätigkeit aufweisen. Führt der Übertragende sowohl Umsätze aus, für die er die Vorsteuer abziehen kann als auch solche, für die dieses Recht nicht besteht, kann er nur den Teil der Vorsteuern abziehen, der auf den ersten Bereich entfällt, so dass in dem Fall eine Vorsteueraufteilung nach § 15 Abs. 4 UStG vorzunehmen wäre. 85

Weisen jedoch die bezogenen Leistungen, die der Übertragende für die Übertragung in Anspruch genommen hat, einen **direkten und unmittelbaren Zusammenhang** mit einem klar abgrenzbaren Teil seiner steuerpflichtigen wirtschaftlichen Tätigkeit auf (z. B. Gutachten zu steuerpflichtig vermieteten Grundstücken, die angesichts einer anstehenden Übertragung eingeholt wurden), so besteht ein volles Vorsteuerabzugsrecht und umgekehrt (z. B. bei entsprechenden Gutachten zu steuerfrei vermieteten Grundstücken).[142] 86

---

[140] Vgl. § 1 Abs. 1a Satz 3 UStG und UStAE 15a.10 Satz 1 Nr. 2.
[141] Vgl. EuGH 22.2.2001 – C-408/98, DStRE 2001, 318 – Abbey National.
[142] Vgl. auch *Wäger* UR 2004, 24; *Ammann* UR 1998, 98 und 285 f.; *Wienands/Bahns* UR 1999, 265 ff.; *Weinmann/Raudszus* UVR 1999, 389 (390); *Lehr* DStR 2001, 1744; *Birkenfeld* UR 2002, 153 (161).

87 Diese Grundsätze zeigen im Übrigen, dass die Voraussetzung für den Vorsteuerabzug, wonach die **Eingangsleistungen Kostenelemente der steuerpflichtigen Ausgangsumsätze bilden müssen,** nicht im Sinne einer ex-ante Betrachtung mit entsprechender ex-ante Kalkulation des Unternehmers zu verstehen ist, sondern als ex-post Betrachtung dieser Vorleistungen im Sinne eines wirtschaftlichen Zusammenhangs mit den – gegebenenfalls bereits erbrachten – Ausgangsleistungen.[143]

a) Voraussetzungen der nicht steuerbaren Geschäftsveräußerung im Immobilienbereich

88 Eine **Geschäftsveräußerung im Ganzen** liegt nach § 1 Abs. 1a UStG vor, wenn ein Unternehmen oder ein in der Gliederung eines Unternehmens gesondert geführter Betrieb im Ganzen entgeltlich oder unentgeltlich übertragen wird, mit dem **ein Erwerber** eine selbstständige wirtschaftliche Tätigkeit fortführen kann und fortführen will. Das Unionsrecht spricht in Art. 19 und 29 MwStSystRL von Gesamtvermögen oder Teilvermögen, welches übertragen wird. Ob die Voraussetzungen einer Geschäftsveräußerung vorliegen, die nicht nach nationalen ertragsteuerlichen Kriterien (etwa in §§ 16, 34 EStG),[144] sondern nur unter Berücksichtigung der Regelungen der MwStSystRL zu beurteilen sind, ist nach Auffassung der OFD Frankfurt[145] vom Finanzamt des Veräußerers zu beurteilen.

89 Die **Übertragung aller wesentlichen Betriebsgrundlagen** und die Möglichkeit zur Unternehmensfortführung ohne großen finanziellen Aufwand ist im Rahmen einer Gesamtwürdigung zu berücksichtigen, aus der sich ergibt, ob das übertragene Unternehmensvermögen als hinreichendes Ganzes die Ausübung einer wirtschaftlichen Tätigkeit ermöglicht.[146] Eine Geschäftsveräußerung im Ganzen liegt vor, wenn die wesentlichen Betriebsgrundlagen des Unternehmens übertragen werden, wobei auch die langfristige Übertragung einer wesentlichen Betriebsgrundlage zur Nutzung (z.B. die Vermietung eines Grundstücks) ausreichen kann. Welches die wesentlichen Grundlagen sind, richtet sich nach den tatsächlichen Verhältnissen im Zeitpunkt der Übereignung.[147] Auch ein einzelnes Grundstück kann wesentliche Betriebsgrundlage sein. Im Immobilienbereich kann eine Geschäftsveräußerung im Ganzen folglich vorliegen, wenn ein Vermietungsunternehmen übertragen wird, also eine Immobilie, die vom Veräußerer genutzt wurde, um steuerbare Ausgangsumsätze (Vermietungsumsätze) zu erzielen, d.h. eine unternehmerische/wirtschaftliche Tätigkeit auszuführen, die im Rahmen der Übertragung vom Erwerber fortgeführt werden kann bzw. fortgeführt wird (subjektiver Fortführungswille).

---

[143] Vgl. Bunjes/*Robisch* UStG § 1 Rn. 142. So auch ableitbar aus EuGH 3.3.2005 – C-32/03, UR 2005, 433 – Fini.

[144] Vgl. FG Rheinland-Pfalz 25.11.2010 – 6 K 2114/08, EFG 2011, 746. In der Regel erfüllen Übertragungen nach §§ 16, 34 EStG auch die umsatzsteuerlichen Voraussetzungen einer Geschäftsveräußerung im Ganzen. Keine Geschäftsveräußerung im Ganzen bei verschiedenen Erwerben: BFH 4.2.2015 – XI R 14/14, DStR 2015, 1561.

[145] Vgl. OFD Frankfurt 12.8.2008, BeckVerw 126780.

[146] Vgl. BFH 23.8.2007 – V R 14/05, BStBl. II 2008, 165.

[147] Vgl. BFH 25.11.1965 – V 173/63 U, BStBl. III 1966, 333. Eine Immobilie kann irrelevant sein, vgl. EuGH 10.11.2011 – C-444/10, BStBl. II 2012, 848 – Schriever.

> **Praxishinweis:**
> Systematisch stellt sich bei Vorliegen eines nicht steuerbaren Umsatzes (also bei einer Geschäftsveräußerung im Ganzen) die Frage der anwendbaren Steuerbefreiung nicht mehr; damit wären grundsätzlich auch keine Überlegungen oder Voraussetzungen der Option zur Steuerpflicht zu prüfen, zumal für die nicht steuerbare Geschäftsveräußerung im Ganzen ein voller Vorsteuerabzug aus mit dieser Transaktion (bei im Übrigen vorliegender steuerpflichtiger Gesamtgeschäftstätigkeit) unmittelbar zusammenhängende Aufwendungen möglich ist – anders als bei einer (ohne Optionsmöglichkeit) endgültig vorliegenden steuerfreien Grundstücksveräußerung.
> Zu beachten sind jedoch die in der Praxis oftmals bestehenden Probleme, für die übertragenen Objekte, z.B. Immobilien mit teilweisem Leerstand von Mieteinheiten der Immobilie, zweifelsfrei und insoweit umsatzsteuerlich risikofrei eine Geschäftsveräußerung im Ganzen anzunehmen.

Bisher entschieden und von der Finanzverwaltung aufgenommene **Fallvarianten** sind etwa, dass die Lieferung eines weder vermieteten noch verpachteten Grundstücks (ohne fortführbaren Miet- oder Pachtvertrag) im Regelfall keine Geschäftsveräußerung darstellt.[148] Allerdings können die Umstände des Einzelfalls so gelagert sein, dass nach einem Gesamtplan auch ohne fortführbaren Mietvertrag eine Anschlussvermietung gesichert ist und deshalb bei der Übertragung des Grundstücks eine Geschäftsveräußerung im Ganzen gegeben ist. Auf eine „Identität" oder „Teilidentität der beiden Mietverhältnisse" kommt es nicht an, weil die Geschäftsveräußerung im Ganzen nicht die Fortsetzung der nämlichen Tätigkeit voraussetzt. Unerheblich ist daher, ob alter und neuer Mietvertrag zu Einzelfragen wie z.B. Kündigungsfristen unterschiedliche Regelungen enthalten und in welcher Branche der oder die Mieter vor und nach der Grundstücksübertragung tätig sind.[149]

Ist der **Gegenstand der Geschäftsveräußerung ein Vermietungsunternehmen,** muss der Erwerber umsatzsteuerlich die Fortsetzung der Vermietungstätigkeit beabsichtigen.[150] Selbst genutzte Immobilien sind keine selbstständigen Unternehmensteile. Eine Veräußerung dieser stellt folglich keine Geschäftsveräußerung im Ganzen dar.[151] Bei der Veräußerung eines vermieteten Objekts an den bisherigen Mieter zu dessen eigenen wirtschaftlichen Zwecken ohne Fortführung des Vermietungsunternehmens liegt ferner keine Geschäftsveräußerung vor.[152] Ebenso führt die Übertragung eines an eine Organgesellschaft vermieteten Grundstücks auf den Organträger nicht zu einer Geschäftsveräußerung, da der Organträger umsatzsteuerrechtlich keine Vermietungstätigkeit fortsetzt, sondern das Grundstück im Rahmen seines Unternehmens selbst nutzt.[153]

---

[148] Vgl. BFH 11.10.2007 – V R 57/06, BStBl. II 2008, 447.
[149] Vgl. BFH 6.5.2010 – V R 25/09, BFHE 2010, 1873. Der Verkauf einer einzelnen Ferienwohnung kann unter § 1 Abs. 1a UStG fallen, vgl. BFH 5.6.2014 – V R 10/13, DStR 2014, 1823.
[150] Vgl. BFH 6.5.2010 – V R 26/09, BStBl. II 2010, 1114.
[151] Vgl. BFH 18.1.2005 – V R 53/02, BStBl. II 2007, 730; BFH 20.1.2005, IV R 14/03, BStBl. II 2005, 395.
[152] Vgl. BFH 24.9.2009 – V R 6/08, BStBl. II 2010, 315.
[153] Vgl. BFH 6.5.2010 – V R 26/09, BStBl. II 2010, 1114.

92 Bei der **Übertragung von nur teilweise vermieteten oder verpachteten Grundstücken** liegt eine Geschäftsveräußerung vor, wenn die nicht genutzten Flächen zur Vermietung oder Verpachtung bereitstehen und die Vermietungstätigkeit vom Erwerber für eine nicht unwesentliche Fläche fortgesetzt wird.[154] Bei einer Vermietungsquote von 37% war in diesem Fall für den BFH eine nicht steuerbare Geschäftsveräußerung unstrittig. Den Fall, dass im Verhältnis zur Gesamtfläche nur eine unwesentliche Fläche vermietet war, hat der BFH noch nicht entschieden. Ebenso kann eine solche vorliegen bei Entstehen einer Bruchteilsgemeinschaft durch Einräumung eines Miteigentumsanteils an einem durch den bisherigen Alleineigentümer in vollem Umfang vermieteten Grundstück.[155] Eine Geschäftsveräußerung im Ganzen liegt auch vor, wenn der Eigentümer eines vermieteten Grundstücks einen Anteil an diesem auf einen Miteigentümer (z. B. seinen Ehegatten) überträgt, sofern das Grundstück der einzige Vermietungsgegenstand war.

93 Die **Lieferung eines bebauten wie auch eines unbebauten erschlossenen Grundstücks** führt zu einer einheitlichen, ggf. steuerfreien Lieferung. Dies gilt auch dann, wenn der Veräußerer des Grundstücks sich zur Erschließung (Haus- und Kanalanschluss sowie Leistungen zur Baureifmachung) des Grundstücks verpflichtet.[156] In diesem Fall erfasst die Veräußerung des unbebauten Grundstücks die Lieferung einschließlich dieser Erschließungs- und Baureifemachungsleistungen.[157]

94 Eine **Geschäftsveräußerung im Ganzen** setzt ferner voraus, dass der Erwerber das Unternehmen oder den Unternehmensteil fortführt. Danach darf er keine gänzlich andersartige Tätigkeit mit dem erworbenen Grundstück betreiben.[158] Die Übertragung vermieteter Immobilien stellt regelmäßig eine nicht steuerbare Geschäftsveräußerung im Ganzen dar, wenn der Erwerber das Grundstück in derselben Weise wie der Veräußerer weiter nutzt bzw. also weiter vermietet und die übernommene Geschäftstätigkeit nicht sofort abwickelt.[159] Bei Grundstücksgeschäften führt die Übertragung eines vermieteten oder verpachteten Grundstücks grundsätzlich zu einer Geschäftsveräußerung nach § 1 Abs. 1a UStG, da durch den mit dem Grundstückserwerb verbundenen Eintritt in den Miet- oder Pachtvertrag ein Vermietungs- oder Verpachtungsunter-

---

[154] Vgl. BFH 30.4.2009 – V R 4/07, BStBl. II 2009, 863; UStAE 1.5 Abs. 2 Satz 3. Siehe aber FG Hessen 12.11.2014 – 6 K 2574/11, BB 2015, 681. Die Veräußerung eines unvermieteten Grundstücks stellt regelmäßig keine Geschäftsveräußerung im Ganzen dar, vgl. FG Thüringen 9.12.2010 – 2 K 156/07, DStRE 2012, 178.

[155] Vgl. BFH 6.9.2007 – V R 41/05, BStBl. II 2008, 65; UStAE 1.5 Abs. 2 und 2a.

[156] Vgl. BFH 29.8.1991 – V R 87/86, UR 1992, 176.

[157] Zur verfassungsrechtlichen Unbedenklichkeit trotz möglicher Doppelbesteuerung siehe BVerfG 11.1.1988 – 1 BvR 391/87, UR 1988, 280; zur Vereinbarkeit mit EU-Recht vgl. EuGH 8.7.1986 – C-73/85, UR 1986, 297 – Kerrutt.

[158] Vgl. BFH 24.2.2005 – V R 45/02, BStBl. II 2007, 61; aber auch EuGH 27.11.2003 – C-497/01, BFH/NV Beilage 2004, 128 – Zita Modes; EuGH 10.11.2011 – C-444/10, BStBl. II 2012, 848 – Schriever.

[159] Vgl. EuGH 27.11.2003 – C-497/01, BFH/NV Beilage 2004, 128 – Zita Modes; BFH 30.4.2009 – V R 4/07, BStBl. II 2009, 863; BFH 18.1.2012 – XI R 27/08, BStBl. II 2012, 842; 19.12.2012 – XI R 38/10, BStBl. II 2013, 1053.

nehmen übernommen wird.[160] Jedes vermietete Grundstück ist dabei ein selbstständig lebensfähiger Teil des Unternehmens und damit ein gesondert geführter Betrieb im Ganzen. Bei der Veräußerung eines Vermietungsobjekts muss daher festgestellt werden, ob der Erwerber die Vermietungstätigkeit fortführen kann und wird.[161] Auch die Veräußerung eines Erbbaurechts an einem verpachteten Grundstück ist als Geschäftsveräußerung im Ganzen einzustufen, wenn damit dauerhaft der Verpachtungsbetrieb fortgeführt wird.[162]

Allerdings setzt die **Übernahme eines Vermietungsunternehmens** wiederum voraus, dass auch der Veräußerer ein solches Vermietungsunternehmen betrieben hat, dass also das vom Veräußerer betriebene Unternehmen bzw. der potentiell von ihm veräußerte, in der Gliederung seines Unternehmens gesondert geführte Betrieb (§ 1 Abs. 1a Satz 2 UStG) dem vom Erwerber geführten Betrieb hinreichend ähnlich war. Denn nach ständiger Rechtsprechung liegt kein vom Erwerber fortführungsfähiges Vermietungsunternehmen vor, wenn die unternehmerische Tätigkeit des Veräußerers im Wesentlichen darin besteht, ein Gebäude zu errichten und Mieter für die einzelnen Mieteinheiten zu finden, um es im Anschluss an die Fertigstellung aufgrund der bereits erfolgten Vermietung besser/ertragssteigernd veräußern zu können, sog. Bauträgerfälle.

Das soll bisher selbst dann gelten, wenn ein Bauträger für eine bestimmte **Übergangszeit,** konkret sechs Monate, vermietet hat. Denn der Erwerber darf – wie oben erwähnt – i. S. d. § 1 Abs. 1a UStG keine gänzlich andersartige wirtschaftliche Tätigkeit mit den erworbenen Gegenständen betreiben. Überträgt z. B. ein Bauträger ein nach Fertigstellung bereits teilweise vermietetes Miets- und Geschäftshaus, soll keine nicht steuerbare Geschäftsveräußerung gegeben sein.[163] In einem solchen Fall kann der Erwerber das Unternehmen des Veräußerers nicht fortführen, weil es als Bauträgerunternehmen mit der Errichtung, der Findung von Mietern und dem Verkauf des Objekts intendiert war. Davon ist auch der Fall umfasst, wenn für eine bestimmte Übergangszeit das Bauträgerunternehmen mit der Vermietungstätigkeit begonnen hat.

Die **Finanzverwaltung verneint** bisher eher undifferenziert **eine Geschäftsveräußerung allein aufgrund der „Bauträger"-Qualifikation.** In der Literatur[164] werden dafür zutreffend Ausnahmen im Einzelfall gesehen, v. a. bei Immobilienentwicklern. In Anbetracht der Tatsache, dass es in diesen Fallkonstellationen den Typus „Bauträgerunternehmen" und den Typus „Vermietungsunternehmen" oftmals nicht in Reinform geben wird (weil z. B. Bauträger zur Steigerung der Attraktivität ihres Bestands Objekte ver-

---

[160] Vgl. BFH 1.4.2004 – V B 112/03, BStBl. II 2004, 802; BFH 7.7.2005 – V R 78/03, BStBl. II 2005, 849; 30.4.2009 – V R 4/07, BStBl. II 2009, 863; BFH 19.12.2012 – XI R 38/10, BStBl. II 2013, 1053.
[161] Vgl. BFH 24.2.2005 – V R 45/02, BStBl. II 2007, 61, was auch gelten soll, wenn Immobilien im Bau veräußert werden sollen. Eine Geschäftsveräußerung im Ganzen soll nach *Klein* DStR 2005, 1961, vorliegen, wenn der Erwerber den Bau fortsetzt.
[162] Vgl. BFH 19.12.2012 – XI R 38/10, BStBl. II 2013, 1053. So auch im Falle einer erstmaligen Einräumung eines Erbbaurechts und darüber hinaus muss die Nichtsteuerbarkeit für den gesamten einheitlichen Vorgang gelten, also sowohl für etwaige zu zahlende Einmalbeträge als auch die laufenden Erbbauzinsen vgl. Bunjes/*Robisch* UStG § 1 Rn. 120 ff.
[163] Vgl. BFH 24.2.2005 – V R 45/02, BStBl. II 2007, 61.
[164] Vgl. z. B. *Behrens/Schmitt* UVR 2008, 220 (222 ff.).

mieten und Vermietungsunternehmen zur Optimierung ihres Bestands Objekte veräußern), dürfte die bei Erwerb der Objekte bestehende Verwendungsabsicht in die Gesamtwürdigung einzubeziehen sein. Andererseits ist die Frage, ob ein fortgeführtes Unternehmen mit dem zuvor bestehenden Unternehmen ähnlich ist, wesentlich anhand der objektiven Betriebsführung zu beurteilen. Insbesondere, wenn sich die Verwendungsabsicht relativ kurz nach Erwerb des Objekts geändert hat, dürfte den objektiven Umständen der Vorrang einzuräumen sein. Eine von Anfang an mindestens gleichwertige Verkaufsabsicht und eine insgesamt nur 17 Monate währende Vermietungsdauer kennzeichnen einen Unternehmer als Grundstückshändler, dessen Tätigkeit sich deutlich von dem des langfristigen Vermieters unterscheidet. Nach Finanzgerichtsrechtsprechung[165] wird die länger als zwei Jahre andauernde, mehr als die Hälfte der Gebäudegesamtflächen umfassende Vermietungstätigkeit eines Bauträgers aber als eigener Unternehmenszweck „Vermietung" und damit die Geschäftsveräußerung im Ganzen bejaht, ungeachtet der ersten Veräußerungsabsicht. Die Vermietungstätigkeit dient dann nicht mehr nur der Erzielung eines besseren Verkaufspreises. Fraglich ist jedoch, ob die absolute Dauer von mehr als zwei Jahren ausreicht, was im Hinblick auf die bisherige Rechtsprechung zu bejahen ist, oder ob die Vermietungsdauer in Relation zur Besitzdauer (vorliegend mehr als die Hälfte) zu sehen ist. Das FG beugt hier mit einem weiteren Argument vor und sieht auch in Relation eine Nachhaltigkeit gegeben. Nachhaltigkeit als ein Kriterium setzt sich für diese Rechtsprechung anhand zweier Ausprägungen zusammen: Dauer und Intensität des Tätigwerdens: wohl beides, Vermietungsdauer und -umfang (dabei sollte aber die „Leerstand"-Rechtsprechung des BFH beachtet werden), bedarf kumulativ in der Gesamtschau gewisser Ausprägung.

98 Zu vergleichen ist der **„abgeschmolzene"/verlagerte Unternehmenszweck** mit dem **umgekehrten Fall eines geplanten, langfristigen Vermietungsunternehmens,** das nach zweijähriger Vermietung veräußert wird, wofür im Ergebnis zutreffend keine sachlichen Gründe für eine gerechtfertigte differenzierte Beurteilung bestehen. Auch wurde bisher bei Bauträgerfällen nicht weiter einbezogen, dass sich die wirtschaftliche Tätigkeit des Veräußerers nicht unbedingt bereits in der Ausführung von Ausgangsumsätzen manifestiert haben muss.

99 Insoweit setzt die Geschäftsveräußerung im Ganzen schon **kein „lebendes Unternehmen"** voraus. Der BFH versucht damit (bisher zwar) Fälle zu erfassen, in denen Unternehmen im Gründungsstadium übertragen werden; eine Differenzierung zu Bauträgern könnte man dann schon hinterfragen, zumal auch der Verkauf eines Miethauses durch den Bauherrn bereits als Geschäftsveräußerung beurteilt werden kann, wenn die Veräußerung oder die Zwangsversteigerung erfolgt, bevor es zu der beabsichtigten Vermietung kommt.[166]

100 Überwiegend wird also davon ausgegangen, dass für die vorzunehmende Gesamtwürdigung auch zu berücksichtigen ist, mit welchen **Absichten die**

---

[165] Vgl. FG Saarland 5.3.2014 – 1 K 1265/11, MwStR 2014, 221 m. Anm. *Friedrich-Vache*.
[166] Vgl. BFH 8.3.2001 – V R 24/98, BStBl. II 2003, 430; BFH 21.3.2002 – V R 62/01, BStBl. II 2002, 559.

Steuerpflichtigen die Objekte erworben und vermietet haben.[167] Allerdings hat der BFH – wie zuvor beschrieben – in einem Fall die ursprüngliche Verwendungsabsicht als unbeachtlich angesehen, wenn der Steuerpflichtige seine ursprüngliche Vermietungsabsicht noch vor Beginn der Nutzungsüberlassung in eine Veräußerungsabsicht wandelt.[168]

> **Praxishinweis:**
> Durch den Vortrag der Finanzverwaltung in den jeweiligen Urteilen und dem Abstellen mit Indizwirkung auf den Unternehmenszweck sowie die diffizilen Entscheidungen des BFH machen für die Praxis deutlich, dass ein solcher Unternehmenszweck zur Diskussionsvermeidung möglichst klar und vorsorglich weitreichend zu fassen ist und der Sachverhalt zum Vorliegen einer Geschäftsveräußerung im Ganzen möglichst detailliert aufgearbeitet werden sollte.

b) Immobilienübertragungen im Rahmen von Umstrukturierungen

Durch die Einbringung des Grundstücks oder Umsätze durch **Verschmelzung oder Spaltung** wird keine Umsatzsteuer ausgelöst, da die Lieferung von Grundstücken umsatzsteuerbefreit ist (§ 4 Nr. 9a UStG)[169] oder als Geschäftsveräußerung im Ganzen nach § 1 Abs. 1a UStG (z. B. bei Übereignung eines vermieteten Grundstücks) schon als nicht steuerbar gilt. Wird das Grundstück durch die Gesellschaft käuflich erworben und hat der das Grundstück veräußernde Gesellschafter beim Erwerb des Grundstücks zur Umsatzsteuer optiert (§ 9 UStG), weil es gewerblich vermietet wurde, so unterliegt auch die Grundstücksübertragung auf die Gesellschaft der Umsatzsteuer.[170]

101

---

[167] Vgl. BFH 24.2.2005 – V R 45/02, BStBl. II 2007, 61; BFH 28.10.2010 – V R 22/09, BFH/NV 2011, 854; FG Niedersachsen 30.9.2010 – 16 K 30/10, BeckRS 2010, 26030242; *Herbert* UR 2004, 506 (511 f.); *Müller-Lee* UStB 2005, 312 (315 ff.).

[168] Vgl. BFH 18.9.2008 – V R 21/07, BStBl. II 2009, 254. Umgekehrt hat das FG Saarland eine von Anfang an bestehende Veräußerungsabsicht als unbeachtlich angesehen, wenn gleichwohl das später veräußerte Objekt für zwei bis drei Jahre vermietet wurde, und ein fortführungsfähiges Vermietungsunternehmen bejaht (FG Saarland 5.3.2014 – 1 K 1265/11, EFG 2014, 1240, Rev. XI R 16/14; zustimmend *Friedrich-Vache* MwStR 2014, 629). Das letztgenannte Urteil weicht nicht ab vom Urteil des FG Niedersachsen 30.9.2010 – 16 K 30/10, BeckRS 2010, 26030242, weil dort die Spanne zwischen Vermietungsbeginn und Veräußerung nur 17 Monate betrug. Bei einer nur 17 Monate währenden Vermietungsdauer beispielsweise und einer von Anfang an mindestens gleichwertigen Verkaufsabsicht soll in der Veräußerung eines Mietgrundstücks keine Geschäftsveräußerung im Ganzen liegen, vgl. FG Berlin-Brandenburg 12.11.2014 – 7 K 7283/12, EFG 2015, 334.

[169] Etwas anderes gilt – mit Annahme einer steuerpflichtigen Werklieferung (und damit auch keine einheitliche steuerfreie Grundstückslieferung) –, wenn ein Grundstück mit einem noch zu errichtenden Gebäude in eine Gesellschaft eingebracht wird oder bei anderen Erwerbsvorgängen basierend auf gesellschaftsvertraglicher Grundlage die Bebauung/Bauausführung aber vom Gesellschafter übernommen wird, vgl. Rau/Dürrwächter/*Klenk* UStG § 4 Nr. 9a Rn. 38.1.

[170] Der übernehmende Rechtsträger ist Gesamtrechtsnachfolger, so dass er verfahrensrechtlich und materiell-rechtlich in die Rechtsstellung des übertragenden Rechtsträgers eintritt. An den Verzicht auf die Steuerbefreiung von Umsätzen, die der Rechtsvorgänger ausgeführt und als steuerpflichtig behandelt hat, ist der Rechtsnachfolger gebunden. Er kann die Option nach § 9 UStG nachträglich rückgängig machen und einen nicht ausgeübten Verzicht nachträglich erklären, solange sein Vorgänger dazu berechtigt wäre, vgl. Birkenfeld/*Birkenfeld* UStG § 34a Rn. 126.

Wird das Grundstück steuerfrei veräußert, führt dies zu anteiliger Vorsteuerkorrektur nach § 15a Abs. 1 UStG, wenn das Grundstück vor Ablauf von zehn Jahren auf die Grundbesitzgesellschaft übertragen wird.[171]

102 Als **Geschäftsveräußerung im Ganzen** qualifizieren nicht nur die entgeltlichen, sondern auch die unentgeltlichen Übertragungen oder Einbringungen eines Unternehmens oder eines gesondert geführten Betriebs in eine Gesellschaft. Sie liegt auch vor bei der Umwandlung in Form der Verschmelzung (§§ 2ff. UmwG), Spaltung (§§ 123ff. UmwG), Vermögensübertragung, auch wenn ein steuerbarer Grunderwerb zu bejahen ist.[172] Stellt die Umwandlung keine Geschäftsveräußerung im Ganzen dar, besteht nach Maßgabe des § 9 UStG die Möglichkeit, hinsichtlich der betreffenden einzelnen steuerfreien Umsätze – insbesondere steuerfreie Grundstückslieferungen – zur Umsatzsteuerpflicht zu optieren. Wurde die Option bei einer Verschmelzung nicht vom übertragenden Rechtsträger ausgeübt, so kann sie vom übernehmenden Rechtsträger als Gesamtrechtsnachfolger des übertragenden Unternehmens nachträglich – im vorbeschriebenen Rahmen – ausgeübt werden. Entsprechendes gilt in den Fällen der Aufspaltung. Bei einer Ausgliederung oder Abspaltung ist die Option vom übertragenden Rechtsträger zu erklären.

103 Hat der **übertragende Rechtsträger Grundvermögen,** ist es empfehlenswert, aber nicht zwingend erforderlich, die Option bereits im Verschmelzungsvertrag bzw. im Spaltungs- und Übernahmevertrag auszuüben. Etwas anderes ergibt sich auch nicht aus § 9 Abs. 3 Satz 2 UStG, da sich die Beurkundungspflicht des Verschmelzungsvertrags (bzw. des Spaltungs- und Übernahmevertrags) nicht aus § 311b BGB, sondern aus den Vorschriften des UmwG ergibt (vgl. §§ 6, 125 UmwG). Eine bestimmte Frist für die Ausübung der Option sieht § 9 UStG nicht vor. Die erstmalige Ausübung der Option ist daher möglich, solange der durch die Option begründete Steueranspruch noch verwirklicht werden kann.[173] Diesbezüglich ist allerdings darauf hinzuweisen, dass die Finanzverwaltung für die nach dem 31.10.2010 ausgeführten Sachverhalte auch die erstmalige Ausübung der Option nur noch bis zur formellen Bestandskraft des Umsatzsteuerjahresbescheides zulassen will.

104 Eine **Geschäftsveräußerung im Ganzen** kann auch vorliegen bei Übertragung eines Unternehmens im Wege der vorweggenommenen Erbfolge, bei unentgeltlicher Bestellung eines Nießbrauchs oder Erbbaurechts zugunsten eines Familienangehörigen, der das Unternehmen zu unternehmerischen Zwecken weiterführt.[174] Voraussetzung für die Nichtsteuerbarkeit bei gleich-

---

[171] Vgl. Sudhoff/*Hübner* Unternehmensnachfolge, 5. Aufl. 2005, § 72 Rn. 50.
[172] Vgl. FM Baden-Württemberg 31.1.2000, DStR 2000, 284. Abzulehnen die gegenteilige Auffassung von *Boochs* UVR 1997, 36.
[173] Früher R 148 Abs. 3 Satz 2 UStR 2008; Sölch/Ringleb/*Klenk* UStG § 2 Rn. 68; anders für die Rücknahme der Option BFH 6.8.1998 – V B 146/97, BFH/NV 1999, 223; vgl. dazu auch BFH 10.12.2008 – XI R 1/08, BStBl. II 2009, 1026.
[174] Vgl. z.B. BFH 26.2.1987 – V S 4/86, BFH/NV 1987, 604. Zweifelnd zum Nießbrauch BFH 2.2.1989, V R 98/84, UR 1989, 181. Vgl. zum Nießbrauch auf Zeit und bei jederzeitigem Widerruf (laut h.M. nach § 4 Nr. 12c UStG steuerfreier Verwendungseigenverbrauch nach § 3 Abs. 9a Nr. 1 UStG) und auf unbestimmte Zeit (ggf. steuerbare Grundstücksentnahme nach § 3 Abs. 1b UStG, aber gem. § 4 Nr. 9a UStG steuerfrei, auch wenn die Nießbrauchsbestellung nicht der Grunderwerbsteuer unterliegt) vgl. Rau/Dürrwächter/*Klenk* UStG § 4 Nr. 9 Rn. 121.1. Eine Grundstückslieferung liegt bei unentgeltlicher Zu-

zeitigen grundsätzlichem Vorsteuerabzugsrecht für damit zusammenhängende Transaktionskosten (und ggf. keiner Vorsteuerkorrektur nach § 15a UStG) ist jeweils, dass der Erwerber Unternehmer ist oder wird und das Unternehmen fortführt. Wird ein einzelnes, dem Unternehmen zugeordnetes Grundstück übertragen (ohne dass damit ein Unternehmen betrieben wurde), liegt jedoch regelmäßig ein steuerbarer Umsatz i. S. d. § 3 Abs. 1b UStG vor, der – wie die Grundstücksentnahme – steuerfrei sein kann.[175]

Die **Einlage von Grundstücken anlässlich der Errichtung einer Gesellschaft,** bei dem der einbringende Gesellschafter zwar zivilrechtlicher Eigentümer bleibt, das Grundstück aber wirtschaftlich und steuerlich als Eigentum der Gesellschaft behandelt werden soll, stellt eine steuerbare und steuerfreie Grundstückslieferung dar, da insoweit die Verfügungsmacht am Grundstück verschafft wird.[176] Das Ausscheiden eines Gesellschafters aus einer Personengesellschaft ist grundsätzlich nicht umsatzsteuerbar. Wird er mit einem Gesellschaftsgrundstück jedoch abgefunden, liegt ein steuerbarer und nach § 4 Nr. 9a UStG steuerfreier Grundstücksumsatz auf Ebene der Gesellschaft vor, sofern und soweit hierfür aus der Anschaffung/Herstellung ein Vorsteuerabzug geltend gemacht wurde; dieser Vorsteuerabzug ist dementsprechend nach § 15a Abs. 8 UStG zu berichtigen.

Auch die **Übertragung eines Grundstücksanteils durch den Vermieter** eines Grundstücks auf einen Dritten kann gem. § 1 Abs. 1a UStG nicht steuerbar erfolgen, wenn im Anschluss die Grundstücksgemeinschaft die unternehmerische Tätigkeit (Vermietung) fortführt. Die Übertragung vereinigter Anteile ist, soweit der Anteilsveräußerer Unternehmer ist, nach § 4 Nr. 8e oder Nr. 8f UStG steuerfrei. Gleichzeitig greift die Steuerbefreiung des § 4 Nr. 9a UStG, wenn zum Gesellschaftsvermögen Grundstücke gehören.[177]

> **Praxishinweis:**
> Sofern der Erwerber ein im Ausland ansässiger Unternehmer ist und im Inland keine umsatzsteuerpflichtigen Umsätze tätigt, kann es sich unter Umständen empfehlen, eine Abtretung von Vorsteuererstattungsansprüchen in den Kaufvertrag aufzunehmen.
> Steuerliche Risiken ergeben sich also insbesondere bei der Übertragung von Grundvermögen, wenn und soweit bei einer steuerfreien Lieferung (d. h. ohne Verzicht auf die Steuerfreiheit nach § 9 UStG) eine Berichtigung des Vorsteuerabzugs (§ 15a UStG) droht. Ist zweifelhaft, ob eine Umwandlung steuerbar oder nicht steuerbar ist, bietet es sich an, die vergleichbaren Steuerklauseln und eine unbedingte Option bereits zu erklären wie in sonstiger Abgrenzung zwischen Geschäftsveräußerung im Ganzen und steuerbarer Transaktion.[178]

---

wendung des Grundstücks unter Vorbehaltsnießbrauch noch nicht vor, wenn das Grundstück zur Fortführung des Unternehmens weiterhin dient, vgl. BFH 13.11.1997 – V R 66/96, DStR 1998, 166; anders aber bei Zurückmietung des Grundstücks laut BFH 2.10.1986 – V R 91/78, BStBl. II 1987, 44.
[175] Siehe hierzu → § 10 Rn. 57.
[176] Vgl. Rau/Dürrwächter/*Husmann* UStG § 1 Rn. 265 ff.; Rau/Dürrwächter/*Klenk* UStG, § 4 Nr. 9a Rn. 51.
[177] Sofern der Share Deal nicht insgesamt als Geschäftsveräußerung im Ganzen gilt, vgl. UStAE 1.5 Abs. 9. Siehe auch EuGH 30.5.2013 – C-651/11, UR 2013, 582 – X-BV.
[178] Siehe hierzu → Rn. 110 ff.

c) Umgang mit einer fraglichen nicht steuerbaren Geschäftsveräußerung in der Praxis – Gestaltung des Grundstückskaufvertrags und von Steuerklauseln

107 Die **Rechtsentwicklung zur Geschäftsveräußerung im Ganzen** verdeutlicht, dass es für die Beurteilung auf das Gesamtbild der Verhältnisse ankommt und dabei im Einzelfall zu prüfen ist, inwieweit wesentliche Betriebsgrundlagen gegeben sind und übertragen werden. Damit verbleibt im Einzelfall aber häufig auch eine entsprechende Rechtsunsicherheit.[179] Bei der Abgrenzung, insbesondere hinsichtlich der Fortführung des Unternehmens, muss dabei die – für den Veräußerer objektiv nachvollziehbare – Perspektive des Erwerbers im Vordergrund stehen.[180]

108 Demgegenüber hat der Erwerber in der Praxis regelmäßig **keine Handhabe, auf die Beurteilung als Geschäftsveräußerung im Ganzen** seitens der Finanzbehörde unmittelbar Einfluss zu nehmen. Gegebenenfalls empfiehlt es sich in der Praxis – sollte nicht eine verbindliche Auskunft zum Veräußerungsvorgang beantragt worden sein – auf eine zeitnahe Umsatzsteuer-Sonderprüfung beim Veräußerer hinzuwirken, um eine möglichst zeitnahe und rechtssichere Beurteilung des nicht steuerbaren Umsatzes als Erwerber zu erlangen. Dies ist insbesondere dann wichtig, wenn der Veräußerer zur Steuerpflicht optiert, um etwaige Zinsrisiken auf Ebene des Erwerbers (infolge zurückzuzahlender Vorsteuer) zu vermeiden. Letzteres ist jedoch vom Risikoaspekt her seit Einführung des sog. **Reverse Charge-Verfahrens** bei steuerpflichtiger Grundstückslieferung abgeschwächt, da der Erwerber als Leistungsempfänger die Umsatzsteuer aus dem Übertragungsvorgang nach § 13b Abs. 2 Nr. 3 i. V. m. Abs. 5 UStG schuldet und – unter den weiteren Voraussetzungen (Zuordnung des Grundstücks zum Unternehmen und voller Vorsteuerabzugsberechtigung) den Vorsteuerabzug daraus nach § 15 Abs. 1 Satz 1 Nr. 4 UStG geltend machen kann, so dass sich etwaige Zinsrisiken nach § 233a AO aus zurückzudrehender Umsatzsteuer und Vorsteuer in der Person des Erwerbers ausgleichen würden.[181]

109 Gleichwohl geht es weiterhin vor allem um **Vorsteuerkorrekturrisiken,** die entweder auf Ebene des Veräußerers – ausgelöst durch die Transaktion – bestehen oder auf Ebene des Erwerbers bei von ihm fortgeführtem Berichtigungszeitraum im Fall der Geschäftsveräußerung im Ganzen.

110 **Regelungen hinsichtlich der Umsatzsteuer sind im Grundstückskauf** nur erforderlich, wenn zumindest der Veräußerer Unternehmer ist. Bereits aus Gründen der späteren Streitvermeidung sollte klargestellt werden, ob auf die Umsatzsteuerfreiheit des Grundstückskaufs verzichtet wird und – im Falle der Bejahung dieser Frage – die Umsatzsteuer zum Kaufpreis hinzukommt (sog. Nettopreisvereinbarung, z. B. „zzgl. gesetzlich geschuldeter Umsatzsteuer", die regelmäßig zu empfehlen ist) oder in diesem enthalten wäre (sog. Bruttopreis-

---

[179] So auch *Tehler* UVR 2012, 58.
[180] Vgl. auch *Schießl* MwStR 2013, 183.
[181] Im Bereich steuerstrafrechtlicher Bestimmungen ist gleichwohl das Saldierungsverbot zu beachten, weshalb für den Erwerber ein starkes Interesse an zutreffenden Behandlung der Transaktion als steuerbar und steuerfrei (oder gerade steuerpflichtig, wenn dies der Veräußerer forciert) oder nicht steuerbar besteht. Auf Seiten des Leistenden ist § 14c Abs. 1 UStG zu beachten.

vereinbarung, z. B. „inklusive gesetzlich geschuldeter Umsatzsteuer"). Dies wird hier klarstellend dennoch empfohlen, auch wenn im Fall eines Unternehmererwerbers und steuerpflichtiger Immobilientransaktion der Erwerber die Umsatzsteuer nach § 13b Abs. 5 UStG schuldet und zwischenzeitlich infolge der Rechtsprechung weitgehend feststeht, dass im Falle des Reverse Charge-Verfahrens zwischen den Vertragsparteien von Nettopreisen auszugehen ist/war.

Eine **Umsatzsteuerfreiheit der Immobilientransaktion** ist seitens des Verkäufers regelmäßig nicht gewollt, um Vorsteuerausschlüsse und etwaige Vorsteuerberichtigungen zu vermeiden. Zugleich besteht in der Praxis bei einer Vielzahl von Immobilientransaktionen erhebliche Unsicherheit, ob die Voraussetzungen einer nicht steuerbaren (Teil-) Geschäftsveräußerung vorliegen oder nicht. **111**

Zur **Absicherung des Falls,** dass die zuständige Finanzbehörde des Veräußerers von einer steuerbaren Grundstückslieferung ausgeht, ergab und ergibt sich nach wie vor das Bedürfnis des Veräußerers und durch § 13b UStG auch des Erwerbers nach einer „vorsorglichen" Option zur Umsatzsteuerpflicht, sollte ein nicht steuerbarer Umsatz zu einem späteren Zeitpunkt festgestellt werden. Die Frage nach der Wirksamkeit einer vorsorglichen Option erlangte erstmals durch die geänderte Auffassung der Finanzverwaltung[182] in 2010 starke Aufmerksamkeit, wonach die Ausübungsfrist der Option bereits mit dem Eintritt der formellen Bestandskraft enden soll. Ausgehend von dieser Verwaltungsauffassung nahm die OFD Niedersachsen in ihrer Verfügung vom 14.2.2013[183] zur Wirksamkeit einer solchen vorsorglichen Option für Fälle Stellung, in denen die Grundstücksübertragung entgegen der Annahme der Vertragsparteien tatsächlich nicht als Geschäftsveräußerung beurteilt wird. Danach kam die OFD Niedersachsen zu dem Ergebnis, dass die Formulierung der Kaufvertragsklauseln als „bedingte" oder „unbedingte" Option ausschlaggebend für die Wirksamkeit der nachträglichen Option sein soll und eine bis dahin in der Praxis regelmäßig verwendete Formulierung im Kaufvertrag, dass z. B. „die Vertragsparteien im Zweifelsfall rein vorsorglich eine Option zur Steuerpflicht" vereinbaren, nicht zielführend sein soll, damit also keine nachträglich wirksame Option erklärt würde. **112**

Mit einem BMF-Schreiben[184] hat die **Finanzverwaltung zwischenzeitlich klargestellt,** dass im Rahmen einer nicht steuerbaren Geschäftsveräußerung im Ganzen eine Option zur Steuerpflicht grundsätzlich nicht in Betracht kommt. Gehen die Vertragsparteien jedoch im Rahmen des notariellen Kaufvertrags übereinstimmend von einer solchen aus und beabsichtigen sie lediglich für den Fall, dass sich ihre rechtliche Beurteilung später als unzutref- **113**

---

[182] Vgl. BMF 1.10.2010, BStBl. I 2010, 768. Die Verkürzung der Fristen zur Optionsausübung hat Auswirkung auf solche Fälle, in denen eine rechtliche Würdigung nicht eindeutig erfolgen kann bzw. fehleranfällig ist, etwa bei Immobilientransaktionen in der Abgrenzung zu einer nicht steuerbaren Geschäftsveräußerung im Ganzen.
[183] Analog dazu nimmt die OFD Frankfurt 11.3.2013, BeckVerw 270529 (im Wortlaut identisch), zur vorsorglichen Option bei angenommener Geschäftsveräußerung Stellung. Die beiden OFD-Verfügungen unterscheiden sich nur insoweit, als die OFD Niedersachsen 14.2.2013, DStR 2013, 918, zusätzlich ein Beispiel für eine „bedingte" Option, die nicht fristgerecht ausgeübt wurde, enthält. Siehe hierzu auch *Full* DStR 2013, 881.
[184] Vgl. BMF 23.10.2013, BStBl. I 2013, 1304; UStAE 9.1 Abs. 3.

fend heraustellt, eine Option zur Steuerpflicht, gilt diese vorsorglich und im Übrigen unbedingt im notariellen Kaufvertrag erklärte Option nach § 9 Abs. 1 und 3 UStG als mit Vertragsschluss wirksam.

114 Bestätigt sich später, dass der **Umsatz nicht steuerbar war,** geht der Verzicht auf die Steuerbefreiung ins Leere, ohne dass sich hieraus weitere Folgerungen ergeben. Stellt sich hingegen zu einem späteren Zeitpunkt heraus, dass der als nicht steuerbar angenommene Umsatz steuerbar war bzw. die Finanzbehörde den Umsatz abschließend verbeschieden (oder finanzgerichtlich festgestellt) als steuerbar behandelt, ist die Option auch auf Grundlage der neuen Verwaltungsauffassung rechtzeitig ausgeübt worden. Der übernehmende Rechtsträger schuldet die Umsatzsteuer für die Grundstückslieferung nach § 13b Abs. 5 UStG und kann nach Maßgabe des § 15 Abs. 1 Satz 1 Nr. 4 UStG den Vorsteuerabzug geltend machen. Da es für den Vorsteuerabzug im Reverse Charge-Verfahren nicht auf das Vorliegen einer Rechnung ankommt, besteht auch kein Zinsrisiko nach § 233a AO, wenngleich ein Ausgleich zwischen den Vertragsparteien für die verschiedenen und oft diffizilen Sachverhaltsvarianten durchdacht werden sollte.[185]

> **Praxishinweis:**
> Neben den weiteren Steuerklauseln zur Bestätigung der Unternehmereigenschaft der Vertragsparteien, insbesondere des Bezugs der erworbenen Immobilien für das Unternehmen durch den Erwerber (und der Fortführungsabsicht bzw. Fortführung durch den Erwerber im Fall der Geschäftsveräußerung im Ganzen), entsprechender Regelungen zu einer etwaigen Vorsteuerkorrektur (mit Aushändigung entsprechender Unterlagen), sollte nunmehr die Formulierung „unbedingt" bei vorsorglich vorgesehener Option zur Steuerpflicht aufgenommen werden, um in der Gestaltungsberatung die geänderte/angepasste Auffassung der Finanzverwaltung zu beachten und Auseinandersetzungen mit dieser vorzubeugen.
> Damit wird auch klargestellt, dass die Optionsausübung nicht von der rechtlichen Würdigung der Finanzbehörde abhängt. Dazu ist nunmehr zu empfehlen, den strukturellen Aufbau im Kaufvertrag anzupassen, d. h. die Nettopreisvereinbarung anzusprechen, anschließend die positionierende Aussage der Vertragsparteien zum Verständnis der Transaktion als nicht steuerbare Geschäftsveräußerung im Ganzen (oder eben nicht) vorzusehen und jeweils daran anschließend die Vereinbarung und bedingungslose Erklärung der Option, z. B. dass „der Veräußerer im Rahmen dieses Kaufvertrags jetzt sofort und im Übrigen unbedingt die Option zur Steuerpflicht erklärt". Daneben ist gleichwohl immer auch zu empfehlen, etwaige Schäden resultierend aus Umsatzsteuer-Nachzahlungen und Zinsrisiken zwischen den Vertragsparteien zu regeln.

4. Vorsteuerberichtigung durch den Veräußerer infolge geänderter Verhältnisse

115 Erfolgt die Veräußerung **innerhalb des Berichtigungszeitraums von zehn Jahren,** so ist eine Vorsteuerberichtigung nach § 15a UStG beim Veräußerer zu prüfen. Eine Änderung der Verhältnisse liegt vor, wenn der Veräußerungsumsatz anders zu beurteilen ist als die für den ursprünglichen Vorsteuerabzug maßgebliche Verwendung. Erfolgt die Immobilientransaktion

---

[185] Vgl. *Pyszka* DStR 2011, 545 (551).

nicht als Geschäftsveräußerung im Ganzen, hat bei noch laufendem Berichtigungszeitpunkt eine Vorsteuerkorrektur nach § 15a UStG durch den Veräußerer zu erfolgen, wenn z. B. steuerfrei veräußert wird.[186]

---

[186] Siehe hierzu → § 10 Rn. 21 ff.

§ 17 Besonderheiten einzelner Exitstrukturen

Übersicht

	Rn.
A. RETT-Blocker-Strukturen	
I. Allgemeines	1, 2
II. Klassische RETT-Blocker	3–16
1. Bisherige Variante	3–10
a) Transaktionsstruktur	4
b) Steuerliche Folgen	5–10
2. Alternative RETT-Blocker-Struktur	11–16
a) Transaktionsstruktur	12
b) Steuerliche Folgen	13–16
III. Erwerb von Personengesellschaften unter Ausnutzung des Fünfjahreszeitraums	17–28
1. Klassische Variante	17–22
a) Transaktionsstruktur	18
b) Steuerliche Folgen	19–22
2. Alternativstruktur	23–28
a) Transaktionsstruktur	24
b) Steuerliche Folgen	25–28
IV. Erwerb unter Ausnutzung der Konzernumstrukturierungsklausel	29–42
1. Transaktionsstruktur	30, 31
2. Steuerliche Folgen	32–42
V. Verringerung der Bemessungsgrundlage durch Hive-down	43–54
1. Transaktionsstruktur	44
2. Steuerliche Folgen	45–54
VI. Erwerb durch Neuauflage eines Sondervermögens	55–61
1. Transaktionsstruktur	56, 57
2. Steuerliche Folgen	58–60
3. Regulatorische Anforderungen	61
B. Umwandlungen	
I. Zivilrechtliche Grundlagen des UmwG	66
II. Formwechsel	67–85
1. Ertragsteuerrecht	67–84
a) Formwechsel einer Personengesellschaft in eine Kapitalgesellschaft	68–75
aa) Vermögensverwaltende Personengesellschaft	69–72
bb) Gewerbliche Personengesellschaft	73–75
b) Formwechsel einer Kapitalgesellschaft in eine Personengesellschaft	76–84
aa) Vermögensverwaltende Personengesellschaft	77–80
bb) Gewerbliche Personengesellschaft	81–84
2. Grunderwerbsteuerrecht	85

	Rn.
III. Verschmelzung	86–119
1. Ertragsteuerrecht	86–115
a) Verschmelzung einer Personengesellschaft auf eine Kapitalgesellschaft	86–88
aa) Vermögensverwaltende Personengesellschaft	87
bb) Gewerbliche Personengesellschaft	88
b) Verschmelzung einer Kapitalgesellschaft auf eine Personengesellschaft	89–93
aa) Vermögensverwaltende Personengesellschaft	90, 91
bb) Gewerbliche Personengesellschaft	92, 93
c) Verschmelzung einer Personengesellschaft auf eine andere Personengesellschaft	94–111
aa) Vermögensverwaltende Personengesellschaft wird auf eine andere vermögensverwaltende Personengesellschaft verschmolzen	95, 96
bb) Vermögensverwaltende Personengesellschaft wird auf eine gewerbliche Personengesellschaft verschmolzen	97–104
cc) Gewerbliche Personengesellschaft wird auf eine vermögensverwaltende Personengesellschaft verschmolzen	105–107
dd) Gewerbliche Personengesellschaft wird auf eine andere gewerbliche Personengesellschaft verschmolzen	108–110
d) Verschmelzung einer Kapitalgesellschaft auf eine andere Kapitalgesellschaft	111–115
2. Grunderwerbsteuerrecht	116–119
IV. Spaltung	120–142
1. Ertragsteuerrecht	120–138
a) Auf- oder Abspaltung	122–129
aa) Auf- oder Abspaltung von Vermögen einer Personengesellschaft auf eine Kapitalgesellschaft	123–125
bb) Auf- oder Abspaltung von Vermögen einer Kapitalgesellschaft auf eine Personengesellschaft	126–129
b) Ausgliederung	130–138
aa) Ausgliederung von Vermögen einer Personengesellschaft auf eine Kapitalgesellschaft	131–134
bb) Ausgliederung von Vermögen einer Kapitalgesellschaft auf eine Personengesellschaft	135–138
2. Grunderwerbsteuerrecht	139–142
V. Fazit	143, 144

A. RETT-Blocker-Strukturen

I. Allgemeines

Nicht nur aufgrund der zuletzt fortwährend angestiegenen Steuersätze (zuletzt Brandenburg zum 1.7.2015 von 5 bzw. 5,5 auf 6,5 % Prozent) erlangt die **1**

GrESt im Rahmen von Immobilieninvestitionen vermehrt an Bedeutung, stellt sie doch für den Käufer – dieser übernimmt zumeist im Innenverhältnis die Tragung der GrESt – eine **Definitivbelastung** dar.[1] So werden am Markt vermehrt nicht steuerbare Share Deal-Strukturen zur Akquisition beobachtet, da insbesondere großvolumige Immobilientransaktionen ohne den Anfall von GrESt meist erst profitabel durchgeführt werden können. Entsprechende Transaktionen erfordern jedoch von den Beteiligten einen erhöhten Aufwand (z. B. Legal und Tax Due Diligence im Rahmen eines Gesellschaftserwerbs aber auch zukünftiger administrativer Aufwand), sodass die dadurch in Kauf genommenen Mehrkosten ins Verhältnis zur Steuerersparnis gesetzt werden müssen. Ebenfalls ist zu bedenken, dass für die meisten Strukturen die Mitwirkung des Veräußerers notwendig ist oder dieser sogar noch über einen gewissen Zeitraum sein Engagement aufrechterhalten muss. Steueroptimierende Strukturen können sich aber bereits ab einem Kaufpreis von 20,0 bis 25,0 Mio. Euro für den Käufer lohnen. Demgegenüber ist der Fiskus selbstredend bestrebt, entsprechenden Gestaltungen entweder auf Ebene eines formellen Gesetzes (z. B. § 1 Abs. 3a GrEStG) oder durch Verwaltungsanweisungen zu begegnen.

2   Aus Beratersicht besteht einerseits die **Möglichkeit, eine Transaktionsstruktur zu implementieren,** die entweder nicht von den Tatbeständen des § 1 Abs. 1 bis 3a GrEStG erfasst wird oder auf die eine der anwendbaren Steuerbefreiungen abzielt (z. B. § 6a GrEStG unter Ausnutzung der Konzernumstrukturierungsklausel); andererseits können auch beträchtliche Einspareffekte bereits durch eine Reduktion der Bemessungsgrundlage erreicht werden.[2] Nachfolgend sollen – ohne den Anspruch auf Vollständigkeit – einige mögliche Alternativen kursorisch dargestellt werden. Darüber hinaus sind ebenso weitere Varianten der dargestellten Strukturen denkbar. Selbstverständlich gilt es bei jeder gewählten Alternativen, das Damoklesschwert des § 42 AO zu beachten.

II. Klassische RETT-Blocker

1. Bisherige Variante

3   Bislang zielten sog. **RETT-Blocker-Strukturen**[3] auf die Ausnutzung der Pro-Kopf-Betrachtung von Anteilen an Personengesellschaften im Rahmen des § 1 Abs. 3 GrEStG ab.[4] Da § 1 Abs. 3 GrEStG den Anteil an einer Gesellschaft zum Gegenstand hat und jeder Gesellschafter einer Personengesellschaft – unabhängig von der Höhe seiner Beteiligung am Vermögen der Gesamthand – lediglich einen einheitlichen Gesellschaftsanteil hält, ist es durch Implementierung einer Personengesellschaft, an der ein fremder Dritter partizipiert, zwischen dem Erwerber und der Zielgesellschaft möglich, eine Anteilsvereinigung zu verhindern. Die nachfolgende Abbildung zeigt eine entsprechende Akquisitionsstruktur:

---

[1] Zur ertragsteuerlichen Berücksichtigung der Grunderwerbsteuer als Teil der Anschaffungskosten oder als sofort abziehbarer Aufwand → § 5 Rn. 133 ff.
[2] → Rn. 43 ff.
[3] **R**eal **E**state **T**ransfer **T**ax.
[4] Zur Pro-Kopf-Betrachtung im Rahmen von § 1 Abs. 3 GrEStG → § 5 Rn. 45.

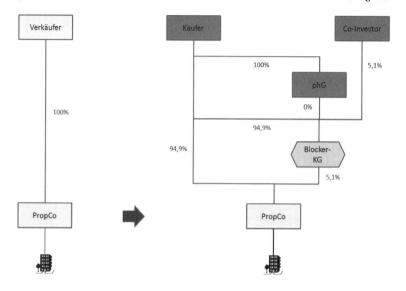

a) Transaktionsstruktur

Der Käufer erwirbt vom Verkäufer 94,9% der Anteile einer immobilien- 4
haltenden Kapitalgesellschaft („PropCo"). Die verbleibenden 5,1% der Gesellschaftsanteile werden durch eine Personengesellschaft in der Rechtsform einer Kommanditgesellschaft („Blocker-KG") erworben, an welcher der Käufer sowie ein nicht mit dem Käufer gesellschaftsrechtlich verbundener Dritter („Co-Investor") einen Kommanditanteil mit einer Beteiligung von 94,9% bzw. 5,1% am Vermögen der Gesellschaft halten. Komplementär („phG") der Blocker-KG ist eine zu 100% vom Käufer gehaltene Kapitalgesellschaft, sodass dieser durch entsprechende Ausgestaltung des Gesellschaftsvertrags die alleinige Kontrolle über die Blocker-KG und damit auch mittelbar über die PropCo ausübt.[5]

b) Steuerliche Folgen

Da es sich bei der grundstückshaltenden Gesellschaft um eine Kapitalge- 5
sellschaft handelt, ist § 1 Abs. 2a GrEStG nicht anwendbar. Der Erwerb von 100% der Anteile an der PropCo durch den Käufer sowie die Blocker-KG erfüllt auch nicht die Voraussetzungen einer Anteilsvereinigung i.S.d. § 1 Abs. 3 Nr. 1 oder Nr. 2 GrEStG:

Der Käufer erwirbt unmittelbar lediglich 94,9% der Gesellschaftsanteile an 6
der PropCo und überschreitet hierdurch nicht die 95 Prozent-Grenze des § 1 Abs. 3 Nr. 1 bzw. Nr. 3 GrEStG. Darüber hinaus wird der Erwerb der verbleibenden 5,1% der Gesellschaftsanteile an der PropCo durch die Blocker-KG nicht dem Käufer zugerechnet, da der Käufer nicht zumindest 95% der

---

[5] Ebenso ist es denkbar, den Co-Investor mit einem gewinnabhängigen Darlehensinstrument auszustatten, sodass durch eine entsprechende Verzinsung der Käufer vollständig an den Erträgen der PropCo partizipiert.

Gesellschaftsanteile der Blocker-KG hält. Aufgrund der im Rahmen des § 1 Abs. 3 GrEStG geltenden **Pro-Kopf-Betrachtung** („Anteile der Gesellschaft") hält der Käufer lediglich zwei von drei[6] und damit nur 66,6 % der Gesellschaftsanteile.[7] Eine Zurechnung des von der Blocker-KG erworbenen Anteils der PropCo an den Käufer findet nicht statt, da für Zwecke des § 1 Abs. 3 GrEStG auf jeder Stufe der vermittelnden Beteiligung die 95 Prozent-Grenze erreicht sein muss.[8] Nur in diesem Fall wird dem Gesellschafter die vollständige Beteiligung an der vermittelnden Gesellschaft und nicht nur anteilig zugerechnet.

7 Dementsprechend ist es auch möglich, dass der Co-Investor (als Komplementär) am Vermögen der Blocker-KG nicht beteiligt wird oder (als Kommanditist) sich lediglich mit 0,1 % an deren Vermögen beteiligt,[9] da selbst eine mehrheitliche Beteiligung an einer Gesamthand bzw. die alleinige Beteiligung an deren Vermögen nicht zur Zurechnung der gehaltenen Unterbeteiligung führt, solange mindestens ein weiterer Gesellschafter vorhanden ist. Gleichwohl hat sich in der Praxis eine „Schamgrenze" von 94,9 % für die Beteiligung des Käufers an der Blocker-KG als Marktstandard entwickelt.

8 Darüber hinaus findet eine **Zurechnung der Beteiligung des Co-Investors an den Käufer** nicht statt, wenn dieser ein fremder Dritter ist und keine grunderwerbsteuerliche Organschaft mit dem Käufer als herrschendes Unternehmen gemäß § 1 Abs. 4 Nr. 2 Buchst. b) GrEStG besteht. Letzteres ist der Fall, wenn der Co-Investor nach dem Gesamtbild der tatsächlichen Verhältnisse finanziell, wirtschaftlich und organisatorisch in das Unternehmen des Käufers eingegliedert ist.[10] Die Blocker-KG qualifiziert jedoch als Personengesellschaft nicht als abhängige Gesellschaft i.S.d. § 1 Abs. 4 Nr. 2 Buchst. b) GrEStG, sodass auch eine Zurechnung der von dieser gehaltenen Anteile an den Käufer aufgrund einer grunderwerbsteuerlichen Organschaft ausscheidet.

9 Entsprechende Strukturen wurden bislang nicht als **Missbrauch einer rechtlichen Gestaltungsmöglichkeit** i.S.d. § 42 AO gewertet, da § 1 Abs. 3 GrEStG bereits als spezielle Missbrauchsnorm qualifiziert und dessen Umgehung nicht ohne weiteres als Missbrauch qualifiziert werden kann.[11]

10 Der Gesetzgeber zielte jedoch mit der **Implementierung von § 1 Abs. 3a GrEStG zum 7.6.2013** gerade auf die Abschaffung der dargestellten RETT-Blocker-Strukturen ab,[12] sodass entsprechende Transaktionen nunmehr gemäß § 1 Abs. 3a S. 1 GrEStG der Besteuerung unterliegen: Da der Vorgang weder nach § 1 Abs. 2a noch nach Abs. 3 GrEStG steuerbar ist, ist der An-

---

[6] Dem Käufer wird ebenfalls der Komplementäranteil des phG an der Blocker-KG zugerechnet, da der Käufer 100 % der Anteile an dem phG hält.

[7] Einen Kommanditanteil unmittelbar und den Komplementäranteil der phG durch die alleinige Gesellschafterstellung an dieser, sodass der Anteil des phG dem Käufer zugerechnet wird.

[8] *Demleitner*, SteuK 2013, 265 (265); *Behrens*, DStR 2013, 1405 (1407).

[9] Um wirksam eine Gesellschafterstellung an einer Personengesellschaft inne zu haben, bedarf es für den nicht als Komplementär agierende Gesellschafter einer Beteiligung am Ergebnis und am Vermögen.

[10] → § 5 Rn. 52 ff.

[11] So auch die Stellungnahme des Bundesrates 6.7.2012 – BR-Drs. 302/12(B), 123.

[12] Stellungnahme des Bundesrates 6.7.2012 – BR-Drs. 302/12(B), 123.

§ 17 Besonderheiten einzelner Exitstrukturen

wendungsbereich von Abs. 3a eröffnet.[13] Über den unmittelbaren und mittelbaren Erwerb der PropCo hat der Käufer erstmals eine wirtschaftliche Beteiligung von 99,74% inne (94,9% unmittelbar und 4,84% = 94,9% × 5,1% mittelbar über die Beteiligung an der Blocker-KG). Entgegen § 1 Abs. 3 GrEStG erfolgt unter expliziter Aufgabe der Pro-Kopf-Betrachtung nach Abs. 3a S. 3 eine anteilige Durchrechnung der vermittelnden Beteiligungen und zwar unterschiedslos, ob diese über eine Personen- oder eine Kapitalgesellschaft gehalten werden. Für die dargestellte Struktur findet keine Steuerbefreiung Anwendung, sodass hierdurch kein steuerlicher Vorteil (mehr) erzielt werden kann.

2. Alternative RETT-Blocker-Struktur

Alternativ bietet sich an, durch **gemeinsame Investition mit einem Co-Investor** das Innehaben einer steuerbaren wirtschaftlichen Beteiligung zu verhindern. Voraussetzung ist allerdings, dass dieser nicht mit dem Käufer gesellschaftsrechtlich verbunden ist, da ansonsten die mittelbare Beteiligung an der Grundstücksgesellschaft wiederum dem Käufer – zumindest anteilig – zugerechnet wird. Diese Struktur lässt sich wie folgt visualisieren:

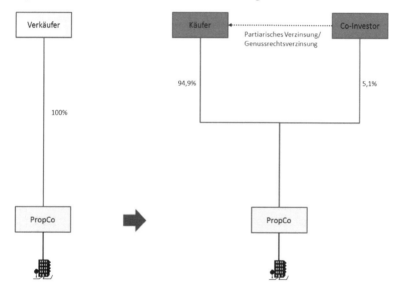

a) Transaktionsstruktur

Der Käufer erwirbt 94,9% der Gesellschaftsanteile an einer immobilienhaltenden Kapitalgesellschaft (PropCo) und ein fremder Dritter (Co-Investor) erwirbt die verbleibenden 5,1% der Gesellschaftsanteile (jeweils von dem Verkäufer). Daneben ist denkbar, dass der Käufer an den Co-Investor ein Darlehen ausreicht, das gewinnabhängig verzinst wird. Der Zinssatz würde sich nach den Erträgen des Co-Investors aus seiner Beteiligung an der PropCo emitteln.

---

[13] → § 5 Rn. 59.

§ 17 13–16   Teil 7. Veräußerungen

b) Steuerliche Folgen

13 **§ 1 Abs. 2a GrEStG ist auf Kapitalgesellschaften nicht anwendbar.** Durch den Erwerb hält der Käufer lediglich 94,9 % der Gesellschaftsanteile der PropCo, sodass § 1 Abs. 3 Nr. 1 GrEStG nicht erfüllt ist. Da der Co-Investor nicht mit dem Käufer gesellschaftsrechtlich verbunden ist, werden diesem auch nicht die 5,1 %-Beteiligung zugerechnet.

14 Gleiches gilt im Prinzip für die **Anwendung des § 1 Abs. 3a S. 1 GrEStG,** da der Käufer lediglich eine wirtschaftliche Beteiligung von 94,9 % an der immobilienhaltenden PropCo innehat. Zudem wird ihm die Beteiligung des Co-Investors nicht gemäß § 1 Abs. 3a S. 3 GrEStG zugerechnet, da der Käufer mit diesem nicht gesellschaftsrechtlich verbunden ist. Etwas anderes folgt auch nicht aus dem Begriff der „wirtschaftlichen Beteiligung", da Abs. 3a S. 3 explizit eine Beteiligung am Vermögen (im Falle einer Personengesellschaf) oder am Kapital (im Falle einer Kapitalgesellschaft) voraussetzt.[14] Gleiches sollte im Fall der Darlehensgewährung des Käufers an den Co-Investor zur Finanzierung des Anteilserwerbs gelten. Grenzen setzt allerdings die Entscheidung des BFH v. 9.7.2014,[15] wenn die schuldrechtliche Vereinbarung zwischen dem Käufer und den Co-Investor zu einer Zurechnung der wirtschaftlichen Beteiligung an den Käufer führen. Allein das mittelbare Partizipieren an den Erträgen des Co-Investors sollte daher unerheblich sein und die dargestellte Struktur sollte nicht den Tatbestand des § 42 AO erfüllen.[16]

15 Weiter ist denkbar, dass der **Verkäufer die Rolle des Co-Investors** übernimmt, m. a. W. weiterhin mit 5,1 % an der PropCo beteiligt bleibt. Aus wirtschaftlicher Sicht erhält der Verkäufer durch die Hingabe des Darlehens 100 % des der Immobilie inne wohnenden Werts, ohne seine Beteiligung an der PopCo vollständig aufzugeben. Um eine zukünftige Desinvestition des Käufers durch Übertragung der PropCo zu ermöglichen bietet sich die Vereinbarung eines Rechts zum Verkauf des Anteils des Minderheitsgesellschafters an.[17] Die Darlehensrückzahlung kann zudem mit dem erzielten Veräußerungserlös verrechnet werden.

16 Alternativ sollte der Co-Investor dem Käufer ebenfalls **keine wirtschaftliche Beteiligung am Kapital der PropCo vermitteln,** wenn der Co-Investor eine Kapitalverwaltungsgesellschaft i. S. d. § 17 KAGB ist und auf Rechnung eines Sondervermögens mit dem Käufer als Anleger agiert, da die gehaltenen Vermögenswerte wie die Beteiligung an der PropCo ausschließlich dem zivilrechtlichen Eigentümer und damit allein der Kapitalverwaltungsgesellschaft und nicht dem Anleger des Sondervermögens zugerechnet werden.[18] Dies sollte auch noch nach Einführung des Begriffs der „wirtschaftlichen Beteiligung" durch § 1 Abs. 3a GrEStG bestand haben, sodass auf diese Weise zwar der Käufer wirtschaftlich zu 100 % an den Immobilienerträgen partizipiert, diesem aber aus grunderwerbsteuerlicher Sicht lediglich die tat-

---

[14] → § 5 Rn. 61.
[15] Az. II R 49/12, BFH/NV 2014, 1667.
[16] Um die Gestaltung nicht angreifbar zu machen, sollte ein Teil des Gewinns aus der PropCo bei dem Co-Investor verbleiben.
[17] Sog. Drag-along-right.
[18] BFH 29.9.2014 – II R 14/02, BStBl. II 2005, 148; so auch Pahlke/Franz *Pahlke* GrEStG § 1 Rn. 325; a. A. *Hoffmann*, BB 2001, 757 (760).

sächliche Gesellschafterstellung zugerechnet wird. Gleiches dürfte für einen eingetragenen Verein i. S. d. §§ 21 ff. BGB gelten, da dieser seinen Mitgliedern keine Beteiligung an den gehaltenen Vermögenswerten vermitteln sollte.

III. Erwerb von Personengesellschaften unter Ausnutzung des Fünfjahreszeitraums

1. Klassische Variante

Beim **Erwerb einer grundstückshaltenden Personengesellschaft** hatte 17 in der Vergangenheit das Ausnutzen der Fünf-Jahres-Frist des § 1 Abs. 2a S. 1 GrEStG eine steuerfreie Grundstücksübertragung ermöglicht. Die nachfolgende Abbildung zeigt eine entsprechende Akquisitionsstruktur:

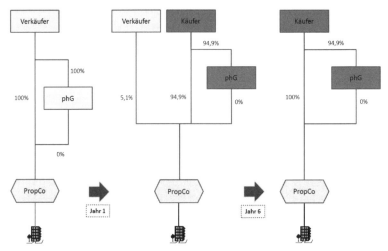

a) Transaktionsstruktur

Der Käufer erwirbt vom Verkäufer einen Kommanditanteil mit einer Beteiligung von 94,9% am Vermögen einer grundstückshaltenden Personengesellschaft, welche in der Praxis zumeist in der Rechtsform einer Kommanditgesellschaft ausgestaltet ist (PropCo). Der Komplementär (phG) ist regelmäßig nicht am Vermögen der PropCo beteiligt und wird im Zuge des Beitritts des Käufers ausgetauscht. Nach dem Ablauf von mehr als fünf Jahren erwirbt der Käufer den verbleibenden Kommanditanteil an der PropCo und hält anschließend eine Beteiligung von 100% an deren Vermögen. 18

b) Steuerliche Folgen

Der Erwerb von 94,9% der Beteiligung am Vermögen der PropCo im Jahr 1 **erfüllt nicht den Tatbestand des § 1 Abs. 2a S. 1 GrEStG,** da hierdurch nicht zumindest 95% der Vermögensbeteiligung an einer grund- 19

§ 17 20, 21

stückshaltenden Personengesellschaft auf einen Neugesellschafter übergehen.[19] Voraussetzung ist allerdings, dass auf Ebene der PropCo innerhalb der letzten fünf Jahre keine relevanten Anteilsübertragungen stattgefunden haben, da ansonsten mit der Akquisition des Käufers ggf. die 95%-Grenze überschritten wird und der Vorgang somit der GrESt unterliegt. Eine vorhergehende Untersuchung der Historie der PropCo ist damit aus Beratersicht unerlässlich. Da der Verkäufer 33,3% der Gesellschaftsanteile hält, erfolgt keine Anteilsvereinigung i. S. d. § 1 Abs. 3 Nr. 1 oder Nr. 2 GrEStG. Gleiches gilt im Prinzip für den Tatbestand des § 1 Abs. 3a S. 1 GrEStG, da der Käufer durch den Erwerb in Jahr 1 erstmals weniger als 95% der Beteiligung am Vermögen der PropCo innehat.

20   Ferner führt der **Erwerb der verbleibenden Minderheitsbeteiligung des Verkäufers** im Jahr 6 nicht zu einem steuerbaren Gesellschafterwechsel i. S. d. § 1 Abs. 2a S. 1 GrEStG, da innerhalb des maßgeblichen Fünf-Jahres-Zeitraums nicht zumindest 95% der Beteiligung am Vermögen der grundstückshaltenden PropCo auf neue Gesellschafter übergehen. Genauer gesagt, qualifiziert der Käufer zu diesem Zeitpunkt als Altgesellschafter, da dieser bereits seit mehr als fünf Jahren an der PropCo beteiligt war. Anteilsübertragungen zwischen Altgesellschaftern[20] sind jedoch unbeachtlich.[21] Während bislang unbestritten ist, dass bereits der schuldrechtliche Erwerbsvorgang den Tatbestand des § 1 Abs. 2a S. 1 GrEStG erfüllt, ist derzeit noch unklar, ob die Fünf-Jahres-Frist auf das schuldrechtliche Rechtsgeschäft oder die dingliche Anteilsübertragung abzielt. Insofern sollte aus Beratersicht der Kaufvertrag hinsichtlich des verbleibenden Minderheitsanteils erst nach mehr als fünf Jahren nach der zivilrechtlich wirksamen Übertragung des Ersterwerbs stattfinden.[22]

21   Daneben erfolgt durch den Erwerb im Jahr 6 **keine Anteilsvereinigung nach § 1 Abs. 3 Nr. 1 oder Nr. 2 GrEStG,** da der Käufer lediglich 94,9% der Gesellschaftsanteile an dem persönlich haftenden Gesellschafter hält und dessen Beteiligung an der PropCo somit nicht dem Käufer zugerechnet wird. Voraussetzung ist jedoch, dass der Komplementär nicht die Voraussetzungen einer abhängigen Gesellschaft i. S. d. § 1 Abs. 4 Nr. 2 Buchst. b GrEStG erfüllt, da dem Käufer ansonsten dessen Beteiligung an der grundstückshaltenden Gesellschaft unabhängig von der Beteiligungshöhe insgesamt zugerechnet wird[23] und der Käufer damit alle Anteile der PropCo auf sich teils unmittelbar und teils mittelbar vereint.

---

[19] Relevant ist lediglich der Eintritt eines „Neugesellschafters" während Anteilsübertragungen zwischen „Altgesellschaftern" unbeachtlich sind. Zur Abgrenzung zwischen Neugesellschafter und Altgesellschafter → § 5 Rn. 34 ff.

[20] Auch der Verkäufer gilt zumindest aufgrund seiner mehr als fünf Jahre andauernden Zugehörigkeit zur PropCo als Altgesellschafter, wenn sich dessen Gesellschafterbestand in diesem Zeitraum nicht zu 95% unmittelbar oder mittelbar geändert hat (vgl. Gl. Ländererlasse 18.2.2014, BStBl. I 2014, 561).

[21] Gl. Ländererlasse 18.2.2014, BStBl. I 2014, 561.

[22] Unerheblich ist in diesem Zusammenhang die Eintragung des Ersterwerbs in das Handelsregister, sofern die Übertragung nicht aufschiebend bedingt auf die Handelsregistereintragung vereinbart wird, da die Eintragung keine Voraussetzung für die Anteilsübertragung, sondern nur für die Wirksamkeit der Haftungsbeschränkung bildet.

[23] → § 5 Rn. 48.

22 Obwohl nicht eigentliches Ziel der Neuregelung unterliegt die dargestellte Erwerbsstruktur seit dem 7.6.2013 der **Besteuerung des neu eingefügten § 1 Abs. 3a S. 1 GrEStG,** da der Käufer durch den Erwerb im Jahr 6 erstmals eine **wirtschaftliche Beteiligung** von 100% am Vermögen der PropCo innehat. Insbesondere wirkt die Norm wie Abs. 3 stichtagsbezogen und unabhängig vom Ablauf des Fünf-Jahres-Zeitraums des Abs. 2a S. 1 GrEStG. Jedoch ist zu beachten, dass der Erwerb durch § 6 Abs. 3 S. 1 GrEStG privilegiert wird, sodass der Vorgang im Ergebnis zu 94,9% von der Steuer befreit ist und nur zu 5,1% der GrESt unterliegt. Die Befreiungsvorschrift des § 6 GrEStG findet auf sämtliche Vermögensübertragungen zwischen Personengesellschaften und damit ebenfalls auf § 1 Abs. 3a GrEStG Anwendung.[24] Weiter stellt der relevante Gesellschafterwechsel den Erwerb durch eine (fiktiv) neue Gesamthand dar, sodass die Tatbestandsvoraussetzungen des § 6 Abs. 3 S. 1 GrEStG erfüllt sind.[25] Daneben ist die fünfjährige Haltefrist des § 6 Abs. 3 S. 2 GrEStG zu beachten.

2. Alternativstruktur

23 Sofern Investoren eine Akquisition gänzlich ohne GrESt avisieren, kommt wiederum der gemeinsame Erwerb mit einem unabhängigen Co-Investor in Betracht. Eine entsprechende Transaktionsstruktur kann dabei wie folgt aussehen:

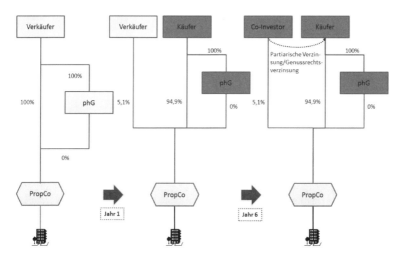

a) Transaktionsstruktur

24 Gemäß der **klassischen Variante** erwirbt der Käufer vom Verkäufer einen Kommanditanteil an der immobilienhaltenden Gesellschaft (PropCo) mit einer Beteiligung von 94,9% am Vermögen. Gleichzeitig wird der persönlich haftende Gesellschafter (phG) durch eine neue Einheit des Käufers ausge-

---

[24] Gl. lautende Ländererlasse 9.10.2013, BStBl. I 2013, 1364.
[25] → § 5 Rn. 77.

tauscht. Nach dem Ablauf von mehr als fünf Jahren erwirbt ein Co-Investor den verbleibenden Kommanditanteil an der PropCo und hält anschließend eine Beteiligung von 5,1 % an deren Vermögen. Bei Bedarf gewährt der Käufer ein partiarisches Darlehen mit einer gewinnabhängigen Verzinsung.

b) Steuerliche Folgen

25 Der **Erwerb der Kommanditbeteiligung durch den Käufer** im Jahr 1 führt nicht zur Steuerbarkeit gemäß § 1 Abs. 2a S. 1 GrEStG, da hierdurch weniger als 95 % der Beteiligung am Vermögen der PropCo auf einen neuen Gesellschafter übergehen.[26] Die Tatbestände des § 1 Abs. 3 Nr. 1 bzw. Nr. 2 oder des Abs. 3a S. 1 GrEStG werden ebenfalls hierdurch nicht erfüllt, da entweder nicht 95 % der Gesellschaftsanteile der PropCo in der Hand des Erwerbers vereinigt werden oder der Käufer keine wirtschaftliche Beteiligung von zumindest 95 % inne hat.

26 Die **Übertragung des verbleibenden Kommanditanteils** im Jahr 6 an den Co-Investor i. H. v. 5,1 % unterliegt nicht der Besteuerung nach § 1 Abs. 2a S. 1 GrEStG, da nicht innerhalb von fünf Jahren zumindest 95 % der Beteiligung am Vermögen der PropCo übertragen wurden. Da der Co-Investor nicht gesellschaftsrechtlich mit dem Käufer verbunden ist, scheidet sowohl eine Anteilsvereinigung nach § 1 Abs. 3 Nr. 1 bzw. Nr. 2 GrEStG als auch das Innehaben einer hinreichenden wirtschaftlichen Beteiligung i. S. d. § 1 Abs. 3a S. 1 GrEStG aus.

27 Sofern der Erwerb durch den Co-Investor bereits im Jahr 1 – etwa durch die Vereinbarung einer **Call-Option** – niedergelegt werden soll, ist die Rechtsprechung des BFH zur wirtschaftlichen **Zurechnung von Gesellschaftsanteilen** zu beachten. Danach kann unter Berücksichtigung der Grundsätze zu § 39 Abs. 2 Nr. 1 AO eine Gesellschaftsbeteiligung abweichend vom Zivilrecht einem Dritten zugerechnet werden, wenn
– diesem aufgrund eines bürgerlich-rechtlichen Rechtsgeschäfts bereits eine rechtlich geschützte, auf den Erwerb der Beteiligung gerichtete Rechtsposition zukommt, die ihm gegen seinen Willen nicht mehr entzogen werde kann,
– die mit dem Gesellschaftsanteil verbundenen wesentlichen Rechte sowie
– das Risiko einer Wertminderung und die Chance einer Wertsteigerung auf ihn übergegangen sind.[27]

Die Vereinbarung einer entsprechenden Call-Option führt damit bereits im Jahr 1 unabhängig von der zivilrechtlichen Zuordnung des Gesellschaftsanteils der PropCo zum Verkäufer zu einem steuerlichen Übergang auf den Co-Investor und damit zu einer steuerbaren Änderung im Gesellschafterbestand nach § 1 Abs. 2a S. 1 GrEStG.

28 Die Übertragung der Beteiligung an der PropCo im Jahr 6 auf den Co-Investor, sollte auch dann nicht der GrESt unterliegen, wenn der Co-Investor

---

[26] In diesem Zusammenhang ist grds. wiederum die Historie der PropCo zu verifizieren. Haben in vergangenen fünf Jahren bereits beachtliche Gesellschafterwechsel stattgefunden, kann der Hinzutritt eines Neugesellschafters einen steuerbaren Vorgang darstellen, wenn hierdurch die 95 Prozent-Grenze des § 1 Abs. 2a S. 1 GrEStG erreicht wird.

[27] Entscheidend ist das Gesamtbild der Verhältnisse (BFH 9.7.2014 – II R 49/12, BFH/NV 2014, 1667).

sein Engagement an der PropCo mit einer durch den Käufer bereitgestellten Finanzierung durchführt und ein Großteil der Erträge über eine gewinnabhängige Darlehensverzinsung dem Käufer zufließen.[28] Selbstredend kann auch § 42 AO einer extensiven Steuergestaltung entsprechende Grenzen setzen. Darüber hinaus ist auch in diesem Fall die vorstehend genannte Rechtsprechung des BFH zum wirtschaftlichen Übergang von Gesellschaftsanteilen zu beachten,[29] sodass eine entsprechende Konstellation zum erstmaligen Innehaben einer wirtschaftlichen Beteiligung von zumindest 95% an der PropCo durch den Käufer i. S. d. § 1 Abs. 3 a. S. 1 GrEStG führt.

IV. Erwerb unter Ausnutzung der Konzernumstrukturierungsklausel

Um eine vollständige Grunderwerbsteuerbefreiung mitsamt dem Erwerb von 100% an einer immobilienhaltenden Gesellschaft zu erreichen, kann der Käufer versuchen, in den Anwendungsbereich der **Konzernumstrukturierungsklausel** des § 6a GrEStG zu gelangen.[30] Die Norm begünstigt bestimmte Vorgänge nach dem UmwG, indem sie diese von der Steuererhebung befreit. Die Umsetzung erfordert allerdings einigen administrativen Aufwand, sodass die Realisation der nachfolgend dargestellten Struktur nur für großvolumige Deals lohnenswert erscheint:

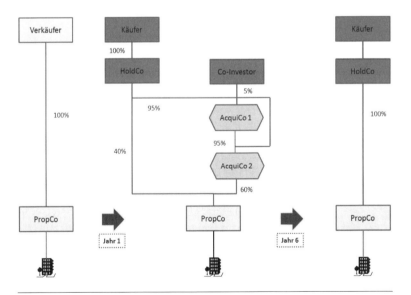

---

[28] § 1 Abs. 3a S. 1 GrEStG setzt eine gesellschaftsrechtliche Verbindung voraus, sodass rein schuldrechtliche Vereinbarungen nicht für eine wirtschaftliche Beteiligung ausreichen (*Behrens* DStR 2013, 2726 (2728); *Demleitner* Steuk 2013, 265 (267)).
[29] BFH 9.7.2014 – II R 49/12, BFH/NV 2014, 1667.
[30] So auch *Arnold* BB 2013, 3031 ff.

1. Transaktionsstruktur

30 Die Immobilie wird anfänglich von einer **Kapitalgesellschaft** (PropCo) gehalten, welche das Ziel des Erwerbsvorgangs bildet. Der Käufer erwirbt in einem ersten Schritt mittels einer als Alleingesellschafter gegründeten Kapitalgesellschaft (HoldCo) unmittelbar 40 % der Anteile an der PropCo. Der Käufer ist annahmegemäß Unternehmer im umsatzsteuerrechtlichen Sinn. Die verbleibenden 60 % der Gesellschaftsanteile an der PropCo werden gemeinsam mit einem Co-Investor über eine doppelstöckige Personengesellschaftsstruktur erworben. Der Käufer hält hierbei über die HoldCo eine Beteiligung von 95 % am Vermögen einer oHG (AcquiCo 1). Die verbleibende Beteiligung von 5 % hält ein fremder Dritter (Co-Investor), der gesellschaftsrechtlich nicht mit dem Käufer bzw. der HoldCo verbunden ist. AcquiCo 1 hält wiederum 95 % am Vermögen einer weiteren oHG (AcquiCo 2), den verbleibenden Gesamthandsanteil von 5 % hält wiederum der Co-Investor. AcquiCo 2 erwirbt von dem Verkäufer 60 % der Anteile an der grundstückshaltenden PropCo.

31 Nach dem Ablauf von fünf Jahren lösen der Käufer sowie der Co-Investor die dargestellte Struktur auf, sodass am Ende der Käufer Alleingesellschafter der PropCo ist. Hierbei werden AcquiCo 2 auf AcquiCo 1 und anschließend letztere auf HoldCo gemäß § 1 Abs. 1 Nr. 1, §§ 2 Nr. 1 ff. UmwG verschmolzen.

2. Steuerliche Folgen

32 Bei der grundstückshaltenden Gesellschaft handelt es sich um eine Kapitalgesellschaft, sodass **§ 1 Abs. 2a GrEStG nicht anwendbar** ist und der vollständige Gesellschafterwechsel im Jahr 1 nicht der Besteuerung unterliegt. Der Erwerb im Jahr 1 ist ferner nicht nach § 1 Abs. 3 Nr. 1 oder Nr. 2 GrEStG steuerbar, da der Käufer lediglich 40 % der Anteile an der grundstückshaltenden PropCo auf sich vereint. Ihm werden zudem weder der Gesamthandsanteil an AcquiCo 1 noch der an AcquiCo 2 zugerechnet, da dieser aufgrund der bei § 1 Abs. 3 GrEStG geltenden Pro-Kopf-Betrachtung[31] lediglich einen von zwei und damit nur 50 % der Gesellschaftsanteile hält. Das erforderliche Quantum von zumindest 95 % der Anteile an den vermittelnden Gesellschaften wird damit nicht erreicht. Gleiches gilt für das mittelbare Engagement an der AcquiCo 2. Daneben wird der HoldCo die Beteiligung an der AcquiCo 1 auch nicht über die grunderwerbsteuerliche Organschaft nach § 1 Abs. 4 Nr. 2 Buchst. b GrEStG zugerechnet. AcquiCo 1 ist keine abhängige Gesellschaft, da sie Personengesellschaft und keine juristische Person ist und somit die Anforderungen des § 1 Abs. 4 Nr. 2 Buchst. b GrEStG nicht erfüllt. Zudem könnte erwogen werden, die Geschäftsführung der AcquiCo 1 lediglich der HoldCo sowie dem Co-Investor gemeinsam zu übertragen sodass auch eine organisatorische Eingliederung ausscheidet.

33 Darüber hinaus ist § 1 Abs. 3a S. 1 GrEStG nicht erfüllt, da der Käufer erstmals insgesamt lediglich eine wirtschaftliche Beteiligung von 94,15 % (40 % + 54,15 %) innehat. Die wirtschaftliche Beteiligung ergibt sich nach § 1 Abs. 3a S. 2 GrEStG aus der Summe der unmittelbaren (40 %) sowie der mittelbaren Beteiligung (54,15 %) am Kapital der grundstückshaltenden PropCo,

---

[31] → § 5 Rn. 45.

wobei letztere gemäß Abs. 3a S. 3 entsprechend dem Engagement der AcquiCo 1 sowie der AcquiCo 2 lediglich anteilig berücksichtigt wird (54,15 % = 60 % × 95 % × 95 %). Da der Co-Investor gesellschaftsrechtlich nicht mit dem Käufer verbunden ist, werden dessen Anteile nicht zur wirtschaftlichen Beteiligung des Käufers hinzugerechnet, sodass dieser in der Folge keine wirtschaftliche Beteiligung von zumindest 95 % innehat.

Durch die Verschmelzung der AcquiCo 2 auf AcquiCo 1 im Jahr 6 erfolgt eine Verkürzung der Beteiligungskette an der PropCo. Dies hat jedoch keine Vereinigung von 95 % der Anteile an der PropCo in der Hand der HoldCo i. S. d. § 1 Abs. 3 Nr. 2 GrEStG zur Folge, da auf Stufe der vermittelnden Gesellschaft – m. a. W. der AcquiCo 1 – aufgrund der für Personengesellschaften geltenden Pro-Kopf-Betrachtung im Rahmen des Abs. 3 wiederum keine notwendige Anteilsmehrheit von 95 % aller Anteile vorliegt. Ebenso scheidet eine Zurechnung der Beteiligung an der PropCo aufgrund einer grunderwerbsteuerlichen Organschaft aus, da die AcquiCo 1 als Personengesellschaft keine abhängige Person i. S. d. § 1 Abs. 4 Nr. 2 Buchst. b GrEStG sein kann.[32] **34**

Die **Verschmelzung** führt jedoch dazu, dass HoldCo erstmals eine wirtschaftliche Beteiligung von zumindest 95 % i. S. d. § 1 Abs. 3a S. 1 GrEStG innehat. Die gehaltene wirtschaftliche Beteiligung ergibt sich nach Abs. 3a S. 2 aus der Summe der unmittelbaren und mittelbaren Beteiligungen am Kapital der PropCo, wobei bei der Ermittlung der mittelbaren Beteiligung jeweils die Vomhundertsätze am Kapital oder am Vermögen der vermittelnden Gesellschaften (AcquiCo 1) anteilig berücksichtigt werden. HoldCo hält selbst unmittelbar 40 % der Anteile an der PropCo. Daneben wird ihr die durchgerechnete Beteiligung über die AcquiCo 1 i. H. v. 57 % (60 % × 95 %) entsprechend zugerechnet, sodass sich eine wirtschaftliche Beteiligung von 97 % ergibt.[33] **35**

Für diesen Vorgang wird jedoch nach § 6a S. 1 GrEStG **die Steuer insgesamt nicht erhoben:** Bei dem steuerbaren Vorgang handelt es sich um eine Verschmelzung (up-stream merger) der AcquiCo 2 auf ihre Mehrheitsgesellschafterin, der AcquiCo 1 i. S. d. § 1 Abs. 1 Nr. 1 UmwG. Diese Art der Umwandlung ist in § 6a S. 1 GrEStG explizit als begünstigter Vorgang aufgeführt; daneben sind auch jede Form der Spaltung i. S. d. § 1 Abs. 1 Nr. 2 UmwG (Aufspaltung, Abspaltung und Ausgliederung), die Vermögensübertragung i. S. d. § 1 Abs. 1 Nr. 3 UmwG, Einbringungen sowie andere Erwerbsvorgänge aufgrund gesellschaftsvertraglicher Grundlage[34] privilegiert. **36**

---

[32] → § 5 Rn. 54.

[33] Im Rahmen der Verschmelzung der AcquiCo 2 auf die AcquiCo 1 sollte nicht notwendig sein, dass die Beteiligung des Co-Investors an der AcquiCo 1 anteilig erhöht wird (kritisch *Arnold* BB 2013, 3031 (3038)). Alternativ kann dem Co-Investor auch eine zusätzliche Beteiligung an der AcquiCo 1 gewährt werden, sodass dieser mit 7 % am Vermögen beteiligt ist. Die Verschmelzung führt dann dennoch zum Innehaben einer wirtschaftlichen Beteiligung von 95,8 % am Kapital der PropCo, sodass wiederum der Tatbestand des § 1 Abs. 3a S. 1 GrEStG erfüllt ist und § 6a GrEStG anwendbar bleibt.

[34] Hierzu gehört auch die Anwachsung, sodass ebenso der gesellschaftsrechtliche Austritt des Co-Investors aus der AcquiCo 2 und das dadurch hervorgerufene Erlöschen der AcquiCo 2 sowie das Anwachsen deren Vermögens (sprich der Beteiligung an der PropCo) an den letzten Gesellschafter begünstigt ist (*Arnold* BB 2013, 3031 (3036) m. w. N.).

37 Voraussetzung für die Anwendung des § 6a S. 1 GrEStG ist allerdings nach S. 3, dass an dem Rechtsvorgang ausschließlich ein herrschendes Unternehmern und ein oder mehrere von diesem herrschenden Unternehmen abhängige Gesellschaften beteiligt sind. Beteiligte Rechtsträger sind nur der übertragende Rechtsträger (AcquiCo 1) sowie der übernehmende Rechtsträger (AcquiCo 2), nicht jedoch deren Gesellschafter.[35] Als abhängig gilt eine Gesellschaft gemäß S. 4, an deren Kapital oder Gesellschaftsvermögen das herrschende Unternehmen innerhalb von fünf Jahren vor dem Rechtsvorgang und fünf Jahre nach dem Rechtsvorgang unmittelbar oder mittelbar oder teils unmittelbar, teils mittelbar zu mindestens 95 % ununterbrochen beteiligt ist.

38 **Herrschendes Unternehmen** kann eine natürliche oder juristische Person oder eine Personengesellschaft sein. Nach Auffassung der Finanzverwaltung muss das herrschende Unternehmen allerdings die Unternehmereigenschaft des § 2 UStG erfüllen, mithin eine gewerbliche oder berufliche Tätigkeit selbständig ausüben und nachhaltig zur Erzielung von Einnahmen tätig sein.[36] In der vorliegend gegebenen Struktur ist der Käufer das herrschende Unternehmen, weil es der oberste Rechtsträger in der Struktur ist, der die Mindestbeteiligung von 95 % an sämtlichen nachgeordneten Einheiten und annahmegemäß die Unternehmereigenschaft im umsatzsteuerlichen Sinn erfüllt.[37] HoldCo, AcquiCo 1 und AcquiCo 2 sind abhängige Gesellschaften, da jeweils während eines Zeitraums von fünf Jahren vor und nach der Verschmelzung eine Mindestbeteiligung von 95 % des herrschenden Unternehmens (Käufer) besteht.[38] Unerheblich ist, dass mit dem Verschmelzungsvorgang AcquiCo 2 nach § 20 Abs. 1 Nr. 2 UmwG erlischt, eine Beteiligung an AcquiCo 2 mithin nicht mehr fortgeführt wird, sofern lediglich die übernehmende abhängige Gesellschaft fünf Jahre fortbesteht und an ihr eine Mindestbeteiligung von 95 % existiert.[39] Die anschließend folgende Verschmelzung der AcquiCo 1 auf die HoldCo und das Erlöschen der AcquiCo 1 soll im Rahmen einer sog. Kettenumwandlung unschädlich sein, sofern zumindest eine Mindestbeteiligung von 95 % eines herrschenden Unternehmens an einer am Umwandlungsvorgang als aufnehmender Rechtsträger beteiligter abhängiger Gesellschaft besteht. Dies ist vorliegend der Fall, da der Käufer weiterhin an der HoldCo beteiligt ist, sodass die Verschmelzung insgesamt nach § 6a S. 1 GrEStG steuerfrei erfolgen kann.

39 Unerheblich für die **Nachbehaltefrist** ist es, wenn Anteile an Gesellschaften, die übertragenden bzw. übernehmenden Rechtsträgern nachgeordnet sind, veräußert werden.[40] So sollte es demnach möglich sein, dass die Beteili-

---

[35] *Arnold* BB 2013, 3031 (3033).
[36] Gl. Ländererlasse 19.6.2012, BStBl. I 2012, 662.
[37] Sofern der Käufer eine reine Finanzholding ist und keinerlei unternehmerische Tätigkeit entwickelt (BFH 11.12.2013 – XI R 38/12, BStBl. II 2014, 428), ist zu überlegen, ob durch Implementierung einer Führungsholding eine entsprechende Unternehmereigenschaft begründet werden kann.
[38] Maßgeblich ist der Zeitpunkt der Verwirklichung des Erwerbsvorgangs. Bei einer Verschmelzung wird der Tatbestand des § 1 Abs. 3 Nr. 2 GrEStG mit Eintragung ins Handelsregister der AcquiCo 1 erfüllt (§ 20 Abs. 1 Nr. 1 UmwG).
[39] Gl. Ländererlasse 19.6.2012, BStBl. I 2012, 662.
[40] Gl. Ländererlasse 19.6.2012, BStBl. I 2012, 662.

gung an der PropCo während der Nachbehaltefrist veräußert wird, sofern die übrige Struktur zwischen HoldCo und dem Käufer aufrechterhalten wird. Dazu sollte die Veräußerung des Grundstücks durch die PropCo selbst ebenfalls unschädlich sein, sodass trotz extensiver Behaltefristen von insgesamt zehn Jahren attraktive Exitvarianten zur Verfügung stehen.

Die **anschließende Verschmelzung** von AcquiCo 1 auf HoldCo ohne die Gewährung einer Beteiligung an den Co-Investor[41] führt zu einer weiteren Verkürzung der Beteiligungskette, wodurch § 1 Abs. 3 Nr. 2 GrEStG erfüllt wird, da sich erstmals 100 % der Anteile der grundstückshaltenden PropCo in der Hand der HoldCo vereinen. Der Vorgang unterliegt auch der Besteuerung und stellt keine unwesentliche Verstärkung der Beteiligung der HoldCo dar,[42] da die Anteile an der PropCo zuvor noch nicht bei der HoldCo vereinigt waren. Anders wäre es, wenn die 95prozentige Beteiligungsgrenze des § 1 Abs. 3 GrEStG bereits zuvor überschritten wäre – etwa wenn AcquiCo 1 eine Kapitalgesellschaft wäre[43] oder HoldCo sämtliche Anteile an der Gesamthand der AcquiCo 1 zuzurechnen wären. Auch bei dieser Verschmelzung sollte jedoch die Anforderungen an die Steuerfreiheit des § 6a GrEStG erfüllt sein,[44] sodass der Vorgang von der GrESt befreit sein sollte. Problematisch könnte hier allerdings sein, dass dem Co-Investor keine Anteile am übernehmenden Rechtsträger, der HoldCo zukommen.

40

Daneben **scheidet eine Steuerbarkeit nach § 1 Abs. 3a S. 1 GrEStG aus.** Zum einen hat die HoldCo nicht erstmals eine wirtschaftliche Beteiligung von zumindest 95 % der Anteile an der grundstückshaltenden PropCo inne, da die HoldCo bereits durch den vorangegangenen Umwandlungsvorgang einen steuerbaren Anteilserwerb vollzog[45] und eine Verstärkung der wirtschaftlichen Beteiligung von 97 % auf 100 % zumindest nach hier vertretener Auffassung unter Hinweis auf die Rechtsprechung des BFH zu § 1 Abs. 3 GrEStG[46] keinen steuerbaren Vorgang darstellt.[47] In jedem Fall scheidet jedoch bereits der Anwendungsbereich des § 1 Abs. 3a S. 1 GrEStG aus, da die Verschmelzung schon nach dem insoweit vorrangigen Abs. 3 steuerbar ist. Unerheblich ist, dass hierfür die Steuerbefreiung des § 6a S. 1 GrEStG gewährt wird, da es für die Anwendung des § 1 Abs. 3a GrEStG allein auf die mangelnde Steuerbarkeit der vorrangigen Normen und nicht auf die tatsächliche Steuererhebung ankommt.[48]

41

---

[41] Eine Übertragung von Mitgliedschaftsrechten an der HoldCo auf den Co-Investor sollte wiederum nicht notwendig sein (*Arnold* BB 2013, 3031 (3038)). Alternativ können dem Co-Investor weniger als 5 % der Anteile an der HoldCo angeboten werden, welche dieser anschließend an den Käufer veräußert. Da durch die Verschmelzung bereits eine Anteilsvereinigung i. S. d. § 1 Abs. 3 Nr. 2 GrEStG vorliegt, sollte diese Übertragung nicht zur erneuten Besteuerung führen.
[42] BFH 20.10.1993 – II R 116/90, BStBl. II 1994, 121.
[43] In diesem Fall gälte die Pro-Kopf-Betrachtung für Personengesellschaften nicht, sodass der HoldCo 95 % der Anteile der AcquiCo 1 zuzurechnen wären.
[44] → Rn. 36 ff.
[45] → Rn. 35.
[46] BFH 20.10.1993 – II R 116/90, BStBl. II 1994, 121.
[47] → § 5 Rn. 64.
[48] Gl. Ländererlasse 9.10.2013, BStBl. I 2013, 1364.

§ 17 42, 43

42 M. E. stellt die dargestellte Erwerbsstruktur **keinen Missbrauch einer rechtlichen Gestaltungsmöglichkeit** i. S. d. § 42 AO dar. Der Gesetzgeber hat mit § 6a GrEStG die Parameter einer von der GrESt befreiten Umstrukturierung eng umgrenzt. Soweit sich der Steuerpflichtige ohne weitere aggressive Varianten an den Wortlaut der Norm sowie die dazugehörige Verwaltungsauffassung hält, besteht kein Raum für eine fiskalische Missbilligung.[49] Insbesondere stellen § 1 Abs. 3 und Abs. 3a GrEStG bereits spezielle Missbrauchsvermeidungsnormen dar, die nicht über die geregelten Sachverhalte hinaus einer extensiven Interpretation zugänglich sind.

V. Verringerung der Bemessungsgrundlage durch Hive-down

43 Alternativ zu einer gänzlich steuervermeidenden Akquisitionsstruktur ist auch lediglich eine **Herabsetzung der Bemessungsgrundlage durch einen Hive-down** der Immobilie denkbar. Der Vorteil besteht insbesondere darin, dass die dargestellte Struktur grds. stets ohne Einschränkungen durchführbar ist. Die Herabsetzung der Bemessungsgrundlage wird erreicht, indem für die steuerbare Transaktion nicht der Kaufpreis, sondern der Bedarfswert der Immobilie i. S. d. § 138 Abs. 2 bis 4 BewG herangezogen wird, was etwa bei Erwerbsvorgängen gemäß § 1 Abs. 2a S. 1 GrEStG der Fall ist. Es ist jedoch zu beachten, dass das BVerfG mit seinen Beschlüssen vom 23.6.2015[50] entschied, dass die **Ermittlung der Ersatzbemessungsgrundlage** des § 8 Abs. 2 GrEStG i. V. m. §§ 138 ff. BewG **gegen Art. 3 Abs. 1 GG verstößt** und rückwirkend ab dem 1.1.2009 nicht mehr anzuwenden ist. Vor diesem Hintergrund kann derzeit nicht prognostiziert werden, wie der Gesetzgeber zukünftig eine Ermittlung der Bemessungsgrundlage in den in § 8 Abs. 2 GrEStG genannten Fällen vorsieht. Sofern diese Ermittlung aber für den Steuerpflichtigen günstiger ausfällt als die Heranziehung des Immobilienkaufpreises, könnte sich folgende Akquisitionsstruktur anbieten:

(s. Skizze auf der nächsten Seite)

---

[49] *Arnold* BB 2013, 3031 (3036).
[50] BVerfG 23.6.2015 – 1 BvL 13/11, 1 BvL 14/11, DStR 2015, 1678.

§ 17 Besonderheiten einzelner Exitstrukturen 44, 45 § 17

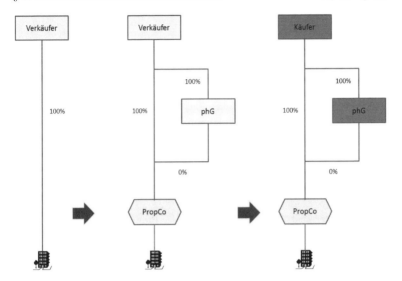

1. Transaktionsstruktur

Die Immobilie wird initial von dem Verkäufer gehalten. In einem ersten **44** Schritt gründet der Verkäufer eine **Kommanditgesellschaft,** an deren Vermögen er als Kommanditist zu 100% beteiligt ist (PropCo).[51] Als Komplementär der PropCo ohne Beteiligung am Vermögen dient eine ebenfalls von dem Verkäufer gegründete Kapitalgesellschaft (phG). Anschließend bringt der Verkäufer entweder die Immobilie aufgrund einer im Gesellschaftsvertrag vereinbarten Sacheinlageverpflichtung in die PropCo ein oder übereignet diese aufgrund eines zwischen dem Verkäufer und der PropCo abgeschlossenen Grundstückskaufvertrags. Zuletzt erwirbt der Käufer die gesamte Beteiligung an der PropCo sowie den phG.

2. Steuerliche Folgen

Die Gründung der PropCo durch den Verkäufer löst **keine grunder-** **45** **werbsteuerlichen Folgen** aus.[52] Hingegen unterliegt die Übertragung der Immobilie auf die PropCo nach § 1 Abs. 1 Nr. 2 GrEStG der GrESt, wenn der Verkäufer seiner Einlageverpflichtung durch Einbringung der Immobilie als Leistung an Erfüllung statt nachkommt, bzw. nach § 1 Abs. 1 Nr. 1 GrEStG, wenn der Verkäufer mit der PropCo einen entsprechenden Grundstückskaufvertrag abgeschlossen hat.

---

[51] Alternativ kommt ebenso jede andere Gesamthand in Betracht, an welcher der Verkäufer über einen möglichst hohen Anteil am Gesellschaftsvermögen verfügt.

[52] Da die Immobilie sowohl aus einkommen- wie auch aus körperschaftsteuerlicher Sicht im Falle einer vermögensverwaltenden Personengesellschaft gemäß § 39 Abs. 2 Nr. 2 AO weiterhin dem Verkäufer zugerechnet wird (→ § 7 Rn. 98), ergeben sich aus dem Hivedown keine ertragsteuerlichen Konsequenzen. Etwas anderes mag in Bezug auf die Gewerbesteuer gelten, da der Verkauf der Kommanditbeteiligung nicht der erweiterten Kürzung unterliegt (→ § 16 Rn. 33).

Demleitner

46 Die Steuer wird in jedem Fall für die Übertragung der Immobilie auf die PropCo gemäß § 5 Abs. 2 GrEStG **insgesamt nicht erhoben,** da der Verkäufer zu 100 % am Vermögen der PropCo beteiligt ist. Soweit der Verkäufer nur zu einem geringeren Anteil an dieser partizipiert, kommt auch nur eine anteilige Steuerbefreiung in Betracht. Ein Engagement über eine Kapitalgesellschaft wird hierbei nicht berücksichtigt, da einem Gesellschafter einer Kapitalgesellschaft keine gesamthänderische Mitberechtigung an der von dieser gehaltenen Personengesellschaft zukommt.[53]

47 Durch die **Übertragung des einzigen Kommanditanteils** an der PropCo auf den Käufer wird die Steuerbefreiung des § 5 Abs. 2 GrEStG rückwirkend gemäß § 5 Abs. 3 GrEStG versagt, da sich der Anteil des Verkäufers an der Gesamthand innerhalb von fünf Jahren nach dem Übergang an die PropCo verringert.

48 Gleichzeitig werden durch den **Erwerb des einzigen Kommanditanteils** 100 % der Beteiligung am Vermögen der PropCo auf einen neuen Gesellschafter übertragen, sodass der Vorgang daneben gemäß § 1 Abs. 2a S. 1 GrEStG der Besteuerung unterliegt. Unerheblich ist hierbei, dass die Übertragung der Beteiligung bereits zu einer Versagung der Steuerbefreiung nach § 5 Abs. 3 GrEStG führt.[54]

49 Im Rahmen der **Ermittlung der Bemessungsgrundlage des nach § 1 Abs. 2a S. 1 GrEStG** steuerbaren Tatbestands[55] ist nach § 1 Abs. 2a S. 3 GrEStG die Bemessungsgrundlage für den befreiten Übertragungsvorgang auf die Gesamthand anzurechnen. Bei einer Übertragung des Kommanditanteils an der PropCo in engem zeitlichen Zusammenhang mit der zuvor erfolgten Einbringung des Grundstücks stimmen die Bemessungsgrundlagen für beide Besteuerungsvorgänge überein, sodass im Ergebnis nur der vorangegangene Einbringungsvorgang besteuert wird. Gleiches gilt im Ergebnis im Falle des vorangegangenen Grundstückserwerbs nach § 1 Abs. 1 Nr. 1 GrEStG bei Vereinbarung eines entsprechenden Kaufpreises. Ein Erwerb der PropCo durch den Käufer kann allerdings erst erfolgen, wenn der PropCo das Grundstück für grunderwerbsteuerliche Zwecke zuzurechnen ist. Hierbei ist zivilrechtliches Eigentum nicht zwingend erforderlich. Ausreichend ist bereits, dass die PropCo den Tatbestand des § 1 Abs. 1 Nr. 1 GrEStG erfüllt hat. Für den Fall der Steuerbarkeit nach § 1 Abs. 1 Nr. 2 GrEStG ist hingegen die Eintragung des Eigentumswechsels im Grundbuch erforderlich.

50 Nach Auffassung der Finanzverwaltung wird in der dargestellten Transaktion jedoch nur einmal GrESt erhoben. Sofern der nach § 1 Abs. 2a S. 1 GrEStG steuerbare Gesellschafterwechsel in einem Schritt ohne die Anrechnung nach § 1 Abs. 2a S. 3 GrEStG erfolgt, soll die zuvor gemäß § 5 Abs. 2 GrEStG gewährte Steuerbefreiung nicht mehr rückgängig gemacht, sondern stattdessen allein der Gesellschafterwechsel nach § 1 Abs. 2a S. 1 GrEStG besteuert wer-

---

[53] Pahlke/Franz *Franz* GrEStG § 5 Rn. 12.
[54] Der Beteiligungserwerb unterliegt damit nicht zweimal der GrESt, da die Übertragung der Immobilie an die PropCo als steuerbarer Vorgang gilt und der Beteiligungserwerb lediglich zur Rückgängigmachung der Steuerbefreiung führt.
[55] Bedarfswert nach § 8 Abs. 2 S. 1 Nr. 3 GrEStG i. V. m. § 138 Abs. 2 bis 4 BewG bzw. des zukünftig vom Gesetzgeber vorgesehenen Werts.

den, ohne dass eine Anrechnung der Bemessungsgrundlage nach § 1 Abs. 2a S. 3 GrEStG erfolgt.[56] Im Ergebnis unterliegt die Transaktion damit auch nach Auffassung der Finanzverwaltung nur ein einziges Mal der GrESt.

Darüber hinaus erfüllt die **Übertragung des einzigen Kommanditanteils** sowie der Beteiligung an dem phG auf den Käufer auch den Tatbestand der Anteilsvereinigung i. S. d. § 1 Abs. 3 Nr. 1 GrEStG. Allerdings ist die Norm subsidiär zu den ebenfalls einschlägigen § 1 Abs. 2a S. 1 GrEStG mit der Folge, dass keine erneute Besteuerung erfolgt. 51

Sowohl für den Einbringungsvorgang i. S. d. § 1 Abs. 1 Nr. 2 GrEStG als auch für die Übertragung des Kommanditanteils nach § 1 Abs. 2a S. 1 GrEStG ist zur **Ermittlung der Bemessungsgrundlage** – zumindest nach bisheriger Rechtslage – gemäß § 8 Abs. 2 S. 1 Nr. 1 bzw. Nr. 3 GrEStG der nach § 138 Abs. 2 bis 4 BewG zu berechnende Bedarfswert der Immobilie und nicht der in der Regel höhere Kaufpreis heranzuziehen. Der Bedarfswert beträgt nach § 146 BewG grds. das 12,5-fache der Jahresmiete abzüglich einer Alterswertminderung für das Gebäude.[57] Den hierdurch erzielten steuerlichen Vorteil verdeutlicht das nachfolgende Beispiel. 52

> **Beispiel:** 53
> Der Wert eines in Niedersachsen belegenen Grundstücks – und damit auch der Kaufpreis für den gesamten Kommanditanteil der PropCo – beträgt 120.000.000 Euro. Dieser errechnet sich durch die Anwendung eines Ankaufsfaktors von 15,0 auf die erzielte Jahresmiete von 8.000.000 Euro. Bei einem unmittelbaren Verkauf des Grundstücks im Wege eines Asset Deals würde dieser Betrag als Immobilienkaufpreis angesetzt werden. Das Gebäude wurde vier Jahre vor der Übertragung bezugsfertig erstellt und weist keinen Leerstand auf.
> Die Bemessungsgrundlage (Bedarfswert) für die nach § 1 Abs. 2a S. 1 GrEStG steuerbare Transaktion ermittelt sich aus dem 12,5-fachen der erzielten Jahresmiete (100.000.000 Euro = 12,5 × 8.000.000 Euro) abzüglich einer Alterswertminderung von 0,5 % des Wertes i. S. d. § 146 Abs. 2 BewG für jedes seit der Bezugsfertigkeit vergangene volle Jahr (2 % = 4 Jahre × 0,5 %) und beträgt damit 98.000.000 Euro. Daraus ergibt sich bei Anwendung des Steuersatzes von 5 % eine Steuer von 4.900.000 Euro. Hätte der Käufer das Grundstück unmittelbar im Wege eines Asset Deals erworben, beträge die GrESt 6.000.000 Euro (120.000.000 × 5 %). Die Steuerersparnis von 1.100.000 Euro folgt damit aus der niedrigeren Bemessungsgrundlage durch Heranziehung des Bedarfswerts der Immobilie anstatt des Kaufpreises und fällt dementsprechend umso höher aus, je höher der Ankaufsfaktor ist.

Wie bereits ausgeführt (→ Rn. 43) hat das BVerfG[58] die Ermittlung der Bemessungsgrundlage unter Heranziehung des Bedarfswertes als verfassungswidrig eingestuft. Es bleibt abzuwarten, wie der Gesetzgeber hierauf reagiert und ob eine bzw. welche Steuerersparnis von der dargestellten Struktur verbleibt.[59] 54

---

[56] Gl. Ländererlasse 18.2.2014, BStBl. I 2014, 561.
[57] → § 5 Rn. 104.
[58] BVerfG 23.6.2015 – 1 BvL 13/11, 1 BvL 14/11, DStR 2016, 1678.
[59] Vorlagebeschluss BFH 2.3.2011 – II R 23/10, BStBl. II 2011, 932 zu BVerfG 1 BvL 13/11.

VI. Erwerb durch Neuauflage eines Sondervermögens

55 Sofern Verkäufer des Grundstücks eine **Kapitalverwaltungsgesellschaft** i. S. d. § 17 Abs. 1 S. 1 KAGB (KVG) ist, kann der Erwerber statt das zivilrechtliche Eigentum an der Immobilie zu erwerben den Verkäufer mit der Neuauflage eines Sondervermögens beauftragen. Damit bleibt der Verkäufer weiterhin Eigentümer der Immobilie, sprich die KVG, würde diese aber nunmehr für Rechnung des vom Erwerber initiierten Sondervermögens halten. Eine entsprechende Akquisitionsstruktur stellt sich wie folgt dar:

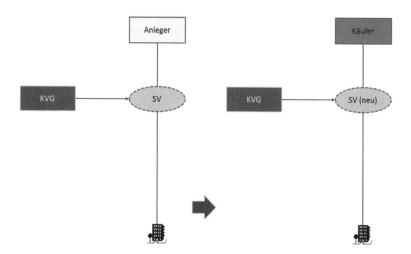

1. Transaktionsstruktur

56 Trotz eigener **Subjektfähigkeit des Sondervermögens** (SV) für Zwecke der Körperschaft- sowie der Gewerbesteuer gemäß § 11 Abs. 1 S. 1 InvStG ist bei sog. Treuhandfonds nach § 92 Abs. 1 S. 1 Alt. 1 KAGB zivilrechtlicher Eigentümer des Grundstücks allein die KVG. Diese hält gemäß § 92 Abs. 1 S. 2 bzw. Abs. 3 S. 2 KAGB die zum Sondervermögen gehörenden Wirtschaftsgüter getrennt von ihrem eigenen Vermögen und dem der weiteren von ihr verwalteten Sondervermögen sowie ausschließlich auf Rechnung und im wirtschaftlichen Interesse der Anleger (§ 1 Abs. 10 KAGB). Soweit der Käufer die KVG mit der Auflage eines neuen Sondervermögens beauftragt, bedarf es keiner zivilrechtlichen Übertragung der Immobilie. Durch Abschluss entsprechender Treuhandaufträge wird lediglich sichergestellt, dass das gegenständliche Grundstück nach Abschluss der Transaktion nicht mehr einen Teil des bisherigen, sondern des neu initiierten Sondervermögens bildet, dessen Anleger der Käufer ist. Die Erträge der Immobilie fließen damit allein dem Käufer zu.

> **Praxishinweis:** 57
> Soweit ein sog. **Miteigentumsfonds** vorliegt, m.a.W. nach § 92 Abs. 1 S. 1 Alt. 2 KAGB die Wirtschaftsgüter im Miteigentum der Anleger gehalten werden und der KVG als externer Dienstleister lediglich eine reine Verwaltungsbefugnis zukommt, scheidet die dargestellte Möglichkeit zur Steuerersparnis aus, da die Immobilie zivilrechtlich übertragen werden muss.

2. Steuerliche Folgen

Da weder das zivilrechtliche Eigentum an der Immobilie übertragen wird noch eine Änderung im Gesellschafterbestand des Grundstückseigentümers erfolgt, **scheidet eine Besteuerung nach § 1 Abs. 1 bzw. Abs. 2a, 3 oder 3a GrEStG aus.** Letzterer gelangt auch nicht durch die Implementierung einer „wirtschaftlichen Beteiligung" i.S.d. § 1 Abs. 3a S. 2 GrEStG zur Anwendung. Diese wird explizit als Summe der unmittelbaren und mittelbaren Beteiligungen am Kapital oder am Vermögen einer Gesellschaft definiert. Anleger sind jedoch nicht am Kapital der KVG beteiligt; zudem stellt das Sondervermögen selbst – trotz der ertragsteuerlichen Subjekteigenschaft – weder eine Gesellschaft noch einen Rechtsträger i.S.d. GrEStG dar.[60] Eine wirtschaftliche Beteiligung daran scheidet somit aus. 58

Dagegen kann die **Übertragung einer Beteiligung an der KVG nach § 1 Abs. 3 oder 3a GrEStG** der Besteuerung unterliegen, wenn deren Anteile vereinigt bzw. vereinigt übertragen werden oder ein Gesellschafter erstmals eine hinreichende wirtschaftliche Beteiligung innehat.[61] Im Umkehrschluss unterliegen Übertragungen der Anteilsscheine am Sondervermögen[62] oder die Bildung eines neuen Sondervermögens nicht der GrESt. 59

Gleiches gilt für § 1 Abs. 2 GrEStG, da es durch die Neuauflage des Sondervermögens bzw. die Übertragung der Immobilie in das neue Sondervermögen dem Erwerber weder rechtlich noch wirtschaftlich möglich ist, das Grundstück auf eigene Rechnung zu verwerten.[63] Allein verfügungsbefugt bleibt hingegen gemäß § 93 Abs. 1 KAGB immer die KVG. 60

3. Regulatorische Anforderungen

Daneben unterliegt die **Verwaltung eines Sondervermögens durch eine KVG** diversen zu beachtenden regulatorischen Anforderungen des KAGB. Deren Komplexität sowie der damit einhergehende administrative Aufwand richtet sich im Wesentlichen nach der Zielinvestorengruppe (juristische Personen und Personengesellschaften oder natürliche Personen als Anleger), m.a.W. ob ein Spezial- oder ein Publikums-Sondervermögen i.S.d. § 1 Abs. 6 S. 1 bzw. § 1 Abs. 6 S. 2 KAGB vorliegt. In jedem Fall muss das Sondervermögen gemäß § 214 KAGB eine ausreichende Risikodiversifikation aufweisen, sprich in mindestens drei Objekte mit unterschiedlicher Risikoka- 61

---

[60] BFH 29.9.2014 – II R 14/02, BStBl. II 2005, 148; so auch Pahlke/Franz *Pahlke* GrEStG § 1 Rn. 325; a. A. *Hoffmann* BB 2001, 757 (760).
[61] BFH 29.9.2004 – II R 14/02, BStBl. II 2005, 148.
[62] *Kroschewski/Reiche* IStR 2006, 730 (732) m. w. N.
[63] *Kroschewski/Reiche* IStR 2006, 730 (732) m. w. N.

tegorie investiert sein. Weitere Anforderungen bestehen u.a. in der regelmäßigen Bewertung der gehaltenen Immobilien sowie der zwingenden Beauftragung einer Verwahrstelle nach § 80 Abs. 1 S. 1 KAGB. In jedem Fall sind die dadurch hervorgerufenen jährlichen Kosten einer möglichen Grunderwerbsteuerersparnis gegenüberzustellen.

B. Umwandlungen

Im Wirtschaftsleben werden häufig **Umwandlungen** durchgeführt, von denen sich die beteiligten Entscheidungsträger aus wirtschaftlichen, rechtlichen, steuerlichen oder sonstigen Gründen bestimmte Vorteile versprechen. Eine Umwandlung kann dabei auch als Exitstruktur ausgestaltet sein, d.h. durch eine Umwandlung bzw. im Zuge einer Umwandlung können neue Personen an einer Gesellschaft beteiligt werden, so dass insofern eine (Teil-) Veräußerung gegeben sein kann.

62   Auch eine **Immobiliengesellschaft** kann als rechtlich selbstständiger Rechtsträger (selbstverständlich) in eine solche Umwandlung involviert sein. Die Komplexität der Beurteilung der steuerlichen Konsequenzen derartiger Umwandlungen besteht insbesondere darin, dass derartige Umwandlungen nicht nur ertragsteuerliche Folgen haben können, sondern auch wesentliche Grunderwerbsteuerlasten auslösen können.

63   In diesem Kapitel sollen daher die **inländischen**[64] **ertragsteuerlichen und grunderwerbsteuerlichen Folgen** dargestellt werden, die in diesen Fällen eintreten können, wobei unterstellt wird, dass weder die Immobiliengesellschaft, noch ihre Gesellschafter, noch das von ihr gehaltene Vermögen in den Anwendungsbereich des REITG oder InvStG fallen. Dabei beschränken sich die Ausführungen auf Umwandlungen im Sinne des UmwG (mit Ausnahme der in der Praxis weniger relevanten Vermögensübertragung i.S.d. § 174 UmwG). Auf Anwachsungen i.S.d. § 738 BGB,[65] die ebenfalls eine häufig genutzte Variante zur Umwandlung von Immobilien-Personengesellschaften sind, und andere denkbare Umwandlungsarten (z.B. im Wege der Einzelrechtsnachfolge) wird in diesem Kapitel nicht eingegangen.

64   Zur Komplexitätsreduktion wird bei den folgenden Ausführungen stets davon ausgegangen, dass im Rahmen der beschriebenen Umwandlungen **jeweils proportionale Kapitalerhöhungen** durchgeführt werden, so dass insoweit infolge der Umwandlung keine Vermögens-/Wertverschiebungen zwischen den verschiedenen Gesellschaftern ausgelöst werden.[66] Ferner wird bei den beschriebenen Umwandlungsarten grundsätzlich unterstellt, dass je-

---

[64] Es wird unterstellt, dass sowohl die Immobiliengesellschaft selbst als auch ihre Gesellschafter als auch ihr Vermögen (d.h. die Immobilien) in Deutschland ansässig bzw. belegen sind, so dass mögliche steuerliche Folgen außerhalb der Bundesrepublik Deutschland ausgeblendet bleiben.

[65] Zur Darstellung der Besteuerungsfolgen einer Anwachsung vgl. *Breiteneicher* DStR 2004, 1405, *Ege/Klett* DStR 2010, 246, *Orth* DStR 1999, 1011, *Ropohl/Freck* GmbHR 2009, 1076 und *Suchanek/Herbst* Ubg 2008, 669.

[66] Vgl. zu dieser Thematik auch *Füger/Rieger*, Verdeckte Einlage und verdeckte Gewinnausschüttung bei Umwandlungen – ein Problemabriss anhand typischer Fälle, in Festschrift Widmann S. 287 ff.

weils Gesellschafteridentität bei dem übertragenden und dem übernehmenden Rechtsträger besteht, so dass auch insoweit keine Vermögensverschiebung zwischen verschiedenen Gesellschaftern erfolgt.[67]

Auf Grund der Komplexität, der Vielschichtigkeit der Thematik sowie angesichts der hohen Zahl der verschiedenen denkbaren Umwandlungsfälle erheben die folgenden Ausführungen nicht den Anspruch auf eine allumfassende und detaillierte Darstellung der Rechtslage und der jeweiligen steuerlichen Folgen. Dieses Kapitel soll dem Leser vielmehr einen **ersten Einstieg in die relevanten Fragestellungen und einen Überblick über die jeweils anwendbaren Rechtsnormen** bieten. Die konkreten Steuerfolgen hängen dabei stets von den besonderen Umständen des betroffenen Steuerpflichtigen ab und sollten gesondert untersucht werden. Daher wird im Folgenden auch nicht im Einzelnen auf bestehende ertragsteuerliche Pflichten[68] eingegangen, sondern lediglich dargelegt, ob bzw. in welchen Fällen die in den Immobilien schlummernden stillen Reserven im Zuge der Umwandlungen aufzudecken sind bzw. Grunderwerbsteuer anfällt.

I. Zivilrechtliche Grundlagen des UmwG

Einleitend wird sehr kurz auf die zivilrechtlichen Grundlagen der in diesem Kapitel adressierten Umwandlungsarten eingegangen.

– **Formwechsel.** Eine Immobiliengesellschaft in einer bestimmten Rechtsform (z. B. KG) kann formgewechselt werden und dadurch eine andere Rechtsform (z. B. GmbH) annehmen.[69] Es handelt sich dabei um eine Umwandlung ohne Vermögensübertragung (d. h. auch ohne Übertragung der von der Gesellschaft gehaltenen Immobilie) unter Beteiligung nur eines Rechtsträgers, der im Zuge des Formwechsels identitätswahrend eine andere Rechtsform erhält.

– **Verschmelzung.** Eine Immobiliengesellschaft (z. B. in der Rechtsform der KG) kann sowohl als übertragender Rechtsträger als auch als übernehmender Rechtsträger an einer Verschmelzung beteiligt sein.[70] Dabei kann diese KG mit verschiedenen Rechtsträgern (z. B. GmbH) verschmolzen werden. Die Verschmelzung ist eine Umwandlung mit Gesamtrechtsnachfolge, bei der der übertragende Rechtsträger aufgelöst wird, indem er sein gesamtes Vermögen (inklusive der von der Gesellschaft gehaltenen Immobilie) auf einen übernehmenden Rechtsträger überträgt.

– **Spaltung.** Auch an einer Spaltung kann eine Immobiliengesellschaft sowohl als übertragender Rechtsträger als auch als übernehmender Rechts-

---

[67] Bei der Ausgliederung werden die Anteile am übernehmenden Rechtsträger dem übertragenden Rechtsträger gewährt, so dass auch insoweit die Gesellschafter des übertragenen Rechtsträgers nicht entreichert werden.

[68] Zum Beispiel sollte jeweils im Einzelfall geprüft werden, ob ein aus der Umwandlung entstehender Übertragungsgewinn unter die gewerbesteuerliche erweiterte Grundbesitzkürzung bei Grundstücksunternehmen i. S. d. § 9 Nr. 1 GewStG fallen kann. Vgl. dazu auch im Einzelnen → § 7 Rn. 64 ff.

[69] Vgl. im Einzelnen Fünftes Buch (§§ 190–312) des UmwG für die verschiedenen möglichen Formwechselvarianten.

[70] Vgl. im Einzelnen Zweites Buch (§§ 2–122l) des UmwG für die verschiedenen möglichen Verschmelzungsvarianten.

träger beteiligt sein.[71] Die Spaltung (in ihren Unterformen der Aufspaltung, Abspaltung bzw. Ausgliederung) ist eine Umwandlung mit (partieller) Gesamtrechtsnachfolge, bei der der übertragende Rechtsträger (neben der oHG/KG kommen hier insbesondere Kapitalgesellschaften, eG, eV und Einzelkaufleute in Betracht) Teile seines Vermögens auf mindestens einen übernehmenden Rechtsträger (neben der oHG/KG kommen hier insbesondere Kapitalgesellschaften, eG und eV in Betracht; nicht jedoch Einzelkaufleute) überträgt.

Bei der **Aufspaltung** wird der übertragende Rechtsträger im Zuge der Umwandlung aufgelöst und sein Vermögen (inklusive der von der Gesellschaft gehaltenen Immobilie) wird auf mindestens zwei übernehmende Rechtsträger übertragen, wobei die übernehmenden Rechtsträger neue Anteile an die Anteilsinhaber des übertragenden Rechtsträgers ausgeben.

Bei der **Abspaltung** bleibt der übertragende Rechtsträger im Zuge der Umwandlung bestehen; er überträgt Teile seines Vermögens (ggf. inklusive der von der Gesellschaft gehaltenen Immobilie) auf mindestens einen übernehmenden Rechtsträger, wobei dieser neue Anteile an die Anteilsinhaber des übertragenden Rechtsträger ausgibt.

Auch bei der **Ausgliederung** bleibt der übertragende Rechtsträger bestehen und überträgt Teile seines Vermögens auf mindestens einen übernehmenden Rechtsträger; der Unterschied zur Abspaltung besteht darin, dass der übernehmende Rechtsträger neue Anteile nicht an die Anteilsinhaber des übertragenden Rechtsträgers ausgibt, sondern an den übertragenden Rechtsträger selbst.

II. Formwechsel

1. Ertragsteuerrecht

67 Aus der Vielzahl der denkbaren Formwechselvarianten wird im Folgenden nur auf die sog. **„kreuzenden" Formwechsel**[72] eingegangen, da diese typischerweise eine besondere ertragsteuerliche Komplexität aufweisen. „Nicht kreuzende" Formwechsel, bei denen der formgewechselte Rechtsträger bzw. sein Vermögen vorher und nachher dem gleichen Besteuerungssystem (entweder als Personengesellschaft dem Transparenzprinzip oder als Kapitalgesellschaft dem Trennungs-/Dualitätsprinzip) unterliegen, werden im Folgenden nicht weiter dargestellt, wobei auch diese besondere ertragsteuerliche Konsequenzen haben können.[73]

---

[71] Vgl. im Einzelnen Drittes Buch (§§ 123–173) des UmwG für die verschiedenen möglichen Spaltungsvarianten.

[72] Als kreuzende Umwandlungen werden Umwandlungen bezeichnet, infolge deren der umgewandelte Rechtsträger bzw. sein Vermögen vom Besteuerungssystem für Personengesellschaften (Transparenzprinzip etc.) in das Besteuerungssystem für Körperschaften (Trennungs- oder Dualitätsprinzip etc.) oder umgekehrt wechseln. Als Beispiel lässt sich der Formwechsel einer oHG in eine GmbH (oder umgekehrt) nennen.

[73] Vgl. insbesondere zu Umwandlungen unter Beteiligung von vermögensverwaltenden Personengesellschaften, bei denen es zu einem „Statuswechsel" zu einer gewerblichen Tätigkeit (oder umgekehrt) kommen kann, Haase/Dorn/*Behrendt* Vermögensverwaltende Personengesellschaften, 129 ff.

a) Formwechsel einer Personengesellschaft in eine Kapitalgesellschaft

Hinsichtlich der **ertragsteuerlichen Konsequenzen des Formwechsels** 68 **einer Immobilien-Personengesellschaft in eine Kapitalgesellschaft** ist danach zu unterscheiden, ob die umzuwandelnde Immobilien-Personengesellschaft als vermögensverwaltend zu qualifizieren ist oder nicht. Eine vermögensverwaltende Gesellschaft erzielt aus ertragsteuerlicher Sicht Einkünfte aus Vermietung und Verpachtung i. S. d. § 21 EStG (bzw. Einkünfte aus Kapitalvermögen i. S. d. § 20 EStG); sie ist jedoch ertragsteuerlich vollkommen transparent (quasi nicht-existent), so dass diese Einkünfte unmittelbar ihren Gesellschaftern zugerechnet werden und die Immobilien-Gesellschaft selbst kein Betriebsvermögen hat.[74] Wird jedoch der Bereich der Vermögensverwaltung durch die Gesellschaft überschritten (z. B. im Falle der gewerblichen Vermietung) bzw. gilt die Gesellschaft aus anderen Gründen als gewerblich (z. B. im Falle der gewerblichen Prägung i. S. d. § 15 Abs. 3 Nr. 2 EStG), so erzielt die Immobilien-Gesellschaft gewerbliche Einkünfte iSd § 15 EStG und begründet eigenes Betriebsvermögen. Diese Unterscheidung wirkt sich auch auf die ertragsteuerlichen Folgen eines Formwechsels aus, wie im Folgenden dargestellt wird.[75]

aa) Vermögensverwaltende Personengesellschaft

Beim **Formwechsel einer vermögensverwaltenden Immobilien-Per-** 69 **sonengesellschaft in eine Kapitalgesellschaft** (z. B. GmbH), der zivilrechtlich ohne Vermögensübertragung (da identitätswahrend) erfolgt, wird für ertragsteuerliche Zwecke eine Vermögensübertragung fingiert. Das liegt daran, dass die Wirtschaftsgüter der vermögensverwaltenden Personengesellschaft vor dem Formwechsel nach § 39 Abs. 2 Nr. 2 AO ihren Gesellschaftern zuzurechnen sind, während sie nach dem Formwechsel Wirtschaftsgüter der aus dem Formwechsel entstandenen Kapitalgesellschaft sind. Insoweit wird der Formwechsel für ertragsteuerliche Zwecke so behandelt, als ob die Gesellschafter der vermögensverwaltenden Immobilien-Personengesellschaft ihre Wirtschaftsgüter (d. h. ihre Anteile an den von der Personengesellschaft gehaltenen Immobilien) auf die durch den Formwechsel entstehende Kapitalgesellschaft übertragen.

Die **(ertragsteuerlich fingierte) Übertragung der Immobilien** der 70 vermögensverwaltenden Personengesellschaft, die regelmäßig nicht als Betrieb oder Teilbetrieb i. S. d. UmwStG qualifizieren, auf die durch den Formwechsel entstehende Kapitalgesellschaft ist als offene Einlage (tauschähnlicher Vorgang) des Gesellschafters der vermögensverwaltenden Personengesellschaft durch § 6 Abs. 6 EStG gedeckt. Es liegt insoweit aus ertragsteuerlicher Sicht ein Tausch vor, bei dem der Gesellschafter der vermögensverwaltenden Personengesellschaft im Sinne der Bruchteilsbetrachtung des § 39 Abs. 2 Nr. 2 AO seine (als

---

[74] Vgl. dazu im Einzelnen und weitaus ausführlicher: Haase/Dorn/*Kemcke/Schäffer* Vermögensverwaltende Personengesellschaften, S. 47 ff.

[75] Vgl. zu Umwandlungen von vermögensverwaltenden Personengesellschaften als übertragende Rechtsträger: Haase/Dorn/*Behrendt*, Vermögensverwaltende Personengesellschaften, 129 ff.

übertragen geltenden) Wirtschaftsgüter gegen die im Gegenzug als Ergebnis des Formwechsels entstehende Beteiligung an der Kapitalgesellschaft tauscht. Nach § 6 Abs. 6 EStG bemessen sich die Anschaffungskosten der Beteiligung der Gesellschafter an der durch den Formwechsel entstandenen Kapitalgesellschaft nach dem gemeinen Wert des hingegebenen (fingiert übertragenen) Vermögens; es kommt insoweit also zu einer Aufdeckung der in dem übertragenen Vermögen enthaltenen stillen Reserven und zu entsprechenden steuerpflichtigen Einkünften des Gesellschafters der umgewandelten vermögensverwaltenden Personengesellschaft, soweit die betroffenen (als übertragen geltenden) Wirtschaftsgüter steuerlich verstrickt sind (d. h. entweder als Betriebsvermögen oder als Privatvermögen i. S. d. § 23 EStG). Soweit die als übertragen zu behandelnden Immobilien stille Reserven beinhalten und diese im Zuge der fiktiven Übertragung aufzudecken sind, können diese stillen Reserven auf Ebene der Gesellschafter der vermögensverwaltenden Personengesellschaft grundsätzlich nach Maßgabe des § 6b EStG (d. h. bei Erfüllung dessen Voraussetzungen) auf andere (angeschaffte oder hergestellte) Immobilien übertragen werden, um eine sofortige Besteuerung zu vermeiden.[76]

71 Die **(fiktive) Übertragung von Wirtschaftsgütern aus einem Betriebsvermögen eines Gesellschafters** auf die durch den Formwechsel entstehende Kapitalgesellschaft kann jedoch bei einer vermögensverwaltenden Zebragesellschaft aus Sicht ihres Gesellschafters auch als Einbringung eines Betriebs oder Teilbetriebs i. S. d. § 20 UmwStG zu werten sein. Dabei steht das Erfordernis der Einbringung eines Betriebs (also einer gewerblichen Einheit) bei einer Zebragesellschaft nicht im Widerspruch zu der originär vermögensverwaltenden Tätigkeit der Zebragesellschaft; denn aus Sicht ihres Gesellschafters kann auch diese vermögensverwaltende Tätigkeit nach herrschender Meinung als Betrieb oder Teilbetrieb i. S. d. UmwStG gelten.[77] Als Beispiel lässt sich eine Holding-Kapitalgesellschaft nennen, deren einzige Geschäftstätigkeit darin besteht, eine Beteiligung an einer vermögensverwaltenden Immobilien-Personengesellschaft zu halten; aus Sicht dieser Holding-Kapitalgesellschaft, deren Tätigkeit stets als gewerblich gilt,[78] ist diese Beteiligung ihr „Betrieb", der beim Formwechsel der vermögensverwaltenden Personengesellschaft in eine Kapitalgesellschaft als auf diese Kapitalgesellschaft übertragen gilt. Dies ergibt sich nach der hier vertretenen Meinung aus § 25 UmwStG, der für den Formwechsel einer (auch vermögensverwaltenden) Personengesellschaft in eine Kapitalgesellschaft die in §§ 20 bis 23 UmwStG geregelten Einbringungsgrundsätze für anwendbar erklärt.[79] Demnach kann

---

[76] Vgl. Schmidt/*Loschelder* EStG § 6b Rn. 28, der bestätigt, dass § 6b EStG auf tauschähnliche Vorgänge anzuwenden ist. Auch gemäß R/H/L/*Herlinghaus* UmwStG § 20, Rn. 206b ist die Einstellung eines Einbringungsgewinns in eine Rücklage iSd § 6b EStG (bei Erfüllung der in § 6b EStG genannten Voraussetzungen) selbst dann möglich, wenn die stillen Reserven nur teilweise aufgedeckt werden.

[77] Vgl. R/H/L/*Herlinghaus* UmwStG § 20 Rn. 30 und D/P/M/*Patt* UmwStG § 20 Rz. 28, a. A. nach Interpretation des Verfassers: Haase/Hruschka/*Hruschka*/*Hellmann* UmwStG, § 20 Rz. 44.

[78] § 8 Abs. 2 KStG.

[79] Vgl. R/H/L/*Rabback* UmwStG § 25 Rn. 45, wonach zutreffend danach zu differenzieren ist, ob die formgewechselte vermögensverwaltende Personengesellschaft, die keine Mit-

bei entsprechender Antragstellung eine (steuerpflichtige) Aufdeckung der in den übertragenen Wirtschaftsgütern enthaltenen stillen Reserven – und somit steuerpflichtige Einkünfte für den betreffenden Gesellschafter – (teilweise) vermieden werden, indem die übernehmende (aus dem Formwechsel entstehende) Kapitalgesellschaft gemäß § 20 Abs. 2 UmStG die übernommenen Wirtschaftsgüter mit ihrem Buchwert oder einem Zwischenwert (geringer als ihr gemeiner Wert) ansetzt. Voraussetzungen für diesen Buch- oder Zwischenwertansatz nach derzeitiger Rechtslage u. a. sind beim Formwechsel, dass **(1)** sichergestellt ist, dass das übernommene Vermögen später bei der übernehmenden Körperschaft der Besteuerung mit Körperschaftsteuer unterliegt und **(2)** das übernommene Betriebsvermögen kein negatives Kapital ausweist und **(3)** das Besteuerungsrecht der Bundesrepublik Deutschland hinsichtlich des eingebrachten Betriebsvermögens nicht ausgeschlossen oder beschränkt wird.[80] Die Ausgabe eines neuen Anteils an der übernehmenden Kapitalgesellschaft als weitere Voraussetzung für die Ertragsteuerneutralität der Einbringung wird bei einem Formwechsel einer Personengesellschaft in eine Kapitalgesellschaft typischerweise erfüllt, weil die aus dem Formwechsel neu entstehende Kapitalgesellschaft quasi „automatisch" einen neuen Anteil ausgibt. Nach derzeit geltender Rechtslage ist es für die Ertragsteuerneutralität des Formwechsels ebenfalls unschädlich, wenn dem Gesellschafter der aus dem Formwechsel neu entstehenden Kapitalgesellschaft im Zuge des Formwechsels neben dem neu ausgegebenen Anteil auch weitere Gegenleistungen (z. B. eine Darlehensforderung gegen die Kapitalgesellschaft) gewährt werden, solange der gemeine Wert der sonstigen Gegenleistung den Buchwert des eingebrachten Vermögens (d. h. des Betriebs der nach dem Formwechsel nicht mehr bestehenden Personengesellschaft) nicht übersteigt.[81]

Die **(teilweise) Ertragsteuerneutralität des Formwechsels** durch Ansatz eines Buch- oder Zwischenwerts iSd. § 20 Abs. 2 UmStG steht unter dem Vorbehalt einer siebenjährigen Sperrfrist bezogen auf die Anteile an der aus dem Formwechsel entstehenden Kapitalgesellschaft, die in § 22 Abs. 1 UmStG geregelt ist. Beispielsweise führt eine Veräußerung dieser Anteile innerhalb von sieben Jahren nach dem Formwechsel (rückwirkend auf den Zeitpunkt des Formwechsels)[82] zu steuerpflichtigen Einkünften des Einbringenden.[83]

---

unternehmerschaft ist, zumindest (aus Sicht ihres Gesellschafters) einen Betrieb – und mithin ein durch §§ 20, 25 UmStG begünstigtes Einbringungsobjekt – darstellt.
[80] Zu weiteren Voraussetzungen der Steuerneutralität des § 20 UmStG vgl. z. B. die Ausführungen von Haase/Hruschka/*Hruschka/Hellmann* UmStG § 20 Rn. 1 ff.
[81] Vgl. zu diesen Einbringungen mit Gewährung von sonstigen Gegenleistungen D/P/M/*Patt* UmStG § 20 Rn. 219 ff. Es wird derzeit diskutiert, ob die Gewährung von sonstigen Gegenleistungen bei gleichzeitiger Ertragsteuerneutralität eingeschränkt werden soll, da insoweit ein aus Sicht des Gesetzgebers ggf. nicht akzeptables Gestaltungspotenzial (Verkauf zum Buchwert) erkannt wird. Insoweit könnte es zu gesetzlichen Änderungen kommen, die es zu beachten gilt.
[82] § 25 Satz 1 i. V. m. § 22 Abs. 1 Satz 1 UmStG.
[83] Weitere Einzelheiten der komplexen Sperrfristregelung und der Besteuerung des ggf. entstehenden Einbringungsgewinns I i. S. d. § 22 Abs. 1 UmStG können an dieser Stelle nicht weiter problematisiert werden; es ist insoweit auf die einschlägige Literatur zum UmStG zu verweisen, beispielsweise auf Haase/Hruschka/*Wulff-Dohmen* UmStG § 22 Rn. 1 ff.

bb) Gewerbliche Personengesellschaft

73 Wie bereits unter → Rn. 72 ausgeführt, bestimmt § 25 UmwStG, dass für den **Formwechsel einer Personengesellschaft in eine Kapitalgesellschaft** die Einbringungsgrundsätze gemäß §§ 20 bis 23 UmwStG entsprechend anwendbar sind. Für den Formwechsel einer gewerblichen Immobilien-Personengesellschaft bedeutet dies, dass dieser ertragsteuerlich so behandelt wird, als ob die Gesellschafter (Mitunternehmer i.S.d. § 15 Abs. 1 Satz 1 Nr. 2 EStG) der gewerblichen Personengesellschaft ihre entsprechenden Mitunternehmeranteile in die durch den Formwechsel neu entstehende Kapitalgesellschaft einbringen. Dies gilt jedoch nur dann, wenn der gesamte Mitunternehmeranteil auf die neu entstehende Kapitalgesellschaft übertragen wird – dies wiederum erfordert, dass etwaig bestehendes (funktional wesentliches) Sonderbetriebsvermögen der gewerblichen Personengesellschaft im Zuge des Formwechsels durch einen separaten Rechtsakt ebenfalls auf die neu entstehende Kapitalgesellschaft übertragen wird. Wenn eine sachliche und wirtschaftliche (und idealerweise auch eine zeitliche) Verflechtung der Übertragung des Sonderbetriebsvermögens mit dem Formwechsel gegeben ist, ist insgesamt von einem einheitlichen Sacheinlagevorgang (in zwei Teilschritten) auszugehen, der von §§ 20 bis 23 UmwStG erfasst ist.[84] Wird das Sonderbetriebsvermögen dagegen jedoch nicht mit übertragen, so liegt insoweit kein von § 20 UmwStG abgedeckter Einbringungsvorgang (keine Übertragung eines gesamten Mitunternehmeranteils) vor, sondern eine (verdeckte) Einlage (tauschähnlicher Vorgang), der zur Aufdeckung der stillen Reserven zwingt. Bei Erfüllung des Erfordernisses der Übertragung eines Mitunternehmeranteils kann die Einbringung dagegen nach Maßgabe der §§ 20 bis 23 UmwStG (d.h. bei Erfüllung deren Voraussetzungen) auf Antrag ertragsteuerneutral erfolgen, wobei in diesem Fall auch wieder eine siebenjährige Sperrfrist iSd § 22 Abs. 1 UmwStG für den Anteil an der aus dem Formwechsel entstehenden Immobilien-Kapitalgesellschaft ergibt.[85]

74 Soweit im Zuge der **Einbringung i.S.d. § 20 UmwStG** bei Ansatz des gemeinen Werts oder eines Zwischenwerts stille Reserven der Immobilien aufgedeckt werden, können diese grundsätzlich (d.h. bei Erfüllung der in § 6b EStG genannten Voraussetzungen) in eine Rücklage i.S.d. § 6b EStG eingestellt werden, um dadurch die sofortige Besteuerung dieser stillen Reserven zu vermeiden.[86]

75 Zu prüfen ist auch, ob der Formwechsel als solcher eine bereits vor dem Formwechsel laufende **ertragsteuerliche Sperrfrist** (z.B. i.S.d. § 6 Abs. 5 Satz 6 EStG) bricht, so dass insoweit rückwirkend eine Ertragsteuerlast ausgelöst werden könnte; dies könnte beispielsweise der Fall sein, wenn eine Immobilie innerhalb von sieben Jahren vor dem Formwechsel steuerneutral zu

---

[84] Vgl. D/P/M/*Patt* UmwStG § 25 Rn. 24.
[85] Für den Einbringungsgewinn I iSd § 22 Abs. 1 UmwStG dürfte – ebenso wie für einen Gewinn aus der Einbringung iSd § 20 UmwStG bei Ansatz vom gemeinen Werten – grundsätzlich § 6b EStG anwendbar sein, soweit dessen Voraussetzungen im Übrigen erfüllt sind, vgl. *Benz/Rosenberg* DB 2012, Beilage Nr. 1, 38. Die Finanzverwaltung sieht dies jedoch im UmwSt-Erlass BMF 11.11.11, BStBl. I 2011, 1314, Rn. 22.07 anders.
[86] Vgl. R/H/L/*Herlinghaus* UmwStG § 20, Rn. 206b.

Buchwerten gemäß § 6 Abs. 5 Satz 3 EStG in das Betriebsvermögen der formzuwechselnden gewerblichen Personengesellschaft übertragen wurde.[87]

b) Formwechsel einer Kapitalgesellschaft in eine Personengesellschaft

Auch für den **Formwechsel einer Immobilien-Kapitalgesellschaft in eine Personengesellschaft** ist zu differenzieren, ob die an der Umwandlung (hier als übernehmende Gesellschaft) teilnehmende Personengesellschaft ertragsteuerlich als vermögensverwaltend oder gewerblich qualifiziert, wie im Folgenden näher ausgeführt wird.[88]

aa) Vermögensverwaltende Personengesellschaft

Ist die vor dem Formwechsel bestehende Immobiliengesellschaft eine Kapitalgesellschaft (z. B. wird eine GmbH, die lediglich eine vermögensverwaltende Vermietungstätigkeit ausübt, in eine oHG formgewechselt), so tritt durch den Formwechsel ein „**Statuswechsel**" ein. Während die grundsätzlich vermögensverwaltende Tätigkeit der Kapitalgesellschaft vor dem Formwechsel auf Grund der Regelung des § 8 Abs. 2 KStG für ertragsteuerliche Zwecke als gewerblich zu behandeln war, gilt die entsprechende Tätigkeit bei der aus dem Formwechsel entstehenden Personengesellschaft nach dem Formwechsel als rein vermögensverwaltend und es erfolgt auf Ebene der Personengesellschaft keine Umqualifizierung in eine gewerbliche Tätigkeit. Auf Grund dieses „Statuswechsels" wird für diesen Fall des Formwechsels ertragsteuerlich wiederum eine Vermögensübertragung fingiert: Die Wirtschaftsgüter der formgewechselten Kapitalgesellschaft werden ertragsteuerlich im Sinne der Bruchteilsbetrachtung des § 39 Abs. 2 Nr. 2 AO nach dem Formwechsel den Gesellschaftern der vermögensverwaltenden Personengesellschaft zugerechnet. Die für diese Vermögensübertragung relevante ertragsteuerliche Norm ist § 9 UmwStG, der die §§ 3–8 UmwStG für entsprechend anwendbar erklärt (flankiert durch § 18 UmwStG, welcher die gewerbesteuerlichen Konsequenzen des Formwechsels regelt). § 8 UmwStG wiederum erklärt für die (fingierte) Übertragung des Vermögens (der formgewechselten Kapitalgesellschaft) auf einen Rechtsträger ohne Betriebsvermögen (d. h. auf die vermögensverwaltende Personengesellschaft) die Regelungen der §§ 4, 5 und 7 UmwStG für entsprechend anwendbar. Dies hat nach einer Meinung in der Literatur[89] zur Folge, dass die Kapitalgesellschaft, die im Zuge des Formwechsels für ertragsteuerliche Zwecke als übertragender Rechtsträger behandelt wird, gemäß § 3 Abs. 1 UmwStG ihre Wirtschaftsgüter in ihrer steuerlichen Schlussbilanz (i. S. d. § 9 Satz 2 UmwStG) zwingend mit dem gemeinen Wert anzusetzen hat, so dass es entsprechend zu einer steuerpflichtigen Aufdeckung der stillen Reserven kommt.

Diese **Besteuerung der stillen Reserven** kann nach der hier vertretenen Ansicht auch nicht durch die Bildung einer Rücklage i. S. d. § 6b EStG ver-

---

[87] Vgl. BMF 18.12.2011, BStBl. I 2011, 1279, Rn. 34.
[88] Vgl. zu Umwandlungen von vermögensverwaltenden Personengesellschaften als übernehmende Rechtsträger: Haase/Dorn/*Behrendt*, Vermögensverwaltende Personengesellschaften, S. 129 ff.
[89] Vgl. D/P/M/*Möhlenbrock* UmwStG § 8 Rn. 11.

§ 17   79, 80

mieden werden, da die Immobilien-Kapitalgesellschaft, welche diese Rücklage bilden würde, im ertragsteuerlichen Sinne durch den Formwechsel „untergeht" und entsprechend diese Rücklage nicht fortführen kann, zumal eine Fortführung auf Ebene der übernehmenden vermögensverwaltenden Personengesellschaft, welche kein Betriebsvermögen und daher keine Steuerbilanz zu erstellen hat, ebenfalls ausscheidet.

79 Der überwiegende Teil der Literatur befürwortet jedoch – entgegen der Auffassung der Finanzverwaltung[90] – zumindest für den Fall einer **Zebragesellschaft** insoweit auch die Möglichkeit eines (teilweisen) steuerneutralen Ansatzes eines Buch- oder Zwischenwertes nach Maßgabe des § 3 Abs. 2 UmwStG.[91] Gemäß § 3 Abs. 2 UmwStG können auf Antrag die übergehenden Wirtschaftsgüter mit dem Buchwert oder mit einem Zwischenwert angesetzt werden, soweit **(1)** diese Betriebsvermögen der übernehmenden Personengesellschaft werden und sichergestellt ist, dass diese später der Besteuerung mit Einkommensteuer oder Körperschaftsteuer unterliegen und **(2)** das Recht der Bundesrepublik Deutschland hinsichtlich der Besteuerung der übertragenen Wirtschaftsgüter bei den Gesellschaftern der übernehmenden Personengesellschaft nicht beschränkt wird und **(3)** eine Gegenleistung nicht gewährt wird oder in Gesellschaftsrechten besteht.[92] Die durch den Formwechsel entstehende Personengesellschaft muss in ihrer Steuerbilanz die entsprechend durch die (als Übertragerin geltende) Kapitalgesellschaft gewählten Werte übernehmen (Wertverknüpfung iSd § 4 Abs. 1 UmwStG). Dabei wird bei einer vermögensverwaltenden Personengesellschaft, die keine eigenständige Steuerbilanz erstellt, vertreten, dass das übertragene Vermögen nach dem Formwechsel beim (gewerblichen) Gesellschafter weiterhin (gewerbliches) Betriebsvermögen bleibt, weil insoweit keine Steuerentstrickung der Einkunftsquelle eintrete, so dass die in § 3 Abs. 2 UmwStG genannte Voraussetzung des Buch- oder Zwischenwertansatzes insoweit erfüllt wird.[93]

80 In beiden Fällen (jedoch je nach Ansatz des gemeinen Werts bzw. des Buch- oder Zwischenwerts in unterschiedlicher Höhe) kann nach Maßgabe des § 7 UmwStG eine ggf. steuerpflichtige fiktive Dividende in Höhe der in der steuerlichen Schlussbilanz (i.S.d. § 9 Satz 2 UmwStG) der formgewechselten Kapitalgesellschaft ausgewiesenen offenen Rücklagen ausgelöst werden.[94]

---

[90] Vgl. UmwSt-Erlass BMF 11.11.11, BStBl. I 2011, 1314, Tz. 08.03.
[91] Zu weiteren Voraussetzungen der Steuerneutralität des § 3 Abs. 2 UmwStG, die in diesem Kapitel nicht detailliert und erschöpfend dargestellt werden können, vgl. z.B. die Ausführungen von Haase/Hruschka/*Schönherr/Krüger* UmwStG § 3 Rn. 1 ff.
[92] Die Voraussetzung der Gewährung von Gesellschaftsrechten bzw. der Gewährung keiner Gegenleistung hängt davon ab, wie das im Zuge des Formwechsels als übertragen geltende Vermögen bei der übernehmenden Personengesellschaft gebucht wird. Soweit eine Verbuchung auf ein ertragsteuerlich als Darlehenskonto zu qualifizierendes Gesellschafterkonto erfolgt, liegt insoweit eine Gegenleistung vor (Gewährung eines Darlehens), die schädlich für die Steuerneutralität ist. Vgl. D/P/M/*Möhlenbrock/Pung* UmwStG § 3 Rn. 48.
[93] Vgl. *Huber/Marat* DB 2011, 1823 m.w.N.
[94] Zu weiteren Details des § 7 UmwStG und der Besteuerung der fiktiven Dividende, die in diesem Kapitel nicht detailliert und erschöpfend dargestellt werden können, vgl. z.B. die Ausführungen von Haase/Hruschka/*Hölzemann* UmwStG § 7 Rn. 1 ff.

bb) Gewerbliche Personengesellschaft

Wie bereits unter → Rn. 77 ff. ausgeführt, ist der **Formwechsel einer** **Immobilien-Kapitalgesellschaft in eine (gewerbliche) Personengesellschaft** vom Anwendungsbereich der §§ 3 bis 7 UmwStG erfasst. Die Immobilien-Kapitalgesellschaft, die im Zuge des Formwechsels für ertragsteuerliche Zwecke als übertragender Rechtsträger behandelt wird, hat demnach gemäß § 3 Abs. 1 UmwStG ihre Wirtschaftsgüter in ihrer steuerlichen Schlussbilanz (i. S. d. § 9 Satz 2 UmwStG) grundsätzlich mit dem gemeinen Wert anzusetzen, so dass es entsprechend zu einer steuerpflichtigen Aufdeckung der stillen Reserven kommt. 81

Die **sofortige Besteuerung dieser aufgedeckten stillen Reserven** der Immobilien kann jedoch grundsätzlich durch die Bildung einer Rücklage i. S. d. § 6b EStG vermieden werden,[95] wenn die allgemeinen Voraussetzungen dieser Rücklagenbildung erfüllt werden; in diesem Fall hat die übertragende Immobilien-Kapitalgesellschaft eine entsprechende Rücklage in ihrer steuerlichen Schlussbilanz i. S. d. § 3 Abs. 1 UmwStG anzusetzen und die übernehmende Personengesellschaft führt diese gemäß § 4 UmwStG fort (und überträgt diese später auf eine neu angeschaffte oder hergestellte Immobilie bzw. löst die Rücklage später ertragswirksam auf). Dabei besteht jedoch eine gewisse Rechtsunsicherheit, da für den Formwechsel, für den § 9 UmwStG die Anwendung der §§ 3–7 UmwStG vorschreibt, in der Literatur teilweise davon ausgegangen wird, dass dieser keine Veräußerung (und mithin keinen von § 6b EStG erfassten Realisationsvorgang) darstellt.[96] 82

Es gibt zudem auf Antrag der übertragenden Immobilien-Kapitalgesellschaft die Möglichkeit des **(teilweisen) steuerneutralen Ansatzes des Buch- oder Zwischenwertes** nach Maßgabe des § 3 Abs. 2 UmwStG,[97] wobei die durch den Formwechsel entstehende Personengesellschaft in ihrer Steuerbilanz die entsprechend durch die (als Übertragerin geltende) Kapitalgesellschaft gewählten Werte übernehmen muss (Wertverknüpfung i. S. d. § 4 Abs. 1 UmwStG). 83

In beiden Fällen (jedoch je nach Ansatz des gemeinen Werts bzw. des Buch- oder Zwischenwerts in unterschiedlicher Höhe) kann nach Maßgabe des § 7 UmwStG eine ggf. steuerpflichtige fiktive **Dividende** in Höhe der in der steuerlichen Schlussbilanz (i. S. d. § 9 Satz 2 UmwStG) der formgewechselten Kapitalgesellschaft ausgewiesenen offenen Rücklagen ausgelöst werden.[98] 84

---

[95] Soweit stille Reserven auf die Immobilien entfallen und im Übrigen die Voraussetzungen des § 6b EStG erfüllt sind, können diese auf andere (angeschafften oder hergestellte) Immobilien übertragen werden, um eine sofortige Ertragsbesteuerung der stillen Reserven zu vermeiden, vgl. Schmidt/*Loschelder* EStG § 6b Rn. 28.

[96] Vgl. z. B. *Bogenschütz* Ubg 2011, 393 und *Neu/Schiffers/Watermeyer* GmbHR 2011, 729 jeweils m. w. N.

[97] Zu weiteren Voraussetzungen der Steuerneutralität des § 3 Abs. 2 UmwStG, die in diesem Kapitel nicht detailliert und erschöpfend dargestellt werden können, vgl. z. B. Haase/Hruschka/*Schönherr/Krüger* UmwStG § 3 Rn. 1 ff.

[98] Zu weiteren Details des § 7 UmwStG und der Besteuerung der fiktiven Dividende, die in diesem Kapitel nicht detailliert und erschöpfend dargestellt werden können, vgl. z. B. die Ausführungen von Haase/Hruschka/*Hölzemann* UmwStG § 7 Rn. 1 ff.

2. Grunderwerbsteuerrecht

85 Wie oben unter → Rn. 66 („Zivilrechtliche Grundlagen des UmwG") ausgeführt, ist der Formwechsel eine Umwandlung ohne Vermögensübertragung. Die Immobilien der formgewechselten Gesellschaft werden demnach im Zuge der Umwandlung nicht übertragen, so dass der Formwechsel folgerichtig nach der ganz herrschenden Meinung auch keine Grunderwerbsteuer auslöst. Zu prüfen ist jedoch im Einzelfall, ob ein Formwechsel als Verletzung einer Sperrfrist i. S. d. § 5 Abs. 3 GrEStG oder § 6 Abs. 4 GrEStG Grunderwerbsteuer auslösen kann.[99]

III. Verschmelzung

1. Ertragsteuerrecht

a) Verschmelzung einer Personengesellschaft auf eine Kapitalgesellschaft

86 Auch für die **ertragsteuerlichen Folgen der Verschmelzung** einer Immobilien-Personengesellschaft auf eine Kapitalgesellschaft ist zu unterscheiden, ob die zu verschmelzende Immobilien-Personengesellschaft ertragsteuerlich als vermögensverwaltend oder gewerblich qualifiziert, wie im Folgenden dargelegt wird.

aa) Vermögensverwaltende Personengesellschaft

87 Hinsichtlich der **ertragsteuerlichen Folgen der Verschmelzung einer vermögensverwaltenden Immobilien-Personengesellschaft auf eine Kapitalgesellschaft** kann auf die oben unter → Rn. 69 ff. dargestellten Konsequenzen des Formwechsels verwiesen werden. Während der Formwechsel ertragsteuerlich über eine Fiktion als Vermögensübertragung (d. h. je nach Übertragungsobjekt als Tausch bzw. Einlage i. S. d. § 6 Abs. 6 EStG oder Einbringung i. S. d. § 20 UmwStG) behandelt wird, bedingt die Verschmelzung eine tatsächliche Vermögensübertragung, so dass die vorstehend genannten Normen unmittelbar (und z. B. für die Einbringung nicht nur über den Verweis des § 25 UmwStG) anwendbar sind. Die Steuerneutralität mittels eines Buchwertansatzes i. S. d. § 20 Abs. 2 Satz 2 UmwStG setzt dabei voraus, dass die Verschmelzung mit Kapitalerhöhung – d. h. mit Ausgabe eines neuen Anteils an der übernehmenden Kapitalgesellschaft – erfolgt.

bb) Gewerbliche Personengesellschaft

88 Auch hinsichtlich der **ertragsteuerlichen Folgen der Verschmelzung** einer gewerblichen Immobilien-Personengesellschaft auf eine Kapitalgesellschaft kann auf die unter → Rn. 73 ff. dargestellten Konsequenzen des Formwechsels verwiesen werden. Während der Formwechsel ertragsteuerlich über

---

[99] Vgl. Pahlke/Franz/*Franz* § 5 Rn. 37 ff. und § 6 Rn. 38 und Hofmann/*Hofmann* GrEStG § 5 Rn. 29 und § 6 Rn. 23 und Boruttau/*Viskorf* GrEStG § 5 Rn. 85 ff. und § 6 Rn. 35c f.

eine Fiktion als Vermögensübertragung (d.h. je nach Übertragungsobjekt als Tausch bzw. Einlage i.S.d. § 6 Abs. 6 EStG oder Einbringung i.S.d. § 20 UmwStG) behandelt wird, bedingt die Verschmelzung eine tatsächliche Vermögensübertragung, so dass die vorstehend genannten Normen unmittelbar (und z.B. für die Einbringung nicht nur über den Verweis des § 25 UmwStG) anwendbar sind. Die Steuerneutralität mittels eines Buchwertansatzes i.S.d. § 20 Abs. 2 Satz 2 UmwStG erfordert auch in diesem Fall, dass die Verschmelzung mit Kapitalerhöhung – d.h. mit Ausgabe eines neuen Anteils an der übernehmenden Kapitalgesellschaft – erfolgt.

b) Verschmelzung einer Kapitalgesellschaft auf eine Personengesellschaft

89 Auch für die Verschmelzung einer Immobilien-Kapitalgesellschaft auf eine Personengesellschaft ist zu differenzieren, ob die an der Umwandlung (hier als übernehmende Gesellschaft) teilnehmende Personengesellschaft (nach der Verschmelzung) ertragsteuerlich als vermögensverwaltend oder gewerblich qualifiziert, wie im Folgenden erläutert wird.

aa) Vermögensverwaltende Personengesellschaft

90 Für die Verschmelzung einer vermögensverwaltenden Immobilien-Kapitalgesellschaft auf eine vermögensverwaltende Personengesellschaft gilt das unter → Rn. 77 ff. für den Formwechsel einer Immobilien-Kapitalgesellschaft in eine vermögensverwaltende Personengesellschaft Geschriebene analog.

91 Das bedeutet, dass neben der Auslösung einer fiktiven Dividende i.S.d. § 7 UmwStG, welche eine Steuerlast auf Ebene der Gesellschafter der verschmolzenen Kapitalgesellschaft auslösen kann, auch die **steuerpflichtige Aufdeckung der stillen Reserven** des Vermögens (der Immobilien) der Kapitalgesellschaft **droht,** da ein Buchwert- oder Zwischenwertansatz gemäß § 3 Abs. 2 UmwStG zumindest nach Meinung der Finanzverwaltung nicht zulässig ist. Wie oben unter → Rn. 79 erläutert, ist nach einer in der Literatur vertretenen Ansicht jedoch zumindest bei einer sog. Zebragesellschaft (d.h. einer vermögensverwaltenden Personengesellschaft mit gewerblichen Gesellschaftern) ein Buchwertansatz nach § 3 Abs. 1 UmwStG möglich, so dass insoweit die Verschmelzung steuerneutral erfolgen könnte.

bb) Gewerbliche Personengesellschaft

92 Für die **Verschmelzung** einer Immobilien-Kapitalgesellschaft auf eine gewerbliche Personengesellschaft gilt das unter → Rn. 81 ff. für den Formwechsel einer Immobilien-Kapitalgesellschaft in eine gewerbliche Personengesellschaft Geschriebene analog.

93 Das bedeutet, dass neben der Auslösung einer fiktiven Dividende i.S.d. § 7 UmwStG, welche eine Steuerlast auf Ebene der Gesellschafter der verschmolzenen Kapitalgesellschaft auslösen kann, auch die **steuerpflichtige Aufdeckung der stillen Reserven des Vermögens** (der Immobilien) der Kapitalgesellschaft droht. Diese volle Aufdeckung der stillen Reserven (mit einer entsprechenden Steuerbelastung) kann jedoch dadurch vermieden werden, dass entweder ein Buchwert- oder Zwischenwertansatz gemäß § 3 Abs. 2 UmwStG in der steuerlichen Schlussbilanz der verschmolzenen Kapitalgesellschaft gewählt wird oder die stillen Reserven in dieser Schlussbilanz in eine Rücklage i. S. d. § 6b EStG eingestellt werden (soweit die Voraussetzungen des § 6b EStG für die Bildung einer solchen Rücklage erfüllt werden). Diese Rücklage ist dann in der Steuerbilanz der übernehmenden Personengesellschaft fortzuführen und ggf. später zunächst ertragsneutral zu übertragen bzw. ertragswirksam aufzulösen.

c) Verschmelzung einer Personengesellschaft auf eine andere Personengesellschaft

94 Hinsichtlich der **ertragsteuerlichen Folgen der Verschmelzung** zweier Personengesellschaften ist auch wieder relevant, ob die (übertragende oder übernehmende) Personengesellschaft vermögensverwaltend oder gewerblich ist. Denkbar sind dabei die folgenden vier verschiedenen Konstellationen.

aa) Vermögensverwaltende Personengesellschaft wird auf eine andere vermögensverwaltende Personengesellschaft verschmolzen

95 Wird eine vermögensverwaltende Immobilien-Personengesellschaft auf eine andere vermögensverwaltende Personengesellschaft verschmolzen, so ist die damit zivilrechtlich vollzogene Übertragung des Vermögens (der Immobilien) der verschmolzenen Gesellschaft **ertragsteuerlich grundsätzlich irrelevant,** weil die beiden an der Verschmelzung teilnehmenden Gesellschaften ertragsteuerlich vollkommen transparent sind und daher für ertragsteuerliche Zwecke quasi nicht existieren.

96 Ertragsteuerlich ist dabei einzig entscheidend, ob es im Zuge dieser Verschmelzung zu einem **Wechsel der Zurechnung des Eigentums** i. S. d. § 39 Abs. 2 Nr. 2 AO am übertragenen Vermögen kommt, d. h. ob dieses Eigentum vor und nach der Verschmelzung im Sinne einer Bruchteilsbetrachtung anderen Personen (d. h. anderen Gesellschaftern der übernehmenden Personengesellschaft) zuzurechnen ist. Wie unter → Rn. 64 dargelegt, wird in diesem Kapitel grundsätzlich unterstellt, dass keine solchen „Vermögensverschiebungen" zwischen verschiedenen Gesellschaftern der Personengesellschaft erfolgen, so dass insoweit keine gewinnrealisierenden Übertragungen mit Aufdeckung der stillen Reserven vorliegen (wie es z. B. im Falle der Seitwärts-Verschmelzung zweier vermögensverwaltender Personengesellschaften der Fall wäre, wenn das Vermögen dieser Personengesellschaften zu 100 % einem Gesellschafter zuzurechnen ist). In anderen Konstellationen, bei denen es zu einer Vermögensverschiebung (im Sinne einer Übertragung des Eigentums i. S. d. § 39 Abs. 2 Nr. 2 AO) kommt, können jedoch solche gewinnrealisierenden Übertragungen ausgelöst werden, die zur steuerpflichtigen Aufdeckung der in den Immobilien schlummernden stillen Reserven zwingen, soweit diese steuerlich verstrickt sind (d. h. entweder als Betriebsvermögen oder als Privatvermögen i. S. d. § 23 EStG).

bb) Vermögensverwaltende Personengesellschaft wird auf eine gewerbliche Personengesellschaft verschmolzen

Wird eine **vermögensverwaltende Immobilien-Personengesellschaft auf eine gewerbliche Personengesellschaft verschmolzen,** resultiert daraus eine Übertragung des Eigentums i. S. d. § 39 Abs. 2 Nr. 2 AO am Vermögen (an den Immobilien) der verschmolzenen Personengesellschaft. Während dieses Vermögen vor der Verschmelzung (wegen der vollkommenen ertragsteuerlichen Transparenz der vermögensverwaltenden Personengesellschaft) den Gesellschaftern der verschmolzenen Gesellschaft zugerechnet wird, ist dieses Vermögen nach der Verschmelzung als (eigenes) Betriebsvermögen der übernehmenden gewerblichen Personengesellschaft zu qualifizieren. Mit anderen Worten: im Zuge der Verschmelzung wird für ertragsteuerliche Zwecke fingiert, dass das entsprechende Vermögen in das Betriebsvermögen der übernehmenden Personengesellschaft übertragen wird. Dabei ist zu unterscheiden, ob aus Sicht der Gesellschafter der verschmolzenen vermögensverwaltenden Personengesellschaft Wirtschaftsgüter (Immobilien) des Privatvermögens oder des Betriebsvermögens übertragen werden. 97

aaa) Immobilien des Privatvermögens. Die **Übertragung eines Wirtschaftsgutes aus dem Privatvermögen** des Gesellschafters der vermögensverwaltenden Personengesellschaft **in das Betriebsvermögen** der gewerblichen Personengesellschaft kann je nach „Verbuchung" des Vermögens bei der gewerblichen Personengesellschaft als entgeltlicher, unentgeltlicher oder teilentgeltlicher Vorgang zu werten sein.[100] Eine vollständige und umfassende Darstellung der denkbaren Fälle und der in diesem Zusammenhang strittigen Punkte ist in diesem Kapitel nicht möglich, so dass folgend nur die Grundzüge (mit Fokus auf die derzeitige Meinung der Finanzverwaltung) skizziert werden. 98

Ein **entgeltlicher Vorgang** liegt z. B. vor, wenn das betreffende Wirtschaftsgut gegen Gewährung von Gesellschaftsrechten übertragen wird, d. h. wenn dem Gesellschafter der vermögensverwaltenden Personengesellschaft im Zuge der Verschmelzung für das ihm zuvor zuzurechnende Wirtschaftsgut bei der übernehmenden gewerblichen Personengesellschaft ein Wert auf einem Kapitalkonto gutgeschrieben wird, nach dem sich seine Beteiligungsquote bemisst (üblicherweise – aber abhängig von der konkreten Ausgestaltung des Gesellschaftsvertrags – das Kapitalkonto I). Bei diesem entgeltlichen Vorgang wird ertragsteuerlich ein tauschähnlicher Vorgang angenommen, der beim Gesellschafter der vermögensverwaltenden Personengesellschaft zu einer steuerpflichtigen Aufdeckung der stillen Reserven in dem betreffenden Wirtschaftsgut führt, soweit das Wirtschaftsgut (die Immobilie) steuerlich verstrickt ist (nach § 23 EStG). 99

Dagegen soll nach Ansicht der Finanzverwaltung ein **voll unentgeltliches Geschäft** vorliegen, wenn dem Gesellschafter der vermögensverwaltenden Gesellschaft im Zuge der Verschmelzung überhaupt keine Gesellschaftsrechte 100

---

[100] Vgl. BMF 11.7.2011, BStBl. I 2011, 713 mit Verweis auf entsprechende BFH-Urteile (so z. B. BFH 24.1.2008, BStBl. II 2011, 617 und BFH 17.7.2009, BStBl. II 2009, 464) und dazu ergangene Literatur wie z. B. *Paus* EStB 2012, 70 und *Weidmann* FR 2012, 205.

gewährt werden und demzufolge die Übertragung des Wirtschaftsguts (der Immobilie) ausschließlich auf einem gesamthänderisch gebundenen Kapitalrücklagenkonto gutgeschrieben wird oder als Ertrag gebucht wird.[101] Ein solcher unentgeltlicher Vorgang ist mangels Gegenleistung als verdeckte Einlage des Gesellschafters der vermögensverwaltenden Personengesellschaft in das Betriebsvermögen der übernehmenden Personengesellschaft zu behandeln, die nach § 4 Abs. 1 Satz 8 i.V.m. § 6 Abs. 1 Nr. 5 EStG zu bewerten ist. Das bedeutet gemäß § 6 Abs. 1 Nr. 5 EStG, dass diese verdeckt eingelegte Immobilie grundsätzlich mit den Teilwerten für den Zeitpunkt der Zuführung anzusetzen ist; sie ist jedoch höchstens mit den Anschaffungs- oder Herstellungskosten anzusetzen, wenn sie innerhalb der letzten drei Jahre vor dem Zeitpunkt der Zuführung angeschafft oder hergestellt worden ist.

101 Zusätzlich kann es im Zuge von Verschmelzungen grundsätzlich **teilentgeltliche Übertragungen von Wirtschaftsgütern** geben, wobei nach Auffassung der Finanzverwaltung[102] eine teilweise Verbuchung auf einem Kapitalkonto, das Gesellschaftsrechte vermittelt (z.B. Kapitalkonto I), und teilweise auf einem Konto, das keine solchen Rechte vermittelt (z.B. gesamthänderisch gebundene Rücklage), insgesamt als vollentgeltliche Transaktion zu werten ist. Eine Aufteilung der Übertragung in einen entgeltlichen und einen unentgeltlichen Teil ist in diesen Fällen nicht vorzunehmen. Wird im Fall der (fingierten) Übertragung eines Wirtschaftsguts jedoch ausdrücklich ein den gemeinen Wert unterschreitender Wertansatz vereinbart (z.B. wegen einer Zuwendungsabsicht), ist der überschießende Wertanteil als verdeckte Einlage zu werten. Sofern die Übertragung im Übrigen als entgeltliche Übertragung zu beurteilen ist, ist der Vorgang in einen entgeltlichen und einen unentgeltlichen Anteil aufzuteilen, d.h. es handelt sich insoweit um einen teilentgeltlichen Vorgang. Diese ertragsteuerliche Behandlung solcher teilentgeltlicher Übertragungen durch die Finanzverwaltung ist derzeit höchst strittig und Gegenstand anhängiger Finanzgerichtsverfahren,[103] in denen es insbesondere um die Frage geht, ob die teilentgeltliche Übertragung ggf. nur zur teilweisen Aufdeckung der stillen Reserven zwingt bzw. ob die Übertragung ggf. gänzlich steuerneutral bleibt, zumindest wenn die Gegenleistung für die Übertragung wertmäßig unterhalb der Anschaffungskosten des übertragenen Wirtschaftsguts bleibt. Wenngleich das Urteil grundsätzlich Übertragungen von Wirtschaftsgüter des Betriebsvermögens behandelt, wird in der Literatur diskutiert, ob die Behandlung von teilentgeltlichen Übertragungen von Wirtschaftsgüter des Privatvermögens ebenfalls durch die Rechtsprechung neu geregelt wird; insoweit bleibt der Ausgang dieses Rechtsstreits abzuwarten.[104]

102 **bbb) Immobilien des Betriebsvermögens.** Die Übertragung von Immobilien des Betriebsvermögens in das Betriebsvermögen der ge-

---

[101] Vgl. BMF 11.7.2011, BStBl. I 2011, 713.
[102] Vgl. BMF 11.7.2011, BStBl. I 2011, 713.
[103] Vgl. z.B. BFH 19.3.2014, BStBl. II 2014, 629, in dem der BFH das BMF zum Verfahrensbeitritt aufgefordert hat, sowie die dazu ergangene Literatur wie z.B. *Teschke/Sundheimer/Tholen* Ubg 2014, 409 und *Levedag* GmbHR 2014, 337.
[104] Vgl. auch BMF 12.9.2013, BStBl. I 2013, 1164, wonach die Finanzverwaltung derzeit strittige Fälle offen hält, bis die Rechtslage durch entsprechende Urteile geklärt sein wird.

werblichen Personengesellschaft richtet sich dagegen grundsätzlich nach § 6 Abs. 5 Satz 3 Nr. 1 EStG, soweit einzelne Wirtschaftsgüter des Betriebsvermögens der Gesellschafter der vermögensverwaltenden Personengesellschaft übertragen werden. Demnach erfolgt die Übertragung der aktiven Wirtschaftsgüter grundsätzlich ertragsteuerneutral zu Buchwerten, soweit diese gegen Gewährung von Gesellschaftsrechten[105] oder unentgeltlich[106] durchgeführt wird. Insoweit ist die Übertragung für die Gesellschafter der vermögensverwaltenden Personengesellschaft ertragsteuerneutral und es entstehen für sie durch die Verschmelzung keine steuerpflichtigen Einkünfte. Diese Buchwertübertragung steht jedoch unter dem Vorbehalt der Entnahme-/Veräußerungsfrist des § 6 Abs. 5 Satz 4 EStG[107] sowie der Kapitalgesellschaftsklausel des § 6 Abs. 5 Satz 5 und 6 EStG.[108] Wenn und soweit diese Ausnahmen zum Buchwertansatz anwendbar sind, kommt es bei der Übertragung in das Betriebsvermögen der gewerblichen Personengesellschaft zum (rückwirkenden) Teilwertansatz – mithin zu einer (rückwirkenden) Aufdeckung der in den übertragenen Wirtschaftsgütern enthaltenen stillen Reserven – und zu entsprechend steuerpflichtigen Einkünften für den jeweils betroffenen Gesellschafter.

Die **Übertragung kann jedoch auch mehrere (aktive und passive) Wirtschaftsgüter der verschmolzenen vermögensverwaltenden Personengesellschaft umfassen** und kann dann aus Sicht ihrer Gesellschafter als Betriebs- bzw. Teilbetriebseinbringung i. S. d. § 24 UmwStG zu werten sein. Diese Übertragung, für welche die Gesellschafter im Zuge der Verschmelzung eine Mitunternehmerbeteiligung an der übernehmenden Personengesellschaft (durch Verbuchung auf entsprechende ertragsteuerliche Eigenkapitalkonten der Personengesellschaft) erhält, ist vom Anwendungsbereich des § 24 UmwStG gedeckt. Demnach kann bei entsprechender Antragstellung eine (steuerpflichtige) Aufdeckung der in den übertragenen Wirtschaftsgütern enthaltenen stillen Reserven – und somit steuerpflichtige Einkünfte für den betreffenden

103

---

[105] Es ist dabei zu prüfen, inwieweit das ausgegliederte Vermögen auf Eigenkapitalkonten der übernehmenden Personengesellschaft verbucht wird, weil nur insoweit eine Übertragung gegen Gewährung von Gesellschaftsrechten vorliegt. Erfolgt dagegen eine Verbuchung auf Fremdkapitalkonten der Personengesellschaft, liegt insoweit keine Übertragung gegen Gewährung von Gesellschaftsrechten vor, sondern es wird insoweit ein (teil-)entgeltlicher Vorgang realisiert, der zur (teilweisen) steuerpflichtigen Aufdeckung der stillen Reserven der übertragenen Wirtschaftsgüter zwingen könnte, vgl. Schmidt/*Kulosa* EStG § 6 Rn. 696 ff.
[106] Die Übertragung von Verbindlichkeiten (z. B. die Übernahme solcher Verbindlichkeiten durch die gewerblich geprägte KG im Zuge der Verschmelzung) gilt insoweit als Entgelt, das für den Buchwertansatz des § 6 Abs. 5 Satz 3 EStG schädlich ist; insoweit liegt ein (teil-)entgeltlicher Vorgang vor, der ebenfalls zur (teilweisen) Aufdeckung der stillen Reserven zwingen könnte. Vgl. Schmidt/*Kulosa* EStG § 6 Rn. 696 ff.
[107] Wird das übertragene Wirtschaftsgut innerhalb einer Sperrfrist veräußert oder entnommen, ist rückwirkend auf den Zeitpunkt der Übertragung der Teilwert anzusetzen, es sei denn, die bis zur Übertragung entstandenen stillen Reserven sind durch Erstellung einer Ergänzungsbilanz dem übertragenen Gesellschafter zugeordnet worden; diese Sperrfrist endet drei Jahre nach Abgabe der Steuererklärung des Übertragenden für den Veranlagungszeitraum, in dem die Übertragung erfolgt ist.
[108] Soweit sich durch die Übertragung bzw. innerhalb von sieben Jahren nach der Übertragung der Anteil einer Körperschaft, Personenvereinigung oder Vermögensmasse an dem übertragenen Wirtschaftsgut begründet oder erhöht, ist rückwirkend auf den Zeitpunkt der Übertragung der Teilwert anzusetzen.

Gesellschafter – (teilweise) vermieden werden, indem die übernehmende gewerbliche Personengesellschaft gemäß § 24 Abs. 2 UmwStG die übernommenen Wirtschaftsgüter mit ihrem Buchwert oder einem Zwischenwert (geringer als ihr gemeiner Wert) ansetzt.[109]

104 Strittig wird in letzter Zeit im Zusammenhang mit den vorstehend genannten Übertragungen auf gewerbliche Personengesellschaften diskutiert, inwieweit sog. **teilentgeltliche Übertragungen** im Rahmen des § 6 Abs. 5 Satz 3 EStG (Übertragung einzelner Wirtschaftsgüter) bzw. § 24 UmwStG (Übertragung von Betrieben bzw. Teilbetrieben) zur Aufdeckung der stillen Reserven führen.[110] Eine solche teilentgeltliche Übertragung ist dann gegeben, wenn den Gesellschaftern als Gegenleistung für die Übertragung des Vermögens im Zuge der Verschmelzung neben Gesellschaftsrechten an der übernehmenden Personengesellschaft (d. h. Verbuchung auf den ertragsteuerlichen Eigenkapitalkonten der Personengesellschaft) auch sonstige Gegenleistungen gewährt werden (z. B. eine Forderung gegen die Personengesellschaft durch Verbuchung auf ihrem ertragsteuerlichen Fremdkapitalkonto). Insoweit ist einerseits auf das bereits obig erwähnte anhängige Gerichtsverfahren[111] hinzuweisen sowie andererseits auf eine mögliche erfolgende gesetzliche Änderung, wonach eine Einbringung i. S. d. § 24 UmwStG gegen Gewährung von sonstigen Gegenleistungen (neben der Mitunternehmerbeteiligung an der übernehmenden Personengesellschaft) zukünftig ggf. nicht oder nur eingeschränkt ertragsteuerneutral möglich sein soll. Die weitere Rechtsentwicklung bleibt insoweit also abzuwarten und bis zur endgültigen Klärung der Rechtslage ist daher mit besonderer Vorsicht bei entsprechenden Umstrukturierungen vorzugehen.

cc) Gewerbliche Personengesellschaft wird auf eine vermögensverwaltende Personengesellschaft verschmolzen

105 Die **Verschmelzung einer gewerblich geprägten** (aber eigentlich vermögensverwaltend tätigen) **Immobilien-Personengesellschaft auf eine vermögensverwaltende Personengesellschaft** ist das Gegenstück zu der unter → Rn. 97 ff. beschriebenen Verschmelzung, weil es dabei zu einer umgekehrten (für ertragsteuerliche Zwecke fingierten) Vermögensübertragung kommt. Während das Vermögen (die Immobilien) vor der Verschmelzung dem Betriebsvermögen der verschmolzenen gewerblichen Personengesellschaft (z. B. einer gewerblich geprägten KG) zuzurechnen sind, so ist das Eigentum an dem Vermögen i. S. d. § 39 Abs. 2 Nr. 2 AO nach der Verschmelzung den Gesellschaftern der übernehmenden vermögensverwaltenden Personengesellschaft (z. B. einer rein vermögensverwaltenden oHG) zuzurechnen.

---

[109] Zu weiteren Voraussetzungen der Steuerneutralität des § 24 UmwStG, die in diesem Kapitel nicht detailliert und erschöpfend dargestellt werden können, vgl. z. B. Haase/Hruschka/*Ohde* UmwStG § 24 Rn. 1 ff.
[110] Vgl. z. B. BFH 19.9.2012 – IV R 11/12, BFHE 239, 76, wonach eine Aufdeckung stiller Reserven unterbleibt, wenn das Entgelt für die Übertragung den steuerlichen Buchwert des übertragenen Vermögens nicht überschreitet.
[111] BFH 19.3.2014 – X R 28/12, BStBl. II 2014, 629, in dem der BFH das BMF zum Verfahrensbeitritt aufgefordert hat. Vgl. auch die dazu ergangene Literatur wie z. B. *Teschke/Sundheimer/Tholen* Ubg 2014, 409 und *Levedag* GmbHR 2014, 337 sowie BMF 12.9.2013, BStBl. I 2013, 1164.

Das bedeutet für ertragsteuerliche Zwecke eine fingierte Übertragung des Vermögens aus dem Betriebsvermögen der verschmolzenen Personengesellschaft hinaus in das Vermögen der Gesellschafter der vermögensverwaltenden Personengesellschaft. Dabei ist wiederum zu unterscheiden, ob dieses Vermögen der Gesellschafter Privatvermögen oder Betriebsvermögen ist.

Ist das Vermögen der übernehmenden vermögensverwaltenden Personengesellschaft i. S. d. § 39 Abs. 2 Nr. 2 AO als Privatvermögen ihres Gesellschafters zu qualifizieren, liegt ertragsteuerlich eine Übertragung der Wirtschaftsgüter aus dem Betriebsvermögen der verschmolzenen gewerblichen Personengesellschaft in das Privatvermögen der Gesellschafter vor. Dieser **„Statuswechsel"** ist nicht als Entnahme i. S. d. § 4 Abs. 1 Satz 2 EStG, sondern als Betriebsaufgabe i. S. d. § 16 Abs. 3 EStG zu qualifizieren; denn der Betrieb der vor der Verschmelzung bestehenden (gewerblich geprägten) Personengesellschaft wird im Zuge der Verschmelzung in eine vermögensverwaltende Personengesellschaft in Gänze eingestellt. Der Gesellschafter der betreffenden Personengesellschaft ist ertragsteuerlich daher so zu behandeln, als ob er den Betrieb der Personengesellschaft im Zuge des Formwechsels einstellt. Eine solche Betriebsaufgabe ist gemäß § 16 Abs. 3 Satz 7 EStG mit dem gemeinen Wert zu bewerten. Es kommt folglich zu einer grundsätzlich steuerpflichtigen Aufdeckung der in den betreffenden Wirtschaftsgütern (Immobilien) „schlummernden" stillen Reserven. Dies kann zu einer entsprechenden Einkommensteuerbelastung auf Ebene des betreffenden Gesellschafters führen, wobei die Begünstigungen des § 16 Abs. 4 EStG (Freibetrag) und des § 34 Abs. 1 und 3 EStG (Fünftelungsregelung bzw. ermäßigter Steuersatz) anwendbar sein können. Gewerbesteuerlich gehört der Gewinn aus der Aufgabe eines Mitunternehmeranteils jedoch nicht zum Gewerbeertrag, soweit dieser Gewinn auf eine natürliche Person entfällt.[112]

Ist das Vermögen der übernehmenden vermögensverwaltenden Personengesellschaft nach der Verschmelzung i. S. d. § 39 Abs. 2 Nr. 2 AO als **Betriebsvermögen ihres Gesellschafters** zu qualifizieren (sog. **Zebragesellschaft**), ist diese (für ertragsteuerliche Zwecke fingierte) Übertragung unter § 6 Abs. 5 Satz 3 Nr. 1 EStG zu subsumieren, wenn und soweit diese Übertragung gegen Gewährung/Minderung von Gesellschaftsrechten oder unentgeltlich erfolgt.[113] Dies hat zur Folge, dass die übertragenen Wirtschaftsgüter (Immobilien) grundsätzlich mit ihrem ertragsteuerlichen Buchwert anzusetzen sind, so dass es insoweit nicht zu einer steuerpflichtigen Aufdeckung der in den Wirtschaftsgütern enthaltenen stillen Reserven kommt. Wie bereits oben unter → Rn. 102 erwähnt, steht diese Ertragsteuerneutralität des § 6 Abs. 5 Satz 3 Nr. 1 EStG jedoch unter dem Vorbehalt der Entnahme-/Veräußerungsfrist des § 6 Abs. 5 Satz 4 EStG[114] sowie der Kapitalgesellschaftsklausel des § 6 Abs. 5 Satz 5 und 6

---

[112] Umkehrschluss aus § 7 Satz 2 GewStG, vgl. Glanegger/Güroff/*Selder* GewStG § 7 Rn. 70b.
[113] Für die Frage, ob im Zuge des Formwechsels Gesellschaftsrechte gemindert werden bzw. ob ein unentgeltlicher Vorgang vorliegt, kommt es darauf an, auf welchen Kapitalkonten das Vermögen bei der formgewechselten Personengesellschaft verbucht wird bzw. ob Verbindlichkeiten übertragen werden.
[114] Wird das übertragene Wirtschaftsgut innerhalb einer Sperrfrist veräußert oder entnommen, ist rückwirkend auf den Zeitpunkt der Übertragung der Teilwert anzusetzen, es sei denn, die bis zur Übertragung entstandenen stillen Reserven sind durch Erstellung einer

EStG.[115] Wenn und soweit diese Ausnahmen zum Buchwertansatz anwendbar sind, kommt es bei der Übertragung aus dem Betriebsvermögen der vor dem Formwechsel bestehenden gewerblich geprägten KG zu einer Aufdeckung der in den übertragenen Wirtschaftsgütern enthaltenen stillen Reserven und zu entsprechend steuerpflichtigen Einkünften für den jeweils betroffenen Gesellschafter (gewerbesteuerlich sind die aufzudeckenden stillen Reserven jedoch Bestandteil des Gewerbeertrags der vor dem Formwechsel bestehenden gewerblich geprägten Personengesellschaft). Wenngleich die vorstehend beschriebenen Folgen des § 6 Abs. 5 Satz 3 Nr. 1 EStG dem Gesetzeswortlaut nach nur bei der Übertragung einzelner Wirtschaftsgüter eintreten, sollte § 6 Abs. 5 Satz 3 Nr. 1 EStG auch anwendbar sein, wenn im Zuge des Verschmelzung ertragsteuerliche „Sachgesamtheiten" (Betrieb der verschmolzenen gewerblichen Immobilien-Personengesellschaft) als übertragen gelten. Dies könnte beispielsweise der Fall sein, wenn die verschmolzene Personengesellschaft – gemessen an der Beteiligung am Kapital – zu 100 % von einer Kapitalgesellschaft gehalten wird und im Zuge der Verschmelzung der gesamte Betrieb der verschmolzenen Personengesellschaft als auf die betreffende Kapitalgesellschaft übertragen gilt. Für solche „Up-Stream-Betriebsübertragungen" wird die Anwendbarkeit des § 6 Abs. 5 Satz 3 Nr. 1 EStG (bzw. anderer Normen wie z. B. § 24 UmwStG bzw. § 16 Abs. 3 EStG) in der Literatur[116] strittig diskutiert. Mit Verweis auf die weiterführende Begründung von *Hageböke*[117] wird hier einerseits die Einholung einer verbindlichen Auskunft i. S. d. § 89 AO durch die Finanzverwaltung empfohlen, andererseits die Ansicht vertreten, dass auch solche Übertragungen von § 6 Abs. 5 Satz 3 Nr. 1 EStG gedeckt sind.

dd) Gewerbliche Personengesellschaft wird auf eine andere gewerbliche Personengesellschaft verschmolzen

108 Die Verschmelzung einer gewerblichen Immobilien-Personengesellschaft auf eine andere gewerbliche Personengesellschaft fällt in den **Anwendungsbereich von § 24 UmwStG**.[118] Es wird insoweit für ertragsteuerliche Zwecke unterstellt, dass die Gesellschafter der verschmolzenen Immobilien-Personengesellschaft ihre Mitunternehmeranteile an dieser (bzw. in gesamthänderischer Verbundenheit den Betrieb der verschmolzenen Personengesellschaft) in die übernehmende gewerbliche Personengesellschaft einbringen und im Gegenzug (als Gegenleistung) dafür einen Mitunternehmeranteil an der übernehmenden Personengesellschaft erhalten. Dabei gilt § 24 UmwStG übrigens auch für die vor der Verschmelzung bereits an der übernehmenden Personen-

---

Ergänzungsbilanz dem übertragenen Gesellschafter zugeordnet worden; diese Sperrfrist endet drei Jahre nach Abgabe der Steuererklärung des Übertragenden für den Veranlagungszeitraum, in dem die Übertragung erfolgt ist.

[115] Soweit sich durch die Übertragung bzw. innerhalb von sieben Jahren nach der Übertragung der Anteil einer Körperschaft, Personenvereinigung oder Vermögensmasse an dem übertragenen Wirtschaftsgut begründet oder erhöht, ist rückwirkend auf den Zeitpunkt der Übertragung der Teilwert anzusetzen.

[116] Vgl. *Jäschke* GmbHR 2012, 605. Vgl. zu dieser Frage auch FG Münster 29.1.2015, 12 K 3033/14 F, EFG 2015, 915.

[117] Vgl. *Hageböke* Ubg 2009, 105.

[118] Vgl. D/P/M/*Patt* UmwStG § 24 Rz. 12.

gesellschaft beteiligten (Alt-)Gesellschafter, weil auch für diese die Fiktion gilt, dass sie ihre Mitunternehmeranteile an der übernehmenden Personengesellschaft in eine nach der Verschmelzung für ertragsteuerliche Zwecke quasi neu entstehende Personengesellschaft einbringen.

109 Nach Maßgabe des § 24 Abs. 1 UmwStG wird diese Verschmelzung somit grundsätzlich **unter Aufdeckung der stillen Reserven des übertragenen Vermögens** ertragsteuerlich abgewickelt. Die dabei aufgedeckten stillen Reserven können jedoch ggf. durch Bildung einer Rücklage iSd. § 6b EStG neutralisiert werden, soweit die allgemeinen Voraussetzungen der Bildung einer solchen Rücklage erfüllt werden.

110 Unter den in § 24 Abs. 2 UmwStG genannten Voraussetzungen ist ertragsteuerlich jedoch auch eine **Übertragung zu Buch- oder Zwischenwerten** möglich, um dadurch eine Aufdeckung der stillen Reserven (teilweise) zu vermeiden. Dies erfordert einen entsprechenden Antrag und Ansatz in der Steuerbilanz der übernehmenden Personengesellschaft, der nur zulässig ist, wenn das Recht der Bundesrepublik Deutschland hinsichtlich der Besteuerung des eingebrachten Betriebsvermögens nicht ausgeschlossen oder beschränkt wird.[119]

d) Verschmelzung einer Kapitalgesellschaft auf eine andere Kapitalgesellschaft

111 Die ertragsteuerlichen Folgen einer Verschmelzung einer Immobilien-Kapitalgesellschaft (und der damit verbundenen Übertragung ihres [Immobilien-]Vermögens) auf eine andere Kapitalgesellschaft sind in **§§ 11–13 UmwStG** geregelt (flankiert durch § 19 UmwStG, welcher die gewerbesteuerlichen Auswirkungen der Verschmelzung regelt).

112 Gemäß § 11 UmwStG hat die übertragende Immobilien-Kapitalgesellschaft das übertragene Vermögen **in ihrer steuerlichen (Umwandlungs-) Schlussbilanz grundsätzlich mit den gemeinen Werten anzusetzen,** so dass ggf. vorhandene stille Reserven entsprechend aufzudecken sind. Der entsprechende Übertragungsgewinn kann grundsätzlich (soweit die sonstigen in 6b EStG genannten Voraussetzungen erfüllt werden) in der steuerlichen Schlussbilanz der übertragenden Kapitalgesellschaft i.S.d. § 11 Abs. 1 UmwStG in eine Rücklage i.S.d. § 6b EStG eingestellt werden, um eine sofortige Aufdeckung der stillen Reserven zu vermeiden, da die Verschmelzung nach der hier vertretenen Ansicht als veräußerungsähnlicher Vorgang auch von § 6b EStG erfasst ist. Die entsprechende Rücklage ist dann von der übernehmenden Kapitalgesellschaft als Rechtsnachfolgerin fortzuführen und dann von dieser auf neu angeschaffte bzw. hergestellte Immobilien zunächst ertragneutral zu übertragen bzw. ertragswirksam aufzulösen.

113 Der Ansatz der übergehenden Wirtschaftsgüter mit ihrem **Buchwert bzw. einem Zwischenwert** (zwecks Vermeidung der Aufdeckung (aller) stiller Reserven) ist auf Antrag der übertragenden Gesellschaft jedoch grundsätzlich möglich. Gemäß § 11 Abs. 2 UmwStG können auf Antrag die übergehenden

---

[119] Zu weiteren Details der Steuerneutralität des § 24 UmwStG, die in diesem Kapitel nicht detailliert und erschöpfend dargestellt werden können, vgl. z. B. die Ausführungen von Haase/Hruschka/*Ohde* UmwStG § 24 Rn. 1 ff.

Wirtschaftsgüter mit dem Buchwert oder mit einem Zwischenwert angesetzt werden, soweit sichergestellt ist, dass sie **(1)** später bei der übernehmenden Körperschaft der Besteuerung mit Körperschaftsteuer unterliegen und **(2)** das Recht der Bundesrepublik Deutschland hinsichtlich der Besteuerung der übertragenen Wirtschaftsgüter bei der übernehmenden Körperschaft nicht beschränkt wird und **(3)** eine Gegenleistung nicht gewährt wird oder in Gesellschaftsrechten besteht.

114 Die übernehmende Kapitalgesellschaft hat das auf sie übergegangene Vermögen gemäß § 12 Abs. 1 Satz 1 i. V. m. § 4 Abs. 1 UmwStG mit den in der steuerlichen Schlussbilanz der übertragenden Kapitalgesellschaft angesetzten Werten zu übernehmen **(Wertverknüpfung)**. Ist die übernehmende Kapitalgesellschaft an der übertragenden Kapitalgesellschaft nicht beteiligt, so wird sie regelmäßig als Gegenleistung für das übernommene Vermögen neue, durch eine Kapitalerhöhung geschaffene Gesellschaftsrechte ausgeben. Hält die übernehmende Kapitalgesellschaft zum Übertragungsstichtag die Anteile an der übertragenen Kapitalgesellschaft, so entsteht in Höhe des Unterschiedsbetrags zwischen dem Buchwert der Anteile an der übertragenden Kapitalgesellschaft und dem Wert, mit dem die übergegangenen Wirtschaftsgüter zu übernehmen sind, ein steuerbilanzieller Übernahmegewinn oder Übernahmeverlust. Dieses Übernahmeergebnis abzüglich der Kosten für den Vermögensübergang bleibt gem. § 12 Abs. 2 Satz 1 UmwStG steuerlich außer Ansatz; der in der Steuerbilanz entstehende Gewinn oder Verlust ist damit außerhalb der Bilanz entsprechend zu korrigieren. § 12 Abs. 2 Satz 2 UmwStG regelt dabei, dass auf das Übernahmeergebnis § 8b KStG Anwendung findet, soweit der Gewinn abzüglich der anteilig darauf entfallenden Kosten für den Vermögensübergang dem Anteil der übernehmenden Körperschaft an der übertragenden Körperschaft entspricht. Insoweit gilt grundsätzlich das pauschale Abzugsverbot nach § 8b Abs. 5 KStG in Höhe von 5%, sodass der Übernahmegewinn effektiv zu 5% steuerpflichtig ist.

115 Die **steuerlichen Folgen der Verschmelzung für die Gesellschafter der übertragenden Kapitalgesellschaft regelt § 13 UmwStG.**[120] Diese sind unabhängig von der ggf. möglichen Ausübung des Bewertungswahlrechtes nach § 11 Abs. 1 UmwStG auf Ebene der übertragenden Kapitalgesellschaft. Nach § 13 Abs. 1 UmwStG gelten die Anteile an der übertragenden Körperschaft grundsätzlich als zum gemeinen Wert veräußert; die Anteile an der übernehmenden Körperschaft gelten als zum gemeinen Wert angeschafft. Wie auf der Ebene der übertragenden Gesellschaft erfolgt damit auch beim Anteilseigner grundsätzlich ein gewinnrealisierender Ansatz zum gemeinen Wert. Auf Antrag sind die Anteile an der übernehmenden Körperschaft mit dem Buchwert der Anteile an der übertragenden Körperschaft anzusetzen (§ 13 Abs. 2 Satz 1 UmwStG), wenn **(1)** das Recht der Bundesrepublik Deutschland hinsichtlich der Besteuerung der Anteile an der übernehmenden Körperschaft nicht ausgeschlossen oder beschränkt wird oder **(2)** die Mitgliedstaaten der Europäischen Union bei einer Verschmelzung Art. 8 der

---

[120] Hinweis auf § 20 Abs. 4a EStG, der bei im Privatvermögen gehaltenen Anteile in gewissen Konstellationen § 13 UmwStG vorgeht und eine zwingende Buchwertverknüpfung vorschreibt, zu Details vgl. Schmidt/*Weber-Grellet* EStG § 20 Rn. 163.

FusionsRL 2009/133/EG anzuwenden haben; in diesem Fall ist der Gewinn aus einer späteren Besteuerung der erworbenen Anteile ungeachtet der Bestimmungen eines DBA in der gleichen Art und Weise zu besteuern, wie die Veräußerung der Anteile an der übertragenen Körperschaft zu besteuern wäre.

2. Grunderwerbsteuerrecht

Die **Verschmelzung einer Immobilien-Gesellschaft auf eine andere Gesellschaft** unterliegt nach § 1 Abs. 1 Nr. 3 GrEStG grundsätzlich der Grunderwerbsteuer, soweit dabei das Eigentum an Grundstücken i. S. d. § 2 GrEStG aus dem Vermögen des übertragenden Rechtsträgers auf den übernehmenden Rechtsträger übergeht.[121] Die Grunderwerbsteuer entsteht dabei zum Zeitpunkt der rechtlichen Wirksamkeit der Verschmelzung, d. h. mit der Eintragung der Verschmelzung in das Register des übernehmenden Rechtsträgers iSd. § 20 Abs. 1 UmwG.[122]

Bei diesen Umwandlungen bemisst sich die Grunderwerbsteuer nach der derzeitigen gesetzlichen Regelung gemäß § 8 Abs. 2 Satz 1 Nr. 2 GrEStG nach den Werten i. S. d. § 138 Abs. 2 bis 4 BewG (sog. **Bedarfswerte**).[123] Für die wirtschaftlichen Einheiten des Grundvermögens und die Betriebsgrundstücke i. S. d. § 99 Abs. 1 Nr. 1 BewG verweist § 138 Abs. 3 BewG auf die Regelungen der §§ 139 und 145 bis 150 BewG.[124] Auf diese Bemessungsgrundlage wird der in dem jeweiligen Belegenheitsbundesland der Immobilie geltende Grunderwerbsteuersatz angewandt, der derzeit zwischen 3,5 % (z. B. in Bayern) und 6,5 % (z. B. in Schleswig-Holstein) liegt. Das BVerfG hat jedoch mit Beschluss vom 23.6.2015[125] entschieden, dass die Anwendung der Bedarfswerte als „Ersatzbemessungsgrundlage" verfassungswidrig ist, da sie zu einer sachlich nicht gerechtfertigten Ungleichbehandlung (Begünstigung) führt. Der Gesetzgeber muss bis zum 30.6.2016 rückwirkend zum 1.1.2009 eine Neuregelung treffen.

Zu prüfen ist jedoch im Einzelfall, ob eine **grunderwerbsteuerliche Befreiungsnorm** eingreift, so dass für die Verschmelzung ggf. keine Grunderwerbsteuer anfällt. In diesem Zusammenhang ist insbesondere § 6 Abs. 2 GrEStG relevant, wonach die Steuer in Höhe des Anteils nicht erhoben wird, zu dem der Erwerber am Vermögen der Gesamthand einer Personengesellschaft beteiligt ist, wenn ein Grundstück von einer Gesamthand in das Alleineigentum einer an der Gesamthand beteiligten Person übergeht. Diese Befreiung könnte z. B. bei einer Up-stream-Verschmelzung einer Immobilien-Personengesellschaft auf ihren Gesellschafter einschlägig sein. Sie wird jedoch nur unter der Voraussetzung der Erfüllung der in § 6 Abs. 4 GrEStG genann-

---

[121] Vgl. Hofmann/*Hofmann* GrEStG § 1 Rn. 42 ff. und Pahlke/Franz/*Pahlke* GrEStG § 1 Rn. 19 ff. und Koordinierter Ländererlass, z. B. FM Baden-Württemberg 12.12.1997, DStR 1998, 82 und 15.10.1999, DStR 1999, 1773 und 31.1.2000, DStR 2000, 284.
[122] Vgl. Hofmann/*Hofmann* GrEStG § 14 Rn. 3.
[123] Vgl. Hofmann/*Hofmann* GrEStG § 14 Rn. 3.
[124] Zur strittigen Frage der Bemessungsgrundlage in den Fällen einer „Spezial-Immobilie" i. S. d. § 147 BewG vgl. *Behrendt/Wischott* DStR 2009, 1512.
[125] BVerfG 23.6.2015 – 1 BvL 13/11, 1 BvL 14/11, DStR 2015, 1678.

§ 17 119

ten fünfjährigen Vorbehaltefrist gewährt, d. h. sie gilt insoweit nicht, als ein Gesamthänder – im Fall der Erbfolge sein Rechtsvorgänger – innerhalb von fünf Jahren vor dem Erwerbsvorgang seinen Anteil an der Gesamthand durch Rechtsgeschäft unter Lebenden erworben hat. Sie gilt außerdem insoweit nicht, als eine vom Beteiligungsverhältnis abweichende Auseinandersetzungsquote innerhalb der letzten fünf Jahre vor der Auflösung der Gesamthand vereinbart worden ist.[126]

119 Eine weitere grundsätzlich anwendbare **Befreiungsvorschrift** findet sich in **§ 6a GrEStG für gewisse konzerninterne Verschmelzungen** (→ § 5 Rn. 84). Diese grunderwerbsteuerliche Befreiung gilt jedoch nur, wenn an der Verschmelzung ausschließlich ein herrschendes Unternehmen und ein oder mehrere von diesem herrschenden Unternehmen abhängige Gesellschaften oder mehrere von einem herrschenden Unternehmen abhängige Gesellschaften beteiligt sind. Abhängig ist eine Gesellschaft, an deren Kapital oder Gesellschaftsvermögen das herrschende Unternehmen innerhalb von fünf Jahren vor dem Rechtsvorgang (fünfjährige Vorbehaltefrist) und fünf Jahren nach dem Rechtsvorgang (fünfjährige Nachbehaltefrist) unmittelbar oder mittelbar oder teils unmittelbar, teils mittelbar zu mindestens 95 % ununterbrochen beteiligt ist. Die Details dieser seit 2010 geltenden Steuerbefreiung werden in der Literatur[127] höchst strittig diskutiert und von der Finanzverwaltung sehr restriktiv ausgelegt.[128] Als Beispiel für diese strenge (und sehr streitige) Auslegung sei an dieser Stelle nur genannt, dass die Finanzverwaltung für die Gewährung der Grunderwerbsteuerfreiheit fordert, dass ein sog. **„Verbund" aus herrschendem Unternehmen und abhängigen Gesellschaften** (im vorstehend dargestelltem Sinne) sowohl vor als auch nach der Verschmelzung besteht (mit anderen Worten: eine Verschmelzung, durch die ein Verbund begründet oder beendet wird, ist demnach nach Auffassung der Finanzverwaltung nicht begünstigt). Gerade vor dem Hintergrund dieser Verwaltungsmeinung sollte die Anwendbarkeit des § 6a GrEStG auf eine (beabsichtigte) Verschmelzung eingehend untersucht werden, um sicherzugehen, dass die (erhoffte) Steuerbefreiung tatsächlich genutzt werden kann. Zudem ist insbesondere darauf zu achten, dass die obig genannten fünfjährigen Vorbehalte- und Nachbehaltefristen bezogen auf die Umwandlung eingehalten (d. h. nicht durchbrochen) werden, wobei sich diese Fristen nicht auf die jeweilige (im Zuge der Umwandlung übertragene) Immobilie beziehen sondern auf die Anteile der an der Umwandlung beteiligten (abhängigen) Immobilien-Gesellschaften.[129] Soweit die Nachbehaltefrist nicht erfüllt wird, entfällt die Steuerbefreiung rückwirkend auf den Zeitpunkt der Verschmelzung und die Grunderwerbsteuer wird entsprechend nacherhoben.

---

[126] Zu weiteren Details der Steuerbefreiung des § 6 GrEStG und der erforderlichen Vorbehaltefrist des § 6 Abs. 4 GrEStG vgl. Hofmann/*Hofmann* GrEStG § 6 Rn. 1 ff.
[127] Vgl. z. B. *Lieber/Wagner* DB 2012, 1772 und *Wischott/Schönweiß/Graessner* NWB 2013, 780 und *Wischott/Keller/Graessner* NWB 2013, 3460.
[128] Vgl. Gl. Ländererlasse 19.6.2012, BStBl. I 2012, 662.
[129] Vgl. Hofmann/*Hofmann* GrEStG § 6a Rn. 18.

IV. Spaltung

1. Ertragsteuerrecht

Wie unter → Rn. 66 erwähnt, ist bei einer Spaltung gemäß UmwG zu unterscheiden, ob diese als **Aufspaltung, Abspaltung oder Ausgliederung** vollzogen wird. Generell (und vereinfacht dargestellt) werden Spaltungen als „Teilverschmelzungen" behandelt. Der Grund für diese Bezeichnung ist, dass bei einer Spaltung (ähnlich zu einer Verschmelzung) Vermögen eines übertragenden Rechtsträgers im Wege der Gesamtrechtsnachfolge auf mindestens zwei übernehmende Rechtsträger übertragen wird und als Gegenleistung dafür typischerweise Anteile an den übernehmenden Rechtsträger gewährt werden. Insoweit verweisen die für die Spaltung geltenden gesellschaftsrechtlichen Normen häufig auf die für die Verschmelzung geltenden Regelungen, die entsprechend analog angewendet werden. Diese Ähnlichkeit der Spaltung zur Verschmelzung zeigt sich auch in deren ertragsteuerlichen Behandlung, so dass im Folgenden häufig auf die Ausführungen zur Verschmelzung (oben unter → Rn. 86 ff. dargestellt) verwiesen werden kann. 120

Die **Ausgliederung** ist ebenso wie die Auf- oder Abspaltung eine Spaltung i. S. d. § 123 UmwG, so dass insoweit für diese Spaltungsvarianten grundsätzlich dieselben umwandlungsrechtlichen Grundlagen zur Anwendung kommen. Ertragsteuerlich wird eine Ausgliederung jedoch teilweise anders als eine Auf- oder Abspaltung behandelt; dies zeigt sich z. B. darin, dass teilweise unterschiedliche Normen des UmwStG einschlägig sind.[130] Aus diesem Grunde werden die ertragsteuerlichen Folgen der Ausgliederung im Folgenden separat von den ertragsteuerlichen Konsequenzen der Auf- oder Abspaltung dargestellt. 121

a) Auf- oder Abspaltung

Aus Gründen der Komplexitätsreduktion und zur Vermeidung von Wiederholungen wird im Folgenden lediglich auf sog. **„kreuzende" Auf- oder Abspaltungen** eingegangen, bei denen das im Zuge der Spaltung übertragene Vermögen das Besteuerungssystem wechselt (vom für Personengesellschaften geltenden Transparenzprinzip zum für Kapitalgesellschaften geltenden Trennungs-/Dualitätsprinzip oder umgekehrt). 122

aa) Auf- oder Abspaltung von Vermögen einer Personengesellschaft auf eine Kapitalgesellschaft

Auch hinsichtlich der Auf- oder Abspaltung von Vermögen (von Immobilien) einer Personengesellschaft auf eine Kapitalgesellschaft ist danach zu unterscheiden, ob die übertragende Immobilien-Personengesellschaft aus ertragsteuerlicher Sicht eine vermögensverwaltende oder eine gewerbliche Gesellschaft ist. 123

---

[130] Beispiel: Für die Auf- oder Abspaltung von Vermögen einer Kapitalgesellschaft auf eine andere Kapitalgesellschaft greift § 15 UmwStG ein, während die Ausgliederung von Vermögen einer Kapitalgesellschaft auf eine andere Kapitalgesellschaft in § 20 UmwStG geregelt ist.

124 **aaa) Vermögensverwaltende Personengesellschaft.** Hinsichtlich der ertragsteuerlichen Folgen der Auf- oder Abspaltung von Vermögen (von Immobilien) einer **vermögensverwaltenden Immobilien-Personengesellschaft** auf eine Kapitalgesellschaft kann auf die (oben unter → Rn. 87 dargestellten) Konsequenzen der entsprechenden Verschmelzung einer vermögensverwaltenden Immobilien-Personengesellschaft auf eine Kapitalgesellschaft verwiesen werden. Das bedeutet, dass grundsätzlich ein (auf Ebene der Gesellschafter der vermögensverwaltenden Personengesellschaft) zur Aufdeckung der stillen Reserven zwingender Tausch i. S. d. § 6 Abs. 6 EStG anzunehmen ist, soweit nicht (wohl eher im Ausnahmefall bei Erfüllung der [Teil-]Betriebsvoraussetzung) eine Einbringung i. S. d. § 20 UmwStG vorliegt, die unter gewissen Voraussetzungen (Antragstellung, Ausgabe eines neuen Anteils etc.) steuerneutral zu Buchwerten erfolgen kann.

125 **bbb) Gewerbliche Personengesellschaft.** Hinsichtlich der ertragsteuerlichen Folgen der Auf- oder Abspaltung von Vermögen (von Immobilien) einer **gewerblichen Immobilienpersonengesellschaft** auf eine Kapitalgesellschaft kann auf die (oben unter → Rn. 88 dargestellten) Konsequenzen der entsprechenden Verschmelzung einer gewerblichen Immobiliengesellschaft auf eine Kapitalgesellschaft verwiesen werden. Das heißt, dass eine Steuerneutralität für diese Aufspaltung auch nur unter den engen Voraussetzungen des § 20 UmwStG möglich ist. Anders als bei der Verschmelzung einer gewerblichen Personengesellschaft, bei der die Einbringung eines gesamten Mitunternehmeranteils in die übernehmende Kapitalgesellschaft fingiert wird, ist bei der Aufspaltung von Vermögen der gewerblichen Personengesellschaft jedoch Voraussetzung für die Steuerneutralität des § 20 UmwStG, dass das übertragene Vermögen als Teilbetrieb im umwandlungsteuerlichen Sinne[131] qualifiziert, weil nur dann der Anwendungsbereich des § 20 UmwStG eröffnet ist. Da der Teilbetriebsbegriff im rechtlichen und tatsächlichem Sinne typischerweise mit vielen Unsicherheiten behaftet ist und die Steuerneutralität daher gefährdet sein könnte, empfiehlt es sich in vielen Fällen, hinsichtlich der Erfüllung der Teilbetriebsvoraussetzung im Vorwege eine verbindliche Auskunft der Finanzverwaltung nach § 89 Abs. 2 AO einzuholen.[132]

bb) Auf- oder Abspaltung von Vermögen einer Kapitalgesellschaft auf eine Personengesellschaft

126 Auch hinsichtlich der Auf- oder Abspaltung von Vermögen einer Kapitalgesellschaft auf eine Personengesellschaft (sog. **„Teil-Verschmelzung" der Kapitalgesellschaft**) sind die für die Verschmelzung einer Kapitalgesellschaft auf eine Personengesellschaft erteilten Hinweise (→ Rn. 89 ff.) entsprechend zu beachten, wobei jedoch die im Folgenden dargestellten Besonderheiten zu berücksichtigen sind.

---

[131] Vgl. zu den Voraussetzungen dieses Teilbetriebsbegriffs im Einzelnen *Grau*, Der Teilbetrieb im Umwandlungsteuerrecht nach dem Umwandlungsteuer-Erlass 2011, IFSt-Schrift Nr. 488 (2013) und R/H/L/*Herlinghaus* UmwStG § 20 Rn. 58 ff.

[132] Vgl. zur Frage der Erteilung von verbindlichen Auskünften auf Einbringungssachverhalte D/P/M/*Patt* UmwStG Vor § 20 Rn. 13.

aaa) **Vermögensverwaltende Personengesellschaft.** Auch für die **Auf- oder Abspaltung von Vermögen einer Immobilien-Kapitalgesellschaft auf eine vermögensverwaltende Personengesellschaft** sind (wie für die entsprechende Verschmelzung) §§ 3–10 UmwStG (i. V. m. § 18 UmwStG hinsichtlich der gewerbesteuerlichen Auswirkungen) anwendbar, wonach neben der fiktiven Dividende i. S. d. § 7 UmwStG – zumindest nach Auffassung der Finanzverwaltung – eine Aufdeckung der stillen Reserven in dem übertragenen Vermögen (den Immobilien) droht (vgl. dazu → Rn. 91). Eine – zumindest nach einer Meinung in der Literatur – mögliche Steuerneutralität bei Übertragung von Vermögen auf eine Zebragesellschaft (vgl. auch dazu → Rn. 91) kann jedoch nur erreicht werden, wenn die von der gespaltenen Kapitalgesellschaft auf die verschiedenen übernehmenden Rechtsträger übertragenen Vermögenssachgesamtheiten (bzw. das bei der abspaltenden Kapitalgesellschaft verbleibende Vermögen) als Teilbetriebe im umwandlungssteuerlichen Sinne qualifizieren, weil § 16 UmwStG für diese Umwandlungsvariante auf das für die Steuerneutralität notwendige Teilbetriebserfordernis des § 15 UmwStG verweist. Dies bedeutet konkret, dass für jede Sachgesamtheit, die im Zuge der Auf- oder Abspaltung auf einen übernehmenden Rechtsträger übertragen wird (bzw. für das verbleibende Vermögen), zu untersuchen ist, ob diese die (im Einzelnen strittigen) Tatbestandsmerkmale des Teilbetriebsbegriffs erfüllt. In den meisten Fällen dürfte die Erfüllung dieser Tatbestandsmerkmale unsicher sein und es kann daher vereinzelt angezeigt sein, zu dieser Frage eine verbindliche Auskunft der Finanzverwaltung einzuholen. Zudem ist zu beachten, dass eine etwaige Ertragsteuerneutralität der Spaltung (bei Erfüllung der Teilbetriebsvoraussetzungen) unter dem Vorbehalt der in § 15 Abs. 2 UmwStG genannten Vor- und Nachbehaltefristen steht.[133]

127

bbb) **Gewerbliche Personengesellschaft.** Für die Auf- oder Abspaltung von Vermögen einer Kapitalgesellschaft auf eine gewerbliche Personengesellschaft gelten §§ 3–10 UmwStG i. V. m. § 18 UmwStG hinsichtlich der gewerbesteuerlichen Auswirkungen (vgl. dazu → Rn. 93).

128

Eine **Steuerneutralität der Auf- oder Abspaltung** (durch Ansatz des Buchwertes iSd. § 3 Abs. 1 UmwStG für das im Zuge der Abspaltung übertragene Vermögen) ist jedoch auch nur dann möglich, wenn die von der gespaltenen Kapitalgesellschaft auf die verschiedenen übernehmenden Rechtsträger übertragenen Vermögenssachgesamtheiten (bzw. das bei der abspaltenden Kapitalgesellschaft verbleibende Vermögen) als Teilbetriebe im umwandlungssteuerlichen Sinne qualifizieren, weil § 16 UmwStG für diese Umwandlungsvariante auf das für die Steuerneutralität notwendige Teilbetriebserfordernis des § 15 UmwStG verweist.

129

b) Ausgliederung

Aus Gründen der Komplexitätsreduktion und zur Vermeidung von Wiederholungen wird im Folgenden lediglich auf sog. „kreuzende" **Ausgliederungen** eingegangen, bei denen das im Zuge der Ausgliederung übertra-

130

---

[133] Zu Einzelheiten dieser Sperrfristen vgl. D/P/M/*Dötsch*/*Pung* UmwStG § 15 Rn. 100 ff., deren Anwendung bei Spaltungen auf eine Personengesellschaft jedoch strittig ist. Vgl. dazu D/P/M/*Dötsch* UmwStG § 16 Rn. 9.

gene Vermögen das Besteuerungssystem wechselt (vom für Personengesellschaften geltenden Transparenzprinzip zum für Kapitalgesellschaften geltenden Trennungs-/Dualitätsprinzip oder umgekehrt).

aa) Ausgliederung von Vermögen einer Personengesellschaft auf eine Kapitalgesellschaft

131 Auch hinsichtlich der **Ausgliederung von Vermögen** (Immobilien) einer Personengesellschaft auf eine Kapitalgesellschaft ist danach zu unterscheiden, ob die übertragende Immobilien-Personengesellschaft aus ertragsteuerlicher Sicht eine vermögensverwaltende oder eine gewerbliche Gesellschaft ist.

132 aaa) **Vermögensverwaltende Personengesellschaft.** Soweit eine vermögensverwaltende Personengesellschaft als übertragender Rechtsträger im Rahmen einer Spaltung betroffen ist, lassen sich wegen der vollkommenen ertragsteuerlichen Transparenz der vermögensverwaltenden Personengesellschaft hinsichtlich der ertragsteuerlichen Folgen **keine Unterschiede zwischen der Ausgliederung und den anderen Spaltungsvarianten** (Auf- oder Abspaltung) feststellen. Mit anderen Worten: Die Ausgliederung von Vermögen einer vermögensverwaltenden Personengesellschaft (als übertragender Rechtsträger) wird ertragsteuerlich genauso behandelt wie die Auf- oder Abspaltung von Vermögen einer vermögensverwaltenden Personengesellschaft (als übertragender Rechtsträger). Insoweit kann für die ertragsteuerlichen Konsequenzen einer solchen Ausgliederung auf → Rn. 124 verwiesen werden.

133 bbb) **Gewerbliche Personengesellschaft.** Anders ist ertragsteuerlich jedoch die Ausgliederung von Vermögen (von Immobilien) einer gewerblichen Personengesellschaft auf eine Kapitalgesellschaft zu würdigen, weil insoweit die gewerbliche Personengesellschaft quasi als **eigenständiger Rechtsträger** angesehen wird. Dies zeigt sich insbesondere darin, dass die gewerbliche Personengesellschaft nach wohl herrschender Literaturansicht als „Einbringende" iSd. § 20 UmwStG zu qualifizieren ist.[134] So qualifiziert auch die Finanzverwaltung eine Mitunternehmerschaft, die nach Einbringung ihres Betriebsvermögens fortbesteht, als „Einbringende" i. S. d. § 20 Abs. 1 UmwStG.[135] Somit kann die Ausgliederung von Vermögen (von Immobilien) einer gewerblichen Personengesellschaft auf eine Kapitalgesellschaft auf Antrag ertragsteuerneutral zu Buchwerten erfolgen, wenn das übertragene Vermögen als Betrieb oder zumindest als Teilbetrieb (im umwandlungssteuerlichen Sinne) der Personengesellschaft qualifiziert und die sonstigen Voraussetzungen des § 20 UmwStG erfüllt werden.[136]

134 Liegen die Anwendungsvoraussetzungen des § 20 UmwStG nicht vor, so ist die **Ausgliederung als Tausch (bzw. tauschähnlicher Vorgang)** i. S. d.

---

[134] Vgl. R/H/L/*Herlinghaus*UmwStG § 20 Rn. 34 ff. und 121c.
[135] Vgl. UmwSt-Erlass BMF 11.11.11, BStBl. I 2011, 1314, Tz. 20.03.
[136] Zu weiteren Voraussetzungen der Steuerneutralität des § 20 Abs. 2 UmwStG, die in diesem Kapitel nicht detailliert und erschöpfend dargestellt werden können, vgl. z. B. Haase/Hruschka/*Hruschka/Hellmann* UmwStG § 20 Rn. 1 ff.

§ 6 Abs. 6 EStG zu werten, der zur Aufdeckung der in dem ausgegliederten Vermögen enthaltenen stillen Reserven zwingt, soweit diese stillen Reserven nicht zunächst ertragsneutral nach Maßgabe des § 6b EStG in eine entsprechende Rücklage eingestellt werden können.

bb) Ausgliederung von Vermögen einer Kapitalgesellschaft auf eine Personengesellschaft

Soweit Vermögen (Immobilien) einer Immobilien-Kapitalgesellschaft auf eine Personengesellschaft ausgegliedert wird, ist danach zu unterscheiden, ob die übernehmende Personengesellschaft (nach der Ausgliederung) für ertragsteuerliche Zwecke als vermögensverwaltend (und damit komplett transparent) oder als gewerblich zu behandeln ist. Dies führt im Einzelnen zu den folgend beschriebenen ertragsteuerliche Konsequenzen.

aaa) **Vermögensverwaltende Personengesellschaft.** Im Falle der Übertragung von Vermögen, das nach der Ausgliederung im Rahmen einer vermögensverwaltenden Tätigkeit eingesetzt wird, hat die **Ausgliederung grundsätzlich keine besonderen Implikationen** und wird für ertragsteuerliche Zwecke praktisch ignoriert. Da eine vermögensverwaltende Personengesellschaft für ertragsteuerliche Zwecke als quasi nicht existent behandelt wird, bedeutet dies, dass eine Ausgliederung von Vermögen auf diese Personengesellschaft als übernehmenden Rechtsträger ebenfalls praktisch vollkommen negiert/ignoriert wird. Das ausgegliederte Vermögen wurde vor der Ausgliederung dem übertragenden Rechtsträger (d.h. der Immobilien-Kapitalgesellschaft) unmittelbar zugerechnet.[137] Nach der Ausgliederung erfolgt ebenfalls eine unmittelbare Zurechnung nach der Bruchteilsbetrachtung des § 39 Abs. 2 Nr. 2 AO, so dass insoweit ertragsteuerlich keine Übertragung im Sinne eines Rechtsträgerwechsels erfolgt.[138] Es kommt mithin auch nicht zu einer Aufdeckung der in den übertragenen Immobilien enthaltenen stillen Reserven.

bbb) **Gewerbliche Personengesellschaft.** Die Übertragung einer Immobilie aus dem Betriebsvermögen der Immobilien-Kapitalgesellschaft in das Betriebsvermögen der gewerblichen Personengesellschaft richtet sich grundsätzlich nach § 6 Abs. 5 Satz 3 Nr. 1 EStG, soweit einzelne Wirtschaftsgüter übertragen werden. Demnach erfolgt die **Übertragung der aktiven Wirtschaftsgüter grundsätzlich ertragsteuerneutral zu Buchwerten,** soweit diese gegen Gewährung von Gesellschaftsrechten[139] oder unentgelt-

---

[137] Wie unter → Rn. 64 dargelegt, wird in diesem Kapitel unterstellt, dass auch keine Vermögensverschiebungen zwischen verschiedenen Gesellschaftern der Personengesellschaft erfolgen. Solche Vermögensverschiebungen, die als veräußerungsähnliche Vorgänge zur Aufdeckung der stillen Reserven zwingen, können jedoch gegeben sein, wenn an der Personengesellschaft, auf die das Vermögen ausgegliedert wird, andere Gesellschafter beteiligt sind.

[138] Bestätigt durch BFH 26.4.2012, IV R 44/09, BStBl. II 2013, 142 (entgegen Vorinstanz FG Niedersachsen 28.9.2009, 3 K 869/04, EFG 2010, 729). Dieses Urteil entspricht der herrschenden Meinung (vgl. z.B. *Bünning* BB 2010, 2357 m.w.N.) und auch der Praxis der Finanzverwaltung (vgl. OFD Berlin 23.4.2004, DB 2004, 1235).

[139] Es ist dabei zu prüfen, inwieweit das ausgegliederte Vermögen auf Eigenkapitalkonten der übernehmenden Personengesellschaft verbucht wird, weil nur insoweit eine Übertragung gegen Gewährung von Gesellschaftsrechten vorliegt. Erfolgt dagegen eine Verbuchung

lich[140] durchgeführt wird. Insoweit ist die Übertragung für die Immobilien-Kapitalgesellschaft ertragsteuerneutral und es entstehen für sie durch die Ausgliederung keine steuerpflichtigen Einkünfte. Diese Buchwertübertragung steht jedoch unter dem Vorbehalt der Entnahme-/Veräußerungsfrist des § 6 Abs. 5 Satz 4 EStG[141] sowie der Kapitalgesellschaftsklausel des § 6 Abs. 5 Satz 5 und 6 EStG.[142] Wenn und soweit diese Ausnahmen zum Buchwertansatz anwendbar sind, kommt es bei der Übertragung in das Betriebsvermögen der gewerblichen Personengesellschaft zum (rückwirkenden) Teilwertansatz – mithin zu einer (rückwirkenden) Aufdeckung der in den übertragenen Wirtschaftsgütern enthaltenen stillen Reserven – und zu entsprechend steuerpflichtigen Einkünften für den jeweils betroffenen Gesellschafter. Hinsichtlich der derzeitig strittigen Behandlung von teilentgeltlichen Übertragungen im Rahmen von § 6 Abs. 5 EStG bzw. § 24 UmwStG wird auf → Rn. 101 ff. verwiesen.

138 Die **Ausgliederung** von Vermögen kann jedoch auch **mehrere (aktive und passive) Wirtschaftsgüter der Immobilien-Kapitalgesellschaft umfassen** und kann dann aus Sicht der ausgliedernden Kapitalgesellschaft als Betriebs- bzw. Teilbetriebseinbringung i.S.d. § 24 UmwStG zu werten sein. Als Beispiel lässt sich eine Immobilien-Kapitalgesellschaft nennen, die ihr gesamtes Vermögen (d.h. ihren gesamten Betrieb) auf eine gewerbliche Personengesellschaft ausgliedert. Diese Übertragung, für welche die Immobilien-Kapitalgesellschaft im Zuge der Ausgliederung eine Mitunternehmerbeteiligung an der übernehmenden Personengesellschaft (durch Verbuchung auf entsprechende ertragsteuerliche Eigenkapitalkonten der Personengesellschaft) erhält, ist vom Anwendungsbereich des § 24 UmwStG gedeckt. Demnach kann bei entsprechender Antragstellung eine (steuerpflichtige) Aufdeckung der in den übertragenen Wirtschaftsgütern enthaltenen stillen Reserven – und somit steuerpflichtige Einkünfte für den betreffenden Gesellschafter – (teilweise) vermieden werden, indem die übernehmende gewerbliche Personengesellschaft ge-

---

auf Fremdkapitalkonten der Personengesellschaft, liegt insoweit keine Übertragung gegen Gewährung von Gesellschaftsrechten vor, sondern es wird insoweit ein (teil-)entgeltlicher Vorgang realisiert, der zur (teilweisen) steuerpflichtigen Aufdeckung der stillen Reserven der übertragenen Wirtschaftsgüter zwingen könnte, vgl. Schmidt/*Kulosa* EStG § 6 Rn. 696 ff.

[140] Die Übertragung von Verbindlichkeiten (d.h. die Übernahme solcher Verbindlichkeiten durch die gewerblich geprägte KG im Zuge des Formwechsels) gilt insoweit als Entgelt, das für den Buchwertansatz des § 6 Abs. 5 Satz 3 EStG schädlich ist; insoweit liegt ein (teil-)entgeltlicher Vorgang vor, der ertragsteuerlich zur (teilweisen) Aufdeckung der stillen Reserven zwingen könnte. Vgl. Schmidt/*Kulosa* EStG § 6 Rn. 696 und die Hinweise auf die derzeit anhängigen Gerichtsverfahren weiter oben, welche diese Rechtseinschätzung beeinflussen könnten.

[141] Wird das übertragene Wirtschaftsgut innerhalb einer Sperrfrist veräußert oder entnommen, ist rückwirkend auf den Zeitpunkt der Übertragung der Teilwert anzusetzen, es sei denn, die bis zur Übertragung entstandenen stillen Reserven sind durch Erstellung einer Ergänzungsbilanz dem übertragenen Gesellschafter zugeordnet worden; diese Sperrfrist endet drei Jahre nach Abgabe der Steuererklärung des Übertragenden für den Veranlagungszeitraum, in dem die Übertragung erfolgt ist.

[142] Soweit sich durch die Übertragung bzw. innerhalb von sieben Jahren nach der Übertragung der Anteil einer Körperschaft, Personenvereinigung oder Vermögensmasse an dem übertragenen Wirtschaftsgut begründet oder erhöht, ist rückwirkend auf den Zeitpunkt der Übertragung der Teilwert anzusetzen.

mäß § 24 Abs. 2 UmwStG die übernommenen Wirtschaftsgüter mit ihrem Buchwert oder einem Zwischenwert (geringer als ihr gemeiner Wert) ansetzt.[143]

2. Grunderwerbsteuerrecht

139 Die Übertragung von Vermögen einer Immobilien-Gesellschaft auf eine Kapital- oder Personengesellschaft im Zuge einer **Spaltung** unterliegt nach § 1 Abs. 1 Nr. 3 GrEStG grundsätzlich der **Grunderwerbsteuer,** soweit dabei das Eigentum an Grundstücken i.S.d. § 2 GrEStG aus dem Vermögen des übertragenden Rechtsträgers auf den übernehmenden Rechtsträger übergeht.[144] Die Grunderwerbsteuer entsteht dabei zum Zeitpunkt der rechtlichen Wirksamkeit der Spaltung, d.h. mit der Eintragung der Verschmelzung in das Register des übernehmenden Rechtsträgers i.S.d. § 20 Abs. 1 UmwG.[145]

140 Die **grunderwerbsteuerliche Bemessungsgrundlage** bestimmt sich dabei – wie in Abschnitt D.II oben beschrieben – nach der derzeitigen Gesetzeslage nach den Bedarfswerten i.S.d. § 138 Abs. 2 und 4 BewG, wobei sich dies als Ergebnis der in → Rn. 117 genannten Entscheidung des BVerfG vom 23.6.2015[146] künftig ändern könnte. Auch hinsichtlich der anwendbaren Steuersätze kann auf → Rn. 117 verwiesen werden.

141 Auch für die **Spaltung von Vermögen einer Immobiliengesellschaft auf eine andere Gesellschaft** ist es denkbar, dass eine grunderwerbsteuerliche Befreiungsnorm eingreift; näher zu prüfen wäre hierzu insbesondere die Anwendung des § 6a GrEStG (Grunderwerbsteuerbefreiung für gewisse konzerninterne Umwandlungen), zu dessen Anwendung es jedoch – wie unter Rn. 36ff. dargestellt – eine Vielzahl von unklaren Rechtsfragen gibt.

142 Die **Ausgliederung** von Immobilien **auf eine Personengesellschaft** kann zudem von einer Grunderwerbsteuerbefreiung begünstigt sein. In Betracht kommt hierbei insbesondere § 5 Abs. 2 GrEStG. Nach dieser Norm wird die Grunderwerbsteuer in Höhe des Anteils nicht erhoben, zu dem der Veräußerer (d.h. die Immobilien-Kapitalgesellschaft) am Vermögen der Gesamthand (d.h. der übernehmenden Personengesellschaft) beteiligt ist, wenn ein Grundstück von der Immobilien-Kapitalgesellschaft auf eine Personengesellschaft im Zuge der Ausgliederung übergeht. Diese Steuerbefreiung ist jedoch insoweit gemäß § 5 Abs. 3 GrEStG nicht anzuwenden (und entfällt damit rückwirkend auf den Zeitpunkt der Ausgliederung), als sich der Anteil des Veräußerers (d.h. der Immobilien-Kapitalgesellschaft) am Vermögen der Gesamthand (d.h. der übernehmenden Personengesellschaft) innerhalb von fünf Jahren nach dem Übergang des Grundstücks auf die Gesamthand vermindert. Somit steht diese Grunderwerbsteuerbefreiung unter dem Vorbehalt

---

[143] Zu weiteren Voraussetzungen der Steuerneutralität des § 24 UmwStG, die in diesem Kapitel nicht detailliert und erschöpfend dargestellt werden können, vgl. z.B. Haase/Hruschka/*Ohde* UmwStG § 24 Rn. 1 ff.
[144] Vgl. Hofmann/*Hofmann* GrEStG § 1 Tz. 50 ff. und Koordinierter Ländererlass, z.B. FM Baden-Württemberg 12.12.1997, DStR 1998, 82 und v. 15.10.1999, DStR 1999, 1773 und v. 31.1.2000, DStR 2000, 284.
[145] Vgl. Hofmann/*Hofmann* GrEStG § 14 Rn. 3.
[146] BVerfG 23.6.2015 – 1 BvL 13/11, 1 BvL 14/11, DStR 2015, 1678.

einer nachlaufenden fünfjährigen Haltefrist, die entsprechend beachtet werden sollte.

V. Fazit

143 Umwandlungen von Immobiliengesellschaften können sowohl eine **ertragsteuerliche Belastung** (durch Aufdeckung der in den Immobilien enthaltenen stillen Reserven) als auch **Grunderwerbsteuerzahlungen** auslösen. In gewissen Konstellationen lässt das Steuergesetz jedoch auch eine ertragsteuerneutrale (ohne Aufdeckung der stillen Reserven) und/oder eine grunderwerbsteuerfreie Übertragung der Immobilien im Zuge von Umwandlungen zu.

144 Die **steuerlichen Folgen** von solchen Umwandlungen sollten daher vor Umsetzung der Umwandlung eingehend **geprüft werden,** um (ungewollte) Steuerlasten aus den Umwandlungen zu vermeiden. Dabei können die in diesem Kapitel enthaltenen Kommentare einen ersten Überblick über die möglichen Themen und „Stolpersteine" geben und insoweit als Basis für weitergehende Analysen auf Basis der tatsächlichen Umstände des Einzelfalls dienen.

§ 18 Besonderheiten bei Auslandsbezug

Übersicht

	Rn.
A. Inländische Immobilien von Steuerausländern	
I. Allgemeines	1–5
II. Persönliche Steuerpflicht	6
III. Sachliche Steuerpflicht	7–29
1. Generelles	7, 8
2. Die einzelnen Tatbestände des § 49 EStG	9–27
a) § 49 Abs. 1 Nr. 2 Buchst. a EStG	10–13
b) § 49 Abs. 1 Nr. 2 Buchst. e Doppelbuchst. aa EStG	14–18
c) § 49 Abs. 1 Nr. 2 Buchst. f Doppelbuchst. bb EStG	19–25
d) § 49 Abs. 1 Nr. 8 EStG	26, 27
3. Zusammenfassung und Rechtsfolgen	28, 29
IV. Doppelbesteuerungsabkommen	30–61
1. Allgemeines	30, 31
2. Unmittelbare Veräußerung von unbeweglichen Vermögen (Art. 13 Abs. 1 OECD-MA)	32–40
a) Tatbestandsvoraussetzungen	32–37
b) Ermittlung des Veräußerungsgewinns	38, 38a
c) Besteuerungsfolgen	39, 40
3. Mittelbare Veräußerung von unbeweglichen Vermögen	41–61
a) Allgemeines	41
b) Veräußerung von Anteilen an einer Kapitalgesellschaft mit inländischem Grundbesitz	42–55
aa) Tatbestandsvoraussetzungen (Art. 13 Abs. 4 und 5 OECD-MA)	42–51
bb) Steuerver- und -entstrickung im Inbound-Fall	52–54a
cc) Besteuerungsfolgen	55
c) Veräußerung von Anteilen an einer Personengesellschaft mit inländischem Grundbesitz	56–61
aa) Veräußerung von Anteilen an einer gewerblichen Personengesellschaft	57–59
bb) Veräußerung von Anteilen an einer vermögensverwaltenden Personengesellschaft	60, 61
B. Ausländische Immobilien von Steuerinländern	
I. Allgemeines	62–71
II. Doppelbesteuerungsabkommen	72–77
1. Allgemeines	72–75
2. Progressionsvorbehalt	76, 77

§ 18 1–4 Teil 7. Veräußerungen

A. Inländische Immobilien von Steuerausländern

I. Allgemeines

1 Nachstehend werden ausschließlich die **Besonderheiten** der Besteuerung der (grenzüberschreitenden) mittelbaren oder unmittelbaren Veräußerung von inländischen Immobilienvermögen durch einen Steuerausländer betrachtet.[1]

2 Von einer **unmittelbaren Veräußerung** ist für Zwecke dieses Kapitels die Rede, wenn die inländische Immobilie durch den Steuerausländer direkt veräußert wird.[2] Die **mittelbare Veräußerung** meint hingegen die Veräußerung einer Beteiligung an einer inländischen Personengesellschaft oder Kapitalgesellschaft, welche eine inländische Immobilie im Betriebsvermögen hält.

3 Als **Steuerausländer** für Zwecke dieses Kapitels werden nur Steuerpflichtige betrachtet, die im Inland nicht der unbeschränkten deutschen Steuerpflicht nach dem Einkommensteuer- oder Körperschaftsteuergesetz unterliegen. Zu der gewerbesteuerlichen Behandlung in diesem Zusammenhang wird auf die allgemeinen Ausführungen bei der Nutzungsphase und Veräußerung verwiesen.[3] Steuerausländer verfügen somit als natürliche Personen weder über einen inländischen Wohnsitz (§ 8 AO) noch über einen inländischen gewöhnlichen Aufenthalt (§ 9 AO) bzw. als Körperschaften weder über einen inländischen Ort der Geschäftsleitung (§ 10 AO) noch über einen inländischen Satzungssitz (§ 11 AO).[4] Sie können im Inland daher allenfalls der beschränkten Steuerpflicht unterliegen, sofern sog. **inländische Einkünfte i. S. d. § 49 EStG** (bei Körperschaften: i. V. m. § 8 Abs. 1 KStG) vorliegen, § 1 Abs. 4 EStG bzw. § 2 KStG. Jene Steuerpflichtige unterliegen vielmehr nach dem nationalen Steuerrecht eines ausländischen Staates der dortigen unbeschränkten Steuerpflicht und begründen – in DBA-Fällen – ihre abkommensrechtliche Ansässigkeit, nach der Art. 4 OECD-MA entsprechenden Vorschrift des anwendbaren DBA, im Ausland.

4 Wie bei grenzüberschreitenden Sachverhalten üblich, ist auch bei der grenzüberschreitenden Veräußerung von Immobilien im **Inbound-Fall** (d. h. der (un)mittelbaren Veräußerung von inländischen Immobilien durch Steuerausländer) regelmäßig zwischen dem jeweiligen nationalen Besteuerungstatbestand und, soweit ein DBA existiert, der abkommensrechtlichen Zuweisung des Besteuerungsrechts hinsichtlich des Gewinns aus der Veräußerung von inländischen deutschen Immobilien zu unterscheiden. Nur wenn beides im DBA-Fall zu Gunsten von Deutschland vorliegt, kann Deutschland im Inbound-Fall den realisierten Veräußerungsgewinn aus der (un)mittelbaren Veräußerung von inländischen Immobilien tatsächlich besteuern. Allein das nationale deutsche Steuerrecht ist hingegen maßgebend, wenn kein DBA besteht. Liegt nach nationalen (deutschen) Steuerrecht ein Besteuerungstatbe-

---

[1] Die laufende Besteuerung von Einkünften aus deutschen Immobilienvermögen in grenzüberschreitenden Sachverhalten ist hingegen gesondert in § 8 Rn. 1–127 dargestellt.
[2] Als unmittelbare Veräußerung gilt auch die Veräußerung einer inländischen Immobilie durch eine inländische Personengesellschaft an der der Steuerausländer beteiligt ist.
[3] → § 16 Rn. 31–34.
[4] → § 8 Rn. 7–25.

stand vor, hat Deutschland grundsätzlich ein Besteuerungsrecht an den nach deutschen Grundsätzen ermittelten Einkünften. Es obliegt in diesen Fällen dann grundsätzlich dem Ansässigkeitsstaat des Steuerausländers eine Doppelbesteuerung zu vermeiden.

Nachstehend wird zunächst auf die nationalen Besteuerungstatbestände, an die das deutsche Steuerrecht eine beschränkte Steuerpflicht knüpft, eingegangen, die wie eingangs beschrieben, stets und unabhängig vom Vorliegen eines DBA zu prüfen sind. Anschließend wird auf die bei (un)mittelbarer Veräußerung von inländischen Immobilien relevanten DBA Vorschrift(en) anhand des OECD-MA eingegangen.

II. Persönliche Steuerpflicht

Es wird an dieser Stelle auf die Ausführungen in → § 8 Rn. 7–25 verwiesen. 6

III. Sachliche Steuerpflicht

1. Generelles

Das Vorliegen inländischer Einkünfte i.S. des § 49 EStG ist das zentrale Tatbestandsmerkmal der beschränkten Steuerpflicht, da erst hierüber ein Besteuerungsanspruch für Deutschland begründet wird und erst dieser die beschränkte Steuerpflicht des Steuerausländers in Deutschland auslöst.[5] Im Folgenden soll daher auf die einzelnen **Tatbestände des § 49 EStG** eingegangen werden, die bei der mittelbaren oder unmittelbaren Veräußerung von inländischen Immobilienvermögen zur Anwendung kommen könnten.

Im Einzelnen kann bei der **unmittelbaren Veräußerung** von in Deutschland belegenen Immobilienvermögen grundsätzlich ein deutscher Besteuerungsanspruch über § 49 Abs. 1 Nr. 2 Buchst. f Doppelbuchst. bb EStG bzw. § 49 Abs. 1 Nr. 2 Buchst. a EStG bei Veräußerung durch ausländische Kapitalgesellschaften bzw. Steuerausländern, die gewerbliche Einkünfte erzielen oder über § 49 Abs. 1 Nr. 8 EStG bei Veräußerung durch eine natürliche Person begründet werden.

Bei **mittelbarer Veräußerung** der Beteiligung an einer inländischen grundbesitzenden Personen- bzw. Kapitalgesellschaft kann sich ein deutscher Besteuerungsanspruch insbesondere nach § 49 Abs. 1 Nr. 2 Buchst. a EStG oder § 49 Abs. 1 Nr. 2 Buchst. e Doppelbuchst. aa EStG begründen bzw. nach § 49 Abs. 1 Nr. 2 Buchst. f Doppelbuchst. bb EStG oder § 49 Abs. 1 Nr. 8 EStG ergeben, je nachdem, ob es sich um Anteile an einer inländischen grundbesitzenden Kapitalgesellschaft oder gewerblichen bzw. vermögensverwaltenden Personengesellschaft handelt.[6]

---

[5] → § 8 Rn. 26, 27.
[6] Es wird kontrovers in der Literatur und Rechtsprechung sowie nach Ansicht der Finanzverwaltung diskutiert, ob die Veräußerung einer Beteiligung an einer grundbesitzenden Personengesellschaft den Tatbestand des § 49 Abs. 1 Nr. 2 Buchst. f EStG erfüllt – vgl. FG München 29.7.2013 – 7 K 190/11, EFG 2013, 1852; → Rn. 23.

2. Die einzelnen Tatbestände des § 49 EStG

9 Es wird im Folgenden insbesondere auf die vorgenannten Tatbestände des § 49 EStG eingegangen, die nicht bereits Gegenstand eingehender Ausführungen in § 8 Rn. 38–116 waren.

a) § 49 Abs. 1 Nr. 2 Buchst. a EStG

10 § 49 Abs. 1 Nr. 2 Buchst. a EStG kann sowohl bei der **unmittelbaren Veräußerung** von inländischen Immobilienvermögen durch einen Steuerausländer als auch bei der **mittelbaren Veräußerung** der Beteiligung an einer in- oder ausländischen Personengesellschaft zur Anwendung kommen. Voraussetzung hierfür ist, dass der Steuerausländer bzw. die (in- oder ausländische) Personengesellschaft, an der der Steuerausländer die Beteiligung hält, **gewerbliche Einkünfte i. S. d. §§ 15 bis 17 EStG** erzielt **und** ein **Inlandsbezug** durch eine im Inland unterhaltene Betriebsstätte (**§ 12 AO**) oder durch einen ständigen Vertreter (**§ 13 AO**) gegeben ist.[7]

11 Gewerbliche Einkünfte i. S. v. § 15 EStG werden aus deutscher Sicht grundsätzlich immer dann durch einen Steuerausländer erzielt, wenn es sich bei diesem um eine Kapitalgesellschaft,[8] oder einen gewerblichen Einzelunternehmer handelt oder dieser Anteile an einer gewerblichen (in- oder ausländischen) Personengesellschaft, die die Voraussetzungen des § 15 Abs. 2 EStG[9] erfüllt. Hiervon sind aber nicht nur originär gewerblich tätige Personengesellschaften, sondern auch aus deutscher Sicht gewerblich infizierte oder gewerblich geprägte (in- und ausländische) Personengesellschaften erfasst.[10] Einkünfte aus Beteiligungen an gewerblich tätigen, gewerblich infizierten oder gewerblich geprägten (in- oder ausländische) Personengesellschaften umfassen die mitunternehmerischen Einkünfte nach § 15 EStG, sowie etwaige Sondervergütungen i. S. v. § 15 Abs. 1 S. 1 Nr. 2 S. 1 EStG und Veräußerungs- bzw. Entnahmegewinne von im Sonderbetriebsvermögen gehaltenen Immobilien eines Gesellschafters, die dieser der Personengesellschaft entgeltlich oder unentgeltlich zur Nutzung überlassen hat. § 49 Abs. 1 Nr. 2 Buchst. a EStG erfasst aber nicht nur die laufenden gewerblichen Einkünfte i. S. d. § 15 EStG, zu denen auch Gewinne aus der unmittelbaren Veräußerung von (inländischen) Immobilienvermögen gehören,[11] sondern aufgrund des Klammerzusatzes im Einleitungssatz des § 49 Abs. 1 Nr. 2 EStG auch Einkünfte im Sinne des § 16 EStG; d. h. solche aus der Veräußerung eines Mitunternehmeranteils an einer in- oder ausländischen (gewerblich tätigen, gewerblich geprägten bzw. gewerbliche infizierten) Personengesell-

---

[7] Vgl. Blümich/*Wied* EStG § 49 Rn. 59–60, 62.
[8] „Gewerbebetrieb kraft Rechtsform" gemäß § 8 Abs. 2 KStG.
[9] Die Einkünfteerzielungsabsicht muss hinsichtlich der in- und ausländischen Gesamttätigkeit des Steuerausländers gegeben sein – vgl. BFH 7.11.2001 – I R 14/01, BStBl. II 2002, 861.
[10] In Folge des Verweis auf § 15 EStG kommen alle Einzeltatbestände i. R. d. § 15 EStG in Betracht, mithin also auch § 15 Abs. 3 EStG – vgl. Blümich/*Wied* EStG § 49 EStG Rn. 59.
[11] Z. B. durch eine inländische Personengesellschaft an der der Steuerausländer Anteile hält oder durch eine ausländische Kapitalgesellschaft mit inländischer Betriebsstätte.

schaft bzw. aus der Veräußerung des ganzen Gewerbebetriebs bzw. eines Teilbetriebs.[12]

Eine Besteuerung von Einkünften aus der Veräußerung von inländischen Immobilien ergibt sich nach § 49 Abs. 1 Nr. 2 Buchst. a EStG allerdings nur dann, wenn **im Inland eine Betriebsstätte i. S. d. § 12 AO** unterhalten wird oder ein **ständiger Vertreter i. S. v. § 13 AO** bestellt ist und der Veräußerungsgewinn (auf Basis der funktionalen Zurechnung der Immobilie zur inländischen Betriebsstätte) der inländischen Betriebsstätte zugeordnet wird.[13] Da § 49 Abs. 1 Nr. 2 Buchst. a EStG nur an einen Inlandsbezug durch eine inländische Betriebsstätte oder einen ständigen Vertreter anknüpft, ist es für das Entstehen eines Besteuerungsanspruchs nach § 49 Abs. 1 Nr. 2 Buchst. a EStG unerheblich, wie sich das Betriebsvermögen (Gesamthands- und Sonderbetriebsvermögen) der Personengesellschaft im Einzelnen zusammensetzt und mithin, ob im Inland belegenes Immobilienvermögen gehalten wird.

Soweit weder eine Betriebsstätte im Inland unterhalten wird, noch ein ständiger Vertreter im Inland bestellt ist bzw. der Gewinn einer inländischen Personengesellschaft einer Auslandsbetriebsstätte zuzuordnen ist, wird **mangels Inlandsbezug**s weder bei der unmittelbaren noch bei der mittelbaren Veräußerung ein deutscher Besteuerungsanspruch nach § 49 Abs. 1 Nr. 2 Buchst. a EStG begründet.[14] In diesen Fällen kann sich allerdings eine beschränkte Steuerpflicht aus § 49 Abs. 1 Nr. 2 Buchst. f Doppelbuchst. bb EStG oder aufgrund der isolierenden Betrachtungsweise des § 49 Abs. 2 EStG aus § 49 Abs. 1 Nr. 8 EStG ergeben.[15]

b) § 49 Abs. 1 Nr. 2 Buchst. e Doppelbuchst. aa EStG

Während unter § 49 Abs. 1 Nr. 2 Buchst. a EStG die Veräußerung der Beteiligung an einer inländischen (grundbesitzenden) Personengesellschaft fallen kann, ist hingegen die Veräußerung einer Beteiligung an einer inländischen (grundbesitzenden) Körperschaft unter § 49 Abs. 1 Nr. 2 Buchst. e Doppelbuchst. aa EStG einzuordnen.

Die Veräußerung der Beteiligung muss hierfür zunächst in vollem Umfang den Tatbestand des § 17 EStG[16] erfüllen. Abweichend von § 17 EStG, der sowohl die Veräußerung von Beteiligung an in- als auch ausländischen Kapitalgesellschaften erfasst, kann nur die Veräußerung jener Beteiligungen einen **Besteuerungsanspruch** auslösen, die an Körperschaften bestehen, die ihren Sitz (§ 11 AO) oder ihre Geschäftsleitung (§ 10 AO) im Inland haben.[17] Ein Besteuerungsanspruch nach § 49 Abs. 1 Nr. 2 Buchst. e Doppelbuchst. aa EStG kann sich aufgrund des vollumfänglichen Verweises auf § 17 EStG nicht nur bei Veräußerung einer Beteiligung von mindestens 1 % (die innerhalb der

---

[12] Vgl. Blümich/*Wied* EStG § 49 Rn. 59.
[13] → § 8 Rn. 56 ff.
[14] Vgl. Blümich/*Wied* EStG § 49 Rn. 62.
[15] Vgl. Blümich/*Wied* EStG § 49 Rn. 61.
[16] D. h. Veräußerung einer Beteiligung von mindestens 1 %, die (zu irgendeinem Zeitpunkt) innerhalb der letzten 5 Jahre bestanden haben muss.
[17] Vgl. Blümich/*Wied* EStG § 49 Rn. 125.

letzten fünf Jahre gehalten wurde) ergeben, sondern auch, wenn ein sog. Ersatzrealisationstatbestand[18] des § 17 EStG vorliegt.[19]

16 Es kommt in Folge der **isolierenden Betrachtungsweise gem. § 49 Abs. 2 EStG** nicht darauf an, ob die veräußerte Beteiligung an der inländischen grundbesitzenden Kapitalgesellschaft im Betriebsvermögen oder Privatvermögen des Steuerausländers gehalten wird. In den Fällen, in denen die Beteiligung jedoch im Betriebsvermögen eines Steuerausländers gehalten wird, ist grundsätzlich danach zu differenzieren, ob die veräußerte Beteiligung dem Betriebsvermögen einer inländischen oder ausländischen Betriebsstätte zugeordnet wird. Soweit die Beteiligung einer inländischen Betriebsstätte des Steuerausländers zugerechnet wird, findet nicht § 49 Abs. 1 Nr. 2 Buchst. e Doppelbuchst. aa EStG, sondern vorrangig § 49 Abs. 1 Nr. 2 Buchst. a EStG Anwendung.[20]

17 **Unerheblich ist** auch für die Begründung eines deutschen Besteuerungsanspruchs nach § 49 Abs. 1 Nr. 2 Buchst. e Doppelbuchst. aa EStG, ob die Kapitalgesellschaft überhaupt **inländisches Grundvermögen** hält, da sich der Inlandsbezug in § 49 Abs. 1 Nr. 2 Buchst. e Doppelbuchst. aa EStG allein über die Ansässigkeit der Körperschaft bestimmt. Da eine der Immobilienklausel nach Art. 13 Abs. 4 OECD-MA entsprechenden Vorschrift im deutschen Steuerrecht bislang nicht besteht, wird kein deutscher Besteuerungsanspruch und mithin keine beschränkte Steuerpflicht begründet, wenn durch einen Steuerausländer eine Beteiligung an einer ausländischen Kapitalgesellschaft, die weder ihren Sitz noch ihre Geschäftsleitung im Inland hat, aber deutsches Grundvermögen inne hat, veräußert wird.

18 Aufgrund des ausschließlichen Verweises in § 49 Abs. 1 Nr. 2 Buchst. e Doppelbuchst. aa EStG auf § 17 EStG ist grundsätzlich nur die Veräußerung **einer Beteiligung von mindestens 1%** erfasst. Nicht erfasst ist somit die Veräußerung einer Beteiligung an einer grundbesitzenden Kapitalgesellschaft von weniger als 1%. Mangels Besteuerungstatbestand in der die Kapitaleinkünfte eines Steuerausländers betreffenden Vorschrift des § 49 Abs. 1 Nr. 5 EStG, fällt die Veräußerung einer derartigen Beteiligung nicht in den Anwendungsbereich des § 49 EStG.[21]

c) § 49 Abs. 1 Nr. 2 Buchst. f Doppelbuchst. bb EStG

19 **§ 49 Abs. 1 Nr. 2 Buchst. f Doppelbuchst. bb EStG erweitert den Umfang der beschränkt steuerpflichtigen Einkünfte aus Gewerbebetrieb,** indem hiervon auch Einkünfte aus der Veräußerung unbeweglichen Vermö-

---

[18] Im Einzelnen handelt es sich hier um die verdeckte Einlage i. S. v. § 17 Abs. 1 S. 2 EStG, die Auflösung einer Kapitalgesellschaft sowie die Kapitalherabsetzung und – rückzahlung i. S. v. § 17 Abs. 4 EStG und den Ausschluss bzw. die Beschränkung des deutschen Besteuerungsrechts im Fall der Verlegung des Sitzes oder des Orts der Geschäftsleitung der Kapitalgesellschaft in einen anderen Staat nach § 17 Abs. 5 EStG.
[19] Vgl. Blümich/*Wied* EStG § 49 Rn. 124.
[20] Vgl. Blümich/*Wied* EStG § 49 Rn. 123.
[21] Ausgenommen hiervon sind wiederum solche Beteiligungen, die einer inländischen Betriebsstätte des Steuerausländers zugerechnet werden, da in diesen Fällen vorrangig § 49 Abs. 1 Nr. 2 Buchst. a EStG zur Anwendung kommt.

gens, Sachinbegriffen oder Rechten[22] erfasst werden, die aus einer gewerblichen Tätigkeit eines Steuerausländers erzielt werden. Die Anwendung des § 49 Abs. 1 Nr. 2 Buchst f. Doppelbuchst. bb EStG setzt mithin voraus, dass die Einkünfte einer gewerblichen Tätigkeit des Steuerausländers zugeordnet werden, nicht aber wie bei § 49 Abs. 1 Nr. 2 Buchst. a EStG, dass im Inland eine Betriebsstätte unterhalten wird oder ein ständiger Vertreter bestellt ist. Es gelten somit grundsätzlich die Ausführungen zu den gewerblichen Einkünften eines Steuerausländers i. S. d. § 49 Abs. 1 Nr. 2 Buchst. a EStG entsprechend. Ob im Ergebnis gewerbliche Einkünfte i. S. d. § 15 EStG durch einen Steuerausländer erzielt werden, richtet sich ausschließlich nach deutschen steuerlichen Auslegungsgrundsätzen und umfasst auch die Annahme einer gewerblichen Tätigkeit eines Steuerausländers in Folge von gewerblicher Prägung, gewerblicher Infizierung oder dem Vorliegen eines gewerblichen Grundstückshandels.[23]

Inwiefern auch die Veräußerung von Anteilen an in- oder ausländischen vermögensverwaltenden Personengesellschaften, in deren Gesamthandsvermögen inländische Immobilien i. S. d. § 49 Abs. 1 Nr. 2 Buchst. f Doppelbuchst. bb EStG gehalten werden, einen deutschen Besteuerungsanspruch nach § 49 Abs. 1 Nr. 2 Buchst. f Doppelbuchst. bb EStG begründen, wird in Literatur und Rechtsprechung zum Teil kontrovers diskutiert. Ausgangspunkt ist die Frage, ob die sog. **Bruchteilsbetrachtung** im Bereich des § 49 Abs. 1 Nr. 2 Buchst. f Doppelbuchst. bb EStG zur Anwendung kommt.

Nach der Rechtsprechung des BGH und der herrschenden Literaturmeinung sind Personengesellschaften zivilrechtlich **teilrechtsfähig** und als solche auch als **Zurechnungssubjekt des Gesellschaftsvermögens** zu betrachten.[24] Steuerlich wird dieser Betrachtung aber nur dann gefolgt, wenn es nicht für Zwecke der Besteuerung einer anteiligen Zurechnung der Wirtschaftsgüter auf die Gesellschafter nach § 39 Abs. 2 Nr. 2 AO bedarf (sog. Bruchteilsbetrachtung).[25] Denn die sog. Bruchteilsbetrachtung ist nach der Rechtsprechung des BFH dann erforderlich, wenn zwar die Gesamthand einen Besteuerungstatbestand verwirklicht, allerdings Schuldner der hierdurch entstandenen Steuer nicht die Gesamthand, sondern vielmehr der einzelne Gesellschafter ist.[26] Die bei Personengesellschaften grds. anzuwendende Bruchteilsbetrachtung wird allerdings im Bereich der gewerblich tätigen Mitunternehmerschaften i. S. d. § 15 EStG durch die **Einheitsbetrachtung** des § 15 Abs. 1 Nr. 2 EStG als lex specialis verdrängt.[27] Mithin sollte die Bruchteilsbetrachtung stets bei vermögensverwaltenden Personengesellschaften Anwendung finden. Im Zusammenhang mit der Veräußerung einer Beteiligung an einer vermögensverwaltenden

---

[22] Die Wirtschaftsgüter entsprechen grds. denjenigen des § 21 EStG - so Blümich/*Wied* EStG § 49 Rn. 134.
[23] Vgl. Blümich/*Wied* EStG § 49 Rn. 132.
[24] Vgl. BGH 29.1.2001 – II ZR 331/00, DStR 2001, 310; BGH 4.12.2008 – V ZB 74/08, DStR 2009, 284.
[25] Vgl. BFH 7.12.1988 – II R 150/85, BStBl. II 1989, 237.
[26] Vgl. BFH 4.10.1990 – X R 54/90, BStBl. II 1992, 211, BFH 3.2.2010 – IV R 26/07, BStBl. II 2010, 751, BFH 4.10.1990 – X R 148/88, BStBl. II 92, 211, BFH 7.4.1976 – I R 75/73, BStBl. II 1976, 557 und BFH 10.5.2007 – IV R 69/04, BStBl. II 2010, 973.
[27] Vgl. BFH 3.2.2010 – IV R 26/07, BStBl. II, 2010, 751, Schmidt/*Wacker* EStG § 15 Rn. 163 ff.

§ 18 22, 23   Teil 7. Veräußerungen

Personengesellschaft wird unter Anwendung der Bruchteilsbetrachtung die Veräußerung der anteiligen Wirtschaftsgüter (vorliegend also des inländischen Immobilienvermögens) fingiert.[28]

22 Ob auch im Bereich des § 49 Abs. 1 Nr. 2 Buchst. f Doppelbuchst. bb EStG die Bruchteilsbetrachtung zur Anwendung kommt oder vielmehr einer zivilrechtlichen Betrachtung gefolgt werden sollte, ist maßgebend dafür, ob bei **Veräußerung einer Beteiligung an einer vermögensverwaltenden Personengesellschaft mit inländischen Immobilienvermögen** ein nationaler Besteuerungsanspruch nach § 49 Abs. 1 Nr. 2 Buchst. f Doppelbuchst. bb EStG begründet wird. Aufgrund des Erfordernisses von Einkünften aus Gewerbebetrieb, sind insbesondere Fallkonstellationen mit ausländischen gewerblichen Gesellschaften als Anteilseigner der vermögensverwaltenden Personengesellschaft betroffen.

Während nach Auffassung der Finanzverwaltung[29] und Teilen der Literatur[30] in der Veräußerung einer Beteiligung an einer vermögensverwaltenden Personengesellschaft der Bruchteilsbetrachtung folgend eine Veräußerung der anteiligen durch die Beteiligung zugerechneten Wirtschaftsgüter gesehen wird und mithin hierdurch der Anwendungsbereich des § 49 Abs. 1 Nr. 2 Buchst. f Doppelbuchst. bb EStG eröffnet ist, wird nach der Rechtsprechung (insbesondere zu § 23 EStG a. F.) sowie anderer Literaturmeinungen[31] unter Bezugnahme auf die zivilrechtliche Betrachtung kein Besteuerungsanspruch begründet.

23 Das **FG München** entschied,[32] dass die Veräußerung eines Anteils an einer vermögensverwaltenden Personengesellschaft mit inländischen Grundbesitz durch eine ausländische Kapitalgesellschaft keine beschränkte Steuerpflicht über den Besteuerungstatbestand des § 49 Abs. 1 Nr. 2 Buchst. f Doppelbuchst. bb EStG begründet. Lt. FG München ist ausgehend von einer zivilrechtlichen Betrachtung die Veräußerung eines Anteils an einer vermögensverwaltenden Personengesellschaft, in deren Gesamthandsvermögen sich ein im Inland belegenes Grundstück befindet, nicht mit der Veräußerung von Grundbesitz i. S. d. § 49 Abs. 1 Nr. 2 Buchst. f EStG gleichzusetzen. Denn in Folge der Veräußerung der Beteiligung kommt es gerade nicht zu einer Veränderung im Gesamthandsvermögen, vielmehr verbleibt der inländische Grundbesitz auch nach dem Gesellschafterwechsel weiterhin gesamthänderisch im Eigentum der Personengesellschaft gebunden.

Nach dem Urteil des FG München[32] verlange der Wortlaut des § 49 Abs. 1 Nr. 2 Buchst. f EStG explizit eine Veräußerung von inländischem unbeweglichem Vermögen. Eine wie in § 23 Abs. 1 Satz 4 EStG fingierte

---

[28] Vgl. BMF 16.4.2010, BStBl I 2010, 354, Tz. 3.2.; *Wacker* DStR 2005, 2014; vgl. auch → § 7 Rn. 98 ff.; § 16 Rn. 52 f.
[29] Vgl. BMF 11.1.1993, BStBl. 1 1993; BMF 26.9.2014, BStBl. I 2014, 1258.
[30] *Wacker* DStR 2005, 2014.
[31] BFH 4.10.1990 – X R 54/90, BStBl II 1992; BFH 10.7.1996 – X R 103/95, BStBl II 1997, 678; BFH 9.5.2000, VIII R 41/99, BStBl. II 2000, 686 ff.; sowie ausführlich Engel/ *Engel* Vermögensverwaltende Personengesellschaften im Ertragsteuerrecht, Rn. 856 ff. Es sei darüber hinaus auf die einschlägige Literatur, Kommentierungen und Handbücher zur steuerlichen Behandlung von vermögensverwaltenden Personengesellschaften verwiesen.
[32] FG München 29.7.2013 – 7 K 190/11; EFG 2013, 1852.

§ 18 Besonderheiten bei Auslandsbezug 24, 25 § 18

Gleichstellung der unmittelbaren Veräußerung inländischen Grundbesitzes mit der mittelbaren Veräußerung über eine vermögensverwaltende Personengesellschaft ist nicht in § 49 Abs. 1 Nr. 2 Buchst. f Doppelbuchst. bb EStG enthalten. Mithin ist die Veräußerung einer Beteiligung nicht ausreichend, um den Besteuerungstatbestand des § 49 Abs. 1 Nr. 2 Buchst. f EStG zu erfüllen.[33]

Demnach kann bei der Veräußerung einer Beteiligung an einer vermögensverwaltenden Personengesellschaft mit inländischen Grundbesitz nur über § 49 Abs. 1 Nr. 8 EStG i.V.m. § 23 Abs. 1 Nr. 1 EStG und § 23 Abs. 1 S. 4 EStG[34] eine beschränkte Steuerpflicht begründet werden; d.h., wenn die Beteiligung an der vermögensverwaltenden Personengesellschaft innerhalb der zehnjährigen Spekulationsfrist erworben und veräußert wurde.

Wird hingegen die **Beteiligung an einer ausländischen gewerblichen Personengesellschaft** mit inländischen Grundbesitz veräußert und fällt die Veräußerung mangels inländischer Betriebsstätte nicht unter § 49 Abs. 1 Nr. 2 Buchst. a EStG, sollte der Besteuerungstatbestand des § 49 Abs. 1 Nr. 2 Buchst. f Doppelbuchst. bb EStG ebenfalls nicht erfüllt sein. Denn gerade im Bereich der gewerblich tätigen Mitunternehmerschaften i.S.d. § 15 EStG gilt die sog. Einheitsbetrachtung des § 15 Abs. 1 Nr. 2 EStG als lex specialis (→ Rn. 21).[35]   24

Sollten hier allerdings weder die Voraussetzungen des § 49 Abs. 1 Nr. 2 Buchst. a EStG noch die des § 49 Abs. 1 Nr. 2 Buchst. f Doppelbuchst. bb erfüllt sein, könnte nach Maßgabe der **isolierten Betrachtungsweise** nach § 49 Abs. 2 EStG der Besteuerungstatbestand des § 49 Abs. 1 Nr. 8 EStG erfüllt sein. Teile der Literatur vertreten die Auffassung, dass die isolierte Betrachtungsweise allerdings nur bei ausländischen Personengesellschaften in Betracht kommt, die originär gewerblich tätig sind. Denn § 49 Abs. 2 EStG verlangt, dass ausländische Besteuerungsmerkmale außer Betracht bleiben, soweit bei ihrer Berücksichtigung inländische Einkünfte nicht angenommen werden können. Die isolierte Betrachtungsweise soll danach zwar eine gewerbliche Tätigkeit einer ausländischen Gesellschaft außer Betracht lassen, nicht aber ihre Rechtsform. Die Person des beschränkt Steuerpflichtigen sowie seine Rechtsform sollen nicht weggedacht oder umqualifiziert werden. Werden somit Einkünfte einer vermögensverwaltenden ausländischen Personengesellschaft als gewerbliche Einkünfte infolge von gewerblicher Prägung bzw. gewerblicher Infizierung qualifiziert, soll es sich hierbei um ein rein inländisches Besteuerungsmerkmal handeln.[36] Da nach § 49 Abs. 2 EStG nur ausländische Besteuerungsmerkmale nicht berücksichtigt werden sollen, inländische Besteuerungsmerkmale jedoch vollumfänglich zu berücksichtigen sind, sollte daher im Ergebnis bei gewerblich geprägten bzw. gewerblich infizierten ausländischen Personengesellschaften die isolierende Betrachtungsweise nicht zur Anwendung kommen und folglich in der genannten   25

---

[33] → § 8 Rn. 70–86.
[34] Bei Körperschaften unter Anwendung der isolierenden Betrachtungsweise des § 49 Abs. 2 EStG.
[35] Zur Beurteilung der Veräußerung eines Anteils an einer gewerblichen Personengesellschaft nach Abkommensrecht → Rn. 57.
[36] Vgl. *Kraft/Hohage* IStR 2014, 605, m.w.N.; H/H/R/*Clausen* EStG § 49 Rn. 1246.

§ 18 26–29   Teil 7. Veräußerungen

Konstellation keine beschränkte Steuerpflicht nach § 49 Abs. 1 Nr. 8 EStG angenommen werden können. Dieser Auffassung steht m. E. zutreffend die der OFD Münster entgegen.[37] Danach ist eine ausländische geschäftsführende und persönlich haftende Kapitalgesellschaft (als Tatbestandsmerkmal einer gewerblichen Prägung) ein ausländisches Besteuerungsmerkmal, wonach auch in diesen Fällen die isolierte Betrachtungsweise zur Anwendung kommen kann.

d) § 49 Abs. 1 Nr. 8 EStG

26 Nach § 49 Abs. 1 Nr. 8 EStG begründen **sonstige Einkünfte i. S. d. § 22 Nr. 2 EStG,** soweit es sich um **private Veräußerungsgeschäfte** mit inländischen Grundstücken oder inländischen Rechten, die den Vorschriften des bürgerlichen Rechts über Grundstücken unterliegen, einen deutschen Besteuerungsanspruch. Aufgrund des in § 49 Abs. 1 Nr. 8 EStG enthaltenen Verweis auf § 22 Nr. 2 EStG und damit auch auf § 23 EStG wird an dieser Stelle auf die Ausführungen zu § 23 EStG verwiesen.[38]

27 Da nach § 23 Abs. 1 S. 4 EStG auch die Anschaffung und Veräußerung einer unmittelbaren oder mittelbaren Beteiligung an einer (vermögensverwaltenden) Personengesellschaft als Anschaffung bzw. Veräußerung der anteiligen Wirtschaftsgüter zählt, ist von § 49 Abs. 1 Nr. 8 EStG auch die Veräußerung einer Beteiligung an einer grundbesitzenden Personengesellschaft erfasst, wenn die Anschaffung und Veräußerung der Beteilung innerhalb der zehnjährigen Spekulationsfrist erfolgt.[39]

3. Zusammenfassung und Rechtsfolgen

28 Im Ergebnis kann entweder die unmittelbare Veräußerung von in Deutschland belegenem Grundvermögen oder aber die Veräußerung einer Beteiligung an einer grundbesitzenden Personengesellschaft bzw. Kapitalgesellschaft, vorausgesetzt die **Beteiligung** an letzterer ist eine Beteiligung **i. S. v. § 17 EStG,** einen deutschen Besteuerungsanspruch begründen.

Fraglich ist, ob Deutschland auch tatsächlich den entsprechenden Veräußerungsgewinn besteuern darf. Dies hängt im Wesentlichen davon ab, ob mit dem Vertragsstaat, in dem der Veräußerer ansässig ist, ein DBA besteht, und wenn dem so ist, wie hier die Art. 13 OECD-MA entsprechende Vorschrift im Einzelnen ausgestaltet ist. Soweit kein DBA zur Anwendung kommt, wird Deutschland in Folge der beschränkten Steuerpflicht den Veräußerungsgewinn besteuern. Es obliegt sodann dem Ansässigkeitsstaat, eine Doppelbesteuerung des Veräußerungsgewinns zu vermeiden.

29 Die Einkommen- bzw. Körperschaftsteuer und ggf. Grunderwerbsteuer auf den Gewinn aus der unmittelbaren Veräußerung des in Deutschland belegenen unbeweglichen Vermögens wird grds. im Wege der **Veranlagung** erhoben, da bei den vorliegenden beschränkt steuerpflichtigen Einkünften ein Steuerabzug mit abgeltender Wirkung nicht in Betracht kommt. Die durch

---

[37] OFD Münster 5.9.2011, BeckVerw 253100, Tz. II 2.
[38] → § 16 Rn. 35 ff.
[39] → § 16 Rn. 51–55.

§ 18 Besonderheiten bei Auslandsbezug

eine Personengesellschaft oder Bruchteilsgemeinschaft erzielten, in Deutschland nach § 49 EStG beschränkt steuerpflichtigen Einkünfte sowie die Einkünfte aus der Veräußerung der Anteile sind grundsätzlich nach § 179 Abs. 2 AO i. V. m. § 180 Abs. 1 Nr. 2a AO **einheitlich und gesondert festzustellen** und im Rahmen der durch den Gesellschafter nach amtlich vorgeschriebenen Vordruck abzugebenden Steuererklärung zu berücksichtigen.[40]

IV. Doppelbesteuerungsabkommen

1. Allgemeines

Sämtliche von Deutschland abgeschlossenen DBA enthalten eine Vorschrift zur Verteilung der Besteuerungsrechte für Einkünfte aus der (mittelbaren und unmittelbaren) Veräußerung von unbeweglichem Vermögen. Sie orientieren sich nahezu ausnahmslos an **Art. 13 OECD-MA** und hier im Speziellen an:
- Art. 13 Abs. 1 OECD-MA: bei unmittelbarer Veräußerung von unbeweglichen Vermögen und mittelbarer Veräußerung unbeweglichen Vermögens durch Veräußerung einer Beteiligung an einer grundbesitzenden vermögensverwaltenden und ggf. gewerblichen Personengesellschaft,[41]
- Artikel 13 Abs. 2 OECD-MA: bei mittelbarer Veräußerung unbeweglichen Vermögens durch Veräußerung einer Beteiligung an einer grundbesitzenden gewerblich tätigen Personengesellschaft,[42]
- Art. 13 Abs. 4 OECD-MA:[43] bei mittelbarer Veräußerung von unbewegliche Vermögen durch Veräußerung von Anteilen an grundbesitzenden sog. Immobilienkapitalgesellschaften,[44]
- Art. 13 Abs. 5 OECD-MA als Auffangvorschrift, wenn die vorgenannten Absätze nicht zur Anwendung kommen. Sie findet insbesondere bei Veräußerungen von Anteilen an Immobilenkapitalgesellschaften Anwendung, wenn der Art. 13 Abs. 4 OECD-MA nicht erfüllt ist.[45]

Auf Grund der großen Bedeutung von Art. 13 OECD-MA für Immobilienveräußerungen wird nachfolgend insbesondere auf diese Vorschrift Bezug genommen und auf deren Besonderheiten in einzelnen DBA hingewiesen.

Ebenso wie Art. 6 OECD-MA, der die laufende Besteuerung von Immobilienvermögen regelt, gehört auch Art. 13 OECD-MA zu den sog. **Vertei-**

---

[40] Soweit der Gewinn oder Verluste einer ausländischen Betriebsstätte auf den beschränkt Steuerpflichtigen einer inländischen Personengesellschaft entfällt, ist dieser nicht im Rahmen der einheitlichen und gesonderten Feststellung zu berücksichtigen – vgl. BFH vom 24.2.1988 – I R 95/84, BStBl. II 1988, 663; Blümich/*Wied* EStG § 49 EStG Rn. 62 und 92.
[41] → Rn. 56 ff.
[42] Ggf. auch Art. 13 Abs. 1 OECD-MA anwendbar; → Rn. 58 f.
[43] Die meisten von Deutschland abgeschlossenen älteren DBAs beinhalten noch keine dem Art. 13 Abs. 4 OECD-MA entsprechende Vorschrift, nicht zuletzt weil der Art. 13 Abs. 4 OECD-MA erst in 2002 eingefügt wurde und die meisten DBA mit Deutschland älteren Datums sind. In jüngster Vergangenheit neu abgeschlossene DBA (z. B. DBA Deutschland – Luxemburg und Deutschland – Niederlande) enthalten nunmehr eine entsprechende sog. Immobilienklausel.
[44] Nach Tz. 28.5 OECD-MK zu Art. 13 OECD-MA steht es den Staaten offen den Anwendungsbereich der Immobilienklausel auch auf Beteiligungen an anderen Rechtsgebilden wie z. B. Personengesellschaften zu erweitern.
[45] → Rn. 42 und 48.

lungsnormen des OECD-MA und setzt im Hinblick auf die Veräußerung von unbeweglichen Vermögen analog zu Art. 6 OECD-MA das **Belegenheitsprinzip** bei der Besteuerung von Gewinnen aus der unmittelbaren Veräußerung von Grundvermögen um. Bei der Veräußerung einer Beteiligung an einer grundbesitzenden Immobilienpersonengesellschaft bzw. Immobilienkapitalgesellschaft muss hinsichtlich der Zuweisung des Besteuerungsrechts am Veräußerungsgewinn auch die Ausgestaltung einer ggf. vorhandenen Immobilienklausel berücksichtigt werden. Nachstehend wird zunächst die unmittelbare Veräußerung von unbeweglichen Vermögen nach Art. 13 OECD-MA und anschließend die Veräußerung von Beteiligungen an grundbesitzenden Personen- und Kapitalgesellschaften behandelt.

2. Unmittelbare Veräußerung von unbeweglichen Vermögen (Art. 13 Abs. 1 OECD-MA)

a) Tatbestandsvoraussetzungen

32   Art. 13 Abs. 1 OECD-MA regelt die Besteuerung der **Veräußerung von unbeweglichen Vermögen** einer **in einem Vertragsstaat ansässigen Person,** das **im anderen Vertragsstaat** liegt. Folglich findet Art. 13 Abs. 1 OECD-MA keine Anwendung für die unmittelbare Veräußerung von unbeweglichen Vermögen, welches in dem Vertragsstaat liegt, in dem der Veräußerer ansässig ist oder, welches in einem dritten Staat (der nicht Vertragsstaat des anzuwendenden DBA ist) liegt.[46] Im erstgenannten Fall kommt die Anwendung eines DBA schon deshalb nicht in Betracht, da es sich um einen reinen nationalen Sachverhalt handelt, der der Anwendung eines DBA zur Vermeidung einer Doppelbesteuerung bereits dem Grunde nach nicht bedarf. Im letzteren Fall, in dem das veräußerte unbewegliche Vermögen in keinem der Vertragsstaaten belegen ist, kommt als Auffangvorschrift Art. 13 Abs. 5 OECD-MA in Betracht.[47]

33   Die Begriffe „**Person**" und „**Ansässigkeit in einem Vertragsstaat**" sind gemäß den in den Art. 2–4 OECD-MA enthaltenen allgemeinen Regeln auszulegen. Für die Definition des **unbeweglichen Vermögens** verweist Art. 13 Abs. 1 OECD-MA grundsätzlich auf Art. 6 OECD-MA.[48] Ergänzend hierzu sei erwähnt, dass die Anwendung von Art. 13 Abs. 1 OECD-MA nicht voraussetzt, dass das unbewegliche Vermögen zuvor zur Erzielung von Einkünften aus unbeweglichen Vermögen i. S. v. Art. 6 OECD-MA verwendet wurde.[49]

34   Bei dem in Art. 13 OECD-MA verwendeten Begriff „**Veräußerung**" handelt es sich einheitlich für alle Absätze des Art. 13 OECD-MA um einen rein abkommensrechtlichen Begriff, der aber weder eingehend in Art. 13 OECD-MA noch an anderer Stelle des OECD-MA (z. B. in Art. 3 OECD-MA) definiert ist. Mangels Definition im DBA müsste dem Grunde nach

---

[46] Tz. 22 OECD-MK zu Art. 13 OECD-MA.
[47] Wassermeyer/*Wassermeyer* Art. 13 MA Rn. 21.
[48] → § 8 Rn. 109–126.
[49] Wassermeyer/*Wassermeyer* Art. 13 MA Rn. 22.

Art. 3 Abs. 2 OECD-MA zur Anwendung kommen, wonach jeder im Abkommen nicht definierte Ausdruck nach innerstaatlichem Steuerrecht des Anwenderstaates auszulegen wäre.[50]

Aus **Art. 13 Nr. 5 OECD-MK** ergibt sich aber, dass der Begriff der "Veräußerung" wohl weit auszulegen ist, da hiervon sowohl der Verkauf, Tausch, die Teilveräußerung als auch die Enteignung, Einbringung von unbeweglichen Vermögen in eine Gesellschaft, der Verkauf von Rechten sowie die unentgeltliche Übertragung und der Übergang von unbeweglichen Vermögen von Todes wegen erfasst sein sollen. Die Entnahme und Betriebsaufgabe sowie die Umwandlung sind hier zwar explizit nicht als Veräußerungstatbestände genannt. Allerdings sind die Entnahme und die Betriebsaufgabe[51] tatsächliche Vorgänge, die steuerrechtlich als Veräußerungen zu behandeln sind, sodass auch abkommensrechtlich Entnahmen und Betriebsaufgaben als Veräußerungen behandelt werden.[52] Dieser Auffassung sollte im Ergebnis zutreffend sein, da nach Art. 13 Nr. 9 OECD-MK selbst Wertzuwächse von Betriebsvermögensgegenständen unter den Begriff der "Veräußerung" fallen. Solche Wertzuwächse von nicht tatsächlich veräußerten Vermögens werden in einigen Staaten besonders besteuert.[53] 35

Gleiches gilt für **Umwandlungen,** die in der Regel als tauschähnliche Vorgänge qualifiziert werden und daher unter die in Art. 13 Nr. 5 OECD-MK genannten Veräußerungsvorgänge fallen sollen. Mithin werden also unter dem Ausdruck "Veräußerung" alle erdenklichen entgeltlichen und unentgeltlichen Übertragungsvorgänge erfasst, durch die stille Reserven realisiert werden können bzw. einer Besteuerung zugeführt werden und zwar unabhängig vom Entstehungsgrund oder Behaltensfristen.[54] 35a

Der Begriff "Veräußerung" umfasst darüber hinaus grundsätzlich das **schuldrechtliche Rechtsgeschäft** einerseits und das **dingliche Rechtsgeschäft** andererseits. Nicht zwingend ist, dass beide Rechtsgeschäfte kumulativ vorliegen müssen, sondern vielmehr findet der abkommensrechtliche Ausdruck "Veräußerung" stets Anwendung, wenn nach jeweiligen innerstaatlichem Recht des Anwenderstaates die Annahme eines Veräußerungsgewinns entweder ein dingliches oder schuldrechtliches Rechtsgeschäft oder beide Rechtsgeschäfte voraussetzt.[55] 36

Die jeweilige **innerstaatliche Definition der Veräußerung** kann unter Berücksichtigung der Auslegung des Begriffs "Veräußerung" in Art. 13 Nr. 5 MK aber lediglich subsidiär für Auslegungszwecke herangezogen werden.[56] Damit sollen die in Art. 13 Nr. 5 MK genannten Beispiele den nationalen 36a

---

[50] So auch Wassermeyer/*Wassermeyer* Art. 13 MA Rn. 26
[51] Nach BFH 18.5.1983 – I R 5/82, BStBl. II 1983, 771 und BFH 7.10.1974 – GrS 1/73, BStBl II 1975, 168 ist die Betriebsaufgabe ihrem wesentlichen Charakter nach ein Entnahmevorgang eigener Art (Totalentnahme).
[52] Wassermeyer/*Wassermeyer* Art. 13 MA Rn. 30.
[53] Tz. 13 Nr. 7, 8 OECD-MK zu Art. 13 OECD-MA.
[54] Es ist unerheblich, ob es sich um Spekulationsgewinne handelt oder, ob zwischen Anschaffung und Veräußerung eine längere Zeitspanne lag – vgl. Tz. 11 OECD-MK zu Art. 13 OECD-MA.
[55] Wassermeyer/*Wassermeyer* Art. 13 MA Rn. 27.
[56] Wassermeyer/*Wassermeyer* Art. 13 MA Rn. 26.

Veräußerungsbegriffen grundsätzlich vorgehen, soweit sich nach nationalen Steuerrecht hiervon Abweichungen ergeben.

37 Als **Veräußerung nach deutschem Steuerrecht** wird grundsätzlich die Übertragung des wirtschaftlichen Eigentums auf einen anderen Rechtsträger verstanden.[57] Da wie eingangs dargestellt der abkommensrechtliche Begriff der Veräußerung weit auszulegen ist, sind grundsätzlich alle Veräußerungen i. S. v. § 16 Abs. 1 EStG, § 17 Abs. 1 EStG und § 23 EStG unter Art. 13 OECD-MA zu erfassen. Hierzu gehören auch der Tausch und tauschähnliche gesellschaftsrechtliche Vorgänge (Einlage gegen Gewährung von Gesellschaftsrechten) sowie die Verschmelzung (§§ 2 ff. UmwG), die Spaltung (§§ 123 ff. UmwG) und die Vermögensübertragungen nach §§ 174 ff. UmwG.[58]

b) Ermittlung des Veräußerungsgewinns

38 Da ein DBA grundsätzlich nur Besteuerungsrechte zuweist, enthält Art. 13 OECD-MA keine Regelungen wie der Veräußerungsgewinn zu ermitteln ist.[59] Insoweit findet der in Art. 3 Abs 2 OECD-MA verankerte allgemeine abkommensrechtlich Grundsatz des **Rückgriffs auf innerstaatliche Definitionen** Anwendung, soweit sich nichts anderes aus dem Abkommensrecht ergibt.

Der „**Gewinn**" stellt daher grds. einen **Nettobetrag** dar, der sich durch Gegenüberstellung des Veräußerungspreises und der Anschaffungs- oder Herstellungskosten sowie der sonstigen Aufwendungen, die im Rahmen der Ermittlung des Veräußerungsgewinns berücksichtigt werden können, ergibt.[60] Der Begriff „Gewinn" umfasst sowohl Veräußerungsgewinne als auch Verluste.[61] In Folge des Rückgriffs auf innerstaatliches Recht, wird für den Inbound-Fall, wenn beschränkt steuerpflichtige Einkünfte nach § 49 Abs. 1 Nr. 8 EStG vorliegen, auf die Ausführungen zur Ermittlung des Veräußerungsgewinns nach § 23 EStG verwiesen.[62] Soweit beschränkt steuerpflichtige Einkünfte aus Gewerbebetrieb nach § 49 Abs. 1 Nr. 2 EStG vorliegen, erfolgt die Ermittlung des Veräußerungsgewinns entweder im Rahmen der Ermittlung des Überschusses der Betriebeinnahmen über die Betriebsausgaben oder durch Betriebsvermögensvergleich.

38a Es könnten sich allerdings auch bei der Ermittlung des Veräußerungsgewinns nach innerstaatlichen Recht Einschränkungen aus dem Abkommensrecht ergeben oder der nach dem jeweiligen innerstaatlichem Recht ermittelte Veräußerungsgewinn könnte in den beiden zu beurteilenden Vertragsstaaten voneinander abweichen. Dies gilt insbesondere im Hinblick auf die Berücksichtigung von **Buchgewinnen,** soweit diese aus früheren Abschreibungen resultieren, die ein Vertragsstaaten gewährt hatte und die im

---

[57] Wassermeyer/*Wassermeyer* Art. 13 MA Rn. 27.
[58] Wassermeyer/*Wassermeyer* Art. 13 MA Rn. 27.
[59] Tz. 12 OECD-MK zu Art. 13 OECD-MA.
[60] Wassermeyer/*Wassermeyer* Art. 13 MA Rn. 47 ff.
[61] Vgl. BFH 28.3.1973 – I R 59/71, BStBl. II 1973, 531; BFH 3.2.2010 – I R 23/09, BStBl. II 2010, 599; BFH 17.7.2008 – I R 84/04, BStBl. II 2009, 630.
[62] → § 16 Rn. 57–63.

Rahmen der Veräußerung im anderen Vertragstaat realisiert wurden.[63] Eine solche Fallkonstellation kann vorliegen, wenn dem einen Staat wegen des Belegenheitsprinzips das Besteuerungsrecht zusteht, während der andere Staat den Veräußerungsgewinn deshalb besteuern darf, weil das Unternehmen dort ansässig ist. In dem Fall muss der Ansässigkeitsstaat grundsätzlich die Doppelbesteuerung nach der Freistellungsmethode vermeiden. Auf diesen Ausführungen basierend beschreibt Tz. 14, 15 OECD-MK zu Art. 13 OECD-MA den Fall, dass ein Unternehmen des Staates A unbewegliches Vermögen in Staat B verkauft. Zuvor konnte in Staat A für das unbewegliche Vermögen Abschreibungen geltend gemacht werden. Werden durch Veräußerung des Grundstücks diese zuvor geltend gemachten Abschreibungsbeträge in Staat A nun in Staat B aufgrund des Belegenheitsprinzips realisiert, darf Staat B diese „reingeholten" Buchgewinne nicht besteuern. Andererseits kann Staat A aufgrund Art. 13 Abs. 1 i.V.m. Art. 23 A Abs. 1 OECD-MA nicht verpflichtet werden, diese Buchgewinne von der Besteuerung freizustellen. Somit soll nach OECD Auffassung dem Staat B kein Besteuerungsrecht an den durch die Abschreibung resultierenden Buchgewinnen zugewiesen werden; jedoch kann korrespondierend Staat A insoweit auf die Freistellung des Buchgewinns verzichten. Sollten abweichend, was wohl der Regelfall ist, im Staat B aufgrund Art. 7 Abs. 4 i.V.m. Art. 6 Abs. 1 OECD-MA auch die Abschreibungsbeträge gelten gemacht worden sein, sind die realiasierten Buchgewinne auch im Staat B voll zu besteuern.[64]

c) Besteuerungsfolgen

Soweit die Voraussetzungen vorliegen, weist Art. 13 Abs. 1 OECD-MA i.V.m. Art. 23A OECD-MA dem Belegenheitsstaat des unbeweglichen Vermögens[65] das Besteuerungsrecht für Gewinne, die eine in einem Vertragsstaat ansässige Person aus der Veräußerung von im anderen Vertragsstaat belegenen unbeweglichen Vermögen i.S.d. Art. 6 Abs. 1 OECD-MA erzielt, zu. Da das **Belegenheitsprinzip** durchgreift, ist es unbeachtlich, ob es sich bei dem veräußerten Immobilienvermögen um Privatvermögen oder Betriebsvermögen (und hier um Anlage- oder Umlaufvermögen) und somit, ob es sich dem Grunde nach um (private) Veräußerungsgewinne oder Unternehmensgewinne handelt.[66] Es spielt für die Anwendung von Art. 13 Abs. 1 OECD-MA auch keine Rolle, ob mitunter nach innerstaatlichen Recht aufgrund der Zahl der veräußerten Immobilien und dem zeitlichen Zusammenhang zwischen Erwerb und Veräußerung, ein nach deutschem Recht entsprechender sog. gewerblicher Grundstückshandel vorliegt.[67]

Ob und in welchem Umfang tatsächlich eine Besteuerung durch den Belegenheitsstaat erfolgt, bestimmt sich allein nach den geltenden nationalen

---

[63] Wassermeyer/*Wassermeyer* Art. 13 MA Rn. 47.
[64] Vgl. auch Fallbeispiel *Haase/Geils* IStR 2015, 499.
[65] Im Inbound-Fall ist der Belegenheitsstaat Deutschland und im Outbound-Fall ist der Belegenheitsstaat stets der andere Vertragsstaat.
[66] Tz. 22 OECD-MK zu Art. 13 OECD-MA; vgl. BFH 23.3.1972 – I R 128/70, BStBl. II 1972, 948; Wassermeyer/*Wassermeyer* Art. 13 MA Rn. 78.
[67] Wassermeyer/*Wassermeyer* Art. 13 MA Rn. 21.

Regelungen des Belegenheitsstaats. Die konkreten Besteuerungsfolgen ergeben sich daher erst aus dem **Zusammenspiel der innerstaatlichen Regelungen zur Besteuerung im Belegenheitsstaat** und den **entsprechenden Rechtsfolgen im Ansässigkeitsstaat** unter Berücksichtigung der Regelungen zur Vermeidung der Doppelbesteuerung nach Art. 23A bzw. Art. 23B OECD-MA. International vorherrschendes Prinzip ist die Vermeidung der Doppelbesteuerung durch Anwendung der Freistellungsmethode.

Im Ergebnis ist es bei der **Veräußerung von unbeweglichen Vermögen** im Inbound-Fall der Bundesrepublik Deutschland durch Zuweisung des Besteuerungsrechts im DBA gestattet, die Gewinne aus der unmittelbaren Veräußerung von im Inland belegenen Immobilien zu besteuern. Das auf Grund den einzelnen Tatbeständen nach § 49 EStG eingeräumte Besteuerungsrecht wird also in Bezug auf inländische Immobilien in vollem Umfang ausgefüllt.

3. Mittelbare Veräußerung von unbeweglichen Vermögen

a) Allgemeines

41 Nicht nur die unmittelbare Veräußerung von unbeweglichen Vermögen, sondern auch die Veräußerung von Beteiligungen an entweder grundbesitzenden Personen- oder Kapitalgesellschaften kann die Zuweisung des Besteuerungsrechts an den Belegenheitsstaat des unbeweglichen Vermögens bewirken.

Im Folgenden wird die Besteuerung der Veräußerung von Anteilen an sog. Immobilienkapitalgesellschaften unter Berücksichtigung von Art. 13 Abs. 4 OECD-MA (sog. **Immobilienklausel**) sowie die Veräußerung von Anteilen an (nach deutschen Recht gewerblichen bzw. vermögensverwaltenden) grundbesitzenden Personengesellschaften unter Bezugnahme auf Art. 13 Abs. 1 bzw. Abs. 2 OECD-MA dargestellt.

b) Veräußerung von Anteilen an einer Kapitalgesellschaft mit inländischem Grundbesitz

aa) Tatbestandsvoraussetzungen (Art. 13 Abs. 4 und 5 OECD-MA)

42 Bei der Veräußerung von Anteilen an Kapitalgesellschaften greift grds. **Art. 13 Abs. 5 OECD-MA,** der das Besteuerungsrecht für Gewinne aus der Veräußerung von Anteilen an einer in einem (anderen) Vertragsstaat ansässigen Person i. S. v. Art. 3 Abs. 1 Buchst. b OECD-MA dem Ansässigkeitsstaat des Veräußerers zuweist.[68]

43 Abweichend hiervon kann in den Fällen der Veräußerung von Anteilen an einer Immobilien(kapital)gesellschaft das Besteuerungsrecht nach Art. 13

---

[68] Ob es sich bei den Gesellschaftsanteilen um Anteile an einer juristischen Person handelt, bestimmt sich nach der Qualifikation der Gesellschaft nach dem jeweiligen innerstaatlichen Recht (sog. Rechtstypenvergleich). Mithin sind Qualifikationskonflikte möglich, wenn der eine Vertragsstaat die Veräußerung als Veräußerung von Anteilen an einer Personengesellschaft, der andere Vertragsstaat jedoch eine Veräußerung von Anteilen an einer Kapitalgesellschaft annimmt, sodass sich Art. 13 Abs. 1 bzw. 2 OECD-MA und Art. 13 Abs. 5 OECD-MA gegenüberstehen.

Abs. 4 OECD-MA dem Belegenheitsstaat zugewiesen werden, wenn zum Betriebsvermögen der Immobiliengesellschaft unbewegliches Vermögen gehört, welches im anderen Vertragsstaat liegt und der Wert der Anteile an der Immobiliengesellschaft zu mehr als 50 %[69] unmittelbar oder mittelbar auf diesem unbeweglichen Vermögen beruht (sog. **Immobilienklausel**). Nach dem Abkommen ist es nicht relevant, in welchem Staat die Gesellschaft ihren Sitz oder ihre Geschäftsleitung hat.[70] Dennoch sind von der deutschen Besteuerung Beteiligungen einer in einem ausländischen Vertragsstaat ansässigen Person, die Anteile an einer im gleichen Vertragsstaat ansässigen Immobiliengesellschaft, die im anderen Vertragsstaat (im Inbound-Fall: Deutschland) über inländisches Grundvermögen verfügt, nicht erfasst. In diesen Fällen unterliegt der Verkauf der Anteile mangels Vorliegens eines deutschen Besteuerungstatbestands des § 49 EStG nicht der beschränkten Steuerpflicht. Folglich muss im Inbound-Fall auch die Immobilienkapitalgesellschaft in Deutschland ansässig sein und über in Deutschland belegenes Immobilienvermögen verfügen, um zur Anwendung der Immobielenklausel zu gelangen.[71]

In den meisten DBA, die eine dem Art. 13 Abs. 4 OECD-MA entsprechende Vorschrift enthalten,[72] werden in der Regel nur Gesellschaftsanteile an Immobilienkapitalgesellschaften – also an Personen i. S. v. Art. 3 Abs. 1 Buchst. b OECD-MA – erfasst.[73] Allerdings steht es den Staaten grundsätzlich offen, den **Anwendungsbereich der Immobilienklausel** auch auf Beteiligungen an anderen Rechtsgebilden wie z. B. Personengesellschaften zu erweitern.[74] **44**

Nicht entscheidend für die Anwendung von Art. 13 Abs. 4 OECD-MA ist, **wie viele Anteile tatsächlich veräußert werden**. Umfasst werden daher grundsätzlich von Art. 13 Abs. 4 OECD-MA auch die Veräußerung von sog. Streubesitzbeteiligungen an Immobilienkapitalgesellschaften.[75] Tz. 28.6 OECD-MK zu Art. 13 OECD-MA sieht allerdings als Abwandlungsmöglichkeit vor, dass der Anwendungsbereich der Immobilienklausel durch die Vertragsstaaten auf eine bestimmte Mindestbeteiligung beschränkt werden kann. **45**

Ob eine Veräußerung von Anteilen an einer **Immobilienkapitalgesellschaft** überhaupt unter den Art. 13 Abs. 4 OECD-MA oder aber unter **46**

---

[69] Prozentsatz kann in einzelnen DBA abweichen, z. B. 75 % im neuen DBA Niederlande.
[70] Schönfeld/Ditz/*Lieber* DBA Art. 13 Rn. 85.
[71] → Rn. 49 ff.; vgl. auch Schönfeld/Ditz/*Lieber* DBA Art. 13 Rn. 96.
[72] Der Art. 13 Abs. 4 OECD-MA wurde erst in 2002 in Art. 13 OECD-MA eingefügt, weshalb die meisten von Deutschland abgeschlossenen DBA älteren Datums eine entsprechende Vorschrift derzeit noch nicht enthalten. In jüngster Vergangenheit aber neu abgeschlossene bzw. geänderte DBAs mit Deutschland enthalten jedoch eine dem Art. 13 Abs. 4 OECD-MA entsprechende sog. Immobilienklausel (so z. B. das neue DBA Luxemburg in Art. 13 Abs. 2 DBA oder das DBA Liechtenstein).
[73] Hintergrund der Einfügung der Immobilienklausel in 2002 war die Vermeidung von steuergünstige Gestaltungen, da insbesondere bei grenzüberschreitenden Gestaltungen, in denen ein Steuerausländer an einer inländischen Immobilienkapitalgesellschaft beteiligt ist, es sich in der Regel – da die Veräußerung von Anteilen nach dem innerstaatlichen Recht vieler Staaten steuerlich begünstigt ist – als steuerlich attraktiv gestaltet hat die Immobilie im Wege eines „share deals" anstatt eines „asset deals" zu veräußern.
[74] Tz. 28.5 OECD-MK, Tz. 28.7–28.11 OECD-MK zu Art. 13 OECD-MA.
[75] Wassermeyer/*Wassermeyer* Art. 13 MA Rn. 123c.

Art. 13 Abs. 5 OECD-MA zu subsumieren ist und somit das Besteuerungsrecht am zu Grunde liegenden Veräußerungsgewinn dem Belegenheitsstaat des unbeweglichen Vermögens oder dem Ansässigkeitsstaat zugewiesen wird, richtet sich vielmehr allein danach, ob der Wert der veräußerten Anteile zu mehr als 50 %. unmittelbar oder mittelbar auf unbeweglichen Vermögen beruht und das unbewegliche Vermögen im anderen Vertragsstaat liegt.

47 Bei der Berechnung der **50 %-Grenze (sog. Überwiegensgrenze)** sind die Verkehrswerte des Gesellschaftsvermögens zugrunde zulegen, jedoch ohne Berücksichtigung von Schulden oder anderen Verbindlichkeiten.[76] Hierbei muss der Wert des Gesellschaftsvermögens einerseits und der Wert des im anderen Vertragsstaat belegenen (zum Gesellschaftsvermögen gehörenden) unbeweglichen Vermögens andererseits ermittelt werden.[77]

Soweit das einschlägige DBA auch ausdrücklich mittelbar gehaltenes Grundvermögen in die Ermittlung der 50%-Grenze einbezieht, und soweit es sich bei den veräußerten Anteilen um Anteile an einer Holdinggesellschaft handelt, die wiederum Anteile an anderen Immobiliengesellschaften hält, bestimmt sich der Wert der veräußerten Anteile nach dem Wert des durch die Immobiliengesellschaften gehaltenen Vermögens.[78] Dieses mittelbar über weitere Immobiliengesellschaften gehaltene Grundvermögen und andere Vermögen ist sodann in die Ermittlung des Werts des Vermögens mit einzubeziehen. Für Zwecke der Überwiegensgrenze ist ebenfalls zu betrachten, ob und inwieweit das Vermögen der Immobiliengesellschaften im anderen Vertragsstaat belegenes unbewegliches Vermögen enthält.[79]

48 Für Zwecke der Ermittlung des Prozentsatzes ist **nur das unbewegliche Vermögen** einzubeziehen, **welches im anderen Vertragsstaat liegt**. In einem dritten Staat oder im Vertragsstaat, in dem der Veräußerer ansässig ist, belegenes unbewegliches Vermögen ist danach nur im Rahmen der Ermittlung des Werts des Gesellschaftsvermögens zu berücksichtigen. Handelt es sich also um eine Immobiliengesellschaft, die nur über unbewegliches Vermögen in einem dritten Staat oder in dem Vertragsstaat, in dem die Person des Veräußerers ansässig ist, verfügt, findet Art. 13 Abs. 4 OECD-MA keine Anwendung. Vielmehr ist in diesen Fällen Art. 13 Abs. 5 OECD-MA einschlägig.

49 Im **Inbound-Fall** sind von der **Immobilienklausel** also jene Fälle von der deutschen Besteuerung erfasst, bei denen **(a)** eine in einem Vertragsstaat ansässige Person **(b)** Anteile an einer Immobilienkapitalgesellschaft mit Sitz oder Geschäftsleitung in Deutschland hält, die **(c)** wiederum ihrerseits überwiegend in deutsches Grundvermögen investiert hat und **(d)** die Veräußerung der zugrunde liegenden Beteiligung an der deutschen Immobiliengesellschaft über den Besteuerungstatbestand des § 49 Abs. 1 Nr. 2 Buchst. e Doppelbuchst. aa EStG die beschränkte Steuerpflicht bezogen auf den Veräußerungsgewinn der Anteile auslöst.

50 Der im Inbound-Fall zwingend notwendige **deutsche Besteuerungsanspruch** wird bei der Veräußerung einer Beteiligung an einer deutschen Kapi-

---

[76] Tz. 28.4 OECD-MK zu Art. 13 OECD-MA.
[77] Wassermeyer/*Wassermeyer* Art. 13 MA Rn. 123d.
[78] Art. 13 Abs. 4 OECD-MA umfasst auch ausdrücklich mittelbar gehaltenes unbewegliches Vermögen.
[79] Wassermeyer/*Wassermeyer* Art. 13 MA Rn. 123d.

talgesellschaft durch einen Steuerausländer grundsätzlich nur nach § 49 **Abs. 1 Nr. 2 Buchst. e Doppelbuchst. aa EStG i. V. m. § 17 Abs. 1 EStG** begründet. Somit muss die Beteiligung innerhalb der letzten fünf Jahre vor Veräußerung mindestend 1 % betragen haben. Andernfalls, d. h. bei der Veräußerung einer Beteiligung von weniger als 1 %, wird erst gar kein deutscher Besteuerungsanspruch begründet. Dieses hat zur Folge, dass auch kein DBA und somit auch keine Immobilienklausel zur Anwendung kommen.

Wird im Inbound-Fall nach der Immobilienklausel das Besteuerungsrecht 51 Deutschland als Belegenheitsstaat zugewiesen, erfolgt die Besteuerung je nachdem, ob es sich bei der veräußernden Person um eine natürliche Person oder eine juristische Person handelt, nach dem Teileinkünfteverfahren oder nach § 8b Abs. 2 i. V. m. Abs. 3 KStG. Das gilt auch für den Teil des Veräußerungsgewinns, der auf anderes Vermögen als dem Grundvermögen entfällt.[80]

bb) Steuerver- und -entstrickung im Inbound-Fall

Infolge der Revision bestehender DBA mit Deutschland bzw. Einfügung 52 einer Art. 13 Abs. 4 OECD-MA entsprechenden Immobilienklausel in bestehende DBA kann es, soweit die Beteiligung eines Steuerausländers als Beteiligung i. S. d. Art. 13 Abs. 4 OECD-MA qualifiziert wird, zu einer **(erstmaligen) Steuerverstrickung in Deutschland** als Belegenheitsstaat kommen. Korrespondierend hierzu, muss eine Entstickung der durch die deutsche Immobilienkapitalgesellschaft gehaltenen inländischen Immobilien (und ggf. weiteren Vermögens der Kapitalgesellschaft) im Ansässigkeitsstaat des Steuerausländers angenommen werden.

Auch eine **Steuerentstrickung in Deutschland** kommt im Inbound- 53 Fall[81] in Betracht und zwar dann, wenn die Anteile des Steuerausländers an der deutschen Immobilienkapitalgesellschaft nicht mehr die Tatbestandsvoraussetzungen der Immobilienklausel erfüllen. Mithin also in jenen praxisrelevanten Fällen, in denen Verkäufe von inländischen Grundvermögen bzw. Zukäufe anderen Vermögens durch die Immobilienkapitalgesellschaft erfolgen, in dessen Ergebnis die für die Anwendung der Immobilienklausel notwendige Überwiegensgrenze plötzlich unterschritten wird. In diesen Fällen erfolgt eine Umqualifizierung der Anteile des Steuerausländers auf Abkommensebene, in deren Folge nunmehr nicht mehr Deutschland als Belegenheitsstaat nach Art. 13 Abs. 4 OED-MA, sondern vielmehr der Ansässigkeitsstaat des Steuerausländers das Besteuerungsrechts nach Art. 13 Abs. 5 OECD-MA an den Anteilen der Immobilienkapitalgesellschaft hat.

In Folge des **Ausschlusses des deutschen Besteuerungsrechts** an Ge- 54 winnen aus der (zukünftigen) Veräußerung der Anteile an der Immobilienkapitalgesellschaft kommt es aus deutscher Sicht zu einer Steuerentstrickung der vorgenannten Anteile, sodass über § 4 Abs. 1 S. 3 f. EStG eine Entnahme aus dem Betriebsvermögen bzw. nach § 12 Abs. 1 KStG eine Veräußerung fingiert wird. Da in § 17 EStG bzw. § 20 Abs. 2 EStG keine den vorgenannten Vorschriften vergleichbare Regelung enthalten ist, ist das aus der Immobilien-

---

[80] Schönfeld/Ditz/*Lieber* DBA Art. 13 Rn. 94.
[81] In Bezug auf Entstrickungen durch Revision von DBA im Outbound Fall wird auf die folgenden Aufsätze verwiesen: *Herbort/Sendke* IStR 2014, 499; *Bron* IStR 2014, 918.

klausel resultierende Risiko einer Entstrickung im Inbound-Fall grundsätzlich nur für jenen Anteile relevant, die durch einen Steuerausländer in einem Betriebsvermögen gehalten werden.[82] Jedoch ist strittig, ob eine Entrickungsbesteuerung für Anteile i. S. des § 17 EStG aufgrund der Änderung eines DBA vom Besteuerungstatbestand des § 6 Abs. 1 Satz 2 Nr. 4 AStG umfasst ist.[83] Allein dem Gesetzeswortlaut nach, sollte auch dieser Umstand hiervon umfasst sein, so dass es zu einer Entstrickungsbesteuerung kommen könnte.

54a Liegen die Vorraussetzungen einer **Entstrickung** vor, kommt es im Zeitpunkt der Entstrickung zu einer Versteuerung der in den Anteilen enthaltenen stillen Reserven.[84] Der Veräußerungsgewinn berechnet sich nach den gemeinen Wert der Anteile zum Zeitpunkt der Entstrickung abzüglich deren Anschaffungskosten. Handelt es sich bei dem Steuerausländer um eine Kapitalgesellschaft findet § 8b Abs. 2 i. V. m. Abs. 3 KStG bzw. bei natürlichen Personen oder Personengesellschaften, die die Anteile in einem (ausländischen) Betriebsvermögen halten, § 3 Nr. 40 Buchst. a EStG i. V. m. § 3c Abs. 2 EStG (Teileinkünfteverfahren) Anwendung.

Durch Zuweisung des Besteuerungsrechts an den Ansässigkeitsstaat, kann es bei einer späteren Veräußerung der Anteile zu einer (tatsächlichen) Doppelbesteuerung aufgrund der in Deutschland bereits versteuerten stillen Reserven kommen, soweit im Ansässigkeitsstaat keine korrespondierende Verstrickungsregelung zur Anwendung kommt. Die Doppelbesteuerung könnte aber durch Anwendung von einer § 8b KStG bzw. § 3 Nr. 40 Buchst. a EStG entsprechenden innerstaatlichen Regelungen im Ansässigkeitsstaat des Steuerausländers gemindert werden.[85]

cc) Besteuerungsfolgen

55 Soweit die Voraussetzungen des Art. 13 Abs. 4 OECD-MA vorliegen, wird das Besteuerungsrecht am Veräußerungsgewinn abweichend von Art. 13 Abs. 5 OECD-MA **nicht dem Ansässigkeitsstaat, sondern dem Belegenheitsstaat** zugewiesen. Allerdings ergeben sich die tatsächlichen Besteuerungsfolgen wiederum aus dem Zusammenspiel der Besteuerungstatbestände im Belegenheitsstaat und den entsprechenden Rechtsfolgen im Ansässigkeitsstaat unter Bezugnahme auf Art. 23A bzw. Art. 23B OECD-MA (sog. Methodenartikel). Dabei wird im Regelfall der Ansässigkeitsstaat die Doppelbesteuerung anhand der Freistellungsmethode vermeiden.[86]

---

[82] *Pietrek/Busch/Mätzig* IStR 2014, 660.
[83] Vgl. auch Blümich/*Elicker* AStG § 6 Rn. 57.
[84] Die Bildung eines Ausgleichspostens nach § 4g EStG sollte mangels Überführung bzw. Zuordnung des unbeweglichen Vermögens zu einer ausländischen Betriebsstätte desselben Steuerpflichtigen nicht möglich.
[85] *Pietrek/Busch/Mätzig* IStR 2014, 660.
[86] Nach Tz 28.12 OECD-MK zu Art. 13 OECD-MA kann auch in DBA auf Gewinne aus der Veräußerung von Anteilen an einer Immobiliengesellschaft die Anrechnungsmethode vorgesehen sein, insbesondere dann, wenn es eine Doppelfreistellung zu vermeiden gilt. So in den Fällen, in denen im Belegenheitsstaat eine Besteuerung des Gewinns nicht vorgesehen ist. Das könnte im Inbound-Fall bei Veräußerung einer Beteiligung, die nicht die Voraussetzungen des § 49 Abs. 1 Nr. 2 Buchst. e Doppelbuchst. aa EStG i. V. m. § 17 Abs. 1 EStG erfüllt, gegeben sein.

c) Veräußerung von Anteilen an einer Personengesellschaft mit inländischem Grundbesitz

Personengesellschaften sind **als transparente Rechtsträger** grundsätzlich **nicht abkommensberechtigt**.[87] Sie können zwar Personen i. S. eines DBA sein (Artikel 3 Abs. 1 Buchst. a OECD-MA), jedoch mangels Einkommens- bzw. Körperschaftsteuerpflicht keine ansässigen Personen (Artikel 4 Abs. 1 OECD-MA).[88] Daher ist für die Frage nach der Abkommensberechtigung auf die an der Personengesellschaft beteiligten Gesellschafter abzustellen. Ob eine ausländische Gesellschaft als Personengesellschaft oder Körperschaft qualifiziert wird, richtet sich dabei nach dem sog. Rechtstypenvergleich.[89]

Im Folgenden soll zunächst auf die Veräußerung einer Beteiligung an einer inländischen oder ausländischen gewerblichen Personengesellschaft mit bzw. ohne Betriebsstätte in Deutschland eingegangen werden. Dabei werden auch auf die Besonderheiten bei Veräußerung von Anteilen an vermögensverwaltenden, gewerblich geprägten bzw. gewerblich infizierten Personengesellschaften im Abkommensrecht dargestellt, wenngleich für gewerblich geprägte und gewerblich infizierte Personengesellschaften[90] auf Abkommensebene die gleichen Grundsätze wie für vermögensverwaltende Personengesellschaften gelten.[91]

aa) Veräußerung von Anteilen an einer gewerblichen Personengesellschaft

Die Veräußerung einer Beteiligung an einer gewerblichen Personengesellschaft, die über unbewegliches Vermögen verfügt, kann **abkommensrechtlich wie ein Unternehmensverkauf** anzusehen sein, der entweder unter den Art. 13 Abs. 2 OECD-MA oder Art. 13 Abs. 4 OECD-MA fällt.[92] Letzteres ist aber nur dann der Fall, wenn das entsprechend anzuwendende DBA eine Immobilienklausel enthält, die sich auch auf Immobilienpersonengesellschaften erstreckt.

Der Art. 13 Abs. 2 OECD-MA sollte jedoch auf die Veräußerung von Anteilen an einer gewerblichen Personengesellschaft **nicht uneingeschränkt Anwendung finden,** wenn sich der Veräußerungsgewinn auf den Wert des Grundvermögens bezieht. In diesen Fällen muss danach differenziert werden, ob und inwieweit Art. 13 Abs. 1 und Abs. 2 OECD-MA einschlägig sind oder nicht. Hierfür sollte die Sicht des Rechts des Belegenheitsstaates des Grundvermögens maßgebend sein. Wenn das Grundvermögen in Deutsch-

---

[87] → § 8 Rn. 3 ff. und 106.
[88] Vgl. BMF 26.9.2014 BStBl. I 2014, 1258, Tz. 2.1.1.
[89] Vgl. BMF 19.3.2004, BStBl. I 2004, 411.
[90] Bei gewerblich infizierten Personengesellschaften sind die Tätigkeiten für die Abkommensanwendung zu trennen, sofern möglich. Andernfalls liegt eine einheitliche Tätigkeit vor, sodass das Gesamtbild der Verhältnisse über die Art der ausgeübten Tätigkeit entscheidet und mithin unter welchem Abkommensartikel die Einkünfte zu qualifizieren sind – vgl. BMF 26.9.2014, BStBl. I 2014, 1258, Tz. 2.2.1.
[91] Vgl. BMF 26.9.2014, BStBl. I 2014, 1258; Tz. 2.2.1.
[92] Wassermeyer/*Wassermeyer* Art. 13 MA Rn. 21, 79.

land belegen ist, muss somit auf das nationale deutsche Steuerrecht abgestellt werden.[93]

58a Der nach Ansicht der Finanzverwaltung im Abkommensfall auch bei gewerblichen Personengesellschaften anzuwendenden sog. **Bruchteilsbetrachtung** folgend, stellt sich die Veräußerung eines Anteils an einer gewerblichen Personengesellschaft mit inländischen unbeweglichen Vermögen als Veräußerung der anteiligen (beweglichen und unbeweglichen) Wirtschaftsgüter der Gesellschaft dar.[94] Die Besteuerungsfolgen bei Veräußerung einer Beteiligung an einer in- oder ausländischen gewerblichen Personengesellschaft richten sich daher grds. danach, ob die Gewinne aus der Veräußerung von beweglichen oder unbeweglichen Vermögen resultieren und ob die Wirtschaftsgüter dem Anlage- oder Umlaufvermögen zugerechnet wurden. Die Unterscheidung zwischen Anlage- und Umlaufvermögen wird jedoch nur für bewegliches Vermögen angestellt. Gewinne aus der Veräußerung beweglichen Anlagevermögens werden nach Art. 13 Abs. 2 OECD-MA und aus der Veräußerung beweglichen Umlaufvermögens nach Art. 7 OECD-MA dem Betriebsstättenstaat zugerechnet. Abweichend hiervon sollte aber das Besteuerungsrecht an Gewinnen aus der Veräußerung unbeweglichen Vermögens nach Art. 13 Abs. 1 OECD-MA dem Belegenheitsstaat zugewiesen werden.[95] Bezogen auf Grundbesitz ist somit aus deutscher Sicht bei einer Veräußerung einer entsprechenden Beteiligung an einer Personengesellschaft Art. 13 Abs. 1 und nicht Art. 13 Abs. 2 OECD-MA anzuwenden.

59 Handelt es sich also um Anteile eines Steuerausländers an einer in oder ausländischen Personengesellschaft mit unbeweglichen Vermögen in Deutschland kann das Besteuerungsrecht an dem Veräußerungsgewinn aus der Beteiligungsveräußerung nur dann Deutschland vollumfänglich zugewiesen werden, wenn Deutschland sowohl als Betriebsstättenstaat[96] als auch als Belegenheitsstaat des unbeweglichen Vermögens qualifiziert wird. Andernfalls sollte im Inbound-Fall nur das Besteuerungsrecht an den Veräußerungsgewinn, der auf die inländische Immobilie entfällt, Deutschland zugewiesen werden können.[97]

bb) Veräußerung von Anteilen an einer vermögensverwaltenden Personengesellschaft

60 Bei der Veräußerung von Anteilen an einer vermögensverwaltenden Personengesellschaft mit **inländischem Grundbesitz,** sollte wie im nationalen deutschen Steuerrecht die Bruchteilsbetrachtung im Sinne des § 39 Abs. 2 Nr. 2 AO auch für abkommensrechtliche Zwecke gelten. Demnach gelten

---

[93] Wassermeyer/*Wassermeyer* Art. 13 MA Rn. 79; nach *Wassermeyer* soll bereits aufgrund des § 49 Abs. 1 Nr. 2 Buchst. f EStG auf das Grundvermögen an sich und somit auf Art. 13 Abs. 1 OECD-MA abgestellt werden.
[94] Vgl. BMF 26.9.2014 BStBl. I 2014, 1258; Tz. 3.2; vgl. auch Ausführungen zur Veräußerung von Anteilen an einer vermögensverwaltenden Personengesellschaft → § 16 Rn. 52 ff.
[95] Wassermeyer/*Wassermeyer* Art. 13 MA Rn. 2 und Rn. 78.
[96] Dies setzt voraus, dass die gewerbliche Personengesellschaft über eine deutsche Betriebsstätte verfügt.
[97] So auch Wassermeyer/*Wassermeyer* Art. 13 MA Rn. 79.

§ 18 Besonderheiten bei Auslandsbezug 61–64 § 18

die vorgenannten Ausführungen zu Art. 13 Abs. 1 OECD-MA hinsichtlich der Veräußerung von Anteilen an gewerblichen Personengesellschaften entsprechend. Im Ergebnis ist somit der auf den Grundbesitz entfallende Veräußerungsgewinn von Art. 13 Abs. 1 OECD-MA umfasst sein.[98]

Wird hingegen die **zivilrechtliche Betrachtung** vertreten, entsprechend **61** dem Urteil des FG München,[99] kann allenfalls Art. 13 Abs. 4 OECD-MA[100] oder der Auffangtatbestand des Art. 13 Abs. 5 OECD-MA zur Anwendung kommen. Allerdings können sich hieraus Qualifikationskonflikte ergeben, wenn der ausländische Ansässigkeitsstaat des Veräußerers die Bruchteilsbetrachtung anwendet und damit dem Belegenheitsstaat des Grundstücks (Deutschland) das Besteuerungsrecht an den Veräußerungsgewinnen von in Deutschland belegenen Grundbesitz zuweist. Sollte Deutschland nun die zivilrechtliche Betrachtung verfolgen und Art. 13 Abs. 5 OECD-MA anwenden, besteht die Gefahr von sog. „weißen Einkünften".

B. Ausländische Immobilien von Steuerinländern

I. Allgemeines

Nachstehend werden ausschließlich die Besonderheiten der Besteuerung **62** der (grenzüberschreitenden) unmittelbaren oder mittelbaren Veräußerung von ausländischen Immobilienvermögen durch einen **Steuerinländer** betrachtet.

Als Steuerinländer i. S. d. Kapitels werden nur im Inland unbeschränkt **63** Steuerpflichtige angesehen.[101] Aufgrund des aus der unbeschränkten Steuerpflicht resultierenden **Welteinkommensprinzip,** unterliegenden die Inlands- wie auch Auslandseinkünfte in vollem Umfang der Besteuerung im Inland. Hierdurch kann es bei grenzüberschreitenden Sachverhalten zu einer Doppelbesteuerung kommen, die entweder durch ein DBA oder falls ein solches nicht vorliegt, durch nationale Regelungen zu mindern bzw. zu vermeiden sind. In Abkommensfällen hat regelmäßig der Ansässigkeitsstaat die Doppelbesteuerung zu vermeiden.[102]

Fehlt ein DBA, wird die Doppelbesteuerung nach § 34c EStG entweder **64** durch die Anrechnungsmethode (§ 34c Abs. 1 Satz 1 und 2 EStG) oder durch die Abzugsmethode (§ 34c Abs. 2 und 3 EStG) vermieden.[103] Für die Berechnung des Anrechnungshöchstbetrags der ausländischen Steuer müßen ausländische Einkünfte im Sinne des § 34c Abs. 1 Satz 1, 2 i. V. m. § 34d

---

[98] So auch Wassermeyer/*Wassermeyer* Art. 13 MA Rn. 21.
[99] FG München 29.7.2013 – 7 K 190/11, EFG 2013, 1852; vgl. auch § 18 Rn. 23.
[100] Vorausgesetzt das einzelne DBA sieht eine explizite Regelung vor, dass auch die Anteile an vermögensverwaltenden Immobilienpersonengesellschaften vom Anwendungsbereich des Art. 13 Abs. 4 OECD-MA umfasst werden, vgl. Tz. 28.5 OECD-MK zu Art. 13 OECD-MA.
[101] Eine unbeschränkte Steuerpflicht ergibt sich bei natürlichen Personen aus § 1 Abs. 1–3 EStG bzw. bei Körperschaften nach § 1 KStG.
[102] → Rn. 74 u. 75.
[103] Diesbezüglich wird auf die einschlägigen Kommentare (z. B. Blümich/*Wagner* EStG § 34c Rn. 25 u. 74) verwiesen.

§ 18 65–69   Teil 7. Veräußerungen

EStG vorliegen. Der Begriff der **ausländischen Einkünfte** eines unbeschränkt Steuerpflichtigen ist in einem abschließenden Katalog in § 34d EStG (bei Körperschaften: i. V. m. § 8 Abs. 1 KStG) dargestellt.

65 In Bezug auf die **unmittelbare Veräußerung** von ausländischen unbeweglichen Vermögen kommen im Rahmen des § 34d EStG grundsätzlich folgende Einkünfte mit Auslandsbezug – je nachdem, ob das im Ausland belegene unbewegliche Vermögen im Privatvermögen oder im Betriebsvermögen gehalten wird – in Betracht:
- Einkünfte aus Gewerbebetrieb (§§ 15 und 16 EStG), die durch eine in einem ausländischen Staat belegene Betriebsstätte erzielt werden (§ 34d Nr. 2 Buchst. a EStG),
- Einkünfte aus der Veräußerung von Wirtschaftsgütern, die zum Anlagevermögen eines Betriebs gehören, wenn die Wirtschaftsgüter in einem ausländischen Staat belegen sind (§ 34d Nr. 4 Buchst. a EStG),
- Sonstige Einkünfte i. S. d. § 22 EStG, wenn bei privaten Veräußerungsgeschäften i. S. d. § 23 EStG die Wirtschaftsgüter in einem ausländischen Staat belegen sind (§ 34d Nr. 8 EStG).

66 In Bezug auf die **mittelbare Veräußerung** von ausländischen unbeweglichen Vermögen kommen nach § 34d EStG grundsätzlich folgende Einkünfte mit Auslandsbezug in Betracht:
- Einkünfte aus der Veräußerung von Anteilen an einer ausländischen Kapitalgesellschaft (§ 34d Nr. 4 Buchst. b EStG),
- Sonstige Einkünfte im Sinne des § 22 EStG, wenn bei privaten Veräußerungsgeschäften i. S. d. § 23 EStG die Wirtschaftsgüter in einem ausländischen Staat belegen sind (§ 34d Nr. 8 EStG),
- Einkünfte aus Gewerbebetrieb (§§ 15 und 16 EStG), die durch eine in einem ausländischen Staat belegene Betriebsstätte erzielt werden (§ 34d Nr. 2 Buchst. a EStG),

67 **§ 34d Nr. 2 Buchst. a EStG** umfasst in Folge des Verweises auf § 15 und § 16 EStG auch die (laufenden) Einkünfte aus einer ausländischen (gewerblichen) Personengesellschaft[104] bzw. Betriebsstätte, zu denen auch Veräußerungsgewinne/-verluste von zum Betriebsvermögen gehörenden im Ausland belegenen Immobilien zählen. Ebenso können zu § 34d Nr. 2 Buchst. a EStG die Veräußerungsgewinne von Anteilen an grundbesitzhaltenden ausländischen Personengesellschaften gehören.

68 **§ 34d Nr. 4 Buchst. a EStG** umfasst darüber hinaus die unmittelbare Veräußerung von ausländischen Immobilien, die zum Anlagevermögen eines inländischen Betriebsvermögens gehören, andernfalls (d. h. wenn die ausländische Immobilie einer ausländischen Betriebsstätte zugeordnet wird) findet vorrangig § 34d Nr. 2 Buchst. a EStG Anwendung.[105]

69 **§ 34d Nr. 4 Buchst. b EStG** umfasst die Veräußerung von im Betriebs- oder Privatvermögen gehaltenen Anteilen an einer ausländischen Kapitalgesellschaft unabhängig von der Höhe der Beteiligung.[106] Allerdings kommt es

---

[104] Personengesellschaft nach deutschen Steuerrecht (Rechtstypenvergleich: BMF 24.12.1999, BStBl. I 1999, 1076)
[105] Vgl. Blümich/*Wagner* EStG § 34d EStG, Rn. 41.
[106] Vgl. Blümich/*Wagner* EStG § 34d EStG, Rn. 42.

in Ermangelung einer sog. Immobilienklausel im deutschen Steuerrecht für die Anwendung des § 34d Nr. 4 Buchst. b EStG grundsätzlich nicht darauf an, ob die ausländische Kapitalgesellschaft inländische Immobilien besitzt, denn für die Anwendung wird allein auf das Tatbestandsmerkmal der Ansässigkeit der Kapitalgesellschaft im Ausland abgestellt.

§ 34d Nr 8 EStG hingegen umfasst die privaten Veräußerungsgeschäfte i. S. d. § 23 EStG, sodass hiervon sowohl die unmittelbare als auch die mittelbare Veräußerung von ausländischen Immobilien erfasst ist. Die mittelbare Veräußerung kann insbesondere die Veräußerung einer Beteiligung an einer ausländischen vermögensverwaltenden Personengesellschaft umfassen. **70**

Da mit Ausnahme des § 34d Nr. 4 EStG die oben (→ Rn. 65 f.) genannten veräußerungsbezogenen Tatbestände des § 34d EStG auf eine der sieben Einkunftsarten des § 2 Abs. 1 EStG Bezug nehmen, sei für weitere Ausführungen zu den allgemeinen Besteuerungsregeln bei unmittelbarer bzw. mittelbarer Veräußerung von ausländischen Immobilie an dieser Stelle auf → § 7 Rn. 35 ff. verwiesen, wo die Besteuerung der (un-)mittelbaren Veräußerung von inländischen unbeweglichen Vermögen behandelt wird. **71**

II. Doppelbesteuerungsabkommen

1. Allgemeines

Im Outbound-Fall ist Deutschland nicht der Quellenstaat, sondern grundsätzlich der Ansässigkeitsstaat des Steuerpflichtigen. Der im Inland unbeschränkt Steuerpflichtige wird daher nach den Kriterien des Art. 4 OECD-MA abkommensrechtlich regelmäßig eine **in Deutschland ansässige Person** sein, die Einkünfte aus der mittelbaren oder unmittelbaren Veräußerung von im Ausland belegenen unbeweglichem Vermögen erzielt. **72**

Für die Bestimmung des Besteuerungsrechts nach **Art. 13 OECD-MA** gelten im Grundsatz die Ausführungen zum Inbound-Fall entsprechend.[107] **73**

Zu beachten ist, dass es in bestimmten Fallkonstellationen durch Anwendung der **Immobilienklausel** zu einer **teilweisen Doppelbesteuerung** kommen kann. So ist bspw. im DBA Deutschland – Luxemburg in Art. 13 Abs. 2 einer der Immobilienklausel entsprechenden Vorschrift enthalten, für die im Methodenartikel die Anrechnungsmethode vorgesehen ist. Die im Ausland erhobenen Steuern können in Deutschland jedoch nicht (vollständig) angerechnet werden, da der Veräußerungsgewinn nach § 8b Abs. 2 KStG bzw. § 3 Nr. 40 Buchst. c EStG (teilweise) steuerfrei ist.[108] **74**

Im Regelfall vermeidet Deutschland als Ansässigkeitsstaat eine Doppelbesteuerung, indem dem Belegenheitsstaat durch die **Freistellungsmethode des Art. 23A Abs. 1 OECD-MA** ein ausschließliches Besteuerungsrecht an den Veräußerungsgewinnen zugewiesen wird. Ein „Rückfall" des Besteuerungsrechts zu Gunsten Deutschlands kann dann nur aufgrund von bestimmten Klauseln, z. B. von abkommensrechtlichen subject-to-tax oder Aktivitätsklauseln sowie des § 20 Abs. 2 AStG oder des § 50d Abs. 9 EStG erfolgen, **75**

---

[107] → Rn. 30 ff.
[108] *Pietrek/Busch/Mätzig* IStR 2014, 660.

was aber in der Praxis bei Einkünften aus der Veräußerung unbeweglichem Vermögens selten der Fall ist. Insoweit wird ebenfalls auf die allgemeinen Kommentierungen zu diesen Normen verwiesen.

2. Progressionsvorbehalt

76 Die meisten deutschen DBA sehen bei Einkünften aus der (mittelbaren oder unmittelbaren) Veräußerung von ausländischen Immobilien lediglich eine **Freistellung unter Progressionsvorbehalt** vor. Der Progressionsvorbehalt ist in Deutschland für Einkünfte, die nach einem DBA von der deutschen Besteuerung freigestellt sind, grundsätzlich in § 32b Abs. 1 Satz 1 Nr. 3 EStG geregelt.

77 Unter bestimmten Voraussetzungen wird der **Progressionsvorbehalt nach § 32b Abs. 1 Satz 2 EStG ausgeschlossen,** wenn es sich um Einkünfte aus einer anderen als in einem Drittstaat belegenen land- und forstwirtschaftlichen Betriebsstätte (Nr. 1) oder um Einkünfte aus einer anderen als in einem Drittstaat belegenen gewerblichen Betriebsstätte handelt, die nicht die Voraussetzungen des § 2a Abs. 2 Satz 1 EStG erfüllt (Nr. 2). Demnach sind Fallkonstellationen denkbar, wo eine Immobilie der Betriebsstätte in einem EU-Mitgliedstaat zugehörig ist und diese Betiebsstätte passive Einkünfte im Sinne des § 2a Abs. 2 EStG (z. B. vermögensverwaltende oder gewerbliche Vermietung und Verpachtung[109]) erzielt. Ein Gewinn aus der Veräußerung dieser Immobilie würde demnach der Betriebsstätte und somit der passiven Tätigkeit zugehörig sein. In einem solchen Fall unterliegen die in der Betriebsstätte erzielten (positiven wie negativen[110]) Einkünfte (inkl. dem Veräußerungsgewinn) nicht dem Progressionsvorbehalt in Deutschland.

---

[109] Vgl. Blümich/*Wagner* EStG § 2a Rn. 120.
[110] H/H/R/*Kuhn/Kühner* EStG § 32b EStG Rn. 129 „Unklarer Verweis auf § 2a Abs. 2 Satz 1 EStG".

Stichwortverzeichnis

Die fetten Zahlen bezeichnen die Paragrafen, die mageren die Randziffern.

Abfindung, Abstandszahlung **7** 195
Abflussprinzip 8 98
Abgekürzter Vertragsweg 7 104, 107
Abriss 6 67
Abschirmwirkung 8 19
Absetzungen für Abnutzung s. AfA
Absicht, Geschäftsveräußerung im Ganzen, lebendes Unternehmen, Fortführungsabsicht **16** 99 f.
unternehmerische Tätigkeit **6** 45
Verwendungsabsicht **6** 92
Absonderungsrecht 11 37, 42, 57
Grundsteuer **15** 22 ff.
Abzinsung 2 56, 86 ff.
AfA, AfA-Methoden **7** 8
Bauphase **7** 11
Beginn **7** 5 ff.
Bemessungsgrundlage **7** 10 ff.; **9** 8 f.
Buchwertfortführung **7** 12, 15 ff.
Einlage **9** 7 ff.
Ende **7** 7
Entnahme **9** 6
Handelsbilanz **7** 4
nachträgliche Anschaffungs-/Herstellungskosten **7** 13 ff.
Steuerbilanz **7** 4
teilentgeltlicher Erwerb **7** 15 ff., 119
unentgeltlicher Erwerb **7** 15 ff., 119
unterlassene oder überhöhte AfA **7** 38 ff.
Wechsel der AfA-Methode **7** 9
s. auch Erhöhte Absetzung
AfaA 7 19, 35
AIF Einl 6; **8** 24
AIFM Einl 6
Aktivitätsklausel 8 59, 132
Altgesellschafter 5 35
Änderung im Gesellschafterbestand 5 39
Anfechtung, gläubigerbenachteiligende Wirkung **12** 11
Insolvenz, Ertragsteuer **12** 8 ff.
Rechtshandlung **12** 9 ff.
Rückgewähr **12** 12

Angehörige, Verträge zwischen A.
s. Verträge zwischen Angehörigen
Anlageklasse Einl 1
Anrechnungsmethode 8 1
Ansässigkeit 8 106
abkommensrechtliche **8** 2
Ansässigkeitsstaat 8 12
Anschaffungskosten 3 1
Anteil am Gesellschaftsvermögen 5 33
Anteilsvereinigung Einl 19; **17** 21
mittelbare **5** 48
unmittelbare **5** 43 ff.
Appraisal Approach Einl 10
Äquivalenzprinzip 2 90
Asset Deal 1 16
Abschreibungspotenzial **1** 75
Abschreibungssatz **1** 76
Ankaufsstruktur **1** 71
Gesamtschuldner **1** 56
Geschäftsveräußerung im Ganzen **1** 63 ff.
Grunderwerbsteuer **1** 54 ff.
Haftung des Betriebsübernehmers **1** 68
Option zur Steuerpflicht **1** 60
Tax Due Diligence **1** 70
Umsatzsteuer **1** 58
Veräußerungsgewinn **1** 72 ff.
Vorsteuerabzug **1** 61 f.
Vorsteuerberichtigung **1** 59, 65
Attraktivkraft 8 57
Aufenthalt, gewöhnlicher **8** 13
Auflassung, Steuerbarkeit **5** 15
Aufteilung, Grundstück, Grund und Boden, Gebäude **6** 31
Aufwendung, anschaffungsnahe **Einl** 25
Ausscheiden von Gesellschaftern 4 2
Außenprüfung 8 20

Bauabzugsteuer, Abzugsverpflichtung **13** 13 f.
Anfechtung **13** 9 ff., 19 f.
Anrechnung **7** 61

Stichwortverzeichnis

fette Zahlen = §§

Aufrechnung **13** 9, 19
Ausnahmen **7** 60
Bauleistung **7** 55
Bauwerk **7** 55
Begriff **7** 54
Haftung **13** 24 ff.
Insolvenz **13** 1 ff.
Leistender **7** 56
Leistungsempfänger **7** 57
Masseunzulänglichkeit **13** 22 f.
Sicherungsmittel **13** 7 f.
Steuerabzug **7** 59
Baubetreuung 16 68
Bauherrenmodell 6 23
Bauleistung 6 24
Bauten auf fremdem Grund und Boden, Aufwand **3** 61
Begriff **3** 58
Bilanzierung **3** 58 ff.
Ehegatten **3** 60
Gewerbesteuer **7** 62, 89
Nutzungsverhältnis **3** 62 ff.
Veräußerung **3** 64
wirtschaftliches Eigentum **3** 60 f.
Bauträger 16 97
Bebauung 6 63
Bedarfswert 5 103 ff.
Belegenheitsort 7 183 f.
Belegenheitsprinzip 8 28, 103
Besteuerungsfolgen **18** 39 f.
Doppelbesteuerungsabkommen **18** 31
Bemessungsgrundlage 5 96 ff.
Herabsetzung **5** 118
Berichtigung, Umsatzsteuer **11** 11 ff., 18, 24, 30, 87, 103
Bestandshalter 1 6
Besteuerungsmerkmale, inländische **8** 37
Besteuerungsrecht, Doppelbesteuerungsabkommen, Belegenheitsprinzip **18** 31
– Veräußerung von Ateilen an gewerblicher Personengesellschaft **18** 58 ff.
– Zuweisung **18** 4, 28
ohne Doppelbesteuerungsabkommen, Zuweisung **18** 4, 28
Rückfall des B. **8** 132
Betrachtungsweise, isolierende
s. *Isolierende Betrachtungsweise*
umgekehrte isolierende **8** 37
wirtschaftliche **8** 19

Betrieb, landwirtschaftlicher **8** 123
Betriebs- und Nebenkosten 7 192
Betriebsaufgabe 16 18
Betriebsaufspaltung 1 37; **4** 121
Betriebsausgaben, Begriff **7** 3
Betriebseröffnung Einl 21
Betriebsgrundstück 11 70, 104 ff.
Betriebsimmobilien 8 62
Betriebsstätte 8 41
Immobilie **8** 53
Betriebsstättenerlass 8 42
Betriebsstättenprinzip 8 28, 86
Betriebsstättenvorbehalt 8 59
Betriebsvermögen 1 33 ff.
notwendiges **Einl** 26
Betriebsverpachtung 4 125
Betriebsvorrichtung 3 11; **5** 9; **8** 102
Bewertung, bebaute Grundstücke **4** 24, 30
Ertragswertverfahren **4** 36
Grundstücke im Betriebsvermögen **4** 47
land- und forstwirtschaftlich genutzte Grundstücke **4** 48
Nachweis des niedrigeren gemeinen Wertes **4** 49 ff.
Sachwertverfahren **4** 44
unbebaute Grundstücke **4** 24, 26
Vergleichsverfahren **4** 32
Bewertungsanlass 2 5 ff.
Bewertungsfunktion 2 9 ff.
Bewertungsstichtag, Qualitätsstichtag **2** 32
Wertermittlungstichtag **2** 31
Bewertungszweck 2 9 ff.
Bewirtschaftungskosten, Abschreibungen **2** 55
Betriebskosten **2** 52
Instandhaltungskosten **2** 53
Mietausfallwagnis **2** 54
Verwaltungskosten **2** 51
Bodenwert 2 40 f.
Bodenwertrichtlinie 2 28
Bona fides-Gedanke 8 112
Briefkastengesellschaft 8 18
Bruchteilsbetrachtung 1 15; **8** 82
Begriff **18** 21
Veräußerung von Anteilen an gewerblicher Personengesellschaft, Doppelbesteuerungsabkommen **18** 58a
Veräußerung von Anteilen an vermögensverwaltender Personen-

magere Zahlen = Randziffern

Stichwortverzeichnis

gesellschaft, Doppelbesteuerungsabkommen **18** 60
- § 49 Abs. 1 Nr. 2 Buchst. f Doppelbuchst. bb EStG **18** 22 ff.

Buchführungspflicht 7 1

Co-Investor 17 11, 23, 30

DBA *s. Doppelbesteuerungsabkommen*
DCF-Methode *s. Discounted-Cash-Flow-Verfahren*
Discounted-Cash-Flow-Verfahren Einl 10
Allgemeines **2** 76 ff.
Cash-Flow-Prognose **2** 80 ff.
Endwert **2** 86 ff.
Domizilgesellschaft 8 18
Doppelbesteuerung, Vermeidung, Inbound **18** 4
- Outbound **18** 63 f., 75
Doppelbesteuerungsabkommen 8 1
Art. 13 OECD-MA **18** 30 ff.
Doppelsitz 8 22
Dreiecksachverhalt 8 38
Drittaufwand 7 104, 107; **8** 62
Dritten zur Nutzung überlassener Grundbesitz 4 117
Drittstaatenbeteiligung 8 58

Ehegatten-Vermietungsmodell Einl 26
Eigentümer, wirtschaftlicher **8** 5
Eigentumsgarantie Einl 2
Eigenverwaltung, Organschaft **11** 90
Einfache Grundstückskürzung 7 62 f.
Veräußerung **16** 31
Einheitlicher Erwerbsgegenstand 5 99 ff.
Einheitliches Vertragswerk 5 99 ff.
Einheitsbetrachtung, ausländische gewerbliche Personengesellschaft, § 49 Abs. 1 Nr. 2 Buchst. f Doppelbuchst. bb EStG **18** 24
Begriff **18** 21
Einheitswert, Verfahren **7** 294 ff.
Einheitswertbescheid 15 10 ff.
Einkünfte, inländische **8** 2, 27
inlandsradizierte **8** 26
Einkünfteermittlung 8 96
Einkunftserzielungsabsicht, aufwendig gestaltete Wohnung **7** 148
Begriff **7** 130
Ferienwohnung **7** 138 ff., 152

Leerstand **7** 143 ff.
nicht auf Dauer angelegte Vermietung **7** 132, 134 ff.
struktureller Leerstand **7** 147
Totalüberschussprognose **7** 131, 150 ff.
vermögensverwaltende Personengesellschaft **7** 133
Einlage, Geschäftsveräußerung im Ganzen, Grundstückslieferung **16** 105
Einnahmen, Begriff **7** 2
Umlagen **7** 2, 102
Entnahme, Grundstück **6** 62
Entschädigung, Abfindung, Abstandszahlung **7** 195 ff.
Entschädigungszahlung für Wertminderung **6** 65
Entstehung 5 123
aufschiebende Bedingung **5** 124
Erbbaurecht 4 90
AfA **7** 42
Beendigung **16** 27 ff.
Begriff **3** 88
Erbbauzins **3** 91; **7** 166
Erschließungsaufwand **3** 90 f.; **7** 166
Gebäude **3** 88
Gewerbesteuer **7** 62, 89
Grund und Boden **3** 91
Grundstück **5** 6
Heimfall **5** 7
immaterielles Wirtschaftsgut **3** 89
Kauf eines belasteten Grundstücks **3** 93 f.
Erbschaft- und Schenkungsteuer 4 5
begünstigtes Vermögen **1** 116
gemeiner Wert **1** 116
Verschonungsbedarfsprüfung **1** 116
Verschonungsmodell **1** 116
Erbschaft- und Schenkungsteuerpflicht, Bemessungsgrundlage **4** 13
beschränkte **4** 10
Feststellungsverfahren **4** 53 ff.
persönliche Freibeträge **4** 13
Steuerbefreiungen, Betriebsaufspaltungen **4** 121
- Betriebsvermögen **4** 108 ff.
- Betriebsverpachtung **4** 125 f.
- Familienheim **4** 58 ff.
- Kulturgüter **4** 82 ff.
- Sonderbetriebsvermögen **4** 124
- Verwaltungsvermögen **4** 115 ff.
- für Zwecke der Volkswohlfahrt genutzte Immobilien **4** 103 ff.

633

Stichwortverzeichnis

fette Zahlen = §§

– Wohnungsunternehmen **4** 130 ff.
– zu Wohnzwecken vermieteter Grundbesitz **4** 77 ff.
Steuerentstehungszeitpunkt **4** 12
steuerfreie Zugewinnausgleichsansprüche **4** 13
teilentgeltliche Vermietung **4** 89
unbeschränkte **4** 9
Erhöhte Absetzung 7 37
§ 7b EStG **7** 34
§ 7c EStG **7** 34
§ 7h EStG **7** 25 ff.
§ 7i EStG **7** 29 ff.
§ 7k EStG **7** 30 ff.
§ 10f EStG **7** 33 ff.
Ertragswertrichtlinie 2 28
Ertragswertverfahren, Allgemeines **2** 42
Berechnung **2** 44, 62
individuelle Anpassung **2** 63 ff.
mehrperiodisches **2** 47
zweigleisiges **2** 44 ff.
Erweiterte Grundstückskürzung 1 14, 51
Antrag **7** 65
Bauten auf fremdem Grund und Boden **7** 89
begünstigte Tätigkeiten **7** 64
besondere Ausschlussgründe **7** 78 ff.
Beteiligung **16** 33
Betriebsaufspaltung **7** 88
Betriebsvorrichtungen **7** 67
eigener Grundbesitz, Begriff **7** 69
– Beteiligung an Personengesellschaft **7** 71 ff.
– Betriebsvermögen **7** 70
– Eigentum **7** 70
– unterjähriger Erwerb **7** 70
Leasing **7** 85
Liquidation **16** 34
Nebentätigkeiten **7** 67, 74 ff.
Organschaft **7** 87
Sondervergütung **7** 81
Umfang **7** 64
Veräußerung **7** 82 ff.; **16** 32
Verwaltung und Nutzung **7** 66 ff.

Fälligkeit 5 130
Familienheim 1 74
Immobilien als F. **4** 59 ff.
– Arbeitszimmer **4** 66
– Familienheimschaukel **4** 61

– Ferien- und Zweithäuser **4** 65
– Flächenbegrenzung **4** 76
– Nachlauffrist **4** 69
– Selbstnutzungsgebot **4** 73
Ferienimmobilie Einl 8
Feststellungserklärung 4 54
Finanzinvestoren 1 5
Fonds, geschlossene **Einl** 23
intransparente **8** 24
offene **Einl** 22
transparente **8** 24
Freigabe 12 15 ff.; **15** 19 ff.
Grunderwerbsteuer **14** 19
modifizierte **11** 115
Umsatzsteuer **11** 111 ff.
Freistellungsbescheinigung, Bauabzusteuer **13** 2 ff.
Nichterteilung **13** 5
Fruchtziehung 8 66
Fünfjahreszeitraum 5 40; **17** 17

Gebäude, Abbruchkosten **3** 38 ff.
Anschaffungskosten **3** 20 ff.
– Betriebsbereitschaft **3** 22
– Erwerb **3** 21
– höherer Standard **3** 23
– unentgeltlicher Erwerb **3** 24
Aufteilung der Anschaffungs- bzw. Herstellungskosten **3** 34 ff.
Bauten auf fremdem Grund und Boden s. *Bauten auf fremdem Grund und Boden*
Herstellungskosten **3** 25 ff.
– anschaffungsnahe Herstellungskosten **3** 33
– Bauplanungskosten **3** 32
– Bauplatz **3** 31
– Begriff **3** 25 ff.
– Erweiterung **3** 29
– Funktions- bzw. Wesensänderung **3** 28
– Rohbau **3** 26
– Vollverschleiß **3** 27
– wesentliche Verbesserung **3** 30
Gebäudeteil, Außenanlagen **3** 8
Begriff **3** 7
Betriebsvorrichtung **3** 7, 11
Ladeneinbauten **3** 7, 14
Scheinbestandteil **3** 7, 12 ff.
sonstige Mietereinbauten **3** 7, 15
sonstige selbständige Gebäudeteile **3** 7, 9
Gebrauchsüberlassungen 4 7

magere Zahlen = Randziffern

Stichwortverzeichnis

Gegenleistung, Bemessungsgrundlage **5** 98
Genuine link 8 112
Gesamtbildtest 8 4
Gesamthand, dingliche Mitberechtigung **5** 75
Gesamthandsvermögen 8 70
Geschäftseinrichtung 8 45
Geschäftsführer, faktischer **8** 17
Geschäftsleitung 8 17
Geschäftsleitungsbetriebsstätte 8 50
Geschäftsstelle 8 52
Geschäftsveräußerung im Ganzen, Begriff **6** 41; **16** 83 ff.
  Teilgeschäftsveräußerung, gesondert geführter Betrieb **16** 89, 95
  wesentliche Betriebsgrundlagen **16** 89 ff.
Gesellschaftsanteile, Zurechnung **17** 27
Gesellschaftsvermögen, Anteil am G. **5** 33
Gewerbliche Einkünfte, Besteuerungstatbestände nach § 49 EStG **18** 8 ff., 19 ff.
  § 15 EStG, Umfang **18** 11
  Veräußerung eines Mitunternehmeranteils **18** 12
Gewerblicher Grundstückshandel 1 50; **8** 66
  Begriff **16** 1
  Drei-Objekt-Grenze **16** 2 ff.
  eigene Wohnzwecke **16** 4
  Einbringung **16** 3
  Einzelrechtsnachfolge **16** 2
  Gesamtrechtsnachfolge **16** 2
  Grundstücksgesellschaften **16** 5 ff.
  privates Veräußerungsgeschäft **16** 4
  Steuerbegünstigung **16** 18
Gewinnermittlung 7 1
  direkte **8** 95
Grenzgänger 8 14
Grenzpendler 8 14
Grund und Boden, Abbruchkosten **3** 38 ff.
  Anschaffungsnebenkosten **3** 18
  Aufteilung der Anschaffungs- bzw. Herstellungskosten **3** 34 ff.
  Bilanzierung **3** 2
  Einfriedung **3** 4
  Erbaurecht **3** 4
  Erschließungsaufwendungen **3** 16
  Garten- und Grünanlage **3** 4

  gewillkürtes Betriebsvermögen **3** 5
  Hof- und Platzbefestigung **3** 4
  notwendiges Betriebsvermögen **3** 5
  Pflanzenanlage **3** 4
Grundbesitz, Begriff **7** 264
  wirtschaftliche Einheit **7** 265
  wirtschaftlicher Eigentümer **7** 277
  zivilrechtlicher Eigentümer **7** 277
  Zurechnung **7** 277
Grunderwerbsteuer 1 10
  Allgemeines **5** 1
  Anfechtung **14** 9, 18
  Aufrechnung **14** 17
  Bemessungsgrundlage **5** 96 ff.
  Entstehung **5** 123; **14** 3
  Erstattung **14** 14 ff.
  ertragsteuerliche Behandlung **5** 133 ff.
  Erwerbstatbestände **5** 12 ff.
  Fälligkeit **5** 130
  Insolvenz **14** 4 ff.
  Steuersatz **5** 107 f.
  Steuerschuldner **5** 131
  Umsatzsteuerbefreiung **6** 56
  Unbedenklichkeitsbescheinigung **14** 12 f.
  Verfahren **5** 120
Grundlagenbescheid 15 9
Grundsteuer, Aufkommen **7** 262
  Bemessungsgrundlage **7** 292 ff.
  Entstehung **15** 2
  Erlass **15** 12
  Fälligkeit **7** 308 ff.; **15** 2
  Festsetzungsfrist **7** 311
  Gemeindesteuer **7** 261
  Haftungsschuldner, Begriff **7** 283
  – dingliche Haftung **7** 288 ff.
  – Erwerber **7** 285 ff.
  – Nießbrauch **7** 284
  Hebesatz **7** 262, 306
  Insolvenz **15** 3
  Insolvenzforderung **15** 1
  leerstehende Immobilien **15** 12 f.
  Objektsteuer **7** 260
  Realsteuer **7** 260
  Steuerschuldner **7** 276
  – Erbbaurecht **7** 280
  – Gebäude auf fremdem Grund und Boden **7** 282
  – Gesamtschuldner **7** 281
  – wirtschaftlicher Eigentümer **7** 282
  Stichtagsprinzip **7** 270, 272 ff.
  Verfahren **7** 329 ff.
  Verfassungsmäßigkeit **7** 296, 312

Stichwortverzeichnis

fette Zahlen = §§

Grundsteuermessbescheid 7 303; **15** 10 ff.
  Zerlegung **7** 304 f.
Grundsteuermessbetrag 7 299
Grundstück, bebautes **3** 3
  Begriff **5** 4 f.; **6** 11 ff.; **7** 190; **10** 37
  Scheinbestandteil **5** 8
  wesentliche Bestandteile **10** 40
Grundstücksentnahme 6 62
Grundstücksgleiches Recht 8 121
Grundstückshandel, gewerblicher
  s. *Gewerblicher Grundstückshandel*
Grundstückshändler, gewerblicher
  8 66
Grundstückskaufvertrag, Steuerbarkeit **5** 12
Grundstückskürzung s. *Einfache Grundstückskürzung;* s. *Erweiterte Grundstückskürzung*
Grundstückslieferung 6 20
  Begriff, Grundstücksveräußerung **6** 2
  einheitlicher Leistungsgegenstand **6** 16
  Einlage **16** 105
  Geschäftsveräußerung im Ganzen **6** 41
  Steuerbefreiung **6** 57
  Übertragung eines bebauten Grundstücks **16** 68
  Umsatzsteuerentstehung, Zeitpunkt der Lieferung **6** 68
Grundstücksübertragung, unentgeltliche, Erbfall **4** 1
  Erwerb von Todes wegen **4** 1
  freigiebige Zuwendung **4** 6
  mittelbare Grundstücksschenkung **4** 16 ff.
  Schenkung unter Lebenden **4** 1
Grundstücksveräußerung 7 278
Grundvermögen 8 116
Güterstandsschaukel 4 13

Haftung 6 44
  Grundsteuer **15** 16 ff., 24
  Insolvenz **15** 16 ff.
Handelsvertreter 8 54
Herstellungsaufwand Einl 25
Herstellungskosten 2 71 f.; **3** 1
Hive-down 17 43

IDW Einl 10
Immobiliarsachenrecht Einl 3
Immobilie, Begriff **6** 11
Immobilienbewertung Einl 10

Immobilienfonds, Abwicklung offener I. **10** 50 ff.
Immobilienklausel 1 30; **18** 41
  Anwendungsbereich **18** 43 f., 48
  Begriff **18** 43
  Besteuerungsfolgen **18** 55
  Beteiligung **18** 45
  Inbound **18** 49
  Outbound **18** 74
  Steuerentstrickung **18** 53 f.
  Steuerverstrickung **18** 52, 54a
  Überwiegensgrenze **18** 46
  – Berechnung **18** 47 f.
Immobilien-Leasing, Begriff **3** 66
  Finanzierungs-Leasing **3** 67 ff.
  – Aufteilung Leasingraten **3** 73
  – Bilanzierung **3** 72, 75 ff.
  Operating-Leasing **3** 66
Immobilienobjektgesellschaft 8 63
Immobilien-Sondervermögen 8 107
Immobilienwert, Beleihungswert **2** 17
  gemeiner Wert **2** 16
  Marktwert **2** 13
  Verkehrswert **2** 11 f.
  Zeitwert **2** 15
Immobilienwertermittlungsverordnung 2 27 ff.
Inbound, Begriff **18** 4
  Doppelbesteuerungsabkommen, Veräußerung **18** 30 ff.
  Immobilienklausel **18** 49 ff.
  Veranlagung **18** 29
  Veräußerung, Besteuerungstatbestände nach § 49 EStG **18** 7 ff.
Inbound-Fall 8 38
Inbound-Sachverhalt 8 1
Insolvenzforderung, Ertragsteuer **12** 3 ff.
  Grunderwerbsteuer **14** 8
  Grundsteuer **15** 5 ff.
  Umsatzsteuer **11** 2 f., 7, 11, 93 ff., 113 f.
Insolvenzverfahrenseröffnung, Auswirkung, Organschaft **11** 78 ff.
  – Umsatzsteuer **11** 11 ff.
Insolvenzverfahrenseröffnung, vorläufige, Auswirkung, Organschaft **11** 83 ff.
Investitionsvehikel 1 9
Investmentfonds 8 24
  offener **8** 5
Investmentsteuergesetz 8 24

magere Zahlen = Randziffern

Stichwortverzeichnis

Isolierende Betrachtungsweise 1 78; **8** 30 f., 65
ausländische gewerblich geprägte oder infizierte Personengesellschaft, § 49 Abs. 1 Nr. 8 EStG **18** 25
ausländische originär gewerbliche Personengesellschaft, § 49 Abs. 1 Nr. 8 EStG **18** 25

KAGB Einl 6, 23
Kapital-Investitionsgesellschaft 8 24
Kapitalwert 4 15
Kaufangebot, Abtretung **5** 22
  Steuerbarkeit **5** 13
Kaufvertrag, einheitliches Vertragswerk **6** 64
  Option, notarielle Beurkundung **16** 75
Kommissionär 8 54
Kommissionsgeschäft 11 49, 52, 59
Konzerninterne Nutzungsüberlassung 4 127
Konzernumstrukturierungsklausel 17 29 ff.
Kulturgüter 4 92 ff.
  Immobilien als K.
  – 20 Jahre in Familienbesitz **4** 101
  – der Öffentlichkeit zugänglich oder nutzbar gemacht **4** 99
  – Verzeichnis national wertvollen Kulturgutes **4** 102
Kündigungsrecht des Erwerbers **11** 47
Kündigungssperre 11 21

Ladeneinbauten 3 14
Land- und Forstwirtschaft 8 124
Lebenszyklus Einl 5
Leerstand, Gebäude **6** 91
Leverage-Effekt 1 5
Liebhaberei 8 97
Liegenschaftszins s. Zinssatz

Makler 8 54
Maklervertrag, atypischer **5** 28
Marktwert s. Immobilienwert
Masseunzulänglichkeit 11 82
  Anzeige **11** 23
  Bauabzugsteuer **13** 22 f.
Masseverbindlichkeit, Ertragsteuer **12** 3 ff.
  Grunderwerbsteuer **14** 8
  Grundsteuer **15** 6 ff.
  oktroyierte **15** 20

Organschaft, Umsatzsteuer **11** 75 ff.
Umsatzsteuer **11** 2 f., 4, 9 ff., 17, 35 f., 75, 94 ff., 113 f.
Melderecht 8 9
Merkmalsmehrheitstest 8 4
Mietausgleich 7 197
Mieterträge, Umsatzsteuer **11** 4 ff.
  Vereinnahmung **11** 8 ff., 16 ff.
Minderheitsbeteiligung 17 20
Mitbenutzung 4 7
Miteigentum, Miteigentümer-Gemeinschaft, Realteilung **6** 66
Mittelbare Grundstücksschenkung 4 16, 81
Monte-Carlo-Simulation Einl 10

Nachbehaltefrist 17 39
Nebenbetrieb 8 126
Nebenleistung 6 17
Neugesellschafter 5 34
Nießbrauch 4 7
  Ablösezahlung **16** 22 ff.
  Beendigung **16** 20
  Begriff **3** 77
  Vorbehaltsnießbrauch, Begriff **3** 82
  – Betriebsvermögen **3** 82
  – Privatvermögen **3** 83
  – Übertragung eines Grundstücks vom Betriebsvermögen ins Privatvermögen **3** 85
  – Übertragung eines Grundstücks vom Privatvermögen ins Betriebsvermögen **3** 84
  Zuwendungsnießbrauch **3** 78 ff.
  – AfA **3** 79 f.
  – Eigentümer **3** 80
  – Einmalzahlung **3** 78
  – Entnahme **3** 81
  – Nießbraucher **3** 78
  – Privatvermögen **3** 81
Nutzung, entgeltliche **7** 185
  unentgeltliche **7** 178
  unentgeltliche Wertabgabe **7** 179
  vorübergehende **7** 180
Nutzungsänderung 9 1 ff., 10 ff.
Nutzungsberechtigter 8 79

Oberleitung, geschäftliche **8** 17
Objektsteuercharakter 8 101
OGAW 8 24
Option 16 69
  Bagatellgrenze **7** 206, 222; **8** 221
  Bindungswirkung **7** 231 f.

637

Stichwortverzeichnis

fette Zahlen = §§

formlose Ausübung **6** 76
notarielle Beurkundung, Kaufvertrag
   16 75
quotale **7** 221
zur Steuerpflicht **6** 3; **11** 33 f.
Teiloption **7** 222
unbedingt **6** 51
Verwendungsabsicht Mieter **7** 213, 218
Verzicht auf Steuerbefreiung **6** 75
vorsorglich, unbedingt **16** 112
Widerruf **7** 229
Organschaft, Beendigung **11** 76, 99 ff.
   Beherrschung **11** 71, 88
   grunderwerbsteuerliche **5** 52 ff.
   Haftung **11** 77
   Insolvenz **11** 73, 78 ff., **91** ff.
   umsatzsteuerliche **11** 68 ff.
   unerkannte **11** 97 f.
Organträger, Insolvenz **11** 74 ff., 77,
   91 ff.
   s. auch Organschaft
Ort der Geschäftsleitung 8 17
Outbound, Begriff **18** 62
   Doppelbesteuerungsabkommen
      18 72 ff.
   Freistellungsmethode **18** 75
   Veräußerung, Besteuerungstatbestände
      nach § 34d EStG **18** 65
Outbound-Fall 8 58

§ **6b-Rücklage 1** 34
Par condicio creditorum Einl 16
Pauschalbesteuerung 8 24 f.
Pensionsfonds 8 5
Person, ansässige **8** 131
Personengesellschaft 8 23
   Änderung im Gesellschafterbestand
      5 30 ff.
   gewerblich entprägte **8** 71
   vermögensverwaltende **8** 82
Personen-Investitionsgesellschaft
   8 24
Prägung, gewerbliche **Einl** 6
Privates Veräußerungsgeschäft,
   Anschaffung **16** 44
   Anschaffungskosten **16** 57
   Arbeitszimmer **16** 48
   Begriff **16** 35 f.
   Beteiligung **16** 38
   eigene Wohnzwecke **16** 48 ff., 58
   Eigenleistung **16** 57
   Einlage **16** 45 ff., 60
   Erbbaurecht **16** 39 ff.

Freigrenze **16** 62
Grundstück **16** 37
Herstellung **16** 44
Kaufpreisminderung **16** 61
Leerstand **16** 48
Personengesellschaft **16** 51 ff., 63
Steuererklärung **16** 56
Veräußerung **16** 45
Veräußerungsgewinn **16** 57 ff.
Veräußerungspreis **16** 59
Verlust **16** 63
Werbungskosten **16** 58, 60 f.
wirtschaftliches Eigentum **16** 44
Zeitpunkt **16** 60
Progressionsvorbehalt 8 134; **18** 76 f.
Projektentwickler 1 3
Pro-Kopf-Betrachtung 5 45; **17** 6

Qualifikationsverkettung 8 111
Quellenprinzip 8 28

Recht, grundstücksgleiches **8** 121
Rechtstypenvergleich 8 3, 68
   Strukturkriterien **8** 4
Regelbeispiele 8 41
Residualwertverfahren Einl 10
Restnutzungsdauer 2 61
Restrukturierung, konzerninterne
   Einl 20
RETT-Blocker Einl 19; **5** 58; **17** 3 ff.
Reverse Charge 6 50; **16** 108
Rückerwerb 5 114 ff.
Rückgängigmachung des Erwerbs
   5 111 ff.

Sacheigenschaft 8 44
Sachgesamtheit 1 48; **8** 43
Sachinbegriff 1 48; *s. auch Sach-*
   gesamtheit
Sachwertrichtlinie 2 28
Sachwertverfahren 2 69 ff.
Sanierung 6 63
Satzungssitz 8 22
Scheinbestandteil 3 12 ff.
Schenkung, Steuerbarkeit **5** 12
Schiff 8 118
Servicegesellschaft 1 47
Share Deal, Abschreibungspotenzial
   1 99 ff.
   Ankaufsstruktur **1** 91
   Anti-RETT-Blocker-Vorschrift **1** 91
   Grunderwerbsteuer **1** 79
   – Anteilsvereinigung **1** 81

638

magere Zahlen = Randziffern

Stichwortverzeichnis

– Bedarfswert **1** 82
latente Steuerlast **1** 96 f.
Steuerrisiko **1** 89
Tax Due Diligence **1** 87
Umsatzsteuer **1** 83 ff.
Veräußerungsgewinn **1** 93 ff.
Sitz 8 22
 fiktiver **8** 22
Sonderabschreibung 7 23 f., 35 f.
Sonderausstattung 7 186
Sonderbetriebsvermögen 1 35 ff.
 Immobilien im S. **4** 121, 124
Sonderbetriebsvermögen II 1 38
Sondervermögen 17 55
Sonstige Mietereinbauten 3 15
Sozialbindung Einl 2
Spaltung, Geschäftsveräußerung im Ganzen **16** 101
Sphärentheorie Einl 14
SPV Einl 24; **8** 18
Stammhaus 8 47
 Zentralfunktion des S. **8** 59
Steuerabzug 8 100
Steuerausländer, Begriff **18** 3
Steuerbarkeit, Definition **6** 1
Steuerbefreiung 5 67 ff.
 Gesamthand **5** 68 ff.
Steuerbegünstigung 16 17
Steuerbescheid, Insolvenz **15** 4
Steuerentstehung, Umsatzsteuer, Lieferzeitpunkt **16** 78
Steuergegenstand, bebautes Grundstück **7** 267
 Betrieb der Land- und Forstwirtschaft **7** 265
 Betriebsgrundstück **7** 267
 unbebautes Grundstück **7** 267
 wirtschaftliche Einheit **7** 265
Steuerinländer 8 128
 Begriff **18** 62
Steuerklausel 6 45; **16** 110, 114
Steuermesszahl, Grundsteuer **7** 300 ff.
Steuernummer, Insolvenz **11** 1, 8, 26, 75
Steuerpflicht, beschränkte **8** 2, 7
– Begriff **18** 3
 persönliche, Begriff **18** 6
 sachliche, Begriff **18** 7
 unbeschränkte **8** 128
Steuerplanung Einl 9
Steuersatz 5 107 f.
Steuerschuldner 5 131
Steuerstundung 1 34

Stille Reserven 12 2 ff.
Strategischer Investor 1 7
Struktur, orphanisierte **8** 5
Subject-to-tax-Klausel 8 132
Subsidiarität 8 31
Substanz, wirtschaftliche **8** 19
Substrat, sachliches **8** 43

Tausch, Steuerbarkeit **5** 14
Teilbetrieb 16 17
Teileigentum 5 4
Teiloption 6 79
Teilwert, Begriff **7** 20
 schadstoffbelastetes Grundstück **7** 21
Territorialitätsprinzip 8 28
Thesaurierungsbesteuerung 8 25
Tierzuchtunternehmen 8 125
Transparenzprinzip 8 3
Trennungsprinzip 8 19
Trust 8 5
Typenvergleich 8 3, 16, 23

Übereignungsanspruch, Abtretung **5** 21
Überlassung, zeitlich begrenzte **8** 64
Überschusseinkunftsart 1 52
Umbau 6 94
Umsatzsteuer, Berichtigung *s. dort*
Umstrukturierung 1 110; **16** 101 ff.
 Formwechsel **1** 114
 Grunderwerbsteuer **1** 111
 – Verlängerung der Beteiligungskette **1** 112
 konzerninterne **Einl** 18
 Sonderbetriebsvermögen **1** 113
Umwandlung, gemeinschaftliches Eigentum **5** 90 f.
 Steuerbarkeit **5** 17
 Steuerbefreiung **5** 84 ff.
Unbedenklichkeitsbescheinigung 5 129
Unentgeltliche Überlassung 4 8; *s. auch Grundstücksübertragung, unentgeltliche*
Unternehmensbegriff 8 47

Veranlagungszeitraum, Grundsteuer **15** 7 f.
Veranlassungsprinzip 8 98
Veräußerung, Begriff, Doppelbesteuerungsabkommen **18** 34 ff.
 Doppelbesteuerungsabkommen **18** 30 ff.

639

Stichwortverzeichnis

fette Zahlen = §§

mittelbare, Begriff **18** 2
- Besteuerungstatbestände nach § 34d EStG **18** 66
- Besteuerungstatbestände nach § 49 EStG **18** 8 ff., 14 ff.
- Beteiligung an gewerblich geprägter oder gewerblich infizierter Personengesellschaft, DBA **18** 56, 60 ff.
- Beteiligung an gewerblicher Personengesellschaft, Besteuerungstatbestände nach § 49 EStG **18** 12
- Beteiligung an gewerblicher Personengesellschaft, DBA **18** 57 ff.
- Beteiligung an Kapitalgesellschaft, DBA **18** 42 ff.
- Beteiligung an Kapitalgesellschaft, § 49 Abs. 1 Nr. 2 Buchst. e Doppelbuchst. aa EStG **18** 14 ff.
- Beteiligung an vermögensverwaltender Personengesellschaft, DBA **18** 56, 60 ff.
- Beteiligung an vermögensverwaltender Personengesellschaft, § 49 Abs. 1 Nr. 2 Buchst. f Doppelbuchst. bb EStG **18** 20 ff.
- Beteiligung an vermögensverwaltender Personengesellschaft, § 49 Abs. 1 Nr. 8 EStG **18** 26 f.

unmittelbare, Begriff **18** 2
- Besteuerungstatbestände nach § 34d EStG **18** 65
- Besteuerungstatbestände nach § 49 EStG **18** 8 ff., 19 ff.
- Doppelbesteuerungsabkommen **18** 32 ff.

Veräußerungsgewinn, Ermittlung **18** 38 f.
- Doppelbesteuerungsabkommen **18** 38

Verbindung, örtliche **8** 46
Verdeckte Einlage 4 3; **7** 46
Verdeckte Gewinnausschüttung 4 4
Begriff **7** 43 ff.
Gebäude auf fremdem Grund und Boden **7** 50 ff.
Kostenmiete **7** 48
Mietvertrag **7** 49
überhöhte Miete **7** 45 f.
Vergleichsmiete **7** 47
Vermeidung **7** 52 f.
zu geringe Miete **7** 44, 46

Verfügungsmacht 8 48
Grundstückslieferung **6** 19
tatsächliche **8** 10
Vergleichsfaktoren 2 39
Vergleichswertrichtlinie 2 28
Vergleichswertverfahren 2 35 ff.
Vergünstigte Vermietung, 66%-Grenze **7** 125, 129, 129a, 148
Begriff **7** 124
Einkunftserzielungsabsicht **7** 127 ff.
Marktmiete **7** 126
Verkehrswert s. *Immobilienwert*
Vermietung 7 181
Hotelzimmer **7** 188
Mobilheime, Containerbauten **7** 193
Stellplatz, Garage **7** 189
Time-Sharing **7** 188
Wohn-, Schlafräume **7** 188
Vermietung und Verpachtung, Abgrenzung **7** 92 ff.
Begriff **7** 90
Subsidiarität **7** 91
Zufluss-/Abflussprinzip **7** 96 ff.
Vermietungsunternehmen 16 91 ff.
Vermögen, unbewegliches **8** 119
Vermögenssphäre, private **8** 97
Vermögensverwaltende Personengesellschaft 7 98 ff.
Vermögensverwaltung 1 13; **8** 66, 75
Verpachtung 7 181
Verschmelzung, Geschäftsveräußerung im Ganzen **16** 101
Verständigungsverfahren 8 114
Vertrag besonderer Art **7** 200
gemischter Vertrag **7** 198
Option, Mietvertrag **7** 201
Verträge zwischen Angehörigen, Begriff **7** 155
Fremdvergleich **7** 161 ff.
Mietvertrag **7** 156 ff.
Missbrauch **7** 158
Scheingeschäft **7** 159
Überkreuzvermietung **7** 158a
zivilrechtliche Wirksamkeit **7** 160 ff.
Vertragsabschlussvollmacht 8 55
Vertreter, ständiger **8** 39, 54
Vervielfältiger 2 56
Verwaltungssitz 8 18
Verwaltungsvermögen 4 115 f.
Verwaltungsvermögensquote 4 154
Verwaltungsvermögenstest 4 111
Verweis, dynamischer **8** 109

magere Zahlen = Randziffern

Stichwortverzeichnis

Verwertung 8 87
belastete Immobilie **11** 49 ff.
freihändig **11** 45 ff., 50, 56; **14** 10;
 15 24
Grunderwerbsteuer **14** 1 ff.
Insolvenz, Umsatzsteuer **11** 37 ff.
unbelastete Immobilie **11** 41 ff.
Zwangsversteigerung **11** 42 ff.; **14** 11
Verwertungsbefugnis, wirtschaftliche
 5 24 ff.
Verwertungstatbestand 8 93
Vorbehaltsnießbrauch s. *Nießbrauch*
Vorkaufsrecht, Steuerbarkeit **5** 13
Vorsteuer, Korrektur **11** 35 f.
Sofortabzug **7** 217
Vorsteuerabzug, Berechtigung zum V.
 7 239 ff.
Erwerber **6** 81
nichtunternehmerische, unternehmensfremde Tätigkeit **6** 83
Sofortabzug **6** 82
teilunternehmerische, gemischte
 Verwendung **6** 88 ff.
unternehmerische Tätigkeit **6** 85
Zuordnungsentscheidung **6** 82
Zuordnungsgebot **6** 86
Zuordnungsverbot **6** 86
Vorsteuerabzugsbeschränkung,
 Seeling-Modell **6** 115
unternehmensfremde Verwendung
 6 114
Vorsteueraufteilung, Begriff **6** 95 ff.
objektbezogener Flächenschlüssel
 6 95
objektbezogener Umsatzschlüssel
 6 96
pro-rate-Satz **6** 100
wirtschaftliche Zurechnung **6** 104
Vorsteuerkorrektur, Anbau, Umbau,
 Umwidmung **10** 43 ff.
Änderung der Verhältnisse **10** 5
Berichtigungszeitraum **10** 32
Durchführung der Korrektur
 10 21 ff.
Erhaltungsaufwand, Herstellungsaufwand **10** 49
Grundstücksentnahme **10** 15, 19
nachträgliche Anschaffungs-/Herstellungskosten **10** 49
Nutzungswechsel **10** 9
Übertragung eines Miteigentumsanteils **10** 58
vorweggenommene Erbfolge **10** 57

Weisungsabhängigkeit 8 54
Welteinkommensprinzip 8 129
Begriff **18** 63
Umfang **18** 63
Werbungskosten, abgekürzter
 Vertragsweg s. *dort*
Bebauungsabsicht **7** 112
Drittaufwand s. *dort*
Ehegatten **7** 108 ff.
gemischt genutztes Grundstück **7** 105
nachträgliche Werbungskosten
 7 113 ff.
– Erhaltungsaufwendungen **7** 116 f.
– Schuldzinsen **7** 114
– Vorfälligkeitsentschädigung **7** 115
Schuldzinsen **7** 106, 108a
vergebliche Aufwendungen **7** 111
vorab entstandene **7** 110
Werklieferung 6 40
Werklohnforderung, Abtretung **13** 15
Insolvenz **13** 6 ff., 16 ff.
Wesentliche Betriebsgrundlage 1 39
Wirtschaftliche Beteiligung 17 22
Begriff **5** 61
Steuerbarkeit **5** 58 ff.
Wirtschaftlicher Zusammenhang
 8 99
Wohnrecht 4 14
Wohnsitz 8 8
Wohnung, Innehaben **8** 10
Wohnungseigentum 5 4; **6** 66
Wohnungsnebenkosten 8 11
Wohnungsunternehmen 4 130 ff.
erweiterte gewerbesteuerliche Kürzung
 4 146, 149
Hauptzweck des Betriebes **4** 134
Sevice-Gesellschaft **4** 151
wirtschaftlicher Geschäftsbetrieb
 4 142

Zählobjekt 8 130
Zebragesellschaft 1 13
Zinssatz, Diskontierungszins **2** 89 ff.
Fungibilitätszuschlag **2** 95
Kapitalisierungszins **2** 89 ff.
Liegenschaftszins **2** 57 ff.
risikoloser **2** 92
Risikozuschlag **2** 94 ff.
Zinsschranke 1 5, 21, 105; **7** 123
Zubehör 8 120
Zuflussprinzip 8 98
Zugewinnausgleich 4 13
Zuordnung, funktionale **8** 56

641

Stichwortverzeichnis

fette Zahlen = §§

Zuordnungsmethode **8** 132
Zurechnung von Gesellschaftsanteilen **17** 27
Zurechnungskonflikt **8** 107
Zusammenhang, wirtschaftlicher **8** 99
Zuschuss **7** 103
Zuwendungsnießbrauch *s. Nießbrauch*
Zwangsentnahme **9** 4 ff.
Zwangsversteigerung, Grundsteuer **15** 27

Steuerbarkeit **5** 20
Zwangsverwaltung, Grundsteuer **15** 26 ff.
kalte **Einl** 15; **11** 32 ff., 65 ff.
Umsatzsteuer **11** 25 ff.
Zwangsvollstreckung, Duldung **15** 18
Grundsteuer **15** 23
Zweckvermögen **8** 24
Zweigniederlassung **8** 51